周祖謨文集　第三卷

廣韻校本

上

周祖謨　校

中華書局

圖書在版編目(CIP)數據

廣韻校本/周祖謨校. —北京:中華書局,2022. 12
(周祖謨文集)
ISBN 978-7-101-15865-6

Ⅰ.廣… Ⅱ.周… Ⅲ.《廣韻》-研究 Ⅳ. H113. 3

中國版本圖書館 CIP 數據核字(2022)第 157511 號

責任編輯:劉歲晗
責任印製:管 斌

周祖謨文集
廣韻校本
(全二册)
周祖謨 校
*
中華書局出版發行
(北京市豐臺區太平橋西里 38 號 100073)
http://www.zhbc.com.cn
E-mail:zhbc@zhbc.com.cn
三河市宏達印刷有限公司印刷
*
710×1000 毫米 1/16 · 100¾印張 · 6 插頁 · 662 千字
2022 年 12 月第 1 版 2022 年 12 月第 1 次印刷
印數:1-1500 册 定價:480.00 元

ISBN 978-7-101-15865-6

周燕孫（祖謨）先生。20世紀40年代於北平

立大会 1980 10.29、武漢

中国音韵学研究会

與趙元任先生，1981年5月於北京

《周祖謨文集》出版説明

周祖謨（一九一四—一九九五），字燕孫，北京人，我國傑出的語言學家，卓越的文獻學家、教育家。北京大學中文系教授，歷任普通話審音委員會委員、中國語言學會常務理事、中國音韻學研究會名譽會長、北京市語言學會副會長等職。

周祖謨先生一生致力於漢語史與古文獻研究，出版學術著作十餘種，發表論文二百餘篇，涉及音韻、文字、訓詁、詞彙、方言、語法、詞典編纂、版本、目録、校勘、敦煌學、文學、史學等多個領域，而尤孜孜於傳統語言文字學典籍的校勘。作爲二十世紀人文領域的一位大家，周祖謨先生根植傳統、精耕細作，對中國語言學的發展與進步産生了深遠的影響。

《周祖謨文集》共分九卷，涵蓋周祖謨先生論文結集、古籍整理成果及學術專著等。所收文集、專著保持周祖謨先生生前編訂成書的原貌，其他散篇論文新編爲《問學集續編》。收録論著均參考不同時期的版本細心校訂、核查引文，古籍整理成果後附索引，以便讀者使用。

《周祖謨文集》的出版工作得到了周祖謨先生家屬及社會各界人士的幫助和支持，在此謹致以誠摯的謝意。

中華書局編輯部

二〇二〇年十二月

本卷出版説明

本卷收録周祖謨先生古籍整理作品《廣韻校本》。

《廣韻》是中古時期非常重要的韻書。一九三六年春，還未從北大畢業的周先生便受中研院史語所的委托，爲該書校一定本。從着手收集材料，到完成全書校訂、寫定《校本》及三千四百餘條校記清本，僅用一年時間，體現了高超的文獻、音韻功底。一九三八年，商務印書館即以此手寫清本在香港出版《廣韻校勘記》五卷。一九六〇年，中華書局將《廣韻校本》與《廣韻校勘記》合而爲一，精裝兩册出版，並分别於一九八八、二〇〇四、二〇一一年數次再版。長久以來，《廣韻校本》（附校勘記）盛行不衰，極便學界使用。

本次我們以中華書局二〇一一年第四版（附《廣韻四聲韻字今音表》）爲底本進行製作，影印保留《廣韻校本》及《廣韻校勘記》手寫原貌。《廣韻四聲韻字今音表》原也爲手寫影印，本次改爲電腦録排，附於下册之後。另收入《廣韻略説》《我和廣韻》《影印鉅宋廣韻前言》《廣韻跋尾二種》《宋代汴洛音與廣韻》等五篇相關研究、序跋文章，力圖更全面展現周先生的《廣韻》研究。對原稿中個别顯係筆誤或排印錯漏之處，酌情做了修改，或加按語説明。二〇一一版所附之李葆嘉〈《廣韻四聲韻字今音表》校讀記〉及周士琦編《部首檢字表》，本次不再收入。我們新編了針對《廣韻校本》字頭的《音序索引》和《筆畫索引》，附於上册之後，以便查檢。

中華書局編輯部
二〇二二年七月

總目

上册

下册

附　録

序言

《廣韻》一書有詳注本及略注本兩種。詳注本爲宋陳彭年等原著，略注本則爲元人據宋本删削而成者。明人所見多爲略注本，詳注本流傳甚少。至清初，張士俊乃據汲古閣毛氏所藏宋本及徐元文所藏宋本校訂重雕，《廣韻》原書面目始爲世人所知。其後曹寅亦曾據宋本雕板，但行款與宋本不同。曹刻印本較少，故不若張刻流傳之廣。

惟張氏刻書頗好點竄，顧千里嘗疑其所刻《廣韻》亦有增改，但以不見徐元文所藏宋本，未敢斷言。及至清末，楊守敬於日本獲得宋本，與張氏所據宋本刊工姓名相同，取與張刻相校，頗有不同，乃知張氏確有校改。楊氏《日本訪書志》云：「原本謬訛不少，張氏校改撲塵之功誠不可没。然亦有本不誤而以爲誤者，有顯然訛誤而未校出者，有宜存而徑改者。」是張氏所改亦不完全確當。爾後黎庶昌又以楊守敬所得宋本《廣韻》刻入《古逸叢書》中。本擬全據宋本，不加校改，但雕板之時黎氏復據張本刊正，增改之處頗多。宋本與張本不同者，從原本者十之二，從張本者十之八。原本不誤因校改而誤者亦復不少。故《廣韻》一書始終缺一完善之刻本。宋本面目惟有憑藉黎刻所附《校札》始得窺其大略。

邇來古本秘笈流傳較廣。去年得見傅氏雙鑑樓及日本《金澤文庫》所藏北宋監本《廣韻》照片，又見涵芬樓所藏景寫南宋監本。北宋監本與南宋監本刊工姓名不同，文字亦略有出入。涵芬樓所藏景寫南宋監本與黎氏《校札》所言宋本相同，與張氏澤存堂本亦極相近，由是始知張黎兩本所據同爲南宋監

本。因以澤存堂初印本爲底本，參照各本，以復宋本之舊。其後復取《四部叢刊》景印南宋巾箱本、曹刻楝亭五種本、黎刻《古逸叢書》覆元泰定本以及顧炎武翻刻明經廠略注本，校其異同。苟有可采，悉加擇録。進而博考群書，並參考今日所見唐本韻書，以正宋人重修之失。最後寫爲定本，並撰述《校勘記》五卷，附於校本之後，以便尋案。

考《廣韻》之作乃據唐本《切韻》纂録而成，雖經陳彭年、丘雍等校讎刊正，其中錯亂乖謬之處尚多。就全書體制而言，則有以下數端：一曰體例不一。例如反切依例當列於本字訓釋之末，而間有列於訓釋之前者；注文所出又音稱「又某某二切」，間有作「又某切又某切」者。張本雖依例校改，亦未能盡。二曰解説有誤。韻書初製，本依音繫字，取便尋覽。每字之下，僅麤具訓釋而已。及孫愐著《唐韻》，乃詳姓氏、解名物，援引憑據，注文漸繁。後來作者，務求詳備，倉卒寫就，難免訛誤。《廣韻》因承唐本之舊，遂亦以訛傳訛。如哿韻左字下謂觸龍爲秦人，侯韻侯字下謂侯獳複姓豎侯是也。三曰誤記書名。如虞韻氍下引《通俗文》誤爲《風俗通》，遇韻芋下引《廣志》誤爲《廣雅》是也。四曰引書割裂。如引《釋名》《山海經》等書每每節取改易，甚至文義不全，難以理解。五曰抄撮古書全與字義無關。如号韻旄下「狗足旄毛」乃《爾雅·釋獸》文，魚韻鐻下「鐻耳之傑」乃左思《魏都賦》文：皆非旄、鐻義訓，引猶不引。如此之類，自《唐韻》已然。《校記》中間亦注明，用祛疑惑。其無礙文義者，則不復一一考證，以免繁瑣。

至於書中文字訛奪、音義錯亂者尤多。論形體，則有字體不正，於音義不合者；有本非一字，誤合爲一者；有本爲一字之訛體，誤分之爲二者；有此字之或體誤屬於他字之下者。論聲音，則有反切、又音訛誤者；有形訛而別作一音者；有字本不誤，因纂者所據之舊音反切文字有誤而別出一音者；有抄寫

錯行，於音不合者；有字音與諧聲偏旁不合而爲纂集之誤者。論義訓，則有與古書不合者；有形音不誤，而義訓乖謬者；有承前代字書之誤，以兩字之義合併於一字之下者；有同紐之内上下文字脱奪，以致注釋相亂者。今於形體則審其音義及隸變草變正訛之例，別考字書，以正其誤。於聲音則辨別諧聲，並參考隋唐以前之反切定其然否。於義訓則根據聲音形體交相證發，並尋繹古書之訓釋，以正其疏失。凡有校改，皆標記書上。非有確證，不敢妄下雌黄。

昔讀黄丕烈藏書題識，知段玉裁有《廣韻》校本。近得見王國維所臨黄丕烈過録之段校本，書中訂正《廣韻》之誤字極多。王氏亦嘗以宋刊巾箱本校澤存堂本，後又以《切韻》《唐韻》通勘《廣韻》，標出陸孫二家原有之字。趙斐雲先生復重校一過，益以故宫博物院所藏王仁昫《刊謬補缺切韻》，朱墨琳琅，用力甚勤。今得綜核各本踵事校讎者，實得前輩之啓發。但《廣韻》雖爲韻書，實兼字書之用，乃唐以前文字訓詁之總匯，欲一一校訂無誤，亦非易事。惟期引證翔實，便於應用而已。於所不知，則闕而不論。校勘時復承斐雲先生懇切指示，並惠借資料，受益實多。今略陳旨趣，惟覽者詳焉。

一九三七年三月周祖謨序

一九五八年重訂

校例

一　本書以張士俊澤存堂本《廣韻》爲底本，據傅氏雙鑑樓及日本《金澤文庫》所藏北宋刻本、涵芬樓所藏景宋寫本、涵芬樓覆印宋刊巾箱本、黎刻《古逸叢書》本、曹刻楝亭五種本讎校異同，以訂正張刻之誤。

二　《廣韻》舊有略注本，多刻於元明兩代，其中文字亦足與詳本互證。今參校黎刻《古逸叢書》中元泰定本及顧炎武翻刻明經廠本，凡有可取，皆列入《校勘記》。

三　《廣韻》據唐本韻書修輯而成，審核不精，頗有訛誤。今取殘存之唐人韻書考案訂正之。本書參考之唐人韻書殘本凡二十種。國内保存者，有清末蔣斧舊藏之《唐韻》殘卷（簡稱《唐韻》），故宫博物院所藏之王仁昫《刊謬補缺切韻》（簡稱故宫《王韻》）及卞永譽《式古堂書畫彙考》所録明項子京所藏《唐韻》序（簡稱卞録《唐韻》序）三種。國外收藏者，有英國倫敦博物院所藏得自敦煌之《切韻》殘卷三種（簡稱《切一》《切二》《切三》）。法國巴黎國家圖書館所藏得自敦煌之王仁昫《刊謬補缺切韻》（簡稱敦煌《王韻》），五代刻本韻書殘葉，刻本韻書五五三一（五五三一爲法人伯希和之標號，以下並同），《切韻》殘葉二〇一七，唐《切韻》殘葉二〇一六，《唐韻》殘葉二〇一八，唐本韻書殘葉二〇一九，劉復《敦煌掇瑣》所録韻書序甲本（簡稱《掇瑣》甲本），韻書序乙本（簡稱《掇瑣》乙本）九種。德國人所藏得自吐魯番之唐人韻書殘片兩種（簡稱韻書殘片一、韻書殘片二），刻本《切韻》一種，刻

四　本韻書殘葉一種。日本大谷光瑞《西域考古圖譜》所收得自吐峪溝之唐寫本韻書斷片一種。《校勘記》依據張氏澤存堂原刻本而作，每葉有校語者皆分別標明數字，讀者可就原書葉次依數字檢查《校勘記》。

五　黄丕烈所臨段玉裁校本《廣韻》，改正訛字甚多。段氏校語，今皆采入。段校有未舉證據者，今略爲補充，以便參考。

六　凡張刻本文字確知爲誤字者，即於字旁用 × 號標出，別記正字於書上。衍文亦用 × 號標明，於書上記明某字當删。其有脱奪宜增補者，即於脱奪處以乀號識之，記當補之字於書上。

七　《廣韻》中一字有兩音者皆按音分載兩處。但亦有此處注文注明又音而彼處不見其字者，今皆於《校勘記》中指出。惟《廣韻》注中所記又音，或因承舊本，或出自宋人增補，聲韻不合在所難免。每有不見於又音所指之韻，而見於鄰近之韻者。但所見是否即爲所指，尚在疑似之間。今亦指出，以便尋案。

八　《廣韻》字下注有又音，該字未曾互見者，除上文所言疑似之類不論外，均於缺載處補出，但列於一紐之末。爲免與原書相混，僅記於書上，而補處以△號識之。若當見之處無此一紐者，則記於韻末，以○號識之。如此，《廣韻》全書所出之字音皆已具備。凡字下注有又音，該字未曾互見，而本書已增補者，均於注文又音旁以∨號識之。

九　《廣韻》注中所記「《説文》又音某、應劭音某、王肅音某、何承天音某、顔師古又音某」等與互注之又音不同，即使未曾互見，亦不增補。

十 傅氏雙鑑樓所藏北宋本《廣韻》存上平、上、去三卷，《校勘記》中簡稱北宋本。日本《金澤文庫》所藏北宋本《廣韻》五卷，簡稱日本宋本。涵芬樓所藏景宋寫本，簡稱景宋本。《四部叢刊》覆印宋刊巾箱本，簡稱巾箱本。黎氏《古逸叢書》所據之宋本（即黎氏《校札》中所稱宋本），今稱黎氏所據本。黎氏《古逸叢書》本，簡稱黎本。曹氏楝亭五種本，簡稱楝亭本。黎氏《古逸叢書》覆元泰定刊本，簡稱元泰定本。顧翻明經廠本，簡稱明本。

張氏重刊

宋本廣韻

澤存堂藏板

重刊廣韻序

聲韻之學盛于六代周顒以天子聖哲分四聲而學者言韻悉本沈約顧其書終莫有傳者今之廣韻源於陸法言切韻而長孫納言爲之箋注者也其後諸家各有增加已非廣韻之舊然分韻二百有六部未之紊焉自平水劉淵淳祐中始併爲一百七韻於是合殷于文合隱于吻合焮于問盡乖唐人之官韻好異者又惑于婆羅門書取華嚴字母三十有六顛倒倫次審其音而紊其序逮洪武正韻出脣齒之不分清濁之莫辨雖以天子之尊行之不遠則是非之心

顒張氏從剣改作捨

人皆有之矣曩崑山顧處士炎武校廣韻力欲復古刊之淮陰茀仍明内庫鏤板緣古本箋注多寡不齊中涓取而删之略均其字數頗失作者之旨吳下張上舍士俊有憂之訪諸琴川毛氏得宋時鋟本證以藏書家所傳抄務合乎景德祥符而後已抑何其用力之勤與嗟夫韻學之不講久矣近有嶺外妄男子僞撰沈約之書以眩于世信而不疑者有焉幸而廣韻僅存則天之未喪斯文也吾故序之俾海内之言韻者必以是書爲準康熙四十有三年六月秀水朱彝尊書

重刊古本廣韻序

吴門張氏刻古本廣韻成余亟稱其書之善謂古音之條理猶可攷見者獨賴此書之存文人學士宜家置一編而人或未喻有問余者曰韻爲詩設也詩人用韻樂寬而苦狹今世俗通行之譜僅一百七韻此書乃分爲二百六韻得無繁碎而窘於押用乎荅曰韻本乎聲聲之自出有脣舌齒牙喉之異有輕重清濁陰陽之殊其播爲音也有宫商角徵羽之辨昔人精於審音條分縷析如冬鍾必分爲二支脂之必分爲三删山先仙必分爲四豈好爲繁瑣哉亦本其自

然之音使各得其所而已後世讀字失其本音不曉分韻之故遂舉而併省之使古音之相近而不相侵者雜然混而爲一失莫甚焉賴有此書而最初立韻之部分犂然具在蓋自陸法言等數人斟酌古今南北勒成一書歷代增修雖有切韻唐韻廣韻之異名而部分無改唐宋用以取士謂之官韻與九經同頒無敢出入宋末元初始加改併名爲併其所通用實則非通而併且闌入他韻者多矣今學詩者必宗唐宋而用韻不從唐宋其可乎從此書所標之通用者韻固未嘗狹也而無訛濫之失不亦善乎客曰部分

則聞命矣書中收字太多不盡適於用且有一字而三四韻並收者於義何居曰此書之作不專爲韻也取説文字林玉篇所有之字而畢載之且增益其未備釐正其字體欲使學者一覽而聲音文字包舉無遺故説文字林玉篇之書不可以該音學而廣韻一書可以該六書之學其用宏矣若夫一字而具數音或有異義或無異義此即轉注假借之法屈宋以降迄唐名人率多用之自後世刪去復字而古人有韻之文多不可讀一披廣韻而其字具在非出韻也非叶韻也夫韻書之作非專爲詩非專爲近體也以爲

賦頌箴銘以爲長篇古體惟恐其字之易盡也而何嫌於繁乎曰本文之浩博可也小注則粗明字義可矣而何姓氏地理物類方言之旁羅曲載乎曰此正古人之善著書也其人既博極古今而爲書之意欲舉天地民物之大悉入其中凡經史子志九流百家僻書隱籍無不摭采一公字也而載人姓名至千有餘言一楓字也而蚩尤桎梏化楓楓脂入地千年變虎魄之說無不備録不惟學者可以廣異聞資多識而世本姓苑百家譜英賢傳續漢書魏略三輔決録等古書數十種不存於今者賴其徵引班班可見有

功於載籍亦大矣而近代刻廣韻者盡刪去之此古本之所以尤可貴也先師顧亭林深明音學憫學者泥今而昧古實始表章此書刻之淮上然其所見乃內府刊本已經刪削者久而覺其書之不完作後序以志遺憾近歲耒始見宋鋟本於崑山徐相國家借錄以歸張子士俊孜孜好古得舊刻於毛氏而缺其一帙余乃畀以寫本精加校讎梓之行世因以告客之語書于簡端若夫極論古今音之異同得失而折衷之以經則有先師之音學五書在學者究觀焉可也舊史氏松陵潘耒書

大宋重修廣韻一部

凡二万六千一百九十四言

注一十九万一千六百九十二字

準[1]景德四年十一月十五日

勅[2]四聲成文六書垂法乃經籍之資始寔簡册之攸先自吴楚辨音隷古分體年祀寖遠攻習多門偏旁由是差譌傳寫以之漏落矧注解之未備諒教授之何從爰命討論特加刊正仍令摹印用廣頒行期後學之無疑俾永代而作則宜令崇文院雕[3]印送國子監依九經書例施行牒至準

勅故牒

又準大中祥符元年六月五日

勅道有形器之適物有象數之滋一爻始畫於龍圖八體遂生於鳥跡書契是造文字教興踵事增華觸類浸長沿賡載以變本尚鋅律之諧音集韻成書抑亦久矣朕聿遵

先志導揚素風設教崇文懸科取士考覈程準茲實用焉而舊本既譌學者多誤必豕魚之盡革乃朱紫以洞分爰擇儒臣叶宣精力校讎增損質正刊修綜其綱條灼然敘列俾之摹刻垂于將來仍特換於新

1彥

名庶永昭於成績宜改爲大宋重修廣韻牒至準
勑故牒
陸法言撰本　長孫訥言箋注
儀同三司劉臻　外史顏之推
著作郎魏淵[1]　武陽太守盧思道
散騎常侍李若　國子博士蕭該
蜀王諮議參軍辛德源
吏部侍郎薛道衡已上八人同撰集
郭知玄拾遺緒正更以朱箋三百字
關亮增加字　薛峋增加字
何昇

二·十二　韻上平　二

3 古

5 涉

王仁煦增加字　祝尚丘增加字

孫愐增加字　嚴寶文增加字

裴務齊增加字　陳道固增加字

更有諸家增字及義理釋訓悉纂略備載卷中

勒成一部進上

勅賜絹五百疋

昔開皇初有儀[2]同劉臻等八人同詣法言門宿夜永

酒闌論及音韻以[3]今聲調既自有别諸家取捨[4]亦復

不同吴楚則時傷輕淺燕趙則多傷[5]重濁秦隴則去

聲爲入梁益則平聲似去又支[6]章移切脂旨夷切魚語居切

3 詠　　6 為

虞（遇[1]俱切）共爲一[2]韻，先（蘇前切）仙（相然切）尤（于求切）侯（胡溝切）俱
論是切。欲廣文路，自可清濁皆通；若賞知音，即須輕
重有異。呂靜韻集、夏侯該[3]韻略、陽休之[4]韻略、周思言
音韻、李季節音譜、杜臺卿韻略等，各有乖互。江東取
韻與河北復殊。因論南北是非，古今通塞，欲更捃選
精切，除削疏緩，蕭[5]顏多所決定。魏著作謂法言曰：向
來論難，疑處悉盡，何[6]不隨口記之。我輩數人，定則定
矣。法言即燭下握筆，略記綱紀[7]。博問英辯，殆得精華。
於是更涉餘學，兼從薄宦[8]，十數年間，不遑修集。今返[9]
初服，私訓諸弟[10]子，凡有文藻，即須[11]明聲韻。屏居山野，

交游阻絶疑惑之所質問無從亡者則生死路殊空懷可作之歎存者則貴賤禮隔[12]以報絶交之旨遂取諸家音韻古今字書以前所記者定之爲切韻五卷剖析豪氂分別黍累何煩泣[13]玉未得縣金藏之名山昔怪馬遷之言大持以蓋醬今歎楊雄之口吃非是小子專輒乃述羣賢遺意寧敢施行人世直欲不出戶庭于時歲次辛酉大隋仁壽元年[14]

訥言曰此製[15]酌古沿今[16]無以加也然古[17]×傳之已久多失本源[18]差之一畫[19]詎惟千里[20]見炙從肉莫究厥由輒意形聲固當從夕及其晤[21]×矣彼乃乖斯若靡[22]馮焉他皆倣[23]此頃[24]佩

14 也

15 訥言謂陸生此製

16 權而論之

17 若

20 弱冠嘗覽顏公字樣

21 悟

24 以

1 揩　3 盪　4 乃廣　7 撇　8 又加六百字用補闕遺　9 類　10 但稱案者俱非舊說　12 也　13 者

經之隙沐雨之餘楷[1]其紕繆疇茲得失銀鉤創[2]闊晉
豕成羣盪[3]櫛行披魯魚盈貫遂銜[4]金篆遐泝石渠略
題會意之辭[5]仍記所由之典亦有一文兩體不復[6]備
陳數字同歸惟其擇善勿謂有增有减便慮不同一
點一畫[7]咸資別據[8]其有類[9]雜竝爲訓解[10]傳之[11]不謬庶
埒箋云于時歲次丁丑大唐儀鳳二年[12]
前費州多田縣丞郭知玄拾遺緒正更以朱箋三百
字其新加無反音[13]皆同上音也

陳州司法孫愐唐韻序

蓋聞[14]文字聿興音韻乃作蒼[15]頡爾雅爲首詩頌次之

則有字統字林韻集韻略述作頗衆得失互[16]分惟陸生[17]切韻盛行於世[18]然隨[19]珠尚纇虹[20]玉仍瑕注[21]有差錯文復漏誤若無刊正何以討論我國家偃武修文大崇[22]儒術置集賢之院召才學之流自開闢以來未有如今日之盛上行下效比屋可封輒[23]罄謏聞敢補遺闕兼習諸書具[24]爲訓解州縣名号亦據今時字[25]體從木從才著亻著亻施[26]殳施攴安尒安禾並悉具言庶無紕繆其有異聞奇怪傳説[27]姓氏原由土地物産山河草木鳥獸蟲魚備載其間皆引憑[28]據隨[29]韻編紀添彼數家勒成一書名曰唐韻蓋取周[30]易周禮之義也

5 梁
9 二
10 戰

及案[1]三蒼爾雅字統字林[2]說文玉篇石經聲韻聲[3]譜
九經諸子史漢三國志[4]晉宋後魏周隋陳宋[5]兩齊書
本草姓苑風俗通古今注賈執姓氏英賢傳王僧孺
百家譜周[6]何潔集文選諸集孝子傳輿地志[7]及武德
已[8]來創置迄開元三[9]十年並列注中等夫輿誦[10]流汗
交集愧以上陳天心又有元青子吉成子者則汝陽
侯榮之曾孫卓尒好古博通內外遁祿巖嶺吐納自
然抗志鈐鍵棲神梵宇淡泊無事希夷絕塵倏忽風
雲靈談怡懌考窮史籍廣覽羣書欲令清濁昭然學
之上有終日而忘食有連宵而不寐案搜神記精怪

圖山海經博物志四夷傳大荒經南越志西域記西壑傳漢纂藥論證俗方言御覽字府及九經三史諸子中遺漏要字訓義解釋多有不載必具言之子細研窮究其巢穴澄凝微思鄭重詳思輕重斯分不令㥼糅緘之金篋珍之寶之而已哉寧辭阻險敢不躬談一訢愚心克諧雅況依次編記而不別番其一字數訓則執優而尸之劣而副之其有或假不失元本以四聲尋譯冀覽者去疑宿滯者豁如也又紐其脣齒喉舌牙部仵而次之有可紐不可行之及古體有依約之並采[11]以爲證庶無壅而昭其馮[12]起終五年精

成一部前後總加四萬二千三百八十三言仍篆隸石經勒存正體幸不譏繁于時歲次辛卯天寶十[1]載也

論曰切韻者本乎四聲紐以雙聲疊韻欲使文章麗則韻調精明於古人耳或人不達文性便格於五音爲足[2]夫五音者五行之響八音之和四聲間迭在其中矣必以五音爲定則參宮參羽半徵半商引字調音各自有清濁若細分其條目則令韻部繁碎徒拘桎於文辭[3]耳

廣韻上平聲卷第一

6 人

8 鶫

臻第十九 側詵

文第二十 武分 欣[2]同用

欣第二十一 許巾[3]

元第二十二 語袁[4] 魂痕同用

魂第二十三 戶昆

痕第二十四 戶恩

寒第二十五 胡安 桓同用

桓第二十六 乎官

刪第二十七 所姦 山同用

山第二十八 所閒

一○東 春方也說文曰動也从日在木中亦東風菜廣州記云陸地生莖赤和肉作羹味如酪香似蘭吳都賦云草則東風扶留又姓舜七友有東不訾又漢複姓十三[5]氏左傳魯卿東門襄仲後因氏焉齊有大夫東郭偃又有東宮得臣晉有東關嬖五神仙傳有廣陵人東陵聖母適杜氏齊景公時有隱居東陵者乃以爲氏世本宋大夫東鄉爲[6]賁執英賢傳云今高密有東鄉姓宋有貟外郎東陽無疑撰齊諧記七卷昔有東閤子嘗[7]富貴後乞於道云吾爲相六年未薦一士夏禹之後東樓公封于杞後以爲氏莊子東野稷漢有平原東方朔曹瞞傳有南陽太守東里昆何氏姓苑有東萊氏德紅切十七 菄 東風菜義見上注俗加艹 鶇 鶇鴹鳥名美形出廣雅亦作鶫[8] 䍶 獸名

山海經曰秦[1]戲山有獸狀如羊一角一目目在耳後其名曰辣又音陳音棟　倲儱倲[2]儜劣皃出字諟　倲上同　𩟿地理志云
東郡館名　𢘐古文見道經　涷瀧涷沾漬說文曰水出發鳩山入於河又都貢切　蝀螮蝀虹也又音董　凍凍凌又都
貢切　鯟魚名似鯉　𢔅行皃　崠崠如山名　埬上埬地名　𧓕蛞𧓕科斗蟲也案爾雅曰科斗活東郭璞云蝦蟆子
也字俗從蝕　䰤醜皃　○同齊也共也輩也合也律歷有六同亦州春秋時晉夷吾獻其西河地於秦七國時屬魏秦幷天下爲內史
之地漢武更名馮翊又有九龍泉泉有九源同爲一流因以名之又羌複姓有同蹄氏望在勃海徒紅切四十五　仝古文出道書　童
童獨也言童子未有室家也又姓出東莞漢有琅邪內史童仲玉　僮僮僕又頑也癡也又姓漢有交阯刺史僮尹出風俗通　銅金之
一品　桐木名月令曰清明之日桐始華又桐廬縣在睦[3]州亦姓有桐君藥録兩卷　峒崆峒山名　硐磨也　𦨴𦨴舡　狪[4]獸似
家出泰山　筒竹筒又竹名射筒吳都賦曰其竹則桂箭射筒　瞳目瞳　㼧㼧瓦　𤭛上同　罿車上網又音衝　犝
犝牛無角　筩竹筩　潼水名出廣漢郡亦關名又[5]通衝二音　曈曈曨日欲明也又他孔切　洞洪洞縣名在晉州北又徒
弄切　侗楊子法言云倥侗顢蒙　橦木名花可爲布出字書又鍾幢二音　烔熱氣烔烔出字林　鶇鶇鶇水鳥黃喙喙長

9 ⿱鼓甬

13 達

△沖 本韻敕中切又音蟲

尺餘南人以爲酒器出劉欣期交州記 挏[6] 引也漢官名有挏馬又音動 酮 馬酪又音動 鮦 爾雅云鱧大鮦又直冢直柳二切 甋 瓦井甓一云甃也 ⿰羊童 無角羊 ⿰羊同 上同 眮 目眶又徒揔切 董 草名又多動切 種 種稑先種後熟謂之種後種先熟謂之稑又音重 衕 通街也 ⿰革童[7] 鞁具飾也 ⿸广同[8] 地下應聲 ⿱穴同 通窬也 哃 哃唐大言 ⿰弓同 弓飾 絧 布名 ⿰同阝 鄉名 ⿰童阝 地名又姓 ⿱鼓角[9] 鼓聲 ⿰虎⿱龹馬[10] 黑虎 ⿰黑⿱龹馬 黑皃 ○中 平也成也宜也堪也任也和也半也又姓漢少府卿中京出風俗通又漢複姓有七氏漢有諫議大夫中行彪晉中行偃之後虞有五英之樂掌中英者因以爲氏古有隱者中梁子漢書藝文志有室中周[11]著書十篇賈執英賢傳云路中大夫之後以路中爲氏張晏云姓路爲中大夫何氏姓苑有中壘氏中野氏陟弓切又陟仲切四 衷 善也正也適也中也又衷衣[12]褻衣也 忠 無私也敬也直也厚也亦州名本漢臨江縣屬巴郡後魏置臨州貞觀爲忠州 ⿱艹中 草名又音沖 ○蟲 爾雅曰有足曰蟲無足曰豸又姓漢功臣表有曲成侯蟲進[13]直弓切七 沖 和也深也 种 稚也或作沖亦姓後漢司徒河南种暠 盅 器虛也又敕中切 爞 爾雅云爞爞炎炎熏也 ⿱艹中 草名又音中 翀 直上飛也 ○終 極也窮也竟也又姓漢有濟南終軍又漢複姓二氏東觀漢記有終利恭何氏姓苑云今下邳人也左傳殷人七族有終葵氏職戎切十五

6 倕

衆又之仲切潀小水入大水又徂紅在冬二切殄殁也螽螽斯蟲也蝝上同𪖗豹文鼠也蔠蔠葵蘩露也
柊木名又齊人謂椎爲柊楑也𩅧小雨𪔮字書云鼀名也鴤鳥名䈺籚䈺戎人呼之泈水名在襄陽
𧳋獸如豹○忡憂也敕中切三沖沖瀜水平遠之皃又[2]音蟲盅器虛也又音蟲○崇高也敬也就也聚也又姓鋤弓
切四𡩋上同𠟆鍤屬䭌饞䭌貪食也出古今字音○嵩山高也又山名又姓史記有嵩極玄子或作崧息弓切九崧
上同䳋似鷹而小能捕雀也娀有娀氏女簡狄帝嚳次妃吞乙卵生契菘菜名硹地名在遼倯姓也蜙蟲名
𩬸[3]細毛○戎戎狄亦助也說文作戓兵也又姓漢宣帝戎婕妤生中山哀王竟如融切九戓上同茙茙葵蜀葵也又
虜姓後魏書官氏志云南方有茙眷氏改爲茙氏也㭜木名駥馬八尺也䇯小竹可爲矢㑚㑚人身有三角也狨
細[4]布絨上同○弓弓矢釋名曰弓穹也張之穹穹然也[5]其末曰簫又謂之弭以骨爲之滑弭弭也中央曰弣弣撫也人所撫持也簫弣
之閒曰淵淵宛也言曲宛然也丗本曰黃帝臣揮作弓墨子曰羿作弓孫子曰[6]倕作弓又姓魯大夫叔弓之後居戎切六躳身也親也又姓
出姓苑躬上同𣹳縣名在酒泉宮白虎通曰黃帝作宮室以避[7]寒暑宮之言中也丗本曰禹作宮亦官名漢書曰少府

宋琚

11 𤜵

9 曹

九·七

官有守官令主御筆墨紙封書泥也又姓左傳虞有宮之奇躬謹敬之皃又音穹○融和也朗也說文曰炊气上出也又姓

世本云古天子祝融之後以戎切四融上同肜祭名又敕林[8]切瀜沖瀜大水皃○雄雄雌也亦姓舜友有雄陶羽弓

切二熊獸名似豕魏略曰大秦之國出玄熊亦姓左傳賢者熊宜僚又漢複姓左傳楚大夫熊率且比○瞢目不明莫中切六夢

說文曰不明也又武仲切鄸邑名在魯[9]×郡懜慙也國語云君使臣懜艷艷艷醜皃𧱁獸似豕目在耳出崐崘

○穹高也去宮切七悹憂也焪乾也芎芎藭香草根曰芎藭苗曰蘼蕪似蛇牀营上同躬謹敬之皃

䈙䈙籠也又去龍切○窮窮極也又窮奇獸名聞人鬭乃助不直者渠弓切三藭芎藭竆羿所封國○馮馮翊

郡名又姓畢公高之後食采於馮城因而命氏出杜陵及長樂房戎切七堸蟲室汎浮也又孚劍切芃草盛也又音蓬𨟚

姬姓之國渢弘大聲也梵木得風皃又防泛切○風教也佚也告也聲也河圖曰風者天地之使元命包曰陰陽怒而爲風方

戎切七飌古文楓木名子[10]可爲式爾雅云楓有脂而香孫炎云欇欇生江上有奇生枝高三四尺生毛一名楓子天旱以泥泥

之即雨山海經曰黃帝殺蚩尤棄其桎梏變爲楓木脂入地千年化爲虎魄猦猦母[11]×獸狀如猿逢人則叩頭小打便死得風還活

8 甲　7 竸　5 石　2 隆

出異物志颫地名䕨䕨梵聲也繫[1]竹名出南海○豐大也多也茂也盛也又酒器豆屬又姓鄭公子豐之後敷空[2]切八酆邑名亦姓左傳有狄相酆舒葑蕪菁苗也灃水名在咸陽寷大屋麷煑麥僼偓僼仙人

𡾰山名○充美也塞也行也滿也昌終切七珫珫耳玉名詩傳云珫耳謂之瑱字俗從玉茺茺蔚草也㤝心動袸袸襌衣也𪏚黃色又音統浺水聲○隆盛也豐也大也力中切六癃病也亦作㾝𪔂[3]鼓聲俗作鼕

窿穹隆天勢俗加穴霳豐隆雷師俗加雨夅多夅礼天○空空虛書曰伯禹作司空又漢複姓有空桐空相二氏苦紅切十四箜箜篌樂器釋名云師延所作靡靡之音出[4]桑閒濮上續漢書云靈帝胡服作箜篌也崆崆峒椌器物朴也又丘江切硿硿青色也[5]稄稻稈悾悾悾信也愨也埪土埪龕也倥倥侗涳涳濛小雨又口江切

鵼怪鳥出字統䓚䓚心草也㡁[6]衣袂䗁蟬脫䗁皮○公通也父也正也共也官也三公論道又公者無私也從八從厶厶音私八背意也背厶爲公也亦姓漢有主[7]爵都尉公儉又漢複姓八十五氏左傳魯有公冉務人公歛陽公何藐公父歜公賓庚公思展公鉏極公申[8]叔子費宰公山弗擾[9]公甲叔公巫召伯衞有公文要戰國策齊威王時有左執法公旗蕃左傳齊悼子公旗之後左傳季武子

九六犬　韻上平　十　宋琚

庶子公沮[10]後以爲氏孟子有公行子著書左傳晉成公以卿之庶子爲
公行大夫其後氏焉孔子家語魯有公冶長又公索氏將祭而亡其牲
者魯有公慎氏出姪妻又有公罔之裘揚觶者孔子弟子齊人公晳
哀陳人公良儒公西赤公祖句茲公肩定漢書藝文志有公檮子
著書又有公勝生著書濟南公玉帶上明堂圖功臣表有公師壹
晉穆公子成師之後又有公扈滿意後漢有零陵太守公仇稱晉
穆公子仇之後又弘農令北海公沙穆山陽公堵恭魏志有公夏
浩晉書有征虜長史太山公正羣成都王帳下督公師蕃本姓公
師避晉景帝諱改爲公帥氏前趙録有大[11]中大夫公帥式子夏門
人齊人公羊高作春秋傳列女傳有公乘之姒墨子魯有公輸班
衞大夫公叔文子史記有魯相公儀休孔子門人公休哀又有公
祈哀禮記魯大夫公明儀何氏姓苑云今高平人衞大夫公南文
子魯有公荆皎衞大夫公子荆之後魯大夫公襄昭魯襄公太子
野之後魯大夫公伯寮何氏姓苑云彭城人趙平陵太守公休勝
魯士官公爲珍魯昭公子公爲之後楚大夫公朱高宋公子子朱
之後公車氏秦公子伯車之後淮南子有公牛哀病七日化爲虎
齊公子牛之後呂氏春秋有郱大夫公息忘孟子稱公都子有學
業楚公子田食采於都邑後氏焉公劉氏后稷公劉之後古今人
表有公房皮楚公子房之後郭泰別傳有渤海公族進階衞大夫
有公上王世本有魯大夫公之文晉蒲邑大夫公佗世卿秦公子

1 七

3 華

金之後有公金氏齊公子成之後有公牽氏何氏姓苑云公右氏今琅
邪人公左氏今高平人又有公言公孟公獻公留公石公旅公仲等氏
又左傳衞有庚公差以善射聞祭公謀父出自姜姓申公子福楚申公
巫臣之後衞有尹公佗楚大夫逢公子仲楚白公勝之後有白公氏文
字志云魏文侯時有古樂人竇公氏獻古文樂書一篇秦有博士黃公
庇古今人表神農之後有公幹仕齊爲大夫其後氏焉世本有大公叔
穎又有公紀氏衞有大夫左公子洩右公子職漢四
晧有園公先生尚書僕射東郡成公敞古紅切十三

功 功績也說文曰以勞定國曰功又漢複姓何氏姓苑云漢營陵令成功恢禹治水告成功後爲氏俗作㓛 工 官也又工巧也 疘 文字集略云脫疘下部病也 蚣 蜈蚣蟲

玒 玉名又音江 釭 車釭說文曰車轂中鐵也又古雙切 魟 ⿰魚斤魟江蟲形似蟹可食又音烘 攻 攻擊也 㓚 錘穫也

愩 憒也 碽 擊聲 篢 篢笠方言 ○蒙 覆也奄也爾雅釋草曰蒙王女也莫紅切二十六× 冡 說文覆也 濛 溟濛細雨

⿰馬蒙 驢子曰⿰馬蒙 艨[2] 艨艟戰船又武用切 朦 大皃 矇 矇瞽 饛 盛食滿皃 ⿱髟蒙 馬垂鬣也 檬 似槐[3]葉黃

⿰酉冡 麴生衣皃 ⿰麥冡 上同 ⿰酉盟[4] 亦上同 鸏 鸏鶵鳥也 幪 覆也蓋衣也又幪轂 罞 爾雅曰麋罟謂之罞 幏 說文云蓋衣也又莫弄切

髳 爾雅釋詁曰覭髳茀離也 蠓 蠛蠓似蚊又莫孔切 蒙 草可爲帚 雺 天氣下地不應曰雺又莫侯[5]切

6 馬

霿霥並上同朦朦朧月下𥂂器滿懞心悶闇也𩅪小雨○籠西京雜記曰漢制天子以象牙爲火

籠盧紅切又力董切二十七豅大谷龒說文云房室之跡也亦作櫳朧朦朧⿱龍口大聲龓龓頭⿰革龍上同徿

瀧涑沾漬說文曰雨瀧瀧也聾耳聾左傳云不聽五聲之和曰聾釋名曰聾籠也如在蒙籠之內不可察也⿰車龍軸頭礱

磨也⿰禾龍禾病⿰歹龍上同嚨喉嚨蘢蘢古草名又音龍櫳檻也養獸所也⿱龍瓦字書云築土⿱龍瓦㲉巃巃嵸

山皃嵸祖紅切又音竉揔襱襱裙⿰衤同上同瓏玲瓏玉聲曨日欲出也鸗鳥名⿰食龍⿰食龍餅蠪蠪蛭如狐九尾

虎爪音如小兒食人一名⿰虫奇蠪又爾雅曰蠪朾螘郭璞云赤駁蚍蜉⿰山兒崆⿰山兒山皃屸山形○洪大也亦姓共工氏之後本姓共氏後

改爲洪氏戶公切二十二鉷弩牙訌潰也詩曰蟊賊內訌紅色也又姓虹蝃蝀也又古巷切仜身肥大也鴻詩傳

云大曰鴻小曰鴈又姓左傳衛大夫鴻聊魋葒水草一曰蘢古詩云隰有游龍傳曰龍即紅草也字或從廾葓上同谼大壑

又谼谷寺在相州粠陳赤米也烘字林云燎也又呼紅切洚說文曰水不遵道一曰下也又戶冬下江二切⿰氵缸潰⿰氵缸

水沸湧也⿰阝虫從⿰阝虫山名在雲南魟魟白魚又音烘⿰阝共坑也⿰音工大聲羾飛聲⿵風工大風⿰石夅石聲琟鳥肥

△⿰忄共 腫韻居悚切又户工切

2 又

3 階

4 曈曨

△潼 本韻徒紅切又音通

大唯唯然○叢聚也徂紅切五藂俗䕺草叢生皃潨水會也䉘籠䉘取魚器俗○翁老稱也亦
鳥頸毛又姓漢書貨殖傳有翁伯販脂而傾縣邑烏紅切八螉蠮螉蟲名細要[1]蠭也䱵魚名蓊蓊鬱草木盛皃又烏
桶切⿱竹翁竹盛皃鞥吴人靴靿曰鞥⿰木翁水⿰木翁子果名出南州⿰翁頁頸毛也○悤速也倉紅切十五怱俗
葱葷菜楤尖頭擔也⿰車悤轞車載囚聰聞也明也察也聽也殷仲堪父患耳聰聞牀下蟻動謂之牛鬬出晉書繱
絶青黃文細絹璁石似玉也驄馬青白雜色蟌蜻蜓淮南子曰蝦蟆爲鶉水蠆爲蟌囪竈突⿰酉悤⿰酉悤⿰酉彖濁酒
鏓大鑿平木器熜熅也又子孔切⿸广悤屋中[3]會又子孔切○通達也三禮圖曰通天冠一名高山冠上之所服
也亦州名本漢宕渠縣內有地萬餘頃因名爲萬州後魏以萬州居四達之路改爲通州又姓出姓苑他紅切九蓪蓪草藥名中有
小孔通氣侗大也恫痛也痌上同曈[4]曨曈欲明之皃俑俑偶人又音勇狪獸名似豕出泰山又[5]音同⿰⻊同
走皃○葼木細枝也子紅切二十一鬷釜屬又姓左傳鄭大夫鬷明嵕九嵕山名猣犬生三子豵[6]豕生三子鯼
石首魚名椶椶[7]櫚一名蒲葵騣馬鬣鬉上同蝬螉蝬蟲名蓯蘢蓯又作孔切艐書傳云三艐國名說文云船著

八•十 韻上平 十二 趙中

8 下　10 瀧　12 𥈤　13 伯　14 烕

沙不行也蝬三蝬蛤屬出臨海異物志堫種也碊石也㩟聳翅上[8]皃緵縷也又作弄切㚇飛而斂足又子貢切
𢕟數也稯禾束鬉毛亂○蓬草名亦州名周割巴州之伏虞郡於此置蓬州因蓬山而名之薄紅切十篷
車䡫篷織竹夾箬覆舟也髼髼鬆髮亂皃蜂蟲名出蒼頡篇又音峯芃芃芃草盛皃又音馮䙐
爾雅曰困衱䙐亦作䙐又音降韸[9]鼓聲驡充塞皃又音龍[10]𩙪風皃又[11]步留切○烘火皃呼東切又音紅六叿
叿叿市人聲魟河魚似鼈谾谷空皃出字林𧦝𧦝訌大聲䫹大風○𡵆崆𡵆山皃五東切又魚江切一
○檧小籠蘇公切又先孔切三憁惺憁了慧人也𥈤[12]𥈤白皃出聲譜
二○冬四時之末尸子曰冬為信北方為冬冬終也又姓前燕慕容皝左司馬冬壽都宗切七𠔸古文苳草名鴤
鴤鳥好入水食似鳧形小笗竹名䨢雨皃𧲣獸如豹有角○彤赤也丹飾[13]也亦姓彤伯為成王宗枝徒冬切二
十二疼痛也佟姓也北燕錄有遼東佟萬以文章知名炵火威[14]皃又他冬切䳉鳥名䳉渠狀如山雞黑身赤足
出山海經也鼕鼓聲𢥞𢥞憂也出楚詞𢿬[15]擊空聲爞旱熱㣭惶也痋[16]動病䖳刺矛鉵

4 爲　6 聲　7 鑿

大鉏𧹋赤色𧇾黑虎[1]㲨水名亦水皃𪛌龜名又音終𡨍[2]楚云深屋鉖釣鉖𨛱古國名
㣚戎云幡也赨赤蟲○賨戎稅說文曰南蠻賦也藏宗切十一琮說文云琮瑞玉大八寸似車釭周禮曰以黃琮
禮地悰慮也一曰樂也潀小水入大水也又徂紅職戎二切淙水聲又士江切慒謀也又似由切鬃高髻又士
江切𤮯甇屬又士江切孮族盛[4]孮鄉誴謀誴[5]樂也幏帛幏又布名○農田農也說文作𨽾耕也亦官名漢書
曰治粟內史秦官也景帝更名大司農又姓風俗通云神農之後又羌複姓有蘇農氏奴冬切十二𨽾上同辳古文䢉籀文
𩟿𩞄𩟿強食𩞄女耕切噥多言不中䨺露多憹憽憹悅也𤢪多毛犬也又乃刀切儂我也𥂝說文
曰腫血也膿上同○攻治也作也擊也伐也古冬切二釭燈也又音江○𥓓𥓓礲石落[6]戶冬切四洚說文曰水
不遵道一曰下也孟子曰洚水警予㗢歌也又胡宋徒送二切𩙣大風○礲力冬切三鼕[7]鼓聲鑿聲也○宗
衆也本也尊也亦官名漢書宗正秦官也掌親屬亦姓周卿宗伯之後出南陽又漢複姓二氏前漢有宗伯鳳南燕錄有宗正謙善卜相
作冬切二倧上古神人○鬆鬆鬆髮亂皃私宗切二鬆上同○炵火色他冬切一

10 鍾龍　14 茯　15 名　16 凇　17 綱　18 艨艟

三○鍾當也酒器也又量名左傳曰釜十則鍾亦姓出潁川又漢複姓有鍾離氏世本云與秦同祖其後因封爲姓職容切十八

鐘樂器也呂氏春秋云黃帝命伶倫鑄十二器世本曰垂作鐘　蚣蜈蚣蟲　忪心動皃　𥫱長節竹也　蹱蹱蹤小兒行皃　伀征伀行皃　衳小褌也　伀志及衆也　橦字樣[9]云本音同今借爲木橦字　籦籠籦[10]竹名廣志云可爲笛

妐夫之兄也　𠯠衆口也　舡[11]舉角也　炂熱化[12]也　𦬌草名　𨳲門外開閦　鈆鐵鈆　○龍通也和也寵也鱗蟲之長也易曰雲從龍又姓舜納言龍之後力鍾切九　瓏圭爲龍文　躘躘蹱　鸗鳥名　驡野馬　龔巫也

籠篝籠竹車弇亦籦籠竹又力東力董二切　𦪻小船上安蓋者　蘢蘢古草　○舂世本曰雍父作舂呂氏春秋曰赤冀作舂書容切六　蝽蜙蝑俗呼蝽蟝　摏[13]撞也　蹖蹋也　䳺鸐䳺鳥名　惷愚也　○松木名玄中記曰松脂淪入地千歲爲伏[14]苓亦州[15]舜竄三苗於三危河關之西南羌是也後魏末始統其城改置州焉祥容切四　梥古文　凇[16]凍落皃又先恭切

訟爭獄又徐用切　○衝當也向也突也說文曰通道也尺容切十一　衝上同　罿縱[17]也又音童　憧憧憧往來皃

衝陷陣車　艟艟[18]艨戰船　潼河潼又音同　褈[19]褈褣衣也　𠠆刺也　𠝾上同　穜短矛也　○容

2 㟅山

4 爲之

盛也儀也受也爾雅曰容謂之防郭璞云形如今牀頭小曲屏風唱躲者所以自防隱司馬法云軍容不入國國容不入軍是也又州名又姓八凱仲容之後禮記有徐大夫容居餘封切三十五 溶 水皃又音勇 滽 水名出宜蘇山 庸 常也用也功也和也次也易也又姓漢有庸光 𩫖 古文 𧳜 獸似牛領有肉也 㺎𤛰 並上同 墉 城也垣也 鎔 鎔鑄 鏞 大鐘 銿 上同

說文與鍾同 鄘 國名 傭 傭賃又丑凶切 鱅 鱅鰫鳥名似鶗雞足也 㼸 甖也 𤮘 上同 鱅 魚名又音慵 蓉 芙蓉 蝙 鯈蝙色如黃蛇有羽 傛 傛華縣也又漢書婦官有傛華 褣 褈褣 搈 不安 瑢 瑽瑢佩玉行

溶 溶筲又矢也 峪 山名在容州山下有鬼市 頌 形頌又似用切 宂 宂盛也說文云古文容 軨 車行皃

嵱 山嵱在建州 騌 餸騌 鷛 鷛鸍 槦 槦槦木中箭笴 彨 重影一曰形彨 戫 戫戣兵器 ○封 大也國也厚也爵也亦姓望出渤海本姜姓炎帝之後封鉅爲黃帝師又望出河南後魏官氏志云是賁氏後改爲封氏府容切五 㞐 古文 𡊝 野牛

葑 菜名詩云采葑采菲 𡉑 山名一名龍門山在封州大魚上化爲龍上不得點額流血水謂丹色也 ○胷 膺也亦作匈肾許容切十 凶 凶禍 㐫 古文 𢀓 懼也又斤斧柄孔又曲恭切 洶 水勢也 恟 懼也 訩 訟也 兇 惡也 詾 衆語

15 曳

△⿱从虫 本韻丑凶切又直容切

匈 匈奴 ○顒 仰也爾雅云顒顒卬卬君之德也說文云大頭也魚容切四 ⿰馬禺 上同見廣蒼 鰅 魚名說文曰皮有文

出樂浪又音隅 喁 噞喁 ○邕 說文曰四方有水自邕成池者是也於容切十六 雝 和也與邕略同又雝奴縣名在幽州水經

云四方有水曰雝不流曰奴亦姓左傳有雝糾又於用切 噰 鳥聲 嗈 上同 ⿰多邕 ⿰多邕⿰多農多皃 澭 水名在宋 灉 上同爾雅

曰水自河出爲灉 癰 癰瘍 罋 汲器 廱 辟廱天子教宮 饔 熟食 壅 塞又音擁 雝 爾雅曰䳭鴒[6]雝渠 ⿰邕鳥

上同 ⿱雍玉[7] 玉器 ⿰豸雍 獸似猨也 ○醲 厚酒女容切八 ⿰多農 ⿰多邕⿰多農 濃 厚也 襛 襛華又衣厚皃又而容切 穠 花木厚又

而容切 ⿰木農 木名 ⿰黑農 ⿰黑庸⿰黑農 ⿱農多[8] 多也 ○重 複也疊也直[9]容切又直勇直用二切六 種 先種晚熟曰種 緟 說文云增

益也 褈 複也 ⿰重鳥 ⿰重鳥鶶鳥名 蝩 蠶晚生者 ○從 就也又姓漢有將軍從公何氏姓苑云今東莞人疾容切又即[10]容七恭秦

用三切三 从 古文說文曰相聽也 ⿱從隹 方言云南[11]楚人謂雞 ○蹱 蹱蹱丑凶切七 傭 均也直也又音容 ⿰月庸 上同 ⿺辶⿰糸馬

馬不行也 ⿰豸重 土精如犲在地下也 ⿱从虫 地名又直[12]容切 ⿰黑庸 深穴中⿰黑庸黑也 ○逢 值也迎也符容切八 縫 紩又音俸 漨

水名 韸[13] 鼓聲 ⿰衤逢[14] ⿰衤逢⿰衤背寻也 夆 掣[15]也又敷[16]恭切 ⿰示逢[17] 大黃負山神能動天地氣昔孔甲遇之 捀[18] 說文曰奉也又

1 丰　3 髶　6 稍
2 夆 本韻符容切又敷恭切

符用切○峯山峯也敷容切十六鋒劒刃鋒也丰丰茸美好說文本作半草盛丰[1]也從生上下達也丯上同夆使也妦好也蠭說文曰螫人飛蟲也孝經援神契曰蠭蠆垂芒爲其毒在後蜂上同𧖅古文豐菜名又音豐桻木上熢熢火夜曰熢晝曰燧烽上同莑草牙始生出音譜仹仙人犎犎牛○縱縱橫也即容切又子用切九𣯶毴𣯶也蹤蹤跡𨋺車跡樅木名又七恭切磫磫礭礪石豵豕生三子𤐫火行[2]穴中𧺓急行也又此從切○茸草生皃而容切十䩯毳飾髶[3]髮多亂皃䇯竹頭有文襛華皃又厚[4]衣皃又女容切穠花木厚也又女容切搑擣[5]也𢔅𢓜𢔅寻也榵木名似檀𥟖禾[6]梢○蛩蛩蛩巨虛獸也說文云一曰秦謂蟬蛻曰蛩渠容切十六邛勞也病也又臨邛縣亦邛僰又姓列仙傳有周封史邛疏舼舼船𦨳上同筇竹名可爲杖張騫至大宛得之輁輁軸所以支棺也又音拱𦬍萁莢實也䈶䈶[7]籠䂬[8]水島石也又居勇切蛬蟋蟀又音拱㒖㒖倯可憎之皃𩬅𩬅鬆髮亂也桏柜柳𣐊稰也又巨壠切𤤵𤤵佩䮗獸如馬而青一走千里也○鱅魚名似牛音如豕蜀庸切又音庸三慵懶也𩌄通俗文云韋[9]乾也○恭[10]恭敬也說文本作恭肅也又姓

八·六三　韻上平　十五　方至

11 樅
○龔 用韻居用切又九容切
14 木
15 大

晉太子申生號恭君其後氏焉出國語九容切陸以恭蜙縱[11]等入冬韻非也十 龔姓也漢有龔遂 供奉也具也設也給也進也又居
用切 珙辟也又音拱 䢼邑名出異苑又亭名出晉書 共共城縣在衞州又渠用切 㽬䀨也 廾竦手也說文本居竦切
䰆䰆鬆 䳍鳥似雉鳴自呼○蜙蜙蝑蟲名息恭切六 淞水名在吳又[12]音松 凇凍落之皃 鬆髮亂皃亦
作鬆 倯倯恭怯皃 𢔛小行恐皃○樅木名松葉栢身七恭切又音蹤十二 鏦短矛又音窻 從從容又疾容秦用二
切 瞛[13]光也張景陽七命云怒目電瞛是也 蟌蜙蝑小蜂生牛馬皮中也 瑽瑽瑢佩玉行皃 摐打也又音窻 𦝫肥病
䅊治禾䅊移 𧼮急行也又音蹤 鬆髮亂又息恭切 迗迗遷○銎斤斧受柄處也曲恭切又許容切二 䉂䉂籠
四○江江海書有九江尋陽記云烏江蚌江烏白江嘉靡江畎江沔江廩江提江菌江亦姓出陳留本顓頊玄孫伯益之後爵封於江
陵爲楚所滅後以國爲氏古雙切十一 扛舉鼎說文云扛橫關對舉也秦武王與孟說扛龍文之鼎脫臏而死 杠旌旗飾一曰牀
前橫[14] 茳茳蘺香草 釭燈又音工 矼石矼石橋也爾雅曰石杠謂之徛字俗從石 豇豇豆蔓生白色 肛胮肛脹大又許
江切 玒玉名又音工 舡舉舡 谾谾谷在南郡○厖厚也犬[15]也莫江切十四 駹黑馬白面 狵犬多毛亦作尨

2 羫　5 瓨　6 豎

尨上同 浝水名 哤語雜亂曰哤 牻牛白黑雜 娏女神名 䵶陰私事也 ⿰山尨五⿰山尨山名在蜀 蛖
蛖螻螻蛄類 ⿰目尨目不明 痝病困 ⿰亻尨不媚 ○⿰耳農耳中聲也女江切八 㲓髮多 涳姓出纂文又音羫[2] 噥
噥嗔語出字林 ⿰食農強食 鬞亂髮 ⿰目農目不明 ⿰農鳥鴻⿰農鳥 ○囪說文曰在牆曰牖在屋曰囪楚江切九 窻說文
作窗[3]通孔也釋名曰窻聰也於內見外之聰明也 牕上同 窓俗 稯種也 堫上同 摐打鐘鼓也 鏦短矛也
⿰禾悤上同 ○邦國也又姓出何氏姓苑博江切四 ⿱山田古文 梆木名 垹土精如手在地中食之無病 ○桻
桻䉶帆未張下江切八 跭跭⿰足雙胡豆 降降伏又古巷切 缸甖缸[4] 瓨[5]上同 洚說文曰水不遵道一曰下也又古巷切 夅
服也 跭跭⿰足雙竪[6]立也 ○胮胮脹匹江切又音龐五 ⿸疒夅上同 ⿰音夅鼓聲 ⿱鼓夅上同 ⿰黑夅黑皃 ○瀧南人
名湍亦州在嶺南呂江切又音雙二 驡充塞之皃 ○雙偶也兩隻也又姓出姓苑後魏有將軍雙仕洛所江切七 艭[7]舽艭船名
䉶帆也 ⿰亻雙[8]㦼也左傳云駟氏⿰亻雙 ⿰足雙豆也 瀧水名在郴州界 ⿰足雙跭⿰足雙立也 ○龐姓也出南安南陽二望本周文
王子畢公高後封於龐因氏焉魏有龐涓薄江切五 逢[9]姓也出北海左傳齊有逢丑父 胮胮肛脹大皃 ⿰音夅鼓聲 舽

10 名　11 名　12 尻　14 尻　16 衹

解舡船皃[10]○肛許江切四哤哤䀡語出聲譜硿空谷皃舡解舡船皃[11]○胦胦肛不伏人握江切一○腔羊腔
也苦江切十二𤞟上同羫古文控打也又苦貢切椌椌楬悾信也慤也又音空跫蹋地聲涳直流崆
崆𡶕山皃又音空䯫𩪋䯫尻[12]骨瘔喉中病𤭹𤭹𤮘甂也○幢幡幢釋名曰幢[13]幢也其皃幢幢然也宅江切六撞
撞突也學記曰善待問者如撞鐘撞擊也橦木名又音鍾童𣃘旌旗杠皃出說文又丑善切噇喫皃𩪋𩪋䯫尻[14]骨
○惷愚也丑江切又[15]丑龍切又抽用切五䚒視不明也一曰直視又丑巷切穃黍穃不實也䄝祠不敬也𧝓短敝衣也
○樁橛也都江切二𣽈深水立𣽈○𡶕五江切一○淙水流皃士江切又才宗切四鬃髻高皃𤮐甖也
出方言𩟗饞𩟗愛食
五○支支度也支持也亦姓何氏姓苑云琅邪人後趙録有司空支雄又漢複姓莊子有支離益善屠龍章移切二十九紋
綼紋挽船繩也只専辝又之爾切汥水都名毴毴毴者輕毛皃卮酒器梔梔子木實可染黃枝枝柯又漢
複姓左傳楚大夫枝如子弓衹[16]適也又巨支切疷疾也衼衹衼尼法衣也衹音歧[17]肢肢體胑躰並上同

2 箋　4 褫

禔 福也又是支切 馭 馬強 氏 月氏國名又閼氏匈奴皇后也又精是二音 疧 毁傷 敍[1] 多也又音寘 鳷 鳥名漢武帝造鳷鵲觀在雲陽甘泉宮外 雄 上同 觶 本音寘今作奉觶字 榰 爾雅曰榰柱也謂相榰柱也 𢈔 玉篇云木盛 ⿱枝鳥 土精如鴈一足黃色毁之殺人 ⿱枝虫 蟲名似蜥蜴能吞人 眵 目汁凝又尺支切 軙 軙軝長轂 ⿰革爾 皮鞁

○移 遷也遺也延也徙也易也說文曰禾相倚移也又官曹公府不相臨敬則爲移書箴[2]表之類也亦姓風俗通云漢有弘農太守移良弋支切三十二 ⿰禾也 上同 迻 說文遷也 㰻 說文歠也 杝[3] 木名 鉹 方言云涼州呼甑又音侈 袲 宋地名又音侈 箷 衣架 ⿰衤施[4] 上同又榻前几 ⿰忄虒 怟⿰忄虒不憂事 訑 訑訑自得皃又淺意也 簃 樓閣邊小屋又音池 ⿱艹移 萎⿱艹移草 熪 燫熪火不絶皃 扅 扊[5]扅戶扃 衪[6] 衣袖 暆 東暆縣在樂浪 迆 逶迆又移爾切 ⿰豸多 獸名似犬尾白目喙赤出則大兵 栘 扶栘木名又成兮切 歋 歋瘉手相弄人亦作擨又以遮切 酏[7] 酒也又羊氏切 匜 杯匜似榹可以注水又羊氏切 拸 加也 誃 埤蒼云冰室門名 ⿰氵移 上同 蛇 蜲蛇莊子所謂紫衣而朱冠又蛇丘縣名又神遮切 虵 俗 螔 爾雅曰蚹蠃螔蝓注謂即蝸牛也 ⿰亻歋 ⿰亻歋⿸广欠 ⿰亻⿸厂欠 笑⿰亻⿸厂欠 ⿺風它 小旋風咸陽有之小⿺風它於地也

○爲 爾雅曰作

造爲也說文曰母猴也又姓風俗通云漢有南郡太守爲昆蘧支切又王僞切六為俗溈水名在新陽⿰阝爲阪名在鄭又王詭切鄬[8]地名⿰魚爲大魚又許爲切○嬀水名亦州春秋時屬燕秦爲上谷郡漢爲潙縣武德初置北燕州貞觀改爲嬀州因水爲名又姓文士傳有嬀覽居爲切二溈水名又音爲○摩說文曰旌旗所以指摩也亦作麾許爲切六麾上同

噅[9]口不言正撝說文曰裂也易曰撝謙注謂指撝皆謙也⿰魚爲大魚又音爲⿰阝爲鄭地○逶逶迆於爲切十[10]⿰歹委枯死

萎蔫也⿰木委田器覣好視蜲蜲蛇痿痹濕病也倭慎[11]皃委委委佗佗美也⿸鹿委鹿肉蟡涸水精一身兩頭似蛇以名呼之可取魚鼈○糜糜粥靡爲切九縻繫也又縻爵易作靡爢爢爛也⿸麻分散蘼薔蘼

虋冬也又亡彼切⿰米靡⿰米靡碎⿸麻黍⿸麻黍穄別名⿸麻耳乘輿金耳⿰酉縻[12]酴⿰酉縻酒也○隓毀也說文曰敗城𠂤曰隓許規切九墮上同隳俗眭眭盱健皃又息爲切盱音吁觽角錐童子佩之說文曰觽角銳耑可以解結也又戶圭切睢仰目也⿱隓言相毀之言鑴大鍾又戶圭切蘳[13]華黃也又果實也○鬌髮落直垂切又大果切[14]錘八[15]銖又馳僞切

甀罌也○埀幾也疆也說文曰遠邊也是爲切十垂上同陲邊也說文危也倕重也黃帝時巧人名倕⿱垂缶

小口觜也鵻雅[1]鳥圌山名在吳都[2]又帀緣切篅盛穀圓笆⿱竹圌上同𠂹草木[3]葉縣○羸瘦也力爲切二

欚膝病○吹吹噓昌垂切又尺僞切三炊爨炊龡習管古文作歈又尺僞切○鈹大針也又劒如刀裝者敷[4]羈切十二帔又芳髲切鮍魚鮍[5]披又作㧗開也分也散也⿰田皮耕也⿰耒皮上同彼彼倡皃出新字林翍張翍[6]

之皃旇旗靡秛禾租坡[7]器破而未離又皮美切⿰歹皮開[8]肉又四靡切○陂書傳云澤障曰陂彼爲切十一詖辯辭又[9]音秘碑釋名曰本葬時所設臣子追述君父之功[10]以書其上羆爾雅曰羆如熊黃白文孝經援神契曰赤羆見則姦

宄自遠也髲古文⿰金羆[11]玉篇云耜屬也⿰牛羆[12]牛名又音皮⿱隓金鋸鉏也⿱竹羆竹名襬關東人呼裙也龍[13]草名又彼義切○隨從也順也又姓風俗通云隋[14]侯之後漢有博士隨何後漢有扶風隨蕃旬爲切三隋國名本作隨左傳曰漢東之國隨爲大漢初爲縣後魏爲郡又改爲州隋文帝去辵⿱竹隨⿱竹隨籠○虧缺也俗作虧去爲切一○闚小視去隨切二

窺上同○奇異也說文作奇又虜複姓後魏書奇斤氏後改爲奇氏渠羈切又居宜切十琦玉名騎說文曰跨馬也又其寄切鵸鵸鵌鳥似烏三首六尾自爲牝牡善笑鵌音余出山海經弜強也又其丈切鬾小兒鬼碕曲岸又巨[15]支切

八•四十九　韻上平　十八　方至

16 敊　17 枝　19 [illegible]　21 蟁　△碕 紙韻墟彼切又巨支切　23 八　25 杓　26 巇　27 歔

枝 木別生也 敊[16] 上同又橫首[17]皃 錡 釜屬又魚綺切 ○祇 地祇神也巨支切二十五 示 上同見周禮本又[18]時至切
衹 衹裧尼法衣 岐 山名亦州春秋及戰國時爲秦都漢爲右扶風[19]魏置雍城鎮又改爲岐州因山而名又姓黃帝時有岐伯
歧 歧路 郂 邑名在扶風 馶 勁皃 疧 病也詩云俾我疧兮 蚑 蚑蚑蟲行皃又長蚑蠨蛸別名出崔豹古今注 忯 爾雅
云忯忯惕惕愛也 趆 說文曰緣大木也一曰行皃 翄 翄翄飛皃 𢻫[20] 弓硬皃 軝 說文曰長轂之軝以朱約之詩曰約
軝錯衡 𩊚 上同 芪 藥草說文曰芪母也 汥 說文曰水都也又音支 跂 行皃又音企 䮀 雞又云鴈 蚳
蟁[21]也 秖 赤米 䓇 繰絲鉤緒 伎 舒散又音技 䟔 長䟔國名[22]髮長於身 𠈌 參差也 ○犧 犧牲書傳曰色
純曰犧許羈切十九[23] 羲 姓風俗通云堯卿羲仲之後 焁 焁欿貪者[24]欲食皃 桸 杓[25]也 巇 巇嶮 莃 地名在魏
戲 於戲歎辭又姓虙戲氏之後又喜義切 㵟 水名在新豐 曦 日光 𢹝 擊也 蠘 蠡名 䚷 角匕又火元切
虘 古陶器也 獻 獸名又曰豕也 𣤧[26] 吹戲口聲 𧇊[27] 相笑之皃 壝 毀也 隵 上同 ○攲 不正也去奇切十一 觭
角一俯一仰也 踦 腳跛又居綺切 殆 死也說文棄也俗語謂死曰大殆 崎 崎嶇 𦕅[28] 一隻 碕[29] 石橋 犄 虎牙

1 意
2 𩑶 𡧯
3 支
4 下字當刪
6 僓
寡韻是義切
鯷 又音提
7 門人二字當刪

猗 憾猗儉急[1] 䗁 長脚鼅鼄 攲 宗廟宥座之器說文又居宜切持去也 ○宜 說文本作宐所安也俗作宜亦姓出姓苑魚羈切十一 宐 上同 𡧯[2] 㝖 並古文 儀 儀容又義也正也亦州名本漢涅縣地秦爲上黨郡武德爲遼州又爲箕州今爲儀州亦姓左傳徐大夫儀楚 蟻 上同 䣡 地名在徐 鸃 鵔鸃神鳥 轙 車上環轡所貫也又音蟻 涯 水畔也又五佳切 崖 崖岸又五佳切 ○皮 皮膚也釋名曰皮被也被覆體也亦姓出下邳符羈切六 疲 勞也乏也 郫 郫縣名在蜀 罷 倦也亦止也又音䍽 椑 木下交兒[3]又符支切 犤 下小[4]牛也 ○提 羣飛兒是支切又弟泥切十二 翨 上同 㖷 鳥鳴 匙 匕也 䈕 說文曰簧屬 堤 堤封頃畝漢書作提顏師古曰提封者大舉其封疆也提音題 禔[5] 福也亦安也喜也又音支 䟗 䟗母即知母草出字林 忯 愛也 姼 姼母也又尺氏切 眂 眂眂[6]役目 秖 碓衡 ○兒 嬰兒又虜姓官氏志云賀兒氏後改爲兒氏汝移切四 皃 上同 唲 曲從皃楚詞云喔咿嚅唲 婼 前漢西域傳有婼羌 ○離 近曰離遠曰別說文曰離黃倉庚鳴則蠶生今用鸝爲鸝黃借離爲離別也又姓孟軻門人[7]有離婁呂支切三十七 籬 笊籬又爾雅曰樊藩也郭璞云謂藩籬也 醨 酒薄 罹 心憂 璃 琉璃 酈 魯地名又音歷 𢿢 陳也又力米切 驪 馬深黑色又姓驪戎國之後 𪕻 𪕻𪕻小鼠相銜

8 谷　9 蛐蜓　11 言　13 揄　△姕 本韻即移切又疾支切 本韻此移切又疾移切　15 北海　16 萴

行也 樆 山梨 鸝 鸝黃 鵹 上同 䴻 上同又鵹䴻自爲牝牡 縭 婦人香纓 褵 玉篇云衣帶也 蘺 江蘺蘼蕪別名

䕻 草木附地生也 麗 東夷國名又盧計切 离 明也又卦名案易本作離又丑知切 䍦 接䍦白帽 欐 柴欐也 蠡 匈奴傳有谷蠡也[8]又音鹿 䅻 長沙人謂禾二把爲䅻 孋 孋姬本亦作驪 漓 水滲入地 灕 淋灕秋雨也 𧓍 蛦[9]蛐別名

𤍣 帷中火也又丑知切 𧕋 螹𧕋蟲名 攡[10] 太玄經云張也 黐 黏也又丑知切 矖 矖瞜也 穲 穲穲黍稷行列 㒧 多端又思之也 𢥈 上同 謧 弄語[11] 劙 分破也 ○疵 黑病疾移切八 骴 殘骨又音自 玼 玉病又[12]七禮切 茈 鳧茈草

㭰 無㭰林一名揄[13] 胔 人子腸名 飺 嫌食皃 鴜 鸃鴜水鳥似魚虎蒼黑色又即知切 ○貲 貨也財也即移切十六

頾 說文云口上須俗作髭 鴜 鸃鴜又疾移切 𪕍 鼠名似雞 鮆 魚名又才禮切 訾 思也又姓何氏姓苑云今齊人本姓[14]蔡氏漢元帝功臣表有樓虛侯訾順 鄑[15] 鄑城名在海北 𢂑 布名 媊 說文云甘氏星經曰太白上公妻曰女媊居南斗食厲天下祭之曰明星又音前[16] 𨙸 谷名 㰣 歐也又子賜切 鈭 鈭錍斧也又千支切 姕 婦人皃又疾[17]支此移二切 䔂 菜名 𧊅 蟲似蟬

觜 觜星爾雅曰娵觜之口營室東壁也又遵誅[18]切 ○羈 馬絆也又馬絡也居宜切九 畸 殘田 羇 寄也 掎 掎角又居綺切

1 以　3 掾　5 庳　6 麵　7 蠯　9 下枝　10 麵

攲箸取物也說文曰持去也又起宜切　奇不偶也又虧也又渠羈切　𣧑棄也又丘奇切　妓妓斐態皃又渠綺切　騎騎身

單皃　○卑下也賤也亦姓蔡邕胡太傅碑有太傅掾鴈門卑整府移切十一　鵯鵯鶋鳥又音匹　椑木名似柹荊州記曰宜都

出大椑潘岳閑居賦云烏椑之柹　箄取魚竹器　裨裨補也增也與也附也助也又音陴　鞞牛鞞縣在蜀又薄迷脯鼎二切　顊

須髮半白　痺下也又音婢　渒水名　錍鍪錍斧也　𢄼冕也　○陴城上女牆也符支切十五　𩫞籀文　焷炰也

脾說文曰土藏也釋名曰脾裨也在胃下裨助胃氣主化穀也　⿺麥卑麵餅　埤附也增也又音婢　裨副將又姓鄭有大夫

裨竈　蜱爾雅曰蟷蠰其子蜱蛸郭璞云蟷蠰螗蜋別名　螷上同　蠯爾雅曰蜌蠯即蚌屬也又薄佳切又薄猛切　𧓍

上同　⿰木庳木枝下也　郫郫邵晉邑亦姓出姓苑　⿺麥比⿺麥比⿺麥黎麥麵　紕飾緣邊也　○纚縒似布說文曰粗緒也式支切

十二　絁俗　施施設亦姓左傳魯大夫施伯何氏姓苑云今沛人又式豉以寘二切　葹卷葹草名拔心不死　𧡬規𧡬面柔

也本亦作戚施　鍦短矛　鉈上同說文本食遮切　鷉似鴨而小又音彌　䵹⿰酉黽䵹蟾蜍別名　䗐米穀中蟲　⿰也見誘⿰也見　⿰也攵

說文斂也　○斯此也說文曰析也詩曰斧以斯之又姓吳志賀齊傳有剡縣吏斯從息移切二十六　虒似虎有角能行水中　𩅦小雨　榹

14 螺　16 名　△嗁 卦韻所賣切 又丑豨切　18 汗　19 竹簁　21 深

榹桃山桃 㴲 涯也又水名出趙國 廝 廝養也役也使也 㒋 上同 凘 凘[13]凌 磃 館名 𤵸 瘦𤵸疼痛又斯齊切

傂 傂祁地名在絳西臨汾水本亦作虒 謕 數諫也諒也 鼶 鼠名又音啼 鷈 鷿鷈雅烏 蟴 爾雅曰螺[14]蛅蟴郭璞

曰蛓屬也今青州人呼蛓爲蛅蟴蛓音刺 𤭝 𤭝破 螔 守宮別名 𩕄 靘[15]𩕄頭不正也靘音精 纚 經緯不同又式支切 𦺕

草生[16]水中其花可食 菥 蔵菥草似燕麥 𥕐 𥕐磨 蟴 爾雅曰蟴螽蜙蝑郭璞云蜙蝑也俗呼蝽蟍 燍 火焦臭也 禠 福也

鐁[17] 平木器名 ○差 次也不齊等也楚宜切又楚佳楚懈二切四 嵯 嵾嵯山不齊又在河切 齹 齒參差 縒 參縒也

○摛 舒也丑知切九 螭 螭無角如龍而黃北方謂之地螻 誺 不知又洛代切 魑 魑魅 黐 所以粘鳥又呂支切 熪 火焱

离 猛獸說文作𡕘山神獸也又呂知切 𡕘 上同 彲 獸名文王卜獵于渭陽所獲非龍非彲 ○彌 益也長也久也亦姓三輔

決錄有新豐彌升又羌複姓後秦將軍彌姐婆觸武移切十七 弥 上同 鸍 鳩鳥名又名沈鳧似鴨而小也又式支切 镾 長久

罙 罟也 寀 上同 瞴 瞴汙[18]面皃又莫結切 瓕 玉名 獼 獼猴 䉲 簃[19]竹亦作篹 擟 擟[20]拘山名 麊 縣名在交

阯 冞 冞[21]入也冒也周行也 𡢃 齊人呼母 鑈 青州人云鐮 𥍯 矛也 瀰 渺瀰大水皃 ○雌 牝也說文曰鳥母也

4 又字當刪　5 美　6 木　7 三　8 △猇有齲胡弟切又直支切

此移切五 觜 小腸 婁 婦人[1]皃又即移疾移二切 鈭 鈭錍斧也又即移切 羘 說文曰羊名蹏皮可以割黍[2] ○知 覺也欲也陟離切六 鼅 說文曰鼅鼄蟊也 鼅 上同 蜘 亦同 𨡎 酒也 贄 質當也亦作賸 ○漪 於離切水文也十一

猗 長也倚也施也又犗犬出字林或作犄[3] 椅 木名梓實桐皮 旖 旖旎旗舒皃又音上聲 禕 美也珍也 陭 陭氏縣名 欹 歎辭 㾨 身急又[4]弱也 犄 犗也 [illegible] 笑容[5]皃也 檹 說文曰木檹施也賈侍中說檹即椅也[6]可作琴 ○馳 馳鶩也疾驅也又姓出姓苑直離切十四[7] 趍 說文曰趍趙夊也 池 停水曰池廣雅曰沼也又姓漢有中牟令池瑗出風俗通又有池仲魚城門失火仲魚燒死故諺曰城門失火殃及池魚 簃 連閣又音移 篪 樂器以竹爲之長尺四寸小者尺二寸七孔世本曰蘇成公所作也 䶵 上同 踟 踟躕 褫 褫衣又曰褫䙙說文曰奪衣也又敕爾直爾二切 䶔 咸池黃帝樂名樂記作池 𪗉 齒[8]齗 誃 別也亦作謻 傂 仳傂參差也又息移除爾二切 𧼨 輕薄皃 ○眭 姓也出趙郡息爲切一 ○危 疾也隤也

不正也不安也魚爲切四 㕒 厜㕒 洈 水名在南郡 峗 三峗山名 ○詑 自多皃俗作訑香支切又[9]湯何切二 咲 咲欱 乞人見食皃 ○釃 下酒所宜切又山爾切七 簁 下物竹器又所綺切 欐 梁棟別名又禮麗二音 襹 襳襹毛羽衣皃 褷

八·四五　韻上平　二十一　吴椿

10 鞘　13 規　14 䳏鳺　15 ⿰火雋　17 累　18 累

上同蠣蚰蜒別名籭盪也又山佳切○韉鞍韉[10]一曰垂皃山垂切二䭲小餟之皃○㾯濕病一曰兩足不能相及人垂[11]
切又於佳[12]切二颸風緌之皃○㕒㕒巖山巔狀姊宜[13]切六觜星名纗細繩惢善也說文曰心疑也又桑果才捶二切
嫢盈姿皃⿱此朿鳥喙○⿰頁桼說文曰小頭⿰頁桼⿰頁桼也居隋切七槻同上槻木名堪作弓材規圓也字統云丈夫識用必合規
矩故規從夫也鬹三足釜有柄也⿰規隹鸛[14]鳺鳥名摫裁摫方言曰梁益閒裂帛爲衣曰摫○劑券也遵爲切又在細切六⿱此朿
廣雅云石針也⿱此朿地萸臇臇臛也又子兖切⿰火巂[15]⿰火巽並上同○衰小也減也殺也楚危切又[16]所危切二夊夊行遲皃
○腄瘢胝竹垂切三箠節也又之壘[17]切𢼄鼓𢼄不齊○䮔馬小皃子垂切又之壘[18]切一○眵目汁凝也叱支切二
纚[19]粗緒又式支息移二切○齜開口見齒側宜切一○⿰比皮器破也匹支切一○⿱艹隋悅吹切藍蓼秀又羊箠切六
⿰阝雈說文云飛也蠵觜蠵大龜欈欈欈木名實可食也⿰豸巂小豶[20]⿰豸青上同○齹士宜切齒參差亦作
⿰齒差又楚宜切一

六○脂脂膏也釋名曰脂砥也著面軟滑如砥石也說文云戴角者脂無角者膏又姓魏略有中大夫京兆脂習字元升旨夷[21]切十

1 泜　3 菹　4 盜　5 從大大人也　6 [illegible]　7 [illegible]

祗 敬也俗從互餘同 泜[1] 水名又音遲 砥 石細於礪又音旨 指 指栭木名亦指栭柱 鴲 小青雀也 [illegible][2] 水名
疷 積血腫皃 菧 菧菹[3]也 𥁕[4] 上同○姨 母之姊妹又爾雅曰妻之姊妹同出爲姨以脂切二十六 彝 常也法也
亦酒樽也 寅 敬也亦辰名爾雅云太歲在寅曰攝提格又引人切 夷 夷猶等也滅也易也說文平也从大弓又曰南蠻從虫北狄從
犬西羌從羊唯東夷從[5]大大人俗仁而壽有君子不死之國亦姓齊大夫夷仲年又漢複姓六氏史記范蠡適齊爲鴟夷子左傳宋公子目夷之
後以目夷爲氏祝融後董父之胄其後以融夷爲氏淮夷虎夷皆國名後並爲氏秦末虎夷渠帥助番君攻秦世本云宋襄公子墨夷須爲大
司馬其後 峓 嵎峓山名書作嵎 侇 悅樂 眱 熟視不言 [illegible] 木名 珆 石似玉也 [illegible] 菟瓜又羊
善弋仁二切 𡰥 陽𡰥地名本古文夷字 痍 瘡痍 䧅 隇䧅險阻 荑 莁荑 桋 木名 蛦 蟣[6]蛦蟲名又蟞蛦山雞也
胰 夾脊肉也 鮧 鱁鮧鹽藏魚腸又魚名也 羠 廣雅云羠犍羊也 羨 沙羨邑名在江夏出地理志又羊箭祥面二切 鏔
戟之無刃者出方言 [illegible] 說文曰行平易也 鴺 鴺鶘[7]一名飛生 㞒 㞒踞 跠 上同 洟 易曰齎咨涕洟又他計切○師
師範也衆也亦官[8]名大戴禮曰昔者周成王幼在繈[9]褓之中太公爲太
師也又姓晉有師曠又漢複姓十二氏左傳衛大夫褚師圃馬師頡鄭

10 官　13 藩　15 錧　16 筌

有鄉校子産云是吾師也其後以校師爲氏陳悼太子偃師其後以王父字爲氏扶風傳有范師利蔓世本云鄭有子師僕殷時掌樂有太師摯少師陽宋有樂人師延世掌樂職後有宋大夫師延宜風俗通云有牧師氏春秋釋例楚有師祁黎後漢末有南陽師宜宮[10]善篆疏夷切六

鰤老魚蒒草名出玉篇篩篩竹一名太極長百丈南方以爲船出神異經又竹器也獅犬生二子螄螄螺○⿰囟比說文曰人齎[11]也今作毗通爲毗輔之毗房脂切二十[12]三毗義見上注比和也並也又匕鼻邲三音琵琵琶釋名曰推手爲琵引手爲琶取其鼓時以爲之名也膍楣又方奚切芘䔲芘荆蕃[13]沘水名在楚貔獸名豼上同膍牛百葉也又鳥膍胵也又步迷切肶上同蚍蚍蜉大螘⿱毗䖵上同枇枇杷果木冬花夏熟仳仳倠醜女䠋骻䠋體柔魮文魮魚名狀如覆銚鳥首而翼[14]魚尾音如磬生珠玉出山海經鈚犂錧[15]別名⿰由芘蒿也⿱罒比篳笭[16]阰山名在楚南⿰虫琵蟲名

鵧鳥名○咨嗟也謀也即夷切十五資助也機也貨也又姓陳留風俗傳云黃帝之後粢祭飯𪗋上同⿱齊衣⿱齊衣纕經典通用齊⿰衤齊上同諮諮謀姿姿態齍黍稷在器澬水名在邵陵又音茨㳄具㳄山在滎陽出山海經齎齎持也又子兮切蒫蒫薺實也⿱雨資雨聲⿱雨貝上同○飢飢餓也又姓左傳殷人七族有飢氏居夷切四

4 蚰蜒　3 兗　2 覡

机木名似榆又音几　肌肌膚　蚓螸蚓蟲名　○鴟一名鳶也處脂切七　雖上同　鵄亦同　胵膍胵鳥藏

鮨魚名　諸怒也　遳走皃　○絺細葛也丑飢切七　辴笑皃又敕[1]辰抽敏二切　郗邑名又姓出高平

⿱竹希竹器　脪⿰月石脪牛馬子腸　瓻酒器大者一石小者五斗古之借書盛酒瓶　訵陰知也出字林　○郪縣名在梓州取私切又七西切九

趑趑趄趨不進也　⿱次車說文作⿱次車連車也一曰郤車抵堂又士佳疾資二切　赼說文云倉卒也　趦

⿰次見[2]盜視　⿸尸次上同亦此也　⿸尸資此也　蠀蝎化也　○茨茅茨又姓後漢有茨光[3]亦漢複姓晉有茨芘仲疾資切十三

薋蒺藜詩作茨說文又作薺　薺上同又才禮切　餈飯餅也　⿰食咨上同　垐以土增道　⿰禾資積禾　齍

齍螬又疾兮切　瓷瓦器　澬水名在常山郡又涔澬久雨又音資　絧絧補　⿱次車連車又七茨切又士佳切　⿱雨資涔⿱雨資久雨

○尼和也女夷切八　柅木名又女履切　怩忸怩心慙也　蚭字林云北燕人謂蜒蚰爲蚰蚭也　跜躨跜虬龍動皃見文選

呢言不了呢喃也　䭲餌䭲　⿰豸尼獸名　○墀說文云墀塗地也禮天子有[5]赤墀漢典職曰以丹漆地故稱丹墀漢書曰王根作赤墀直尼切十五　⿰土犀上同　坻小渚俗從互餘同　泜水名在常山陳餘死處也又旨夷切　遲徐也久也緩也亦姓

八•八十五　韻上平　二十三　吳志

7 白　8 秀　9 佼　10 脂

晉湘東太守遲超又虜姓後魏書尉遲氏後改爲尉氏又音穉遲同上蚳蟻[6]卯岻山名彽彽徊猶徘徊也阺字統云秦謂陵阪爲阺也荎爾雅云藸荎今之刺榆也菭水衣也又徒來切謘語諄謘也莉姓也出淮南貾貝之黃質有曰[7]點者○私不公也說文曰禾也息夷切五鋖平木器也亦作鐁厶自營爲厶也說文曰姦衺也⿰耒厶說文曰茅蔿[8]也⿰王厶石似玉者○尸主也陳也利也又姓秦有尸伎[9]爲商君師著書式之[10]切四鳲鳲鳩鴶鵴今布穀也詩疏云鳲鳩之養其子朝從上下暮從下上食之平均如一也屍禮記曰在牀曰屍在棺曰柩蓍蒿屬筮者以爲策說文云蓍生千歲三百莖易以爲數天子蓍九尺諸侯七尺大夫五尺士三尺○鬐馬項上鬐也渠脂切十一耆方言云長也說文云老也左傳云強也禮記音義云至也言至老境也耆同上愭畏也恭也⿰耆見視也⿰目耆同上⿰禾耆[11]麥下種也祁盛也縣名在太原左傳晉大夫祁奚之邑因以名之又姓出太原黃帝二十五子之一也何氏姓苑云今扶風人⿰金耆衞軸鐵也鰭魚脊上骨鮨鮓也○伊惟也因也侯也亦水名又州本伊吾廬地在燉煌之北大磧之外秦末有之漢爲伊吾屯隋爲郡貞觀初慕化内附置伊州焉又姓伊尹之後今山陽人於脂切五咿喔咿蛜蛜蝛⿰虫黍負蠜也黝縣名屬歙州又[12]於九切黟同上○黎果名魏文詔云眞定御黎大如拳甘如蜜

1 郎　3 麵　7 甲 丙　8 垂　10 揆　11 十　12 蟹

力脂切十四 梨 上同 剺 直破 秜 稻死來年更生 蜊 蛤蜊 蔾 蒺蔾 犁 牛駁又郎[1]奚切 劦 姓也出蜀刀逵
之後避難改爲劦氏也出字書 憗 說文恨也一曰怠也 鯬 魚名 鑗 金[2]屬 𪎊 𪌉[3]𪎊餅也 蟍 螏蟍蝍蛆蜈蚣 ⿰黎阝[4]
國名 ○葵 說文曰菜也常傾葉向日不令照其根渠追[5]切八 鄈 鄈丘地在陳留又在河東漢祭后土處 楑 柊楑 ⿰魚癸
魚名 ⿰忄癸 悚也又祇癸切 ⿰月癸 臞⿰月癸醜也 ⿰癸鳥 ⿰癸鳥鳩鳥 ⿰虫癸 蟲名 ○追 逐也隨也陟隹[6]切三 ⿺辶靁 雷也出韓詩 娺 疾也
○龜 說苑曰靈龜五色似玉似金背陰向陽上高象天下平法地易号爲龜大戴禮曰田蟲三百六十四神龜爲之長居追切六 ⿱宀龜
上同 ⿹勹龜 古文 跭 曲脛 螝 爾雅云蠶蛹 騩 馬淺黑色 ○蕤 葳蕤草木華[8]皃又蕤賓五月律儒隹[9]切七 甤 說文曰草
木實甤甤也 緌 緌纓 擩[10] 染也又而樹切 桵 白桵木也 ⿰禾妥 禾四把也又息遺切 捼 摧也又奴禾切俗作挼 ○衰 微也
所追切三 榱 屋橑說文曰秦名爲屋椽周謂之榱齊魯謂之桷 𤸃 病也說文減也一曰耗也 ○惟 謀也思也以追切十二
旞 旌也 維 豈也隅也持也繫也說文曰車蓋維也 遺 失也亡也贈也加也又姓急就章有遺餘又以醉切 潍 水在琅邪
壝 埒也壇也又以癸切 瞶 目病 蓷 菜名似萑而黃 誰 [11]就也又士隹切 琟 石似玉也 唯 獨也又以癸切 蟦 蟹[12]蟦

八·八十九　韻上平　二十四　吳志

○陎 隋韻落猥切又力追切

神蛇一首兩身六足四翼見則其國大旱湯時見於陽山出山海經○灅水名在鴈門力追切十三纍纍索也亦作縲又姓
晉七輿大夫纍虎虆蔓草欙山行乘欙亦作樏𤛱求子牛𡾋㟴𡾋又力[13]罪切𡾋上同嫘嫘祖黃帝
妃[14]亦作嫘瓃玉器矋視皃鸓飛生鳥也又力水切儽嬾懈皃亦作傫又力[15]罪切纝網絡論語注云黑索也亦作縲
○緌安也說文曰車中靶[16]也又州名春秋時爲白翟所居秦并天下爲上郡後魏廢郡置州取緌德縣以爲名息遺切十二雖語助也本
蟲名似蜥蜴而有文荽胡荽香菜博物志曰張騫西域得胡荽石虎鄴中記曰石勒改胡荽爲香荽荾上同芆亦同葰
亦同說文曰薑屬可以香口浽浽溦小雨奞說文曰鳥張毛羽自奮奞也又戌[17]閏切夂行遲皃又楚危切睢水名在梁
郡又許葵切濉上同桵禾四把長沙云又儒隹切○逵隱也爾雅曰九達謂之逵渠追切十九夔夔龍亦州名春
秋時魚國漢爲魚復縣梁隋皆爲巴東郡唐初改爲信州又改爲夔州取夔國名之又獸名似牛一足無角其音如雷皮可以冒鼓夒
俗馗說文曰九達道也與逵同又鍾馗俗以辟惡戣兵器戟屬鍨上同騤強也盛也又馬行皃犪犪牛出岷
山肉重數千斤出山海經躨躨跜見文選䐶臞䐶醜皃艽埤蒼云遠荒又音求𨂂左脛曲也㒑左右視也雋

6 所　4 歂　△ 娓 至韻明祕切又音眉　3 ⿰木麋　1 蘺

顝皃頯小頭⿰亻歸使也⿱歸見遥視又丘韋切𢍰持也頄面顴也又音求○眉說文作𥄉目上毛也武悲切二十𥄉

見上注嵋山形湄釋名曰湄眉也臨水如眉也爾雅曰水草交爲湄⿰氵麋上同鶥鳥名爾雅曰鶥麋鴰今呼鶬鴰字林作⿰麋鳥

楣戶楣釋名云楣近前各兩若面之有眉瑂石似玉也䁇伺視𩴾上同⿱⺮微竹名又音微黴黴黧垢腐皃又莫背

切麋鹿屬冬至解其角又姓蜀將東海麋竺也蘪蘪蕪香草即江蘺1也郿縣名在岐州溦爾雅曰谷者溦郭璞云通

於谷也薇爾雅曰薇垂水謂生於水邊⿸麻耳金飾馬耳2又武畀切葿菋葿草擵3水芰名也○悲痛也府眉切一

○錐說文銳也職追切八隹說文曰鳥之短尾者總名⿸鹿隹鹿一歲騅馬蒼白雜毛又姓左傳晉七輿大夫騅歂4也

萑5木名似桂⿰鼠隹鼠名萑萑蓷茺蔚又名益母鵻鳥名○誰何也視隹切三⿰言崔就也又以隹切脽說文

𡱂也亦汾脽巨靈所坐也○帷說文曰在旁曰帷釋名曰帷圍也6以自障圍也洧悲切一○邳下邳縣名在泗州又姓風俗通

云奚仲爲夏車正自薛7封邳其後爲氏後漢有信都邳彤符悲切六鉟刃戈又音丕⿰丕鳥鷐也岯山再成也魾大鱯也又

音丕⿰丕頁說文云短須髮皃又音丕○丕大也亦姓左傳晉大夫丕鄭8敷悲切十二平上同伾有力秠黑黍一稃二米又匹几切

9 色馬　11 隻　12 累　13 尺　○嫢 旨韻求癸切 又聚惟切　16 切　17 食　18 歆

頚大面駓桃[9]花馬色伾伾伾恐也頿短須髮皃豾[10]貍子髬髬髵猛獸奮髮亂皃魾大鱯鉟刃戈○倠
仳倠醜面許維切六婎上同睢睢盱視皃眭眭盱健皃廋[11]姿廋慶上同○鎚金鎚又權也丈字音義云從垂亦通
直追切五椎椎鈍不曲橈亦棒椎也又椎髻槌上同又直畏[12]切桘俗顀項顀○推排也又[13]佳切又湯回切二蓷萑蓷
又湯回切○胝皮厚也俗作胝丁[14]尼切四疷上同秖穀始熟也氐氐池縣名又音低○紕繒欲壞也匹夷切六⿰比支[15]⿰糸坒
二同⿰言坒謬也⿰忄坒上同⿰忄毘惡性也○嶉高皃醉綏切二檇以木有所擣又地名左傳越敗吴於檇李又音醉○巋
小山而衆丘追切又丘誄切二巋龍古大者曰巋○狋犬怒皃牛肌切又巨圓切一○咦笑皃喜夷切五忔廣雅云喜皃
⿰月戻臀之別名屄呻吟聲屎上同○
七○之適也往也閒也亦姓出姓苑止而切四𦤶到也又如一也[16]芝芝草論衡曰芝生於土土氣和故芝草生古瑞命記曰王
者慈仁則芝草生也㞢篆文象芝草形蚩從此也○飴餳也與之切二十七⿱𠆢異[17]籀文飤古文怡和也悅也又姓周書怡峯
傳云本姓默台避難改焉弫弓名出韻略⿱臣女說文云悅樂也异已也又音異⿰臣瓦甈⿰臣瓦甎也栕船歁[18]水斗鏔戟無刃也

6 覻　　3 辰

圯土橋名在泗州貽貺也遺也巸長也美也廣巸也洍水名詩云江有洍又音似毛詩作汜𦣝說文曰顫也𩠐籒文

頤頤養也說文亦上同詒贈言瑿玉名浾水名宧[1]室東北隅𦠆豕息肉今謂之豬𦠆鮔鮔魚也姬

王妻別名[2]本又音基台我也又姓出姓苑又音胎眙盱眙縣在楚州瓵爾雅云瓵甈也○時晨也廣雅曰時伺[3]也又善也中也是

也又姓良吏傳有時苗何氏姓苑云今鉅鹿人市之切七旹古文塒穿垣棲雞鼭鼠名榯樹木立也蒔蒔蘿子又[4]音示

鰣魚名似魴肥美江東四月有之○疑不定也恐也惑也嫌也語其切三嶷九嶷山名亦作疑又魚力切觺觺觺獸角

皃又魚力切○思思念也息茲切又息吏切十五恖上同司主也亦姓左傳鄭有司臣又漢複姓八氏司馬氏本自重黎程

伯休甫之後出河內世本士丏弟佗爲晉司功因官爲氏及司徒司寇司空並以官爲氏漢有朝議郎司國吉諫議大夫司鴻儀左傳宋大夫

司城子罕其後氏焉罳罘罳屏也崔豹古今注云罘罳復思也謂臣來朝君行至內屏外復思惟故曰罘罳也伺伺候又息吏切絲

說文云蠶所吐也又一蠶爲忽十忽爲絲淮南子曰蠶餌絲則商弦絕緦緦麻𥳒竹名有毒傷人即死禗不安[5]欲去覗

覻[6]也犾辯獄相察[目司]姦視[7]蕬菟蕬草名案爾雅云女蘿菟絲字不从卄偲論語曰朋友切切偲偲楒相楒木○輜

九卌五　韻上平　二十六　吳椿

9 鯿

楚持切又側持切義見下文二　**颸** 風也。**其** 辝也亦姓陽阿侯其石是也又漢複姓六氏左傳邾庶其之後以庶其爲氏世本楚大夫涉其帑漢清河都尉祝其承先王僧孺百家譜蘭陵蕭休緒娶高密侍其義叔女何氏姓苑有行其氏今其氏渠之切又音基三十　**期** 期信也會也限也要也又姓風俗通有期思國又漢複姓二氏後漢梁鴻改姓運期氏古仙人有安期生賈執英賢傳云今琅邪人　**旗** 旌旗釋名曰熊[8]虎爲旗將軍所建象其猛如虎與衆期之於下也戰國策曰建七星之旗天子之位也又姓齊卿子旗之後漢有九江太守旗光　**綦** 履飾又蒼白色巾也詩曰縞衣綦巾又姓何氏姓苑云義興人　**綨** 上同　**帺** 俗　**萁** 豆萁　**䫏** 上同　**蜝** 蟚蜝似蟹而小晉蔡謨食之殆死也　**琪** 玉也　**麒** 麒麟　**騏** 騏驎　**淇** 水名出沮洳之山說文曰淇水出河內共北山東入河　**鶀** 鳥名　**錤** 鎡錤鋤別名也　**綦** 紫綦似蕨菜　**棊** 博物志曰舜造圍棊丹朱善之　**櫀** 上同　**碁** 亦同　**𤩽** 弁飾　**璂** 上同　**鯕** 編[9]魚　**蘄** 州名漢蘄春縣也晉孝武鄭后諱春改爲蘄陽周平淮南改爲州因蘄水以爲名又姓也　**祺** 祥也吉也　**禥** 籒文　**踑** 踑䠶跡也。**𦨻** 𦨻艃舟名　**䑴** 上同　**畁** 舉也　**𪘏** 齧也。**詩** 說文曰志也詩序云發言爲詩釋名曰詩之也志之所之也書之切六　**邿** 地名　**齝** 說文曰吐而噍也又敕釐切　**𪗧** **呞** 並上同　**眣** 眣的也見聲類。**而** 語助說文曰頰

1 子　3 陾　5 錤　6 挹　9 從

毛也如之切二十一 栭木名似[1]栗而小一曰梁上柱也 檽[2]木耳別名 隭地名又蔓險也 陾[3]上同又音[4]仍 陑上同 鬤須也髶鬤也 峏山名 轜喪車 輀上同 臑煮熟 胹烦並上同 𩱠籀文 洏漣洏涕流皃 鮞魚子 耏獸多毛亦作髵又姓左傳宋有耏班 咡吻又音餌 䎟丸之熟也又音丸 誀誘也又音餌 鴯莊子云鳥莫智於鷾鴯鷾鴯玄鳥也 ○欺詐也去其切十一 娸姓一曰醜也 𩓐大頭 䫏方相說文曰醜也今逐疫有䫏頭 𠑖上同 魌亦同 僛醉舞皃 鶀鷐鶀鵂鶹鳥亦作鵙 𪀾[5]廣雅云多 𪘏齧也 抾把[6]也又丘[7]之切 ○姬周姓也居之切十二 朞周年又復時也 稘上同 基經也業也址也始也設也 箕箕帚也世本曰箕帚少康作也又姓左傳晉有大夫箕鄭 萁菜似蕨又音期 𥮳可以取蟣也 諅謀也說文忌也本渠記切 其不其邑名在琅邪又人名漢有酈食其 錤鎡錤大鉏 居語助見禮 諆謀也說文欺也本去其切 ○詞請也說也告也說文曰意內而言外也似兹切七 祠祭名 柌鎌柄 辭辭訟說文[8]曰辭說也 辤上同說文曰不受也受辛宜辤之 辞籀文 𦁔補也 ○釐理也一曰福也里之切二十 貍野猫 狸俗 氂十豪 嫠無夫 剺剥也 梩從[9]土蘽出六韜又[10]都皆切 犛犛牛又音茅 斄[11]字統云微畫也 倈

△唉 咍韻烏開切又於其切

15 曰 14 䐈 13 菑

倈來見楚詞 艃 䑴艃船名 秏 毛起也又音來 孷 孷孳雙生子也 𢙀 愁憂之皃 𩬅 鬒𩬅髮起 痋 病也又音里 箣 竹名 斄 說文曰強曲毛也可以著起衣 庲 古文 𢻗[12] 引也 ○菑 說文曰不耕田也爾雅曰田一歲曰菑側持切又音栽十五 甾 上同又說文曰東楚名缶曰甾 葘[13] 亦同 淄 水名亦州名春秋時屬齊漢爲濟南郡宋文帝改清河郡隋置淄州因水以名焉古通用菑 䐈[14] 手足生皮堅也 茬 茬丘名案漢書地理志泰山郡有茬縣顏師古又[15]士疑切亦姓 輜 輜軿車 錙 錙銖 鶅[16] 東方雉也 緇 黑色繒也 纔 上同 椔 木立死 鯔 魚名 䅔 耕也 鄑 鄉名 ○僖 樂也又姓姓苑云彭城人許其切十五 歖 卒喜 熙 和也廣也長也 嬉 美也一曰游也 禧 福也吉也 𡟯 善也悅也 譆 痛聲 𢻃 坼也 瞦 目睛 焈 火盛 熹 盛也博也熱也熾也或作熺 嘻 噫嘻歎也 欪 喜笑 娭 婦人賤稱出蒼頡篇 誒 說文云可惡之詞也 ○醫 醫療也亦官名漢太常屬官有太醫令續漢書曰秩六百石有藥丞主藥方說文曰巫彭初作醫於其切五 毉 上同 譩 忿也 瘱 羸也又乙賣切 噫 恨聲 ○癡 不慧也丑[17]之切四 齝 牛吐食而復嚼也 笞 捶擊 痴 痴癡不達之皃 ○治 水名出東萊亦理也直之切三 持 執持 莉 姓也姓苑云維南人 ○蚩 蟲名亦輕侮字從屮[18]

廣韻校本

3 劇

4 蕃

幃 本韻雨非切又許歸切

赤之切七 嗤 笑也俗又作歘 妛 輕侮 媸 妍媸[1] ⿱山羽 羽盛 ⿱殸日 告也又乃經切 ⿰目蚩 目汁凝 ○慈 愛也亦州名春秋時

晉之屈邑夷吾所居西魏改爲汾州開皇初爲耿州武德改爲慈州因慈氏縣名之疾之切五 礠 礠石可引針也 鶿 鸕鷀鳥亦作鷀

不卵生口吐其鷀又子之切 濨 潤水名也 兹 龜[2]兹國名龜音丘 ○兹 此也又姓左傳魯大夫兹無還子之切十四 孳 孳息

嵫 崦嵫山名日所入處 孜 處[3]也力篤愛也 滋 水名出高麗山又旨也蒔也多也蕃[4]也液也 嗞 嗞嗟憂聲也 ⿰黑兹 染黑 鎡

鎡錤 孖 雙生子也 鼒 小鼎 鰦 魚名 仔 克也 鶿 鸕鷀鳥 ⿰禾兹 禾生皃 ○茬 說文曰草皃濟北有茬平縣俗

作茌士之切一 ○漦 涎沫也又順流也俟甾切一 ○抾 挹也丘之切一 ○䀵 眴也式其切一

八○微 妙也細也少也說文曰隱行也無非切八 𢼸 說文曰妙也 溦 浽溦小雨 薇 菜也 ⿱⺮微 竹名又武悲切 ⿰金微

埤蒼云懸物鉤 癓 三蒼云足上瘡 矀 伺視又武悲切 ○揮 揮霍亦奮也灑也振也動也許歸切十三 煇 光也 輝 上同

暉 亦同又日色 徽 美也又三糾繩也 翬 飛皃又雉五色備也 褘 后祭服也 徽 魚有力也 楎 橛也在牆曰楎又犂頭也

徽 幡也 渾 竭也 ⿰方軍 動旗 ⿰犭軍 山獋獸名似犬見人則笑行疾如風又胡昆切 ○幃 香囊也一說單帳也雨非切又[5]許歸切十五

韋柔皮也又姓出自顓頊大彭之後夏封於豕韋苗裔以國爲氏因家彭城至楚太傅韋孟遷于魯孟玄孫賢爲漢丞相始遷京兆之杜陵
也闈宮中門也圍守也圍也遶也⿰衤圍重衣⿰束韋束也違背也湋水名口文字音義云回也象圍帀之形也鍏
方言云宋魏呼臿也潿水不流濁皃婔6江婔神女⿴衣韋裹也⿱韋夂7x衺也𣪠戾𣪠○霏雪皃芳非切九⿱雨飛上同
妃嘉偶曰妃說文匹也又音配菲芳菲又芳尾切⿱非毛細毛8婓婓婓往來皃一曰醜騑騑騑馬行皃裶衣長皃⿱非目
大目又方巿9x切○斐姓左傳晉有斐豹甫微切十二飛飛翔亦漢複姓史記有飛廉氏古通用蜚扉戶扉緋絳色⿰牛飛獸如
牛白首一目非不是也責也違也亦姓風俗通有非子伯益之後馡香也鯡魚名騛騛兔馬而兔走x騑驂旁馬也又音
菲誹誹謗又方未切餥餱也又方尾切○肥12肥腯說文曰多肉也亦姓左傳有肥義符非切十一腓腳腨腸也⿱竹肥竹名淝
水名在盧江本作肥⿸疒肥風痱病也痱上同蜰蟲名即負盤蟲⿱非巴蟗⿱非巴鳥名如梟人面一足冬見夏蟄著其毛令人不畏雷出山
海經蟦蠐螬賁姓也出姓苑又布昆彼義13x符文三切裴即裴縣名案漢書地理志在魏郡應劭音非本又音陪○威威儀
又姓風俗通云齊威王之後於非切八葳葳蕤隇隇陝險也嵔嵔礧14x也又於鬼烏罪二切蝛蛜蝛蟲也一名⿰虫桼蛸鰄

6 婔當入霏紐
7 ⿱韋夂
9 巾
11 足
12 戰國策
△賫 未詳扶沸切 又音肥
13 義
14 礨

△蘄 欣韻巨斤切又巨希切

3 ⿱幾血　4 二　5 名

魚名婔美也㭢決塘木也又㭢窬褻器也○祈求也報也告也渠希切十九頎長皃旂爾雅曰有鈴曰旂釋名曰交龍
曰旂旂倚也畫作兩龍相依倚也通以赤爲之無文彩諸侯所建也魕鬼俗畿王畿⿰土幾上同崎曲岸碕上同圻亦上
同又書傳爲京圻字又魚斤切刉以血塗門又居依古對二切⿰豈幾危也說文曰訖事之樂也又[1]公哀切⿰月幾[2]頰肉俟虜複姓北
齊有特進万俟普万音墨幾近也又居依居豈二切蚚蟲也爾雅云強蚚獑犬生一子蟣爾雅云蛭蟣又居豈切
岓山傍石也⿰齒幾齒危○機會也萬機也說文云主發謂之機書曰若虞機張傳云機弩牙也居依切十六譏諫也誹也譴也問也
蘄縣名在徐州亦草名又音其芹嘰口醜說文云小食也⿱艹幾菹⿱艹幾草磯大石激水⿰革幾繫馬饑穀不熟禨祥也
幾庶幾又祈蟣二音⿺走幾走也鐖鉤逆鋩淮南子曰無鐖之鉤不可以得魚僟精也明堂月令曰歲將僟終璣珠不圓也
刏斷切也刺也刲傷也⿱幾血[3]血祭○希止也望也散也施也爾雅罕也又姓三輔決録有希海字子江香衣切十一[4]晞日氣乾也莃
菟葵鵗北方雉[5]睎視也眄也望也稀稀踈豨豬也又虛豈切⿺走希走皃桸木名汁可食悕願也又悲也俙
依俙欷說文曰歔也又喜既切○依倚也祿也於希切八郼殷國名也衣上曰衣下曰裳世本曰胡曹作衣白虎通云衣者隱也裳

九·廿四　韻上平　二十九　沈思忠

7 溰

8 永

者障也所以隱形自障蔽也又姓出姓苑譩[6]痛聲婑女字㐆說文曰歸也从反身䧇天䧇縣在酒泉悘念痛聲也○沂
水名出泰山魚衣切二溰[7]溰溰霜皃○巍高大皃語韋切二犩爾雅云犩牛郭璞曰即犪牛也如牛而大肉數千斤○歸
還也公羊傳曰婦人謂嫁曰歸亦州名古蘷子國武德初割蘷州之秭歸巴東二縣置州取歸國爲名也舉韋切三㱕籒文騩大騩山
○蘬馬蓼似蓼而大也丘韋切又丘追丘誄二切二䚉視也
九○魚說文曰水蟲也亦姓出馮翊風俗通云宋公子魚賢而有謀以字爲族又漢複姓二氏左傳晉有長魚矯史記有修魚氏語居
切十䲆說文曰二魚也漁說文云捕魚也尸子曰燧人之世天下多水故教民以漁也又水名在漁陽𤅋上同魰上同𢿤
𢿤獵亦上同齬齟不相值又魚舉切鋙鋤屬又音語䁻爾雅曰馬二目白魚字或從目衙說文曰衙衙行皃又音牙○初
舒也始也從刀衣蓋裁衣之初楚居切二𪡏呵叱人也○書世本曰沮誦蒼頡作書釋名曰書庶也紀庶物也亦言著也著之簡紙求[8]
不滅也傷魚切七鵨鳥似鳧也𤦤美玉名案禮記注云笏也本亦作荼舒緩也遲也伸也徐也敘也亦州名春秋時晥國晉於
晥縣置懷寧縣武德改爲舒州亦姓何氏姓苑云廬江人𦸈魚薺紓緩也𨛖[9]地名在廬江○居當也處也安也九魚切十四

1 飤　2 把　3 蟝　5 栫　8 賸

居 居儲 据 手病詩云予手拮据毛萇曰拮据撠挶也 裾 衣裾 琚 玉名 䝬 貯也 鶋 鶢鶋海鳥 車 車輅又昌遮切 蜛 蜛蠩 崌 崌崍山也 椐 木名 涺 水名 ⿱艹居 苴⿱艹居草也 腒 鳥腊又音渠 ○渠 溝渠也亦州名宋置宕渠郡周仍為郡武德初改置州亦有宕渠山又姓左傳衛有渠孔御戎強魚切二十六 ⿰車豦 車輞 ⿰糸渠 履飾 璩 玉也 磲 硨磲美石次玉 蕖 芙蕖 籧 籧篨 ⿱竹豦 牛[1]筐 澽 澽挐方言云把[2]宋魏之間謂之澽挐 醵 合錢飲酒又巨略切 腒 鳥腊 ⿰鳥渠 鷗鸂鳥 䖮 說文云䖮蟝[3]也一曰蜉蝣朝生暮死者爾雅作渠略 蟝 上同 ⿰犭渠 ⿰犭渠獀獸名食猛獸出山海經[4] 豦 獸名說文曰鬭相丮不解也从豕虍豕虍之鬭不相捨司馬相如說豦封豕之屬一曰虎兩足舉又音據 蘧 蘧麥又姓 鐻 鐻耳之傑 璖 耳璖 ⿰豦阝 聚名 㯫 㯫栫[5]藩籬名 ⿺走豦[6] 小走皃 藘 藘菜似蘇又音巨 ⿱穴豦 穴類 䘬 繫䘬 懅 怯[7]也又音遽 ○余 我也又姓風俗通云秦由余之後何氏姓苑云今新安人以諸切三十 蜍 蜘蛛又常魚切 藇 芞藇香草 ⿰氵藇 水名 餘 殘也賸[8]也皆也饒也又姓晉有餘頠又漢複姓三氏晉卿韓宣子之後有名餘子者奔於齊號韓餘氏又傳餘氏本自傅說說既為相其後有留於傅巖者因號傅餘氏秦亂自清河入吴漢興還本郡餘不還者曰傅氏今吴郡有之風俗通云吴公子夫槩奔楚其子在國以夫餘為氏今百濟王夫餘氏也 輿

10 本經重出當刪　11 擧　12 胥　13 之　15 書 北

車輿又多也又權輿始也續漢書輿服志曰上古聖人觀轉蓬始以爲輪輪行不可載因物生智後爲之輿又姓周大夫伯輿之後 旟周禮曰鳥隼曰旟州里所建也爾雅曰錯革鳥曰旟郭璞云此謂合剥鳥皮毛置之竿頭 鵌鳥名與鼠同穴又大都切 璵魯之寶玉

艅艅艎吴王船名 畬田三[9]歲也 畭上同 澦[10]水名 歟說文云安气也又語末之辭亦作與 與上同本又餘佇切 譽稱也又音預

嬩女字 舁對舉[11] 擧上同 好婕好婦人官也亦作倢伃 伃上同 悆恭敬 䴢說文云似鹿而大又弋庶切

予我也又餘佇切 ⿰犭與獸名 ⿱與馬馬行皃 趣趣趣安行皃 狳獸名山海經云餘我之山有獸如兔鳥喙鴟目蛇尾遇人

則眠名曰犰狳見則有螽蝗爲害也 鸒爾雅云鸒斯雅烏又羊庶切 雓爾雅曰鷄大者蜀蜀子雓 ○胥相也說文曰蟹醢也又姓

晉有大夫胥童何氏姓苑云琅邪人也俗作胥[12]相居切又息呂切十一 鰖魚名 䈝竹名 稰落也 楈木名 蒵姓出纂文

本又音序 諝有才智[13]稱又息呂切 㥠上同 湑露皃又息呂切 蝑蜙蝑蟲 揟取水具也 ○疽癰疽也七余切十六 岨

石山戴土 砠上同 䢸鄉名在鄠縣又[14]子余切 趄趑趄 苴履中藉又子魚切 沮止也非也又水名在房陵所謂沮漳亦云[15]

漆沮既從並在此地又子魚側魚疾與子預四切 狙猨也又[16]七預切 胆蟲在肉中 蛆俗 雎雎鳩鳥 蒩苞蒩又則吾切

6 楬　　4 ⿰囟疋　　3 蒱

㶖說文云水出北地直路西東入洛　伹拙人　坥蝢埸又七預切　虘此也　○鉏誅也又田器釋名曰鉏助也去穢助苗也　鋤說文曰立薅[1]斫也又姓左傳有鉏麑士魚切六　鋤上同　耡周禮曰以興耡利甿又音助　豠豕屬　⿰豕助上同　⿰金鳥[illegible]⿰金鳥鳥白鷺也爾雅作舂鉏

○攄舒也丑居切四　⿰木虖[2]惡木　筡竹篾名也　摢摢蒱[3]戲又姓史記秦相摢里疾　○疏通也除也分也遠也窻也又姓漢有太子太傅東海疏廣或作疎俗作踈所葅切又所助切十一　梳梳櫛說文曰理髮也　綀綀葛　蔬菜蔬　踈稀踈　⿰糸疋⿰糸疋繼　釃下酒　⿱罒麗上同　𤴙通也　⿰月𤴙[4]青䟽　疋足也古爲雅字

○虛空虛也亦姓出何氏姓苑朽居切又音祛六　驉駏驉畜似騾也　歔歔欷　嘘吹嘘　魖魖耗鬼又蔓魖罔象木石之怪也　⿰衤虛上同出字書　○徐緩也說文安行也亦州名古之彭國禹爲徐州秦屬泗水郡漢爲郡復置徐州又姓自顓頊之後春秋時徐偃王行仁義爲楚文王所滅其後氏焉出東海高平東莞琅邪濮陽五[5]望似魚切四　𨛜地名又音徒　⿰羊余野羊　俆說文緩也

○於居也代也語辭也又商於地名亦姓今淮南有之央居切又音烏五　扵俗　箊竹名　淤淤泥又依倨切　唹笑皃　○豬爾雅曰豕子豬陟魚切六　䐗上同　猪俗　瀦水所停也　櫫揭[6]櫫有所表識　藸藸蒘草又音除　○臚皮臚腹前曰臚又鴻臚寺漢書曰典客秦官武帝更名大鴻臚韋昭曰鴻

7 其孫

8 蕷

九四三 韻上平 三十一 沈思恭

大也臚陳序也欲以禮大陳序賓客也力居切十七**閭**侶也居也又閭閻周禮曰五家爲比使之相保五比爲閭使之相受也又姓出衞國頓丘

二望又漢複姓四氏凡閭氏出自晉唐叔賈執英賢傳云今東莞有之林閭氏出自嬴姓文字志云後漢有蜀郡林閭翁孺博學善書藝文志

云古有將閭子名菟好學著書晉有寧州刺史樂安辟閭彬**髗**毛也說文鬛也**廬**寄也舍也周禮曰凡國十里有廬廬有飲

食亦州名春秋時舒地秦爲合肥縣梁以爲合州隋爲廬州又山名廬山記云周威王時有匡俗廬君故山取其號**蘆**漏蘆草又

音盧**櫚**栟櫚木名有葉無枝博雅曰栟櫚椶也**驢**畜也**藘**蒘藘草**蕳**菴蕳草**爈**火燒山界**⿰氵閭**涺⿰氵閭

海水洩處案玉篇云莊子作尾閭**⿰山盧**山名**櫖**諸櫖山櫐爾雅作慮**⿰王數**字林云玉名**⿰馬衣**傳馬名**⿱竹閭**⿱竹閭䈝竹名

⿰忄閭⿰忄閭憂也○**諸**之也旃也辯也非一也又姓漢有洛陽令諸於出風俗通又漢複姓有諸葛氏吳書曰其先葛氏本琅邪諸縣人徙陽都

先姓葛時人謂徙居者爲諸葛氏因爲氏焉風俗通云葛嬰爲陳涉將有功而誅孝文追7錄封諸縣侯因并氏焉章魚切七**櫧**木名

渚水名在北嶽**諸**藷蔗甘蔗**藷**薯預8別名**䃴**礛䃴青礪也**蠩**蜛蠩一頭數尾長二三尺左右有脚狀如蟹可食也

○**除**階也又去也直魚切十三**躇**躊躇**儲**儲副又姓後漢有儲太伯**滁**水名在堂邑又直胡切**篨**籧篨蘆蕟也

1 鴽　　△袽 如本韻女余切又音如　　△耶 本韻七余切又子余切　　4 蘯

藷藷蕏蔥名宁門屏閒又音佇𤻭瘕也著爾雅云太歲在戊曰著雍又直略陟慮陟略三切滁水名出歟箕山入海亦州春秋時楚地梁爲南譙州齊改爲臨滁郡開皇改爲滁州蒢草名可染又蘗蒢口柔也屠匈奴傳有休屠王又音徒

藸爾雅曰菋荎藸郭璞云五味也蔓生子叢在莖頭○如而也均也似也謀也往也若也又姓晉中經部魏有陳郡丞馮翊如淳注漢書又虜姓後魏書如羅氏後改爲如氏人諸切八蒘蒘藘草也亦作茹帤地名洳水名在南郡又人慮切鴽鴾也

翟上同䉥假寐也又如與切茹恣也相牽引皃也易曰拔茅連茹又虜複姓後魏書普陋茹氏後改爲茹氏又如慮切又而與切○且語辭也說文薦也子魚切又七也切四蛆蝍蛆食蛇蟲蜈蚣是也爾雅曰蒺藜蝍蛆郭璞云似蝗大腹長角能食蛇腦

苴苞苴亦姓漢書貨殖傳有平陵苴氏又音疽沮虜複姓有沮渠氏其先世爲匈奴左沮渠遂以官爲氏沮渠蒙遜以後魏天興四年僭號於張掖稱北涼○虛說文曰大丘也去魚切又許魚切十二墟上同筡飯器袪袖也舉也阹依山谷爲牛馬之圈

椐木名又音居胠腋下又胠篋莊子篇名魼比目魚又他合切嘘嘘崎山路攄擊也⿰木去板置驢上負物⿱艹去草器○菹說文曰酢菜也亦作葅側魚切四⿱艹⿰禾虘上同⿰齒虘齒不齊皃沮人姓世本云沮誦蒼頡作書並黃帝時史官○蜍

8 二

蟾蜍也署魚切又音余二 儲 似薯蕷而大或作稌。袽 易曰繻有衣袽女余切又[5]音如六 帤 幡巾 毠 犬多毛也 蒘 藸蒘

草名 㮧 淚㮧杷名 挐 牽引

十。虞 度也說文曰騶虞仁獸白虎黒文尾長於身不食生物俗作虞又周禮有山虞澤虞掌山澤之官也亦姓出會稽濟陽二望風

俗通云凡氏之興九事一氏於號唐虞夏殷是也遇[6]俱切二十 䮙 俗見上注 愚 愚惷說文曰戇也从心禺禺母猴屬獸之愚者

娛 娛樂 湡 齊藪名亦作隅爾雅曰齊有海湡又水名在襄國 堣 堣夷日所出虞書亦作嵎 鸆 鳥名狀如梟人面四目而

有耳見則天下大旱出山海經 嵎 山名在吴 髃 骨名在髆前又五茍切 禺 番禺縣在南海亦姓出姓苑本又音遇母猴屬也 隅

角也陬也 鸆 鳥似秃鶖 鰅 魚名有文出樂浪 鍝 鋸也 澞 爾雅曰山夾水澗陵夾水澞 蝺 搜神記曰蟼蝺似蟬而長味辛

美可食一名青蚨異物志云蟼蝺子如蠶子著草葉得其子母自飛來就之 㷒 煑食 齵 齵齒重生 𪇆 鸜[7]𪇆一名婟澤 鄅

地名。芻 芻豢說文云刈草也俗作蒭亦姓出何氏姓苑側隅切二 犓 養牛曰犓。無 有無也亦漢複姓二氏楚熊渠之後號無

庸其後爲氏又有無鉤氏出自楚姓武夫切二十一[8] 毋 止之辭亦姓毋丘或爲毋氏又漢複姓八氏漢書貨殖傳有毋鹽氏巨富齊毋鹽邑大夫

3 况

2 㰭

之後漢有執金吾東海毋將隆將作大匠毋丘興風俗通有樂安毋車伯奇爲下邳相有主簿步邵南時人稱毋車府君步主簿何氏姓苑有毋終氏左傳魯大夫茲毋還晉大夫綦毋張漢書有巨毋霸王莽改爲巨毋氏 瞴 瞴瞜又亡撫切 膴 無骨腊又荒烏亡甫二切 蕪 荒蕪 誣 誣枉 巫 巫覡周禮春官曰司巫掌羣巫之政令若國大旱則帥巫而舞雩亦山名又姓風俗通云氏於事巫卜陶匠是也漢有冀州刺史巫捷 莁 莁荑 璑 三采玉 䧫 地名在弘農 䉬 黑皮竹也 鵐 鵐鴽鳥名 𦋑 罟屬又音武 蝥 爾雅云蠿蝥蝥又音牟 𢞎 爾雅云愛也又音武 无 虛无之道又漢複姓左傳莒有大夫无[1]婁修胡 㤇 欲[2]空之皃 譕 譕誘詞也 墲 冢也 𪀝 鳥名雀屬 憮 空也又音武 𦌑 雉網也 ○于 曰也於也說文本作亐凡從于者作亐同又姓周武王子邘叔子孫以國爲氏其後去邑單爲于漢有丞相東海于定國又望出河南者即後魏書万忸于氏後改爲于氏凡諸姓望在後而稱河南者皆虜姓後魏孝文詔南遷者死不得還北即葬洛陽故虜姓皆稱河南焉又漢複姓五氏後漢特進漁陽鮮于輔袁紹大將軍淳于瓊劉元海太史令宣于修之何氏姓苑有多于氏閭于氏羽俱切二十 迂 遠也曲也又憂俱切 盂 盤盂說文曰飯器也又姓左傳晉有盂丙 邘 地名在河內又姓漢有邘侯爲上谷太守 雩 請雨祭名又沉[3]于切 𦏁 飛皃說文曰雩羽舞也或从羽同上 竽 笙竽世本曰隨作竽

4 吷　6 瞜　7 麾　9 文　10 朐 脯　12 杷

玗玉名 芋草盛皃又王遇切 汙水名又屋孤烏故二切 醧宴也 杅因杅匈奴地名 釪錞釪形如鐘以和鼓 衺

裛衣 骬䯏骬缺盆骨也 𠌶說文云草木華也本音吁 謣妄言 靬車鞎也 迂窻迂牀也 盂蒩盂似韭 ○訏

大也況于切二十 吁歎也 雩雩婁古縣名在廬江 欨吹[4]欨一曰笑意又況宇切 疞病也 盱舉目又盱眙[5]縣在楚州 衧

大袑衣也 煦煦瞜[6]笑皃 姁姁媮美態 冔殷冠名又音詡 扜說文云指麾[7]也又憶俱切 𠌶草木華也 荂上同又音敷

忓憂也 醧宴也 旴日始出皃 靬靬鞎 欨欨樂 虍虎吼又虎乎切 ⿱亩木亩屬又矩[8]于切 ○衢街衢爾雅

曰四達謂之衢其俱切三十六 劬勞也 軥車軶 氍聲類曰氍毹毛席也風俗通[9]云織毛褥謂之氍毹亦作𣰠 眗[10]䀑也一曰

屈也亦山[11]名在東海又姓出姓苑 朐地名在河東 臞瘠也 癯上同 鴝鴝鵒亦作鸜周禮曰鸜鵒不踰濟 鸜上同

亦鸜鵒又漢複姓莊子有鸜鵒子 灈水名在汝南 躣行皃楚詞曰右蒼龍之躣躣 忂上同 翑馬左足白爾雅云馬

後足皆白本作翑 鼩鼱鼩小鼠 蘧蘧麥又巨居切 斪鉏屬 句冤句縣名在曹州又九遇古侯二切 蠷蠷螋蟲

瞿鷹隼視也又姓王僧孺百家譜曰裴桃兒取蒼梧瞿寶女又有瞿曇氏西國姓又九遇切 欋釋名曰齊[12]魯閒謂四齒杷為欋

2 朐　3 豎皿　6 耎　8 問娶子奢莫之媒也　9 殊　10 歹

蒟爾雅云蒟芋荧　鶵鳥羽　翑上同　蚼蚼蛘蚍蜉　鼩鼅屬說文云頭有兩角出遼東亦作鼅鼄音奚　趯走顧之皃　趜上同　朐[2]脯名　絇履頭飾也　[illegible]上同　[illegible][3]聲類云樹種也　礭磫礭青礪　戵戟屬　鑺上同　姁姁然樂也又況羽切　儒柔也人朱切十六　獳朱獳獸名似狐而魚翼出則國有恐又女侯切　濡水名出涿郡又霑濡　襦說文云短衣也俗作襦　懦弱也又乃[4]亂切　嚅囁嚅多言　鱬朱鱬魚名魚身人面　麢鹿子又相俞切　嬬妻[5]名　繻易曰繻有衣袽亦見周禮注　顬顳顬耳前動　燸火色　臑嫩耎[6]皃　醹厚酒又音乳　[illegible][7]柔皮又而兖切　䰭鬼魅聲䰭䰭不止又乃侯切　○須意所欲也說文曰面毛也俗作鬚又姓風俗通云太昊之後史記魏有須賈又漢複姓左傳遂人四族有須遂氏又虜複姓匈奴貴姓有須卜氏相俞切十四　鬚俗　嬃女字也　[illegible]待也　𥪰上同　繻傳符帛　𢄔頭𢄔　麢鹿子也又音儒　需卦名　嬬荀卿子曰問嬬[8]之媒又七句切　緰衫緰帛也　蕦蕵蕪別名　鑐鎖中鑐也　隃北陵名又式注式朱二切　○株木根也陟輸切十一　誅責也釋名曰罪及餘曰誅如誅大樹枝葉盡落　邾國名　鼄鼅鼄網蟲亦作蛛　蛛上同　跦行皃　袾字統云朱衣曰袾又昌朱切　列列[9]殺字從歹又[10]五割切　𣦼上同　鴸鳥名似鴟人首　絑黏皃　○[illegible]

11 撞

九·芺 韻上平 三十四 沈思恭

獸名似貍敎俱切二 貙俗 ○殊異也死也市朱切十二 銖鎦銖八銖爲鎦二十四銖爲兩 洙水名在魯 茱茱萸

瓶小甖 殳兵器釋名曰殳殊也長一丈二尺無刃有所墥[11]挃於車上使殊離也詩云伯也執殳又姓舜典有殳折[12] [illegible]上同出道書

䏭䏭膢所以過水 [illegible]八觚杖也 陎陎𨻳縣名 几說文云鳥之短羽飛几几也象形 杸說文曰軍中士所持殳也司馬法曰執羽從杸 ○逾越也羊朱切四十五 踰上同 窬門邊小竇又穿窬也 臾善也亦須臾又姓左傳晉大夫臾駢 楰木名又音庾

腴肥腴 諛諂諛 隃隃麋古縣在扶風 鄃地名在涿郡又音輸 覦覬覦欲得 闟窺也 俞然也荅也說文作兪空中木爲舟也又姓又恥呪切 歈巴歈歌也 愉悅也和也樂也 [illegible]邪[illegible]舉手相弄或作[illegible]歈 揄揄揚詭言也又動也說文引也 褕褕狄后衣又由昭切 瑜玉名 崳崳次山在鴈門 [illegible]憂也 羭黒羝 蝓蠍蝓蝸牛 榆木名說文曰白枌也春秋元命包曰三月榆莢落 萸茱萸 堬方言云墳堬培塿埰埌塋壠皆冢別名 牏築垣短版 渝渝變也亦州名本巴國漢爲巴郡之江州縣梁於巴郡置楚州隋改爲渝州因渝水爲名 媮靡也又音偷 [illegible][illegible][illegible]呼犬子也 [illegible]汙[illegible]

[illegible]美石次玉 瘉病也 螸爾雅云蠭醜螸 蕍澤蕮 [illegible]草也 [illegible][illegible]餘也出字林 [illegible]變色豆也

蕍蒰蕍花皃蘛上同畬曰[2]也又音由又代兆切瓿瓶也騟紫馬𢓜行皃筻黑竹硬石次玉也

○區具區吴藪名又禮曰草木茂區[3]萌達注云屈生曰區亦姓後漢末有長沙區景豈俱切八鰸魚名出遼東似蝦無足

驅驅馳也毆古文嶇崎嶇軀身也摳褰裳又苦侯切䧢隔隅[4]不安皃○朱赤也說文曰赤

心木松柏屬也又姓出沛國義陽吴郡河南四望本自高陽後周封

于邾後爲楚所滅子孫乃去邑氏朱焉亦漢複姓莊子有朱泙漫郭

象注云朱泙姓也章俱切十珠珠玉白虎通曰德至深淵則海出明珠侏侏儒短人絑纁純赤色袾[5]詛也又音

注咮鸗咮多言皃鴸鳥名似鴟人首鮢似蝦無足𢓌𢓌儒硃硃研朱砂○趨走也七逾切三趍

俗本音池鯫淺鯫小人不耐事皃又士后切○僂悅也力朱切又落侯切十六蔞蔞蒿又虜姓官氏志云一郍蔞氏後改爲

蔞氏氀毛布瞜瞴瞜又落侯切鱴魚名嶁山頂貗求子豬也又落侯切㺏上同摟曳也鷜鵱鷜

野鵝又落侯切鏤屬鏤劒名又盧豆切𨟾鄉名又落侯切婁詩曰弗曳弗婁傳曰婁亦曳也又落侯切瘻瘻[6]痀

曲瘠膢䏭膢所以過水膢飲食祭也冀州八月楚俗二月○扶扶持也佐也漢三輔有扶風郡扶助也風化也魏爲岐州

7 鼓　9 氐　11 眣　12 名　14 洽

又扶州在隴右元魏置管同昌怡夷二縣又姓漢有廷尉扶嘉防無切二十六 鼓[7] 古文 芙 芙蓉 符 符契河圖曰玄女出兵符與黃帝戰蚩尤說文曰符信也漢制以竹長六寸分而相合又姓魯頃公之孫雅仕秦爲符璽令因而氏焉琅邪人也 颫[8] 颫風大風 鳧 野鴨 榑 榑桑海外大桑日所出也 苻 苻鬼目草又姓晉有苻洪武都互[9]人本姓蒲氏因其孫堅背文有草付之祥改姓苻氏洪子健以晉穆帝永和七年僭号於長安稱秦 蚨 青蚨蟲子母不相離 夫 語助又府符切 䓝 䓝䓝茈草也案爾雅曰芍鳧茈不從艹 ⿰氵鳧 水名 枹 枹罕縣名在河州罕音漢 瓿 甌瓿瓶也 訣 訣詞 枎 枎疏盛也 坿 白石英也 泭 水上泭漚說文曰編木以渡也本音孚或作游 游 見上注 䍖 小畚器也 ⿰木符 草木子房 ⿰氵冒[10] 水名其中有神古人 ⿰忄冒 心明 ⿰冒羽 飛皃 ⿰耳夫[11] 望也 玸 玉文[12] ○⿰禾芻 稷穰仕于切四 雛 鵷鶵爾雅曰生噣雛謂鳥子能自食俗作雛噣音卓 鶵 籀文 媰 崔子玉清河王誄云惠於媰孀說文曰婦人姙[13]娠也本側鳩切 ○⿰亻芻 纂文云偛⿰亻芻小人皃莊俱切偛側治[14]切二 搊 解也 ○敷 散也說文从尃施也芳無切三十六 麩 麥皮也 麱 上同 孚 信也 ⿰木敷 木名 郛 郛郭 鄜 鄜州漢鄜縣今鄜城是隋改作鄜州 鋪 又普胡切 筟 織緯者 俘 囚也 痡

4 上　　1 華

病也殍餓死怤思也悅也䎔翻下羽也藪花葉布也孵卵化豧豕息尃布也鮇魚名罦車上
網以捕鳥稃穀皮粰上同莩漢書云非有葭莩之親張晏云莩者葭中白皮泭小木栰也說文云編木以渡也郙
鄉名又云亭名在汝南又方矩切庯石閒見也桴屋棟又音浮艀艀艇舩也𢷤張也姇姇悅荂荂榮之皃
又音吁紨布也又細紬也萂萂蕍花皃毰毛解苦花盛秿禾攢也又扶甫切諏謀也子于切又子侯切七
㖩嘬㖩不廉㞗㞗嵎娵娵訾星名陬陬隅又子侯切嗺高皃掫擊也又子侯切○跗足趾也甫無切二十一趺
上同又跏趺大坐膚皮膚又美也傅也肤上同邞古縣名在琅邪鈇鈇鉞衭衣前襟𢗿上同玞珷玞
美石次玉鳺鶘鳺鳥名三首六足六目三翼䕎地䕎藥名簠簠簋祭器又方羽切夫丈夫又羌複姓後秦建威將軍
夫蒙大羌鳺鳺鳩鳥柎欄足扶公羊傳云扶寸而合注云側手曰扶案指曰寸𩭿𩭿髻本也𩵹𩵹鯕魚名𥝻
里𥝻玉篇云再生稻也𥘸祭名妋玉篇云貪皃○紆縈也曲也詘也勞也又姓後秦有肥鄉侯始平紆邃憶俱切十二靬鞶革
又音于陓陽陓澤名扜說文云指麾也鞰韃也䙔編枲頭衣又烏侯切蓲草名又去鳩烏侯二切迂曲也

八•十二　韻上平　三十六　沈思忠

7 寫　東 本韻況于切又矩手切　11 度　12 㳅

又音于醧能者飲不能者止也又音于尪盤旋虶蚰蜒別名雩雩注雨皃○輸盡也寫也墮也說文曰委輸也式朱[7]切又式注切三鄃縣名在貝州隃北陵名又相俞式注二切○樞本也爾雅曰樞謂之椳郭璞云門戶扉樞也昌朱切五姝美好軀軀骨袾朱衣䇬䇬策○廚說文曰庖屋也俗作厨直誅切五蹰跦蹰行不進皃趎人名莊子有南榮趎櫥帳也似廚形也出陸該字林裯襌衣也又直休切○拘執也舉朱切十四駒馬駒䀰左右視也眗同上岣岣嶁衡山別名斞[8]挹也酌也𨛘上同捄盛土詩云捄之陾陾跔手足寒也鮈[9]鮗鮈魚名俱皆也具也又姓南涼錄有將軍俱延痀曲脊臾說文目邪也𥗋磫𥗋礪石○毹氍毹也山芻切四愉裂繒橾說文曰車轂中空也螋蠷螋蟲又所留切

十一○模法也形也規也莫胡切十二橅上同出漢書摸以手摸也亦作摹又音莫嫫嫫母黃帝妻皃甚醜亦作嫫𢄔車衡上衣𨡕𨡕醐榆子醬[10]也醐大胡切謨謀也亦作謩暮古文墲規墓地[11]曰墲无南无出釋典又音無𥶄竹名膜膜拜胡禮拜也○酺大酺飲酒作樂周禮注云蓋[12]爲壇位如雩禜云族長無飲酒之禮因祭酺而與其民以長幼相獻酬焉又漢律禁三人以上羣飲酒故賜酺得會聚飲食也薄胡切十匍匍匐蜅蛤蜅莆莆攎收亂草也樸樸劘縣名在武威劘音還

1 謂　3 頸　5 鼯

菩 梵言菩提漢言王道 蒱 膊魚亦雄有蒱肉也 蒲 草名似藺可以爲席亦州名舜所都蒲坂秦爲河東郡後魏爲雍州又改爲秦州周改爲蒲州因蒲坂以爲名又姓風俗通漢有詹事蒲昌又苻洪之先家池中蒲生長五丈如竹形時咸爲[1]之蒲家因以爲氏又漢複姓有蒲姑蒲城蒲圃三氏 蒱 摴蒱戲也博物志曰老子入胡作摴蒱 𥰭 竹筥沈水取魚之具 ○胡 何也又胡虜說文曰牛顄垂也亦姓出安定新蔡二望又漢複姓二氏齊宣王母弟別封母[2]鄉遠本胡公近娶母邑故爲胡母氏又胡公之後有公子非因以胡非爲氏又虜複姓南涼録禿髮壽闐之母姓胡掖氏戶吴切三十 頶 牛顄垂也 咽 上同 壺 酒[3]器也禮記投壺篇云壺徑脩七寸腹脩五寸口徑三寸半容斗五升亦姓風俗通云漢有諫議大夫壺遂 狐 狐狢說文曰妖獸也鬼所乘有三德其色中和小前豐後死則首丘又姓左傳晉有狐氏代爲卿大夫 瓳 甂瓳博雅曰甂甌也 餬 寄食又糜也使餬其口於四方是也或作飳 瑚 瑚璉 湖 江湖廣[4]曰湖也 鶘 鵜鶘鳥名 猢 獑猢獸名似猨 醐 醍醐酥屬 黏 黏也 粘 上同 𪎩 糊 並俗 弧 弓也 乎 極也辝也 𠂡 古文 䶂 鼯[5]䶂似猨身白署手有長白毛善超坂絕巖也亦作蝴 瓠 瓠𤬼瓢也又音護 葫 葫瓜又草名 𤻗 𤻗瘻物在喉中 魱 當魱魚名 箶 箶簏箭室又竹名 箛 稜也 𥵨 𥵨被也出韻略 𧙹 𧙹裓 㯐 棗名也大而銳上者本作壺[6]見爾雅 虖

7 肔
8 王字當刪
9 柧棱
10 一　女刁　姑[illegible]公戶切　又古乎切
11 惲
12 梚
14 郝

歎也○孤孤子又虜複姓有獨孤温孤步鹿孤步六孤乙速孤氏古胡切二十八　苽說文曰雕苽一名蔣也　菰上同　胍胍肫[7]大腹
夵大皃　姑舅姑又父之姊妹也　辜罪也　呱啼聲　泒水在鴈門　酤酤酒又胡五昆互二切　觚酒爵　蛄螻蛄蟲
箛竹名　鴣鷓鴣鳥　橭木名　⿰舟古漢書越王[8]巫⿰舟古祠在雲陽亦小兒病鬼也　沽水名在高密　柧柧棱[9]　⿰金辜字林曰鏷⿰金辜矢左
傳作僕姑　觚方也本亦作觚　⿸虍⿺走古⿺走古息禮記作姑　盬陳楚人謂鹽池為盬出方言又音古　嫴說文曰保任也　罛魚罟　軱
大骨也出莊子又盤骨　箍以篾束物出異字苑　⿰月辜⿰月辜脯　瓳瓜也○徒黨也又步行也空也隷也同都切三十[10]　辻上同
屠殺也裂也刳也尸子曰屠者割肉知牛之長少史記樊噲少屠狗亦姓左傳晉有屠岸賈又音除　瘏病也　塗塗泥也路也亦姓風
俗通云漢諫議大夫塗禪[11]　途道也　酴酒名　駼騊駼馬山海經曰北海有獸狀如馬名曰騊駼　𤛗黃牛虎文　鵌鳥名與鼠同穴
涂水名在益州　梌木名　梚[12]上同　荼苦菜　圖爾雅曰謀也說文曰畫計難也　啚俗本音鄙　廜[13]廜⿸广蘇草菴通俗文曰屋平
曰廜⿸广蘇　鄌鄉名　菟菟丘地名又音吐　捈捈引　⿰余阝[14]下邑地名　稌穗也　嵞嵞山古國名禹所娶也說文云會稽山也一曰九江當嵞
也亦作峹又書作塗　峹上同　⿰木荼楸木別名　鍍以金飾物又音度　⿰酉俞⿱敄酉⿰酉俞醬也　⿰氵荼虎杖　䖘烏䖘楚謂虎也左傳作於菟　鷵爾雅

1 鶖·蒼
2 鳥籠
3 之字當刪

曰鶖[1]鶬鶬郭璞云似烏倉白色筡爾雅曰簢筡中言其中空竹類○奴人之下也乃都切七伖古文砮礪也駑体馬

字林曰駘也帑說文曰金幣所藏也又他朗切孥妻孥書傳云孥子也笯籠[2]鳥○呼喚也說文曰外息也又姓列仙

傳有仙人呼子先又虜複姓二氏前趙錄匈奴貴姓有呼延氏後漢書匈奴四姓有呼衍氏荒烏切又火故切十七嘑嘑嘑周禮曰雞

人掌大祭祀夜嘑旦以嘂百官虖姓也說文曰哮虖也評亦喚也歑温吹氣息也戲古文呼字謼大叫又火

故切膴無骨腊又音無幠大也葫大蒜也張騫使大宛所得之[3]食之損人目侉[4]怯也軤姓也虍字林云虎文也

苸草多雐鳥名䖘鬼皃滹滹池水名周禮作虖池○吾我也漢改中尉爲執金吾吾御也執金革以御非常亦姓

漢有廣陵令吾扈又漢複姓五氏鄭公子有食采於徐吾之鄉後以爲氏左傳有鍾吾子其後氏焉昆吾氏昆吾國之後由吾氏秦相由余之

後古有肩吾子隱者五乎切二十一鼯似鼠一曰飛生亦作䳇蜈䳇蜈並上同吳吳越又姓本自太伯之後始封於吳因以

命氏後季札避國子孫家于魯衞之閒今望在濮陽浯水名䓊草名似艾𤞣猿屬珸琨珸美石珸上同蜈蜈蚣

郚鄉名在東莞齬齟齬又音語鯃魚名娪美女鋘鋙鋘山名出金色赤如火作刀可切玉出越絕書梧

6 籍　8 議　9 吐　11 欂

梧桐木名又姓 峿䶠[5]峿山名 麌牝麕也又音俁 艅船名 䄍福也 ○租積也稅也則吾切二 蒩茅蒩[6]籍封諸侯蒩以茅又子余[7]切 ○盧說文曰飯器也亦姓姜姓之後封於盧以國爲氏出范陽又漢複姓八氏列子有長盧子孟子有屋盧子著書古尊盧氏後氏焉古蒲盧胥善弋亦姜姓左傳齊大夫盧蒲嫳後漢諫[8]大夫東郡索盧放何氏姓苑云盧妃氏濟陽人又有湛盧氏亦虜複姓五氏周書豆盧寧傳云其先慕容氏支庶後魏書有吐盧沓盧呼盧東盧等氏又三字姓有吐[9]伏盧奚計盧莫胡盧三氏俗作盧落胡切三十四 鑪酒盆又鑪冶也 壚土黑而疏 籚籚[10]西竹出會稽 蘆蘆葦之未秀者又蘆菔菜名亦虜姓後魏書莫蘆氏後改爲蘆氏 顱頭顱 髗上同 鱸魚名 攎攎斂 櫨欂[11]櫨柱也又木名 轤轒轤圓轉木也 黸黑甚 獹韓獹犬名 鸕鸕鷀 艫舟後 纑布縷 瀘水名亦州名在蜀 瓐玉名 爐火牀出玉篇漢官典職曰尚書郎給女史二人著潔衣服執香爐燒熏 玈黑弓也 ⿰弓盧俗 廬廡也又力古切 甗酒器 嚧呼豬聲也 矑目童子也 𤺎集略云癰類 ⿰木乎黃⿰木乎木可染也 ⿱髟盧⿱髟盧髮亂 𠙹飯器說文曰㿻[12]也 𠧄上同 鑪籀文 蠦蠦蜰一名蜚又名蟦蠜 ⿰盧攴⿰氐攴也⿰氐攴音邸 蓾蓾會藥名 ○蘇紫蘇草也蘇木也滿也悞也又姓出扶風武邑二望素姑切四 穌息也舒悅也死而更生也 ⿸广穌廜⿸广穌

△虘 歌韻昨何切又才都切
2 小
3 枝鳴
4 那
8 趙䟔
9 一
10 汙

草菴又屠蘇酒元日飲之可除瘟[1]氣酥酥酪○徂往也昨胡切四退上同殂死也殖古文○烏安也語辭也說文曰孝烏也[2]爾雅曰純黑而返哺者謂之烏小而不返哺者謂之鵶又姓左傳齊大夫烏枝[3]鳴又虜姓周上開府烏丸泥又虜三字姓北齊有烏那[4]羅受後魏書有烏石蘭氏烏落蘭氏哀都切二十一嗚嗚呼洿說文曰濁水不流者汚上同又一故切杇泥鏝圬釫並上同鰞鰞鰂魚月令云九月有寒烏入水化爲烏鰂魚歍口相就也鎢鎢錥溫器弙滿挽弓有所向於古作於戲今作嗚呼瑦美石鄔縣名又音塢盓盤盓旋流也又憂[5]俱切螐蚅螐蠋蟲也大如指白色惡安也扝引也蔦蔦藘荻也樢樢梍青柹鴮鴮鸅鵜鶘別名俗謂之掏河也○逋逋懸也博孤切十三餔說文云申時食也又音步𥂰籀文晡申時庯屋上[6]平陠上同鵏鵏鴀鳥名⿺走甫趦[8]⿺走甫伏地峬峬峭好形皃出字林誧諫也秿刈禾治秿鯆鯆䱐魚名亦作⿰魚布抪展舒也又布也○枯枯朽也苦胡切十[9]刳剖破又判也屠也扝揚也郀地名軲車也又山名亦姓出字統殆殆瘁說文枯也跍跍蹲皃挎空也坼也弙又注乎切橭木[11]四布也鮬婢妾魚名○麤說文云行超遠也又字統云警防也鹿之性相背而食慮人獸之害也故從三鹿倉

△粗 姥韻徂古切 又千胡切

12 漢·蔡

13 胍肶

18 裒

20 麡

胡切六 麤 䟕也大也物不精也本亦作麤 麤 說文云草履也 𥼺 米不精也 觕 公羊傳曰觕者曰侵精者曰伐 皻 皮皵

惡也 ○瑹 美玉他胡切十二 稌 稻也又他古切 悇 廣雅云懷憂皃 ⿰山雩 山名 ⿰王雩 玉名 峹 山名 庩 庯庩

屋不平也 ⿺走余 趙⿺走余伏地 梌 鋭也 ⿰王雩 ⿰王雩琈玉名 捈 臥引 ⿰革余 鞴⿰革余屧 ○都 都猶摠也尚書大傳十邑爲都帝王世紀

曰天子所宮曰都又姓[12]有臨晉侯都稽何氏姓苑云今吴興人當孤切七 ⿱竹都 竹名 闍 闉闍城上重門又市遮切 肶 肶胍[13]大腹 ⿰貝都

賭勝出新字林 醏 醆[14]醏醬酒也 ⿰革度 折[15]皮具牛牽舩出通俗文 ○⿰禾尃 豆⿰禾尃也普胡切十二 鋪 鋪設也陳也布也又音孚 鯆

魚名又江豚別名天欲風則見 ⿰魚尃[16] 上同 ⿰足甫 馬蹀跡也 痡 病也又音孚 誧 諫也又音普 ⿰豕尃[17] 豕名 陠 裒[18]也 墲

規墓地也 䮒 馬名 ⿰甫攴 毀⿰甫攴屋壞

十二 ○齊 整也中也莊也好也疾也等也亦州名春秋時齊國秦爲郡後魏置州因齊地以名之又姓風俗通氏姓篇序曰四

氏於國[19]齊魯宋衛是也徂奚切九 臍 膍臍說文作毗齎 麡 麡狠似鹿[20]而角向前入林則挂其角故常在淺草中逐入林則

搏之出異物志又臍豺二音 蠐 蠐螬蟲 齍 [21]等也 懠 詩云天[22]之方懠懠怒也又音劑 齎 好皃又[23]子兮側皆二切

騠本韻杜奚切又丁奚切

3 三

4 繒

齊病也又音劑鍗利也又子兮切○黎衆也又姓黎侯國之後郎奚切二十一犂墾田器亦耕也山海經曰后稷之孫叔均

所作魏略曰皇甫隆爲燉煌太守教民作樓犂也犂上同莉茈莉織荆黧黑而黃也藜藜藋鯬鯬鯠𦅆綷𦅆

惡絜蠡以瓢爲飲器也邌徐行皃𨞛亭名在上黨廲廲廔綺窻蔾蔾蘆藥名篱竹名驪穆天

子駿馬名盜驪綠耳又力知切瓈玻瓈寶玉𥉋𥉋視𩥄馬屬亦作䮥㦒㦒他欺慢之語出方言謧弄言又力支切

䳘䳘黃鳥○妻齊也七稽切又七計切十萋草盛皃淒雲皃又千弟切[2]凄寒也悽悲也痛也鶈鳥名

郪縣名在梓州緀緀斐文章相錯皃齎說文云炊餔疾本子兮切又才細切霋說文云霽謂之霋○低低昂也俛

也垂也都奚切俗作仾二十二[3]氐氐羌說文至也衹衹裯短衣磾漢有金日磾說文云染繒[4]黑石出琅邪山鞮革履䏲䏲胵

胅腹胵音奚羝羝羊眂視也隄防也堤上同岻山名[5]𨸲篆文云姓也奃大也趆趭也𧼮說文云趧

不能行爲人所引曰𧼮櫳鍉歃血器柢木根也又音帝䏿臍䏿強脂觝獸角不正紙絲滓也揥指也𠛾剅䚄以刀

解物䬊䬊餬○嗁泣也說文曰號也杜奚切六十啼㖒並上同蹏足也蹄上同䈕竹名提提攜詆訶也

又音底瑅玉名隄隄封漢書作提桋樹之長條題書題說文領也媞美好皃爾雅云媞媞安也說文又時介切諦也一曰

妍黠題現[6]也說文題也綈厚繒也罤兔網渧研米槌也梯上同締結又音悌蕛爾雅曰蕛荑也郭璞云蕛似稗

布地生穢草也或作稊稊易曰枯楊生稊稊楊之秀也苐草也銻鎕銻醍醍醐褆衣服好皃又是豸二音鵜

鵜鶘荑荑秀禔福也鮷魚黒色崹崥崹山皃緹周禮注緹衣古兵服之遺色又音體鶗鶗鴂鳥又音遰䶏爾雅

曰䶏鼠夏小正曰䶏䶑則穴又音斯騠駃騠馬名又[7]下奚切折禮記云吉事欲其折折爾謂安舒貌[雨夷]霽雲出字林銕

字林云鐵名又說文云古鐵字鮷魚四足者虒臥也又音梯䁯䁯視困皃䬫字林云寄食䚦獸角不正又音低徥

久待謕轉語又他兮切𧽯𧽯行皃厗磄厗[8]石也鶗鶗鴂鳥春三月鳴也鶙鶙鷈鳥𡰖又音低蝭蝭蟧又音

帝[金虒]器也鴺鷩鴺山雞名[巾虒][巾虒]帷[9]銻鎕銻火齊鮷大鱧趧趧鞻四夷樂也[虫弟]螗[虫弟]小蟬鮧鮎也鯷

上同[月是][10]遠[11]視也又坐見○豍豆名邊兮切十六[巾𣬉]車[巾𣬉]螕牛蝨椑椑榹小樹又樹栽也[艹舭][艹舭]麻萞上同[糸坒][12]

謬也又芳脂切篦眉篦梐門外行馬又防啓切[矢卑][矢卑][矢巳][13]短皃陛說文曰牢[14]也所以拘罪也狴上同又狴犴獸也

廣韻校本

∘梐脂韻房脂切又方奚切

3 紽

4 然

簞冠飾 鎞鎞釵 𢙢誤也 䚜橫角牛名 ∘雞說文曰知時畜也易曰巽爲雞古奚切十 鷄籀文 稽考也同也當也留止也又山名亦姓呂氏春秋有秦賢者稽黃 枅承衡木也 笄女十有五而笄也 楷楷風扶杓木也 蛢螢火 卟字書云問卜也 朩木不長也又音凝 鍇[2]堅也 ∘奚何也說文曰大腹也又東北夷名亦姓夏車正奚仲又虜複姓後魏書有達奚薄奚[3]統奚吐奚等四氏胡雞切十八 豯豕生三月 傒有所望也又胡禮切 㜎女奴 蹊徑路 螇螇螰似蟬 榽榽蘇木名似檀 騱馬前足白又驒騱野馬名驒音壇 胿胿䏿胿 奚獸跡亦邑名在洛陽 郋里名 鼷水蟲 傒東北夷名 嵇山名亦姓出譙郡河南二望 兮語助 鼷鼠名一名甘口鼠食人及鳥獸至盡皆不痛 蒵草名 貕幽州藪澤曰貕養出周禮 ∘鷖鳧屬烏奚切十二 翳蔽也又烏計切 譩相詠[4]應辝 嫛人始生曰嫛婗出釋名 黳小黑 羥黑羊 㙠塵埃 𥔲美石黑色 黟說文黑木也丹陽有黟縣 繄是也辝也又赤黑繒亦戟衣也 訡誠也又於米切 㛪㛪樧弩楔木也 ∘倪莊子云天倪自然之分亦姓後漢有楊州刺史倪諺五稽切十八 蜺似蟬而小 霓雌虹又五結五繫二切 郳郳城在東海 齯老人齒落復生 婗嫛婗 輗車轅端持衡木 棿上同 猊狻猊師子屬一走五百里 麑上同 貎亦同 鯢雌鯨 兒姓也漢御史大夫兒寬千

王玩

5 毄·毀　6 欸　7 帥　8 酉　9 妻　10 匾匯

乘人視衣裗謂之視也又妍啓切佇佇倕佯不知皃觬角不正皃又研啓切⿱⿰女丰木⿱⿰女丰木撕弩楔⿰兒攴⿰兒攴[5]⿰兒攴皃又五禮切○醯

酢味也俗作醓呼雞切六⿰兮色[6]痛聲⿰奚色黃病色也⿰巾虒幱⿰巾虒赤紙出埤蒼榼木名忚欺慢之皃○西秋方說文曰鳥在巢

上也日在西方而鳥西故因以爲東西之西篆文作卥象形亦州名本漢車師國之地至貞觀討平以其地爲西州亦姓又漢複姓十一氏左

傳秦師[7]西乞術宋大夫西鉏吾西鄉錯出世本又黃帝娶西陵氏爲妃名纍祖史記魏文侯鄴令西門豹周末分爲東西二周武公庶子西周

爲氏晉有北海西郭陽何承天以爲西朝名士慕容廆以北平西方虔爲股肱何氏姓苑有西野氏西宮氏王符潛夫論姓氏志曰如有東門

西郭南宮北郭皆是因居也先稽切十六卤籀文卥[8]古文棲鳥棲說文曰或从木西[9]栖上同甈瓦破聲犀犀牛

似豕角生鼻上又姓秦有犀首嘶馬嘶撕提撕⿸疒虒瘦⿸疒虒疼痛亦作⿸疒斯⿸疒斯上同⿰木斯椑⿰木斯屖瓠屖說文遲也⿱斯言

悲聲粞碎米⿰屖刂⿰爽刂⿰屖刂○梯說文云木階也土雞切九睇視也又徒計切鷈鸊鷈似鳧而小⿸臥虒臥也⿸臥虒上同⿷匚虒

匾⿷匚虒薄也⿰足弟⿰足弟蹋謕轉相誘語⿰馬虒一[10]遍○鼙騎上鼓釋名曰鼙裨也裨助鼓節也呂氏春秋曰帝嚳令人作鼙鼓之樂也部

迷切七鞞上同椑圓榼漢書云美酒一椑膍膍膟說文曰牛百葉也一曰鳥膍胵也亦作肶又音毗崥崥崹⿰卑瓦

2 祖
3 韲
△齎 本韻祖奚切 又子兮切
4 此
5 [illegible]
7 北地
9 鷘
10 杬
△繫 霽韻古詣切 又口奚切

瓦器篦取蝦竹器。磇磇霜石藥出道書匹迷切七 陛牢也所以拘罪人也 剕剕斫 鵧鵧鳺鳥名 錍錍斧又方
支切 批擊也推也轉也示也 鈚鈚[1]箭。齎持也[2]付也遺也裝也送也相稽切十五 賫俗 韲[3]薑蒜爲之 齏上同
虀虀菜俗 銻利也又徂兮切 櫅櫅榆堪作車轂爾雅云白棗也 ⿰矢比⿰矢卑⿰矢比 擠排擠 齌炊餔疾也又才細切 躋登也
升也又音霽 隮上同 麡又音齊音豺義見齊字中 懠懠疑人方言云吳人云之 呰弱也又玆[4]比切[5]。迷惑也莫[5]兮切六 㜷
齊人呼母 醾醭醾醬上白也 麛鹿子 ⿰民見[6]病人視皃 ⿱皃龜⿱皃龜⿸麻龜似龜堪啖多膏。泥水和土也說文云水出郁[7]郅北蠻中詩疏
云泥中衞之小邑又姓出姓苑奴低切又奴計切四 埿塗也俗 屔受水丘也爾雅曰水潦所止爲屔丘郭璞云頂上汙下者亦作泥
臡雜骨[8]醬也。谿爾雅曰水注川曰谿苦奚切八 嵠溪磎並上同 鸂鸂鶒[9]水鳥 繫爾雅云杭[10]繫梅子如小柰也
螇土蝨似蝗 鼷小畨。圭圭辟說文曰瑞玉也上圜下方公執桓圭九寸侯執信圭伯執躬圭皆七寸子執穀璧男執蒲璧皆五寸周禮
以青圭禮東方又孟子[11]曰六十四黍爲一圭十圭爲一合古攜切十五 珪古文 邽下邽縣在馮翊上邽縣在隴西 閨閨閤 袿
釋名曰婦人上服曰袿廣雅曰袿長襦也 窐甑下孔楚詞云珪璋雜於甑窐又音攜亦作鬹 鮭魚名又音奎 ⿸鹿圭鹿屬 洼姓也

八·六十三
韻上平
四十二
陸選

12 矅　15 三　16 鑊　17 巂 上同又子巂鳥出蜀中　18 安　21 削　23 一

八·六十三　韻上平　四十二　陸逕

漢有大鴻臚洼丹又音哇 瞿[12] 瞿谷名 𢴇 𢴇䝙裂也 胿 膍胿 𦓐 田器 𣢐 邪也又紆佳切 茥 缺盆草也又音睽 ○睽 䁆[13]異也乖也外也說文云目少睛苦圭切十五 奎 星名 溪 泉水通川又古比切 刲 割刺又作刲 𠜾 同上 茥 缺盆草 䯓 肩骨 聧[14] 說文云耳不相聽方言云聾之甚者秦晉之間謂之聧 鮭 漢複姓漢有博士鮭陽鴻 䖯 蠆也 蝰 蛹也 楏 中鉤

楏 櫑也 䕸 𤫕𤬏亦作𤬻 𠩺 說文曰盾握也 ○攜 提也離也又姓出何氏姓苑戶圭切二十四[15] 携 俗 蠵 大龜 鑴 大[16]鐘 窐 甑下孔 䰎 同上 畦 菜畦 驨 似馬一角 䳏[17] 子巂鳥出蜀中 巂 同上 酅 地名在東平[18] 𢤱 離心也

䦈 姓也梁四公子䦈闖之後 𡍪 姓[19]也 嶲 姓出纂文 纗 說文曰維綱中繩也 讗 說文曰自[20]是也 劀 廣雅云劀挑剜刲削[21] 罣 姓出說文 黊 說文云鮮明黃也 𡰎 尵𡰎也 眭 目深惡視 觿 角錐童子所佩又儇規切 䀰 䀰[22]能視也

○臡 有骨醢也人兮切又音泥一 ○移 棠移木也成臡切又余[23]氏以支二切 ○烓 說文曰行竈也爾雅曰煁烓郭璞云今之三隅竈烏攜切三 㷇 同上 𤭛 甑下孔 ○睳 目瞢呼攜切一

十三○佳 善也大也好也古膎切二 街 道也說文云街四通道也風俗通云街攜也離也四出之路攜離而別也 ○㥯 心不平又

1 櫨　4 離　6 名　7 郤　8 士　9 䴑⿰丰見　△ 睚 卦韻五懈切又五佳切　10 淫　11 哯

恨也戶佳切八鮭魚名出吳志膎脯也肉食肴也鞵屩也鞋上同⿰扌奚挾物⿰衤奚袖也榽榽棱○牌牌牓也薄
佳切七⿰魚卑魚名廣雅云黑鯶謂之⿰魚卑簰大桴曰簰郫縣名在蜀又音皮⿸广䖵江東呼蚌長而狹者為⿸广䖵棑棑筏又音敗
犤牛也○媧女媧伏羲之妹古蛙切七緺青緺綬也譌譌惰腡手理也蝸蝸牛小螺騧馬淺黃色⿰咼欠⿰咼欠佽○蛙
蝦蟆屬烏媧切二鼃上同又戶媧切○咼口戾也苦緺切六喎上同絓惡絲韮韮纇斜絕⿱艹夾⿱艹夾斜⿵門咼斜開
門國語云⿵門咼門而與之言又王詭切○柴薪也又姓高柴之後士佳切八祡祭天燔柴齹齹⿰齒宜不正也茈茈葫藥⿱此手
積也詩云助我舉柴⿸疒柴瘦也⿸广車連車也一曰郤車抵堂也查濟郎又七瑕切○釵婦人岐笄也楚佳切九靫鞴靫盛箭
室鞴音步⿰叉頁頷⿰叉頁頤傍叉兩枝也說文曰手指相錯也芆鬼芆草名⿰月差⿰月差腶脯腊⿰差瓦⿰差瓦甋屑瓦洗器差差殊又不齊
⿰差刂小矛又⿰差刂劊也○⿰立爾物不正火媧切四⿱艹𡗉舛雜之皃⿰口爾口偏⿰食非⿰食非消食○⿰丰見䴑⿰丰見胡羊妳佳切三
⿰扌見⿰扌見搦皃⿰言見言不正也○崖高崖也五佳切七涯水際啀犬鬭⿰齒宜齹⿰齒宜猚說文云鳥名又水名在雎
陽厓山邊⿱雨衆雨聲○娃美女皃於佳切五洼水名哇滛聲⿰圭欠邪皃又音圭唲唲嘔小兒言也○崽

八·四十六　韻上平　四十三　陸選

12 器　15 有　19 狗

呼彼之稱山佳切又山皆切三　籭竹名[12]　諰[13]語失也又思耳切　○⿱殹口笑皃火佳切二　吙歘[14]吹氣逆病歘昏挾切

○扠以拳加人亦作摣丑佳切一　○䁪視皃莫佳切二　韇韇鞵履也　○鼃蛙屬戶媧切一

十四　○皆說文作皆俱詞也古諧切十九　偕俱也　⿰麻皆麻稈　稭上同又古八切　喈鳥聲　階階級也說文曰階陛

釋名曰階梯也如梯之等[15]差也　䏒瘦也　薢薢茩藥名决明子是也又音懈　荄草根　痎痎瘧疾二日一發　堦堦砌　楷

說文云木[16]名孔子冢蓋樹也廣志云孔子冢上特多楷樹　鶛爾雅云鶛鷯其雄鶛　湝水流皃又戶皆切　街又音佳　⿰皆瓦

牡[17]瓦　⿰皆風疾風　蝔蟲名淮南子曰蝔[18]知雨至蝔蟲大如筆管長三寸代謂之猥狢[19]知天雨則於草木下藏其身又音諧　鍇鑯也　○揩

推也亦背負皃乙諧切一　○諧和也合也調也偶也戶皆切九　⿰馬皆馬性和也　骸骸骨　瑎黑石　湝風雨不止　龤

說文曰樂和龤也　蝔又音皆　鞋履也又音膎　裉䕸蔽草　○排推排釋名曰彭排軍器[20]也彭旁也在旁排敵御

攻也步皆切六　俳俳優　輫車箱　牌又薄佳切　犤短頭[21]狗也　⿰不頁曲頤皃　○乖睽也離也戾也背也古懷切四

𦬉上同　𠦬說文曰背呂也脊字從此　⿸疒乖惡瘡　○懷抱也和也來也思也亦州名春秋時野王邑漢爲河内郡武德初於

1 桐

2 乃

△齋 齋韻徂奚切 又側皆切

5 乖

△𣟴 之韻里之切 又都皆切

6 諧

7 玉爲

相崖城置懷州又姓吴志顧雍傳有尚書郎懷叙戶乖切十二 褱侠也苞也歸也 櫰爾雅云槐大葉而黑曰櫰 槐木名又音回 孃和也 鱌戎狄鹽 𡾓崴𡾓不平皃 犪似牛四角人目 淮水名出桐[1]栢又姓也 裹說文藏也 𧞤上同 瀤北方水名 ○匯澤名苦淮切又胡罪切三 搋揩摩 勑劮勑人有力也 ○豺狼屬禮記云仲秋之月豺[2]祭獸士皆切四 儕等也輩也類也 齎又音齊音臍義見齊字中 𡽀山名在平林 ○差簡也楚皆切又楚宜楚牙楚懈三切二 趃起去也 ○虺虺隤[3]馬病呼懷切又灰毁二音一 ○隤杜懷[4]切二 頹頭肤也出聲類 ○埋瘗也藏也莫皆切四 薶上同 霾爾雅曰風而雨土爲霾釋名曰霾晦也如物塵晦之色也 𢤔慧也 ○齋齋潔也亦莊也敬也經典通用齊也側皆切一 ○崴崴[5]嵬乙皆切四 碨碨磑不平也磑音鴉 𪉩鹽也亦作鱌 溾溾涹穢濁 ○𪘏齧也卓皆切二 𣟴[6]枯木根出聲類 ○唻唱歌聲賴諧切一 ○揩揩摩拭口皆切四 𦁊大絲 𢔁俳𢔁行惡 𥻘米之別名 ○擖諧[6]皆切一 ○崽方言云江湘間凡言是子謂之崽自高而侮人也山皆切又山佳切二 鎈鎈籭古以爲[7]玉柱故字從玉今俗作簁 ○𩂴雨聲擬皆切二 娾醜女皃 ○搋以拳加物丑皆切一 ○俙[8]訟也喜皆切一 ○腂腂膗形皃惡力懷切一 ○膗

八•卅三 韻上平 四十四 王玩

9 帥　10 ⿱⺮敝　13 魯　14 睢

壯懷切二擺擺倒損出方言
十五○灰說文曰死火也淮南子云女媧積蘆灰而止淫水呼恢切六⿰虫豕豕掘地也⿰鼻兀上同豗相豗擊㾯
馬病虺虺隤○恢大也苦回切八詼詼調悝病也憂也一曰悲也亦大也又音里魁魁師[9]一曰北斗星⿱⺮敝[10]箭竹
⿰多灰多也顝大頭盔盔器盂[11]盛者也○隈水曲也烏恢切十一煨煻煨火⿰糸畏五色絲飾渨渨沒椳戶樞
偎愛也亦國名⿰委風風低皃揋揋掎⿰角畏角曲[12]中也葨山草鰃魚也○回違也轉也邪也又回中地名亦姓古賢者
方回之後戶恢切十三洄逆流迴還也槐木名五經通義曰士之冢樹槐春秋說題辭曰槐木者虛星之精也又姓晉[13]大夫富
槐之後佪徘佪瑰玫瑰火齊珠也又古回切蚘人腹中長蟲蛕上同佪玉篇云佪佪惽也烠光色⿰才阝鄉名
在灘[14]陽⿰馬回馬名茴茴香草名○枚枝也亦姓漢有淮南枚乘莫杯切十五梅果名又姓出汝南本自子姓殷有梅伯爲
紂所醢漢有梅鋗媒媒衒說文曰謀也謀合二姓也玫玫瑰煤炱煤灰集屋也炱杜[15]來切脢脊側之肉又云代切⿰月灰
上同腜孕始兆也禖郊禖求子祭也⿱罒每雉網莓莓莓美田也塺塵也鋂大鐶詩傳云一環貫二⿰米每

3 甂　4 秃　6 博　7 毋　8 庳

酒醭醋之母別名。○傀大皃又美也盛也偉也亦怪異公回切十 瓌上同 𠐨亦同 瑰瓊瑰石次玉又音回 瓌上同 藬說文云韋繡也又求位切 櫰山海經云中曲山有木如棠而圓葉赤實如木瓜食之多力又音懷 膭肥皃 𦛨畜[1]胎 蘬菜名又乎罪切。○雷說文作靁云陰陽薄動靁雨生物者也又姓後漢有雷義魯回切十三[2] 靁古文 儡儡同 勯勉也又盧對切 瓃玉器 櫑說文曰龜目酒尊刻木作雲雷之象象施不窮也 罍上同 鐳劒首飾也亦作櫑 罍百囊魚網 鐳瓶也壺也 甂[3]屋棟瓦也 畾田閒 轠轠轤不絕。○穨暴風也杜回切十三 頹上[4]同 𤺊陰病 隤下墜也 墤上同 雇獸[5]也 魋獸似熊而小又人名 𤺊虺隤 蘈爾雅曰蘈牛蘈郭璞云高尺餘許方莖葉長而銳有穗穗閒有華紫縹色 讙譟也 𧞤棺覆 蹪蹪仆 膭膗膭屋[6]破狀。○崔姓也齊丁公之子食采於崔因以爲氏出清河博陵二望倉回切六 催迫也 縗喪衣長六寸博[6]四寸亦作衰 䧽䧽隤也 催行急皃 趡逼也。○磓落也亦作塠都回切十五 塠上[7]同 頧毋頧夏冠名禮記作追 䭔餅也 堆聚土 鵻雀屬 庳[8]厚撲物也亦作掉 鎚治玉也周禮作追 搥擿[9]也 𡍳上同 崔高也 䩞䩞䩶醜面 𠂤說文曰小𨸏也 敦詩曰敦彼獨宿 皠皠坐皃出聲譜。○膗膗膭素[10]回切六 挼

八·四六八

韻上平

四十五

張榮

17 陔，欸改

12 坏

擊也鞲鞍邊帶也毸毰毸鳳舞出楚詞嗺嗺送歌蓑蓑蓑蘂下垂皃本又音莎○摧折也阻也昨回切五

崔崔嵬又音催慛傷也憂也槯木名堪作杖檇木有所擣也○裴衣長皃又姓伯益之後封于𨛍鄉因以爲氏後

徙封解邑乃去邑從衣至燉煌太守裴遵始自雲中徙居河東本亦作裵薄回切十二徘徘徊培益也隄也助也治也隨也重也

陪陪廁也𨛍鄉名在聞喜鄁鄉名在扶風婄婦人皃棓姓也前漢爰盎之棓生所問占又龐項切毰毰毸

鳳舞𤗚版也頩曲頭也又音牌輫車箱○桮說文曰䀀也布回切三杯同上盃俗○肧懷胎一月芳杯切八坏[12]

未燒瓦也㾦弱也醅酒未漉也衃說文曰凝血也魾魚名𤬪瓜瓠抔披抔○鮠魚名似鮎[13]五灰切五桅小船上檣

竿也嵬崔嵬磑磨也又五內切峞高皃○𨌥車盛皃他回切七𨋇同上𤉡𤉡燖毛出字林蓷草名推又昌

隹切藬牛蘈草也屦屦屬有[14]頸曰屦○懮[15]古之善塗者乃回切三捼手摩物也又奴和切䤈一䤈飯出字林○嗺

字書云口嗺頪臧[16]回切四朘赤子陰也𧖣老子上同見㞂上同出聲類

十六○咍笑也呼來切三𤵽病也陔[17]× 殺× 陔× 笑聲也○開開解亦州名本漢朐䏰縣地蜀置漢豐縣後魏置開州領

1 衛公子開方
3 摩
6 在
7 之
△ 鐖 微韻渠希切 又公哀切
10 澌
11 蕿 蕍草

東關東岡二郡又姓呂氏春秋云開方[1]衞公說文作開經典亦作闓苦哀切五 敳[2]敳殹 侅奇侅非常又古哀切 奒大兒 豥
多也。哀悲哀也又姓漢有哀章烏開切六 埃塵埃 唉慢譍[3]又於其切[4] 娭熱甚 欸歎也 毐說文云人無行
也本又烏改切。臺土高四方曰臺又姓漢有侍中臺崇徒哀切十五 擡擡舉 菭魚衣溼者曰濡菭亦作菭說文曰菭水衣
苔上同又蘚也 炱炱煤 嬯鈍劣 薹蕓薹 箈竹萌 儓輿儓 檯木名 駘駑馬 騹駘騹大黑之皃又都
來切 籉可禦[5]雨也 跆蹋跆連手唱歌 鮐鳥名。該備也咸也兼也皆也又軍中約也古哀切二十 豥豕四蹄白 垓
八極又垓下隄名沛[6]郡項羽敗處也 荄草根又古諧切 郂鄉名在陳留 殪羊胎又音歎 剴大鐮一曰摩也又五哀切
陔殿階次[7]序 姟數也十葬曰姟 絯挂也出淮南子 晐備也兼也 峐爾雅云山無草木峐 祴[8]祴夏樂章名 侅奇侅
賅上同又贍也 揩揩觸也 胲足大指毛肉也 䬵飴也 齝牙也 䐩肥也。裁裁衣昨哉切九 纔僅也又藏代切
財貨也賄也 才用也質也力也文才也說文作才艸木之初也 材木梃[9]也 䴺麴也 溨[10]水名 鼒爾雅注鼎斂上而小口又
音茲 茡[11]蔽前草箭。來至也及也還也又姓後漢來歙光武姑子蜀志云荊楚名族有黃門侍郎來恒俗作来落哀切二十五 萊

八·七十四 韻上平 四十六 余敏

13 之　15 鷹　17 犛　18 菑

藜草亦州名漢掖縣屬東萊郡秦屬齊郡後魏分青州置光州取界內光水爲名隋改爲萊州又姓左傳晉與秦戰于鄗[12]萊駒爲右郲

地名騋馬高七尺崍崍嵦山也斄鄉名在扶風又力知[13]切⿱來玉說文云璌[14]玉也亦作琜𧳋貍也猍上同淶

水名出涿郡鯠魚名鶆鶆鳩鷹[15]出埤蒼䅘䅘麰之麥一[16]麥二稃周受此瑞麥出埤蒼⿰來毛毛起⿰糸來上同庲舍也

㾢惡病棶棶椋木名犛關西有長尾[17]牛又音氂氂音茅逨至也又力代切麳小麥⿺麥來上同⿰田來耕外舊場⿰黑來

⿰黑來⿰黑臺大黑徠還也又力代切○烖天火曰烖祖才切十二灾上同災籒文⿰扌火古文栽種也哉語助𡿧說文曰害

也菑[18]上同亦作菑見經典𢦏說文曰傷也烖字類從之省文⿹𢦏吉烖蒔渽水名出蜀⿰目哉睽也或作胾○猜疑也恨也倉才切四

偲多才能也⿰目哉睽⿺走𢦏說文曰疑之等趍而去也○⿰片咅版也扶來切二棓[19]姓出姓苑○胎始也說文曰婦孕三月也土來

切七孡上同鮐魚也台三台星又天台山名邰地名后稷所封在始平或作斄⿰虫台說[20]文云黑貝亦珠蛤⿱髟台⿱髟台⿱髟咼婦人僞髻

出證俗文○孩始生小兒戶來切八咳小兒笑皃頦頤下⿰扌豈觸也⿺走里留意⿰身豈長身⿰魚豈⿰魚艮⿰魚豈雄螌也豥

豕四蹄白○鰓魚頰蘇來切八揌擡揌粞碎米䚡角中骨顋顋頷俗又作腮愢意不合也⿰思鳥[21]鳥名毸毰毸

1 敱

2 職

3 茆

△⿰馬長 脂韻丑飢切又敕辰切

○皚霜雪白皃五來切七 嵦崍嵦 敱有所理又隤敱八元名 殪殺羊出胎 隑企立 剴又音垓 獃獃癡象犬

小時未有分別 ○能爾雅謂三足鼈也又獸名禹父所化也奴來切又奴登切二 㾍病也 ○⿰黑臺⿰黑來⿰黑臺大黑皃丁來切二 懛懛剴

失志皃 ○⿰牛壽昌來切牛羊無子一 ○婄好色皃普才切一

十七○眞眞僞也又姓風俗通云漢有太尉長史眞祐俗作真側鄰切十六 甄姓也陳留風俗傳云舜陶甄河濱其後爲氏出

中山河南二望又舉延切 振又之刃切 禛以眞受福 稹說文云穜概也又之忍切 磌柱下石也 畛田界又之忍切 籈

爾雅云所以鼓敔 侲字林云養馬者 桭屋梠也 蒖菝[3]也 唇驚也 帳上同 帳馬篼囊也 薽茢薽豕首草也 殿

擊也又音辰 ○獜犬走草狀丑人切三 胂申也 縝縝紛 ○因託也仍也緣也就也亦姓左傳遂人四族有因氏俗作囙於眞

切二十三 茵茵褥說文曰車重席也詩曰文茵暢轂文茵虎皮也 鞇上同 禋祭也敬也 ⿰垔示[4]籀文 闉闉闍城上重門 駰

白馬黑陰又於巾切 湮落也沈也 烟烟熅天地氣易作絪縕 氤氤氳元氣盛也 絪絪縕麻枲也 垔塞也 陻 ⿰土因並上

同 堙亦上同又土山也 洇水名 姻婚姻白虎通曰婦人因人而成故曰姻也字林云婚婦家姻壻家 婣古文出周禮 諲

九十 韻上平 四十七 秦暉

5 丸　7 殿　9 惡字當刪　12 掾

蔔也裀玉篇云衣身⿰羊垔黑羊歅秦穆公時有[5]方歅一名皐善相馬也或作諲⿰扌因就也○新新故也亦姓國語晉大夫

新[6]穆子又複姓二氏何氏姓苑有新和氏陳留風俗傳云畢公封於新垣後因氏焉魏將新垣衍改爲梁垣氏息鄰切三辛薑味也爾雅云

太歲在辛曰重光又姓夏啓封支子于莘莘辛聲相近遂爲辛氏漢初辛蒲爲趙魏名將及徙家隴西便爲隴西人薪柴也周禮委人掌祭祀之

薪詩云翹翹錯薪○辰辰象也又辰時也爾雅曰太歲在辰曰執徐植鄰切十三晨早也明也𣆏古文𢉖[7]擊聲宸屋宇

天子所居鷐鷐風鸇也麎牝麋桭兩楹閒又音眞莀草名屒重脣[8]臣伏也男子賤稱春秋說曰正氣爲帝閒氣爲臣

孝經說曰臣者堅也𨛜地名䢅姓也○仁仁賢莊子曰愛人利物謂之仁釋名曰仁忍也好生惡殺善惡[9]含忍也又姓姓苑云彭城

人也如鄰切三朲屋上閒朲人天地人爲三才亦漢複姓十氏左傳[10]有寺人披齊有徒人費周有王人子突魯有雍人高宋有廚人僕鄭

有大夫子人九國語吳有行人儀孔子弟子左人郢漢司空椽[12]封人嬰後漢司徒聞人襲○神靈也易繫辭曰陰陽不測之謂神亦

姓風俗通云神農之後漢有騎都尉神曜何氏姓苑云今琅邪人食鄰切二晨又植鄰切○親愛也近也說文至也七人切三

寴𡨜並古文○礥鞕也下珍切又下憐切三訽誆也⿰口賢難也○申身也伸也重也容也篆文作申又辰

憤

名太歲在申曰涒灘亦州名春秋時屬楚秦南陽郡後魏爲郢州周爲申州又姓出魏郡亦漢複姓四氏莊子有申徒狄漢丞相申屠嘉長沙
太傅申章昌左傳齊有申鮮虞失人切十六伸舒也理也直也信也紳大帶娠孕也又脂刃切呻呻吟軟𠻸並上
同眒鳥獸驚皃胂脢也㑗說文曰神也又姓出姓苑䩞革帶㬰引也身親也躳也柛爾雅木自獘曰柛謂獘踣
也䰠山海經云青要山䰠也說文曰神也訷訷說信也○賔敬也迎也列也遵也服也說文作賓所敬也又姓左傳齊有大夫賔須無
必鄰切十賔古文濵水際檳檳榔𧢻覶𧢻暫見顮頭懫濵也儐敬也又音殯鑌鑌鐵爲刃甚利矉
說文曰恨張目也𩴵鬼皃○粦鬼火說文曰兵死及牛馬之血爲粦今作粦同力珍切又力刃切二十三燐上同鄰近也
親也說文曰五家爲鄰俗作隣轔車聲嶙嶙峋深崖狀也粼水在石間亦作磷又力刃切磷上同疄田壟麟仁獸
爾雅云麕身牛尾一角麐上同鱗魚甲又姓左傳宋大夫鱗朱璘璘㻞文皃駗馬色翷翷翂飛皃䝲獸名似豕黃身
白首出埤蒼瞵視皃獜獜獜犬健也出說文驎騏驎白馬黑脣壣菜畦𩼲魚名鏻健皃又力丁切繗紹也
潾水名○𥎦矛柄也又鉏耰也古作矜巨巾切五㨜拭也堇黏土墐上同魿蟲魚連行又力丁切○珍貴也

九

韻上平

四十八

余敏

6 ⿵門賓　7 ⿵門賓

重也寶也俗作珎陟鄰切三鎭戍也又陟刃切塡壓也又音田○陳陳列也張也衆也布也故也亦州名本太昊之墟畫八卦之所周武王封舜後胡公滿於陳楚滅陳爲縣漢爲淮陽國隋爲陳州又姓胡公滿之後子孫以國爲氏出潁川汝南下邳廣陵東海河南六望又虜三字姓後魏書有侯莫陳氏直珍切又直刃切五敶古文說文本直刃切列也⿰羊東[2]獸名似羊目在耳後趁越履塵說文本作𪋻鹿行揚土也○津說文作𣴎水渡也將鄰切五𦨈古文璡美石次玉濜氣之液也本亦作盡𦘔飾也○瞋怒也說文曰張目也又作嗔昌眞切六嗔上同又音塡謓亦上同說文恚也䐜肉脹起也⿱眞糸纑也縝上同○秦州名古西戎地春秋時爲秦國後并天下爲隴西郡漢武分置天水郡後魏改爲秦州因邑以爲名又姓秦自顓頊後子嬰既滅支庶以爲秦氏也匠鄰切三螓螓[3]蜻似蟬而小⿰牜秦牛名○寅辰名說文作寅翼眞切又以[4]之切六夤夤緣連也又敬惕也䐔脊䐔蔩黃蔩瓜螾寒蟬⿰土寅⿰土寅塲○紉單繩女鄰切一○繽繽紛匹[5]賓切五⿰賓羽飛皃䰋說文云鬼皃又音頻⿰忄賓敬也⿵門賓[6]⿵門賓爭說文作[7]×⿵門賓鬬也○頻數也急也比也說文作𩔖水厓人所賓附顰蹙不前而止又姓風俗通云漢有酒泉太守頻暢符眞切十四蘋大萍也又作薲薲上同嬪婦也一曰妻死

3 絅

曰嬪櫇木名玭珠也又步田切蠙珠母又步田切獱獺之別名顰顰眉蹙也⿱頻言多言嚬笑也⿸頻鬼鬼皃
⿰糹頻禱衣⿰女頻⿰女頻姿○銀周禮荊州其利銀爾雅曰白金謂之銀鍾山之寶有銀燭謂有精光如燭銀重八兩爲一流也語巾切十六
⿰犭斤犬聲狺上同⿸虍齒兩虎爭聲檭木名色白鄞縣名在會稽又音齗圁圁陽縣名在西河誾和也又誾誾中
正之皃又姓何氏姓苑云今廣平人訔上同嚚愚也⿱艹折亭名在江夏珢說文云石之似玉者⿸鹿言獸[1]名似貉而八目出
山海經垠垠岸也⿰龠斤大篪泿水名○巾釋名曰巾謹也二十成人士冠庶人巾當自謹修於四教居銀切一[2]○麏鹿屬居筠
切六麇麕並上同頵大頭莙爾雅云莙牛藻似藻而葉大又渠殞切汮水名○筠竹皮之美質也爲贇切四囩
田十二頃說文回也縜繩[3]細䓵藕根小者○囷倉圓曰囷去倫切又[4]各[5]倫渠殞二切七箘桂又竹名又渠殞切箟箭竹輑
車軸相逢蜠[6]大貝又渠殞切峮嶙峮山相連皃壼說文曰宮中道又苦本切○珉美石次玉亦作玟瑉碈武巾切十九岷
山名江水所出亦州名秦隴西郡之臨洮縣也後魏置岷州因山以爲名罠彘網閩閩越蛇種也又音文緡錢貫亦絲緒釣魚綸
也又姓出何氏姓苑⿰民頁強也笢竹膚又亡忍切旻仁覆愍下謂之旻天旼和也痻病也閺亭名在汝南汶汶山

八八十七　韻上平　四十九　劉昭

7 稅

八八十七

郡又音問捪撫也忞自勉強也旼視皃暋上同錉筭稅也鶻鳥似翠而赤喙鍲錕[7]銳○貧

乏也少也符巾切二穷古文○⿱鼓因鼓聲於巾切三鼘上同又烏玄切駰馬陰淺黑色又音因○贇美好也於倫[8]切四

淵泉水頵說文曰頭頵頵大也蝹蝹蝹龍皃○彬文質雜半說文云古文份也府巾切十三斌上同份說文曰文質備也

玢文采狀也豳地名本豳國之地又有豳城公劉所邑蓋此地也因以名州亦作邠又姓出姓苑邠州名汃西方極遠之國

霦璘霦玉光色⿰王扁上同⿱非目大目皃攽說文分也博雅減也虨虎文俗作虨又普巾方閑二切砏水名又石○民

說文曰衆萌也彌鄰切五閺低目視也⿰目昏視皃又音旻泯沒也又亡忍切怋亂也

十八○諄至也誠懇皃也章倫切五忳心實也又音敦⿰目享鈍目也又音稕肫鳥藏訰亂言之皃○椿木名丑倫

切八楯木名輴載柩車也⿰車川上同鶞爾雅云春鳸鳻鶞鳻音汾杶書曰杶榦栝柏橁說文同上瑃玉名○⿰酉屯

純美酒也直倫切又常倫切二⿰巾盾布貯曰⿰巾盾○荀草名又姓本姓郇後去邑爲荀今出頴川相倫切十四郇地名在河東解縣周

文王子封於郇後[9]以爲氏王莽時有郇越詢咨也眴眩又音舜峋嶙峋珣玉名㮵[10]說文曰大木也可以爲鉏柄又祥勻切洵

2 言有理

3 公

4 鰥

5 而掄材

水名在晉陽　恂信也　昀爾雅曰昀昀田也謂墾辟也又音勻音旬　檈承食案也　槆[1]杶木別名　姰狂也又音縣　㰬氣逆

也又信也　。純篤也至也好也文也大也常倫切十三　蓴蒲秀　蒓水葵　醇厚也醲也　鶉鶕鶉也莊子曰田鼠化爲鶉淮

南子曰蝦蟆化爲鶉字林作䳼　𦎫說文曰孰也凡從𦎫者今作享同　陙小阜名也　忳憂悶　錞樂器鳴之所以和鼓　淳

清也朴也又姓何氏姓苑云今吳人　奄大也　焞明也又他昆切　䣝美也　。犉黃牛黑脣如勻切四　䳼鷏鷄晚生者　瞤

目動　眴同上　。脣口脣食倫切五　滣水際　䔢牛䔢草似蘭青黑色　𤘩牛行遲也又音巡　紃環綵條也又音巡

。淪沒也力迍切十五　倫等也比也道也理也又姓風俗通曰黃帝樂人伶倫氏之後　論有言[2]理出字書又盧昆切　𦨖船艑

輪車輪周禮曰軫之方以象地蓋之圜以象天輪輻三十以象日月　陯山阜陷也　鯩魚名　蜦神蛇能興雲雨文字集略云蝦

蟆大如屨能食蛇也又力計切　棆木名　綸絲綸又姓魏志孫[3]懿臣綸直又音鰥[4]　惀欲曉知也　侖說文思也　踚行也

掄擇也[5]周禮曰凡邦工入山林掄材而不禁又力昆切　䈁䈁子船具　。屯難也厚也陟綸切又徒渾切四　窀窀穸下棺　迍

迍邅本亦作屯易曰屯如邅如　㡒布貯　。逡逡巡退也七倫切十　竣止也倨也一曰改也　皴皮細起也　㕙東郭㕙古之狡兔也

九百十八

6 墫
7 酒
8 辭
○揗本韻相倫切又祥匀切
11 三
○囷真韻去倫切又碁倫切

九百十八 韻上平 五十 劉昭

又音俊壿舞皃挼推也左傳云挼衛侯之手又子寸切罇喜也踆退也匔上同夋倨也○遵循也率也
行也習也將倫切五跧蹙也又阻圓切僎鄉飲禮僎者降席而遵法也或作遵又音撰嶟山皃鷷西方雉名○春四時之首
尚書大傳曰春出也萬物之出也春秋說題曰春蠢也蠢興也春秋繁露曰春喜氣又姓何氏姓苑云春申君黃歇之後昌脣切一○鶞
西方雉名昨旬切一○勻徧也齊也說文少也从勹二羊倫切二昀詩曰昀昀原隰又音荀音旬○旬十日曰旬詳遵切十七𠣬
古文巡迻巡說文曰視行也馴擾也從也善也循善也揗手相安慰㸉牛行遲又音脣紃環綵條又食倫切𦃃
縫也鴝鴝鵲小鳥出字統洵均也龕龍也楯楯闌檻也灥三泉相通甾均也趣說文曰走皃也畇墾田蚼蟲名
○均平也又學曰成均亦州名春秋及戰國時並屬楚秦屬南陽郡隋爲均州取洵水以名之居勻切四鈞二十斤也又姓風俗通云楚大
夫元鈞之後漢有侍中鈞喜袀戎衣也左傳曰均服振振字書從衣汮水名出析縣北山入沔今作均○趣行也渠人切又去忍切一
○砏砏磷大雷普巾切又布巾切二𧇭虎文也俗作虨。
十九○臻至也乃也側詵切十二蓁草盛皃搸聚也又琴瑟音溱水名在河南潧水名在鄭國出說文此水南入洧詩作溱洧誤

亲亲栗榛上同⿰木屖亦同瀙字林云水名在豫州⿰金屖埤蒼云小鑿轃說文曰大車簀也。莘地名在虢又姓所臻切二十㜪有㜪國名扟從上擇取物也駪馬多籸粉滓⿱驫木衆盛皃甡衆多皃兟進也詵衆人言也侁行皃詩云侁侁征夫⿰魚莘魚尾長也詩云有莘其尾字書從魚屾說文云二山也⿰多辛多也燊熾也⿰羽辛羽多侁往來之皃⿰木莘方言云杠東齊海岱之閒謂之⿰木莘杠牀前橫也阠八陵東名阠又息進切姺女字⿸疒辛寒病蓁木叢生士臻切三殿呂氏春秋注云殿殿動而喜皃又音眞帘幕也又音廉

二十。文文章也又美也善也兆也亦州名禹貢梁州之域自戰國時宋及齊梁皆諸羌所據後魏平蜀始置州亦姓漢有盧江文翁無分切十六聞說文曰知聲也又音問䎽古文彣青與赤雜紋綾也雯雲文馼馬赤鬣縞身目如黃金文王以獻紂蟁爾雅曰鷏蟁母郭璞云似烏鸔而大黃白雜文鳴如鴿今江東呼爲蚊母俗說此鳥常吐蚊因名云說文曰齧人飛蟲也蚊上同⿱文䖵亦同出漢書⿰鬲文摩也鳼鳥也爾雅曰鶉子鳼閿俗作閺說文曰低目視也弘農湖縣有閺鄉汝南西平有閺亭汶黏唾又音旻問𪕻班鼠閩閩越也又音旻。雲說文云山川气也从雨云象雲回轉形河圖曰雲者天地之本傅子曰以

3 桼 4 鼓 5 萉

雲母飾車謂之雲母車臣不得乘之[2]又姓縉雲氏之後又後魏書宥連氏後改爲雲氏王分切二十二 芸香草也說文云似目宿淮南王
說芸草可以死復生雜禮圖曰芸蒿也葉似邪蒿香美可食也 蕓蕓薹菜名 ⿰耒員說文曰除苗間穢也 ⿰耒芸上同 耘亦同 鄖
國名 妘女字又姓 紜紛紜 溳水名在南陽一云在美[3]陽 澐江水大波 云辝也言也說文古文雲字亦姓出自祝融之後 篔
篔簹竹名 ⿰云⻏邑名 貟益也說文作員物數也又音圓又音運姓也 鼎籒文 愪憂也 沄說文云轉流也 ⿰貟云亂也 耺
耳中聲 橒木名 篔竹名 ○煴烟煴天地氣也易作絪緼於云切十 氳氤氳元氣 緼亂麻又於粉切 馧香也 蒀
蒕蒀盛皃 榲上同 轀轒轀兵車又於粉切 蘊蘊積也又於粉切 蝹龍皃 壹鬱也 ○汾水名在太原本漢兹氏縣
地屬西河郡魏於兹氏縣置西河郡今州城是也符分切三十七 墳墳籍又墓也 氛氛氳祥氣 ⿱氛皿俗 鼖大鼓周禮
鼓人掌六鼓以鼖鼓掌[4]軍事 鞼上同 ⿱鼓賁亦同 濆水際也又水名 焚焚燒 燌上同 羒白羝羊也 豶豕也
頒魚大首亦衆皃又布還切 羵土中怪羊 ⿰賁鳥似鵲白身三目赤尾六足 枌白榆 鳻春扈鳻鶞亦作鴌又說文
曰鳥聚皃一曰飛皃 蕡草木多實 萉[5]古文 橨枰仲木別名出埤蒼 棼複屋棟也 賁三足龜 葐葐蒀 魵

1 ⿰車⿱宀匕　2 握　4 痺　5 所

魚名 ⿰谷分谷名在臨汾 妢周禮考工記云妢胡之笴 棻香木名也 梤上同 朌大首皃 ⿰⿱林大頁醜皃 鐼飾也

說文曰鐵類讀若熏又音訓 馩馩馧香氣 馚上同 ⿱屮分草初生香分布也又音芬 鼢田中鼠又音憤 蚡上同 轒

轒轀[1]兵車 ○分賦也施也與也說文別也府文切六 饙一蒸飯也 餴上同 扮掘[2]也 坌[3]埽棄之也又方問切 ⿰賁毛

毴毲罽也 ○羣羣隊也說文輩也亦作群渠云切五 帬說文曰下裳也釋名曰帬羣也連接羣幅也 裠上同亦作裙

宭羣居也又音君 ⿸疒帬痺[4]也 ○薰香草韻略曰薰陸香出大秦國亦姓出何氏姓苑許云切十二 曛日入也又黃昏時

勳功勳也 勛古文 焄火氣盛皃 爋上同 獯北方胡名夏曰獯鬻周曰玁狁漢曰匈奴 纁三染絳 醺

著酒 葷臭菜 焄禮曰焄蒿悽愴鄭玄云焄謂香臭也 臐儀禮鄭玄注云羊曰臐豕曰膮膮皆香美之名膮呼堯切 ○君

白虎通曰君者羣也羣下之歸[5]心也荀卿子曰君者儀也民者影也儀正則影正君者盤也民者水也盤圓則水圓又君者民之源也源清則流清源濁則流濁舉云切八 軍軍旅也周禮夏官司馬曰凡制軍萬有二千五百人為軍王六軍大國三軍次國二軍小國一軍軍將皆命卿又漢複姓二氏禮記有將軍文子晉有太傅參軍襄城冠軍夷 皸足坼 桾桾櫏木也 䇹竹名 莙牛藻菜也 宭

6 撫

7 翻

9 闅，閺闅

△堇 隱韻居隱切 又音芹

八•六十 韻上平 五十二 李倍

羣居 鮶 蟲名水鮶如魚乘焉 ○芬 芬芳又姓戰國策晉有大夫芬質府文切十三 紛 紛紜衆也亂也 帉 巾也亦作帉 𣰌

毛落 衯 說文曰長衣皃 翁 翻[7]翁飛皃 棻 說文云香木也 砏 砏汃[8]水石 岎 草木初生香分布也 氛 氛侵妖氣 雰 上同

又霧氣也 闅[9] 闅闅之皃 錀 埤蒼云兔奄錀

二十一○欣 喜也亦州名本漢陽曲縣地隋置欣州因欣口爲名許斤切六 忻 上同 昕 日欲出也 訢 喜也 炘 熱皃

邤 邤鄰[10]地名 ○殷 衆也正也大也中也說文从㐆殳作樂之盛稱殷亦姓武王剋紂子孫分散以殷爲氏出陳郡於斤切四 慇

慇懃 濦 水名在潁川 溵 上同 ○勤 勞也盡也巨斤切八 芹 水菜食之宜丈夫呂氏春秋曰菜之美者雲夢之芹

懃 慇懃 慬 憂哀 懄 上同 瘽 病也 𥎊 矛柄古作矜 蘄 草也又巨希切 ○斤 十六兩也說文曰斫木也

又虜複姓二氏後魏書去斤氏後改爲艾氏奇斤氏後改爲奇氏舉欣切四 筋 筋骨也說文曰肉之力也从力肉竹竹物之多筋者

又姓出姓苑 觔 俗 釿 說文云劑斷也本宜引切 ○虓 虎聲語斤切十二 犾 犬相吠也 圻 圻堮又岸也 垠

上同 齗 齒根肉也 齦 上同 麐 獸似貉也 斦 二斤 𪛉 大箎 菥 亭名在江夏郡 狺 犬爭 鄞 縣名在會稽郡

1 後，州字當刪
2 厵
3 檀
4 厵
5 厵
6 在武陵郡鐔成西
8 三
9 禁
12 嬋

二十二○元大也始也長也氣也又姓左傳衞大夫元咺又後魏孝文改拓拔爲元氏望在河南愚袁切二十二　原廣平曰原亦州名漢高平縣魏爲鎮州[1]又改原州蓋取高平曰原爲名又姓孔子弟子有原憲說文本作邍邍即與厵[2]同　邍周禮有邍師注云邍地之廣平者　源水原曰源又姓禿髮傉檀[3]之子賀入後魏魏太武謂之曰與卿同源可爲源氏說文本作厵[4]篆文省作原後人加水　厵[5]上同　杬木名出豫章煎汁藏果及卵不壞　嫄姜嫄帝嚳元妃　沅水名[6]在象郡鐔淫城西亦云在牂牁　騵赤馬白腹

黿似鼈而大紀年曰穆王[8]十七年起師至九江以黿爲梁　羱羱羊角大者可爲器又五丸切　蚖蠑蚖蜥蜴也一名守宮字林云在辟曰蝘蜓在洲曰蜥蜴　⿱原䖵晚蠶周禮[9]榮原蠶鄭注云原再也俗從蚰　芫草名有毒可爲藥也　邧地名　榞實如甘蕉而皮可食　謜徐語孟子云故謜謜而來　⿰牛原獸如牛也　⿰飠元⿰飠元餌又五[10]丸切　獂豕屬又音桓　阮五阮郡出史記又元遠切　蒝莖葉布也○袁姓出陳郡汝南彭城三望本自胡公之後雨元切十六　爰於也行也爲也哀也引也亦姓出濮陽亦舜裔胡公之後袁或作爰　垣垣墻也又姓漢西河太守洛[11]陽垣恭也　⿱亯亘籀文　園園圃亦姓　援援引也又爲眷切　榬絡絲籆　轅車轅方言云轅楚衞謂之輈又姓左傳陳大夫轅濤塗之後又漢複姓有軒轅氏　鶢鶢鶋海鳥　媛嫜[12]媛枝相連引又爲眷切　洹

八九八　韻上平　五十三　余敏

水名亦縣名在相州又音桓 溒纂文云姓也玉篇云水流皃 䞨易田名也 蝯蝯猴五百歲化爲玃爾雅曰猱蝯善援 猨上同 猿俗 ○煩勞也說文曰熱頭痛也附袁切三十八 番說文曰獸[13]足謂之番經典作番又翻盤潘三音書亦音波 蹞足有文也說文同上 蹯亦同上見左傳 繁穊也多也 蘩皤蒿 薠似蘋[14]而大 樊樊籠亦姓周宣王封仲山甫於樊後因氏焉今在南陽 𢯻𢯻捼也 繙繙㠶亂取㠶於元切 燔炙也 膰祭餘熟肉 瀿水名玉篇云水暴溢也 羳羊黃腹也 ⿰韭番[15]百合蒜也 鷭鷭鵃[16]鳥 蟠蟠負又扶[17]干切 蕃茂也息也滋也又音藩 蠜蟲螽 礬礬石 ⿰鼠番鼠名 ⿱樊邑鄉名在京兆杜陵 鐇廣刃斧 璠璠[18]璵魯之寶玉 笲竹器禮記云婦執笲 䆺稻也出齊人[19]種術 ⿰犭番犬鬭也 襎襎裷幭也 袢絺綌詩云是紲袢也 棥藩屏 緐馬飾名也 絣上同 墦[20]冢也 ⿲弓番弓生養也 ⿰馬番[21]上同 旛旐也 ⿰樊見覿⿰樊見 藩蕁芫葉如韭又[22]音翻 ○飜覆也飛也孚袁切十 翻上同 旛旌旐揔名 番數也遞也又盤潘煩三音 幡說文曰書兒拭觚布俗通爲幡[23] ⿰氵旛大波 潘米汁 轓車大箱也 繙繽繙風吹旗皃 反斷獄平反又方晚切 ○暄温也況袁切十九 煖上同 喛恐懼 萱忘憂草說文又作藼蕿 暖大目 諼詐也 塤說文作壎樂器也以土爲

16 鴅

18 璵璠

藩本韻附袁切又音翻

1 ⿰白鳥　3 繙　4 ⿰車軍　7 菸

之六孔釋名曰塤喧也聲濁喧然世本曰暴辛公作塤壎上同鶢鶢鶋鳥名吅喚聲又私全切2貆獸名詩云有縣貆兮
又丸歡二音喧大語也諠諠譁亦作喧譁愋恨也讙讙囂皃也翧飛來⿰角雚揮角⿰角亘角匕又許羈切
蝖蟦螬○鴛鴛鴦匹鳥於袁切十八冤屈也枉也曲也又冤句縣在曹州句音劬帵幡帵3鵷鵷鶵似鳳涴
水名惌惌枉鋺鋤頭曲鐵宛屈草自覆又宛縣在南陽又音苑蜿蜿蜿龍狀也又音苑⿰飠冤貪也⿱艹冤棘⿱艹冤草名
怨怨讎又於願切婉婉婉美也⿱苑心敗也輐兵車⿰革宛量物之具又於阮切裷幡裷眢目空皃又一丸切○言
言語也字林云直言曰言荅難曰語釋名曰言宣也宣彼之意也又姓孔子弟子有言偃語軒切五琂石似玉甗無底甑也又語
戰切⿱⺮言大簫⿱艹言草名○攑舉也丘言切二⿱𡨄走走皃又虛言切○軒軒車又姓軒轅之後漢有諫大夫軒和虛
言切六掀以手高舉騫飛舉皃4⿰車軍車前輕也蓒蓒芋5草名⿱𡨄走走皃○⿰扌臬⿰扌臬子樗蒱采名居言切十二
⿰木臬上同靬乾革又驪靬縣在張掖又下6憚切又口旦切鞬馬上盛弓矢器⿰革𡨄走上同⿰虔刂以刀去牛勢或作犍犍犗牛
名又犍爲郡腱筋也一曰筋頭騝騮馬黃脊曰騝⿰飠建粥也亦作飦鬻上同䰜籀文○蔫蔫菸7也謁言切

8 獸名
9 一曰
10 皖

二焉安也又不言也。蕃蕃屏甫煩切六藩籬也亦藩屏也轓車箱又音幡鱕魚有橫骨在鼻前如斤斧
籓大箕一曰蔽也鐇廣刃斧也。⿰食建筋鳴也巨言切二赶獸舉尾走。樠松心又木名也武元切又莫昆切一
二十三。䰟魂魄也白虎通曰魂者沄也猶沄沄行不休也魄者迫也猶迫迫然著於人也淮南子曰天氣爲䰟地氣爲魄又反
魂樹名在西海中聚窟洲上花葉香聞數百里狀如楓香煎其汁可爲丸名曰震靈丸亦名反生香又名卻死香死屍在地聞氣乃活出十洲
記戶昆切二十四棞大木未剖驔驔騍[8]野馬⿰犭軍似犬人面見人則笑行疾如風餛餛飩餫上同䴷不破麥也鼲
鼠名楎[9]三爪犂曰楎犂上曲木也渾渾濁益部耆舊傳曰漢武時洛下閎明曉天文於地中轉渾天定時節亦姓左傳鄭大夫
渾罕又胡本切沄水流皃忶埤蒼云心悶也⿰月莞[10]蒲也又胡[11]官切俒全也⿰亻軍女字又五昆切⿰車軍還也車相避也
⿰土軍[12]里名在洛陽⿰忄䰟⿰忄䰟悶⿰木䰟⿰木䰟榾⿰扌囷⿰扌囷推煇赤色顐顒顐禿也䚠䚠視琿玉名。昆兄也後也同也
又姓夏諸侯昆吾之後戰國策有齊賢者昆辨古渾切二十⿱日弟上同罤上同說文云周人謂兄曰罤菎香草幝褻衣
說文幒也褌上同崐崐崘山名琨琨⿰王吳[13]玉名鵾鵾雞鶤上同鯤北溟大魚䖵說文曰蟲之總名也蜫上同惃

4 人　　1 千

亂也𪏂𪏂于不可知也錕錕鋙鐵赤色可爲劒瑻同2琨[鹿昆]鹿屬猑獸名騉騉駼馬名牛蹄能升高山○𥁕
說文曰仁也从皿以食囚也今作昷同烏渾切十三溫水名出犍爲又和也善也良也柔也暖也又姓唐叔虞之後受封於河内溫因以命
氏又郤至食采於溫亦号溫季因以爲族出太原又漢複姓二氏莊子有溫伯雪子姓苑又有溫稽氏轀轀輬車也蕰蕰藻節中
生葉又於3殞切𩣺𩣺驪駿馬殟病也鴛鴛鴦匹鳥又音寃𨛵鄉名出蜀志豱豕名縕禮曰一命縕韍韞
赤色又於粉切[昷瓜]瓜名[鹵昷]戎狄云鹽○門問也聞也字從兩戶亦姓周禮云公卿之子入王端之左教以六藝謂之門子其後氏焉
又漢複姓十四氏左傳魯卿東門襄仲宋樂大心爲右師居桐門後因
氏焉伍子胥抉眼吴門因謂子胥門子孫乃以胥門爲氏吴有胥門巢
世本晉大夫下門聰齊臨淄大夫車門遽陳有關門氏戰國策有雍門
周魏侯嬴爲夷門抱關者後姓夷門氏吕氏春秋有陽門介夫後以陽
門爲氏古今4表有逢門子豹宋諸公子食采於木門者後遂爲氏漢書
儒林傳有關門慶忌何氏姓苑云弋門氏今漁陽人又有剌門氏莫奔
切十三捫以手撫持樠木名虋赤粱5粟也俗作虋璊玉色赤也亹浩亹地名出漢書地理志云浩音鴿[氵亹]上同
怋怋怋不明又亂也顐頭多殟顐[毛㒼]赤色罽名[走曼]行遲[米㒼]粥凝[㒼鳥]比翼鳥也○孫爾雅釋親曰凡子之

九·九十四　韻上平　五十五　秦顯

子爲孫孫之子爲曾孫曾孫之子爲玄孫玄孫之子爲來孫來孫之子爲晜孫晜孫之子爲仍孫仍孫之子爲雲孫又岱岳謂之天孫又姓周文王子康叔封于衞至武公子惠孫曾耳爲衞上卿因氏焉後有孫武孫臏俱善兵法各撰書凡太原東莞吴郡安樂四望又漢複姓二十三氏左傳秦大夫逢孫氏魯卿有臧孫辰仲孫何忌魯桓公之子慶父之後有孟孫氏叔孫氏季孫氏同出桓公号爲三桓子孫代爲魯之上卿秦下大夫楊孫氏齊大夫長孫修世本云食邑於唐其孫仕晉後号唐孫氏衞有王孫賈出自周頃王之後王孫賈之子自以去王室久改爲賈孫氏晉濟南太守魚孫瑋出自宋魚石奔楚其孫在國者因以魚孫爲氏漢有烏孫昆彌後漢有士孫瑞古封公之後自皆稱公孫故其姓多非一族也孔子弟子有顓孫師國語晉公子利孫夫之後以利孫爲氏何氏姓苑有經孫新孫古孫牟孫室孫長孫叔孫等氏望稱河南之者是虜姓也思渾切六

蓀香草　飧說文餔也　蕵烏蕵草又蕵蕪酸可食也　猻猴猻　搎捫搎摸摞也

○尊尊卑又重也高也貴也敬也君父之稱也說文曰酒器也本又作罇周禮有司尊彝從土從缶從木後人所加亦姓風俗通云尊盧氏之後祖昆切五　鐏樽並見上注　嶟山皃　繜衣也

○存在也察也恤問也徂尊切五　蹲坐也說文踞也　拵据也　郁郁鄢縣在戎州　袸爾雅云衿謂之袸袸小帶也又音荐

○敦迫也亦厚也又姓敦洽衞之醜人也都昆切七　惇厚也

1 弤　2 髀　3 屍　5 𦸈

弴畫弓也天子弴弓又丁僚切弤[1]上同驐去畜勢出字林墩平地有堆瓡器似甌瓿。暾日出皃他昆切七

燉火色涒涒灘歲在申也𪏭禮記孺子𪏭之喪也魯公子名亦黃色也啍詩云大車啍啍啍啍重遲皃蜳蜳螐蟲名

黗黃黑色也。屯聚也又姓後蜀録有法部尚書屯度徒渾切二十二豚豕子豘豘並上同窀火見穴中又音

迍臀廣雅云臀謂之脽亦謂之腓[2]也說文作屍[3]髀也屍脽臀並同上見說文軘兵車飩餛飩𥬠榜也坉

以草裹土築城及塡水也沌水勢邨地名亦音[4]村燉火熾又燉煌郡燉大煌盛也忳悶也啍口氣芚菜似

𦸈[5]也庉風與火爲庉又徒損切䵯黃色𤬪瓟𤬪瓜名。村墅也此尊切一。僤女字又姓出纂文牛昆切又戶昆切四

瘒瘲皃䫘頣䫘禿無髮也梱爾雅釋木曰髡梱。盆瓦器亦作瓫爾雅曰盆謂之缶說文曰盎也又姓風俗通云盆

成括仕齊孟軻知其必死其子逃難改氏成焉蒲奔切四葐葐蒀草鵍鵍鳩鳥湓水名在尋陽一曰水涌也[6]奔

奔走也說文作奔博昆切四賁勇也周禮有虎賁氏掌先後王而趨以卒伍軍旅會同亦如之舍則守王閑閑梐枑也書云武王伐

紂戎車三百兩虎賁三百人亦姓古有勇士賁[7]育又肥[8]祕墳三音鷬鷬如鵲三目六足白身犇牛驚出文字集略。論

9
柢

說也議也思也盧昆切又力旬盧鈍二切四崘崐崘掄說文擇也一曰貫也菕菕蘆草也○坤乾坤苦昆切七巛

古文髡去髮䫎䫎顐臗體也臀也髖上同豤齧也○昏說文曰日冥也亦作昬呼昆切七惛不明婚

婚姻嫁也禮娶以昬時婦人陰也故曰婚棔合棔木名朝舒夕斂閽守門人也殙病也又未立名而死歞不可知也○濆

潠也普魂切三噴上同歕吐也又吹氣也○黁香也亦人名姚興太史令郭黁奴昆切一

二十四○痕瘢也戶恩切四鞎車革前飾拫急引⿰木焉所以平量斗斛○根根柢也亦姓根牟子古賢者著書出

風俗通古痕切四跟足後踵也峎上同珢石次玉又音銀○恩恩澤也惠也愛也隱也亦姓前燕慕容皝東庠祭酒恩茂風俗

通云陳大夫成仲不恩之後烏痕切三⿴衣火說文炮炙也以微火溫肉煾上同○吞咽也吐根切又音天一○垠垠劉五根切又

語斤切三圻上同泿水名

二十五○寒寒暑也釋名曰寒捍也捍格也亦姓後漢博士魯國寒朗武王子寒侯之後也胡安切十二韓亦作韓井垣也

亦國名又姓出自唐叔虞之後曲沃桓叔之子萬食邑於韓因以爲氏代爲晉卿後分晉爲國韓爲秦滅復以國爲氏出潁川後韓騫避王莽

1 阿　2 四　3 汗

亂移居南陽故有潁川南陽二望　蘪蘪蔣草也　翰天雞羽有五色又音扞　鶾上同　邯邯鄲縣名又漢複姓漢有衞尉邯鄲義風俗通云因國爲姓也　邗邗溝水名在廣陵　虷虷蟹一名蛸蟲　汗可汗蕃王稱又音犴　韓白韓草也又何旦切

鶾駛鶾蕃大馬出異字苑　○豻胡地野狗似狐而小或作犴俄寒切又音岸四　犴上同　雃雃䳚鳥一名雝鸂䳚音石

䜌山形也　○單單複也又大也亦虜姓可[1]單氏後改爲單氏都寒切又常演切十　襌襌衣　鄲邯鄲　丹赤也說文曰巴越之赤石也亦州名春秋時白翟所居後魏置汾州廢帝三年以河東汾州同乃改爲丹州亦姓晉有大夫丹木出風俗通　殫盡也

簞簞笥小篋　匰宗廟盛主器出字書　嘽嘽孤山名　癉火癉小兒病也　䐷大腹　○安安徐也寧也止也平也亦州名春秋時鄖國漢屬江夏郡宋分江夏郡爲安陸郡武德[2]年討平王世充改爲安州有鄖水亦姓風俗通云漢有安成爲太守盧山記有安息國王子安高又漢複姓有安都氏烏寒切五　盦盦𥂁大盂　鞌鞌韉　𨛚地名在當陽　侒說文宴也

○難艱也不易稱也又木難珠名其色黃生東夷曹植樂府詩曰珊瑚間木難又姓百濟人說文作鷬鳥也本又作䕼那干切又奴肝[3]切四　鷬見上注　𩁬䕼並古文　○餐說文吞也七[4]安切三　湌上同俗作飡　䬸籛筊出異字苑　○灘水灘

7 誹
8 音
10 騱
11 賊
12 淫

爾雅云太歲在申曰涒灘他干切十　嘽馬喘　嘆長息與歎同又音炭　⿰扌歎[5]⿰扌歎蒱賭博　譠譠慢欺慢言也　㾆力極　攤[6]

開也亦緩也　彈彈誕言不正也　嬗緩也　⿰扌炭擊⿰扌炭婉轉　○⿰月冊脂肪蘇干切五　跚蹣跚跛行皃　珊珊瑚廣雅曰珊

瑚珠也說文曰珊瑚生海中而色赤也　姍詐[7]也　⿱⺮刪竹器　○壇封土祭處徒干切十五　檀木名亦州名春秋時及戰國並爲燕

地漢屬漁陽郡隋置檀州取白檀縣爲名又姓太公爲灌檀宰後氏焉禮記魯有檀弓今檀城在瑕丘瑕丘屬山陽魯[8]改山陽爲高平郡檀氏

望在高平也　鷤鸛鷂如鷂短尾射之銜矢射人說文爾雅並作鸛鶾　癉風在手足病又都彈切　撣觸也太玄經云撣[9]繫其名

彈糾也射也亦彈棊梁冀傳云冀好彈棊也又徒案切　驒連錢驄一曰青驪白文又丁年切驒騱[10]匈奴畜似馬而小　驙白馬黑脊

又知連切　但語辝亦姓何氏姓苑云漢有但巴爲濟陰太守又徒旱切又徒旦切　胆胆口脂澤出證俗文　繟寬緩　儃態也又市

連切　聅軍法以矢貫耳曰聅　唌歎也　貚貙屬　○殘餘也說文贓[11]也昨干切七　䏼禽獸食餘又徂贊切　⿰歹月上同　戔傷也

又戔戔束帛皃易曰束帛戔戔　盞盝盞大盂　⿰占又穿也　㥫帴也　○干求也犯也觸也亦姓左傳宋有干犨又漢複姓何氏姓苑漢有

干己衍爲京兆尹古寒切十六　乾字樣云本音虔今借爲乾濕字又姓出何氏姓苑　漧古文　竿竹竿　肝木藏　奸以婬[12]

[1]股　[2]二　[4]堅　[5]顢

犯也鳱鳱鵲鳥名知未來事喿則行人至鵲字或作䧿䧿古沃切玕琅玕美石次玉邗越別名又音寒江名也汗餘汗
縣名又寒翰二音迂進也盂盤也又大盂名戰戰盾忓說文極也鄿地名尫尫𦝫○蘭香草亦州名古
西羌地隋文帝置蘭州取皐蘭山爲名又姓漢有武陵太守蘭廣落干切十一[2]瀾大波闌晚也牢也遮也希也又飲酒半罷曰
闌讕逸言又力誕切攔階際木句攔亦作闌𨷿妄入宮門籣盛弩矢人所負也韊上同欄木名躝踰也
幱幱衫幱裙㘓㘓哰𠌯拏語不可解[5]○看視也苦寒切七𠦫古文栞槎木也[3]栞上同靬弓衣臤堅[4]也又口
閒口耕二切刊削也剟也○頇顢[5]頇大面皃許干切二鼾臥氣激聲○濡水名出涿郡乃[6]官切一
二十六○桓桓桓武也又姓本自姜姓齊桓公後因謚爲氏望出譙郡後漢有太子太傅桓榮胡官切二十九完全也䴋
鹿一歲鳺鳺鷎鳥烏喙蛇尾也丸彈丸瓛圭名說文曰桓圭公所執紈紈素萑萑葦易亦作雈俗作雚雚本自音灌
雈木兔鳥也洹水名在鄴又于元切汍汍瀾泣涙[7]絙緩也芄芄蘭草名豲豕屬又豲道縣在天水亦作獂梡
木名出蒼梧子可食荁堇類莞似藺而圓可爲席又音官綄船上候風羽楚謂之五兩羦山羊細角而形大也萈上同

9 曰字當刪，

△⿰骨元 魂韻戶昆切又胡官切

△⿰食元 元韻愚袁切又五丸切

11 精

△⿰衤宛 阮韻於阮切又安院切

涴 過韻烏卧切又烏官切

15 鄭

見[8]說文 貆說文曰貉之類又音歡 狟大犬也周書曰尚狟狟 峘爾雅云小山岌大山曰[9]峘又戶登切 ⿸皮丸皮病 ⿺丸瓦丸屬

垸漆加骨灰上也 寏周垣 院上同 捖揳刮摩也。岏巑岏五丸切十 刓圓削 园上同 忨貪也 蚖

毒蛇 ⿰骨元⿰骨可⿰骨元 羱羱野羊角大又語袁切 黿黿似鼈又音元 抏挫也 ⿰元兔⿰元兔⿱雨⿰元兔。端正也直也緒也等也亦姓

出姓苑又漢複姓孔子弟子端木賜也多官切十一 褍衣長也又衣正幅也 剬齊也 ⿰角耑角⿰角耑獸名狀如豕角善爲弓李陵以

此遺蘇武 耑說文曰物初生之題也上象生[10]形下象其根也 鍴鑽也 篅竹名出南嶺 竱齊也又之耎切 ⿱艹端草名 ⿰禾耑

禾垂皃又丁果切 偳抄偳又音湍。剜刻削也一丸切六 眢井無水一曰目無睛[11] 豌豆也 蜿蟠蜿龍皃 惋

惋子裁餘 婠德好皃又古[12]旦切。湍急瀨也他端切又音專六 貒似[13]豕而肥又他畔切 䵎黃黑色 ⿰享黃黃色又湯

門切 煓火盛 偳人名又多丸切。酸醋也素官切五 狻狻猊師子[14]猛獸 ⿰豸夋上同 痠痠疼 ⿱雨酸小雨。團

團圓度官切十二 慱詩云勞心慱慱 篿竹器 剸截也 鄟邾鄟[15]之邑 蟤魚似鮒而豕尾 敦詩云有敦瓜苦

又都昆切 漙詩云零露漙兮 鷒爾雅曰鸛鷒鶝鶔如鵲短尾射之銜矢射人 鷻鳶之別名詩亦作鶉傳云雕也 摶說文

1 襸、襸補
2 欑
3 亓
4 鑾

曰圜也禮云無摶飯䨘露皃○欑木叢也在丸切九巑巑岏小山皃䡽車縛軏也又借官切𦽏𦽏塗見禮

襸[1]襸補酇酇聚也又音纂音贊穳穳也又刈禾積也簒同上劗剃髮也又子攢[2]切○官官宦

左傳曰黃帝以雲紀官炎帝以火紀官太皡以龍紀官少皡以鳥紀官

又君也法也事也又複姓三氏左傳晉王官無地御戎魯先賢傳云孔

子妻亓[3]官氏楚莊王少子爲上官大夫以上官爲氏古丸切十悹憂也又古玩切莞草名可以爲席亦云東莞郡名又姓姓苑云今

吳人又胡官切棺棺椁禮記曰有虞氏瓦棺夏后氏堲周殷人棺椁說文曰關也所以掩屍也觀視也又音灌貫穿也

又音灌冠首飾說文曰絭也所以絭髮弁冕之總名也亦姓風俗通云古賢者鶡冠子之後又音灌涫樂涫縣在酒泉倌

倌人主駕說文曰小臣也詩云命彼倌人毌穿物持也○鑾鑾鈴崔豹古今注云五輅衡上金雀者朱鳥也口銜鈴鈴謂之鑾也或謂

朱鳥鸞也鸞鳥口銜鈴故謂之鸞[4]鸞落官切十四鸞春秋元命包曰離爲鸞孫氏瑞應圖曰鸞者赤神之精鳳皇之佐也山海經曰女牀山有鳥狀

如翟而五采文名曰鸞見則天下太平安寧巒小[5]山而銳欒木名說文曰木似欄禮天子樹松諸侯柏大夫欒士楊又曲枅亦姓

代爲晉卿出左傳𦌾㲼罟虊蒬葵一曰茹也䜌南䜌縣在鉅鹿㱍迷惑不解理一曰欠皃臠臠臠病瘠皃

6 鴅

8 ⿱暴車

9 屈

△⿱婆石戈韻溥波切又音盤

灤水名 欒說文曰漏流也水沃也漬也 癵病也瘦也 圝團圝圓也 㬨日夕昬時 〇歡喜也呼官切十三 懽上同又音貫 驩馬名 貆貉屬 貛牡狼 鸛鸛鷒鳥射之則銜矢射人說文爾雅並云鸛鷒 鴅[6]鳥名人面鳥喙 鄻魯郡邑名 獾野豚 犿上同 雚化也始也出方言 讙讙諠 ⿰月曷⿰月曷兜四凶名古文尚書作⿰月曷 〇寬愛也裕也緩也苦官切二 髖髖兩股間也 〇鑽刺也借官切又借玩切六 ⿰革贊說文曰車衡三束也曲轅⿰革贊縛直轅⿱暴車[8]縛 ⿰革贊 ⿰車贊並上同 ⿰贊攴姓出姓苑 劗剃髮 〇槃器名薄官切二十二 盤籀文 鎜古文 柈俗 瘢瘡痕 磻磻溪太公釣處 幋大巾 磐大石 ⿱髟般⿱髟般頭曲髮爲之又[9]臥髻也又音班 般樂也又博干切釋典又音鉢 蹣蹣跚跛行皃 搫搫攃婉轉 鞶鞶革說文曰大帶也 縏縏纓馬飾見左傳 ⿱般鳥⿱般鳥鶻異鳥人面出山海經 ⿱般目轉目視也 媻奢也一曰小妻又媻媻來往皃 ⿱般糸番和縣名在涼州 蟠鼠負蟲又龍蟠也 ⿱般黑下色 ⿱竹般⿱竹般⿰犭般狐也 ⿰犭般犬也 〇瞞目不明也說文曰平目也曹操一名瞞又姓風俗通云瞞氏荊蠻之[10]後本姓蠻其枝裔隨音變改爲瞞氏母官切二十四 顢顢頊大面皃 謾欺也慢也 蹣踰牆 ⿰米曼⿰米曼頭餅也 饅俗 慲忘也 鏝泥鏝 槾 墁並上同 㒼無穿孔狀 鞔鞔鞋履 樠[11]木名松心 鰻鰻鯠魚也 曼路遠 蔓

1 子　2 瓳　3 笱　6 主　7 𪗉

蔓菁菜也 𢕟 𢕟欲亭名在上艾欲音求 獌 獸似狸也 𧽜 行遲皃 𦔳 種遍皃 芇 相當也又亡殄武仙二切 悗

惑也 鬗 長髮也 綄 連也 ○潘 淅米汁又姓周文王畢公之[1]子季孫食采於潘因氏焉出廣宗河南二望普官切六 𤭛 𤭛瓵[2]大甎

番 番禺縣在廣州 拌 弃也俗作拚 㸬 峙居也 𤺺 弃𤺺 ○𪌉 部黨北潘切四 般 般運 䈲 捕魚笱[3]其門可

入不可出 𠦒 弃糞器名又姓出姓譜

二十七○删 除削也又定也所姦切又所[4]晏切五 訕 謗也 潸 出涕皃 𣧑 單于別名 狦 說文曰惡健犬也又

所晏切 ○關 說文曰以木橫持門戶也聲類曰關所以閉也又姓風俗通云關令尹喜之後蜀有前將軍關羽河東解人古還切六 閞

俗 瘝 病也 擐 貫也又音患出文字指歸 𠷸 二鳥和鳴 䋸 織貫杼也 ○彎 說文曰持弓關矢也烏關切五 灣

水曲 𧓍 蝸[5]𧓍蟲名 𩅰 吳王[6]孫休長子名見吳志 潫 瀠[7]潫 ○檈 關門機出通俗文數還切一 ○還 反也退也

顧也復也戶關切又音旋二十 環 玉環爾雅曰肉好若一謂之環又姓古有楚賢者環淵後有環濟撰要略一部 𠞊 樸𠞊縣名

在武威樸音蒲 鬟 髻鬟 寰 王者封畿內縣又玄甸切 闤 闤闠崔豹古今注云闤市垣也闠市門也 糫 膏糫粔籹 鍰

11 媥孄　12 賦　14 女、一　16 臂

六兩曰鍰鍰黃鐵也一曰錢也　圜圜圍又王權切　鐶指鐶　轘轘轅又地名也　韋里名在洛陽　䍀獸名似羊而黑

色無口不可殺也　䍠上同　郇姓出絳州又音荀　澴水名　𩙪𩙪飛遶皃　馯馬一歲又音[8]弦　戻屋牡[9]瓦名

鬟堅鬟　○班說文曰分瑞玉俗作班亦姓出扶風風俗通云楚令尹鬬班之後布還切十三　頒布也賜也又音汾　鳻大鳻鳩

肦大首又音汾　螌螌蝥毒蟲　斑駮也文也　辬上同見說文　𩮀髮半白又音盤　般還師亦作[10]班師又盤黏鉢

三音　媥孄[11]媥　鯿魚名又音編　扳挽也公羊傳云扳隱而立又音攀[13]　𠔋賤[12]事之皃　○蠻南夷名亦姓莫還切七

𪄴似鳧一目一足一翼相得乃飛即比翼鳥也　僈很屬又莫干[13]晚販二切　鬘衣出釋典　謾方言曰謾台脅閱懼也燕

代之間曰謾台齊楚之間曰脅閱台音怡　槾赤槾稻名　𪑹畫車輪也　○顏顏容亦顏額又姓出琅邪本自魯伯禽支庶有

食采顏邑者因而著族又郳武公名夷字曰顏故公羊傳稱顏公後遂爲氏五姦切二　𣘨木名似橦　○姦私也詐也古顏切俗作姧

四　菅草名又姓出越郡或作蕑　𦽃香草　蕑上同　○攀引也普班切三　扳上同又音班　眅目多白皃　○奻訟也

奴還[14]切一　○瘝瘝痹五還切二　頑[15]頑愚　○馯姓也漢書有江東馯臂[16]字子弓傳易丘姦切一　○豻胡地野犬似狐而小

9 ⿰土孱門聚　8 ⿰車閒　6 莖　5 鷴　4 瞯　1 腹

黑㖧可顏切又我悍俄寒二切二　鬜鬝鬜禿皃　跧跧伏阻頑切一

二十八○山廣雅曰山產也能產萬物說文曰山宣也宣气散生萬物又姓周有山師之官掌山林後以官爲氏或云古烈山氏之後望出河內所閒切三　疝疝痂病也[1]　邖地名出地理志　○鰥鰥寡鄭氏云六十無妻曰鰥五十無夫曰寡又魚名古頑切三　[2]⿰金眔⿰金眔犂釬也　綸爾雅釋草曰綸似綸東海有之說文曰青絲綬也又音倫　○閒隙也近也又中閒亦姓出何氏姓苑古閑切又閑澗二音六　艱艱難　囏古文　靬黎靬國名在西域其人善眩幻又犍看二音　蕑蘭也　覵視皃　○閑闌也防也禦也大也法也[3]習也暇也戶閒切九　嫺嫺雅　癇小兒瘨　驏馬一目白　蛝蟲名　瞯人目多白又姓史記濟南瞯[4]氏　鷴[5]白鷴似雉而尾長四五尺　⿱⿸厂攵貝莖[6]餘又音莧　憪心靜說文愉也　○慳悋也苦閑切八　覸人名出孟子齊景公勇臣成覸說文曰很視也　顅頭髮少皃　掔爾雅云固也莊子注牢也　鬜鬢禿皃又苦八切　羥羊名　臤堅也又口[7]耕切　⿱臤革堅破聲　○虥虎淺毛皃士山切又音棧又昨閑切七　潺潺湲水流又士連切　孱孱劣皃又士連切　僝僝惡罵也　輚輚軒[8]又士連切　⿰金孱小鑿名又士連切　⿰土孱門[9]聚又昨閑切　○羴羊臭許閒切又尸[10]然切一　○詽爭也五閑切四　⿰犭閒犬鬭聲也亦作狠

七百　韻上平　六十一　方至

15 杯 14 𡎼門聚 12 𢿒 11 斒斕

㘚訟詞虤虎怒○黰浾色黑也烏閑切五䵩黑羊䫉赤黑色也左傳云左輪朱䫉𤙖牛尾色也黫黑色

出字林○斒斒斕色不純也方閑切二虨虎文又甫巾切○斕斕[11]斒力閑切四𢿒[12]上同㦨地名出玉篇潾水皃

又力人切○嘫語聲女閑切二[illegible]喝[illegible]媛狀○[illegible]噬也充山切一○嬽媚容也委鰥切一○窀穴中見火墜頑切又陟倫

切一○𪊨𪊨權胥膝痛也力頑切一○權跪頑切一○譠謾也陟山切又他單[14]切二儃廣蒼云走也藏也○獑獸走

皃[13]直閑切又丑連切一○湲水流皃獲頑切一○虥虎淺毛皃昨閑切二𡎼門聚

廣韻上平聲卷第一

新添類隔今更音和切

卑必移切 陴並之切 眉目悲切 邳並悲切 悲卜眉切 肧偏林[15]切 頻步真切 彬卜巾切

廣韻下平聲卷第二

蘇前先第一仙同用　相然仙第二
蘇凋蕭第三宵同用　相焦宵第四
胡茅肴第五獨用　胡刀豪第六獨用
古俄歌第七戈同用　古和戈第八
莫霞麻第九獨用　與章陽第十唐同用
徒郎唐第十一　古行庚第十二耕清同用
古莖耕第十三　七情清第十四
倉經青第十五獨用　煑仍蒸第十六登同用
都滕登第十七　羽求尤第十八侯幽同用

3 之

四・廿 韻下平 一 金澤

侯第十九胡鉤 幽第二十於虯

侵第二十一七林獨用 覃第二十二徒含談同用

談第二十三徒甘 鹽第二十四余廉添同用

添第二十五他兼 咸第二十六胡讒銜同用

銜第二十七戶監 嚴第二十八語⿰韋僉凡同用

凡第二十九符咸

一○先先後也又姓左傳晉有先軫蘇前切又蘇薦切四 躚蹁躚旋行皃 𨇨上同 硟石次玉也 ○前先也昨先切六 葥古文 騚馬四蹄皆白也 湔湔葫藥名 箭說文曰蔽[1]絮[2]簀也或作筓 籛上同 ○千十百也又漢複姓有千乘氏出何氏姓苑蒼先切九 ⿰千土三里爲⿰千土 阡阡陌南北爲阡東西爲陌 汘水名 仟千人長[3]也又仟眠廣遠也 芉草盛 谸說文曰望山[4]谷之谸青也 迁伺候也進也又迁葬又標記也 杄木名 ○箋說文曰表識書也則前切十五 牋

1 遷　5 鵳　6 弦

上同薦古文瀳水名說文曰水至也又才薦切帴小兒藉也韉鞍韉淺淺淺流疾皃又倉翦切湔水名出蜀郡玉壘山幯幡幟䅐小栗名趙魏間語也轃大車簣也濺濺疾流皃又子賤切籛楚人革馬篙鞍韉又彭祖姓棧香木遷[1]埤蒼云至也說文云自進極也○天上玄也說文曰顛也至高無上从一大也爾雅曰春爲蒼天夏爲昊天秋爲旻天冬爲上天他前切六兲𠀘並古文誕誕譂語不正也吞姓也漢有吞景雲又湯[2]門切訮訮訶皃○堅固也長也強也又姓漢二十八將有揚化將軍潁川堅鐔古賢切十七鋻剛也又古宴切掔[3]縣名在東萊又音弦㤢布名幵說文曰平也兩干對舉又羌名今作开同又音牽[4]肩項下又任也克也作也膢也又姓出姓苑鳽鵁鳽[5]鳥名又五革五堅二切豜大豕也一曰豕三歲豣上同猏俗菺茙葵也今蜀葵麉鹿有力又音牽麗上同鵳鵳鶥鷂屬鰹鮦大曰鰹小曰鮵鮵音奪䶬說文曰龍鬐脊上鬐鬐緊緊也○賢善也能也大也亦姓胡田切十七臤古文又口閒切弦弓弦五經文字曰其琴瑟亦[6]用此字作絃者非說文作弜又姓風俗通云弦子後左傳鄭有商人弦高晉有弦超絃俗見上注舷船舷胘肚胘牛百葉也蚿馬蚿蟲一名百足𢘼亭名在密縣說文云急也𠜎自刎頸也伭說文作伭很也掔縣名又音堅䒸草名婜

△馬 刪韻戶關切又音弦

8 脂

8 聟

14 沔

△瑱 霰韻他甸切又音田

15 秊

婦人守志趚疾走礥艱險又剛強也痃痃癖病㘋難也。煙火氣也烏前切十二烟上同𡨊古文歅籀文燕國名亦州又姓邵公奭封燕爲秦所滅子孫以國爲氏漢有燕倉又於薦切咽咽喉橪橪支香草驠馬竅白湮爾雅云落也又音因胭胭項[8]𥳽竹名閼閼氏單于適妻也氏音支。蓮爾雅云荷芙蕖其實蓮落賢切八憐愛也又哀矜也怜俗嗹嗹嘍言語繁絮皃縺縺縷寒具𪌉𪌉𪎊餅也羸羸𨻻縣在交阯零漢書云先零西羌也本力丁切。田釋名曰土已耕者曰田田塡也五稼塡滿其中也又姓出北平敬仲自陳適齊後改田氏九代遂有齊國徒年切十九佃作田也說文云中也春秋傳曰乘中佃一轅車古輕車也又音甸[10]畋取禽獸也又音甸畇地名在絳[11]塡塞也加也滿也又陟陳切窴上同字統云窴顏府在北州[12]闐轟轟闐闐盛皃𨀕蹋地聲譂譂誕語不正也又他丹切[13]鈿金花又音甸輷輷輷衆車聲沺字林云沺沺水勢廣大無際之皃磌柱礎鷏蚊母鳥也嗔說文曰盛气也𨊧呂氏春秋云天子𨊧𨊧啟啟莫不載悅啟音軫滇滇沔大水皃又都年切[14]𤢕軀屬搷擊也。秊穀熟曰年奴顛切三[15]年上同𨛱鄉名在馮翊。顛頂也又姓左傳晉有顛頡都年切十五巔上同齻牙齻儀禮曰右齻左齻鄭玄云齒堅也驙馬額

2 鳽　〻 幵 本韻古賢切又音牽

4 并

5 蚌

白今戴星馬槇木上瘨病也癲上同滇滇池在建寧趙走頓巔山頂也驒驒騱野馬傎傎隕

也又倒也傎上同蹎蹎仆說文跋也厧厧冢○牽引也挽也連也亦姓晉有牽秀何氏姓苑云武邑人苦堅切九縴

縴縒惡絮郱地名在河內汧水名在安定說文曰水出扶風西北入渭爾雅云汧出不流又苦薦切蚈螢火又古奚切[1]麉

鹿之絕有力者亦作麉掔固也厚也持也又音慳岍山名在京兆書曰導岍及岐雃說文曰石鳥一名雝鶏一曰精刿又秦

公子名士鳽○妍淨也美也好也五堅切八鳽鵁鳽也又古賢五革二切研磨也硯上同揅揅破也⿱幵皿醆也趼

獸跡俓急也又牛耕切○眠寐也莫賢切七瞑上同說文曰翕目也又音麵⿰耳冥埤蒼云注意而聽也矏爾雅曰密也

臱上同⿱髟臱燒煙畫眉⿱宀臱[3]不見○蹁蹁蹮旋行皃部田切十二蠙蠙珠骿骿肋[4]軿四面屏蔽婦人車又房丁

切駢并駕二馬⿰扁瓜黃瓜名胼胼胝皮上堅也跰上同楄木名食不噎又杜預云楄部棺中露牀也賆益也玭

班珠或與蠙同琕上同○淵深也管子曰水出而不流曰淵又姓世本有齊大夫淵湫烏玄切十𣶒上同囦古文⿸疒肙

骨節疼也弲弓曲剈翦鼘鼓聲⿺辶𣶒行皃⿱雋肙鳥羣蜎蜎蠉又[6]毆泫切○涓說文曰小流也又姓列仙

9 吾

傳有齊人涓子古玄切八　睊視皃　蠲除也潔也明也說文曰馬蠲蟲明堂月令曰腐草爲蠲　⿱艹肙草名　⿰禾肙麥莖　鵑

杜鵑鳥　焆明也　鞙鞙馬尾也[7]又胡犬切[8]　○銷銅銚火玄切五　駽爾雅曰青驪駽郭璞云今之鐵驄　⿴囗肙規也又辭

沿切　梋椀屬　矏直視　○邊畔也又邉陲也近也厓也方也又姓出陳留北平二望陳留風俗傳云祖于宋平公布玄切十四

籩竹器　⿰氵邊水名出蕃侯山　甂小盆　蝙蝙蝠仙鼠又名伏翼　猵獺屬　⿰禾臱籬上豆也又北典切　編次也又方

泫切　萹萹竹草又北泫切　⿰足邊足趾不正　⿰亻邊身不正也　牑牀上版也　⿺走臱說文走意　蹁行不正皃又薄邊切　○玄

黑也寂也幽遠也又姓列仙傳有玄俗河閒人無影胡涓切十三　縣說文云繫也相承借爲州縣字　懸俗今通用　眩亂也

又胡練切　⿰馬玄馬一歲　玹石次玉　玆說文曰黑也春秋傳曰何故使君[9]水玆本亦音滋按本經只作滋　⿱覀丁吳王次子名　⿰目縣

目童子也　伭說文很也　眴目大皃　胘牛百葉又音弦　訇說文云漢中西城有訇鄉　○祆胡神官品令有祆正呼煙切二

訮訶也怒也　○犳[10]獸似豹而少文崇玄切一

二○仙神仙釋名曰老而不死曰仙仙遷也遷入山也故字從人旁山相然切十二　僊上同又僊僊舞皃　㒨古文　秏

2 於水泉其
3 韆鞦
5 奴縣隋改
7 遒

秏秜蜀也䉳竹名又音癬苮草名似莞躚舞皃秈秈[1]稻鮮鮮潔也善也又鮮卑山因爲國号亦水名水經曰北鮮之山鮮水出焉又姓後蜀録李壽司空鮮思明又漢複姓鮮于氏𥔵衦繒石也鱻說文曰新魚精也廯倉廩○錢周禮注云錢[2]泉也其藏曰泉其行曰布取名流行無不徧也又姓晉有歷陽太守錢鳳昨仙切二䗃方言云鳴蜩也○遷去下之高也詩云遷于喬木七然切八遷古文䙴上同𨙻地名櫏椐櫏木名䉦箬䉦竹名韆韆[3]鞦繩戲𤻮痛也○煎熬煑子仙切四湔洗也一曰水名出蜀玉壘山葥草茂皃出字林鬋女鬢垂皃○然語助又如也是也說文曰燒也俗作燃又姓左傳楚有然丹何氏姓苑云今蒼梧人如延切九燃俗見上注𤡬猓𤡬獸名似猿白質黑文𡢀姓也肰犬肉繎絲勞[4]䉖竹名䕼草名𤎅陸佐公石闕銘云刑酷𤎅炭○延稅也遠也進也長也陳也言也亦州漢高如[5]縣取延川爲延安郡又姓漢有延篤南陽人爲京兆尹殷梁巽使者以然切十三埏際也地也又墓道亦地有八極八埏又音羶筵席也鋪陳曰筵藉之曰席狿獌狿大獸名郔地名在鄭綖冠上覆也蜒蚰蜒䘰帑[6]䘰牛領上衣鋋小矛又市連切䀽相顧視也道[7]上同𨗨行皃莚草名○飦厚粥也諸延切八饘上同旃之也爾雅曰因章爲旃郭璞云以帛練爲旒因其文章不復畫之也

△亶 旱韻多旱切 又遮連切

9 上

11 壥門聚

13 盂

九〇廿一 韻下平 四 李倚

世本曰黃帝作旃亦曲柄旗以招士衆也或作旜又姓出姓苑旜上同栴栴檀香木氈席也周禮曰秋斂皮冬斂革供其毳毛爲

氈鸇晨風鳥⿰旃頁江湘間人謂額也○甄察也一曰免也居延切又章鄰切三⿱艹甄草名一曰豕首又名彘盧籈竹器○邅

迍邅也又移也張連切又䡲[8]連雉戰二切五⿺走亶同[9]行難也說文曰趁也又直然切驙馬載重行難又白馬黑脊曰驙又徒安切鱣

詩云鱣鮪發發江東呼爲黃魚⿰魚廛上同○潺潺湲水流皃士連切五孱不肖也漢書曰吾王孱王也⿰金孱小鑿⿰車單[10]軒輞

壥[11]門聚○羶羊臭也式連切八埏打瓦也老子注云和也挻柔也繫也和也取也長也或作煽扇扇涼又式戰切煽

火盛也又式戰切鯅魚醬脠生肉醬又丑延切䘰帵䘰牛領上[12]衣又音延○脠[13]魚醢也說文云肉醬丑延切四梴木長鏈

鉛鑛也又力延切㢟說文曰安步㢟㢟也○鋋小矛方言曰五湖之間謂矛爲鋋[14]市連切又以然切九單單于又丹善二音

蟬蜩也禮記仲夏之月蟬始鳴季[14]秋之月寒蟬鳴援神契曰蟬無力故不食也撣撣援牽引儃態也僤上同禪靜也

又市戰切澶杜預云澶淵地名在頓丘縣南又音纏[15]嬋嬋娟好皃○纏繞也又姓漢書藝文志有纏子著書直連切十緾

俗餘皆傚此躔日月行也說文曰踐也瀍水名在河南鄽市鄽⿵門廛市門⿺走亶移也又張連切⿰虫廛守宮別名

△澶 本韻市連切又音蟬

3 者

廛居也說文曰一畝半也一家之居也壥上同○嘕笑皃許延切四仚輕舉皃說文曰人在山上也嫣長皃好皃又於建於遠[1]二切翾飛皃○連合也續也還也又姓左傳齊有連稱又虜複姓六氏西秦丞相出連乞都後魏書官氏志云南方宥連氏後改爲雲氏是連氏改爲連氏費連氏改爲費氏綦連氏改爲綦氏又有赫連氏力延切十三聯聯綿不絕說文作聯漣漣漪風動水皃翴翴翾飛相及皃鰱魚名⿰犭聯⿰犭聯獂兔走皃令漢書云金城郡有令居縣顏師古又音零鏈鉛礦又丑延切䃛上同⿱連心說文曰泣下也槤簃也又橫關柱又木名⿱聯齒⿱聯齒露也⿰氵聯⿰氵聯水名出王屋山○篇篇什也又姓周大夫史篇之後芳連切七偏不正也鄙也衺也又姓急就章有偏呂張翩飛皃媥身輕便皃㾫身枯艑小舟萹萹茿可食又補殄切○便[2]辯也僻也安也又姓漢有少府便樂成房連切又去聲九緶縫也楩木名平書傳云平平辨治也又皮明切諞巧言又符蹇切㛹㛹娟美好箯竹輿⿰虫便⿰虫便蟞沙蝨也亦作⿱便虫楄木名食之不咽○緜精曰緜麤曰絮說文曰聯微也又姓晉張方以綿思爲腹心武延切十七綿上同棉屋聯棉又木棉樹名吳錄云其實如酒杯中有綿如蠶綿可作布又名曰緤羅浮山記曰正月花如芙蓉結子方生葉子內綿至蠶成即熟廣州記云枝似桐枝葉如胡桃葉而稍大也謾欺也矊瞳子黑又矊眇遠視蝒馬蜩蟬中最大[3]

九·十一　韻下平　五　秦顯

4 ⿰虫丏

△四
6 ⿰宣鳥 元韻况袁切又私全切用韻似用切又音宣

7 ⿰衤耎、⿰田耎、瓀

⿰虫丏 上同說文曰蝒蛈蟬屬 矈 密緻兒 ⿰忄臱 忘也 芇 說文曰相當也今人賭物相折謂之芇 宀 深屋 ⿰臱頁 雙生

櫋 說文曰屋聯櫋也 ⿰木丏 木名 臱 視遠之兒 檰 木名 ⿰木⿱罒夏 木⿰木⿱罒夏密也 ○全 完也具也又姓吳有大司馬全琮疾緣切七

仝 上同見說文 泉 水源也又錢別名 ⿰虫泉 貝也白質黃文 牷 牛全色書傳云體完曰牷 ⿰目全 目眇視兒 葲 莘葲草也

○宣 布也明也徧也通也緩也散也須緣切九 揎 手發衣也 擅 上同 ⿰宣鳥 駒⿰宣鳥小鳥駒音句 愃 吳人語快說文曰寬嫺心腹兒

⿴囗宣 面圓也 ⿰宣頁 頭圓也 瑄 爾雅曰璧大六寸謂之瑄郭璞曰漢書所云瑄玉是也 顫 顫額 ○鐫 鑽也斲也子泉切四

鋑 古文 脧 縮朒 剶 剟也又丑全切 ○翾 小飛許緣切九 儇 智也疾也利也慧也又舞兒 弲 角弓兒 蠉 蟲行兒

⿺走睘 疾走兒 嬛 便嬛輕麗兒又音娟音瓊 譞 智也 頨 頨妍美頭 ⿰目縣 目童子也 ○堧 江河邊地又廟垣或從需餘同而緣切六

⿰衤耎 促衣縫也 ⿰田耎 城下田也 瓀 瓀珉也玉佩也 撋 摧物也 緛 緛絲難理 ○穿 通也孔也昌緣切三 川 山川也蔡邕月令章句曰衆流注海曰川釋名曰川者穿也穿地而流也 灥 三泉 ○沿 從流而下也與專切十二 㳂 上同 鉛 說文曰青金也一曰錫之類也

鈆 上同 櫞 枸櫞樹皮可作粽埤蒼云果名似橘 捐 弃也 鳶 鴟類也 蝝 蝗子一曰蟻子 緣

1 干　2 嫘　4 簿　6 太　7 蔓、筵、兮

緣由又羊綃切 鰇魚名 蔫郭璞云蔫鳶尾草一名射干[1] 腚短也 ○旋還也疾也似宣切十七 檈圓案 璿玉名
璿上同 壡籀文 ⿱旋虫⿰虫便⿱旋虫沙蝨 漩回漩 琁美石次玉 璇上同 ⿰木還說文曰⿰木還味稔棗也 蜁蜁蝸蝸螺也 ⿷匚全
漉米竹器 還還返 圎規也又火玄切 ⿰目旋好皃 嫙上同 鏇圓轤也 ○娟便娟舞皃嬋娟好姿態皃於緣切七 嬛
身輕便皃 悁悁憂悒也 蜎蠋皃又狂兖切 ⿰山肙山曲 潫水深 嬽[2]娥眉說文曰好也 ○船方言曰關西謂之船關東謂之
舟又姓出姓苑食川切二 舩上同 ○鞭馬策也卑連切六 鯾魚名 鯿上同 編次也又布千方典二切 箯竹輿 揙
揙擊 ○㳄口液也夕連切二 涎上同 ○詮平也說文具也此緣切十九 銓銓衡也又量也次也度也 硂上同 痊
病瘳 佺偓佺仙人 悛改也止也 駩白馬黑脣 筌取魚竹器 絟細布 譔善言 謜言語和悅 縓爾雅曰一染謂
之縓今之紅也又采選切 恮謹皃 荃香草 ⿰全刂剔也 峑山巓 ⿷匚尊[3]簿[4]也又竹器名 鐉說文曰所以鉤門戶樞也一曰治門戶器
也 拴揀也俗 ○專擅也單也政也誠也獨也自是也亦姓吳刺客專諸職緣切十二 甎甎瓦古史考[5]曰烏曹作甎 顓顓頊
又姓神仙傳有太[6]玄女姓顓頊名和 篿楚詞云索瓊[7]茅以筳篿王逸云折竹卜曰篿又音團 嫥可愛之皃 諯說文曰數也一

8 鄟　10 歂　17 闞

八・六九　韻下平　六　張榮

曰相讓又尺絹市專二切湍水名在鄧州又音端膞膞鳥胃也鱄魚名專諸吳刺客或作鱄鷒鳥名又徒端切⿱斷首
⿱斷首斷首出玉篇鄟邾鄟[8]邑名○遄速也疾也市緣切八篅說文曰以判竹圜以盛穀也圌[9]上同諯又職緣尺絹二
切輲無輪車名輇上同椯木名歂字林云口氣[10]引也又姓史記有歂師○貟說文作員物數也王權切又云運二音四
圜天體圓上同湲潺湲○恮曲卷也莊緣切四跧屈也伏也蹴也⿰目全目眇視也⿰虫巽蜿⿰虫巽蛇名○栓木丁也[11]山
負切二⿱⺮巷⿱⺮巷車軸也○猭⿰犭絲猭兔走皃丑緣切二剶去木枝也○乾天也君也堅也渠焉切又音干九虔恭也
固也殺也說文曰虎行皃又姓陳留風俗傳云虔氏祖於黃帝犍犍[12]為縣在嘉州鰬魚名⿰虔阝聚名在河東聞喜也騝
騮馬黃脊榩廩也構木為之鍵鑰也又音件揵舉也○愆過也去乾切十䇂古文諐籀文⿰亻⿱去心[13]俗褰
褰衣騫虧少一曰馬腹[14]縶亦姓風俗通云閔子騫之後吐谷渾視熊博士金城騫包⿰衤虔齊魯言袴又己[15]偃切⿺走虔蹇足
跟也攐縮也⿰口虔方言曰[16]⿰口虔⿰口虔[17]歡皃○權權變也反常合道又宜也秉也平也稱錘也又爾雅曰權黃華又姓出天水本顓頊
之後楚武王使闘緡尹權後因氏俗作権巨負切二十三拳屈手也廣雅云拳拳憂也又拳拳奉持之皃又姓衞大夫拳彌狋

狋氏縣在代郡氏音精　觠曲角　顴頰骨　踡踡跼不行[1]　婘美皃　孉上同　蠸曲脊行也　⿸疒卷手屈病也

犈牛黑耳又音卷　蠸食瓜葉黃甲蟲　齤齒曲　卷曲也又九免九院二切　⿰木鸛⿰木鸛[2]鴒也　⿱大⿱目又大視皃又音[3]倦

⿱卷皿盌也　⿰弓雚弓曲　鬈髮好也又胡人髮也又音捲　⿺走雚[4]曲走皃　⿰月雚⿰月雚腃醜皃　蜷蟲形詰屈　捲說文云气勢也

國語曰予[5]有捲勇　○椽屋桷也直攣切二　傳轉也又持戀切又丁戀切　○攣攣綴呂員切三　癵病也亦作㼴　䜌

南䜌縣在鉅鹿　○弮古縣名在滎陽丘圓切五　⿱日卷小情　棬器似升屈木作　鬈髮好皃　⿰卷阝鄉名在聞喜　○焉

何也又鳥雜毛說文曰鳥黃色出江淮閒於乾切五　閼閼氏單于妻又音遏　蔫物不鮮也　嫣長皃又人名　鄢人姓

又鄢陵縣名又於[6]晚切亦作傿　○漹水名出西河也有[7]乾切三　⿰虫焉⿰虫焉⿰虫䜌蟲名　焉語助也又於乾切　○嬽娥眉皃於權切

二　⿰氵卷水深皃　○燀火起皃尺延切一　○⿸尢雚[8]行不正皃丁全切一　○勬強健也居員切一

三○蕭蒿也詩云采蕭穫菽亦縣名在沛郡新語云蕭斧名又姓出蘭陵廣陵二望本自宋支子食采於蕭後因爲氏漢侍中蕭彪始居蘭陵彪玄孫望之居杜陵望之孫紹復還蘭陵紹十一代孫整始過江爲廣陵人風俗通云宋樂叔以討南宮萬立御說之功受

9 蚑 11 敝 12 見 13 輕

封於蕭列附庸之國漢相國蕭何即其後氏也蘇彫切十六 簫樂器風俗通云舜作簫其形參差以象鳳翼 彇弓弭 蠨
蠨蛸蟲一名長蛸[9]出雀豹古今注 橚橚槮樹長皃 潚[10]水名 颵涼風 踃跳踃 𢹂擊也又把也 箾舞箾說文云以
竿擊人也又音朔 䎘羽翼敝皃 𣯒上同 艘船揔名又音騷 瞍目無眸子曰瞍又音藪 翛翛翛飛羽聲 撨擇也
○祧遠祖廟也吐彫切十一 佻輕佻爾雅曰佻偷也 挑挑撥 朓月出[12]西方又吐了切 恌轉[13]薄 庣[14]斗旁耳又爾雅云庣
謂之䩞古田器也郭音鍪 庣不滿之皃 銚田器 趒雀行又他弔切 聎耳疾 蓧苗也 ○貂鼠屬出東北夷又姓出姓
苑都聊切二十二 𩬊小兒留髮 刁[15]斷穗 刀軍器纂文曰刀斗持時鈴也又姓出渤海風俗通云齊大夫豎刀之後[16]俗作刀 琱
琱琢 凋凋落 鯛魚名 𥎞短尾犬也 雕鶚屬又姓漢武帝功臣表有雕延年 鵰籀文 蛁蛁蟟茆[17]中小蟲 彫彫刻亦作
雕 𧛼說文云短衣也 𧙃死人衣 芀葦華也又音調 䔙䔙葫茭實 舠吳船 鳭鳭鷯剖葦求蟲食似雀青班色
𧳜大也多也 奝上同 弴天子弓也說文曰畫弓也詩又作敦又丁昆切 䳂熟視 ○迢迢遰徒聊切二十二 條小枝也貫
也敎也爾雅云柚條似橙而實酸又姓左傳殷人七族有條氏後趙錄冉閔司空條攸姓苑云安定人 樤柚條或從木 髫小兒髮俗

作鼘　跳躍也　鋚紖頭銅飾　蛍蛍蠨狀如黃蛇魚翼出入有光見則大旱出山海經　蜩大蟬　佻獨行皃詩曰佻佻公子

趒說文曰雀行也　苕苕菜詩云卭有旨苕　芀葦華　調和也又姓周禮有調人其後氏焉又徒料切　鮡魚名　岧

岧嶤山高皃　鵰多髮皃[1]又音凋音綢　鞗革轡詩云鞗革沖沖　嬥聲類云細腰皃　𠤼田器　𣯍𣯍𣰆毛皃　卣草木實垂

卣卣然也　鰷白鰷魚名　○驍驍武也古堯切九　梟說文云不孝鳥也故日至捕梟磔之从鳥頭在木上又姓隋煬帝誅楊玄

感改其姓爲梟氏　県到懸首漢書曰[2]三族令先黥劓斬左右趾県首菹其骨謂之具五刑　澆沃也薄也　憿憿幸或作儌又

作僥倖　釗覿也遠也亦弩關[3]一云周康王名又作䚯又指遙切　邀遮也又於宵切　蟂水蟲似蛇四足能害人也　徼求也

抄也又音叫　○聊語助也亦姓風俗通有聊倉爲漢侍中著子書又有聊氏爲潁川太守著萬姓譜落蕭切四十二　𦗻[4]耳中鳴也

又力刀切　膋腸間脂也　膫上同　飉風也　遼遠也又水名　憀無憀賴也　寮穿也　寥空也又寂寥也寥廓也

料料理也量也又郎弔切　㙩周垣　橑蓋骨亦椽也又力道切　撩取物又理也　摷擊也又側交切　廖人名左傳

有辛伯廖又力救切　僚同官爲僚又姓左傳晉陽氏大夫僚安　寮上同　鐐有孔鑪又紫磨金也爾雅曰白金曰銀其美謂之鐐

八·七十二

韻下平　八

秦暉

簝宗廟盛肉方竹器豂空谷鷯鷦鷯䉼竹名璙玉名嫽相嫽戲也又力弔切漻水清蟟蛁蟟

瞭[5]目明也䜍谷名藔草木踈莖⿰髟尞細長嶚嶚巢山皃翏高飛皃繚繚綾經絲出字林憭空皃

獠夜獵也又知卯盧皓二切髎髎髖骨名嵺崖虛蟧馬蟧大蟬⿱艹繚草器又力戈切敹揀擇嘹嘹亮聞遠聲又

力弔切熮說文曰火皃○堯至高之皃謚法曰翊善傳聖曰堯五聊切五嶢嶕嶢山危僥僬僥國名人長一尺五寸一云

三尺垚土高皃顤頭高長皃○膮豕羹也許幺切七嘵懼聲詩曰予維音之嘵嘵憢憢憢懼也⿱大羔長大皃膟

膮[6]膟腫欲潰也䎄䎄能毛皃⿰羔頁大額又去遥切○幺幺麼小也於堯切五怮怮怮憂也又一蚪切葽草盛皃䱂魚名邑

望遠也○鄡鄡陽縣名在鄱陽又姓出何氏姓苑苦幺切五郻縣名在鉅鹿郡⿰堯支玉篇云擊也墽地名說文磽也㝯㝯寥空也

四○宵夜也相邀切二十消滅也盡也息也霄近天氣也捎摇捎動也又使交切逍逍遥痟痟渴

病也司馬相如所患綃生絲繒也銷鑠也焇上同硝碏硝藥名蛸螵蛸蟲也爾雅注云一名蟳[7]蟭亦姓南齊武帝改其子巴

東王子響爲蛸氏又所交切萷草名又使交切哨口不正也又七笑切⿰肖羽鳥毛羽也鮹魚名又所交切⿰犭肖狂也出文

[7] 蟳

1 臂　又
3 魈

△鼂 本韻直遙切又陟遙切

字集略𪉷煎鹽𢱍長皃[1]色交色角二切奞張羽又先[2]準切魈山魈[3]出汀州獨足鬼○超說文曰跳也又姓漢有太
僕超喜敕宵切六怊悵恨欩健也帊細絲昭鳴也颫涼風○朝早也又旦至食時爲終朝又朝鮮國名亦姓左傳有
蔡大夫朝吳陟遙切又直遙切二輸古文○鼂蒼頡篇云蟲名亦姓風俗通云衛大夫史鼂之後漢有鼂錯直遙切又陟[4]遙切五晁
上同鼂古文朝朝廷也禮記曰諸侯於天子五年一朝又姓唐有拾遺朝衛潮潮水○囂喧也許嬌切又五[5]刀切十枵
玄枵虛危之次歊熱氣說文曰歊歊氣出皃毊大磬也爾雅注云形如犂錧以玉石爲之又音喬獢猲獢短喙犬也獢
犬黃白色藃草皃又火交切号呺然大皃嚻炊氣虈白芷別名○樵柴也說文[6]木也昨焦切十五藮上同劁
刈草憔憔悴瘦也顦上同𦗼耳中聲又音曹譙國名又姓蜀有譙周嶕嶕嶢𦿏嶚巢山高皃又音巢鐎
又音焦鄛縣名僬又音焦𩈓面枯皃又音焦撨取也落草名○驕馬高六尺舉喬切九嬌女字亦態憍
憐也恣也本亦作驕穚禾秀鷮鷮似雉而小走鳴長尾蕎藥名一名大戟喬爾雅云句如羽喬郭璞曰樹枝曲卷似鳥毛羽
簥大管名也撟舉手○焦傷火也又姓周武王封神農之後於焦後以國爲氏出南安即消切十七𤓰籀文𣯌兜鍪

九百十

韻下平

九

王恭

8 遜

九百十

上毛飾蕉芭蕉膲人之三膲鷦鷦鵬南方神鳥似鳳又鷦鷯小鳥鳭上同椒木名爾雅云檓大椒又椒檓醜菉菉實也
應劭漢官儀曰皇后稱椒房以椒塗壁取其溫也又山巔亦姓楚有大夫椒舉茮上同噍啁噍聲鐎刁斗也溫器三足而有柄
蟭⿰虫尃蟭螗蜋卵也醮面醮枯也⿰火龜灼龜不兆也亦作䶌僬義見僥字燋傷火說文曰所以然持火也⿰糸焦生枲也
○饒益也飽也餘也又姓風俗通云漢有饒斌爲漁陽太守如招切六橈楫也又女教切襓劒衣犪牛馴伏又而沼切蟯
人腹中蟲蕘芻蕘○燒火也然也式招切又式照切二⿰瓜䌛瓜名○遙遠也行也餘昭切三十六媱美好傜使也役也
又喜也或作傜䌛於也由也喜也詩云我歌且䌛䬙飄䬙⿰䍃欠氣出皃窯燒瓦窯也窰上同䔄蒲葉也又草也⿱艹銚
⿱艹銚芅萇楚今羊桃也爾雅作銚珧玉珧蜃甲鰩文鰩魚鳥翼能飛白首赤喙常游西海夜飛向北海銚燒器亦古田器又姓後漢衞尉
潁川銚期又徒弔切姚姚悅美好皃又舜姓今出吳興南安二望左傳有鄭大夫姚句耳搖動也作也又姓東越王搖句踐之後謠謠歌
也爾雅云徒歌謂之謠軺說文曰小車也又音韶愮憂也悸也邪也惑也恌上同⿺辶䌛疾行又音[8]由或作䌛陶皐陶舜臣又徒
刀切蘨草茂也又音由⿰瓜䌛瓜也鷂大雉名爾雅云青質五彩皆備成章曰鷂又音曜洮五湖名風土記云陽羨縣西有洮湖別名

1 庳 痤

2 揄

3 ⿰帀巴

5 人

6 亦不同

長塘湖義興記曰太湖射湖貴湖陽湖洮湖是爲五湖 烑光也 庳[1]座[1]也 𢐀弓利 ⿸㫃䍃旗旒 榣木名 䍃樂也說文

喜也 ⿰⻊䍃跳䍃行步皃 瑤美玉 猺獸名又獏猺狗種也 ⿰飠兆⿰飠兆餌食 褕褕狄后衣亦作揄[2] ○韶舜樂也紹也市

昭切十 ⿱殸召上同 佋廟佋穆也或作昭父昭子穆孝經䟽云昭明也穆敬也故昭南向穆北向孫從父坐又市沼切 苕草名 卲

卜問 玿美玉 ⿰帀召[3]擊也 軺使車又音遙 招說文曰樹搖[4]皃又射的也 ⿰丬召⿰丬召牀別名 ○昭明也光也著也覿也又姓楚詞

昭屈景三族戰國策楚有昭奚恤止遙切七 鵃鶻鵃鳥也又竹交切 鉊淮南[5]呼鎌 招招呼也來也又姓漢有大鴻臚招猛 釗

遠也見也勉也亦弩牙又周康王名 盄玉篇器也 ⿰召皮皮上腲膜 ○颻風也俗作颻甫遙切十五 標舉也又木杪也又必小切 猋

群犬走皃 杓北斗柄星天文志云一至四爲魁五至七爲杓又音漂 瘭瘭疽病名 幖頭上幟也 熛飛火 ⿰山票山峯 ⿺走票

輕行 蔈爾雅曰黃華蔈郭璞云苕華色異名[6]也 ⿱馬馬衆馬走皃 ⿰月猋⿰月猋脾腫欲潰也 ⿸㫃猋旌旗飛揚皃 贆貝居陸也 髟

髮長皃又所銜切 ○鑣馬銜甫嬌切七 ⿰魚麃上同 臕脂臕肥皃 儦行皃詩云行人儦儦 瀌雪皃詩云雨雪瀌瀌 穮

除田薉也亦作穮 藨雀䓮秀爾雅云猋藨芀 ○瓢瓠也方言云蠡或謂之瓢論語曰一瓢飲符霄切六 飄老子曰飄風不終朝

八·八十六 韻下平 十 王恭

10 又公混切四字當刪

12 曰

13 鴞

18 七

八·八十六

韻下平

注云疾風也剽爾雅云中[7]鏞謂之剽又小輕也或作㓷薸[8]方[9]言云江東謂浮萍爲薸㯹[10]橐也又公混切螵螵蛸蟲名

又撫招切○蜱蟲名彌遙切五䖢蠽初生也篻竹名𢄔玉篇云細網也䳌工雀○苗田苗亦夏獵曰苗又求也

衆也禾秀也亦姓風俗通云楚大夫伯棼之後賁皇奔晉食采於苗因而氏焉武瀌[11]切五描描畫也又音茅緢說文曰旄絲也貓

獸捕鼠又爾雅曰虎竊毛謂之虦貓又武交切猫俗○要俗言要勒說文曰身中也象人要自臼[12]之形今作腰又姓吳人要離

之後漢有河南令要兢於霄切又一笑切九腰見上注亦作𦜈葽秀葽草也喓蟲聲蟔蛇名䙅䙅襻邀邀遮

又音梟䳃鳥名似山鷄而長尾蟯腹中蟲又如消切○鴞鴟[13]鴞于嬌切二鄂鄉名在湆[14]陽○喬高也說文曰高

而曲也又虜姓前代錄云匈奴貴姓喬氏代爲輔相巨嬌切十六橋水梁也又姓出梁國後漢有太尉橋玄趫善走又去遙切僑

寄也客也𡨁上同鐈似鼎長足鷮雉名又音驕嵪亦作嶠山銳而高又其廟切䃥大磬又虛驕切轎小車嬌

廣[15]雅云禹妃之名又音驕蕎蕎麥又音驕蟜蠪[16]蟜螘也蠪音龍蹻驕也慢也又巨虐切䎗飛皃𥃈盂也○鍫

臿也亦作[17]𣂵七遙切十[18]鐰上同篍吹竹筩又音秋幧斂髮謂之幧頭亦作幓𢅑上同䌨生麻𣚀抄飯匙[19]也

十

王恭

1 少　　4 憍 絝　　6 支

○妖妖豔也說文作媄巧也今從夭餘同於喬切五　祅祅災　枖說文云木[1]盛皃詩云桃之枖枖本亦作夭　訞巧言皃　夭和舒之皃

又乙嶠切　○蹻舉足高去遙切又其略切六　繑說文云絝紐也　趬行輕皃　蹺揭足　顤顊大皃又火幺切　猋長大皃又

火條切　○怊奢也尺招切又敕朝切二　弨弓弛皃詩云彤弓弨兮　○𤐫說文曰火飛也周禮注云輕𤐫土[2]地之輕脃也今作票同

撫招切二十一　漂浮也亦作㵱[3]　杓北斗柄星　飄飄颻風吹皃　嫖身輕便皃　旚旌旗動皃　犥牛黃白色也又敷沼

切　鏢刀劒鞘下飾也　僄輕也又匹妙切　鷅鳥飛　飄飄颻　慓急也　彯彯彯長組之皃　摽字統云擊也　⿺走票

說文曰輕行也　⿰足票同上　翲高飛　瞟瞟瞭明視　螵螵蛸　嘌疾吹之皃　⿰月猋⿰月猋脾腫欲潰也　○翹舉也懸也危也又鳥

尾也渠遙切六　荍草名今荊葵也　蘒蓮蘒草也　嘺不知　⿰喬羽側飛也　⿰片多几也　○燎庭火也力昭切又力照切二　髎

髖骨也又音聊　○趫善走又緣木也起[4]嚻切又巨憍切四　憍紆[5]也　⿰毛喬毛蹻摘行又禹所乘也　鞽上同

五　○肴骨體也又葅也凡非穀而食曰肴亦啖也胡茅切十九　餚上同　崤崤函山名在弘農　⿱艹殽茅根　殽溷殽

雜也和也亂也　洨水名出常山又縣名在沛郡　筊竹索　姣姣婬　猇虎聲又縣名在濟南又直交[6]切　⿰木肴⿰木肴桃梔子　爻

易卦六爻 淆混淆濁水 筊小簫一十六管 胶字書云胶聲也 酘沽也 絞黃色 倄痛聲 恔快也 砓石名

○交戾也共也合也領也古肴切二十二 蛟龍屬漢書曰武帝元封五年自於尋陽浮江親射蛟江中獲之 茭說文曰乾芻也又爾雅曰茭牛蘄郭璞云今馬蘄葉細銳似芹亦可食 鵁鵁鶄鳥 膠膠漆亦太學也又[7]姓史記紂臣膠鬲 鮫魚名皮有文可飾刀

咬鳥聲 郊邑外曰郊 鉸樂器以土爲之雙相黏爲鉸也 轇轇轕戟形 漻漻澫水皃 䢒說文會也 教效也又古孝切

⿱竹肴竹圍索名 粎粎糊米餅 摎束也撓也又音留 鉸鉸刀又古卯切 佼交也又古卯切 艽[8]秦艽藥名 詨誇語也又音哮 嘐詩云雞鳴嘐嘐 𣪠囊也

○巢說文曰鳥在木上曰巢在穴曰窠爾雅曰大笙謂之巢又縣名在廬江亦姓有巢氏之後左傳楚有巢牛臣鉏交切八 轈兵車[9]若巢以望敵也 勦輕捷也又子小切 巢山高皃 ⿰束巢蒜束 樔說文曰澤中守艸樓

𡐦地名在聊城 鄛鄉[10]名在南郡 ○鐃鐃似鈴[11]無舌女交切九 呶喧呶 譊爭也又恚呼也 怓心亂

⿰巢鳥鳭⿰巢鳥鳥名也鳭音嘲 ⿰氵网[12]⿰氵网沙藥名 ⿰石農上同 ⿸鹿巢⿸鹿巢捽[13]也 獿犬多毛又加[14]刀切 ○梢船舵尾也又枝梢也所交切十

七 捎蒲捎良馬名也亦芟也又音宵 髾髮尾 輎兵車 旓旌旗旒也 弰弓弰 ⿱竹捎飯帚 筲斗筲竹器 鞘

8 艽

△⿱大子 改韻古孝切又音交

9 高

10 陽

11 鈴

13 崒

14 奴

4 戍　3 膠　△休 幽韻香幽切 又火交切　2 河

鞭鞘蛸蠨蛸喜子鮹海魚形如鞭鞘䘯衣衽綃帆維又音宵颵風聲萷說文惡草皃又音消娋小娋偷也

嫯齊人呼姊○茅草名左氏傳曰前茅慮無明[1]又姓史記秦有茅焦莫交切八蝥盤蝥蟲名貓又武瀌切犛牛名又力

之切罞麋罟也鶜鶜鴟鳥也描打也出玉篇媌美好皃○虓虎聲許交切十六猇上同髇髇箭歊禾傷

肥又音[illegible]穘上同寥高氣嗃嗃謞恚也颾風颾颾也哮哮闞庨庨豁宮殿形狀灱乾也又熱也涍水名在南[2]

郡嘐誇語也顤顟顤胡人面也鴞鴟鴞似鳥皃腳近後不能行㹧豕驚△○包包裹亦姓楚大夫申包胥之後後漢有大

鴻臚包咸布交切五胞胞胎又匹交切枹爾雅注曰樹木叢生枝節盤結詩云枹有三枿又楊枹菜苞叢生也豐也茂也又苞筍又姓

勹包也象曲身皃○胞胞胎匹交切九𨚔邑名說文布交切地名䍖覆車網也又縛謀切脬腹中水府抛

抛擲泡水上浮漚說文曰水出山陽平樂東北入泗又音庖僇盛也毃擊也艽藥名[4]○敲擊頭也口交切十一跤

脛骨近足細處骹上同膠[3]面不平也㤍㤍恀伏態皃磽石地䂭䂭磝城名今濟州是也出音譜磝上同鄗

邑名又杜預云山名在滎陽縣西北又音郝墝[5]墝埆瘠上頝頝顟頭不媚也○聱不聽也五交切又[6]五勞語彪二切四謷不肖

八・六十八　韻下平　十二　朱玩

廣韻下平聲卷第二　肴

▲磽 效韻五教切又五交切

7 肯

9 肉

也又五勞切 礉 硋礉 敲 蒼頡篇云擊也 ○⿰耳巢 耳中聲側交切五 罺 抄網 抓 抓掐 ⿰口⿱敫心 小兒聲 摷 擊也 ○嘲

言相調也陟交切五 ⿺走周 ⿺走周趨跳躍趨竹窅[7]切 啁 說文曰啁嘐也 鳭 鳭鷯黃鳥 鵃[8] 鶻鵃似山鵲而小短尾至春多聲 ○䜈

代人說也楚交切六 抄 略也又初教切 鈔 上同 ⿱艹摷 ⿱艹摷摷取 訬 健也 ⿸虍堯 疾兒 ○庖 食廚也薄交切十七 咆 咆虓熊虎

聲 匏 瓠也可爲笙竽 炮 合毛炙物也[9]一曰裹物燒 炰 上同 鉋 鉋刷 瓟 似瓠可爲飲器 麃 獸名似鹿 掊 手掊

颮 風聲 鞄 鞄皮說文云柔革工也 狍 獸名羊身人面目在腋下 跑 足跑地也 捊 引取亦作抱 尥 牛脛相交也又

力釣切 泡 水名又匹交切 ⿰桼包 赤黑之漆 ○⿰幽頁 頭凹也於交切九 ⿰口夭 ⿰口夭咋多聲 坳 地不平也 窅 深目兒又烏了切

軪 軪軋奇兒又車聲也 眑 面目不平又於糾切 咬 淫聲 ⿰木皀 ⿰木皀桐鐮柄 ⿱宀几[10] 目深 ○⿰風刀 熱風敕交切二 嘮 嘮呶讙也

○顟 顤顟胡人面狀力嘲切四 僇 盛也 窌 深空之兒 ⿰貝翏 謎語云錢又[11]力絞切 ○⿰禾兆 禾穭生直交切穭音呂一

六○豪 豪俠說文曰豕鬣如筆管者亦州名屬九江郡古鍾離國與吳爭桑而滅隋改爲州山海經云渠猪之山多豪魚赤尾赤

喙有羽胡刀切十三 號 大呼也又哭也詩云或號或呼易云先號咷而後笑又平到切 毫 長毛 嗥 熊虎聲 獋 上同

2 局知也
3 釋

濠城濠又水名 壕上同 顥顥顥大面皃顥音刀 號木名 嶅山名在弘農又胡交切 鄗鄉名在南陽 𠢕俊健 ⿰阝皐⿰阝皐壑 ○高上也崇也遠也𠢕也又姓齊太公之後食采於高因氏焉出渤海漁陽遼東廣陵河南五望又漢複姓高堂氏出泰山古勞切二十一 膏脂也元命包曰膏者神之液也又澤也肥也 皐高也局也澤也詩云鶴鳴九皐言九折澤也又姓皐陶之後左傳有越大夫皐如 皋上同 羔羊子 餻餻糜 ⿰山皐⿰山皐崪古亭 櫜韜也一曰車上囊 咎皐陶舜臣古作咎繇 鼛役事車[1]鼓長丈二尺詩曰鼛鼓鐘伐鼛傳云鼛大鼓也 鷎鷎鷎鳥名 篙進船竿 槔桔槔 ⿰皐見見也 ⿱艹皐葛之白花 ⿰忄夲知也[2]局也 釋[3]今之䉼餅曰釋 ⿰木咎木名 倃毀也 ⿱艹咎白⿱艹咎草食之不飢 鄗鄉名在范陽 ○勞倦也勤也病也又姓後漢有瑯邪勞丙魯刀切二十二 澇水名在京兆又郎到切 牢養牛馬圈亦堅也固也又蒲牢獸名又姓孔子弟子琴牢之後漢石顯之黨有牢梁 窂上同 簩竹名一枝百葉有毒 ⿱𤇾豆野豆 ⿰足尞上同 蟧小蟬一曰蚵蟧螗蛄也 醪濁酒 撈取也 ⿰山牢⿰山皐⿰山牢 嘮嘮嘈聲也 髝髝髞高皃[4] 憥苦心皃 ⿰耳翏耳鳴又力彫切 ⿰谷牢⿰谷皐⿰谷牢深谷皃 ⿰金牢⿰金牢鑪鉀也 璈玉名 嫪妬也又力報切 哰嘮哰[5]⿰手看⿰手牢 ⿰木聊木名 簝宗廟盛肉竹器又音寮 ○蒿蓬蒿又姓出姓苑呼毛切七

八。九十二

韻下平 十三

金滋

6 𣏃　7 之屬　8 爰

𧮰𧮰谸深谷皃　撓攪也又奴巧切　薧死人里又音考　薅除田草也　茠𣏃並上同6　○毛說文曰眉髮7及獸毛也亦姓本自周武王母弟毛公後以爲氏本居鉅鹿避讎滎陽也莫袍切一十　髦髦鬣也髦俊也　芼菜也又音耄　𣻌水名出諸與山

旄旄鉞書曰武王右秉白旄史記曰昴星曰旄頭星徐援8釋疑曰乘輿黃麾內羽仗班弓箭左罼右罕執罼者冠熊皮冠謂之髦頭也

氂犛牛尾也犛音猫　楙冬桃　枆上同　酕酕醄醉也　堥前高後下丘名　○饕貪財曰饕土刀切二十八　洮水名出西羌又清汰也　韜藏也寬也說文曰劒衣也　縚上同　謟疑也　滔漫也又水流皃　叨叨濫　弢弓衣　駋馬行皃

𤛓牛羊無子又昌來切　𤘧牛行遲皃　慆悅樂　絛編絲繩也　㡘上同　脩目通白也　槄木名爾雅云槄山榎今山楸也　蜪爾雅曰蝝蝮蜪郭璞曰蝗子未有翅者又音陶　夲說文曰進趣也从大十大十者猶兼十人也　𠦪上同　綢爾雅曰素錦綢杠郭璞曰以白地錦韜旗之竿又音紬　搯搯捾周書云師乃搯捾捾烏活切　翢羽葆幢又徒刀切　瑫玉名　叏叏滑也又䍛鼓大頭名　䈱牛篆　鼗9古器　詜詜謟言不節　挑挑達往來相見皃詩曰挑兮達兮又條了切　○刀釋名曰刀到也以斬伐到其所也說文云兵也都牢切七　魛魚名　忉憂心皃　裯說文曰祗裯短衣又直流切襌被也　舠小船　𩕳𩕳顤大面

皃 杩木心○騷愁也蘇遭切十三 搔爬刮 繅繹繭爲絲 繰上同俗又作縿縿本音衫 臊腥臊 鰠魚名 溞

淅米 颾[2]風聲 鱢[3]鯹臭 𣘻說文曰船總名也亦作𣘻 艘上同亦作艘 傁驕也 慅恐懼○袍長襦也薄褒切三

袌上同 軳戾也又車軫也○褒進揚美也說文作襃衣博裾也又姓禹後因國爲氏博毛切四 襃俗 𡨄吳主四子字名

盟 郿地名○陶陶甄尸子曰夏桀臣昆吾作陶周書神農作瓦器又陶正官名齊職儀曰左右甄官署掌塼瓦之作也又喜也正也化也

亦姓陶唐之後今出丹陽徒刀切二十五 䛌詃䛌言不節說文曰往來言也一曰小兒未能正言也一曰祝也 𧧑上同 咷號咷 桃

果木名鄴中記石虎苑中有句鼻桃重二斤又姓何氏姓苑云今西陽人後趙石勒將有桃豹 綯爾雅曰綯絞也謂糾絞繩索也 燾覆燾

也又徒到切 逃去也避也亡也 鼗大者謂之麻小者謂之料又小鼓著柄者 鞀 鞉並上同 濤波濤 掏掏擇 檮

春秋傳云檮杌杜預曰凶頑無儔匹之皃 騊說文曰騊駼北野之良馬又山海經曰北海有獸狀如馬名騊駼 萄蒲萄 翿纛也

亦作翿舞者所執也又音導 𩙦大風 匋養也 啕多言 翢羽葆幢又音叜 鋾鋾鈍也 駣馬四歲也 蜪蝗子 裪

橘裪衣袖○糟粕也作曹切九 𦾓上同 醩俗 遭遭逢 熷火餘木也 槽果華實相半也又才刀切 傮終也 𣧪

4 身　5 鷩　6 肖　11 㲃

上同慒藉也○敖游也說文作敖亦姓顓頊大敖之後或作遨五勞切二十五遨上同翱翱翔聱不聽又五交切鷔

駿馬熬煎也嶅山多小石獒犬高四尺滶水名出南陽魯陽縣蔜蘩縷蔓生或曰雞腸草也鷔不祥鳥白首赤

口也鼇海中大鼇5螯蟹屬謷不省6語也又哭不止悲嗸衆口愁也嗷上同顤高頭也𢧢戟鋒摮

擊皃嫯慢也⿰镸敖長大皃⿱敖木船接頭木⿱敖舟上同⿱敖骨蟹大腳也鰲魚名○曹曹局也又輩也衆也群也亦州名蓋

取古國以名之又姓本自顓頊玄孫陸終之子六安是爲曹姓周武王封曹挾於邾故邾曹姓也魏武作家傳自云曹叔振鐸之後周武王封母弟

振鐸於曹後以國爲氏出譙國彭城高平鉅鹿四望昨勞切十四⿰東曹古文槽馬槽螬蠐螬蟲嘈喧嘈鏪鐵剛折也褿

祭豕先也艚船艚⿰耳曹耳鳴鷎高也䐬䐬脃蓸草名漕衞邑名又水運曰漕又昨到切褿帬也○爊7埋物灰中令熟

於刀切三鏖8銅瓫說文云温器也⿸鹿金上同○猱猴也奴刀切八獿長毛犬又音鐃獶上同巎山名⿰山農9平巙山名在齊

出地理志⿰犭出上同瓇玉名獿獸名○尻說文脽10也苦刀切二⿺尢言戲言○操操持七刀切又七到切四幧所以裹髻又七

摇切𢾍11平持慒藉也○橐囊張大皃普袍切四藨醋莓可食⿺風毛輕皃⿸尸毛12毛起皃出聲譜

1 有

2 渮

4 䔾字當刪

七。歌 禮記曰舜作五弦之琴以歌南風釋名曰人聲曰歌歌者柯也以聲吟詠[1]上下如草木之有柯葉兖冀言歌聲如柯古俄切十一

謌 上同 柯 枝柯又斧柯又姓吳公子柯盧之後何氏姓苑云吳人也又虜姓後魏書柯拔氏後改爲柯氏望在河南 妿 女師以教女子法也 恕 楷也 菏[2] 澤[3]水在山陽湖陵縣 牁 所以繫舟又牂牁郡名 戕 陸云上同 滒 多汁 哥 古作歌字今呼爲兄也 䮫 䮫鵝

○蹉 蹉跌也七何切七 瑳 玉色鮮白也又七可切 搓 手搓碎也 磋 治象牙曰磋 溠 水名在義陽

傞 舞不止皃又素何切 齹 齒差跌出字統 ○多 衆也重也又貝多樹名葉如枇杷葉得何切三 䔾[4] 姓也漢有䔾宗 [illegible] 上同

○娑 婆娑舞者之容素何切十一 抄 摩抄 挲 上同 傞 舞不止皃又千何切 𩋣 𩋣鞄樂器亦謂馬尾 獻 獻鐏見禮記亦作犧

莏 莏䔎草木盛皃 仯 行也又舞不止[5] 桫 桫欏木名出崐崘山 鈔 鈔鑼銅器 省 偷視也 ○駝 駱駝外國圖云大秦國人長一丈五尺好騎駱駝俗從㐌餘同徒河切二十三 駞 俗 鼉 說文曰水蟲也似蜥蜴而長大 [illegible] [illegible]負

紽 絲數詩云素絲五紽 鮀 魚名 陀 陂[6]陀不平之皃陂普河切 驒 連錢驄說文曰驒騱野馬也又丁年切 䍫 似羊四耳九尾

沱 滂沱大雨也詩云月離于畢俾滂沱矣又爾雅云江爲沱謂江水出別爲沱也 跎 蹉跎 詑 欺也 池 虖池水名在并

八。八十九 韻下平 十五 刘昭

廣韻下平聲卷第二　歌

8 可 15 出 16 冤

州界出周禮又音馳 酡飲酒朱顏皃 ⿰它瓦瓦盌 馱[7]馱騎也 迱逶迱行皃 鼧鼠名又託何切 袉裾也[8]又達河切

⿰革它⿰革它緧 ⿰車它疾馳 ⿱罒⿱田虫如人羊角虎爪[10] 佗委委佗佗美也又託何切 ○醝白酒也昨何切十九 ⿰田差殘薉田也 瘥

病也又初介切[9] ⿰虘阝⿰虘阝縣名在譙[10]郡或作酇酇本音贊 ⿰歹差小疫病也 鹺禮云鹽曰鹹鹺 嵳嵳峩 蒫薺實又子[11]邪切

⿱竹差籠屬 艖小舸 蔖爾雅曰蓾蔖郭璞曰作履苴草又采古切蓾音魯 ⿺麥差穀麥淨也 ⿰日差擣也 ⿰𧾷虘蹋也 躦上同

虘虎不柔也[12]又才都切 ⿱虘齒齒跌 ⿱差齒齒本 ⿱髟差髮多皃 ○莪草名似⿱艹斜[13]蒿詩云蓼蓼者莪五何切十三 哦吟哦

娥美好也又姓後魏將軍娥清 ⿰礻我上[14]同 峩嵳峩 鵝說文曰鴚鵝也 俄俄頃速也 ⿰我頁齊也 蛾蠶蛾又姓左傳晉大

夫蛾析禮記又音蟻 睋視也 涐水名在[15]汶江 誐嘉善也詩云誐以謐我 硪說文曰石巖也 ○佗非我也亦虜三字姓[16]

後魏書佗駱拔氏後改爲駱氏託何切七 他俗今通用 拕曳也俗作拖 它說文曰虫也从虫而長象冤曲垂尾形上古艸居患它故

相問無它乎 蛇說文同上今[17]市遮切 痑馬病又力極也又叨丹切 鼧鼠名 ○羅羅綺也古者芒氏初作羅爾雅鳥罟謂之羅又

姓出長沙本自顓頊末胄受封於羅國今房州也爲楚所滅子孫以爲氏魯何切十 蘿女蘿 籮篩籮 儸⿰亻庶儸出玉篇 饠

鉀鑼邏汨邏水名屈原沈處欏桫欏木名出崐崘山囉囉歌詞又嘍囉也亦小兒語也鑼鈔鑼器也⿰皀刂擊也○那
何也都也於也盡也詩云受福不那那多也亦朝那縣名在安定又姓西魏揚州刺史那椿諸何切九難獸名似鼠班頭食之明目⿰牛冊
似牛白尾挪搓挪儺驅疫⿱罒𡈼上同⿰多冊多也⿺鬼𦰩籀文云人值鬼驚聲臡麋鹿骨醬○何辝也說文儋也又姓
出自周成王母弟唐叔虞後封於韓韓滅子孫分散江淮閒音以
韓爲何字隨音變遂爲何氏出廬江東海陳郡三望胡歌切七河
水名出積石山海經云河出崐崘西北隅發源注海亦州取水
以名之爾雅有九河徒駭太史馬頰覆釜胡蘇[2]簡絜鉤盤鬲津荷爾雅
曰荷芙蕖又胡哿切菏菏蔽草也苛政煩也怒也說文曰小艸也蚵蛶蠪魺魚名○訶責也怒也虎何切五呵
上同⿰可頁傾頭⿱止可止也抲擔抲俗○珂馬腦苦何切四呿開口聲⿰骨可膝骨軻又苦賀切○阿曲也近也倚也
爾雅云大陵曰阿亦姓風俗通云阿衡伊尹号其後氏焉又虜三字姓
四氏後魏書云阿伏[3]于氏後改爲阿氏阿鹿桓氏後改爲鹿氏又有阿
史那氏阿史德氏烏何切七娿媕娿不決媕音庵痾亦作疴病也婀女字妿女師又音哥⿰糹可繒之細者鈳鈳鏻小釜

八○戈干戈說文云平頭戟也天授年置司戈八品武職古禾切十五過經也又過所也釋名曰過所至關津以示之也或曰傳過

5莎 莏

也移所在識以爲信也亦姓風俗通云過國夏諸侯後因爲氏漢有兖州刺史過栩 濄亦作渦水名出淮陽扶溝浪蕩渠又姓三輔決録有扶風太守過尚 鍋温器 輠車盛膏器 楇上同一曰紡車收絲具 瘑瘡也 㾧上同 𩰫說文曰秦名土釜曰𩰫 鬲上同 㗻小兒相應也又音禾 緺綬名 堝甘堝 鴚鳥名 蝸螗蜋別名 ○遳肥也七戈切一 ○𨹑𨹑堆丁戈切二 桗木桗

也 ○莎草名亦樹似桄榔其樹出麪蘇禾切十二 魦魚名 挱手挼挱也 𡸒[5]𡸒題縣名在涿郡 趖趖疾 蓑草名

可爲雨衣 唆㗻唆小兒相應 𧩔侳也 髿鬖髿髮皃 梭織具晉書陶侃少時漁於雷澤嘗網得一梭以挂於壁上須臾雷雨暴至乃化爲龍而去 桫上同 㛗女字穆天子傳云盛姬喪天子三女叔㛗爲主也 ○婆老母稱也薄波切九 㜑說文曰奢也 鄱鄱陽縣名在饒州 皤老人白也 䪻䪻䪻勇舞皃說文同上 繁姓也左傳殷人七族有繁氏漢有御史大夫繁延壽又音煩

搫除也潘岳射雉賦云搫場挂翳又披散也亦音盤 蔢蔢蕿草木盛皃 碆纜繳石又音盤[6] ○牠牛無角也徒和切三 碢碾碢 塉飛塼戲也 ○摩研摩又滅也隱也迫也莫婆切十一 䭯䭯食也出異字苑 𥂁杯也又莫加切 麼麼尼 魔鬼魔 𦡂偏病 磨磨礪爾雅曰石謂之磨 劘削也 𦟟漏病 䐯上同 饝哺皃[7] ○矬短也昨禾切五 痤癤也 銼

2 詆 ⿰言禿

銼鑹小釜 梐爾雅云座棲慮李今麥李也或從木 睉小目 ○訛謬也化也動也五禾切七 譌吪並上同 鈋刓也去角也

囮網鳥者媒 魤魚名 危[1]木節 ○訑欺也說文曰兗州謂欺曰訑土禾切五 詑俗 涶水在西河 ⿰言禿⿰言禿[2]詆 ⿰言育

退言 ○⿳亡口⿲月魚凡獸名魚身鳥翼落戈切十六 摞理也 騾騾馬也蜀志云後主乘騾車降鄧艾也 驘上同 蔂盛土草器

鸁桑飛鳥也 ⿳亡口⿲月木凡木名可爲箭笴 螺蜯屬 蠃上同 ⿳亡口⿲月禾凡穀積也或作⿰禾累 ⿰禾累上同 ⿱艹⿳亡口⿲月禾凡草名生水中 ⿳亡口⿲月金凡銼⿳亡口⿲月金凡小釜

也或作鏍 覼[3]覼縷委曲 腡手指文也 蠡瓠瓢[4]也又禮鹿二音 ○捼捼莏說文曰摧也一曰兩手相切摩也俗作挼奴禾切二 ⿺丸皿丸熟

○波波浪博禾[5]切六 皤老人白皃又音婆 紴錦類又縧屬也 嶓嶓冢山名 番書曰番番良士爾雅曰番番矯矯勇也

碆石可爲矢鏃也 ○頗說文曰頭偏也滂禾[6]切又匹[7]我切四 坡坡坂 陁陁陀不平 玻玻瓈玉西國寶 ○和爾雅云笙之小

者謂之和和順也諧也不堅不柔也亦州名在淮南漢九江都尉居之屬九江郡齊爲和州又姓出汝南河南二望本自義和之後一云卞和之後

晉有和嶠又虜複姓和稽氏後改爲緩氏戶戈切九 咊古文 𥝌棺頭 禾粟苗 龢諧也合也或曰古和字 鉌鉌鑾亦作

和 萪草名 ⿰口過小兒相應 盉調五味器 ○科程也條也本也品也又科斷也苦禾切又苦臥切十四 窠窠窟又巢

8 藤

12 加

薖草名又寬大皃 稞青稞麥名 䅩䅩[8]生海邊葉朋可爲篾也 蝌蝌蚪蟲名爾雅曰科斗活東蝦蟆子也字林從虫
牠牛無角也 犐上同 課課差又苦臥切 簻簻軸又陟瓜切 䈖竹名 瘑禿瘡又古禾切 髁膝骨說文口臥
切髀骨也 過美也 ○倭東海中國烏禾切七 過水回 渦水坳 涹濁也 堝地堝窟也 踒躅也 矮燕人云多
○鞾鞾鞋釋名曰鞾本胡服趙武靈王所服許[9]肥切四 靴上同 𢫞撝也 嚾道經踈云吐氣聲也 ○肥肥骴手足曲病於靴
切二 俄俄佰[10]癡皃出釋典 ○骴手足疾皃去靴切二 骲上同 ○伽伽藍求[11]迦切三 茄茄子菜可食又音加 枷刑具又音
加 ○佉丘伽切四 呿張口皃 㰦欠去 佰俄佰 ○迦釋迦出釋典居伽[12]切又音伽一 ○脞肥也醋[13]伽切二 𡋯訬疾 ○侳
安也子[14]骴切二 銼骨銼出異字苑 ○瘸腳手病巨靴切一 ○臠驢腸胃也縷骴切一
九○麻麻紵亦姓風俗通云齊大夫麻嬰之後漢有麻達注論語莫霞切八 犘犘牛重千斤出巴中 蟆蝦蟆亦作蟇
䵹鼁䵹似鼃鼁生海邊沙中肉甚美多膏 𩓊𩓊𩖌難語出陸善經字林 痲痲風熱病 𥁰杯也又莫[15]何切 懡懡㦟
○車古史考曰黃帝作車引重致遠少昊時加牛禹時奚仲加馬周公作指南車又姓出魯國南平淮南河南四望本自舜後陳敬仲奔

齊爲田氏至漢丞相田千秋以年老得乘小車出入省中時人謂之車丞相子孫因以爲氏漢末避地於魯又複姓二氏世本有齊臨淄大夫車遠氏又有車成氏亦虜複姓魏獻帝命踈屬車焜氏後改爲車氏尺遮切又音居二 硨硨磲 ◦奢張也侈也勝也式車切三 賒不交也 畬燒榛種田[1]又音余 ◦邪琅邪郡名俗作耶瑘亦語助以遮切又似嗟切十三 耶瑘並見上注 釾鏌釾 鎁上同

梛梛子木名出交州其葉背面相似 擨擨歈舉手相弄 斜斜谷在武功西南入谷百里而至說文抒也又似嗟切 ⿱艹邪草[2]名 ⿱艹梛木名皮可爲索 ⿱艹⿰禾耶穗也 ⿱艹⿰亻耶枲屬 ⿱竹耶竹名生臨海 ◦遮斷也正[3]奢切四 ⿰亻庶⿰亻庶儸健而不德 ⿱父者吳人呼父

諸姓也漢有洛陽令諸於何氏姓苑云吳人又職余切 ◦嗟咨也子邪切十二 ⿱差言[4]上同 罝兔罟也詩有兔罝篇 蒫薺實又昨何切 謯說文詠[5]也 瘥爾雅云病也又在何切 ⿰長差長歎 祖縣名又似與[6]切 ⿰女虘憍也 怚上同 ⿰歹差小疫 ⿰立差⿰立差丘

山在東海 ◦蛇毒蟲又姓後秦録姚萇后蛇氏也南安人食遮切又音它三 虵俗 荼爾雅云蕫荂荼即芀也又音徒荂音吁

◦華草盛也色也說文作荂榮也崔豹古今注曰堯設誹謗木今之華表也西京記謂交午柱戶花切又呼瓜戶化二切十 驊驊騮周穆王馬 鷨鳥名似雉 ⿰虫華蟲名似蛇字林云⿰虫華大蛇也出魏輿㗒小蛇吸蝮但張口小蛇自入也 鋘鋘鍫 鏵上同 釫亦同上

九·十八　韻下平　十八　陳晃

8 虎，桂　9 祖　13 昏　15 趺

樺木名又戶化切崋西嶽名也又戶化切划划撥進船也○瓜說文蓏也廣雅云龍蹄[8]獸掌羊骹兔頭桂髓蜜筩小青大
班皆瓜名亦州名本古西戎地左傳范宣子數戎子駒支曰昔秦人迫逐乃祖[9]吾離于瓜州又漢複姓王莽傳有盜賊臨淮瓜田儀古華切七
騧黃馬黑喙緺青緺綬也婐女侍又於果切蝸蝸牛小螺媧古女后也抓引也擊也○華爾雅云華荂也呼瓜
切四花俗今通用譁諠譁譇上同○誇大言也苦瓜切八䠸䠸𨈡體柔也爾雅作夸毗夸奢也姱姱奢皃
跨吳人云坐胯兩股閒也佤佤邪離絕之皃𩩲額上骨也○拏牽也女加切九詉譇詉語皃[10]挐絲絮相牽
又女書切摣取也[13]蒘藸蒘草𧘐衣敝設[11]絲設語不解也𤬪[12]爬𤬪以收除也笯鳥籠又乃胡切○嘉善也美也
又姓左傳周大夫嘉父古牙切二十六家居也爾雅云扆內謂之家又姓風俗通漢有家羨爲劇令加增也上也陵也葭葭蘆
也說文曰葦[14]之未秀者又音遐笳笳簫卷蘆葉吹之也麚牡鹿𪊨上同豭豕也子路佩豭說文曰牡豕也猳俗
痂瘡痂鴐鴐鵞鳥枷枷鎖又連枷打穀具袈袈裟毠毠毟毛衣跏跏跌[15]坐也𨓈不得進也𤜵𤜵玃蛪
米中黑蟲茄荷莖又漢複姓有茄羅氏迦漢複姓有迦葉氏又居伽切珈婦人首飾瘕病也犌牛絕有力幏說文

1 碬字當刪
2 ⿰革叚⿰革叚二字當刪
3 沙

曰南郡蠻夷賓布貑貑羆又貑玃也並見爾雅注蟚爾雅云蟚螟蛙類也又音荆○遐遠也胡加切十四蝦蝦蟆鍜
錏鍜霞赤氣騰爲雲又漢複姓有霞露氏瑕玉病也過也又姓左傳周大夫瑕禽又漢複姓有瑕吕氏騢馬赤白雜色鰕
大鯢䠍腳下⿰叚頁⿰叚頁言語無度碬[1]礪石也春秋傳曰鄭公孫碬字子石⿰革叚[2]履跟後帖⿰革叚上同赮日朝赤色蕸荷葉
○葩花也又草花白亦作𦫙普巴切七鈀方言云江東呼鎞箭妑字林云女字也蚆貝也爾雅曰蚆博而頯郭璞云頯者
中央廣兩頭銳吧吧呀大口皃舥舥艅船也⿰角巴牛角闊也○鴉烏別名於加切八鵶上同錏錏鍜⿱穴亞䆊
作姿態皃䆊音宅加切椏方言云江東言樹枝爲椏杈也丫象物開之形⿰石亞碨⿰石亞地形不平⿰亞刂自刎○巴巴蜀又州
取國以名焉三巴記云閬白水東南流曲折三迴如巴字亦蟲名又姓後漢有揚州刺史巴祗伯加切八鈀兵車又音葩笆有刺竹籬
豝豕也芭芭蕉疤疤皶鼻病蚆又巴加切義見上文吧吧呀小兒忿爭○叉交手初牙切九杈杈杷田器說文曰杈枝也
差擇也又差舛也靫靫韝弓箭室也鎈錢異名出字諟⿰月差服⿰月差脯也⿰差刂⿰差刂物⿰舟叉小船名艖上同○⿱差魚魚名今之
吹𩸂[3]小魚是也所加切十一魦上同沙沙汰說文曰水散石也爾雅曰潁爲沙謂大水溢出別爲小水之名亦州取沙角山爲名即三

4 鞹

8 草

秦記鳴沙山也又姓何氏姓苑云東莞人又漢複姓二氏左傳齊有夙沙衞神農時夙沙氏之後漢書功臣表有昭沙掉尾又百濟有沙吒氏

砂俗 裟袈裟 毟髦毟毛衣 桬桬棠木名出崐崘山 紗絹屬一曰紡纑也 髿髿髿垂皃 𩋮𩍐𩋮素[4]韈履也

砦砦石地名見漢書 ○牙牙齒又牙旗吳志曰孫權因瑞作黃龍大牙常在軍中諸軍進退視其所向又姓風俗通云周大司徒君牙之後五加切七 衙縣名在馮翊亦衙府又姓秦穆公子食采於衙因氏焉蜀志有晉督護衙傳又音語音魚 芽萌芽 齖齟齖齒不平正

呀吧呀 枒杈枒 吾漢書金城郡有允吾縣允[5]音鉛 ○樝似梨[6]而酸或作柤側加切十二 柤上同又煎藥滓

楂芹楚葵生水中 䖷以指按也 齇齇齖 皻皰鼻上 抯說文挹也 溠水名出義陽又側稼切 渣上同 𤸰瘡痂甲也

䅊赤䅊稻名 𣳫棠汁 ○奓㝯奓宅加切十五 踷踷跱行難皃 荼苦菜又[7]音徒 䣝亭名在郚陽 檫春藏[8]葉可以爲飲巴南人曰葭檫

茶俗 秅說文曰秭也周禮云聘禮曰十斗曰斛十六斗曰籔十籔曰秉四秉曰筥十筥曰稯十稯曰秅

嵞美也 瘵瘢瘵瘡痕 䶌含舌皃 窼窊窼深皃 塗塗飾又音徒 隮丘名 梌吳人云刺木曰梌也 秺開張屋也

又[9]縣名說文作庛 ○衺不正也似嗟切四 斜上同 邪鬼病亦不正也論語曰思無邪 䔑䔑蒿 ○闍闉闍城上重門也視

遮切又德胡切五　余姓也見姓苑出南昌郡　鉈短矛又音[1]夷　鍦⿰矛施並上同　〇宊凹也說文曰污衺下也烏瓜切六

洼深也亦渥洼水名又於佳切　㼘㼘留地名在絳州　蛙蝦蟆屬也　窪[2]深也說文曰清水也一曰宊也又水名　哇婬聲　〇髽婦人喪髻莊華切一

〇檛棰也左氏傳曰繞朝贈之以策杜預云馬檛也或作簻陟瓜切四　簻上同　⿱竹⿰彐又亦同　膼腿也　〇爬搔也

或作把又姓本杞東樓公之後避難改焉西魏襄州刺史把秀蒲巴切三　杷枇杷木名說文曰收麥器也　琶琵琶樂器　〇楂水中浮木

又姓出何氏姓苑鉏加切六　查槎二同　䶥䶥齖又音樝　⿸广虘壞也淮南子云⿸广虘屋之下不可坐也　苴詩傳云水中浮草也

〇侘侘傺失意敕加切傺丑例切四　哆張口也　⿸疒宅⿸疒宅癡皃也　⿱尚多緩口又厚脣也　〇奓張也陟加切八　譇譇詉語不正也

觰角上廣也　秅開張屋也又縣名　瘵瘡痕　咤達利咤出釋典本音去聲　齹噍聲　⿰月奓不密又黏也　〇煆火氣

猛也許加切又呼嫁切六　呀唅呀張口皃又呀呷也　谺字統云谽谺谷中大空皃　疨疨病　岈峆岈山深之狀　颬吐氣又風

皃　〇⿰齒可大齧也苦加切三　⿰忄牙⿱巧心⿰忄牙伏態之皃⿱巧心苦交切　⿱⿰齒可女亞⿱⿰齒可女女作姿態　〇⿱大旦大口皃才邪切一　〇若蜀地名出巴中

記人賒切又惹弱二音二　婼婼羌西域國名　〇些少也寫邪切一　〇爹羌人呼父也陟邪切一　〇⿰亻欠歐⿰亻欠猶歐姫也五瓜切二

九·五三　韻下平　二十　何昇

4 一

髗髑髗髂骨○傑乞加切一

十○陽陰陽說文曰高明也爾雅云山東曰朝陽山西曰夕陽又姓出右北平本自周景王封少子於陽樊後裔避周之亂適燕家於無終因邑命氏秦置右北平子孫仍屬焉又漢複姓二十二氏歐陽氏越王句踐之後封于烏程歐陽亭後因爲氏望出長沙呂氏春秋有䨲士高陽魋帝顓頊高陽氏之後漢有東海王中尉青陽精少昊青陽氏之後又有御史孫陽放秦穆公時孫陽伯樂之後魯之公族有名子陽者及衞公子趙陽之後並以名爲氏漢有周陽由淮南王舅周陽侯趙兼之後又駙馬都尉涇陽準秦涇陽君之後世本云偪陽妘姓國爲晉所滅子孫因氏焉左傳晉有梗陽巫皋衞有戲陽速漢有博士中山鮭陽鴻又有葉陽氏秦葉陽君之後列仙傳有沛國陵陽子明止陵陽山得仙其後因[3]山爲氏漢有揚州刺史鮮陽戩後漢有櫟陽侯景丹曾孫汾避亂隴西因封爲氏又長沙太守濮陽逸陳留人也神仙傳有太陽子白日升天春秋釋例周有老陽子修黃老術漢有安陽護軍河東成陽恢何氏姓苑有朱陽氏索陽氏與章切三十[4]二

暘日出暘谷

楊赤莖柳爾雅曰楊蒲柳又姓出弘農天水二望本自周宣王子尚父幽王邑諸楊号曰楊侯後并於晉因爲氏也

揚舉也說也導也明也又州名禹貢曰淮海惟揚州李巡曰江南之氣躁勁厥性輕揚故曰揚州

颺風所飛颺

昜飛也又曲昜縣在交阯

羊牛羊禮記凡祭羊曰

2 未

柔毛崔豹古今注云羊一名髯須主簿又姓出泰山本自羊舌大夫之
後戰國策有羊千者著書顯名又漢複姓二氏列士傳有羊角哀左傳
晉大夫有羊舌職**樣**廣雅云樣槌也方言曰懸蠶柱齊謂之樣**眻**美目又餘亮切**佯**詐也或作詳**詳**上同本音祥
徉儴徉徙倚**洋**水流皃又海名又音祥**烊**焇烊出陸善經字林**煬**釋金又音恙**鍚**兵名又馬額飾**𩋡**馬額
上鞰**輰**輰轣車也**敭**明敭**瘍**瘍傷也說文云瘍頭瘡也周禮療瘍以五毒攻之**鸉**鷫鸉一足鳥舞則天下雨出字統**鰑**赤鱺
鸉白鷹**蛘**蟲名**禓**道上祭一曰道神又舒羊切**崵**說文曰崵山在遼西**諹**讙也又音恙**瑒**玉名**𥃍**杯也**芊**
芊莨藥名**𦍩**多也○**詳**審也論也諟也似羊切八**洋**水名出齊郡臨朐縣北亦州名本漢成固縣秦爲漢中郡魏置洋州**翔**翺翔
庠說文曰禮官養老夏曰校商曰庠周曰序**祥**吉也善也**𧿳**趨行**𣧛**女鬼古作祥禮字**痒**病也○**良**賢也
善也首也長也又姓左傳鄭大夫良霄鄭穆公之子子良之後呂張切十八**梁**梁棟又州名書曰華陽黑水惟梁州晉太康記云梁者言
西方金剛之氣強梁故因名之舜置也秦爲漢中郡後其地入蜀魏未克蜀分廣漢三巴涪陵以北七郡爲梁州梁大同年復移在南鄭亦姓出
安定天水河南三望本自秦仲周平王封其少子康於夏陽梁山是爲梁伯後爲秦并子孫奔晉以國爲氏又漢複姓十二氏左傳有梁其踁

5 牻

魯伯禽庶子梁其之後又魯有仲梁懷晉有梁餘子養梁由靡秦有強梁皐莊子有卜梁倚楚文王庶子有食邑諸梁者其後爲氏魯有穀梁
赤治春秋史記有將梁氏漢光武時有侍御史梁垣烈新垣衍之後漢明帝時有梁成恢善歷數 **粱** 稻粱廣志曰遼東有赤粱魏武以爲
粥也俗作粱 **粮** 粮食 **糧** 上同 **涼** 薄也亦寒凉也又州名禹貢雍州之域古西戎地也六國時至秦屬戎狄月氏居焉秦置三十
六郡西北唯有隴西北地二郡於漢屬涼州部至武帝改雍州爲涼州後獻帝分渭川河西四郡爲雍州建安十八年復改爲涼州又姓魏志
有太子太傅山陽涼茂 **凉** 俗 **䬅** 北風也又力向切 **量** 量度又力向切 **蜋** 蜣蜋蟲一名蛣蜣又音郎 **踉** 跳踉也又音郎
椋 木名 **⿰貝京** [3]賦也 **綡** 冠纚 **⿰歹京** 薄也又力[4]尚切 **⿰牛京** 牻[5]牛駁色 **䣼** 漿水 **輬** 轀輬車名 ○**香** 說文作𪏰芳也漢書云尚書郎
懷香握蘭許良切五 **皀** 稻香 **薌** 穀氣 **鄉** 鄉黨釋名曰萬二千五百家爲鄉鄉向也衆所向也又姓出姓苑 **膷** 牛羹 ○**商**
金音度也張也降也常也亦州名即古商國後魏置洛州周爲商州取商於地爲名又姓家語有商瞿式羊切十八 **𧶠** 說文曰行賈也典籍
通用商漢書曰通財鬻貨曰商白虎通云居賣曰賈通物曰商俗作賫 **傷** 傷損 **⿰矢昜** 傷也又且羊切 **殤** 殤夭 **慯** 憂皃 **觴**
酒器俗作觴 **湯** 湯湯流皃本他郎切 **蔏** 蔏陸草也 **⿰商鳥** ⿰商鳥鷫又⿰商鳥鷞也 **螪** 螪羊[6]蟲 **⿰氵冈** 水名 **⿰黑昜** 說文云赤黑色

2 塲
4 蠰本韻色莊切又音傷
5 ⿱艹彊

又餘[1]諒切 禓 道上祭也又以章切 鑲 鑽也又式尚切 𩰫 煑也亦作鬺 塲 耕塲[2] 畼 上同 ○房 房室亦州名即春秋時防渚也秦爲房陵郡唐武德爲房州又姓出清河濟南河南三望本自堯子丹朱舜封爲房邑侯子陵以父封爲氏陵四十八代孫雅王莽末爲清河太守始居清河雅十九代孫諶隨慕容德南遷因居濟南郡生四子豫坦邃熙号四龍今稱四祖房氏符方切七 防 防禦也隄防 坊 上同見禮也又音方 魴 魚名 方 方與縣名又府良切 肪 脂肪又音方 鴋 澤鷉也又音方 ○章 篇章又章甫殷冠名禮記曰孔子長居宋冠章甫之冠又明也采也程也又姓秦將有章邯諸良切十五 漳 水名山海經曰漳水出荆山南注于沮水 樟 豫樟木名 慞 慞懼也 璋 半珪曰璋詩云乃生男子載弄之璋 彰 明也 墇 壅也又之尚切 障 隔也又丘山頂上平又音去聲 麞 鹿屬 獐 上同 鄣[3] 邑名在紀 蔁 蔁柳當陸別名 ⿰章鳥 吳人呼水雞爲⿰章鳥渠 ⿰韋章 ⿰韋章泥鞍飾 暲 日明 ○昌 盛也說文曰美言也一曰日光也又姓後漢有東海相昌狶尺良切八 裮 衣披不帶 倡 樂也優也又音唱 猖 猖狂 閶 閶闔 琩 耳璫 鯧 鯧鯸[4]魚名 菖 菖蒲藥也 ○羌 章也強也發語端也說文云西戎牧羊人字从人羊又姓晉有石冰將羌迪去羊切四 猐 上同或從犬 ⿰丬羊 古文 蜣 蜣蜋 ○薑 菜名說文云御濕之菜史記云千畦薑韭與千戸侯等居良切十五 ⿱艹彊[5] 上同

九·卅四　韻下平　二十二　王玩

6 死

畺說文界也彊上同壃俗畕說文曰比田也犟牛長脊一曰白脊牛繮馬組韁上同殭死不朽也

礓礓石橿一名檍萬年木又云鋤橿鋤柄也姜姓也出天水齊姓本自炎帝居於姜水因爲氏漢初以豪族徙關中遂居天水

也蠤蠶白[6]僵仆也○長久也遠也常也永也直良切又直向丁[7]丈二切八萇萇楚蔓生如桃又姓左傳周有大夫萇弘腸腸胃

釋名曰腸暢也通暢胃氣也場祭神道處[8]又治穀地也䟫張跪方言曰東齊北燕之閒謂跪曰張⿰土長道也蟐蚰蜒別名

瓺瓶[8]也又除向切○張張施也又姓出清河南陽吳郡安定燉煌武威范陽犍爲沛國梁國中山汲郡河內高平十四望本自軒轅第五子

揮始造弦寔張網羅世掌其職後因氏焉風俗傳云張王李趙黃帝賜姓也陟良切四餦餦餭餳也粻食米漲水大皃又音帳

○穰禾莖也又姓齊將穰苴之後何氏姓苑云今高平人汝陽切十七禳除殃祭也攘以手御禦又竊也除也逐也止也揎袂出臂曰攘

又音讓⿰襄殳盜也鑲鉤鑲兵器又息羊切⿰襄阝縣名在南陽躟疾行瀼露濃皃⿱雨襄上同獽戎屬儴

爾雅曰因也蘘蘘荷䉴䉴⿱竹眞盝米竹器鬤鬡鬤亂毛勷劻勷迫皃瓤瓜實也又女良切孃亂也又女良切○方

四方也正也道也比也類也法術也亦官名續漢書曰尚方今掌上手工巧作御刀劍諸好器物也又姓史記周大夫方叔之後府良切十三

汸 併船也說文本作方或從水 坊 坊巷亦州名本上郡地周於今州界置馬坊武德初置坊州因馬坊爲名漢官[1]有太子坊坊亦省名又音房 蚄 虸蚄蟲名 肪 脂肪 邡 什邡縣[2]在漢州 鴋 鷵鴋鳥名人面鳥身 枋 木名可以作車又蜀以木偃魚爲枋 鈁 鑊屬 牥 牛名 趽 跰也說文曰曲脛馬也 秎 禾名 匚 受物之器又一斗曰匚也 ○襄 除也上也駕也返也亦州名本楚之西津魏武置襄陽郡西魏改爲襄州因水立名又姓魯莊公子襄仲之後子孫以謚[3]爲氏後漢有襄楷息良切十三 廂 廊也亦曰東西室 湘 水名在零陵 相 共供也瞻視也崔豹古今注云相風烏夏禹作亦相思木名又姓出姓苑又息亮切 緗 淺黃 纕 馬腹帶國語云懷[4]挾纓纕 儴 儴佯 驤 馬騰躍又速也低昂也馳駕也 鑲 兵器又女羊切 瓖 馬帶飾東京賦曰鉤膺玉瓖 欀 欀木皮中有如白米屑擣之可爲麪 箱 箱籠 葙 青葙子也 ○將 送也行也大也助也辝也又姓後趙録有常山太守將容即良切又子諒切六 漿 漿水 鱂 鱃鱂魚名鱃烏盍切 蔣 菰蔣草又音獎 螿 寒螿蟬屬 ⿰爿手 說文云扶也字林又作摪 ○創 說文曰傷也禮曰頭有創則沐今作瘡初良切又初亮切三 瘡 上同 刅 俗 ○亡 無也滅也進[5]也說文正作亾武方切十二[6] 芒 草端也 莣 爾雅曰莣杜榮郭璞云今莣草似茅可以爲繩索履屩 鋩 刃端 硭 硭硝 杗 屋梁又莫郎切 朚 忘[7]也又莫郎切

〇忘漾韻巫放切又音亡

邙縣名在沛郡又洛北山名又音忙郝郡名也又鄉名望看望又音妄朢弦朢又音妄〇孃母稱女良切四娘少女之号瓤瓜實也又音穰鑲兵器〇牀簣也易曰遜于牀下士莊切三床俗疒病也又女尼切〇莊嚴也又荘田爾雅曰六達謂之莊亦姓莊周著書也側羊切五庄[8]俗妝女字又飾也裝裝束又側亮切粧粉飾也〇常倍尋曰常又官名漢書曰奉常秦官掌宗廟禮儀景帝六年更名太常也釋名曰九旂之名日月爲常謂畫日月於其端天子所建言常明也亦姓出河内漢有常惠市羊切十尚尚書官名又時仗切裳上曰衣下曰裳甞試也曾也說文本作嘗口味之也又姓風俗通云齊孟嘗君之後嘗上同鋿車鋿輪鐵鱨魚名償報也還也當也復也又音尚⿰常鳥⿰重鳥⿰常鳥鳥名徜徜徉猶徘徊也〇霜凝露也又姓色莊切七鸘鷫鸘鷞[9]上同孀寡婦驦驌驦良馬騻[10]上同蠰爾雅云齧桑蝎也又傷餉二音〇牆垣牆爾雅云牆謂之墉說文曰牆垣蔽也在良切十廧上同墻俗佯弱也嬙嬪嬙婦人官名檣船檣薔薔薇又東薔子十月熟可食出河西子虛賦云東薔彫胡蘠上同戕殺也又他國臣來殺君也奘妄強犬也又徂朗切〇鏘鏗鏘七羊切十二瑲玉聲槍稍也通俗文云剡葦傷盜謂之槍說文曰歫也蹌說文

2 脝

曰動也詩曰巧趨蹌兮蹡行皃𨄷上同斨斧斨說文云方銎斧也牄說文云鳥獸來食聲嶈山高皃閶
門聲和也𥏫傷也又式羊切搶拒也突也○匡輔助也正也又姓風俗通云匡魯邑也句須爲之宰其後氏焉漢有匡衡去王切十
三邼邑名說文曰河東聞喜鄉也筐筐籠蛀海中大蝦框棺門恇怯也劻劻勷髷髷鬤洭水名出桂陽含
洭縣軭車戾眶目眶𦬼草名駐耳曲○王大也君也字林云三者天地人一貫三爲王天下所法又姓出太原琅邪周靈王太[1]
子晉之後北海陳留齊王田和之後東海出自姬姓高平京兆魏信陵
君之後天水東平新蔡新野山陽中山章武東萊河東者殷王子比干
爲紂所害子孫以王者之後号曰王氏金城廣漢長沙堂邑河南共二
十一望又漢複姓五氏左傳晉有樂王鮒小王桃甲賈執英賢傳云東
莞有五王氏史記云出齊威王至建王五王之後風俗通云漢有中
郎威王弼出自楚威王後漢有新豐令王史音雨方切又雨誑切四蚟
蚟孫蟲名又蜻蛚即今促織也魟魟鮹魚名彺急行○央中央一曰久也於良切九鴦鴛鴦匹鳥又烏郎切殃禍也咎也
罰也敗也𧘂上同鉠鈴聲又音英秧蒔秧又於丈切霙霙霙白雲皃又音英胦脝[2]胦泱水流皃又烏朗切○強
健也暴也說文曰蚚也又姓後漢有強華奉赤伏符巨良切四彊與強通用說文曰弓有力也鱷鯨魚別名又其京切勥迫也

九十八 韻下平 二十四 方堅

3 褚

4 心

5 一字當刪

6 牢

九十八　韻下平　二十四　方堅

○募草名褚[3]羊切三　倀失道皃又狂也　鬤鼓聲　○芳芬芳亦州地多芳草故以名之置在常芳縣又姓風俗通云漢幽州刺史芳乘[4]敷方切三　妨害　汸水名　○狂病也韓子曰必不能審得失之地則謂之狂也巨王切五　軖紡車也　軭說文曰車戾也又去王切　鵟鵟鳿屬　㞷草木妄生狂匡往皆從此

十一○唐說文曰大言也又州春秋時楚地戰國時屬晉後入於韓秦屬南陽郡後魏爲淮州隋爲顯州貞觀改爲唐州因唐城山爲名即高鳳隱所亦姓唐堯之後子孫氏焉出晉昌北海魯國三望徒郎切四十一[5]　啺⿰昜大並古文　煻煻煨火　糖飴也　糛上同　堂堂除亦屋白虎通曰天子之堂高九尺天子尊故極陽之數九尺也堂之爲言明也所以明禮義也禮記曰天子之堂九尺諸侯七尺大夫五尺士三尺又姓風俗通云堂楚邑大夫五尚爲之[6]其後氏焉　坣古文　䶂䶂鼠一月三易腸　棠棠棃又棠木生崐崘山黃色赤實味如李食之使人不溺亦姓左傳齊大夫棠無咎又漢複姓吳王闔閭弟夫㮣奔楚爲棠谿氏　搪搪揬　蓎蓎蒙女蘿案爾雅作唐蒙不從艹　瑭玉名　餹餹⿰食弟黍膏⿰食弟杜兮切　篖筕篖竹笪　螗蜩螗　⿰牛唐⿰牛唐牛　⿰牛堂上同　螳螳蜋禮記仲夏月螳蜋生　塘塘陂　碭芒碭山名又音宕　鶶鶶鷵鳥名似烏蒼白色　⿰魚唐魚名　踼踼跌頓伏皃又吐郎切

闛說文曰闛闛盛皃又他郎切　赯赯赤色　磄磄𥖁石也　溏池也　鄌地名　傏傏偀不遜　隚殿基　䧜隄䧜也　闛[2]高門也　鎕鎕銻火齊　䉎罩[3]也　䡘䡘𨋍軘軨　橖車橖　榶榶棣木名案爾雅曰唐棣移不從木　𣰣𣰣毦[4]罽也　甋瓷器　○郎官名又魯邑又姓出中山魏郡二望魯當切三十　蓈說文曰禾粟之穗生而不成者謂之董蓈　稂草名似莠說文同上　桹桄桹木名　廊廡也文穎曰廊殿下外屋也　榔檳榔　鋃鋃鐺鎖頭一曰鍾聲　硠硠磕石聲　䳁䳁鸘鳥名　浪滄浪水名又盧宕切　䯖骯䯖股肉骯苦光切　蜋螳蜋　䱶魚脂　琅琅玕玉名爾雅曰西北之美者有崐崘琅玕焉又琅邪郡名今沂州也又姓齊有大夫琅過　瑯琅邪郡名俗作瑯琊　㝗㡓㝗宮室空皃　狼犲狼說文曰犲似犬鋭頭而白頰高前廣後帝王世紀曰有神牽白狼銜鉤入殷朝又姓左傳晉有大夫狼瞫　欴欴歁貪皃　蒗蒗毒藥名　踉踉蹡行皃　莨草名　峎峻峎山名冬日所入　𨋍䡘𨋍軘軨　艆海中大船　駺馬尾白　躴躴躿身長皃　筤車籃一名笑笑音替　䘰短衣　閬高門又盧宕切　哴哴吭吹皃　○當敵也直也主也值也亦州本羌地周置同昌郡隋改爲嘉城鎮貞觀中改爲當州蓋取燒當羌以名之又姓也都郎切十一　鐺鋃鐺　簹篔簹竹名　襠兩襠衣　璫耳珠　𨏥車𨏥　檔木名出文

八•八九　韻下平　二十五　王恭

6 堽

7 長門

8 映

字音義當止也又丁宕切艡耳艡耳下𤬪𤬪瓤瓜中蟷蟷蠰螗蜋別名亦作螳○倉倉庾也亦官名齊職儀曰
大倉令周司徒屬官有稟人倉人則其職也釋名曰倉藏也藏穀物也漢書曰耿壽昌奏設常平倉又姓黃帝史官倉頡之後七岡切七蒼
蒼色也又姓漢江夏太守蒼英鶬鶬鶊鳥名䳉䳉雌[5]說文同上滄滄浪亦州後魏所置蓋取滄海爲名凔寒皃⿷匚倉
古器也出說文○岡爾雅曰山脊岡古郎切十六崗又作堽[6]並俗剛強也罡俗掆舉也笐說文曰竹列也
又爾雅曰仲無笐竹類也鋼鋼鐵綱綱紀說文曰維紘繩也亢星名一曰亢父縣說文人頸也犅特牛堈甕也⿰岡瓦
同上犺水牛苀爾雅釋草曰苀東蠡又音杭魧魚名爾雅云大貝本杭沆二音迒獸跡又音杭○桑木名史記曰齊
魯千畝桑麻其人與千戶侯等又姓秦大夫子桑之後漢有御史大夫桑弘羊息郎切六桒俗喪亡也死喪也又姓楚大夫喪左又息
浪切䘮同上⿰糸喪淺黃⿰馬喪馬色○康和也樂也又姓衛康叔之後亦西胡姓苦岡切十四穅穀皮糠俗⿰康欠穀不
升謂之⿰康欠㝩㝩宦槺槺梁虛梁也見文選賦[7]⿰阝康爾雅云虛也本亦作漮⿰虫康⿰虫康蚜蜻蛉⿰目康眏[8]⿰目康目皃邟邟城在陽
翟漮說文云水虛也⿰康瓦瓦也⿰荒瓦同上躿躿躴身長○荒荒蕪又姓呼光切十四⿰禾荒果蓏不熟又說文曰虛無食也

1 亢
2 二

肓心上鬲下 衁血也 ⿰馬巟馬奔 鄺人姓何氏姓苑云今廬江人 ⿰糹巟絲曼延也 ⿱亡巾幪也 謊夢言 䀮目不明又
狼䀮南夷國名人能夜市金 㬻旱熱 ⿰忄巟蒙掩 巟[1]說文曰水廣也 ⿰氵巟上同 ○黃中央色也亦官名有乘黃令晉官主乘輿
金根車也又州名古邾國地秦屬南郡漢西陵縣也隋爲黃州取古黃城
爲名亦姓出江夏陸終之後受封於黃後爲楚所滅因以爲氏漢末有黃
霸胡光切三十三[2] 皇君也美也天也說文作皇大也又姓左傳鄭大夫皇頡[3] 璜說文曰半璧也周禮以玄璜禮北方 惶懼也
恐也遽也 遑急也 潢說文云積水池也 堭堂堭合殿 煌火狀 餭餦餭餳也 騜馬黃白色 艎艅艎吳王舟名 簧
笙簧 隍城池也有水曰池無水曰隍 癀病也 ⿰黃阝古國名 湟水名出金城 徨彷徨 篁竹名 鱑魚名 蝗蟲蝗
爲災 凰鳳凰本作皇詩傳云雄曰鳳雌曰皇 偟偟暇 媓女媓堯妻 獚犬名 蟥蚑蟥蛢甲蟲也 諻諻樂鐘聲也又音橫 ⿰皇阝
古縣名 ⿱羽皇羽舞名 ⿰禾皇䅭⿰禾皇穄名 ⿰黃隹榮也 ⿱皇土上同 趪趪趪武皃又張設皃 ○光明也亦州名漢西陽縣地屬江夏郡梁置
光州因浮光山爲名又姓田光之後秦末子孫避地以光爲氏晉有樂安光逸古黃切十四 炗上同 洸水名又烏光切 桄桄根木名
胱膀胱水府 垙垙陌 ⿰車黃車下橫木 輄上同 橫長安門名又戶觥切 ⿰馬廣決⿰馬廣馬旋毛在脊也[4] 恍武也 茪⿱艹決茪

八·九七　韻下平　二十六　王恭

6 朗

11 大

草名僙僙僙武皃侊盛皃○湯熱水又姓宋有沙門湯休有文集吐郎切十一簜[5]水名在鄴今簜陰縣單作湯鏜以鐵

貫物說文曰鼓鐘聲也闛盛皃又音唐趟趟走皃踼踼跌又杜郎切盪盪突又徒郎[6]切蝪蚗蝪蟲名鼞鼓聲

薚蓫薚馬尾蕩上同○滂滂沱普郎切七鎊鎊削霶霶霈大雨雱雨雪盛皃詩曰雨雪其雱雱上同磅

石聲𣂕量溢也○汪水深廣又姓汪芒氏之後姓苑云新安人也烏光切五尣曲脛俗作尢尪尪弱說文同上洸

水名又音光䳺雉鳴○鴦鴛鴦匹鳥烏郎切又一良切七佒體不申也咉噟聲𧳟貉屬㹧上同眏眏瞟目皃

姎女人自稱又烏朗切○炕煑胘呼郎切又苦[7]朗切四𣢺欯𣢺肮[8]狼肮南夷國名忼[9]咉忼很戾○航船也胡郎切十八筕

筕篖桁械也行伍也列也又戶庚戶浪戶孟三切迒獸迹又古郎切𨀤上同頏頡頏詩傳云飛而上曰頡飛而下曰頏說

文音剛與亢同𦐄飛高下也魧魚名又大貝胻脛也邟餘邟縣名在吳興又音伉杭州名古於潛餘邟皆別名今餘

杭於潛縣並在杭州沆渡也[10]又胡朗切蚢爾雅蚢蕭繭郭璞曰食蕭葉者皆蠶類肮肮犬[11]脈也苀東蠡草名抗舉也又苦

浪切吭鳥喉又下浪切○茫滄茫莫郎切十四吂不知也䀮目不明也汒谷名在京兆恾怖也忙上同朚

邃也邛北邛山名又武方切芒草端亦姓史記有魏相芒卯又音亡砊砊碭山名史記本只作芒汒大梁又武方切蘉

勉也寣寐語郒鄉名在藍田○臧善也厚也又姓出東莞本自魯孝公子臧僖伯之後則郎切六匨古文牂[1]牝羊

戕戕牁亦作牂臟納賄曰臟樣槌也出廣雅○囊袋也說文曰囊橐也又姓楚莊王子子囊之後以王父字爲氏奴當

切二蠰蟷蠰即螗蜋也○傍亦作旁側也說文曰近也又羌姓步光切十三彷彷徨膀膀胱髈上同𨂿踉𨂿急行趽

腳脛曲皃房阿房宮名旁爾雅曰二達謂之歧旁謂歧道旁出也說文曰溥也篣竹箕又薄庚切𨛦亭名在汝南螃

螃蟹本只名蟹俗加螃字䅭䅭程穄名騯馬盛皃又甫盲薄庚二切○卬高也我也又姓漢有御史大夫卬祗五剛切又魚兩

切七𩢍千里駒說文又五浪切𩢍𩢍馬怒皃枊繫馬柱也劉備縛督郵者又五浪切昂舉也茚昌蒲別名又魚兩切𣔻

飛𣔻斜桷䩕履頭○藏隱也匿也昨郎切又徂浪切一○骯骯髒苦光切一○幫衣治鞋履出文字集略博旁切五縍

上同𢮿[2]捍也衛也𨢑加杯上酒鞤鞋[3]革皮也

十二○庚更也償也爾雅云太歲在庚曰上章又姓唐有太常博士庚季良又漢複姓莊子有庚桑楚古行切十二鶊鶬鶊

4 勑　5 陽　7 兒

更代也償也改也又古孟切逕兔徑秔秔稻稉上同粳俗賡續也經也償也羹羹臛爾雅曰肉謂之
羹鬻古文埂秦人謂坑也浭水名出北平○阬爾雅曰虛也郭璞云阬壍也客庚切六坑上同硎亦同䁍
䁍矘覭視不分明砊砊硍石聲劥劥勑有力○盲目無童子武庚切八蝱蟲也鄳縣名在江夏䁅䁅盯直視莔
貝母草鄍古縣[5]名在義昌𨮲𨮲銷篃竹名○橫縱橫也又姓風俗通云韓王子成號橫陽君其後爲氏戶盲切十六黌
學也蝗蟲又音皇鐄大鐘瑝玉聲說文音皇喤泣聲鍠和也樂也又鐘聲說文音皇䫛䫛颶暴風潢方舟也一
曰荊州人呼渡津舫爲潢或作𦪈𥛚祊𥛚祭名𧝒𧝒褡小被㼽瓦也䊗織也怷憕怷韹聲也彋弸彋帷帳起兒
○閍宮中門也一曰巷門甫盲切六祊廟門傍祭𥛱上同騯騯騯馬行又音傍音彭嗙喝聲㔙大也○諻語聲
虎橫切五𦒄𦒄然飛聲謍謍謍小聲嚝[6]鼓鐘聲喤喤呷也又音橫○觵觵角爲酒器受七升罰失禮者古橫切六觥
上同侊小兒春秋國語曰侊飯不及壺飧𩃬吳主孫休二子名𦊛網滿橐上同○彭行也道也盛也說文曰鼓聲也
又姓大彭之後左傳楚有令尹彭仲爽漢有大司空彭宣薄庚切十七澎地名又擊水勢又撫庚切膨膨脝脹兒蟚蟚螖似蟹

而小鬇鬇鬤亂髮皃鬤乃庚切棚棧也閣也榜說文曰所以輔弓弩也又甫孟切祊祊禳祭名搒笞打說文

又北孟切掩也蒡菜一名隱荵似蘇可爲菹篣籠又音旁𩡧𩡧馞大香騯馬行盛皃憉憉悙自強𣄴量溢

輣兵車又樓車也𨍏上同○脝膨脝脹也許庚切三悙憉悙自強亨通也或作亯又匹庚許兩二切○瞠

直視皃丑庚切五橕撥也又橕柱也樘上同說文曰衺柱也趶字書趶𧿹行遲皃竀正視○鎗鼎類楚庚

切四鐺俗本音當槍欃槍祅星琤玉聲○傖楚人別種也助庚切五𧗳角長皃𩬋𩬋鬡亂髮皃鬇

上同崢崢嶸山皃○霙雨雪雜也於驚切七[1]鉠鈴聲韺五韺高陽氏樂亦作英渶水名出青丘山鶧繼鶧鳥名

英華也榮而不實曰英也又英俊亦姓漢有英布瑛玉光蚾青皃媖女人[2]稱美楧楧梅今之雀梅○磅小石

落聲撫庚切四恲滿也亨煑也俗作烹又許庚許兩二切澎澎湃水皃又音彭○平正也和也易也亦州名古

山戎孤竹白狄岜[3]子二國之地秦爲遼西郡隋爲北平郡武德初爲

平州有盧龍塞又姓齊相晏平仲之後漢有[4]丞相平當又漢複姓何

氏姓苑云有平陵平寧二氏符兵切八評評量亦評事大理寺官唐初置十二員又音病苹葭一曰蒲白又曰萍別名又云

1 十　2 美稱　3 肥

5 師　6 麃　8 𣥺

九·○六　韻下平　二十八　劉昭

藾蕭也枰枰仲木名又博局也泙水名說文谷也坪地平胓牛羊脂也蚲蚌蚲○驚懼也說文曰馬駭也

舉卿切七京大也廣雅曰四起曰京風俗通曰京非人力所成天地性自然也京[5]義亦取此公羊曰京者大也師者衆也天子之居必以衆

大之辭言之又姓風俗通云鄭武公子段封於京號京城大叔其後氏焉漢有京房荆荆楚亦木名可染又州名夏及周並爲州秦爲

南郡即郢都之渚宮又姓燕刺客荆軻麠獸名一角似麐[6]牛尾麖上同鶁羌鶁鳥蟼蟼蛙○明光也昭也通也發也

又姓出平原河南山公集有平原明普武兵切五盟盟約殺牲歃血也周禮有司盟盟上同䳟[7]鷦䳟似鳳南方神鳥鳴

嘶鳴又姓出姓苑○棖門兩旁木直庚切七盯矓盯視皃澄水清定又音懲掁掁觸𣥺[8×]距也周禮曰唯角𣥺之挰

擧也憕憕悜失志又音懲○趟䞴趟躍跳竹盲切䞴陟交切二𩗴飃𩗴狂風○榮榮華又姓漢有榮啓期永兵切六禜

祭名又音詠蠑蠑螈[9]蜥蜴別名瑩玉色詩云充耳秀瑩又烏定切揘拔也嶸崢嶸又戶[10]萌切○兵戎也周禮有司

兵掌五兵五盾世本曰蚩尤以金作兵器也甫[11]明切一○兄爾雅男子先生曰兄說文長也許榮切一○卿說文章也公卿

春秋漢含孳曰三公象五岳九卿法河海三公法三台九卿法北斗釋名曰漢置十二卿正卿九太常光祿衞尉太僕廷尉鴻臚宗正司農少

2
公子

府又姓風俗通云趙相虞卿之後去京切一 ○生 生長也易曰天地之大德曰生又姓出姓苑所庚切十 笙 樂器也禮記女媧造

笙簧釋名曰笙生也象物貫地而生也又簞也吴都賦曰桃笙象簞 牲 犧牲 狌 狌狌能言似猿聲如小兒也 猩 上同 鉎

鐵鉎 甥 外甥又姓風俗通云晉大夫呂甥之後 麠 獸名大如兔也 鼪 鼪鼬鼠也 珄 金色 ○擎 舉也渠京切十一 勍

強力 黥 黑刑在面 ⿰黑刂 剠 並上同 ⿰魚畺 大魚雄曰⿰魚畺雌曰鯢 鯨 上同 檠 所以正弓 樈 鑿柄 葝 山薤 顣 頸也

○迎 逢也語京切一 ○行 行步也適也往也去也又姓周有大行人之官其後氏焉戶庚切又戶剛戶浪下孟三切十 衡 橫也平也

又姓風俗通云阿衡伊尹之後又云衡魯公字後乃氏焉 䯒 牛脊後骨 胻 牛勢胻也 洐 溝水也 筕 筕篖竹笪 珩 佩上

玉 桁 屋桁 蘅 杜蘅香草大者曰杜若也爾雅注曰杜衡似葵而香字不從卄 ⿰月蘘 熟肉 ○鬤 鬡鬤亂髮皃乃庚切六 ⿱寧毛

犬多毛皃 ⿰寍殳 說文云亂也一曰窒⿰寍殳 獰 惡也 ⿰禾寧 穀芸長也 ⿱艹⿰寍殳 說文曰䍨⿱艹⿰寍殳可以作縻綆

十三 ○耕 犂也周書曰神農之時天雨粟神農耕而種之古莖切一 ○鏗 鏗鏘金石聲也口莖切十五 銵 上同 ⿱殸車

車鞕又車堅牢 鵛 䧳渠鳥名 誙 莊子曰誙誙如也 牼 牛膝骨又人名宋有司馬牼 ⿰山巠 或作硎谷名在麗山昔秦密種瓜處 硻

八·八十七 韻下平 二十九 秦顯

△臤 山韻苦閑切又口耕切

5 䕨 8 二 9 垪

△憕 蒸韻直陵切又竹萌切

12 士

說文云餘堅也殸敲也揯琴聲輷車聲硜硜硜小人皃摼撞也欣欿欣羥羊名○甍屋棟也莫耕切十一

欕上同䉚竹筒萌萌牙氓民也甿上同嫇嫈嫇新婦皃蕄爾雅云存存蕄蕄在也又莫登切本亦作萌又

作懜䁅䁅盯䕨苕可爲帚矒䁅矒視不分明○浜布耕切安船溝又布耿切三捠冢口穴也○宏大也戶萌切十六

紘冠卷也又八紘紭網紭閎爾雅曰衖門謂之閎郭璞云閎衖頭門又曰所以止扉謂之閎郭璞云門辟旁長橛也又姓漢有閎孺

嶸崢嶸山峻嵤上同峵谷中響一曰谷名也耾耳語翃蟲飛浤浤浤汩汩水波之勢竑量度周禮考工曰故竑其輻宖

屋響又烏宏切鋐金聲吰噌吰鐘音硡玉篇云石聲也彋弸彋開張也○莖草木榦也戶耕切三䪫樂名亦作莖

牼牛膝下骨又苦耕切○朾伐木聲也中莖切七丁上同詩曰伐木丁丁玎玎玲玉聲又齊太公子伋謚玎公出說文也

憕憕偈不仁也出聲譜𤼺𤼺設幕帝出字林𧿹跉𧿹腳細長也竳竳宏闊大皃○甖瓦器烏莖切十三罌

上同罃說文曰備火長頸缾也鶯鳥羽文也嚶鳥聲櫻含桃嫈嫈嫇又於營切又乙諍切鸚鸚䳇能言之鳥譻

譻譻小聲鸎黃鸎褮鬼衣𠠔芟除林木也出齊人要術莖爾雅釋草云姚莖涂薺○崢崢嶸七耕切六𦲷箏薴

4 撣　5 棺　6 閎

草亂皃鬇鬇鬡毛髮亂皃埩魯城北門池也說文作淨鏳鏳鎗玉聲崝淮南子云崝陗也○琤玉聲楚耕
切五錚金聲淨泠也出字書棦木束噌[1]噌吰鍾音○儜困也弱也女耕切七䔭䔭薴鬡[2]鬇鬡𧬈
譻𧬈鑏鐵鑏䭢亢食嬣嬣体○怦心急又中直皃普耕切十一姘齊與女交罰金四兩曰姘蒼頡篇曰男女私合
曰姘閛門扉聲犃牛色駁如星也伻[3]使人弸弸環也䍈使羊𡛎急也𠣮𠣮訇大聲也抨彈[4]也砰
砰磕如雷之聲○轟群車聲呼宏切十輷上同翃群鳥弄翅揈擊聲訇匉訇大聲又姓蜀録關中流人訇琦
訇廣鍧鏗鍧鍾鼓聲相雜也渹水石聲又大也𧬈飛聲䃔石落聲𢞀㥊𢞀好嗔皃○綳束兒衣墨子云禹葬
會稽桐棺[5]三寸葛以綳束也北萌切五絣振繩墨也𢇍上同拼爾雅云使也又從也𦨍艣𦨍舟具○橙柚屬宅耕切十
二揨撞也觸也𣪁㲂並上同湞水名出南海朾爾雅曰龍蠪朾螘郭璞云赤駮蚍蜉虰上同憕失志皃又
音澄瞪直視皃竲竲宖[7]響也䁎安審視也𥤟小突○泓水深也烏宏切四謍謍𧬈宖屋響又戶萌切閎[6]
試力士錘○輣兵車薄萌切五棚棧也弸弓弱[8]皃㥊㥊𢞀好嗔皃庄平也亦作庄○娙身長好皃漢書曰娙娥婦

八·廿三　韻下平　三十　秦暉

11 曰注　13 不正　15 籯

官也武帝邢夫人號娙娥五莖切二 娙急也 ○爭競也引也側莖切七 箏樂器秦蒙恬所造 埩理也[9]治也 綪

禮云齊則綪結佩 䋫縈也 猙獸名似豹[10]一角五尾又音淨 䱢魚名

十四○清山海經曰太時之山清水出焉釋名曰清青也去濁遠穢色如青也又靜也澄也潔也七情切二 圊廁也 ○情

靜也說文曰人之陰气有所欲也疾盈切五 晴天晴 請受也又在性七井二切 殅說文曰雨而夜除見星也 賩賩受賜也

○精明也正也善也好也說文曰擇也易曰純粹精也子盈切十五 氏狋氏縣名狋音權 菁蕪菁菜也 鶄鵁鶄鳥也 蜻

蜻蛚蟋蟀也 晶光也 鼱鼱鼩小鼠 婧竦立也又慈性切 睛目珠子也 ⿰氵旍水名在南郡 旌旌旗周禮曰析

羽爲旌爾雅[11]注云旄首曰旌 旍上同見禮[12] 箐笭箐小籠 頱顱頱頭[13]也 聙聰[14]聽也 ○盈充也滿也又姓出姓苑以

成切十二 嬴秦姓 ⿰女嬴美好皃 瀛大海亦州名漢河間王國後魏於此立瀛州蓋以瀛海爲名 籯籠也說文笭也漢書

曰遺子黃金滿籯不如教子一經亦作𣎆[15] 楹柱也孔子曰夢奠於兩楹 贏利也益也有餘也財長也 㹨似狐色黃 ⿱艹嬴

菊花一名帝女花 ⿰盈阝姓也出姓苑 ⿰月盈魯大夫名 攍擔也 ○營造也度也說文曰帀[16]居也亦州名舜分青州爲營州爾雅

3 所

曰齊曰營州今青州也又姓風俗通云周成王御士營伯之後漢有京兆尹營郃余傾切六 鎣采鐵又音瑩 塋墓域 䁝惑也

又戶扃切 濴波勢回皃 謍說文曰小聲也引詩云謍謍青蠅 ○嬰蒼頡篇云女曰嬰男曰兒又姓風俗通云晉大夫季嬰之後於

盈切七 瓔瓔珞 纓冠纓禮記玉藻曰玄冠朱組纓 攖亂也 𨞲地名又一井切 賏貝飾 蘡蘡薁藤也 ○貞正也

陟盈切六 楨楨榦題曰楨旁曰榦又女楨冬〻不凋木也 禎善也祥也 𨛶地名又直貞切 湞湞陽縣名湞水所出 𨸒丘名

○檉木名說文云河柳也丑貞切八 偵偵候又丑鄭切 赬赤色俗作頳 䞓上同 𧿒跉𧿒行不正 竀正視 蟶

蚌屬 虰螘也 ○成畢也就也平也善也亦州名古西戎地州南八十里有仇池山晉改爲仇池郡後爲南秦州梁廢帝改爲成州又姓

出上谷東郡二望本自周文王子成伯之後又漢複姓十五氏莊子有務成子廣成子顏成子游伯成子高韓子有容成子列子有考成子國

語晉郤犨食采苦成後因以爲氏世本曰宋有大夫老成方盆成括仕於齊晉有英成信子漢有廣漢太守古成雲古音枯高祖功臣有陽成

延後漢有密縣上成公白日升天晉戊己校尉燉煌車成將古成氏之後史記有形成氏是征切十 𢦩古文 城城郭崔豹古今注云城者

盛也所以盛受民物也又淮南子曰鮌作城亦姓風俗通云氏於事者城郭園池是也 誠審也敬也信也 宬屋容受也 郕

5 辭

6 篁

7 餳

地名也在東平箴箴筐織具盛盛受也黍稷在器也又時正切珹珠類頳頸也○呈示也平也見也直貞切七程

期也式也限也品也又姓出廣平安定二望本自顓頊重黎之後周宣王時程伯休父入爲大司馬封于程後遂爲氏與司馬氏同酲

酒病⿰貞阝地名又音貞珵玉名⿱竹呈筳也裎佩帶又聦領切○聲聲音又姓左傳蔡大夫聲子書盈切一○征行也

諸盈切十三⿺廴正上同鯖煑魚煎食曰五侯鯖又倉經切⿱刑酉[4]䏲並上同鉦鐃也似鈴怔怔忪懼皃正正朔本音

政鴊方言云齊魯間謂題肩爲鴊鳥⿰糹正乘輿馬飾眐獨視皃⿰衤正⿰衤正衳小兒衣出字林佂佂伀遽行皃○輕輕重

去盈切三⿱巠足一足跳行鑋說文曰金聲也○名名字春秋說題[5]曰名成也大也功也号也說文曰自命也从夕口夕者冥不相見故

以口自名也又姓左傳楚大夫彭名之後武并切二洺水名在易陽亦州名春秋時爲赤狄之地後屬晉秦爲邯鄲郡周於此置洺州

以洺水爲名○跉跉趶呂貞切二令使也又呂鄭郎丁二切○并合也亦州名舜分冀州爲幽州并州春秋時爲晉國

後屬趙秦爲太原郡魏復置并州又姓出姓苑府盈切四栟栟櫚木名箳箳篂[6]車轓屛屛盈傍偟又餅萍二音

○傾側也伏也敧也去營切二頃西頃地名出地理志說文曰頭不正也又去潁切○餳[7]飴也徐盈切一○縈繞也於營

2 婷　1 睘　10 㓝　8 落

切五褮說文云鬼衣也嫈小心態又烏莖切謍聲也帣覆也○瓊玉名渠營切十七璚上同焭獨也

一曰迴飛也焭上同睘[1]驚視惸無弟兄也撔博撔子一名投子藑藑茅草也嬛好也婷[2]上同赹獨行

皃憌憂也恂上同䓑草旋𧂎上同𨍭車輮規一曰輪車也儝特也○騂[3]馬赤色也息營切四𤛓[4]上同

垶赤土觪[5]角弓○頸項也頸在前項在後巨成切又居郢切四䲔魚名勁[6]鼠尾草又山薤又音聲剄上同○䞇

䞇貨也火營切一

十五○青東方色也亦州名九州之一禹貢曰海岱惟青州又男青女青皆木名出羅浮山記亦姓出何氏姓苑又漢複姓三

氏風俗通云漢有青烏子善數術又有青牛氏青陽氏倉經切五鶄鶄鶴鳥也出南海又音精鯖魚名又諸盈切蜻

蜻蜓蟲方言曰蜻蛉謂蜸蛉也六足四翼又音精𩇕𪒠𩇕無色○經常也絞也徑也亦經緯[7]又姓出何氏姓苑古靈切又音徑四

涇水名淮南子云涇水出薄洛[8]之山鵛[9]鸒鵛鵜也巠直波爲巠說文曰水脈也○㓝[10]說文曰罰辠也今只用下文刑戸經

切十七刑法也禮曰刑者侀也侀者成也一成而不可變故君子盡心焉說文剄也形容也常也邢地名在鄭亦州名古邢侯

八·六十五　韻下平　三十二　沈思忠

11 鄭　13 型　14 鍾　15 甼　16 口

國也項羽爲襄國隋爲邢州取國以名之又姓出河閒也本周之胤邢侯爲衛所滅後遂爲氏漢有侍中邢辟直道忤時謫爲河閒鄭[11]令因家焉

甇小瓜　郠鄉名在密　桯牀前長几又音廳　鉶[12]祭器　型鑄鐵模也又作𡎺[13]　陘連山中絕又姓陘晉邑也其大夫氏焉今有井陘縣　侀成也　硎砥石　娙女長皃又五莖切　鈃酒器似鍾[14]而長頸也　瓶𤭛並同上　鋞說文曰溫器也圜而直上

庭門庭又直也亦州名即漢車師後王庭之地本烏孫國土也其前王庭即交河縣是也特丁切二十一　停息也定也止也　鼮鼮鼠豹文漢武帝得此鼠孝廉郎終軍識之賜絹百匹　莛草莖　葶葶藶　筳竹筳　亭今亭子名釋名曰亭停也人所停集也漢典職曰洛陽二十街街一亭十二城門門一亭也　聤耳出惡水　霆雷霆　渟水止　鯙魚名

綎綬也　娗好皃　㼗甎也　甼[15]定息　挺縣名在膠東又徒頂切　楟山梨木名　蜓蜻蜓亦螅蛄別名　廷風俗通云廷者平也又正也國家朝廷也釋名曰廷停也人所停集之處漢書曰廷尉秦官也應劭曰古官也　㹶猱㹶猨屬　𧒾埤蒼云蠶二眠

丁當也亦辰名爾雅云太歲在丁曰強圉又姓本自姜姓齊太公子伋諡丁公因以命族出濟陽濟陰二望當經切八　釘又都定切　玎玉聲　𨸏丘名　靪補履下也　虰爾雅曰虰蛵負勞郭璞云或[16]即蜻蛉也　仃伶仃獨也　叮叮嚀

○馨香也呼刑切三⿱殸只說文聲也蛵虰蛵○星星宿說文曰萬物之精上爲列星淮南子曰日月之淫氣精者爲星辰也又姓
羊氏家傳曰南陽太守羊續娶濟北星重女桑經切十二曐上同出說文腥豕臭肉又先定切胜犬膏臭也鮏
說文云魚臭也鯹上同⿰禾星稀⿰禾星醒酒醒又思挺先定二切鉎鐵鉎篂箳篂別駕車轓猩說文曰猩猩犬吠聲又音
生惺惺憽了慧皃出聲類○竮竛竮行不正亦作伶俜普丁切八俜見上注又匹正切甹甹夅掣曳說文曰亟詞也
或曰甹俠也三輔謂輕財者爲甹⿰彳甹使也艵縹色頩面色又普冷切姘男女會合覮淮南子云覮然能聽○靈
神也善也巫也寵也福也亦州名漢北郡富平縣地赫連勃勃之果園也後魏置靈州取靈武縣名爲之又姓風俗通云齊靈公之後或云宋
公子靈圍龜之後晉有餓者靈輒郎丁切八十七⿱雨弱⿱雨龜並古文𤫊廣雅曰玉名說文曰巫以玉事神也與靈同舲舟上
有窻齡年也龗大羊⿰羊靈上同囹囹圄鴒鶺鴒笭竹名蛉蜻蛉鈴似鐘而小霝落也墮也說文曰雨零也
从雨㗊象雨零形或作零醽醁酒苓茯苓櫺窻櫺又櫺檻階際欄柃說文木也⿱雨冊空也伶樂人泠清泠水也
又水名出丹陽又姓左傳周大夫泠州鳩瓴瓴甋一曰似甖有耳⿰虫霝說文曰螟⿰虫霝桑蟲也或作蛉拎手懸捻物刢刢利使[2]性

4
墩

八六二　韻下平　三十三　何澄

人也䖅似虎而小出南海𧳜通俗文云猪糞曰𧳜𤬻小瓜名出安南玲玲瓏玉聲𨫼似瓶有耳𩕔瘦也𤸷
上同聆以耳取聲竛竛竮𨈹字類撞𨈹蘦菜名似葵可食軨車闌轜上同笭笭箐小籠零落也說文
曰徐雨也又姓出姓苑𩂣女字令漢複姓有令狐氏本自畢萬之後國語云晉大夫令狐文子即魏顆也自漢已[3]後世本太
原至邁爲王莽所誅邁少子始居墩[4]煌也𪕩鼩𪕩班鼠灵字類云小熱皃𩟗食飽𩴆山海經[5]曰神名人面獸身或作
龗一曰龍名龗說文龍也翎鳥羽閝門上小窗出崔浩女儀齡𡒐齡鸰鸰鳥鶴別名也昤昤曨日光出道書
駖駖蓋[6]車騎聲𧍓螢也𩃬器名又人名也蕶草蕶落也酃地名在湘東詅詅音相次出異字音彾
彾徲行皃䯍骳骨呤坪蒼云呤呤語也跉徐行不正皃出異字音狑犬名𤣊上同爧火光皃泠泠澤
吴人云冰淩又力頂切怜心了黠皃吅衆鳥也從三口𦪽𦪽艦有屋舟名𢹿插空又力定切澪水名鏻健也𥢺
草莖踈也秢穗熟玉篇云年也𩒐鼠耳草也本亦作苓獜玉篇云獜獜犬聲又力仁切岭山深皃魿
魚連行皃𣯁毛結不理玉篇云長毛也䬆餌也紷緋絲一百升又絮名䉖竹名砱石砱阾阪名羚羊子

1 飲食
2 鴟
5 史
7 漬

姈女字𤘘牛名○寧安也說文曰願詞也亦州名禹貢古西戎地秦爲北地郡亦爲豳州又爲寧州奴丁切九寍說文曰安
也从宀心在皿上皿人之食飲器所以安人也[1]鸋爾雅曰鴟鴞鸋鴂又曰鴛子鸋⿱宀冥天也⿱殸冐告也又[3]乃定切⿰寧阝鄉名在馮
翊谷口又奴顛切⿱寧䖵螻蛄嚀叮嚀聹耳垢又乃鼎切○汀水際平沙也他丁切十四訂平議也又徒[4]頂他頂二切
桯碓桯綎絲綬帶綎聽聆也又湯定切廳廳屋町田處又徒頂切艼草名⿱罒丁罟也鞓皮帶鞓也⿰革呈上同
⿰糸盈縚屬說文緩也⿰糸呈上同庁平庁○冥暗也幽也又姓禹後因國爲氏風俗通云漢有冥都爲丞相[5]莫經切十五榠
榠樝果木銘銘記[6]釋名曰銘名也記名其功也鄍晉邑溟溟濛小雨又溟海也䫤眉目閒也螟螟蛉桑蟲說文曰蟲
食穀葉者吏冥冥犯法即生螟⿰豸冥小豚猽上同蓂蓂莢堯時生於庭隨月彫榮瞑合目瞑瞑又亡千切⿱冥米漬[7]米
嫇好兒覭小見也又爾雅曰覭髳茀[8]離也又莫的切暝晦暝也○瓶汲水器也又姓風俗通云漢有太子少傅瓶守後趙錄有
北海瓶子然二姓蓋別薄經切十五絣上同蛢以翼鳴蟲鼮鼠子說文云鼮令鼠屏三禮圖曰扆從廣八尺畫斧文今之
屏風則遺象也又必郢切荓荓馬帚似著又荓翳雨師名也箳竹名軿輜軿兵車萍水上浮萍蓱上同⿰氵荓

九·二 韻下平 三十四 陳晃

9 𪗴

10 車輣

12 𦙶

13 三

14 𨋵

竛竮又普經切　郱郱城在東莞　𤳊[9]織蒲爲器　洴莊子曰有洴澼絖造絮者也　箳箳篂別駕車名　。熒光也明也戶扃切六[11]　褮衣開孔也又音縈鬼衣也　螢螢火禮記云季夏月腐草爲螢一名丹良又名蛢　滎小水也又水名在鄭州　𥉻𥉻惑也又余傾切　眴貨也　。扃戶外閉關古螢切八　駉駿馬也詩曰駉駉牡馬傳云良馬腹幹肥張也　駫馬肥盛也　坰野外曰林林外曰坰　向古文　𪕘𪕘鼪班鼠　絅引急也　𣐀木名

十六。蒸衆也進也君也又麁曰薪細曰蒸說文曰析麻中榦也又爾雅曰冬祭曰蒸經典亦作烝煑仍切七　𦳝說文同上　烝說文曰火氣上行也　脀熟也　𧀼菹也　篜玉篇云竹也　𦙶[12]凝皃　。承次也奉也受也又姓後漢有承宮署陵切二[13]　丞佐也翊也物理論曰高祖定天下置丞相以統文德立大司馬以整武事爲二府也　𨋵[14]軺車後登也出字林　。澂清也直陵切五　澄上同　瞪直視也又直庚切[15]　憕平也又竹萌切[16]　懲戒也止也　。陵大阜曰陵釋名曰陵崇也體崇高也又犯也侮也侵也遲也又漢複姓六氏吳延陵季子之後有延陵氏高士傳有於陵子仲戰國策有安陵丑呂氏春秋有鈆陵卓子漢有高陵顯秦昭王弟高陵君之後楚有公子食采於鄧陵後以爲氏力膺切十八　淩歷也又水名出臨淮亦姓吳將有淩統　夌說文越也　綾綾紈　凌

冰凌𦝫上同蔆芰也菱蓤並同倰伶也鯪臨海風土記曰鯪魚腹背皆有刺如三角菱也崚崚嶒山皃

殑殑殑鬼出皃䞑去也䬆說文曰馬食穀多氣流四下也本力甑切掕止也又力證切祾祭名神靈之福夌欺夌

俗。膺匈也親也於陵切四應當也又姓出南頓本自周武王後左傳曰邘晉應韓武之穆也漢有應曜隱於淮陽山中與四皓俱徵曜獨不至時人語之曰南山四皓不如淮陽一老八代孫劭集解漢書𧕃寒蟬鷹鳥名月令曰驚蟄之日鷹化爲鳩。凭依几也扶冰切五馮周禮馮相氏鄭玄云馮乘也相視也世登高臺以視天文又防戎切憑憑託淜說文曰無舟渡河也𣽜水聲。冫水凍也說文本作仌筆陵切三冰上同說文本魚陵切掤說文曰所以覆矢也詩云抑釋掤忌。蠅蟲也詩云營營青蠅余陵切一。繩直也又繩索俗作縄食陵切十二譝稱譽憴上同鱦小魚乗駕也勝也登也守也說文作椉覆也又姓漢有乗昌爲煑棗侯椉上同𠓪古文澠水名在齊左傳云有酒如澠又泯緬二音溗波前後相淩也塍稻田畦也畔也塖上同騬犗馬。升十合也成也又布八十縷爲升識蒸切五昇日上本亦作升詩曰如日之升升出也俗加日陞登也躋也勝任也舉也說文本从舟經典省作月他皆倣此又漢複姓何氏姓苑有勝屠公爲河東太守又書證切

[5] 陾之韻如之切又音仍

7 氏

8 嬹女字

10 殑

13 砯

拼上舉易曰拼馬壯[5]吉說文音蒸上聲○仍因也就也重也頻也又姓出何氏姓苑如乘切七艿草名謂陳根草不芟新草

又生相因艿也所謂燒火艿者也訒[6]厚也迈往也礽福也扔引也⿰木乃木名○兢兢兢戒愼居陵切二矜本矛

柄也巨巾切字樣借爲矜憐字○徵召也明也成也證也經典省作徵又姓吳太子率更令河南徵崇陟陵切四鄧古國名癥腹病

⿰方斤旌旗柱說文本丑善切旌旗杠皃○繒繒帛又姓漢功臣表有繒賀疾陵切六鄫國名也在琅邪驓馬名四骹皆白

橧豕所寢也增高皃嶒崚嶒山皃○凝水結也又成也魚陵切一○興盛也舉也善也說文曰起也从舁从同同力也亦州

名戰國時爲白馬玄[7]之地漢置武都郡魏立東益州梁爲興州因武興山而名虛陵切又許應切三⿰興阝[8]說[9]文曰地名也○稱知輕重也

說文曰銓也又姓漢功臣表有新山嵊稱忠處陵切又昌證切三爯并舉也偁宣揚美事又言也好也揚也舉也足也○殑

殑殑[10]欲死狀其矜切又其拯切二琴草名根可緣竹器又音琴○殑殑殑山矜切一○硱[11]硱磳石皃綺兢切又苦本切一○僜

醉行皃丑升切三庱亭名在吳興孫權射虎處又丑拯切睖睖瞪直視○磳[12]硱磳仕兢切一○砯[13]水擊山巖聲披冰切一

十七○登成也升也進也衆也說文曰上車也亦州名漢文帝封悼惠王子爲牟平侯即此地也周爲登州取文登山而名又姓蜀

4
闇

有關中流人始平登定都滕切八璒石似玉也燈燈火簦長柄笠也⿰登毛⿰登毛⿰登毛䔲金䔲草⿰登瓦瓦器⿰登鳥⿰登鳥鵲鳥也

楞四方木也魯登切六棱上同又柧棱木也稜俗輘車聲倰倰儯長皃祾祭也福也靈也○僧沙門

也梵音云僧伽蘇增切三鬙鬅鬙髮短⿰曾色⿰曾色⿰能色神不爽也○崩說文云山壞也北滕切一○增益也加也重也又埋幣曰

增作滕[1]切十二憎憎疾磳磳磳石皃又士[2]殑切曾則也亦姓曾參之後漢有尚書曾偉古作曾又音層矰弋射矢也罾

魚網熷蜀人取生肉於竹中炙䎖舉也又飛鳥皃竲高橧巢禮運曰夏則居橧巢譄加言也⿱艹曾苣草○瞢

目不明武登切四蕄爾雅云存存蕄蕄在也⿰曾色⿰曾色⿰能色神不爽也⿱艹夌櫗也○層重屋也昨[3]棱切又作滕切三曾

經也又作滕切䁬目小作態瞢䁬也○朋朋黨也五貝曰朋書云武王悅箕子之對賜十朋也步崩切六堋射堋鵬大鳥

棚棚門[4]又薄庚切倗輔也又姓漢書王尊傳云南山羣盜倗宗等[5]又匹等切鬅鬅鬙被髮○弘大也又姓衞有弘演胡肱

切三鞃鞃鞃軾中靶也苰藤苰胡麻也○肱臂也古弘切二⿰革厷軾中靶也○薨說文云公侯卒也呼肱切五儚說文

曰惛也⿱薨頁惛迷也䬉䬉䬉大風也𤁘水聲○能工善也又獸名熊屬足似鹿亦賢能也奴登切又奴代奴來二切一○騰

八·九十五
韻下平
三十六
吴益

6 二　7 膳　9 漖　11 中

八·九十五　韻下平　三十六　吴益

馳也躍也說文曰傳也一曰犗馬也徒登切十一[6]縢國名亦姓滕侯之後以國爲氏縢行縢幐囊可帶者螣螣蛇或曰

食禾蟲藤藤苰又藤蘿謄移書謄上𧇾黑虎也儯倰儯長也瘬瘬痛䲢魚名蒼身赤尾[7]䁅美目皃

○恒常也久也亦州名春秋時鮮虞國地漢爲恒山郡周武帝置恒州因山以爲名爾雅曰恒山爲北嶽又姓楚有大夫恒思公胡登切

三[8]亙古文峘爾雅曰小山岌大山峘郭璞云岌謂高過○搄急也淮南子云大弦搄則小弦絕也古恒切三縆大索絙上同

○鼟鼟鼟鼓聲他登切四膯飽也吴人云出方言澄小水相添益皃鼞上同○漰漰漖[9]水擊聲普朋切二堋堋振動皃

十八○尤過也甚也怨也多也說文異也又姓出姓苑羽求切九𣏍木名腄縣名在東萊疣結病也釋名曰疣丘

也出皮上聚高如地之有丘也肬上同𪐴籀文沋水名在高密郵境上舍亦督郵古官号釋名曰督郵主諸縣罰[10]

負郵殿糾攝之又姓西京雜記有郵長倩訧過也博雅曰惡也○憂愁也又姓出姓苑於求切十七優饒也亦優倡又姓史

記楚賢臣優孟瀀瀀渥𢔨優游本亦作優詩云愼爾優游麀牝鹿𪋿上同櫌鉏也又打塊椎鄾邑名在鄧𢆶

微小怮含怒不言嚘歐嚘歎也耰覆種出玉篇獶獶狻犬名𧅄菜名纋笄帙[11]𣢓氣逆妋鼻目閒恨

1 畱　2 騳　4 䶉　6 鰤　7 鬭

○劉 尅也陳也殺也亦劉子木名實如梨核堅味酸美出交阯又姓出彭城沛國弘農河間中山梁郡頓丘南陽東平高平東莞平原廣陵臨淮琅邪蘭陵東海丹陽宣城南郡高堂高密竟陵長沙河南等二十五望並自陶唐氏既衰其後劉累學擾龍事孔甲范氏其後也唯河南一望即虜姓也後魏書官氏志獨孤氏後改爲劉氏力求切四十四 留 住也止也說文作畱[1]亦姓出會稽本自衞大夫留封人之後後漢末避地會稽遂居東陽爲郡豪族吳志有左將留贊 蒥 蒥荑藥名 勠 并力也又力逐切 摎 絞縛殺也又姓魏有河内太守摎尚 鶹 鶹離鳥名少美長醜亦作流 騮 驊騮周穆王馬 駵[2] 赤馬黑髦尾 ⿰田翏[3] 田不耕而火種 ⿰米㐬 粰⿰米㐬饊也 流 演也求也覃也放也說文曰水行也 㳅 古文 飂 高風也 飀 上同 瘤 肉起疾也釋名曰瘤流也流聚而生腫也 橊 石橊果名博物志云張騫使西域迴所得 鎏 美金說文曰垂玉也冕飾今典籍用下文旒 旒 旗旒廣雅天子十二旒至地諸侯九旒至軫大夫七旒至轂士三旒至肩 瑠 瑠璃 䶉[4] 食竹根鼠又音柳 ⿰犭留 上同 藰 說文云竹聲也又音柳 䉧 竹名出玉篇 瀏 水清又音柳 ⿺風劉 風行聲又音[5]柳 ⿰魚丣[6] 魚名 鰡 同上 嵧 峋嵧羅君山峯 𣜬 扶𣜬藤名緣木生其味辛可食其花實似蒟醬 鎦 殺也 ⿰糹留 綺別名也 ⿰扌劉 斬刺 ⿵鬥翏[7] 殺也 懰 烈也 餾 飯氣蒸也又力救切 ⿰虫㐬 蜉⿰虫㐬蟲本作蜉蝣蝣音游 ⿰礻流

爾雅曰衣裗謂之視郭璞云衣縷也齊人謂之攣或曰袿衣之飾鷚飛鷚鳥名𪎭麻也硫石硫黃藥名遛逗遛䚧
觩䚧角皃憀悲恨也又音聊鏐美金曰鏐即紫磨金也○秋春秋說文曰禾穀熟也又姓宋中書舍人秋當七由切十七秌
古文䡓車䡓緧上同說文曰馬紂也𦃇上同周禮曰必𦃇其牛後鞦亦上同又鞦韆繩戲古今藝術圖曰鞦韆北方山戎戲以習輕
趫者湫水池名北人呼鶖禿鶖鳥亦作鶖鰍魚屬亦作鰌楸木名萩蕭似蒿也䵸爾雅曰鼁䵸蟾諸郭璞云似蝦
蟆居陸地淮南謂之去蚥鼀上同𪔂爾雅曰次𪔂鼅鼄𪇰雞雛篍說文云吹筩也玉篇云吹簫也趥說文曰行
皃○猷謀也已也圖也若也道也說文曰玃屬一曰隴西謂犬子爲猷以周切四十五猶上同又尚也似也悠遠也遐也思也
憂也油水名出武陵又油脂由從也經也用也行也又姓史記有由余攸所也又姓北燕尚書攸邁蕕水蕕草又臭草浟
水流皃逌氣行皃或作逎廞廞廞以手相弄冘冘豫不定䌛行也輶輶車又易受移授二切蘨草盛也
秞禾盛皃蚰蚰蜒蝣蜉蝣朝生夕死櫾木名出崐崘山楢積也又音酉莤水草一名軒于斿旌旗之末垂者
游浮也放也又姓出馮翊廣平前燕慕容廆以廣平游邃爲股肱遊上同𨒫古文卣中樽樽有三品上曰彝中曰卣下曰罍

3 息
4 甹
5 木
6 甹枿
△ 莤 木韻似由切 又音由
△ 噍 笑韻才笑切 又子由切

䚻從也鮋鮂鮋小魚鯈上同抭[1]抒臼出周禮揄上同又音俞舀上同又以沼切偤侍也出文字辨疑䍃瓦器⿰酉奎遺玉又弋九切邮亭名在高陵繇猶也⿰氵臾皁[2]也𤵛病也又臭[3]惡肉囮鳥媒圝上同庮久屋木周禮曰牛夜鳴則庮鄭司農云庮朽木臭也又弋久切甹[4]空也說文云[5]生條也引書云若顛木之有[6]甹枿[7]又胡感切⿰木迪上同⿰由見下視深也莤說文草也○牛大牲也世本曰黃帝臣胲作服牛史記曰紂倒曳九牛又姓出隴西本自郮周封微子於宋其裔司寇牛父帥師敗狄長丘死之子孫以王父字爲氏風俗通云漢有牛崇爲隴西主簿馬文淵爲太守羊喜爲功曹涼部云三牲備具語求切一○遒盡也即由切又自秋切十一鮂烏化爲魚頂上有細骨如禽毛⿰耳秋耳鳴聲蝤蝤蛑似蟹而大生海邊也又自秋切啾啾唧小聲逎縣名在燕又迫也促也⿱髟酋接髮揂聚也揫束也聚也湫水名又子[8]小切⿰秋焦聚也又束梟也○酋長也說文曰繹酒也禮有大酋掌酒官也自秋切十⿰忄酋憿也遒盡也又即由切⿰耳秋耳中聲也[9]又即由切崷崷崒山峻皃鰌魚名二月有之蝤蝤蠐蝎也煪煪熮⿰角酋雉射收繳角也⿱艹湭⿱艹湭酒浟周禮音糟○脩脯也又長也又姓漢有屯騎校尉脩炳姓苑云今臨川人息流切七修理也說文飾也羞恥也進也又致滋味爲羞⿱攸食⿱攸食饋⿰食修上同⿰車羞⿰車羞輊載喪車樇木名

△犨 催韻烏催切 又市由切

10 怵

。抽拔也引也或作紬紬引其端緒也丑鳩切八 搊上同 搯上同見說文 婤好皃又音周 瞗失意視皃 惆惆悵 瘳病愈 妯詩曰憂心且妯妯動也悼也 。怵[10]戾也去秋切三 惆上同 𣪠𣪠屈 。犨白色牛說文曰牛息聲也又姓風俗通云晉大夫郤犨之後呂氏春秋云陳有惡人焉曰敦洽犨糜狹顙廣額顏色如漆陳侯悅之赤周切二 犫上同 。周周帀也又至也備也徧也密也又姓出汝南廬江尋陽臨川陳留沛國泰山河南等八望本自周平王子別封汝川人謂之周家因氏焉一云赧王爲秦所滅黜爲庶人百姓稱爲周家因而氏焉魏官氏志獻帝次兄普氏後改爲周氏又漢複姓魏初徵士燉煌周生烈晉武帝中經簿云周生姓烈名職流切十 州州郡周禮曰五黨爲州又姓左傳晉大夫州綽 粥粘粥米粉餅出字林 輖重載也 洲洲渚也爾雅曰水中可居曰洲 賙贍也 喌呼雞聲又音祝 舟舟船墨子曰工倕作舟呂氏春秋曰虞姁作舟世本曰共鼓貨狄作舟二人並黃帝臣又姓左傳晉大夫舟之僑 鵃黃帝後所封國 婤女字左傳衞襄公有嬖人婤姶又音抽 。讎匹也仇也市流切十 讐上同 𣫔懸擊也 𣪷說文棄也 鮋魚名又直留切 酬周也報也以財貨曰酬又酬酢 醻上同說文本作醻主人進客也 詶以言荅之又之[11]又切 雔說文曰雙鳥也又爾雅曰雔由樗繭 䰡惡也棄也 𨛵蜀江原[12]地 。柔順也[13]說文曰木曲直也耳郭璞云食樗葉俗作犨 𩴳又音醜 𨛵又音儔

2 1
穀 耎

8
訢

由切十六鍒鐵之耎[1]也⿰田柔良田騥馬青驪也蝚爾雅云蛭蝚至掌又云蝚蛂螻蛭音質蹂踐蹂[2]又而九切莱香莱
菜鞣熟皮鰇魚名瑈玉名也見聲類腬肥皃鶔鷗鶔鳥揉捻也又順也詩曰揉此萬邦[3]又汝[4]又切髹
馬之繫鬣鄝鄉名𩓐[5]面和○收斂也捕也又夏冕[6]名史記曰堯黃收純衣俗作収式州切一○丘聚也空也大也又丘
陵爾雅非人爲之曰丘郭璞云地自然生說文作北亦姓出吳興河南
二望風俗通曰魯左丘明之後又云齊太公封於營丘支孫以地爲氏
代居扶風漢末丘俊持節江淮屬王莽篡位遂留江左居吳興也又漢
複姓四十四氏左傳齊有藉丘子鉏梁丘據閭丘嬰莒有著丘公渠丘
公後並因邑爲氏晉有虞丘書爲乘馬御祖氏家記有太中大夫東安
於丘淵史記有狐丘子林楚有苞丘先生齊桓公至麥丘麥丘人年八
十三祝桓公封於麥丘其後氏焉孟子[7]齊有曼丘不擇又有咸丘蒙隱
居列仙傳有浮丘公[8]梁州刺史莊丘黑魯莊公庶子食采於瑕丘其後
氏焉齊有勇士菑丘訢神仙傳漢有稷丘子又有廩丘充隱居齊魯之
閒楚有列威將軍何丘寄楚文王庶子食采於軒丘其後爲氏周宣王
支庶食采於謝丘其後爲氏漢有趙人吾丘壽王又有曹丘先生侍御
史余丘炳鉅鹿太守莊[9]丘勝以勇力聞安丘望之注老子列仙傳有高
邑人商丘子胥藝文志有桑丘公漢有吳人龍丘萇隱居不屈濟北蛇
丘惑爲河内太守魏有幽豫二州刺史毋丘儉吳有平原陶丘洪晉有

九・七十六 韻下平 三十九 宋琚

雍丘洛以武力聞何氏姓苑云漢有司隸校尉水丘岑古有蔡[10]丘欣喪馬淮陽東海北丘氏又有羌丘常丘崎丘獻丘陽丘逢丘厚丘泥丘等
氏又虜複姓二氏後魏獻帝次弟丘敦氏後改爲丘氏丘林氏後改爲林氏去鳩切六丠古文蓲烏蓲草名蚯蚯蚓蟲名禮記孟夏
月蚯蚓出邱地名訄追[11]也○⿸虍風風吹皃匹尤切七秠一稃二米又芳鄙切⿱宀⿰爿夏寐作聲衃凝血肧孕一月又普回[12]普來二切
紑說文云白鮮衣皃又甫鳩切醅醉飽又普裴切○鳩鳥名又聚也居求切十芁秦芁藥名又居[13]由切⿰丩力大力朻
高木又居虯切⿰車丩車軨長也⿸疒丩腹中急痛又古巧切鬮[14]鬮[15]取也又音糾丩相糾繚也龜又居危[16]切勼說文聚也○不
弗也又姓晉書有汲郡人不準盜發六國時[17]魏王冢得古文竹書今之汲冢記也甫鳩切又甫九甫救二切五哹吹氣紑詩傳云潔鮮貌
⿰𦈢殳未燒瓦器⿰石鳥⿰石鳥鳩鳥也○捜索也求也聚也所鳩切十七搜上同凡從叜者作叟同餿飯壞颼颼颼風皃溲
小便鎪馬金[18]耳飾廋匿也論語曰人[19]焉廋哉蒐茅蒐草又春獵曰蒐蓃雞腸草也獀獀獀南越人名犬⿰月肅乾魚
鄋北方國名螋蛷螋蟲亦名蠷螋騪駉騪蕃中大馬犙牛三歲也又息含切醙白酒趍趨趍不進○搊手搊楚鳩
切七搯俗餘倣此篘酒篘⿱芻酉上同⿰木芻板木不正⿰米芻⿰米芻粉謅謅諔[20]陰私小言○鄒縣名屬兖州又姓漢有鄒陽側

△棸 木弱直由切又側鳩切

3 ⿱髟桼

6 藉

鳩切十四 鄹上同 郰說文云孔子之鄉也論語作鄹 騶廄御亦騶虞仁獸又姓越王之後 齱齱齵齒偏 陬鄉名一曰隅也

緅青赤色也又子侯切 ⿰舟芻⿰舟艮⿰舟芻海船名 ⿰⻊芻獸足也 菆草名又矢之善者說文曰麻蒸也一曰蓐也 棷薪之別名又叉[1]苟切

箃竹柴別名 㗙小兒聲 ⿸广聚聚[2]麻 ○愁憂也悲也苦也士尤切二 𤄳腹中有水氣也 ○休美也善也慶也息也又木名許尤切十三

貅貔貅猛獸 ⿰犭休上同 鵂鵂鶹鳥也 ⿰休馬馬名 ⿸疒休下病 庥爾雅曰庇庥廕也郭璞曰今俗呼樹蔭爲庥

脙瘠也俗作⿰月朮又音求 胳上同 髹周禮駹車有髹飾注謂髹漆赤多黑少也或作髤 [3]⿱髟桼上同 咻口病聲也 溲汗面或作膄

○囚拘也繫也似由切六 泅人浮水上 汓古文 苬苬芝瑞[4]草一歲三華又音由 慒慮也又在冬切 鮂白鯈

○儔儔侶也直由切二十七 檮剛木也 躊躊躇 幬說文作⿰巾𠷎禪帳也 ⿰巾周上同 裯禪被 𠷎咨也說文誰也又作𠷎

疇誰也等也[5]壟也田疇也又疇昔說文作⿰田𠷎耕治之田也 紬大絲繒又音抽 綢綢繆猶纏綿也 稠穊也多也

⿰火壽著也 薵薵藷[6]葱名 鯈魚子又魚名也 籌籌筭 ⿰𠷎鳥雉爾雅云南方曰𠷎字或從鳥 ⿰壽鳥上同 棸字統云姓也又側鳩切

椆木[8]名不凋 怞朗也 ⿰月壽⿰月壽腊脯也 懤愁毒皃 鮋魚名又音由 ⿺風壽風颸 菗茶菜 ⿰壽阝

九·廿五 韻下平 四十 宋琚

△彫 蕭韻徒聊切又音綢

13 病

九·廿五 韻下平 四十 宋琚

蜀江原地又上牛切篹說文云簭箸也○輈車輈也張流切十一盩[9]盩厔[10]縣在京兆府水曲曰盩山曲曰厔又云引擊也

啁啁噍鳥聲譸譸張誑也爾雅亦作侜侜壅蔽也騆騆騪蕃中大馬調調朝也詩云惄如調飢本又音條咮

曲喙又張救切趟趟趨行不進也𦨈射鳥箭也矪上同○裒皮衣詩云取彼狐貍爲公子裒又姓本作仇避讎改作裒巨鳩

切四十四裘上同仇讎也又姓左傳宋大夫仇牧之後又漢複姓有章仇仇尼二氏隋有章仇大翼善天文厹漢書地理志厹

猶縣屬臨淮郡又詩曰厹矛鋈錞傳云厹三隅矛又說文曰氣高也厹上同求索也又姓三輔決錄云漢有求伸[11]宋上同頄

頰間骨也又求龜切蛷蛷螋蟲𧕟上同說文云多足蟲也逑匹也球美玉說文曰玉磬也璆上同又渠幽切艽

遠荒之地詩云至于艽野又獸蓐也鼽月令云人[12]多鼽嚏說文云[13]寒鼻塞也莍椒也𨛶地名賕[14]財賄殏殄也梂

說文曰櫟實也一曰鑿首朹爾雅曰朹檕梅郭璞云朹樹狀似梅子如指頭赤色似小柰可食𣐓荊𣐓亭名俅戴也脙[15]瘠也

又音休胳上同馗爾雅曰中馗菌今土菌可食又音逵𥾝急引也絿上同𧮫碨𧮫亭名扏緩[16]也銶鑿屬頯

廣蒼云戴也𥬠籠也毬毛毬打者䟵䟵蹋也犰犰狳獸似魚蛇尾豕目見人則佯死𧺁違也訅安也謀也釚

弩牙捄長匕皃詩曰有捄棘匕傳云捄長皃肍乾肉醬也惄怨仇也又其九切莍白芷[1]𠊱迫也又去牛切○浮汎也縛[2]謀切二十四呼吹[3]氣又拂謀切桴齊人云屋棟曰桴也枹鼓槌箳竹有文者罦覆車網也䍖上同琈玉名粰粰䊩䳕䳕鳩罘兔罟䱐魚名涪水名在巴西芣芣苢車前也江東謂之蝦蟆衣蜉蚍蜉大螘烰火氣爾雅曰烰烰烝也郭璞云氣出盛鉜鉜鏂大釘䴸多也巷姓也出纂文艀舟也棓杖也又音棒掊把也錇小缶雬雨雪皃○謀謀計也又姓風俗通云周卿士祭公謀父之後莫浮[4]切二十四䱕魚名雺天氣下地不應又莫[5]貢切又莫紅切眸目童子牟說文曰牛鳴又過也陪也進也大也亦牟平縣屬登州又姓風俗通云牟子國祝融之後後因氏焉漢有太尉牟融又漢複姓三氏東萊先賢傳有兗州刺史平昌曹牟君卿禮記云魯有賔牟賈何氏姓苑有彌牟氏侔等也均也齊也矛戈矛說文曰酋矛也建於兵車長二丈象形吳越春秋曰越王以屈盧之矛步光之劍獻於吳王𢦧古文鍪兜鍪首鎧說文曰鍑屬也鞪上同漢書云鞮鞪麰大麥又短粒麥䴹上同堥堆堥小隴劺勉也䤮䤮醶榆人醬蝥食穀蟲說文本又作蟊蟲食艸根者吏抵冒取民財則生蟊上同說文曰蠿蟊也鶜鶜鶔鳥也髳髮[6]至眉或作髳䋷

。呼 本韻縛謀切 又彿謀切

8 獳

縛也恈愛也鴾鶉之別名蛑蝤蛑似蟹而大繆絲千累[7]。

十九。侯候也何也美也辟也爾雅曰公侯君也又乃也又周禮司裘氏王大射則共虎侯熊侯豹侯諸侯則共熊侯豹侯卿大夫則共麋侯皆設其鵠鄭司農云方十尺曰侯四尺曰鵠說文本作矦从人从厂象張布之狀矢在其下又姓出上谷河南二望亦漢複姓八氏夏侯氏出自夏禹之後杞簡公爲楚所滅其弟佗奔魯魯悼公以佗出自夏后氏受爵爲侯謂之夏侯因而命氏後有去魯之沛者分沛立譙遂有譙魯二望羅國爲楚所滅其後号羅侯氏韓詩[8]外傳云周宣王大夫韓侯子有賢德史記魏有屈侯鮒左傳曹有豎侯獳漢有尚書郎桓侯儁吴有張昭師白侯子安又虜三字姓二氏周書有侯莫陳氏侯崇傳云其先魏之別部也又周有大將軍伏侯龍氏名恩戶鉤切二十四矦見上注𥎦古文帿射侯見上注俗從巾鄇地名䫛䫛顒大言鍭箭鍭銗鏂銗鋋鍛猴獼猴猱也糇糇粮翭說文曰羽本也一曰羽初生皃⿰羽鳥上同餱乾食喉咽喉篌箜篌鯸鯸鮔[9]魚名⿰木侯⿰木侯桃又⿰木侯櫟木也⿰谷后谷名在成皋亦作⿰谷侯瘊疣瘻⿰虫侯蟲名葔葔莎草骺骨骺睺半盲又胡遘切⿰衣侯⿰衣侯褕小衫。謳吟也歌也烏侯切十六嘔嘔唲小兒語也歐歐陽複姓出長沙郡甌瓦器亦甌閩又姓出姓苑區姓也古善劒區治子之後今郴州有之

1 苦　2 恪　5 傴　6 剅字當刪　7 螜

漚浮漚鷗水鳥說文云水鴞也曉深目皃又若[1]侯切瞘上同櫙木名爾雅曰櫙荎今之刺榆蓲上同醧酒甘

剾[2]剾削又格侯切𧝬小兒涎衣鏂鏂鈷膒久脂○羺[3]羺羖胡羊奴鉤切四獳犬怒䨲免子䰭鬼鬽聲䰭䰭不

止也出說文○樓亦作廔重屋也亦姓夏少康之裔周封爲東樓公子孫因氏焉漢末樓秦自譙徙居會稽因以東陽爲望也又虜複姓有

蓋樓氏賀樓氏落侯切二十九婁空也又星名亦姓邾婁國之後漢有婁敬又漢複姓五氏左傳齊大夫工婁灑漢書藝文志有齊隱士贑

婁子著書何氏姓苑云母婁氏今琅邪人又有精婁氏邾婁氏又虜複姓二氏後魏獻帝次弟爲伊婁氏又有四婁氏後並改爲婁氏說文作

婁今作婁並同鄋鄉名又力于切𨻐縣名𤬏菰𤬏土瓜蔞爾雅曰購蔏蔞蔞蒿也生下田初出可啖詩云言采其蔞

又力朱切𠟭剅[4]𠟭小穿貗求子豬也羺土羺似羊四角其銳難當觸物則斃食人出山海經僂軀[5]僂又力主切艛舟名耬

種具髏髑髏膢八月祭名又力于切甊瓿甊苦甊廔麗廔綺窻剅[6]小穿又音兜摟探取嘍嘍㖤鳥聲瞜

視皃螻螻蛄一名仙蛄一名石鼠爾雅曰[7]螌天螻又曰蝚蛞螻簍籠也鞻鞮鞻氏掌四夷之樂慺慺慺謹敬之皃鷜

爾雅曰鵱鷜鵞即今之野鵞𩻿魚名褸衣襟又力主切遱說文曰連遱也謱說文云謰謱也○涑澣也速侯切八鏉

8 擊 廣韻子于切

△諏 又子侯切

10 ⿰豆鳥

刻鏤鞻軟皮⿰革欶上同⿱髟欶⿱髟兒⿱髟欶白頭人也擻摟擻取也出陸氏字林漱冷漱⿱數女女字○彄弓彄恪侯切八摳

摳衣挈衣也剾剜裏也又乙侯切韝射韝臂捍也又古侯切怐指怐滱水名在北地又音寇夠多也瞘目深

瞘曉○齁齁⿰鼻合鼻息也呼侯切二⿰口鷗⿰口鷗鳥青色似鵶鳩也○繓麻幹也子侯切五緅青赤色也再染曰緅三入成纁陬

隅也又聚居棷薪別名掫說文云夜戒守有所繫[8]也○偷盜也爾雅云佻偷也謂苟且託侯切四鍮鍮石似金陶之

則分鋀上同婾薄也又巧黠也○頭說文云頭首也釋名云頭獨也於體高而獨也度侯切十五⿰俞刂剾⿰俞刂足節又刀剜物投

託也弃也合也說文擿也亦姓郇伯周畿內侯相王伐鄭投先驅以策其後氏焉漢有光祿投調又漢複姓有投壺氏風俗通云晉中行穆子

相投壺因以氏焉姓苑云東莞人也⿱俞麻字書云麻一絜說文云⿱麻糸屬或作⿸麻俞骰骰子博陸采具出聲譜⿰豆殳遙擊[9]皃坄

陶窬牏築垣短版又羊朱切⿰酉俞醬⿰酉俞醬也⿸广俞⿸广俞行圊廁揄引也又欲朱切窬穿也又羊朱切緰布也歈歌也

又羊朱切[11]⿰豆鳥⿰鬼鳥頭[10]鵃似梟鳧腳近尾○齵⿰齒取齵五婁切又牛俱切一○鉤曲也又劒屬字樣句之類並無著厶者古侯切十八⿰句刂

說文云關西呼鎌爲⿰句刂也溝溝渠爾雅云水注谷曰溝釋名曰田間之水曰溝溝搆也縱橫相交構也褠襌衣韝臂捍又苦

1 雨　2 鉏　3 士　4 裒　7 箁　○棷 廣韻倉茍切又側溝切

侯切 緱 緱氏縣屬河南府又姓孝子傳陳留緱氏女名玉亦刀劒頭纏絲爲緱 篝 燻籠 篘 篘篩桃枝竹名 鼁 鼁鼀

似龜說文其俱切鼅屬頭有兩角出遼東亦作鼩 ⿰口冓 唱⿰口冓 ⿰句瓜 ⿰句瓜⿰婁瓜 ⿰舟句 ⿰舟句⿰舟鹿船名 冓 數名十秭曰冓 枸 曲木又木名也

句 說文曲也又高句驪遼東國名又句龍社神名亦姓史記有句疆又九遇古候二切 軥 車軥心木又夏后之輅曰軥也 夠

多也 鴝 鴝鵒鳥又音衢 ○兜 兜鍪首鎧也當侯切十 侸 佔侸垂下皃佔丁兼切 吺 輕出言也 篼 飼馬籠也 䁈

䁈眵目汁凝眵赤支切 剅 小穿又音婁或作⿰豆句 ⿰豆見 說文云目蔽垢也 ⿰豆句 小裂皃 郖 說文云弘農縣庚地 ⿱髟兜 ⿱髟兜鬏

白頭 ○剾 細斷徂鉤切二 鯫 魚名又七茍切又小人之皃也 ○裒 聚也薄侯切九 ⿱髟咅 說文云髮皃 捊 說文云引取也

抔 手掬物也 掊 詩曰曾是掊克謂聚斂也 ⿰月咅 豕肉醬也 餢 餢饇曰食也 錇 說文云小缶也 箁 說文云竹箬也 ○誰

就也千侯切一 ○呣 慮也士侯切一 ○

二十○幽 深也微也隱也亦州名釋名曰幽州在北幽昧之地故曰幽禹貢冀州之域舜以冀州南北廣大分燕北爲幽州又北方

曰幽都又姓出姓苑於虯切七 泑 澤在崐崘山下 呦 鹿鳴 ⿰幼欠 上同 蚴 蚴蟉龍皃又一糾切 怮 說文憂皃 丝

八卌一　韻下平　四十三　曹榮

▲飍 本韻香幽切 又風幽切

▲虯 本韻渠幽切 又居幽切

10 ⿱艹丩

11 木

12 耴

16 八

微也。虯無角龍也渠幽切又居[9]幽切七 觩匕曲皃 璆玉名 觓角爵皃 鷚爾雅云鷚天鸙郭璞云大如鷃

雀色似鷚好高飛作聲又音繆 蟉螑蟉龍皃 𤚐角皃。彪虎文也甫休切三 髟髮垂皃又標彡二音 驫馬走

皃又音標。鏐紫磨金也力幽切二 蟉螑蟉又翹糾切。樛說文曰下句曰樛詩曰南有樛木傳云木下曲也居虯切五 丩

說文曰相糾繚也今作丩同 ⿱艹丩[10]草之相糾繚也 朻說文云高大[11]也 ⿸疒丩腹急病也。淲水流皃亦作滮皮彪切三

瀌雨雪皃又音鑣 颩風皃。䅽禾生也子幽切一。犙牛三歲山幽切一。瞀瞀取[12]魚鳥狀語虯切又五苞切

一。飍驚風香幽切又[13]風幽切二 休美也福祿也慶善也出玉篇又[14]火交切。繆詩傳云綢繆猶纏緜也說文曰枲[15]十

絜也武彪切又目謬二音三 鷚天鸙鳥也又音虯 ⿱敄糸縛也

二十一。侵漸進也說文作㑴又姓三輔決錄有侵恭七林切七 侵上同 駸馬行疾也 浸浸淫也又子鴆切

⿰豆侵野生豆也 祲錐也 綅說文曰綘綫也詩曰貝冑朱綅又子心息廉二切。尋長也又尋常六[16]尺曰尋倍尋曰常山

海經曰尋木長千里生河邊又姓晉有尋曾字子貢徐林切十六 㝷上同出說文 鐔劍鼻又姓漢有鐔顯又覃淫二音

1 肹　4 𦪈　7 玏　8 𡉉・𡉉　9 蕁

潯傍深又水涯也　鱏魚名口在腹下又音淫　橝木名似槐　鄩地名在鞏又姓左傳有周大夫鄩肸[1]　陦小堆阜也

𦡝姓也出纂文　𡢕姓也姓苑云汝南人　襑衣博大也　枔木葉　撏取也　灊水名出巴郡又才心昨鹽二切　鬵[2]鼎大上小下又才心昨鹽二切　縙續也

○林林木爾雅曰野外謂之林說文曰平土有叢木曰林又姓風俗通曰林放之後力尋切八　琳玉名　淋以水沃也　臨莅也大也監也又姓後趙錄有秦州刺史臨深也　痳痳病　箖箖䉀竹名　瀶水出皃說文云谷也一曰寒也　霖雨久

○琛琛寶也丑林切七　棽[3]木枝長又林森二音　𦨖船行　𥈝[4]私出頭視也又丑鴆切　綝繕也　郴[5]縣名在桂陽又姓陶侃別傳有江夏郴寶　賝賝賮也

○斟斟酌也益也又姓國語云祝融之後侯伯八姓斟姓無後賈逵注云斟姓是曹姓之後又漢複姓有斟弋[6]氏出史記職深切九　針針線　鍼上同說文曰所以縫也　𪈐鷦鳥名　箴箴規也又姓風俗通云有衞大夫箴莊子　葴酸蕣草也　瑊廣雅曰瑊石次玉也郭璞云瑊玏[7]似玉之石司馬相如子虛賦曰其石則瑊玏玄礪　鱵魚名　𡋯[8]坩鄩古國名

○沈没也說文曰陵上滈水也又漢複姓魯有沈猶氏常朝飲其羊何氏姓苑云今泰山人直深切又尸甚切九　沉俗　𤘼水牛　𦳢爾雅曰蕁[9]𦳢藩郭璞云生山上葉如韭　䒞上同又羊針都敢二切　霃久陰　湛

九・

韻下平

四十四

方至

11 七
12 黓
13 又延求切四字當刪
14 日

漢書曰且從俗浮湛又徒減切枕繫牛杙也鈂鍤[10]屬○碪擣衣石也知林切五砧上同椹鈇椹斫木質文字指歸俗用爲
桑椹字非枮上同坫權安厝也○諶誠也爾雅云信也氏任切七愖上同訦上同說文曰燕代東齊謂信曰訦忱
上同煁煁烓行竈烓鳥珪切瘎腹内故病疣上同○任堪也保也當也又姓出樂安黃帝二十五子十二人各以德爲姓第[11]一爲
任氏如林切七鵀戴勝鳥也頭上毛似勝又女今切恁信也又音荏壬佞也又辰名爾雅曰太歲在壬曰玄[12]黓紝
織紝亦作絍銋銋濡廣雅聾也訨信也念也○深遠也又水名出桂陽南平式針切二⿱艹深蒲蒻○淫久雨曰淫書曰
罔淫于樂傳云淫過也餘針切十五霪久雨婬婬蕩⿱竹㸒竹名蟫白魚蟲鷣鷂之別名⿱艹冘熱也冘行皃⿰彳占
上同醰熟麴又昨淫切撢探也鄿地名㸒[13]貪也又延求切鐔劒鼻又尋覃二音鱏魚名又徐林切○心
火藏釋名曰心纖也所識纖微無不貫也息林切四⿰糸㸒久緩皃⿰車心車軥⿰車心木杺木名其心黃○愔靖也挹淫切二韾
聲和靖也○祲目[14]傍氣也子心切又子禁切九梫木名兓鋭意埐說文地也又昨淫切⿰朁隹雞之別名⿰朁鼻高鼻綅
縫線⿰衤㑴錐也⿰魚朁魚名○⿰魚今大魚曰鮓小魚曰⿰魚今一曰北方曰鮓南方曰⿰魚今昨淫切十魿上同見說文鬵說文曰大

釜也一曰鼎大上小下若甑曰鬵 嶜嶜嵒 梣木名 埐地名又子心切 ⿰臿冘掘也 鈂上同又直林切 灊水名出巴
郡 ⿰酉甚熟麴又餘針切 ○⿰言任⿰言任譀喉聲女心切三 ⿰糸南⿰糸南織也齊也或作紝 鵀戴勝 ○琴樂器神農作之本五
弦周加文武二弦白虎通曰琴禁也以禁止淫邪正人心也又姓左傳琴張也巨金切二十二 ⿰扌禁急持 捦上同 擒亦同 黔
黑而黃亦姓齊有黔敖又巨炎切 禽二足而羽者曰禽又姓高士傳有禽慶 芩黃芩藥名 邻亭名 檎林檎果名 ⿸厂金
說文云石地也 鵭鵭鳥亦作鳹 ⿱艹琴草名根可緣竹器出玉篇 澿水名 澟寒狀又力甚切 庈人名庈父 雂
鳥名又巨炎切 ⿰今攴持也 ⿰冘殳禁也又竹甚切 黚黃黑色又巨炎切 ⿰禾朁禾欲秀也 耹音也 靲靲鞻四夷樂也 ○欽
敬也又姓何氏姓苑云吳人也去金切五 菳草名似蒿 衾被也 嶔嶔崟 顉曲頤又五感切 ○吟歎也說文云呻吟也
魚金切十 訡上同 ⿰音今古文 唫亦古吟字說文又巨錦切 崟嶔崟 ⿰口芩水菜似蒜 碞僭差 ⿱雨乑霖雨又牛皆切
乑衆立皃 ⿸厂敢崟⿸厂敢山崖狀也又口敢切 ○歆神食氣也許金切四 廞爾雅曰興也亦陳車服也亦廞巇山險皃又許錦切 嬜
愛也又火甘切 ⿰甚冘火盛皃 ○金金寶說文曰五色金也黃爲之長久薶不生衣百鍊不輕从革不違西方之行生於土亦州名周爲附庸

九〇二
韻下平
四十五
李倍

6 穼　4 霒　△㥤 沁韻居蔭切又居林切

國魏於安康縣置東梁州後周改金州又金鼓釋名曰金禁也爲進退
之禁也又姓古天子金天氏之後也又漢複姓有金留氏出姓苑居吟
切九 今 對古之稱說文云是時也 黅 黃色 衿 衣小帶也又[2]其禁切 襟 袍襦前袂 䘳 上同 禁 力所加也勝也又居蔭切
㥤 心㥤皃 黔 淺黃色[3]說文云黃黑也又古咸切 ○音 說文曰聲也生於心有節於外謂之音宮商角徵羽聲也絲竹金石
匏土革木音也於金切八 陰 陰陽也說文作侌闇也水之南山之北也又姓出武威風俗通云管修自齊適楚爲陰大夫其後氏焉 隂
爾雅云闇也注謂隂然冥皃又烏感切 瘖 瘖瘂文子曰皐陶瘖 霠[4] 雲覆日又姓出纂文 ⿰豆音 䝤豆 喑 極嗁無聲又於含切
醅 醉聲又於[5]南切 ○森 長木皃所今切十 參 參星亦姓世本云祝融之後又蒼含切 曑 上同 蔘 人蔘藥也 蓡
古文 槮 樹長皃 襳 襳襹毛羽衣皃 穼 [6]突也 宷 上同 棽 木枝長也又丑林切 ○岑 山小而高又姓出南陽風俗通
云古岑子國之後後漢有岑彭鋤針切九 涔 涔陽地名又管涔山名又蹄涔不容尺鯉蹄牛馬跡 ⿱山入 入山深皃 梣 青皮木名又子
心切 ⿰木簪 上同 ⿱雨朁 雨聲 ⿰魚朁 魚名 ⿰禾朁 禾欲秀 笒 竹名 ○兂 說文曰首笄也側吟切四 簪 上同 ⿰王朁 石似玉也
撍 速也 ○嵾 嵾差不齊皃亦作參楚簪切六 參 上同 梫 梫桂木花白也又音寑 穇 字書云禾長皃 駸 馬行疾皃

1 二十

2 鐔

4 覘本韻他含切又大含切 瞫勘韻徒紺切又徒南切

5 之字當删

6 濟

槮木長皃。覘說文云內視也充針切一

二十二。覃及也延也又姓梁東寧州刺史覃元先徒含切十[1]九 鄿鄿城縣名 潭水名出武陵郡潭[2]成縣東入鬱林又深水皃 曇雲布 藫水衣 橝木名灰可染也 蟫白魚蟲又音淫 譚大也又姓漢有河南尹譚閎 䞡趁䞡走皃 燂火爇 壜甒屬 鐔劒口又音尋 眈[3]視近而志遠又音耽 戡戡室深皃 𦗢聑也 馟䭙馟香氣 蕁草名爾雅曰蕁莸藩 尋上同 𥼺糂也 𤯐[4]長味又徒紺切。參參承參覲也俗作叅倉含切五 驂驂馬 趁趁䞡 傪好皃 嫎玉篇云婪嫎也。南火方亦果名臨海異物志云多南子大如指紫色味甘似梅又姓魯大夫南遺也又漢複姓九氏左傳齊有南史氏其後為姓又魯有南宮敬叔晉國高士全隱於南鄉因以為氏六國時有南公子著書言五行陰陽事莊子有南郭子綦又有南榮趎古有善暴背於南榮之[5]者獻之於君其後為氏又有南伯子蔡姓苑有南野氏又有南門氏那含切七 男男子也又所[6]封爵也環齊要略曰男任詔事受王命為君 枏木名又人詹切 楠俗 抩[7]拼持也又他含切 䶣龜有距也又如詹切 𪚮上同。諳記也憶也烏含切十二 鵪鵪鶉字林作䳺雜 媕媕娿不决 庵小草舍也 腤煮魚肉也 菴菴蕳草又菴羅果也

△鏨闞韻藏濫切又音蠶

11 憾

△⿰扌冉本韻那含切又他含切

14 一

醃蹇跛之皃馣香也⿱貪女貪愛韽聲小又於[8]林切盦說文曰覆蓋也唵啼泣無聲○含說文銜也胡男切二

十二涵涵泳⿱竹函實中竹名⿱竹圅同上梒梒桃禮亦作含⿰金函鎧別名孟子云矢人豈不仁於⿰金函人哉矢人唯恐不傷人⿰金函人唯恐

傷人函容也禮云席閒函丈顄顄頤⿰圅頁同上蜬爾雅云蠃小者曰蜬頷說文曰面黃也又胡感切⿰氵圅水澤多皃鋡

受也䃹似瓶有耳⿷匚圅船没䶃鼠屬又古南切函銜也說文舌也肣排囊柄也說文同上⿱雨圅久雨⿱雨圅同上𢎘

說文曰嘾也艸木之華未發函然象形又下感切⿰冫圅寒皃○婪貪也盧含切六惏上同燣焦色嵐州名近太原因

岢嵐山爲名有渥洼池出良馬亦山氣也葻草得風皃啉酒巡匝曰啉出酒律亦作⿱林口○蠶[10]吐絲蟲俗作蚕非昨含切四

撏取也⿰朁阝亭名⿰𧾷朁止也○簪作含切又側岑切七撍盡也篸所以綴衣又作[11]感切⿱竹蠶⿱竹蠶簇⿰月朁腤⿰月朁⿰扌朁

羊腌鐕無蓋釘也○探取也說文作㨂遠取之也[12]他含切三撢周禮有撢人貪貪婪也釋名曰貪探也探入他分也○耽

說文曰耳大垂也又耽樂也詩曰無與士耽或作躭丁含切九湛湛樂亦見詩眈視近而志遠也酖嗜酒妉妉樂甔

大甖可受一石媅媅過說文樂也⿰甚見内視又[13]大含切⿰多尤多也○龕塔也亦[14]曰龍皃又云塔下室口含切十戡[15]殺也刺也

李倚

2 挂　3 淦　5 濫

頜醜皃堪任也勝也克也說文曰地突也又姓風俗通云八元仲堪之後戡勝也克也廅[1]和也又紅談古三二切嵁

嵁崿又五男切瓨瓦器撖挂[2]也鈘敧多也○峆大谷也火含切八𩈣面紅馠小香欱含笑皃谽

谽谺谷空唅唅呀𥨍不脫冠帶而寐也𥨎上同○毿長毛皃蘇含切三蔘蔘綏垂皃犙牛也○弇同也

蓋覆也後漢有耿弇古南切又音掩五䶲鼠名淦水入船中又最也泥也汲也又甘暗切吉州有新淦縣[3]水所出入湖或作汵

緘持意也又呼兼切蜬蠃屬小者又貝居水者肉如科斗但有頭尾○䜤[4]不惠也又謔弄言五含切三𥥍寐中言語嵁

嵁崿又苦男切

二十三○談談話又言論也戲調也又姓蜀錄云晉有征東將軍談巴徒甘切十一郯國名其後以國爲姓春秋時郯

子入魯辨古官與孔子相遇姓苑云沛人惔憂也錟長矛淡水皃又徒覽徒濫二切痰胷上水病澹漢複姓孔子弟

子有澹臺滅明又徒覽徒濫二切倓恬也安也靜也又徒監[5]徒坎二切餤進也詩曰亂是用餤又徒[6]濫切劖刮馬篦也灭

小熱○甘說文作甘美也又隴右州本月支國漢匈奴觻得王所居後魏爲張掖郡又改爲州取甘峻山名之界有弱水祁連山上有松

10 邯、戓

8 蘫

栢五木美水茂草冬溫夏涼又有仙樹人行山中飢即食之輒飽不得持去平居時亦不可見也又姓武丁臣甘盤之後又漢複姓有甘莊甘

士甘先三氏古三切七 柑木名似橘 笴笴竹 苷苷草藥出洮州 泔米汁 㽍[7]和也 媣媣媞也 ○擔擔負釋名

曰擔任也任力所勝也都甘切五 儋說文何也亦姓左傳周有大夫儋翩 聸說文曰垂耳也南方有聸耳之國 頕頰緩 甔小甖

○三數名又漢複姓五氏三閭氏三閭大夫屈原之後也沛上計三烏群三烏大夫之後也三飯尞之後有三飯氏三州孝子之後有三州氏後單

姓州蜀志有三丘務蘇甘切五 參上同又七南所今二切俗作叅 弎古文 衫衣破襤衫 鬖⿱髟監鬖毛垂 ○藍染草又姓戰國

策有中山大夫藍諸魯甘切十一 襤襤褸 ⿱髟監鬢髮踈皃 ⿰扌監⿰扌監持 籃籃籠 ⿱監面⿱監面⿱暫面長面 ⿰監鳥⿰監鳥⿰暫鳥鳥名今俗呼郭

公也 ⿰忄監⿰忄監貪皃 ⿱穴監⿱穴監⿱穴炎薄大 儖儖儳形皃惡也 蘫[8]瓜葅 ○坩坩甒苦甘切一 ○舑吐舌也他酣切九 聃耳漫

無輪又老氏名又姓左傳周大夫聃啓 ⿰身冉俗 緂色鮮 ⿰土冉水衝岸壞 ⿱艹聃葱别名 ⿱穴炎⿱穴監⿱穴炎薄大 ⿰氵冉⿰角肖⿰氵冉峻波也

⿱艹淡蘫⿱艹淡瓜葅 ○憨愧也昨甘切五 慚上同 鏨小鑿 ⿱斬鳥鷃别名 ⿱斬手說文暫也 ○酣酣飲應劭曰洽也張晏曰

中酒曰酣又樂也胡甘切八 甝白虎 ⿱甘䖵桑蟲 魽蚶也 㽍[9]和也又口含古三二切 ⿰炎占火上行皃 炶上同 邯[10]江湘人言

也又[1]音寒。姏老女稱武酣切一。䩆長面皃昨[2]三切一。蚶蚌屬爾雅曰魁陸本草云魁狀如海蛤員而厚外有文縱橫即今蚶也亦作魽呼談切五䞎戲乞人物亦作歛嬜貪妄又一含切歛欲也憨癡也

二十四。鹽說文曰鹹也古者宿沙初作煑海爲[3]鹽亦州近北鹽池因以名之又姓魯國先賢傳有北海相鹽津余廉切十五

塩俗櫩木名閻里中門又姓出天水河南二望壛壛㯓也說文同上阽臨危檐屋檐說文曰檐㮰也簷上同櫩亦同櫩步櫩長廊也𤅋說文云海岱之閒謂相汙曰𤅋鵮鵮離鳥自爲牝牡也閻語[4]林云大夫向閻而立說文曰閻謂之樀樀廟門也𤺊病走𤄻進也。廉廉儉也釋名曰廉斂也自檢斂也亦姓趙有廉頗力鹽切二十鐮刀鐮也釋名曰鐮廉也薄其所刈似廉也鎌上同䨬久雨慊㥯慊帷也簾簾箔釋名曰簾廉也自障蔽爲廉恥也三秦記曰明光宮以金玉珠璣爲簾箔薕薑也說文蒹也薟白蘞藥又音斂蘞蔓草說文同上又音斂匳盛香器也又鏡匳也俗作奩籢上同磏赤礪石獫犬長喙又力劒切又音險獫狁也蠊蜚蠊蟲名說文作蠊海蟲也長寸而白可食稴禾名䡲車輞𢿗𢿗鼓鼓初打也帘青帘酒家望子鬑鬋也一曰長皃覝察也。砭以石刺病府廉切又方驗切二𥐻[5]古文。銛

八·九十九

韻下平

四十八

金滋

1 又音寒三字當刪

2 作

3 爲字當刪

5 砲

7 相　9 娑 妗　10 廉　11 妗

銛利也說文曰臿屬纂文曰鐵有距施竹頭以擲魚爲銛也息廉切十三暹日光進也枮木名綅白經黑緯綅上同鑯
鑯細又山韭也今通作韱凡從韱者倣此襳小襦纖細也微也憸利口孅銳也細也鬖髮也彡毛飾又所銜切恖
疾利口也。○籤說文驗也一曰銳也貫也七廉切十瞼瞼膗也⿰月韱[6]上同鹼水和鹽又工斬切槧削皮又才敢七豔二
切憸憸憸詖也憸音猒僉咸也皆也釗釗切割也懺幖懺記出字林譣譣詖○詹至也應劭漢官曰詹事秦官也
又姓楚詞有詹尹俗作詹職廉切六瞻瞻視占視兆也亦姓陳大夫子占之後又章豔切蟾蟾蠩蝦蟆也張衡靈憲曰羿請不死
之藥於西王母恒娥竊之奔月宮遂託身於月是爲蟾蠩抱朴子云蟾蠩壽三千歲者頭上有角頷下有丹書八字玄中記云蟾蠩頭生角者
食之壽千歲也噡噡言語也厃說文云[8]仰也一曰屋招也秦謂之桷齊謂之厃本魚毀切○棎果名似柰而酸視占切三撏
撏取也[9]蟾蟾光月彩又職廉切○苫草覆屋又凶服者以爲覆席也又姓左傳魯季氏家臣苫夷失廉切三痁病又音店⿱占女
妗娑善笑皃又丑兼[10]切○韂屛也處占切十一姑姑傪輕薄皃又尺涉切幨幨幃釋名曰牀前帷曰幨襜襜褕蔽膝裧
上同⿰身炎⿰身炎⿰身炎衣動皃⿸疒冄皮剝也緂衣色鮮妗妗娑善笑皃又許兼切惉惉懘音不和也禮記作怗惔憺也○⿱穴冄

說文曰頰須也汝鹽切十二髯上同蚺大蛇呥噍皃柟梅也子如杏而醋誧多言蛅爾雅曰蛓蛅蟖郭璞
云蛓屬也今青州人呼蛓爲蛅蟖冄說文云毛冄冄也亦作冉袡衣緣⿰冉龜有距龜痄皮剝又處占切舑舚舑長舌[2]
○黏黏麴女廉切三粘俗⿰飠占南楚呼食麥粥○炎熱也說文曰火光上也于廉切一○霑霑濕也又濡也漬也張廉
切三沾水名在上黨說文他兼切黇黃也○覘闚視也丑廉切又丑豔切二⿱占女⿱占女姈喜皃○淹漬也滯也久留也敗
也央炎切六菴菴藺草又音諳崦崦嵫山下有虞泉日所入又於[3]檢切醃鹽醃又葅也⿰奄阝邑名閹男無勢精閉者
○⿰忄咸⿰忄咸倚意不安也丘廉切二鈐鈐曲頭鑿○䶢齒差語廉切一○尖銳也子廉切十一[4]殲盡也滅也瀸漬
也沒也洽也又泉水出微皃⿰忄韱拭也⿰口韱⿰口韱呀不廉又將豔切呀子俱切漸入也漬也又慈染切⿱艹韱百足草熸火滅⿱竹戈
刺也銳意也又持戈說文絕也䨘小雨又霑也鑯說文曰鐵器也一曰鐫也鋟以爪刻櫃版也䨢漬也或作䨘又所咸切
○潛水伏流又藏也亦水名又姓姓苑云臨川人昨鹽切九朁於朁縣名屬杭州今作潛鬵甑也又才林切⿱竹沾漂絮簀又
音灊水名在巴郡宕渠又古前縣名在廬江又才林切⿰目朁閉目内思燂周禮注云炙爛也緂古文螹螹蠊蟲名○鐕

八·卌九
韻下平
四十九
秦頭

5 二　6 銸　7 嬒　10 ⿰巾瓜

鎖頭亦作鉗晉律曰鉗重二斤翹長一尺五寸又羌複姓有鉗耳氏說文籋也巨淹切十一[5]　鉗上同說文曰以鐵有所劫束也　惍絹惍

鉆持鐵者說文又敕淹切鐵銸[6]也一曰膏車鐵鉆　黚淺黃黑色又古黚陽縣在武陵又巨今切　拑脅持也　黔黑黃色說文曰黎也秦謂民爲黔首謂黑色也周謂之黎民又音琴　羬羊六尺爲羬　鳹白喙鳥　雂上同　鍼鍼虎人名又之林切　鈐兵鈐以閉房神府以備非常又鈎鈐星名說文曰鈐鏩大犂也

〇懕安也一鹽切七　猒飽也又於豔切　饜上同　嬮和靜　㤿㤿憸　稖稖稖苗美也　嬐[7]含怒也又魚[8]檢切

〇燅說文曰湯中爚肉也徐鹽切九　錟[9]說文同上　燖爓⿰月閻並同上　蘞山菜　𢹣𢹣摘物出字諟及聲類　㰊木細葉也　𢅆小巾

〇襳襳褷毛羽衣史炎切一　〇炏字林云小熱也直廉切三　䕭埤蒼云赤黃色　誗言利美也又人名字書無　〇鍼巨鹽切又音針一

二十五〇添益也他兼切四　沾說文曰水出壺關東入淇一曰沾益也　黇黃色　䑙䑙舑吐舌　〇髻髻鬑鬚鬢髮踈薄皃丁兼切八　敁敁敪稱量　佔佔佀輕薄也　詀轉語　⿰巾瓜[10]衣領又丁頰切　袩上同　聑耳小垂

䀡目垂又丁念切　〇甜甘也徒兼切五　恬靖也　湉水靖　菾菜名　萜藥名　〇鬑髻鬑勒兼切六　薕薕蒹

1 未秀

△稴本韻戶兼切人力兼切

4 二

6 黏

△[黑金]侵韻居吟切又古咸切

秀了荻草熑熑輙[2]說文曰火熑車網絕也溓大水中絕小水出也說文曰薄水[3]也一曰中絕小水濂薄也燫火不絕皃△

○謙敬也讓也苦兼切二[咸糸]堅持意又呼廉切○兼說文曰并也兼持二禾秉持一禾又姓衛公子兼之後古甜切七縑

絹也說文曰并絲繒也鶼比翼鳥[米兼]青稻白米蒹荻未秀[罒兼]絲網鰜比目魚○嫌說文曰不平於

心一曰疑也戶兼切一[4]稴稻不黏者又力[5]兼切○鮎魚名奴兼切三[飠占]說文曰相謁食麥也拈指取物也○馦香氣許兼

切七[疒兼][疒胡][疒兼]病也[黃夾]赤黃色[甘兼]香美欦貪慾也又笑也[咸糸]堅持意又契兼切姈美也

二十六○咸皆也同也悉也亦姓姓苑云巫咸之後今東海有之胡讒切十一鹹不淡醎俗函函谷關名又函

書亦姓漢有豫章太守函熙又漢複姓漢末有黃門侍郎函治子覺又音含[馬咸][馬咸]驩古縣名漢書只作咸諴和也鰜魚名

稴不作[6]稻也椷杯也[木函]上同[車咸]車聲○緘緘封古咸切七[咸糸]慳恡又堅持意口閉也瑊美石次玉玪

上同尲尲尬行不正也黬釜底黑也[黑韱]說文曰雖晳而黑也古人名[黑韱]字晳[6]○攕女手皃所咸切十一摻上同詩曰

摻摻女手又所減切[木黏]木名似松爾雅又作粘杉上同櫼上同說文音尖楔也[雨㦰]雨皃說文曰微雨也或作[雨韱]又子廉切

八十七　韻下平　五十　秦暉

9 兔

△歉陷韻口陷切又口咸切

○嚵琰韻慈染切又初咸切

⿱雨彡微雨 ⿰目彡瞻視又所儳切 ⿰車韱車聲 ⿰革參鞍⿰革參垂皃 ⿰犭參犬容頭進也 ○⿰犭音犬吠聲乙咸切又乙陷切三 淊淊沒 黯深黑也又乙減切 ○嵒巖也又嶃嵒山高皃亦地名五咸切十 顩面長皃又丘檻切 黬釜底黑也又音緘 䍼山羊 虥熊虎絕有力也 麙上同 ⿰齒兼齒皃 碞僭差又牛金切 㺂羊有力也 ⿰言嵒和也又戲言也 ○㰹笑皃許咸切五 ⿰虫咸似蛤出海中也 妗喜皃又香兼切 谽谽谺谷空皃 ⿰面今出頭皃 ○詀詀諵語聲竹咸切又尺涉切四 ⿰面占⿰面占⿰面今出頭皃 鵮鳥啄物也又苦咸切 ⿰齒占⿰齒咸味 ○諵詀諵也女咸切二 喃上同 ○讒譖也士咸切又士銜切十三 獑獑猢似猿而曰又士銜切 鏨小鑿又才三切 饞不廉 毚狡毚 ⿰犭毚上同 ⿰鼻毚鼻高皃 欃檀木別名 攙刺也又楚銜切 ⿺鼠韱鼠名又埤蒼云鼠皃 ⿰隹攴鳥⿰隹攴物也 儳儖儳皃惡也又仕陷切 酁宋地名 ○鵮鳥鵮物苦咸切五 ⿰臽攴上同 嵁嵁巖不平正皃 ⿸厂僉山崖空穴間皃 ⿰兼咸⿰兼咸顩長面 △○

二十七○銜說文曰馬勒口中从金从行銜行馬者戶監切二 ⿰兼瓦乾瓦屋也 ○巉險也鋤銜切八 嶃嶃嵒山皃 劖刺也說文曰斷也一曰剽也 艬合木船 鑱吴人云犂鐵說文銳也又士懺切 獑獑猢又士咸切 毚又士

1 讒巉士咸切又士銜切鑱韻士懴切又士衫切

2 嵌

3 敎

4 芝

5 欲 丘凡切

咸切嚵嚵氣說文曰小啐也一曰喙也又音儳○巖峯也險也峻廊也五銜切三礹巖上同嚴呻吟○攙攙搶祆星爾雅作欃槍楚銜切又士咸切一○衫衫衣所銜切八纔帛青色又音裁髟屋翼也又長髮皃縿絳帛說文曰旌旗游也彡毛長芟刈草穇穇穇穗不實見齊人[1]要術𩌏又所咸切○監領也察也說文云臨下也古銜切又古懴切五礛礛䃴青礪䁪視也鑑鑑諸以取月中水又明也𠟰細切○𨆧步渡水白銜切一[3]○嵌[2]巖山也口銜切一

二十八○嚴嚴毅也威也敬也說文曰嚴令急也亦姓本姓莊避漢明帝諱改姓嚴語𩏩切二𥸧射翳○𩏩胡被也虛嚴切五杴鍬屬古作㮊或作欦方言云青齊呼意所好爲杴㾾㾾瘦物在喉也䅖禾傷肥也蘞芋之辛味曰蘞○醃鹽漬魚也於嚴切二腌上同○𢻃𢻃敧不齊丘嚴切又丘广切二㢛山側空處也

二十九○凡常也皆也輕也非一也又姓周公子凡伯之後姓苑云晉陵人符咸切七[4]帆船上幔也亦作颿又扶泛切仉輕也又孚劔切舤船舷氾國名又姓出燉煌濟北二望皇甫謐云本姓凡氏遭秦亂避地於氾水因改焉漢有氾勝之撰書言種植之事子輯爲燉煌太守子孫因家焉又音汎颿馬疾步柉木皮可以爲索○芝草浮水皃匹凡切二欲[5]多智慧也

四·八十三　韻下平　五十一　李倚

廣韻下平聲卷第二

新添類隔今更音和切

緜名延切 ⿺几雈中全切 閍北盲切 平僕兵切 凡符芝切 芝敷凡切

廣韻上聲卷第三

多動董第一獨用　之隴腫第二獨用

古項講第三獨用　諸氏紙第四旨止同用

職雉旨第五　諸市止第六

無匪尾第七獨用　魚舉語第八獨用

虞矩麌第九姥同用　莫補姥第十

徂禮薺第十一獨用　鞋買蟹第十二駭同用

諧楷駭第十三　呼猥賄第十四海同用

呼改海第十五　之忍軫第十六準同用

之尹準第十七　武粉吻第十八隱同用

吴椿

於謹隱第十九 2　虞遠阮第二十混很同用

乎本混第二十一　乎墾很第二十二

河滿旱第二十三緩同用　胡管緩第二十四

山板潸第二十五產同用　所簡產第二十六

先典銑第二十七獮同用　息淺獮第二十八

蘇鳥篠第二十九小同用　私兆小第三十

苦絞巧第三十一獨用　乎老晧第三十二獨用

古我哿第三十三果同用　古火果第三十四

莫下馬第三十五獨用　余兩養第三十六蕩同用

徒朗蕩第三十七　古杏梗第三十八耿靜同用

古幸耿第三十九　疾郢靜第四十

戶鼎迥第四十一獨用　蒸上拯第四十二等同用

多肯等第四十三　云久有第四十四厚黝同用

乎口厚第四十五　於糾黝第四十六

七稔寑第四十七獨用　古禫感第四十八敢同用

姑覽敢第四十九　以冉琰第五十忝[1]儼同用

他點忝第五十一　宜奄儼第五十二[2]

下斬豏第五十三檻范[3]同用　乎黯檻第五十四[4]

防錽范第五十五

一○董 督也正也固也又姓飂叔安裔子董父實甚好龍帝舜嘉焉賜姓曰董出隴西濟陰二望多動切七 蝀 螮蝀虹也又音

6 天
8 上同
9 軌
11 階中

五·九十八 韻上聲 二 吳椿

東箽亦姓又竹器也懂懵[5]懂心亂蕫蘱蕫草似蒲而細又藕根𣘗攏𣘗不上𪔁𪔁𪔁鼓鳴也

。蠓列子曰蠛蠓生朽壤之上因雨而生覩陽而死莊子謂之醯雞莫孔切七矇物上白醭鸏水鳥又音蒙濛濛澒

大水又莫紅切朦大皃曚暡曚日未明也懵心亂皃。孔孔穴也又空也甚也亦姓殷湯之後本自帝嚳次妃

簡狄吞乙卵生契賜姓子氏至成湯以其祖吞乙卵而生故名履字太[6]

乙後代以子加乙始爲孔氏至宋孔父嘉遭華父督之難其子奔魯故

孔子生於魯康董切二倥倥偬事多。敂搏擊先[7]孔切三𥲂箸[7]桶檧[8]又蘇公切。侗直也一曰長大他孔

切四桶木桶又音動曈曈曨欲曙又音童聾捅捅進前也。總聚束也合也皆也衆也作孔切十五揔

上同愡俗嵸巃嵸山皃𢈔衆立𩮀𩮀角本亦作總蓯華蓯草皃鬷爾雅云軌[9]鬷一名素華

猣犬生三子𪁽鳥飛竦翅上下也所謂鶢鶋醜其飛也𪁽瞍方言云南人竊視[10]熜熅也說文曰然麻蒸也又

青公切𢉖屋[11]會又且公切𨌨關西呼輪曰𨌨偬倥偬。澒說文曰丹沙所化爲水銀也又濛澒大水胡孔切五

鴻鴻濛又音紅𧊅𧊅蟲甲類𠳟鳴聲𠳟𠳟也汞水銀滓。蓊蓊鬱鳥孔切九滃大水皃

2 出

5 塎

暡氣盛皃 𡖤𡖤𡗝多皃又音邕濃 勜勜尣屈強皃尣音軌 䈵竹盛又音翁 𦞦𦞦臭皃出字林 塕

塕埲塵起 熓熓然煙氣 ○𡗝奴動切一 ○琫佩刀飾也邊孔切四 菶草盛 ⿱封糸小兒皮屨又巴講切 俸

屏俸又扶用切 ○曨曈曨力董切九 襱袴也又直隴切 巃巃嵸 竉孔竉 籠竹器又龍聾二音 攏攏略

又[2]拗攏籌也謂酒律 㦕㦕悷不調 儱儱侗未成器也 龓乘馬又牽也說文兼有也 ○嗊羅嗊歌曲出告幼童文呼孔切二

⿰忄贛⿰忄贛⿰忄贛[3]心神恍忽皃 ○動躁也出也作也搖也徒揔切九 迵古文 酮酒壞又音同 姛項直皃 眮目瞋

詷訂詷訂音挺 桶木器又他孔切 挏推引也漢有挏馬官作酒又音同 硐安硐磓硐見馬融長笛賦 ○菶

[4]蒲蠓切草盛皃又方孔切三 唪大笑也 埲塕埲塵起

二○腫疾也說文癰也釋名曰腫鍾也寒熱氣鍾聚也之隴切六 種種類也又之用切 踵足後又繼也跙也頻也說文追

也一曰往來皃 歱說文跟也 偅相跡也 喠喠喀欲吐 ○寵寵愛也丑隴切三 ⿺走冢小兒行皃 埫埫容[5]不安

○隴說文云天水大坂也亦州漢汧縣後魏置東秦州又改爲隴州因山名之力踵切三 壠說文曰丘壠也方言曰秦晉之閒冢謂之壠亦

6 稍

7 鐘

8 慂勸

作壟書傳曰敏壟也⿱淮土塗也○擁手擁說文作擁抱也又擁劒蟲形似蟹崔豹古今注云一名執火其螯赤故謂之執火於隴切

三壅上同⿱雍土壅堨亦塞也障也又音邕○宂宂散也亦官名續漢志曰先臘一日大儺逐疫鬼宂從僕射將之逐鬼于

禁中俗作宂而隴切十二冗上同穁稻穁[6]傉不肖也一曰傝傉劣也或作揄茸又作毹氈𣯍鳥細毛也氄

上同軵推車或作搑⿰牛内水牛⿰鼠宂⿰鼠宂鼠⿰扌戎拒也亦作軵⿰車茸輕也搑推擣皃也又而容切○重

多也厚也善也慎也直隴切又直龍直用二切四⿰忄重遲也襱袴也又來公力董二切又作⿰衤同鮦魚名又直柳切○冢

大也周禮天官冢宰說文曰高墳也釋名曰冢腫也象山頂之高腫起知隴切二塚俗○奉與也獻也祿也說文承也

扶隴切二唪口高皃出埤蒼○捧兩手承也敷奉切一○勇猛也說文作勈气也余隴切十五恿古文涌

涌泉說文曰滕也一曰涌水在楚國甬草花欲發皃亦甬道周禮云舞上謂之甬甬鐘[7]柄也踊跳也又踊刖者以之接足晏子曰踊

貴屨賤⿱涌心方言云慫⿱涌心[8]歡也⿺走甬說文曰喪擗⿺走甬也經典作踊同塎埫塎不安悀心喜也又出也埇地名

在淮泗溶水皃又音容蛹蠶化爲之傛說文曰不安也又音容俑木人送葬設關而能跳踊故名之出

[1]孑　[4]巩

埤蒼衖巷道出蒼頡篇○恐懼也丘隴切又丘用切三㤟古文蒛藺蕩也○尰足腫病亦作尰時冗切三瘇上同出說文偅自要偅出聲譜○拱手抱也又斂手也居悚切十八拲兩手共械周禮曰上罪梏拲而桎䂬水邊大石鞏以皮束物又縣名在河南亦姓左傳晉大夫鞏朔蛬蟋蟀又巨容切孓[1]孑孓井中小蟲珙璧也廾說文曰竦手也篆文作𠬞弄具奐丞字並从此篆同而隸異也𢪐說文曰楊雄說廾从兩手也㤨戰慄也又[2]戶工切舉[3]姓也𤭛瓬也𢪐抱持說文攤也輂輞也䱋鯤魚子也巩抱也說文作𢪐[4]恐鞏類並从此栱爾雅云杙大者謂之栱輁輁軸所以支棺○悚怖也息拱切十竦敬也國語云竦善抑惡慫驚也聳高也說文曰生而聾曰聳䋚絆前兩足㩳執也駷何休云馬[5]搖銜走也㦬懼也亦作雙傱從傱走意又[6]先項切縱襌衣○洶洶溶水皃許拱切三詾詾嚇也又[7]音凶兇恐懼說文曰擾恐也左傳曰曹人兇懼又音凶○覂覆也或作庈又作泛此覂駕之馬非良者說文曰反覆也方勇切二庈上同○湩都[8]䳷切濁多也此是冬字上聲一○䳷莫[9]湩切䳷鳭鳥又莫項切二䏵豐大○𣏽穫也渠隴切又渠恭切一○𨤲小鳥飛也充隴切二

八·四十三

韻上聲

四

宋據

17 坻　16 枸　○ 㗰 腫韻息悚切 又先項切　14 屨　13 大　12 硧　11 佬　○ 幒 木韻職勇切 幒 又且勇切

八·四十三　韻上聲　四　宋珺

喠氣急之皃○㧐說文曰惲也職勇切二幒上同又且[10]勇切○縱子冢切襌衣又息拱切一○

三○講告也謀也論也說文曰和解也古項切四港水派傋佬傋不媚皃又虛項切耩耕也○㭋杖也打也步項切八

棒上同棓上同魏志云曹操爲北部尉門左右縣五色棓各十枚玤周邑地名又珠次玉㤓㤓慃很戾蚌蛤也

蜯上同䎧䎧鑼器出埤蒼○慃㤓慃很戾烏項切一○佬[11]佬傋武項切二䳵䳵鳴鳥○項頸項說文曰頭後也釋名曰項硧[12]也堅硧受枕之處又姓本姬姓國公羊曰爲齊桓公所滅子孫以國爲氏項燕爲楚將生梁梁兄子籍號霸王胡講切二

銗說文云受錢器古以瓦今以竹又火[13]口切○⿱封糸小兒皮屨[14]巴講切又補孔切一○傋虛慃切佬傋二⿰忄冓慃⿰忄冓

四○紙釋名曰紙砥也平滑如砥石也後漢蔡倫以魚網木皮爲紙又姓後魏書官氏志云渴侯氏後改爲紙氏諸氏切十六

帋上同只語辭坁隴坂也又直尼當禮二切軹縣名在河內又字書云車輪之穿[15]爲道綫子嬰於軹途是也

枳木名周禮曰橘踰淮北而爲枳又居帋切咫咫尺賈逵云八寸曰咫抵抵掌說文云側手擊也⿰氵只水名出拘[16]扶山砥平也直也均也礪石也書傳云砥細於礪皆磨石也坻[17]說文云坻著也汦著止抧開也恀怙也

2 精

3 正

△鍉 寘韻是義切又音是

6 擊

又音是 積曲枝果也 鴃鴃鴂鳥如烏赤足可以禦火見山海經 ○是是非也說文曰直也又姓吳志云是儀本姓氏孔融嘲之曰氏字民無上乃改爲是[1]焉又虜複姓四氏西魏有開府是云寶後魏書又有是連是婁是賁三氏承紙切十 氏氏族

又支㩼[2]二音 媞江淮呼母也又音啼 諟理也正也諦也審也 恀爾雅曰恀怙恃也一云恃事曰恀 徥行皃

又池爾切 狏狏狠 褆衣服端下[3] 姼方言云南楚人謂婦妣曰母姼也 䟡䟡封也謂立也積聚也 ○靡無也偃也又靡靡曼美色也說文曰披靡也文彼切七 𨇁行皃 𢕓𢕓𢕓猶遲遲也 骳骳屈曲也 𨏥乘輿金耳又美爲切

𥨊[4]熟寐也又莫禮切 蘼薔蘼藥名又士爲切 ○彼對此之稱甫委切五 𢏵相分解也 柀木名爾雅云柀粘 佊埤蒼云佊邪也 𠎤停𠎤 ○被寢衣也又姓呂氏春秋有大夫被瞻皮彼切又皮義切二 罷遺有罪又平陂薄解二切

○毀壞也破也缺也虧也許委切十 燬火盛[5] 檓爾雅云檓大椒 毇說文曰米一斛舂爲八斗 𣫊上同 媧又於詭切義見下文 譭謗也譖也 𢵀手𢵀[6]傷也 烜周禮有司烜氏以陽燧取火於日以鑒取水於月 𡢗說文曰惡也一曰人皃 ○委委曲也亦委積又屬也棄也隨也任也又姓漢有太原太守委進出風俗通於

八·廿七　韻上聲　五　劉昭

7 委　10 嫿　12 坺

詭切五　骫骨曲又姓出纂文　⿺尢咼說文曰鷙鳥食已吐其皮毛如丸又許[7]以切　蜲黍負爾雅云蛜威委黍字或從
虫　䍴羊相䍴積　○跪拜也去委切又渠委切二　⿺尢危刖一足　○詭詐也又横財物爲詭遇也過[8]委切十九　垝
垝垣毀垣也又作陒　陒上同　⿰危阝陸⿰危阝山名出山海經　攱枕也　⿰金危戾鋸齒也說文曰臿屬一曰瑩鐵也　觤
羊角不齊　恑變也悔也　蛫蟹也　祪毀廟之祖　庪爾雅云祭山曰庪縣　衼　庋並上同　洈水名
出南郡東洈山至華容縣入江也　蟡長八尺一首二身似蛇以名呼之可取魚鼈　⿰危鳥子[9]規玉篇云布穀也　姽宋玉
神女賦曰既姽嫿[10]於幽靜說文曰閑體行姽姽也　桅短矛或作⿰矛危說文曰桅黃木可染　佹戾也　○髓說文作䯝骨中
脂也息委切五　嶲[11]越嶲郡　靃靃靡草木弱皃　䭉䭉餚方言云餅也　瀡滑也　○絫說文曰增也十黍之重也
力委切六　累上同又良僞切　樏似盤中有隔也又音縲　⿱竹累法者⿱竹累可以網人心　厽說文曰絫坺[12]土爲牆壁
垒說文曰垒墼也　○技藝也說文巧也渠綺切六　妓女樂　徛立也　伎侶也　錡釜也又魚綺切　⿰虫奇
蟬也　○倚依倚也又姓楚左史倚相於綺切五　猗猗狔猶窈窕也又於羈切　椅椅柅又於宜切　旖旖旎旌旗從風

2 食閣

3 閉一扇閉一扇

6 意

7 紫

皃輢[1]車輢○掎牽一脚說文云偏引也居綺切七剞剞劂曲刀庋又音[2]詭𢉖一足又作踦踦
公羊傳曰相與踦閭而語閉[3]一扇一人在內一人在外㱦弃也又丘知九奇二切攲持去也又居宜切○綺文繒
又姓漢四皓有綺里季墟彼切七婍皃好碕碕礒石皃又起宜巨[4]支二切䞚行皃㥓惐[5]㥓[6]又去奇切儉急也觭
牛角又丘奇切𤸎痤也喪也又於蟹切○螘爾雅曰蚍蜉大螘小者螘魚倚切十二蟻上同蛾上同見禮錡
三足釜一曰蘭錡兵藏又姓武王分殷人六族有錡氏後漢有錡嵩礒碕礒齮齧也艤整舟向岸檥上同說文
魚羈切榦也嶬岌嶬山高皃轙說文曰車衡載轡者羛羛陽鄉名在魏郡𢻫釜也亦作鈘說文曰三足
鍑也一曰滫米器也○蔿草也又姓左傳晉大夫蔿伯韋委切九鄬地名㒱不安也䧦地名蘤花也
縈也𤺌口咼䦱闢也國語曰䦱門與之言又姓薳草又姓左傳楚有薳氏代爲大夫寪說文云屋皃
○觜喙也即委切二𣐊[7]上同說文識也一曰藏也○蘂[8]花外曰萼花內曰蘂如累切四惢草木叢生皃甤
說文曰草木實甤甤也又人隹切繠苷也垂也又佩垂皃○此止也雌氏切九跐蹈也又阻買[9]切佌小舞皃玼

八·十八　韻上聲　六　劉昭

12 脊

17 中衣袖

齋韻成類切 ○移又余氏切

玉色鮮又千禮切 泚水清又千禮切 ⿰此馬[10]馬名 佌小皃 ⿺走此淺渡也 ⿱此大直大也說文火介切瞋大聲[11]也 ○豸

蟲豸爾雅云有足曰蟲無足曰豸說文云獸長脊[12]行豸豸然欲有所伺[13]殺形池爾切十二 褫奪衣易曰以訟受服終朝三褫之 陊

山崩也說文大可切落也 ⿰米是黏也 踶踶跂用心力皃莊子曰踶跂爲義 傂佌傂參差皃 杝析薪又敕[14]氏切

阤落也說文云小崩也 ⿰角虒角端不正說文敕豕切角傾也 廌解廌又宅買切又作⿰角豸 禔好衣 徥行皃朝鮮

語也 ○徙移也斯氏切五 璽說文曰王者印也所以主土从土爾聲 壐籒文 佪佪小皃詩云佪佪彼有屋本亦

作佌佌又音此 ⿱徙厶小皃又千[15]禮切 ○酏酏酒移爾切九 迤邐迤連接 匜柶匜有柄可以注水又音移 袘[16]衣[17]中

袖也 肔引腸莊子云萇弘肔注云肔裂也又敕[18]紙切 崺峛崺沙丘狀峛音邐 扡加也又離也又弋支切或作拸

⿰忄虒不憂事也又弋支切 孈多態 ○邐邐迤力紙切三 峛峛崺 ⿱爻大⿱爻大介布明白象形也 ○躧躧步也又

作蹝說文曰舞履也所綺切十 ⿰革麗上同 灑灑埽又所買切 纚韜髮者又颯纚長紳皃 縰上同 釃分也

見漢書溝洫志說文曰下酒也一曰醇也 ⿰革徙鞮屬 屣履不躡跟 矖視也 簁籭也說文曰簁箄竹器也 ○俾

4 張　3 俠　2 闞

使也從也職也并弭切十俾上同說文曰益也一曰俾門侍人鞞刀鞞又蒲迷補茗二切箄竹器又畢篦二音

䵗黍屬又蒲賣切髀股也又步米切崥山足萆爾雅曰萆鼠莞郭璞曰亦莞屬纖細似龍須可以爲席埤

客擗扶持○爾汝也說文作爾云麗爾猶靡麗也兒氏切四尒義與爾同說文曰詞之必然也又虜姓二氏尒朱氏本北

秀容人也居尒朱川因以爲氏後魏書官氏志尒綿氏後改爲綿氏也邇近也迩上同○渳水皃說文歃也綿婢切十一

弭弓末又息也亦無緣弓也瀰水流皃瀰詩曰河水瀰瀰水盛皃也芈羊鳴一曰楚姓敉撫也愛也安也

侎上同葞爾雅云葞春草本草云芒草也蝆爾雅注云今米穀中蠹小黑蟲是也闞力禰又乃禮切𢘓止也

○婢女之下也便俾切二庳下也或作埤又音卑說文曰中伏舍也一曰屋庳○侈奢也泰也大也尺氏切十五姼

姑姼輕薄皃又美也姑吐涉切㚤上同鉹甑也誃說文曰離別也㢋廣也國語曰狹溝而㢋我𢈻上同

垑恃土地也懘又昌厲切烗盛也袳衣長亦作袲又宋地名袲上同𧰲豕也恀恃也又音

帋哆張口又丑加昌者二切○弛釋也說文云弓解也施是切三豕豬也阤壞也又音豸○紫間色也又

八·三十　韻上聲　七　李倍

7 敊

9 披 析

15 捶

16 柅 柅椅

○祂本韻池爾切又敕氏切 肔本韻移爾切又穀紙切

姓出何氏姓苑將此切九 訿訿毀 訾上同 呰窳也又子西切 泚水名在長沙 跐行皃 茈茈薑又茈草也

呰口毀說文苛也 ⿰扌此捽也又子禮側買[5]二切 ○捶擊也之累切五 箠策也 ⿱耑卮小卮出說文 ⿰馬垂馬小

皃又子垂切 沝二水又音資[6] ○揣度也試也量也除也初委切又丁果切二 敊[7×]試也 ○⿰犭陏特豚或作猜隨婢切

一 ○舓以舌取物神帋切四 䑛上同 舐俗 狏獸名似狐出[8]則有兵 ○⿰扌此拳加人也側氏切又音紫二 跐

蹈也又音紫 ○⿰歹皮枝[9]折[×]匹靡切三 紴水波錦文又[10]補柯切 披開也又偏羈切 ○諀諀訾惡言匹婢切六 庀具也

疕瘡上甲亦頭瘍又甲履切 仳仳離別之意 訿具也 吡呰也出莊子 ○莜[11×]雞頭也北[12]燕謂之莜羊捶切六 ⿱艹陏

草木葉[13]初出皃 芈爾雅云蕍芈葟華榮 ⿰扌陏⿰扌陏棄又撞也[14] ⿰豸陏小積亦作隊 ⿸疒陏瘡裂 ○惢疑[15]也才捶切一 ○跬

舉一足丘弭切四 ⿺走圭上同 頍弁皃又舉頭皃 ⿰足奎⿰足奎踽開足之皃 ○狔猗狔從風皃女氏切三 旎旖旎 抳[16×]

掎×抳× ○硊磈硊石皃魚毀切四 頠閑習容止 姽好皃又過委切 ⿰危鳥布穀鳥 ○跪跽跪亦作⿺走危渠委切又去委切

一 ○褫敕豸切衣絮偏也又池豸二音一 ○⿰扌敫指也說文刺也陟侈切二 ⿰衤敫衪⿰衤敫 ○⿰衤鼻去涕也與倚切一 ○企

企望也丘弭切又去智切二　跂踶跂山海經云有跂踵國人行䠆跟不著地如人之跂足也又去智巨支二切　○菙周禮有菙氏燋
焌用荊菙之類時髓切二　嫢嫢不悅也　○枳木名似橘居帋切又諸氏切一

五旨

○旨說文云美也从匕甘又志也亦作㫖見經典職雉切八　指手指也又示也斥也　恉意也　祁地名　䛗許發人之
惡　厎平也致也說文云柔石也　砥砥礪也說文同上　茋茋蒻小苹　○視比也瞻也效也承矢切三　眡眎並古
文　○美好色說文曰甘也从羊从大羊在六畜主給膳也美与善同意無鄙切五　媺上同周禮地官云一曰媺宮室　𤛖獸似
牛　渼渼陂在京兆鄠縣　媄字樣云顏色姝好也　○鄙陋也又邊鄙也[1]方美切四　啚說文嗇也　娝姓出何承
天纂文　痞病也又音否　○兕爾雅曰兕似牛郭璞曰一角青色重千斤徐姊切七　𠑷上同　兕古文　光俗　羠
犍羊又以脂切　薙燒草又直履他計二切　芙蒿也　○几案屬周禮司几筵掌五几凡朝覲大饗射封國命諸侯設左右
玉几祀先王亦如之諸侯祭祀右彫几筵國賔于牖前左彤几甸役右漆几喪事右素几吉事變几凶事仍几或作机居履切九　麿
爾雅云麿大麕旄毛狗足　麂上同　屼女屼山名弱水所出　机說文曰木也山海經曰族薗之山多松栢机栢　𨚍地名

八・九十一　韻上聲　八　李倍

2 犯字當刪

5 渒

犯[2]獸名如兔喙蛇尾見則有蝗災 扂赤䩍扂也 䃾石墮聲也○姊爾雅曰男子謂女子先生爲姊將几切二 秭[3]千億也亦秭歸縣在歸州袁山松云屈原此縣人被放姊來因名其地姊與秭同音風俗通云千生万万生億億生兆兆生京京生秭秭生垓垓生壤壤生溝溝生澗澗生正正生載載地不能載也○匕匕匙通俗文曰匕首劒屬其頭類匕短而便用故曰匕首卑履切十 妣爾雅曰父曰考母曰妣又甫[4]至切 秕穅秕 比校也並也爾雅曰北方有比肩民焉迭食而迭望蓋半體人也又毗鼻邲三音 ⿰礻比以豚祀司命也 沘水名出盧江灊[5]縣入芍陂今謂之渒水也 枇禮記注云所以載牲體 朼上同 疕頭瘍 髀股外又旁禮切○軌法也車跡也說文曰車轍也居洧切十二 簋簠簋祭器受斗二升內圓外方曰簋 朹古文 晷日影也又規 厬厬泉或作⿰氵軌爾雅云水醮曰厬謂水醮盡也 ⿰氵軌上同 宄內盜也 匭匣也唐垂拱元年置匭於朝令上表者投之有延恩通玄招諫申寃等四匭也 𠥓古文說文云匭𠥓皆古文簋字 頯小頭又巨追切 氿水涯枯土爾雅曰氿泉穴出穴出仄出也 ⿲彳九亍⿲彳九亍跡○洧水名在鄭滎美切四 鮪魚名 痏瘡痏 䵋黃色○矢陳也誓也正也直也說文曰弓弩矢也古者夷牟初作矢式視切四 ⿱乂矢又作笑並俗 𦳊說文曰糞也本亦作矢俗作屎 屎俗本許伊切

10
圮

雉 爾雅曰雉絕有力奮謂最健鬬也又陳也度也王肅云城高一丈曰堵三堵曰雉直几切三 滍 水名在魯陽 薙 芟草又辛雉辛夷別名[1]又音替 ○死 說文曰澌也人所離也息姊切一 ○牝 扶履切又毗忍切一 ○履 踐也祿也幸也福也字書云草曰扉麻曰屨皮曰履黃帝臣於則所造又姓出姓苑力几切一 ○水 說文曰準也北方之行也釋名曰水準也準平物也式軌切一[2] ○壘 說文曰軍壁也又重壘亦姓後趙錄有壘澄本姓裴氏力軌切十四 蜼 似猴仰鼻而尾長尾端有歧說文惟季切又音柚 猚 上同 虆 藤爾雅曰諸慮山虆 蘽 上同 灅 水出鴈門 㠥 㠥⿱山非山皃 轠 轠轤車屬 鸓 飛生鳥名飛且乳一曰鼺鼠毛紫赤色似蝙蝠而長 藟 葛藟藟葉似艾或作虆 誄 銘誄誄壘也壘述前人之功德周禮曰小史掌卿大夫之喪讀誄也說文曰誄謚也 耒 田器又盧[3]對切 讄 禱也 𤢖 飛𤢖獸 ○揆 度也求癸切五 楑 木名又音葵 ⿰忄癸 悸也又巨[4]隹切 嫢 細也又聚[5]惟切 湀 泉出也說文曰湀辟深[6]水處也 ○趡 走也又魯地名千水切三 踓 ⿺疋就 ⿰豖隹 細[7]頸 ○柅 絡絲柎易曰繫于金柅女履切又音尼一 ○癸 辰名爾雅太歲在癸曰昭陽古作癸又姓姓苑云出齊癸公後居[8]誄切二 湀 通流 ○否 塞也符鄙切又方久切八 痞 腹內結痛[9] 圮[10] 岸毀又覆也 仳 離也

△⿱唯鳥 小韻以沼切 又羊水切
16 崔
17 敳
○第 止韻阻史切 又側几切
○⿰身帚 尾韻虛豈切 又虛几切
21 地

又芳比切 殍 草木枯落也又音孚 ⿰巾比[12] ⿰巾祭裂 䤏 覆也或作⿱山肥 ⿰比支 方言云器破而未離南楚之間謂之⿰比支又匹支芳鄙

二切 ○⿱山非 嵬⿱山非山皃徂累切一 ○嚭 大也匹鄙切五 秠 一稃二米又[13]孚悲切 疕 頭瘍 ⿱山肥 崩也 ⿰比支 又匹

支符鄙二切 ○蕊 草木實節生如壘切三 甤 說文曰草木實甤甤也 繠 垂也 ○唯 諾也以水切又音惟八 蓶

草似馬韭而黃可食 鰖 蟹子又他果切 壝 埒也又音遺[14] 遺 魚盛皃 孈 愚戇多態又[15]尤卦切 ⿰扌肓 棄也

踓 走也又千水切 ○歖 歖⿰豉欠驢鳴於几切一 ○濢 汁漬也遵誄切四 噿 鳥噿 嗺[16] 山狀 臎 肥皃 ○黹

鍼縷所紩周禮祭社稷五祀則用黹冕也豬几切四 敳[17] 刺也 夂 後至也 𢯱 挃也 ○⿸厂敘[18] 移蠶就寬楮几切一 ○⿰足市

止姊切一 ○⿰目商[19] 恚視火癸切又火季切一 ○郿 山名暨[20]軌切一 ○跽 張跽暨几切一 ○巋 巋然高峻皃又小山而衆曰

巋丘軌切二 蘬 龍古大者曰蘬。

六 ○止 停也足也禮也息也待也留也諸市切十 時[21] 說文云天地五帝所基止祭也右扶風有五時又時止切 沚 釋名

曰沚止也小可以止息其上說文曰小渚曰沚 洔 上同說文曰水暫益且止未減也 茝 香草字林云虈蕪別名又昌待切

1 刑

趾足也　址基址　阯交阯郡劉欣期交州記云交阯之人出南定縣足骨無節身有毛臥者更扶始得起山海經云交脛國爲人交脛郭璞曰腳脛曲戾相交所以謂雕題交阯也　芷白芷藥名又芷陽縣名　厎定也又厎柱也　○市說文云買賣所之也周禮曰司市掌市之治教政形[1]量度禁令大市日側[2]而市百族爲主朝市朝時而市商賈爲主夕市夕時而市販夫販婦爲主古史考曰神農作市世本曰祝融作市時止切三　恃依也賴也　時又諸市切　○徵五音配夏亦作徵見經典省陟里切又竹凌切三　䜴䜴言也出方言　撴指也　○喜喜樂又聞喜縣在絳州漢武帝幸左邑聞南越破遂改爲聞喜縣禮記曰人喜則斯陶陶斯咏虛里切又香[3]忌切三　憙悅也又許忌切　嬉嬉子蟲名[4]　○紀極也會也事也理也識也亦經紀又十二年曰紀又姓出丹陽居理切四　己身己爾雅曰太歲在己曰屠維　妀說文云女字也　𠯌說也　○以用也與也爲也古作㠯羊己切七　㠯古文　已止也此也甚也訖也又音似　苡薏苡蓮[5]實也又芣苡馬舃也又名車前亦名當道好生道間故曰當道江東呼爲蝦蟆衣山東謂之牛舌　苢同上　佁癡也說文讀若騃又夷在切　攺大堅說文曰毅攺大剛卯以逐鬼鬽也　○似嗣也類也象也詳里切十五　佀同上　祀年也又祭祀　禩𥛱竝同上　姒夏姓一曰娣姒長婦曰姒幼婦曰娣　巳辰名爾雅曰太歲在

巳曰大荒落耜耒耜世本曰倕作耜古史考曰神農作耜⿰耒巳上同汜水名在河南成皐縣說文曰水別復入水也一曰汜窮

瀆也詩曰江有汜洍說文曰水也一曰詩曰江有洍泤上同攺又羊己切鈶[6]鋌鈶⿸鹿巳鹿一歲曰麛二歲曰⿸鹿巳

○史史籍說文作叏記事者也亦姓周卿史佚之後出建康又漢複姓五氏世本衞有史朝朱駒漢書藝文志有青史氏著書又有新

豐令王史音吳有東萊太守太史慈晉有東萊侯史光踈士切四使役也令也又踈事切駛疾也又音去聲⿰嗇史香之美者

○耳辝也說文云主聽也而止切五洱水名出罷谷山又而志切駬騄駬周穆王馬名⿰糸耳⿰糸耳⿰糸耳繼盛皃⿸鼠耳

鼠名○里周禮五家爲鄰五鄰爲里風俗通云五家爲軌十軌爲里里者止也五十家共居止也又姓左傳晉大夫里克又漢複姓有相

里氏良士切十裏中裏說文曰衣內也鯉魚名悝憂也詩云悠悠我悝又口回切李果名亦行李又姓風俗通云李

伯陽之後出隴西趙郡頓丘渤海中山襄城江夏梓潼范陽廣漢梁國南陽十二望⿸疒里病也理料理義理又正也文也說文曰治玉

也亦姓臯陶爲大理因官氏焉殷有理徵娌妯娌俚賴也聊也又南人蠻屬也⿰里阝亭名在西鄂一曰邑名○枲麻有

子曰枲無子曰苴也胥里切七葈胡葈⿰彳思不安皃又作偲⿱竹怠竹萌也又音待葸質慤皃又畏懼也諰言且

9 九　8 ⿸尸糸　7 七　4 邔　3 偫　1 偫

思之 厦說文曰石利也 ○始初也詩止切一 ○峙說文䠎也峙䠎不前也直里切九 跱上同 峙具也又峻峙

痔病也 徛[1]待也儲也具也又看所望而往 洔水中高土又音止 畤[2]儲 秲稻名秲穲 庤詩曰庤乃錢鎛庤具也亦作時[3] ○起興也作也立也發也又姓出何氏姓苑墟里切六 邔[4]縣名在南郡又渠記切 杞木名又苟杞春名天精子夏名苟杞葉秋名卻老枝冬名地骨根又國名夏之後也亦姓杞梁是也 屺山無草木 玘佩玉 芑白粱粟也

○士說文曰事也數始於一終於十从一十孔子曰推十合一爲士又姓左傳晉大夫士蔿又漢複姓二氏古今人表有士思癸又士貞氏晉康公庶子士貞之後鉏里切五 仕仕宦[5] 柹果名 𡰥[6]砌也閾也 戺上同 ○俟待也亦作竢又姓風俗通云有俟子古賢人著書又虜複姓二氏後魏書云俟纖氏後改爲纖氏俟奴氏後改爲俟氏又虜三字姓三氏俟力伐氏後改爲鮑氏俟伏斤氏後改爲伏氏周書太祖賜韓褒姓俟呂陵氏牀史切又音祈十[7] 竢上同 涘水岸涯也 騃趨行皃西京賦曰羣獸駓騃又吾駭切

⿸尸糸[8]繩履 ⿰來矣不來也說文引詩曰不⿰來矣不來从來矣聲 ⿰彳矣說文同上 ○子子息環濟要略曰子猶孳也孳恤下之稱也亦辰名[9]爾雅云太歲在子曰困敦又朌姓又漢複姓十一氏左傳鄭大夫子人氏魯大夫子服氏子家羈莊子有子桑扈皇子告敖何氏

15 扆

姓苑有子乾子仲子工子革子臧子師等氏即里切八 孶古文 仔說文克也本又音茲 虸虸蚄蟲 耔擁苗本也 秄

上同 梓木名楸屬 杍工木匠或作梓 ○矣說文云語已詞也于紀切二 荽蒿也 ○擬度也魚紀切六 儗

僭也 薿草盛皃又魚力切 孴盛也 譺議也欺也調也又魚記切 𥢫禾盛 ○齒齒録也年也又牙齒昌里切二

紕績苧一紕出新字林 ○恥慙也敕里切三 祉福也祿也 褫[10]徹衣又奪衣又直追池耳二切 ○刺割聲初紀切三

欼齧也 ⿰⿱㸚金欠上同 ○滓澱也阻史切五 笫牀簀又側[11]几切 胏脯有骨曰胏易曰食乾胏 𦯬說文云羹

菜也 朿止也從市一橫止之出文字音義說文即里切 ○譩恨也又瘖也於擬切又於其切二 醷梅漿 ○伱秦人

呼傍人之稱[12]乃里切二 聻指物皃也

七 ○尾首尾也易曰履虎尾又姓史記有尾生無匪切八 亹美也爾雅亹亹勉也 斖俗 浘水流皃又

浘瀾海水洩處案莊子作尾閭字不从水 娓美也說文順也又音美音媚 𧹞人名鄭大[13]夫蔡𧹞也 𥝯饘也 𩛼微也

○扆[14]戶牖閒也禮疏云如綈素屏風畫斧文也於豈切六 悘痛聲 偯哭餘聲 庡[15]藏也 僾僾俙看不了皃又烏

4 冠

代切⿰雲愛⿰雲愛⿰雲氣不明皃出海賦又烏代切○豈[1]安也焉也曾也祛狶切二⿱艹豈菜似蕨生水中○蟣[2]蟣蝨居狶切四
幾幾何又既稀[3]切穖禾穖鬿鬼俗吴人曰鬼越人曰鬿又音祈○斐文章皃敷尾切七菲薄也微也又菜
名又音妃朏月三日明生之名悱口悱悱也騑馬名奜大也⿱非巴鳥如梟也說文別也又平利切○匪非也
易曰匪冠[4]婚媾說文曰器如竹篋今從竹爲筐篚字府尾切八篚竹器[5]方曰筐圓曰篚棐輔也餥餱也一曰相請食榧
木名子可食療白蟲蜰爾雅云蜚蠦蜰即[6]負盤臭蟲又音肥⿱艹棐草[7]也蜚蟲名咸蜚又扶沸切○韙是也于鬼切十
三煒光煒暐暐曅偉大也瑋玉名葦蘆葦椲木名可屈爲盂韡華盛皃颹大風
皃媁醜也愇字書云恨也鍏方言云臿宋魏之閒或謂之鍏⿰扌韋逆追○鬼鬼之爲言歸也居偉切一
○虺蛇虺許偉切五⿰火尾齊人云火⿱雨虺震雷也虫鱗介[8]揔名卉百草揔名又音諱○顗靖也樂也
說文曰謹莊皃魚豈切二螘螘子蟲○豨楚人呼猪亦作狶虛豈切五俙僾俙𪖐𪖐鼻昇又虛[9]几切⿰雲氣
⿰雲愛⿰雲氣唏哀而不泣○磈磈硊石山皃又危也於[10]鬼切二嵔嵔崔山高曲下○膭膗多汁浮鬼切六⿰禾巽

沈思恭

17 驁
18 三
19 桷

稻紫莖不黏也又扶畏切 樻 船邊木也 蟦 蟦蠐別名又[11]符沸切 陫 陋也又作痱[12]又符沸切 䑝 船䑝釘鐼[13]

八。語 說文論也魚巨切十二 篽 說文曰禁苑也 籞[14] 上同又池水中編竹籬養魚 圉 養馬又姓左傳有大

夫圉公陽 敔 柷敔樂器釋名曰敔衙也衙止也所以止樂也 圄 囹圄周獄名又守也 衙 行皃楚詞云導飛廉之衙衙又

音牙 齬 齟齬不相當也或作鉏鋙說文曰齬齒不相值也 鋙 鉏鋙不相當也 ⿰金御 上同 禦 禁也止也應也當也

[15]說文祠也 蘌[16] 蘌[17]蘻 。呂 字林云脊骨也說文作呂又作膂亦姓太嶽爲禹心呂之臣故封呂侯後因爲氏出東平力舉切十

二[18] 膂 上同 旅 師旅說文曰軍五百人也亦姓漢功臣表有旅卿封昌平侯俗作抜 ⿱竹旅 箭器 祣 祭山川名案論

語只作旅 穭 自生稻也 梠 [19]桶端連綿木名說文楣也 ⿰忄慮 ⿰忄慮拒心不欲爲也出文字指歸 侶 伴侶 ⿰木旅 木名可爲

箭笴 郘 亭名 絽 絣也 启 晉大夫名 。佇 久立也直呂切九 竚 上同 茡 草也可以爲繩 苧

上同 紵 麻紵 杼 說文曰機之持緯者又神與切 羜 生羔五月 宁 門屏之閒禮云天子當宁而立 眝 說文曰長眙也

一曰張眼也 。與 善也待也說文曰黨與也余呂切又余譽二音七 与 上同 ⿱与廾 古文 歟 歎也又音余 予 郭璞

7 敝　5 載　4 雍

云予猶與也又弋諸切　藇蕃蕪亦作穥又徐呂切　懙說文曰趣步懙懙也　○𩱷說文曰亨也章与[1]切亨普庚切四

煑上同　陼丘也說文曰如渚者陼丘水中高者也　渚沚也釋名曰小洲曰渚渚遮也能遮水使旁迴也又水名出常山

○汝尒也亦水名山海經曰汝水出天息山亦州名春秋時爲王畿及鄭楚之地左傳楚襲梁及霍漢爲梁縣後魏屬汝北郡隋移伊州於

陸渾縣北遂改爲汝州又姓左傳晉有汝寬人渚切六　肗魚不鮮　茹乾菜也臭也貪也雜糅也又而恕切　㼋乾菜

𥟖𥟖黏也　寠[2]楚人呼寐　○暑熱也舒呂切五　鼠小獸名善爲盜說文曰穴蟲之總名也　黍說文云禾屬而

黏也引孔子曰黍可爲酒故从禾入水也　𧒂𧒂蟦[3]　癙癙病　○杵世本曰羅[4]父作杵臼昌與切二　處居也止也制也息也

留也定也說文又作処亦姓風俗通云漢有北海太守處興　○貯居也積也丁呂切九　䝪上同　㡲柠衣　褚裝衣　𣃨

說文曰幅也所以[5]盛米也　鋅上同　著著任又張慮直[6]略二切　詝有所知也　衧衧[7]衣　○諝才智之稱私呂切九

胥上同又思余切　偦上同　稰熟穫　醑釃酒　湑露皃　糈說文云糧也又音所　楈木也　𥜽

祭具　○楮木名丑呂切三　柠上同　褚姓出河南本自郈後宋恭公子石食采於褚其德可師号曰褚師因而命氏也又張

12 ⿺辶且　10 檈

呂切。女禮[8]記曰女者如也如男子之教尼呂切又尼慮切二 籹粔籹。許許可也與也聽也亦州名本爲許國大嶽之胤周武王伐紂所封漢爲潁川郡周爲許州又姓出高陽汝南本自姜姓炎帝之後大[9]嶽之胤其後因封爲氏虛呂切二 鄦地名也出史記。巨大也亦姓漢有巨武爲荆州刺史其呂切十八 拒拒捍也又格也違也 秬秬黑黍也 距鷄距 ⿰舟巨同上 炬火炬 粔新字解訓曰粔籹膏環[10] 虡飛虡天上神獸鹿頭龍身說文曰鍾鼓之柎也飾爲猛獸釋名曰橫曰栒縱曰虡[11] 虡上同俗作簴 鐻上同 鉅⿰彳睪名又大也 苣苣藤胡麻 駏駏驉 ⿱艹豦苦⿱艹豦江東呼爲苦蕒 ⿱罒巨罟也 詎豈也又音遽 岠書傳云至也 ⿰齒巨齗腫。所說文云伐木聲也詩曰伐木所所又處所也詩曰獻于公所亦姓漢有諫議大夫所忠踈舉切七 所俗 糈祭神米也 齭齒傷醋也說文音楚 疋記也又山於切 ⿱疋皿說文曰積⿱疋皿負戴器也 ⿰貝疋齎財問卜。楚萇楚亦荆楚又州本漢射陽縣地春秋時屬吳秦屬九江郡晉爲山陽縣武德初改爲楚州又姓左傳趙襄子家臣楚隆創舉切八 礎柱下石也 齭齒傷醋也 齼上同 ⿰黹虘說文曰會五綵鮮皃引詩云衣裳⿰黹虘⿰黹虘 ⿰衤戚埤蒼云鮮也一曰美好皃 憷痛也出音譜 濋水名。阻隔也憂也側呂切二 俎[12]俎豆。齟齟齬牀呂

4 舁 舉

6 山

7 入字當删

8 䀛

9 瀆

切鉏鉏鋙不相當也二。咀咀嚼慈呂切六沮止也又七余子預二切怚[1]憍也又子據切䄙讚也說文曰事好也

又子邪切跙行不進皃趄邪出前也又前結切[2]。扵擊也於許切二膂肩骨。舉擧也又立也言也動也說

文本作擧又姓出姓苑居許切十莒草名亦國名又姓嬴姓之後漢有緱氏令莒誦欅木名筥筐筥簴[3]飤牛

筐趄行皃弆藏也柜柜柳郘亭名在長沙郡𦦙[4]共輿皃。敘次第爾雅曰敘緒也又姓徐呂切十

一緒基[5]緒說文曰絲耑也亦姓藇姓也巳上三字並出何氏姓苑序庠序又爾雅曰東西牆謂之序漵水浦也

抒渫水俗作汿又神呂切嶼海中洲也鱮魚名醑酒之美也本亦作藇詩云釃酒有藇䙕矛也屐履屬

。去除也說文从大口也[6]羌舉切又丘據切五麮麥粥汁弆藏也又音莒𧊒蛙蚣紶繼入也[7]又音踈。紓緩也

神與切又音舒三抒左傳云難必抒矣抒除也又音序杼橡也。野田野承與切又與者切二墅田廬。䀛[8]皺䀛

皮裂七與切一。苴履中草子與切又子余切三咀㕮咀[9]脩藥也又慈呂切㕮音甫䃊硧䃊[10]場外名也

九。麌牡[11]鹿又麌麌羣聚皃虞矩切三俁俁俁容皃大也詩曰碩人俁俁噳噳噳笑皃。羽舒也聚也亦鳥

13 反頨

14 斧

長毛也又官名羽林監應劭漢官儀曰羽林者言其爲國羽翼如林盛也皆冠鶡冠亦姓左傳鄭大夫羽頡又虜姓後魏書羽弗氏後改爲羽氏又音芋王矩切十五 禹舒也字林云蟲名又姓夏禹之後王僧孺百家譜云蘭陵蕭道遊娶禹氏女 雨元命包曰陰陽和爲雨大戴禮云天地之氣和則雨說文云水從雲下也一象天冂象雲水霝其閒也 宇宇宙也又大也說文曰屋邊也易曰上棟下宇亦姓出何氏姓苑又虜複姓宇文氏出自炎帝其後以有嘗草之功鮮卑呼草爲俟汾遂号爲俟汾氏後世通稱宇文蓋音訛也代爲鮮卑單于[2] 寓上同 瑀石似玉也 祤祋祤縣名在馮翊又況羽切 栩栩陽地名又況羽切 鄅鄅子國在琅耶其後以國爲姓 頨孔子頭[13]也說文云頭妍也又讀若翩 楀木名又音矩 萬說文艸也 䣁亭名在南陽 聥張耳有所聞又音矩 䨼雨皃 ○聚衆也共也歛也說文會也邑落云聚慈庾切二 郰亭名在新豐 ○甫始也大也我也衆也說文曰男子之美稱也字从父用又姓風俗通云甫侯之後方矩切十九 脯乾脯東方朔云乾肉爲脯禮記曰牛脩鹿脯田豕脯 斧[14]斧鉞周書曰神農作陶冶斤斧 頫[15]說文低頭也太史公書頫仰字如此 俯上同漢書又作俛今音免 府官府說文曰府文書藏也風俗通曰府聚也公卿牧守道德之所聚也又舍也亦姓風俗通云漢有司徒掾府悝 腑藏腑本作府俗加月 簠簠簋

1 宰父黑

2 䃤碵

△ 䃤養韻分兩切又音甫

3 氐

4 俊

又音膚黼白黑文也爾雅曰斧謂之黼謂畫斧形因名云蜅小蟹莆蓮莆堯之瑞草釜爾雅曰蠸輿父守瓜
郭璞云今瓜中黃甲小蟲喜食瓜葉故曰守瓜字或从虫俌俌輔也出埤蒼㕮㕮咀父尼父尚父皆男子之美稱又漢複姓
三氏孔子弟子有宰[1]父黑漢有臨淄主父偃左傳宋有皇父充石宋之公族也漢初有皇父鸞自魯徙居茂陵改父爲甫後漢安定太守雋始
居安定朝那代爲西州著姓又徙居京兆又音釜䃤碵[2]䃤蚥蜛蚥螳蜋別名鯆大魚郙亭名也在上蔡○武
止戈爲武又迹也曲禮曰堂上接武又州名本自白馬玄[3]地魏文徙武都郡於美陽今好畤縣界武都古城是也後魏平仇池山築城置武都
鎮即今州是也亦姓風俗通云宋武功之後漢有武臣又漢複姓六氏漢有乘黃令武安恭出自武安君白起之後風俗通云漢武強侯王梁
其後因封爲氏世本云夏時有武羅國其後氏焉何氏姓苑有廣武氏出自陳餘之後又武成氏武仲氏又虜複姓西秦錄有武都氏文甫切
二十四舞歌舞左傳曰舞所以節八音而行八風也周禮曰樂師掌國學之政以教國子小舞也山海經曰帝後[4]八子始爲舞又姓
出何氏姓苑儛上同嫵嫵媚侮侮慢也侵也輕也䍢憁中網也憮憮然失意皃說文愛也一曰不動也𠍚
上同珷珷玞石次玉碔上同廡堂下也𢊁籀文甒甖甒潕水名在南陽鵡鸚鵡鳥名能言

九·十四

韻上聲

十五

金滋

10 ⿱冃亏　8 ⿱艹剖　7 把　6 湰

九·十四　韻上聲　十五　金滋

鴸上同憮愛也說文撫也膴土地腴美膴膴然也瞴微視之皃娬好也敄彊也⿰舟舞長艇船也⿱罒毋[5]

雉網橆蕃滋生長說文豐也隸省作無今借爲有無字○父說文曰父矩也家長率教者扶雨切十五輔毗輔又助也弼也亦

姓左傳晉大夫輔躒又智果以智伯必亡其宗改爲輔氏⿰面甫頰骨⿰甫頁上同腐朽也敗也說文爛也⿰父鳥鳩越鳥滏

水名在鄜山海經云神箘之山釜[6]水出焉⿰馬父牡馬㕮㕮咀嚼也又音甫蚥蟾蜍別名㾈病腫也說文俛病也秿禾穳積也

鬴說文鍑屬又覆鬴九河之一名釜上同古史考云黃帝始造釜⿰革甫尻衣○撫安存也又持也循也芳武切十三⿰亡攵

上同弣弓弝[7]中也釖上同說文又方九切刀握也拊拍也說文揗也殕食上生白毛⿰糸咅⿰糸咅綿俌輔也又音

甫剖判也又普厚切⿰糸無絲⿱髟咅說文云髮皃又步侯切⿱艹剖[8]⿱艹剖草⿺走句健也亦作訽○柱廣雅曰楹謂之

柱又姓出何氏姓苑直主切三跓停[9]足⿱山柱天⿱山柱案爾雅曰霍山爲南嶽郭璞云即天柱山字俗從山○詡和也普也遍也大也禮云

詡謂敏而有勇況羽切十二冔殷冠名⿰口冔[10]上同姁呂氏春秋云姁姁然相樂也又漢高后字娥姁說文嫗也栩柞木

名說文云杼也其實皁一曰[11]樣樣音象珝玉名欨說文吹也一曰笑意本[12]火于切祤祋祤縣在馮翊咻噢咻病聲煦呈示

1 器中空
2 陽
3 祏

陑鄉名在安邑煦温也又香句切。豎立也又童僕之未冠者又姓左傳鄭有大夫豎柎臣庾切四竪俗樹
扶樹裋敝布襦也。庾倉庾又姓出潁川新野二望本自堯時爲掌庾大夫因氏焉以主切十二㼜器空中[1]亦病也窪上同
抌刺也愯懼也蕍百蕍草愈差也賢也勝也瘉病也說文曰病瘳也㼌微弱本不勝末貐獸名
龍首食人說文曰猰貐似貙虎爪食人迅走也楰鼠梓似山楸而黑也斞說文量也。主掌也領也典也守也君也說文曰鐙
中火主又姓出姓苑之庾切五麈鹿屬華[2]國志曰鄞縣宜君山出麈尾枓斟水器也宔說文曰宗廟宔祏[3]或作砫炷燈炷
又音注。傴不伸也尩也荀卿子曰周公傴背於武切三噢噢咻病聲迂曲迴皃。齲齒病後漢梁冀妻能爲愁眉啼粧齲
齒笑折要步驅雨切三踽[4]踛踽又獨行皃竘巧也又音口。拄拄從旁指知庾切四柱柱夫草一名搖車也丶說文曰有
所絕止丶而識之也黈黈義與上同。乳柔也而主切三擩擩取物也醹厚酒。窶[5]貧無禮也其矩切二貗
爾雅云貒子貗。數說文計也所矩切又所句所角二切二籔窶籔四足[6]几也。矩法也常也俱雨切十一榘上同
說文又其呂切踽獨行又驅雨切枸木名出蜀子可食江南謂之木蜜其木近酒能薄酒味也萬姓漢有萬章又音禹聥

7 羸
8 傴僂
10 茜
13 二

張耳有所聞椒曲枝果也翑曲羽又求俱切檽檽氏木名又音禹蒟蒟醬出蜀其葉似桑實似椹又音句椇枳椇
○取收也受也七庾切一○縷絲縷力主[9]切十三𨻻羸[7]僂縣名在交阯僂僂[8]傴疾也褸襤褸衣敝說文衽也簍
小筐嶁峋嶁衡山別名謱䚩謱委曲慺姓出纂文漊說文曰雨漊漊也一曰汝南人謂歛酒習之不醉爲漊鷜
鸆鷜鳥今云郭公也婁女人惡稱茜[10]小蒿草蔞草可亨魚又力俱切○⿰糹頁絆前兩足相庾切二⿰禾頁草名○⿰禾聚
小母豬也鶵禹切二⿰豕取上同
十○姥老母或作姆女師也亦天姥山也又姓出何承天纂文莫補切六莽宿草又音蟒䥈鈷䥈[11]又音蟒媽母也
⿰山老慈母山名在丹陽亦作姥俗從山⿰忄某愛也又音武○土釋名曰土吐也吐萬物也文字[12]指歸無點他魯切四吐口吐亦虜複姓
三氏後魏書有吐奚吐難吐萬氏又虜三字姓三[13]氏慕容廆庶長兄吐
谷渾後將所部居西零以西甘松之南極乎白蘭數千里其孫葉延曰
禮云孫子得以王父字爲氏遂以吐谷渾爲氏又後魏書吐伏盧氏稌稌稻芏草名似莞生海邊可爲席○杜甘棠子似梨又
塞也澀也又杜仲藥名亦姓本自帝堯劉累之後出京兆濮陽襄陽三望漢有御史大夫杜周以南陽豪族徙茂陵始居京兆徒古切九

1 根葉都似細辛
2 桴
3 居
5 鼓
6 鼓
8 鼓

靯鞴靫別名一云靯鞴瓨瓶也塿塡也㪉塞也閉也肚腹肚又當古切𢼛桑皮荰杜衡香草似葵
山海經云可以治癭帶之令人便馬馬亦善走味似細辛而氣小異字俗從廾土土田地主也本音吐○魯鈍也又國名伯禽之
後以國爲姓出扶風又羌複
姓有魯步氏郎古切十七櫓城上守禦望樓釋名曰櫓露也露上無覆屋也說文云大盾也滷
鹹滷虜虜掠又獲也服也擄虜掠或從手𢊍庵舍㩭搖動樐彭排艪所以進船鑥釜屬
蓾杜衡別名𦺇上同鹵鹵簿今𠣼匐也鐪鐪以木爲刀柄桴[2]木名可染繒鱸魚名○蔖
草死爾雅曰蔖蘆郭璞云作履苴草采古切二䴝草履○覩見也當古切十一睹上同暏詰朝欲明賭
戲賭堵垣堵又姓左傳鄭有堵叔又音者肚腹肚又徒古切帾幡也標記物之處也居[3]美石又音怙楮木名
又音褚𢼛桑皮又音杜䏿[4]梁公子名仉䏿○古故也又姓周太王去邠適岐稱古公其後氏焉蜀志有廣漢功曹古牧又
漢複姓晏子春秋有齊勇士古冶子又虜
三字姓後漢書有古口引氏公戶切二十一鼓[5]說文曰郭也春分之音萬物郭皮甲而出故謂
之鼓周禮六鼓靁鼓靈鼓路鼓[7]說文曰擊鼓[8]也瞽無目股髀股𦙶上同罟網罟
鼓鼖鼓鼛鼓晉鼓亦作鼓[6]

9 匃 貨　11 兆　14 祖　16 瑑　17 鄜

盬疑也又蠱毒也又卦名蠱事也估市稅鹽鹽池又左傳曰鹽其腦杜預云鹽呞也又詩傳云鹽不固也鈷鈷鏻

羖羖䍽羊說文曰夏羊牡曰羖䍧俗詁詁訓牯牯牛賈商賈又古下切夃[9]多債[10]利也又古乎切沽屠沽

⿱目火人名出漢書兄[11]甕蔽⿱卤皿器也說文作盬○五數也又姓左傳有五奢亦漢複姓四氏漢有五鹿充宗風俗通云氏於職焉三烏五鹿是也趙有將軍五鳩盧國語云楚昭王時有五參蹇姓苑有五里氏疑古切五午交也又辰名爾雅云太歲在午曰敦牂

旿明也伍行伍說文曰相參伍也周禮曰五人爲伍仵偶敵又伍仵皆姓出姓苑○簿簿籍又車駕次第爲鹵簿裴古切二部部伍又部曲○粗麤也略也徂[12]古切又[13]千胡切五麆大也駔駿馬又徂[14]朗切怚淺也⿰牛角[15]牛角直下

○祖祖禰又始也法也本也上也又姓祖己之後出范陽則古切六珇珪上起[16]又美好組組綬又綸組東海中草名蒩茅藉蒩說文菜也靻靻勒名○虎獸名說文曰虎山獸之君淮南子曰虎嘯谷風至又姓風俗通曰漢有合浦太守虎旗其先八元伯虎之後呼古切七琥發兵符有虎文周禮云白琥禮西方戽戽斗舟中漉水器又音戶滸水岸⿰虎阝[17]地名

⿱艹虎虎豆名俗加廾⿰虫虎蠅虎蟲俗加虫○隖村隖亦壁壘說文曰小障也一曰庳城也安古切十塢上同通俗文曰營居

1 縣名又姓晉大夫司馬彌牟之後

3 走

5 西京賦云抱杜含鄠

6 罔

曰塢戴延西征記曰蠡城川南有金門塢鄔郡名又姓鄔郡太守司馬牟之後因以爲氏[1]瑦石似玉也䃵小障也出埤蒼
⿰巾烏頭巾溩水溩[2]⿰言亞相毀皃⿺走烏足[3]輕⿰車烏車頭中骨[4]○苦麤䴱也勤也患也說文曰大苦苓也康杜切二⿱竹苦竹名
○怒恚也奴古切又奴故切五弩弓弩古史考曰黃帝作弩砮石可爲矢鏃又乃胡切努努力⿱努虫水努蟲俗從虫
○戶說文云戶護也半門爲戶侯古切二十三楛木名堪爲矢幹書云荊州所貢詩疏云東夷之所貢扈跋扈猶強梁也又有扈國名亦姓風俗通云趙有扈輒又虜三字姓有扈地干氏怙恃怙鄠縣名在京兆府本夏之扈國秦爲鄠縣也
帍巾也祜福也昈文彩狀又明也⿰山扈山甲而大曰⿰山扈岵山多草木芐地黃扈說文曰九扈農桑候鳥扈民不婬者也春扈鳻鶞夏扈竊玄秋扈竊藍冬扈竊黃棘扈竊丹行扈唶唶宵扈嘖嘖桑扈竊脂老扈鷃也鳸上同亦作扈
⿱雩鳥亦同⿸虍巴[5]西京記云抱土含⿸虍巴婟婟惜又音互戽抒也居美石又丁古切洿洿深皃⿱洿女貪也
酤一宿酒又音姑滬靈龜負書出玄滬水簄海中取魚竹名[6]曰簄○普博也大也徧也又姓後魏十姓獻帝次兄爲普氏亦虜複姓周書辛威賜姓普屯氏又虜三字姓周書楊忠賜姓普六如氏後魏書有普陋如氏滂古切五溥大也廣也誧

10 移

文字音義云大也助也浦風土記云大水有小口別通曰浦說文瀕也又姓晉起居注有浦選烳火行皃。補補綴說文
曰完衣也博古切三譜籍錄圃園圃說文種菜曰圃亦姓又博故切
十一。薺甘菜徂[7]禮切五鮆魚名常以春時出九江鱭上同癠病也方言曰生而不長也呰弱也又子
西茲此二切。禮說文曰履也所以事神致福也釋名曰禮體也得其事體也又姓左傳有衛大夫禮孔盧啓切十六礼古文䉩
竹名蠡蠡吾縣名在涿郡又彭蠡澤名𦪇大舟[8]也澧水名在武陵又水名出衡山亦姓出何氏姓苑醴醴酒亦醴
泉縣屬京兆府本漢谷口縣也屬馮翊至後魏置寧夷縣隋改醴泉因周醴泉宮名也鱧說文鱯也鱺上同𩽋說文鮦也
欚江中大舩名[9]亦作𦪇𧕁簞也劙刀刺又力[10]多切豊行禮之器𢿢[11]布也說文數也又音離欐小舩力計切
。體體身也又生也他禮切八軆俗醍醍酒又音啼涕目汁𩏂𩏂𩎟輭皃挮去淚緹纏又音啼
𢿃橫首杖名。頪傾頭四米切一。濟定也止也齊也亦濟濟多威儀皃又水名出王屋亦州本齊地秦屬東郡宋於此置
碻磝戍後魏於此置濟北郡周武帝置肥城郡武德改爲濟州或作泲又姓出姓苑襄城人也子禮切又音霽五批殺[12]也又側買切𦋺

手搦酒又作擠 癠生而不長 夘[1]事之制也說文音卿。邸舍也又姓風俗通云漢上郡太守邸杜俗從互餘同都禮切十三 底下也止也作底非也 詆呰也訶也 聜[2]耳聵 坻隴阪又支氏切 抵擠也擲也 牴角觸 觝上同 柢本也根也 弤埤蒼云舜弓名也 敁隱也 堤滯也 軧大車後也。弟兄弟爾雅曰男子先生爲兄後生爲弟徒禮切又特計切七 娣娣姒 悌愷悌詩作豈弟毛萇云豈樂也弟易也 艓艓船 遞更代也又亭繼切 題小[3]瓮 媞好人安詳之容皃又啼是二音。禰祖禰亦姓出平原魏有禰衡亦作祢餘同奴禮切十三 嬭楚人呼母又奴蟹切 闢[4]智少力劣 苨薺苨 ⿰革苨⿰革豊⿰革苨⿰革耎皃 ⿰氵苨⿰氵苨⿰氵苨濃露也亦作泥 濔水流也 坭地名 ⿱髟爾髮皃 薾華茂也 檷絡[5]絲柎也 鑈上同 ⿰革爾[6]轡垂也。洗洗浴又姓先禮切又音銑二 洒上同又所賣切。泚水清也千禮切四 玼王色 緀帛文皃 皉白色。啓開也發也別也刻也說文敎也俗作啓康禮切十二 棨兵欄說文曰傳信也 綮戟支一曰戟衣 卟問卜也又工兮切 䭫首至地也 稽上同又古兮切 晵說文云雨而晝晴[7]也又姓後燕有將軍啓倫或作啓 闙埤蒼與啓亦同 启說文開也 ⿱启月肥[8]腸又口系切 ⿰亻⿸户衣開衣領也 ⿰車多至也礙也。徯待也胡禮切八 謑恥辱 ⿱竹奚

八卌三　韻上聲　十九　高異

2 聵

3 瓮

4 闢

△ 淒 齊韻七稽切又千弟切 ⿱徙幺 紙韻斯氏切又千禮切

7 姓

8 腓

所以安重船又音系⿰舟奚上同涀水名在高陵⿱佀言說文待也匸有所藏也⿰目奚目動○米穀實說文作米又胡
姓莫禮切七眯物入目中絑繡文如聚米出說文洣水名在茶陵⿱艹⿰酉米蘇子菜⿱穴⿰爿米寐不覺鮇魚子○陛
階陛也傍禮切八梐梐枑行馬髀髀股⿰骨坒上同坒下也⿱艹陛⿱艹陛鼠莞見爾雅可爲席又必鼻切⿰牛坒⿰牛坒
牛馬行⿰亻坒⿰亻坒儴開聊行也○⿰口兮可也尒也烏弟切二⿰言兮應聲○堄埤堄女墻研啓切六⿰見殳⿰卑攴⿰見殳擊聲挸不從也
⿰角見角曲⿰衤見⿰衤來⿰衤見袿衣飾也睍明也[9]亦作⿰目乇○⿰卑攴補米切二皉明白
十二○蟹水蟲仙方云投於漆中化爲水服之長生以黑犬血灌之三日燒之諸鼠畢至胡買切七⿰魚解說文上同解曉也
又解廌仁獸似牛一角亦姓自唐叔虞食邑於解今解縣也晉有解狐解楊出鴈門又虜複姓魏書有解批氏又佳買古賣二切獬字林
字樣俱作解廌廣雅作⿰豸角⿰豸弟陸作獬豸也澥渤澥嶰山澗間又嶰谷名案漢書只作解谷⿰阝解小谿○買說文市也莫蟹切五
嘪羊聲蕒吳人呼苦蕒⿰氵買水名鷶鷶⿰厄鳥鳥名○[10]芐戾也苦蟹切三⿱殸女意難⿰月皆瘦皃○廌解廌
宅買切三豸⿰豸弟上同○嬭乳也奴蟹切二妳上同○罷止也休也薄蟹切六矲矲⿰矢皆短也猈犬短頸[11]一曰案

11 脛

○跐紙韻雌氏切又阻買切

批紙韻將此切又側買切薺韻子禮切又側買切

下狗也鑼大鐵杖㦞疲劣𦋺𦋺㔽惡怒○矮短皃烏蟹切三庴坐倚皃又作躷躷上同擺擺撥

北買切二捭上同鬼谷子有捭闔篇○解講也說也脫也散也佳買切三薢爾雅曰薢若芙茪檞松構○灑灑水

爾雅云大瑟謂之灑長八尺一寸廣一尺八寸二十七弦所蟹切又所綺切三𩌦履屬躧屣躧○卝卝卝羊角開皃乖買切又

工瓦切三𥏵𥏵盾屬也說文苦圭切盾握也柺老人拄杖也○𢫬攙𢫬𢫬物出聲譜文夥切一○夥多也懷卝切又

胡果切一○扮亂扮也花夥切一○篣[2]竹具用之魚笱竹器也求蟹切二拐手腳之物枝也○

十三○駭驚也又九河名一曰徒駭出爾雅孫炎云禹疏九河功衆懼不成故曰徒駭侯楷切四絯大[3]絲又音該侅無侅

人名又音該䮙䮙[4]擊○楷模也式也法也說文曰木也孔子冢蓋樹之者又姓苦駭切四㔽𦋺㔽𥎻矲𥎻鍇鐵好

○騃癡也五駭切又音俟四㾌[5]㾌疾娾喜樂覭笑視○挨打也於駭切二唉飽聲又於來切

十四○賄財也又贈送也呼罪切七䝇上同胎腲胎大腫皃腲都罪切燜熟皃又亡罪切悔悔吝蛕

土蛕毒蟲煨南人呼火也○猥犬聲又鄙也烏賄切十腲[6]腲脮肥皃嵔嵔𡽰鍡鍡鑸不平媿媿婑好皃

八·廿八　韻上聲　二十　陳晃

8 縣　10 蓓　11 陎　13 ⿰金責　△⿰山纍 脂韻力追切又力罪切　儽 脂韻力追切又力罪切

16 子　17 冗

碨碨磊石皃⿰石委上同⿰歹畏⿰歹畏⿰歹委不知人也椳椳⿰木委行病⿰鬼阝[7]⿰鬼阝郲不平○磥衆石皃落猥切十六磊上同

癗痱癗皮外小起𡾞𡾞嵬山狀礧礧硌大石郲郲陽鄉[8]名在桂陽鑸鍡鑸灅水名在右北平郲[9]⿰鬼阝郲

不平𡼥𡼥嵬山狀又力水切蕾蓓[10]蕾花綻皃儡傀儡戲𨻳[11]𨻳郵果實垂又力[12]追切⿰月畾⿰月畾腲腫皃頪

頭不正皃檑檑劒古木劒也○錞矛戟下銅鐏或作鐓徒猥切又徒對切五瀢瀢沱水汎沙動皃陮陮隗不平狀鐀[13]

鍊鐀車轄蓶草名○辠文字音義云辠從自辛也言辠人蹙鼻辛苦之憂始皇以辠字似皇乃改爲罪也徂賄切三罪上同

嶵𡼥嶵山皃○浼水流平皃武罪切六潣上同每雖也辞也頻也說文作𡴆艸盛上出也挴貪也⿰火閔⿰火閔爛

也又呼猥切⿰豆尾豆碎萁也○骽骽股也吐猥切八腿俗聉聉顡癡瘨[14]皃說文五滑切無知意也顡音隗僓長好皃

腲腲腇㟪㟪嵬山高皃⿰歹委⿰歹畏⿰歹委椳椳⿰木委行病○瘣木病無枝胡罪切九溾溾浽穢濁也⿰歹鬼⿰歹鬼⿰歹委⿰言貴

列也[15]玉篇云譯也說文胡對切中止也匯回也廆晉有大單于遼東郡公慕容廆蒐爾雅云蒐懷羊又音瑰輠

車轉之皃⿰鬼阝⿰鬼阝郲不平○⿰鬼頁大頭說文曰頭不正也口猥切五⿰多貴⿰多貴⿰多貴多皃傀俗[16]作傀儡字也顝首大骨又口[17]瓦

2 隊　4 顡　6 侑　7 三

切磈磈磊石也○腲腲腇亦[1]作脜⿰立享木實垂皃郵隊[2]郵重皃頧頭不正皃謉謉譚謔言

出聲譜○餧飢也一曰魚敗曰餧奴罪切八餒上同浽溾浽婑㛱婑𩗶風動皃鮾魚敗脮上同

⿰委瓜瓜傷○⿱髟内陟賄切假髮髻也一○頠頭也一曰閑習五罪切又五毀切七顡[3]聉顡說文音聵癡顡[4]不聽明也隗

陮隗高也亦姓出天水後漢有隗囂峞峞嵔山皃嵬山皃又五[5]回切顋頭不正也又口猥切磈衆石皃○⿰目崔霜雪

白狀七罪切八⿰氵皋新水狀也⿰氵罪上同漼水深皃璀玉名⿰米皋物粗也⿰米罪赤米鏙鏙錯鱗甲皃

○琲珠五百枚蒲罪切三痱痱癗⿸广⿱非手⿸广⿱非手起令虛○摧山林崇積皃子罪切二洅說文云雷震洅洅本作代切

○侑[6]痛而叫也于罪切一

十五○海說文曰天池也以納百川者亦州禹貢徐州之域七國時屬楚秦爲薛郡漢爲東海郡後魏爲海州亦姓呼改切二[7]

醢肉醬亦作⿰酉盍榼榽榼木名似檀齊人諺云上山斫檀榽榼先殫○愷樂也康也左氏傳云八愷苦亥切九凱上同

颽南風亦作凱塏爽塏高地爽明塏燥也暟美鎧甲之別名闓開也亦音開⿰月豈肉美輆輆軩

八・九

韻上聲　二十　高異

8 晋

9 一

10 孟子

11 竪

13 挴

不平○宰冢宰又制也亦姓孔子弟子宰予作亥切四縡載也⿰耳宰半聾字林云秦晉[8]聽而不聰聞而不達曰⿰耳宰載年也出方言又音再○駘疲也鈍也駘蕩春色皃亦宫名徒亥切又音臺十[8]殆危也近也待待擬也俟也怠懈怠迨及也隸上同紿欺言詐見又絲勞也箈竹筍詒相欺軩輆軩不平⿰口怠言不止○乃語辭也汝也奴亥切三迺古文鼐鼎大者曰鼐又奴代切○改更也又姓秦有大夫改産古亥切三頦頰頦又户垓切絠解繩說文云彈彄也○亥辰名爾[10]雅云太歲在亥曰大淵獻亦姓戰國策晉有亥唐胡改切四侅奇侅非常孩動也豥堅[11]豥神人○啡出唾聲匹愷切一○采事也又取也亦姓風俗通云漢有度遼將軍采皓倉宰切七採取也俗綵綾綵寀寮寀官也彩光彩⿱髟采髮⿱髟采又七代切倸恨[12]也○茝香草也昌給切一○等齊也多改切又多肯切一○穤禾傷雨也莫亥切又莫代切二挴[13]貪○在居也存也昨宰切一○俖不肯也普乃切二朏說文云月未盛之明又音斐○欸相然譍[14]也於改切四⿸厂辰藏也毐嫪毐秦人名又音哀挨擊也○佁癡也夷在切一○⿰口臺⿰口臺⿰口怠言不止他亥切一○疓病也見尸子如[15]亥切一○釢連絲釣曰釢出字苑來改切二唻囉唻歌聲又力諧切○⿰月與肥也與改切二胼上同

1 脤

○倍子本等也薄亥切三 菩說文曰草也 蓓黃蓓草也

十六軫 ○軫動也車後橫木也又姓今吴縣有之俗從尓餘同章忍切二十三 縝結也單也又丑珍切 胗癮胗皮外小起說文曰脣瘍也又音緊 疹籀文 畛田閒道又音眞 賑隱賑說文富也又之刃切 㐱說文曰稠髮也引詩曰㐱髮如雲亦作鬒 鬒上同 槙木密又丁堅切 紾單衣或作縝 縝上同 眡告也 診候脈又視也驗也 袗說文云玄服也亦作裖 裖上同 敐轉轉敐敐喜悅皃轉音田 眕目有所恨而止又厚重也 𩓞顏色𩓞䫶愼事也 黰黒皃 駗馬色也 縝纑也 稹緻也又聚物 𠘧新生羽而飛也 ○辴大笑丑忍切一 ○腎五藏之一也時忍切六 蜃大蛤說文曰雉入水所化又時刃切 祳祭餘肉說文云社肉盛之以蜃故謂之祳天子所以親遺同姓 脤上同 𣢔指而笑也 鋠玉篇云圓鐵 ○忍強也有所含忍而軫切三 荵說文曰荵冬草也爾雅曰莠隱荵郭璞云似蘇有毛 涊水名在上黨 ○矤說文曰況也詞也从矢取詞之所之如矢也式忍切六 矧 訠並上同 哂笑也 弞笑不壞顏 頣舉眉視人 ○嶙嶾嶙山高皃良忍切五 僯慙恥 𩕾少髮皃 橉門限也又牛車絕橉又力進切 撛扶也 ○紖牛紖直引

八·卌四 韻上聲 二十三 陳晃

2 虛坐盡後食坐盡前
3 七
△囷 真韻去倫切又渠殞切
5 餘
8 申布也

切四 ⿰月引杖痕腫處說文音酳瘢也一曰遽也 ⿰目引瞋怒目皃 眹目童子也又吉凶形兆謂之兆眹 ○緊紉急也居忍切四

胗脣瘍也又之忍切 ⿰月叚 ⿸疒叚並俗 ○盡竭也終也慈忍切又即忍切二 濜濜湞水㳅急皃 ○⿰木盡埤蒼云盂也即忍切二

盡曲禮曰虛[2]坐盡前又慈忍切 ○牝牝牡毗忍切又扶履切四 髕去膝蓋骨刑名 臏上同 獱獺屬又音邊 ○釿

齊也說文曰劑斷也宜引切五 磭大脣 ⿱犾齒齒齊 齗犬爭皃 听口大皃 ○笉笑皃士[3]忍切一 ○窘急迫

也渠殞切十 僒上同 莙牛藻也 ⿰口囷吐皃 ⿰王囷玉名 箘竹名 菌地菌又姓出姓苑 䐃腸中脂也

囷[4]爾雅曰囷鹿蘿郭璞云今鹿豆也葉似大豆根黃而香蔓延生 蜠爾雅曰貝大而險者曰蜠又音囷 △○引爾雅曰長也說

文曰開弓也余忍切又徐[5]刃切十四 ⿰弓人上同玉篇云挽弓也 蚓蚯蚓又余[6]刃切 螾螾衍蚰蜒又餘[7]刃切說文上同 弞笑不壞顏

⿰口寅大笑又音衍 ⿰扌衍伸[8]又布也 ⿰月引當脊肉也 演水門又引水也說文曰水脈行地中演演也 廴長行之皃 戭長槍

也又弋淺切 縯齊武王名 鈏爾雅曰錫謂之鈏 靷說文曰引軸也又餘[9]刃切 ○愍悲也憐也眉殞切十四 慜

聰也 憫憫默亦憂也 閔傷也病也又姓孔子弟子閔損 敏疾也敬也聰也達也 敃說文強也 暋上同 潣

7 𣙢　4 鐘　3 脗　1 黽

水流浼浼浼皃䈽竹名可以爲席爾雅曰䈽篨中言其中空篨音塗或作簢簢上同𤛱獸如牛也䵇細罔𨏈車軼免下革也鰵海魚○泯水皃亦滅也盡也武盡切又彌鄰切十䟧細理僶僶俛笢竹膚黽黽池縣在河南府俗作黽[1]又音緬澠上同又音繩𨇏蹄甲刡刡削䡇[2]車軼免下軛也脗[3]脗合○殞歿也于敏切七溳濜溳波相次也磒石落隕墜也落也霣說文雨也齊人謂靁爲霣一曰雲轉起也愪憂也荺爾雅云荺茭蔈葦根可食者曰茭茭胡狡切

十七○準均也平也度也又樂器名狀如瑟長丈而十三弦隱九尺以應黃鍾[4]之律之尹[5]切又音拙四准俗埻射的周禮或作準純緣也又音淳○尹正也誠也進也說文治也又姓出天水河間周有尹吉甫又漢複姓齊定王時有尹文子著書又漢書百官表曰內史周官秦因之掌治京師武帝更名曰京兆尹應劭曰河南尹所以治周地秦兼天下置三川守河洛伊地[6]漢更名河南太守也世祖徙都雒陽改爲尹余準切八頵面斜允信也狁玁狁馻馬毛逆玧充耳玉𣙢[7]進也蚒蟲名○筍竹萌思尹切九笋俗𠣏鷙詞鵻說文曰祝鳩也隼鷙鳥也說文同上簨簨簴以[8]捕鳥

9 鐘　10 ⿱竹具　11 ⿰木⿱句共　4 夋 宵韻相邀切 又先準切　13 麇　20 四

簨 簨虡釋名曰所以懸[9]鼓者横曰簨簨峻也在上髙峻也縱曰虡虡舉也在旁舉簨也 ⿱竹⿱目大[10] 上同 ⿰木⿱句大[11] 亦同又作栒 ○蝡
淮南子曰蠉飛蝡動或作蠕而允切又而兗切一 ○蠢 出也爾雅云作也動也蠢不遜也尺尹切九 ⿹戈春 古文 賰 肥也
踳 踳駮相乖舛也 惷 惷惷擾動皃 朐[12] 漢朐䏰縣名在巴東郡地下濕多朐䏰蟲䏰音閏 偆 厚也富也又癡準切
僢 相背也 ⿰春攴 亂也 ○盾 干盾也食尹切四 揗 摩也 吮 吮舐也 楯 欄檻 ○偆 厚也富也癡準切一
○耣 束也力準切二 ⿰耒囷 上同 ○⿰毛隹 毛聚而尹切一 ○縻[13] 束縛丘尹切一 ○螼 螼蚓也爾雅曰螼蚓豎蚕弃[14]忍切三
⿱臤皮 皮厚皃 趣 行皃又去刃切 ○賰[15] 賱賰富有式允切一 ○脪 腫起興[16]腎切二 ⿸疒希 上同 ○濜 濜湞水勢
鉏紖[17]切一 ○⿸尸辰 重脣黏好說文伏皃一曰屋宇珍忍[18]切一
十八○吻 口吻武粉切七 脗 上同 刎 刎頸 抆 拭也 伆 離也又武弗切 勿 覆也 芴 薔芴 ○粉
博物志曰燒鉛成胡粉又曰紂作粉方吻切三 黺 黺繏文 扮 扮動[19]又握也又房吻切 ○憤 懣也房吻切十三[20] ⿰忄奮
上同 扮 握也 ⿸疒賁 病悶 鼢 字林云[21]地中行鼠百勞所化亦作蚡 蚡 上同 墳 土膏肥也 魵 鰕又音忿 鱝

4 羅　6 十一　9 巹　10 𧯠

鱝魚圓如盤口在腹下尾上有毒 弅莊子有隱弅之丘也 轒轒輐車名 膹切熟肉也 ⿰忄奮盛穀囊滿而裂也
坋說文曰塵也一曰大防也又步寸切 ○忿怒也敷粉切又敷問切二 魵鰕別名 ○惲謀也議也亦厚重也於粉切十
薀藏也說文曰積也春秋傳曰薀利生孽俗作蘊 蘊俗 韞韞櫝 縕枲麻 褞褞袿 輐轒輐車名 賱
[2]賱賰富也 醞釀也又於問切 搵[3]沒也 ○齳無齒魚吻切五 齫上同 夻大也 喗大口 𧼮走皃又丘粉切
○抎有所失云粉切四 䪃說文曰面色顛䪃皃 ⿰黄頁上同 𤸰病也 ○𧼮走皃丘粉切二 麇[4]左傳云無勇麇之束縛也

十九○隱藏也痛也私也安也定也又微也又姓吳志有廷尉左監隱蕃於謹切十一 磤雷聲 癮癮胗皮外小起
⿰糸㥯縫衣相著 㥯謹也 檃[5]說文括也 嶾嶾嶙山皃 乚匿也 濦水名 㐆歸依也又於機切 ⿰車㥯
車聲 ○謹絜也愼也居隱切十[6] ⿰黍斤黏皃 ⿰牛堇牛馴也 槿木槿櫬也又名蕣一曰朝華一曰日及亦曰王蒸又曰赤堇
堇菜也說文作[7]⿱堇土黏土也又[8]音芹 ⿱堇土上同 漌清也 慬慇也 巹[9]以瓢爲酒器婚禮用之也 𧯠[10]上同

七·三十　韻上聲　二十四　陳晃

12 臻

·劃 案韻集適切 又去槿切

16 屵

⿱艹近菜名。⿰角秦[11]角齊多皃仄謹切二 蓁草木衆齊本又音臻[12]×。赾跛行皃丘謹切一。近迫也幾也其謹切又其靳切二 瘽病也。齔[13]毀齒俗作齓初謹切又初[14]靳切一。听笑皃牛謹切一。⿰虫憲蚯蚓也吳楚呼爲寒⿰虫憲休謹切又虛偃切一

二十。阮姓出陳留虞遠切三 皃[15]小皃 邧秦邑名說文云鄭邑也。遠遙遠也雲阮切二 顐面不正。偃偃仰又息也說文僵也又姓左傳舒庸舒鳩並偃姓於幰切十二 㫃旗旌之旒 ⿰貝匽物相當也 鶠鳳也 郾縣名 褗衣領 堰壅水也又於建切 匽隱也 鄢鄭楚地名左傳曰晉侯鄭伯戰于鄢陵 鼴鼴鼠似鼠形大如牛好偃河而飲水也 蝘蝘蜓別名又爾雅云蝘蜓守宮也 鰋魚名。湕水名居偃切五 ⿰矛建矛 扐扐吃語也 揵難也舉也 蹇跛也屯難也亦卦名又居免切。寋女字亦姓今蜀人有之其偃切四 楗關楗 鍵上同 ⿰亻蹇倨也。言言言脣急皃去偃切一。言語偃切四 巘山形如甑 ⿰齒开露齒說文作⿰齒幵 屵[16]×屵*⿰石脣又大脣皃⿰石脣音綽。幰蒼頡篇云帛張車上爲幰虛偃切四 攇手約物 ⿰虫憲寒⿰虫憲又休謹切 ⿰言憲⿰言憲摶很戾

△4 嫣 仙韻於乾切又於晚切
△ 鄢 過韻烏卧切
涴 又於阮切

○晚暮也無遠切七娩婉娩媚也又忙件切挽引也輓上同㿸皮脫也又無願切㝃子母相解又音免
脕色肥澤又音曼○反反覆又不順也府遠切六䡊車耳曰䡊阪大陂不平坂上同返還也橎木名
○𧯷黃豆求晚切四圈獸闌又姓後漢末圈稱字幼舉撰陳留風俗傳圈氏本氏於其國又其卷切菌[2]蕈也又求敏切
卷風俗傳云陳留太守琅邪徐焉改圈姓卷氏字異音同○婉順也美也於阮切二十菀紫菀藥名又菀茂木也又
姓左傳齊大夫菀何忌苑園苑白虎通云苑囿所以在東方者謂養萬物東方物所生也踠體屈蜿蜿蟺蚯蚓也亦作𧊒
𧊒上同畹田三十畝王逸云十二畝也琬珪也宛宛然說文曰屈艸自覆也又姓左傳有宛春惌說文同上又周
禮注云惌小孔貌倇歡樂𩋐𩋐量物之𩋐也䩩上同𧛞襪也又[3]安院切夗臥轉皃䩩䩩底履名晼
晼晚睕[4]乖也又無媚也䑱船䑱木䛄慰也又於万切○䅚相近皃去阮切六綣繾綣謹慎虇蘆筍裷
幭也𥻸粉也𪍾黏𪍾○晅[5]日氣況晚切又古[6]鄧切七暖大目咺兒啼不止朝鮮云也烜光明愃寬心又音
宣䙺大視諼詐也○飯餐飯禮云三飯是扶晚切又扶万切四輽車輽笲竹器所以盛棗脩頒無髮

7 圓 8 始 9 𤸷 10 治 11 隱 12 𪗋 13 文 14 鯀

二十一○混 混流一曰混沌陰陽未分胡本切十六 鯶 魚名 渾 渾元又戶昆切 緷 大束 焜 火光說文煌也
倱 倱伅四凶之一春秋作混沌 棍 木名 顐 顐頭面形顐也 睔 大目又古悶切 梱 木未破也 鯤 角圓皃亦上同
䤯 醨酒相沃 𨼳 大阜 掍 掍同 睴 視皃 煇 煇煌光又音揮 ○翉 飛起又走也普本切一 ○忖 思也倉本
切三 刌 截也 刌 細切又割也 ○本 本末又治[8]也下也舊也說文曰木下曰本从木一在其下俗作夲夲自音叨布忖切六
畚 草器 畚 上同 笨 竹裏又蒲本切 体 戎姓 苯 苯䔿草叢生也 ○損 減也傷也蘇本切四 瘒 瘒瘓[9]
惡寒 䐇 䐇屬 𦡩 切熟肉更煑也 ○剸 剸減也茲損切六 撙 挫趨禮曰恭敬撙節鄭玄云撙猶趨也 噂 噂喈
譐 上同 䔿 草叢生皃 僔 衆也 ○穩 持[10]穀聚亦安穩烏本切三 𡄷 𡄷嘽小口 𠐡 𠐡[11]𠐡 ○囤 小廩也徒
損切九 𥬠 篅也說文篅也 盾 趙盾人名 沌 混沌 坉 上同 庉 樓牆 遁 遁逃又音鈍 遯 上同 𢅃
𪗋[12]也又張倫支[13]旬二切 ○鱒 說文曰赤目魚也才本切一 ○鯀 禹父名亦作𩨬尚書本作鮌[14]古本切十二 㯻 大束
袞 天子服也 緄 帶也 鯀 說文曰魚也亦作鮌 輥 車轂齊等皃 緷 爾雅云百羽也 蓘 穮蓘壅養苗 惃

1 高聲
2 硱碖
3 硱碖
4 播
5 一
6 佷
9 多穀也

惃亂 丨上下相通 碮[1]石聲 錕車釭 ○畽畽怨行無廉隅他衮切四 肫肫肉 吨氣相衝也 黗黑狀 ○閫閫門限也苦本切十 壼居也廣也又宮中道 𡈁篆文 稇成熟又縛衣也 裍成就 悃至誠 頵秃頭又口沒切 梱織弋門橛 齫齫齦齒起皃 硱碖[2]硱石落皃 ○怨畽怨行無廉隅盧本切四 惀心思求曉事 睔睔目皃 碖碖[3]硱石落皃 ○獖守犬蒲本切四 笨竹裏又晉書有兗州四伯豫章太守史疇以大肥爲笨伯 播[4]車弓 体麤皃又劣也 ○懣愁悶也模本切又亡頓莫旱二切[5] ○炳炳熱也乃本切一 ○緫結也虛本切二 惛惛懣忽疾皃也

二十二○很很戾也俗作狠[6]胡墾切二 茛茛似著花青白 ○墾[7]力也耕也治也康很切四 懇[8]懇惻至誠也又信也 齦齧也 豤豕食皃 ○頣頰後古很切二 詪難語皃

二十三○旱不雨胡笴切五 峊山名在南鄭 睅白皃 䓍草名 䛞大言 ○亶信也厚也大也多[9]也穀也俗作亶多旱切又遮[10]連切八 癉病也 嬗媛也 笪持也笞也又都達切 疸黃病又音旦 觛小觶

七·五十五

韻上聲

二十六

何澄

13 出　16 幵

又音但狚獦狚獸担笞也○坦平也安也明也寬也他但切二闐闌也門傍之㰖所以止扉○散散誕說文
作㪔分離也又作𢿵雜肉也今通作散又姓史記文王四友散宜生蘇旱切又蘇汗切十一⿰木散⿰月散並見上注饊饊飯糤
上同鏾弩牙緩也繖繖絲綾今作繖蓋字𥶇篘𥶇桃支竹名傘傘蓋⿰鳥散鳥形又思旰切⿰忄散⿰忄散扇○但
語辭又空也徒也徒旱切十一蜑南方夷袒袒裼又除[12]鴈切襢上同又陟扇切誕大也育也欺也信也潬水中
沙[13]爲潬今河陽縣南有中潬城⿰革延馬帶繵束腰大帶膻說文云肉膻也僤疾也本音去聲觛小觶○瓚
圭瓚秬鬯宗廟之盛禮周禮云裸圭有瓚以肆先王藏旱切三趲散走又則捍切禶祭○笴箭笴古旱切又音哿十二
簳上同皯面黑又工[14]旦切䵟上同⿰禾皮亦同稈禾莖秆上同仠仠長⿱艹幹衆草莖也研研擊
衦摩展衣也又音[15]幹⿰糸干上同○嬾惰也落旱切五懶俗糷飯相著也⿰米柬上同讕謾讕
○侃強直也又侃侃和樂皃空旱切二衎信言又苦汗切○罕希也亦鳥網又姓左傳鄭有罕氏出自穆公以王父字爲氏代爲卿大夫又羌複姓有罕井[16]
氏說文作罕或作罕呼旱切七蔊菜味辛也厂說文云山石之崖巖灘水濡而乾

2 髮　選 補韻思兗切 又思管切　3 管　4 縫

說文呼旰他丹二切暵日乾也又呼旰切焊火乾也熯上同又呼旰人善二切○𩯍款皃作旱切一

二十四○緩舒也又虜姓緩稽氏後改爲緩氏胡管切十四澣濯也浣上同綄候風羽出淮南子又音桓晏玉篇云晏明也又姓晉有西中郎將晏清睅目背說文火晚切大目也覩大視梡木名又束薪又苦管切棵斷木䝎䝹䝎小有財也鰀魚名㬊山名睆縣名篹篼篹簡也○短促也不長也都管切四担上同斷斷絕俗作斷斷又徒管切㩴轉籑○椀器物烏管切三盌上同䝹䝹䝎小有財○疃說文曰禽獸所踐處也詩曰町疃鹿場毛萇云町疃鹿迹也亦作畽吐緩切四暖上同瘓瘓瘓皃躖行速○算物之數也蘇管切三匴器也冠箱也篹籮屬○管樂器也主當也又姓出平原周文王子管叔之後古滿切十二筦上同脘胃府輨車轂端鐵盥洗也又公玩切琯玉琯又姓痯病也郭璞云賢人失志懷憂病也悹悹悹憂無告也詩傳云悹悹無所依又音灌𩋙車轂具也錧車具蜡兩下蟲名𧛔袴襱也○卵說文曰凡物無乳者卵生盧管切一○款誠也叩也至也重也愛也苦管切八𣢒上同欵俗窾空也𨭉𨭉鏠梡虞俎名形有足如案棵斷木也𩹖魚名○煗說文曰溫也乃管切七

八·四十二　韻上聲　二十七　陳晃

20 撻　19 撊　16 赦　15 赧　10 牝

㬉上同暖亦上同煖火氣亦上同又音暄餪女嫁三日送食曰餪渜湯也稬方言云沛國呼稻也○纂集也
作管切八欑鋋也又子筭切纘繼也儹聚也籫竹器酇五百家也又五鄉爲酇周禮曰四里爲酇五酇爲鄙又子
旰切纂纂組本亦作纂纗古文○伴侶也依也蒲旱[5]切三㚘說文云並行也从兩夫輦字从此拌弃也又音潘
○滿盈也充也亦姓出山陽風俗通荊蠻有瞞氏音舛變爲滿魏有滿寵莫旱[6]切五懣[7]煩悶懣古文𥳽竹器鏋金精[8]
○粄屑米餅也博管切五䉽䬳[9]並上同瓪牡[10]瓦也又音板昄均大也又[11]扶板布綰二切○鄬字林云亭名在新豐
辝纂切一○斷絕也徒管切三毈[12]履後帖也緞[13]上同○攤按也奴[14]但切一○坢平坦坢也普伴切二𧺺走皃
二十五○潸淚下皃數板切又音刪一○綰繫也烏板切一○版說文判也布綰切六板上同蝂蝂蝜蟲
瓪瓪瓦昄大也又扶板切鈑鉼金○酢酢䣜面皺側板切三拃拃摸𦑣鷙飛○赧[15]慙[16]而面赤俗作赦[17]奴板切
四䣜酢䣜㬎温濕戁悚懼又音蹨○僩武猛皃一曰寬大下赧切又音[18]簡五憪寬大㺹[19]猛也捍[20]捍握
搖動橺大木也○睆大目也戶板切七睅目出皃𪍿黃蒸子玉[21]篇餅也鯇魚名又胡[22]本切䴷䴷子麥麴類皖

2
⿸厂艮

明星莞莞爾而笑。○阪陂別名扶板切又音返三 昄大也又音板 魬魚名。○矕視皃武板切二 蔄草可染子可食。○⿰齒戔⿰齒戔⿰齒干齒不正士板切二 ⿰虫戔蟲名。○⿰齒干五板切一。○⿰犭戔齧也初板切一。○眅目中白皃普板切一。○撰撰述雛鯇切二 饌盤饌

二十六。○產生也又大籥似笛三孔而短又姓何氏姓苑云彭城人所簡切十 簅大籥或從竹 摌以手摌物 ⿰牛產畜⿰牛產畜牲 嵼⿰山蹇嵼 汕魚浮水上 滻水名在京兆 㦃全德又音剗 ⿰麥產粟⿰麥產 ⿰馬產馬名。○限度也齊也界也胡簡切五 硍石聲 ⿱臤目⿺鬼且⿱臤目無畏視也 ⿱臤牛牛⿱臤牛很不從牽 ⿵門艮門閾又作痕㬎並俗本只作限。○⿺鬼且武簡切一。○簡札也牒也略也釋名曰簡閒也編之扁扁有閒也又姓左氏傳魯大夫簡叔蜀志簡雍傳云本幽州人姓耿後音訛改爲簡古限切七 ⿰氵簡洗米 僩武猛皃 襉帬襉 柬分別也一曰縣名在新寧說文本从柬八八分也 暕陰旦日明 揀揀擇。○剗剗削初限切六 鏟平木器也 丳炙肉丳也 羼說文曰羊相厠也从羴在尸下尸屋也一曰相出前也 㦃全德 ⿰月產皮⿰月產。○棧閣也亦姓魏有任城棧潛士限切八 ⿰山戔山皃也 ⿱山戔上同 轏車名士所乘也 孱孱陵古縣名在武陵又士連切 僝

書傳云見也說文云具也 輚 埤蒼云臥車也亦兵車又儀禮注云載柩車也 虥 虎竊毛謂之虥 ○眼 眼目也五限切一 ○醆

酒濁微清阻限切四 琖 玉琖小杯 盞醆 竝上同 ○㦃 全德初[3]綰切二 ⿰麥産 礸粟 ○齫 齒聲起限切一

二十七○銑 說文曰金之澤者一曰小鑿一曰鐘兩角謂之銑蘇典切十一 洗 姑洗律名 跣 跣[4]足 毨 書曰鳥獸毛毨

傳云毨理也毛更生整理 姺 古國名 燹 字統云野火也 筅 洗帚飯具 箲 上同 ⿰木先 棗木名 ⿱艹先 草名 ⿰魚先 魚名

○腆 厚也善也忘也至也他典切十五 痶 痶瘓病也 圢 坦也 淟 淟涊熱風 町 町疃鹿迹 ⿰田忝 上同 錪 小釜 靦

面慙 ⿰忄典 說文曰青徐謂慙曰⿰忄典 琠 玉名 蚕 爾雅曰螼蚓蜸蚕郭璞云即蛩蟺也江東呼寒蚓 ⿰足典 行跡 ⿰足亶 行皃

賟 賟富 ⿰目典 玉篇云明也 ○典 主也常也法也經也又姓魏志有典韋多殄切五 蕇 葶藶 頣[5] 頰後也又古很切

錪 小釜又他典切 ⿱竹典 大篋 ○蝘 蝘蜓於殄切五 躽 身向前也 䁙[6] 視也 宴 安也又烏見切 嬿 嬿婉又烏見切

○殄 絕也俗作弥徒典切三 蜓 蝘蜓一名守宮博物志云以器養之食以朱沙體盡赤重七斤擣萬杵以點女人體終身不滅婬則點滅

故号守宮漢武試之驗也又音廷 跈 蹈也 ○繭 蠶繭古典切十三 絸 古文 蠒 俗 ⿰繭皮 皮起 趼 上同 ⿱艹柬

4 鞘·靼

小東秦俗 垷塗泥又大坂在隴西 筧以竹通水 襺纊著衣也 ⿰扌繭拭面 挸上同 ⿰扌⿱艹夆古文 ○峴峻嶺胡典切十三 臔肉急 哯小兒歐乳也又不顧而吐 睍日出好皃又乃見切 垷又古典切 蜆爾雅曰蜆縊女郭璞云小黑蟲赤頭喜自經死故曰縊女 俔譬喻又苦甸切 顈顈綴 黰黑皃 晛小目皃 詪爭語 㦓意難 嫢細胥皃

○顯明也著也光也覿也又姓風俗通云有顯甫爲周卿呼典切五 韅在背曰韅在胷曰靷在腹曰鞅在足曰絆 蜆小蛤 抮引戾 㬎衆明也微妙也從日中見絲今作㬎又五合切 ○搷塗也獮殄切四 芇相當也又云[1]弦切 丏不見也 眄斜視又云見切 ○撚以指撚物乃殄切四 涊淟涊 蹨蹂蹨又而善切 跈蹈也 ○編編緶[2]方典切一曰次第也又卑連切十一 匾匾㔟薄也㔟湯奚切 緶褰裳 編上同 萹萹茿草 ⿰禾臱豆名 ⿰禾邊上同 惼愝惼性狹 碥乘車石也 扁扁署門戶 糄燒稻作米

○泫露光又泫然涕流皃胡畎切十四 鉉鼎耳說文云舉鼎也 琄玉皃 贙獸名似犬多力出西海一曰對爭也到一虎者非也[3] 埍女牢也亦作妶又姑泫切 繯韋昭云繯繫也 旬說文云目搖也 矎目童子又胡涓切 鞙韉鞘刀鞙也說文曰大車縛軛靼也 鞍上同 ⿰阝肙坑也 ⿰車尹車⿰車尹 ⿰革尹上同 ⿱馬肙馬一歲也 ○𡿨

9 ⿸疒扁

〻掔 屑韻胡結切 又口殄切

○蜎 先韻烏玄切 又酘泫切

水小流也深尺廣尺曰巜姑泫切八畎上同甽古文誸誘也埍女字罥挂也[5]羂[6]上同泬爾雅云[7]隧也又

伏水也○辮說文交也薄泫[8]切七艑吴船⿰鹵扁蜀人呼鹽扁姓也盧醫扁鵲是也又方典切⿰扁毛⿰扁毛毽毛領⿸广扁[9]

骨風病也⿰骨扁骨⿰骨扁生皃○犬狗有懸蹄者曰犬廣雅云殷虞晉獒楚獚韓獹宋促並良犬苦泫切一○⿱穴堅不動牽繭

切四豤齧也⿱臤豕穄別名也蜸蜸蚕蚯蚓○齞開口見齒研峴切一。

二十八○獮秋獵曰獮獮殺也息淺切十三⿰犭璽禰並上同見說文鮮少也尠俗尟寡也癬

癬疥燹字林云逆燒又音銑⿰火爾上同⿰竹鮮籥⿰竹鮮今人戶版籍也籥音牽上聲廯屋廩蟮蟮蛇蘚苔蘚

○演廣也亦水長流皃以淺切八衍達也亦姓字統云水朝宗於海故從水行縯長也⿱艹寅土瓜⿰口寅大笑戭

長槍又檮戭八元名⿱衍虫螾⿱衍虫蟲⿴行寅上同○踐蹋踐慈演切七諓諂也餞酒食送人又疾箭切俴淺也𡳐

㾐小痒⿴行戔蹈也𢓍跡也○展舒也整也審也適也說文作𡳐轉也又姓魯孝公之子子展之後知演切十𡳐

上同搌束縛又丑善切皽皮寬輾輾轉又虜複姓後魏輾遲氏改爲展氏紾轉繩也又音軫㠭極巧視之[10]又視戰切

1 瘤　2 蹍　5 七　6 敝　7 飬　8 眷　9 攓　10 吉　12 除地曰墠

⿰女展⿰女展奷好皃蟨蟲名襢襢衣皃○膳耳門旨善切十七𠞳以槌去牛勢樿木名禮記用之爲杓顫
說文曰倨視人也饘饘粥又音邅醆杯又側限切皽皮寬又知善切燀又昌善切義見下文䆄束也⿰身亶
裸形無可蔽也䁴說文曰視而不止⿰目善上同橏木[1]廇⿰羽戔武也又鷙鳥擊勢也⿰亶刂擊也⿰金亶上同嫸偏忮
○趁踐也亦作碾[2]尼展切三輾[3]車轢物或作碾㞋[4]柔弱○淺不深也士[5]演切一○闡[6]大也明也開也昌善切九
燀說文曰炊也春秋傳曰燀之以薪又然也又章善切繟寬綽䵐黃色幝車蔽詩曰檀車幝幝⿰阝單魯邑名
灛汶水爲灛嘽寬綽名也樂記曰其聲嘽以緩⿰糸羨偏緩又徐翦切○遣送也縱也去演切八繾繾綣不相離皃
又黏也⿰食遣乾麪餅也⿱竹開簡開⿱竹鮮戸籍掔牛很不從引也⿱中日小塊說文作⿱臼日[7]⿱臼日[8]見上注⿰食⿱中日黏也○蹇
跛也屯難也又姓秦有蹇叔九輦切十一謇吃又止言搴取也攓[9]上同⿰亻蹇偃⿰亻蹇傲也⿰扌善⿰扌善搌醜長皃搌丑輦切
⿰糸虔⿰糸虔縮⿰山蹇⿰山蹇嵼山屈曲也藆爾雅釋草云藆藅⿰魚蹇魚名⿰衤蹇⿰衤蹇袴○善良也大也佳也說文作譱[10]也
又姓呂氏春秋云善卷堯師常演切十一譱見上注篆文又作[11]譱墠[12]除墠地名鱓魚名異苑云死人髮[13]化也蟺蜑蟺

16 ⿱功言　14 勦

蚰蚓 單單父縣名亦姓出周卿士單襄公之後又丹禪二音 僐說文云作姿也 鄯州名本漢之破羌縣地屬金城郡後魏孝昌二
年置鄯州又鄯善西域國也本名樓蘭又音擅 墡白土 ⿰石善上同 ⿰麥善大麥新熟作⿰麥善⿰麥連也 ○翦戩也齊也殺也勦[14]也俗作
剪即淺切十四 剪俗 揃揃搣 戩福祥也 錢錢銚田器 媊明星又[15]子離切 俴淺也 帴狹也 ⿱艹湔
王彗草名 鬋髮垂 ⿱竹晉⿱竹晉⿱竹鮮 ⿱竹進竹名 籛竹名又姓 擶切也俗 ○蹨踐也續也執也緊也人善切五 橪
橪棗木名 戁懼也又音赧 熯乾皃又音漢又音罕 ⿰亻然意肥也又式善切 ○⿰糸羨緩也徐翦切一 ○輦人步挽車
又姓出何氏姓苑力展切九 ⿰麥連大麥⿰麥善⿰麥連 ⿰火聯小然火也 璉瑚璉 鄻地名在周 僆畜雙生子 摙擔運物也 蓮
蓮芍縣名在馮翊又音憐 膦膦腝無力 ○齴齒露魚蹇切七 巘山峯 ⿺辶彥行皃 嵃巘嵃山形 讞議獄 ⿰王甗
玉甑 甗器也周禮曰陶人爲甗甗無底甑也 ○件分次也其輦切四 ⿰山蹇⿰山蹇嵼又音蹇 鍵管籥 ⿰金蹇上同 ○辯
別也理也慧也說文治也符蹇切五 ⿱功言[16]俗 辡罪人相訟又方免切 辨別也說文判也又蒲莧切 諞巧佞言也又符沔切
○緬遠也說文曰微絲也彌兖切十 沔漢水別名亦州名春秋鄖國之地戰國時屬楚秦屬南郡武德初平朱粲置沔州 汅俗

湎沈湎　愐思也　黽黽池縣名在河南府俗作澠又忘忍切　䩄勒鞑[1]名也　偭背也　勔勉也　㡆幕出玉篇

○褊衣急方緬切二　辡憂也亦曰急也　○臇臛少汁也子兖切三　𤎼上同　𧍧蟲食　○雋鳥肥也又姓漢有雋不疑徂[2]兖切五　隽俗　𤸺大痒　吮嗽也又徐[3]兖切　𦾨蕾𦾨菜名　○辯罪人相訟方免切又符蹇切四　矈

蔽目說文曰兒初生蔽目者　𨳄視皃　鳽埤蒼云鷹鷂二年色又云人姓　○兖州名尚書禹貢曰濟河惟兖州武王封周公於曲阜爲魯公秦爲薛郡後魏置南兖州於譙城又置西兖州於定陶城隋改爲魯州武德初平徐圓朗復爲兖州又姓出姓苑以轉切十　渷濟水別名出王屋山[4]　沇上同　捥動也　抗上同　莬草名　駀馬逆毛　台山間泥也　絻縕絻　䬀小風

○臠肉臠說文曰臞也一曰切肉也力兖切四　孌美好　嬽從也　脟割也　○轉動也運也陟兖切二　𨍏乘𨍏　○卷卷舒說文曰厀曲也居[5]轉切六　菤菤耳苓耳　韏爾雅曰革中辨謂之韏車上所用皮也辨音片　𨺗河東安邑聚名　捲捲衣　埢土冢[6]　○圈說文曰養畜閑也渠篆切又求晚切三　𦿞爾雅曰𦿞鹿蘿　莬耎也

○輭柔也或从需餘同而兖切十七　軟俗　蝡[7]蟲動　檽紅藍又檽棗也　萸木耳　碝碝石次玉　瑌上同

△愞 過韻乃臥切又如兗切

13 孓

15 辮

八·卌二 韻上聲 三十一 沈思忠

愞愞弱又奴亂反腝脚疾賟賟小有財物也耎說文曰稍前大也偄[8]弱皃㞋[9]弱也又尼展切偄

欹也亦弱也㼽柔韋[10]又作㼽見經典堧城下田也緛衣縫也○舛剌也說文曰對臥也從夊㐄相背夊中几切㐄

口瓦切昌兗切四喘喘息說文曰疾息也荈茗草名歂揣也又初委切○膞切肉市兗切七腨腨腸鄟

地名䏬說文曰小卮有蓋也歂口氣引皃踹腳跟䓴草名生處無魚○篆篆書持兗切七瑑璧上文也

沌水名在江夏又徒混切摶周禮百羽爲摶十摶爲緷緷音渾又音鯀縳上同亦作縳隊道邊埤也㙊耕土

卷也○剸細割旨兗切九剬上同孨孤露可憐說文曰謹也又莊眷切䱦魚名美也出洞庭湖竱等也膞

切肉又市兗切䦦開閉門利圌囚刑固出[11]古今音字𦈡小卮也又之累切○選擇也思兗切又思絹切又[12]思管切三

巽罟也選竹緣○撰述也定也持也士免切五僎具也數也持也又子倫切顨具也見也鱏魚名譔

專教也又音詮○蜎爾雅曰蜎蠉郭璞云井中小蛣蟩赤蟲一名孑孓[13]又姓漢藝文志有老子弟子楚人蜎淵著蜎子十三篇狂兗切一

蠉[14]香兗切二𧽤走皃○楩木名符善切又父綿切四惼急也諞巧言扁又辨[15]篇二音○免

3 也　4 披

○吮 本韻徂兗切 又徐兗切

▲鳥 晧韻都晧切 又音鳥

止也黜也脫也去也亦姓左傳衛大夫免餘云辨切八 婏婉娩媚也又音挽 勉勗也勸也強也 俛俯俛 鮸魚名 挽生子挽身 冕冠冕 絻上同又音問 ○搌搌搐丑善切七 ⿰金蚩⿰金蚩物令長 㫃旌旗杜[4]又幢徵二音 蕆備也一曰去貨 蚩伸[2]行 㢟安步行之[3]又丑延切 ⿰革蚩騶具又丑井切 ○鳽埤蒼云鷹鷂二年色被免切一 ○⿰亻然說文曰意⿱髟鹿也式善切三 ⿰女然女恣態又奴見切 ⿰目亶視面色變也 ○㫃旌旗之皃於蹇切三 ⿺走匽走也 嫣長皃 ○邅移行除善切一 ○棧士免切棚也一 ○

二十九○篠細竹也先鳥切七 筱上同 鮡魚名 ⿰言夋誘為善也又小也 謏上同 ⿰石肅黑砥石也又思六切 ⿰扌肅打也[5] ○皎月光詩云月出皎兮古了切十二 璬佩玉 憿行縢憿脛布也 鐃鐵文又呼了切 ⿰白白白也又匹[6]白切 皦明也皎也又珠玉白皃 恔恔憭慧也 繳纏也又音酌 ⿵門翏喪之降殺 晈光明 ⿰衤交小袴 儌儌抄 ○鳥說文曰長尾禽總名也象形都了切九 ⿰巾勺絹布頭也 ⿰忄勺垂心 蔦樹上寄生 釕釕鈌帶頭飾出聲譜 扚扚擊 ⿰衤鳥短衣 ⿰禾勺禾穗垂皃 𠄏懸皃 ▲○了慧也訖也盧鳥切十四 蓼

7 石　10 爾　11 嬲　16 閑　17 田

辛菜瞭目睛明也蹘蹘蹻長皃蹻巨夭切鄝地名繚繚繞纏也憭照察舠玉篇云小船也𤏲火炙

燋拭也𥗽𥗽屵[7]垂皃撩抉也又力凋切潦水清又小水也衦袴也○朓月行疾出西方[8]土了切三篠窈篠

深遠䠷身長皃○鐃鐵文馨皛切四曉曙也明也慧也知也皢白也膮豕羮○杳冥也深也寬也[9]鳥皎切

切十窅深目皃窈窈窱深也靜也偠偠㒡好皃騕騕褭神馬日行千里駚上同䮍䮍𩤀長而不勁

五葽廣雅云[10]遠志也𣄴旗類鴢爾雅曰鴢頭鵁郭璞云似鳧腳近尾略不能行又音拗婹婹嬝細弱㫐合也

窅遠也隱也說文冥也宧說文曰戶樞聲也室之東南隅也苭草長○嬲[11]戲相擾奴鳥切九嫋長弱皃

𩤀[12]䮍𩤀㒡偠㒡褭騕褭[13]嬈苛酷也又擾戲弄也又音遶嬝婹嬝䃵䃵𥑮𢹂摘[14]也○皛

明也胡了切五㵿水渺㵿皃芍鳧茈草又市若切葯上同𡈼修續譜云相誑也玉篇音患[15]○窕美色曰窕

詩注云窈窕幽[16]閑也徒了切八㸠㸠牀𤱴𤱴疁[17]中穴誂弄也俗作挑說文曰相呼誘也掉搖尾又動嬥嬥

嬥往來皃韓詩云嬥歌巴人歌也挑挑戰亦弄也輕也䃕磽䃕○磽山田亦作𥑮苦皎切二𥑮上同○湫湫隘

[1] 此

子了切又子攸切五 剿 戳也說文絶也 ⿰木小 木忽高也 稀 凶首飾 ⿱艹操 似薺菜

三十○小 微也私兆切三 ⿰魚小 小魚名 苶 苶草遠志也 ○肈 始也正也敏也長也治小切十一 肁 開也又姓戰國策趙有大夫肁賈 兆 十億曰兆說文分也又姓 趙 少也久也字林云趍也亦州名春秋屬晉秦屬邯鄲郡後魏以廣阿城置殷州至齊改爲趙州又姓本自伯益孫造父善御幸於周穆王賜以趙城因封爲氏簡襄始大列爲諸侯今出天水南陽金城下邳潁川五望 旐 旗旐爾雅曰長尋曰旐郭璞云帛全幅長八尺釋名曰龜蛇爲旐旐兆也龜知氣兆之吉凶建之於後察事宜之形兆也 狣 犬有力也 𦍒 羊子 鮡 魚名似鮎而大 駣 馬四歲 垗 葬地 ⿰兆卜 灼龜坼出文字指歸 ○沼 池沼之少切三 菬 菬子草 箈 竹緣 ○夭 屈也於兆切四 殀 殀殁也 芺 爾雅曰鉤芺郭璞云大如拇指中空莖頭有臺似薊初生可食 仸 仸僑不伸又尪弱皃 ○⿰高丹 意氣息皃丑小切一 ○少 不多也書沼切又式照切三 ⿱艹少 草名 ⿰少阝 說文地名 ○擾 亂也順也說文作擾煩也而沼切七 擾 上同 繞 纏繞又姓左傳秦大夫繞朝 遶 圍遶 嬈 亂也 犪 牛馴說文作犪牛柔謹也 ⿰豸柔 爾雅注云即蒙貴也狀如蜼而小紫黑色可畜之健捕鼠亦作猱又諾高切 ○摽 落也又拊心也字統云合作[1]⿱艹受苻少切八 ⿰扌⿱𦥑大 上同見說文今

3 綤　5 敿　6 嬌

從票餘同鰾魚鰾可作膠慓急性顠髮白又孚小切𩬓上同膘脅前又孚小切莩莩草又零落也。𪍑

糗也尺沼切五麨上同弨弓反曲又昌招切槱赤木名又音猶音酉昭弄人昭目也。縹青黃色也敷沼切八醥

清酒犥牛黃白色顠髮白皫鳥變色也篻實中竹名瞟埤蒼云一目病膘脅前又音莩。眇說文

曰一目小也亡沼切十渺渺淼水皃訬擾也一曰訬獪[艹眇]草細淼大水杪梢也木末也秒禾[2]芒藐字書藐遠

又亡角切吵雉聲篎笙管。紹繼也又姓出何氏姓苑市沼切五綤[3*]古文佋佋介袑袴上[召見]玉篇云見也

。矯詐也說文曰揉箭箝也又姓左傳晉大夫矯[4]文居夭切十二鱎白魚別名[角喬]角長敿盾[5]也撟說文曰舉手也一曰

撟擅也嬌女字又居喬切[目丩]目重瞼也蟜山海經云野人身有獸文說文曰蟲也又姓後漢有蟜慎字彥仲譑多言

鄡國名[女監]竦身蹻驕也又其虐切。表明也亦㦸表釋名云下言於上曰表說文作𧘝上衣也古者衣裘以毛爲表也又姓

[6]出姓苑陂嬌切四𧘝上同[衣麃]古文[艹猋]草名。褾袖端方小切四[票見]字林云目有所察標標杪木末[山票]

峯頭。藨草名可爲席平表切八[艹炰]上同殍餓死又音孚莩上同又音孚𠬪物落皃欲歐吐[犭谷]

2 䑠抭

5 奴

獊也𧳜似狐善睡○鷕雉鳴也以沼切又羊[1]水切七溔浩溔大水皃舀說文曰抒臼也䑠[2]抭並上同髎肩骨䁘眇䁘目皃○悄悄悄憂皃親小切三愀[3]容色變也釥好也又淨○勦絕也子小切八劋上同出說文勦勞也又音巢漅水名郰魯地潐盡酒膘又符小切𢅔拭也○𨲭𨲭驕長皃巨[4]夭切一○繚繚繞力小切九燎說文曰放火也左傳曰若火之燎于原敹長皃璙好皃憭慧也又音聊爒爒炙也僚朋也又音平聲𨢿𨢿𨢿面白嫽嫽嫽好皃○麃蒼頡篇云鳥毛變色本作𪇆滂表切又經典釋文云徐房表切劉普保切一○闄隔也於小切一

三十一○巧好也能也善也苦絞切又巧僞苦教切二𪄼𪄼婦鳥案爾雅注云鷦鷯桃雀也俗呼爲巧婦字俗從鳥○澩動水聲下巧切說文音學六㺒事露又好[5]巧切說文音嗥䕯草根亦竹筍也或作茭又音狡佼庸人之敵說文交也又古巧切𥂡温器又公巧切𥳑竹筍○飽食多也博巧切三𩜁𩟹並古文○㺒擾亂奴巧切三撓撓亂又音蒿獿犬驚說文又奴交切○卯辰名爾雅曰太歲在卯曰單閼晉書樂志云正月之辰謂之寅寅津也謂物之津塗二月卯卯茂也

6 謂　8 茆　10 交　11 敎　13 見

八・五十八

言陽氣生而孳茂三月辰辰震也謂時物盡震而長四月巳巳起也物至此時畢盡而起五月午午長也大也言物皆長大六月未未味也言時物向成有滋味七月申申身也言時物身體皆成就八月酉酉緧也時[6]物皆緧縮也九月戌戌滅也謂時物皆衰滅十月亥亥劾也言陰氣劾殺萬物十一月子子孳也謂陽氣至此更孳生十二月丑丑紐也謂終始之際故以結紐爲名也莫飽切七　丣[7]篆文　緢旄也又絲名　泖水名在吴華亭縣　媌好皃又莫交切　昴星名　茆鳧葵[8]說文作茆音柳　○絞縛也又姓出何氏姓苑古巧切十五　狡狂也猾也疾也健也說文曰少狗也匈奴地有狡犬巨口黑身　佼女字　攪手動說文亂也　薣郭璞云江東呼藕根亦作茭又下巧切　筊竹索也又音交　挍挍挼物也　鉸鉸刀　⿱翏皿器也　姣妖[9]媚　烄炇[10]木然也　数[11]上同　⿰氵⿱翏皿濁也說文器也又胡巧切　⿱竹殽竹筍　㽲腹中急痛俗作疞　○爪說文曰丮也覆手曰爪象形丮音戟側絞切八　叉古文說文[12]曰手足甲也　⿰豸爪⿰豸爪獠　瑵玉名說文曰車蓋玉瑵　笊笊籬　⿰巾爪⿰巾爪頭　抓亂搔掐也　⿱艹爪草也　○拗手拉於絞切五　鴢鴢頭鵁似鳧而腳近尾　怮靴韈怮亦從革　見[13]深目　狕獸名　○鮑鮑魚又姓出東海泰山河南三望本自夏禹之裔因封爲氏薄巧切四　骲骨鏃　麭靣地　鞄柔革名　○齩齧也五巧切一　○⿰黑交黠也士絞切二　㑿㑿㑿長皃出聲譜

韻上聲　三十四　金滋

[1]攪

○膠有韻力嘲切又力絞切

○⿰火芻熬也初爪切七⿱弜鬲芻⿱芻灬炒並上同謅相弄⿰芻鬲乾也吵聲也本音眇○⿰豸尞夷別名張絞切又盧晧切二

獠上同○敹擊也一云攪也亦作𢿱山巧切一

○

三十二○晧光也明也日出皃也胡老切十六昊昊天說文作昦[2]昦上同皡明也旰也曜也亦太皡又姓本出武落鍾離山黑穴中者見蜀録鎬鎬京浩浩汗大水皃又姓漢青州刺史浩賞又漢複姓魯人浩星公治穀梁顥大也又天邊氣說文曰白皃楚詞曰天白顥顥[3]商山四顥白首人也今或作晧灝灝溔水勢遠也鰝大鰕夰說文放也昦[4]字從此本音杲薃薃侯莎鄗光武立處邑名鄡上同⿰豆虎土釜亦作⿰埶虎⿱敄糸網綴滈水名在京兆○抱持也說文曰引取也薄浩切○老耆老亦姓左傳宋有老佐盧晧切十四⿰豸尞西南[5]夷名獠上同轑車軸橑屋橑簷前木一曰蓋骨一曰欄也說文曰椽也潦雨水藔乾梅栳栲栳柳器也⿰木⿵門尞木名顟廣大皃恅愺恅心亂⿰口蓼⿰口草⿰口蓼無人⿱艹⿰黃翏黃色澇水名又力到切○討治也誅也他浩[6]切三套長也槄山楸又他刀[7]切○道理也路也直也衆妙皆道也說文曰所行道也一達謂之道徒晧切七衜⿰首寸並古文稻秔稻禮記曰凡祭宗廟之禮稻曰嘉蔬又姓何氏姓苑云今晉陵人

8 堖　　13 早

八•卅二　韻上聲　三十五　金滋

駣馬四歲又音兆　䆎禾一莖六穗也出字林　𨱖镺𨱖長皃又奴晧切　○堖[8]頭堖奴晧切九　腦上同或從[9]𡿺餘同　𠟉亦同出周禮　惱懊惱　碯碼碯寶石　𨱖镺𨱖長皃　𤡚蜼狢　䝟上同　嫍相嫍亂也說文曰有所恨痛也　○𡠄[10]兄嫂蘇老切七　嫂上同　㛮[11]俗　燥乾燥　埽埽除　掃上同　蕿藪蕿草　○倒仆也都晧切十一　擣擣築　搗俗　島說文曰海中往往有山可依止也又音[12]鳥　禂牲馬祭也　𩦴上同　檮說文曰斷木也又音陶　禱請也求福也　𤸫病也　壔高土也　懤憂也　○草說文作艸百卉也經典相承作草采老切七　艸篆文隸變作卄　懆憂心　慅上同　騲牝馬曰騲　𠹀𠹀嘐無人　愺愺恅心亂　○早晨也子晧切十二　澡澡洗　藻文藻說文同下　薻水草也　𧒂齧人跳蟲抱朴子曰𧒂蝨攻君臥不獲安　蚤上同又古借爲[13]蚤暮字　鱢魚名似鯉雞足　璪玉[14]名　璅石次玉者　棗果名史記曰楚莊王時有所愛馬啖以脯棗漢書曰安邑千樹棗等千戶侯又姓出潁川文士傳云棗氏本姓棘避難改焉　繰紺色曰繰　繅雜五綵文　○皁皁隸又[15]槽屬亦黑繒俗作皂昨早切四　草草斗櫟子　造造作又七到切　艁艁舟以舟爲橋說文云古文造　○暠明白也古老切十一　檺木名　杲日出又明白也　稾禾稈又稾本草

3 傅

栁之本藁俗夰說文放也縞素也又音告槀槀本藥[1]臭大白澤也菒乾草⿰石杲女⿰石杲石似五

○好善也美也呼晧切又呼号切二㚵人姓○蓩毒草武道切又地名又[2]亡毒切四莯細草叢生媢夫妬

婦也說文音冒冃重覆○寶珍寶又瑞也符也道也禮記曰地不藏其寶又天寶晉灼云天寶雞頭人身又姓出何氏姓苑

博抱切十五珤古文保任也安也守也說文作保養也亦姓呂氏春秋云楚有保申爲文王傳[3]𥝖古文堢堢障小城

堡上同褓襁褓緥說文曰小兒衣鴇鳥名亦作鳵鴇䳰葆草盛皃又[4]羽葆駂郭璞云今烏驄⿰羽包彩羽

宲藏也賲有也㫗相次也○襖袍襖烏晧切十四镺镺䠷長也懊懊惱䐨藏肉又烏到切芺

苦芺䴠䴠子媼女老稱燠甚熱又音郁夭禮曰不殀夭本又於矯切⿰忄夭⿰忄夭正之皃⿰夭阝邑名⿱昷䖵蟲名

如㑬常地下食人腦䯠藏骨⿰昷鳥鳥名○考校也成也引也亦瑕釁淮南子云夏后氏之璜不能無考是也又姓出何氏姓

苑苦浩切十攷古文栲木名山樗也槁木枯也說文作槀祰禱也說文曰告祭也洘水乾燺火乾

丂氣欲舒皃⿰高頁⿰高頁領大頭薧乾魚周禮曰辨魚物爲鱻薧注云薧乾也亦作槁又薧里字音蒿○⿱艹頁瓜蔓苗頭五老切

6 釿 釿釣
7 攞
9 曪

切二 頉 顳頉大頭

三十三。哿 嘉也古我切四 舸 楚以大船曰舸 笴 箭莖也又公旱切 ⿱竹哿 筍⿱竹哿出南中 。瑳 玉色鮮白千可切三 䰈 髮好皃也又昨何切 䃗 硰石地名 。嚲 垂下皃丁可切五 亸 古文 哆 語聲又昌者切下脣垂皃

癉 勞也又怒也 䫜 醜皃 。縒 鮮潔皃也蘇可切又楚宜切三 娑 駊娑殿名又蘇哥切 䙈 衣長皃 。爹 北方人呼父徒可切九 柁 正舟木也俗從㐌餘同 舵 上同 陊 下坂皃又落也 袉 裾也 拕 引也 沱 潰沱沙水往來皃又徒河切 沲 上同 詑 輕也 。我 己稱又姓我子古賢者著書五可切五 騀 駊騀馬搖頭皃 ⿰我頁 側弁[5]也 ⿰扌我 差也

硪 砐硪山高皃 。袉 長舒皃吐可切又徒可切一 。⿰木磊 ⿰木磊椏樹斜來可切九 釿[6] 釿釣出異字苑 攞[7] 裂也 砢 磊砢石皃 爦 爦[8]懡慙也玉篇又作⿰而羅⿰而歷 ⿰目羅[9] 色光明出釋典 斫 相擊也[10]亦斫也 剆 上同 哆 哆哆脣垂皃 。橠 橠㯀木盛皃奴可切六 娜 婀娜美皃 恀 宬[11]也 ⿰忄袲 上同 那 俗言那事本音儺 袲 袲袲衣好皃 。荷 負荷也胡可切又戶哥切二 何 上同 。⿰可欠 大笑虛[12]我切五 ⿰口閜 上同 ⿰可攴 擊也 ⿰可殳 上同 ⿰可頁 傾頭皃又音訶 。可 許可

3
趙

也又虜複姓三氏周太保王雄賜姓可頻氏梁有河南王可沓振又有可達氏又虜三字姓三氏後魏書可地延氏改爲延氏又并州刺史男可朱渾買奴前燕慕容儁皇后可足渾氏枯我切四 岢 岢嵐鎮在嵐州 軻 轗軻又音珂[1] 坷 坎坷 ○閜 閜砢欲傾皃烏可切七 椏 櫑椏樹斜 [illegible] [illegible] 妸 妸娜亦作婀 娿 人姓莊子有娿荷甘又音痾 旖 旖旗旖皃又猗[2]蟻切 哀 哀[illegible] ○左 左右也亦姓齊之公族有左右公子後因氏焉又漢複姓二氏左傳宋公子目夷爲左師其後爲氏秦[3]有左師觸龍晉先蔑爲左行其後爲氏漢有御史左行恢臧可切三 佐 䢘佐又子賀切 𠂇 戾也說文曰左手也象形

三十四○果 果敢又勝也定也剋也亦木實爾雅曰果不熟爲荒俗作菓古火切十一 菓 見上注 猓 猓然獸名 輠 車脂角又音禍 錁 刈鉤又古臥切 划 划刈 裹 苞裹又纏也 蜾 蜾蠃蟲也 倮 蒼頡篇果敢作此倮 餜 餅餜食 粿 淨米 ○埵 土埵丁果切十五 鬌 小兒翦髮爲鬌 捰 稱量 綶 冕前垂也 朵 木上垂也 朶 上同 綞 綞子綾出字林 揣 搖也又初委切 鍺 車鐗 [illegible] 小[4]崖 [illegible] 鈌也 稐 禾垂皃又丁官切 [illegible] 試也又初委切 [illegible] 履跟緣也 褍 衣正幅也 ○鎖 鐵鎖也俗作鏁蘇果切十二 瑣 青瑣漢舊儀曰黃門令日

八·九一 韻上聲 三十七 宋琚

7 捶　12 隓　15 癧

暮入對青瑣丹墀拜名曰夕郎又瑣小皃溑水名葰葰人縣在上黨又蘇[5]瓦切𥲤竹名𪍿說文曰小麥屑之覈

𩺰魚名䂹石小鄖[6]亭名在河南惢心疑也又醉隨才捶[7]二切揁動也𧴪貝聲○隓落也徒果切又

他果切十四垛射垛亦作陊㼠長沙呼甌也䅜小積笶竹名䉐上同鞢[9]履跟緣也或作𩍄鐫[10]

車轄又犂錇出玉篇惰嬾惰也說文曰不敬也憜上同媠美也說文曰南楚人謂好曰媠又吐臥切鬌又丁果切

鰖魚子已生又他果弋水二切𡼭山高○妥安也他果切九媠好也隋裂肉也又徒[11]果切鰖魚子已生

崣山長皃墮倭墮髻也又徒果切橢器之狹長𡐦[12]山皃鵎鳥名○麼幺麼細小亡[13]果切三𣋬曪

日無色懡懡儸人慙○坐釋名曰坐挫也骨節挫屈也徂果切二𡋀古文○妸[14]好皃五果切二戹木節也亦

作戹○祼赤體說文曰袒也郎[16]果切九躶臝臝並上同卵又力管切瘰瘰癧[15]病筋結也𧕰上同蓏

果蓏說文曰木上曰果地上曰蓏應劭云木實曰果草實曰蓏張晏云有核曰果無核曰蓏臝蜾臝蒲盧郭璞云細膂蜂也負螟蛉

之子於空木中七日而成其子法言云螟蛉之子殪而逢蜾臝祝曰類我類我久則肖之○婐婐[17]妸身弱好皃烏果切三倭倭墮

3 𡯁 𡯁𡯂

5 挻

又烏戈[1]切𡖅多也○[女厄]奴果切二[扌厄]扼摘○跛跛足布火切又彼義切四簸簸揚又布[2]箇切駊駊騀馬惡行又音叵

𡯁[3]𡯁𡯂行不正也○叵不可也普火[4]切四駊駊騀頗又普波切[山頗][山頗]峩山皃○禍害也胡果切七祒上同

夥楚人云多也[多咼]上同[歹咼]說文云逆惡之驚詞輠車脂角又音果過過過也秦人呼過爲過也○火河圖挻[5]左

輔曰伏羲禪於伯牛鑽木作火說文曰燬也南方之行炎而上象形呼[6]果切二炧玉篇云地名○顆小頭苦果切三堁堀堁

塺起也[果殳]研理又音課○爸父也捕可[7]切一○脞書傳云叢脞細碎無大略也倉果切二硰碎石○砦砦石地名作可[8]切一

三十五○馬說文曰怒也武也象頭髦尾四足之形尚書中候曰稷爲大司馬釋名曰大司馬馬武也大摠武事也亦姓扶風人

本自伯益之裔趙奢封馬服君後遂氏焉秦滅趙徙奢孫興於咸陽爲右內史遂爲扶風人又漢複姓五氏漢馬宮本姓馬矢氏功臣表有馬

適育溝洫志有諫議大夫乘馬延年何氏姓苑云今西陽人孔子弟子有巫馬期風俗通有白馬氏莫下切七碼碼磠石似玉鄅郁鄅

縣名在犍爲罵罵詈又莫霸切𥦍穴𥦍[9]在燕野鷌異鳥鰢魚名○者語助章也切三赭赤土堵縣名

又姓左傳鄭有堵女父堵狗又音覩○野田野說文云郊外也羊者切五埜古文也語助辭之終也冶銷也尸子曰蚩尤造九冶

九百五十七 韻上聲 三十八 吳益

10 廑 11 蛭 12 嫺 14 能 16 䵚

又妖冶亦姓左傳衛大夫冶廑[10]虵羌複姓有虵蛭[11]氏又食遮切蛭都結切○雅正也嫺[12]雅也說文曰楚烏也一名鸒一名卑居秦謂之雅五下切五疋正也待也說文所葅切足也古文以爲詩大雅字又山呂切庌廳也說文曰廡也周禮曰夏庌馬厊厏厊不合𥁰器○檟山楸古疋切十榎上同嘏大也福也假且也借也非真也說文又作假至也又姓漢有假倉叚說文借也賈姓也出河東本自周賈伯之後又音古斝玉爵禮記曰夏后氏以醆商以斝周以爵瘕久病腹內又古牙切椵爾雅曰櫠椵郭璞云柚屬子大如盂皮厚二三寸中似枳[13]食之少味婽好也○灑灑水也砂下切一○啞不[14]言也烏[15]下切又乙革切三瘂𤸷並上同○炧燭夷徐野切三担取也䵚[16]䵚墁污也出文字辨疑○下賤也去也後也底也降也胡雅切四丅古文夏大也又諸夏亦州名秦屬上郡漢分置朔方郡晉末赫連勃勃於州稱大夏爲後魏所滅置鎮又改爲夏州又胡駕[17]古下二切廈廈屋○寫憂也除也程也盡也又轉本曰寫悉姐切四𣜂案之別名瀉瀉水䲞獸名○蛆[18]蛆蛆好皃銼瓦切一○乜蕃姓彌也切一○且語辭七也切又子余切一○𡅏大笑許下切三閜大裂襾說文曰覆也覆覈賈類皆從此○社社稷又漢複姓二氏風俗通云齊昌徙居社南因以爲氏何氏姓苑云右扶風有焉又有社北氏常者切三𥁕器名𣕢宜樹善夢神見仙經○跒跁跒

2 食無味也

3 ⿸广系

6 麩

8 心

行皃苦下切一○跁傍下切三竨短人立也笆竹名出蜀又音巴○捨釋也書冶切五舍止息亦上同又音赦騇
牝馬⿰食多餚飫⿰食舍上同○姐羌人呼母一曰慢也兹[1]野切三担取也又才也切飷無[2]食味也○把持也執也博下切一
○踝足骨也胡瓦切十一稞淨穀⿸尸系[3×]青絲履又繩履⿰耳果地名蘳鮮明黃色蘳說文曰黃華又音[4]壞觟
牝牂羊生角者又楚冠名⿰魚果魚似鮎也⿰戈凡[5]大口又聲說文曰擊踝也輠轂頭轉皃⿺麥果麪[6×]名○寡鰥寡說文少也
古瓦切八○冎剔人肉置其骨剮俗⿱冎木老人柱杖⿰亻冎⿰亻冎⿰亻冎行皃𠁧羊角皃⿱竹冎籤⿱竹冎收絲具⿰角冎觰⿰角冎
牛角開○瓦古史考曰夏時昆吾氏作瓦也五寡切二⿰瓦阝衛地○若乾草又般若出釋典又虜複姓二氏周書若干惠傳
曰其先與魏俱起以國爲姓後燕錄有步兵校尉若久和人者切又人勺切三惹亂也[8]⿰口尒譍聲○鮓釋名曰鮓菹也以鹽
米釀魚以爲菹側下切五厏厏厊不合謯謯訶訶皃⿱竹差炭籠也又音醝痄痄瘡不合○觰牛角橫都賈切又竹
加切一○槎逆斫木士下切又仕加切二厊厏厊○奲寬大也昌者切五撦擊也䰩醜䰩哆脣下垂皃
又當可切○撦裂開○⿰糸奓⿰糸奓緊相著皃竹下切一○⿱奴糸奴下切一○髁⿱罒月骨苦瓦切七跨⿱罒月跨又苦化切骻

八·廿九　韻上聲　三十九　吳虛

9 卄

10 𥢑

12 澋

上同侉侉衿袍也銙帶飾幍帛衣卄[9]跨步又口化切○硰好雌黄又瓦切又七火切一○𥢑[10]𥢑穀南人食之

或云莪䓫丑寡切一○葰葰人縣名沙[11]瓦切三謏強事言語傻傻俏不仁○奼嬌奼也丑下切又陟嫁切一○䂲

玉篇云䂲䃧泥不熟皃盧下切一

三十六○養育也樂也飾也字從羊食又姓孝子傳有養奮餘兩切七痒皮痒癢上同瀁混瀁[12]水皃蛘蟻名

說文曰搔蛘也勨勉也又音象蟓蟲名○像似也徐兩切十一象說文曰象長鼻牙南越大獸三季一乳象耳牙

四足之形爾雅曰南方之美者有梁山之犀象蟓桑上蠒橡櫟實襐未笄冠者之首飾也勨勉也又音養鱌

魚名似魟白鼻長也潒潒遠⿱艹象草名⿺辶象行也嶑山名○奬勸也助也成也譽也屬也即兩切六獎上同說文

本作獎嗾犬厲之也⿱⺮將剖竹未去節也又秦[13]杖切槳檝屬⿰木將上同蔣國名亦姓風俗通云周公之胤又漢複姓漢有

曲陽令蔣[14]匠熙又子羊切○兩說文曰再也易云參天兩地今通作兩良奬切八兩上同說文曰二十四銖爲一兩脼腂脼⿰木兩

松脂緉雙屨蜽蝄蜽蟲名說文曰蝄蜽山川之精物也國語曰木石之怪夔蝄蜽亦作魍魎魎注見上⿰兩力⿰兩力勥力拒○鞅

1 靼　2 貲　3 迫　△弶 漾韻其亮切又魚兩切　6 淨　8 淨　10 豈

牛羈也說文頸靼[1]也於兩切十一　枊木名　秧秧穰禾稠也又音央　鞅飽皃　詇早知也　岟岟山足　駚駚驁馬皃

炴火光　𧵣無貲[2]量謂無極限也　怏怏悵也又於亮切　紻冠纓　○勥迫[3]也勉力也其兩切五　彊說文云弓有力也或作強又姓前秦録有將軍強求又其良切　弜弓有力也　誩競言　滰乾米之皃　○仰偃仰也說文舉也魚兩切三

茚昌蒲別名　卬望也欲有所度　○磢瓦石洗物[4]初兩切六　𤮊上同　剏皮傷　搶頭搶地見史記又七良七養二[5]切　漺淨[6]也　愴愴怳失意皃又音創　○想思想也息兩切二　鯗乾魚腊也　○掌手[7]掌又姓晉有琅耶掌同前涼有燉煌掌據諸兩切三　仉姓梁公子仉督後也　爪反爪　○爽明也差也烈也猛也貴也踈兩切九　塽上同　𦆎屩中絞繩

鷞鷞鳩　塽塽塏高也　樉木名　𤮊半瓦　漺淨[8]也又初兩切　𩓞醜皃　○響聲也許兩切八　饗歆饗　蠁說文曰知聲蟲也　蚼同上　亯[9]獻也祭也臨也向也歆也書傳云奉上謂之亯　享上同亦作享　嚮爾雅兩階閒謂之嚮本亦作鄉又音向　曏不久也又音向　○敞高也昌兩切七　惝惝怳驚皃　氅鷩鳥毛也　鷩上同　廠屋也出方言又音唱　𧿳[10]踞也又丑[11]尚直庚二切　僘僘寬也　○繈絲有類又孟康曰繈錢貫也俗作鏹居兩切五　鏹上注　襁

13 冈

八•八十

繈褓負兒衣博物志云繈織縷爲之廣八寸長二尺以約小兒於背上 膙筋頭 慜敬也說文音景 ○丈說苑曰十尺爲丈直兩切四 杖說文曰持也大戴禮曰武王踐阼爲杖之銘曰惡乎失道於嗜慾惡乎相忘於富貴呂氏春秋曰孔子見弟子抱杖而問其父母柱杖而問其兄弟曳杖而問其妻子尊卑之差也禮曰苴杖竹也削杖桐也 仗憑仗本又音去聲 疲病也 ○袒通也明也舒也丑兩切二 鋹利也 獷獷平縣在漁陽居往切又居猛切一 ○壤土也書傳曰無塊曰壤風土記曰擊壤者以木作之前廣後銳長尺三四寸其形如履臘節僮少以爲戲也逸士傳曰堯時有壤父擊於康衢藝經曰擊壤古戲又漢複姓孔子弟子有壤駟赤如兩切八 釀釀菜爲菹 曩肥蜀人云 穰豐穰又汝羊切 蠰蟲名似雞而小 攘擾攘又汝羊切 躟躟躟行疾皃 ⿰石襄惡雌黃 ○賞賜也又吴姓有賞氏書[12]兩切五 ⿰飠彖日西食 餳上同 饟周人呼餉食 曏少時也又火亮切 ○髣髣髴亦作彷佛妃兩切六 彷彷佛俗 仿說文曰相似也 紡績紡 鶭鶭鸅鳥蒼黑色常在澤中俗呼爲護澤 魴上同 ○网网罟說文曰网庖羲所結繩以田以漁也世本曰庖羲臣芒所作五經文字作罔俗作冈[13]文兩切十二 網上同 罔上同又無也 輞車輞 棢上同 惘惘然失志皃 菌菌草 誷誷誣 㞷上同 聣耳疾 蛧蛧蜽

何昇

4 之

○篟本韻即兩切又秦杖切

8 淫

9 洸

10 治

魍 魍魎上同○昉 明也分网[1]切四 倣 學也 放 上同 瓬 周禮有瓬人爲簋者蓋摶[2]埴之工又[3]音甫 ○枉 邪曲也亦姓今虢州有[4]紆往切四 數 曲侵 數 佞人 汪 汪陶縣在鴈門又烏光切 ○往 之也去也行也至也于兩切二 暀 德也是也光也爾雅曰暀暀皇皇美也 ○怳 慌怳許昉切二 謊 夢中言也又火光切 ○搶 七兩切又初兩七羊二切二 摤 上同 ○長 大也又漢複姓晉有長兒魯少事智伯智伯絕之三年其後死智伯之難知[5]丈切又直張切一 ○上 登也升也時掌切又音尚二 丄 古文 ○俇 楚詞注云俇俇遑遽皃求往切一 ○臩 說文曰驚走也一曰往來皃俱[6]往切四 迋 欺怨 儹 載器也出埤蒼 𨒡 走皃 ○𩧢 姓也眦養切一 ○𩔈 醜也初丈切二 傸 惡也

三十七○蕩 大也又水名出湯陰又姓宋之公族也徒朗切十二 崵 山名漢高帝[7]隱處 婸 淫[8]戲皃 簜 大竹筩 潒 水大之皃又洗[9]潒也 像 放像或作婸 愓 不憂 璗 玉名說文曰金之美與玉同色者也 盪 滌盪搖動皃說文曰滌器也又吐浪切 暘 春也持[10]米精也 簜 大竹 嵣 嵣㟐山皃 ○顙 額也蘇朗切四 𪔳 鼓匡木也 𪔳 上同 磉 柱下石也 ○廣 大也闊也古晃切二 鄺 姓出廬江 ○榜 木片北[11]朗切六 髈 題髈 𣭼 毛𣭼罽文 螃 陸居

13 䏋

14 主

16 嵣峔

蝦蟆 蒡牛蒡菜 ⿱髟並⿱髟並䰌亂毛 ○駔會馬市人又牡馬也子朗切三 驡駚驡馬容 髒骯髒體盤 ○曩久也奴朗切二 灢泱灢水不淨見海賦 ○沆沆瀣氣也胡朗切六 骯骯髒體盤 䟘伸脛也 ⿰亢亢[12]直項之皃 蚢貝大者如車輞爾雅作魧 吭聲也 ○曭日不明他朗切十二 儻倜儻不羈又他浪切 偒長皃 戃戃慌失意皃 矘矘䁹目無精 簜説文曰大竹箭也 帑金帛舍又音奴 爣爣朗火光寬明 䑗䑗䏋[13]月不明也 ⿰瓜昜大瓜名又⿰瓜昜⿰瓜昜長皃 ⿰白黨白⿰白黨 攩攩挽搥打 ○莽草莽説文曰南昌謂犬善逐兔於艸中爲莽又姓前漢反者馬何羅後漢明德馬后恥與同宗改爲莽氏模朗切又莫古切十 茻説文曰衆艸也 壾吳王[14]孫休子名見吳志 䁹無[15]睛 ⿰莽色⿰莽色⿰莽色無色 ⿰日莽日無光 ⿰金莽鈷⿰金莽又莫古切 蟒蛇最大者 漭漭沆水大 ⿰山芒⿰山芒[16]嵣山皃 ○黨釋名曰五百家爲黨黨長也一聚所尊長也又輩也美也累也説文曰不鮮也多朗切五 讜直言 欓木名 ⿰黨阝地名説文作⿰尚阝 ⿱艹黨草名 ○朗明也亦姓出姓苑盧黨切七 朖 誏並上同 俍俍傷長皃 崀嵻崀山空 榔木名 㝗㝩㝗空虛 ○坱塵埃也烏[17]朗切十 姎女人自稱姎我又烏郎切 映映䁹不明 泱滃泱水皃 咉咉咽悲也 醠濁酒

△忼 唐韻呼郎切又苦朗切

5 慌㡆

7 懬

筅竹名玉篇云筅無色也 盎盆也又烏浪切 駚駚鸗馬容 軮軮軋聲也 ○慷慷慨竭誠也苦朗切七 忼上同 嵻嵻峎山空 骯骯髒體盤 䡷車䡷之名 㝩㝩宸空虛 懬大也又丘廣切[1]說文又口謗切 ○汪大水烏晃切二 瀇瀇水深廣皃 ○晃明也暉也光也亦作晄胡廣切七 幌帷幔也晉惠起居注云有雲母幌 櫎兵欄 榥讀書牀也 滉滉瀁水皃 攩[2]攩打又吐朗切 皝人名前燕慕容皝也 ○髈[3]髀吳人云髈匹[4]朗切二 䒍䒍無色 ○慌[5]慌黨呼晃切七 爌爌朗寬明也又苦[6]晃切 宊宊宸也 睨瞬睨目疾出新字林 䐠䐠黨 㬻月不明皃日旱熱也 詤夢言也 ○𪉷鹽澤也各朗切四 酐畍並上同 跡伸脛也 ○䮚馬怒鸗龓駠也五朗切一 ○奘大也徂朗切一 ○蒼莽蒼麄朗切一 ○汻姓今涇州有之呼朗切三 酐苦酒 𤱈鹵𤱈 ○懬[7x]大也寬也怨也丘晃切三 䡷䡷䡷輣也 爌爌朗寬明也又火光

三十八○梗梗直也又桔梗藥名古杏切九 挭挭槩大略 哽哽咽 郠邑名在莒 綆井索 鯁刺在喉又骨鯁謇諤之臣 埂堤封吳人云也 骾骨骾 蝢蟲名 ○丙辰名爾雅云太歲在丙曰柔兆又光也明也又姓風

11 宋
12 杏
13 蚢

俗通云齊有大夫丙歎兵永切九　昞亮也[8]亦作昺　怲憂也　邴邑名在泰山又姓左傳晉有大夫邴預又音柄　炳
炳煥明也　秉執持又十六斗曰藪[9]十藪曰秉又姓漢書有秉漢　窉爾雅[10]云三月爲窉本亦作寎又兄病孚命區詠三切　苪
著也　蛃蛃蟲名　○警寤也戒也居影切八　儆同上　景大也明也像也光也炤也又姓齊景公之後後漢有景丹　境
界也　璥玉名　蟼蛙屬　檠所以正弓出周禮亦作檠　憼敬也　○影形影於丙切八　璟玉光彩出埤蒼　璄
同上　⿰飠景飽亦作⿰飠英　⿰扌竟中擊　⿰竟毛毛車　⿰英刂王篇云刺也　⿺風英高風　○省省署漢書曰舊名禁中避元后諱改
爲省中又姓左傳宋大夫省臧所景切又息井切九　眚過也災也　⿸疒省瘦⿸疒省　媘減也　⿰省見⿰省見⿰月卬露也　⿵門省⿵門省府今爲
省字　⿰省瓦⿰夾瓦⿰省瓦有耳瓶　渻水名亦丘名　⿰省阝同上　○永長也引也遠也遐也亦姓出何氏姓苑于憬切二　栐
木可爲笏　○⿱艹兄小風許永切一　○皿器皿武永切三　⿱穴皿⿱穴皿戶土穴　⿱囧皿盟也　○憬遠也俱永切六　囧光也　炅
火也　璟玉光　臩驚走皃　暻明也曲礼悟也　○杏果名廣志曰滎陽有白杏鄴有赤杏黃杏何梗切三　莕
菩蕠　荇同上　○猛勇猛又嚴也害也惡也亦姓左傳晉[11]大夫猛獲之後莫幸[12]切六　⿰目黽⿰目黽盯視皃　蜢蚱[13]蜢蟲　艋

3
乎

䑪艋小船䑪陟格切䵷蛙屬鄳縣名在江夏○礦金璞也古猛切七鑛上同銂古文𪎊𪎊麥𪍿上同

獷犬也又居往切獷平縣名在漁陽穬穀芒又[1]曰稻不熟○浜浦名布梗切又布耕切三併詐僞人也絣絣急

皃○盯盯䁱張梗切一○瑒祀宗廟圭名長一尺二寸徒杏切又[2]音暢一○䁝清潔烏猛切三浻浻澋水回旋也

奣六合清朗○打擊也德冷切又都挺切一○冷寒也魯打切又魯頂切一○卝金[3]玉未成器也呼䁝切二澋浻澋

水回旋也○鮩鮊魚別名蒲猛切一○䀩䀩然舉目也苦礦切又音句一○檸木皮入酒浸治風拏梗切一

三十九○耿耿介也又耿耿不安也又姓晉大夫趙夙滅耿因封焉遂以國爲氏古幸切三䔈芋莖也𥇖𥇖𥉌[4]視皃

○𥉌武幸切三鼆句鼆魯邑名黽蛙屬○幸說文作㚔吉而免凶也从屰从夭夭死之事故死謂之不㚔胡耿切四

㚔見上注倖儌倖𤭛𤭛甂瓶有耳○倂俱也或作併羅列也蒲幸切四鮩蛤鮩蠯上同𧉗亦同

○𥇒𥇒䁅薄[5]皃普幸切一

四十○靜安也謀也和也息也疾郢切十睜䁍睜不悅視也𩇢清飾靖立也思也理也審也又姓齊靖郭君

6 亭　7 巠　8 灰　9 云

之後風俗通云單靖公之後姘女人貞絜也婧上同穽坑也阱上同猙獸如狐有翼又音爭竫停[6]安
○整正也齊也之郢切二整俗○逞通也疾也盡也丑郢切六騁馳騁又走也裎禪衣悜愼悜意不
盡也䡅驂具又丑善切睈視也又意不盡○郢楚地以整切三浧泥也梬梬棗似柹而小○痙風強病也巨郢
切二⿰冫巠[7]玉篇云寒也○潁水名在汝南亦州名禹貢豫州之境春秋時沈丘也秦爲潁川郡漢爲汝南郡之汝陰後魏置潁州餘頃
切二穎禾末也穗也又姓左傳有穎考叔○領理也錄也說文項也良郢切六嶺山坡也裴潛廣州記云大庾始安臨賀桂陽揭
陽爲五嶺與鄧德明南康記云別也阾古文柃[8]木名可染衿衣衿禮厺[9]執領不從衣䕘草名○頸項也居郢切又
巨成切一○餅必郢切五屛蔽也爾雅曰屛謂之樹又廣雅曰罘罳謂之屛風俗通云卿大夫帷士以廉以自鄣蔽鉼
鉼金謂之鈑周禮祭五帝則供鉼金併併合和也又必姓切䴵索䴵出食苑○頃田百畝也去潁切六⿰亩頁[10]古文⿰扌⿰亩頁
音也檾枲草苘蘔並上同○井說文曰八家一井象構韓形•罋之象也古者伯益初作井今作井見經典省又姓
姜子牙之後也左傳有井伯子郢切二郱郱邢地名○廮安也又廮陶縣名在趙州於郢切五⿰嬰阝地名癭瘤也

2 二　3 浧　5 䀮　6 涇　7 杼

博物志云山居之人多癭疾 𣤶 𣤶氣 𦢊 滯氣 ○請 乞也求也問也謁也七靜切又疾盈疾姓二切二 睛 睈睛不悅

省 目皃出字林又音精 ○省 察也審也息井切六 渻 說文曰少減也一曰水門又水出丘前謂之渻丘 睲 睲睲照視 惺 惺悟

出字林 㮐 俎几名 𢜫 𢜫悟皃俗 ○眳 眳睛云井切二 慏 慏悜意不盡也 ○徎 雨後徑也丈井切[2]一 浧[3] 通也

四十一○迥 遠也戶頂切五 冋 空也 炯 光也明也又音熲 泂 詩云泂酌 逈 草名 ○熲 光也又輝也古迥切

八 炅 [4]光也又古惠切 烱 火明皃又音迥 泂 滄寒 穎 篋名 餇 餇飽 䁝[5] 目驚皃 𧋍 𧋍蠐似蛙 ○茗 茗草

莫迥切七 嫇 嫇奵自持也 酩 酩酊 瀴 瀴涬大水皃 溟 上同 眳 眳睛 姳 姳好 ○頂 頂顙頭上說文顛也都挺切

十三 𩑋 上同 顯 籀文 奵 奵嫇 耵 耵聹耳垢 鼎 說文云鼎三足兩耳和五味之寶器禹收九牧之金鑄鼎荊山

之下 薡 草名 酊 酩酊 濎 濎濘水皃 葶 葶藶毒草 靪 補履又音丁 打 擊也又都冷切 㞩 展也

○挺 挺出說文拔也徒鼎切十二 艇 小船 鋌 金鋌 梃 木片 娗 長好皃 町 田畝又音汀 霆 疾雷又音

庭 莛 草莖又音庭 涏 淫[6]寒 蜓 蟲名又徒典切 訂 平議 誔 詭言 ○珽 玉名說文曰大圭長三尺抒上

八

韻上聲 四十四 陸選

8 閅 ▲訂 青韻他丁切又他頂切

10 [illegible]

終葵首他鼎切十二圢平也脡脯朐侹長也直也代也劤也頲直也侱徑也壬善也町田塸艼葋也又禿鈴切斷田器𦉪𦉪䍅小網閅[8]門上關○汫汫濙小水皃徂醒切一○濙汫濙烏迥切一○謦謦欬也去挺切一○𩕢頂𩕢乃挺切五聹耵聹[illegible]似蛙濘泥也又乃定切薴葶薴○婞很也胡頂切七涬瀴涬大水皃鯹魚名鋞似鍾而長脛胻脛又胡定切悻悻恨緈絓緈○醒醉歇也蘇挺切二箵箵笭篝籠○鞞刀室補鼎切一○褧褧衣說文檾也口迥切六檾枲屬苘同烓行竈又烏圭切顈禪也絅衣○剄斷首古挺切二烴焦臭○頩斂容匹迥切一○巊巊溟山水烟涬切三[illegible]誙厭瀴瀴涬大水皃○笭篝笭籠也力鼎切三䍅𦉪䍅小網泠寒也又姓前趙錄有徐州刺史泠道字安義又盧打切○竝比也蒲迥切四並上同鮩白魚名也併竝竝又必姓切○詗明悟了知也火迥切一○䁝直視皃也五剄切二矨[9]小皃

四十二○拯救也助也無韻切音蒸上聲五抍撜並上同見說文[illegible][10]軺車後登出字林承晉譙王名○庱亭名在吳晉陵丑拯切又恥陵切一○殑殑殑欲死也其拯切一○殑殑殑色庱切一

四十三○等齊也類也比也輩也多肯切一○倗不肯也普等切二䣙穆天子傳云西征至䣙郭璞云國名也前漢書有䣙成侯○肯可也說文作肎骨間肉肎肎著也一曰骨無肉苦等切二肎上同○能夷人語奴等切本又奴登切一

四十四○有有無又果也取也質也又也又姓孔子弟子有若又漢複姓有男氏禹後分封以國爲姓出史記云久切九右左右也又漢複姓五氏左傳宋樂大心爲右師其後因官爲氏漢有中郎右師譚晉賈華爲右行因官爲氏漢有御史中丞右行綽何氏姓苑有右閭右扈右南等氏䳑鳥名似雉友朋友同志爲友㕛上同出說文𥁑器也又余救切𥁒上同栯木名服之不妬又於六切䒴草名○柳木名說文作桺小楊也从木丣聲丣古文酉餘倣此又姓出河東本自魯孝公子展之孫以王父字爲展氏至展禽食采於柳因爲氏魯爲楚滅柳氏入楚楚爲秦滅乃遷晉之解縣秦置河東郡故爲河東解縣人力久切十四罶魚梁𦊀上同懰好也珋石之有光璧珋也說文本音留飀颼飀風皃嬼妖美又嫠婦也劉[2]竹聲𪕒似鼠而大又音留熮火爛瀏水清綹[3]十絲爲綹𨊠載柩車也茆鳧葵水草詩云言采其茆即蓴菜也又莫飽切○狃相狎也女久切十一紐結紐鈕印鼻又姓何氏姓苑云今吳興人東晉有鈕滔也杻木名莥[4]玉篇云鹿豆也肉爾雅

5 䓌菌實亦作䓌
6 病
7 敳
10 王
11 騂

云貍狉貀豞跡也扭扭手轉皃𢔶習也䏔食肉𨛘地名䓌[5]菌實亦作䓌○丑辰名爾雅曰太歲在丑曰赤奮
若敕久切三杻杻械杽古文○肘臂肘陟柳切四疛說文曰小腹痛[6]痡上同扭扭按也又音紐○朽
腐也許久切四𣦸上同㽱病也殠臭也○久長久也舉有切七九數也又漢複姓二氏何氏姓苑云昔岱縣
人姓九百名里爲縣小吏而功曹姓萬縣中語曰九百小吏萬功曹列子秦穆公時九方皐一名甄[7]善相馬也玖玉名灸灸灼
也又居又切韭說文曰菜名也一種而久者故謂之韭象形在一之上一地也俗作韮㚢女字也亦作姏奆姓出纂文○首
頭也始也書九切六𩠐上同百人頭象形手手足守主守亦姓出姓苑𩑁人初產子○醜類也竆也
釋名曰醜臭也如物臭穢也又虜複姓西秦錄有下將軍醜門于弟昌九切三䕤瑞草也𩴢弃也惡也又市壽切○湫
洩水瀆也在九切又子由子小切二愀[8]變色也又鍬小切○婦說文曰婦服也从女持帚洒埽也房[8]久切十五𧓍𧓍螽
負擔也荷也又受貸不償曰負背恩忘德曰負也萯玉萯[10]草蝜蠜蝜阜陵阜釋名曰土山曰阜阜厚也言高
厚也廣雅曰無石曰阜𠂤上同鴭鷄別名也偩禮云禮樂偩天地之情草香草𨸏[11]盛也亦作隖

[阝馬]上同　焯焯熾　菩香草又步乃切　蝐鼠蝐　。缶瓦器鉢[2]也史記云秦王趙王會于澠池藺相如使秦王擊缶是也詩疏云缶者瓦器也所以盛酒漿秦人鼓之以節歌方久切八　缹蒸缹　否說文不也又房彼切　不弗也說文作不鳥飛上翔不下來也从一一天也象形又甫鳩甫[3]救二切　鴀鵧鳩　痞病也　殕物敗也　𡜵好皃[4]也　。糗乾飯屑也孟子曰舜飯[5]糗茹草又姓風俗通漢有糗宗爲贏長去久切一　。蹂踐也人九切十　楺屈木　煣上同　輮車輞　沑說文曰水吏也又溫也　禸獸跡又女九切　葇葇蘱菜不切也　[禾柔]禾[禾柔]　韖車軔　粈粽[6]粈　。舅夫之父也亦母之兄弟又姓左傳秦大夫舅犯其九切十一　倃說文毀也　臼杵臼世本曰雍父作臼又姓左傳宋華貙家臣曰任　齨齒齨亦馬八歲俗作[鼠臼]　麔牝[7]麋　[臼鳥]鳥名似鳩有冠　咎愆也惡也過也災也從人各各者相違也　[臼木]糗米　[疒咎]病也　慦怨慦　[言咎]毀也　。紂殷王号也方言云自關而東謂緧曰紂俗作[革肘]除柳切六　[竹紂]竹易根而死也　鮦鮦陽縣在汝南又直冢切　葤裹也　聚姓也襄州有之又音籌　[月壽]小腹痛又腿後　。酉飽也老也就也首也又辰名爾雅曰太歲在酉曰作噩又姓魏有酉牧與久切二十一　卯古文　誘導也引也教也進也說文曰相訹呼也　羑

8 禉
11 醻
12 湵
14 考 郢

誦上同並見說文 牖道也向也說文曰牖穿壁以木爲交窻也禮曰蓽門閨竇蓬戶甕牖 卣中形鐏又音由 槱積木燎以祭天也 禉[8]上同 莠草也 羑羑里文王所囚處又有羑水並在湯陰又姓也 庮久屋木也周禮曰牛夜鳴則庮鄭司農曰庮朽木臭也 蜏朝生暮死蟲名 冘字書云貧病也 𣢜說文云言意也 琇王名又音秀 梄[9]柞梄木 䀁[10]遺玉 輶輕車又音由 䤈[11]䤈酒 湵[12]水名 ○受[13]容納也承也盛也得也繼也殖酉切五 壽壽考又州名楚孝[14]烈王自陳徙都壽春号曰郡秦爲九江郡魏爲淮南郡梁爲南豫州周爲揚州隋平陳爲壽州亦靈壽木名生日南又姓王莽兗州牧壽良又漢複姓前漢燕王遺壽西長之長安蘇林云壽西姓也又承呪切又音孰 𨞇水名在蜀亦地名也 璹玉名 綬組綬禮云天子玄公侯朱大夫純世子綦士縕應劭漢官曰綬長一丈二尺法十二月廣三尺法天地人也 ○滫溲麵說文曰久泔也息有切四 糔糔溲 醙白酒 䌸絆前兩足又相主切 ○𩙷𩙷颼[15]於柳切三 䱂魚名 懮懮受舒遟皃 ○酒酒醴戰國策曰帝女儀狄作而進於禹亦云杜康作元命包曰酒乳也又酒泉縣在肅州匈奴傳云水甘如酒因以名之亦姓也子酉切一 ○溲溲麪亦作溲踈有切一 ○帚少康作箕帚之九切五 箒俗 鯞鯫鯞魚名 晭明晭 䝞

3 牛短頭

猛獸。恒小怒芳否切三紑鮮也又孚丘切雺霧雺。掫持物相著側九切三㩪㩪扇別名䗃蟲名。[illegible]
聚名士九切一。[illegible][illegible]束初九切二[illegible]上同。秠爾雅曰一稃二米此亦黑黍漢和帝時任城生黑黍或三四實實二米得黍三
斛八斗是芳婦切又匹几孚悲二切一

四十五。厚厚薄又重也廣也說文作㫗曰山陵之厚也又姓出姓苑胡口切七垕古文後先後說文遲也又胡
豆切逅古文后君也又姓漢有少府后倉又音候郈鄉名在東平又姓左傳魯大夫郈昭伯呴欲吐又呼后切。母
父母老子注云母道也蒼頡篇云其中有兩點象人乳形豎通者即音無莫厚切十四牡牝牡某詔前人之言也拇大拇
指也胟上同畝司馬法六尺爲步步百爲畝秦孝公之制二百四十步爲畝也畮畞並古文莽草莽[illegible]猦[illegible]
獸名痗病痗踇踇偶山名[illegible]行皃䳇鸚䳇能言之鳥又音武。部署也又姓出姓苑蒲口切十培培塿小阜
或作㟝犃犃犋偏高又牛頭短脴豕肉醬瓿瓿甊小甖錇小缶䴺䴺[illegible]餅篰牘也蔀蔀菜魚薺也易
云豐其蔀王弼曰蔀覆曖鄣光明之物亦音剖婄婦人皃又音剖。斗說文作𣁬十升也有柄象形石經作斗當口切八斣

八百十　韻上聲　四十七　沈思恭

俗枓柱上方木蚪蝌蚪蟲也阧阧峻陡上同抖抖擻舉[4]皃襡衣袖又音蜀○䵉䵉䵉天口切九飳
上同妵人名左傳有華妵說文女字也黈冕前纊也鴸水鳥黑色又大口切黊好皃又木苗出斢斢斢兵奪人物
出字[5]書鈄姓出姓苑䱏魚名○苟苟且又姓出河內河南西河三望國語云本自黃帝之子漢有苟參古厚切十三玽
石似玉狗狗犬垢塵垢笱笱屚縣名在交阯又魚笱取魚竹器𦊓上同耇耇老壽也詬詬恥也又呼候切
枸枸杞茩蘚茩岣岣嶁山巔敂敂扣打也豿熊虎之子○藕爾雅曰荷芙蕖其根藕五口切六蕅上同
偶合也匹也二也對也諧也耦耦耕也亦姓風俗通云宋卿華耦之後漢有侍中耦嘉髃肩前髃也⿰禺瓦盎名○⿰扌呆衣上
擊也方垢切二掊擊也○㝅乳也乃后切六𣲯說文水也陾衆陾㚕㚕婷女肥皃⿰口乳⿰口乳食物出新字林⿱小乳
小皃○叜老叜蘇后切十五叟上同傁上同亦從叟餘倣此嗾使犬聲⿰口造上同瞍瞽瞍舜父謏謏訹
誘辞擻抖擻舉也藪藪澤爾雅有十[6]藪魯大野晉大陸秦楊陓宋孟諸楚雲夢吴越具區齊海隅燕昭余祁鄭圃田周焦護又
十六斗曰藪籔漉米器也⿰耳叜字林云聰揔名也廋廣雅云隈也棷薪也駷馬搖銜走又思隴切搡車轂

1 注漊字當刪

△ 鈶 講韻胡講切又大口切

2 士

△ 棷 尤韻側鳩切又又苟切

中空。吼牛鳴呼后切七吽上同呴亦同㸸蔓牛子也⿰牛句上同蚼蚍蜉名也又渠俱切㖃厚怒聲。剖
判也破也普后切五婄婦人皃蔀小席又音部鵏鵏鵲雀名⿱髟咅髮皃。歐吐也或作嘔烏后切又烏侯切七
嘔上同毆毆擊也俗作敺㸸特牛又吼口二音⿺乙山山名在溧陽縣塸聚沙⿰衤區次衣也又於侯切。塿培塿
郎斗切十嘍連嘍煩皃簍籠也周禮作簝甊瓿甊甖䴹麴䴹糗餅嶁文字音義云山巔也
斢斢斢兵奪人物出新字林謱謰謱小兒語又力侯切漊溝通水漊[1]也䅹耕哇。走趨也子苟切又音奏一
。口說文曰人所以言食也亦姓今同州有之苦后切九扣扣擊也亦作叩㸸犃㸸⿰牛口上同釦金飾叩叩頭⿰言口
先相訶可叩鄉名竘健也又驅甫切。蕍圓草褥也徒口切六鋀酒器也或作鍮⿰豆豆水盥皃也說文同上揄
揄引鳺水鳥又他口切襡短衣。鯫魚名一曰姓漢有鯫生又淺鯫小人仕[2]垢切又七溝切一。趣趣馬書傳云趣
馬掌馬之官也倉苟切又七屢切三取又七庾切棷棸[3]也又側溝切。
四十六。黝黑也於糾切又於夷切七怮憂皃颵颵飀風聲又於柳切蚴蚴蟉龍皃泑崑崙山下澤也

5 ⿵門龜　6 䑙　7 踔　9 鍖銋

眑幽靜⿰幼欠愁之皃○糾督也恭也急也戾也俗作糺居黝切四赳武皃詩曰赳赳武夫朻爾雅曰朻者聊又居
幽切⿵門龜[5]⿵門龜取皃○蟉蚴蟉龍皃渠黝切一

四十七○寑

寑室也臥也七稔切九𡪢上同見說文寢上同見經典梫木名桂也⿸疒㑴⿸疒㑴痛又皃醜也
𥧶說文曰病臥也⿱艹㑴覆也鋟爪刻鏤版又子廉切⿰酉朁小甜○朕我也秦始皇二十六年始為天子之稱直稔切六
䑙[6]古文⿰月⿱龹魚魚名似鰕赤文出廣雅⿰月⿱龹虫⿰月⿱龹虫蛇栚說文曰槌之橫者關西謂之㯜顉顉頤醜皃○坅坎也丘甚切一
○廩倉有屋曰廩力稔切八亩上同懍敬也畏也菻菻蒿凜寒凜顲顲然作色皃⿱炎㐭火舒
癛粟體○罧積柴取魚斯甚切二伈伈伈恐皃○踸踸踔[7]行無常皃丑甚切三鍖鍖鉎⿰甚頁[8]⿰甚頁類自愌劣皃
○⿰酉朁小甜也子朕切四寖漸也漬也又子鴆切⿰飠朁濕通上也⿰月朁⿰月朁脣病也○荏菜也又荏苒如甚切十四飪熟
食餁上同⿰飠念亦同又玉篇云飽也稔年也亦歲熟廣雅曰稔秋穀熟也栠木弱皃恁念也袵文字
音義云臥席也⿰月壬肉汁⿱竹任字書云單席棯果木名爾雅云還味棯棗𢆉稍甚銋鍖[9]餁腍味好○枕

枕席又姓出下邳章荏切又之賃切三⿰冘頁頭骨後⿰朁頁頭銳長也○沈國名古作邥亦姓出吴興本自周文王第十子
耼季食采於沈即汝南平輿沈亭是也子孫以國爲氏式任切又丈林切十四邥古文宷說文曰悉也知宷諟也審
詳審也說文同上亦姓漢有辟陽侯審食其橏木名山海經云煑其汁味甘可爲酒瞫竊視又姓後漢書云武落鍾離
山有黑穴出四姓瞫氏相氏樊氏鄭氏也諗告也謀也深諫也又如甚切魿大魚魫魚子淰淰潤水動也禮運曰
龍以爲畜故魚鮪不淰淰之言閃也嫸志下眹[3]瞋也鮇大魚蕃草名○葚說文曰桑實也食荏切二⿰桑甚
上同俗又作椹椹本音砧○甚劇過也說文曰尤安樂也常枕切二訦信也又市林切○瀋汁也昌枕切一○墋土也
初朕切三醦酢甚磣食有沙磣○拰拰搦尼凜切一○噤寒而口閉渠飲切四⿰禁頁切齒怒也澿玉篇云寒
極也唫說文云口急也○錦釋名曰錦金也作之用功重其價如金故字從金帛居飲切一○蕈菌生木上葱荏切一
○僸仰頭皃牛錦切又音禁二趛低頭疾行○⿸疒辛寒病踈錦切三瘮同上槮木實名也○稟供穀又與
也筆錦切一○㱃說文曰歠也於錦切三飲同上⿰氵闇大水至又於感切○品官品又類也衆庶也式也法也二口

七·九十六　韻上聲　四十九　秦顯

5 大喪歛衣也

7 少

8 淫

10 糣

監

七·九十六

則生訟三口乃能品量又姓出何氏姓苑丕飲切一○顩顉顩醜皃[4]欽錦切二顉曲頤之皃又五感切○廞[5]大喪囊也許錦切又羲[6]今切一○戡小[7]斫也張甚切又音堪二炈深擊說文曰下擊上也○潭潭濼水動搖皃以荏切又徒南切一○頋頋顩醜皃士痒切一

四十八○感動也古禫切十一⿱竹贛竹名亦作篢鰔魚名灝豆汁贛水名在南康又音紺⿰酉贛酒味滛[8]也贛水名在豫章⿷匚贛方[9]言云箱類又云覆頭也又音貢⿱艹贛薏苡⿰石感石篋見封禪議灨水名

○禫除服祭名徒感切十六⿰米覃糝[10]⿰米覃滓也⿱雨甚⿱雨甚䨴雲皃黮黭黮雲黑又他感切[11]窞坎傍入也易曰入于坎窞髧髮垂萏菡萏荷花未舒⿱艹閻上同倓安也⿱穴炎竈突說文深也䫮徐視醰長味嘾莊子曰大甘而嘾說文曰含深也⿰貝覃買物先入直也譚大也又姓橝木名

○晻晻藹暗也冥也烏感切九黭黭黮揞手覆唵手進食也隌隌闇罯魚網黤青黑色也掩掩跛又蹇也⿰氵闇大水至○腩煑肉奴感切六湳水名在西河又姓⿱竹南竹弱䎃羽弱揇揇搦萳草長弱皃○襑衣大他感切五⿱⿰月𠂉皿[12]

11 性　10 嬒　3 ⿰朁刂　1 醓

醓[1]醓亦作醓肒肉汁噆衆聲黮黕黮黑也又徒感切○歜昌蒲葅徂感切四彁弓弦彁又作䞭[2]䱐大魚又才枕切⿰朁刂⿰羌刂[3]⿰朁刂又割翦翦出也○慘[4]慘感也說文毒也七感切八憯痛也朁說文曾也黲暗色說文曰淺青黑也[5]又倉敢切嫪說文婪也傪好皃又音平聲噆銜也又子[6]盍切⿰參頁顉⿰參頁搖頭又素慘切○顉顉⿰參頁五感切三⿰女含含怒皃嵁嵁崿山形○昝姓也子感切三寁速也撍手動○糂羹糂墨子曰孔子厄陳藜羹不糂也或作糝桑感切八糝上同糣糣⿰米覃滓也⿰彳參[7]顉⿰彳參摻撼摻搖動也椮郭璞云藂木於水中魚寒入其裏因以箈取之⿰參頁顉⿰參頁搖頭皃⿰米宋[8]蜜藏木瓜○坎險也陷也又小罍也形似壺苦感切十歁食未飽也惂憂困也又恨也輡輡轗車行不平錎字書云瑣[9]連環也轗轗軻多迍埳埳陷顑顑顲[10]瘦也竷舞曲名臽小穽名也○頷漢書曰班超虎頭燕頷說文曰面黃也胡感切十六頷說文曰頤也嬒[10]嬒害惡姓[11]也撼撼動也淊水和泥或作涵菡菡萏欿欲得蜭爾雅云蜭毛蠹涵水入船又胡南切肣牛腹又音含马說文曰嘾也草木之華未發圅然象形启启嘾乳汁狀出莊子⿰巾圅壅耳莟花開顄頤也

七百六十四　韻上聲

12 黃焦色　13 輅　15 眈　16 也又音由四字當刪　19 食 顑頷苦濫切 嚂又工覽切　22 禍

又胡南切[山會]嶮崿○壈坎壈盧感切八爘黃焦[12]轗輅[13]轗㴞藏梨汁也出字林醂桃葅顲面黃

醜說文曰面顑顲也又力稔切[入林]愁[14]皃漤鹽漬果○黕滓垢也黑也都感切十耽[15]虎視又丁含切[多冘]玉篇

云多也又丁含切衴埤蒼云被緣也[冘頁]顲[冘頁]醜也冄姓也[冘瓦]瓦屬抌刺也擊也[16]也又音由[竹感][17]箱屬又作

[竹貪][竹貪]上同○顑[18]食不飽呼唵切一

四十九○敢勇也犯也說文作𣪊進取也古覽切七𣪊上同𢽍籀文𢼸古文橄橄欖果木名出交阯

澉澉𩟗[19]無味笴竹名實中○[氵闞]果決勇也賞敢切一○覽視也又姓何氏姓苑云彭城人盧敢切六爁火爁擥

手擥取攬上同欖橄欖罱罱網○菼說文曰萑[20]之初生一名薍一名騅吐敢切八[艹剡]上同緂青黃

色說文充三切白鮮衣皃[角炎]上同毯毛席[糹剡]毛毳衣說文曰帛騅色也引詩曰毳衣如[糹剡]裧俗[厂敢]厰崟[21]也又

五今切○膽肝膽都敢切六紞冕前垂也說文曰冕冠塞耳者[石詹]石[石詹]藥名出玉篇黵大汚垢黑䒞蕁䒞

藩又音沈[詹鳥]應福[22]鳥名○噉噉食或作啖又姓前秦錄有將軍噉鐵徒敢切八啖上同啗亦同澹澹淡水皃

7 壯　　3 ⿰女岩

淡音琰又恬靜又徒濫切 ⿱竹淡竹名 淡淊淡水滿皃又薄味也又徒濫切 憺安緩又徒濫切 惔同上 ○黲日暗

色倉敢切一 ○媣[1]鄉名在河東猗[2]氏縣亦作𡝫[3]謨敢切二 ⿰食岩[4]吳人呼哺兒也 ○⿱斬食瀐⿱斬食子敢切一 ○槧削版

牘才敢切又七廉切七豔切四 鏨鏨鑿也又音慙 嵌開張山皃出蒼頡篇 ⿱山拑上同 ○喊聲也呼覽切四 㘕上同

⿱監土[5]⿱監土地之堅也 ⿱監木上同周禮注云強⿱監木地之堅者又音[6]檻 ○埯坑今之窞埯是烏敢切二 揜手揜物也 ○⿸厂敢

⿸厂敢嶮側穴口敢切二 ⿰去虎⿸虍甘屬

五十 ○琰玉名周禮曰琰圭九寸以冉切十一 剡削也利也亦姓又時冉切 𨂼疾行 棪木名實似柰可食

餤餤餤火初著也 淡澹淡水皃又徒敢切 扊扊扅戸壯[7]所以止扉或作剡移 淊潭淊水滿 夵上大下小 ⿰耒炎

⿰耒炎耜 ⿰糸閻續也 ○斂收也又姓姚秦錄有輔國將軍斂憲良冉切十三 撿說文拱也 蘞白蘞藥名又力瞻切

蘝上同 瀲瀲灩水溢皃或作澰 獫犬長喙也又音險 溓薄冰[8]也 嬚女字 ⿰食兼廉也又小食也 羷

羊角三觠羷也 ⿰糸僉懸蠶簿[9]也 ⿺辶堇善美之名 ⿺辶⿱林建功勤之稱 ○險[10]危也阻也難也虛檢切八 獫獫狁 玁上同

七百八十七

韻上聲　五十一　吳椿

19 綵

㛍㛍姱性不端良又棄[11]葉切少氣也 譣譣詖說文息廉切問也 憸憸詖又息廉切 䪜胡被又音杴 嶮嶮巇
○貶[12]損也方斂切二 㝵說文曰傾覆也或同上 ○颭風吹落水占琰切一 ○頩[13]頩顩不平丘檢切二 嵰山高
○顩[14]頩顩魚檢切七 广因巖爲屋 隒山形似重甑 嬐嬐然齊也 𩸷𩸷鰅魚名出樂浪 嶮嵰嶮山不平
噞噞喁魚口上下皃 ○儉[15]約也少也饑饉也又姓出姓苑巨險切二 芡說文云鷄頭也方言曰南楚謂之鷄頭北燕謂之䓈青徐
淮泗之間謂之芡 ○檢[16]書檢印窠封題也又檢校俗作撿撿本音斂又姓出姓苑居奄切二 瞼眼瞼 ○黶面有黑子於琰切八
𧝌𧝌𧞻 檿山桑 厭厭魅也又於豔切 魘睡中魘也又於協切[17] 厴蟹腹下厴 擪持也又一[18]牒切 酓
酒味苦也 ○冉冉冉行皃又姓孔子弟子冉有而琰切十 姌長好皃也又奴簟切 苒草盛皃又荏苒猶展轉也 染染色
周禮染人掌染綏[19]帛又姓石勒時有染閔 𩃵濡也 䎃䎃弱羽也 柟木名 䣸𩟧䣸味薄 䇉竹弱之皃 媣[20]
諟也 ○陝縣名在弘農亦州名周爲二伯分陝之地即虢國之上陽也秦屬三川郡漢弘農之陝縣後魏改爲陝州失冉切八 睒
暫見 閃出門皃 負[21]蕃姓亦作貧 覢蒼頡篇云覢覢視皃 㴸水動皃 㚒盜竊懷物 𡟎不媚 ○諂

5 有

3 ⿰方酉掩也

2 ⿰方奄字當刪

諂諛丑琰切二 讇同上 ○奄[1]忽也止也藏也取也遽也說文覆也大有餘也又姓左傳秦三良奄息衣儉切十七 ⿱雨奄雲狀

⿰奄阝國名 ⿰木奄⿰木奄柰 閹閹閹 掩閉取也說文云斂也小上曰掩 揜說文曰自關以東謂取曰揜一曰覆也 裺

衣縫緣也 晻晻晻日無光 渰雲雨皃詩云有渰淒淒 罨鳥網又於劫烏合二切 弇蓋也 ⿰方奄[2]掩也 ⿰女弇

女有心⿰女弇⿰女弇也 腌屋腌雀也 ⿰山弇⿰山弇嵫山日沒處 ⿰方酉[3]掩光又於葉切 ○漸漸次也進也稍也事之端先覩之始也地理志

有漸江今之浙江也慈染切十 磛磛礹 蔪說文曰艸相蔪苞也 ⿱艹漸埤蒼曰麥秀皃 ⿱斬走說文進也 嚵小食又初[4]

咸切 ⿱斬酉⿱斬酉醋味薄 鏨小鏨名 螹說文曰螹離也 槧說文曰牘樸也 ○憸憸詖七漸切二 ⿰酉韱醋味 ○⿱漸食

食薄味也子冉切一 ○腅腹下謙琰切一 ○剡縣名屬會稽時染切一

五十一○忝辱也他玷切五 ⿰木西鄉名在濟北蛇丘縣 栝說文云炊竈木也 銛取也又銛屬又音纖 悿悿弱

○淰水流皃乃玷切四 ⿰女覃弱也 ⿰冉阝亭名在鄭 姌纖細又音冉 ○點點畫多忝切五 玷玉瑕 ⿱耂占老人面黑[5]

⿰占刂斫 鉆說文缺也 ○簟竹席徒玷切六 扂閉戶 [illegible]同上 驔驪馬黃脊 潭潭淊[6]水滿

七・六十四 韻上聲 五十二 方至

10 魚掩切
13 頗
15 旑

橝屋梠名又音潭○嗛猿藏食處苦簟切四歉食不飽又苦減切慊慊恨賺䐗左右虛肉處○稴禾稀

力忝切三溓薄冰[7]𤬪瓜名○鼸鼠名胡忝切二⿰犭兼犬吠又胡斬切○憯憯悽青忝切又七感切一○嬐竦身

皃兼玷切一○𡗾腦蓋也俗作㚲[8]明忝切又亡犯切二厶張口

五十二[9]○儼敬也說文曰昂頭也一曰好皃魚[10]掩切七广因巖爲屋⿰亻广掩⿰亻广癡店陵店礹礹礹

⿸广安[11]齊⿸广安曮日行○欦[12]欠崖丘广切三顩[13]顩醜笒小竹○埯土覆於[14]广切二旑[15]旑翳

五十三[16]○豏豆半生也下斬切八減減耗又古斬切𤢂犬齧物聲喊喊聲⿰犭兼犬吠不止㦿健皃⿰米咸

⿰米咸塗也甉瓦屋○湛水皃又沒也安也亦姓後漢有大司農湛重徒減切又直心切三⿰氵⿺辶炎古文偡偡然齊整

○⿸户木牖也一曰小戶苦減切七⿰忄咸⿰忄咸意[17]不安也歉食不飽撖撖危⿰兼頁面長⿰木⿸尸米不安槏牖傍柱也

○鹼鹵也古[18]斬切又七廉切四鹻鹹也減損也又姓漢有減宣⿱竹減竹名出玉篇○瀺瀺灂士減切三嶄

高峻又士咸[19]切嵁嵁絕山皃○臉臉臘羹屬也力減切二醶醶醶醋味○斬周禮曰秋官掌戮掌斬側減切一

廣韻校本

8 咸　5 狀

○⿰月韱初減切二 ⿰酉韱酢味 ○闞[1]虎聲火斬切又苦暫切二 欲笑也 ○摻擥也詩曰摻執子之袪今所斬切四 㦰㺌犬吠又山檻切 醦酢[2]味 䕒芟林木也 ○黯黯然傷別皃說文云深黑也乙減切一 ○喊聲也呼[3]豏切一 ○⿱罒図捕魚網也女減切三 ⿱罒衙上同 淰水無波也又乃玷切 ○𠑆癡也丑減切二 㫜日光照也

五十四[4] ○檻闌也說文曰檻也一曰圈胡黤切十 艦禦敵船四方施板以禦矢石[5]如牢 壏堅土也 㯺橝也 ⿰監刂利也 濫[6]泉正出也又盧暫切 䡅網車 轞車聲 㺝惡犬吠不止也 撖[7]姓也姓苑云今河內有之 ○䫡長面皃丘檻切又五減[8]切一 ○⿱斬手斬取山檻切二 㺌㺝㺌犬聲 ○黤青黑色於檻切二 黬[9]黃黬人名說文曰黬者忘而息也 ○醶酢漿初檻切一 ○⿰彳敢小犬吠荒檻切二 ⿰犭敢開險皃 ○巉峻巉皃仕檻切一

五十五 ○范姓也出南陽濟陽二望本自陶唐氏之後隋會爲晉大夫食采於范其後氏焉防錽[10]切六 範法也常也式也 軓說文云車軾前也周禮曰立當前軓 笵說文云法也从竹竹簡書也 犯干也侵也僭也勝也 ⿱艹⿰氵虫蜂也案禮云范則冠而蟬有緌字不從虫 ○錽馬首飾西京賦云金錽鏤錫亡范切三 㚇腦蓋也俗作𡕝又明忝切 鋄

四九十七

曹棨

11 淫

14 褾

刃也。腰今河東謂溼[11]腫爲腰府犯切一。凵張口皃丘犯切二扟以手扟物。釩釩拂峯犯切一。⿰亻闌[12]⿰亻闌行丑犯切二

躝[13]跕足望

廣韻上聲卷第三

新添類隔更音和切

否並鄙切貯知呂切縹偏小切摽頻小切褾[14]邊小切

廣韻去聲卷第四

蘇弄送第一獨用　蘇統宋第二用同用

余共用第三　古巷絳第四獨用

支豉寘第五至志同用　之利至第六

之吏志第七　無沸未第八獨用

魚據御第九獨用　愚樹遇第十暮同用

莫故暮第十一　子計霽第十二祭同用

子例祭第十三　他蓋泰第十四獨用

古賣卦第十五怪夬同用　古壞怪第十六[1]

古邁夬第十七　徒對隊第十八代同用

徒戴代第十九

方肺廢第二十獨用

職刃震第二十一稕同用

之閏稕第二十二

無運問第二十三獨用

許靳焮第二十四獨用

魚怨願第二十五慁恨同用

乎困慁第二十六

乎艮恨第二十七

乎旦翰第二十八換同用

乎喚換第二十九

古晏諫第三十襇同用

古莧襇第三十一

蘇見霰第三十二線同用

私箭線第三十三

蘇弔嘯第三十四笑同用

私妙笑第三十五

乎教效第三十六獨用

乎到号第三十七獨用

古賀箇第三十八過同用

過第三十九 古臥
禡第四十 莫駕 獨用
漾第四十一 余亮 宕同用
宕第四十二 杜浪
映第四十三 於命 諍勁同用
諍第四十四 側迸
勁第四十五 居政
徑第四十六 古定 獨用
證第四十七 諸應 嶝同用
嶝第四十八 都鄧
宥第四十九 尤救 候幼同用
候第五十 乎遘
幼第五十一 幽謬
沁第五十二 七鴆 獨用
勘第五十三 苦紺 闞同用
闞第五十四 苦濫
豔第五十五 以贍 㮇釅同用
㮇第五十六 他念
釅[2]第五十七 魚欠
陷[3]第五十八 戶韽 鑑梵同用

5 龜　6 氐　8 ⿰忄弄慧　12 石飛、333　13 紅

五·九十二　韻去聲　二　王玩

古懺鑑第五十九　扶汎梵第六十

一○送遣也蘇弄切三　鬆鬆鬆髮皃　凇凍凇冰也　○鳳爾雅曰鶠鳳其雌皇郭璞云瑞應鳥雞頭蛇頸燕頷龜[5]背魚尾五彩色高六尺許孔演圖曰鳳爲火精說文曰神鳥也亦州在秦隴西郡地漢改雍州爲涼州魏其地沒蜀蜀平屬雍州本自白馬氐[6]羌所居晉爲仇池國後魏置固道郡又爲南岐州又改爲鳳州馮貢切二　䌨古文　○貢獻也薦也又姓漢有琅邪貢禹古送切十　贛賜也

湏水名出豫章　虹縣名在泗州今音絳　羾至也甘泉宮賦云登椽欒而羾天門　⿰阝虫從⿰阝虫山名又戶工切　箺杯箺名

⿷匚贛小杯名又音感　欑格木說文同上　蘱薏苡別名　○弄說文玩也盧貢切七　⿰忄弄⿰忄弄贛[8]愚也　梇梇棟古縣名在益州

礱磨礱又音聾[9]　哢郭云鳥吟　庰庰屏　⿰氵弄水名　○涷瀑雨又水名出發鳩山多貢切又音東七　凍冰凍又音東

棟屋棟爾雅曰棟謂之桴　湩乳汁巨蒐民取牛馬湩以洗穆天子之足　⿰車瓦⿰車瓦⿰霝瓦　鬞鬞鬆髮皃　⿰羊東獸名似羊一角一目出秦戲山又音東

○控引也告也苦貢切六　倥倥傯困皃　悾誠心又苦紅切　鞚馬鞚　空空缺又苦紅切　崆穿垣出文字集略

○糉蘆葉裹米作弄切七　粽俗　䁓竊視　傯倥傯　㚇斂足又[12]子[13]貢切　鯼石首魚又子工切

緵小魚罟也又子工切○瓮說文罌也烏貢切五甕上同罋瓶也說文曰汲缾也𦉥上同齆鼻塞曰齆○謥
謥詷言急俗作謥千弄切二憁憁恫○洞空也又洞庭湖徒弄切十六恫憁恫不得志眮轉目絧相通之皃洞
冷也峒硐深詷謥詷胴大腸慟慟哭哀過也筒簫達又音同駧馬急走也衕通街迵過也說文迭也戙
船纜所繫㗢大歌聲出埤蒼又戶冬戶宋二切䪷鐘聲○痛病也傷也姓出姓苑他貢切一○仲中也爾雅曰中籥謂之仲亦姓
風俗通云凡氏於字伯仲叔季是也湯左相有仲虺又漢複姓四氏左傳衞大夫仲叔圉魯有仲顏莊叔宋有司馬仲行寅後漢有山陽仲長
統直衆切三蟲蟲食物又音沖或作蚛䲵鳥名○諷諷刺方鳳切二風上同見詩○焪火乾物也去仲切三⿰言穹
⿰言穹多言也又詢問也⿰身穹使役也亦作伷○㝱寐中神游說文云寐而有覺周禮以日月星辰占六㝱之吉凶一曰正㝱無所感動
平安自㝱二曰愕㝱驚愕而㝱三曰思㝱覺時所思念之而㝱四曰寤㝱覺時所道之而㝱五曰喜㝱喜悅而㝱六曰懼㝱恐懼而㝱亦作夢
莫鳳切五夢上同又亡中切瞢雲瞢澤在南郡亦作夢鄸邑名在曹⿱夢疋⿱夢疋⿺走夢疲行皃○⿺走夢⿱夢疋⿺走夢香仲切二
䠗跳皃又丘幼切○幏幏縠蓋巾也莫弄切三霿天氣下地不應曰霿艨艨艟戰船又音蒙○趥行皃子仲切一○賵

7 鬨

13 款

賵賻撫鳳切二⿰麥豐麮麥。⿰聚殳⿰聚殳不迎自來徂送切二⿰亻聚聚也。中當也陟仲切又陟沖切二衷又陟沖切。哄唱聲

胡貢切五烘火皃港港洞鬨通鬨[7]兵鬬也又下降切俗作閧蕻草菜[8]心長。齈多涕鼻疾奴凍切二癑痛也。

衆多也三人爲衆又姓左傳魯大夫衆仲之仲切又音終一。銃銎也充仲切一。⿰山刂鍤屬仕仲切一。烘火乾也呼

貢切二戇悙戇愚人

二。宋州也即闕伯之商丘也微子封宋二十餘世爲齊楚魏所滅魏得其梁陳留齊得濟陰東平楚得沛梁即今郡地是也隋置宋州爾雅曰宋有孟諸之藪今[9]爲睢陽縣地又姓取微子之所封遂爲氏出西河廣平燉煌河南扶風五望蘇統切一。綜織縷子宋切三

⿰豕宗牡豕錝金毛。統揔也紀也又姓他綜切二䵗黃色。雺[10]天氣下地不應莫綜切一。⿰石宋石聲平宋切二⿰口動大聲

三。用使也貨也通也以也庸也又姓漢有用蚪爲高唐令余頌切一。頌歌也詩云吉甫作頌穆如清風又姓出何氏姓苑似用切

四誦讀誦訟爭罪曰獄爭財曰訟吅爭言也出文字音義又宣[11]喧二音。俸俸秩扶[12]用切四㦀款[13]書縫衣縫又房

容切捀[14]灼龜視兆也說文父容切奉也。共同也皆也渠用切一。葑菰根也今江東有葑田方用切亦作湗二封又方容切

○供設也居用切又居容切二龔又九容切○雍九州名雍擁也東崤西漢南商北居庸四山之所擁翳也又姓風俗通云文王
子雍伯之後於用切又於容切三灉河水決出還入爲灉又於容切壅加土壅田○湩乳汁竹用切又都貢切三堹
池塘塍埂諥言相觸也○縱放縱說文緩也一曰舍也子用切又子容切二瘲病也○蹱躘蹱行不正也丑用切二惷
愚也又丑江切○䩸氄飾而用切三⿰革毛上同⿰魚農鮐魚○種種埴也之用切又之隴切三偅儱偅不遇皃𤭛
甕屬○重更爲也柱用切又直容切三緟繒縷⿰身重婦人娠也○⿰貝龍貧也良用切三躘躘蹱儱儱偅○恐
疑也區用切三忎古文⿱艹恐藺⿱艹碭○從隨行也疾用切又才容切一○㧐推也穠用切一
四○絳赤色又州詩譜云晉穆侯遷都於絳曾孫孝侯改爲翼翼晉之舊都後獻公又命爲絳邑秦爲河東郡後魏置東雍州周
爲絳州又姓古巷切五虹又音紅降下也歸也落也又音釭伏也夅上同洚水流不遵道○巷街巷又姓
詩云巷伯胡絳切三衖上同亦作鄉閧說文云鬭也孟子鄒與魯閧俗作鬨○戇愚也陟降切一○⿰車童衝城戰車直絳
切六憧戇憧兇頑皃又尺容切⿱童心上同幢后妃車幰又宅江切撞撞鐘又直江切艟短船名○⿱舂目直視丑絳切二

11 𢧐

14 志

17 後漢書

八•卅二 韻去聲 四 方堅

覻視不明也又丑江切○漴水所衝也士絳切一○胮脹臭皃匹絳切一○𦓶[10]不耕而種楚絳切一○淙水出

皃色絳切二 𢧐[11]捍船木也

五寘止也置也廢也支義切八 忮懻忮害心說文很也 伎傷害也詩云鞫人伎忒亦作忮 觶爵受四升[12]或作觗觝

伿惰也又以智切 詖快也 𢻱多也 嵮山名○避違也迴也毗義切一○惴憂心也之睡切三 睡杵上 𥉕擊同

○詈罵詈力智切六 荔荔支樹名葉綠實赤味甘高五六丈子似石榴出廣志又音隸 離去也又力知切 𤺊瘦黑又力計切

珕刀飾也又力計[13]切 䉫䉫篤○豉鹽豉廣雅[14]云苦李上作豉是義切六 枝同 𢐗青州人云彈𢐗 鯷魚名重千斤郭

璞云鮎之別名又[15]音提音是 𨡪𨡪醧面皃[16]出新字林 䊓黏皃○積委積也子智切又子昔切四 㰣歐也 積草名

𦏧羊相𦏧積○賜與也惠也又姓世本云齊大夫簡子賜之後斯義切六 𧄑草名 澌盡也禮注云死之言澌也 𣩠

上同 儩上同 杫肉机後漢之亂尚書郎無被枕杫也○爲助也于僞切又允危切一○𧸘賭也詭僞切五 垝坫堂

隅可致物 𢻐瘦極又去奇切 攱攱戴物又居委切 庪毀也○帔衣帔披義切三 秛禾租 䙩衣也○賁封名

1 裒

△施 支韻式支切 又以寘切

賁飾也亦姓漢有賁赫彼義切又肥墳奔三音七 佊裒也論語云子西佊哉 詖論詖又慧也佞也 貱益也 陂傾也
易曰無平不陂又音碑 跛偏任又波我切[2] 藣草名又旄牛尾舞者所執又音陂 ○髲頭髲也南越志云開平縣出髮平義
切六 被被服也覆也書曰光被四表又平彼切寢衣也 鞁裝束鞁馬 弢弢弓 旇埤蒼云旌旗又衣服皃 ⿱此皮⿱此皮褵○
累緣坐也良僞切一 ○寄寄附說文託也居義切三 ⿰月奇肉四騎 徛石杠聚石以爲步渡 ○臂肱也卑義切一
○芰蔆也奇寄切八 騎騎乘又姓燕有騎劫又音奇 鬾鬼服又音奇 輢枕輢又於綺切 ⿰貝支⿰貝支貝四向用也[3] ⿱此丰
積也又前智切 汥水戾 ⿰言戈謀也 ○刺針刺爾雅曰刺殺也釋名曰書姓名於奏白曰刺漢武帝初置部刺史掌奉詔察州
成帝更名牧哀帝復爲刺史七賜切又七亦切十 刾俗 康偏康舍也 朿木芒也 庴人相依庴也 誎數諫也
莿草木針也 庛周禮車人爲耒庛長尺有一寸鄭玄云耒下前曲接耜者 蛓毛蟲 ⿰言戈謀也 ○易難易也簡易也
又禮云易墓非古也易謂芟除草木以豉切又以益切六 ⿰亻易[4]相輕慢也 貤物之重次也 伿惰也[5] 𡲈𡲈屚面衣又失智切
⿰易欠輕簡爲⿰易欠 ○議謀也擇也評也語也宜寄切六 誼人所宜也又善也 竩上同 ⿰立義正也止也 ⿰面宜⿰面比⿰面宜面皃出新字林[6]

12 蛄　11 跂　8 智　7 骴

義仁義釋名曰義者宜也裁制事物使合宜也又姓漢有義縱又複姓西戎義渠爲秦所滅後因氏焉漢有光祿大夫義渠安國○譬說文諭也四賜切二檗蜀漢人呼水洲曰檗○漬浸潤又漚也疾智切八眥目眥又在計切羵羠羵㧘說文積也一曰掝頻旁也殨骨也又獸死髊髊枯骨見呂氏春秋骴[7]鳥鼠骨殘骨胔上同又骨有肉也○智知也又姓晉有智伯知義切三𣉻[8]古文潪水名○倚侍也因也加也於義切又於蟻切三輢車輢陭陭氏縣在上黨又於奇切○縋繩懸也馳僞切七膇重膇病或作瘇槌蠶槌錘稱錘或作鎚又直危切腄縣名在東萊甀小口甖硾鎮也呂氏春秋云硾之以石○吹鼓吹也月令曰命樂正習吹尺僞切又尺爲切三龡古文𥝩[9]䄲糶○戲戲弄也施也謔也歌也說文曰三軍之偏也一曰兵也又姓魏志有潁川戲志才香義切二嚱[10]聲也○企望也去智切六跂[11]傾也跂垂足坐又舉足望也𨑨避也蚑蟲行吱行喘息皃○縊自經死也於賜切三𣩔物凋死又脚手小病螠螠女蟲案爾雅曰蜆縊女郭璞云小黑蟲赤頭喜自經死故曰縊女字俗從虫○翅鳥翼施[12]智切十三翄𦐃並上同施易曰雲行雨施又式支切馶馬強啻不啻鍦短矛𧍮爾雅曰蛄𧍮強蛘郭璞云今米穀中蠹蟲小黑蟲是也建平人呼爲蛘子𨾖鳥名本又音支𡖅

1 度

5 鵻鳥

8 言

9 㢱⿰弓委

10 禮字當刪

有大慶[1]也⿰月多几也屜屛面衣[2]翨鳥翮又居豉切○屣屣不躡跟孟子曰舜去天下如脫敝屣所寄切又所綺切五

灑灑埽說文汛也⿰革徙靴屬襹褷襹毛羽衣皃矖暴也○觖望也闚瑞切又音決一○餧餧飯也於僞切四

萎萎牛⿰羊委羊相⿰羊委積又音委⿰歹委禮記注益州有鹿⿰歹委○僞假也欺也詐也危睡[3]切一○毀男八歲女七歲而毀

齒況僞切一○恚怒恨也於避切二嫢說文曰不說也○睡眠睡是僞切四瑞祥瑞也符也應也說文曰以玉

爲信又姓出姓苑⿰垂隹[4]雅[5]鳥別名又音垂⿰禾垂小積○馶強也居企切二翨鳥翮說文云鳥之彊羽猛者周禮翨

氏掌攻猛鳥又音翅○枘內也而瑞切一○⿰多卩充豉切有大慶[6]也一○⿰禾委禾四把也思累切二澻滑也○娷[7]竹恚切飢

聲二諈諈諉累也○瓗玉名以睡切四纗絃中絕也讗讗恨也[8]賢賢嫷也○諉諈諉累也女恚切三

⿰扌芮內也又姓⿰弓委⿰弓委彼[9]弓皃○瞡規恚切視也一○⿱此衣爭義切衣不展也二⿱此皮⿱此皮皺皮不展也○孈呼恚切過

也一○椅跛也卿義切二掎跛也說文曰偏引也又居綺切

六至○至到也說文曰鳥飛从高下至地也篆文象形脂利切十三摯國名亦[10]持也又姓左傳周禮有摯荒贄執贄也周

八·卅二

韻去聲

六

沈思忠

11 懥　14 焅　17 火　19 王　21 綠　22 韢

禮云以禽作六贄以等諸臣孤執皮帛卿執羔大夫執鴈士執雉庶人執鶩工商執雞本亦作摯鷙擊鳥礩柱下石又音質

鑿田器說文曰羊箠也端有鐵又先列切鴲雀鷙懥[11]怒也𩹉魚名鞊杠絲名亦作䩠䩠上同𢃇禮巾

𡠟至也○位正也列也莅也中庭之左右謂之位于愧[12]切一○郿縣名在岐州明祕切又音眉十媚嫵媚魅魑魅

鬽上同篃竹名蝞蝞似蝦寄生龜殼中食之益人顏色嚜嚜[13]尿小兒多詐獪篃笋冬生名煝焅[14]熱娓

從也又音[15]眉音尾○遂達也進也成也安也止也往也從志也又州名又姓出姓苑徐醉切二十四彗帚也一曰妖星又音[16]

歲又因芮切隧埏隧墓道也俗作墜襚贈襚旞羽繫旌上璲玉也詩曰鞙鞙佩璲鄭玄謂以瑞玉爲佩檖陽檖

木名一曰赤羅子似梨小酢可食詩云隰有樹檖椽上同𤎓說文曰塞上亭守烽火者[17]㷡上同燧上同又論語云

鑽燧改火遂田閒小溝䡵輰䡵[18]車也鐆陽鐆可取火於日中鐩上同穟禾秀說文曰禾穗之皃䆔上同

蔧玉[19]蔧草繸佩玉[20]緣[21]也㒸從意也采禾穖成皃說文曰禾成秀人所收从爪禾穗上同䉌籧篨韢

囊組名或作轊[22]○醉說文曰醉卒也各[23]卒其度量不至於亂也將遂切二檇左氏傳曰越敗吳於檇李又遵[24]爲切○邃

10 9 8 7　　6 5 4
⿱罒大 奰 ⿰氵⿱自冊 ⿸疒鼻　　粊同 邲 䜌

深也遠也雖遂切九祟禍祟誶言也詩云歌以誶止粹易曰純粹精也睟視皃又潤澤皃㪚說文云楚人謂卜問吉凶曰㪚賥貨也譢讓也諫也告也問也⿰忄遂意思深也○類善也法也等也種也說文云種類相似唯犬爲甚从犬頪力遂切九淚涕淚俗作涙瓃玉器又力追切⿰𠂤月血祭說文音律垒垒塹[2]也出字林蘱爾雅曰蘱薡蕫郭璞云似蒲而細纍係也隸臨也又力地切禷祭名○祕密也神也視也勞也又姓西秦録有僕射祕宜俗作秘兵媚切十五毖[3]告也慎也一曰遠也閟閟閉也轡馬轡說文作䜌[4]秘戟柄左傳有鏚秘鉍上同泌泉皃鄪邑名在魯費上同䀣直視也⿰韋必弓絏邲[5]好皃粊惡米又魯東郊地名說文作粊粊[6]上司㚰女子○匱竭也乏也說文曰匣也又姓何氏姓苑云今廬江人求位切十一蕢草器也臾上同今作臾貴書皆從之饋餉也餽上同繢織餘櫃櫃篋樻木名又腫節名又口愧切鞼繡韋也盾綴革也亦作鞼簣土籠⿰革鬼馬韁○濞水聲匹備切六嚊喘聲⿰月鼻肥盛⿸疒鼻[7]氣滿⿰氵⿱自冊[8]敗皃又魚名淠水名在汝南○備備具也防也咸也皆也副也慎也成也又姓風俗通云宋封人備之後平祕切十七俻俗𤰈說文具也葡古文奰[9]怒也又一曰迫也⿱罒大[10]上同見經典省

11 韍　12 孚　13 栝　14 韋　17 眂　20 㓯　21 泣

⿰月鼻壯大糒糗也犕牛具齒絥說文曰車絥也鞴上同韍[11]上同贔贔屓壯士作力皃⿰木𤰈木名出蜀其穗
可食⿰犭𤰈以筋帖弓⿱非巴鳥[12]如梟又非尾切⿰片𤰈牑模○媿慙媿俱位切六愧聭謉並上同騩馬色淺黑
⿰目鬼大視○帥將帥也曹憲文字指歸云佩巾也所類切又所律切二率鳥網也又所律切○喟大息也丘愧切又苦拜切
九嘳上同樻樻梧[13]木腫節可爲杖⿰骨貴膝加地也⿰髟貴髻屈髮也腃筋節急也襀紐也俗又作⿱毄衣桅柀也韋[14]
地名在洛陽○豷豕息也許位切二燹火也字統音銑[15]○嗜嗜慾常利切六⿰食耆⿰酉耆並上同視看視又音
是[16]⿰目示眡[17]並古文○利吉也說文銛也亦州名華陽國志昔蜀王封弟於漢中号曰苴侯因命其邑曰葭萌秦滅蜀置巴蜀
二郡先主改葭萌爲漢壽屬梓潼[18]郡晉爲晉壽南齊分置東晉壽郡於烏奴今州城是又於其郡置西益州梁改爲黎[19]州元帝又改爲利
州又舍利獸名亦姓風俗通云漢有利乾爲中山相力至切八㓯[20]古文颲烈風說文音栗⿰礻立臨也亦作蒞[21]涖涖涖水聲
痢病也覼求也隷臨也○膩肥膩女利切四⿰月疑上同出道書⿰目晉目深皃又一活切⿰酉耳重釀酒也○屁下氣
洩也匹寐切二⿰米貴上同○劓割鼻漢文帝除肉刑劓者笞三百魚器切一○致至也說文曰送詣也陟利切十五懫止也

1 什　5 嚜屎　6 ⿰米隶　7 自　8 其

疐礙不行也又頓也詩曰載疐其尾疐跲也　㨖⿰足疐竝俗　躓礙也頓也說文跲也　⿰車執車前重也　輊上同　鷙

馬脚屈也　⿰貝致賑也亦貝也　⿰足至赴也又於進切　懥怒也恨也　⿰扌致刺也又劫財也　質交質又物相贅又之日切　駤驎駤

○棄說文捐也詰利切五　弃古文　㚜㚜多　⿸尸吉身欹坐一曰尻　蟿蟿螽蟲名　○緻密也直利切十二　稚

幼稚亦小也晚也又姓史記云湯後因國爲姓　遲待也又直尸切　稺晚禾　⿰糸犀刺⿰糸犀針縫也　⿰魚致魚名　治理也又直

之切　⿰亻致會物　⿰扌貳當也對也　⿰言犀語⿰言犀　⿰革致履⿰革致底也　⿰金致上同　○寐寢也卧也息也彌二切二　媢夫妒婦又音冒　○屎

⿱竹夏柄也又屎嚜多詐丑利切八　⿸尸⿱米木上同　⿰言來不知　⿱豕言叨⿱豕言也　訵四陰知亦作呬　⿱絲虫分⿱絲虫　跮跮踱作前作卻　⿰言致

笑也　○冀九州名爾雅曰兩河間曰冀州續漢書安平國故信都郡光武師劉南行太守任光開門出迎今州城是又姓左傳晉大夫冀

芮几利切八　兾上同見經典省　覬覬覦希望　穊稠也　驥騏驥　⿰馬豈上同　洎肉汁又音泉　懻強力皃　○臮

衆與詞也具冀切七　暨及也至也与也　鱀魚名鼻在額上又音忌　洎潤也及也　垍堅土　塈息也又仰塗也　湶

水名　○悸心動也其季切五　⿰亻癸左右兩視也　⿰犭癸壯勇皃　痵病中恐也　⿱宀⿰爿季熟寐也　○翠字林云青羽雀又翆

9 髹

11 後秦錄有吏部郎懿 横

12 熱

微亦姓急就章有翠鴐鵞七醉切三濢下濕臎鳥尾上肉〇二說文云地之數也而至切五弍古文貳副也亦攜

貳變異也疑也敵也又姓後秦録有後魏平陽太守貳塵樲酸棗髶髮飾〇恣縱也資四切二㱚說文曰戰見血曰傷亂或

爲惛死而復生爲㱚又七利切〇次次第也亦三宿曰次又姓呂氏春秋荊有勇士次非七四切九𪀦鳥名似梟人面山居所經國國必亡

出山海經佽佽飛漢武官名又助也利也代也遞也及也髹[9]以漆塗器絘績所未緝者鳭鳥名螆蟲似蜘蛛㱚

[10]又資四切義見上文𩭐髮也〇懿美也大也温柔聖克也又姓[11]秦録有吏部懿橫乙冀切七饐[12]食傷熱也𡔷陰皃欭喑歐

歎也鷧鷧鸍鶿鳥撎拜舉手[13]左傳注云若今之揖亄貪也〇四說文曰陰數也象四分之形息利切十四亖籀文

𠃰古文肆陳也恣也極也放也說文从隶極陳也又姓何氏姓苑有漁陽太守肆敵𩬠上同柶角匕大喪用之泗水名

在魯說文曰受沛[14]水東入淮又涕泗也牭牛四歲貄爾雅云貍子隸𢑴鼠名說文曰㣇屬㣇羊至切俗作隸駟一乘

四馬𦟛腦蓋蕼[15]堇也說文曰赤蕼也肂[16]埋棺坎下〇器器皿史記曰舜作什器於壽丘又姓出姓苑去冀切一〇季

昆季也又少也小稱也亦姓左傳魯有季友又漢複姓四氏晉有唐邑大夫季連齊有鬼方氏第六子名季連其後氏焉晉有祁邑大夫季瓜

1 畀　2 至　3 比　4 子　6 蘼　7 穖　△ 妣 旨韻卑履切又蒲至切　箅 霽韻博計切又必至切　8 故其立字土力於一者爲地　△ 咥 屑韻徒結切又火至切　12 名

忽宋有季隨逢丗本云周有八士季隨季騧之後騧或作瓜又有魯大夫齊季窺昔齊公子季奔于楚楚遂号爲齊季氏居悸切二䁤視皃

○鼻說文曰引气自畀[1]也毗至切十比近也又阿黨也又房脂必履扶必三切枇細櫛㾽足氣不生[2]坒地相次坒[3]也亦音邲襣司馬相如著犢襣褌𥙊以豚祠司命也䪐首[4]也𦢊盛也芘草名○𥌫[5]恚視也香季切三婎醜也睢恣睢暴戾又許葵切又許葵切○痹脚冷濕病必至切六畀与也庇庇廕蓖[6]鼠莞可爲席祉以豚祠司命也比近也併也○萃集也聚也秦醉切六顇顦顇悴憔悴憂愁崪止崪穊[7]稻禾黏也瘁病也○地土地說文曰元气初分輕清陽爲天重濁陰爲地萬物所陳列也元命包曰地者易也言養萬物懷任交易變化含吐應節故[8]立字亦從水土者爲地又虜複姓有地連氏地倫氏徒四切二墬籀文○齂鼻息也虛器切六㕧呻[9]也又火尸切屓屭屓呬息也又丑[10]致切陰知也豷夏后氏有澆豷寒浞子名䨟說文云見雨而止息曰䨟○肄習也嫩條也羊至切八殔釋名曰假葬於道曰殔說文云瘞也庾倉也貤重物次第勩勞也隶本也及也又音代[11]𢑱說文曰脩豪獸一曰河内名豕也又徒計切爾雅作肄絼重多○示垂示神至切五諡易曰[12]又申也說文作謚[13]謚上同又音益眎呈也貤重物次第○自

八·七十六　韻去聲　九　宋琚

15 蜼
17 蜸
19 軨
20 訣 志訣
22 ⿰骨圭
▲幟 本韻昌志切又音志

從也用也由也率也疾二切二 嫉 姤也又音疾 ○墜 落也直類切三 懟 怨也 鎚 好銅半熟 ○出 尺類切又昌律切一 ○遺

贈也以醉切又音惟七 濻 濻清侯出漢書王子侯表 ⿱維心 忘也出廣雅 蜼 爾雅曰蜼仰鼻而長尾雄[15]似獼猴鼻露向上尾

長數尺末有歧雨即[15]自縣於樹以尾塞鼻又余救切 瞶 目疾 ⿰虫遺 蜸[17]⿰虫遺 ⿱維虫 蚌[18]⿱維虫蟲名 ○侐 靜也詩云閟宮有侐火季切又火逼

切一 ○轛 車橫軨[19]追萃切一 ○痓 惡也充自切一 ○屍 似皺皃也矢利切二 訣[20] 訣志 ○𢻃 粟體楚愧切一 ○㾓 病皃釋類

切二 宷 方言云深也趙魏閒語

七 ○志 意慕也詩云在心爲志爾雅曰骨鏃[21]不翦羽謂之志職吏切七 娡 有莘氏之女⿰骨系[22]娶之謂之女娡 𦭍 遠𦭍 誌 記誌

痣 黑子 織 織文錦綺屬又音職 識 標識見禮本音式 ○値 持也措也捨也當也直吏切五 植 種也又市力切 治 理也

又丈之切 㨁 植投 ⿱代直 或也 ○寺 寺者司也官之所止有九寺釋名曰寺嗣也治事者相嗣續於其內又漢西域白馬馱經來初

止於鴻臚寺遂取寺名刱置白馬寺祥吏切五 嗣 繼也又姓風俗通云衛嗣君後 孠 古文 飤 食也 飼 上同 ○𢦔 𢦔毛蟲有

毒七吏切四 ⿰虫毛 螆 ⿰虫司 並上同 ○笥 篋也圓曰簞方曰笥竹器也相吏切四 伺 伺候也察也 思 念也又音司 覗

覗覻也○試用也式吏切四弑大逆亦作殺幟旗幟又音熾僿[2]史記云小人以僿○胾大臠也側吏切六椔
木立死亦作檣[3]事事刃又作剚倳剚上同倳上同又置也鶅[4]東方雉名又音甾○吏說文曰治人者也力置切
二慦憂也○字春秋說題辭曰字者飾也說文乳也又愛也疾置切六牸牝牛孳孳尾乳化曰孳交接曰尾茡
爾雅曰茡麻母郭璞云苴麻成子者芓上同孖雙生子又音咨[5]○眙直[6]視丑吏切五佁佁儗不前䰯癘鬼㙬
忿戾誎不知○餌食也說文粉餅也仍吏切十六鬻上同珥耳[7]飾衈開刑書殺雞血祭名周禮注[8]云割牲耳血及毛祭以
爲刉衈毦氅毦羽毛飾也咡口吻[9]刵截耳佴次也誀誘也洱水名聏以牲告神神欲聽曰聏也㛅女字
腪筋[10]健䣵重釀眲耳目不相信也䎣聽音不敢言也○駛[11]疾也踈吏切七使又色里切浭水名在河南𧳜
郭璞曰今江東呼貉爲𧲾𧳜𠹴列[12]山阜也䶒突也𥦗穴也○廁說文圊[13]也釋名曰廁雜也言人雜廁其上也又間也次也
初吏切一○異奇也說文分也羊吏切七异异哉歎也退也舉也潩水名在河南密縣出文字音義食人名漢有酈食
其又音蝕已過事語辭又去也弃也成也萛連翹草名廙恭也敬也○置安置也驛也設也說文赦也陟吏切二徥

14 ⿰糸忌　15 誡　20 亄　▲喜 止韻虛里切 又香忌切

八・六十一　韻去聲　十　王恭

青州呼彈弓○侍近也從也承也時吏切三蒔種蒔秲上同○事使也立也由也鉏吏切又側吏切二餕玉篇

云嗜食○忌忌諱又畏也敬也止也憎惡也亦姓周公忌父之後出風俗通渠記切十三邔古縣名在襄陽惎教也一曰

謀也說文毒也⿰糸忌[14]連針鱀魚名又音泉鵋鵋鵙鵂鶹鳥今之角鴟貄狸子也又音四誋告也信也說文[15]誡也諅

志也說文忌也周書曰上不諅于凶德梞梞椨畀舉也說文音其⿰忄其繫也又[16]音其⿱⺮忌竹名○熾盛也昌志切八

饎方言云熟食也說文云酒食也⿰食巸說文同上糦大[17]祭亦稷也說文同上幟又音試音志[18]戠赤土哆哆聲埴

黏土○意志也又姓於[19]記切四鷾鷾鴯玄鳥也出莊子亄[20]貪也又音乙黖深黑○記記志也說文疏也居吏切一○憙

好也許記[21]切二嬉可嬉美姿顏也又音熙○⿺鬼疑恐也魚記切六豙豕怒毛豎也出說文⿰口疑唭⿰口疑無聞見也譺嘲譺

⿱髟疑大⿱髟疑儗佁儗不前○亟數也遽也去吏切又紀力切三唭唭⿰口疑無聞見也⿱既皿⿱既皿居獸名似蝟而赤尾

八○未辰名爾雅曰太歲在未曰協洽無沸切八味五味酸醎[22]甘苦辛周禮瘍醫以酸養胃以辛養筋以醎[23]養脉以苦養氣以

甘養肉以滑養竅菋五味子藥名五行之精頪面前⿰米尾饘也亦作⿸尸⿱米木沬[24]水名鮇魚名峅山名○貴

4 檻

5 細

尊也高也釋名曰貴歸也物所歸仰也說文作䝿亦姓出自陸終之後風俗通有貴遷爲盧江太守居胃切三 瞶極視 ⿰亻歸使也 ○胃腸胃說文作𦞁穀府也于貴切十七 謂言也告也說文報也 愲佛愲不安也 媦楚人呼妹公羊傳曰楚王之妻媦 䑊運船 緯經緯又姓 彙類也說文作𧒒蟲也似豪豬而小爾雅曰彙毛刺是也 蝟說文同上 渭水名亦州名書曰終南敦物至于鳥鼠鳥鼠山名渭所出也秦伐義渠始置隴西郡後魏莊帝置渭州因水爲名也 煟火光 鮹魚名山海經曰樂游之山桃水多鮹魚似蛇而四足 ⿱彙共獸似鼠 緭緭繒也 ⿱⿱十冖⿱田廾草木⿱⿱十冖⿱田廾孛[2]也 ⿱艹胃草名 颵大風 圍繞也又音韋

○魏魏闕又州名夏觀邑之國春秋時晉地秦爲東郡隋爲武陽郡武德初平竇建德改置魏州亦姓本自周武王母弟受封於畢至畢萬仕晉封魏城後因氏焉出鉅鹿任城二望魚貴切二 犩犪[3]牛肉數千斤又魚歸切

○沸詩曰觱沸濫[4]泉箋云觱沸者謂泉涌出皃方味切十一 疿熱生小瘡 芾毛萇詩傳曰蔽芾小皃 茀上同 誹謗人又音非 鯡魚子 ⿱非手覆耕 澫湯澫 ⿰礻弗蔽膝 ⿰言弗言急 ⿰⻊巿行疾

○費耗也惠也芳未切又房未冰備二切六 髴髣髴 靅靉靅雲布狀也 樻木名 昲日光又物乾也 ⿰米費失氣

○毇細米丘畏切三 ⿰衤貴⿰衤貴細[5] ⿱毀衣俗

○尉候也說文作尉云从上案下也

九・・四 韻去聲 十一 余敏

6 通俗文　8 沸　12 爲　13 𧍵

从𡰪又持火所以申繒也風俗通[6]曰火斗曰尉俗作熨又尉氏縣鄭大夫尉氏邑也亦云鄭之別獄又姓左傳鄭大夫尉止於胃切又紆物切
十二 尉出說文 熨俗見上注 慰安慰 畏畏懼 罻罻網 犚牛也 蔚茺蔚 螱飛蟻 𧖀上同 褽
衣袛也 鳚魚名○諱說文誋也許貴切四 卉草揔名詩曰卉木萋萋又音虺 芔古文 泋水波汶也○𥌼獸名
說文曰周成王時州靡國獻𥌼人身反踵自笑笑即上脣掩其目食人北方謂之土螻爾雅曰狒狒如人被髮迅走一名梟羊俗謂之山都今
交州南康山中有之郭璞讚云狒狒怪獸披髮握竹獲人則笑脣蔽其目終乃號咷反爲我戮扶𣵀[8]切二十四 𥌼狒[9]並上同 濆
濆渭水溢 腓又[10]音肥 怫怫愲又扶物切 菲菜可食又霏斐二音 屝[11]草屩黃帝臣於則所造也 蜚蜚盧蟲也
一名蜰即負盤臭蟲也又獸名山海經曰蜚如牛白首一目蛇尾行水則竭行草則枯見則有兵役郭璞讚云蜚之無[12]名體似無害所經枯竭
甚於鴆厲萬物攸懼思介遐逝 𧖰上同 厞隱也陃也 翡赤羽雀也 𡐝塵也 萉枲屬 𢃳𢃳隱 痱熱瘖 𨁈
刖足亦作剕 𠡗壯勇之皃 𥞩稻不黏也 費姓也夏禹之後出江夏後漢汝南費長房孫盛蜀譜云益州諸費有名位者多又後
魏書費連氏後改爲費氏 𧍵[13]𧍵蟦神蛇 曊目不明或作䀟 黂爾雅曰黂枲實禮曰苴麻之有黂又音[14]肥 蟦蠐螬蟲也

4 盵

6 待

○旣已也盡也又姓吳[1]王夫旣之後居[2]豙切七 暨諸暨縣在越州又其冀切 禨福祥 漑漑灌又古代切 钦幸也不便言也

旡飲食逆氣不得息也 蔇說文曰艸多皃 ○毅果敢也魚旣切七 忍怒也 豙豕怒毛豎也 蘔說文曰煎茱萸

也 藙上同 顡說文曰癡顡[3]不聰明也 䉨竹名 ○氣氣息也去旣切說文本音欷五 炁同上出道書 气与人物也

說文曰雲气也今[4]作乞又去訖切 盵姓也出纂文 𥂁𥂁居獸似蝟[5]尾赤也 ○欷歔欷許旣切十八 唏唏仰也 墍塗

愾大息也又苦愛切 氣說文曰饋客芻米春秋傳曰齊人來氣諸侯 餼𥸤並上同見說文 鎎怒戰也 㤫息也 熂

燹火 黖黖菲黑也 霼霼䨴雲狀 摡拭也 𥂁獸名又音氣 䊠豕息 𩤴馬走 犔牛病 忥靜也說文曰癡

皃 ○𨢄秋酒名其旣切二 幾未已又音蟣音機 ○衣衣著於旣切又音依一

九○御理也侍[6]也進也使也又姓左傳有大夫御叔牛倨切三 馭使馬也 語說也告也又魚巨切 ○慮思也又姓良倨

切九 勴助也 𥲤舟中簣𥲤見方言 𧇊助也導也 鑢錯也 櫖林櫖山林又山櫐也 䮒傳馬 𡽹山名 罯網罟

○據依也持[7]也引也案也亦姓出姓苑居御切十 鋸刀鋸古史考曰孟莊子作鋸 倨倨傲 踞蹲踞又踑踞大坐 椐靈壽木名又居

8 以夾鐘
11 丘 魚韻七余切 一祖又七預切
13 蠚

祛二音鐻樂器形[8]似夾鍾削木爲之出埋蒼說文与虡同濾乾水又音遽鋸角似雞距鯺魚名虡獸大如狗似猴多彠[9]
好奮迅其頭能投石擲人出建平山又音渠[10]○覷伺視也七慮切六䁦上同刞耕土起亦作耝坥蟥場又七余切胆蠅胆
又七余切蜡周禮有蜡氏又音作○欯欠[11]欯近据切九去離也又却呂切麮麥汁呿卧聲⿱去龜𪚺鼀似蝦蟆居陸地胠
脅也又去魚切⿸尸去閉也又口荅切⿱艹去草名⿱去鳥鳥名○署書也廨[12]署部署也常恕切四諸藷蕻又音諸薯薯蕷俗
曙曉也○恕仁恕商署切四庶衆也冀也侈也幸也又庶幾也亦姓樜木名⿰氵庶水名○著明也處也立也補也成也定也
陟慮切又張略長略二切二箸上同○⿱者飛飛舉也章恕切九翥上同⿰齒庶筐⿰齒庶⿰食庶犬糜又豕食⿱者䖵蟲名爾雅
云翥醜鋪剖母背而生或作蠚[13]庻周禮有庶氏掌除毒蠱又音恕蟅番也⿰山庶番[14]山⿰庶斤斫也○䟽記也亦作疎所去切三
捒裝捒又色句切⿱日所明也○飫飽也厭也賜也說文本作𩚍燕食也依倨切十⿰食於上同瘀血[15]瘀鄔縣名在太原又
音塢醧私醮扵擊淤濁水中泥也又音於菸臭草棜無足樽也⿱穴婁假寐也○箸匙箸遲倨切四筯
上同⿸疒除痴⿸疒除不達又丑御切除去也見詩○遽急也疾也亦戰慄也窘也卒也其據切五勮勤務也又懼也疾也詎

△懅魚齲强魚切又音遽

2 麖

5 憂　6 屖

又其呂切醵[1]歛錢飲酒又音渠又其虐切濾濾乾○絮說文曰𢿟緜也息據切又抽據尼恕二切一○助佐也益也牀據

切三耡又士魚切麆爾雅云麔牡麌牝麖[2]其子麆○怚憍也將預切二沮沮洳漸濕亦作沮○詛呪詛亦作䄔莊

助切阻馬阻蹄又莊所切二○洳沮洳說文作澤漸濕也人恕切三茹飯牛又菜茹也如又尒諸切○豫逸也

備先也辨也早也安也猒也敘也又州名尚書禹貢曰荆河爲豫州釋

名云豫州在九州中京師東常安豫也秦爲三川郡漢爲河南郡後魏

置司州又改爲豫州亦獸名象屬又姓晉有豫讓羊洳切二十預安也先也佚也厠也猒也樂也息也譽稱美也又姓晉書有平原

太守譽粹又音余礜礜石藥名蠶食之肥鼠食之死𩦒馬疾行皃轝車轝又方轝縣名又音余鸒爾雅曰鸒斯鵯

鶋郭璞曰雅烏也小而多羣腹下白悆悅也𪋳大鹿𣞤舁食者或作轝藇諸藇又音序蕷俗穥著穥

穥穥黍稷美也屖履屬忬安也歟歎也又音余悇憂懼與參與也澦灩澦水名𡑞高平○嘘吹嘘

許御切又音虛一○女以女妻人也尼[3]據切二絮姓也漢有絮舜○楚楚[4]利又木名出歷山瘡據切又瘡所切二儊儊不滑也

○處處所也昌據切又音杵二䖏俗○絮和調食也抽據切三悇憛悇[5]愛也𤸫痴𤸫不達○屖[6]履屬徐預切一

八·八十三　韻去聲　十三　金滋

8 干
◦贖燭韻神蜀切又音樹本韻常句切
△尌又音住
12 螔
13 ⿸广尃字當刪

八◦八十三　韻去聲　十三　金滋

十◦遇不期而會又姓何氏姓苑云東莞[7]人風俗通云漢有遇沖爲河内太守牛具切七寓寄也庽上同嫗嫗姁

也女子姁男子瘺疣病禺獸名毋猴屬也又音愚鸆鸆鼠鳥名◦嫗老嫗也衣遇切三蓲荎也饇飽饇◦樹

木揔名也立也又姓姓苑云今江東有之後魏官氏志樹洛于[8]氏後改爲樹氏常句切五⿱耂勿老人行皃澍時雨又音注尌

立也又音住[9]侸上同◦住止也又姓出姓苑持遇切三腧築垣短板逗姓也出何承天纂文又音豆◦附寄附又姓

晉書有附都符遇切十一坿[10]白坿說文益也祔祭名亦合葬也賻贈死也助也駙駙馬都尉[11]官名漢武帝置掌駙馬晉

尚公主者並加之駙副馬也一曰近也又疾也鮒魚名⿰身付⿰身付輸著衣也蚹蚹蛇腹下橫鱗可行者又爾雅曰蚹蠃螔[12]蝓即蝸牛

也跗古之醫人俞跗出史記⿸广尃[13]小巵有蓋胕肺胕心膂◦注灌注也又注記也之戍切十六疰疰病罜小罟⿰犭主

黃犬黑頭鑄鎔鑄又姓堯後以國爲氏馵馬後左足白註註射出埤蒼又音駐炷燈炷澍時雨又殊遇切霔霖霔

⿰彳馵鄉名在河南⿰耳朱⿰耳朱顬又音赴袾詛也祝也⿰舟主邑名⿰韋主皮袴蛀蛀蟲◦屨履屬方言曰履自關而西

謂之屨九遇切十句章句又音溝音構蒟蒟醬又音矩絇絲絇瞿視皃又音衢⿱䀠介目驚⿱䀠介⿱䀠介然出埤蒼怐

1 沐

恐怐笱竹名邭邑名眗左右視也○昫日光說文曰日出溫也北地有昫衍縣香句切六煦上同酗醉怒亦作⿰酉句
呴吐沫姁姁嫗⿰虫區幺蠶○戍遏也舍也從人荷戈也傷遇切八腧五藏腧也輸送也又式朱切⿺走俞馬⿺走俞前也
⿰革俞刀⿰革玄隃鴈門⿰身俞⿰身付⿰身俞⿰毛戍⿰毛戍毛○裕饒也道也容也寬也羊戍切七衮上同覦覬覦又音俞諭譬諭
也諫也又姓東晉有諭歸撰西河記二卷何承天云喻音樹豫章人喻上同籲呼也又和也見書傳⿱冃俞面[2]衣○孺稚也
爾雅曰屬也說文曰乳子也一曰輸孺尚小也而遇切四⿰子鳥俗擩擩莝手進物也⿰牛需牛莝○赴奔赴爾雅曰至也說
文曰趨也芳[3]遇切十一⿱兔⿰兔兔急疾也⿺走付上同⿰耳朱⿰耳朱顤也又音注豧豕聲簠簠簋又甫于方武二切訃告喪也又
至也⿺走音僵也說文音匐仆僵仆說文曰頓也⿰足卜說文曰趣越皃娩免子曰娩又孚万切○務事務也又強也遽也
趣也又姓列仙傳有務光亡遇切十四婺婺女星名霧元命包曰陰陽亂爲霧爾雅曰地氣發天不應曰霧釋名曰霧冒也
氣蒙冒覆地之物也霚上同見說文騖馳也奔也驅也⿱敄羊六月生羔⿱敄隹雞雛蝥蟊名亦作蟱⿱敄足長跪又拜
⿰糸舞⿰糸舞淹餘也⿱敄巾髮巾⿱敄山丘也敄說文強也鶩鳥名又音目[4]○緅青赤色子句切又子侯切二足足添物也

八·九十
韻去聲
十四
陳晃

6 鴟

7 廣志云蜀漢以芋爲資凡十四等有君子芋大如斗魁如杵簇其車轂鋸子旁巨青邊四芋多子

8 垛

11 誦

本音入聲○懼怖懼其遇切四具備也辦也[5]又姓左傳有具丙堒堤塘臞瘦又音瞿○芋一名蹲鴟[6]廣[7]雅云蜀漢以芋爲資凡十四等大如斗魁其車聲鋸子旁巨青鳥等四等多子王遇切五雨詩曰雨雪其雱又音禹羽鳥翅也又五聲宮商角徵羽晉書樂志云宮中也中和之道無往而不理商強也謂金性之堅強角觸也象諸陽氣觸動而生徵止也言物盛則止羽舒也陽氣將復萬物孳育而舒生又音禹雩說文曰水音也吁疑怪辭也○埾[8]桀也才句切二聚又秦雨切○捒裝捒色句切又所據切三數筭數周禮有九數方田粟米差分少廣商功均輸方程贏[9]不足旁要也世本曰隸首作數又色矩色角二切[10]又音速㡏裁殘帛也○付与也方遇切六賦賦頌詩有六義二曰賦釋名曰敷布其義謂之賦漢書曰不歌而頌[11]曰賦又斂也量也班也稅也傅相也亦姓本自傅說出傅巖因以爲氏出北地清河二望[12]⿱髟寺露髻陚丘名搏擊也又布莫切○娶說文曰取婦也七句切二趣趣向又親[13]足七俱倉苟三切○註解也中句切又音注九鉒置也又送死人物也駐止馬軴車軴住停手又長句切⿺辶馬不行壴說文云陳樂也咮鳥聲亍步止也○驅區遇切又羌愚切二⿰牛區牛名○菆鳥窠芻注切三⿰豆攵敃勇⿰月芻膳也○⿵門主[14]直開也丑注切二⿸尸主同上○尠思句切少也又息淺切一○屢數也疾也

1 西字當刪

2 蠧

良遇切二嘍嘍嘍吴人呼狗方言也

十一○暮日晚也冥也又姓出何氏姓苑莫故切六慕思慕又虜複姓二氏前燕録云昔高辛氏游於海濱留少子厭越以居北夷邑于紫蒙之野号曰東胡秦西[1]漢之際爲匈奴所敗分保鮮卑山因山爲号至魏初莫護跋率部落入居遼西時燕代多冠步摇冠跋好之乃斂髮襲冠諸部因謂之步摇後音訛爲慕容焉跋孫涉歸進拜單于遵循華俗自云慕二儀之德繼三光之容以爲氏歸子廆據遼東稱王僭号燕後又有將軍慕輿虔募召也墓墳墓慔勉也篡竹筥○渡濟也過也去也徒故切五斁猒也一曰終也詩云服之無斁又音亦鍍金飾物也度法度又姓出後漢荊州刺史度尚又徒各切䈗蠧[2]䈗○路道路亦大也周禮曰合方氏掌達天下之道路爾雅曰一達謂之道路又姓本自帝摯之後出陽平襄城陳留安定東陽河南等六望洛故切十三露說文曰露潤澤也五經通義曰和氣津凝爲露也蔡邕月令曰露者陰之液也又露見也亦姓風俗通云漢有上黨都尉露[3]平潞水名又州名春秋時初爲黎國後爲狄境古黎亭也周爲潞州隋爲韓州又爲上黨郡唐爲潞州開元中陞爲大[4]都督府又縣名在幽州輅車輅釋名曰天子乘玉輅以玉飾車也輅亦車也謂之輅者言行於道路也鷺爾雅曰鷺春鉏郭璞云白鷺也頭翅背上皆有長翰毛江東人取以

八·九十四　韻去聲　十五　高異

爲睫攡[5]名之曰白鷺縗　璐玉名　賂遺賂也　簬竹名　簵上同　虂蕗葵蘩虂　𤺊痡𤺊痞病　𤻊上同　𦋈

𦋈罟取魚具也　○妒妬忌當故切十二[6]　妬上同　秅禾束又縣名在濟陰或作秺　秺上同　奼美女　肝肝胍腹大　𤵸

乳病　託酓奠酒爵也　蠹食木蟲也　蠧古文　殬敗也　斁上同　○菟菟絲草名又虜複姓後魏書有菟賴氏湯故切四

兔獸名崔豹古今注云兔口有缺尻有九孔論衡曰兔舐豪[7]而孕及其生子從口而出說文云象踞後其尾形兔頭與㲋頭同　吐

歐也又湯古切　𪃹木𪃹鳥有毛角　○顧迴視也眷也又姓出吳郡古暮切十五　頋[8]俗　雇本音戶九雇鳥也相承借爲雇

賃字　稒稒陽縣在五原　故舊也事也常也又姓出姓苑　酤賣也又音姑　沽上同　痼久病　固堅也一也常也故也

四塞也　錮錮鑄又禁錮也亦鑄塞也　𤵛小兒口瘡　鯝魚肚中腸　𦋅𦋈𦋅取魚具也　棝射鼠斗也　涸凝也閉也

○誤謬誤五故切十四　悞上同　寤覺寤　忤逆也　牾上同　迕遇也　遻上同　晤明也朗也　悟心了

逜干逜　窹廣雅云窹竈名　捂斜柱[9]也又枝捂也　娛娛樂也又五于切　䎸聽也　○護救也助也胡誤切十七

瓠匏也又瓠子隄名亦姓淮南子有瓠巴善鼓琴　嫭美好　婟婟嫪戀惜也出聲類　頀大頀湯樂周禮作濩　互差互

3 齟　4 泉

俗作乎餘倣此。濩布濩。笠所以收絲。冱寒凝。枑門外行馬。䨼青屬。韄佩刀飾也。𧦝誌也認也。鱯魚名。

擭布擭猶分解也。罝兔網。𦬔草名。○訴訟也毀也說文作𧦅告也桑故切十五。愬譖也說文同上。𧧝向也說文同上。

泝逆流而上廣雅曰泝斗舟中抒水斗。遡同上。素列子曰太素者質之始也又空也故也帛也說文作𦂒白緻繒也又虜複

姓二氏後趙錄有宜陽公素和明又後魏書云素黎氏後改爲黎氏。傃向也。嗉鳥嗉。膆上同。玝玉名。塑塑像也出周公

夢書。塐捏土容出古今奇字。譢語譢。𧲜[2]牲白也亦作素。㩋暗取物也。○祚福也祿也位也昨誤切七。胙祭餘。阼

阼階東階。䣞魚醬。飵相謁食也。齰[3]往也。秨禾稼皃又音昨。○笯盛鳥籠也乃故切又音奴二。怒恚也又音努。

○布布帛也又陳也周禮錢行之曰布藏之曰帛[4]又姓陶侃列傳有江夏布興博故切六。圃園圃說文曰種菜曰圃又音補。佈佈徧

也。抪抪持。𠛘裁刀。蚹蚹蝜[5]蟲也。○汙染也說[6]文薉也烏路切又音烏四。惡憎惡也又烏各切。噁喑噁怒皃。𧫷相毀

說文作證。○怖惶懼也普故切五。悑上同見說文。鋪設也又普胡切。誧謀也。痡痡瘧痞病又音步。○厝

置也倉故切五。措舉也投也說文置也。醋醬醋說文作酢。錯金塗又姓宋太宰之後又千各切。㳻塹水。○絝說文

八·六十　韻去聲　十六　方堅

[7] 今人苦車　[8] 楊　[9] 陸　[10] 糒　[12] 舀　[13] 祚

曰腘衣也苦故切七 袴上同 庫貯物舍也又姓風俗通云古守庫大夫之後以官爲氏後漢輔義侯庫鈞亦虜複姓二氏周有少師庫狄峙又有庫門氏亦虜三字姓前燕錄有岷山桓公庫傉官泥 胯股也韓信出於胯下 䤁醋葅 苦困也今[7]之苦辛是 跨踞也 ○捕捉也薄故切十三 哺食在口也 步行步爾雅曰堂下謂之步白虎通曰人踐三尺法天地人再舉足步備陰陽也又姓左傳晉有步揚[8]食采於步後因氏焉又虜三字姓三氏後魏書步六孤氏後改爲陸氏又西方步鹿根氏後改爲步氏北齊書有步大[9]汗氏 鞴鞴靫盛箭室 餔餹餔又作糒[10] 鯚魚名 駗駗馬習馬案左傳曰左師見夫人之步馬字不從馬 䑰艇船 郶亭名 鵏鵏鼓鳥 痡痡瘱瘔病又音怖 荹亂草說文曰亂槀[11]也 䮺馬名 ○謼號謼亦作呼荒故切又火姑切二 戽戽斗欿[12]水器也 ○作造也臧祚[13]切一

十二○霽雨止也子計切八 隮升也又子奚切 躋上同 濟渡也定也止也又卦名既濟又子禮切 擠排盪又將西反 𩯭婦人束小髻也又音祭音節 𢅥𢅥緝麻紵名出異字苑 穧穫也又音劑 ○帝說文曰諦也王天下之號也爾雅曰君也都計切二十三 諦審也 嚔鼻氣也 嚏俗 柢木根柢也 蔕草木綴實 螮螮蝀 蝃

1 憚　3 蹹　4 趍　○遰 本韻特計切又底隸切　8 戾 輜車旁推戶也　9 揥　10 屜　12 歔　13 筤　15 輨

上同見詩摕撮取𦨣𦨣艫水戰船出字林䞶姓也漢書王莽傳有中常侍䞶惲1×疐疐柢也爾雅棗李曰疐之謂去柢也2×

骶背也僀俊也㨶兩手急持人也𨀈蹹3×也㼵瓺甍大瓮偙偙儶腣胅腹皃又當兮切趆趍4×走皃

蝭寒蜩又音啼𩊠5補履下也渧埤蒼云渧漉濾也○嚌嘗至齒也在詣切十劑分劑又子隨切6×穧刈禾把數

䣢鹹也眥目際又才賜切齊火齊似雲母重沓而開色黃赤似金出日南又齊和又徂兮切齌炊餔7疾也癠病也

懠怒也䶒䶒齝○替廢也代也滅也說文本作普廢一偏下也他計切二十普暜替並上同出說文鬀說文曰鬄

髮也大人曰髡小兒曰鬀盡及身毛曰鬄剃上同戾8輜車𣧑𣧑殃楴9×楴枝整髮釵也涕涕淚洟鼻洟䎮不耕

而種屜履中薦也亦作屧屜10×达足滑薙除草㥁11寧㥁心安䄷補也殢極困軟12×嚏聲笶車節13×也

○第次第說文本作弟韋束之次弟也今爲兄弟字又漢複姓二氏後漢書第五倫傳云齊諸田徙園陵者多故以次第爲氏有第五第

八等氏特計切二十九弟見上注又音上聲遰迢遰又底隸14×切去也避也髢髮也鬀上同說文音剃締結也睇

睇視悌孝悌又音上聲娣娣姒禘大祭五年一禘軑說文曰車轄15×也鈦以鎖加足說文鐵鉗也又音大鷤鷤鴂鳥又音啼

方堅

16 李　17 聦　18 聦　19 又　20 穎　21 羿　22 旁　24 朹　25 舟車擊互序而行也

棣車下木[16]又常棣子似櫻桃可食又姓王莽司馬棣並 杕木盛皃 踶蹋 題又徒雞切 遞更遞 睼視皃 𧰨說文

曰脩豪獸也一曰河內名豕也 𢷾兩手急持人 摕取也 𧩯諦審 懘極也又聀厲切 鯷鮎魚別名 鶗鶗鴂鳥又

音啼 墆墆貯也又墆翳隱蔽皃又徒結切 䈕竹名 逮逮及也又徒戴切 ○砌階砌也七計切八 切衆也又千結切

䁦視也 妻以女妻人又七兮切 摖取 𦗟耳[17]聽 𥄎目眇 𦕈耳[18]聵 ○細小也蘇計切六 絤古文 些可也此也

辤也何也楚音[19]蘇箇切 栖雞所宿也又先奚切 壻女夫 洒水出汝南[20]新郪入潁 ○詣至也五計切十一 羿古能

射人名說文曰帝嚳射官也夏[22]少康滅之 羿上同 羿說文曰羽之[21]羿風亦古諸侯也一曰射師 睨睥睨 栺枍栺殿名 盻

恨視又下戾切 睍倪視 甈破罌 堄埤堄女牆也見博雅 霓虹又音倪 ○計籌計說文會也筭也又姓後漢有計子勳

古詣切十二 係連係 繼紹繼俗作継 繫縛繫又口[23]奚胡計二切 薊草名爾雅曰朮山薊又縣名又州開元十

八年以漁陽縣爲薊州又姓後漢有薊子訓俗作蓟 髻綰髮 ⿰契阝燕都 繫爾雅曰枕[24]繫梅說文云繘耑木也 檵枸杞

蘻狗毒草也 轚舟[25]中互序而行也 毄係也盡也 ○蒵𠪷蒵胡計切十四 𦝅喉脈 𦞣上同 系緒也又姓

1 也　2 蚸　4 瘱

楚有系益　繇籀文　妎心不了也說文妬也又音害　禊祓除不祥也又禊飲　繫易之繫辭　瘛小兒病又尺制切

㥭恨足[1]　謑謑換　盻恨視又五計切　閉門扇又胡介切　稧稧事換秧　○契契約苦計切又苦結切十　栔刻也

罊說文云器中盡　䏿字林云腨腸　蟿蟿螽螇蚸[2]　𦨴舟名　[illegible]劇也又怖也　嫛難也　䫣恐也　䁈省視

○翳羽葆也又隱也奄也障也[3]又鳥名似鳳於計切十七　曀陰風詩曰終風且曀　枍枍栺　瘱[4]靜也安也恭也　㝟安也靜也

𡎺塵也　殪殪死　瞖目瞖　医藏弓弩矢器　嫕婉嫕柔順皃　蘙蘙薈　縊自縊　豷豕息　繄是也

賴縮走絲也　壇天陰塵也　譩譩譆　殹擊中聲也　○謎隱言也莫計切二　𢷬裁也　○閉掩閉說文曰闔門也博計

切五　閇俗　嬖愛也卑也妾也　箅甑箅也說文蔽也所以蔽甑底又必[5]至切　𣪘𣪘殿毀也又補米切　○慧解也胡桂切十

三　憓憓愛也　潓水名　惠仁也亦惠然順也又姓出琅邪周惠王之後梁有惠施　蟪蟪蛄　蕙香草蘭屬　橞

木名　繐繐帳又音歲　㩓㩓裂　儶儶儶　譓多謀智曰譓也　鏸銳也又三隅矛　𦒄羽𦒄　○桂木名叢生合浦巴南

山峯間無雜木葉長尺餘冬夏長青其花白山海經曰八樹成林又姓

後漢太尉陳球碑有城陽炅橫漢末被誅有四子一守墳墓姓炅一子

6 ⿰歹夬 ⿰歹奐⿰歹夬
8 渒
9 水聲
10 隸
11 盭
13 ⿰黍皃視
15 上
17 竹名也丑戾切又枝胡切一
19 ⿰忄焉 ⿰忄焉他欺慢 ⿰忄焉當入郎計切下

避難居徐州姓昋一子居幽州姓桂一子居華陽姓炔此四字皆九畫古惠切九 昋炅炔並見上注 筀竹名 罣挂也 ⿰田夬[6]×⿰田夬×⿰田奚× ⿰歹夬⿰歹夬⿰歹夬殗殀[7]也死皃也 鴂鶗鴂杜鵑也 ○嘒聲急說文小聲也亦作嚖呼惠切三 嚖上同 暳小星詩亦作嘒 ○媲配也匹詣切七 𨁈上同見管子 睥睥睨 渒[8]水名在汝南 濞水名又芳備切 ⿰氵鬼[9]水聲 ⿰畀刂劓研 ○薜薜荔蒲計切五 ⿱埶金所以理苗殺草 ⿱竹卑弋鳥具也 ⿰酉卑醬也 椑木名 ○麗美也著也又姓出姓苑郎計切三十三 戾乖也待也利也立也罪也來也至也定也又很戾說文曲也从犬出戶下戾者身戾曲也 ⿰亻戾很⿰亻戾俗 隸僕隸 隷上同俗作𨽿[10] 儷伉儷 盭[11]綠色又綬名或作綟又云粥也 綟草色衣也 劙割破 ⿰麗刂上同 唳鶴鳴曰唳 蜧大蝦蟆也 ⿱艹戾紫草 沴妖氣說文曰水不利也 荔薜荔香草又羌複姓有荔非氏 捩琵琶撥也 欐梁棟之名也又師禮二音[12] 㵭埤蒼云渧㵭漉也 ⿰竹隸札也 涖沆也又力二切 悷⿰忄龍悷多惡又懍悷悲吟也 栛小槤木名 丽本也又鹿皮 蜦神蛇又音倫 ⿱癶又止也系也 珕刀飾又力智切 ⿰黍皃視[13]也 ⿸疒麗瘦黑又力翅切 覼求視又師蠛[14]切 ⿱艹麗草木生亞上[15]×也 ⿰風劦[16]急風 離漢書云附離著也 棣木名 ○遾胡竹名也杖[17]也丑戾切一 ○泥滯陷不通語[18]云致遠恐泥奴計切又奴低切五 埿俗 ⿰忄焉[19]⿰忄焉惦音慢又相

1 鬣

○彗 至韻徐醉切 又音歲

4 蜹・褻

○毳 泰韻祖外切 又山芮切

懘摩也 迡近也 濘濘陷 ○𣢞氣越名呼計切三 𡚬肥大 殢殢極困也

十三○祭享也祀也薦也至也察也子例切七 際邊也畔也會也 穄黍穄呂氏春秋曰飯之美者有山陽之穄說文曰穈也穈音穈 鰶魚名 鬣[1]露髻又音齋 ⿱衞心寱言 穧穫也又才計切 ○歲釋名曰歲越也越故限也從步戌相銳切四 槥[2]小棺又篲衞二音 ⿰糸彗布縷細也 繐上同 ○衞護也垂也加也亦州名殷所都也本衞國爲翟所滅齊桓公伐翟遷衞于河南秦屬東郡魏文置朝歌郡晉爲汲郡東魏爲義州周武改爲衞州亦官名漢書曰衞尉秦官掌宮門衞屯兵又姓周文王子衞康叔之後國滅因氏焉出河東陳留二望又精衞鳥名山海經云狀如烏白首赤喙其鳴自呼取西山木石以塡東海于歲切十三 軎說文曰車軸耑也从車象形 轊上同 璏[3]劒鼻王莽碎玉劒璏 ⿱竹衞竹名 ⿴衞豕豚屬 ⿴衞彖上同 槥小棺 彗日中必彗 ⿱衞心寱言 ⿱衞言上同 ⿴衞牛牛蹄 熭曬乾 ○芮草生狀又姓周司徒芮伯之後而銳切六 汭水曲說文曰水相入皃 枘柄枘 蜹蚊蜹[4]又音褻 笍竹名 鈉銳鈉 ○贅贅肉也又最也聚也又贅衣官名也之芮切二 𢾭卜問吉凶 ○啐小歠也山芮切一 ○毳細毛也又姓出姓苑此芮切又楚稅切十二 韢橐囊屬以盛賊頭又音遂 脃說文曰小耎易斷也 膬上同又七劣切 脆俗 帨佩巾又音稅

八•九十　韻去聲　十九　沈思恭

9 貞　12 衣敗　14 前

八○九十

韻去聲　十九　沈思恭

竁葬穿壙也又楚税切斷斷也[5]蠿蟲名劆小割毳重毳又楚税切[7][6]濊飲也[8]○銳利也又姓姓苑云升平中
鮮卑有御史中丞銳管以芮切六銴銅生五色叡聖也睿上同䓲草生狀蜹毒蟲又而税切○綴連綴
陟衛切又丁劣切十一醊祭也畷禮注云井田閒道吳都賦云畛畷無數又張劣切笍小車具也䄌重祭䁍肯也
餟說文曰祭酹也司馬禎[9]曰漢志作腏字通腏上同又皮腏著也錣針也丮釣也輟車小缺也○稅斂也舍也又姓盛弘
之荆州記云建平信陵縣有稅氏舒芮切九說說誘裞衣送死也又禮注云日月巳過乃聞喪而服曰裞又他[10]活切又他外切
蛻蛻皮又他臥切又他外切帨佩巾也又音脆𢃞說文曰禮巾也涚溫水又清也𩜬小餟也又郎外切𩟹上同
○[11]獘困也惡也說文曰頓仆也俗作弊毗祭切五斃死也說文同上幣幣帛㡀說文曰敗衣也[13]从巾象[12]敗衣之形又四世
切敝說文曰帗也一曰敗衣也又姓左傳齊有敝無存○毳重毳楚税切四斳斳斷竁葬穿壙也毳細毛○篲
埽帚爾雅曰箭[14]王篲本亦從廾祥歲切九篲古文鏏大[15]鼎彗星名又音遂鼎彗小鼎槥小棺轊車軸頭也又音衛
轊上同𢅥布巾○蔽掩也必袂切四鄨縣名在牂牁又音鼈鷩爾雅曰鷩雉郭璞云似山雞而小冠周禮云王享先

1 饗　3 要·皃　4 楚　6 戚　7 簸

公饗射則鷩[1]冕又音鼈　彆弓彆　○𠜾傷也割也居衞切六　鱖魚名大口細鱗有班文一曰婢魚也　劂剞劂斷割也

躛爾雅云躛洩苦棗亦作蹶　蹶行急遽皃曲禮曰足無蹶又居月切　衞踶衞牛展足　○袂袖也彌獘切一　○憏

殘帛所例切三　鎩矛戟類又所戒切　蔱椒蔱又所八切　○掣掣曳尺制切又尺折切八　瘛小兒驚　懘怗懘[2]音不

和也怗樂記作帖　瘌郭璞云癩病　㾐上同　𢡱說文曰小怒也　鋫除利也　猘狂犬別名　○制禁制又斷

也止也勝也說文作剬裁也从刀从未物有滋味可裁斷也征例切十八　剬見上注　𩵖魚醬亦作𩸄　淛水名　製製作

又裁也　𦔎入意一曰聞也　晢星光也亦作晣又音折　𥳍方言云自關而西謂箄或謂之𥳍　㥠[3]婦孕病皃　蜇蝗子

𩸄魚名可爲醬　晢目光也又丑世切　狾狂犬也　𥍯矛也　𩋾刀鞞　餲臭敗之味　楚[4]古人姓　迣迾也度也

○逝往也行也去也時制切十三　忕忕習　䚘牛角豎也　噬齧噬　誓誓約　𣃔[5]古文　筮龜[6]曰卜蓍曰筮巫咸作筮筮決

也　簭[7]上同見周禮　澨水名書曰過三澨　銴[8]車樘結一曰銅生五色又音鋭　遾逮也　𧼮踰[9]也　𦝄割肉　○曳牽也

引也餘制切二十九　裔邊也苗裔也又容裔也說文曰衣裾也俗作裛　瑰石之次玉也　勩勞也　泄水名在九江又音薛

八·卅三

洩上同瘐[10]病也⿰羽曳[11]鳥飛枻[12]檝枻詍[13]多言⿰忄曳明也一曰習也⿰羽惠鳳六翮靾以馬鞍贈亡人跇超踰又丑
例切𠂆施明也又身皃袣長被又衣長皃⿰禾曳白⿰禾曳稻名⿰曳鳥鳥名⿰氵裔[14]溶⿰氵裔水皃⿴行折合板⿴行折縫抴數也⿱曳女
婦人病胎⿱竹曳長也⿰犭曳狸子丿至[15]也⿱艹泄蒸也又葱⿱艹泄也⿱折巾裂也呭呭樂說文曰多言也亦作⿰口曳⿱艹裔草名
○⿰糹曷[16]急也一曰不成也於罽切五瘞埋也餲又於葛於[17]介二切⿰月曷⿰月曷臆⿱艹渴清也又音藹○藝才能也靜也常
也準也又姓出姓苑魚祭切八埶說文種也周禮音世蓺上同寱睡語⿰彳⿱埶心上同囈亦同槸樹枝相摩褹
字林云複襦也○滯廢也止也凝也[18]久也直例切七彘豕也又姓左傳有彘恭子蹛蹛林又音帶⿱列金除利也璏劒鼻
玉也茜草補缺鱱魚名○例比也皆也力制切二十五厲惡也亦嚴整也烈也猛也又姓漢有魏郡太守厲溫礪砥石
勵勸勉禲無後鬼也癘疫癘⿸疒列上同鮤魚名又音列濿以衣渡水由膝已上爲濿亦[19]作厲詩曰深則厲淺則揭說
文又作砅履石渡水也砅義見[20]上注蠣牡蠣蚌屬蠇上同櫔木名䮋馬馳⿰馬列上同⿰禾列黍穰⿰禾厲上同⿰貝厲
⿰貝厲貨糲麤也又力達切㠣巍也犡牛白脊栵栭栗又音列⿰巾列帛餘亦作⿱列巾[21]⿰忄厲恐[22]人洌清水又音列○憩

3 膾　4 類　5 二　6 侘　7 刻　9 鏑　10 盭

▲㡀 本韻毗祭切 又匹世切

○喙 廣韻許穢切 又昌芮切

息也去例切六　厩上同　蒚草蒚車　愒爾雅貪也說文息也　揭褰衣渡水由膝巳下曰揭　甈爾雅康瓠謂之甈郭璞云瓠壺也賈

誼曰寶康瓠是也　○世代也又姓風俗通云戰國時有秦大夫世鈞舒制切三　勢形勢　貰賖也貸也又時夜切　○猘狂犬宋書云張

收嘗爲猘犬所傷食蝦蟇鱠而愈居例切八　[糸罽]氈類織毛爲之說文曰西胡毛毲布也　罽上同說文曰魚网也　[厂罽]亦同　瀱

泉出皃　訐持人短又居列切　彑彙頭說文作彑云豕之頭象其鋭而上見也　薊薊葦似芹　○[疒帶]赤白痢亦作膪竹例切又音帶一

○偈偈句其憩切一　○啜嘗也嘗芮切又臣劣切一　○跇跳也踰也丑例切十一　[走契]上同　傺侘傺又敕加切　[忄曳]

習也　懘困劣　[彳折亍][彳折亍]佞　晢晢也　[角枼]斂也又丑列切　揥佩飾　踅躍皃　𨂽渡也　瞭視也　○[金巤]曲刀也削竹也

除芮切一　○[臬刂]去鼻也牛例切一　○蕝束茅表位子芮切又子悅切三　蠽蟲名又作會切　𢭏裂也　○潎魚游

水也匹蔽切一　○[矢卷][矢卷][矢彖]短皃丘吠切一　○[矢彖]短皃呼吠切一　○

十四　○泰大也通也古作太他蓋切四　忕奢也又逝大二音　太甚也大也通也周禮曰太史掌建邦之六典宋

書曰太史掌歷數靈臺專候日月星氣焉經典本作大亦漢複姓六氏

漢有尚書太叔雄古今人表有太師庇何氏姓苑云太征氏下邳人太

九百・三　韻去聲　二十一　王恭

14 丏 本又音緬四字當刪

17 瞹

18 奴

士氏永嘉人又有太室氏太祝氏汰太過也○蓋覆也掩也通俗文曰張帛也禮記曰敝蓋不棄爲埋狗也又發語端也說文曰苫也俗作盖古太切三匃乞也丏[14]上同本又音緬○艾草名一名冰臺又老也長也養也亦姓風俗通云龎儉母艾氏五蓋切三⿰豕艾⿰豕艾豭[15]豕鴱巧婦別名○譪[16]晻譪樹繁茂又姓晉南海太守譪奐於蓋切十壒塵也馤香也靄雲狀又於葛切⿰日蓋日色藹覆也清也微也說文蓋也⿰歹蓋死也⿰忄蓋清謹⿰鼠曷⿰鼠曷⿰鼠曷小鼠相銜而行瞹[17]瞹隱○柰果木名廣志曰柰有青赤白三種俗作㮈奴帶切五奈如也遇也那也本亦作柰又[18]致箇切⿰柰毛⿰木毛⿰柰毛多毛⿰魚柰魚名⿰氵柰說文曰沛之也○大小大也說文曰天大地大人亦大故大象人形又漢複姓五氏晉獻公娶大狐氏楚襄王時有黃邑大夫大心子成史記秦將軍大羅洪周禮大羅氏掌鳥獸者其後氏焉又大庭氏古天子之号其後氏焉又有大叔氏又虜複姓後魏末有南州刺史大野拔又虜三字姓周書蔡祐賜姓大利稽氏周末有尉回將軍大莫于[19]玄章後魏書南方大洛稽氏後改爲稽[20]氏徒蓋切八汏濤汏說文曰淅[21]⿰氵簡也軑車轄釱鉗也又大計切⿰鳥大鳥也⿰黑大黑跡忕奢忕仸地名在海中○害傷也胡蓋切四夆相遮也妎字林云疾妎妬也㤸快也○帶衣帶說文曰紳也男子鞶革婦人[22]鞶絲象繫佩之形帶有巾故从巾易曰或錫之鞶帶又蛇別名莊

4 栩　6 禬

子云蝍蛆甘帶也當蓋切七 跢倒跢 𤺋𤺋下病也 蹛匈奴傳有蹛林又音滯 𢂍𢂍方山名 艜艇船 𣠲[1]槌也

〇貝說文曰海介蟲也居陸名贆[2]在水名蜬象形古者貨貝而寶龜亦州名春秋時屬晉七國屬趙秦爲鉅鹿郡漢爲清河郡周置貝州

以貝丘爲名博蓋切十四 沛郡名又姓出姓苑又匹蓋切 邶上同 鋇鋇柔鋌也 芾小皃又方味切 䟺步行躐跋

狽狼狽 犻牛二歲也爾雅云體長犻 伂顛伂本[3]亦作沛 𩵹魚名食之殺人 茷草木葉多 𣬼𣬼毲多毛 䀟

目不明皃又音霈 𢃰行皃 〇霈霶霈普蓋切五 浿水在樂浪 沛流皃亦霶沛又水名出遼東又音貝 䀟䀟昧

目不明也 怖恨怒 〇會合也古作會亦州秦屬隴西郡漢分爲金城郡[4]周爲防隋爲鎮武德初平李軌置會州又姓漢有會相黃

外切又音儈五 𠩄[5]說文曰日月合宿爲𠩄 𨗶說文云無違也 禬[6]除殃祭也又古外切 繪繪五采也 〇兌突也又卦名說

文本作兊說也又姓杜外切五 䩩補鞔 綐細紬 銳矛也又弋稅切 𡶝山名 〇儈合市也晉令儈賣者皆當著巾白帖額言

所儈賣及姓名一足白履一足黑履古外切十八 膾魚膾說文曰細切肉也 鱠上同 襘說文曰帶所結也 禬福祭 檜

栢葉松身又古活切 旝木置石投敵也 巜說文曰水流澮澮也方百里有巜廣二尋深二仞 澮上同爾雅曰水注溝曰澮又水名在

8 ⿰糹蚤

八・八十六　韻去聲　二十二　余敏

平陽鄶國名在滎陽廥芻稾藏也䯤五綵束髮說文曰骨擿之可會髮者詩云䯤弁如星鬠上同劊說文曰斷

也會會稽山名又黃外切⿱既月⿱罒胥痛擓收也獪狡獪小兒戲○最極也俗作冣祖外切三悴五色[7]采也⿰示蚤[8]

蟲也又山[9]芮切○譮[10]衆聲呼會切六噦鳥聲翽鳥飛聲鐬鈴聲渙水名在譙又音喚濊說文曰水多皃又烏

會切○⿰禾會麤糠苦會切一○酹以酒沃地郎外切五頪說文曰難曉也一曰鮮白⿰乖毛馬色班也⿰飠兌門祭⿰歹孰疫病又力

卧切○外表也遠也五會切一○祋祋祤縣名在馮翊又祋[11]殳也丁外切一○懀惡也烏外切七濊汪濊深廣[12]又呼會切薈

草盛嬒婦人名也⿰鼻會息也瞺眉目之間⿰黑會淺黑色○蕞小皃才外切二⿱竹最⿱竹最篭○⿰石最小石先外切三⿰歹最

瘦病⿰目最流眄○襊衣游縫也麤[13]最切三⿰足最行⿰足最竅塞外道也○旆旗也繫旐曰旆蒲蓋切三⿰足貝賴⿰足貝行不正也軷

祭道神又蒲[14]葛切○磕硍磕石聲苦蓋切九鶡鶡鴠鳥又音渴轄車聲愒貪也公羊傳云不及時而葬曰愒愒急也溘

船著沙也⿰禾害寻屬⿱亯大擊也⿰害殳伐也擊也⿰盍阝地名或作鄰○蔡龜也亦國名又姓出濟陽周蔡叔之後也倉大切三

⿱林囟古文⿰蔡鳥⿰蔡鳥鳩鳥○賴蒙也利也善也幸也恃也又姓風俗通云漢有交阯太守賴先落蓋切十四籟簫三孔也癩

1 皃字當刪
○餲 呂韻許葛切又呼蓋切
3 眛
4 沬
7 畫
8 徽繣
9 紘中繩也

疾也說文作癘惡疾也今爲疫癘字瀨湍瀨糲麤米又力達切襰隨壞藾藾蒿莿上同犡牛名說文曰牛白脊

⿰魚賴魚名⿰足厲跛⿰足厲行皃⿰火賴火之[1]毒皃⿰賴鳥鳥名㘑聲㘑○餀食臭呼艾切五餲上同⿰犭爲獸名出音譜疫

疫病⿰魚曷魚名○娧好皃他[2]外切五蛻蛇易皮又音稅駾奔突也詩云昆夷駾矣毻鳥易毛又音唾裞送死衣也

○眛[3]眜眛目不明也莫貝切三沬[4]水名⿰木未木名○⿰日最⿰日最小春也七外切一

十五○卦說文曰筮也易疏云挂也懸挂萬象於其上八卦者八方之卦也乾坎艮震巽离坤兊古賣切六挂懸挂又剛挂弩

矢鏃名潘岳射雉賦云出剛挂以潛擬掛俗詿誤也又胡卦切⿰盾圭盾握也罣罣礙又胡卦切○懈懶也怠也古隘切六

解除也繲繲浣衣出埤蒼廨公廨薢薢茩藥名⿸疒圭病也○隘陝也陋[5]也烏懈切六[6]𨽍古文阸阻塞又阸嶭山

形或與隘同瘕病聲⿰禾益稻小把也賹賹記人物○邂邂逅胡懈切二解曲解亦縣名在蒲州又古賣古買胡買三切

○賣說文作𧶠出物也莫懈切一○畫釋名曰畫挂也以五色挂物象也俗作畫[7]胡卦切又胡麥切九詿礙也罣上同絓

絲結澅水名在齊⿰黃圭鮮黃色繣繣[8]微[8]乖違纗弦中[9]絕也嫿愚戇又多態也○差病除也[10]楚懈切又楚宜楚皆初牙三切七

13 庍　14 士　16 [黍易]

瘥上同又音醝　衩衣衩　杈杈杷平田具也又音叉　浧浦浧　誒誒持短又疑心名也　[言差]異言○睚目際又睚眦怨

也五懈切又五[11]佳切二○謑怒言火[12]懈切又胡禮切一○庍[13]到別方卦切一○粺精米傍卦切四　稗稻也又稗草似穀　𥟇

黍屬又音俾　杷田具又音琶○[疒采]疾也七[14]懈切二　眦睚眦○派分流也俗作派匹卦切七　𠂢說文曰水之衺流別也　[糸𠂢]未緝

麻也說文曰散絲也　𣏟麻紵　渒說文曰水在丹陽　[木𠂢]藤屬蜀人以織布出埤蒼　𣎵分枲皮也又匹刃切○債徵財側賣

切一○[毄女]難也苦賣切又音契二　[帀阝]鄉名○曬暴也所賣切又所寄丑[15]離二切五　[黍易][16]不黏之皃或與曬同　[酉責]簀酒

汎水皃說文灑也本又音信　洒洒埽又先禮切○諣疾言呼卦切一○[山辟]阬[山辟]山形方賣切一○膪亦作䐈膢肉也

竹賣切又竹亞切脛膪肥皃二　㣊㣊步立皃出聲譜

十六○怪怪異也古壞切八　恠俗　[石圣][石圣]石似玉　蔽草名　[褱攵]毀也　壞上同又胡怪切　[多圣]大皃　[扌戒]

訬也○噫噫氣鳥界切二　呃不平聲○瘵病也側界切三　祭周大夫邑名又姓周公第五子祭伯其後以爲氏　[祭阝]

說文曰周邑也○誡言警也古拜切二十三　戒愼也具也備也警也易注云洗心曰齋防患曰戒　界境也垂也　介大也

8 6 2
祴 陜 丰
祏 芥草

助也佑也甲也閡也耿介也說文作介畫也俗作分又姓介之推是屆至也舍也說文曰行不便也一曰極也疥瘡疥玠大珪長尺二寸𡗝獨居𢢀憤也砎硬也魪比目魚也尬尲尬行不正尲音緘价善也又俗价也髤髻結悈飾也司馬法曰有虞氏悈於中國鳱鳱雀也似鷃而青出羌中艐爾雅云至也亦云古屆字睃怒也芥[1]辛菜名又草芥祄布衣幅也又胡介切丰[2]草介𠩃[3]𠩃到𩢴𩢴馬馬尾結也○褹紩布襦女介切一○譮怒聲許介切九欸上同𠰔喝𠰔齂鼻息噧高聲皃又多言譪[4]譤譪眉臥息𡘊[5]說文曰瞋大聲也忦說文曰忽也孟子曰孝子心不若是忦○械器械又杻械胡介切十一韰葷菜也葉似韭薤俗齘類齘切齒怒類于禁切閕門扇瀣沆瀣北方夜半之氣又胡代切𠏩俠[6]也𩐥[7]𩐥倮猶果敢也𤞼雌狢衸補膝裙也說文祐[8]也𣳯水名○聉不聽五介切四譺誡譺懝忦懝懢恪人也蝝蟲名呞食草木葉也○蒯茅類又姓出襄陽漢有蒯通或作㔞苦怪切九喟歎也又丘愧切嬇女字𢿌太息𥳑箭竹名也簣籠也嘳譏他人也蕢杜蕢蕢尚並見禮記墤俗云土塊本音隤○𢷾周禮曰大祝辨九𢷾一曰稽首二曰頓首三曰空首四曰振動五曰吉𢷾六曰凶𢷾七曰奇𢷾八曰褒𢷾九曰肅𢷾博怪切三拜上同扒拔也詩云勿剪勿扒案本亦作拜○湃

△䮴馬𩢗胡民切又音壞
10 顡
11 韎
13 揩
14 迭
15 邁
16 人名晉有錢璯

滂湃普拜切二 浿[9]水名在樂浪 ○壞自破也胡怪切三 罣古文 蘾蘾烏蔉草 ○聵聾也五怪切三 䫲說文

同上 顡說文曰[10]頭蒯顡 ○憊病也說文𢠸也蒲拜切八 𢡊癵並同上 韛韋囊吹火 𣞏同上 𦪇船後𦪇木

排木名 㵬水波 ○𥄎𥄎眼久視莫拜切三 𧰨𧰨䝊頑惡 韎[11]東夷樂也 ○䝊𧰨䝊火怪切五 躛過也 檅木名

皮可牽船 潎水聲 咶鼻息 ○鎩翦翮說文曰鈹有鐔也所拜切又所八切四 𧞤衣衸縫也 殺殺害又疾也猛也亦降殺

周禮注云殺衰小之也又所八切 𦃏[12]上同亦見周禮 ○烗熾也盛也苦戒切四 𤈦同上 劾勤力作也 揩[13]鼓名又客皆切

○顡顏惡也他[14]怪切說文五怪切癡顡不聰明也一

十七夬 ○夬決[15]也亦卦名古賣切三 獪狡獪 𥴦𥴦竹名 ○快稱心也喜也可也又姓漢有快欽苦夬切五

噲咽也又人名漢有樊噲又姓孝子傳有噲參鷁銜珠與之 穭麤穅 駃駃馬日行千里 璯[16]姓也晉有璯錢 ○邁行也

遠也莫話切四 勱勉也強也 𧬊誇誕又火犗切 休傑休 ○話語話說文作語合會善言也下快切一 ○敗自破曰敗

說文毀也薄邁切又北邁切四 𣪉籒文 𨒅散走 唄梵音 ○黵淺黑色烏快切又烏外切三 𪖐喘息聲又烏外切 懀

10 柭　　　　　　　　1 兑

惡也○嘬一舉盡臠曲禮曰無嘬炙楚夬切四䶐南方呼醬歠齧也⿰口毳上同○犗犍牛古喝[2]切二𧛋衣上也亦

作禬○蠆毒蟲丑犗[3]切二𢡎極也劣也又𢡎芥○喝嘶聲於犗[4]切五餲飯臭又於罽切嗄聲敗又所嫁切餀通食氣也

欬上同○喝喝嘶所犗[5]切一○⿰臭祭大臭又事露也除邁切一○譪譀譪火犗[6]切譀火懺切二⿰臭害⿰臭害⿰臭祭臭皃○咶息聲火夬[7]切一

○敗破他曰敗補邁切又音唄一○啐咱也倉夬切一○寨羊栖宿處犲夬切二砦山居以木柵○⿰⿱卢貝攵纔然何犗切一

十八○隊羣隊徒對切十二⿱雨對靉⿱雨對[8]雲狀薱草盛憝怨也惡也周書曰元惡大憝憞上同譈亦同鐓

矛下銅也曲禮曰進矛戟者前其鐓錞上同礈礧礈物墜也⿰骨㒸⿰骨畾⿰骨㒸愚人⿱隊韭齏[9]也濧漬也濡也○佩玉之帶也說文曰大帶佩

也从人从凡从巾佩必有巾巾謂之飾禮曰凡帶必有佩玉蒲昧切十二珮玉珮俗孛星也又蒲没切鄁紂之畿內國名東曰衞南曰鄘

北曰鄁邶上同偝向偝誖言亂又補內蒲没二切悖心亂又蒲没切背弃背又姓也又補妹切⿱非王埤蒼云珠百枚

曰⿱非王孫權貢珠百⿱非王⿱非王貫也又云珠五百枚也亦作琲又蒲罪切柭[10]拂取茾爾雅曰茾山巔寀本亦作勤勤音勃○妹姊妹莫佩切十一

昧暗昧眛目暗每數也又武罪切痗病也又音晦瑁瑇瑁亦作帽蝐又莫沃切黴點筆又武悲切莓莓子木名似葚

九•十六　韻去聲　二十五　李倚

11 朏　14 肉刑　15 市　16 七　19 尵

九・十六　韻去聲　二十五　李倚

又莫杯切罞鳥網脢背肉也又莫杯切䵏禾傷雨則生黑班也○配匹也合也滂佩切四朏[11]向曙色也妃妃偶也又匹非切嶏崩聲○誨教訓也荒內切十一悔改悔晦冥也又月盡也𠧩易卦上體靧洗面頮上同秏稻名出南海又火号切痗病也⿰面頁面肥也詯休[12]市⿰氵冐大清說文曰青黑皃今作溜○對荅也當也配也揚也應也古作對漢文責對而[13]面言多謂非誠對故去其口以從土也都隊切六對注見上碓杵臼廣雅曰磓碓也通俗文云水碓曰轓車杜預作連機碓孔融[14]論曰水碓之巧勝於聖人之斷木掘地⿰木對車箱考工記云立曰⿰木對橫曰軓轛上同⿰亻對⿰亻對[15]市○倅副也士[16]內切五淬染也犯也寒也焠作刀鋻也天官書曰火與水合爲焠⿰石妻⿰石妻磨啐嘗入口又先對切○晬周年子也子對切七祽月祭名也⿰黹卒說文曰會五綵繒也綷上同悴亦同捘推也⿱夋女失容節拜又子臥切○⿺尢鬼⿺尢鬼⿺尢委癈[17]風苦熱烏續切三⿸厂衣隱翳隈字林云隩[18]隈也○退卻也說文作⿰彳⿱日夊他內切五⿰彳⿱日夊上同⿺辶⿱日夊古文⿰忄隶肆也又他沒切⿺尢委⿺尢鬼[19]⿺尢委○憒心亂也古對切十幗婦人喪冠又古獲切刉刉刀使利慖恨也⿱艹⿰黃有黃色又于鄙切⿱昏月瞢忽痛也簂筐也亦作槶篌篷也⿰黃惑病皃蔮儀禮注云滕薛名蔮爲頍○潰逃散又亂也胡對切十三迴曲也又音回又作匯繢畫也嬇女字殨肉爛闠闤闠市門豈

3 手

△隶 至韻羊至切 又音代

草名呂氏春秋云菜之美者有雲夢之萓蜆蟲蛹詯胡市膭[1]肥大儧長也讃覺悟說文曰中止也司馬法曰師多則民
讃讃止也詯市詯○塊土塊苦對切三凷上同說文曰墣也禮曰寢苫而枕凷堁塵起又於[2]臥切○碎細破也蘇內切
五瓻說文破也誶告也啐送酒聲繀織繀說文曰著絲於箏車○內入也奴對切一○纇麤絲也盧對切十四
耒耒耜世本曰倕作耒古史考曰神農作耒說文云[3]耕曲木也儽極困也擂擂[4]鼓酹酹酒蘱[5]草名似蒲一云似茅
㔣推也萊耕多草穑秫穑稻名𡒄𡒄塊土皃礧礧磙硾也郲郲陽縣漢書作耒銇銇鑽錑平板○背
脊背補[6]妹切三輩等輩又比也類也俗作輩誖亂也○磑磨也世本曰公輸般作之五對切一○蚚爾雅曰強蚚胡輩切又[7]音析一
十九○代更代年代亦州名春秋時屬晉其後趙襄子以銅斗擊殺代王取其地至秦隸太原郡漢置雲中鴈門代郡魏爲州
又姓史記趙有代舉徒耐切十三岱泰山黛眉黛黱上同逮及也又徒帝切埭以土堨水埭上同帒囊屬
袋上同㦻甘也酨醋也又昨代切瑇瑇瑁亦作蝳蝳異物志云如龜生南海大者如籧篨背上有鱗鱗大如扇有文章將作器則煮
其鱗如柔皮俗又作玳又徒督切靆靉靆雲狀○載年也事也則也乘也始也盟辭也又姓風俗通云姬姓之後作代切又材代切六

8 䣊　10 愛　17 旁

再重也兩也綷事也出字林𢦔古國名䣊[8]說文曰設餁也戴染戴○穤禾傷雨莫代切又莫亥切二脄背側內也○賽報也先代切四簺格五戲說文云行棊相塞故曰簺也塞邊塞又蘇則切𡫳寬也實也○貸借也施也假也他代切四儓儓儗癡皃態意態亦作能𥋶曖𥋶不明皃出玉篇○溉灌也又水名出東海桑瀆縣覆甑山古代切六槩平斗斛摡滌也詩云摡之釜鬵㱰深堅意又偶也𠊊主也扢[9]磨也○慨[10]×慷慨苦蓋切六愾[11]大息欬欬瘷鎧甲也管子曰葛盧之山發而出黃金蚩尤制以爲鎧也闓開也又音[12]開嘅嘅嘆○礙止也距也五溉切七硋上同㝵釋典云[13]无㝵也閡外閉儗儓儗懝騃也禾木曲頭不出又音稽○愛憐也說文作𢜞行皃烏代切九㤅惠也𢡈古文曖日不明又晻曖暗皃僾隱也薆隱也爾雅作薆靉靉靆雲狀薆薆薱[14]草盛璦珠璦玉篇云美玉也○瀣沆瀣氣也胡槩切三㤥患苦劾椎劾○耐忍也奴代切七螚小蚉蟲也鼐大鼎能技能又姓何氏姓苑云長廣人佴姓也山公集有佴湛⿱能日日無光也耏頦也又如之切○戴荷戴又姓出濟北本自宋戴穆公之後風俗通云几氏於諡戴武宣穆是也都代切一○賚與也賜也洛代切九萊[16]草也又音來睞傍[17]*視徠勞也勑上同𤸊惡病誎誤也䚅內視逨就也又音來

1 醬 2 一 3 肺 4 芳 6 貊 10 慎

○菜草可食者皆名菜倉代切五埰古者卿大夫食采地郭璞云采地葬之因以名棌木名髤髻也腜大腹○載運也昨代切七裁製裁纔僅也在所在䣍醋醬[1]栽築牆長板𢧐測也○儗儓儗癡也海愛切又音擬[2]

二十○廢止也大也方肺[3]切九癈固病𤼶賦斂橃木似柚也祓福也除惡祭也又敷物切蕟蘆蕟蘎上同䥘說文云弋射收繳具也砩以石遏水曰砩○肺金藏方[4]廢切四柿斫木札也怫怒也昲暘也又音伐[5]○穢惡也於廢切六薉荒薉說文蕪也濊濊貊[6]夫餘國名或作獩貊又汪濊又烏外切獩見上注饖飯臭𩤺𩤺驍馬怒○吠犬聲符廢切四茷草葉多也又方大切𩵹魚名鼣鼠名如犬吠也○喙口喙許穢切又昌芮[7]切六㝝困極也詩云昆夷㝝矣本亦作喙𣩐[8]上同𧼮行走之皃餯飯臭也𩓣頰也○𤛐牛觸人渠穢切一○刈刈穫魚肺切八乂才也𣲖水名𢗰困患爲戒𪁒爾雅云桃蟲鷦其雌𪁒俗呼爲巧婦亦作鴱又音艾艾治也見詩𧆛虎皃𨐨才人名

二十一○震雷震也又動也懼也起也威也章刃切十一振奮也裂也舉也整也救也又之人切賑贍也娠妊娠又音身侲侲子逐厲鬼童子也挋說文云給也一曰約也又爾雅曰挋拭刷清也袗玄服𩒋[9]𩒋顭頭少[10]髮說文曰顔色㐱麟順事也頁皆在

八·七十二 韻去聲 二十七 劉昭

·17 植　　△蚓軫韻余忍切 蚓又余刃切　　14 ⿰車柬 𨋩

左䟴動也⿰辰阝地名又音辰⿱振鳥振鷩鷺鷩○信忠信又驗也極也用也重也誠也又姓魏信陵君無忌之後又漢複姓何氏姓苑有信都信平二氏息晉切十一訊問也訙上同迅疾也又私閏切囟說文曰頭會腦蓋也顖[11]上同卂疾飛而羽不見汛說文灑也㹐小獸有臭居澤色黃食鼠奞[12]奮奞也阠八陵名爾雅曰東陵阠又所臻切○刃刀刃而振切十一訒識也肕牢肕韌柔韌亦與肕同仞七尺曰仞軔礙車輪木牣滿也詩曰於牣魚躍杒木名訒難言㤛[13]枕巾⿰目辰眩憖○胤繼也嗣也亦姓羊晉切十二酳酒漱口也靷引軸引又羊忍切⿰車柬[14]小鼓在大鼓上擊之以引樂亦作𨋩濥說文云水脉[15]行地中濥濥然⿰月引脊肉又直忍切⿰扌衍伸也⿰氵肙小水⿰金引鐵釼⿰車引車名○遴行難也又姓良刃切二十八吝悔吝又惜也恨也俗作恡悋鄙悋本亦作吝磷薄石閵閵鶅鳥名似鴝鵒而黃⿱竹粦竹名堅中粦說文作𤇺鬼火也兵死及牛馬血為之燐上同藺草名莞屬亦縣名在西河又姓出西河本自有周晉穆公少子成師封韓韓獻子玄孫曰康食邑於藺因氏焉轥轥轢車踐轔上同⿰虫粦螢火䫐須䫐一曰頭少髮⿰粦乙[16]獸名似麢身黃尾白麐牡麟又音鄰⿱竹閵擯[17]也⿱艹粦草名瞵視不明皃橉木名鏻鏻健甐器也賂貪也⿵門蟲[18]蟲也⿵門火[19]火皃⿰田粦田壟撛扶也又力

𤁉[1]　䙾[2]　壗[6]　閅[7]

盡切𤁉[1]水在石間躙蹂躙○儐儐相也說文導也必刃切七擯擯斥殯殯殮鬢頰上髮也䫌不相見也嬪
上同覾[2]覾見又四人切○敶列也直刃切五陳上同見經典陣俗今通用診候脈又之忍切[illegible][3]登也○慎誠也
謹也亦姓古有慎到著書又漢複姓家語魯有慎潰氏奢侈踰法時刃切三昚古文亦姓蜃蛟蜃[4]又縣名○眒張目試刃切三阠
東方陵名抻抻物長也○菣香蒿可爨食去刃切又苦見切三趣行皃臤堅也○賮琛賮又財貨也會禮也徐[5]刃切又疾刃切六
燼燭餘𦘔上同藎進也詩云王之藎臣一曰草名濜水名壗[6]石似玉○憖且也一曰傷也又曰閑[7]也魚[8]覲切三猌犬張
齗怒皃垽滓也○晉進也又州名堯所都平陽禹貢冀州之域[9]春秋時晉地秦屬河東郡後魏爲唐州又爲晉州爾雅晉有大陸之藪今鉅鹿
是也亦姓本自唐叔虞之後以晉爲氏魏有晉鄙即刃切十晉上同出說文搢搢紳之士搢笏而垂紳又插也縉淺絳色又古有縉雲
氏⿰虫進蟲名又蛤屬進前也善也升也登也又姓出何氏姓苑枃凡織先經以枃梳絲使不亂出埤蒼瑨美石次玉璡上同又音
津⿱執羊羊名又亭名○衅牲血塗器祭也許覲切三釁上同又罪也瑕釁也舋俗○鎮壓也周禮有四鎮揚州之會稽
青州之沂山幽州之醫無閭冀州之霍山又姓出姓苑陟刃切三瑱玉充耳又吐甸切填定也亦星名又音田○僅餘也纔也劣也

12 欠
14 諸侯王
17 闠
18 蠶
20 吐
◦ 賷 本韻徐刃切 又疾刃切
21 東

九百〇三
韻去聲
二十八
吳志

少也渠遴切十一覲見也殣埋也瑾美玉名饉無穀曰饑[10]無菜曰饉勤少也廑小屋瘽病也墐塗也詩曰塞向墐戶⿰堇刂⿺辶⿰堇刂割也又去槿切歎歎坎[12]○櫬空棺也初覲切七瀙水名嚫嚫施䞋上同襯近身衣儭裏也齔說文曰毀齒也男八月而齒生八歲而齔女七月而齒生七歲而齔俗作齓又[13]初忍切○印符印也印信也亦因也封物相因付又漢官儀曰諸[14]王侯黃金橐駝鈕文曰璽列侯黃金龜鈕文曰章御史大夫金印紫綬文曰章中二千石銀印龜鈕文曰章千石至四百石皆銅印文曰印又姓左傳鄭大夫印段[15]出自穆公子印以王父字爲氏於刃切四鮣魚名身上如印⿰𧾷垔跌又音致⿱雨因氣行○疢病也俗作疹丑刃切二趁趁逐俗作趂○朩麻片匹[16]刃切三⿵門賓[17]鬭也⿰賓見暫見○親親家七遴切又七鄰切四寴屋空皃說文至也儭至也又畏也瀙水名○螼螼蚓一名蜸蚕[18]蚯蚓也羌印切蜸苦典切一○呁[19]唁[20]也九峻切二⿰言勻欺言○

二十二○稕束[21]稈也之閏切六⿱艹稕上同諄告之丁寧⿰目享鈍目盹上同訰訰訰亂也○陖高也長也險也峭也速也私閏切十三峻上同濬深也浚水名在衛亦浚儀縣名陖亭名在馮翊說文曰陗高也埈上同迅疾也又音信鵔鵔鸃似鳳說文曰鷩也漢初侍中服鵔鸃冠⿰弓夋[22]弓彇奞奮奞鳥張羽毛也賰賸益晙早也又音俊

駿 本韻子峻切 又音峻

4 菑　5 目

9 璺　10 薇

迿出表詞也。殉以人送死辭閏切四　徇自衒名行　侚以身從物　⿰彳勻巡師宣令又從也或作徇。儁智過千人曰儁又羌複姓有儁蒙氏子峻切十二　俊上同　晙早也　餕食餘　畯田畯農夫詩傳曰田大夫也　駿馬之俊周穆王有八駿驊騮騄駬赤驥白兔犧渠黃踰[1]盜驪山子又音峻　⿰夋兔⿰夋兔古東郭之狡兔名又音逡　⿰鼠夋石鼠出蜀毛可作筆　寯人中最才　焌然火　瓷[2]獵之韋袴說文曰柔韋也又音耎　⿰瓷舜上同又而[3]隴切。舜虞舜仁聖盛明曰舜說文作䑞艸也楚謂之蕾[4]秦謂之藑蔓地連華象形舒閏切八　䑞見上注　蕣木槿　瞬瞬目自[5]動也　瞚眴並上同　眣亦同見公羊傳　鬊毛皃禮注云亂髮也。閏[6]閏餘也易曰五歲再閏史記曰黃帝起消息正閏餘漢書音義曰以歲之餘爲閏如順切三　潤[7]潤澤也又益也　䏰漢朐[8]䏰縣名地下濕多朐䏰蟲朐音蠢。順從也食閏切二　揗說文摩也

二十三。問訊也又姓今襄州有之亡運切十一　璺破璺亦作𤫠方言曰秦晉器破而未離謂之塋[9]　絻喪服亦作免　汶水名　紊亂也　聞名達詩曰令聞令望　莬新生草也　脕上同詩曰微[10]亦柔止鄭玄云柔謂脃脕之時　抆拭也　鼤鼠文　娩生也又音免。運遠也動也轉輸也國語云廣運百里東西爲廣南北爲運又姓出姓苑又漢複姓二氏史記云秦後以國爲姓有運奄氏後漢

11 治

17 囊

九百卅三

韻去聲 二十九 吳志

梁鴻改姓爲運期氏王問切十六 暈 日月傍氣 餫 野餉 韗 理[11]鼓工考工記云韗人爲皐陶皐陶鼓木也又況万切 韗 上同 鄆

邑名又州名魯太昊之後風姓禹貢兖州之域[12]即魯之附庸須句國也秦爲薛郡地漢爲東平國武帝爲大河郡隋爲鄆州亦姓魯大夫食采於鄆後因氏焉

貟 姓也前涼録有金城貟敞唐有棣州刺史貟半千 鳼 鳥名似烏一名同力 忶 心悶 鶤 雞三尺曰鶤又音昆 䞨 物數亂也

韻[13] 韻和也 覞 衆視 䙺 上同 𤸰 病也又尤粉切 緷 說文緯也 ○訓 誡也男曰教女曰訓又姓許運切五 爋 火乾物

臐 羊羹 薰 薰香又許云切 鐼 鐵類 ○湓[14] 含水湓也匹問切四 忿 怒也 魵 小魚 瀵 水浸也又音奮 ○糞 穢也方問

切八 𡊄 上同 坌 坌掃除也 拚 上同見禮 僨 僵也 奮[15] 揚也鳥張毛羽奮奞也又姓左傳楚有司馬奮揚 瀵 水名有三眼一

在蒲州泉眼大如車輪濆沸涌出一在同州界夾黃河一在河中央皆潛通大小並相似俱深不測又音湓 𣨶 𣨶也 ○醞 醞釀於問切又

於刎切四 慍 怒也 縕 亂麻 薀 習也俗作蘊又音上聲 ○攈 說文拾也居運切五 捃 上同 皸 足坼又居云切 豩 豕求

食也又衢物切 𧱜 小野豕名 ○郡 說文曰周制天子地方千里分爲百縣縣有四郡故春秋傳曰上[16]大夫受郡是也至秦初置三十六郡以

監其縣釋名曰郡羣也人所羣聚也渠運切一 ○分 分劑扶問切又方文切五 𤺒 𤺒痱瘡悶 𢤯 [17]滿而裂 秎 穧秎穫也 坋

塵也又房粉切

二十四〇焮火氣香靳切六炘上同㾙瘡中冷庍𦢊並上同脪說文曰瘡肉反出也〇靳靳固又姓楚有大夫靳尚居焮切五斤爾雅曰明明斤斤察也又居勤切扸覆巾名㨷說文拭也劤多力皃〇近附也巨靳切又巨隱切一〇⿰亻㥯依人也於靳切八㥯上同隱限隱之皃又於謹切檼屋脊棟也又𤔌所依據也𧬅說文謹也濦水名又於[1]覲切㥯㥯裹[2]相著〇垽爾雅曰澱謂之垽吾靳切一

二十五〇願欲也念也思也說文云大頭也魚怨切四顧[3]上同說文云顛頂也傆說文黠也愿愨也善也謹也〇怨恨也說文恚也於願切二⿰言夗從也說文慰也又於阮切〇販買賤賣貴也方願切二畈田畈〇券[4]券約說文契也釋名曰券綣也相約束繾綣[5]爲限也去願切六桊束腰繩也勸獎勸也勉也助也教也又姓虇萌筍又蘆牙綣繾綣志盟又去阮切韏曲也又革中辨也說文又九萬切〇万十千又虜三字姓二[6]氏西魏有柱國万紐于謹周書唐瑾樊深並賜姓万紐于氏無販切十八萬萬舞字林云萬蟲名也亦州名自漢及梁猶爲朐䏰縣地後魏分置萬川郡及魚泉縣武德初割信州南浦置浦州貞觀改爲萬州又姓

八·五十七 韻去聲 三十 秦顯

9 脫　10 大　11 娩 免　12 ⿺尢女　13 ⿱䜌早　16 犬　17 又　18 瑗 線韻王眷切又于願切

孟軻門人萬章輓輓車也亦作挽本又音晚蔓瓜蔓又姓左傳楚有蔓成然曼長也蟃螟蛉蟲鰻魚名鄤蜀有鄤鄉嫚篆文云姓[8]也古萬字獌獌狿獸長百尋說文曰狼屬也爾雅曰貙獌似狸⿰豸萬貙獌似狸或作此⿰豸萬⿱雨免姓梁公子⿱雨免杰之後絻挽舟繩也贎贈貨⿰車曼戰車以遮矢也⿰皮曼皮帨[9]又無遠切脕肌澤鬗髮長○飯周書云黃帝始炊穀爲飯符万切六⿰飠弁上同俗又作飰閞門欂櫨也⿰米弁粉⿰米弁⿱繁黽泉水⿰虫弁蟲名○嬎嬎息也一曰鳥伏乍出說文曰生子齊均也或作嬔芳万切十⿸疒反吐疲⿱弁酉一宿酒⿱弁大上同[10]䉛小春恢急性娩[11]說文云兔子也娩疾也⿺尢女[12]說文云其義闕⿱䜌早[13]量也又居願切汳水在睢陽○建立也樹也至也又木名在弱水直上百仞無枝又姓楚王子建之後漢元后傳有建公又州名居万切二揵捷也○堰堰水也於建切十鄢地名在楚郾上同躽引與爲價[14]又於[15]面切傿上同褗郭璞云衣領也⿰匽欠大呼用力漹水名在襄陽宜城入漢江也嫣長皃⿸尸匽說文曰大皃也○獻進也禮云[16]大曰羹獻又姓風俗通有秦大夫獻則許建切四憲法也又姓出姓苑⿺走憲走意瀗水名○楥靴履楥又法也虛願切四楦俗韗攻皮治鼓工也亦作韗又音運⿰革宣俗○健伉也易曰天行健渠建切二腱筋本也○䉛小春也亦作⿰⺮難[17]芳万切一○遠離也于[18]願切一○⿰鬳瓜瓢也[19]語堰

切二 ⿸虍甬禹屬 ○圏[1] 邑名曰万切一 ○⿱䜌牛[2] 眈物也說文曰抒滿也居願切二 桊弦也

二十六○慁 悶亂也說文憂也一曰擾也又禮云儒有不慁君王慁猶辱也亦作㥵胡困切四 溷濁也 倱全也[3] 圂厠也

一云豕所居也 ○頓 說文云下首也亦姓魏志華佗傳有督郵頓子獻都困切三 扽撼扽 敦豎也又都昆徒官二切 ○巽 卦名說文

具也亦作巺蘇困切六 顛[4] 說文云巽也此易顛卦為長女為風者 潠 潠水 噀 上同 遜 遁也從也伏也恭也 愻 順也 ○困

亂也逃也病之甚也悴也極也苦悶切四 朱 古文 涃 水名 顐 耳門又苦根[5]切 ○嫩[6] 弱也奴困切四 嫰 上同 腝 肉腝 抐

揾抐按物水中 ○揾 烏困切二 ⿰飠㥯 相謁食又於恨切 ○悶 說文曰懣也易曰遯世無悶莫困切二 懣 煩也又莫緩亡損二切

切 ○鐏 說文曰柲[7]下銅也曲禮曰進戈者前其鐏徂[8]悶切五 臶 人名魏時張臶又至也 栫 木名 ⿰舟尊 船底孔也 鱒 魚名

又魚入泥 ○睔 大目露睛古困切七 睴 視皃 琯 玉[9]光也又音管 璭 俗 鄆 水名 諢 諢摩人也 謴 順言謔弄皃出聲譜

○噴 吐氣普悶切三 歕 上同 湓 水聲 ○鈍 不利也頑也徒困切五 遁 逃也隱也去也 遯 上同 鶨 癡鳥 顡 顡顐

○寸 說文[10]曰度量衡以粟生之十粟為一分十分為一寸十寸為一尺家語云孔子曰布指知寸倉困切二 鑳 瓦器又千[11]見切 ○坌 塵也

15 門

16 捍

△靬 元翻居言切又下撣切

亦作坋蒲悶切二 坌[12] 水聲 ○顐 禿也五困切二 諢 玉篇云弄言 ○論 議也盧困切又虜昆切三 淪 水中曳船曰淪

碖 大小勻皃又盧本切 ○奔[13] 甫悶切又音犇一 ○惛 迷忘也呼悶切又呼昆切一 ○焌 然火周禮云遂龡其焌子寸切

三 𩯫 委髮也 捘 左傳曰涉佗捘衞侯之手

二十七○恨 怨也胡艮切一 ○艮 卦名也止也說文限也古恨切四 茛 草名 珢 石次玉 詪 語也 ○⿰食豈 飽也

五恨切一 ○䭡 䭡⿰食豈飽也烏恨切一

二十八○翰 鳥羽也高飛也亦詞翰說文曰天雞赤羽也又姓左傳曹大夫翰胡侯旰切二十五 捍 抵捍 扞 以手扞又衞也

鶾 鶾睡 螒 螒天雞爾雅注云小蟲[14]黑身赤頭一名莎雞 垾 小堤 豻 野狗又音岸 釬 釬金銀令相著亦作銲 汗

熱汗 悍 猛悍 瀚 瀚海北海 閈 里門[15]也居也垣也說文曰閭也汝南平輿里門曰閈 ⿰旱皮 射⿰旱皮[16]以皮⿰旱皮臂 駻 馬高六尺說文曰馬突也

雗 雗鶅鷽別名 ⿰倝馬 馬毛長也 馯 姓也 ⿱艹韓 草名又音寒 ⿰月旱 臏⿰月旱刀箭瘡藥出古兵格 忏 善也 犴 拒也又闕名在

巫縣 矸 磓也 ⿰倝毛 長毛 𣪌 說文止也 ⿰倝魚 魚名 ○炭 火炭又姓西京雜記有長安炭虯他旦切六 歎 歎息 嘆 上同 湠

3 獦　4 ⿰巾干 旱韻古旱切 又工旦切　衦 旱韻古旱切 又音幹　6 國　8 枹　9 枹　10 逮

渙漫水廣皃出字林歎[1]歎數無文章皃嬔嬔嫈無宜適也○按抑也止也烏旰切七案几屬也史記曰高祖過趙趙王張敖自持案進食又
曹公作欹案卧視書又察行也考也驗也洝說文曰渜水也晏晚也又於諫切荌草也郂里名案[2]鞍禾○旦早也得按切八
疸黃病鴠鴠鴠鳥名觛小觶又丁但切狚[3]獦狚獸名似狼怛傷也笪笞也亶小舍○憚難也又忌惡也徒案切六
彈行丸又徒丹切澶澶漫僤疾也周禮云句兵欲無僤但辭也又徒亶切撣撣觸也又徒干切○旰日晚也晏也古案切十一
榦楨榦築垣板倝說文曰日始出光倝倝也俗作斡幹莖幹又強也又姓杆檀木⿰𠦝余赤色也盰說文曰目多白也一曰張目也
骭脅也涆[4]滮滮涆涆水流疾皃⿰巾干布袋矸石淨○岸[5]水涯高者五旰切九犴獄也又五干切豻野狗頇頭無髮也駻
馯駻馬行又馬白頟至脣𤎋說文云火色也讀若鴈㟧脣也喭[6]弔失容又五弁切⿰镸岸長大[7]○侃正也苦旰切又苦旱切六偘
上同靬乾革看又苦干切衎樂也鶾鶾鴠鳥名○漢水名又姓姓苑云東莞人呼旰切九暵日氣乾𤳷耕田熯火乾又人
善切罕[8]抱罕縣[9]在河州亦作罕抱音扶號呼也⿰氵鶾水濡而乾也⿰耒𦰩冬耕地厂山石之崖○爛[10]火熟又明也郎旰切七爤上同見說
文瀾波也又音蘭⿰柬彡粲彰文章皃糷飯相著爾雅曰摶者謂之糷鑭鑭光讕逆言又蘭嬾二音○攤按攤也奴案切

11 撊　13 餍　14 徂　15 垸漆骨垸也⿰骨完上同　16 掔

八・七十二　韻去聲　三十二　朱玩

又他丹切六灘水奔又他丹切難患也又奴丹切⿱罒難縕也㬮說文曰安㬮溫也[12]⿰巾蔓巾⿰扌門[11]又塗著也○粲鮮好皃又優也
察也明也亦作㛑又姓出姓苑蒼案切六㛑詩傳云三女爲㛑又美好皃詩本亦作粲說文又作妭燦明淨皃璨美玉又璀璨⿱艹粲
草可爲席⿰粲鳥鳥名○繖蓋也蘇旰切又蘇旱切六㪔分離也布也說文作㪔分離也散雜肉也今通作散又蘇旱切散見上注帴
二幅說文帬也⿱竹删說文曰竹器也𢿨說文曰繳𢿨也一曰飛散也○賛佐也出也助也見也說文本作贊則旰切十一讚稱人
之美酇縣名在南陽饡羹和飯也趲散走濽水濺餍[13]食也⿰女賛女從⿰髟賛髮光澤也⿰衤賛衣好皃
攅訟也○⿰女賛不謹也[14]一曰美好皃祖賛切五⿰月戔禽獸食餘⿰歹肉同上穳禾肥死又在丸切囋譏囋嘲也
又才葛切

二十九○換易也胡玩切九逭逃也迯也轉也步也周也⿰兆雚上同肒胞肒垸桼補垸也[15]⿰骨完膝骨漶漫漶
不可知也⿰目丸睕⿰目丸轉目又大目皃⿸疒丸癱疽屬也○穳鋋也子筭切二鑽錐鑽○惋驚歎烏貫切六腕手腕⿰月拳上同[16]
捥亦同睕睕⿰目丸大目琬琬圭又於阮切○貫事也穿也累也行也又姓漢有趙相貫高古玩切二十八矔張目祼祭名說文

2 鑵　　4 瑖

曰灌祭也館館舍也周禮五十里有市市有館館有積以待朝聘之客俗作舘瓘玉升左傳曰瓘斝玉瓚杜預云瓘珪也鑵汲水

器也⿸疒雚病也痯上同灌水名在廬江又聚也澆也漬也又姓漢有灌嬰雚雚雀鳥鸛上同樌木叢生也鏆臂鐶

⿰火果楚人云火懽憂無告也錧車軸頭鐵一曰江南人呼犂刃爟烽火說文曰取火於日官名舉火曰爟周禮曰司爟掌行火之政令遦

行也冠冠束白虎通曰男子幼娶必冠女子幼嫁必笄又姓列仙傳有仙人冠先又音官觀樓觀釋名曰觀者於上觀望也說文曰諦

視也爾雅曰觀謂之闕亦姓左傳楚有觀起又音官涫沸也悹憂也悺上同盥說文曰澡手也从臼水臨皿也春秋傳曰奉匜

沃盥棺殯屍又音官毌穿也婠好皃⿰衤官袴別名○竄逃也誅也放也藏也匿也從鼠在穴中七亂切五鑹小稍爨

炊爨又姓華陽國志云昌寧大姓有爨習蜀志云建寧大姓蜀錄有交州刺史爨深殩殩孝秦人云饋喪家食穳鋋也本音鑽俗爲槍

穳字○玩弄也五換切五貦說文上同翫習也妧好皃忨忨貪○段分段也又姓出武威本自鄭共叔段之後風俗通云段干

木之後段氏有出遼西者本鮮卑檀石槐之後晉將段匹磾徒玩切三毈卵壞椴木名○亂理也又兵寇也不理也俗作乱郎段切四

灓絶水渡也亦作亂⿰𤔔攵煩也𤔔理也○鍛打鐵丁貫切六腶籤脯碫礪石斷決斷俗作斷断瑖石之似玉踹

△鶨 線韻丑戀切又音彖

7 數 数數

11 漫

12 胖

14 罩

15 御

足蹞。彖易有彖象通貫切四 褖后衣 貒野豚 湪水名。喚[5]呼也火貫切八 嚾上同 讙上同出說文 煥火光 奐文彩明皃又姓 渙水散又音𨙶 㬇[6]國在流沙東 喛恚也又虛元切。筭計也數也說文曰筭長六寸計歷數者也又有九章術漢許商杜忠吳陳熾魏王粲並善之世本曰黃帝時隸首作數蘇貫切四 蒜葷菜也張騫使西域得大蒜胡荽 笇竹器 祘明也。縵說文曰繒無文也漢律曰賜衣者縵表白裏莫半切十 幔帷幔 漫大水 數[7]敹數 槾不[8]蒔之田也 㣪很屬又音萬 獌上同 墁所以塗飾牆又莫干切[9] 鏝上同又鏝刀工人器 謾欺也[10]又莫干切。半物中[11]分也博慢切七 絆羈絆 靽上同 姅傷孕 䮿駻䮿馬行 𣁽五升 吸㗑失容。判剖判又分也普半切八 泮泮宮禮記作頖 頖見上注 沜水涯 眫[12]牲之半體 姅傷孕又音半 泮冰散 牉牉合夫婦也本亦作判周禮云媒氏掌萬民之判。叛奔他國薄半切四 媻嬈媻無宜適也 畔田界也 伴伴奐見詩。偄偄弱也奴亂切五 愞上同 稬稻稬也 渜浴餘汁也 䴷說文曰鹿麛也。攢聚也在玩切一。𨰈燒鐵灸也[13]口喚切二 𩼫魚撞罩[14]聲

三十。諫諫諍直言以悟人也又姓風俗通云漢有治書侍[15]史諫忠古晏切三 澗溝澗爾雅曰山夾水澗亦作磵[illegible] 鐧

△閒 山韻古閑切 又音澗

[1] 贄

△删 删韻所姦切 又所晏切

[4] 閱

[11] 二

車閒鐵也 ○鴈 禮曰孟春之月鴻鴈來賓白虎通曰贄[1]用鴈者取其隨時五晏切六 鳫 上同 雁 鳥也出說文 贗 僞物 偐 上同 猏 犬逐獸 ○晏 柔也天清也又晚也又姓左傳齊有晏氏代爲大夫烏澗切五 騴 馬尾白也 暥 目相戲也 鴳 爾雅曰鳸鴳郭璞云今鴳雀 鷃 上同 ○訕 謗也所晏切又所攀切七 汕 魚乘水上[2] 狦 獸名似狼說文曰惡健犬也 罠 取魚網也 疝 病也又所姦切[3] 柵 籬柵又革切 麪 餅麪 ○骭 脛骨下晏切又音旰二 娨 慢也 ○慢 怠也倨也易也俗作㦟謨晏切五 嫚 侮易 謾 欺謾 縵 緩縵 ⿸疒馬 牛馬病又莫駕切 ○綰 鉤繫烏患切三 ⿰貝悤 支財貨出文字指歸 ⿰面官 面曲皃 ○患 病也亦禍也憂也惡也苦也又姓出何氏姓苑胡慣切九 閱[4] 古文 擐 擐甲 宦 仕宦亦閹宦又學也左傳云宦三年矣 轘 車裂人又音還 豢 穀養畜又牛馬曰芻犬豕曰豢 ⿰羊悤 獸名似羊無口出山海經 橞 無橞木名 繯 縞文 ○慣 習也古患切六 丱 總角也幼稚也 摜 摜帶 倌 主駕官也又音官 串 穿也習也 矔 矔眮轉目 ○孿 雙生子亦作孿生患切又所眷切二 涮 涮洗也 ○篡 奪也逆也初患切一 ○薍 菼薍五患切一 ○輚 臥車又寢[5]車亦作轏士諫切五 棧 木棧道又士限切 虥[6] 虎淺毛又士限切 ⿰石戔 谷在上艾 蝬 馬蝬蟲名 ○襻 衣襻普患切一 ○奻 訟也女患切一[7] ○羼[8] 羊相間也初鴈切三 鏟[9] 削木器又初限切 ⿰麥戔[10] 穀麥⿰麥戔也 ○⿱日彔 赤色丑晏切三[11] ⿸疒馬 牛馬病

14 坙
22 水
23 稷
24 𢋪
26 𧩃當音絢。數
28 七
29 休
30 黃絢切

九·八 韻去聲 三十四 朱玩

三十一○襇 襇褶古莧切六 𤝩[12] 逐虎犬 間 廁也㢳也代也送也迭也隔也又音平聲 𥉮 視𥉮也 𨣼 醎也 衦

古衣 ○莧[13] 菜名侯襇切三 蕢[14] 草餘 粯 粉頭粯子 ○瓣 瓜瓠瓣也蒲莧切五 辦 具也周禮曰以辦民器又步免切 辦

俗 辧 小見 釆 說文云辨別也象獸指爪分別也 ○盼[15] 美目𠀤莧切二 辧 小兒白眼視也 ○幻 幻化胡辨[16]切一 ○蕳 人姓

六[17]莧切一 ○袒[18] 衣縫解又作綻[19]丈莧切三 綻[20] 上同 組 補縫 ○扮 打扮晡[21]幻切一 ○鰥 鰥視古幻切一

三十二○霰 雨雪雜又作䨘𩅿釋名曰霰星也冰[22]雪相搏如星而散說文云霰積[23]雪也蘇佃切九 䨘𩅿 並上同 𢿱

散也 𢊻 舍也亦作𢋪[24] 先 先後猶娣姒又姓出河東又蘇前切 汛 灑汛又所隘息進二切 軓 轉軓車迹 範 紡範也

○蒨 草盛倉甸切十三 茜 草名可染絳色 輤 載柩車蓋大夫以布士以葦席 綪 青赤色 倩 倩利又巧笑皃 芊

芊蒨[25]草木相雜皃 𧩃[26] 𧩃散 棈 木名 帑 幨[27]也又幧頭 𧜖 襹也 𨯳 紡錘說[28]文曰瓦器也又士鈍切 䑶 輕舟 篟 青竹

○絢 文彩皃許縣切八 絃 上同 夐 營[29]求也又求娉切 眴 目動又音舜 駽 青驪馬也 𧽤 走皃 拘 擊也 讂

流言有所求也又古縣切 ○縣 郡縣也釋名曰縣懸也懸於郡也古作寰楚莊王滅陳爲縣縣名自此始也又姓孔子門人縣單父黃練[30]

切十五⿳宀罒衣古文袨好衣眩瞑眩書曰若藥弗瞑眩厥疾弗瘳炫明也火光也衒自媒衙上同眩行賣贙
獸名又音泫⿰玄頁顯後迿出表辟姰狂也又相倫切玹玉名旬目搖眴上同○睊視皃古縣切十一譞流言⿰肙瓦
盆底孔⿰酉肙說文曰醽酒也醽音歷羂鳥羅罥綰也懁急性⿲彳車亍車搖[2]也獧躍也狷急也又音絹⿰弓亞繲也○電
陰陽激曜釋名曰電殄也乍見則殄滅也堂練切十八殿宮殿風俗通曰殿堂象東井形刻爲荷蔆荷蔆水物所以厭火又都甸切奠
設奠禮注云薦也陳也書傳云定也畋平皃澱澱滓亦藍澱也淀陂淀泊屬甸郊甸書曰五百里甸服佃營田鈿寶鈿
以寶飾器又音田闐于闐國在西域[3]或作寘又音田涏美好皃⿰黑巽藍⿰黑巽染者也塡塞塡寘上同壂堂基⿸厂眞
待[4]也又音頂⿸尸元[5]髀也⿺走眞走也○瑱玉名說文曰以玉充耳也詩曰玉之瑱也他甸切又音[6]田四顚[7]上同滇滇濔大水又音田
睼迎視又音啼○練白練又姓何氏姓苑云南康人郎甸切十五⿰氵刺水疾流皃鍊鍊金揀揀擇楝木名鵷鶵食其實[12]
⿰柬瓜瓜⿰柬瓜[8]鰊魚名似鱦[9]僆雞未[10]成也萰草名堜堜塘墟名在吳[11]郡湅熟絲也周禮曰㡆氏湅絲⿰氵敕熟⿰氵敕敕搥打
物也⿰柬奱奧[13]蠶⿰片柬木解理也○見視也又姓出姓苑古電切又胡電切二鋻鋻鐵○晛日光奴甸切四⿰目然上同⿰女然姓也⿰氵冈

九•〇二　韻去聲　三十五　方至

14 無達　15 豣　16 己　△濺 線韻子賤切又作甸切　21 問

說文曰水也○俔罄也譬也苦甸切八牽牽挽也又苦堅切菣爾雅曰蒿菣又去刃切蜆爾雅曰蜆縊女郭璞曰小黑蟲赤頭
喜自經故曰縊女又音哯㯠橫㯠木涀水名汧泉出不流綮穄也又口典切○見露也胡甸切四現俗涀水名達
無[14]也○硯筆硯釋名云硯研也研墨使和濡也吾甸切六研磨研又音平聲⿰𧾷見行不正也⿰犭开逐虎犬也豣爾雅云麢絕有力⿰犭开[15]趼
趼骨○宴安也息也於甸切十三驠馬名燕說文云玄鳥也作巢避戊巳[16]鷰俗今通用醼醼飲周禮[17]云以饗燕之禮親四
方之賔客詩云鹿鳴燕羣臣嘉賔也古無酉今通用[18]亦作宴讌讌會本亦同上嬿嬿婉並也又於典切嚥吞也咽上同曣
星無雲出說文⿰氵桂大水皃鄢邑名䁙視也或作⿰目燕○薦薦席又薦進也說文曰獸之所食艸古者神人以廌遺黃帝帝曰何食何
處曰食薦夏處川澤[19]冬處松柏又姓出姓苑作甸切廌丈買切二⿸广⿱艹奧畜食○麪束皙麪賦云重羅之麪塵飛雪白莫甸切八麵上同
瞑瞑眩眄斜視㴐滇㴐水大皃⿱宀丏冥合⿰酉冥⿰酉冥炷汗血⿰米冥屑米○片半也判也析木也普麵切三⿰月片半體也
辧爾雅革中絕謂之辧革車轡勒也本亦作辧○荐重也仍也再也在甸切七洊水荒曰洊亦再也易曰洊[20]雷震⿰至存重至又魏
有高士張⿰至存戴儁[21]之鳥巢其門陰者又徂問切栫圍也左傳云栫之以棘瀳水名袸小帶闖門次○䭴饜飽烏縣切四

1 而

3 屄　4 殿

△丑 獮韻知演切 又視戰切

8 封

9 繁總

12 焉

⿰衤𣶒廣雅云衣衿袖曲處噮噮甘不[1]猒也肙小蟲也又空也○殿軍在前曰啓後曰殿又殿最漢書音義云上功曰最下功曰殿都甸切又堂練切三唸[2]唸吚呻也亦作㗶屄[3]經典又作殿[4]屎㗶注見上○韅在背曰韅亦作𩍐呼甸切又呼典切一

三十三○線線縷也周禮云縫人掌王宮縫線之事以役女御縫王及后衣服私箭切四綫細絲出文字指歸說文同上憸思憸鮮姓也本音平聲○戰懼也恐也又姓[5]之膳切二顫四支[6]寒動○繕補也時戰切十二鄯鄯善西域國名

擅專也膳食也饍上同僐廣雅云姿態禪[7]圭[8]禪又禪讓傳受禮古文單單父縣亦姓甎器緣𦈢上同嬗說文緩也一曰傳也漢書霍去病子名嬗○彥美士魚變切六唁弔失國說文曰弔生也詩曰歸唁衛侯喭上同甗甑也諺俗言这迎也○譴問也責也怒也讓也亦姓去戰切五遣人臣賜車馬曰遣車又去尠切⿰革遣署帶啓雨而晝止

繾又去演切○絹縑也廣雅曰繁[9]總鮮支縠絹也吉[10]掾切五狷褊[11]急又古縣切鄄鄄城縣在濮州⿰木絹⿰木絹青木皮葉可作衣似絹出西域烏[12]耆國覞視也○瑗玉名王眷切又于[13]願切五援接援救助也亦姓媛淑媛褑佩帶院垣院○面向也前也說文作𡇢顏前也俗作面彌箭切二偭說文曰鄉也禮少儀[14]云尊壺者偭其鼻○釧鏍釧續漢書曰孫程十九人立順帝各賜金釧指鏍尺絹切四

九•廿三　韻去聲　三十六　吴椿

16 ○颾 本韻七絹切 䟤 又弋絹切
17 土
19 六
○躽 願韻於建切 又於面切
22 斛
23 匝
24 𢍏
○餋 仙韻巨員切又音倦
25 汝

䆯穿也又初稅切　穿貫也又音川　諯相讓也　○掾官名以絹切四　緣衣[15]緣　㝈弓㝈　颾[16]再揚穀又小風也　○⿰馬展馬上浴陟[17]扇切三　襢周禮王后之六服其一曰襢衣　襢上同　○⿰田耎城下田人絹切又而兖切一　○箭箭竹高一丈節間三尺可爲矢爾雅曰東南之美者有會稽之竹箭子賤切九　箭古文　鬋女鬢垂皃　葥草名　湔水名在蜀　榗木名　籛陸終子名又子田切　濺濺水又作[18]甸切　煎甲煎又將仙切　○硟展繒石昌戰切一　○扇崔豹古今注舜作五明[19]扇說文扉也式戰切四　煽火盛皃又音羶　傓熾盛　蝙蠅動翅也說文曰蠅醜蝙　𦐑草名　篇竹　○躽[20]怒瞋於扇切三　䁓視皃又於殄切　堰堰埭　○眷眷屬說文顧也居倦切十五　睠上同　捲[21]西捲縣名在日南　弮曲也又書弮今作卷　卷上同　桊牛拘　帣囊也亦三[22]石爲一帣　絭連弩三十絭共一臂　犈爾雅云牛腳黑犈又音權　觠爾雅云羊屬角三觠羷郭璞云觠角三帀[23]　𧯞黃豆又求晚切　餋祭名　𧌙𧌙蠾蜘蛛別名　𠔉說文曰摶飯也隸省作关眷字類從此俗作𢍏[24]　勬勤也又居負切　○倦疲也猒也懈也說文又作券勞也或作勌渠卷切五　綣緣鞾縫也　𢍏上同　襈重繒　港水名　○戀慕也力卷切四　欒又音亂　䜌何承天云姓也漢有䜌秘爲南[25]郡太守　孌順也　○猭獸走草丑戀切二　鶨鳥名又音豢[26]　○變化也通也易也又姓出姓苑彼眷切一　○篹篹車軸所眷切

4 覍　10 士　11 僝

二孿一乳兩子亦作孿又生患切　○縼絳色七絹切又七全切[1]三　讂相責　䁔[2]更視見皃說文作道相顧視而行也又弋[3]絹切　○卞縣名在魯又姓出濟陰本自有周曹叔振鐸之後曹之支子封于卞遂以建族皮變切十五　拚擊手　抃上同　弁周冠名　覍[4]上同

汴水名在陳留亦州名秦屬三川郡漢爲陳留郡留鄭邑爲陳所幷遂名之東魏置梁州周改爲汴州　播犬鬭聲　閞門欂櫨又音飯

昪日光皃　匥笥也　弁雀草　笲竹器　玣玉名　忭喜皃　頩頩[5]冠　○淀回泉辞戀切九　鏇轉軸裁器　縼長繩

⿰扌旋繫牛馬放　旋上同　旋遶也　嫙好皃　䍺羊也　⿺走敫[6]走也　⿰月旋⿰月旋短者　○選息絹[7]切八　⿰氵算[8]飲也　⿰氵選口含水潰[9]　䍺羊也

⿱罒巽罥獸足網　⿰⻊巽上同　繏索也　渲小水　○籑說文曰具食也[10]七戀切九　饌上同　⿰月巽上同見儀禮　⿰礻巽緣也　僎具也

譔專教　⿰王巽珍⿰王巽　僝[11]見也具也　⿰巳巳[12]具也　○孨[13]謹也莊眷切一　○傳訓也釋名曰傳傳也以傳示後人也直戀切又直專丁戀二切二

縳縳繞也　○賤輕賤又姓風俗通云漢有北平太守賤瓊才線切三　諓巧讒皃　餞酒食送人　○羨貪慕又餘也又姓列仙傳有羨門似面切二

⿺辶羨遮也　○騗躍上馬匹戰切二　偏又音篇　○⿰扌叀縣繩望時釧切二　叀說文曰專小謹也　○輾水輾女箭切二　碾上同　○囀韻也又鳥吟知戀切三　傳郵馬釋名曰傳傳也人所止息[14]去後人復

15 予　18 一　20 𥜓　23 合　26 敫

來轉轉相傳無常人也又直專直戀二切 轉 流轉又張兖切 ○衍 水也溢也豐也于線切又以淺切八[15] 莚 蔓莚不斷 羨 延也進也
狿 獌狿大獸名長八尺[16] 延 曼延不斷其莚也 涎 湎涎[17]水流 𨘋 移也 𠻤 大笑 ○便 利也婢面切又音平聲[18]七 ○邅 逐也
持碾切又張連切二 纏 纏繞物也 ○𤸃 痓𤸃惡病也連彥切二 摙[19] 按摙之皃 ○𥜓[20] 祭祀區倦切三 桊[21] 臂繩 蹼 罥網 ○剸
切肉皃之囀切一 ○徧[22] 周也說文帀也方見切二 遍 俗

三十四嘯 ○嘯 說文曰吹聲也蘇弔切五 歗 籀文 撨 打也 䐹 切肉[23]食糅 熽 火皃 ○糶 賣米也他弔切十 粜 俗
眺 視也 覜 周禮曰大夫衆來曰覜寡來曰聘 趒 越也 咷 叫咷楚聲又音桃 頫 薛琮云低頭聽本又音府 窱 窅窱[24]深邃
皃 鋽 鉎鋽 絩 綺絲數也 ○弔 弔生曰唁弔死曰弔多嘯切又音的七 伄 伄儅不當皃 瘹 瘹星狂病 釣 釣魚淮南
子曰詹公釣千歲之鯉詹公古善釣者呂氏春秋曰太公釣於滋泉以遇文王 窵 窵窅深也 蔦 寄生草 𨑩 至也又音的
○叫 呼也古弔切十二 訆 說文曰大呼也 徼 循也小道也 憿[25] 行縢又古鳥切 譥 訏也又痛聲也 激 水急又古歷切 噭
噭噭深聲 嘂 大壎說文曰高聲也一曰大呼 獥 狠子 敫[26] 歌也 鷔 爾雅云鷔鷊鷊似鳥而蒼白色 轎 轎車轄 ○尿 小便

4 嘄　6 歒　7 照字當刪　8 𣢑

也或作溺奴弔切二 㞙古文 ○藋蔾藋也徒弔切七 銚燒器又音姚 掉振也搖也又徒了切 調選也韻調也又音茗 莜
草田器[1]又音茗 盄上同 嬥嬥嬈不仁又徒了切 ○竅穴也苦弔切二[2] 㩌旁擊亦作撽 ○顟顤顟長頭力弔切九 尥牛脛
交 嫽嫽悏又音僚 料料度量也又音僚 嘹病呼 鐐美金又音僚 璙玉名 罾魚網 炓火光 ○顤五弔切五
獟狂犬 澆韓浞子名[3]又音梟 𪖃仰鼻又牛救切 嘄[4]叫也 ○穾隱暗處亦作窔東南隅謂之穾俗作突鳥叫切二 窅[5]
窅窱幽深皃又音杳 ○歒[6]說文云悲意也火弔切三 嬈嬥嬈不仁又而沼切 㜁㜁姎喜皃
三十五○笑欣也喜也亦作笑私妙切五 咲俗 肖似也小也法也像也 鞘刀鞘 鞩上同 ○照明也之少切五
炤上同 詔上命釋名曰詔照也照[7]人暗不見事以此示之使昭然也又告也教也 陧隄也界也 卲卜問也又音邵 ○燿
熠燿說文照也弋照切十七 鷂鷙鳥也莊子曰鷂爲鸇鸇爲布穀此物變也 搖搖動又音遙 覞普視說文曰並視也 䚻上同
耀光耀 曜日光也又照也 𧢔視誤也 𥍉上同 𧻚行不正也 𣢑[8]遺玉又音由 笓屋上薄也 趭走也 鷂一名
負雀 蕘蕘絲也又帝女花也 艞對艞江中大船 謕誤言皃 ○要約也於笑切又於招切三 葽草盛皃又於招切 約又於

八·八十七　韻去聲　三十八　趙中

10 奭　12 軺　△驃 本韻毗召切又匹召切　14 措　16 力　20 祧

八•八十七　韻去聲　三十八　趙中

略。召呼也直[9]照切一。邵邑名又姓出魏郡周文王子邵公藇[10]之後寔照切七召上同劭自強也[illegible]卜問也又音韶[illegible]倒懸鉤也䬰小食又尺[11]邵切卲高也。嶠山道又山銳而高渠廟切又音喬二轎輎[12]車也又音喬。剽強取又輕也匹妙切十一彯彯畫瞟置風日中令乾漂水中打絮韓信寄食於漂母又撫招切僄僄狡輕迅翲飛皃[illegible]聽纔聞出字林勡劫摽落也嫖身輕便也慓急疾。噍嚼也才笑切又子幺子[13]由二切四誚責也劁刈也趭走也。妙好也彌笑切三玅上同篎爾雅云小管也。陗山峻七肖切八峭上同篍竹簫洛陽亭長所吹又七流切[illegible]波[illegible]哨壺口顯者名也俏俏醋[14]好皃帩帩縛[illegible]黚[illegible]。尞說文曰柴祭天也凡從尞者作尞同力照切八燎照也一曰宵田[15]又放火也又九[16]小切[illegible]周垣[illegible][illegible]病說文治也療上同熮火[17]皃膫炙也鷯爾雅云鶉一名鷯其雄曰鶛又音僚。趬行輕皃丘召切五[illegible][illegible]不安[illegible]高屋譑玉篇云譑弄顤高顤。[illegible][illegible]牛召切一。醮祭也子肖切十一[illegible]上同釂飲酒盡也皭白色也潐盡也爝火[18][illegible]面不光僬行容止皃禮曰庶人僬僬趭走皃[19]穛物縮小又作[illegible]瞧目瞑。廟皃也齊職儀曰周有守禮[20]之官掌先王之宗廟也亦作庿眉召切二庿上同。驃驃騎官名又馬黃白色毗召切又[21]卑笑匹召二切一

△驃 本韻毗召切 又畢笑切
○鉊 本韻寔照切 又尺邵切
△⿰孝鳥 本韻呼教切 又音教
4 河南
△⿱竹卓 覺韻竹角切 又陟孝切

○少 幼少漢書曰少府秦官掌山海池澤之稅以給供養又漢複姓五氏說苑趙簡子御有少室周魯惠公子施叔之後有少施氏家語魯有少正卯孔子弟子有少叔乘何氏姓苑有少師氏失照切又失沼切二 燒 放火又失昭切 ○朓 祭也丑召切一 ○褾 領巾也方廟切二 俵 俵散 ○翹 尾起也巨要切又巨堯切一 ○饒 益饒人要切又人招切二 繞 卷取物皃 ○

三十六○效 具也學也象也又效力效驗也胡教切八 効 俗 校 校尉官名亦姓[2]周禮校人之後又音敎 斆 學也書曰惟斆學半 恔 快也出孟子 傚 敎也詩曰是則是傚毛萇云言可法傚也 ⿱臼民 誤也 詨 詨叫 ○敎 敎訓也又法也語也元命包云天垂文象人行其事謂之敎敎之爲言傚也古孝切十一 效 古文 窖 倉窖 校 檢校又考校 鉸 鉸刀又裝鉸 酵 酒酵 覺 睡覺又音角 膠 膠黏物又音交 較 不等又音角 𡥈 又音交[3] 珓 杯珓古者以玉爲之 △○孝 孝順爾雅曰善父母爲孝孝經左契曰元氣混沌孝在其中天子孝龍負圖庶人孝林澤茂又姓風俗通云齊孝公之後呼教切六 哮 喚也又音虓 涍 水名在[4]南陽 嗃 大嗥又呼各切 詨 上同 ⿰孝鳥 解廌屬又[5]音教 ○罩 竹籠取魚具也[6]都教切五 ⿱竹卓 上同 䍜 說文曰覆鳥令不得飛走也 ⿺走周 ⿺走周趙跳皃 鵫 鵫雉今白雉也 ○豹 獸名崔豹古今注曰豹尾車周制也象君子豹變尾言謙也古軍正建之今唯乘輿建焉廣志曰狐死首丘豹死首

九·廿三 韻去聲 三十九 宋琚

7 怒　8 吏　13 閙　14 治　15 上　18 士

山又姓風俗通曰八元叔豹之後北教切五 謈謈譟惡[7]也 𢕘𢕘直史[8]官 爆火裂又音駮 䶌鼠屬能飛食虎豹出胡地又音酌

○敲擊也苦教切又苦交切三 磝磝磽又口交切 巧巧僞山海經曰義均始爲巧倕作百巧也又苦絞切 ○皃儀皃莫教切七 𩓕

說文同上 貌籀文 𨍏引也 㡌幗也 緢旄雜絲也說文音苗 䫉緢雜文也 ○奅起釀亦大也匹皃切六 窌上同說文窖也

炮灼皃又步交切 拋拋車又普交切 皰面生氣也又旁教切 礮礮石軍戰石也 ○趠行皃丑[9]教切二 踔猨跳 ○稍均也小也

說文曰出物有漸也所教切七 潲豕食又雨濺也 揱木上小或作[10]㮶 㮶上同 娋小娋[11]侵也 𨛫大夫食邑 𦓼耰種 ○棹

檝也直教切四 櫂上同 濯浣衣又直角切 焯火急煎皃 ○橈木曲奴教切又如[12]昭切四 淖泥淖 㚋不靜又猥也懮也

閙[13]上同 ○抓爪刺也側教切三 癄縮也小也亦作瘷 笊笊籬 ○靤面瘡防教切五 皰面生氣也 鞄持[14]皮 鉋

鉋刀治木器也 骲手擊 ○抄略取也初教切八 鈔上同 縐惡絹也又初爪切又側救切 耖重耕田也 仯仯仯小子

觘角匕[15]也 䑬船不安也 罺小網 ○靿靴靿於教切五 袎襪袎 㑃很也戾[16]也出字林 箹竹節又於角切 軪

車有機 ○樂好也五教切又岳洛二音三 磽磝磽又五[17]交切 𩴅醜皃 ○巢棧閣也七[18]稍切又士交切一

4 𦒹　6 蒿　7 傲　8 聱 耳敖　9 毛　10 毛

三十七○号 号令又召也呼也謚[1]也亦作號胡到[2]切六 號 上同又乎刀切 琥 石似玉也 號[3] 土釜 諕 相欺 嫭 女字

○導 引也徒到切十四 翿 舞者所執 纛 左纛以犛牛尾爲之大如斗繫於左騑馬軛上 悼 傷悼 蹈 踐也 盜 盜賊 燾 覆也又徒刀切 幬 上同 䆃 嘉禾一莖六穗 儔 隱也 𨲠 長皃 𦒹 年九十或作𦒹[4] 𥽩 黏也 𦇇 不青不黃 ○到 至也又姓出彭城本自高陽氏楚令尹屈到之後漢有東平太守到質都導切六 禱 祭也請也文字音義云得福曰祠求福曰禱又當老切 倒 倒懸又當老切 𨚗[5] 姓也出河內 𧜟 衣背縫 菿 大也 ○誥 告也謹也古到切七 郜 國名在濟陰又姓晉有高昌長郜玖 告 報也說文作誥又音梏 縞 白縑又音蒿[6] 膏 膏車又音高 槁 苦木 烄 交木然也 ○傲 慢也倨也說文作敖[7]餘傲此五到切八 嫯 慢也 顤 頭長 鏊 餅鏊 驁 馬名 奡 陸地行舟人也 謷 志遠皃 鷔 鷔[8]鳧魚鳥狀也 ○冃 說文曰小兒蠻夷頭衣也莫報切十九 帽 頭帽 耄 老耄亦作耄見經典省 薹 上同見說文 芼 菜食又擇也搴也謂拔取菜也芼以蘋蘩爲羹亦草覆蔓 眊 目少睛 瑁 圭名天子所執 𤤀 古文 冒 覆也涉也又莫北切 𥇈 低目細視 旄 狗足旄[9]尾 毛 毛鷹鷄鶵 媢 夫妬婦出說文 𣯸 鳥輕毛 𢸢 手扶之也 覒 邪視也亦作眊 𣯋 鳥毛盛也 𦀏 刺也絹帛𦀏[10]起如刺也

八·九十 韻去聲 四十 王宝

11 緰　12 㬥　13 薄　14 娙　15 釜

㡌說文曰門樞之橫梁○嫪悋物又姓郎到切八澇淹也又水名或作潦潦上同勞勞慰又郎刀切僗俗髝髝髞麤急皃又音牢癆癆瘌惡人說文曰朝鮮謂飲藥毒曰癆鐒麻莖大也又施絞於編[11]也○操持也又志操七到切又七刀切七造至也又昨早切艁古文慥言行急⿰⿱艹石皮米穀雜糙上同鄵鄭地名○暴侵暴猝也急也又晞也案說文作㬥[12]疾有所趣也又作㬥晞也今通作暴亦姓漢有繡衣使者暴勝之薄報切九虣上同周禮曰以刑教中則民不虣曝曝乾俗瀑瀑雨勹說文覆也菢鳥伏卵袌衣前襟又云今朝服垂衣又簿[13]高切⿳⺈自夂姓也出姓苑鸔鳥名又博木切○報報告又下婬[14]曰報博耗切一○漕水運穀在到切二槽手攪也○奧深也內也主也藏也爾雅曰西南隅謂之奧烏到切十一懊懊悔䐿藏肉埤蒼云鳥胃也䭴姤食隩說文曰水隈崖也燠燠釜[15]以水添釜謏語也镺長也墺四墺四方土又於六切⿰魚奧小鰌名澳澳深又水名○喿羣鳥聲蘇到切九譟羣呼噪上同瘙疥瘙⿸疒喿上同髞髝髞埽埽灑說文棄也又桒道切掃上同懆情性踈皃○⿰食高餉軍苦到切五犒上同槀槀飫書篇名靠相違也⿰高頁⿰高頁顡大頭○竈淮南子曰炎帝作火死而爲竈則到切三躁動也趮疾也○秏減也亦稻屬呂氏春秋云飯之美者南海之秏又姓出何氏姓

1 壁

6 皃

苑俗作秏呼到切四 好 愛好亦壁孔也見周禮又姓出纂文又呼老切 㚴 姓也或作玕 歊[2] 歊縮也 ○膜[3] 臂節那到切三 𨲠 長皃 腦 優[4]皮也

三十八○箇 箇數又枚也凡也古賀切三 个 明堂四面偏室曰左个也 個 偏也 ○賀 慶也擔也勞也加也亦姓出會稽河南二望本齊之公族慶封之後漢侍中慶純避安帝諱改爲賀氏又虜複姓九氏北俗謂忠貞爲賀若魏孝文以其先祖有忠貞之稱遂以賀若爲氏周書賀蘭祥傳曰其先與魏俱起有紇伏者爲賀蘭莫何弗因以爲氏賀拔勝傳云其先與魏俱出陰山代爲酋長北方謂土[5]爲拔爲其揔有地土時人相賀因爲賀拔氏後自武川徙居河南也南燕錄有輔國大將軍賀賴盧後魏書有賀葛賀婁賀皃[6]賀遂賀悅等氏胡箇切四 䙡 袯袖也 袔 上同 㵑 水名 ○佐 助也則箇切六 左 左右又作可切 𣄛 副也 𣃼 行不正也 袏 禪衣

作 造也本臧洛切 ○跢 小兒行也丁佐切四 癉 勞也 痑 病也 哆 語助聲 ○邏 游兵也郎佐切三 䙨 婦人衣 𤺋 病也 ○坷 坎坷不平也口箇切四 軻 轗軻不遇也孟子居貧轗軻故名軻字子居又苦哥切 蚵 爾雅蛃蚵蟲一名蛉又胡哥切 艐 船著沙不行也 ○餓 不飽也五个切一 ○馱[7] 負馱唐佐切二 大[8] 又唐蓋切 ○奈 奈何奴箇切又奴帶切二

11 種

那 語助又奴哥切 ○些 楚語辤蘇箇切又音細一 ○呵 噓氣呼箇切又呼哥切二 歌 歌歌大笑 ○拖 牽車吐邏切一

三十九過 ○過 誤也越也責也度也古臥切七 裹 包也又音果 鍋 鎌也亦作划 划 上同 蝸 蠟蠰也即螗蜋 汥 水名 鍋 食也出玉篇 ○和 聲相應胡臥切又音禾三 盉 調味 啝 和也 ○挫 摧也則臥切三[9] 夎 拜失容又詐也經典作夎 侳 安也有也 ○課 稅也試也第也苦臥切七 堁 堀堁塵起皃 敤 研治 髁 髀骨也 㞀 上同 瘰 秃瘰 科 滋生也又音窠 ○唾 說文云口液也湯臥切七 涶 上同 毻 鳥易毛也 蜕 蛇[10]去皮 媠 好皃 毲 落毛 [illegible] 無袂衣也 ○播 揚也放也弃也說文掩[11]也一曰布也又姓播武殷賢[12]人補過切五 𢿱 古文 簸 簸揚又布火切 番 獸走 譒 敷也謠也 ○剉[13] 破也麤臥切三 莝 斬草 銼 蜀呼鈷鏻 ○磨 磑也模臥切又莫[14]禾切四 䃺 上同 塺 塵也 摩 按摩又莫禾切 ○愞[15] 弱也或從需下文同乃臥切又乃亂切四 堧[16] 沙土又而緣如兖二切 稬 秫名 [illegible] 城下田又隍池內也 ○破 破壞又虜三字姓三氏北齊書有破六韓常後魏書有北境賊破六汗拔陵又西方破多羅氏後改為潘氏普過切二 頗 又普禾切 ○座 牀座徂臥切二 坐 被罪又藏果切 ○臥 寢也釋名曰臥化也精氣變化不與覺時同也說文曰休也从人臣取其伏也吾貨切一 ○譜 譜磨[17]千過切二 措 拭措

2 紃　7 目 曰　8 椵

○貨財也蔡氏化清經曰貨者化也變化反易之物故字有化也呼臥切一○惰惰懈也徒臥切四媠嬾婦人也𧞤[1]無袂衣也𧱬豬別名也○縛符臥切一○羸瘻病也魯過切七攭擊物之名纙不細[2]也又不均也𣩵畜產疫病𡰹膝病摞理也儽儽弱也○桗木本都[3]唾切四㛆量也剁剁斫也挆落帆○磋磨磋治象牙七[4]過切一○䐦臂膏也先臥切一○侉痛呼也安賀[5]切一○涴泥著[6]物也亦作污烏臥切又烏官切又於阮切一

四十○禡師旅所止地祭名莫駕切九榪牀頭橫木𩭌婦人結帶㾺牛馬病又音慢說文曰日[7]病一日惡气著身也罵惡言一曰蝕創䣕縣名在犍爲又音馬𧩬多言䯦增益又巧也傌齊大夫名○駕行也乘也說文曰馬在軛中也古訝切十二稼稼穡種曰稼斂曰穡嫁家也故婦人謂嫁曰歸瘕腹病架架屋亦作枷禮記曰不同椸枷㨸[8]擧閣價價數假借也至也易也休假也又古雅切幏蠻夷賨布𢊕㡏屋閒也𦙶𦙶膆不密賈賈人知善惡○亞次也就也醜也衣嫁切十俹倚俹𣆀姓也歞歍歞驢鳴歍乙利切稏䆉稏稻名𦛜𦛜膃肥皃啞啞啞鳥聲婭爾雅曰兩壻相謂爲亞或作婭𨑌行[9]次第襾覆也覆覈覂賈從此又許下切○嚇笑聲呼訝切又呼格切八罅孔罅唬虎聲謼

九·

○矺去韻都挍切又竹亞切

11 醡

誑⿰土虖地名在晉謑怒言煆赫也熱也乾也⿰口閜詬⿰口閜責怒○迓迎也吾駕切六訝嗟訝亦上同犽獸名齖

齬齖不相得也枒木名一云車輞合處砑碾砑○詫誑也丑亞切三侘侘傺失志見楚詞謑相誤○吒吒歎說文曰噴

也叱怒也陟駕切十二咤上同禮記曰無咤食奼美女又丁故切⿰火乇火聲哆哆吴大口奓張也開也又陟加切⿰月奓⿰月奓相黏

也⿰彳啻⿰彳啻步立也[10]膪脛膪肥也⿱艹乇⿱艹乇蒼黃芩別名⿱罒託祭奠酒爵又丁故切⿵門乇上同○詐僞也側駕切六溠周禮

職方氏云河南曰豫州其浸波溠春秋傳云楚子除道梁溠咋咋語聲筰筰酒器也醡[11]壓酒具也出證俗文榨打油具也出證俗文

○乍鋤駕切五䄍年終祭名或作蜡廣雅曰夏曰清祀殷曰嘉平周曰大䄍秦曰臘也蜡上同齰齰齖詐說文曰慙語也○謝辤謝

又姓出陳郡會稽二望辝夜切三榭臺榭爾雅曰有木者謂之榭[12]⿰氵射水名○髂⿱覀月骨枯駕切六⿰骨叚上同疴小兒驚謑謑詬

巧言㰤大笑⿰赤可歎聲○暇閑也書曰不敢自暇[13]自逸俗作暇[14]胡駕切四夏春夏又胡雅切下行下又胡雅切芐蒲芐草

○褯小兒褯慈夜切五藉以蘭茅藉地又慈亦切躤躤踐也⿰金夜鏌⿰金夜都[15]亭名在貝丘○夜舍也暮也君子有四

時朝以聽政晝以訪問夕以修令夜以安身又姓羊謝切三射僕射鵺鳥名似雉○⿺走斥怒也一曰牽也[16]丑[17]夜切又丑格切二斥

1 北
△厙 本韻始夜切又昌舍切
3 白矢參連剡注襄尺井儀
4 有
6 翠
12 其

山名爾雅曰東方之美者[1]有斤山之文皮焉又音尺 ○蝑 鹽藏蟹司夜切又司余切四 卸 卸馬去鞍 瀉 吐瀉又音寫 篤 笞篤 ○柘 木名亦姓之夜切七 樜 上同 鷓 鷓鴣鳥似雉南飛 䗪 蟅蝜蟲名亦作蟅 嗻 多語之皃 炙 炙肉周書曰黃帝始燔肉爲炙又之石切 蔗 甘蔗 ○唶 歎聲子夜切二 借 假借又將昔切 ○舍 屋也又姓古作舍始夜切五 赦 赦宥 騇 牝馬 涻 文字音義云涻水出北嚻山也 厙 姓也出姓苑今台括有之又[2]昌舍切 ○射 射弓也周禮有五射白[3]勺參遠剡注讓尺井儀又姓三輔決錄云漢末[4]大鴻臚射咸本姓謝名服天子以爲將軍出征姓謝名服不祥改之爲射氏名咸神夜切又音[5]石又音夜僕射也四 䠶 上同見說文 麝 獸名爾[6]雅曰麝父麕足又華山之陰多麝 貰 貰賒也貸也 ○霸 國語曰霸把也把持諸侯之權又姓益部耆舊傳有霸相[7]必駕切七 覇 俗 弝 弓弝刀柄名 靶 轡革 灞 水名 垻 蜀人謂平川爲[8]垻 ○帊 帊幞通俗文曰帛三幅曰帊帊衣[9]幞也普[10]駕切二 怕 怕懼 ○摦 寬也大也胡化切七 吴 大口 崋 崋山西嶽亦州名春秋時秦晉之分[11]境後魏置東雍州改爲崋州又姓出平原郳湯之後宋戴公考父食采於崋[12]後氏焉 華 上同 樺 木名 鱯 魚名似鮎白大 檴 亦木名又胡郭切 ○化 德化變化禮記曰田鼠化爲鴽[13]鴽紀年曰周宣王時馬化爲狐又姓呼霸切六 匕 變也從到人 譌 疾言 𩲡 鬼變 魤 魚名 杹 木名皮可爲索

14 午

△䵘 陽韻式羊切又餘諒切

17 四

九・廿二　韻去聲　四十三　陸選

○跨越也又兩股閒苦化切三　胯兩股閒也　丯[14]×一步也又口瓦切　○諺枉也所化切二　傻傻俰不仁　○狛獸名似狼白駕切六　杷田器又白巴切　䱭海魚　䒄色不真也　跁跁踦短人　䆉䆉稏稻名　○䏧膩也乃亞切二　絮絲結亂也　○笡斜逆也遷謝切二　逝逝脚立也　○嗄老子曰終日號而不嗄注云聲不變也所嫁切又於[15]介切三　茸姓也　沙周禮云鳥皫色而沙鳴注云沙嘶也又所加切　○坬土埵古罵切二　䛆相䛆誤也　○蛇水母也一名蟦形如羊胃無目以蝦爲目除駕切二　秅開張屋皃　○瓦泥瓦屋五化切一　○攨吴人云牽亦爲攨也烏吴切三　窊㝓下處也　𨃽𨃽踞踏地用力

四十一　○漾水名在隴西餘亮切十二　恙憂也病也又噬蟲善食人心也　羕長大也　颺風飛　煬炙也向也暴也　㨾式㨾　養供養　眻美目皃　諹謹也讙也　䭐餌也　㺊㺊獸如師子食虎豹及人　瀁水溢蕩皃　○亮朗也導也亦姓出姓苑力讓切十五　諒信也相也佐也又姓後漢有諒輔　掠笞也奪也取也治也　悢悢悢悲也　緉履屐雙也　㹁牛色雜也　兩車數　踉踉蹡行不迅也　量合斗斛　𣄴[16]字統云事有不善曰𣄴薄　䬆北風又音涼　䁁目上病　䀶同　哴嘵哴啼也　涼薄也又呂張切　○狀形狀鋤亮切一　○讓退讓責讓又交讓木名兩樹相對一枯則一生岷山有之人㨾切三[17]×　欀

1 死

3 達

△瑒 梗韻徒杏切又音暢

△敞 養韻昌兩切又主尚切

道木攘文字指歸云揖攘又音穰懹憚也○餉餉饋式亮切十傷未成人或作殤又音商向人姓出河內本自有郈宋文公
支子向文盱盱孫戌以王父字爲氏又許亮切蠁桑繭即桑蠶也曏少時也不久也愓憂也瘍上同饟爾雅曰饁饟饋也又
自家之野曰饟蠰食桑蟲似天牛珦玉名○帳帷帳釋名曰小帳曰斗帳形如覆斗也漢書曰東方朔云陛下誠能用臣朔之計推
甲乙之帳[2]知亮切五脹脹滿痮上同漲大水又陟良切張張施又陟良切○悵失志丑亮切十暢通暢又達也亦姓陳留風
俗傳曰暢氏出齊鬯匕鬯又香草韔弓衣䩵上同⿱艹畼草盛昶逮也[3X]日長也通也遠也又丑兩切[4]暘不生也⿰禾鬯
穧也䁇失志○向對也窻也說文曰北出牖也从宀口詩云塞向墐戶許亮切八珦玉名又音餉曏又音餉⿵門鄉門頭也說文曰
門響也⿱鄉虫蛹中蟲也又許兩切⿱艹香⿱艹香芼食[5]⿱鄉言非美言也嚮與向通用○仗器仗也又持也直亮切三長多也又直良切
瓺瓶也又音腸○釀醞酒女亮切三⿰米襄雜也⿰酉蘘菜也又如養切○匠工匠漢書曰將作少府秦官掌理宮室又姓風俗通云凡
氏於事巫卜陶匠是也疾亮切三⿺走匠行皃⿰匠鳥自關以東謂桑飛爲女⿰匠鳥郭璞云工雀今謂之巧婦也○障界也隔也又步障也王君夫作
絲布步障三十里石崇作錦[6]障五十里以敵之之亮切五⿸广章上同墇墇塞嶂峯嶂瘴熱病○尚庶幾亦高尚又飾也

10 滄 11 醬 12 蒟 13 子 14 望 似 17 徃

曾也加也佐也韻略云凡主天子之物皆曰尚尚醫尚食等是也又姓後漢高士尚子平又漢複姓有尚方氏時亮切四上君也猶天子也又時兩切上古文償備也還也又音常○壯大也側亮切三裝行裝又側良切淋淋[8]米入甑○怏情不足也於亮切四鉠飽也詇智也又早知也蚑青面○弶張取獸也其亮切又魚[9]兩切一○唱發歌又導也亦作誯倡尺亮切四誯籀文廠露舍倡導引先又音昌○刱初也說文曰造法刱業也初亮切四創上同又初良切愴悽愴滄[10]寒也○醬說文作醬[11]醢也漢書武帝使唐蒙風曉南越南越食蒙蜀蒟[12]醬于[13]亮切四⿱⿰爿酉皿籀文⿰爿酉古文將將帥○⿰車卬轎⿰車卬魚向切二仰又魚兩切○訪謀也敷亮切三妨妨礙又敷方切邡邑名○妄虛妄又亂也誣也巫放切六望看望說文曰出亡在外望其還也亦祭名又姓何氏姓苑云魏興人又音亡朢弦朢說文曰月滿與日相朢[14]以朝君也又音亡忘遺忘又音[15]亡汒谷名在京兆也⿰言望責也○況匹擬也善也矧也說文曰寒水也亦脩況琴名又姓何氏姓苑云今廬[16]江人許訪切四况俗⿰月兄山名貺賜也與也○誑欺也居況切四㤮㤮惑也徃[17]往也又遠行也⿰弜臣乖也○迋往也勞也于放切五旺美光暀上同㤮誤人王霸王又盛也又于方切○放逐也去也甫妄切四舫並兩船又音謗趽曲脛馬名⿰方隹鳥名○相視也助也扶也仲虺爲湯左相漢書曰相國丞相皆秦官金印紫綬

王恭

3 哴

4 [山芒]

5 ○當刪

掌丞天子助理万物亦州名春秋時屬晉秦邯鄲郡地魏初以東部爲陽平郡西部爲廣平郡兼魏王都爲三魏後魏置相州取河亶甲居相之義周自故鄴移於安[1]陽城也又姓後秦錄有[2]馮翊相雲作德獵賦又漢複姓三氏前趙錄有偏將軍相里覽又務相氏廩君之姓也晉惠時空相機殺平南將軍孟觀息亮切又息良切一○彊屍勁硬也居亮切一○唴唴哴[3]小兒啼也丘亮切三䁂晾䁂目病[革慶]陳柏子名○蹡跟蹡行不正皃七亮切一○狂輒爲也渠放切二誑謬言○防守禦也符況切一

四十二○宕洞室一曰過也亦州名禹貢梁州之域秦漢魏晉諸羌處之後魏內附置蕃鎮周爲宕州也徒浪切七踼跌踼行失正又音唐碭石又山名又縣名在梁郡又音唐逿過也[艹碭][艹閬][艹碭]毒藥囥碎石聲嵣嵣磄[4]山皃○浪波浪謔浪游浪又姓晉永嘉末張平保青州爲其下浪逢所殺來宕切又魯當切五閬高門又閬中地名在蜀又閬風崑崙峯名也○[5]埌冢也[艹閬][艹閬][艹碭]蒗蒗蕩渠名在譙○吭鳥咽下浪切三行次第笐衣架○盎盆也又姓出姓苑烏浪切二醠濁酒○枊繫馬柱五[6]浪切三䭚馬怒又五郎五朗二切岇山名在越剡縣界○葬葬藏也則浪切一○傍蒲浪[7]切又蒲郎切二徬徬附○藏通俗文曰庫藏曰帑徂浪切又徂郎切三奘說文曰駔大也䡴修車○譡言中理[8]丁浪切六儅

11 太守　13 棹　14 錫　18 嵣⿰山芒　20 隱　21 平陽

八·九十四　韻去聲　四十五　王恭

不中甇大甕一曰井甃說文云大盆也又姓姚弋仲將甇耐虎當主當又底也亦音蟷[9]擋擗擋闣閃闣人○抗以手

抗舉也縣也振[10]也苦浪切十二閌閌閬門高炕火炕犺獟犺不順伉伉儷敵也又姓漢有伉喜爲漢中大[11]夫出風俗通亢

高也旱也亦姓出姓苑蚢蟲名爾雅云蚢蕭繭砊砊硠石聲邟邑名⿰黃亢黃色阬門也又口庚切頏咽頏○螃蟲名

似蝦蟆補[12]曠切四搒掉[13]舩一歎舫舫人習水者也謗誹謗○儻倅也他浪切六摥排摥湯熱湯也又他郎切

蕩蒗蕩渠又土郎徒朗二切盪盪盪行又度朗切鐊[14]工人治木器○曠空明也遠也大也久也又姓苦謗切五爌上同

曠目無眀也壙墓穴纊絮也又細緜也禹貢豫州厥貢厥篚纖纊又作絖○儴緩也奴浪切三瀼泱瀼濁壤

坱壤塵○喪亡也蘇浪切又音桑二𠷔上[15]同○攩廣[16]雅云攩打也乎[17]曠切四擴上同潢釋名曰染書也又音黃⿰目往

⿰目往明○桄織機桄古曠切又古黃切二光上色又古黃切○鋼古浪切又古郎切二掆捎掆舁也出字林○荒草多皃呼浪切

一○漭漭浪大野莫浪切三吂老人不知⿰山芒⿰山芒[18]嵣山皃○汪[19]水臭也烏浪切二⿰酉黃潑⿰酉黃酒

四十三○映明也陽[20]也於敬切四暎上同⿰貝央頸飾詇早知也又音快○敬恭也肅也愼也又姓陳敬仲之後出[21]

○寎 梗韻兵永切又匣詠切
2 版
3 潢
7 三

風俗通後漢有揚州刺史䓯歆居慶切四 竟 窮也終也又姓出何氏姓苑 鏡 拾遺録曰穆王時渠國貢火齊鏡廣三尺六寸暗中視如晝人向鏡語則鏡中響應之晉鎮南大將軍甘卓照鏡不覩其頭視庭樹而頭在樹上 獍 獸名食人 ○競 爭也強也逐也高也遽也渠䓯切七 竸 俗 誩 爭言 倞 強也 檠 檠子疊名 儆 儆愼又音警 曔 明也 ○慶 賀也福也亦州名周之先不窋之所居春秋爲義渠戎國城本漢郁郅縣魏文置朔州隋爲慶州州立嘉名也亦姓左傳齊大夫慶封又漢複姓有慶師慶忌慶父三氏出姓苑丘䓯切一 ○更 易也改也說文作㪅古孟切又古衡切一 ○命 使也教也道也信也計也召也眉病切一 ○病 憂也苦也說文曰疾加也皮命切四 評 平言又音平 坪 地名說文作坪地平也 枰 獨坐版[2]牀一曰投博局又音平 ○孟 長也勉也始也又姓出平昌武威二望本自周公魯桓公之子仲孫之胄仲孫爲三桓之孟故曰孟氏莫更切四 䁅 䁅盯瞋目 萌 萌倀失道皃又音忙倀猪孟切 盟 盟津又音明 ○蝗 蟲名户孟切又音皇三 潢[3] 說文曰小津也一曰以船渡也 横 非理來又[4]音宏 ○柄 本也權也柯也陂病切六 棅 說文同上 怲 憂心也 邴 邑名又姓左傳魯大夫邴洩[5] 鈵 堅鈵 寎 驚病 ○詠 歌也爲命[6]切五 咏 上同 泳 潛行水中 禜 祭名周禮禜門用瓢齎又永兵切 醟 酗酒 ○行 景迹又事也言也下更切又胡郎胡浪胡庚三切五[7] 絎 刺縫

8 冷　9 橕　12 三　14 鼪　15 諻　Δ 窉 褸額兵永切 又兄病切　16 諍　18 慇

九·四十八　韻去聲　四十六　何澄

胻脛也○瀴瀴瀙冷[8]也於孟切一○瀙冷也楚敬切一○倀䦱倀失道猪孟切又丑良切五趟趟趟行皃偵廉視橙[9]開張畫繒也出文字指歸⿰韋登張皮也○牚邪柱也他孟切一○榜榜人船人也北[10]孟切三𧼮走也跰史記云歲星晨出爲跰踵○鋥磨鋥出劒[11]光或作張除更切[12]瞠[13]住視⿰石長塞也○生所敬切又所京切三鼪鼪[14]鼠貹財富○迎迓也魚敬切一○膨脹也蒲孟切一○諻[15]瞋語許更切一○窉小水皃烏橫切一

四十四○諍諫諍也止也亦作爭側迸切一○迸散也北諍切一○倂皆也俱也蒲迸切一䨻靁雷䨻䨻聲○⿰衤嬰文字集略云襉錯綵郭璞江賦云⿰衤嬰以蘭紅鷖迸切二嫈小心態○鞕堅牢五爭[16]切二硬上同○轟衆車聲也呼迸切又呼[17]宏切二輷上同

四十五○勁勁健也居正切一○倩假倩也七政切又七見切二凊溫凊○政政化釋名曰政正也下所取正也亦姓出姓苑之盛切四正正當也長也定也平也是也君也亦姓左傳宋上卿正考父之後魏志有永昌太守正帛又漢複姓漢有郎中正令宮又之盈切証諫証鴊雞也又之盈切○聖生也通也聲也風俗通云聖者聲也言聞聲知情故曰聖式正切一○鄭鄭重殷[18]懃亦州名秦屬三川郡史記管叔鮮之所封也宋武置司州於武牢後魏爲北豫州周爲滎州隋罷滎州於管城置鄭州又姓滎陽彭城安陸壽春東陽五

5 地　4 瀞　1 龍

望本自周宣王封母弟友於鄭及韓滅鄭子孫以國爲氏今之望多滎陽直正切三　呈自媒衒又音程　甄甓也○逌邐倨也丑鄭切
三○偵偵問　詗[1]覗也○性性行也息正切二　姓姓氏說文云姓人所生也古之神聖母感天而生子故稱天子从女生聲又姓漢書
貨殖傳臨菑姓偉貲五千万○令善也命也律也法也力政切又力盈切又歷丁切二　詅自衒賣也○聘[2]聘問也訪也匹正切三　娉娶也
甹伶甹○敻遠也休正切四　詗自言長　醟酗酒又爲命切　矎直視皃○摒摒除也畀政切三　併兼也並也皆也
并專也○偋偋隱僻也無人處字統云廁也防正切又蒲[3]徑切二　屏上同○淨無垢也疾政切八　瀞[4]古文　穽陷穽又音靜
睛睛賜　靚裝飾也古奉朝請亦作此字　請延請亦朝請漢官名張禹首爲之[5]又秦盈親井二切　婧竦立　顈顈首說文好皃○盛
多也長也又姓後漢西羌傳有北海太守盛苞其先姓奭避元帝諱改姓盛承正切又音成三　墭墭器　晟明也熾也器也○詺詺目或單
作名彌正切一○輕墟正切又去盈切一○欦含笑也許令切二　𩈲面䩕𩈲也○精強也子姓切又音旌一

四十六○徑步道古定切七　經經緯又古靈切　逕近也　陘俙聲　俓直也　䰛隔也　桱桱木似杉而硬○寗
邑名亦姓說文作甯所願也乃定切四　佞諂也一曰才也俗作倿　濘泥濘　鸋爾雅鸋鴂鴂屬也楚詞云鸋鴂之鳴○腥

○僻 勁頭防正切 又滿徑切

豕息肉肉中似米蘇佞切又音星三　醒酒醒又蘇丁先頂二切　䁝目䁝○脛脚脛釋名曰脛莖也直而長似物莖也胡定切二

踁上同○定安也亦州名帝堯始封唐國之城秦爲趙郡鉅鹿二郡漢爲中山郡後魏置安州又改爲定州以安定天下爲名徒徑切四

掟天掟出道書　廷朝廷又音亭　錠錫屬○矴矴石丁定切九　釘又得庭切　訂字林云逗遛也　定題額詩云定之方中

定營室也又徒徑切　飣貯食　貪上同　⿰月丁亦同　顁題顁　錠豆有足曰錠無足曰鐙○罄盡也說文曰器中空也苦

定切七　窒說文空也　磬磬石樂器周禮曰磬人爲磬　殸籀文　麉爾雅云鹿絕有力又堅牽二音　⿰車定二足行　鏧

金聲○聽待也聆也謀也他定切又音廳三　汀6汀瀅不遂志又音廳　侹侹直也代也儆也○靘靘青黑千定切二　掅

捽○⿰冥色莫定切二　暝夕也○鎣鎣飾也烏定切四　瑩上同說文曰玉色一曰石之次玉者　⿰忄瑩志恨也　瀅小水○零

零落郎定切又魯丁切三　⿰扌靈插空皃又魯丁切　令令支縣在遼西郡○

四十七○證驗也諸應切二　烝熱又音蒸○孕懷孕以證切七　⿰黑黽面黑子　賸增益一曰送也又物相贈　媵

送女從嫁　倂倂送行也　鱦小魚　⿰月眷大視又雙也○乘車乘也實8證切又食陵切七　鱦魚子　媵孕又音　⿰月黽

▲掕 集韻力膺切 又力證切

▲暅 阮韻況晚切 又古鄧切

孕也嵊山名在剡縣也賸又音孕剩剩長也○認認物而證切又而振切四扔強牽引又音仍艿草不翦

⿰木乃上車又木名○應物相應也說文作𤸰當也於證切又音膺三譍以言對也⿸广⿰亻⿱隹口上同○甑古史考曰黃帝始作甑子

孕切四䰝上同⿱曾鬲籀文⿰衤曾汗襦○興許應切又許陵切三臖腫起嬹悅也喜也○勝勝負又加也克也亦州名

春秋時戎狄地戰國時晉趙地漢雲中五原也隋置榆林鎮屬雲州唐武德中改爲勝州詩證切又詩陵切四賸美目藤苣藤胡麻

榺織機榺也○瞪直視皃陸本作眙丈證切三⿰黑登米黑壞⿰黑亭雲色○䬋馬食穀多氣流四下也里[2]甑切一○凭[3]依几

也皮證切又皮陵切二靐靐靐雷聲也○稱愜意又是也等也銓也度也俗作秤云正斤兩也昌孕切又昌陵切二秤俗

○凝牛䬋切又牛凌切一○丞縣名在沂州匡衡所居常證切又音承一○⿰登見直視丑證切一○殑釋典殑伽其䬋切又其陵切一

四十八○嶝小坂都鄧切八鐙鞍鐙隥梯隥橙几橙凳牀凳出字林⿱艹登蕿⿱艹登⿰食登祭食磴巖磴

○贈玩也好也相送也昨亘切二⿰黑曾⿸广肝⿰黑曾○亘通也遍也竟也出方言古鄧切六堩路堩揯急引又古登切縆急張

亦作絚⿰魚亘魚名⿰石亘石連皃○蹭蹭蹬千鄧切二⿰曾刂刀割過也○鄧國名周爲申國平王母申后之家戰國時地楚昭襄王取

5 在中國之南　6 懵　▲窆 豔韻方驗切 又方亘切　7 倰 倰蹬　8 曰　10 不

韓置南陽郡釋名曰在[5]南中而居陽地故以爲名始皇三十六郡卽其一焉隋以南陽爲縣改爲鄧州取鄧國名之又姓出南陽安定二望殷王武丁封叔父於河北是爲鄧侯後因氏焉徒亘切六 蹬蹭蹬 僜倰僜不著事 ⿰歹登⿰歹夌⿰歹登困病 ⿰馬登行欲倒也 幐囊屬 ○懵[6]悶也武亘切五 鱛魚名 懜不明 ⿰金夢重鏍 ⿱艹夢⿱艹夢⿱𦭝登新睡起 ○⿱穴朋東棺下之說文作堋喪葬下土也方隥切二 堋上同又壅江水灌溉曰堋 ○倗輔也父鄧切一 ○踜[7]踜蹬行皃魯鄧切二 ⿰歹夌⿰歹夌⿰歹登 ○增剩也子鄧切一 ○⿱宀⿰爿齊⿱宀⿰爿齊⿱艹夢睡覺思贈切一

○澄小水相益台鄧切一

四十九○宥寬也于救切十六 又又猶更也 佑佐也助也 右左右又于久切 祐神助 ⿱有皿抒水器也 ⿱右皿上同 酭報也 ⿰尤頁說文顫也 ⿸疒又上同 囿說文曰苑有垣一曰禽獸有[8]囿又于目切 姷偶也 忧動也 ⿺走有走皃 侑勸食爾雅曰酬酢侑報也 ⿱艹囿草名 ○救護也止也又姓風俗通漢有諫議大夫救仁居祐切十一 灸灼也又居有切 廄馬舍釋名曰廄聚也生馬之所聚也又灸廄並姓出姓苑俗作廐 究窮也深也謀也盡也 㝌說文云貧病也 疚病也 𣪘強擊 匓說文飽也 𧩱文字音義云止也禁也助也 狖爾雅云狖如麂善登木又音由音柚 ⿺辶殷恭謹行也 ○胄胄子國[10]子也說文曰裔也

2 牲

3 曲禮

4 鉎

5 皺

又姓出姓苑直祐切十三 冑[1] 介冑說文曰兜鍪也 𦵓 古文 酎 三重釀酒 宙 宇宙 繇 卦兆辭也 籀 史籀周宣王太

史名造大篆 伷 系也 詘 訓也 疛 心腹疾也 𤸫 上同 䮷 競馳馬也 懤 愁毒 〇晝 日中又姓晝邑大夫之後因氏

焉出風俗通陟救切三 咮 鳥口又鬬卓二音 噣 上同 〇狩 冬獵舒救切五 獸 說文曰守備者周禮曰獸人掌罟田獸辨

其物名字林曰兩足曰禽四足曰獸 守 太守 首 自首前罪 收 穫多 〇臭 凡氣之摠名俗作臰尺救切二 殠 腐臭 〇岫

山有穴曰岫似祐切四 𥦁 籀文 袖 衣袂也亦作褎褏 牰 牛黑眥 〇齅 以鼻取氣亦作嗅許救切三 嘼 嘼產[2]亦作畜

珛 朽玉 〇呪 呪詛職救切四 騆 髮多 椆 木椆船篙木也 祝 說文曰祭主贊詞又音粥 〇舊 故也亦姓出姓苑巨救切三

柩 尸柩禮[3]注曰在牀曰尸在棺曰柩 匶 古文 〇瘦 瘦損說文臞也所祐切四 痩 上同 潄 潄口 鏉 鐵生[4]鏉 〇皺

面皺俗作皺[5]側救切五 瘷 縮小 甃 井甃 縐 衣不申又絺之細者 䐢 字書云䐢脯也 〇副 貳也佐也又虜姓後魏書

副呂氏後改爲副氏敷救切七 仆 前倒 𩬍 假髻又敷六切 覆 蓋也又敷六切 癁 病重發也 㤢 小怒也 福[6] 衣一福今

作副 〇簉 簉倅一曰齊也初救切三 𦸨 上同又草根 𨓈 不進 〇富 豐於財又姓左傳周大夫富辰方副切四 輻 輻湊競聚又音

九·一 韻去聲 四十九 李倍

△不 尤韻甫鳩切又甫救切有韻方久切又甫救切

8 宿

△王 燭韻相玉切又齊救切

12 後魏書莬賴氏後改爲就氏

福鍑釜而大口一曰小釜蕾爾雅云蕾葍大葉白華根如指白可食詩云言采其葍葍音福○畜六畜丑救切又許宥許六丑六三切

二俞姓漢有司徒掾俞連又羊朱切○溜水溜力救切十九廖姓周文王子伯廖之後後漢有廖湛霤中霤神名嬼美好

鷚雞子一曰鳥子[7]餾餾飯瘤赤瘤腫病也出文字集略窌地名左傳云與之石窌之田留宿留停待也宿[8]音秀坹

𡐊土曰坹僇癡行皃廇屋梁宋也畂百畝𥛫留祀祝𥛫飂高風又古國在南陽湘陽勠併力又力竹切翏

高飛皃又力幺切塯瓦飯器也𤮚瓦櫑也又力[9]回切○秀出也榮也息救切五繡五色備也尚書大傳曰未命爲士不得衣繡又

姓漢書游俠傳[10]有馬領繡君賓𧊔蟲名琇玉名宿星宿亦宿留又音夙○僦僦賃即就切三𥟧稻稔實又稅也媨

醜老嫗皃○驟馬疾步也奔也鋤祐切三㑳妊[11]身人也𢤱㑳𢤱惡言罵也○就成也迎也即也說文曰就高也从京尤尤異於

凡也又姓後[12]漢書莬賴氏改爲就氏疾僦切四鷲鳥名黑色多子殧殧殄又子六切𡾟山名又嶺名○糅雜也女救切五

𩚵雜飯亦作粈腬嘉膳猱爾雅曰猱蝯善援又奴刀切狃習也就也又狐狸也○復又也返也往來也安也白也告也扶

富切又音服八復古文𤸇再病伏鳥菢子又音服複機持繒者𨹟兩阜閒也覆伏兵曰覆複重複○狖獸名

1 成　2 酢　△ 揉 尤韻耳由切又汝又切　3 形如惠文冠青黑色　5 儌

似猨余救切十四　貁上同　鼬蟲名似鼠　槱積薪燒之　柚似橘而大廣志曰城[1]都柚大如斗爾雅注柚似橙而醋[2]出江南　蜼似獼猴鼻露向上尾長四五尺有歧雨則自縣於樹以尾塞鼻又以季切　褎服飾盛皃　油䕭子桐花曰油　猶獸似麂善登木　鼬鼬鼠　櫾木名　輶輶車又音由　牰牛黑眥　蜏不知晦朔又音酉　○授付也又姓出何氏姓苑承呪切六　詶荅也又市州切　嘐口嘐　壽壽考　售賣物出手　綬綵衣皃　○輮車輞人又切四　蹂蹂踐　煣蒸木使曲也　鞣柔皮又音柔　○莓覆盆草也亡救切一　○𪖙仰鼻牛救切一　○𪖐𪖐𪖙仰鼻丘救切一　○趥進也七溜切一

五十○候伺候又姓周禮有候人其後氏焉胡遘切十五　鮜魚名　郈地名在晉　逅邂逅　詬罵詬　睺半盲　后君也皇后也　後方言云先後猶娣姒　堠今封堠也　鱟郭璞注山海經云形[3]如車文青黑色十二足長五六尺似蟹雌常負雄漁者取之必得其雙子如麻子南人爲醬　鍭爾雅曰金鏃翦羽　厚厚薄　𧻚蹇行又蒲[4]北切　𧶠𧶠䝏貪財之皃　㰯[5]石蜜膜也

○寇鈔也暴也又姓出馮翊河南二望陳留風俗傳云浚儀有寇氏黃帝之後風俗通云蘇忿生爲武王司寇後以官爲氏苦候切十　滱水名在代郡　怐怐愗愚皃　扣扣擊　鷇鳥子亦作㲉生而須哺曰鷇自食曰雛　𡣍𡣍瞀無暇　㱿說文曰未燒瓦器也

八九十四　韻去聲　五十　李倚

8 豆　9 徒　11 豆　13 福　14 杖　15 鬭

簆織具瞀瞀瞀詬罵又巧言○茂卉木盛也古作楙莫候切十五貿交易也市賣也又姓出姓苑東莞人鄮縣名在會
稽亦姓出姓苑戊辰名愗怐愗袤廣袤東西曰廣南北曰袤楙爾雅曰楙木瓜實如小瓜味酢可食懋美也勉也瞀
瞀瞀蓩細草叢生姆女師說文作娒莓莓子即覆盆䕻草名冃重覆又亡保切雺天[7]氣下地不應○仆倒也
匹候切又匐覆二音五踣上同䞩僵也㰴語而不受豧豕息○豆穀豆物理論云菽者衆荳[8]之名也又姓後魏有將軍
豆代田候[9]切十六竇空也穴也水竇也又姓出扶風觀津河南三望風俗通云夏帝相遭有窮氏之難其妃方娠逃出自竇而生少
康其後氏焉窬禮曰蓽門圭窬又音俞逗逗遛又住也止也酘○酘酒荳荳蔻脰項脰郖地名梪籩豆
或作䄈[11]古食肉器也餖飣餖𣹐水[12]名𥚃祭[13]𥚃毭氀毭𩊱車鞁具㴲水名𡝊嫗𡝊語帖也○鬥說文曰兩
士相對兵杖[14]在後象鬥之形凡從鬥者今與門戶字同都豆切九鬭[15]鬭競說文遇也又姓左傳楚有大夫鬭伯比鬪俗噣鳥口
或作咮又丁救切䜴䜴譳不能言也𣰆𣰆尾張衡東京賦云日月會於龍𣰆斣斣也角力走也又相易物俱等襡衣袖
又時燭切𩛾𩛾飣○槈說文曰薅器也籀文曰耨如鏟柄長三尺刃廣二寸以刺地除草奴豆切六鎒上同亦出說文

4 𣘿

△𡄱 屋顧滴水切 又倉候切

耨上同五經文字云經典相承從耒久故不可改 㲃乳也 擩構擩不解事 譳詎譳 ○瘶欬瘶蘇奏切七 嗽

敕上同 漱上氣 漱漱口又音瘦 鏉鏽利 謏誘謏言也 嗾使狗 ○奏進也說文作𡴀則候切二 走釋名曰疾趨曰走又祖苟

切 ○透跳也他候切又書育切五 咅說文作咅相與語唾而不受也隸變如上 欧說文同上俗又作㰸 殳索彄殳也 趉自投下或

作 ○漚久漬也烏候切三 褔頭衣 𨚗地名又市由切 ○遘遇也古候切二十 構架也合也成也蓋也亂也 媾重婚

覯見也 姤卦名姤遇也又偶也 購購贖 𧵈稟給 雊雉鳴 彀張弓 㝅取牛羊乳亦作𣪺、句句當又姓華陽國志

云王平句扶張翼廖化並爲大將軍時人曰前有王句後有張廖俗作勾 軥軥槅挽車也 𡡨夜也 搆搆擩也 怐怐愗愚皃

煹舉火又苦候切也 𥔲甃井也又罰也 冓數也 㲃說文曰乳也一曰㲃瞀也 齁綿齁 ○輳輻輳亦作湊倉奏切八 腠

膚腠 湊水會也聚也 嗾使犬 鯫南夷名鹽 蔟太蔟律名又倉谷切 棒橋 穠溫豕 ○陋醜惡也說文曰阸陝也盧候切

十三 漏漏刻說文曰漏以銅受水刻節晝夜百刻爾雅曰西北隅謂之屋漏又禹耳三漏 鏤彫鏤書傳云鏤剛鐵也又鏤漏並姓出何

氏姓苑又力誅切 屚說文曰屋穿水下也从雨在尸下尸屋也一曰笥屚縣名在交阯 瘻瘡也 蔞蔞蘆 瞜瞜瞜貪財 鎘

5 謅

9 運日

10 而

鏉鍋 蒏姓也 數數䜳小兒兇惡 諞謱[5]詬忽怒 𠟡𠟡剹細切 僂僂佝短醜皃 ○蔻荳蔻呼漏切十 豞豕聲 𩑈[6]

字統云勤作 詬怒也 訽上同 吼聲也又呼後切 䜳數䜳 㖃恥辱 佝僂佝 怐上同 ○䏽豕肉醬也蒲候[7]切二 蒪

尻衣 ○偶不期也五遘切一 ○𠟱細切才奏切三 楱鍋楱鐵齒杷名 䠞醉倒皃出埤蒼

五十一○幼少也伊謬切一 ○謬誤也詐也差也欺也靡幼切二 繆紕繆又姓漢書儒林傳有申公弟子繆生 ○𨂒𨂒蹌

行皃丘謬切一 ○𧿒𧿒𨂒醜行之皃巨幼切一

五十二○沁水名在上黨亦州名本漢穀遠縣後魏置沁源縣武德初置州因沁水以名之七鴆切四 沁沁冷 吣犬吐 𥳑

𥳑墨工人具 ○浸漬也漸也子鴆切四 濅上同出說文 寖上同出字林 祲祅氣也又子心切 ○妊妊身懷孕汝[8]鴆切五

紝織紝亦作紝絍 鵀戴鵀鳥 任已上四字並又音壬 衽衣衿 ○鴆鳥名廣志[9]云其鳥大如鶚紫綠色有毒頸長七八寸食蛇

蝮雄名運[9]日雌名陰諧以其毛歷飲食則殺人直禁切三 沈又直壬切 𤫊青皮瓜名 ○枕枕頭也論語曰飲水曲肱[10]枕之之任切又之稔

切二 針又之林切 ○䑙牛舌下病巨禁切十 𪗇 㸪並上同 噤說文曰口閉也 䑫蜀人呼舟 紟紟帶或作襟[11]又音[12]今

7 地
8 齡
9 南康

鈙 說文云持止也[1]讀若琴亦作襟 澿 寒澿 笒 笒䈴 齽 齒向裏 ○禁 制也謹也止也避王莽家諱改曰省又姓何氏姓苑

云今吳興人居蔭切三 僸 北夷[2]樂名又居林切 襟 格也 ○賃 傭賃也借也乃禁切一 ○蔭 說文曰草陰地也於禁切

七 ⿰禾音 苗美[3] 窨 地屋 喑 聲也 瘖 心中病亦作癊 廕 庇廕 飲 又於錦切 ○滲 滲漉所禁切二 罧 爾雅曰槮謂之

涔郭璞云今之作罧[4]者聚積柴木於水中魚得寒入其裏藏隱因以簿圍捕取之[5]又息甚切槮與罧同也 ○闖 馬出門皃丑禁切二 ⿰舟見

私出頭視 ○譖[6] 讒也毀也莊蔭切一 ○讖 讖書釋名曰讖纖也其義纖微楚譖切一 ○吟 長詠宜禁切一 ○揕 擬擊史記曰右手揕

其胷知鴆切二 鈂 掘也[7]鈂又參赤黑色 ○臨 哭臨又偏向良鴆切又音林二 ⿰亻臨 ⿰亻臨⿰亻今頭向前 ○甚 太過時鴆切二 ⿰亻今 ⿰亻臨⿰亻今

○顉 顉齡[8]切齒怒見于禁切二 ⿱殸鼓 鼓聲見兵書 ○深 不淺也式禁切又式今切二 ⿸广深 廕⿸广深大屋

五十三 ○勘 校也苦紺切七 ⿰血臽 凝血 ⿰血甚 上同 ⿰鹵甚 鹹味厚 轗 轗軻坎壈也 竷 擊也 磡 巖崖之下

○紺 青赤色也古暗切五 淦 新淦縣在豫章 ⿱艹贛 薏苡別名 灨 縣名[9]記云章貢二水合流因其處立縣便以爲名在南康郡亦

作贛 贛 贛榆縣在琅邪郡 ○憾 恨也胡紺切七 琀 送死口中玉亦作含 浛 水和物 唅 哺唅 蛿 有毛之蟲 莟

11 深　12 悇　18 晧　20 馾馬冘馬步皃 忱冠忱幘 近前　21 顩　22 瀶

苗荅心欲秀也腤食肉不猒○暗日無光又默也深也貪[10]也不明也烏紺切二闇冥也說文曰閉門也○儑儑保癡皃他紺
切八㵘㵘氾水浮皃撢探[11]取㐁無光又舌出皃又吐念切傝傝㒌不自安又吐盍切䐺食味美憛憛悇[12]懷憂
諳競言也又渠仰渠[13]政二切○保儑保蘇紺切四閐閐覆蓋也憟[14]憛憟失志頼[15]顉頼揺頭皃○謲怒也七[16]紺切三
參參鼓俗作叅𤳜田隴聮也○醰酒味不[17]長徒紺切又音譚五𧷲買物預付錢也潭沈水底没潭瞫括[18]也
又徒[19]南切䘓羊血凝○㒌傝㒌五紺切一○馾[20]冠幘一曰馬步近前丁紺切三䩌頋劣面皃鴆鴆鳥○妠取也奴紺切一○顩[21]
面色黃皃郎紺切三儑儑伸皃又儑保不淨灨[22]灨㵘浮皃○顑[23]面虛黃色呼紺切二䭩食不飽也○篸以針篸物作紺
切二揝手撼
五十四○闞魯邑亦視也又姓左傳齊大夫闞止苦濫切五瞰視也矙日出皃嚂呵也又[24]工[25]覽切䶫味苦○濫
叨濫汎濫盧瞰切九𠠥刀利醶醶䲶說文曰泛齊行酒也纜維舟吳書曰甘寧常以繒錦維舟去輒割弃以示奢爁火皃㜮
貪也失禮也過差也俗作從水𢢴貪也𥨒𥨒𥧜不平嚂食皃○賧夷人以財贖罪吐[26]濫切七䶫鹹䶫無味𥧜𥨒𥧜不平

1 鍋　5 㡘

𩐁無味 睒候視 瞰薄味 錟䛳錟舌出 ○䶃䶃鹻無味古蹔切二 鹼味苦 ○䀐甘乞戲物或作歛呼濫切三 藍瓜葅也出說文

虩虎怒 ○憨害也果決也下瞰切又呼甘切六 㺗犬吠聲 譀誇誕東觀漢記曰雖誇譀猶令人熱又呼甲切 蜭瓜蟲 䐄

炙令熟或作䐄 䐄同上 ○憺恬靜徒濫切又徒敢切八 惔同上 澹水搖動皃 腅相飯也或作啖 淡水味 啗噉也食也

啖誑也 倓安也靜也恬也亦作憺 ○暫左傳云婦人暫而免諸國暫猶卒也藏濫切三 蹔上同 鏨鐫石又音蠶2 ○擔

負也都濫切二 甔甔石大甖又都甘切 ○三三思蘇暫切又蘇甘切一

五十五 ○豔美色也以贍切九 艷俗 爓光也 焰上同 燄火華也 掞豔也 鹽以鹽醃也本音平聲

灩上同 灔瀲灩水波動皃 ○贍賙也時豔切一 ○染而豔切又如檢切二 髥髥頷毛又人占切 ○厭論語曰食不厭精於

豔切五 𢜩快也又於驗切 猒飽也又於廉切 饜上同 嬮嬮嬱美女 ○窆下棺方驗切又方亙切二4 砭石針說文曰以石刺

病也又5甫兼切 ○驗證也徵也效也說文云馬名也魚窆切三 噞噞喁魚口 譣證也 ○閃說文曰闚頭門中也舒贍切又舒斂切四 煔

火行皃 苫以草覆屋 掞舒藻 ○㦰㦰呶不廉子豔切又子廉切一 ○壍坑也遶城水也七豔切四 塹上同出說文 槧

插也論衡曰斷木爲槧釋名曰槧版長三尺者也槧漸也言漸漸然長也又七廉切又才敢切 嬱 嬱嬱美女皃 ○殮 殯殮力驗切七
斂 聚也又力琰切 瀲 泛瀲一曰水波也亦作溓 爁 爁㷿火延 驗 帀先入直[8]也 䨘 小雨 獫 長喙犬名 ○覘 假[9]也說文云闚
視也春秋傳曰公使覘之丑豔切二 [目占] 視也 ○[足詹] 音譜云馬急行昌豔切八 憺 披衣或作襜裧 襜 裧 並上同 韂 鞍小
障泥 韂 上同 [土詹] 蔽也 [門詹] 闚[門詹] ○[忄弇] 快也於[10]驗切亦作㤿二 俺 大也 ○潛 藏也慈豔切一 ○占 固也章豔切又職鹽切一
五十六○㮇 火杖他念切六 舚 舌出皃 忝 辱也又他玷切 [阝冉] 亭名在京兆 [炎占] 火光 㐁 無光說文曰舌皃
○念 思也又姓西魏太傅念賢奴店切二 [糸念] 字林云挽[11]船篾也 ○店 店舍崔豹古今注云店置也所以置貨鬻物也都念切十一 坫
墇也屏也 沾 水名在上黨說文他兼切 痁 病也又式詹切 墊 下[13]也又墊江在巴陵又徒協切 [雨執] 早霜寒 唸 呻吟 [穴執] 窮也說文曰屋
傾下也 埝 下也 [耂占][12] 老人面黑皃 [目占] 目[14]垂皃又丁炎切 ○[石韱] [石韱]磹電光先念切二 [禾韱] 禾草不實稴[禾韱]之皃 ○磹 徒念切二
[支占] 支也出通俗文 ○趝 疾行皃紀念切一 ○酓 苦味於念切一 ○僭 擬也差也子念切一 ○[目朁] 閉目思也漸念切一
○兼 古念切又古嫌切二 [魚臽][15] 魚名 ○傔 傔從苦念切一 ○稴 稴[禾韱]力店切一

3 菱 草木蕪蔓也

13 出字譜 14 譀譪 譪呼戒切 15 闞

五十七○釅 酒醋味厚魚欠切二 𪘲 齒皃 ○𦞙 妨也許欠切二[2] 𡠄 好皃 ○欦 厓下也丘釅切二 𤭢 似瓶有耳

○菱[3] 草木無蔓也亡劒切一

五十八○陷 入地隤也戶韽切五 𩸄 魚名又古念切 臽 小坑 䐄 說文云食肉不猒也又膁䐄也 錎 車鏁 ○韽 下入聲俗作韽[4]於陷切四 猎 犬吠又乙咸切 淊 水没 掐 吳人云抛也 ○蘸 以物內水莊陷切一 ○䶣 鹹多[5]陟陷切三 站 俗言獨立又作㚲 涅[6] 江岸上地名也出活州記 ○歁 歁𥈭口陷切又口咸切二 顩 顩顄面長皃又公陷切 ○賺 重買佇陷切三 詀 被誑 譧 俗 ○儳 輕言仕陷切三 隚 陷也 䩶 鞾之短者[8] ○𪉲 鹹味公陷切二 顩 顩胡𫄴面也 ○諵 尼賺切一 ○顑[9] 顑長面也玉陷切一

五十九○鑑 鏡也誡也照也亦作監格懺切又古銜切五 鑒 上同 監 領也亦姓風俗通云衞康叔爲連屬之監其後氏焉又古銜切 𥌈 瞻也 𠟰 利也又細切也 ○懺 自陳悔也楚鑒切六 儳 雜言又食陷切[11] 摲 投也[12] 𤮟 甖屬 𤢖 小犬聲 㘚 試人食 ○覱 覱覽𠑷高危皃子鑑切三 𩈎 長面皃又昨三切 霯 以物內水中出音譜 ○釤 大鐮所鑑切三 𢒠 暫見 𢒚 相接物也又利也出字譜[13] ○𠑷 覱覽𠑷許鑑切三 譀 譀譪[14]又呼咸切 闞[15] 犬聲 ○埿 深泥也蒲鑑切二 湴 上同 ○覽 大瓮似盆

七·九十五 韻去聲 五十四 陸選

廣韻去聲卷第四 釅 陷 鑑

21 鈞
22 蔡倫
23 鹿
25 大
26 練
32 醫
33 渻

續漢書云盜伏於覽下胡儳切二 ⿱毚木[16]大櫃又下斬切 ○鑱 鑱土具士懺切又士[17]銜切六 韂 韂鞲 欃 水門又作儳 ⿱斬鳥

似雕而斑白出音譜 讒[18] 譖也又士衫切 艬 艬船 ○⿰黑敢 叫呼仿佛⿰黑敢然自得音黯去聲一

六十○梵 梵聲扶泛切三 帆 船使風又音凡 颿 上同說文曰馬疾步也 ○汎 浮皃孚梵切八 泛 上同 仈 輕也 温

杯也 ⿷匚乏 上同 氾[22] 濫也 芝[23] 草浮水皃又匹凡切 姂 好皃 ○劒[19] 釋名曰劒檢也所以防檢非常也廣雅曰龍泉太阿干將鏌鋣[20]斷蛇魚腸純鈎[21]燕支葵偷[22]屬陳[23]干[24]隊堂谿墨陽巨闕辟閭並劒名也崔豹古今注云吳太[25]皇帝有寶劒六一曰白虹二曰紫電三曰辟邪[26]四曰流星五曰青冥六曰百里列子云孔周有三劒一曰含光二曰承[27]影三曰霄陳吳王賜子胥屬鏤之劒而死周穆王有錕鋙劒切玉如泥居欠切一 ○欠[28] 欠伸說文曰張口气悟也今借爲欠少字去劒切二 ⿰亻欠 俗 ○俺[29] 大也於劒切八 ⿰忄奄[30] 甘心 淹[31] 沒也又繅絲一淹也 ⿰羽奄 劒羽 媕 誣拏 裺 衣寬 ⿰言奄 ⿰言奄諳[32] ⿺見乇 ⿺見乇口墟名在富春清[33]上也

廣韻去聲卷第四

新添類隔更音和切

裱 賓廟切 窆 班驗切

廣韻入聲卷第五

屋第一 烏谷 獨用
沃第二 烏酷 燭同用
燭第三 之欲
覺第四 古岳 獨用
質第五 之日 術櫛同用
術第六 食律
櫛第七 阻瑟
物第八 文弗 獨用
迄第九 許訖 獨用
月第十 魚厥 没同用
没第十一 莫勃
曷第十二 胡葛 末同用
末第十三 莫割
黠第十四 胡八 鎋同用
鎋第十五 胡瞎
屑第十六 先結 薛同用
薛第十七 私列
藥第十八 以灼 鐸同用

徒各 鐸第十九　莫白 陌第二十麥昔同用

莫獲 麥第二十一　私積 昔第二十二

先擊 錫第二十三獨用　之弋 職第二十四德同用

多則 德第二十五　七入 緝第二十六獨用

胡閤 合第二十七盍同用　胡臘 盍第二十八

與涉 葉第二十九帖同用　他協 帖第三十

侯夾 洽第三十一狎同用　胡甲 狎第三十二

魚劫 業第三十三乏同用　房法 乏第三十四

一○屋舍也具也淮南子曰舜築牆茨屋風俗通曰屋止也亦虜複姓後魏書官氏志云屋引氏後改爲房氏烏谷切七 屋籀文 臺[2]古文 剭鄭玄注周禮云剭誅謂所殺不於市而以適甸師氏又音握[3] ⿰屋阝地名 ⿰黑屋墨塗刑名又音握 ⿱𦥯月⿱𦥯月膏肥皃○獨

8 三　6 養　4 鶞

說文曰犬相得而鬬也羊爲羣犬爲獨一曰獨㺯獸名如虎白身豕鬣
馬尾出北嚻山㺯音欲亦單獨又虜複姓有獨孤氏後魏書云西方獨
孤渾氏後改爲杜　黷垢也蒙也黑也　讟謗讟　髑髑髏　𩓷上同　殰殰胎　讀讀誦　櫝函也又曰
小棺　牘簡牘　儥見也動也又音育　㾄[1]字書云怨痛也　𣫄卵敗　碡磟碡田器　𨗉媟[2]𨗉　騳驪騳野馬　皾
滑也　𤜯[3]獸名如鼠　襡襡韜藏又音蜀　韣弓衣又之蜀切　瓄圭名　瀆說文曰溝也一曰邑中溝爾雅曰江河淮濟爲四瀆　隫
說文曰通溝以防水　𧯷古文　韥箭箙　嬻媟嫚　犢牛犢　鸀鸀鳿[4]鳥也　罜罜麗魚罟　㑿㑿倲短醜皃　匵匵匱
〇穀五穀也又生也祿也善也說文曰續也百穀之總名今經典省作穀餘從㱿者竝同古祿切十七　穀[5]俗　轂車轂　榖木名
瀫水名　谷山谷亦善[6]也窮也又姓漢有谷永又欲鹿二音　瑴玉名又[7]音角　鷇布鷇鳥案爾雅只作穀　𣩠𣩠殑死皃出廣
雅　鼵鼠名　登豆名　𡖖𡖖辣多也　𣪊足跗　㺯獸如赤豹五尾又音欲　䀥目動　䀘大目　㖼鳥鳴又作唃　〇縠
羅縠胡谷切十四　槲木名　斛十斗又虜複姓二氏後魏有尚書斛斯延齊有丞相咸陽王斛律金　螜螻蛄　𦺲水菜可食　礐說文
云石聲也　觳周禮注云受二[8]斗又苦角切　蔛石[9]蔛　𨡪酒濁　𣸣水聲　𪗋齒聲　𤮊瓦坏　𥴦箱𥴦　焀火皃　〇哭

八百八十四　韻入聲　二　吳志

10 鮮卑
11 誂
13 ⿺辶麋
△數 遇韻色句切又音速
15 木

哀聲空谷切八𤮿未燒瓦㲉卵也⿱㱿麥餅麴⿰阝告大阜⿱㱿麻枲未績者⿱㱿土土墼⿱㱿麻麻⿱㱿麻○秃說文云無髮也从人
上象禾粟之形文字音義云蒼頡出見秃人伏於禾中因以制字又國
語云史伯曰祝融之後八姓已董彭秃妘曹斟芊是也又虜複姓有秃
髮氏其先壽闐之在孕其母胡掖氏因寢而產於被中朝[10]鮮謂被爲秃
髮因而姓焉秃髮烏孤以後魏元興元年稱王遷于樂都号涼及國滅
入魏賜姓源氏他谷切五秃籀文誂詆說[11]狡猾⿰扌秃[12]杖指鵚鵚鶖鳥也○豰豰鷇丁木切八啄啄木鳥豚尾下竅也
启俗⿱斲衣衣至地也說文音斲⿰豖攵擊聲笁笁厚剢刀鋤○速疾也召也戚也徵也桑谷切十八遫籀文⿱敕言
古文蔌郭璞云菜茹之揔名也詩云其蔌維何傳謂菜肴也餗鼎實⿱速鬲說文同上⿰虫速蝶⿰虫速蟲樕樸樕木⿱㱿束
⿱㱿束⿱㱿束動物⿱㱿束丁木切倲儱倲又音東棟赤棟木名⿺辶麋麋鹿[13]跡也藗白茅殐殖殐嗽吮也⿰歹速殖殐
多也棴棴常樹名涑水名在河東○祿俸也善也福也錄也又姓紂子祿父之後盧谷切四十七鹿獸名國語曰周
穆王征犬戎得四白鹿四白狼而荒服不至又姓風俗通云漢有巴郡太守鹿旗漉滲漉又瀝也說文浚也一曰水下皃淥
說文同上觻[14]觻得縣名在張掖睩視皃䚄笑視⿰魚彔東方音⿰車賣[15]⿰車賣轤圓轉也或作樚轆上同⿰鹿瓦⿰鹿瓦甋

1 蜥　3 扑

⿰舟鹿舟名琭玉名老子曰琭琭如玉注云琭琭喻少簏箱簏說文云竹高篋也箓說文同上螰螇螰蟲螻蛄也麗罣麗麓山足穀梁曰林屬於山曰麓⿱林彔古文碌多石皃盝去水也瀝也竭也或作漉⿺辶盝同上騼野馬磟磟碡又音六逐簶弧簶箭室也出音譜⿰虫彔⿰虫彔聽似蜥[1]蜴居樹上輒下齧人上樹垂頭聽聞哭聲乃去出字林谷漢書匈奴傳有谷蠡王蠡音离娽埤蒼云顓頊妻名說文云隨從也史記毛遂入楚謂十九人曰公等娽娽可謂因人成事耳又力玉切案史記亦作錄⿰目鹿⿰目歷⿰目鹿眼淨也摝振也周禮曰摝鐸鄭玄云掩上振之爲摝⿰示鹿祭也⿱罒彔捕魚具也⿰齒巨[2]吳王孫休三子名⿰白彔白獸⿸广鹿賈逵曰⿸广鹿庚也角角里先生漢時四皓名又音覺⿰立彔見鬼录本也亦刻木也濼水名又音朴[3]鏕鉅鏕郡名案漢書只作鹿趢趢趗局小⿰羽彔水上飛也⿰車彔車聲⿰彔殳剝聲䨦大雨蔍蔍葱草⿰鹿阝地名○嗀歐聲呼木切七豰獸名似豹而小食獼猴又名黃要青案說文作㱿犬屬要青已上黃要青已下黑食母猴熇熱皃⿰月隺羹⿰月隺又火各切⿱殸赤日出赤皃⿱殸火同上嚛大歠聲○族宗族昨木切三銼銼鑹釜屬鑿鑿鏤花葉又音昨○瘯瘯瘰皮膚病也千木切六䃚碌䃚石皃蔟蠶蔟又千候切趗趢趗局小皃梀短椽說文丑錄切簇小竹○鏃箭鏃作木切二鎐姓也出彭城○暴日乾也蒲木切十二

6 夌 9 鳥 10 三

曝俗瀑瀑布水流下也䗱䗱蝀蟲名㲫毹㲫毛不理也樸爾雅云樕樸心又音卜僕侍從人也𦣞古文𥏼
短人又倉[5]候切業瀆業夌[6x]行皃穙穙穛也°朴打也普木切十一醭醋生白醭濼齊魯間水名左傳云公會
齊侯于濼墣說文云塊也又匹角切穙草生穊也鼣鼶鼣鼠名攴擊也凡從攴者作攵同撲拂著骲骨鏃名也
𪐞淺黲黑也鸔鳥也°卜卜筮龜曰卜蓍曰筮又姓孔子弟子卜商博木切十四濮水名出陳留郡入鉅野亦州名古昆
吾之墟左傳齊桓公會諸侯於鄄今鄄城縣是後漢獻帝時兖州刺史治於此後魏爲濮陽郡隋初置濮州又姓出何氏姓苑䧤彭䧤
蠻夷國名轐車伏兔𡠉昌意妻也樸樕樸叢木[7]又音僕樸樕小木也僕僕鉛南極之夷尾長數寸巢居山林出山海經蹼
足指間相著爾雅云鳧鴈醜其足蹼纀爾雅曰裳削幅謂之纀郭璞云削殺其幅深衣之裳襥上同䰊須[8]鬚䪁䪁絡頭縄
鳪鳪雉鸔鳥[9x]鸔水鳥似鴨而短頸腹翅紫白背上綠色又音剝°木樹木說文曰木冒也冒地而生東方之行又姓木華
字玄虛作海賦莫卜切十二[10x]沐沐浴說文曰濯髮也禮記曰頭有創則沐又姓風俗通曰漢有東平太守沐寵又漢複姓有沐簡[11]氏何氏
姓苑云今任城人朷朷桑毣思皃一曰毛濕也鶩鳧屬霂霢霂䡮車轅名也𦃇轅上絲也蓩毒草艒小艇

廣韻校本

1 螔

3 歷忌釋

鞪說文曰車軸束也 楘屋架五楘詩曰五楘梁輈傳云楘歷録也 蚞螇蚞[1]蟲 ○福德也祐也方六切十七 腹肚腹 複

重衣 幅絹幅又姓也 輻車輻 復優復 葍葍䔰爾雅曰葍葍又葍蔓茅 蝠說文曰蝙蝠伏翼也崔[2]豹古今注云一名仙鼠

䈏實竹 鍑說文云釜而大口者或作鍢又音富 鶝戴勝別名 踾踾踧聚皃 輹車軸縛也 菐濆菐 偪偪陽宋國 楅

束以木逼於牛角不令牴觸人 蕌草名 ○伏匿藏也伺也隱也歷也[3]釋名曰伏者何金氣伏藏之日金畏火故三伏皆庚日又姓出平昌本自伏

犧之後漢有伏勝文帝蒲輪徵不至房六切三十三 復返也重也亦州名古音陵縣春秋時屬楚秦屬南郡隋爲江陽郡武德初爲復州

虙古虙犧字說文云虎皃又姓虙子賤是也 服服事亦衣服又行也習也用也整也亦姓漢有江夏太守服徹 舩古文 茯茯苓 馥

香氣芬馥 鵩不祥鳥 鞴韋囊步靫 蕧旋蕧[4]藥名 輹車輹[5]兔 軾上同 澓澓流又姓漢宣帝時有東海澓仲翁 椱

織椱卷繒者 洑洄流 箙盛弓弩器 𩋟上同 軖車笭間皮篋也 癁音譜云病重發也 鶝鶝鶝即戴勝也 䮛馬也

𡫯地室 棴木出崐崘山也 复行故道也說文作夂 畐滿也 𩋜車具 絥韍並上同 菔蘆菔菜也 匐匍匐

伏地皃又蒲北切 鰒海魚名 𥩞見鬼皃 栿梁栿 ○縮斂也退也短也亂也所六切十三 莤說文曰禮祭束茅加于裸

九百卅六

韻入聲　四

余敏

[6] 趥

圭而灌鬯酒是爲莤象神歆之也一曰榼上塞也　颾風聲　⿺走夋[6]趜⿺走夋體不伸也趜渠六切　樎馬櫪　謏起也　⿰肅羽鳥飛　⿰扌肅擊聲

蹜文字音義云烏鵲醜其飛掌蹜在腹下也　摍抽也顏叔子納鄰之嫠婦執燭燭盡摍屋以繼之　⿰虫宿蝍⿰虫宿尺蠖　摵到也又子六切

謏小也又蘇了切　○六數也力竹切二十二　陸高平曰陸又高也厚也亦陸離參差也又姓出吳郡河南二望本自古天子陸終

戮刑戮說文殺也　剹上同　勠勠力併力也又音留　稑種稑先種後熟曰種後種先熟曰稑　穋上同　鵱鵱鷜野鵝

蓼蓼莪詩傳云蓼長大貌　⿱艹漻上同　⿰馬坴⿰馬坴良健馬　鯥魚名似牛蛇尾出山海經　⿱艹陸蔏⿱艹陸　磟磟碡　⿰虫坴⿰鬼坴⿰虫坴　淕凝雨澤也

輆轓輆車箱　坴大塊　𡴆地蕈　踛翹踛也　僇癡行又音溜　禯見也　○逐追也驅也從也疾也強也走也直六切十二

軸車軸　碡磟碡田器又音祿獨　妯妯娌　舳舳艫　鱁鱁鮧　⿰虫逐馬蚿蟲　筑水名出房陵漢有筑陽縣蕭何妻封邑也

蓫馬尾草　柚杼柚機具又由舊切　⿰馬逐馬⿰馬逐獸名　篴竹名　○菊草名禮記季秋之月菊有黃華說文曰大菊蘧麥也居六切三十三

鞠推窮也養也告也盈也禮記曰天子乃薦鞠衣於先帝鄭玄云鞠衣名蓋黃桑之服又姓出東萊[7]風俗通曰漢有尚書令平原鞠譚又音麴又渠六切[8]

蘜爾雅曰蘜治牆郭璞云今之秋華菊也　鞫說文曰日精也似秋華　⿰忄匊謹愼　⿰幸匊說文撮也

1 𦥑　2 文　3 蘗　6 淯

掬上同匊物在手𥶄說文曰窮治皐人也𥳓上同鞫上同𥨎說文窮也𥩉上同𤝞石𤝞獸名食猴鵴說文曰秸鵴尸鳩爾雅作鴶鵴郭璞云今之布穀也𪁺上同𨹟曲岸水外曰𨹟𡊄上同𤱈韭畦鮈郭璞云魚名有兩乳椈爾雅曰[1]柏椈禮云鬯臼以椈蘜山高皃𦥑兩手奉物鶪鳥名𩜹饘也諊法用髮亂髮踘踘蹋也𨵩閉𨵩梶木名跼足也淈水[2]名趜困人又巨竹切○麴麴蘖[3]又姓出西平漢有麴演驅匊切五𥷚上同說文曰酒母也䴵上同鞠姓也又居六切匑曲脊又渠六切○熟成也殊六切八孰誰也淑善也塾門側堂崔豹古今注云臣來朝君至門外[4]更詳熟所應對之事塾之言熟也𨶒[5]上同璹玉名婌後宮女官名𥖃石聲○俶始也厚也作也動也昌六切五柷柷敔柷作樂也俗作柷又音祝琡璋大八寸曰琡又音祝𡶔至也埱氣出於地一曰始也○育養也長也余六切二十四毓稚也本亦同上鬻賣也亦作粥亦姓周有鬻熊爲文王師案說文鬻本音糜鍵也粥上同鬻說文鬻也緕青經白緯緕[6]陽所織𧶠𧶠也重也長也動也說文衒也或作儥儥上同𣚈車覆欄也錥鋗錥温器煜火光又燿也焴上同昱日光萑爾雅云萑山韭淯水名出攻離山蜟復蜟蟬未蜕者出論衡𢍏兩手捧物說文音匊堉地土肥也

。驧本韻式竹切又音育

𠷎音聲䎘生田睢望也又目明皃道步也轉也行也[7]菁草名蕍茂也○驧馬跳躍也說文曰馬曲脊也渠竹切
十二驧上同趜趜𧽯鮈魚名鵴鴶鵴鳲鳩又音菊鶔上同鞠蹋鞠以革爲之今通謂之毬子又菊麴二音
毱皮毛丸也𧍷說文曰𧍷鼀蟾蠩以脰鳴者也踘踘蹋也𧮛谷名在上艾𡚁曲脊皃○鼀𧍷鼀七宿切三
蹴蹋蹴殧終也[8]○肉骨肉如六切俗作宍三衄鼻出血俗作衂又尼六切鮞魚子一曰魚名○粥糜也之六切五𩰫
呼鷄聲亦作咮祝巫祝又太祝令官名周禮曰太祝掌六祝之辭以事鬼神祈福祥求永貞亦音呪又姓後漢有司徒中山祝恬[9]柷
柷敔又音俶又爾雅曰柷州木髦柔英本亦作祝琡璋大八寸又音俶[10]○叔季父亦姓左傳魯公子叔弓之後光武破虜將軍叔壽又
漢複姓二氏後漢有犍爲叔先雄左傳魯有大夫叔仲小式竹切十三儵青黑繒倏[11]倏忽犬走疾也透驚也又他豆切虪
爾雅云虪黑虎又音育[12]倐疾也長也鮛爾雅曰鮥鮛鮪郭璞云鮪鱣屬也大者名王鮪小者名鮛鮪掓拾也悠疾也
翛飛疾之皃又音蕭尗豆也菽上同潚水波○蓄蓄冬菜也許竹切又丑六切十稸上同畜養也說文
曰田畜也淮南子曰玄田爲畜又丑六許救二切𤲬上同說文云魯郊禮畜从田从兹兹益也㜅媚也鄐晉邢侯邑又姓漢有

1 曹姓
△劉 職韻丁力切 又丁六切
3 嘆
4 籔，笪
5 繒
6 朒
7 詔

鄐熙爲東海太守蓳羊蹄菜又丑六切蓫上同慉起也詩云不我能慉䁕細視○竹說文作𥫗冬生草也象形下垂者箁箬也史記曰渭川千畮竹其人與千戶侯等亦姓本姜姓封爲孤竹君至伯夷叔齊之後以竹爲氏今遼西孤竹城是後漢有下邳相竹曾張六切六竺天竺國名又姓出東莞後漢擬陽侯竺晏本姓竹報怨有仇以讀始名賢不改其族乃加二字以存夷齊而移於琅耶莒縣也又冬毒切厚也俗作笁筑筑似箏十三弦高漸離善擊筑說文曰以竹爲五弦之樂也又爾雅曰筑拾也又音逐水名築擣也䈞[2]古文茿萹茿也似藜赤莖生道傍可食○蹙迫也促也近也急也子六切十七踧踧踖行而謹敬⿰虫就蝍⿰虫就蚷蠖也⿰口叔說文嘆[3]也本音寂慼慼咨慙也噈[5]歁噈口相就也摵到也槭木可作大車輮殧殁也⿰畜欠取氣皃說文本才六切歁⿰畜欠也簦[4]笪也縬縮也又縬文也又側六切敊欸悲皃䐹脚䐹膏澤也顣顣頞鼻頣促皃⿰衤戚好衣皃蹴蹋也又七六切○珿齊也初六切六矗直皃又敕六切齪廉謹皃閦衆也出字統或作閦⿰豆足小豆⿰羽足飛皃○朒[6]朔而月見東方謂之縮朒女六切八恧慙也⿰耳恧上同忸忸怩衄鼻出血又挫也又音肉⿰虫丑⿰虫丑蚭即蚰蜒也⿰衤丑刺也沑蹜沑水文聚○縬縬文也側六切二⿱祝土塞也○蝮蝮蛇又姓乾封元年[7]改武惟良爲蝮氏芳福切八覆反覆又敗也倒也審也又敷救切蕧

蕧葐草又音服䯱廣雅曰假髺也副剖也又敷救切⿰土复地室⿱穴复上同葍葍蕮草名又音富○郁文也亦郁郅縣在北地又姓魯相有郁貢又虜三字姓二氏後魏書云蠕蠕姓郁久閭氏又北方郁原甄氏後改爲甄氏於六切二十戫有文章也彧上同燠熱也又音奧栯栯李又音有俗作⿰木郁噢噢咿悲也墺墺壤䐿鳥胃薁蘡薁澳隈也水內曰澳隩上同又音奧⿱竹奧可以漉米⿰𢆶欠愁皃⿰奧阝姓出姓苑⿰黑或羔裘之縫又于逼切稶黍稷盛皃懊貪也愛也又音奧⿰或欠吹氣也⿰口或喉聲⿰金或[9]溫器○肅恭也敬也戒也進也疾也又州名古月氏國地漢匈奴昆邪王殺休屠王并其衆來降遂置酒泉郡後魏以酒泉爲甘州隋分福[10]祿縣置肅州亦姓出姓苑息逐切二十三宿素也大也舍也說文作宿止也左傳曰一宿爲舍再宿爲信又姓風俗通云漢有鴈門太守宿詳又虜複姓後魏末有賊帥勤宿明達又虜三字姓後魏書宿六斤氏後改爲宿氏又息救切蓿苜蓿史記云大宛國馬嗜目宿漢使所得種於離宮夙早也說文作𠘔早敬也从丮持事雖夕不休早敬者也丮音戟又姓魯大夫季孫夙之後𠈇㑉並古文出說文玊朽玉又琢玉工又姓後漢有玊況字文伯光武以爲司徒鷫說文曰鷫鷞也五方神鳥也東方發明南方焦明西方鷫鷞北方幽昌中央鳳皇⿰叜鳥上同蠨蠨蛸俗呼喜子詩曰蠨蛸在戶又音蕭驌驌驦馬名⿰肅羽⿰肅羽⿰肅羽鳥羽聲又音縮颵風聲

3 筑

鱐魚腊 䃤黑砥石又音篠 𡏺朽玉又姓也 潚深清也亦姓漢有潚河 橚木長皃 𢹬擊也 䑿艒䑿船名 偑偑佩不伸 璛姓也 𢿁打也 ○目釋名曰目默也默而內識也說文曰人眼象形重童子也莫六切十一 睦親也敬也又和睦也亦西胡姓 穆和也美也敬也厚也清也又姓漢有穆生 苜苜蓿 莜莜蓿見爾雅注 牧養也放也使也察也司也食也說文曰養牛人也又姓風俗通云漢有越嶲太守牧根 坶坶野殷近郊地名古文尚書作此坶說文作坶 繆禮記有繆公又姓也又靡幼切 苜苜蓿菜 𢒈說文曰細文也今作𢒈同 𤸱𤸱病 ○囿園囿于六切又于救切二 𠰍吐聲 2 ○蓄蓄冬菜詩曰我有旨蓄鄭玄云蓄聚美菜以禦冬月乏無時也本亦作畜丑六切十 稸上同 滀水聚 苖蓨也又他六切蓨音挑又音剔 蓫羊蹄菜 遂上同 敊病敊皃 傗傗佩不伸 鄐地名在晉 矗直也齊也 ○硳齊頭皃魚菊切一 ○歜說文曰歔歜也才六切一

二○沃灌也說文作渓又姓太甲子沃丁之後出風俗通烏酷切七 鋈白金 鷽魚名又音候 臅膏膜又音屋 瞁瞋目 3 觷治角也又戶角切 䮠馬腹下聲 ○毒痛也害也苦也憎也說文作𡹅厚也害人之草往往而生徒沃切八 𡹅見上注 䓯萹竹草 蝳蝳蜍似蜘蛛 4 瑇瑇瑁又音代 纛左纛又徒号切 𢚩上同 碡碌碡田器 ○篤厚也說文曰馬行頓遲冬毒切十一 竺地名

12 辛

▵蓩 晧韻武道切 又亡毒切

14 𣪠

九・廿八 韻入聲 七 方堅

說文厚也督率也勸也正也說文察也一曰目痛也又姓風俗通云漢有五原太守督瓚[5]俗作督𧞣衣背縫也𧛹䙱並上同鋈

𩞄舌𤮚瓠裻𥓌𥓌砡玉篇云落石也裻新衣聲又先篤切启尻启俗○酷虐也說文曰酒味厚也苦沃切六焅熱氣

𥞤禾熟嚳帝嚳高辛氏也說文曰急告之甚也硞磟硞石狀峼山皃○鵠鳥名又姓姓苑云今東海人胡沃切八皠鳥白

也翯[6]鳥肥澤也詩云白鳥翯翯又音學隺高也𤎥灼也頶鼻高皃𨴸門聲礐石礐○僕僮僕說文曰給事者

也漢書曰太僕秦官掌輿馬亦姓風俗通云漢有渾梁侯僕多又虜複姓後魏書僕蘭氏後改爲僕氏蒲沃切六𥈼[7]古文鏷鏷鍏矢名

案左傳曰魯莊公以金僕姑射南宮長萬字不從金𧒂𧒂蠃又𧒂𧐖蟲轐車𨋶兔也鸈鸈鸔○洬雨聲先篤切二裻新衣聲

○梏手械紂所作也古沃切九牿牛馬牢也䧼鵠[8]䧼鳥名似鵲糕禾皮又地名告又音誥告上曰告發下曰誥郜國名又音

誥祰說文云告祭也𨸶說文云大阜也䶜[9]治象牙也○瑁瑇瑁莫沃切又[10]莫代切五㮘門樞橫梁媢夫妬婦艒

艒䑿船名萺草也○熇熱也火酷切四臛[11]羹臛又音郝嚛食新[12×]也歊氣出皃又音嚻○褥小兒衣也內[13]沃切又而蜀

切四傉虜三字姓有庫傉官氏耨釋典云阿耨搙捻搙○傶邑名又姓將毒切三𣪠[14×]穿也錊姓也○襮黼領博沃

1 濟　4 谷　5 姓　6 舉

切三　犦犎牛出合浦郡　鸔鴝烏鸔水鳥名　○濼水名在齊[1]南盧毒切又力各切一　○㹪白牛[2]五沃切又音岳一

三○燭燈燭也禮曰嫁女之家[3]三日不息燭世本曰石季倫以蠟燭炊又姓左傳鄭大夫燭之武之欲切十三　屬付也足也會也官衆也儕等也經典作屬又音蜀　属俗　矚視也　𦆥綴帶　囑託也　鸀鸀鳿鳥　𧾷小兒行皃　歜吹氣也　噣噣鳿鳥名　蠋蚕也方言云䶂䶅自關而東趙魏之郊或謂之蠾蝓又音蜀　韣弓衣又大欲[4]切　蠋蝺蠋　○玉白虎通曰玉者象君子之德燥不輕溼不重是以君子寶之禮記曰執玉不趨又烈火燒之不熱者眞玉也說文本作王隸加點以別王字魚欲切四　獄皐陶所造說文确也从犾从言二犬所以守也　鳿鸀鳿鳥　頊人[5]頊煩又音勗　○旭說文曰日旦出皃一曰明也許玉切五　頊顓頊高陽氏也又謹勖皃　勗勉也　顱顱顱出聲譜　髗上同　○輂禹所乘直轅車說文曰大車駕馬也居玉切十二　絭纕臂繩也又居願切　鋦以鐵縛物　挶持也　𦥑斂手　梮輿[6]食器也　輂說文曰直轅車轒縛也　𣝗舉食者名　綦靴綦子纏連者說文約也　拲兩手共梏又己奉切　𥿮𥿮屬　觠曲[7]角　○局曹局又分也說文促也渠玉切五　跼踡跼又曲也俛也促也　駶馬立不定　侷侷促短小　𦓔耕也　○蜀巴蜀說文曰葵中蠶也淮南子云蠶與蜀相類而愛憎異也亦作蠋市玉切十二　韣弓衣又徒谷切　蠾

九·四十　韻入聲　八　方堅

8 鬻

9 左傳二字當刪

蠋蝓蜘蛛欘木似柳葉大也襡玉篇云長襦也連署衣也襩上同㑁㑁倲動皃襡短衣又大口切屬附也類也又音燭

屬俗瓙玉瓙鐲溫器又直角切。觸突也尺玉切四觕古文歜怒氣亦人名齊宣王時有高士顏歜或作㑁臅狼臅

膏也。辱恥辱又汙也惡也又姓出姓苑而蜀切十一蓐草蓐又薦也說文曰陳草復生也一曰蔟也褥氈褥鄏郟鄏地名

在河南縟文采溽溽暑濕熱㦸矛戟枝也媷懈惰也嗕囑嗕憐皃又西羌名䵏黑垢鬻大鼎。束

縛也又姓本自踈氏避難除足姓束左傳晉有束晳書玉切二倲㑁倲。欲貪欲也余蜀切九浴洗浴說文曰洒身也洒先禮切

鵒鴝鵒䧤上同鋊炭鉤又銅屑也漢書曰磨錢取鋊輍車枕前也慾嗜慾㹅獨㹅獸谷山谷爾雅曰水注谿曰谷說文

曰泉出通川爲谷亦虜三字姓吐谷渾氏又音穀。躅躑躅直錄切三𨇜上同蠋𧒽蠋蟲名。錄采錄說文曰金色也又錄事職

官要錄云總錄眾事力玉切十七淥淥水名在湘東又姓何氏姓苑有淥圖爲顓頊師𧡫眼曲𧡫也綠青黃色永徽二年始七品

六品服綠飾以銀八品九品服青飾以鍮石至文明元年又改青服碧色醁美酒騄騄駬駿馬名娽隨從又音鹿菉菉蓐草

逯謹也又姓風俗通云漢有大司空逯並後趙錄有金紫光祿大夫廣平逯明西征記有逯明壘云是石勒十八騎中人鯥魚名籙

1 謯　3 慄　5 䠞　趗 遇韻七句切又覰足切　6 賨　7 擧

圖鏃碌碌石綵色本又音祿逯恭逯也諑謯[1]也趢趢趢兒行睩日暗𣪂剥𣪂又[2]聲𣪂○曲委曲說文作凵象器曲受物之形又姓晉穆侯子成師封於曲沃後氏焉漢有代郡太守曲謙丘玉切四鮈魚名苖蠶薄漢書周勃織薄苖爲生亦作笛匤匤匣也○瘃寒瘡也陟玉切七瘃上同孎謹也又陟角切斸斫也又钁也钃上同欘枝上曲一曰斤柄豖豕行皃又丑足切○足爾雅云趾足也又滿也止也從口止即玉切又將喻切二哫楚詞云哫訾慄[3]斯王逸謂承顏色也○贖說文貿也神蜀切又[4]音樹三鸀鸀鞮也又似足切䠞[5]姓也梁四公子䠞𪏿之後○幞帊也又幞頭周武帝所制裁幅巾出四腳以幞頭乃名焉亦曰頭巾房玉切二襆上同○促近也速也至也迫也七玉切六誎飾也趗趗速䠞迫也綀弗綀炙具𤝐宋良犬又七雀切○續繼也連也又姓舜七友有續牙似足切四俗風俗說文習也藚藚斷藥名一曰牛脣又名水舃鸀白鸀韣鞮也○粟禾子也淮南子曰昔蒼頡作書而天雨粟又姓袁紹[7]魏郡太守粟舉相玉切七㮚上同見說文㦛㦛斯涑水名在河東又蘇侯切𣯍𣯍毹罽毛玉西番國名亦姓又香[8]救切又新菊切𠞰細切○䪁絡牛頭封曲切一○㯕㯕樗木名丑玉切七亍彳亍亍粷字書曰糲粷損米趢趗趢兒行豖豕行皃又知足切㙇牛馬所蹈之處豖說文曰豕絆足行豕豕也

九·四十二　韻入聲　九　張榮

10 鸑

四○覺曉也大也明也寤也知也古岳切又古孝切十八　斠平斗斛　角芒也競也觸也說文曰獸角也又角抵戲漢武故事曰未央庭中設角抵戲角抵者六國時所造也使角力相抵觸亦大角軍器徐廣車服儀制曰角前世書記所不載或云本出羌胡以驚中國之馬也又姓後漢有角善叔　桷椽也　較車箱又直也略也又古孝切　較說文曰車輢上曲銅[9]也　玨二玉相合爲一玨　瑴上同　鷽馬腹下聲　觳飾杖頭骨又胡歷切　榷以木渡水今之略彴也　捔掎捔　搉揚搉大舉又音確　⿱𦥯目明也　梏直也又古沃切　傕後漢有李傕　⿰馬隺馬白額　龣樂器　○嶽五嶽也五角切八　岳上同　樂音樂周禮有六樂雲門咸池大韶大夏大濩大武又姓出南陽本自有殷微子之後宋戴公四世孫樂莒爲大司寇　鸑鸑鷟鳳屬國語曰周之興也鸑鷟鳴于岐山俗作⿱獄隹[10]×　⿰岳頁說文云面前岳岳也　觷爾雅云角謂之觷治角也或作礐又音學　⿰扌岳抨⿰扌岳　⿰牛隺說文曰白牛也　○浞水濕士角切十二　丵叢生草　鋜鎖足　灂瀺灂　鷟鸑鷟　捔攙捔組織亦作⿰角殳　澩山夏有水冬〻無水　籗[11]魚罩又[12]音捉　汋說文曰激水聲也一曰井一有水一無水爲瀱汋　齺齒相近皃　嶌速也或作⿺辶嶌　簎取魚箔也　○捉捉搦也側角切七　穛早熟穀　⿰米焦上同　穱稻處種麥　斮斬又側略切　篧魚罩　蕉⿱艹奊毒　○朔月一日又幽朔也命和叔宅朔方北方也又姓何氏姓苑云南陽人俗作朔所角切十二

2 椓　　4 倍

欶口噏也 嗽上同 矟矛屬通俗文曰矛丈八者謂之矟 槊上同 蒴蒴藋藥也 數頻數 箾說文曰以竿擊人又舞者所執

又蘇彫切 ⿱削糸緘也 ⿰木朔木名 揱纖也又長臂皃又相邀切 ⿱罒削⿰扌肅⿱罒削罜不罜 ○斲削也竹角切十九 涿郡名 諑訴也王逸注楚

詞云諑猶譖也 㧻[2]擊也推也 琢治玉 孎謹孎 卓高也又姓蜀有卓王孫 桌古文 ⿱⿰禾尤卓說文曰特止也 啄鳥啄也又丁木

切 斀說文云去陰刑 啅衆口 噣鳥生子能自食 豝龍尾 䐁上同 倬大也 晫明也又敕角切 豛打也 ⿰圭刂說文

云草大也本音到又陟[3]孝切 ○剝落也削也割也傷害也北角切十四 駮六駮獸名似馬鋸[4]牙食虎豹 駁馬色不純 ⿰高交

指聲 ⿰月暴皮破 嚗李頤注莊子云嚗放杖聲又孚[5]邈切 箹箹手足指節[6]之鳴者亦作肑 肑上同 爆火烈又北教切 鸔

烏鸔鳥又博沃切 䯉骱骺 𤿎𤿎皺皮起 ⿰月樂[7]⿰月樂犖亂雜 趵足擊 ○邈遠也亦作邈莫角切九 藐紫草 ⿱貌心說文

美也 眊目少精 皃皃人類狀本莫教切 毣好皃一[8]曰毛濡 瞀目不明也 ⿰扌貌打也 瞐美目 ○雹說文曰雨冰也蒲角切二十 靁

古文 撲相撲亦作撲 跑秦人言蹴 䮝獸名似馬一角 ⿰馬包上同 骲骲箭 鰒魚名 ⿱竹畐竹名 瓝瓜瓝也 瓟上同

⿰瓜交上同出說文小瓜也 ⿱暴言嗃暴⿱暴言大呼說文作暴⿱暴言云大呼自冤也 犦犎牛又甫沃切 豰說文云小豚也 窇廣雅曰窖也 ⿱竹灼

八·七十三　韻入聲　十　張榮

9 劇　△曝 本韻北角切又孚邈切　11 欘

車牽帶也𦢊肉胅起懪煩悶也㩧擊聲又匹角切○璞玉璞匹角切十五撲擊聲又蒲角切樸木素朴上同
又厚朴藥名犦牛未劇[9]攴楚也又普木切小擊也墣說文塊也淮南子曰水勝土也非以一墣塞江圤上同颮颮颮紛紛
衆多皃鞄攻皮之工㬥自冤本蒲角切炦火裂䙙玉篇云久視玌批玌䞳盈財○㱿皮甲又說文曰从上擊下
也一曰素也苦角切十九毃毃打頭愨謹也善也愿也誠也搉擊也又音角確靳固也或作碻碻上同𥀬嚳𥀬皮乾
鷇鳥卵觳盛脂器也燩廣雅云火乾物嶨爾雅云山多大石嶨礐上同塙高也㰒上同𣢂[10]至也高也硞
固也𡉉說文曰幬帳之象隷省作青埆墝埆不平圕鞕聲○濁不清也又姓漢書貨殖傳云濁氏以胃脯而連騎直角切十六
擢拔也抽也出也濯澣濯又姓風俗通云濯輯之後鸐白鸐鳥嬥直好皃藋蒴藋鐲似鈴又音蜀擉[11]爾雅云拘
斸謂之定斸鋤也拘音劬本亦作斫斸斸陟玉切玃獸名鸀小鳥似烏赤喙出西方蠗小蜃名鸐山雉長尾𧮂
龍𧮂㑿不安𩅻大雨𩅻𩅻戳築也舂也本又敕角切○渥霑濡於角切十七握持也偓偓促又姓列仙
傳有偓佺箹小籥幄大帳三禮圖曰在上曰弈四旁及上曰帷上下四旁悉周曰幄楃說文曰木帳也喔鷄聲又喔咿強顏皃

2 正

本韻測角切

○擉又音踔

3 豞

鷽山鵲又音學 葯白芷也 䐊厚脂 䵝屋刑也又作剭 齷齷齪齒相近 媉好皃 葹英蒻 龏燭蔽 嚳誇聲也 ⿱𦥯馬馬腹下鳴 ○搦持也女角切又女[1]戹切六 掉搖也又杖弔切 ⿰角弱屋角一曰調弓也 ⿰角勺上同 搙搵也 ⿰角卓握也 ○逴遠也一曰驚走又作趠敕角切五 趠上同 晫明也 踔跛也 戳授也刺也戳敊痛也敊丑六切 ○犖[2]駁犖牛雜色又卓犖也呂角切三 硞硞確石相扣聲 嚛啅嚛有才辯俗 ○學說文與斆同覺悟也斆今音效又姓出姓苑胡覺切九 确磽确說文曰礐石也 嶨山多大石又音㱿亦作礐 ⿱𦥯皮⿱𦥯皮皷 鷽山鵲赤喙長尾知來而不知往 澩涸泉 觷治角之工 䧿鳥白又胡沃切 翯鳥肥澤 ○吒怒聲許角切十 豞[3]豕聲 ⿱殸革急束 翯鳥肥澤 嗀歐吐左傳褚師聲子韈而登席公怒辭曰[4]臣有足疾君將嗀之說文从口 ⿱艹⿰女包草聲 謞讒慝 瀥瀥瀑水涌 ⿰酉樂醋味 滈水皃 ○娖辯也測角切八 ⿰石剌⿰石剌礫 ⿸足齒齒相近聲 娕恭謹皃 擉司馬彪注莊子[5]云擉鼈刺鼈又音踔 齱漢書云握齱急促也 箹䈰帶 齪開孔具

五 ○質朴也主也信也平也謹也正也又姓漢書貨殖傳云質氏以洒削而鼎食注云理刀劍也之日切又音致十五 晊大也 郅

八冊四

韻入聲 十一

金滋

郁郅古縣名又姓漢有郅都桎桎梏在足曰桎櫍椹行刑用斧櫍蛭水蛭博物志曰水蛭三斷而成三物騭駁馬又書曰惟
天陰騭下民傳云騭定也劕劕劑券也長曰劕短曰劑周禮作質劑銍縣名膭膭脾刀箭瘡藥鑕斧也⿰口質野人
之言懫止也礩柱下石也侄堅也又牢○日說文曰實也太陽精不虧从口一象形人質切五馹驛傳也衵
女人近身衣又女乙切⿰巾刃枕巾也臸到也○實滿也誠也神質切一○秩積也次也常也序也書曰望秩于山川直一切
十二紩縫紩帙書帙亦謂之書衣又姓出纂文袠上同柣門限翐翐翐飛皃姪兄弟之子又音迭妷上同豑
說文云爵之次弟也鉄帆索⿺走臷[6]走皃臷大也○悉說文云詳盡也息七切九厀[7]說文曰脛節也膝上同蟋
蟋蟀蛬也⿱艹膝牛藤又作⿱艹悉本草作膝⿱艹悉上同⿰米悉⿰米悉粲聲⿰亻悉⿰亻悉偦動也窸從穴出也○一數之始也物之
極也同也少也初也又虜三字姓後魏書一那婁氏後改爲婁氏於悉切三弌古文壹專壹又合也誠也輩也醇也又虜三字姓後魏
書云壹斗眷氏後改爲明氏○七數也親吉切十漆水名在岐又姓古有漆沈爲魯相何氏姓苑云今豫章人又漢複姓孔子弟子
漆彫開⿰氵来俗餘倣此⿰桼阝地名在齊⿰桼鳥鳥名桼膠桼說文曰木汁可以髹物从木象形桼如水滴而下也經典通用漆

蕎俗 櫛木名可爲杖也 蓁草似蘇也 榛秦有榛娥臺 ○匹偶也配也合也二也說文云四丈也从八匸八揲一匹俗作疋譬吉切四 鵯[1]鵯鶋鳥 吒[2]吒吒唾也 肶肶牝 ○吉吉利又姓出馮翊尹吉甫之後漢有漢中太守吉恪居質切八 趌趌趨怒走 狤狂也 拮拮据手病詩傳云拮据撠挶也又音結 趌走意 郜郜成山 洁水名[3] 詰黑詰 ○暱近也尼質切七 昵上同 衵近身服 䵒膠䵒 䵑同 蝨小蝨[4] 慝愧慝 ○逸過也縱也奔也說文曰失也从辵从兔兔謾訑善逃也夷質切十二 佚佚樂 佾八佾之舞佾行列也 溢滿溢 軼車過又突也又同結切 鎰國語云二十四兩爲鎰又禮曰朝一溢米注謂二十兩曰溢 泆淫泆 齸廣雅云麋鹿受食處 劮劮豫 眣[5]辟也 駃馬足[6]疾 鴃鋪敊[7]鳥也 ○詰問也責讓也去吉切四 蛣蛣蜣蜋又蛣蝠蝎也 駐馬色 趌趌趨怒走也又音吉 ○欯笑也許吉切五 欪訶也又丑律切 咭笑又巨[8]吉切 恄怖也 佶行也 ○扶打也丑栗切四 咥笑也 眣目不正也 跮跮踱也又丑利切 ○栗堅也又果木也漢書曰燕秦千樹栗其人與千戶侯等又姓漢長安富室有栗氏力質切十九 㮚上同說文作此 𠧳古文 慄戰慄懼也 溧溧水縣在宣州 颲颲颲[9]暴風 𠟨斷也削也 鷅鶹鷅流離鳥 凓凓冽寒風 篥觱篥胡樂 麜麢牡麜牝麜也

11 盩

12 也

13 濳水

轢[10]車聲瓅玉之英華羅列皃纅蒸粟色綵塛塞也擽以手理物蘽草名嘌嘍嘌言不了也嵥山名

○窒窒塞也陟栗切又丁結切十二挃撞挃厔盩[11]厔縣在京兆銍刈也說文曰穫禾短鎌也又古縣名在譙秷刈禾聲𤬪

偺𤬪愛觸忤人也跌手拔物也⿰口窒⿰口窒咄吐呵也⿰齒窒⿰齒窒聲⿺辶窒近也⿰虫窒螻蛄⿰矢至短也○疾病也急也秦悉切十一

⿸疒矢籀文嫉嫉妬楚詞注云害賢曰嫉害色曰妬蒺蒺蔾⿰亻疾廣雅云賊也⿸疒蚤爾雅云蒺蔾蝍蛆郭璞云似蝗大腹長角能食

蛇腦亦作⿸疒蚤蟄揤揤拭⿰忄疾⿰忄疾毒苦也槉屋枅⿰口疾就⿰口疾⿰言疾語急○⿰桼刂割聲也初栗切四⿰率刂上同⿰齒卒齚⿰齒卒也⿰言桼謅⿰言桼陰私

語○失錯也縱也式質切三室房也易曰穴居而野處後世聖人易之以宮室釋名曰室實也人物實滿其中也周書曰黃帝始作宮室呂氏

春秋曰[12]高元作宮室二⿰革室刀⿰革室○堲夏后氏堲周燒土葬也資悉切八⿰口戠鼠聲唧啾唧聲⿰氵七水[13]潛⿰扌七⿰扌七摘⿰虫七

蜻蛚別名蝍蝍飛蟲又音即楖楖栗木名○蜜蜂所作食山海經云穀城之上多蜂蜜之廬亦蟲名彌畢切九蠠上同謐靜也

愼也安也⿰酉益飲酒俱盡榏木榏樹名盜拭器宓安也默也寧也止也淧淧溢也⿰目盜[14]⿰目盜⿰目盜不測也○必審也然也

說文曰分極也从八弋畢吉切二十七畢竟也說文作畢田罔也又姓出泰山本畢公高之後晉有畢卓篳織荊門也說文曰藩落也春秋

1 層　2 風寒　3 鮅　4 咭 本韻許吉切 又巨言切　5 邲　6 柬　7 狭　9 畢

傳曰韠門圭窬蓽上同韠胡服蔽膝說文曰紱也所以蔽前也下廣二尺上廣一尺其頸五寸一命緼韠再命赤韠俗作韡⿰王畢
上同趩漢書曰出稱警入言趩顏師古曰警者戒肅也趩止行人也蹕上同滭滭沸泉出皃亦作觱見詩俗作觱⿰畢殳盡也鷝
鷝鴋鳥名白面青色觱觱篥或作篳說文作觱云羌人所吹角屠[1]觱以驚馬也珌佩刀上飾⿰冫畢寒[2]風熚火皃㜫廣雅云母也彃
射⿰木畢木名縪冠縫也說文止也鮅爾雅曰鮅[3]鱒郭璞云似鱒子赤眼饆饆饠餌也⿰金畢簡⿰金畢爾雅曰簡謂之畢往謂簡札也
俗從金𠦒弃糞器說文方干切箕屬⿰山畢道邊堂如牆也⿰畢皮畫韋曰⿰畢皮⿰礻畢窒竈上祭罼兔罟○姞姓一曰字史記云姞氏爲后稷
元妃巨乙切五佶正也閑也鮚說文云蚌也漢律會稽獻鮚醬二升[4]趌直行狤狂狤○邲地名在鄭又美皃毗必切二十一比比次又毗妣鼻
三音柲偶也馝香也又虜複姓後魏書馝邦[5]氏後改爲邦氏苾說文曰馨香也詩曰苾苾芬芬鞸車鞁[6]佖有威儀也鮩
魚名駜馬肥坒相連飶食之香者縪紟也又必覓切鮅魚名怭慢也泌水狹[7]流又必媚切䣯[8]飲酒俱盡⿰虫必黑蜂吡
鳴吡吡亦作咇𣢑吹𣢑欻咇言不了㚰女有容儀○⿰風日大風也于筆切五𣅂說文曰水流也汩上同蒁草名抶揘抶擊皃○率
循也領也將也用也行也說文曰捕鳥畢[9]也象絲罔上下其竿柄也俗作䢦所[10]律切十帥佩巾又將帥亦姓本姓師晉景帝諱改爲帥氏晉有尚書郎帥昺又

九·九十三　韻入聲　十三　張榮

14 贅　11 筆

所類切 蟀蟋蟀 ⿱帥虫上同 ⿺辶率先導 ⿰率刂割也斷也出埤蒼 ⿰衤率裾䘹短衣 ⿰口率咰飲酒皃 ⿰亻率行皃 ⿴行率循也說文曰將衞也 ○叱呵叱也又虜複姓九氏夏錄有將作大匠叱于阿利西魏有開府叱奴興南陽公叱羅協後魏官氏志有叱呂叱門叱利叱李叱列叱盧等氏亦虜三字姓周有侍中叱伏列龜其傳云代郡西部人昌栗切一 ○齣齧聲仕叱切一 ○密說文云山脊也又靜也亦州名古姑幕城秦琅邪郡隋爲密州因水以名之又姓漢有尚書密忠又漢複姓三氏何氏姓苑云密茅氏琅邪人又有密革氏密須氏俗作峹美畢[11]切十 ⿱必山山形如堂 蔤荷本下白 宓埤蒼云秘宓又音謐 滵滵汨水流皃 沕塵濁 樒香木 ⿱今目[12]不見皃 ⿰密鳥鳥名 ⿰目密⿰目密⿰目密不可測量也 ○弼輔也備也房密[13]切十 弻上同說文作此 ⿰弓攵 ⿱弗力並古文 ⿰禾弗⿰禾弗⿰禾卸禾重生 ⿱弗心輔也 駜馬肥 胇胇肸大皃 邲地名 佖威儀備也 ○乙辰名爾雅云太歲在乙曰旃蒙亦姓前燕有護軍乙逸又虜複姓三氏後魏獻帝命叔父之胤曰乙旃氏後改爲叔氏前燕錄有高麗王乙弗利後魏有都督[14]乙干貴又虜三字姓有乙速孤氏於筆切三 鳦燕也說文本作乙燕乙玄鳥也齊魯謂之乙取鳴自呼象形本烏轄切或从鳥 ⿰壹乙貪也 ○耴贅[14]耴魚鳥狀也魚乙切又女涉切七 聉無知意也 ⿱辟刀斷也 ⿰乡夕水流皃 圪高皃 ⿰舟乙舟行 ⿰乡力動⿰乡力⿰乡力 ○筆秦蒙恬所造爾雅曰不律謂之筆韓詩外傳周舍爲趙簡子臣墨筆操牘從君之後伺君過而書之鄙密切九 潷去滓 鉍矛柄 柲柄也 泌泌㶁水流

捽方言刺也亦作扻 咇咇喞多言 珕青白玉管天之所授 蹕走也 ○茁草牙也徵[1]筆切又鄒[2]律莊月二切一 ○肸肸蠁俗作肹義乙切一 ○暨姓也吳尚書暨豔居乙切又泉[3]既二音一 ○蛭蛭蟀丁悉切又之日切一 ○獝狂也況必切一

六○術技術說文曰邑中道也又姓食聿切十一 述著述說文循也又姓風俗通云魯大夫仲述之後也 秫穀名 朮上同 沭水名在琅邪今沭陽縣在海州 噊爾雅曰危也又音聿 袦爾雅袦謂之褮衣開孔也褮音瑩[4] 潏爾雅曰小沚曰坻人所為為[5]潏謂人力所作又音聿音譎 鱊小魚名爾雅曰鱊鮬鱖鯞又音聿 驈黑馬白髀[6]又音聿 [虫矞]蟠蟥也又音聿 ○橘果名周禮云橘踰淮而北為枳居聿[7]切八 [艹矞]草名 繘汲綆又餘律切 [走矞]走意 [走矞]上同 [酉矞]醟也 [月穴]姓也出韻譜 [月矞]月在乙也 ○崪山高

○踤摧踤又觸也駭蹋也 誶讓也 捽把捽 ○聿循也遂也述也說文曰所以書也楚謂之聿吳謂之不律燕謂之弗秦謂之筆餘律切二十一 鴪飛快 燏火光 遹述也自也一曰遵也 鷸鳥名 驈黑馬白髀又音述 繘汲綆又音橘 [矞風]疾風 潏水流皃 矞說文曰以錐有所穿也一曰滿也 霱霱雲瑞雲本亦作矞 [虫矞]蟠蟥也 建行皃 茟草木初生 欥[8]詞也 鱊小魚名 噊鳥鳴 繂繂長 銉針銉 [羽矞]飛[羽矞] [矞出][矞出]出 ○卒終也盡也子聿切又倉沒切又則骨切五 [歹卒]

9 䘏

12 𢴳 質韻𢴳筆切 又鄭律切 茁

⿰魚卒 鯈鮪別名 欶 飲也玉篇云吮也 啐 啐律聲 ○卹[9] 分賑辛聿切十五 恤 憂恤 戌 辰名爾雅太歲在戌曰閹茂又滅也 訹 謏訹誘也謏蘇了切 珬 珂屬 ⿰言血 靜也又音盡 ⿰朮鳥 小鳥名 賉 賑賉 沭 水流沭沭 ⿰口戌 口鳴⿰口戌⿰口戌 ⿰虫戌 海蟀

鉥 鋸聲 欰 鳴欰欰 ⿰朮几 不能行也 ⿰朮阝 頹下 ○律 律呂又律法也呂䘏切八 寽[10] 持取今寽禾是 繂 繩船上用亦作緈

膟 腸間脂說文曰血祭肉也又作膟 ⿱艹率 音譜云草子甲 葎 蔓草有刺 箻 竹箻以射鳥也 ⿰口聿 鳴也亦作嗶 ○黜 貶下也亦作絀丑律切八 怵 怵惕也 ⿺走朮 走也 炪 火光 ⿰足朮 獸跡 ⿰忄出 憂心也又音窋 ⿰犭朮 獸名 欪 訶也又許吉切 ○⿰忄出 憂心也竹律切八

窋 物在穴皃 絀 縫也 ⿰矢出 短皃 ⿰亻出 上同 ⿺辶叕 走皃 ⿱叕女 面短皃 泏 水出皃 ○朮 藥名直律切三 苿 上同 ⿰火朮 煙 ○出 進也見也遠也赤律切又赤季切一 ○焌 火燒亦火滅也倉聿切一 ○⿰叕出 吴人呼短側律切二 ⿰叕臽 雞兒出㲉聲 ○𢴳[12] 飛去皃許聿切四 怴 狂也 ⿺風戌 小風皃 ⿰目朮 深目皃

七○櫛 梳也阻瑟切六 楖 上同見周禮 瀄 瀄汩水聲 ⿰口節 咇⿰口節 ⿰禾節 秭⿰禾節禾重生秭音彌 ⿰扌節 挃⿰扌節 ○瑟 樂器世本曰庖犧作瑟所櫛切六 ⿺風瑟 ⿺風瑟⿺風思風也 蟋 蟋蟀又音悉 蝨 蟣蝨淮南子云大廈成而燕雀相賀湯沐具而蟣蝨相弔俗作虱

5 又

璱玉鮮絜皃今爲之璱璱者其色碧也 繸繸繸色也亦作[illegible] ○齜齒聲崱瑟切一

八○物萬物也又旗名周禮雜帛爲物說文曰牛爲大物天地之數起於牽牛故从牛勿文弗切九 勿無也莫也說文曰州里所建旗也象其柄有三斿雜帛幅半異所以趣民故遽稱勿勿又作㫚 㫚上同 芴土瓜 岉崛岉高皃 伆離也又武粉切 𨑻遠也 昒尚冥也又音忽 沕沕穆微也 ○弗說文撟也分勿切二十 紱綬也 黻黼黻 綍大索葬者引車 紼上同

芾草木盛也 市說文曰韠也上古衣蔽前而巳市以象之天子朱市諸侯赤市大夫葱衡从巾象連帶之形經典作芾 韍上同 不與弗同又府鳩方[1]久二切 𨚓姓也漢有九江太守𨚓修 翇說文曰樂舞執全羽以祀社稷也周禮作帗 柫[2]連枷杖打穀者出方言 [illegible][3]大也 髴婦人首飾 沷寒冰皃 帗毛毦又音撥 颰風皃 笰輿後笰也 烕煇烕鬼火說文作[illegible] 甶鬼頭

○鬱香草又氣也長也幽也滯也腐臭也悠思也說文曰木叢生者又姓出姓苑紆[4]物切十二 欝俗 灪灪滃大水 爩爩煙氣 [illegible]飴和 黦黃黑色也 𥗼𥗼磈小石 菀藥草又音苑 尉說文作㷉从𡰥火[5]持火所以申繒也亦姓古有尉繚子著書又虜複姓有尉遲氏其先魏氏之別尉遲部因而氏焉後單姓尉唐有將軍尉遲敬德又於魏切 熨火展帛也說文本作尉見上注 蔚草名又曰無子菣也

10 揘

▲疦 没韻呼骨切又音欻

亦州名春秋時屬晉後入趙秦滅趙爲代郡東魏置北靈丘郡周宣帝置蔚州也 鬱 說文云芳草也 ○亥 無左臂也九勿切又九月切十 孓 上同說文作此 𧝎 翟衣 厥 夏曰獯鬻商曰鬼方周曰玁狁漢曰匈奴魏曰突厥出漢書音義又音蕨 屈 屈産地名出良馬亦姓楚有屈平又音詘 鶌 爾雅曰鶌鳩鶻鵃郭璞云似山鵲而小短尾青黑色多聲 趉[6] 走皃 𧰲 豕𧰲土也 𠜾 剞𠜾曲刀 𨃅 律𨃅多力

○屈 拗曲亦姓又虜複姓屈突氏又羌複姓有屈男氏區勿切三 詘 辝塞 蝠 蛣蝠蟲 ○倔 倔強衢物切九 𨃅 足多力也

崛 山短而高 屈 短尾鳥 裾 衣短 ⿸尸⿱犬出 短尾犬 堀 說文曰突也引詩曰蜉蝣堀閱 𧰲 豕𧰲地 掘 掘地 ○佛 牟子曰漢明帝夢神人身有日光飛在殿前以問群臣傅毅對曰天竺有佛將其神也學記曰其施之也悖其求之也佛符弗切九[7] 怫 怫鬱 坲 塵起 岪 山曲說文作岪山脅道也 咈 戾也 𧼮[8] 走皃 刜 斫也擊也 㪇 玉篇云理也 炥 火皃 ○颮 疾風許勿切六 颰 俗

欻 暴起 ⿱欻大 疾也 ⿰口欻 訶⿰口欻 ⿰火豕[9] 火煨起皃 ○⿰風胃 風聲王勿切六 ⿰扌胃 擲也 ⿸尸⿰角犬 羌人吹角 ⿰扌穴 揘[10×]⿰扌穴 ⿰目胃 ⿰目胃⿰目胃見 ⿰彳胃 行也

○拂 去也拭也除也擊也斁勿切十二 ⿰巾弗 韜髮 崫 崩聲 茀 草多 祓 除灾求福亦絜也又音廢 艴 淺色 刜 擊也斫也 乀 左戾曰乀 ⿱髟首 額前飾也 髴 髣髴亦作彷彿 彿 彷彿俗 𧿳 跳也 ○崛 危崛山皃魚勿切一

釳本韻許訖切又魚訖切　乞

九○迄爾雅云至也許訖切九　仡壯勇皃又魚訖切　釳乘輿馬上插翟尾者曰方釳釳鐵也廣三寸又魚訖切　肸肸蠁又許乙切　忔喜也　芞爾雅曰藒車芞輿郭璞云藒車香草又音乞　唏語嗔聲　茵吳王孫休長子字也　汔水涸盡

○訖止也居乙切五　吃語難漢書曰司馬相如吃而善著書也　扢摩也　暨姓也吳有尚書暨豔　𩵂魚游　○疙癡皃魚迄切五　屹屹崪山皃　圪高土　虼虎皃　仡壯勇皃　○趌行皃其迄切二　𢇓譏也　○乞求也說文本作气气音氣今作乞取之乞又虜複姓晉有乞伏國仁太元十年稱秦王於金城去訖切三　芞又許訖切　契契丹夷名出字林

十○月范子計然云月者尺也尺者紀度而成數也王子年拾遺錄曰水精爲月魚厥切十一　刖絕也斷足刑也又五刮切　跀𧿳並上同見說文　軏車轅端曲木也又五骨切　抈折也　扤動也又五骨切　枂鞍枂　鈅兵器　玥神珠　岄山也　○伐征也斬木也又自矜曰伐房越切十四　筏大曰筏小曰桴乘之渡水　栰上同　罰罪罰元命包曰网言爲詈刀詈爲罰罰之言网陷於害　閥閥閱自序　垡耕土　橃木橃說文曰海中大船也　𣅀春米　瞂盾也或作𢧵　拔爾雅云拔龍葛也似葛蔓生葉細莖赤也　茷茷茂皃　䒳蘩䒳草　坺地名　醱酒一醱也　○越墜也于也於也遠也走也踰也曰也揚也說文度也亦吳越又姓句踐之後又

9 鸞

11 行越趣也

12 亅

13 也

虜三字姓後秦録有北梁州刺史越質詰歸王伐切十六　䟄說文踰也　粤辝也于也　戉說文曰大斧也司馬法曰夏執玄戉殷執

白戚周左杖黃戉又作鉞　鉞上同　絨紵布說文曰采彰也一曰車馬飾　樾樹陰　蚏螯蚏似蟹而小　曰辝也於也之也　竬竚立也

娍輕也　瓁劒鼻玉　熭暴乾　柭木名　蛂蠊蛂蚌出魏書　泧大水　○厥其也亦短也說文曰發石也又姓京兆人也漢賜衡

山王妾厥氏居月切十九　乒古文　蹷失腳又走也速也嘉也說文僵也一曰跳也亦作蹙又音橛　蹶說文上同　趉跳䟴　趫上同

瘚氣逆　劂刻刀　蕨蕨菜　蟨獸名走之則顛蛩蛩前足高不得食而善走蟨常爲蛩蛩取食蛩蛩負之而走也　蟩蟩蜉蟲

橜杙也又其月切　𥗥發石　勮強力　欮發也　撅撅撥物也　鱖魚名　孓短也　𠄌說文曰鉤識也从反亅象形　○嫳

嬳嫳婦人皃於月切四　⿱夗食餄和豆又作餢說文作⿱夗豆[9]　噦逆氣又乙劣切[8]　黦黃黑色說文作黦黑有文也　○觼以角發物其月

切十三　鷢白鷢一名揚鳥似鷹尾上白善捕鼠也　橜說文杙也一曰門梱亦作橛　撅[10]採撅亦樗蒲三采名　蹷又音厥　掘

穿也　赶舉尾走也　𢥃強也　鐝磨鐝　趉行越[11]　橛橛株山名　𦜆尾本　乚[12]說文曰鉤逆者謂之乚象形　○闕門觀

也廣雅曰象魏闕也釋名曰闕在門兩旁中央闕然爲道也又失也過[13]不供也又姓出下邳漢有荊州刺史闕翊去月切三　㵐水名

△揭 薛韻丘竭切 又去謁切

5 羊

○茁 質韻徵筆切 又莊月切

在義陽 緜 緜狄衣周禮作闕禮記作屈 ○髮 頭毛也說文根也又姓漢有東海人髮福治詩又有不毛之地莊子謂之窮髮方伐切六 𩮀 說文上同 頿 古文 發 發起又舒也明也舉也闕也揚也說文曰䠶發也 颰 疾風 泼 音弗寒冰又 ○韤 足衣漢張釋之與王生結韤望發切五 韈 襪 並上同 𥄎 舉目使人 㒵 㒵羯東北夷名似高麗 ○颰 小風許月切六 䟐 走兒 㳿 水兒 狘 獸名又走兒 䎀 飛兒 𡻜 山兒 ○謁 請也告也白也又姓風俗通云漢有汝南太守謁渙於歇切五 閼 爾雅云太歲在卯曰單閼又於葛於連二切 暍[2] 傷熱亦作煬瘍 𥦤 說文曰屋迫也 䫻 說文曰色壞也又於月紆[3]物二切 ○歇 氣洩也休息也又竭也許竭切五 蠍 螫人蟲 猲 猲獢短喙犬也 獦 上同 𦪥 𦪥艎大船 ○訐 面斥人以言論語注云訐謂攻發人陰私也居竭切又居列[4]切五 趨 走兒 羯 羯[5]牿 揭 揭起說文曰高舉也 撅 俗 鍻 金鍻 ○擖[6] 擔擖物也本亦作揭其謁切五 揭 上同 竭 盡 碣 碣石海中山名今爲碑碣字李斯造也 楬 表楬閥閱自序名 ○怫 恨怒拂[7]伐切一 ○钀 馬勒旁鐵。語訐切一

十一 ○没 沈也又虜三字姓有没路眞氏出後魏書莫勃切六 歿 死也說文終也又作殁 玶 玉名 頞 內頭水中又烏没切 𣳚 說文曰入水有所取也 葰 草[8] ○𣳚[9] 入水又出兒土骨切一 ○骨 說文曰肉之覈也尸子曰徐偃王有筋無骨亦見史記又

11 炊
12 妖
17 也
18 ⿰𧾷隶

姓古忽切十六 縎 縎結 鶻 鶻鳩又猾猾二音 滑 滑稽謂俳諧也 䮷 ⿰馬骨䮷獸出北海 嗢 夏憂也 淈 說文濁也一曰

淈泥又水出皃 汩 汩沒 愲 心亂 蓇 不實草 尳 膝病 ⿸疒骨 上同 榾 枸榾木也 䓛 刷也或從竹 扢[10] 摩也

⿱人出 出也○勃 卒也又姓世本宋右師之後又梁武帝改豫章王綜姓勃氏蒲沒切二十三 渤 渤澥海名又水皃 馞 馞馬

獸名似馬牛尾一角又音雹 ⿱弜鬲 說文曰吹[11]釜溢也 餑 麪餑 埻 塵起 馞 大香 悖 逆也又音背 秚 秚稡禾所秀不

成聚向上皃 郣 郡名 浡 浡然興作 ⿰孛毛 ⿰孛毛⿰孛毛毛短 ⿱㪍心 昏亂 㪍 㪍卒旋放之皃 誖 言亂 ⿰火孛 煙起皃 桲

榅桲果似樝 孛 星也又[12]怪氣 ⿰孛色 ⿰孛色然不悅 挬 拔也 脖 胦[13]臍 ⿱艹㪍 ⿱艹㪍母 鵓 鵓鴿鳥名[14]○咄 呵也當沒切四 柮

榾柮木頭又五[15]括切 䮷 ⿰馬骨䮷獸出北海 ⿰出骨 鳥鳴豫知吉凶也○宊[16] 出皃他骨切六 梲 大杖也又音拙 𠫓 不孝之子說文

曰不順忽出也篆文从到子 㐬 說文同上或从到古文子 ⿰忄隶 ⿰忄隶忽不[17]悵也說文肆也 ⿰𧾷隶 ⿰𧾷彖[18]也⿰𧾷彖⿰𧾷隶前不進也○突 觸也欺也

說文曰犬从穴中暫出也一曰滑也陀骨切十四 揬 搪揬 腯 說文曰牛羊曰肥豕曰腯 鼵 鳥鼠同穴其鳥曰鵌其鼠曰鼵鼵如人家

鼠而短尾 葖 爾雅曰葖蘆萉郭璞云萉宜爲蔙蘆蔙蕪菁屬紫華大根俗呼雹葖 鶟 鶟鶘[19]鳥名似雉青身白首 堗 竈堗漢書作突

1 閒
2 𣖢榾又傳也
3 一

云曲突徙薪亡恩澤艐艒艐釣船鈯鈍也又小刀也𦓤耕禾閞[1]也㮨榾[2]也又傳者凸凸出皃𠫓說文本他忽切義見
上文鍎覆鍎○頞內頭水中烏没切九膃膃肭肥殟心悶嗢咽也又虜複姓後魏書有嗢盆氏又虜三字姓嗢石蘭氏𣢷
說文曰咽中息不利也本一滑切榲榲桲果似樝也搵手擦物皃淴水出聲馧馧馞大香○忽倏忽又滅也忘也輕
也又十[3]蠶為一忽十忽為一絲呼骨切十七昒尚冥也疢狂病又音[4]欻匫古器寣睡一覺笏一名手板品官所執
天子以玉諸侯以象大夫魚須文竹士木可也釋名笏忽也有事書其上以備忽忘乾急擷也擷呼結切曶說文曰出气詞也篆文本
作曶象气出形𨑾遠也啒憂皃榾高皃𩭹寢熟緫微也𢄙豕屬惚恍惚亦作忽𩗺疾風皃𤸱[5]
睡多○兀高皃又姓後漢改樂安王元覽為兀氏五忽切十六扤動搖杌樹無枝也屼崪屼秃山皃又五屼山名在犍為矹硉矹
不穩皃𨳡𨳡括也又云卒者鼿鼻也𦨐說文曰船行不安也𦨴俗卼臲卼不安也㾾說文曰病也疣俗
軏輗軏又音月𧊏蛤蟹刖刮刖又音月芁艾芁○誖按物聲或作𡋯普没切五昢明旦日出皃哱吹氣聲㛘
㛘乳女字馞香皃○𣪘箭射勒没切五𨁲𨁲硉前不進也硉硉矹𥕐𥕐矹崖狀𣪠𣪠欤不穩又不利也○窟窟穴苦骨

八·九十
韻入聲
十八
秦暉

13 雄　10 十　8 于　6 白

切十五顝大頭皃淈漚池⿰乞頁皃秃矻用心矻矻堀宋玉云堀堁揚塵又音掘⿰貟圣說文曰因突出也本胡八切㧾擊也

圣汝潁間謂致力於地曰圣⿰乞攵敐⿰乞攵不穩⿰土窟土塞𠢴力作⿰山窟⿰山窟屼秃山皃⿰貟骨目突⿰貟骨朏朏臀俗又作⿰月屈○訥謇訥

內骨切五向向口又女滑切肭腽肭抐內物水中⿰歹内殟⿰歹内○窣勃窣穴中出也蘇骨切七⿺麦肖麥屑⿺麦胥上同⿰卒毛⿰卒毛⿰卒毛毛皃

⿰鼻卒鼻鳴⿰率鳥鶉⿰率鳥鳥屑動進皃說文本先節切○猝倉猝暴疾也倉沒切五卒急也遽也又子沒切又將律切⿰歹卒

亡也扨摩也紉切索也○捽手捽也昨沒切六椊椊杌以柄內孔⿰齒卒齚也⿰角卒角始生也崒崒屼山皃⿰骨卒小骨

○麧麧糏漢書云食糠麧下没切五⿰禾乞秳也舂粟不潰也齕齧齒也又胡結切紇絲下也又孔子父名又虜複姓三氏北齊開府

紇奚永樂又有紇干氏紇骨氏又虜三字姓後魏有賊師紇豆陵伊利又胡結切淈淈泥又古忽切○搰掘地也戶骨切十一扢摩也榾

果子榾也出聲譜⿰耳黑耳黨⿰耳骨耳聲⿰扌目牽物動轉鶻鳥名鷹屬又骨猾二音尳膝病⿰扌圂手推也⿸厂骨⿸厂骨露出見字林

滑滑亂也出列子○卒說文隸人給事者衣爲卒卒衣有題識者臧没切又將聿切三倅百人爲倅周禮作卒稡⿰禾弗稡

十二○曷何也胡葛切十一褐衣褐說文云編枲韈也一曰短衣毼毛布鶡鳥似鷄也鬬必至死蝎蟲名

9 燭　7 ⿸广剌　6 止　2 熱

爾雅曰蝤蠐蝎又曰蝎桑蠹餲餅名顯頡顯健也又音歇髑髑骱肩骨骱骨堅㮯木轉皃鞨靺鞨蕃人名出

北土○顯頡顯健也許葛切八歇訶也喝上同猲[1]短喙犬又恐也又音歇⿰臭曷犬臭氣⿰白曷白色暍埶[2]皃⿰香害[3]香氣又呼[4]蓋切

出字林○怛悲慘也當割切十⿱制心驚⿱制心妲妲己紂妃呾相呵炟火起䵣莫䵣縣在五原狚獦狚獸名似狼而赤出山

海經笪竹篾苴蕈苴靼柔革也又之列切○闥門內他達切十三⿰亻達休⿰亻達撻打撻躂足跌澾泥滑獺

水狗⿰魚賴魚名𣥠文字音義云蹈也從反止羍小羊也亦作羍𦍒上同達挑達往來皃又唐割切汏汏過噧多言

也○遏遮也絕也止也烏葛切十一齃鼻齃頞上同堨擁堨閼止也塞也又於連切胺肉敗臭論語作餲食臭也

餲食傷臭又於[5]介於罽二切靄雲狀又於蓋切咹小[5]語⿷匚欠大呼用力⿸广曷屋迫○剌僻也戾也盧達切十六⿱剌手

研破辢辛辢⿱艹剌⿱艹剌蒿瘌癆瘌不調攋撥攋手披也糲麤糲癩疥癩又音賴⿸广束[7]廣雅曰庵也亦獄室也

轢車轢著又歷洛二音⿱剌巾拂著⿱剌齒[8]⿱剌齒聲⿰王剌玉名⿰目剌目不正楋木名蝲蝲蟽○渴飢渴又虜複姓二氏後魏書渴

侯氏後改為緱氏渴[9]單氏後改為單氏亦虜三字姓後魏書北方渴獨渾氏後改為朱氏苦曷切八⿰渴欠古文⿸疒曷內熱病也鶡鶡鴠

八·七十四　韻入聲

吳益

10 獻

11 褻

13 𠯈

17 廣雅以下十七字當刪

20 隡

22 予

嵑嵑嶭山皃磕石聲䯦肩髆稭禾長也○達通達亦姓出何氏姓苑又虜複姓三氏後魏[10]憲帝弟爲達奚氏又達勃氏

後改爲褎[11]氏周文帝達步妃生齊煬王憲[12]唐割切二薘馬舃草名○巀巀嶭山名在右扶風才割切又才結切四囋嘈囋鼓聲或作啐[13]

囐上同擵擊也○嶭五割切又五結切十三𨏥車載高也屵高山狀枿伐木餘枿𣟈頭[14]戴皃說文曰伐木餘也櫱

上同書作蘖不古文從木無頭𠯈毀讀[15]曰𠯈擵擊也又才割切𠯑𠯑𠯑嘈嘈戒也說文曰語相訶距也歺說文曰列骨之殘也凡從

歺者今亦作[16]歹頇無髮齾獸食之餘曰齾○葛葛藟[17]廣雅云苑童寄生葛也一名寓木又名寄屑亦姓後漢有潁川太守葛興古達切十

𥳑𥳑𥱦桃枝竹名獦獦狚獸也割剝也害也斷也截也騔[18]馬走疾也匃[19]乞也亦作丐又音蓋轕轇轕戟形也又轇轕驅馳

皃𨞯鄉名在南陽𥢷禾長也𤃬水名又漻𤃬波勢也○躠跋躠行皃桑割切九薩[20]釋典云菩薩菩普也薩濟也能

普濟衆生也摋抹摋公羊傳曰宋萬臂摋仇牧碎首何休云側手曰摋𥽫放也若𥽫蔡叔是也說文曰𢗉𥽫散之也𠵯音變攃

攃攃聲𥱦𥳑𥱦桃枝竹也薩失薩夂辢俗云辢辣○攃足動草聲七曷切三縩縠屬出淮南子礤麤礤○捺

手按奴[21]曷切三瘵痛也蛆蠆螌○藒菜似蕨生水中矛[22]割切一

1 首　3 明　△般 刪韻布還切又音鉢

十三○末 木上也無也弱也遠也端也亦姓姓苑云本姓秣氏後去禾又虜三字姓後燕録襄城公末那樓雷莫撥切二十七 昧 星也易曰日中見昧案音義云字林作昧斗杓後星王肅音妹 頢 頢顯健也 眑 遠視又不正視又莫拜切 䞣 麲也 醆 醬也 䬴 馬食穀也 秣 上同 筞 捕鰌竹器 靺 靺鞨蕃人出北土 韎 韎韐大帶 苜[1] 説文曰目不正 粖 糜[2]也又亡結切 鬻 上同 穢 米和細屑 鮇 魚名 眛 目不正[3]也 抹 抹摋摩也 妹 妹嬉桀妃[4] 佅 佅離肥皃又西夷樂名 怽 忘也 坺 壤也 瀎 塗拭 䳟 鳥名 沫 水沫一曰水名在蜀又武泰切 䄷 䄷艳色不深也 袜 袜肚 ○柌 去樹皮又柮柌柱頭木五活切一 ○柮 藏活切一 ○撥 理也絶也除也北末切十六 癶 足刺癶也 襏 蠻夷蔽膝[5] 茇 草[6]茇 鉢 鉢器也亦作盋顏師古注漢書曰盋食器也 盋 上同 䳊 鳥名又音拔 鱍 魚掉[7]尾也 迖 急走 髮 髮鬢多鬢皃 襏 襏襫蓑雨衣也 帗 一幅巾 怖 意不悦皃 艒 大船 驋 馬怒 茷 箄茷 ○鬢 姊末切六 撥 逼撥 潑 潑濺 刢 刺刢不淨也 蹳 蹩蹳行皃出新字林 濺 水湍頭起 ○括 檢也結也至也古活切二十一 活 水流聲又乎括切 㶥 上同 髺 結髺 檜 木名柏葉松身又工外切 桰 上同見書 聒 聲擾 苦 説文曰苦蔞果蓏也 菰 菰藪同上 䳬 鶬䳬韓詩云孔子渡江見之異衆莫能名孔子嘗聞河上人歌曰䳬兮鶬兮逆毛衰

11 頢　12 古字當刪　15 舀　16 踃

八八十二　韻入聲　二十　余敏

兮一身九尾長兮鶬[8]鴰也萿爾雅曰萿麋舌郭璞云今麋舌草春生葉有似於舌适疾也銛說文曰斷也佸會計曰佸
頢小頭皃劀斷也萿蔈萿瑞草䯏骨端懖愚懖無知說文曰善自用之意也引商書曰今汝懖懖𦧇古文筈
箭筈受弦處○闊廣也遠也疏也苦栝切六蛞蝦蟆子名筈箭筈又音栝适疾也又音栝𧿳[9]蹩𧿳𤬪瓜𤬪[10]
○活不死也又水流聲戶括切八𣶤水流聲𥙿祠也越鄭玄云瑟下孔又云蒲爲席又音粵或作趏鬠以組束髮
佸佸會秳舂穀不潰也姡姡靦也又音刮○奪左傳曰一與一奪徒活切八𡙇上同敓強取也古奪字古周書曰敓攘矯虔亦姓[11][12]
脫肉去骨亦姓出姓苑又土活切挩解挩莌活莌草名生江南高丈[13]許大葉莖中有瓤正白痥[14]馬脛傷也鮵爾雅曰鰹大鮦小者
鮵○豁豁達呼括切八𧮰上同奯大開目也濊水聲濊上同泧瀎泧𣁁[15]飲水眓說文曰視高皃○斡轉也
烏括切九焥火煙出䀹目開皃捾捾取也𣁁上同嬒方言云嬒可憎也或作懀又烏外切𥇣目深黑皃睕
小嫵媚也𥄕說文云捾目也○繓結繓也子括切三撮撮挽牽也又七活切攥手把○鏺兩刃刈也普活切說文又
讀若撥十三撥芟撥蹳蹋[16]草聲抪推抪𨠁酒[17]氣醱醱醅酘酒潑水潑䁅目䁅眛不明皃鱍魚掉

1 艳

▲棁 蔡韻舒芮切 又他活切

2 ⿰骨齒

尾又音撥袚衣袚也⿱癶色⿱癶色挹無色⿰羊巿牯羊⿰口癹譙⿰口癹人言○侻侻可也一曰輕他括切五挩除也誤也遺也又解挩或

作脫脫骨去肉又徒活切莌又徒活切棁大棒亦木棁又音拙○捋手捋也取也摩也或作寽郎括切五寽削寽也蛶

蚵蛶蟲又音劣⿰牜寽駁⿰牜寽⿰木寽木名又音劣○掇拾掇也丁括切八剟削也擊也鵽鵽雀又當刮切腏挑取骨間肉也祋

祋祤縣名又都外切咄又都骨切裰補裰破衣也敠敁敠知輕重也又敠敪食不喚自來○撮六十四黍爲圭四圭爲撮撮手取倉

括切二襊緇布冠詩作撮○跋跋躠行皃又蹎也蒲撥切二十五⿰足巿行皃⿺走巿上同⿺走犮上同魃旱魃⿸广犮舍也

軷將行祭名䣮酒氣馛香氣炦火氣颰風皃癹除草說文音鏺妭鬼婦文字指歸云女妭禿無髮所居之處

天不雨說文曰婦人美皃犮犬走皃⿰角發弋鳥具說文音廢拔迴拔又虜複姓三氏後魏有都督拔略昶出賀拔勝傳又有夏

州刺史拔也惡蚝官氏志有柯拔氏又虜三字姓後魏書拔列蘭氏後改爲梁氏又蒲八切胈夏禹治水腓無胈脛無毛韋昭云胈股上

小毛也鈸鈴鈸䳊鳥名似梟駊駊⿰倝馬蕃中馬也菝菝葀瑞草坺一臿土也又音伐⿸雲犮雲氣茇草木根也⿰骨犮肩髆

十四○黠黠慧也又堅黑也胡八切四⿰骨齒齧聲⿱艹黠麻莖⿵門吉門聲○札簡札釋名曰札櫛也編之如櫛齒相比也

八○八十五

韻入聲

二十一

劉昭

3 殺 薛韻陟劣切 又莊殺切 △蠿

6 搰　7 杷　9 黄　11 覈

八·八十五　韻入聲　二十一　劉昭

又牒也署也側八切六殺[3]癘疾蚻小蟬紮纏弓弝也鴶鳥雜蒼色扎扎拔也出家語。拔拔擢又盡也蒲八切
又蒲撥切三茇茇葀狗脊根可作飲⿰矢犮⿰矢犮⿰矢吉短人。⿰吉瓜勁也恪八切十二擖說文刮也一曰撻也劼用力又固也慎
也勤也鬜禿鬜也⿱髟契上同㓤巧㓤⿰吉刂剝刮硈石狀說文堅[4]也一曰突也葀茇葀草⿰矢吉⿰矢犮⿰矢吉短人咭鼠鳴
㪣擊也。滑利也亦州名春秋時爲衛國秦爲東郡後魏以東郡屬司州周改爲滑州因滑臺以爲名又姓風俗通云漢有詹事
滑典又音骨滑稽也戶[5]八切八猾狡猾書傳云猾亂也⿰魚骨魚名鳥翼出入有光音如鴛鴦見則天下大旱出山海經磆
磆石藥螖蟚螖似蠏而小⿸麥穴麴名趏走趏鶻鶻鳩又[6]音骨榾。八數也博拔切十馲馬八歲朳無齒[7]把也
捌上同扒破聲玐玉名釟[8]金類咧咧咧鳥聲玐玉聲釟治金。窡說文曰穴中見也丁滑切五⿳穴叕口說文
曰口滿食娺婠娺好皃鵽鵽[9]雀聉無所聞也。婠烏八切六⿰吉斗⿰吉斗取物也嗢咽也又烏沒切⿰骨欠說文曰咽中息不利
也穵手穵爲穴嗗飲聲。豽獸名似狸蒼黑無前足善捕鼠說文作貀女滑切四貀上同㕯言逆下也又女骨切
肭膃肭肥皃。⿰齒截[10]齒利又磣⿰齒截初八切七蔡草蔡察監察也諦也知也至也審也案也說文云察覆[11]也詧言微親詧也今通

用亦姓出何氏姓苑詧上同櫒木名䁟視䁟䰩羅䰩鬼亦作魕○劀說文曰刮去惡創肉也周禮曰劀殺之齊古滑切三劀俗鱊魚名○戛指也常也禮也說文戟也古黠切十八扴揩[1]扴物也圿垢圿稭[2]說文曰禾稾去其皮祭天以爲席也鴶鴶鵴鳲鳩楔櫻桃又先結切秸秸稾骱[3]䯣骱小骨鞂草鞂砎礣砎小石忦恨也嘎嘎嘎鳥聲契刮也利也䴈䴈鷬鳥又音絜袺執衽又音結樺鼓也磍[4]轄磍搖目吐舌又感怨皃頡漢書有頡羹侯○軋車輾烏黠切十圠山曲揠拔草心也嫼嫉怒猰猰貐獸名食人迅走猰上同穵說文云空大也䁙目相戲皃𩵎鱖𩵎魚名窫窫窳國名○殺殺命說文戮也所八切七煞俗鎩鳥羽病又長刃矛也𣻬水也帴[6]二幅蔱茱萸榝似茱萸而實赤又山列切○𠐻𠐻𠐼健皃莫八切七䀛惡視齂氣息䯣䯣骱小骨𪑧黑也睰視睰礣礣砎小石○㑆呼八切二䀐視也埤蒼云怒視皃○疟瘡痛女黠切三瘵上同𧝬奴人衣○䯦屈也五骨[7]切三聉無知之意䏘無耳吳楚語也○劼力作也口滑切又音窟一○汃西極水名普八切四𪗒齒聲𥐗石破聲𨊻車破聲○茁草初生鄒滑切一

14 之字當刪

10 敌 畫

9 ⿰余刀

十五。鍻車軸頭鐵胡瞎切十五　舝上同出說文　轄上同說文車聲也一曰轄鍵也　⿰齒吉齒聲　鶷鶷鶡
鳥名似伯勞而小　砎礣砎硬也礣慕轄切　⿱舝䖵螻蛣別名　⿰王舝石似玉也　⿱艹害野蘇　⿰頁坙因突出也　鎋束物也　⿰食害
食飽　⿱竹害拾⿱竹害　⿰害力用力[8]　⿱舝手手⿱舝手。⿰葛鳥乙鎋切五　⿵門曷門扇聲　⿴囗曷駱駝鳴也　呾相呼聲又當⿰車辛切　尬尲[9]尬屈強也
。齾器缺也五鎋切四　聐聐額無所聞也　⿱髟害禿⿱髟害　⿰山齾山中絕皃。刹刹柱也初鎋切二　⿱艹刹掃地惡草。⿰禾曷
木虎止樂器亦名敔也枯鎋切四　楬上同見禮　磍剥也　趏走皃。瞎一目盲亦作⿰目曷許鎋切四　⿰齒吉齒堅聲　⿱髟曷
⿱髟曷⿱髟契禿皃　⿰曷力力作⿰曷力⿰曷力。獺獸名他鎋切又他達切一。刮刮削古頒切五　鴰鶬鴰鳥毛逆九尾又音括　劀利也
又古滑切　祮禳祠名　趏走皃又枯鎋切。頢短面皃也下刮切七　⿰氵頢言不了又不淨　⿰身舌繒細　敌[10]畫皃　舌
塞口說文作𠯑話栝之類从此　姡面醜[11]　咶息也。⿰充頁⿰充頁頭強可皃丑刮切二　⿰氵⿰充頁⿰氵⿰充頁。鵽爾雅曰鵽鳩[12]寇雉郭
璞云鵽大如鴿似雌雉鼠腳無後指岐尾爲鳥憨急羣飛出北方沙漠地丁刮切又丁[13]括切三　窡穴中出皃　錣策端有鐵。刷
刷拭也數刮切又所劣切一。刖去足亦槷刖危之[14]皃五刮切又音月四　⿰耳月說文曰隓耳也　⿰歹月獸食殘皃　⿰言月訶也

1 又
2 礸 礸硏
4 二
8 猛

八·四二

○黷黑也初刮切二　剿斷也又之芮切[1]　○礸[2]礸硏莫鍣切四　帓帓帶　帕帕額首飾　擸打擸　○妠婠妠小兒肥皃女刮切三　瓲甂也亦作𤬪　袦下人帶襦名　○捌方言云無齒杷百鍣切二　朳木名　○鴰䳘鴰鳥名似鳧古鍣切四　擖刮聲也又揵也架也折也　䯧秃皃　猰雜犬[3]　○鐁秦人云切草查鍣切三　積農具也　汃汃汃水流也　○哳嘲哳鳥鳴也陟鍣切四　戛戛好出證俗文　𧵈斷貨也　眣目露皃出聲類　○髾細毛也而轄切一

十六○屑動作屑屑又清也敬也顧也勞也說文作屑先結切十一[4]　楔木楔　揳攕揳不方正也　躠蹩躠旋行　榍木名說文限也　糏米麥破也　僁動草聲又云鷙鳥之聲又僁僁呻吟也亦作偦　偰儀偰淨也　㴽瀎㴽水皃[5]　𡲬草名[6]　𦜸臆中脂　㩧揲㩧　○切割也刻也[7]近也迫也義也說文折也千結切八　𡁠小語　𪘱𪘱齒也　竊盜也又淺也　柣爾雅曰柣謂之閾又音秩　沏水聲　𨁈𨁈跌　詧說文曰言微親詧也又音察　○結締也古屑切十五　絜說文曰麻一耑也　潔清也經典用絜　鍥鎌別名也　鐭上同　桔桔梗　㮩㮩槔汲水具也　𧽉走皃　䳘䳘鶡鳥名　鶛古轄切　袺詩傳云執衽曰袺　拮手口共有所作詩曰予手拮据　狤狤狤[8]獸名　魝割治魚也　𡗗頭傾皃　蛣

韻入聲

二十三

方至

9 即　10 奎　13 ⿸疒爲

蠸蟆蟲名○節操也制也止也驗也說文曰竹約也子結切十三卩說文曰瑞信也凡從卩今作卩癤瘡癤蝍蝍蛆蜈蚣
又音節[9]楶屋梁上木⿰氵截小灑⿰火節燭餘岊高山皃⿱髟截說文曰束髮少小也⿰魚節魚名幯幯拭㔾
說文治也本房六切⿰衤截小衣○血釋名曰血濊也出於肉流而濊濊也呼決切十二⿰目血⿰目窐⿰目血惡皃⿱穴矞穿皃⿱穴皿上同
⿵門夬⿵門矞⿵門夬無門戶也泬泬寥空皃疦瘡裏空也又音玦瞲驚視皃決莊子云決起而搶榆枋決小飛皃⿰言穴怒呵
⿱艹血草皃坹穴也○闋終也苦穴切四湀爾雅云湀闢流川又揆圭[10]二音鈌器破⿵門矞⿵門矞⿵門夬無門戶也○玦珮如
環而有缺逐臣賜玦義取與之訣別也古穴切二十六潏泉出皃又水名在京兆又音聿眏目患譎譎詐訣訣別觼環有
舌也⿰角复上同說文鐍亦同又扃鐍出莊子駃駃騠良馬生七日超母也芵芵明菜花黃芺上同趹馬疾
行也鴂鶗鴂鳥名關西曰巧婦關東曰鸋鴂春分鳴則衆芳生秋分鳴則衆芳歇鈌刺也又乙[11]穴切⿱⿱𠂊臣夬[12]獸名似狸決流行
也廬江有決水出大別山人斷也破也俗作決觖觖望怨望也又羌瑞切騤爾雅馬回毛在背曰騤⿰馬廣⿰馬廣音光亦作闋廣⿰木夬
梡也又小盂也疦說文[13]爲也蚗蛥蚗蟪蛄蟲名趹足疾憰憰妄語也⿰衤矞衣袖⿰月夬孔⿰月夬抉縱弦彄也○穴窟也

△鈌 本韻古穴切 又乙穴切

2 利 3 蕛 4 剌

6 鐵·鐵

丹穴山名鳳皇所出胡決切四 坹空深皃 ⿰糹穴說文縷一枚也 袕鬼衣又長衣也 ○抉抉出於決切六 穾穿皃 妜

娋也 焆火光也 䀏目深皃 ⿱穴抉說文曰深抉也 ○姪姪娣公羊傳云兄之子徒結切三十五 眣目出 昳日昃

胅骨胅 凸高起 垤蟻封又曰冢前闕也 耊老也八十爲耊亦作耋 迭遞也更也道也 跌跌踼又差跌也 絰繞絰

驖馬赤黑也 嵽嵽嵲高山 軼車相過又音逸 䮚馬行疾也 ⿵門失閶⿵門失鄭城門也左傳作桔柣 瓞瓜瓞 咥

笑也又齧齒也易云履虎尾不咥人亨又火至[1]丑栗二切 墆貯也止也 戜剔[2]也又國名在三苗國東出山海經 苵爾雅曰蕛[3]苵郭

璞云蕛似稗布地生穢草 蛈爾雅蛈蛋注云蝮屬大眼最有毒今淮南人呼蛋子 鴩爾雅云鵻餔枝 荎剌[4]榆又音治[5] ⿰齒至

齧齒堅聲又竹一切 ⿰扌窒擿也 恎惡性 詄忘念 摕捎取 鴲鳥名 ⿰口耋齧齒堅 ⿱山耋⿱山耋嵲皃山皃 泆泆蕩 ⿰石失砲⿰石失

趃大走 懘懘懘不自安也 ○鐵說文云黑金也神異經云南方有獸名曰齧齒鐵大如水牛色如漆食鐵飲水其糞可作兵器其

利如鋼也又虜複姓赫連勃勃改其支庶爲鐵伐氏云庶朕宗族子孫剛銳如鐵皆堪伐人也又作鐵[6]俗作鐵他結切八 銕古文 僣

僣侻狡猾 餮貪食說文作飻貪也 飻上同 蛈爾雅曰王蛈蝪郭璞云即螲蟷似鼅鼄在穴中有蓋今河北人呼蛈蝪 ⿰扌鐵捅⿰扌鐵

八•七十九 〈韻入聲 二十四 方至

9 奊

10 涅下從呈者竝當從𡈼

12 昌

見出字林驖馬赤黑也○纈綵纈胡結切二十一閪閪闋義見闋字擷捋取又虎結切𢷕縛也頡頡頏詩傳云飛而上曰頡飛而下曰頏說文曰頡直項也又姓風俗通有頡衞古之賢者頁頭也齕齧也又乎沒切紇絲下也又乎沒切襭以衣衽盛物也絜爾雅河名即九河之一也又古節切𥌾瞸𥌾目赤䕵龍䕵草也䶊鼠名又胡狄切翓翓翓飛上下𦢊膜𦢊掔牛很又[8]口殄切[9]奊頭邪籺屑米閴門聲𪌭麥𪌭不破覈邀覈○[10]涅水名出東郡又水中黑土奴結切十二捏捏捺𦯔菜似蒜生水邊埕塞也呈上同篂爾雅云大管曰簥其中曰篂小者曰篎苶苶然疲役又乃叶切𥓇礬石別名瘪疾病㖕㖕呵腥腫也𦹵草也○巀廣雅云盛也斷也或作𧽄巀餘傚此[11]昨結切七傍出山峯又前也𡵉子結切巀巀嶭山名又藏活[12]切蠞蠞似蟹生海中𦽋草𦽋𩞁食○齧噬也亦姓莊子有齧缺五結切十三霓虹又音倪蜺寒蜩又音倪嵲嵽嵲槷危槷臬禮注云門橜也爾雅云在牆者曰楎在地者曰臬嶭巀嶭又五割切臲臲卼不安書作杌隉隉見上注䙊裗䙊峊山高皃說文作嵒本音孽闑門闑中也𡿧屼𡿧山皃○蔑無也說文曰勞目無精也从苜戍人勞則蔑然也苜音末莫結切二十三懱輕懱𥌛目赤說文云目眵也

俗作䁾㩢㩢揳不方正也蠛蠛蠓篾竹皮幭帊幭鱴魝鱴魛今鮆魚也𥿋細也出蒼頡篇衊汙[1]血

也出說文𨣿𨣿心小也心即列切㒝㒝僣多詐瞣汙[2]面莧火不明皃覕不相[3]見皃鸌鸌[4]雀穖莊子謂之禾也

鴓繼英鳥名瀎瀎泧糆糒粖也瞨瞨頡粖糜也又亡[5]達切鬻上同○彆弓戾或作𢏢方結切九䌕

輓又普蔑切閉闔也塞也俗作閇又博計切鞴刀飾名奭大也繁繩編劍帶捌捌柲也襒褙袖褾袂也

勓大力之皃○噎食塞又作咽烏結切六饐糭屬窫靜也又音翳蠮蠮螉狛獸名似牛白首四角出山海經

咽哽咽○揳揳扤不仁苦結切九䫔頡䫔短皃挈提挈又持也𤬪𤬪瓶受一升[6]也奊奊𡗟多節目也奊練

結切契契闊又苦計切栔爾雅云栔滅殄絕也鍥刻也又斷絕也又古屑切蛪蛪蠅蟲又蛪蚼似蟬而小○昚肥[7]狀

虎結切六䙷急繫擷又胡結切㨝擷束又下結切襭襭襦覔見[8]也○撆小擊又略也引也亦作撇普蔑切十

丿左[9]戾憋憋然瞋也瞥暫見亦作覕又芳滅切馝小香也䌘韻略云駁右迴又方結切嫳輕薄之皃𩗗

𩗗小風皃鐅江南呼犂刃瞥瞥日落勢也○蹩蹩躠旋行皃一曰跛也蒲結切十四捑[10]反手擊也𩔰顛頰癟[11]

[13] 衷

[14] 海

戾㶉不正䭯香也又音瞥咇咇語也又口香苾菜名說文曰馨香也又頻必切馝香也䏟䏟沓肥也飶食香蛂
蛂蟥蛢甲蟲也柲支柲㤸[12]醜氣襒襒衣亦作𧝓○窒塞也丁結切又陟栗切七䁟䁟䀏蛭水蛭又音質㗧㗧咄咥
蛇咥氏蕃姓𨵃門閉囶下入○㚗㚗𡗝多節目也練結切七戾罪也曲也戾至盭並又力計切捩拗捩出玉篇綟麻綟
唳嘍唳鳥聲盭綟色也夨左曰夨也
十七○薛國名亦姓出河東新蔡沛國高平四望本自黃帝任姓之後裔孫奚仲居薛歷夏殷周六十四代爲諸侯周末爲楚
所滅後遂氏焉說文作薛艸也私列切十九𨦁田器紲繫也左傳曰臣負羈紲杜預云紲馬韁也亦作絏俗作靾緤上同
褻裏[13]衣辥說文辠也凡從辥者經典通作薛泄漏泄也歇也亦作洩又姓左傳鄭大夫洩駕又餘制切渫治井亦除去又
姓渫子古賢者出韓子禼字林云蟲名也又殷祖也或作偰又作契𥜇古文媟狎也慢也說文嬻也齛亦作齥爾雅云
羊曰齥糏䊆糏潰潰注暬晦[14]也絬堅絬𢅺殘帛又音雪疶痢也亦作𤵸𨐬斷也○列行次也位
序也又陳也布也說文作𠛱分解也亦姓鄭有列禦寇著書十八篇良辥切二十𠛱上同迾遮遏蛚蜻蛚蟋蟀烈

1 鳥
2 蛆
4 說文楬櫫也
6 檀

刀魚也一名鱴刀今鮆魚也 烈光也業也又忠烈又猛也熱也火也 洌水清也潔也 冽寒也 裂擘裂破也左傳曰裂
裳帛而與之 茢禮注云桃茢可以爲帚除不祥說文芀也 颲風雨暴至 鴷啄木[1] 栵細栗爾雅云栵栭今江東呼爲栭栗楚呼
爲茅栗也 㤠憂心 挒埤蒼云捩也 ⿱列馬次第馳馬 埒塍也 𡿪水流皃 ⿱列女美也 ⿰禾列說文曰黍穰也 ○哲智也
陟列切五 悊 喆並上同 嚞古文 蜇螫也亦作蛆[2] ○傑英傑特立也又俊也渠列切十四 桀磔也又夏王名 竭
盡也擧也 碣說文曰特立之石也又[3]東海有碣石山 楬有所表識說文桀[4]也春秋傳曰楬而書之 榤鷄栖於杙[5] 揭高擧又揭
許二音 渴水盡也 嵥嵥嵲高皃 滐水激迴出海賦 櫭木釘名 偈武也 杰梁四公子名䶫杰也 搩強暴
○熱釋名曰熱爇也如火所燒爇如列切二 苶疲役皃 ○晢光也旨熱切九 晣上同 浙江名在東陽一曰浙米也 折
拗折又虜複姓南涼禿髮傉檀[6]立其妻折屈氏爲皇后又常列切 靼柔皮 ⿰革亶古文 ⿰革折俗 ⿰月折肘皮也 ⿰目折目明 ○舌口中
舌也山海經云長舌山有獸名長舌狀如禺而四耳出則郡多水又姓左傳越大夫舌庸也食列切四 揲數著又思頰[7]切 蛥蛥蚗蟪蛄別名
鞨治皮亦作剔 ○折[8]斷而猶連也說文斷也又作斳常列切一 ○孼臣僕庶孼之事謂賤子也猶樹之有孼生也說文曰庶子也魚

9 𤄙　10 𤄙　15 批　16 竭　18 陽

九・十三　韻入聲　二十六　沈思恭

列切十二 糵 麴糵說文曰牙米也 讞 正獄說文作獻[9]議辠也與法同意 獻[10] 上同 蠥 祅[11]蠥說文曰衣服謌謠艸木之怪謂之祅禽獸蟲蝗之怪謂之蠥 孽 俗 闑 門中礙也 峊 山高皃說文作峊危高也又藝[12]哲切 钀 馬勒傍鐵 櫱 [13]木餘又姓何氏姓苑云東莞人本姓薛避仇改之 䶬 龍髻脊上䶬又丁[14]篋切 𨌭 高皃 ○滅 盡也絕也亡列切二 搣 手拔又摩也[15]批也捽也

○朅 說文去也丘謁[16]切又去謁切五 揭 高舉也又擔也 藒 藒車香草 愒 息也 𡒃 玉篇云𡒃界也 ○鷩 雉屬似山雞而小周禮有鷩冕并列切七 鼈 魚鼈俗作鱉鼈 虌 蕨菜 𨛹 水名在牂牁 𡐊 大阜 憋 急性皃 𪇊 𪇊鷗 ○絕 斷也作絕非情雪切一 ○蕝 束茅表位子悅切又子芮切三 㔶 㔶斷物也 𨼲 隔𨼲 ○雪 凝雨也元命包曰陰[18]凝爲雪釋名曰雪綏也水下遇寒氣而凝綏綏然下也又拭也除也相絕切四 䨮 上同出說文 憏 憏縷桃花今製綾花 㨹 滅㨹 ○𤿂 皮破丑悅切一

○悅 喜也脫也樂也服也經典通用說又姓後燕錄有悅綰弋雪切七 說 姓傅說之後又失爇始銳二切 閱 簡閱也又閥閱 蛻 蟬去皮也又他臥他外舒芮三切 娧 姚娧美好又他會切 蔎 草名似芹 莌 草生而新達曰莌也 ○缺 少也說文曰器破也傾雪切二 蒛 蒛葐草也 ○噦 逆氣乙劣切一 ○爇 燒也如劣切五 焫 上同見禮 蜹 蚊蜹又如銳切 㨳 括[19]也 肉

1 人　2 酥　3 止　9 瘸

言遲聲○說告也釋名曰說者述也宣述又[1]意也失爇切又悅稅二音一○拙不巧也職悅切十一炪說文曰火光也𥎊短也

梲梁上楹蝃蜘蛛準應劭云準頰權準也李斐云準鼻也又章允切⿰叕頁頭短⿰叕出倔⿰叕出短皃⿰出頁面秀骨⿰酉蔡[2]醎葅

⿰虫出蟲○歠大飲昌悅切二啜茹也○輟止也已也陟劣切十五畷田閒道又竹芮切惙疲也憂也餟祭酹也又竹芮切

罬捕鳥覆車剟說文刊也醊醊連祭也啜言多不正[3]⿰足叕跳也綴連補也又竹芮切掇拾取又丁活切

腏骨間髓也⿰革叕車具叕聯[4]也蠿茅蜘蛛說文曰蠿蟊作罔蛛蟊也又壯[5]殺切○劣弱也鄙也少也力輟切十三

⿰忄寽上同埒馬埒亦庢也還也堤也爾雅山上有水埒又孟康云等庳垣也⿰足寽蹶⿰足寽跳跟皃出字統鋝說文曰十一銖二十五分之十三[6]周禮曰重三鋝又音刷

脟膂肉⿰牛寽牛白脊出字林蛶爾[7]雅曰蛶螭何⿰毛寽毛色斑也浖隈隅也哷鷄鳴

⿰木寽木名又音捋𥝌[8]𥝌禾麥知多少○瞥暫見亦作⿱敝見說文曰過目也又目翳也芳滅切又芳結切四潎漂潎又匹蔽切

憋怒也又卑列切⿸疒需[9]枯病○別異也離也解也說文作剮又姓何氏姓苑云揚州人[10]皮列切又彼列切二⿰山別大⿰山別山名書亦作別

○轍車轍直列切五徹通也明也道也達也又丑列切撤發撤又去也經典通用徹澈水澄⿰木⿰育攵棗也○⿱竹別分⿱竹別

入•九十

韻入聲

二十七

余敏

18 殊　20 士

△釨本韻力輟切又音例

八•九十

一云分契方別切五 詴上同 莂種穊移蒔也 扒擘也 別分別 ○㕞埽也清也所劣切四 刷上同 㕞鳥理毛也

啐小飲 ○孑單也居列切六 訐訐發人私 釨句孑戟也 趌趌趣跳皃 䅥長禾 揭揭起 ○設置也陳也

合也識列切二 蔎香草 ○吶吶聲不出女劣切一[11] ○旻舉目使人許劣切六 颰小風皃 㲜盡也 烕滅也 翄

小[12]鳥飛 吷飲也說文與歠同 ○娎鼻目閒輕薄曰娎也於悅切一 ○蹶有所犯灾紀劣切又居月[13]居衛二切五 𧱓豕發土也

⿰角叕角觸 ⿺走叕小跳 罬罦也又陟劣切 ○茁草生皃側劣切又側滑切二 ⿱⺮黑短黑皃也 ○膬耎而易破七絕切四 絟

細布別名 ⿰石毳石破 𣪣斷𣪣絕 ○蠽茅蠽似蟬而小[14]姊列切八 蠞上同 ⿰截鳥小鷄[15] ⿺辶少說文少也 ⿰扌⿺辶止捝摘去也 ⿰歹⿺辶止

天[16]死 ⿸髟截說文曰束髮少[17]小也 ⿰口⿺辶止鳴吡吡 ○樧茱萸山列切又音殺一 ○焆煙氣於列切二 㖃怒㖃 ○屮草初生皃

丑列切七 撤抽撤 硩擿也周禮有硩蔟氏 徹通也 艓艓舨 聅司馬法曰小罪聅聅謂以箭貫耳 ⿰舟敝船行 ○⿱折女

喜皃許列切二 焎火氣 ○啜說文曰嘗也爾[18]雅曰茹也禮曰啜菽飲水姝雪切一 ○⿰筭刂割斷聲[19]廁列切一 ○⿱折叏枯也寺絕切二 蜤

江蜤似蝤蛑生海中 ○掣挽也昌列切又昌制切二 瘛瘛癡小兒病又昌制切 ○抴亦作拽拕也羊列切又余世切一 ○闑城門中板也土[20]列切

1 泚　2 屵　△爍·錫韻郎擊切又音藥　5 褚

十八○藥說文云治病艸禮云醫不三世不服其藥又姓後漢有南陽太守河內藥崧以灼切三十一躍跳躍也上也進也礿祭名禴上同蘥燕麥鑰關鑰鬻內肉及菜湯中薄出之瀹上同又漬也𤄷上同亦水名在泚[1]陽亦作濼濼水名爚煜爚光明爍爍陽縣名在京兆又音歷龠量器名葯白葯縞也屵岸上見也說文作屵[2]敫光景流皃籥樂器郭璞云如笛三孔而短小廣雅云七孔⿰忄龠幕⿰忄龠屋也出新字林⿰目龠矐⿰目龠視皃⿰虫龠蟰⿰虫龠螢火別名⿰糸龠絲色鸙鷚鸙鳥⿰女樂⿰女樂媄之皃⿰龠亢亢仰也⿺走龠趠⿺走龠行皃⿸疒翟淫[3]⿸疒翟病也⿵門龠門⿵門龠⿰龠見視不定也[4]⿰足龠登也履也⿰足龠出走也⿱艹轟⿱艹轟⿱艹轟風吹水皃[5]略簡略謀略又求也法也要也又姓何氏姓苑云零陵人離灼切九⿱畧糸紩也擽字統云擊也掠抄掠劫人財物䂮爾雅云利也又人名晉有褚[5]䂮⿱刀石上同蛶渠蛶蜉蝣蟲朝生暮死亦作⿱畧虫⿰目各說文曰眄也方言云視也⿱略言約⿱略言歎美也○腳釋名曰腳卻也以其坐時卻在後也居勺切五脚俗蹻走蹻蹻皃卻節也又去約切屩草履也○灼燒也炙也熱也之若切十六斫刀斫又漢複姓有斫胥氏何氏姓苑云今平陽人彴橫木渡水⿰忄勺痛也勺挹取也又周公樂名又音杓酌酌酒又益也挹也行也取也霑也繳矰繳說文作繁生絲縷也焯火氣穛五穀皮又音梏妁媒妁說文曰酌也斟酌二姓也

又音杓譙欺也箹籅箹玉篇云盪米具犳獸名鼩鼠屬衪玉篇云褌衣⿰衤焦[6]齊地名○爍灼爍書藥切七

鑠銷鑠㺦犬驚⿰女樂美好也爚僬爚光皃又音藥⿰目樂美目⿺走樂動也又音櫟○若如也順也汝也辝也又杜若香

草亦姓魯人也又虜三字姓後魏書若口引氏後改爲寇氏而灼切十一弱劣弱鄀地名在襄陽箬竹箬蒻荷莖入泥

之處又菜名楉楉榴安石榴也溺水名出龍道山其水不勝鴻毛又奴歷切⿰月弱脆腝說文曰肉表革裏也惹諭惹叒榑桑

叒木蹃足下文○綽寬也昌約切四繛古文婥婥約美皃礵大脣屵[8]礵皃屵魚偃切○約約束又儉也少也又姓韓

子有古賢者約續於略切又於笑切二葯白芷葉○卻退也去約切四却俗郤地名在河東⿸疒卻⿸疒卻食瘡疾○虐

酷虐說文作虐殘也魚約切三礵[9]大脣皃又音綽瘧病也○妁媒妁市若切又音酌六勺周禮梓人爲飲器勺一升又漢複姓

殷人六族有長勺尾勺二氏又音酌汋[10]瀱汋又土角切杓杯杓仢仢約流星芍芍藥蕭該云芍藥香草可和食芍張略切藥良

約切又芍陂在淮南七削切又蓮芍縣名在馮翊之若切又蔦莵茈草名胡了切○㲋說文曰獸也似兔青色而大象形頭與兔同足與鹿同丑

略切六㚟同上婼叔孫婼魯大夫說文曰不順也逴略逴行皃辵說文云乍[12]行乍止从彳止聲𧒭蝨行毒亦作蠚

△唶 昔韻秦昔切又七削切

3 篗

5 縠

又火各切。削刻削息約切一。𣂪斬也側略切一。爵封也禮含文嘉曰殷爵三等周爵五等白虎通曰三等法三光五等法五
行也淮南子曰爵祿者人臣之銜轡也文字音義曰爵量也量其職盡其才也又禮器周禮曰享先王以玉爵即略切七[illegible]古文雀鳥雀
禮記云雀入大水爲蛤爝炬火莊子云日月出矣而爝火不息又音嚼燋火未然也撟捎也鼩鼠似兔而小也。皭
靖也埤蒼曰白色也在爵切三嚼噬嚼爝炬火。鵲淮南子云鵲知太歲之所字林作䧿七雀切十舄人姓纂文云古鵲字趞
行皃⿰犭足宋國良犬碏敬也又人名衞大夫石碏芍陂名在壽春皵皮皵爾雅云棤皵謂木皮甲錯踖陵也馺也⿰立昔
驚也鯌魚名出東海。噱嗢噱笑不止其虐切九蹻舉足高又居勺切⿰亻卻須臾亦倦也⿰虫卻天神蟲又丘[2]良切
𧮫說文曰口上阿也一曰笑皃㖨臄說文並同上醵合錢飲酒⿰月爰腰腰大笑也。嬳作姿態也憂縛切四
嬳上同彠度也又乙虢切臒大也善也。縛繫也符钁切一。矆大視皃許縛切四䁨上同彏弓弦急皃
又居縛切戄驚戄又曰遽視。籰說文曰收絲者也亦作篗[3]王縛切五⿰角間上同蒦蒦子菜⿰氵矍筌取魚器也⿺辶矍
行不住還還天下。玃大猨也說文曰大母猴也居[4]縛切十一貜上同說文曰縠[5]貜也趯大步钁說文曰大鉏也方言

八·七十八 韻入聲 二十九 秦暉

7 肐

8 且

云闞東名曰卤斫也攫搏也矍說文云隹欲逸走也从又持之矍矍也一曰視遽皃⿱大矍健皃彏弓弦急皃躩盤辟皃⿰矍鳥三首三[6]足鳥⿰車矍車輞○芍芍藥香草張略切七著服衣於身又直略張豫二切⿰石著說文云斫也櫡說文曰斫謂之櫡鐯钁也⿰著斤上同擆置也擊也○著附也直略切一○躩說文云足躩如也丘縛切二⿰亻矍往也○戄大視具籰切五⿺走矍大步又居縛切⿱大矍健皃又居縛切⿰矍阝鄉名玃大猨又居縛切○⿺辶若走⿺辶若女略切三⿵門若⿵門若⿵門若牽引也

⿰足若踐也○⿱雨專美雨孚縛切一○謔戲謔虛約切一

十九○鐸大鈴也軍法用之又木鐸金鈴木舌釋名鐸度也號令之限度也又姓左傳晉大夫鐸遏寇徒落切十五剫治木也說文判也爾雅曰木謂之剫度度量也又音渡⿰忄度忖⿰忄度踱跣足蹋地澤楚詞云冬冰之洛澤襗褻衣⿰乇頁⿰乇頁顱⿰言度欺也⿰革睪⿰革穌⿰革睪胡履也⿰月睪肶[7]⿰月睪無檢限也⿰忄宅衒也亦作⿰忄乇⿰口度口⿰口度⿰口度無度仛他也⿰車度⿰車度輅○莫無也定也說文本模故切日且[8]冥也从日在茻中茻音莽又州名開元十三年改鄭州去邑亦姓楚莫敖之後又虜複姓五氏西秦錄有左衞將軍莫者羖羝南涼州刺史莫侯悌眷後魏末有亂寇莫折念生又有莫輿氏莫盧氏又虜三字姓周太祖賜廣寧楊纂姓莫胡盧氏[9]慕各切十六幕

1 募　2 四　3 大

帷幕又姓鄚縣名在河間又姓膜肉膜鏌鏌鋣劍名摸摸㩢又莫胡切漠沙漠又施也茂也瘼病也寞寂寞說文作嗼嘆瞙字統云目不明嗼鼽嚏塻舍塻亦塵塻𣩚死也說文作募[1]云死宗募也⿸广莫定也⿴囗莫見文𠢕𠢕動○落零落草曰零木曰落又始也聚落也左傳注云宮室始成祭之爲落亦姓出姓苑又漢複姓二氏漢有博士落姑仲異益部者舊傳有閬中落下閎善歷也盧各切三十三[2]絡絡絲又姓烙燒烙洛水名書曰導洛自熊耳漢書作雒珞瓔珞也酪乳酪樂喜樂又五角五教二切零說文云雨零也轢陵轢又音歷箬籠箬硌磊硌駱白馬黑鬣曰駱又姓出東陽吳有駱統⿰白隹太白[3]鞈生革⿰各刂去皮節又剔[4]也鉻說文鬄也馲馲駝又音託驝上同鮥魚名又五格切[5]䶅鼠名又下各切雒字林鴟[6]鵋鳥又姓駱絡雒並出姓苑格欜格出音譜[7]⿰言樂⿰言樂謊狂言躒晉大夫名輔躒本又音歷鵅烏鵅水鳥⿸疒樂治病又音料[8]⿰歹各殂也⿰白各大皃挌打也[9]鸈似鶥黑文赤頭濼水名在濟南又音祿袼褔袼⿰目各大目⿰車磊礰⿰車磊車聲○託寄也他各切十八袥開衣領也橐無底囊魠魚名籜竹籜⿰木𢾺擊⿰木𢾺漢書曰宮中衞城門擊刀斗傳五更衞士周廬擊⿰木𢾺也亦作析槖上同拓手承物又虜複姓二氏周書王秉王興並賜姓拓王氏又

八·八十九　韻入聲　三十　秦暉

13 蜥　　10 太

有拓跋氏初黃帝子昌意少子受封北土黃帝以土德王北俗謂土爲拓謂后爲跋故以拓跋爲氏跋亦作拔或說自云拓天而生拔地而長遂以氏焉後魏孝文大[10]和二十年改爲元氏也 馲馲駝 驝上同 跅跅弛不遵禮度之士 蘀葉落 胢胢脪也滴也澆也

侘毀也說文寄也 飥餺飥 魄落魄貧無家業出史記本音拍 沰赭也又磓也 矺儀禮注云王棘矺鼠 ○作爲也起也行也役也始也生也又姓漢有涿郡太守作顯則落切又則邏臧路二切六 迮起也又仄格切 柞木名又音昨 糳精細米也說文曰糲米一斛舂九斗曰糳 鑿詩曰白石鑿鑿 㖀強㖀又祖郭切 ○錯鑢別名又雜也摩也詩傳云東西爲交邪行爲錯說文云金涂也倉各切七 厝礪[11]石 䱜魚名 逪說文云这遺也 剒爾雅云犀謂之剒 縒縒綜亂也 莡草聲

○各說文云異詞[12]也古落切五 閣樓閣亦舉閣漢宮殿疏曰天祿閣麒麟閣蕭何造以藏祕書賢才也又姓急就章有閣弇訴 格樹枝 胳胳腋 袼袼𧛞也又袂也 ○恪敬也又姓晉有中郎令恪啓苦各切三 𢙩愙並上同 ○咢徒擊鼓謂之咢詩云或歌或咢說文作咢譁訟也五各切二十五 愕驚也 鄂國名在武昌又姓漢安平侯鄂君 諤謇諤直言 㓵說文曰刀劒刃也 𧊜說文曰似蜥[13]蜴長一丈水潛吞人即浮出日南 𧍞上同 遻心不欲見而見曰遻 蕚花蕚 鍔劒端 齶

△𦐇本韻匹各切又步各切

3 失

籀文　崿崖崿　鶚鳥名　鰐魚名　噩爾雅曰太歲在酉曰作噩亦作咢　咢口中斷咢出字統　齶上同　顎嚴敬
曰顎　𡾋山峯　鑩以鐵作鉤物也　偔多也　堮圻堮　𡔖上同　㮙穽也　㴖水名　○䪫面大皃匹各切十五　奤俗
濼陂濼　𩅱[1]上同　粕糟粕　膊說文曰薄脯膊之屋上　䑹割肉　𨍰車覆軶　搏擊也　胉脅也　蒪
蒪苴大蘘荷名　䈙䈙齒相饙也　𦾢撲𦾢也　𦯑春也　𦐇飛去也又步[2]各切　○惡不善也說文曰過也烏各切又
烏故切四　悪俗　堊白土　蝁蛇名　○泊止也傍各切十一　亳國名春秋時陳地漢爲沛之譙縣魏爲譙郡晉爲南兗州
齊爲亳州　箔簾箔　薄厚薄說文曰林薄也又姓漢文帝母薄氏　礴盤礴　簙蠶具　𩌏𩌏鞈屧也　鑮似鍾而大
踄蹈也　䲍魚似鯉一目也　餺餺餅亦作𪍿　○臛羹臛呵各切又火[3]酷切十一　鄗縣名漢光武改爲高邑　壑溝也
谷也坑也虛也　㕡上同　蠚螫也亦作蓋　謞讒慝　郝姓也殷帝乙時有子期封太原郝鄉後因氏焉　鰝爾雅云大鰕也
出海中似蝗長二三尺青州有之　熇熱皃又火沃切　嗃嚴厲皃易云家人嗃嗃　矐睡目又光明也　○索盡也散也又繩索亦
姓出燉煌蘇各切又所戟切六　𢱢摸𢱢　溹水名在滎陽又所戟切　䩹䩹𩍐　𦺊草名　榡白榡木名　○涸水竭也下

5 苑　6 鄰

各切十一鶴似鵠長喙左傳曰衛懿公好鶴有乘軒者貈說文曰似狐善睡獸也穆天子傳曰天子獵於滲澤得玄貈以祭河宗周
禮曰貉踰汶則死此地氣然也貉狢並上同洛洛澤冰皃佫人姓出篡文䮫說文曰死[5]名一曰馬白頟矐望也
䅣似黍而小𪕮鼠出胡地○昨昨日隔一宵又羌複姓有昨和氏在各切二十酢酬酢蒼頡篇云主荅客曰酬客報主人曰酢
莋縣名在越巂怍慙怍𣫞穿鑿鑿鏨也古史考曰孟莊子作笮竹索西南夷尋之以渡水筰上同柞木名
又音作𤘲山牛岝岝㟧山高䎰[6]地名在蜀亦姓出蒼頡篇飵楚人相謁食麥饘曰飵䋏草繩𢂑帓㡖𦁸
緪也秨禾稼動搖砟石上又人名苲茹草又士革切鈼鈼也吳人云也○博廣也大也通也從十尃亦州名春秋時齊
之聊攝也秦爲東郡地隋爲博州因博平縣以名焉又姓古有博勞善相馬也補各切二十髆胷髆搏手擊爆迫於火也鎛
鐘磬上橫木也又田器也詩曰庤乃錢鎛嚩嚩喋噍皃喋姊入切齻上同襮衣領鑮大鐘簙六簙棊類出說文世
本曰烏曹作簙書本多單作博𧒂𧒂蟭螗蛝卵也猼犬名䪙䪙䍲獸名似羊九尾四耳其目在背出山海經䍲徒何切欂欂櫨
枅也䪚車下索也溥水名𪕮𪕮鼠餺餺飥䙏短袂衫䈲蠶具名吳人用○諾說文譍也奴各切一○霍

彉本韻虛郭切又音廓

2 爲

3 朴

揮霍爾雅曰霍山爲南嶽又姓武王弟霍叔之後虛郭切十二䨣地名說文曰飛聲也雨而雙飛者其聲䨣然霩雲消皃矐驚視藿豆葉又香草曤目開彍張也說文曰弩滿也又郭廓二音彉上同攉攉盤手戲濩濩济泉波聲劐裂也癨吐病○郭城郭也釋名曰郭廓也廓落在城外也世本曰鯀作郭亦姓出太原河南潁川東郡馮翊五望本自王季之後又云氏於居者城郭園池是也案說文作𩫏爲居𩫏作鄗[2]鄗氏也古博切十𩫏鄗並見上注崞縣名在代州又山名椁禮曰殷人棺椁又木名槨上同彉弓張說文曰弩滿也彍上同埻埻端國名又音蟈曠耳曠○臒丹也烏郭切六蠖蚇蠖屈伸蟲名䨼味薄臛羮肉玉篇云善肉鸌水鳥嬳恐嬳○穫刈也胡郭切十鑊鼎鑊㸕心動也檴檴落木名爅爅熱濩說文曰雨流霤下皃擭柞擭阱浅則施之䨼𩃎䨼大雨㿥瘑㿥𢉖廓𢉖空遠○廓空也大也虛也亦州名漢西羌地前涼湟河郡周爲廓州也苦郭切六鞹皮去毛漷水名在魯又許虢切劆解也裂也籗爾雅注云捕魚籠亦作篧又仕角切嚄敲嚄嚄聲也亦作嚩○玃扑玃五[3]郭切一○硦磟硦石聲盧穫切磟音廓一○嗅鳴嗅嗅亦作嗽祖郭切一

二十○陌阡陌南北爲阡東西爲陌莫白切十八帞頭巾袹袹複𡝩靜也驀上同貘食鐵獸似熊黃黑色一曰白豹

4 ⿰馬百

△皛本韻普伯切又莫百切

5 ⿱穴啇

8 隕

9 豎

蛨蚝蛨蟲貊蠻貊佰一百爲一佰也驀騎驀⿰犭百⿰犭乇⿰犭百驢父牛母亦作馲⿰馬百4⿰馬百同上嗼詩云盈盈一水閒嗼嗼不得語

貉北方獸洦水淺皃⿰扌百擊也趏趏越銆銆刀軍器○磔張也開也爾雅曰祭風曰磔陟格切十一蚝蚝蛨舴舴艋

小船⿰犭乇⿰犭乇⿰犭百鷊戇鳥雞屬馲馲⿰馬白⿰乇頁⿰乇頁顱腦蓋⿰黍啇黏皃嫡孎嫡⿱穴啇5×窟也杔杔櫨墼酒器也○白西方

色又告也語也亦姓秦帥有白乙丙傍陌切五帛幣帛尚書大傳曰舜修五禮五玉三帛又姓出吳神仙傳有帛和舶海中大船鮊

魚名⿱艹帛草爾雅曰帛似帛俗從卄○伯長也又侯伯周書曰率衆時作謂之伯亦姓左傳晉有大夫伯宗又漢複姓二氏韓子有伯夫氏墨家流

莊子有伯成子高博陌切八迫逼也近也急也附也敀同上百數名又姓秦有大夫百里奚柏木名五經通義曰諸侯墓樹柏

又姓晉趙王倫母曰柏夫人亦作栢湐洦湐淺水⿱艹百藍之別名瓸甎瓸井甃○劇增也一曰艱也又姓史記燕有劇辛奇逆切六屐

履屐⿰車屐車⿰車屐⿰谷瓦6倦×⿰谷瓦⿰忄卸勞也噱戲噱劇○戟刃戟說文作㦸有枝兵也釋名曰戟格也傍有枝格也典略曰昔周有雍狐之戟屈

盧之矛孤父之戈几劇切八撠持也⿱艹戟大戟藥名⿰犭丮⿰犭丮獸⿰谷丮相踦丮持也⿰忄卸勞也又其戟切⿰髟戟髭⿰髟戟○索

求也山戟切又蘇各切六索同上⿰走索僵仆溹水名又7雨下皃⿰石索碎石殞8聲⿰米索煑米多水○栅村栅說文曰堅9編木測戟切三踖

磿豆籍刺也國語曰籍魚鼈也○嚄嚄嘖大喚胡伯切二嚿嚿嚿誇皃○嘖側伯切八迮迫迮窄狹窄笮

矢箙又屋上版又迫也又姓吴有笮融亦作筰⿰氵昔遮水諎大聲亦作唶舴舴艋蚱蚱蟬○齚齧也鋤陌切五齰上同

咋呹咋多聲呹烏交切泎瀺泎水落地聲岝岝峉山皃○隙壁孔也怨也閑[1]也綺戟切七[2]郤姓出濟陰河南二望左傳

晉有大夫郤獻子俗從𠫭綌絺綌䣰廣雅云勞也極也疲也又大笑谻嫌恨𡭴西方小皃㗑大笑○額釋名曰額

鄂也有垠鄂也說文作頟顙也五陌切六頟上同⿰魚契鰅⿰魚契魚名峉岝峉或作峉詻鄭玄云詻詻教令嚴⿰革鬲補履△

○逆迎也卻也亂也范曄漢書周防字偉公少孤微常修逆旅以俟過客而不待其報宜戟切六屰說文曰不順也縌漢[3]書

古佩縌也𠼻[4]說文云呻也䋿紱維𠴻嘔𠴻○客賓客苦格切四喀吐聲硌堅也揢手把著也○啞笑聲

烏格切二⿰食虎飢○虩懼也許郤切一○𡎺裂也亦作坼餘倣此丑格切六趚半步頶腦蓋⿰舟皮皺⿰舟皮𣃯牑開䩑

韄靳○韄佩刀飾乙白切一○拍打也普伯切十魄魂魄怕憺怕靜也皛亦[5]打出蜀都賦又胡了切又莫[6]百切敀大打

也⿰兔堯疾也又音赴珀琥珀⿺走百風入水皃䖑䖑破物也洦浅水○赫赤也發也明也亦盛皃又虜複姓有赫連氏其

△詻鐸韻盧各切又五格切

3 後漢書云古佩璲也

△皛篠韻古了切又匹白切

九·二

韻入聲

三十三

7 𢦏

先匈奴右賢王去卑之後劉元海之族也勃勃以後魏天賜四年稱王於朔方國号夏都以子從母之姓非禮也乃云王者繼天爲子是爲徽赫實與天連因改姓曰赫連氏呼格切五 焃火色 嚇怒也 𢡟𢡟𢤹赤紙 䞒目赤 ○垎土乾也胡格切四 𧻸𧻸𧽢倒地

楁鞍楁 輡輡車當胷横木 ○格式也度也量也書傳云來也爾雅云至也亦格五博屬行簫但行梟以格殺漢吾丘壽王善之又姓東觀漢記有侍御史東平相格班古伯切十四 佫至也亦作假 茖山葱 骼骨骼 觡鹿角 𩸄𩸄鰊魚名 鴼鵋鴼鳥名 挌擊也鬪也止也正也 𢧐[7]擊也鬪也亦作𣂕 蛒蟦螬[8]別名 𪌉碎麥 敋擊也 鮥海魚似鯁肥美 鉻陳公鉤也 ○謋謋然虎伯切八 諕上同 漷水名在東海又音廓 砉又呼臭切出莊子 䨚䎫䨚飛疾也 湱淜湱波激水也 硅硅破 𢜶心驚

○宅居也說文云宅託也人所投託也釋名曰宅擇也擇吉處而營之也[9]場伯切十三 厇古文 擇選擇 澤潤澤又恩也亦陂澤釋名曰下有水曰澤又州名秦爲上黨郡後魏爲建興郡周爲澤州取濩澤以名之亦姓出姓苑 𪂆𪂆鴾鳥名毛備五色 翟陽翟縣名亦姓唐有陝州刺史翟璋又音狄 蘀蘀蕮藥草車前別名 檡檡棘善理堅刃者可以爲射決出儀禮 鸅鸅鸆即護田也

韠韠韄刀飾 蠌蠌蛸 襗衫襗 澤土得水也 ○虢[10]國名周封虢仲於西虢秦屬三川郡義寧元年爲鳳林郡武德初爲

5 蟈　7 衺

鼎州又爲虢州亦姓左傳晉大夫虢射也古伯切五敋手打之類𣽍[1]水裂諕言皃諕諕多唬鳥啼○擭手取也一曰布擭也一[2]
號切五濩濩澤縣在澤州又音護彠[3]規蒦博雅曰度也韄刀飾把中皮也𡽹陂名又村名在吳王舊城側也○蹃踐也
女白切二搦[4]提搦又正也○蟈[5]天神蟲[6]丘擭切二劆解木○欂欂櫨戶上木弼戟切二榑說文曰壁柱也
二十一○麥白虎通曰麥金也金王而生火王而死又姓隋有將軍麥鐵杖嶺南人俗作麦莫獲切八衇說文[x]曰血理之分衺行體者又
作脈經典亦作脉周禮曰以鹹養脉釋名曰脉幕也幕絡一體也脈上同𧖴籀文霢霢霂亦作霡眽說文曰目邪[8]視也
覛爾雅云相也說文本莫狄切衺視也𧡮籀文○獲得也又臧獲方言云荆淮海岱淮濟之間罵奴曰臧罵婢曰獲亦姓宋[9]大夫尹獲之
後胡麥切八畫計策也分也又胡卦切嫿分明好皃劃錐刀刻䱻魚名彠度也又烏虢切嚍嚍嘖叫也咟
上同○蟈螻蟈蛙別名古獲切十六馘截耳又獲也或作聝聝上同幗婦人喪冠膕曲脚中也𩪐上同埻埻端國名出山
海經摑打也亦作敋漍水擑挺擑𥓑破慖悖也嘓口嘓嘓煩也䬟䬟𩗮赤氣熱風之怪讗讗嚄疾言䘸
䘸犬血○檗黃檗俗作蘗博厄切五擘分擘薜爾雅云山芹當歸也又曰山麻也[10]䇷豆中小硬者出新字林檗

八·八十　韻入聲　三十四

△糪 錫韻北激切 又數椒切

10 彇東弓

○讁 本韻陟革切 又丈厄切

11 左傳

12 邛

13 上

14 齝

切二糪飯半生熟爾雅云米者謂之糪○䕻爾雅云䕻綬䕻小草雜色似綬五革切又五狄切四鶂鶂鷁又音堅⿰革鬲履頭彇

彇⿰弓東[10]補也○礐礐硞水石聲也力摘切二礭礭礰打草田器出字林○⿰扌畫裂聲也簎摑切一○摵拂著又捎摵也出通俗文

砂獲切一○⿺走蒦⿺走蒦趢足長皃求獲切一○疒疾也尼戹切又仕莊切三⿱臤食⿱臤食炙餅餌名⿰目耳耳目不相信出列子。

二十二○昔往也始也爲[11]一昔之期明日也說文作㫺乾肉也又姓漢有烏傷令昔登思積切十四⿱昔月籀文腊乾肉見經典

惜恡惜說文痛也潟鹹土磶柱下石舄履也崔豹古今注云以木置履下乾腊不畏泥濕故曰舄也䩠上同蕮車前

草⿱髟昔說文髮也䯊骭骨間也䳶水鳥焟火乾棤皮甲錯也○積聚也資昔切又資賜切十八脊背脊釋名曰脊

積也積續骨節終上下也說文作𦟁背呂也蹐蹐地小步借假借也又資夜切迹足迹跡上同速籀文踖踧踖敬皃

又秦昔切鶺鶺鴒一名雝鶏又名錢母大於燕頸下有錢文亦作⿰脊鳥鰿爾雅曰貝小者鰿郭璞云今細貝亦有紫色者出日南蟦

上同⿰魚脊魚名鯽上同蹟詩傳云不蹟不循道也瀐小水襀襞也磧硝庴縣在臨邛[12]○益增也進也伊昔

切八謚笑皃嗌喉也漢宣帝崩昌邑王[13]至京師不哭云嗌痛⿰益⻏地名齸爾雅曰麋鹿曰齸牛曰齝[14]並呑芻而反出嚼之也膉

6 螫 7 餅　　4 襗

肥也蓋益母草爾雅注只作益䶉鼠名○繹理也陳也長也大也終也充也說文云抽絲也羊益切三十三睪引繒皃說
文曰[1]司視也从目从㚔今吏將目捕辠人也亦揔也俗作亣弈弈美皃又博弈奕大也又輕麗皃又行也盛也帟小幕[2]曰帟
譯傳言周禮有象胥傳四夷之言東方曰寄南方曰象西方曰狄鞮北方曰譯懌悅也樂也改也斁猒也驛驛馬嶧
山名在魯醳苦酒腋肘腋掖持臂又縣名又掖庭也一曰正門之旁小門也亦姓䘸䘸縫易變易又始也改也奪也轉也亦
水名出涿郡安閻山見水經亦州名漢書趙分晉得中山秦爲上谷郡漢置涿郡隋爲易州因水名之又姓齊大夫易牙又盈義切液津液
又姓急就章有液客[3]調㾊病相染也蜴蜥蜴埸壃埸圛說文云回行也商書曰圛圛者升雲半有半無襗衣襦射
無射九月律墿道也焲火光襗[4×]重祭名爵曰彤周曰襗亦作繹洂湬洂水皃燡火甚之皃𦔂耕也又音釋扅
交扅嚁嚁川𤎖災也出字林𤏣光皃[C]釋捨也解也散也消[5]也廢也服也又姓施隻切十六䆁說文曰漬米也檡
樗棗適樂也善也悟也往也又姓奭盛也又䳄視皃又邵公名說文作奭郝人姓又呼各切睗睒睗急視晹日無光嫡
嫁也𦔂耕皃螫蟲行毒亦作蠚[6]鬄髴髮又音逖夾盜竊懷物也從兩入弘農陝字從此㝉餅[7×]堅柔相著睪

九·三十

三十六

8 屋

9 石

11 蝑

14 在北地

視皃 襫襏襫雨衣○尺家語曰布手知尺舒肱知尋說苑曰度量衡以粟生之十粟爲一分十分爲一寸十寸爲一尺昌石切十一 赤南方色又姓出姓苑又漢複姓二氏莊子有赤張滿稽郭象注云赤張姓也韓子曰智伯以鍾遺仇繇赤章枝諫仇繇令不受 烾古文 蚇蚇蠖蟲名易亦作尺 㡿逐也遠也又㡿候說文曰郤行[8]也从广屰屰音逆 斥上同 𦤎白澤 郝鄉名 滷鹵滷 卤姓也

臭獸也○石釋名曰山體爲石亦州名秦伐趙取離石周因邑以名州又姓左傳有衞大夫石碏又漢複姓二氏孔子弟子有石作蜀何氏姓苑有石牛氏常隻切七 碩大也 祏說文云宗廟主一曰大夫以祏[9]爲主 鉐鍮鉐 ⿰禾石說文云百二十斤也 鼫鼫鼠螻蛄

⿰石鳥鳥名○隻一也說文曰鳥一枚也从又持隹[10]持一隹曰隻二隻曰雙之石切十三 適往也又施隻切又都歷切 炙說文曰炮肉也从肉在火

墌上基址 摭拾也 拓上同 蹠足履踐也楚人謂跳躍曰蹠 跖上同說文曰足下也 蟅蝷負[11]蟲亦作蟅又音柘 ⿱雨隻⿱雨隻⿱雨隻大雨

⿺走石行也 ⿸厂辟仄也 ⿰衤夜袖也○擲投也搔也振也直炙切七 擿上同出說文 ⿰麥適麩⿰麥適 躑躑躅行不進也 蹢上同 ⿰虫鄭⿰虫鄭蠋蟲名

⿰氵智[12]土得水也○皵皮細起七迹切八 磧砂磧 刺穿也又七[13]四切 趚⿺走歷趚行皃 洓水名在北[14]地 ⿺走責倉卒 ⿰衤朿⿰衤朿膝帬衸 嫧嫧娕齊謹○席薦席又藉也大戴禮曰武王踐阼有席銘亦姓出安定其先姓藉避項羽名改姓席氏晉有席坦祥易切六

夕暮也字從半月又姓漢書巴郡蠻渠帥七姓有羅朴督鄂度夕龔[1]其也朴普卜切蜀有尚書令夕斌　穸窀穸窀厚也穸夜也　汐
潮汐　䣢鄉名　蓆大也　○籍簿籍秦昔切十三　踖踐也　蹐上同　藉狼藉又姓左傳晉大夫藉談又慈夜切　耤
耤田耤借也談[2]文曰帝耤千畮也古者使民如借故謂之耤也宋書耤田令古官也於周爲甸師氏　塉薄也[3]　瘠病也瘦也　庴縣名在清
河又七[4]削切　猎獸名似熊出山海經　葃茹草　膌膌腹[5]　⿰耤阝地名在蜀　簎打也　○擗撫心也房[6]益切九　椑棺也　躃
躃倒　闢啓也開也　辟便辟又法也五刑有大辟從卩辛所以制節其罪也從口用法也　⿰歹辟⿰歹辟⿰歹斤欲死之皃　⿰骨辟弓弭　萆雨衣　⿺毛里
毛⿺毛里　○役古從人今從彳説文曰戍邊也營隻切十二　⿱艹役燕人呼芟又羊捶切　疫説文云民皆疾也　⿰魚役魚名有四足出文字集略
坄喪家塊竈説文曰陶竈窻也　垼上同　炈亦同　⿰役鳥⿰役鳥鳩鳥　鈠小矛　⿱雨役⿱雨役⿱雨夏大雨　豛豬之別名　⿱殳虫⿱殳虫蟲名
○瞁驚視許役切二　⿱役目眼[7]也　○辟爾雅皇王后辟君也亦除也又姓漢有辟富室辟子方又有辟閭彬必益切七　璧白虎通曰璧者外圜
象天内方象地爾雅曰肉倍好謂之璧肉邊好孔也　鐴鐴土犂耳　躄跛躄説文作⿱辟疋　⿱辟疋上同人不能行也　襞襞衣説文曰韏衣也
⿱辟廾治也　○僻誤也邪僻也芳辟切四　辟上同見詩　癖腹病　廦牆也　○麝麝射香也食亦切又食[8]夜切二　射世本

八・八十　韻入聲　三十七　吴澄

11 蜥

△蚸 隊韻胡輩切 又音析

12 㪸·歌

曰逢蒙作射又姓吳有中書郎射慈又神柘切又羊謝羊益二切○碧色也說文曰石之青美者又八品九品服色代青也紀年曰惠成王

七年雨碧于郢彼[9]役切一○䵑黏䵑竹益切一○彳說文云小步也象人脛丑亦切二瓴瓶也○蓂蓂卷之役切一○𥄎

小動七役切二復小行行

二十三○錫賜也與也亦鉛錫玄中記曰鉛錫之精爲婢又姓吳志云漢末有錫光先擊切十三析分也字從木斤破木也又爾雅

曰析木謂之津注云即漢津也[10]亦姓風俗通云齊大夫析歸父㭊俗裼袒衣晳人白色也緆細布𪎭說文同上蜥[11]蜥蜴

菥菥蓂大薺淅淅米惁敬也蛓蛓𧎌㱤𣩵㱤欲死之皃○激疾波又姓淮南王傳有激章古歷切九擊打也墼

土墼轚舟車獥狼子敫[12]歒也䓤草名[13]竅揚皃鷩鳥名似烏○霹霹靂普擊切七劈剖也裂也破也澼

莊子洴澼絖漂絮者𢡁急速鎃裁木爲器癖痃癖病僻邪僻○靂霹靂郎擊切四十五𧽚𧽚趚行皃趚七昔切

酈縣名在南陽亦姓又力知切癧瘰癧轣車踐又音洛鎘鎘[14]鎗𨮴上同礫釋名曰小石曰礫瓅珠瓅秝

稀踈櫪馬櫪攊殺攊櫟木名柞屬又音藥櫟陽縣名𩻞魚名亦作鰯歷經歷又次也數也近也行也過也又歷日續漢書律

5 鬩

6 椴 種椴又胡革切

歷志云黃帝造歷世本曰容成造歷尸子曰羲和造歷或作曆 曆 見上注 藶 葶藶子 瀝 滴瀝 磿 石聲 寥 寂寥

無人又深也又音聊 鬲 爾雅曰鼎款足者謂之鬲說文作䰜鼎屬實五觳斗二升曰觳象腹交文三足今亦作䰛 甂 瓦器說文同上又作

甌 蒚 山蒜 皪 的皪白狀 䁰 䁰䚕視明皃 䍥 冪䍥煙狀 躒 動也 趮 上同 𪘂 齒病 瓅 玉名 厤 說文云治也

攊 擊口也 𩦒 馬色[1] 𧝸 䌫裹 𨣧 𨣧醰酪滓 𡳾 履下 𦡂 𦡂腿強脂 䤕 下酒 𠟉 劙開[2] 鷅 鳥名 觻 角鋒 𥻘

雜糅 擽 捎也 濼 一名貫衆葉圓銳莖毛黑布地生冬不死一名貫渠又音藥[3] 蝷 爾雅曰螫蟊螇蝷亦作蚸 ○的 指的又明也說

文作旳都歷切二十六 適 從也又之石始石二切 嫡 正也君也 甋 瓴甋塼也 靮 馬韁 鏑 箭鏃 馰 馰顙馬白額又作的

滴 水滴也亦作適 肑 腹下肉也 弔 至也又音釣 芍 蓮中子也亦作的見爾雅 蹢 蹄也詩云[4]有豕白蹢 䶂 鼠名又音灼

玓 玓瓅明珠色出說文 樀 屋梠 𪄱 雉屬 𦊓 魚擊網也 𥓳 𥓳磓 𥐟 上同 扚 引也 𣁳 量也 啇 本也 𩵹 魚名

㣿 㣿痛 𨑩 至也 杓 柄末横木 ○檄 符檄說文曰二尺書也胡狄切八 覡 巫覡男曰巫女曰覡 敫 的敫蓮實也見爾雅 𩕁[5]

鼠名 𪇳 鳥似烏蒼白色 獥 狼子又音叫音激 椺[6] 鐘椺又胡老切 𧤗 以角飾杖策頭 ○鷁 水鳥也博物志曰鷁雄雌相視則孕

8 左傳·茂　9 蔋　10 靁　11 一　12 詆　13 怵　15 夭　17 慜·敕　19 旁

或曰雄鳴上風雌鳴下風亦孕五歷切五 鶂上同說文又作鶃鷊 艗艗舟舟頭爲鷁首[7] 𠪚石地惡 虉虉綬草 ○荻萑也徒歷切二十九 狄北狄又姓春秋時狄國之後漢有博士狄山 敵匹也當也輩也主也 篴竹竿皃又他歷切 翟翟雉又姓漢有上蔡翟方進 迪進也道也蹈也 覿見也 𧡱上同 笛樂器風俗通云武帝時丘仲所作也晉協律中郎列和善吹笛也 邃上同 糴市穀米又姓國語有晉大夫糴茂[8] 籴俗 邮鄉名在高陵 滌洗也除也淨也 蓧盛種器也 蔋[9]草木旱死也 踧詩曰踧踧周道 𦅾𦅾綠色 鯲東海有馬鯲魚 𪍿𪍿麩 樀屋梠又音的 頔好皃 梑藏槔爾雅釋木曰狄藏槔是也 糴穀粟之名 𨘍[10]雨也 𤛵特牛 苖苖蓨草 滷鹵鹹也 㣙說文曰行㣙㣙也 ○逖遠也他歷切二十一[11] 逷古文 倜倜儻不羈 趯跳皃 䟓上同 剔解骨 鬄上同 詆[12]詆誘狡猾 惕怵[13]惕憂也又愛也 𩩲[14]骨間黃汁 硩周禮硩蔟氏掌覆妖[15]鳥之巢又丑列切 擿發也動也說文曰拓果樹實也一曰指近之也又張革切 踢跅踢獸名左右有首出山海經 覿說文云目赤也又前歷切 鬄說文云鬀髮也 焬[16]望見火皃 蓨苗蓨草 篴竹竿皃 惄勞也 慗[17]敕也 䁯[18]失意視皃 ○績緝也功業也繼也事也成也則歷切四 勣功也 樍樍木別名 𪁉鳥也 ○激乾燥也苦擊切九 擊[19]傍擊攻也 毄漢書

1 ⿰血思　2 鼏　3 蝀　5 䶂

云攻苦轂淡喫喫食⿰口毄上同⿰矛芍矛也毄觳毄㦎敕也鈘吹器○惄心之飢也憂也思也奴歷切四⿰血思古文

溺溺水古作休又音弱又姓也愵憂皃○寂靜也安也前歷切五家上同宋亦同⿰口叔⿰口叔嗼無聲覛目赤又音逖○覓

求也莫狄切二十三覛上同說文幎覆也亦作幂幦車覆軨也覭上同⿰馬覓馬多惡也糸細絲也微也連也

鼏鼏蓋羃覆食巾又羃䍦婦人所戴汨汨灉水名在豫章屈原所沈之處䁞覔並上同冂文字音義云以巾覆從一

下垂⿸虍日說文云白虎也蓂菥蓂⿰豕覓白豕黑頭覭小見䌐綱繩䵂䵂䵒黑青䈿篣䈿㵋瀝㵋水淺蟔蝀蟔

蟲名塓塗也○甓瓴甓甗甋扶歷切四鷿鷿鷉鳥名似鳧而小足近尾或作鸊椑大棺⿰歹辟⿰歹辟⿰歹析欲死之皃○壁說文云垣

也釋名曰壁辟也辟禦風寒也漢官典職曰省中皆胡粉壁紫素界之畫古烈士亦州名本漢宕渠地武德初爲壁州北激切六鼊䶂鼊似龜而漫

胡無指爪其甲有黑珠文如瑇瑁可飾物繴爾雅繴謂之罿罿今覆車鳥網也又較核切廦室屋綼紷綼絜也⿱辟豕⿱辟豕邪獸獸身鳥

喙○闃寂靜也苦鶪切二⿰足狊踞也○郹邑名在蔡古闃切七狊說文云犬視皃亦獸名獲屬脣厚而碧色鶪伯勞湨水名

在溫縣鼳爾雅曰鼳鼠身長須秦人謂之小驢郭璞云似鼠而馬蹄一歲千斤爲物殘賊犑爾雅云犑牛㑝㑝黠○戚親戚又姓

8 鬩　9 恨　10 濶，濶沐　11 眡　14 膱　15 躬　16 崱屴　17 泐

漢有臨轅侯戚緦倉歷切十一 慼憂也懼也 鼜說文曰夜戒守鼓也 鼜上同 鏚干鏚斧鉞本亦作戚 䵲黷䵲色敗 䞪䞪靦面柔詩本或作戚施 慽慽痛 𧍸蟾蜍別名 葴草也 磩碶磩石次玉也 ○赥笑聲許激切九 鬩鬭[8]也很[9]也戾也又相怨也 矜矛也左思吴都賦云長矜短兵亦作殺 濶[10]濶沐遽也 䛎私訟 䈇籭屬 㤸心不安也 覷去涕 憪惶恐 ○殺矛也呼狊切七 砉砉然物相離聲 瞁驚視 䀏眼[11]也 狊犬視也 焱火華又火焰也 殈鳥卵破也 ○歡痛也丑歷切又丑[12]力切二 禘福禘

二十四。職 爾雅云職主也常也博雅云業也字林云記微也又姓周禮有職方氏其後因官爲姓風俗通云漢有山陽令職洪之翼切九 軄俗 戠說文云闕職識字从此 織組織說文曰作布帛[13]總名 䁢[14]油敗 蟙蟙蠌蟲蝙蝠別名也 蘵草名似酸漿亦作蘵 膱脯長尺有二寸曰膱儀禮作膱 樴樴杙 ○直正也又姓楚人直弓[15]之後漢有御史大夫直不疑除力切四 犆犢犆牛也 𦝑肥腸 𡸖山直 ○力筋也又姓黃帝佐力牧之後林直切九 朸縣名在平原 屴屴崱[16]山皃 仂不懈 鳨似鳧而小亦作鳨 𠠝趙魏間呼棘出方言 泐[17]水凝合皃 𡯁脛交 𧰿遼東犬名 ○敕誡也正也固也勞也理也書也急也今相

1 侙

○歡 錫韻丑歷切又丑力切

2 子

承用勑勑本音賚聑力切十四　勅同上　飭牢密又整備也　淔水名　趩行聲　栻局又木名　侙[1]意慎侙又惕也　⿰式鳥鸂⿰式鳥　鷘同上　恜從也慎也　慗從也　遬張也　堇蒴藋別名　畢田器又地名　○陟升也進也竹力切二　稙早種禾　○食飲食大戴禮曰食穀者智惠而巧古史考曰古者茹毛飲血燧人鑚火而人始裹肉而燔之曰炮及神農時人方食穀加米于燒石之上而食之及黃帝始有釜甑火食之道成矣又戲名博屬又用也僞也亦姓風俗通云漢有博士食于[2]公河內人乘力切二　蝕[3]日蝕也說文云敗瘡也釋名曰日月虧曰蝕稍小侵虧如蟲食草木之葉也　○息止也又嬎息也說文喘也亦姓姓苑云今襄陽人又漢複姓前漢書有河內息夫躬相即切十一　⿰木息木名　鄎新鄎縣在豫州　瘜惡肉　蒠菲蒠菜　熄蓄火　⿰月息⿰月息肉　⿰食息食也　⿰氵息水　⿱竹息箕⿱竹息　⿰鳥息鳥食　○寔實也是也常職切八　湜水清也　殖多也生也　植種植也立志也置也　埴黏土　戠古文　⿰扌直拄杖曰植　遈流行　○識說文云常也一曰知也賞[4]職切十　式法也敬也用也度也又姓出何氏姓苑　拭拭刷　恜上同　軾車前　飾裝飾　⿰糹式方言云趙魏間呼經而未緯者曰機⿰糹式　鉽鼎鉽也　烒火皃　蘵草名　○赩大[5]赤也許極切五　⿱畫皿傷痛其心　⿰黑喜赤黑皃　⿻大直斜視　⿰忄⿻大直瞋怒皃　○崱崱屴山皃士力切四　⿱山莫崱⿱山莫嶷　溭溭淢水勢　萴草也

九•四　韻入聲　四十

7 梅

極中也至也終也窮也高也遠也說文棟也渠力切一 ○匿藏也微也亡也隱也陰姦也女力切六 䘌蟲食病[6] ⿱匿虫上同 㥾愧也 恧慙也又女六切 ⿰魚匿魚名 ○測度也初力切六 惻愴也 畟畟畟陳器狀說文曰治稼畟畟進也詩云畟畟良耜又音即 稷耜也 ⿰土則過遮也 ⿱艹𢽾草名 ○憶念也於力切十七 億十万曰億又安也度也 臆胷臆 肊氣滿 ⿱音口說文曰快也 繶絛繩 醷濁漿 澺水名在上蔡 薏薏苡亦蓮心 ⿱艹⿱音口上同 螠小蜂 ⿰革意履頭也出韻略 檍木名一名木橿也 ⿰木⿱音口梓屬 抑按也說文作𢑏从反印 ⿰土印地名 癔病也 ○色顏色所力切十五 ⿰嗇欠小怖皃 嗇愛惜也又貪也慳也又積也亦姓說文作嗇愛濇也从來㐭來麥也來者㐭而藏之故田夫謂之嗇夫㐭音廩 ⿰革嗇車馬絡帶 穡稼穡種曰稼斂曰穡 薔薔虞蓼也 轖字書云車藉交革 繬縪也縫也 濇不滑 ⿱竹嗇篩⿱竹嗇 嬙女字 ⿰虫嗇蟲也 ⿰忄嗇悲恨也 ⿰嗇頁頻也 ⿰嗇力助也 ○⿰革亟皮鞕皃丘力切一 ○殛誅也紀力切十一 ⿰忄亟急性相背說文曰疾也一曰謹重皃 襋衣領交也 棘小棗亦越戟名又箴也羸瘠也又姓文士傳曰棗祇本姓棘其先避難改爲棗氏衞大夫棘子成之後也 亟急也疾也趣也又音氣[8] ⿰王棘埤蒼云亟璾地名出美玉案左傳只作棘 悈急也又音戒 ⿰土夌去也[9] 蕀遠志別名 茍說文曰自急敕也 ⿱亟言訥言[10] ○弋縻亦弋射又姓出河東今蒲州有弋氏見姓苑與職

1 阜　2 壬　4 官　5 隗　6 甙·瓶　7 即　8 揤

切三十四翊馮翊郡又輔翊翌明日廙敬也又音異黓早也爾雅曰太歲在丑曰玄黓翼羽翼說文翄也又恭也美也助也亦州名在隴右因翼水爲名又姓晉翼侯之後漢有諫議大夫翼奉𩙺說文同上⿰羽弋古文𪌭麥𪌭隿繳射也或作弋蘔藕翹

妀婦宮也漢有鉤妀夫人居鉤妀宮漢書亦作弋潩水名出密縣大隗山杙果名如梨亦檿也芅今羊桃也或曰鬼桃葉似桃而花白

⿷匚異說文云田器也趩趨進趩如也⿺辶異疾趩穓黍稷蕃蕪皃亦作翼蛡蛡蛡蟲行皃甙⿰豆瓦瓮骨也忕心動瀷水聚⿹弋月缺盆骨也⿷匚翼大鼎熼火光釴鼎附耳在外也⿸疒翼痒⿸疒翼淫⿸疒翼蟔蟲也⿰耒異耕也⿰禾弋禾⿰禾弋⿰彳弋行⿰彳弋⿰衤弋衣⿰衤弋⿰酉弋酒色○即就也今也舍也半也說文作卽食也亦姓風俗通有單父令即賁又漢複姓有城陽相齊人即墨成子力切十六卽同上稷五穀之揔名一曰黍屬周禮注云社稷土穀之神有德者配食焉共工氏之子曰句龍食於社有厲山氏之子曰柱食於稷湯遷之而祀棄俗作稷亦姓后稷之後⿰木畟木名似松⿰牛畟牛名蝍蝍蛆蟲名又子結切楖楖裴縣在魏郡裴房非切畟又初力切⿱畟足⿱畟足蹙迫急

鯽魚名⿰犭畟犬生三子堲風堲又子栗切⿰月即膏澤唧唧聲也⿰即鳥⿰即鳥鴒亦作鶺揤捽也○逼迫也彼側切十偪同上皕二百幅行縢名楅束也又音福⿰馬畐駝⿰馬畐湢湢沠水驚起勢也⿺風必風也⿴囗凶姓也又閉也皀皀粒

八·九十七

韻入聲　四十一

13 凷　14 稄　15 逼　17 煏

▲赽 德韻蒲北切 又符逼切

○域居也邦也雨逼切十四 蜮短狐蟲又音或 罭魚網 棫木叢 ⿱大或字林云大力皃 ⿰或鳥鶝⿰或鳥鳥 ⿰金或[10]瓦器 琙人名
漢有公孫域 ⿰黑或羔裘之縫又音洫 緎縫也亦同上 ⿰馬或馬走 魊小兒鬼 淢溭淢波勢 ⿱艹或叢[11]也 ○洫溝洫
況逼切十四 侐靜也 ⿵門血上同 閾門限 ⿵門血古文 ⿱目夂[13]舉目使人 ⿰或欠⿰或欠聲吹皃 ⿸疒或頭痛 ⿰黑或羔裘之縫 緎縫也
亦同上 ⿰或羽羽聲 ⿰口⿱目夂聲[12]也 淢疾流 ⿰赤畐赭色 ○堛土田芳逼切十三 愊悃愊至誠 踾踾地聲 ⿰片畐坼也 ⿰食畐飽皃
揊擊聲 稫稫稄[14]禾密滿也 副析也禮云爲天子削瓜者副之巾以絺 畐道[15]滿也 ⿰阝夬地裂也亦作隔 ⿰畐攴⿰畐攴皵 ⿰畐畐
多也密也 ⿰畐區周禮曰以⿰畐區辜祭四方百物 ○稄稫稄阻力切十一 ⿰禾⿱目夂一本作此 昃日昃又旁也傾也不正也 ⿰扌則打也 仄仄陋
說文云側傾也 ⿸厂日日在西方 ⿰氵仄湢⿰氵仄水勢 萴廣雅云附子一歲曰萴子二歲曰烏喙三歲曰附子四歲曰烏頭五歲曰天雄 側傍側 夨
說文云傾頭也 ⿸厂夨籀文 ○愎很也符[16]逼切八 腷腷臆意不泄也 ⿱稫火火乾肉也 ⿰米畐[17]上同 ⿰片畐⿰片畐版出通俗文 馥香又音復 踾
踾地聲 鶝鶝⿰或鳥鳥 ○嶷岐嶷詩曰克岐克嶷魚力切五 薿茂盛 ⿰口疑說文曰小兒有知也引詩云克岐克⿰口疑 懝有所識也 ⿱髟角
⿱髟角岳角皃 ○堲疾也秦力切又將七切又牆[18]資切三 垐以土增道 ⿰扌則打也又音側 ○⿰害少丁力切又丁六切三[19] ⿰㝵毛毛少⿰㝵毛⿰㝵毛 得

3 鷩愓㝵
4 自

得滴水少。䁥細視也亡逼切一。瀷水潦積聚昌力切又音翼二𦔶字統云耕也

二十五。德德行又惠也升也福也亦州名秦爲齊郡地漢爲平原郡武德初爲德州因安德縣以名之多則切九悳古文

悳欒悳縣名在張掖漢書作得㝵說文取也今作㝵同得得失淂水皃又丁力[1]切𨁾行𨁾𨁾䙷約㝵也𣍘取也

。則法則子德切三𠟭古文𠟭籒文。勒鄴中記曰石虎諱勒呼馬勒爲轡盧則切十二肋脅肋釋名曰肋勒也所以檢勒五藏

也扐筮者著著指間仂[2]禮祭用數之仂艻蘿艻香草朸說文曰木之理也平原有朸縣𤥏美石次玉玏上同泐凝合忇

功大說文曰材十人也阞地脉理坼竻竹根。忒差也他德切六𢯾打也慝惡也貣從人求物也聽聽聲欲臥也

愓[3]愓愓快也。刻刻鏤又剋也苦得切五克能也勝也說文作亨肩也剋剋己又必也殺也急也勊自[4]強𡛩罵女老媿亦作

娔。特特牛又獨也亦姓左傳晉大夫特宮徒得切九貣假貣謂從官借本賈也亦從人求物也又音忒𧈌食禾葉蟲蟘[5]上同樴

杙也犆鈍也棏木名𩣡[6]䲦鷉又徒戴切螣螣蛇。黑北方色呼北切三潶水名在雍州𪐝唾聲。墨筆墨又姓

墨翟是也亦即墨縣名莫北切十二默說文曰犬暫逐人也又靜也或作嘿冒干也又莫報切蟔[7]蟙蟔蟲即蝙蝠纆索也万虜複

9 瞖　10 賊敗　14 治　15 民

姓北齊特進万俟普俟音其 幕方言同上 艒艒艀釣艇 嫼[8]姓也 䁞暫視 瞖[9]聽瞖*欲臥也 ⿰目冒⿰目代⿰目冒 ○賊盜也

說文作賊[10]則*也昨則切七 賊上同 鱡烏鱡魚崔豹古今注云一名河伯度事小史[11] 鰂上同 蠈食禾節蟲亦作賊 ⿰氵賊

博雅云⿰氵賊測也 ⿱艹賊草[12]名 ○塞滿也窒也隔也蘇則切又蘇載切五 ⿱𡨄土上同見說文 寨安也 ⿱𡨄心實也書曰剛而⿱𡨄心 ⿱𡨄心

上同見說文 ○北南北亦奔也又高麗姓又漢複姓七氏左傳衞大夫北宮貞子莊子有北門成漢有北唐子眞治京氏易世本云晉有高人隱

於北唐因以爲氏晏子云齊有北郭先生名騷古有北人無擇清身絜己疾世之濁自投清泠之淵姓苑有北鄉北野氏博墨切二 ⿱北虫蟲似蟹四

足 ○菔蘆菔蒲北切十三 蔔上同 僰僰道縣在犍爲又丁壯皃亦醜也亦作⿱罒服又符[13]逼切 匐匍匐 ⿹勹甫上同 踣斃也

倒也又作仆 仆倒也 菩草名又音蒲 垘塡塞 ⿺走咅僵也又孚豆切 ⿰黍畐[14]黍豆潰葉也 ⿱罒服農夫賤稱 ⿰扌伏擊也

○或不定也疑也胡國切五 惑迷惑 蜮蟲名短狐狀如鼈含砂射人久則爲害生南方說文云有三足以氣射害人玄中記云長三四

寸蟾蜍鸑鷟鴛鴦悉食之 魊鬼魊旋風 ⿱或灬水流皃 ○國邦國又姓太公之後左傳齊有國氏代爲上卿古或切一 ○餩噎聲愛黑

切二 殕殪殕 ○劾推窮罪人也俗作刻胡得切一 ○⿱能蟲蟲名似蚕而小青班色齧人奴勒切三 䎱[15]穀䎱見齊人要術 ⿱能日

3
瀋

字統云埃也又日光也○械釋典有衣械古得切三輱輱耩草生嬄竦身皃出玉篇○堿階齒七則切一○覆匹北切三蠼

蠼蝗蟲名復復匐○戫巾帛從風聲呼或切二䁞睡目

二十六○緝績也七入切六葺修補諿和也緁襟緣亦作緁𦗔鼓無聲咠咠咠譖言也說文曰聶語

也○十數名是執切四什篇什又什物也拾收拾又掇也斂也褶袴褶○執持也操也守也攝也說文作㚔捕辠人也

之入切六汁瀋也液也瓡縣名在北海𨯹廣雅云羊箠也𡠗字統云至也慹怖也○習學也因也說文作習數飛

也又姓出襄陽晉有習鑿齒似入切十三襲因也及也重也合也入也又掩襲說文曰左衽袍也隰原隰亦州名左傳曰重耳居蒲即隰

川縣故蒲城是也漢爲蒲子縣後魏齊周之閒爲沁州隋爲隰州以州前有泉下濕蓋取下濕之義名之又姓齊有大夫隰朋鰼爾雅云鰼

鰌今泥鰌也又山海經云鰼魚狀如鵲而有十翼鱗在翼端聲如鵲騽馬豪骭又驪馬黃脊䬄颯䬄大風槢堅木名鸐鴗鸐鳥名

䓘䓘茵水草出埤蒼𥳑簷𥳑修舩具也𦪛上同褶袴褶霫雲霫大雨○集聚也會也就也成也安也同也眾也

本作雧字林云羣鳥駐木上亦州名漢宕渠縣梁爲東巴州恭帝爲集州以有集水名之又姓風俗通云漢有外黃令集一秦入切九輯

11 繫　△亼本韻秦入切又子入切　䈎本韻秦入切又子立切　9 讓

和也檝舟檝又音接入說文云三合也从入一象三合之形合僉之類皆从此又子[6]入切咠說文云詞之集[7]也蕺菩也鏶鐵鏶

慹怖也䈎䈎覆也又子[8]立切○入得也內也納也人執切二廿說文云二十幷也今作廿直以爲二十字○揖揖遜[9]又進也說文云[10]

攘也一曰手著胷曰揖伊入切二挹酌也○溼水霑也失入切三濕上同見經典又他合切⿰耳㬎牛耳動也○㗱⿰口尃㗱噍皃

子入切⿰口尃音博十一潗泉出⿰糸集合也又蠻夷貨名湒雨皃咠又七入切蓻草生多皃⿰衤建襟緣葺茨也䁒眨䁒

稓稠稓稓⿱山集負秦山名○及至也逮也連也辝也其立切七⿺辶集古文⿱艹⿰及瓜冬瓜芨白芷又力急切鴔鴔鳩鳥笈

負書箱又其劫切⿸戶及戶鍵○蟄蟄蟲又藏也直立切六⿰月咠肉半生半熟俋俋俋然耕皃出莊子⿰土㬎下入又直輒切⿸尸乏屆⿸尸乏

前後相次也屆初立切譶讘譶言不止也○縶繫[11]馬陟立切四⿱雨執小濕⿱馬廾[12]馬絆⿰口⿱馬廾[13]口⿰口⿱馬廾⿰口⿱馬廾○立行立又住也成也又

漢複姓魯有賢人立如子力入切九⿰齒立齧聲粒米粒[14]笠雨笠本草呼破笠爲敗天公也鴗水狗爾雅謂之天狗注云小鳥青似

翠食魚江東呼爲水狗苙白芷又其立切⿰立隶臨也岦岦岌山皃砬石藥○急急疾說文作㤂褊也居[15]立切十一汲

汲引也又縣名在衞州又姓漢有中尉汲黯河東人給供給又姓出姓苑伋孔伋字子思級等級說文云絲次序[16]也亦階級禮曰

1 ⿰鳥丕　2 奚霫　3 翖侯　6 曄

拾級聚足俗作㚗芨烏頭別名蔇上同疲病也伋伋遽也皀穀香駇[1]駇鴟鳥名○岌高皃魚及切二
𣧘危也○泣無聲出涕去急切三𤏸欲燥湆羹汁○靸小兒履也先立切五卌字統云插糞杷說文云數名今直以爲四十字
霫[2]字林云雨皃又爲霫東北夷名趿趿膝坐㗩㗩㗩忍寒聲○歰說文曰不滑也色立切八澀上同澁俗
鈒戟也鋋也雭小雨聲濇不滑⿰亻歰不及翜疾飛○吸內息許及切十二噏同上歙說文曰縮鼻也
後漢有來歙又舒涉切州名翕火炙一曰起也又斂也合也動也聚也盛也⿰言翕⿰言翕評語聲也潝水流皃熻熻熱嬆
莊嚴翖[3]漢有翖侯⿰翕阝地名闟戟名曰闟鶲鳥名○戢止也斂也阻立切九濈淚出皃䎸[4]角多皃⿰角戢上同咠
衆口蕺菜名濈和也⿰口戢喻也霵雨下又士邑切○邑縣邑周禮曰四井爲邑又漢複姓有邑由氏楚大夫養由氏之後避仇改
焉於汲切八悒悒憂唈[5]嗚唈短氣裛裛香又於怯切浥濕潤⿱艹邑⿱艹邑菸茹熟⿰食邑食⿰食邑⿱艹⿰扌邑⿱艹⿰扌邑抐○湁湁潗沸皃
丑入切三⿱雨立大雨⿱埶木汗出皃○煜火皃爲立切四曄[6]曄曄又筠輒切熠熠燿螢火又羊入切騽馬豪骭又音習○熠
熠燿螢火羊入切二⿱壬習多皃○⿱壬子戢⿱壬子聚皃尼立切五⿰氵⿱壬習潗⿰氵⿱壬習水文皃⿰氵⿴囗乂濕⿰氵⿴囗乂⿴囗乂⿴囗乂⿴囗乂私取皃又女洽切抐

7 駊 駊鵖亦 駊作鴔

偛 洽韻側洽切 又楚立切

9 合傅胡害

11 也

葩蒳○霵暴雨皃仕戢切二驝盛衆皃○駊駊鵖亦作鴔皮及切一○鵖彼及切二皀穀香也○㞙㞙尾初戢

切四𡍲𡍲壢重累土也𧝏重緣𢔌行皃○卙字統云會聚也昌汁切一

二十七合○合合同亦器名亦六合天地四方對也又州名秦爲巴郡宋爲宕渠郡後魏置合州蓋涪漢二水合流之處因以名之又姓左傳宋有大夫合左師又漢複姓高帝功臣表有合博虞侯閤切又音閤十一郃郃陽縣在同州又虜複姓後魏書大莫干氏後改爲郃氏又音閤

榙榙㯓果名似李出埤蒼迨迨遝行相及也㭘㭘榙木也詥諧也亦作合耠耕也𠍯會也𪘁𪘁齧聲也𦷮

草盒盒盤覆也○閤爾雅曰小閨謂之閤古沓切十九鴿鳥名合合集又音迨欱合會也鉿二尺鋌鮯

魚名六足鳥尾出山海經蛤蚌蛤郃水名又縣名又音迨浩浩亹地名亹音門匌周帀也頜頜頜頤傍佮併佮聚

𡰮閉戶曰𡰮毼毼𣭁目睫長㭘劒柙又巨業切岋以席載穀鞈防扞韐韎韐大帶帢帢口亦同上○答當也

亦作荅都合切十二畣爾雅曰俞畣然也踏跛行皃搭打也出音譜荅正名云小豆褡橫褡小被嗒面嗒

姶皃瘩肥瘩疲出字林嗒舐嗒狢犬食𩚀皮𩚀榙榙㯓木名○趿進足蘇合切十一颯風颯聲靸小兒履或

1 以

2 嗒

△鞳 盍韻吐盍切 又他荅切

作靸靸上同馺馬行疾霅廣雅曰雨霅霅又音讋卅說文云卅三十也今作卅直爲[1]三十字㚫媕㚫女字𣯱毾𣯱

眼睫長徾衆行皃鈒鈒鏤○沓重也合也又語多沓沓也又虜複姓後魏書沓盧氏後改爲沓氏徒合切十八誻譶誻亦作

沓[2]嗒遝迨遝揩指揩榙柱上木也涾沸溢䮳馺䮳馬行龖龍飛之狀傝儑傝不著事也譶疾言𣜦

榙𣜦蹹齧蹹硞春已復擣之爲硞譶妄言𦃃𦃃子綃出字林𨗨東魯人呼蘆菔曰菈𨗨蝔蠚蝔蟲眔

目相見○錔器物錔頭他合切二十二嚃歠也蓉菜生水中婚安皃[3]說文曰俛伏也一曰意伏也踏著地帽帳上覆

鞜革履𦑣翋𦑣飛皃漯水名在平原濕上同狧犬食𦧲上同鼛鼓聲也佮合也[4]䵬晉書有兗州八伯太

山羊曼爲䵬伯𪘨食也輡車釭輡也榙柱榙頭䍇相䍇䍇出字林[5]𩞄積厚鶅鳥名箵竹名○雜帀也集也

猝也穿也說文曰五綵相合也徂合切七䪞斷聲磼磼嶫山高雥羣鳥䕹戶簾𨆺止也又才含切鄌亭名在貝丘○帀

遍也周也子荅切十迊上同咂入口噆蚊蟲噆人𪓎歔歠聲魳魚名𦍫羊腌嘁歔嘁沞湆沞纔濕趀

𧼩趀急走○拉折也敗也摧也盧合切十一擸上同拹亦同搨敗也翋翋翖飛皃[6]磖磖磼𪂹𪂹鷄初菈

八•二十六　韻入聲　四十五

8 䲗　10 㕇　13 䶒　14 裹　17 匕　18 譅字當刪

八·二十六

韻入聲　四十五

菈蘧秦人[8]呼蘿蔔 歚歚歚不滿 𡒃石聲 𤛗𤛗牲 ○納内也又姓出何氏姓苑奴荅切八 䪏腝皃 𦵔字統云香草異

物志云葉如栟櫚而小子似檳榔可食 軜驂馬内轡繫軾前者 衲補衲紩也 魶[9]魚名似鼈無甲有尾口在腹下 妠娢妠聚物

抐抐打 ○溘至也奄也依也口荅切七 殟殟死見楚詞本作溘 㕇閉戶聲 㕡[10]山左右有岸 峇容合相當也 匌匌帀

也 歁歁歁癡皃 ○姶美好皃烏合切十三[11] 𤸷短氣 罨網又一劫切 罯覆蓋也又烏[12]敢切 媕女有心媕媕也 盦盦彩

婦人髻飾花也 庵庵低又屋 𨂷跛踚 䩎車具又小兒履名䩎䶒[13] 䪞調色畫繒出郭調字指 搕以手盍也又搕擸糞箕也

鞥皮裹[14]角也 佮姓也 ○欱大歠也呼合切四 㽺病劣皃 歛歛瘷 㿯寒㿯 ○㬎日中見絲凡作㬎同五合切十 礏

磼礏 哈魚多皃 儑偕儑 𡅌衆聲 砐岩砐 礘動礘礘亦作硆 㿯寒㿯病[15] 𦨣船皃 魥魚名 ○𧼋走也𧼋會也七[16]

合切二 嫪婪嫪 ○𨗦裹𨗦士[17]合切一 ○唈爾雅云僾唈也烏荅切一

二十八 ○盍何不也說文作盇覆也爾雅合也胡臘切十 闔閶闔說文云門扇也一曰閉也 闔俗 嗑噬嗑卦名 蓋

苫蓋 䛩[18]靜也 篕籧篨也 㕎[19]篆文云姓也 䧻說文云地名也 熆吹火也 ○臘臘蜡廬盇切十四 臈俗

齸齧齒聲𪘾上同鑞錫鑞蠟蜜蠟蝋俗擸折也又擸搕破壞也皶[1]皶皵皮瘦寬皃䳴䳴鶅鳥飛𢶾揩𢶾相和

𦑣𦑣翋飛初起皃䉭綰䉭躐躐遢行皃○皶皶皵都搕[2]切十一耷大耳也搨[3]手打也㩉上同砝擲地聲又

竹亞切[4]𠜱相著聲一曰𠜱鉤也笚竹相擊荅菜生水中又荷覆水褡橫褡小被䤷餲䤷餉䪞䪞熱䪞榻

牀也吐盍切十九㯓上同䑽兩槽大船毾毾㲪鰈比目魚別名魼上同鰨魚名似鮎四足𦐇𦐇布傝傝隸

亦傝媷儜劣又傝偅不謹皃狧犬食䎃上同謵謵譶多言謵古盍切䎓飛皃鞳鏜鞳鐘聲又他荅切[5]塔浮圖搭摸搭

嗒嗒然忘懷也遢邋遢不謹事騔驪騔馬行不進○歃大歠呼盍切三欱魶欱魚名出山海經疲肥疲○魶魚名

奴盍切三笝纜舟竹索也餉餉餉○蹋踐也徒盍切十蹹上同見公羊傳闒門樓上屋說文曰樓上戶也㒓㒓墮也

讇讇讝忘[6]語也譫多言又作誺𨩫瓶鶅鶅鶅鳥飛䈉窻扇翜[7]翋翜○偅[8]傝偅不謹皃私盍切七嗑[9]嗑嗑

搕[10]搕搕糞又食卅三十𨅔[11]𨅔𨅔行皃鞈鞈鞈鞋𢽳[12]𢽳攱起也出新字林○儑傝儑不著事皃五盍切二䁢

䁢睡○盍[13]惡也又姓出纂文今北海有之[14]才盍切二搕[15]擸搕和雜○顄顄車領骨古盍切八譶多言又音盍嗑上同蓋

八·六十四　韻入聲　四十六

姓也漢有蓋寬饒字書作䣝閘閉門鉀鉀鑪䗧䗧蜡䣝地名○榼酒器也苦盍切六磕石聲䘨䘨襠㔩㔩崩損也鼛[16]鼓聲鼛[17]磬轄車聲○鰪鰪鱂魚名安盍切四盦說文云覆蓋也廅山旁穴瘂短氣也又烏合切○囃助舞聲也倉雜切三磼石多皃𪔅鼓[18]聲○砝石聲居盍切二䲏鳥名○譫多言也章盍切一

二十九○葉枝葉又姓吳志孫堅傳有都尉葉雄與涉切又式涉切十楪楪榆縣名在雲中揲度揲鍱銅鍱偞偞偞輕薄美好皃枼薄也櫴柶端又力葉切煠煠爚箂篇簿書箂說文[19]籥也殜病也○接交也持也合也會也又姓三輔決録有接昕子即葉切十一椄續木睫目睫釋名曰捷[19]插也插於眶也說文作䀹目旁毛也䀹上同楫舟楫檝上同婕婕好亦作倢伃萎菨萎[20]水草可食淁淁沺纔有水皃鯜魚名箑竹箑又所[21]甲切○攝兼也錄也書涉切八灄水名在西陽葉縣名在汝州又余涉切歙黙歙又許及切欇爾雅欇虎櫐郭璞云今虎豆纏蔓林樹而生莢有毛刺又音涉䁆目動之皃弽射決張弓又童子佩之韘上同○涉歷也徒行渡水也亦漳水別名涉縣是也又姓左傳晉大夫涉佗時攝切四[illegible]上同出說文欇虎櫐也又書涉切鉒鐵鉒○獵取獸白虎通曰四時之田總名爲獵爲田除害也尸子曰虙羲氏之世天下多獸故

教人以獵也良涉切二十二 鬣須鬣說文曰髮鬣鬣也 𣯿長毛說文同上又作獵 躐踐也 𥈊目暗 𣈭日暗 擸說文
曰理持也 儠說文云長壯儠儠也 犣牛牡又旄牛名 韊韊馬鞁也 瓾蹈瓦聲 䉭編竹爲之 鱲魚名 𠿬齧聲 峽
嬴峽 𠟍削也擇也 邋遢也 欌柶端木也 𧯄谷名 礲礲崨山之連接 𪕮本也又鼠毛 獦戎姓俗作田獦字非 ○捷
獲也佽也疾也剋也勝也成也說文曰獵也軍獲得也春秋傳曰齊人來獻戎捷又姓漢書藝文志捷子齊人著書疾葉切八 疌說文疾也 寁
速也亟也 倢斜出也又利也便也 崨崨礲山連延也 踕足疾 緁合也遠方物也 𧩞多言也又口𧩞 ○𦠆細切肉也直葉切三 墊
下入又直立切 殜殗殜病 ○敵敵敵於輒切四 裛又於及於怯二切 腌鹽腌魚 𦁉𦁉緤補衣 ○聶姓也楚大夫食采於
聶因以爲氏尼輒切十六 躡蹈也履也登也急也 鑷鑷子 𨅊織𨅊 㚔說文曰所以驚人也一曰大聲今作幸同睪圉報執之類從此
睪伺視也說文云今吏將目捕罪人本羊益切 聿說文曰手之捷巧也 𩢀馬步疾也 籋箝也 緤𦁉緤補衣 囁小煗也
𤓍上同 踂足不相過 䇮竹䇮 䳖鳥飛 敵敵敵 ○謵小語叱涉切九 聑樹葉動皃 㚲輕薄 詀詀讘細語 㜸
女子態又前卻㜸媚也 喢多口 㤴偛㤴小人皃 𣲆㴓𣲆纔有水皃 䐑䐑膶䐑 ○讘詀讘又孤讘縣名在清河而涉切五

△聅 怗韻蘇協切 又人耴切

5 文

6 駈

9 旓 掩也

10 六字當刪

顳顳顬鬢骨喦多言囁口動䐑動䐑△。讋多言也之涉切十二囁口動又而涉切懾怖也心伏也失常也失氣也亦

作慴慴伏也懼也怯也慹司馬彪莊子注云慹不動皃又音捻霅說文云霅霅震電皃又蘇合胡甲文[5]甲三切摺摺疊也欇

風動皃譍言疾讋拾人語也襵襞也䝚梁之良豕。妾不娉七接切十緁連緁說文曰緶衣也緝說文同上𠞕說文

續也鍱炙鐵淁水名鯜魚名檝飯臿穕土穕農具也踥踥踥往來皃。鍤綴衣針丑輒切六煠爚煠

怗怗休也出字書霅霅霎小雨簗籥簗䈉竹葉。衱禮記注云衱交領其輒切五极驢上負版笈負書箱也

㭘劒柙駉[6]駉鴟戴勝別名亦作駁。輒專輒說文曰車相[7]倚也陟葉切八耴耴耳國名說文曰耳垂也襵衣襵又之涉切䎎

爾雅釋草云䎎小葉拈拈也鮿婢鮿魚即青衣魚怗說文曰衣領耑也桝木小葉。曄光也筠輒切又爲立切七曅

上同饁餉田爗煒爗火盛爗說文盛也皣草木白華瞱目[8]動皃。㾜少氣也去涉切一。萐萐莆瑞草山輒

切萐箑疌歃霎霎並又所洽切六箑扇也歃歃血霎小雨喢多言又齒涉切歃愒欲。䌇縫也居輒切二鴶鳥名

。魘惡夢於葉切又於琰切七擪持也指按也靨面上靨子嬮女字旓[9]掩光名厭厭伏亦惡夢[10]又於琰切六檿葉動皃

1 之字當刪

3 云

三十。怗安也服也靜也他協切十一 帖券帖又牀前帷也 𪔛鼓無聲或作[illegible] 鉆鉆著物 鞊鞍鞊 貼以物之[1]質錢 跕跕屣又丁協切 蝶蝶蝑 䑜小舐曰䑜 呫呫嘗也 [illegible]衣領。協和也合也胡頰切十 叶古文 𢛓思也 綊說文曰紝綊也 挾懷也持也藏也護也 俠任俠又姓戰國策有韓相俠累 浹浹渫冰凍 劦同力 㔹協犍 𢄍束帶。頰頰面也古協切九 [illegible]籀文 鋏長鋏劒名 筴箸筴又古洽切 梜上同見禮 莢蓂莢榆莢又姓出平陽世本有晉大夫莢成僖子也 蛺蛺蝶 唊唊唊多言也亦作詼 秧秧穧穧音劑。愜心伏也又快[2]也苦協切八 㥦上同 悏快也 㾜說文曰病息也 匧藏也 篋箱篋 [illegible]說文曰思皃 [illegible]得志[illegible][illegible]又呼協切。牒書版曰牒又虜姓後魏書牒云[3]氏後改爲牒氏徒協切三十 喋便語 蹀躞蹀 諜反間又譜諜也 堞城上垣 [illegible]小走聲 氎細毛布 [illegible]上同 褺重衣 疊重也㬪也明也累也積也說文云楊雄說以爲古理官決罪三日得其宜乃行之从晶从宜亡新以爲疊从三日太盛改爲三田亦州名禹貢梁州之域自秦至魏諸羌據焉周武帝始逐諸羌乃置疊州蓋以山重疊而名之 [illegible]上同 鍱廣雅鋌也 慴懾也說文懼也 [illegible]說文曰[illegible]足也 惉[4]安也又齒廉切 [illegible][illegible]歎 牃牀版 褋襌衣 墊地名在巴中 惵思懼皃 褶袷也又似入切 [illegible]車聲 蝶蛺蝶 渫浹渫又丈甲切 [illegible]鳥名狀似鵲赤黑色兩首

八·六十七

6 箝　7 屐　△揲 韓韻食列切 又思頰切　△聑 韓韻魚列切 又丁篋切

四足可以禦火出山海經㨝揩㨝𢹬掛𢹬黮黮黔首出音譜䁋[5]目䁋牊牊治○苶病劣皃莊子曰苶然疲役奴協切又音涅

十五埝陷聲暬晦冥又私列切䜲聲絶捻指捻錜小釘慹不動皃又之涉切敜說文云塞也書曰敜乃穽攝攝然

天下安出漢書㘨深也籋小箱[6]亦作銸鑈上同惗相憶鞊鞍鞊薄也出字林菍草○燮和也說文从言又炎

蘇協切十六屧[7]屐也履中薦也屟上同躞蹀躞蹀韘韘韝射具㻫石似玉燮熟也文字指歸从辛又炎鞢鞊鞢鞍具

出新字林徢徢行走皃耴使也又人耴切[8]婕婕蹀小契蜨蛺蜨蟲名蠍上同䕯草名婕婕洽[9]艓艓舟行也○甄

蹈瓦聲也盧協切四黜竹裏黑也嚀嚀呫多言奭耳垂○聑耳垂皃丁愜切十二呫多言𢬴打也笘折竹箠也喋血流

皃又田叶切窾下也跕墮落鞊鞊鞢鞍具袇衣領佴低佴也迊迊諜走也涉血流皃又[10]時攝切○蕬草簾在協

切一○浹洽也通也徹也浹辰十二日也子協切三浹浹渫又音卿㼪半瓦○弽弓弽呼牃切四䁋閉一目㛍少氣皃偞

偞[11]甲○𨕮迊𨕮走也先頰切一

三十一○洽和也合也霑也侯夾切十四霅上同狹隘狹陜陿並上同袷祭名峽巫峽山名硤硤石

1 陷　2 箑 士

縣亦州名秦將白起攻楚燒夷陵卽其地魏武於此置臨江郡後魏爲拓州取開拓之義周以居三峽之口因爲峽州也庡廦也𪘨齒曲生又缺也鞅相著烚火烚珨蜃器趇走皃○恰用心苦洽切十掐爪掐瞸相瞸㓣入也䶗齧咋皃又噍聲帢士服狀如弁缺四角魏武帝製魏志注云太祖以天下凶荒資財乏匱擬古皮弁裁縑帛以爲帢合乎簡易隨時之義以色別其貴賤本施軍飾非爲國容冐㡊並上同帢亦上同埤蒼云帽也斜斜斫○箑[2]行書七[2]洽切六煠湯煠䮢䮢䮢馬驟渫水名出上黨郡牐下牐閉城門也䟙行疾也○夾持也古洽切十五郟郟鄏地名也又郟城縣在汝州又姓左傳鄭大夫郟張筴箸也鋏箝具又音頰韐韎韐韋蔽膝帢上同跲躓礙袷複衣說文曰衣無絮也裌上同䀫眼細暗餄餄餅𤻽𤻽蹄[3]足病䶗噍聲也又苦洽切鵊鳥名鞅履根韐又公合切○眨目動側洽切六𡲺薄楔偛偛㑢小人皃又楚[4]立切𧞔𧞔略絜束皃皵皺皵皮老䜘譅䜘多言○插刺入楚洽切十臿舂去皮也或作疀俗作臿疀上同爾雅曰斛謂之疀郭璞云皆古鍫鍤字鍤上同扱取也獲也舉也引也說文收也笈負書箱又其劫切婎疾言失次也焣火乾喢口喢㹱狗食○囡手取物俗作囡女洽切四𡤻𡤻𡤻美皃㗭喢㗭小人言薄相㑢偛㑢○𪖐𪖐齁鼻息呼洽切四

八七十　韻入聲　四十九

5 盫

8 鞈 鞢鞈

10 鞢 鞢鞈

欱欱昝欶氣逆也歃盡也○霎小雨山洽切七歃歃血又山輒切箑扇之別名篓上同萐萐莆瑞草王者孝德至則萐莆生於廚其葉大如門不搖自扇飲食喢喢嚅小人言也㹐獸名○劄刺著竹洽切三偛偛㑀忽觸人也蜠斑身小蟲○䠊跛行皃烏洽切四凹下也或作容浥波下又濕皃圔圔宊聲下○𥇖埤蒼云視皃五夾切一○盫五[5]味調肉菜出文字音義丑図切一

三十二[6]○狎習也說文曰犬可習也胡甲切十一翈翈上短羽霅衆[7]言聲又丈甲切霅陽部在樂浪又音颯浹浹渫冰凍相著柙檻也所以藏虎兕也出說文匣箱匣也䖙虎習搏也鞈鞈[8]鞢㤎㤎喜炠火皃又呼[9]甲切笚竹名○渫浹渫丈甲切六喋啑喋鳧鴈食也啑所甲切擖押擖重接皃霅霅陽縣名又水名在吴興𤃴水名鞢鞈[10]鞢○鴨水鳥或作鴄鵯[11]鴄烏甲切六壓鎮也降也笮也壞也庘屋壞也𥥛人神脉刺穴閘開閉門出說文押押署文字指歸云押字才能也○甲甲兵又狎也鎧也亦甲子爾雅曰太歲在甲曰閼逢又姓左傳鄭大夫甲[12]石甫古狎切十胛背胛梜木理亂押押[13]籬壁也岬山側鉀鎧屬今單作甲玾玉名𨑨漢書人名㕅㕅辟䪌䪌靸胡履○翣翣形如扇以木爲匡禮天子八諸侯

萋 秉韻即葉切 又所甲切

⿰火甲 本韻胡甲切 又呼甲切

2 去

六卿大夫四士二世本曰武王作翣所甲切八 ⿺疌豕豕母 唼唼喋 帹面衣 翜捷也 ⿺風夾風疾 届薄届 ⿺走夾行⿺走夾⿺走夾 ○呷喤呷眾聲說文曰吸呷也呼甲切四 譀誇誕 ⿰言甲諵⿰言甲語聲 ⿰甲欠⿰甲欠⿰甲欠鼻息。

三十三○業 事也大也敘也次也始也敬也嚴也說文作𦏧大版也所以飾縣鐘鼓捷業如鋸齒以白畫之象其鉏鋙相承也詩曰巨業維樅又爾雅曰大版謂之業郭璞云築牆版也俗作⿰片業魚怯切十五 ⿰片業見上注 鄴縣名在相州又姓風俗通云漢有梁令鄴風 驜驜驜馬高大 嶪岌嶪山皃 ⿰業刂續也 ⿰阝業危皃 ⿰口業⿰口業動皃 ⿰業乚引也 ⿰言業樂也 ⿰⿱魚魚業魚盛 ⿰忄業懼也 ⿰魚業魚名 ⿰業鳥鳥名知人吉凶 ⿰氵業橫水大版 ○脅胷脅虛業切九 ⿰脅欠⿰脅欠氣 ⿰劦欠上同 愶以威力相恐也 ⿰弓合弓弽皃 嗋口嗋嚇莊子曰余口張而不嗋 熁火氣熁上 ⿰氵脅水流 拹說文曰摺也一曰拉也 ○怯畏也去劫切九 ⿰彳去上同 抾挹也 呿臥聲又音去 魥以竹貫魚爲乾出復州界 胠胠篋見莊子 ⿸厂去厓⿸厂去 ⿸疒去病劣 ⿸疒欠欠氣 ○劫強取也說文曰人欲劫以力脅止曰劫或曰以力止[3]去曰劫俗作刧居怯切九 衱衣領 袷上同 蜐[4]南越志云石蜐生石上形如龜腳得春雨則生也 跲躓也又巨業切 鉣帶鐵 砝硬也 ⿰糸劫⿰糸劫⿰糸業縫也 ⿰目劫視皃 ○腌鹽漬魚也於業切十四 ⿰魚邑上同 罨魚網又烏合切 裛書囊也文字集

六八盅 韻入聲 五十

一曰象形象物之形作字日月之字是也 二曰會意比類爲字止戈爲武人言爲信是也 三曰諧聲取譬相成江河之字是也

四曰指事指事爲字上下之字是也 五曰假借本無其字依聲託事令長之字是也 六曰轉注左轉爲考右轉爲老是也

八體

一曰大篆 二曰小篆 三曰刻符 四曰蟲書

五曰摹印 六曰署書 七曰殳書 八曰隸書

辯字五音法

凡呼吸文字即有五音脣聲舌聲牙聲喉聲齒聲等

一脣聲幷餅脣聲清也 二舌聲靈歷舌聲清也 三齒聲陟珍齒聲濁也

四牙聲迦佉牙聲濁也 五喉聲綱各喉聲濁也

辯十四聲例法

朱 之余反 朱赤也

辯十四聲例法

一開口聲 阿哥河等並開口聲
二合口聲 菴甘堪諳等並是合口聲
三蹵口聲 憂丘鳩休等能所俱重也
四撮脣聲 烏姑乎枯能所俱重
五開脣聲 波坡摩婆能所俱輕
六隨鼻聲 灼蒿考姑等能所俱重也
七舌根聲 奚雞溪等能所俱重
八蹵舌下卷聲 伊酌等能所重
九垂舌聲 遮車奢者能所俱輕
十齒聲 止其始等能所俱輕也
十一牙聲 迦佉俄等能所俱輕
十二齶聲 鴉罵等能所輕
十三喉聲 鴉加瑕等能所俱輕
十四者牙齒齊呼開口送聲 吒沙拏茶能所俱輕

辯四聲輕清重濁法

平聲上 輕清			重濁	
璡 將鄰反 美石也	禋 於鄰反 祭歆也	妃 芳非反 妃后也	之 職而反 之往也	殷 於斤反 殷大也
珍 陟鄰反 珍寶也	孚 撫夫反 孚信也	伊 於之反 伊因也	眞 只人反 眞正也	倫 力迍反 倫理也
陳 直鄰反 陳說也	鄰 力珍反 鄰近也	微 無非反 微妙也	辰 食鄰反 辰巳也	風 方隆反 風化也
椿 勅倫反 椿木名	從 疾容反 依從也	家 古牙反 家舍也	春 昌倫反 春陽也	松 詳容反 松柏也
弘 戶肱反 弘大也	峯 敷容反 山峯也	施 式支反 施設也	洪 戶公反 洪大也	飛 匪肥反 飛翔也
龜 居追反 龜鼈也	江 古雙反 江海也	民 彌鄰反 民人也	諄 章倫反 諄至也	夫 甫于反 夫妻也
貟 王權反 貟位也	降 下江反 降伏也	同 徒紅反 同合也	生 [illegible]	分 府文反 分別也

九·四二　韻入聲　五十二

4 紬 直流反 紬布也

九·四二							
	其 巨之反 其辭也	杭 戶郎反 杭州也	衣 於機反 衣服也	眉 武悲反 眉目也	無 武夫反 有無也	文 武分反 文字也	4 傍 步光反 傍近也
平聲下 輕清	清 七情反 清濁也	仙 相然反 仙騰也	砧 知林反 砧杵也	孃 女良反 耶孃也 3	緜 彌鞭反 緜絮也	朝 知遥反 朝日也	[redacted]
	幽 於虬反 幽冥也	牆 疾羊反 牆壁也	箋 則前反 箋注也	愆 去乾反 愆過也	衫 所從反 衫衣也	名 武并反 姓名也	并 府盈反 并州也 5
	輕 去盈反 輕重也	傾 去營反 傾盡也	徼 古堯反 徼幸也 6	翹 渠遥反 翹舉也	璿 似緣反 美玉也	晴 疾精反 晴明也	羌 去羊反 羌狄也
重濁	青 倉經反 青色也	先 蘇前反 先後也	針 職姪反 針線也 7	瓤 汝羊反 瓜子也	眠 莫邊反 眠卧也	昭 止遥反 明昭也	詶 市州反 詶荅也
	川 昌專反 山川也	詳 似羊反 詳審也	坊 府良反 坊巷也	憂 於牛反 憂愁也	氈 諸延反 氈毯也	鉛 與專反 鉛錫也	三 蘇甘反 三數也
	明 武兵反 光明也	兵 補縈反 軍兵也	卿 去京反 公卿也	嬌 舉喬反 女字也	泉 聚緣反 水泉也	錫 徐盈反 錫飴也 8	匡 去王反 匡正也
上聲 輕清	丑 勅柳反 乙丑也	餅 必茗反 餅果也	冢 知勇反 冢宅也	煼 昌狡反 煼脯也	昶 勅兩反 豁昶也	丈 直兩反 丈夫也	炅 久永反 炅明也
	豕 式是反 豕猪也	鄙 方美反 鄙陋也	邇 兒氏反 邇近也	敢 古覽反 敢果也	梗 古杏反 梗直也	皿 武永反 器皿也	起 墟里反 起發也
	美 無鄙反 美好也	緊 居忍反 緊堅也	畎 古泫反 畎取水	免 無兖反 免止也	杏 何梗反 杏果也	氏 是止反 姓氏也	旨 職雉反 旨美也

韻入聲 五十二

重濁

甫 方主反 甫姓也
引[1] 於軫反 延引也
鼠 舒吕反 蟲鼠也
尾 無匪反 首尾也
比 畀里反 比校也
謹 居隱反 謹愼也
汝 如與反 汝爾也

卷 居轉反 卷書也
晩 無遠反 早晩也
雨 于矩反 風雨也
耿 古幸反 耿憂也
幸 何耿反 幸甚也
猛 莫幸反 猛勇也
䑛[2] 神旨反 取食也

始 詩止反 終始也
豈 氣幾反 豈安也
倣 方兩反 倣學也
止 諸市反 停止也
里 良巳反 鄰里也
姊 將巳反 姊妹也
柹 鋤里反 果木也

去聲 輕清

魅 美祕反 精魅也
快 苦夬反 快心也
避 婢義反 迴避也
譬 疋義反 譬喻也
臂 卑義反 手臂也
赴 撫遇反 赴奔也
惠 胡桂反 惠仁也

斃 毗計反 斃固也
肺 芳昧反 肺府也
浚 私閏反 水名也
絹 去面反 綾絹也
宋 蘇統反 人姓也
壞 懷怪反 毀壞也
怪 古壞反 怪異也

替 他計反 替廢也
至 之利反 至到也
縣 玄絢反 州縣也
甑 子孕反 盆甑也
濟 子計反 濟定也
字 疾四反 文字也
四 思二反 數四也

重濁

味 無沸反 五味也
蒯 苦壞反 蒯姓也
瑞 是僞反 祥瑞也
志 之利反 志望也
吏 力值反 公吏也
賦 府遇反 詩賦也
衛 羽制反 衛護也

誓 時制反 誓謹也
廢 方袂反 廢止也
舜 舒閏反 堯舜也
眷 几倦切 眷屬也
送 蘇弄反 送到也
會 胡外反 集會也
膾 古兊反 魚膾也

態 他代反 妓態也
廟 苗召反 神廟也
釧 川絹反 釵釧也
再 作代反 再又也
寺 辭吏反 寺舍也
伺 相吏反 伺候也
刵 仍吏反 截耳也

入聲 輕清

格 古陌反 格令也
角 古岳反 角芒也
嶽 五角反 山嶽也
邈 莫角反 邈遠也
學 戶角反 學效[3]也
疋 譬吉反 疋偶也
必 畀吉反 必然[4]也

六五

韻入聲 五十三

穴胡決反窟穴也 英古穴反英明也 薛思列反人姓也 籍秦昔反典籍也 悉息七反悉來也 一於質反一數也 擲雉戟反[5]擲投也

重濁 博補各反博學也 閣古洛反樓閣也 鄂五各反鄂國名 莫忙各反人姓也 鶴下各反靈鶴也 訖居乙反訖畢也 出赤律反[6]出進也

從常熟毛文扆借得大宋重修廣韻一部相與商榷行世延其甥王君爲玉館於將門東莊摹寫舊本字畫挍讎再四而後鏤諸版復因吳江潘先生耒假崑山故相國徐公元文家藏善本勘對詳審自康熙癸未歲之夏五訖於甲申秋孟迺克竣功是書須於宋初悉辨聲律博据精解非曲學所可增損蓋韻學流布去古寖微顧亭林先生炎武所刻廣韻猶病其略而不備間嘗從秀水朱先生彛尊遊先生欲彙鈔前賢聲韻之書刊示學者今姑録宋修廣韻悉仍其故間弦賞音足徵雅曲庶幾

異同表

删韻	潸 所姦切	切三入山韻 所閒反
	頑 五還切	切三入山韻 吴鰥反
下平 蕭韻	踃 蘇彫切	敦煌王韻入宵韻 相焦反
豪韻	摮 五勞切	敦煌王韻入肴韻 五交反
麻韻	艖 初牙切	故宮王韻入佳韻 楚佳反
尤韻	𪏮 莫浮切	故宮本敦煌本王韻入侯韻 恪侯反
侯韻	裒 薄侯切	故宮本敦煌本王韻入尤韻 故宮本父謀反 敦煌本薄謀反 並云又蒲溝反
	䏬 薄侯切	故宮王韻入尤韻 父謀反
	箁 薄侯切	故宮本敦煌本王韻入厚韻 盧斗反 説文箁大徐音薄侯切
	誰 千侯切	故宮王韻入幽韻 千侯反
添韻	妗 香兼切	敦煌王韻入鹽韻 火尖反 説文妗大徐音火占反與王韻音同
上聲 紙韻	姼 承紙切	故宮王韻入歌韻 得何反
止韻	芷 諸市切	故宮本敦煌本王韻入紙韻 諸氏反

一

尾韻	扆於豈切	故宮王韻入止韻於豈反
	豈祛狶切	故宮王韻入止韻氣里反
	蟣居狶切	故宮王韻入止韻居狶反
準韻	脪興腎切	敦煌王韻入隱韻興近反
吻韻	啀魚吻切	敦煌王韻入混韻徂本反
銑韻	跈乃珍切	敦煌王韻入獮韻尼展反
有韻	婦紐房久切	故宮王韻入厚韻防不反
	缶紐方久切	故宮王韻入厚韻方負反
感韻	⿰臽刂徂感切	故宮本敦煌本王韻入咸韻士咸反
琰韻	險紐虛檢切	故宮王韻入广韻虛广反
	貶紐方斂切	故宮王韻入广韻彼檢反
	⿰禾頁紐丘檢切	故宮王韻入广韻丘檢反
	顩紐魚檢切	故宮王韻入广韻魚儉反

異同表 三

韻	字	異同
	獝 況必切 切三故宮本敦煌本王韻音其聿反	唐韻入術韻 其聿反
物韻	趉 九勿切	切三敦煌王韻入質韻 其聿反 唐韻入術韻 其聿反
沒韻	䓛 古忽切	故宮王韻入物韻 恭屈反
	㾵 呼骨切	切三故宮王韻入質韻 許聿反 敦煌王韻在沒韻
黠韻	忦 古黠切	唐韻入怪韻 古拜反 敦煌王韻在黠韻
	䀏 呼八切	唐韻入鎋韻 荒刮反 敦煌王韻在黠韻
屑韻	丿 普蔑切	敦煌王韻入薛韻 普折反
	嫳 普蔑切	切三唐韻入薛韻 扶列反
	蛂 蒲結切	故宮王韻入物韻 分物反
鐸韻	㤞 徒落切	故宮王韻入陌韻 瑒伯反
陌韻	虢 古伯切	刻本韻書（P.5531）入麥韻 古獲反
	漷 古伯切	故宮王韻入隔韻 呼麥反
昔韻	碧 彼役切	故宮王韻入格韻 逋逆反

錫韻 鬄他歷切 故宮王韻入隔韻徒革反
砉殈呼昊切 敦煌王韻入昔韻許役反
盍韻 磕苦盍切 故宮王韻入合韻口荅反
葉韻 讋之涉切 故宮王韻入緝韻枕十反
擪[illegible]於葉切 切三故宮王韻唐韻入怗韻於協反
[illegible]於葉切 故宮王韻入怗韻於協反

異同表　四

異同表 四

璦 392.7
䁞 387.7
𣩎 382.4
𥈞 382.4
賹 385.8
曖 392.6
蝝 387.8
餲 389.2
懝 392.6
瞹 382.4
𩰝 382.3
礙 392.5
𥵹 392.7
譺 387.7
𩰗 382.4
靉 392.7
𪘂 385.7

ān

安 123.6
侒 123.8
郊 123.8
菴 223.10
𢊁 224.1
庵 223.10
淊 232.1
盦 123.8
喑 224.1
𤟹 232.1
婩 223.10
腤 223.10
䆧 123.8
盦 224.1
諳 223.9
㛺 224.1
馣 224.1
韽 224.1
黯 232.2
鵪 223.10

án

犴 123.3
豻 123.3
雃 123.3
嵁 225.5
𥧔 225.5
𧮰 123.4
䛳 225.5

ǎn

埯 335.4
𢈪 332.9
唵 332.9
陪 332.9
揜 335.4
揞 332.9
晻 332.8
嵁 333.4
罯 332.9
媕 333.4
錇 333.3
黤 332.9
𣿅 332.9
黭 332.8

àn

犴 403.6
岸 403.6
郊 403.2
按 403.1
荌 403.2
洝 403.2
晏 403.2
豻 403.6
案 403.1
淊 447.4
案 403.2
頇 403.6
揞 447.4
喭 403.7
嵃 403.7
𤟹 447.4
暗 444.1
𢇍 403.7
𢋈 403.7
儑 444.5
闇 444.1
𩤁 403.6
韽 447.3
黯 339.2
黬 448.2

āng

佒 184.5
映 184.5
鴦 184.5

áng

卬 185.6
茚 185.7
枊 185.7
昂 185.7
棉 185.7
䩕 185.8
䭹 185.7

ǎng

坱 316.10
映 316.10
泱 316.10
姎 316.10
映 316.10
盎 317.1
䇦 317.1
軮 317.1
䭹 317.6
駚 317.1
醠 316.10

àng

岇 429.9
枊 429.9
盎 429.8
䭹 429.9
醠 429.8

āo

爊 160.7
鏖 160.8
𨫼 160.8

áo

敖 160.1
嶅 160.3
慠 160.2
遨 160.1
嫯 160.4
蔜 160.2
嗷 160.3
滶 160.2
㮝 160.4
獒 160.2
𢨘 160.3
摮 160.3
熬 160.2
聱 160.1
螯 160.3
𢍹 160.4
謷 160.3
𧽊 160.4
翱 160.1
䫜 160.3
𩪃 160.4
鷔 160.1
𪀔 160.2
鰲 160.4
鼇 160.3

ǎo

夭 305.7
芺 305.6
𢘇 305.7
𨛐 305.7
跃 305.6
媪 305.7
䫂 306.1
蝹 305.7
麌 305.7
懊 305.6
䅓 305.10
𦡔 305.6
燠 305.7
襖 305.6
䳺 305.8
䯠 305.8

ào

跃 420.7
奡 419.7
傲 419.6
奥 420.6
嫯 419.7
隩 420.7
墺 420.7
澳 420.8
懊 420.6
𦡔 420.6
燠 420.7
謷 419.7
鏊 419.7
䫜 419.7
𧭳 420.7

鷔 419.7
餺 420.7
鷔 419.7
鰊 420.7

B

bā

八 490.6
巴 169.6
扒 490.7
玐 490.7
朳 490.6
芭 169.8
吧 169.8
玞 490.7
疤 169.8
捌 490.7
493.2
蚆 169.8
哵 490.7
笆 169.7
釟 490.7
棚 493.2
豝 169.8
馹 490.6
鈀 169.7
鍚 490.7

bá

犮 489.7
坺 489.9
拔 489.7
490.1
茇 489.9
废 489.5
妭 489.6
胈 489.8
炦 489.6
癹 489.6
犮 490.2
菝 489.9
490.2
軷 489.6
酦 489.6
跋 489.5
魃 489.5
颰 489.6
駊 489.9
鱍 489.7

bǎ

把 311.2

bà

弝 425.7
杷 426.2
爸 309.5
耙 426.2
罢 426.1
垻 425.7
笆 311.1
跁 311.1
426.2
鲃 426.2
靶 425.7
竨 311.1
罢 425.7
罷 272.10
矲 272.10
鮁 426.2
霸 425.6
灞 425.7
欛 425.7

bái

白 512.3

bǎi

百 512.6
柏 512.6
捭 273.2
擺 273.1

bài

扒 387.10
庍 386.2
粑 386.3
拜 387.10
退 388.10
呗 388.10
败 388.9
389.4
猈 272.10
稗 386.2
惼 273.1
粺 386.2
辟 386.6
擇 387.9
劘 273.1
敱 388.10
䅭 386.2
鑼 273.1

bān

扳 130.5
华 129.4
肦 130.4
班 130.3
般 129.3
130.4
斑 130.4
頒 130.3
媥 130.5
132.2
粪 130.5
鳻 130.3
箛 129.3
螌 130.4
虨 132.2
黏 129.3
辬 130.4
鬆 130.4
鳊 130.5

bǎn

阪 289.1
板 288.7
瓪 288.5
288.8
昄 288.5
288.8
版 288.7
粄 288.5
料 288.5
鈑 288.8
鉼 288.5
蝂 288.7

bàn

半 406.5
扮 408.4
吤 406.6
伴 288.3
扶 288.3
拌 288.3
眅 289.1
姅 406.6
料 406.6
湴 447.10
埿 447.10
絆 406.5
靽 406.5
駬 406.6
魬 289.1
辨 408.2
辧 408.2
瓣 408.3
瓣 408.2

bāng

邦 41.5
垹 41.5
峀 41.5
梆 41.5
浜 190.3
挈 185.9
縍 185.8
幫 185.8
醁 185.9
鞤 185.9

bǎng

跰 315.10
蒡 316.1
榜 315.10
膀 315.10
綁 242.6
螃 315.10
髩 316.1

bàng

怑 242.3
玤 242.3
桂 242.2
蚌 242.3
舫 430.4
棒 242.3
棓 242.3
傍 429.9
搒 430.4
徬 429.10

棓 242.4
蜯 242.4
螃 430.3
謗 430.4

bāo

勹 155.7
包 155.5
郇 159.4
苞 155.6
枹 155.6
胞 155.6
蕿 159.3
褒 159.3
褒 159.3

báo

雹 467.10
雹 467.8
筄 467.10
瀑 468.1
雹 467.8

bǎo

鸨 305.6
乐 305.4
保 305.4
瑶 305.4
宲 305.6
狍 305.5
堢 305.4
葆 305.5
堡 305.5

飽 301.9
鴇 305.5
餐 301.9
褓 305.5
鸨 305.5
緥 305.5
賲 305.6
餜 301.9
寶 305.3

bào

勽 420.5
抱 303.6
豹 417.10
麅 418.7
菢 420.5
褒 420.5
報 420.5
鉋 418.7
嫑 420.5
鞄 302.10
418.7
醃 418.7
骲 302.10
418.8
暴 420.3
虣 420.4
颮 418.1
鮑 302.9
鞄 302.10
儤 418.1

瀑 420.4
曝 420.4
爆 418.1
謈 418.1
鸔 420.5

bēi

陂 45.4
杯 100.5
卑 49.2
盃 100.5
桮 100.5
幝 49.4
渒 49.4
椑 49.2
悲 59.5
詖 45.4
碑 45.5
痺 49.4
裨 49.3
箄 49.3
鐾 45.6
錍 49.4
鞞 49.3
藣 45.6
鵯 49.2
顐 49.3
襬 45.6
籠 45.6
犤 45.6
鑼 45.6

běi

北 532.4
蛩 532.5

bèi

邶 383.3
伂 383.4
芾 383.3
孛 389.7
邶 389.8
貝 383.2
沛 383.3
茌 389.9
柿 383.5
旄 383.4
犻 383.4
茷 383.4
棴 389.9
背 389.8
391.5
肺 383.4
萆 353.10
俻 353.10
倍 277.1
狽 383.4
悖 389.8
被 243.7
349.3
蓓 277.1
蜚 354.2
鄁 389.7

葡 353.10
偝 389.8
琲 275.6
棑 388.3
備 353.9
絥 354.1
蓓 277.1
蜚 389.8
痱 275.6
憊 388.2
犕 354.2
鞁 354.1
構 354.1
踑 383.3
犕 354.1
牖 354.2
鯡 388.2
誖 389.8
391.6
輩 391.6
罷 243.7
鋇 383.3
鯆 383.4
靡 275.6
癮 388.2
憊 388.2
糒 354.1
膞 354.1
鞴 354.1
鞴 388.2

濼 388.3
橐 388.2

bēn

奔 121.8
賁 121.9
犇 121.10
鷭 121.10

běn

本 284.4
苯 284.5
床 284.5
畚 284.5
栩 284.3
笨 284.5
畚 284.5

bèn

体 285.5
坌 401.10
奔 402.2
湴 402.1
笨 285.4
捹 285.4
獖 285.4

bēng

崩 191.7
劥 186.7
祊 186.7
拼 191.7
垪 190.3
崩 203.3

閟 353.5
皞 473.5
煏 530.4
530.8
鉍 353.5
474.10
飶 473.8
腷 530.8
痹 357.4
滭 473.2
辟 521.5
521.8
彃 473.3
婢 473.3
琿 473.1
碧 522.1
鞑 473.7
鞁 349.3
蓖 272.3
357.4
蔽 378.10
榫 473.4
斁 473.2
謐 473.7
箅 375.7
獘 378.7
幣 378.7
彆 379.1
熚 473.3
禪 473.5
鄨 353.5
韠 353.6
縪 473.8
525.8
髲 349.2
駜 473.8
474.6
撶 475.1
梛 376.4
轂 473.5
罼 473.5
頧 357.3
瘅 357.2
稫 530.8
澤 474.10
薜 376.3
觱 473.3
踾 530.4
530.8
髀 272.3
篳 472.10
鮅 473.4
473.8
廦 525.8
壁 525.6
避 348.4
嬖 375.7
繹 473.4
趕 473.2
醳 376.4
殲 521.5
蹕 473.2
髀 272.3
鮩 473.7
斃 378.7
鏵 521.10
壁 521.9
臂 349.4
蘢 349.2
奰 353.10
麶 530.8
馥 530.8
鏎 473.4
饆 473.4
膞 357.3
斃 378.10
璧 521.8
鼙 376.4
簰 376.4
禆 357.3
襞 521.9
繴 525.8
韠 473.1
鶝 530.9
躃 521.4
躄 521.9
鷝 473.2
贔 354.1
鐴 521.9
髒 521.5
鷩 378.10
羅 353.10
鼊 525.8
鼈 525.7

biān

砭 227.10
砚 227.10
揙 143.5
萹 138.5
牑 138.5
甂 138.4
蝙 138.4
箯 143.5
編 138.4
143.5
蹁 138.5
鞭 143.5
邊 138.3
櫋 138.4
儩 138.5
鯾 143.5
鳊 143.5
澷 138.4
趫 138.5
籩 138.4
蹥 138.5

biǎn

㝵 336.2
扁 291.7
匾 291.6
貶 336.2
萹 291.7
惼 291.7
碥 291.7
辡 295.3
褊 295.2
糄 291.8
緶 291.7
編 291.6
鴘 295.4
緼 291.7
睘 295.3
辮 295.2
覵 295.4
櫋 291.7
穩 291.7

biàn

卞 413.1
弁 413.2
抃 413.2
匥 413.4
釆 408.3
汴 413.3
忭 413.4
拚 413.2
苄 413.4
玣 413.4
砭 445.8
昪 413.4
便 414.2
窆 445.8
扁 292.2
296.10
覍 413.2
笄 413.4
詧 294.9
徧 414.4
遍 414.4
梗 296.10
閞 413.3
毹 292.2
辡 294.9
頨 413.4
艑 292.2
猵 413.3
諞 294.9
296.10
辨 294.9
骿 292.3
辫 296.10
鶣 292.2
瘺 292.2
辦 292.2
辯 294.8
變 412.10

biāo

杓 151.7
髟 151.8
218.2
彪 218.2

滮 218.4
猋 151.6
蔈 151.8
幖 151.7
標 151.6
熛 151.7
㠒 151.7
𦢊 151.8
瘭 151.7
儦 151.9
𧽐 151.7
藨 151.10
旚 151.8
瀌 151.9
𥊮 151.8
臕 151.9
穮 151.9
飆 151.6
觮 151.9
鑣 151.9
驫 151.8
218.2

biǎo

表 300.8
𧘐 300.9
嘌 300.9
蔈 300.9
標 300.9
褾 300.9
䙳 300.9

𧞤 300.9

biào

㲠 300.10
苂 300.1
俵 417.3
蔈 300.10
歑 300.10
裱 417.2
摽 299.10
慓 300.1
膘 300.1
藨 300.10
䮽 301.1
顠 300.1
鬃 300.1
驃 416.10
摽 299.10
鰾 300.1

biē

扒 502.1
別 502.1
奣 497.4
㢼 497.3
㭭 497.4
閉 497.4
勫 497.5
袦 497.4
㡟 497.3
箣 501.10
颮 497.9

謝 502.1
鼈 500.5
憋 500.5
鞦 497.4
鼈 500.5
鷩 500.5
鷩 500.4
鼈 500.5
鼈 500.5

bié

別 501.9
苾 498.1
咇 498.1
柲 498.2
胅 498.1
莂 502.1
峅 501.9
怭 498.2
蛂 498.1
捲 497.10
飶 498.1
馝 498.1
馡 498.1
頫 497.10
襒 498.2
瘪 497.10
蹩 497.10

biè

彆 497.4

bīn

汃 108.4
份 108.3
邠 108.4
玢 108.4
攽 108.5
砏 108.5
彬 108.3
斌 108.3
瑸 108.5
背 108.5
賓 105.5
賔 105.4
儐 105.5
豳 108.4
虨 108.5
濱 105.5
檳 105.5
霦 108.5
矉 105.5
繽 106.8
覿 105.5
鑌 105.5
顮 105.5
䨈 105.6

bìn

㡦 278.3
覕 395.1
儐 395.1
擯 395.1
殯 395.1
臏 278.3
嬪 395.1
覿 395.2
髕 278.3
鬢 395.1

bīng

冫 201.6
冰 201.6
并 194.8
兵 188.8
屏 194.9
栟 194.9
掤 201.6
箳 194.9

bǐng

丙 317.10
邴 318.1
苪 318.2
秉 318.2
併 320.8
怲 318.1
柄 431.8
昞 318.1
炳 318.1
屏 320.7
窉 318.2
蛃 318.3
棅 431.9
稟 331.9
鉼 320.7
餅 320.7
鞞 322.5
䴵 320.8

bìng

并 433.5
郱 431.9
垩 431.6
凭 435.5
併 322.8
433.4
並 322.8
怲 431.9
枰 431.6
庰 433.5
病 431.5
竝 322.7
偋 433.5
摒 433.4
評 431.6
痭 431.9
鈵 431.9
鮩 322.8
䨻 435.6

bō

癶 487.6
迚 487.7
怖 487.7
芝 487.6
帗 487.7

波 165.6
玻 165.7
盋 487.6
趵 467.7
袯 487.6
剥 467.5
紴 165.6
茷 487.8
番 165.6
鉢 487.6
碆 165.7
播 422.6
撥 487.6
嶓 165.6
鴔 487.7
皾 422.6
皤 165.6
襏 487.7
艬 487.7
鬘 487.7
驋 487.8
鱍 487.7

bó

仆 532.7
孛 482.6
伯 512.5
肑 467.6
帛 512.4
瓝 467.9
泊 509.5
怕 513.9
垘 532.7
撲 532.7
郣 482.5
勃 482.3
瓸 512.7
攴 512.6
誖 482.6
埻 482.4
葩 512.7
秡 482.4
爮 467.9
亳 509.5
浡 482.5
悖 482.4
越 489.5
帛 512.5
菔 532.6
菩 532.7
桲 482.5
毴 482.5
教 482.5
跡 489.5
舶 512.4
瓟 467.10
脖 482.6
匐 532.6
焞 482.5
艴 482.6
越 489.5
博 510.6
跑 467.9
匐 532.6
湘 512.7
渤 482.3
搏 510.7
嚩 510.8
艕 467.6
鈸 489.9
猼 510.9
溥 510.10
駮 467.5
荍 482.6
葍 532.6
踣 532.7
僰 532.6
跢 509.7
骲 489.9
骲 467.9
馛 489.6
箔 509.6
誟 482.5
駞 467.9
趞 532.7
嶅 482.5
踣 532.6
簹 467.9
餑 482.4
跤 467.5
褲 510.10
駮 467.5
薄 509.6
鵓 489.9
蹲 510.9
馞 482.4
鮊 512.4
搏 510.9
騂 467.9
482.3
撲 467.9
穀 467.10
薭 515.3
瞂 489.9
暴 467.10
攥 468.1
鵓 482.6
嚗 467.6
辟 516.1
箔 510.8
鎛 510.7
餺 510.10
懪 468.1
轉 510.10
髆 510.7
髉 467.7
犦 467.10
簿 510.10
簿 509.6
膊 467.6
牒 467.7
爆 467.6
510.7
檗 516.1
辮 516.1
欂 510.9
515.3
516.1
皺 467.7
襮 510.8
礴 509.6
鞈 532.7
鰒 467.9
餺 510.10
鬻 482.4
鑮 509.6
510.8
餺 509.7
轉 509.6
鶇 510.8
鵓 467.6
鱄 509.7

bǒ

尦 309.2
跛 309.1
駊 309.1
簸 309.1

bò

番 422.6
薜 515.10
縛 423.2
檗 515.10
擘 515.10
擗 515.10
簸 422.6
譒 422.6
檗 515.10

bū

拚 87.8
陠 87.7
逋 87.6
峬 87.7
庯 87.7
晡 87.7
秿 87.8
越 87.7
誧 87.8
餔 87.6
滷 87.7
鵏 87.7
鯆 87.8

bú

轐 462.6
犦 463.1
襮 462.10
鸔 463.1

bǔ

卜 454.4
捕 372.3
哺 372.3
掊 328.7

懆 304.5
騲 304.6

cào

造 420.3
艁 420.3
慥 420.3
鄵 420.3
操 420.2

cè

冊 516.5
拺 516.7
栅 516.7
𠕋 516.6
畟 528.2
笧 516.6
側 530.7
𡎺 528.3
萴 530.7
策 516.5
測 528.2
惻 528.2
筴 516.6
矠 516.7
墄 533.1
㥽 516.7
嫧 516.6
蓛 528.3
踖 512.10
憡 516.7
𦓐 528.2
蹟 516.7
箣 502.9
瞔 516.7
簎 513.1
齰 516.6

cēn

梫 222.10
参 222.10
嵾 222.10
槮 223.1
駸 222.10
穇 222.10

cén

𡵂 222.8
岑 222.7
笒 222.9
涔 222.8
梣 222.8
䅾 222.9
䨙 222.9
欕 222.9
𩵕 222.9

céng

曾 203.6
鄫 202.4
嶒 202.5
層 203.6
橧 202.5
䁬 203.7
竲 202.5
繒 202.4
驓 202.4

cèng

𠟋 435.10
蹭 435.10

chā

叉 169.8
扱 545.9
犱 545.10
杈 169.8
侘 171.6
哆 171.6
臿 545.8
笈 545.9
艖 169.9
差 169.9
痄 171.6
𠝫 169.9
插 545.8
聚 545.9
靫 169.9
喢 545.10
𡟯 545.9
䐜 169.9
䆛 171.6
艖 169.9
䶨 545.8
鍤 545.9
鎈 169.9

chá

苴 171.5
秅 170.8
茶 170.8
查 171.5
荼 170.7
峹 170.7
嵞 170.9
梌 170.9
秺 170.9
瘏 170.9
䅊 170.9
楂 171.4
槎 171.5
𡙇 170.9
詧 491.1
嵯 170.9
䣉 170.7
隋 170.9
𣛌 170.7
䶥 171.5
察 490.10
貗 548.6
𨄪 170.7
齇 171.5

chǎ

奼 312.2
䃰 312.1

chà

侘 424.2
刹 492.4
莉 492.4
詫 424.2
槃 491.1
䁟 491.1
蔡 490.10
獺 492.6
𧫌 424.2
𧈪 546.3
蠆 491.1
𪘾 490.10

chāi

叉 95.7
扠 96.2
芆 95.7
差 95.7
 97.4
赵 97.5
釵 95.6
𠝫 95.8
靫 95.6
甐 95.7
𩑶 95.7
䐜 95.7
犞 103.3

chái

茈 95.5
查 95.6
柴 95.5
喍 95.5
豺 97.3
祡 95.5
𧲴 97.4
犞 95.6
㾹 95.6
儕 97.4
齜 95.5
𪇰 97.4

chǎi

茝 276.7

chài

杈 386.1
衩 386.1
差 385.10
㳗 386.1
訍 386.1
啐 389.4
瘥 386.1
𤎩 389.2
䛽 386.1
蠆 389.2

chān

延 140.7
妗 228.10
姑 228.9
梴 140.6
脡 140.6
痈 228.10
㡂 228.10
婆 229.4

覘 229.4
惉 228.10
裧 228.9
緂 228.10
獑 132.3
幨 228.9
韂 228.10
燀 145.8
鏈 140.6
襜 228.9
攙 233.1
韂 228.9

chán

㕕 230.6
梴 228.7
單 140.7
攙 232.7
孱 131.9
140.4
㙴 131.10
140.5
嶄 232.9
僤 140.8
僝 131.9
鋋 140.7
獑 232.6
232.10
誗 230.7
撣 140.8
㨻 228.7
儃 140.8
廛 141.1
潺 131.9
140.4
嬋 140.9
緾 140.9
戱 131.8
澶 140.9
禪 140.8
毚 232.6
232.10
鄽 140.10
壥 141.1
巉 230.7
蟬 140.8
瀍 140.10
蟺 131.9
140.4
蹔 232.6
蟾 228.8
儳 232.7
劖 232.10
酁 232.7
邅 140.10
攙 232.7
嚵 233.1
巉 232.9
鑱 131.10
140.4
獑 132.4
獑 232.6
欃 232.6
蠯 140.10
纏 140.9
躔 140.10
闤 140.10
艬 232.10
讒 232.5
鑱 232.10
饞 232.6
鑯 232.7
䴸 232.6

chǎn

㢟 297.3
汕 289.5
昆 339.3
於 297.2
弗 289.9
旵 297.3
剗 289.8
㺜 289.2
產 289.4
搌 297.2
摌 289.4
嵼 289.5
滻 289.5
憻 289.5
289.9
阐 293.5
蒇 297.2
嘽 293.6
幝 293.5
犍 289.4
膡 289.9
諂 336.10
燀 293.5
篕 289.4
鏟 297.2
僴 339.3
繟 293.5
縼 293.6
鞜 297.3
僴 340.1
鏟 289.9
醶 339.6
闡 293.4
驏 289.5
臘 339.1
孱 289.9
驒 293.5
讇 337.1
灛 293.6
醦 339.1
躝 340.2
鞲 289.5

chàn

䩇 446.3
磹 412.4
覘 446.2
孱 407.10
裧 446.3
撕 447.8
獑 447.8
瘑 407.10
壇 446.4
幨 446.3
襜 446.3
㦃 407.10
儳 447.8
鏟 407.10
蹭 446.3
嚵 447.8
懺 447.8
闍 446.4
甗 447.8
孱 407.10
韂 446.3
韂 446.4

chāng

昌 175.8
倀 180.1
倡 175.8
菖 175.9
猖 175.8
琩 175.9
募 180.1
裮 175.8
閶 175.9
鯧 175.9
饔 180.1

cháng

長 176.3
尚 178.5
瓺 176.5
塲 176.4
萇 176.3
常 178.3
徜 178.6
場 176.4
甞 178.5
腸 176.3
嘗 178.6
裳 178.5
蟐 176.4
踼 176.4
鋿 178.6
償 178.6
鶬 178.6
鱨 178.6

chǎng

昶 314.3
敞 313.9
㫾 313.10
僘 313.10
廠 313.9
惝 313.9
氅 313.9
鋹 314.4
驚 313.9

chàng
裮 427.5
倡 428.3
𠷝 427.5
唱 428.3
悵 427.4
瞣 427.6
暢 427.4
瑒 427.5
𣯴 427.5
廠 428.3
韔 427.5
蘠 427.5
韔 427.5
鯧 428.3
chāo
抄 156.3
昭 149.2
幍 149.2
怊 149.2
153.3
弨 153.3
欩 149.2
颮 156.7
訬 156.3
超 149.1
鈔 156.3
颵 149.2
嘮 156.7
㯴 156.3
謙 156.2
魑 156.3
cháo
晁 149.3
䄻 156.8
巢 154.6
朝 149.4
鄛 154.8
勦 154.7
𡐀 154.8
窠 154.7
樔 154.7
嘲 156.1
潮 149.4
鼂 149.3
轈 154.7
罺 154.7
鼂 149.4
chǎo
吵 303.1
炒 303.1
弨 300.2
昭 300.2
梄 300.2
𤇾 303.1
煼 303.1
麨 300.2
謅 303.1
䴰 300.1
䰭 303.1
巐 299.8
鬻 303.1
chào
仯 418.8
抄 418.8
耖 418.8
舥 418.9
眺 417.2
觘 418.9
鈔 418.8
趠 418.4
踔 418.4
罩 418.9
綤 418.8
chē
車 166.10
硨 167.2
chě
哆 311.9
拸 311.9
撦 311.10
䞣 311.9
䫚 311.9
chè
屮 502.7
斥 424.10
坼 541.9
㞶 513.8
硩 513.8
泚 541.10
恜 541.10
恜 542.5
聅 502.8
㼩 541.10
趚 424.10
哲 502.8
㨷 513.8
㖤 541.10
掣 502.10
䞓 513.8
詀 541.9
㙼 542.4
䞣 513.8
撤 502.8
䨁 542.5
䈕 542.5
箑 542.5
徹 502.8
瘛 502.10
澈 501.10
䏴 541.9
趩 513.8
䡟 502.8
鍤 542.4
䡧 502.8
謵 541.9
槖 541.9
chēn
彤 219.5
胂 103.7
郴 219.6
琛 219.5
棽 219.5
嗔 106.5
膹 106.5
綝 219.5
瞋 106.5
覗 219.5
賝 219.6
覠 223.1
縝 103.7
106.6
謓 106.5
䡩 106.6
𤢖 103.7
chén
臣 104.5
芜 219.10
辰 104.4
沈 219.9
沉 219.10
忱 220.2
枕 220.1
邸 104.6
牤 219.10
帘 111.5
茝 104.5
郿 104.6
疣 220.3
莸 219.10
宸 104.4
晨 104.5
陳 106.1
桭 104.5
䢅 104.4
殸 111.5
晨 104.4
訦 220.2
趁 106.3
鈂 220.1
湛 219.10
愖 220.2
晨 104.4
煁 220.3
瘎 220.3
塵 106.4
𢷌 106.3
嗽 106.3
霃 219.10
諶 220.2
蓁 111.4
𩠏 104.5
䢈 104.5
chěn
墋 331.6
磣 331.7
踸 330.7
齓 282.2
鍖 330.7
䫖 330.7

醦 331.7
黰 277.6

chèn

疢 396.5
趁 396.6
䑣 443.4
齓 396.3
闖 443.4
儭 396.2
嚫 396.2
瀙 396.2
櫬 396.2
襯 396.2
䞋 396.2
讖 443.5

chēng

虰 193.6
净 191.2
玎 187.4
193.5
爯 202.7
琤 187.5
191.1
枨 191.2
偁 202.7
庱 202.9
睖 202.9
赪 193.5
槍 187.5
稱 202.6
僜 202.8
錚 191.2
樘 187.4
噌 191.2
赬 193.5
橕 187.4
瞠 187.3
檉 193.5
竀 187.4
193.5
鎗 187.4
蟶 193.5
鐺 187.5

chéng

朾 191.8
成 193.6
丞 200.6
盯 188.6
呈 194.1
宁 191.9
郕 193.10
虰 191.8
承 200.6
城 193.9
埩 191.1
𦱊 190.10
㡨 193.9
峥 187.6
宬 193.10
珹 194.1
挰 188.6
乘 201.7
𣩃 201.8
珵 194.3
振 188.6
盛 194.1
郢 194.3
崝 191.1
揨 191.8
棖 188.6
𧼮 188.6
程 194.1
筬 194.1
傖 187.5
窚 201.8
湞 191.8
裎 194.3
塖 201.9
篂 194.3
𧗾 187.5
𦞶 201.9
誠 193.10
敦 191.8
溗 201.8
𤲒 200.7
𩬿 187.5
酲 194.2
䁅 191.9
頳 194.1
澂 200.7
澄 188.6
200.8
憕 188.7
191.8
200.8
鬇 187.5
191.1
橙 191.7
𢾾 191.8
磳 202.9
瞪 191.9
200.8
竲 191.9
徵 200.8
騬 201.9
鏳 191.1

chěng

逞 320.2
悜 320.2
庱 322.9
睈 320.3
裎 320.2
騁 320.2
鞓 320.3

chèng

秤 435.6
偵 433.2
遉 433.1
牚 432.2
靗 433.2
稱 435.6
瀙 432.1
覴 435.7

chī

吃 479.3
妛 65.1
迣 55.2
郗 55.2
胵 55.1
离 50.7
蚩 64.10
𡵢 65.1
眵 52.6
笞 64.9
瓻 55.3
脪 55.3
禼 50.7
喫 525.1
訵 55.3
摛 50.6
嗤 65.1
𥱋 55.3
𨾊 55.1
痴 64.10
媸 65.1
絺 55.2
𤏰 50.6
𥋴 65.1
𥌮 65.1
誺 50.6
嚉 525.1
螭 50.6
鴟 55.1
䱍 55.2
鵄 55.1
諸 55.2
黰 55.2
魑 50.6
癡 64.9
齝 64.9
彲 50.7
黐 50.6
纚 52.7

chí

池 51.5
弛 247.10
怟 47.7
阺 56.1
坻 55.10
柢 47.7
岻 56.1
彽 56.1
泜 55.10
治 64.10
持 64.10
茌 65.5
荎 56.2
眡 47.7
姼 47.7
莉 56.2

64.10
栘 94.8
菭 56.2
匙 47.5
蚳 56.1
堤 47.6
提 47.5
萓 47.6
貾 56.2
啼 47.5
傂 51.8
謕 51.7
馳 51.4
趍 51.5
墀 55.10
誃 51.8
禔 47.6
遲 56.1
漦 65.6
墀 55.9
趧 47.5
踟 51.7
箟 47.6
褫 51.7
遟 55.10
篪 51.6
褫 51.8
簃 51.6
謘 56.2
齝 51.7
鷈 51.7

chǐ

尺 520.1
姼 247.8
侈 247.7
垑 247.9
哆 247.10
庈 247.8
恀 247.9
姼 247.7
恥 256.4
菭 348.6
蚇 520.2
烙 247.9
豙 247.9
紕 256.4
豉 348.6
瘆 247.8
袲 247.9
袳 247.9
誃 247.8
鉹 247.8
齒 256.3
褫 248.10
256.4
灑 247.9
驟 252.6

chì

彳 522.2
叱 474.2
斥 520.3
赤 520.1
卤 520.3
佁 359.4
屎 355.5
抶 471.8
侙 527.1
臭 520.3
剢 351.6
郝 520.3
勅 527.1
咥 471.8
翌 527.2
哆 360.5
惭 381.6
庰 520.3
恜 527.2
怈 381.5
屎 355.6
堇 527.2
杙 527.1
翅 350.9
眣 471.8
眙 359.4
豉 350.9
狐 350.9
埴 360.5
跙 536.2
敕 526.10
奭 520.4
瓻 522.2
痓 358.4
銐 520.2
湁 527.1
晢 381.6
揥 381.6
跐 381.5
掣 379.3
飭 527.1
謳 355.6
啻 350.10
湁 535.8
恄 379.4
剓 472.5
雴 535.9
蹉 355.6
471.8
傺 381.5
瘌 379.4
剚 472.5
遬 527.2
裂 379.4
踬 381.6
魅 359.4
瀄 520.3
漦 535.9
憖 527.2
帶 381.6
幟 360.5
謎 355.6
359.5
瘈 379.4
瘛 379.3
墪 360.5
翟 351.1
趩 381.5
瞭 381.6
踐 381.6
篨 376.10
鰈 381.6
熾 360.4
鏊 355.6
359.4
鶒 527.1
饎 360.5
謚 355.6
趩 527.1
獵 379.4
諫 472.5
糦 360.5
灑 379.3
驟 355.6
饎 360.5
瀷 531.1
鷘 527.2
糶 531.1
齥 472.5

chōng

充 29.3
沖 26.8
忡 27.3
茺 29.3
盅 27.3
流 29.4
恇 29.3
珫 29.3
沖 27.3
狆 26.9
春 36.6
衝 36.10
祐 29.4
衕 38.9
傭 38.8
摏 36.7
劏 36.10
禮 36.10
憃 36.7
衝 36.9
膧 38.8
潼 36.10
憧 36.9
蘺 29.4
蟚 36.7
罿 36.9
穜 36.10
踳 36.7
衝 36.9
艟 36.10
罈 36.10
罐 38.9

楝 465.9
豉 368.10
豖 465.10
䖏 365.10
處 365.10
犓 464.2
絀 476.6
琡 457.7
䟞 476.5
㞾 457.7
跦 476.5
傗 461.7
鄐 461.7
絮 365.10
蓫 461.6
蓄 461.5
楚 365.9
閦 368.10
粸 465.9
滀 461.6
豖 459.8
踀 459.8
闟 459.8
臄 368.10
瘯 365.10
趚 465.9
稸 461.6
儊 365.9
歜 464.2
黜 476.4
臅 464.2
觸 464.2
躅 459.8
矗 459.8
461.7

chuā

䶵 493.1
䈺 493.1

chuǎ

䶱 312.1

chuà

䫂 492.8
灂 492.8

chuāi

搋 97.10

chuái

膗 97.5
膗 97.10
攉 98.1
顡 97.5

chuǎi

揣 248.3
敱 248.3

chuài

嘬 389.1
嚱 389.1
歠 389.1
齰 389.1

chuān

川 142.8
穿 142.8
剶 144.5
猭 144.5
䵳 142.9

chuán

㺲 138.9
窀 132.3
舩 143.5
船 143.4
遄 144.2
圌 144.2
椯 144.3
椽 145.4
輇 144.3
歂 144.3
傳 145.4
篅 144.2
輲 144.3
諯 144.2

chuǎn

舛 296.2
荈 296.3
喘 296.3
歂 296.3
㣪 290.2
䑋 290.2

chuàn

穿 412.1
釧 411.10
猭 412.10
諯 412.1
竄 412.1
篡 400.10
鶨 412.10

chuāng

刅 177.9
囪 41.3
窓 41.4
摐 41.4
創 177.8
牕 41.4
摐 41.4
窻 41.3
䆫 41.5
䆫 41.4
憃 42.5
瘡 177.9
䃥 42.5
䃥 42.5
䃥 42.5
覩 42.5
鏦 41.4

chuáng

疒 178.2
床 178.2
於 42.4
牀 178.2
淙 42.6
撞 42.3
噇 42.4
幢 42.3
䆲 42.6
橦 42.4
䰄 42.6
䭚 42.7
艟 42.4

chuǎng

搶 313.4
剏 313.4
傸 315.6
愴 313.5
漺 313.4
甎 313.4
磢 313.4
䫪 315.6

chuàng

刱 428.4
創 428.4
滄 428.4
愴 428.4
㡖 347.10
䆫 348.1
覩 348.1

chuī

吹 45.2
炊 45.2
推 60.3
蓷 60.3
龡 45.2

chuí

垂 44.10
棰 60.3
倕 44.10
陲 44.10
捶 248.2
㮅 45.1
椎 60.3
圌 45.1
甀 44.10
埀 44.10
腄 52.6
槌 60.3
䍋 44.10
箠 52.6
248.2
篅 45.1
䍋 45.1
錘 44.9
䳠 60.3
鎚 60.2
䈪 45.1
䰄 44.9

chuì

出 358.1
吹 350.6
䄲 350.6
敊 358.4
龡 350.6

chūn
杶 108.8
春 110.2
輴 108.8
瑃 108.8
椿 108.7
楯 108.8
輴 108.8
櫄 108.8
鶞 108.8
chún
奄 109.4
犉 109.5
恂 109.3
陙 109.3
紃 109.5
純 109.2
酏 108.8
109.4
脣 109.5
淳 109.3
帾 108.9
焞 109.4
蒓 109.2
蓴 109.2
蓐 109.5
滣 109.5
醇 109.2
錞 109.3
辜 109.3
鶉 109.2
chǔn
朐 280.3
偆 280.3
280.4
蠢 280.4
惷 280.3
賰 280.2
僢 280.4
截 280.2
踳 280.3
蠢 280.2
chuō
戳 469.3
chuò
辵 504.10
色 504.9
婕 469.8
娖 469.8
逴 469.3
504.10
啜 501.3
惙 501.3
婼 504.10
婥 504.5
晫 469.3
皺 500.7
竗 469.9
臭 504.10
綽 504.5
趠 469.3
輟 501.3
磩 469.8
踔 469.3
擉 469.8
礦 504.5
韓 504.5
歠 501.3
蠚 504.10
齪 469.9
躕 469.8
齱 469.8
cī
屍 55.5
妛 51.1
差 50.5
鄑 55.3
眥 51.1
赼 55.4
疵 48.5
茈 51.1
嵯 50.5
趑 55.4
覩 55.5
耄 55.4
鈭 51.1
輜 61.10
骴 48.5
縒 50.5
厝 55.5
颸 62.1
蠀 55.5
趦 55.4
鹺 50.5
cí
茈 48.5
茨 55.5
柌 63.8
垐 55.6
茲 65.3
祠 63.8
玼 48.5
柴 48.6
瓷 55.7
絧 55.7
63.9
齹 48.6
詞 63.8
辝 63.9
耄 55.7
慈 65.1
雌 50.10
飺 48.6
辤 63.9
餈 55.6
薋 55.6
濨 55.7
濨 65.3
薺 55.6
鴜 48.6
餈 55.6
磁 65.2
稽 55.6
辭 63.8
齋 55.6
鶿 65.2
醷 55.7
蠢 52.8
cǐ
此 245.10
佌 245.10
佌 246.1
柴 246.1
泚 246.1
271.7
玭 245.10
271.7
觜 271.8
嫩 256.5
越 246.1
刹 256.4
跐 245.10
歔 256.5
縷 271.8
鷉 246.1
cì
朿 349.7
次 356.3
刺 349.6
剌 349.7
佽 356.4
庢 349.7
庛 349.7
庛 349.8
蛓 358.10
莿 349.8
蛔 358.10
莿 349.8
358.9
殮 356.4
誠 349.8
廁 359.8
盜 356.4
欶 356.4
塢 356.4
諫 349.7
賜 348.8
螆 358.10
髮 356.5
鴜 356.3
鬃 356.4
cōng
囱 33.5
迯 40.6
忩 33.3
匆 33.3
赳 40.6
從 40.4
葱 33.4
廖 33.6

璁 33.5
樬 33.4
熜 33.6
摐 40.5
瑽 40.5
聰 33.4
樅 40.4
瞛 40.5
蟌 33.5
⿰月從 40.5
⿰車悤 33.4
⿰禾從 40.6
⿰虫從 40.5
鏓 33.6
鬆 40.6
緫 33.4
驄 33.5
鏦 40.4
⿰酉悤 33.5

cóng

从 38.8
⿰巾宗 35.4
從 38.7
淙 35.3
悰 35.3
孮 35.4
琮 35.2
慒 35.3
⿱從瓦 35.4
誴 35.4
潨 33.1
35.3
賨 35.2
藂 33.1
鬃 35.3
叢 33.1
⿰彳從 38.8
⿱竹聚 33.1
䕺 33.1

còng

憁 345.2
謥 345.1

cōu

誰 217.7

cóu

⿰聚刂 217.6
鯫 217.6

cǒu

取 329.9
棷 329.9
趣 329.8

còu

凑 441.8
楱 441.8
腠 441.7
蔟 441.8
嗾 441.8
輳 441.7
⿰豕奏 441.8
⿰麥奏 441.8

cū

⿰𧾷皮 88.1
⿰牛角 88.1
麁 88.1
⿰米麁 88.1
麤 87.10
⿱艹麤 88.1

cú

⿺辶且 87.1
徂 87.1
殂 87.1
⿰歹乍 87.1

cǔ

蔖 267.5
⿱艹麤 267.6

cù

扨 484.5
卒 484.4
促 465.6
⿰犭足 465.6
紉 484.5
梀 453.10
⿰片足 465.6
猝 484.4
焌 476.7
⿰氵昔 371.10
⿰歹卒 484.4
趗 453.10
465.6
蔟 453.9
誎 465.6
醋 371.10
鋉 465.6
⿰石族 453.9
⿰歹就 458.4
瘯 453.9
簇 453.10
竈 458.3
蹙 459.5
蹴 458.4

cuán

菆 127.1
劗 127.2
酇 127.2
巑 127.1
欑 127.1
篹 127.2
⿰衤贊 127.2
穳 127.2
⿰革贊 127.1

cuàn

篡 407.8
殩 405.7
竄 405.6
穳 405.7
鑹 405.6
爨 405.6

cuī

夊 52.5
衰 52.5
崔 99.7
100.2
催 99.8
⿰阝崔 99.8
摧 100.1
⿰彳崔 99.8
慛 100.2
⿰木崔 100.2
檇 100.2
縗 99.8
⿺走崔 99.8

cuǐ

漼 275.5
璀 275.5
趡 251.8
踓 251.9
⿰羽隹 251.9
皠 275.4
⿰氵罪 275.5
滜 275.5
⿰金崔 275.5
⿰米罪 275.5
⿰米皋 275.5

cuì

帨 377.10
倅 390.5
脆 377.10
脃 377.10
萃 357.5
啐 390.6
淬 390.5
悴 357.5
⿰卒刂 378.1
崪 357.5
毳 377.9
378.8
焠 390.5
⿰石妻 390.6
瘁 357.5
粹 353.1
翠 355.10
⿱毳木 378.1
378.8
膬 377.10
顇 357.5
濢 356.1
竁 378.1
378.8
⿱穴敢 384.7
襊 384.7
⿰毳斤 378.1
378.8
⿰日最 385.4
臎 356.1
⿱髟毳 378.1
⿰足最 384.7
⿰氵毳 378.1
⿰禾萃 357.5
⿰車毳 377.10

cūn

村 121.6
皴 109.10

cún

存 120.9
郁 120.10
拵 120.9
袸 120.10
蹲 120.9
鶉 110.3

cǔn

刌 284.4
扌寸 284.4
忖 284.3

cùn

寸 401.10
鐏 401.10

cuō

娷 166.6
傞 161.5
脞 166.6
搓 161.4
溠 161.4
瑳 161.4
遳 164.3
磋 161.4
撮 489.4
蹉 161.4
襊 489.5
齹 161.5

cuó

矬 165.1
虘 162.5
蒫 162.3
睉 165.1
嵳 162.3
矬 164.10
痤 164.10
殘 162.3
鄌 162.3
蔖 162.4
嵯 162.2
瘥 162.2
筌 162.4
睉 162.4
艖 162.4
銼 164.10
醝 162.2
蹉 162.4
鬙 162.5
虧 162.4
齇 162.3
蹭 162.4
齹 162.5
齹 162.5

cuǒ

脞 309.5
硰 309.5
砦 306.3
瑳 306.2
鬙 306.3

cuò

剉 422.7
挫 422.3
剒 508.6
莝 508.6
莝 422.7
厝 371.9
　508.6
娎 422.3
措 371.10
措 422.10
遣 508.6
磋 423.3
銼 422.7
諎 422.10
縒 508.6
錯 371.10
　508.5
䱜 508.6

D

dā

砶 539.2
耷 539.2
荅 539.3
笚 539.3
嗒 536.10
剳 539.3
搨 539.2
皶 539.2
褡 536.9
　539.3
撘 539.2
鎉 539.3
䩢 539.3

dá

荳 485.4
呾 485.3
狚 485.3
怛 485.3
妲 485.3
幸 485.5
荅 536.9
幸 485.5
狢 536.10
炟 485.3
偺 537.3
笪 485.4
畣 536.9
食 536.10
瘩 536.10
達 486.1
剫 485.3
答 536.8
嗒 536.9
靼 485.4
搭 536.9
蓬 486.2
榙 536.10
䵣 485.3
韃 537.3
踏 536.9
韃 537.3

dǎ

打 319.4

dà

大 382.6

dāi

懛 103.2
黱 103.2

dǎi

等 276.7

dài

伏 382.9
代 391.7
汏 382.8
忕 382.9
甙 391.9
岱 391.8
侢 391.8
迨 276.2
殆 276.2
待 276.2
怠 276.2
軑 382.9
埭 391.8
埭 391.8
帶 382.10
袋 391.9
釱 382.9
逮 391.8
紿 276.3
軩 276.3
嗿 276.3
貸 392.2
詒 276.3
瑇 391.9
戴 391.9
跢 383.1
帶 383.1
馱 382.9
駘 276.2
㯂 383.1
睫 392.3
默 382.9
箈 276.3
癉 383.1
戴 392.9
黛 391.8
艜 383.1
隸 276.3
蹛 383.1
黱 391.8
靆 391.10

dān

丹 123.4
妉 224.9
眈 224.9
耽 224.8

紞 224.10
酖 224.9
單 123.4
湛 224.9
媅 224.10
匰 123.6
頕 226.3
鄲 123.4
嶊 123.6
儋 226.3
擔 226.2
覘 224.10
殫 123.5
膻 123.6
甔 224.9
226.3
癉 123.6
襌 123.4
簞 123.6
瞻 226.3

dǎn

抌 334.3
扰 334.3
芜 334.9
担 286.1
狚 286.1
瓭 334.3
眈 334.2
衴 334.3
紞 334.2
疸 285.10
紞 334.9
笪 285.10
䶭 285.10
亶 285.9
䫲 334.3
黕 334.2
嬗 285.10
膽 334.9
礛 334.9
癉 285.10
黵 334.3
簷 334.4
鸕 334.10
黵 334.9

dàn

旦 403.2
但 286.3
403.4
狚 403.3
亱 403.3
悬 403.3
倓 332.7
445.4
疸 403.3
袒 286.4
萏 332.7
啗 334.10
445.3
啖 334.10
445.4
笪 403.3
淡 335.1
445.3
惔 335.1
445.3
窞 332.7
蜑 286.4
腅 445.3
䶭 286.5
403.3
醈 444.5
誕 286.4
窞 332.6
髧 332.7
駞 444.5
噉 334.10
僤 286.5
403.4
鵮 444.5
撣 403.4
鞺 286.5
嘾 332.7
澶 286.4
憚 403.3
彈 403.4
擔 445.4
覘 332.7
䳺 403.3
澹 334.10
445.3
澶 403.4
憺 335.1
445.3
禫 332.6
橝 332.8
霻 332.6
瞫 444.4
簽 335.1
膻 286.5
甔 445.5
糫 332.6
潭 444.4
襢 286.4
蘭 332.7
醰 332.7
444.4
贉 332.8
444.4
譚 332.8
繵 286.5
黮 332.6
黵 444.5

dāng

當 181.9
儅 182.1
璫 181.10
檔 181.10
膛 182.1
瓽 182.1
襠 181.10
蟷 182.1
簹 181.10
艡 181.10
鐺 181.10

dǎng

黨 316.7
鄺 316.8
蘁 316.8
欓 316.8
讜 316.8

dàng

囥 429.6
宕 429.5
嘗 430.1
逿 429.6
崵 315.7
愓 315.8
婸 315.7
當 430.1
螗 315.9
429.6
碭 429.6
潒 315.8
像 315.8
蕩 315.7
簜 315.7
暘 315.9
儅 429.10
擋 430.1
踼 429.5
蕩 429.6
盪 315.8
盪 315.8
簜 315.9
讜 429.10
闣 430.1

dāo

刀 158.9
忉 158.10
朷 159.1
舠 158.10
魛 158.10
裯 158.10
顥 158.10

dǎo

倒 304.3
禂 304.4
搗 304.4
島 304.4
導 419.2
壔 304.5
擣 304.3
懤 304.5
檮 304.4
禱 304.4
燾 304.5
騳 304.4

dào

到 419.3

棣 374.1
睇 373.9
踶 373.2
渧 373.3
媞 271.4
髢 373.9
題 271.4
僀 373.2
遞 271.4
374.1
䏲 271.4
腣 373.2
禘 373.10
墆 374.3
摕 373.1
374.2
䩚 373.3
蔕 372.10
疐 373.1
遰 373.9
螮 372.10
骶 373.2
墬 357.7
懘 374.2
蝭 373.3
甋 523.6
締 373.9
䶍 374.1
踶 374.1
諦 372.10
鬀 373.9
蝃 372.10
䓳 373.1
題 374.1
䶑 374.2
鶗 374.2
鯷 374.2
簻 374.3
鶙 373.10
diān
佔 230.9
敁 230.9
貼 230.10
帖 230.9
貼 230.9
厧 137.2
傎 137.2
詀 230.9
袩 230.9
滇 137.1
槙 137.1
髻 230.8
瘨 137.1
趚 137.1
蹎 137.2
顛 136.10
驒 136.10
蒖 136.10
儧 137.1
驔 137.1
巔 137.1
癲 137.1
齻 136.10
diǎn
刮 337.10
典 290.7
玷 337.9
者 337.9
鮎 337.10
篅 290.8
蕇 290.7
琠 290.7
錪 290.8
點 337.9
diàn
佃 409.5
甸 409.5
坫 446.6
店 446.6
沾 446.7
屃 409.7
者 446.8
畋 409.5
涏 409.6
店 337.10
貼 446.8
唌 337.10
痁 446.7
埝 446.8
唸 411.2
446.7
淀 409.5
䓦 446.9
跈 290.10
蜓 290.9
奠 409.4
填 409.6
電 409.3
鈿 409.5
殿 409.4
411.1
墊 446.7
窴 446.7
寘 409.6
㞟 409.6
橝 338.1
㗕 411.2
澱 409.5
壂 409.6
趚 409.7
磹 446.8
闐 409.6
簟 337.10
霘 446.7
黰 409.6
灛 337.10
驔 337.10
diāo
刁 146.6
刐 146.6
芀 146.8
貂 146.7
凋 146.7
衰 146.8
鳥 146.9
蛁 146.7
舠 146.8
彫 146.7
弴 146.9
琱 146.6
貂 146.5
蒲 146.8
鳭 146.8
雕 146.9
鵰 146.9
雕 146.7
鳥 146.8
鬝 146.6
鵰 146.7
鯛 146.7
diǎo
𠄏 297.10
扚 297.10
帄 297.9
忛 297.9
杓 297.10
釕 297.9
diào
弔 414.7
伄 414.7
迢 414.8
莜 415.1
朓 298.9
掉 298.9
415.1
眺 298.9
釣 414.7
銚 415.2
窵 298.10
誂 298.9
蔦 414.8
銚 415.1
調 415.1
瘹 414.7
窵 414.8
藋 415.1
嬥 298.9
415.2
diē
爹 171.10
跌 495.3
dié
凸 495.3
苵 495.5
迭 495.3
泆 495.7
垤 495.3
荎 495.6
眣 495.2
咥 495.4

498.2
囶 498.3
佴 544.7
胅 495.3
恎 495.7
姪 495.2
挃 544.6
迭 544.7
硃 495.7
眣 495.2
咥 544.6
瓞 495.4
涉 544.7
𢧵 495.5
笘 544.6
渫 543.10
窒 498.2
趃 495.6
堞 543.7
揲 544.1
趃 495.8
耋 495.3
聑 544.6
軼 495.4
喋 543.6
544.6
跕 544.7
蛭 498.2
怗 543.9
詄 495.7
惵 543.10
衵 544.7
絰 495.3
閚 495.4
牒 543.6
牃 543.9
墆 495.5
揥 495.7
墊 543.10
搸 495.7
黏 544.7
睞 544.1
闉 498.3
喹 498.2
嵽 495.4
氎 543.7
崟 495.7
慸 495.8
熠 543.9
窴 544.7
褋 543.9
駃 495.4
噻 495.7
蝶 543.10
牐 544.1
膣 498.2
蹀 543.6
鴃 495.6
諜 543.6
褶 543.10
褺 543.7
騠 495.7
鼕 543.9
疊 543.7
齷 495.6
黷 544.1
鑠 543.9
疊 543.9
驖 495.4
簾 543.9
攂 544.1
氎 543.7
轣 543.10
躍 543.7
鸍 543.10
dīng
丁 196.9
仃 196.10
阿 196.10
叮 196.10
玎 196.10
虰 196.10
釘 196.10
靪 196.10
dǐng
打 321.8
奵 321.7
耵 321.7
酊 321.8
頂 321.6
靪 321.8
頂 321.7
葶 321.8
鼎 321.7
鼒 321.8
濎 321.8
㢈 321.8
顛 321.7
dìng
廷 434.3
肕 434.4
矴 434.3
定 434.2
434.3
訂 321.10
434.3
釘 434.3
飣 434.4
掟 434.3
奠 434.4
鋌 321.9
錠 434.3
434.4
頲 434.4
dōng
冬 34.7
苳 34.7
東 24.6
柊 25.2
倲 25.1
㚵 34.7
涷 25.2
埬 25.3
菄 24.10
崠 25.3
笗 34.8
倲 25.3
涷 25.2
豰 34.8
零 34.8
倲 25.1
蝀 25.2
辣 24.10
鰊 25.1
鴤 34.7
䰤 25.4
鶇 24.10
鰊 25.3
蠹 25.3
dǒng
董 237.10
湩 241.9
蝀 237.10
蕫 238.1
箽 238.1
懂 238.1
穜 238.1
蘳 238.1
dòng
洞 345.2
挏 239.6
迵 345.3
峒 345.3
洞 345.2
恫 345.2
姛 239.5
戙 345.3
胴 345.3
凍 344.7
桶 239.6
硐 239.6
眮 239.5
345.2
動 239.5
涷 344.7
棟 344.8
甋 344.8
連 239.5
筒 345.3
衕 345.3
湩 344.8
絧 345.2
酮 239.5
詷 239.6
345.3
噋 345.4
辣 344.8
駧 345.3
鬞 344.8
韻 345.4

dōu
吺 217.4
剅 217.5
郖 217.5
侸 217.4
兜 217.4
竘 217.5
脰 217.4
篼 217.4
覨 217.5
兠 217.5
dǒu
斗 327.10
阧 328.1
抖 328.1
枓 328.1
陡 328.1
蚪 328.1
䛠 327.10
褐 328.1
dòu
豆 440.4
郖 440.6
荳 440.6
逗 440.6
鬥 440.7
浢 440.7
婝 440.7
䬦 329.7
梪 440.6
𧮞 440.7
酘 440.6
脰 440.6
裋 440.7
揄 329.7
毭 440.10
貐 440.9
豆 440.9
窬 440.6
餖 440.7
蕍 329.7
鞮 440.7
噣 440.8
鵨 329.8
斣 440.9
瀆 440.7
鬪 440.8
褐 329.8
440.9
鋀 329.7
竇 440.5
鬭 440.8
dū
启 462.2
肶 88.4
都 88.3
督 462.1
裻 462.2
醏 88.5
闍 88.4
篰 88.4
䣝 88.4
韣 88.5
dú
启 452.5
竺 452.5
毒 461.9
𧧤 452.5
罜 451.5
痐 451.3
啄 452.4
𤷊 461.9
𢾺 452.5
幬 461.10
豚 452.4
瑇 461.10
䂣 462.2
䍳 451.4
碡 451.3
461.10
薵 461.9
蝳 461.10
僫 451.5
𨮮 462.1
獨 450.10
匵 451.5
儥 451.3
隫 451.4
遺 451.3
𣫍 452.4
瀆 451.4
襩 451.4
嬻 451.5
瓄 451.4
櫝 451.2
殰 451.2
犢 451.5
牘 451.3
黷 451.3
㱩 452.5
顫 451.2
髑 451.2
䙱 451.5
鑟 451.3
讀 451.2
韣 451.4
騳 451.3
韇 451.5
髑 451.5
纛 461.10
黷 451.2
讟 451.2
dǔ
居 267.7
肚 267.7
竺 461.10
堵 267.7
帾 267.7
楮 267.7
睹 267.6
䩲 267.8
𥟖 462.2
睹 267.6
𣅘 267.8
禱 462.1
覩 267.6
賭 267.6
篤 461.10
褶 462.1
䄻 462.1
dù
土 267.2
妒 370.2
坈 267.1
杜 266.9
肚 267.1
肶 370.2
妒 370.2
秅 370.2
疟 370.2
妬 370.2
度 369.6
荰 267.1
秺 370.2
塅 267.1
靯 267.1
渡 369.5
詫 370.3
䟻 267.1
敫 267.1
簬 369.6
蠹 370.3
殬 370.3
斁 369.5
370.3
鍍 369.6
蠧 370.3
duān
耑 126.5
剬 126.4
偳 126.6
稀 126.5
端 126.3
褍 126.4
鍴 126.4
漙 126.5
蔦 126.5
鍴 126.5
篅 126.5
duǎn
短 287.4
短 287.4
攤 287.5
斷 287.4
duàn
段 405.8
瑖 405.10
椴 405.9
腶 405.10
碫 405.10

緞 288.6
踹 405.10
𦪉 405.9
鍛 405.10
㲭 288.6
斷 288.6
405.10

duī

𠂤 99.10
堆 99.9
𢋈 99.9
塠 99.8
搥 99.9
敦 99.10
㠣 99.10
𨸂 99.10
磓 99.8
醅 99.10
䫣 99.9
䭔 99.9
鎚 99.9
䭔 99.9
𡑍 99.10

duǐ

䭔 275.1
𪞝 275.1
䨺 275.1
䫣 275.1
䰯 275.1

duì

兑 383.7
祋 384.5
峃 383.8
陮 274.4
隊 389.5
蓶 274.5
碓 390.4
綐 383.8
䃍 389.6
對 390.3
鋭 383.8
憞 389.5
䨺 383.8
對 390.4
懟 390.5
錞 274.4
389.6
憝 389.5
藅 389.5
濧 389.6
檏 390.5
䬈 389.6
濻 274.4
譈 389.5
鐓 389.5
䨴 389.6
轛 390.5
䨴 389.5
鑴 274.4

dūn

弴 121.1
惇 120.10
㜁 121.1
瓺 121.1
敦 120.10
墩 121.1
蹾 121.1

dùn

坉 284.8
扽 401.3
囤 284.7
庉 284.8
沌 284.8
盾 284.8
笹 284.8
楯 284.8
遁 284.8
401.9
鈍 401.9
敦 401.3
頓 401.3
遯 284.8
401.9
䫩 401.9
鷻 401.9

duō

多 161.5
咄 482.6
489.4
祋 489.3
陊 164.3
桗 164.3
剟 489.3
掇 489.3
莈 161.5
腏 489.3
敠 489.4
蓩 161.5
裰 489.4
䠤 482.7
䮝 482.7

duó

仛 506.8
度 506.7
㤞 506.8
挩 488.6
莌 488.6
脱 488.6
剫 506.6
敓 488.5
㖼 506.8
䫟 506.7
痥 488.6
㥃 506.7
奪 488.5
奪 488.5
澤 506.7
韄 506.8
踱 506.7
䪜 506.7
䐾 506.8
鮵 488.6
襗 506.7
鐸 506.6
韡 506.8

duǒ

朵 307.8
朶 307.9
陏 307.9
挅 307.8
哆 306.3
埵 307.8
揣 307.9
綵 307.8
㪜 307.10
䅜 307.9
鍨 307.9
褍 307.10
綞 307.9
鞢 307.10
䫂 306.4
𨫼 307.9
㾂 306.4
鬌 307.8
䩿 306.3
䪏 306.3

duò

大 421.10
拕 306.5
沲 306.5
陊 306.5
剁 423.3
垛 308.3
挆 423.3
柁 306.5
柮 482.6
哆 421.8
媣 423.3
桗 423.3
爹 306.4
𤭛 308.3
㴃 306.6
袉 306.5
舵 306.5
痑 421.8
䅜 308.3
詑 306.6
惰 308.4
423.1
嫷 423.1
跢 421.8
種 308.3
馱 421.10
憜 308.4
褥 423.1
墮 308.2
隓 308.5
嫷 308.4
鞢 308.3

𧳮 423.2
隋 308.3
𨬍 308.3
𤺗 421.8
鬌 308.4
鵽 489.3
鰖 308.5

E

ē

阿 163.7
妸 163.9
娿 163.9
婀 163.9
痾 163.9
錒 163.9
䋪 163.9

é

厄 165.2
吪 165.1
囮 165.2
俄 162.6
莪 162.5
哦 162.5
峨 162.6
涐 162.7
娥 162.6
訛 165.1
䄉 162.6
硪 162.7
睋 162.7
鈋 165.1
蛾 162.6
誐 162.7
魤 165.2
頟 513.5
𩕷 162.6
鵝 162.6
額 513.4
䩹 513.5
譌 165.1
鰐 513.5

ě

戹 308.7
妸 307.3
娿 308.7
捘 306.6
婀 307.3
哀 307.3
旃 307.3
椏 307.3
礒 306.7
檴 307.3
闁 307.2
𩕷 306.6
騀 306.6

è

不 486.4
戹 517.7
歺 486.4
屵 486.3
戹 517.6
阸 517.7
扼 517.7
砐 538.7
呃 486.4
呝 517.8
侉 423.4
佮 538.6
枿 486.3
咢 508.8
哈 538.7
啐 486.4
咹 485.7
峉 513.5
般 538.7
姶 538.4
悪 509.5
蚅 517.8
唈 538.8
胺 485.6
堊 509.5
啞 513.7
517.8
鄂 508.9
偔 509.2
庵 538.5
痦 538.7
頋 486.5
堨 485.6
堮 509.2
惡 509.4
萼 508.10
軶 517.7
貎 517.7
殕 532.10
遏 485.6
蝉 508.10
遌 508.10
噩 509.1
崿 509.1
匌 538.4
廅 485.7
湂 509.2
愕 508.9
覗 517.8
媕 538.4
搕 538.5
搤 517.7
楞 509.2
罨 538.4
餩 513.8
517.8
詻 513.5
盧 540.2
彁 518.1
蚩 509.5
㓵 508.9
詈 538.4
鮛 538.7
鵈 518.1
廅 485.7
蹗 538.5
蝷 508.10
餓 421.10
瘟 538.4
540.2
頞 485.6
噩 509.1
閼 485.6
㬈 538.6
嶭 486.3
僫 538.7
539.9
餕 532.9
盦 540.2
諤 508.9
鞥 538.5
㘈 538.7
鍔 508.10
貖 517.8
鍻 485.7
齸 538.5
韂 538.6
礏 538.6
矆 539.9
顎 509.1
壖 509.2
軶 518.1
礘 538.7
巖 509.2
鶚 509.1
鰐 509.1
櫱 486.3
鰪 540.2
𪏮 508.10
攋 486.4
齸 517.8
鶡 485.6
藹 518.1
櫱 486.3
靄 485.7
齶 509.1
鑩 509.2
轙 486.3
齾 486.5

ēn

恩 122.6
衮 122.7
煾 122.7

én

圻 122.8
垠 122.7
泿 122.8

èn

饐 402.4
饐 402.5

ér

而 62.10
兒 47.7

兒 47.8
陑 63.1
耏 63.3
咡 63.3
峏 63.2
⿺鬼而 63.3
洏 63.2
栭 63.1
胹 63.2
⿰火而 63.2
唲 47.8
陾 63.1
婼 47.8
輀 63.2
誀 63.3
⿰阝需 63.1
髵 63.1
檽 63.1
⿰鬲而 63.2
臑 63.2
鴯 63.3
鮞 63.2
轜 63.2

ěr

尒 247.3
耳 254.5
迩 247.4
洱 254.5
⿰糸耳 254.5
爾 247.3
駬 254.5
邇 247.4
⿰鼠耳 254.5

èr

二 356.1
弍 356.1
刵 359.6
佴 359.6
咡 359.6
洱 359.6
⿰女耳 359.6
珥 359.5
毦 359.6
⿰月耳 359.7
⿰耳巾 359.6
⿰目耳 359.7
貳 356.1
衈 359.5
⿰酉耳 359.7
誀 359.6
餌 359.5
⿰耳音 359.7
髶 356.2
樲 356.2
䮘 359.5

F

fā

發 481.2

fá

乏 548.4
伐 479.7
泛 548.4
姂 548.4
坺 479.10
拔 479.9
茷 479.9
垡 479.9
栰 479.8
⿰目犮 479.9
筏 479.8
⿰酉犮 479.10
閥 479.8
罰 479.8
瞂 479.9
橃 479.9
藅 479.10

fǎ

法 548.4
砝 548.5
灋 548.5

fà

⿰冫犮 481.2
⿰忄市 481.8
⿰犮頁 481.2
颰 481.2
髮 481.1
⿰女髮 481.2

fān

反 116.9
帆 233.8
芝 233.10
番 116.8
蕃 118.1
幡 116.9
藩 118.1
翻 116.8
旛 116.8
繙 116.9
轓 116.9
　118.1
鐇 118.2
籓 118.2
飜 116.8
⿰氵旛 116.9
瀿 116.9
鱕 118.1

fán

凡 233.8
⿰亻凡 233.8
氾 233.9
杋 233.10
袢 116.7
笲 116.6
舤 233.9
絆 116.7
棥 116.7
番 116.2
煩 116.2
緐 116.7
墦 116.7
蕃 116.5
樊 116.3
⿰犭番 116.7
璠 116.6
⿰扌煩 116.4
薠 116.3
膰 116.4
燔 116.4
⿰禾番 116.6
繁 116.3
襎 116.7
藩 116.8
蟠 116.5
旛 116.8
羳 116.5
⿲弓番弓 116.7
繙 116.4
颿 233.10
蹯 116.3
蘩 116.3
礬 116.5
⿰𧾷煩 116.2
鐇 116.6
瀿 116.4
蠜 116.5
⿰番隹 116.5
⿰馬番 116.8
⿰麥番 116.8
⿱番金 116.6
鷭 116.5
⿰鬲番 116.6

fǎn

反 283.2
阪 283.2
坂 283.2
返 283.2
⿰車反 283.2
釩 340.1
⿰月凡 340.1
橎 283.2

fàn

⿰亻凡 448.3
犯 339.9
氾 448.4
帆 448.3
⿰火反 400.5
汎 448.3
芝 448.4
汳 400.6
泛 448.3
⿰忄反 400.5
姂 448.4
范 339.8
奔 400.5
眅 399.7
⿰目乏 448.4
⿸疒反 400.5

颿 339.9
渢 448.3
梵 448.3
販 399.7
蝂 400.4
笵 339.9
笲 283.10
粄 400.4
娩 400.5
飯 283.10
400.3
畚 283.10
畚 400.5
開 400.4
餅 400.4
蘌 339.9
頫 283.10
範 339.8
嬎 400.4
歎 400.5
颿 448.3
鬻 400.4
孌 400.5

fāng
匚 177.3
方 176.9
邡 177.2
坊 177.1
芳 180.1
汸 177.1
枋 177.2
牥 177.3
肪 177.2
秎 177.3
蚄 177.2
滂 180.2
趽 177.3
鈁 177.3
鴋 177.2

fáng
方 175.4
防 175.3
坊 175.4
妨 180.2
肪 175.4
房 175.1
魴 175.4
鴋 175.4

fǎng
仿 314.8
彷 314.8
昉 315.1
瓬 315.1
放 315.1
倣 315.1
舫 428.10
紡 314.8
訪 428.5
髣 314.8
鶭 314.9
鶭 314.8

fàng
邡 428.6
防 429.4
妨 428.6
放 428.9
趽 428.10
旊 428.10
騙 315.6

fēi
妃 66.4
非 66.6
飛 66.5
菲 66.4
婓 66.4
裴 66.5
扉 66.5
啙 66.4
猅 66.5
裶 66.4
緋 66.5
誹 66.7
霏 66.3
霏 66.3
餥 66.7
馡 66.6
騑 66.4
66.6
騛 66.6
囊 66.4
鯡 66.6

féi
肥 66.7
淝 66.7
蜰 66.9
蜚 66.8
腓 66.7
痱 66.8
痺 66.8
裴 66.9
笩 66.7
蟁 66.8
蟦 66.9

fěi
朏 257.3
匪 257.3
菲 257.2
棐 257.3
蜚 257.3
悱 257.3
棐 257.4
婓 257.2
榧 257.4
蜚 257.5
翡 362.8
蟁 257.5
菓 257.5
篚 257.4
餥 257.4
騑 257.3

fèi
芾 361.8
吠 393.5
怫 393.4
勫 362.9
茀 361.8
柿 393.4
肺 393.4
狒 362.5
沸 361.7
佛 362.6
茷 393.6
昲 361.10
祓 393.3
砩 393.4
昁 393.4
疿 361.8
祔 361.9
昔 362.10
陫 258.1
菲 362.6
葩 362.8
韭 362.8
茾 362.8
跡 361.9
厞 362.8
屝 362.6
輩 361.8
腓 362.6
誹 361.9
費 361.9
362.9
痱 362.8
蜚 362.6
蟹 362.10
鬍 361.9
跸 362.8
鈇 393.6
誹 361.8
廢 393.3
濆 362.5
樻 258.1
樻 361.10
橃 393.3
蠆 362.5
膹 257.10
發 393.3
猷 393.6
癈 393.3
蟦 258.1
362.10
簽 393.3
饋 258.1
糞 361.10
鸞 361.9
鯡 361.8
鱍 393.4
廢 393.3
穳 257.10
362.9

䨽 362.3
䴸 362.10
䵒 361.9
蠹 362.8

fēn

分 113.3
扮 113.3
芬 114.1
帉 114.1
岎 114.2
氛 114.2
瓰 114.1
坌 113.3
砏 114.2
衯 114.2
翂 114.2
紛 114.1
棻 114.2
雰 114.2
䉾 113.3
錀 114.3
餴 113.3
饙 113.3
䬠 114.3

fén

汾 112.7
岎 113.2
妢 113.1
枌 112.9
氛 112.7
肦 113.1
蚡 113.2
羒 112.8
棻 113.1
梤 113.1
谾 113.1
賁 112.10
葐 112.10
棼 112.10
焚 112.8
蒶 112.10
氳 112.7
豶 113.2
頒 112.9
墳 112.7
蕡 112.10
鳻 112.9
魵 112.10
濆 112.8
橨 112.10
燌 112.8
鼢 113.2
蕡 112.7
豮 112.9
轒 113.2
豶 112.8
鐼 113.1
鞼 112.8
黂 113.2
鷭 112.9
黂 113.1
黂 112.8

fěn

扮 280.9
忿 281.2
粉 280.8
魵 281.2
黺 280.9

fèn

分 398.10
坋 281.2
398.10
扮 280.10
弅 281.1
拚 398.6
忿 398.5
坌 398.6
秎 398.10
蚡 280.10
湓 398.5
僨 398.6
墳 280.10
魵 280.10
398.5
糞 398.6
憤 280.9
奮 398.6
殰 398.7
膹 281.1
鼢 280.10
瀵 280.10
398.10
糞 398.5
轒 281.1
幩 281.1
398.10
憤 280.9
瀵 398.5
398.6
鱝 280.10

fēng

丰 39.1
半 39.1
伴 39.3
里 37.8
妦 39.2
封 37.7
風 28.8
莑 39.3
峯 39.1
夆 39.2
桻 39.3
犎 39.3
偑 29.1
烽 39.3
葑 37.9
崶 37.9
猦 28.10
犎 37.8
楓 28.9
蜂 39.2
䗬 39.3
鋒 39.1
蘴 29.1
豐 29.1
蠭 39.2
酆 29.2
僼 29.2
蘴 29.2
39.2
巐 29.3
灃 29.2
豐 29.2
蠭 39.2
飌 28.9
麷 29.1
麷 29.2

féng

芃 28.7
汎 28.7
夆 38.10
摓 38.10
逢 38.9
梵 28.8
堸 28.7
馮 28.6
渢 28.8
漨 38.9
鄷 28.7
䙜 38.10
䙜 38.10
縫 38.9
韄 38.10

fěng

覂 241.9
風 345.6
覂 241.9
諷 345.6

fèng

奉 240.6
封 346.10
捀 346.10
俸 346.9
唪 240.7
葑 346.10
幪 346.9
鳳 344.2
賵 345.10
縫 346.9
䩬 344.4
麷 346.1

fó

佛 478.5
坲 478.6

fōu

不 210.5
肧 210.3
呼 210.6
秠 210.3
魾 210.3

紑 210.4
 210.6
醅 210.4
䳕 210.7
㲉 210.7
颫 210.3
癁 210.3

fǒu

不 325.2
缶 325.1
否 325.2
娝 325.3
缹 325.2
秠 327.2
怌 327.1
紑 327.1
殕 325.3
雬 327.1
痞 325.3
䳕 325.3

fū

夫 81.7
邞 81.6
扶 81.8
帗 81.6
妋 81.9
玞 81.6
姇 81.3
肤 81.6
泭 81.2
衭 81.9
荂 81.3
柎 81.8
鄜 81.2
庯 81.3
秩 81.8
怤 81.1
衭 81.6
菩 81.4
莩 81.2
尃 81.1
桴 81.3
殍 81.1
趺 81.5
毦 81.4
粰 81.2
紨 81.4
菩 81.4
跗 81.5
罦 81.1
秿 81.4
稃 81.2
鈇 81.6
痡 80.10
筟 80.10
鄜 80.10
豧 81.1
孵 81.1
鳺 81.8
𩭹 81.8
麩 80.9
敷 80.9
膚 81.6
鋪 80.10
鮇 81.8
鳺 81.7
豧 81.1
艀 81.3
擨 81.3
藪 81.1
藘 81.7
麬 80.9
簠 81.7
鮄 81.1
檏 80.9

fú

乀 478.10
夫 80.4
巿 477.5
弗 477.4
伏 455.4
甶 477.7
扶 79.10
芙 80.1
芾 477.5
芣 213.3
孚 80.9
冹 477.7
刜 478.7
 478.9
郙 477.6
芀 80.1
坿 80.5
拂 478.9
苻 80.3
茀 478.9
枎 80.5
咈 478.7
帗 477.7
岪 478.7
帗 478.9
佛 478.10
舣 455.6
服 455.6
泭 80.6
怫 478.6
㪄 477.7
玸 80.7
茯 455.6
枹 80.5
 213.2
柫 477.6
畐 455.9
罘 213.3
复 455.9
俘 80.10
郛 80.10
炥 478.7
洑 455.8
袚 478.9
趺 80.7
莩 213.4
栿 455.10
蚨 80.4
哹 213.2
罦 213.2
浮 213.1
琈 213.2
掊 213.4
菔 455.9
桴 213.2
虙 455.6
符 80.1
第 477.7
偪 455.3
復 455.2
匐 455.9
諨 80.5
烰 213.3
涪 213.3
艴 478.9
翇 477.6
紱 477.4
紼 477.4
趚 478.7
葍 455.2
棴 455.9
棓 213.4
芺 455.3
蹄 478.10
幅 455.2
罦 213.2
瓿 80.5
紨 455.9
䟙 80.6
楅 455.3
椱 455.7
輹 455.7
㷆 477.7
蜉 213.3
凫 80.3
艀 213.4
鉜 213.4
颫 80.2
䅄 213.4
逯 455.10
粰 213.3
涪 80.6
愊 80.7
福 455.1
綍 477.4
榑 80.3
錇 213.5
箙 455.8
颰 477.7
瘦 455.8
澓 80.6
韍 477.5
琫 455.8
髴 477.7

478.10
鞦 455.9
葍 455.7
椨 80.6
雴 213.5
蝠 455.2
巚 478.9
幞 465.5
澓 455.7
韍 455.9
駄 455.8
蒬 80.4
輻 455.2
輹 455.3
455.7
蹁 455.3
箁 213.2
翎 80.7
澓 80.5
蕌 455.4
黻 477.4
鍑 455.3
䨱 455.9
襆 465.6
鞴 455.8
箙 455.3
鴉 213.3
鮃 213.3
髩 478.10
鞴 455.7
鵩 455.7
鶝 455.3
黻 478.7
鵖 455.8
轐 465.9

fǔ

父 263.2
甫 262.7
㕮 263.2
攺 264.5
拊 264.6
斧 262.8
府 262.9
弣 264.6
郙 263.4
釜 264.6
俌 263.2
264.6
莆 263.1
蚥 263.4
俯 262.9
釜 264.5
鬴 263.1
剖 264.7
脯 262.8
趙 264.7
硨 263.4
殕 264.6
腑 262.10
剳 264.7
蜅 263.1
滏 264.3
輔 264.2
腐 264.3
綃 264.6
撫 264.5
頫 262.9
黼 264.5
髻 264.7
簠 262.10
鯆 263.4
嫵 264.7
黼 263.1

fù

仆 367.7
437.9
父 264.2
付 368.6
伏 438.10
㕮 264.4
附 366.4
坿 366.5
阜 324.9
自 324.10
赴 367.5
卧 367.7
胕 366.7
負 324.9
訃 367.6
祔 366.5
蚥 264.4
疛 264.4
怇 437.9
陚 368.7
障 324.10
萆 324.10
菩 325.1
副 437.8
460.1
蚹 366.6
偩 324.10
娩 367.7
婦 324.8
堰 460.1
瑹 367.6
萯 324.9
跗 366.7
稨 264.4
傅 368.7
躰 366.6
復 438.9
455.5
焯 325.1
富 437.10
隔 325.1
搏 368.7
椱 438.10
腹 455.1
駁 264.4
趕 367.6
豧 367.6
蟳 325.1
復 438.10
徊 533.2
瘦 437.9
438.10
福 437.9
複 438.10
455.1
鬋 368.7
駙 366.5
趦 367.7
葍 459.10
蕾 438.1
460.1
賦 368.6
蝮 459.10
蛗 324.9
鳺 264.3
輻 437.10
頫 264.3
酺 264.3
韻 438.10
鮒 366.6
鞴 264.5
縛 505.8
賻 366.5
膊 366.7
鍑 438.1
䨱 460.1
覆 437.9
438.10
459.10
533.1
馥 455.6
簠 367.6
蝨 324.8
鵤 324.10
鰒 455.10
覆 506.5
鬍 437.9
460.1
蠹 533.1
蝨 367.6

G

gà

尬 387.2

gāi

侅 101.7
郂 101.6
陔 101.7
垓 101.5
荄 101.6
峐 101.7
姟 101.7
晐 101.7
胲 101.8
祴 101.7
剴 101.6

絯 101.7
揩 101.8
豥 101.5
賅 101.8
該 101.5
殪 101.6
餩 101.8
隑 101.8
齘 101.8

gǎi

改 276.4
絠 276.4
頦 276.4

gài

丐 382.2
匃 382.2
扢 392.4
僟 392.4
摡 392.4
漑 392.3
蓋 382.1
槩 392.3
戤 392.4

gān

干 124.9
邗 125.1
甘 225.10
迁 125.2
尷 125.2
汗 125.1
忓 125.2
奸 124.10
玕 125.1
肝 124.10
盂 125.2
苷 226.2
泔 226.2
柑 226.2
竿 124.10
弇 225.3
乾 124.10
戦 125.2
筸 226.2
淦 225.4
媣 226.2
鄣 125.2
鳱 125.1
蜬 225.5
漧 124.10
黔 225.4
磨 226.2
繁 225.5

gǎn

仠 286.7
玻 286.7
研 286.7
秆 286.7
衦 286.8
皯 286.7
紆 286.8
筸 334.6
笴 286.6
敢 334.5
骰 334.5
敢 334.5
稈 286.7
敢 334.5
感 332.4
澉 334.6
橄 334.5
䵟 286.7
簳 286.7
礛 332.5
簳 286.7
贛 332.4
鱤 332.4
贛 332.5
醬 332.4
灝 332.4
囈 332.5
䕩 332.5
灨 332.5
籟 332.4

gàn

忓 403.6
杆 403.5
旰 403.4
研 403.6
盰 403.5
馯 403.5
澉 403.6
淦 443.9
紺 443.9
骭 403.6
幹 403.5
榦 403.5
䔈 403.5
䶃 445.1
䶃 445.1
贛 443.10
贛 443.9
灨 443.9

gāng

亢 182.5
扛 40.8
芫 182.6
杠 40.8
肛 40.9
远 182.6
矼 40.9
岡 182.4
犺 182.6
剛 182.4
笐 182.4
舡 40.10
堈 182.5
掆 182.4
崗 182.4
釭 40.9
罡 182.4
甌 182.5
犅 182.5
綱 182.5
魧 182.6
鋼 182.5

gǎng

吭 317.6
酐 317.6
踂 317.6
港 242.2
航 317.6

gàng

掆 430.8
鋼 430.8

gāo

咎 157.4
恈 157.6
傕 157.6
臯 157.4
高 157.2
羔 157.4
蓉 157.6
皐 157.3
槔 157.6
鄗 157.6
膏 157.3
臯 157.5
嵲 157.4
槔 157.5
篙 157.5
釋 157.6
餻 157.4
櫜 157.4
覦 157.5
鼛 157.5
鶾 157.5

gǎo

夰 305.1
杲 304.10
臭 305.1
菒 305.1
橰 304.10
碟 305.1
槁 305.9
鬲 304.10
槀 305.1
稾 304.10
縞 305.1
藁 305.1

gào

告 419.6
郜 419.5
烄 419.6
誥 419.5
膏 419.6
縞 419.6
檽 419.6

gē

戈 163.10
戕 161.3

娿 161.2
牁 161.3
炣 161.3
哥 161.3
胳 508.8
菏 161.3
割 486.6
滒 161.3
歌 161.1
鴚 164.3
駉 161.4
鴿 536.6
謌 161.2

gé

仡 486.6
帢 536.8
合 536.6
佮 536.7
郃 536.7
匌 536.7
挌 514.4
革 517.4
茖 514.4
洛 514.4
庈 536.8
柗 536.8
格 508.7
514.3
鬲 517.3
帢 536.8
砝 540.3
敋 514.5
毼 536.8
欱 536.6
敋 514.5
浩 536.7
袼 508.8
郃 540.1
葛 486.5
蛤 536.7
蛒 514.5
裓 533.1
隔 517.3
搹 517.3
嗑 539.10
閘 540.1
嗝 517.5
鉀 540.1
觡 514.4
鄗 486.7
槅 517.4
輀 533.1
閤 536.6
閣 508.7
鉿 536.6
銘 514.5
膈 517.3
愅 517.5
駒 486.6
鞈 536.8
翮 517.5
膈 517.5
骼 514.4
篙 486.6
頜 536.7
獦 486.6
滆 486.7
韐 536.8
輵 486.6
蠀 540.1
諽 517.5
貉 514.5
霍 517.5
穀 486.7
鮯 536.6
鴿 514.4
諿 539.10
鶖 540.3
篙 517.4
顟 539.10
嬿 533.1
鞹 517.5
鸝 517.5
鮥 514.5
鰝 514.4
鰝 517.5

gě

哿 306.2
笴 306.2
舸 306.2
蓋 539.10
簪 306.2

gè

个 421.3
各 508.7
個 421.3
箇 421.3

gēn

珢 122.6
根 122.5
岏 122.6
跟 122.6

gěn

詪 285.8
頣 285.8

gèn

亘 435.9
艮 402.4
茛 402.4
琅 402.4
詪 402.4

gēng

更 186.1
庚 185.10
耕 189.9
埂 186.2
逕 186.1
浭 186.2
搄 204.4
絚 204.4
賡 186.1
緪 204.4
鶊 185.10
羹 186.1
鬻 186.2

gěng

郠 317.9
埂 317.10
挭 317.9
耿 319.6
哽 317.9
梗 317.9
莄 319.6
蜓 317.10
綆 317.9
瞀 319.6
骾 317.10
鯁 317.9

gèng

更 431.5
堩 435.9
搄 435.9
硸 435.10
緪 435.9
鮔 435.10

gōng

工 31.5
廾 40.2
弓 27.8
公 29.8
玒 31.6
功 31.4
共 40.2
玒 31.6
攻 31.6
35.7
邦 40.2
供 40.1
侊 186.9
肱 203.9
疘 31.5
罡 186.9
宮 27.10
珙 40.2
恭 39.10
蚣 31.5
躬 27.10
哄 40.2
釭 31.6
35.7
匑 28.1
涫 27.10
鞃 203.9
船 27.9
觥 186.8
慎 31.7
魟 31.6
橐 186.9
碩 31.7
鬚 40.3

䡛 186.9
篢 31.7
䲲 40.3
䰒 186.8
龔 40.1

gǒng

廾 241.4
𢀜 241.3
巩 241.5
汞 238.10
拜 241.4
拱 241.2
㤨 241.4
珙 241.4
𤭛 241.5
𢱕 241.5
拲 241.2
栱 241.6
𥑢 241.3
𦱽 241.3
𦏮 241.5
輁 241.6
鞏 241.3
䱋 241.5
𢹤 241.5

gòng

共 346.10
供 347.1
㳟 344.5
虹 344.5
玒 344.5
貢 344.5
筻 344.5
澒 344.5
𣝗 344.6
𢍲 347.1
贛 344.4
𪊁 344.6
䕻 344.6

gōu

句 217.3
佝 442.2
刨 216.9
枸 217.2
𦱌 217.2
𤬪 217.2
𦨴 217.2
豿 217.3
軥 217.3
𡁎 217.2
鉤 216.9
溝 216.10
褠 216.10
緱 217.1
篝 217.1
鴝 217.4
𪓌 217.1
𥳈 217.1
韝 216.10

gǒu

苟 328.3
岣 328.5
狗 328.4
玽 328.3
耇 328.4
枸 328.5
𤿎 328.5
罛 328.4
笱 328.4
豿 328.5

gòu

句 441.5
怐 441.6
垢 328.4
茩 328.5
姤 441.5
𦱌 441.7
軥 441.6
購 441.5
遘 441.4
搆 441.6
彀 441.5
𣪘 441.7
𦨴 441.7
雊 441.5
詬 328.4
冓 441.6
媾 441.4
𩐳 441.5
構 441.4
煹 441.7
磷 441.7
覯 441.5
購 441.5

gū

苽 84.1
㧽 84.2
呱 84.2
沽 84.3
泒 84.2
孤 84.1
姑 84.2
柧 84.3
胍 84.1
𦙶 84.5
罛 84.4
菰 84.1
蛄 84.2
辜 84.2
軱 84.4
酤 84.2
觚 84.2
𦨭 84.3
箛 84.5
箛 84.3
嫴 84.4
鴣 84.3
橭 84.3
𧇒 84.4
𦠆 84.5
盬 84.4
篐 84.4
鎼 84.3

gǔ

夃 268.2
古 267.8
扢 482.2
估 268.1
兒 268.3
谷 451.7
𠇍 482.3
汩 482.2
股 267.10
沽 268.2
骨 481.10
牯 268.2
胋 267.10
䐨 451.8
罟 267.10
𤞤 451.8
羖 268.2
蓇 482.2
㱠 451.7
𡹠 482.1
羖 268.2
淈 482.1
蓇 482.2
榾 482.2
䜪 451.8
䀰 451.8
𠷣 268.3
詁 268.2
滑 482.1
愲 482.2
鼓 267.10
榾 482.2
賈 268.2
鈷 268.1
𧲄 451.8
皷 267.9
㲚 451.7
穀 451.6
𣪍 451.8
瘄 482.2
穀 451.6
縎 482.1
縠 451.6
𥳈 451.8
轂 451.6
𥁸 268.3
瞽 267.10
鹽 268.1
瀔 451.7
䮛 482.1
鶻 482.1
𪍪 451.8
蠱 268.1
鷇 451.7

鄺 315.10
獷 314.4
臩 315.5

guàng

光 430.8
狂 429.4
俇 315.5
桄 430.8
侹 428.9
逛 315.6
狴 428.8
䢐 428.9
誆 429.4

guī

圭 93.8
邽 93.9
茥 94.1
洼 93.10
珪 93.9
㨒 94.1
胿 94.1
規 52.3
䞨 94.1
𡇒 57.6
傀 99.1
窐 93.10
袿 93.9
秸 94.1
雉 52.4
帰 68.3
瑰 99.1
摫 52.4
閨 93.9
跻 57.6
瞿 94.1
膭 99.2
蘬 99.2
槻 52.3
螝 57.6
溈 44.3
嬀 44.2
膭 99.2
槶 52.3
蘇 52.3
傀 99.1
龜 57.5
鮭 93.10
麈 93.10
巂 94.5
歸 68.2
龜 57.5
210.5
瓌 99.1
騩 57.6
68.3
瓌 99.1
櫰 99.2
鬹 52.4
䙆 99.2
鸛 94.5

guǐ

氿 250.8
宄 250.7
杭 250.6
庋 244.4
佹 244.6
衏 250.9
衼 244.4
陒 244.3
垝 244.3
軌 250.6
鬼 257.7
攱 244.3
洈 244.4
恑 244.4
姽 244.5
癸 251.9
桅 244.6
庪 244.4
祪 244.4
匭 250.7
匬 250.8
晷 250.6
蛫 244.4
灂 250.7
湀 251.10
觤 244.3
詭 244.2
厬 250.7
錿 244.3
頯 250.8
簋 250.6
鴔 244.5
蟡 244.5

guì

刏 390.9
昋 376.1
殃 376.2
炅 376.1
郂 244.3
252.7
炔 376.1
垝 348.9
昳 376.1
庪 348.10
攱 348.10
桂 375.9
餀 348.10
劌 379.1
罜 376.1
偆 355.10
貴 360.10
筀 376.1
猤 355.10
湀 251.8
悏 251.8
楑 251.7
跪 248.9
腎 384.2
390.9
娶 251.8
蔮 390.9
幗 390.8
慖 390.9
劌 379.1
篌 390.9
劊 384.1
擓 384.2
樻 353.8
䁢 351.8
鴂 376.2
蘬 390.9
檜 383.9
瞶 361.1
簂 390.9
禬 383.9
櫃 353.8
禬 383.9
賜 348.9
蹶 379.2
鳽 361.1
嶡 379.2
393.7
䙆 353.8
癐 355.10
鱥 390.9
蹫 379.2
鱖 379.1

gǔn

丨 285.1
衮 284.10
惃 284.10
菱 284.10
硍 285.1
緄 284.10
輥 284.10
緷 284.10
骸 284.9
錕 285.1
橐 284.9
鯀 284.10

gùn

琯 401.8
㴰 401.8
睔 401.8
暉 401.8
璭 401.8
讃 401.8
諢 401.8

guō

活 487.9
郭 511.3
瘑 164.2
堝 164.3
埻 511.5
崞 511.4
過 163.10
渦 164.1
聒 487.9
楇 164.2

垕 333.10
汗 402.7
忓 402.9
豻 402.9
旱 285.9
矸 402.10
罕 403.9
肣 333.9
垾 402.7
捍 402.6
草 285.9
莟 333.10
443.10
唅 443.10
峍 285.9
豻 402.7
浛 443.10
悍 402.8
琀 443.10
菡 333.9
皯 402.10
閈 402.8
幍 333.10
釬 402.7
脾 402.9
淊 333.9
涵 333.9
皸 402.8
賗 445.1
睅 285.9
脂 444.1
445.2
欿 333.9
馯 402.9
琥 445.2
乾 402.10
蜭 333.9
443.10
崦 334.1
獭 445.2
諿 285.9
漢 403.8
暵 403.8
頟 333.8
熯 403.8
憨 445.2
撼 333.9
輪 402.7
翰 402.6
曘 403.8
頟 333.8
貊 445.3
憾 443.10
蓂 403.9
騍 402.8
蕫 445.2
鼾 402.7
顄 333.10
嬜 333.8
鞾 402.9
譀 445.2
瀚 402.8
韓 402.9
蘫 445.1
鶾 402.9
鶾 402.10
鱤 444.6
顑 444.6
㘚 403.9
灘 403.9

hāng

忼 184.6
欣 184.6
炕 184.6
朊 184.6

háng

行 184.7
邡 184.8
抗 184.9
芫 184.9
吭 184.10
迒 184.7
沆 184.9
杭 184.8
肮 184.9
桁 184.7
蚢 184.9
航 184.6
胻 184.8
翃 184.8
笐 184.6
頏 184.7
踁 184.7
魧 184.8

hǎng

汻 317.7
旰 317.7
酐 317.7

hàng

行 429.8
吭 316.3
429.8
沆 316.2
蚢 316.2
笐 429.8
跀 316.2
魧 316.2
骯 316.2

hāo

搣 158.1
茠 158.1
蒿 157.10
撓 158.1
薧 158.1
薅 158.1
鴇 158.1

háo

鄂 157.1
崤 157.1
毫 156.10
嗸 157.1
號 156.10
豪 156.9
隞 157.2
琥 157.1
嗥 156.10
獋 156.10
壕 157.1
濠 157.1
顥 157.1

hǎo

好 305.2
攷 305.2
郝 509.8

hào

夰 303.5
号 419.1
好 421.1
攷 421.1
昊 303.3
昦 303.3
秏 420.10
鄗 303.6
浩 303.4
晧 303.3
鄗 303.6
號 419.1
滈 303.6
暤 303.3
嫭 419.1
蒿 303.5
壥 419.1
璩 419.1
蔰 421.1
膋 303.6
蘆 303.6
鎬 303.4
諢 419.1
顥 303.4
鰝 303.5
灝 303.5

hē

抲 163.7
呵 163.6
疲 538.6
訶 163.7
欱 538.6
訶 163.6
歆 538.6
嗬 163.7
蘁 509.8

hé

禾 165.9
合 536.3
何 163.3
苛 163.6
茉 165.10
咊 165.9
和 165.7
秅 484.6

呟 190.6
宏 190.3
苰 203.9
泓 191.9
怰 186.6
竑 190.5
哄 32.10
陎 32.10
翃 32.10
硡 190.6
虹 32.7
竤 190.5
舡 32.9
洪 32.6
洚 32.9
35.7
紅 32.7
耾 190.5
翝 190.5
訌 32.7
烘 32.9
浤 190.5
紘 190.4
堆 32.10
硄 32.10
峵 190.5
紭 190.4
葓 32.8
葒 32.8
閎 190.4
喤 186.5
鈜 190.6
颳 32.10
訌 32.10
澒 32.9
瑝 186.5
谼 32.8
谾 190.5
禈 186.6
鞃 203.9
碚 35.7
嘞 35.8
鉷 32.7
魟 32.10
甋 186.6
蝗 186.5
彋 186.6
190.6
嶸 190.5
鍠 186.5
鴻 32.7
颹 35.8
韹 186.6
鐄 186.5
黌 186.4
hǒng
嗊 239.4
懶 239.5
hòng
卝 319.4
哄 346.1
咴 238.10
烘 346.2
346.3
港 346.2
蚤 238.10
碚 346.7
鬨 346.2
嘞 346.7
蝗 431.8
澒 238.9
澋 319.4
蕻 346.2
輷 432.6
鴻 238.10
轟 432.6
贛 346.4
hōu
齁 216.3
鷗 216.3
hóu
矦 214.7
侯 214.2
猴 214.7
鄇 214.7
葔 214.9
喉 214.8
帿 214.7
猴 214.7
榘 214.8
鍭 214.8
睺 214.9
鍭 214.7
瘊 214.9
褔 214.9
蝂 214.9
骺 214.9
篌 214.8
糇 214.7
猴 214.8
鍭 214.7
餱 214.8
鶪 214.8
傾 214.7
鯸 214.8
hǒu
吽 329.1
吼 329.1
响 329.1
呴 329.1
犼 329.1
犻 329.1
蚼 329.1
hòu
后 327.5
439.6
吼 442.2
郈 327.5
佝 442.2
厚 327.4
439.8
呴 327.5
442.2
垕 327.4
逅 439.6
後 327.4
439.7
逡 327.5
候 439.6
欨 442.2
鄇 439.6
堠 439.7
豞 442.1
詬 439.6
442.2
趏 439.8
㑾 439.8
詬 440.1
442.2
睺 439.6
頓 442.1
賟 439.8
鍭 439.8
鮜 439.6
鱟 439.7
hū
兮 83.8
乎 83.8
虍 85.5
迿 483.6
苧 85.6
昒 483.4
呼 85.2
曶 483.5
忽 483.3
恗 85.5
圐 483.4
疨 483.4
虖 85.4
嘔 483.6
惚 483.6
葫 85.5
乾 483.5
榴 483.6
軤 85.5
幂 483.6
評 85.4
瘖 483.6
虘 85.6
嘑 85.3
滹 85.6
寣 483.4
緫 483.6
歑 85.4
幠 85.5
惪 483.6
膴 85.5
戲 85.4
魖 85.6
颮 483.6

謼 85.4

hú

扢 484.7
搰 484.6
狐 83.6
弧 83.8
瓳 83.7
胡 83.3
隺 462.4
瓡 83.9
虖 83.10
啒 83.5
斛 451.9
粘 83.8
焀 451.10
搰 484.7
壺 83.5
葫 83.9
螖 484.6
鶻 484.6
猢 83.8
湖 83.7
滑 484.9
瑚 83.7
搰 484.6
穀 451.10
蔛 451.10
頶 83.5
瑚 83.9
熩 462.4
楜 83.10
鹄 451.9
鶻 484.6
槲 451.9
閤 462.4
箶 83.10
鵠 462.3
鰗 83.9
糊 83.8
觳 451.10
縠 451.8
槴 83.10
醐 83.8
頢 462.4
鶦 462.4
鵠 451.10
榾 484.7
黏 83.8
觳 451.10
礐 451.10
餬 83.7
鶘 484.6
鵠 462.3
觚 83.10
礐 451.9
462.4
蔛 451.9
鶘 83.8
糊 83.8
鶻 484.6
簄 83.10
鹄 451.10
斛 83.9

hǔ

虎 268.8
虍 268.9
鄠 268.9
萀 268.10
琥 268.9
虝 268.10
滸 268.9

hù

互 370.10
户 269.4
芐 269.6
冱 371.1
苄 371.2
岵 269.8
扈 269.6
枑 371.1
昈 269.6
岵 269.6
怙 269.5
扈 269.8
372.7
罟 371.2
姱 269.8
洿 269.8
祜 269.6
笏 371.1
笏 483.4
瓠 370.10
謼 371.1
扈 269.4
婟 269.8
370.10
楛 269.4
酤 269.9
雇 269.6
嗀 453.7
鄠 269.5
縠 453.8
嶀 269.6
膴 453.8
歑 462.9
熇 453.8
462.9
滬 269.9
嫭 370.10
鳸 269.8
鳲 269.7
擭 371.2
濩 371.1
縠 453.8
轂 453.7
簄 269.9
嚛 453.8
462.9
謼 372.6
臛 462.9
護 370.9
頀 371.1
韄 371.1
鸌 269.8
頀 370.10
鱯 371.1

huā

花 168.4
華 168.3
蘤 95.8
謣 168.4
嗃 95.8
鐪 95.8
譁 168.4
䜋 95.8

huá

划 168.1
舌 492.7
咶 492.8
姡 492.8
華 167.9
崋 168.1
敌 492.7
鋘 167.10
猾 490.5
滑 490.4
樺 168.1
磆 490.5
舙 492.7
螖 490.6
頢 492.7
鋘 167.10
趙 490.6
欻 490.6
蟬 167.10
鏵 167.10
澅 492.7
龘 96.2
驊 167.9
鶻 490.6
鰗 490.5
鷨 167.10

huà

匕 425.10
化 425.9
吴 425.8
杹 425.10
娹 311.4
咶 389.3
華 425.9
崋 425.8
家 311.3
罣 385.9
畫 385.9
絓 385.9
稞 311.3
傀 425.10
魤 425.10
觟 311.3
註 385.9

473.6
塉 521.3
堎 528.10
蒺 472.4
蔬 534.5
蝍 472.8
529.8
嫉 472.5
㹍 529.9
㤶 472.5
禵 534.4
嫉 472.4
耤 521.2
蓻 534.4
槉 472.5
䐈 534.4
稘 534.5
膌 521.4
鵖 534.5
䁒 529.8
慹 534.2
戟 512.9
蕀 528.10
葺 535.7
蕺 534.1
踖 518.7
521.2
𠻭 535.7
嗺 534.3
集 534.5
箿 534.2
䮺 535.1
諿 528.10
瘠 521.3
濈 535.7
潗 534.4
䶓 479.4
䢳 521.4
璾 528.9
檝 534.1
輯 533.10
䩯 535.6
螏 472.4
藉 521.2
䁒 535.6
蹐 518.7
䐕 521.4
䲯 473.6
諔 472.5
𧝘 528.8
嘰 472.7
鶺 518.8
529.9
緝 534.4
䶩 535.6
鏧 522.7
霵 535.7
536.1
籍 521.2
鏶 534.1
蹐 521.2
趞 471.3
鷑 536.1
jǐ
己 253.6
丌 249.10
丮 512.9
屼 249.10
犱 250.1
刏 271.1
机 249.10
㠱 253.7
改 253.7
犱 512.9
庋 245.1
掑 270.10
枳 249.2
剞 245.1
脊 518.6
掎 245.1
樈 245.1
戟 512.8
敧 245.2
踦 245.2
㦸 512.9
屌 250.1
給 534.10
幾 257.2
磯 250.1
麂 249.10
撠 512.9
踦 245.1
穖 257.2
䗁 249.9
濟 270.9
蟣 257.1
鱭 257.2
霽 270.10
癠 271.1
鬾 512.9
jì
彐 381.4
旡 363.2
邔 360.2
伎 244.9
技 244.9
芰 349.5
欳 363.1
汥 349.6
忌 360.2
妓 244.9
畁 360.4
季 356.9
冢 525.2
垍 355.9
速 518.7
苟 528.10
係 374.8
計 374.7
迹 518.7
洎 355.8
355.9
宋 525.2
既 363.1
紀 253.6
芰 349.5
㰻 529.8
訐 381.4
記 360.6
鄍 374.9
梞 360.4
背 373.4
𡃇 525.2
帺 360.4
偈 381.5
徛 244.9
349.4
猘 381.2
祭 377.2
悸 355.10
寄 349.4
寂 525.2
惎 360.2
蔇 363.2
呰 270.3
臮 355.8
踦 349.4
誋 349.6
漑 363.1
塈 355.9
幾 363.7
勣 524.10
磧 518.9
跡 518.7
惎 360.4
鬾 349.5
瘵 355.10
冀 355.8
際 377.2
綦 360.3
䓫 351.5
椶 529.8
㲺 381.3
䟀 349.5
跽 252.7
蟣 244.9
㮞 529.8
穊 355.8
諅 360.3
齊 373.4
穀 374.10
暨 355.9
363.1
475.2
479.3
蔇 360.3
積 524.10
輢 349.5
稷 529.7
隸 360.3

漅 355.9
翨 351.5
髻 374.9
薊 374.8
冀 355.7
覬 357.1
穄 377.2
錡 244.9
劑 373.3
禝 518.9
禨 363.1
隮 372.8
擠 372.8
薺 270.3
檕 374.9
蟦 518.8
嚌 373.3
覬 355.8
罽 381.3
幯 372.9
魮 270.3
濟 372.8
懠 373.5
績 524.9
騎 349.5
檵 374.9
蹟 518.9
鯽 518.9
529.9
齋 373.4
瀐 518.9
鵋 360.3
繫 374.8
醆 363.7
覿 525.2
穧 372.9
373.3
377.3
懲 377.3
癠 270.3
373.4
懻 355.8
驥 355.8
蘮 381.4
鼙 374.10
瀱 381.3
鱀 355.9
360.3
繼 374.8
醩 373.4
躋 372.8
鰿 518.9
鷑 524.10
蘻 374.10
霽 372.8
鰿 518.8
鯚 377.3
罽 381.3
鬻 372.9
鬣 377.3
鮆 270.3
驥 355.8
齌 373.5

jiā

加 168.7
夾 545.5
茄 168.10
佳 94.10
迦 168.10
珈 168.10
枷 168.9
痂 168.9
浹 544.8
家 168.7
笳 168.8
蛪 168.9
袈 168.9
葭 168.7
迦 168.9
跏 168.9
猳 168.8
幏 168.10
豭 168.10
筴 545.6
猲 168.9
髦 168.9
嘉 168.6
瘕 168.10
豭 168.8
貑 169.1
麚 168.8
駕 168.9
鼇 169.1
麚 168.8

jiá

圿 491.2
扴 491.2
忦 491.3
砎 491.3
郟 545.5
浹 544.8
絜 491.4
莢 543.4
袷 545.6
唊 543.4
梜 543.4
戞 491.2
瓶 544.8
眹 545.6
秸 491.3
袺 491.4
袷 545.6
秧 543.5
猰 493.3
裌 545.6
楔 491.3
樺 491.4
跲 545.6
蛺 543.4
骱 491.3
筴 543.4
鞂 491.3
嘎 491.3
稭 491.2
餄 545.6
擖 493.3
頡 491.4
鞈 545.7
磍 491.4
鋏 543.4
鉿 545.6
鞅 545.7
頰 543.3
鴶 491.3
蛪 543.4
鴶 545.7
鬈 493.3
癠 545.7
鶏 491.4
薙 544.7
鹹 545.7
鷏 493.2

jiǎ

甲 546.9
押 546.9
迎 546.10
珅 546.10
厥 546.10
胛 546.9
叚 310.3
砷 546.10
梜 546.9
假 310.3
斝 310.4
婽 310.5
椵 310.4
賈 310.3
鉀 546.10
嘏 310.3
榎 310.3
瘕 310.4
檟 310.3
鞨 546.10

jià

架 423.7
賀 423.8
假 423.8
搌 423.7
庲 423.8
賈 423.8
幏 423.8
嫁 423.7
瘕 423.7
稼 423.7
價 423.8
駕 423.6

jiān

幵 135.5
尖 229.6
玪 231.8

戋 229.7
肩 135.6
姦 130.8
兼 231.2
拹 135.5
菅 130.9
菺 135.7
堅 135.4
豜 135.6
帴 135.1
㡘 135.5
猏 135.7
淺 135.1
靬 117.9
131.5
葏 139.5
葌 130.9
劗 117.9
閒 131.4
犍 117.9
牋 134.10
腱 117.10
葥 135.2
湔 135.1
139.5
瑊 231.8
蒹 231.3
甄 140.2
㨴 231.9
䓸 135.1
煎 139.5
遪 135.3
㩅 117.8
監 233.3
箋 134.10
漸 229.7
鳽 135.6
蕳 130.9
蕑 131.5
㮯 117.9
豜 135.7
䍐 231.3
錟 229.8
廯 135.7
137.3
緘 231.8
薽 140.2
櫼 135.2
𪉟 233.4
鋻 135.5
霰 229.8
鍵 117.10
䊴 231.3
熸 229.7
縑 231.2
麉 135.7
艱 131.5
鞬 117.9
鞯 135.2
緊 135.8
騝 117.10
㰄 135.3
濺 135.2
鬋 139.5
䌠 231.8
礛 233.3
䁪 233.4
覸 131.5
籈 140.2
瀳 135.1
鵳 135.7
𡄡 229.7
㡨 229.7
瀸 229.6
殲 229.6
𩅰 229.8
黬 231.9
鰜 231.3
鶼 231.3
䵤 135.8
籛 135.2
鑑 233.4
鰹 135.7
囏 131.5
蘵 229.7
鬵 117.10
鬻 117.10
韉 135.1
鑯 229.8
𩍐 117.9
黵 231.9
jiǎn
玏 282.8
柬 289.8
垷 291.1
挸 291.1
俴 294.3
𣐫 290.10
秉 291.1
揵 282.8
趼 290.10
帴 294.3
剪 294.3
湕 282.7
揀 289.8
揃 294.3
減 338.9
媊 294.3
暕 289.8
筧 291.1
𥠖 282.7
絸 290.10
擶 294.4
戩 294.3
僩 289.8
搴 293.8
攐 293.8
葥 294.3
翦 294.2
箭 294.4
錢 294.3
縴 293.9
攓 293.8
𢹂 293.9
檢 336.5
篯 294.4
蹇 282.8
293.7
謇 293.8
蘭 290.10
瞼 336.5
簡 289.6
箴 338.9
鬋 294.4
攥 291.1
㥶 293.8
璽 290.10
𡾊 293.9
嬐 338.2
攔 291.1
鬑 338.9
瀾 289.7
籛 294.4
襇 293.9
鹼 290.10
饗 337.6
襴 291.1
襉 289.8
鹼 338.9
鱴 293.9
jiàn
件 294.8
見 409.10
豣 408.1
建 400.6
荐 410.9
洊 410.9
袸 408.1
栫 410.10
俴 292.8
健 400.10
兼 446.10
後 292.9
袸 410.10
葥 412.3
楗 282.8
瘡 410.9
間 408.1
腱 400.10
旔 400.6
湔 412.3
寋 282.8
瘠 292.9
煎 412.4
撖 339.5
蕲 337.5
榗 412.3
監 447.7
僭 446.9
衜 292.9

漸 337.4
趑 446.9
槧 337.6
賤 413.8
踐 292.8
箭 412.2
儉 336.4
諓 292.8
413.8
潛 446.4
澗 406.10
薦 410.6
劖 339.4
447.8
堅 409.10
磛 337.5
鍵 282.9
294.8
劍 448.4
餞 292.8
413.8
諫 406.10
壏 339.4
蘄 337.5
瞥 446.9
螹 337.6
玁 339.5
濫 339.5
襇 408.1
檻 339.4
塹 337.5
篛 412.3
濺 412.3
鬋 412.3
鏨 337.6
醐 408.1
齚 447.6
矙 447.8
覸 408.1
僆 282.9
鉛 446.10
鞬 447.6
瀳 410.10
騝 339.4
巉 445.10
嚵 337.5
巏 294.8
艦 339.4
鐗 406.10
轞 339.5
譼 339.5
闞 410.10
讝 337.6
鑒 447.7
籛 412.3
鑑 447.7
虆 410.7
鏈 294.8

jiāng
江 40.7
玒 40.10
將 177.8
茳 40.9
姜 176.2
豇 40.9
畕 176.1
釭 40.10
將 177.7
畺 176.1
蔣 177.8
僵 176.3
漿 177.8
壃 176.1
薑 175.10
橿 176.2
殭 176.1
犟 176.1
醬 177.8
礓 176.2
蝹 176.3
彊 176.1
繮 176.1
韁 176.1
蘠 175.10
鰷 177.8

jiǎng
傋 242.2
蔣 312.8
弊 312.7
橯 312.8
槳 312.8
獎 312.7
耩 242.2
憼 314.1
膙 314.1
簩 312.8
講 242.2

jiàng
匠 427.8
弜 313.3
降 347.8
虹 347.8
洚 347.8
屛 347.8
弶 428.3
酒 428.5
將 428.5
絳 347.7
趟 427.9
誩 313.3
滰 313.3
彊 313.2
429.3
醬 428.5
鴎 427.9
醬 428.4

jiāo
艽 154.5
交 154.2
佼 154.5
郊 154.4
茮 150.2
茭 154.2
県 147.5
咬 154.4
这 154.4
釗 147.6
教 154.4
椒 150.1
蛟 154.2
鉸 154.4
喬 149.9
焦 149.10
粧 154.5
詨 154.5
鴹 150.1
殽 154.6
摎 154.5
嘐 154.6
僬 150.3
鉸 154.5
撟 149.10
蕎 149.9
蕉 150.1
嶕 150.2
膠 154.3
澆 147.5
憍 149.8
嬌 149.8
毦 149.10
邀 147.6
徼 147.6
膲 150.1
燋 150.3
憿 147.5
蟂 147.6
穚 149.9
鮫 154.3
鵁 154.3
轇 154.4
蟭 150.3
簥 149.10
漻 154.4
鐎 150.2
醮 150.3
簸 154.5
爑 150.3
纁 150.3
驕 149.8
鷮 149.9
鷦 150.1
饕 149.10

jiǎo
郊 301.3
朴 299.1
叫 300.7
疒 302.7
佼 302.5
狡 302.5
恔 297.8

姣 302.6
晈 297.8
皎 297.8
烄 302.6
皎 297.7
脚 503.8
袎 297.8
挍 302.6
𢂄 299.1
筊 302.6
敫 302.6
湫 298.10
絞 302.4
腳 503.8
勦 301.3
鄡 300.8
鉸 302.6
濼 301.3
撟 300.6
剿 299.1
劋 301.2
幧 301.3
儌 297.9
膘 301.3
嬌 300.7
劓 301.2
憿 297.7
敲 300.6
鐅 302.6
璬 297.7
矯 300.6
蕎 302.5
蟜 300.7
皦 297.8
藻 299.1
闒 297.8
蹻 300.8
鱎 300.6
譑 300.7
鐖 302.6
繳 297.8
灑 301.3
孂 300.8
篍 302.7
攪 302.5
鱎 300.6
鐎 297.7

jiào

叫 414.9
斈 417.7
效 417.6
訆 414.9
珓 417.7
校 417.6
教 417.5
窖 417.6
較 417.7
斅 414.10
酵 417.6
䚬 414.10
僬 416.9
劁 416.4
鉸 417.6
噍 416.4
嶠 416.2
膠 417.7
潐 416.9
噭 414.9
憿 414.9
穛 416.9
徼 414.9
獥 414.10
激 414.9
樵 416.8
驕 301.3
趭 416.4
416.9
轎 414.10
轎 416.2
醮 416.8
覺 417.6
警 414.9
醮 416.9
爝 416.9
瞧 416.9
皭 416.9
醺 416.8
鷩 414.10

jiē

怚 167.7
迦 166.6
荄 96.4
皆 96.3
罝 167.6
祖 167.7
接 540.5
偕 96.3
痎 96.4
階 96.3
跍 167.7
堦 96.4
揭 481.7
嗟 167.6
椄 540.6
喈 96.3
嗟 167.6
街 94.10
96.5
湝 96.5
楷 96.4
𣨌 167.7
甑 96.5
腊 96.4
䐗 167.6
稭 96.3
瘥 167.7
嫭 167.7
蝔 96.6
鎈 167.7
薢 96.4
鍇 96.6
䫥 96.6
謯 167.7
鶛 96.5
藷 96.3

jié

孑 502.2
尐 502.6
㔾 494.1
卩 494.2
扖 502.6
刧 547.8
极 542.5
548.3
岋 548.3
吢 502.7
㔶 494.2
496.7
劼 490.2
殁 502.6
疌 541.4
衱 542.5
547.9
拮 493.10
㚖 493.10
杰 499.6
笈 542.5
548.3
狤 493.10
桔 493.9
梒 542.6
548.2
砝 547.10
倢 541.5
桀 499.4
訐 481.6
502.2
捷 541.3
萐 540.7
崨 541.5
偈 499.6
釨 502.2
淁 540.7
寁 541.4
袺 493.10
袷 547.9
婕 540.7
絜 493.8
揭 481.7
499.5
502.2
睫 547.10
睞 540.6
蛣 471.7
傑 499.4
渴 499.6
結 493.8
趌 471.7
502.2
擽 499.6

靳 399.2
禁 443.1
舲 442.10
瑨 395.8
撞 399.3
墐 396.1
盡 278.2
璡 395.8
勤 396.1
歎 396.2
殣 396.1
僸 443.2
澿 331.7
443.1
晉 395.7
噤 331.7
442.10
癉 282.2
396.1
濅 442.7
寖 442.7
賮 395.4
縉 395.7
搫 395.9
藎 395.5
襟 443.2
蜼 395.8
濜 278.2
395.5
璶 395.5
覲 396.1
燼 395.5
齡 442.10
顃 331.7
齽 443.1

jīng

氏 192.5
巠 195.9
京 188.2
荆 188.3
秔 186.1
莖 190.6
涇 195.9
菁 192.5
牼 190.7
旌 192.6
旍 192.7
婧 192.6
晶 192.6
稉 186.1
睛 192.6
粳 186.1
經 195.8
聙 192.7
兢 202.2
蜻 192.5
箐 192.7
精 192.5
滂 192.6
誙 190.6
顛 192.7
鷩 188.4
鵛 195.9
鶄 192.5
鶁 188.4
麖 188.4
鼱 192.6
驚 188.1
鼆 188.4

jǐng

丼 320.9
邢 320.10
阱 320.1
剄 322.6
穽 320.1
烴 322.6
景 318.3
境 318.3
儆 318.3
憬 318.8
璥 318.4
璟 318.9
憼 318.4
檄 318.4
頸 320.6
暻 318.9
蟼 318.4
警 318.3

jìng

汫 322.2
妌 320.1
勁 432.7
俓 433.9
狰 320.1
浄 433.5
穽 433.5
逕 433.9
啞 433.9
倞 431.3
徑 433.9
涇 320.4
彭 319.10
桱 433.9
殑 322.10
435.7
睁 319.10
脛 434.1
竟 431.1
竫 320.1
婧 320.1
433.6
敬 430.10
痙 320.3
靖 319.10
經 433.9
静 319.10
踁 434.2
儆 431.3
獍 431.2
誩 431.3
精 433.8
靚 433.6
睛 433.6
䴖 433.6
請 433.6
檠 431.3
噭 431.3
竸 431.3
鄄 433.9
瀞 433.5
鏡 431.1
競 431.2

jiōng

冋 200.4
坰 200.4
扃 200.3
絅 200.4
椾 200.4
駉 200.3
駫 200.3
鼏 200.4

jiǒng

冋 321.4
囧 318.8
泂 321.5
炅 321.5
迥 321.4
泂 321.4
炯 321.4
321.5
逈 321.4
絅 322.6
煚 318.8
窘 278.4
餇 321.5
熲 321.5
蝙 321.5
穎 321.5
熲 321.4
褧 322.5
羃 318.9

jiòng

梁 241.10

jiū

丩 210.5
勼 210.5
弓 218.3
叻 210.4
艽 210.4
朻 210.4
218.4
疝 210.5
218.4
糾 330.1
萮 218.4
軻 210.5
迺 207.7
揂 207.7
啾 207.6
遒 207.5

弆 261.4
苴 261.9
柜 261.4
咀 261.1
261.9
沮 261.1
莒 261.3
枸 265.10
矩 265.9
𧺆 261.4
𦦶 261.4
翑 266.1
萬 265.10
椇 266.1
椒 266.1
筥 261.3
蒟 266.1
楀 266.1
𥓏 261.9
榘 265.9
聥 265.10
踽 265.10
舉 261.2
簴 261.3
櫸 261.3

jù

巨 260.3
句 366.10
拒 260.3
苣 260.5
足 367.10
邭 367.1
岠 260.6
具 368.1
炬 260.3
沮 365.2
怚 261.1
365.2
怐 366.10
罝 260.5
秬 260.3
䀠 367.1
倨 363.10
粔 260.4
祖 261.1
埧 368.1
埾 368.4
距 260.3
𦨭 260.3
詎 260.6
364.10
絇 366.10
椐 363.10
跙 261.2
鉅 260.5
蒟 366.10
豦 364.1
虡 260.4
駏 260.5
聚 262.7
368.4
緅 367.10
劇 512.7
勮 364.10
𥄗 366.10
踞 363.10
艍 364.1
據 363.10
鄹 262.7
藘 260.5
遽 364.10
笱 367.1
鋸 363.10
澽 364.1
365.1
窶 265.8
虡 260.4
屨 366.9
䞓 261.2
瞿 366.10
噱 512.8
貗 265.8
𪗉 260.6
鮔 364.1
醵 365.1
鐻 260.5
364.1
懼 368.1
臞 368.1

juān

捐 142.10
䓙 138.1
涓 137.10
娟 143.3
脧 142.6
焆 138.2
剶 142.6
睊 138.1
䅌 138.1
勬 145.8
鋑 142.6
鞙 138.2
鵑 138.1
鐫 142.5
蠲 138.1

juǎn

卷 295.8
埍 292.1
𨻧 295.8
埢 295.9
捲 295.9
菤 295.8
罥 292.1
誸 292.1
𩍐 295.8
臇 295.2
𤎼 295.2
羂 292.1
巂 295.2

juàn

吮 295.3
卷 283.4
412.6
帣 412.6
桊 412.6
雋 295.3
倦 412.8
𢍏 412.7
狷 409.3
411.8
桊 412.6
捲 412.6
菌 283.3
菤 295.9
鄄 411.8
瓹 409.2
圈 283.3
295.9
401.1
眷 412.5
港 412.9
睊 409.2
罥 409.3
牶 412.7
雋 295.2
䖭 412.7
絭 401.1
412.6
彋 409.3
睠 412.6
蜎 296.9
衖 409.3
巻 283.3
412.7
豢 412.7
餋 412.7
絹 411.8
蔨 295.9
䣺 409.3
勬 412.8
蘬 295.3
𩍐 412.9
䚈 411.9
獧 409.3
懁 409.3
𣙁 411.8
𤸱 295.3
襈 412.9
𩞄 412.8
譞 409.2
孿 401.1
羂 409.3

juē

撅 480.6
屩 503.8

jué

亅 480.9
𠄌 480.6
孓 478.2

	480.6	趹	494.10	趣	480.4	趯	480.4	鷽	466.3	頵	107.6
亥	478.1	崛	478.5	趜	480.9	蹷	480.8	鱖	480.6	鮶	114.1
氒	480.4	御	505.6	趨	502.5	蹶	480.4	玃	505.10	麏	107.5
抉	494.10	觖	494.9	蕨	480.5		502.4	戄	506.3	麕	107.6
芺	494.7	訣	494.6	蕝	500.6	蹻	503.8	彏	506.1	jùn	
谷	505.7	趉	478.3	踀	478.3		505.6	蠼	480.4	昀	396.7
角	466.1	厥	478.2		478.4	鱖	480.7	觮	466.5	俊	397.2
決	494.8		480.3	蝍	505.6	鱊	494.6	趯	505.10	郡	398.9
玦	494.5	啣	505.7	觼	502.5	譎	494.6		506.4	陖	396.9
柍	494.9	傕	466.4	瘚	480.5	鷗	478.3	轚	506.2	捃	398.8
肤	494.10	鈌	494.8	潏	494.6	驩	466.5	躩	506.1	埈	396.9
屈	478.2	屩	478.5	憰	494.10	擩	505.3	玃	505.10	莙	278.5
眏	494.6	絕	500.5	鴂	494.8	醵	505.7		506.4	峻	396.9
卻	503.8	搉	466.4	叕	478.3	鐅	480.9	钁	505.10	浚	396.9
疦	494.10	較	466.3		478.5	矍	506.1	鸜	506.2	菌	278.5
珏	466.3	罬	502.5		502.4	嚼	505.4	jūn		晙	396.10
赶	480.9	腏	505.7	檿	480.6	覺	466.1	均	110.7		397.2
捔	466.4	臭	494.8		480.8	鷟	466.4	沟	107.6	啯	278.5
苵	494.7	䘿	478.5	蹷	480.9	鐍	494.7		110.8	訡	396.7
蚗	494.10	屈	478.5	噱	505.6	臀	480.9	君	113.7	焌	397.3
倔	478.4	斠	466.1	鼩	505.3	爵	505.2	軍	113.9	珚	278.5
欮	480.6	駃	494.7	燋	505.3	艘	494.7	袀	110.8	畯	397.2
剧	478.3	㱿	466.3	礟	480.6	爝	505.3	莙	107.6	竣	396.8
赽	494.7	橛	480.9	爵	505.1		505.4		113.10	胭	278.5
堀	478.5	劂	480.5	臄	505.7	鄛	506.4	宭	113.10	竣	109.10
掘	478.5	孱	480.6	橘	494.10	皭	505.3	桾	113.10	巂	397.3
	480.8	隿	500.6	蹷	480.5	攫	506.1	鈞	110.7	蘭	278.6
桔	466.4	鶌	500.6	蟩	480.5	矍	506.1	箬	113.10	蜠	278.6
桷	466.3	緢	478.2	嚳	466.4		506.4	皸	113.10	箘	278.5
較	466.3	撅	480.8	騤	494.9	鷢	480.8	麇	107.6	儁	397.1

儁 278.5
鞁 398.8
餕 397.2
寯 397.3
䘦 397.3
𧱾 398.8
䮴 398.9
駿 397.2
濬 396.9
鵔 396.10
攈 398.8
餴 397.4
䝉 397.3

K

kāi

侅 101.1
奒 101.1
豥 101.1
揩 97.8
開 100.10
偕 97.8
𦄑 101.1
楷 97.8
緒 97.8

kǎi

芎 272.9
凱 275.9
塏 275.10
楷 273.7
輆 275.10
腊 272.9
愷 275.9
暟 275.10
蜡 273.7
膭 275.10
㱯 273.7
鬠 272.9
鍇 273.7
闓 275.10
鎧 275.10
颽 275.10

kài

劾 388.5
郆 386.5
欬 392.4
炫 388.5
烗 388.5
揩 388.5
鄐 384.9
嘅 392.5
愒 384.8
慨 392.4
溘 384.8
愾 392.4
㐜 384.9
㪆 384.9
磕 384.8
䅣 384.9
鬠 386.5
轄 384.8
鶡 384.8
闓 392.5
鎧 392.4

kān

刊 125.6
坈 225.2
坩 226.7
臤 125.5
戡 224.10
攼 225.2
看 125.5
栞 125.5
栞 125.5
堪 225.1
靬 125.5
嵁 225.1
戡 225.1
䫲 225.1
撖 225.2
鞥 125.5
磨 225.1
龕 224.10

kǎn

坎 333.6
侃 286.9
臽 333.8
衎 286.9
埳 333.7
惂 333.7
䖔 335.5
歁 333.6
㢧 335.4
轁 333.7
錎 333.7
顑 333.7
轗 333.7
竷 333.8

kàn

侃 403.7
看 403.8
衎 403.8
勘 443.8
偘 403.7
靬 403.8
䧟 443.8
瞰 444.8
嵁 443.8
磡 443.8
矙 444.8
嚂 444.8
鶡 403.8
闞 444.8
轗 443.8
䶫 443.8
竷 443.8
䶨 444.8

kāng

邟 182.9
康 182.8
瓶 182.10
隦 182.9
漮 182.10
㝩 182.9
槺 182.9
甂 182.10
歋 182.8
瞙 182.9
糠 182.8
螊 182.9
糠 182.8
躿 182.10

kǎng

忼 317.1
軌 317.2
骯 317.2
嵻 317.2
慷 317.1
康 317.2
廥 317.2

kàng

亢 430.2
伉 430.2
邟 430.3
阬 430.3
抗 430.1
犺 430.2
炕 430.2
砊 430.3
蚢 430.3
閌 430.2
頏 430.3
𩐤 430.3

kāo

尻 160.9
䯞 160.9

kǎo

丂 305.10
考 305.8
攷 305.9
洘 305.9
栲 305.9
祰 305.9
薧 305.10
熇 305.9
顥 305.10

kào

犒 420.9
靠 420.9
槀 420.9
鎬 420.9
顥 420.9

kē

珂 163.7
柯 161.2
牱 166.2
科 165.10
呿 163.7
疴 166.2
萪 166.1

軻 163.7
犐 166.2
稞 166.1
錁 166.3
窠 165.10
薖 166.1
榼 540.1
䶗 163.7
磕 540.1
蝌 166.1
䈖 166.2
課 166.2
轄 540.2
髁 166.2
簻 166.2

kě

可 306.10
坷 307.2
岢 307.2
堁 309.4
軻 307.2
敤 309.5
嵑 486.1
渴 485.9
骱 486.1
穒 486.1
痾 485.10
磕 486.1
濭 485.10
顆 309.4

鴮 485.10

kè

克 531.7
坷 421.9
匌 538.3
刻 531.7
剋 531.7
尅 531.7
科 422.4
恪 508.8
客 513.7
㕉 538.3
㔆 538.3
急 508.8
堁 422.4
蚵 421.9
容 538.3
屎 422.4
搕 513.7
軻 421.9
盍 540.1
敤 422.4
喀 513.7
婡 531.7
㪧 538.4
瘵 422.4
溘 538.3
窸 508.8
殑 538.3
艘 421.10

課 422.4
䘬 540.1
福 516.8
緙 516.8
諽 516.8
髁 422.4
礊 513.7
　 516.7
礚 540.2
礘 516.8
礷 516.8

kěn

肎 323.2
肯 323.2
豤 285.8
墾 285.7
懇 285.7
齦 285.8

kēng

劥 186.3
阬 186.2
坑 186.2
㰢 190.1
硍 186.3
揁 190.1
峌 189.10
殸 190.1
硎 186.2
牼 189.10
硜 190.1
硻 189.10
摼 190.1
摼 190.1
誙 189.10
鵛 189.10
鏗 189.9
脛 186.2
轒 190.1
聲 189.9
鏗 189.9

kōng

空 29.5
倥 29.7
埪 29.7
莖 29.8
崆 29.6
幢 29.8
涳 29.7
悾 29.7
椌 29.6
硿 29.7
稈 29.7
蛭 29.8
箜 29.6
鵼 29.8

kǒng

孔 238.3
忎 241.1
恐 241.1
倥 238.5
蒸 241.1
㖵 319.5

kòng

忎 347.6
空 344.9
恐 347.5
倥 344.9
控 344.9
悾 344.9
腔 344.9
蒸 347.6
鞚 344.9

kōu

㸸 216.2
㺏 216.2
剾 216.2
摳 216.1
滱 216.2
彄 216.1
驍 216.2
韝 216.2

kǒu

口 329.6
叩 329.6
呕 329.7
扣 329.6
㲄 329.6
㽛 329.6
訌 329.6
竘 329.7
釦 329.6

kòu

扣 439.10
怐 439.10
寇 439.9
㲄 439.10
蔲 442.1
滱 439.9
敂 440.1
殸 439.10
簆 440.1
鷇 439.10

kū

圣 484.2
扝 87.9
㧆 87.9
欨 484.2
矻 484.1
㓦 87.8
郀 87.9
泏 484.1
挎 87.9
枯 87.8
殆 87.9
朏 484.2
陪 452.1
哭 451.10
揔 484.1
堀 484.1
㔎 484.2

軲 87.9
跍 87.9
頋 484.1
㱿 452.1
窟 483.10
堀 484.2
瞉 452.1
橭 87.10
崛 484.2
㲉 452.1
䭼 484.1
鮬 87.10
穀 452.1
顝 484.1
餶 484.2
豰 452.1
㲄 452.1

kǔ

苦 269.2
箁 269.2

kù

苦 372.2
喾 462.3
胯 372.2
庫 372.1
焅 462.2
袴 372.1
硞 462.3
秙 462.3
絝 371.10
跨 372.3
酷 462.2
酤 372.2
嚳 462.3

kuā

夸 168.4
侉 168.5
姱 168.4
胯 168.5
菲 95.4
絓 95.4
跨 168.5
𨉖 168.4
誇 168.4
葵 95.4
髃 168.5
闊 95.4

kuǎ

㐄 312.1
㡁 312.1
跨 311.10
㡊 312.1
銙 312.1
骻 311.10
髁 311.10

kuà

㐄 426.1
胯 426.1
勪 491.9
跨 426.1

kuāi

𥝢 97.3
擓 97.3
匯 97.3

kuǎi

蒯 387.8

kuài

巜 383.10
凷 391.2
快 388.7
堁 391.2
塊 391.2
會 384.2
駃 388.8
𥲜 387.8
儈 383.8
鄶 384.1
噲 388.8
獪 384.2
廥 384.1
澮 383.10
璯 388.8
膾 383.9
𥢶 388.8
旝 383.10
䯤 384.1
鬠 384.1
鱠 383.9

kuān

寬 128.4
髖 128.4

kuǎn

梡 287.10
欵 287.10
款 287.9
棵 287.10
歀 287.10
窾 287.10
𨧪 287.10
鱇 287.10

kuàn

𨧪 406.9
鱇 406.9

kuāng

匡 179.2
邼 179.3
劻 179.3
茥 179.4
洭 179.3
恇 179.3
框 179.3
眶 179.4
蛪 179.3
筐 179.3
軭 179.4
骯 185.8
𩬞 179.3
𩢡 179.4

kuáng

狂 180.2
㞷 180.3
軖 180.2
軭 180.2
誑 428.8
鵟 180.3

kuǎng

𨊻 317.8
懬 317.8
爌 317.8

kuàng

況 428.8
况 428.7
䏃 428.8
貺 428.8
鈝 319.1
壙 430.6
獷 319.2
曠 430.5
爌 430.5
礦 319.1
矌 430.6
穬 319.2
纊 430.6
𪍿 319.1
鑛 319.1
䵃 319.1

kuī

刲 94.2
茥 94.2
悝 98.3
刲 94.2
盔 98.4
畫 94.3
𢱢 94.3
湀 94.2
楏 94.4
聧 94.3
骩 94.2
𪕄 94.4
窺 45.9
虧 45.8
𥳑 98.3
鮭 94.3
頯 98.4
闚 45.8
蘬 60.6
68.4
60.5
巋 68.4

kuí

艽 58.10
癸 59.1
奎 94.2
逵 58.7
奞 58.10
𠊱 58.10
頄 59.1
馗 58.9
鄈 57.3
揆 251.7

葵 57.3
㥓 57.4
楑 57.3
魁 98.3
𦝢 57.4
58.10
戣 58.9
睽 94.1
𨂂 58.10
蝰 94.3
𧑕 57.4
夔 58.8
頯 59.1
藈 94.4
鍨 58.9
騤 58.9
𠑘 59.1
𩹉 57.3
䳫 57.4
蘷 58.7
𢥞 58.9
𧢾 59.1
躨 58.10

kuǐ

尯 244.2
傀 274.10
𧺆 248.8
頍 248.8
跬 248.7
跪 244.2

磈 275.1
𨁥 248.8
顝 274.10
𩖶 274.10
𩑔 274.10
蘬 252.8
巋 252.7

kuì

臾 353.7
尯 354.4
叡 387.8
觖 351.2
喟 354.3
387.8
腃 354.4
愧 354.2
媿 354.2
𢐈 381.8
匱 353.6
䐴 354.3
𩎃 354.4
墤 387.9
聭 354.2
蕢 353.7
387.9
𣪠 388.1
嘳 354.4
387.9
潰 390.10
憒 390.8

嬇 387.8
樻 354.4
謉 354.2
餽 353.7
𧞊 354.4
361.10
聵 388.1
𩏂 353.8
䅫 384.4
簣 353.8
387.9
騩 354.2
毇 361.10
毇 361.10
饋 353.7
繢 353.8
𩩲 354.4
䯣 354.4

kūn

巛 122.1
坤 122.1
昆 118.8
菎 118.9
𪖥 118.9
崐 118.10
猑 119.1
惃 118.10
琨 118.10
蜫 118.10
幝 118.9

髨 122.2
𧳏 122.2
蜫 118.10
褌 118.10
瑻 119.1
䫉 122.2
錕 119.1
罤 118.9
騉 119.1
臗 122.2
鵾 118.10
鯤 118.10
麘 119.1
鶤 118.10
髖 122.2
𣣏 119.1

kǔn

悃 285.2
梱 285.3
硱 285.3
𩒐 285.2
裍 285.2
壼 285.2
稇 285.2
𡈖 285.2
𧼇 281.5
閫 285.2
麇 281.5
齫 285.3

kùn

困 401.4
朱 401.5
涃 401.5
睏 401.5

kuò

佸 488.1
括 487.9
适 488.1
488.3
栝 487.9
𠩫 488.3
𢴯 488.2
萿 488.1
蛞 488.3
筈 488.2
488.3
䟯 488.3
廓 511.7
漷 511.8
銛 488.1
𧎋 515.3
嘓 511.9
頢 488.2
劊 488.2
髺 487.9
𠠥 511.8
515.3
檜 487.9
闊 488.3

𦧵 488.2
鞹 511.8
𩋄 488.2
籗 511.8

L

lā

㕇 538.1
拉 537.10
菈 537.10
搚 537.10
摺 537.10
擸 537.10
槢 538.1
𣣍 538.1
磖 537.10
翋 537.10

lǎ

藞 312.2

là

剌 485.7
庩 485.8
莿 485.8
揧 485.9
瑓 485.9
揦 539.1
楋 485.9
揧 485.7
辢 485.8
喇 485.9

瘌 485.8
蝲 485.9
臈 538.10
擸 539.1
蝎 539.1
緆 539.2
邋 539.2
攋 485.8
臘 538.10
䶒 539.1
糲 485.8
皺 539.1
翋 485.9
蠟 539.1
癩 485.8
獵 539.2
轢 485.9
鑞 539.1
鴷 537.10
539.1
鬣 539.1

lái

來 101.10
郲 102.1
萊 101.10
逨 102.4
唻 97.8
崍 102.2
徠 102.5
猍 102.2
庲 102.3
淶 102.2
棶 102.4
耗 102.3
埊 102.2
睞 102.4
秾 102.3
痳 102.4
綝 102.3
犛 102.4
𧳏 102.2
騋 102.2
䅘 102.2
鶆 102.3
麳 102.4
鯠 102.3
𪐝 102.4
䳭 102.4

lǎi

唻 276.10
錸 276.10

lài

勑 392.10
萊 392.10
逨 392.10
徠 392.10
莿 385.1
睞 392.10
瘷 392.10
賚 392.9
䚅 392.10
誺 392.10
賴 384.10
囇 385.2
鵣 385.2
犡 385.1
藾 385.1
瀨 385.1
糲 385.1
爡 385.2
襰 385.1
䟹 385.2
癩 384.10
籟 384.10
鯻 385.2

lán

婪 224.5
啉 224.6
惏 224.5
葻 224.6
㥦 132.2
嵐 224.5
㵏 132.2
儖 226.7
斕 132.2
擥 226.6
藍 226.5
闌 125.3
懍 224.5
懢 226.7
監 226.6
籃 226.7
襤 226.6
攔 125.4
蘭 125.2
囒 125.5
幱 125.5
籃 226.6
濫 226.7
灡 125.3
欄 125.4
爛 132.2
籣 125.4
𩭹 226.6
躝 125.4
讕 125.4
𪇔 226.6
韊 125.4
䦨 125.4

lǎn

𣏕 334.2
浨 334.1
罱 334.7
漤 334.2
醂 334.1
䉜 286.8
壈 334.1
燣 334.1
擥 334.6
爁 334.6
懶 286.8
嬾 286.8
轗 334.1
覽 334.6
欄 286.8
攬 334.7
讕 286.8
欖 334.7
顲 334.1

làn

𢒼 403.10
儉 444.6
𠢕 444.9
嚂 444.10
濫 444.8
𢠵 444.10
𡢃 444.9
爁 444.9
窾 444.10
瀾 403.10
濫 444.6
醂 444.9
爛 403.9
讕 403.10
爤 403.9
鑭 403.10
欄 403.10
顑 444.5
纜 444.9

láng

郎 181.3
莨 181.8
哴 181.9
㟍 181.8
狼 181.6
浪 181.5
㝗 181.6
欴 181.7
琅 181.5
蓈 181.3
桹 181.4
廊 181.4
瑯 181.6
榔 181.4
硠 181.4
稂 181.3
𥞊 181.9
蓢 181.7
蜋 181.5
筤 181.8
艆 181.8
𨋮 181.8
踉 181.7
躴 181.8
閬 181.9
鋃 181.4
䯖 181.5
駺 181.8
鵖 181.5

𣩫	384.4	𠢩	63.10	鬁	64.1	䅻	48.4	豊	270.7	岦	534.9
儽	391.4	𣫐	64.2	醨	47.9	廲	89.3	裏	254.7	例	380.7
襰	353.4	蜊	57.1	蟍	57.2	𪆻	48.5	盠	270.7	㹃	376.8
léng		筣	64.2	𥟖	57.1	孋	48.3	澧	270.5	沴	376.6
倰	203.2		89.3	𨛍	57.2	𪉢	47.10	禮	270.4	戾	376.4
棱	203.2	艃	64.1	謧	48.5	䍦	48.2	鯉	254.7	荔	348.5
裬	203.2	漓	48.3		89.4	䶘	47.10	豒	270.4		376.7
楞	203.2	㒧	48.4	𪏚	63.9	鏫	57.2	醴	270.5	砅	380.9
稜	203.2	璃	47.10	藜	89.2	劙	48.5	蠡	270.5	㓯	380.10
輘	203.2	𢯷	64.1	邌	89.3	曬	48.4	邐	246.8	秎	354.8
lěng		嫠	63.10	離	47.8	蠬	48.4	欐	270.7	㔏	526.10
冷	319.4	樆	48.1	瓈	89.4	䅻	48.4	𪉢	270.7	浰	380.10
lèng		貍	63.9	𪏚	64.2	籬	47.9	劙	270.7	珕	348.6
䬋	436.4	𪸕	48.4	麗	48.2	驪	89.4	鱧	270.6		376.8
踜	436.4	盠	89.3	𪏛	89.2	蠡	48.3	欚	270.7	莅	354.8
lí		犛	63.10	𪏔	57.2	驪	47.10	艬	270.5	栵	380.10
刕	57.1	氂	63.10	鵹	48.1		89.3	鱺	270.6	㭞	376.8
莉	89.2	𣫐	63.10	𪏓	57.2	鸝	48.1	鱶	270.6	栗	471.8
庲	64.2	蔾	57.1	黧	57.2	lǐ		lì		砬	534.9
秜	57.1		89.3		89.2	礼	270.4	力	526.9	秝	522.9
倈	63.10	𪓐	89.3	瞝	89.4	李	254.7	仂	526.9	俪	376.5
狸	63.10	黎	89.1	𪏖	89.2	里	254.6	阞	526.10	涖	354.8
离	48.2	䅻	48.3	攡	48.4	㹃	246.8	扐	526.9		376.8
梩	63.10	㦒	89.4	蘺	48.1	郢	254.9	立	534.7	捩	376.7
梨	57.1	褵	48.1	酈	47.10	峛	246.8	朸	526.9	莀	376.6
耗	64.1	𢡟	64.1	鵹	48.1	俚	254.9	吏	359.2	唳	376.6
棃	56.10	欏	47.10	灕	48.3	悝	254.7	丽	376.8	栵	380.9
犂	57.1	翟	89.5	蠡	48.2	娌	254.9	利	354.6	笠	534.8
	89.1	𦄴	89.2	蘺	48.2	理	254.8	泐	526.10	痢	380.8
𤵜	64.1	縭	48.1	欐	48.2	𤵜	254.8	苙	534.9	㾐	523.4

粒 534.8
悷 376.8
鬲 523.2
剰 471.10
厤 523.3
詈 348.5
溧 471.10
痢 354.9
塛 472.1
搮 472.1
蒚 523.3
蒞 472.1
稟 471.9
凓 472.1
嵥 472.1
勵 526.9
逮 354.9
534.9
溧 471.9
慄 471.9
瑮 472.1
楘 526.10
厲 380.7
蝓 376.8
蜧 376.6
寥 523.1
綟 376.6
蛠 523.5
隸 376.5
鴷 380.9

鬁 376.9
勵 380.8
歷 523.2
歴 522.10
曆 523.1
膌 523.4
慭 359.3
篥 471.10
颲 354.8
471.10
鴗 534.8
緥 472.1
瓑 523.3
隸 376.5
轢 472.1
醨 523.4
鬲刂 523.4
磿 523.1
䴡 380.8
巁 380.10
癘 380.8
濿 380.8
㦒 380.10
擽 523.5
櫔 380.9
蠣 380.9
犡 380.10
鎘 522.9
飅 376.9
離 348.5

376.9
濼 523.5
儷 376.10
禲 380.8
瓅 522.9
攊 523.4
藶 523.1
櫟 522.10
麗 376.4
礪 380.7
穲 380.9
瀫 376.7
瀝 523.1
鬲鬲 523.4
欞 376.10
櫪 522.10
礫 522.9
齒立 534.8
蠣 380.9
皪 523.3
鳌 376.5
糲 380.10
鶒 471.10
劙 376.6
酈 522.9
曬 523.3
贚 380.9
靂 523.3
儷 376.5
瀝 522.9

釃 471.10
糲 523.4
躒 523.3
蘿 376.9
轢 522.9
躒 523.3
籬 348.6
376.7
觻 523.4
㽁 522.10
孋 523.4
趮 522.8
欐 376.7
鷹 523.4
劙 376.6
驪 380.9
靂 522.8
鑗 522.9
癧 348.5
376.9
覼 354.9
376.9
鱳 522.10
蠹 471.9
醽 523.4
鱲 523.3

lián

令 141.4
怜 136.4
帘 227.10

連 141.2
蓮 136.3
零 136.4
嗹 136.4
慊 227.7
廉 227.6
漣 141.3
溓 231.1
覝 227.10
槤 141.5
憐 141.4
熑 231.1
磏 141.4
匳 227.8
憐 136.3
蔹 227.8
蘼 227.8
230.10
獫 227.9
濂 231.1
㺦 141.3
縺 136.4
聯 141.3
廞 227.10
燫 231.1
磏 227.9
薕 227.7
穮 227.9
鏈 141.4
鎌 227.7

蠊 227.9
簾 227.7
鬑 227.10
230.10
蘞 227.8
轣 227.9
獮 141.4
灕 141.5
鐮 227.6
鰱 141.4
鏻 136.4
籨 227.8
贏 136.4
醽 141.5

liǎn

僆 294.6
摙 294.6
蓮 294.6
溓 335.9
338.2
璉 294.6
穅 338.1
瓠 338.2
撿 335.8
蔹 335.8
薘 335.10
膦 294.7
獫 335.9
嬚 335.9
鄻 294.6

斂 335.8
臉 338.10
蘝 335.10
鐮 335.9
羷 335.9
獫 335.10
薟 335.9
醶 338.10
爈 294.6
瀲 335.9
䭑 294.6

liàn

浰 409.8
堜 409.9
揀 409.8
萰 409.9
健 409.9
湅 409.9
撻 414.3
楝 409.8
敕 409.9
膁 409.10
瓤 409.9
穲 446.10
瘇 414.3
練 409.8
獫 446.2
潄 409.9
殮 446.1
鍊 409.8
歛 446.2
爁 446.2
轢 409.10
縊 412.9
賺 446.2
鰊 409.9
瀲 446.2
霰 446.2
孌 412.10
欒 412.9
戀 412.9

liáng

良 173.7
凉 174.5
涼 174.3
梁 173.8
椋 174.6
琼 174.6
量 174.5
犆 174.6
蜋 174.5
粮 174.3
粱 174.2
踉 174.5
綡 174.6
輬 174.6
醇 174.6
賆 174.6
飂 174.5
糧 174.3

liǎng

网 312.9
兩 312.9
啢 312.10
裲 312.9
脼 312.9
蜽 312.10
緉 312.10
魎 312.10

liàng

兩 426.9
亮 426.7
哴 426.10
悢 426.8
掠 426.8
涼 426.10
量 426.9
眼 426.9
犆 426.8
就 426.9
䁁 426.9
踉 426.9
緉 426.8
諒 426.8
飂 426.9

liáo

料 147.9
聊 147.7
翏 148.2
撩 147.9
僚 147.10
䢧 148.2
廖 147.9
膋 147.8
漻 148.1
憀 147.8
寥 147.8
壈 147.9
撩 147.9
遼 147.8
敹 148.3
嘹 148.3
嶚 148.2
獠 148.3
熮 148.4
憭 148.2
寮 147.10
嫽 148.1
璙 148.1
橑 147.9
廫 148.3
膫 147.8
燎 153.7
膠 147.7
蟟 148.3
瞭 148.2
簝 148.1
寮 147.8
蹽 148.2
蟟 148.1
蟧 148.3
簝 148.1
謬 148.1
繚 148.2
髎 148.3
153.7
鐐 147.10
飉 147.8
鬟 148.2
鷯 148.1

liǎo

了 297.10
朷 298.2
舠 298.1
鄝 298.1
蓼 297.10
僚 301.4
撩 298.2
幟 298.2
憭 298.1
301.4
嫽 301.5
璙 301.4
敹 301.4
燎 301.4
瞭 298.1
潦 298.2
繚 298.1
301.3
蹽 298.1
磟 298.2
簝 298.1
301.4
醾 301.5

liào

尥 415.2
炓 415.3
料 415.3
寮 416.6
壈 416.7
嘹 415.3
熮 416.7
嫽 415.3
璙 415.3
膫 416.7
燎 416.6
罾 415.3
療 416.7
鐐 415.3
癃 416.7
顤 415.2
鷯 416.7

liè

夨 498.4
列 498.9
劣 501.5
𥝌 501.8
㐬 499.3
冽 499.1
戾 498.3

淩 200.10
倰 201.1
紷 198.10
𢾉 201.2
軨 198.2
殑 201.2
跉 194.8
198.7
𦚏 201.1
詅 198.6
裬 201.2
堎 201.2
䔖 201.1
零 198.2
閝 198.5
鈴 197.8
𩚖 198.10
虠 198.1
蔆 201.1
骬 198.7
綾 200.10
駖 198.6
獜 198.9
蕶 198.6
齡 198.5
𩜁 201.2
鴒 197.8
𩵖 198.9
澪 198.8
䕘 198.9
霝 197.8
𩂯 197.7
䉖 197.8
䶨 198.4
酃 198.6
鯪 201.1
蘦 198.2
䨩 198.3
靇 197.7
齡 197.8
鏻 198.8
櫺 197.9
𩜁 198.4
𨆬 198.1
靈 197.7
𩄇 197.9
𧕅 197.10
𨰋 198.1
𨏈 198.2
醽 197.9
𩆜 198.6
靈 197.5
鸰 198.5
𩕊 198.1
𩴫 198.4
𢹛 198.8
𤢹 198.7
𢊍 197.8
爧 198.7
𥢧 198.8
蠕 198.6
籈 198.10
舲 198.8
麢 197.8
龗 198.5

lǐng

冷 322.7
阾 320.6
柃 320.6
䍅 322.7
袊 320.6
笭 322.7
領 320.5
𦵺 320.6
嶺 320.5

lìng

令 433.3
434.8
詅 433.3
零 434.7
𩜁 435.5
𢹛 434.8

liú

沶 205.6
留 205.3
流 205.5
硫 206.1
裗 205.10
蒥 205.4
𧎢 205.10
嵧 205.9
𤠗 205.8
遛 206.1
旒 205.7
䊍 205.5
勠 205.4
瑠 205.8
摎 205.4
榴 205.6
憀 206.2
劉 205.1
瘤 205.6
塯 205.7
䁉 205.5
䉧 205.8
𦃃 205.10
駠 205.5
蟉 218.3
𢺞 205.10
鎦 205.10
餾 205.10
鰡 205.9
𦪷 206.1
䉧 206.1
瀏 205.9
懰 205.10
𨷲 205.10
鏐 206.2
218.3
飀 205.6
騮 205.5
䶉 205.8
飂 205.6
鐂 205.8
鰡 205.9
鶹 205.5
橊 205.9
飀 205.9
鷚 206.1

liǔ

茆 323.9
珋 323.8
柳 323.6
䍚 323.8
䡂 323.9
䬆 323.8
綹 323.9
罶 323.7
熮 323.9
䚋 323.8
瀏 323.9
懰 323.8
嬼 323.8
鎦 323.8

liù

六 456.3
䀢 438.4
坹 438.3
留 438.3
窌 438.3
翏 438.4
塯 438.5
僇 438.4
廇 438.4
溜 438.2
勠 438.4
廖 438.2
𧜦 438.4
瘤 438.3
霤 438.2
餾 438.3
嬼 438.2
飂 438.4
𤮊 438.5
鷚 438.3

lóng

屸 32.6
㟖 32.6
夅 29.5
衕 32.5
隆 29.4
癃 29.4
龍 36.4
窿 29.5
䃧 35.8
蘢 32.4
36.6
䨖 29.5
嚨 32.4
巃 32.4

淕 456.5
渌 452.9
464.8
逯 464.10
娽 453.4
464.9
琭 453.1
睩 465.1
敐 483.10
祾 456.6
禄 452.8
敊 453.7
465.1
蓤 456.5
輅 369.9
碌 483.10
碌 453.2
465.1
賂 370.1
睩 452.10
路 369.6
稑 456.4
醁 453.5
僇 456.6
鄜 453.7
逯 453.6
盝 453.2
剹 456.4
勠 456.4
摝 453.5
趚 453.5
蔍 453.7
蓼 456.5
蛙 456.5
蝷 453.3
箓 453.1
麤 453.5
漉 452.9
猭 453.7
逯 453.6
465.1
輊 456.6
輘 453.7
醁 464.9
踛 456.6
踈 483.10
踈 465.1
詸 465.1
甂 452.10
褷 453.5
覿 452.10
464.8
戮 456.4
䔞 453.2
磟 453.2
456.5
膔 453.4
麗 453.1
穋 456.4
録 464.7
潞 369.8
盝 453.2
璐 370.1
漻 456.5
螰 453.1
罶 453.5
簏 453.1
艫 453.1
騋 456.5
騄 464.9
轆 452.10
璐 370.1
箓 453.3
濼 453.6
463.1
鵱 456.4
麓 453.2
霳 453.7
簬 370.1
簬 370.1
鏕 453.6
鯥 456.5
鯘 464.10
癧 370.1
騼 453.2
露 369.7
癒 370.1
轒 452.10
簶 464.10
鱳 452.10
藘 370.1
鷺 369.10
鷺 452.10
luán
緣 127.10
145.4
蓏 127.10
攄 132.4
圞 128.1
巒 127.9
欒 127.9
鸞 128.1
孌 128.1
攣 145.4
灓 127.10
羉 127.10
癵 128.1
145.4
臠 127.10
灤 128.1
鑾 127.7
鸞 127.8
luǎn
卵 287.9
脟 295.7
嬀 295.7
孌 295.7
臠 295.7
luàn
圞 405.10
亂 405.9
敽 405.10
欒 405.10
lún
侖 109.8
倫 109.6
陯 109.7
掄 109.9
122.1
菕 122.1
崘 122.1
淪 109.6
惀 109.8
棆 109.8
蜦 109.7
箹 109.9
艙 109.6
綸 109.8
輪 109.7
踚 109.8
論 109.6
121.10
鯩 109.7
lǔn
惒 285.3
惀 285.3
碖 285.4
睔 285.4
稛 280.5
稐 280.5
lùn
碖 402.2
淪 402.1
論 402.1
luō
寽 489.2
捋 489.2
桴 489.3
狩 489.3
蛶 489.2
luó
朗 163.1
腡 165.5
摞 165.3
穅 165.4
蘩 165.3
螺 165.4
贏 165.4
羸 165.4
羅 162.9
蠃 165.4
騾 165.3
覼 165.5
儸 162.10
蠡 165.5
蘿 162.10
蘭 165.4
囉 163.1
灑 163.1
欏 163.1

罵 309.9
駡 309.9
鷌 309.9
鰢 309.9

mà

貃 491.7
鄢 423.6
傌 423.6
隖 423.6
睰 491.8
傛 491.7
榪 423.5
禡 423.5
罵 423.6
瘍 423.5
攢 493.1
謳 423.6
礸 491.8
493.1
鬟 423.5
䮘 491.7
髖 491.7
黰 491.7

mái

埋 97.5
薶 97.6
瞶 96.2
貍 97.6
韝 96.2
霾 97.6

mǎi

掹 276.8
買 272.8
蕒 272.9
嘪 272.9
澴 272.9
穲 276.7
鷶 272.9

mài

佅 388.9
脉 515.5
脥 392.1
麥 515.4
嵊 515.5
衇 515.4
勱 388.9
賣 385.9
邁 388.8
穲 392.1
霢 515.5
譪 388.9

mán

芇 129.1
姏 227.1
悗 129.1
菡 128.10
曼 128.10
絻 129.2
墁 128.10
蔓 128.10
㒼 129.1
獌 130.6
樠 128.10
樠 118.2
128.10
槾 128.10
鞔 128.10
瞞 128.8
䅼 130.7
糂 129.1
糂 128.9
趨 129.1
蹣 128.9
䝡 129.1
謾 128.9
130.6
鏝 128.10
饅 128.9
顢 128.9
鬗 129.2
鬘 130.6
黴 130.7
鰻 128.10
蠻 130.5
鸞 130.6

mǎn

娓 335.2
魍 289.6
餡 335.2
滿 288.4
蔥 288.4
蕎 289.1
篙 288.4
澫 288.4
鏋 288.4
轡 289.1

màn

曼 400.1
墁 406.5
蔄 408.3
幔 406.4
獌 406.4
漫 406.4
慢 407.4
嫚 407.4
數 406.4
瘍 407.4
糂 406.4
縵 406.4
407.4
貘 406.5
謾 406.5
407.4
鏝 406.5

máng

邙 185.1
芒 185.1
盲 184.10
汒 184.10
忙 184.10
尨 41.1
杗 185.1
砬 185.1
盲 186.3
茫 184.10
厖 40.10
倣 41.2
邦 185.2
恾 184.10
哤 41.1
𡾰 41.1
狵 40.10
浝 41.1
娏 41.1
硭 177.10
䀮 184.10
牻 41.1
蛖 184.10
眬 41.2
痝 41.2
蛖 41.1
寍 185.2
鋩 177.10
駹 40.10
蘉 185.1
𪑣 41.1

mǎng

峪 316.7
倣 242.4
莽 316.5
䒽 316.6
䵣 316.6
漭 316.7
䁅 316.7
䁅 316.6
䒽 316.6
蟒 316.7
鷨 242.4
鏻 316.7

màng

盲 430.9
峪 430.9
漭 430.9

māo

貓 155.2

máo

毛 158.1
矛 213.8
芼 158.2
茅 155.2
枆 158.4
𢦽 213.8
罞 155.3
旄 158.3
描 155.3
酕 158.4
媌 155.3
堥 158.4
楙 158.4
滮 158.2

鄳 186.4
蝱 186.3
夢 31.10
幪 31.9
濛 31.7
懜 28.4
32.1
甍 190.3
檬 31.8
醿 31.9
霿 32.1
篢 190.2
朦 31.8
32.1
欓 190.2
矇 31.8
瞷 186.3
190.3
艶 28.4
矘 190.3
蠓 31.10
艨 31.8
蘇 28.4
甏 28.4
醹 31.9
艷 203.6
貜 31.9
靀 32.1
霿 32.1
饛 31.8
鬤 31.8
驜 31.8
鏳 186.4
鸏 31.9

měng

朧 241.10
猛 318.10
䁅 319.7
黽 319.7
蜢 318.10
艋 318.10
鄳 319.1
濛 238.2
曚 238.3
朦 238.3
鷆 241.10
䁅 318.10
矇 238.2
懵 238.3
蠓 238.2
黽 319.7
鸏 238.2
䱛 319.1

mèng

孟 431.6
甿 431.7
夢 345.9
霥 346.7
䁅 431.7
盟 431.8
幏 345.10
瞢 345.9
鄸 345.9
懜 436.3
蕄 345.9
蘷 436.3
幪 436.2
艨 345.10
瘳 345.7
霿 345.10
鏳 436.3
鱛 436.3

mí

冞 50.10
弥 50.8
迷 93.4
罙 50.9
婆 93.4
宷 50.9
覝 93.5
瞇 50.9
麐 44.6
擟 50.9
麏 44.7
糜 44.6
縻 44.6
麋 59.4
麊 50.9
彌 50.7
醾 93.5
穪 50.10
蘪 59.4
獼 50.9
麛 93.5
瀰 50.10
瓕 50.10
镾 50.8
鼊 93.5
蘼 44.6
璽 50.9
糜 44.6
縻 44.7
醿 44.7
鸍 50.8
籭 50.9
糠 44.7
瓕 50.10

mǐ

米 272.1
芈 247.5
侎 247.6
洣 272.2
弭 247.5
敉 247.5
眯 272.2
葞 247.6
渳 247.4
㥝 247.6
絲 272.2
蝆 247.6
蔝 272.2
骳 243.5
瀰 243.5
觫 272.2
靡 243.5
瀰 247.5
靡 243.4
瀰 247.5
蘼 243.6
镾 247.6
瓕 243.6
272.2
躐 243.5

mì

冂 525.4
糸 525.3
汨 525.4
沕 474.5
宓 472.9
474.5
峚 474.4
冐 474.5
祕 353.4
盜 472.9
覔 525.2
滵 472.9
密 474.3
覭 525.5
塓 525.6
蓂 525.5
幎 525.3
覛 525.3
寶 531.1
蔤 474.4
樒 472.9
覓 525.4
淧 474.5
蜜 472.8
鼏 525.4
榓 474.5
漞 525.4
褀 525.3
瞪 474.5
篢 525.5
謐 375.6
㵋 525.5
辟 525.3
摵 375.6
醯 472.9
螟 525.5
謚 472.8
覭 525.5
緦 525.5
貌 525.5
瞌 472.9
冪 525.4
驝 525.3
顆 525.5
鶻 474.5
鼄 472.8

mián
宀 142.1
芇 142.1
柄 142.2
眠 137.6
蚵 142.1
棉 141.9
櫋 142.2
綿 141.9
瞑 137.6
蝒 141.10
臱 142.2
緜 141.8
䏃 137.6
謾 141.10
懪 142.1
寡 137.7
櫋 142.2
矈 137.7
矊 141.10
矏 137.6
142.1
䫵 142.1
鬠 137.7
櫋 142.2
miǎn
丏 291.5
丛 338.3
沔 294.10
芇 291.5
免 296.10
沔 294.10
丆 338.3
眄 291.5
俛 297.1
勉 297.1
挽 297.2
娩 297.1
勔 295.1
冕 297.2
偭 295.1
愐 295.1
湎 295.1
愐 295.1
揁 291.5
黽 295.1
絻 297.2
緬 294.10
輀 295.1
鮸 297.1
miàn
丏 410.8
面 411.9
眄 410.8
偭 411.10
𣴛 410.8
麪 410.7
瞑 410.8
糆 410.8
䤄 410.8
麵 410.7
miáo
𦬂 152.2
苗 152.2
蚰 152.2
描 152.3
猫 152.4
蜱 152.2
緢 152.3
貓 152.3
篻 152.2
鶓 152.2
miǎo
吵 300.5
杪 300.4
眇 300.3
秒 300.4
訬 300.4
䒚 300.4
淼 300.4
渺 300.4
篎 300.5
𦗖 467.8
藐 300.4
467.7
邈 467.7
懇 467.7
miào
妙 416.4
玅 416.5
庿 416.10
篎 416.5
廟 416.10
miě
乜 310.8
miè
粝 497.3
紗 497.1
粖 497.3
莧 497.2
覕 497.2
搣 500.3
滅 500.3
蔑 496.10
䁾 497.2
儴 497.2
鴓 497.3
攠 497.1
薯 496.10
幭 497.1
篾 497.1
瀎 497.3
懱 496.10
䈼 497.2
䁾 497.3
蠛 497.1
𡾰 497.1
䁱 497.2
鸔 497.2
鱴 497.1
鸋 497.3
mín
民 108.5
汶 107.10
旻 107.10
旼 107.10
岷 107.8
忞 108.1
泯 108.6
怋 108.6
珉 107.8
旼 108.1
罠 107.9
笢 107.10
揟 108.1
鍲 108.1
睧 108.1
108.6
閩 107.9
痻 107.10
頣 107.10
緍 107.9
閺 108.6
闅 107.10
鍲 108.1
鶻 108.1
mǐn
皿 318.8
刡 279.3
泯 279.2
敃 278.10
䟨 279.2
笢 279.2
敏 278.10
閔 278.10
跟 279.3
腤 279.3
黽 279.2
暋 278.10
愍 278.9
鼙 279.1
憫 278.9
僶 279.2
潣 278.10
憫 278.10
䡅 279.3
澠 279.3
鼂 279.1
簢 279.1
簢 279.1
鰵 279.2
䡅 279.1
míng
名 194.6
明 188.4
洺 194.7
冥 199.5
䒌 199.7
鄍 199.6
蓂 199.7

猽 199.7
溟 199.6
嫇 199.8
榠 199.5
暝 199.8
鳴 188.5
銘 199.6
瞑 199.7
螟 199.6
猽 199.7
覭 199.8
鵬 188.5
顭 199.6

mǐng

茗 321.5
姳 321.6
盜 318.8
眳 321.3
 321.6
皿 318.8
酩 321.6
溟 321.6
慏 321.3
嫇 321.6
瀴 321.6

mìng

命 431.5
詺 433.7
暝 434.7
兠 434.7

miù

繆 442.4
謬 442.4

mō

摸 82.7
 507.1

mó

无 82.8
暮 82.8
嫫 82.7
膜 82.9
麼 164.9
臁 164.10
摩 164.9
磨 164.10
磿 164.9
謨 82.8
膺 164.10
魔 164.9
饜 164.9
劘 164.10
臃 164.10
饝 164.10

mǒ

麽 308.6
懡 308.7
矊 308.6

mò

万 531.10
叜 481.10
末 487.1
休 487.4
皃 467.8
没 481.9
殁 481.9
抹 487.4
坆 487.4
苜 487.3
歿 481.9
帓 493.1
帕 493.1
佰 512.1
沫 487.5
怽 487.4
陌 511.10
妹 487.4
拍 512.2
昧 487.1
眊 467.8
昒 487.2
冒 531.10
帞 511.10
狛 512.1
洦 512.2
莫 506.8
蔢 481.10
眛 487.4
秣 487.3
袜 487.5
毣 467.8
秌 487.5
脈 515.5
箄 487.3
粖 487.3
袹 511.10
鄚 507.1
勱 507.3
蛨 512.1
塻 507.2
趏 512.2
募 511.10
蓦 511.10
䏚 515.6
嗼 507.2
 512.1
圛 507.2
覛 515.6
貊 512.1
貉 512.2
餗 487.2
頞 481.9
嗼 507.2
漠 507.1
寞 532.1
寞 507.1
窨 532.1
粠 487.2
靺 487.3
瘼 507.2
帽 532.1
鉬 512.2
膜 507.1
麽 422.7
韎 487.3
眘 467.8
藹 486.10
瞙 507.2
畾 467.8
墨 531.9
艒 532.1
摩 422.7
瘼 507.1
鴂 487.5
驀 512.1
麩 487.2
默 531.10
鮇 487.4
磨 422.7
瞀 532.1
貘 511.10
瀎 487.4
鏌 507.1
嫼 532.1
驀 512.1
糢 487.3
醾 487.2
蠌 531.10
纆 531.10
礳 422.7
鸞 487.3

móu

牟 213.6
哞 217.8
侔 213.7
劺 213.9
苹 213.9
恈 214.1
眸 213.6
蛑 214.1
堥 213.9
雺 213.5
鍪 213.10
 218.7
謀 213.5
瞀 213.9
麰 213.9
鴾 214.1
鍪 213.8
繆 214.1
 218.6
鉾 213.5
鞪 213.9
髳 213.10
鶜 213.10
 218.7

mǒu

某 327.6

mòu

莓 439.5

幱 404.1

náng

涳 41.2
噥 41.2
氄 41.2
矃 41.3
聴 41.2
饘 41.3
囊 185.3
鬞 41.3
蠰 185.4
鸗 41.3

nǎng

曩 316.1
灢 316.2

nàng

儾 430.6
壤 430.6
灢 430.6

náo

呶 154.8
涃 154.9
怓 154.8
猛 160.9
猱 160.8
巙 160.8
獶 154.9
160.8
巎 154.9
蟯 150.4

譊 154.8
鐃 154.8
巙 160.8
夒 160.9
瓔 160.9
鷍 154.9
獿 160.8
磯 154.9

nǎo

刲 304.2
堖 304.1
獶 304.2
惱 304.2
嫐 304.2
䠷 304.2
腦 304.1
碯 304.2
獠 301.9
撓 301.9
貓 304.2
獿 301.10

nào

夾 418.6
淖 418.6
䠷 421.1
鬧 418.7
腝 421.1
腦 421.2
橈 418.6

nè

疒 518.3
抐 484.3
肏 484.3
殏 484.3
肭 484.3
䀚 518.3
訥 484.2
耨 532.10
訾 532.10
鬢 518.3
艦 532.10

néi

捼 100.8
醙 100.8
幱 100.8

něi

浽 275.2
婑 275.2
腇 275.2
觚 275.2
餒 275.2
颸 275.2
餧 275.2
鯘 275.2

nèi

內 391.3
抐 351.8
㛦 351.8
諉 351.7

nén

磨 122.4

něn

炳 285.5

nèn

抐 401.5
媆 401.5
腝 401.5
嫩 401.5

néng

能 203.10
毀 189.8
獰 189.8
毿 189.7
檸 189.8
蕻 189.8
鬤 189.7

něng

能 323.2
檸 319.5

ní

尼 55.8
伨 92.1
呢 55.9
兒 91.10
泥 93.5
怩 55.8
柅 55.8
秜 93.6
郳 91.9

倪 91.8
蚭 55.8
猊 91.10
埿 93.6
婗 91.9
棿 91.10
跜 55.8
䝚 92.1
貎 55.9
鈮 55.9
䘽 92.1
粜 92.1
蜺 91.9
輗 91.10
貌 91.10
艉 92.1
霓 91.9
鯢 91.10
麑 91.10
齯 91.9
虁 93.7
94.8

nǐ

伱 256.6
坭 271.6
抳 248.8
苨 271.6
狔 248.8
柅 251.9
堄 272.4

掜 272.4
滬 271.6
旎 248.8
睨 272.5
䝚 272.4
䘽 272.5
眷 256.3
艉 272.5
儗 256.2
擬 256.2
䕥 271.6
薾 271.6
薿 256.3
嬭 271.5
檷 271.6
禰 271.5
檥 256.3
聻 256.7
瀰 271.6
譺 256.3
闢 271.5
鑈 271.7
轞 271.7
鬑 271.6

nì

囡 535.10
屰 513.6
匿 528.1
泅 535.10
泥 376.10

泥 377.1
昵 471.4
哰 513.7
逆 513.6
衵 471.4
孨 535.10
匿 528.1
菞 535.10
恧 528.2
埿 374.7
埿 376.10
惄 525.1
縌 513.7
酟 354.9
睨 374.6
暱 354.9
溺 525.2
愝 471.4
528.1
愵 525.2
暱 471.3
翻 471.4
覞 374.7
崵 525.1
縌 513.6
䘌 528.1
霓 374.7
䵒 471.4
膩 354.9
溍 535.10
薿 530.9
嶷 530.9
嶷 530.9
濘 377.1
懝 530.9
膩 354.9
鯢 528.2
鬍 530.9
蠹 471.4
囐 513.7

niān

拈 231.4

nián

年 136.9
秊 136.9
秊 136.9
粘 229.3
鲇 229.3
231.4
鮎 231.4
黏 229.3

niǎn

反 293.4
阱 337.9
姌 337.9
涊 291.6
淰 337.9
趁 293.4
輾 293.4
跈 291.6
輦 294.5
撚 291.6
碾 413.10
嬋 337.9
輾 413.10
蹨 291.6

niàn

廿 534.2
沴 409.10
念 446.6
晛 409.10
綩 446.6
嫐 409.10
瞧 409.10

niáng

娘 178.1
孃 178.1
瓤 178.1
鑲 178.2

niàng

糯 427.8
醸 427.8
蘸 427.8

niǎo

鳥 297.9
嫋 298.6
䮍 298.7
蔦 297.9
嬈 298.7
褭 298.7
鳥 297.10
嬲 298.6
㜵 298.7
擾 298.7
孃 298.7
磤 298.7

niào

尿 414.10
㞙 415.1

niē

捏 496.5
捻 544.2

niè

聿 541.8
坳 544.3
圼 496.5
苶 496.5
544.1
夲 541.7
岂 496.9
500.2
𨊐 541.7
哩 496.6
臬 496.8
涅 496.4
埝 544.2
苶 496.6
544.3
惗 544.3
陧 496.9
埋 496.5
堇 496.5
喦 542.1
筓 541.9
敜 544.2
瘟 496.6
睪 541.8
嵲 496.8
脭 496.6
視 496.9
碮 496.6
踂 541.9
蜆 496.8
槷 496.8
瞥 544.2
慹 544.2
霓 496.8
嶭 496.9
篞 496.5
鵵 496.9
鋡 544.2
馲 541.8
韏 544.3
諗 544.2
聶 541.6
闑 496.9
500.2
齀 541.9
孽 500.2
孼 499.10
緤 541.8
籋 541.8
544.3
糱 500.2
鬸 496.7
攝 544.2
囁 542.1
蘢 500.3
敨 541.9
矚 541.8
鑈 544.3
臑 542.1
爤 541.9
鑿 500.1
蘗 500.1
瀐 500.1
巘 496.10
躡 541.7
讘 541.10
鑷 541.7
顳 542.1
轍 500.3
讞 500.1
钀 481.8
500.2

nín

誑 221.2
紝 221.2
僞 221.2

nǐn
拰 331.7
níng
寍阝 199.2
寍 199.1
寗 199.2
寧 199.1
聹 199.2
儜 191.2
凝 202.5
薴 191.2
嚀 199.3
嬣 191.3
聹 199.3
譸 191.2
鑏 191.3
饝 191.3
鬡 191.2
寧蟲 199.3
鸋 199.2
nǐng
薴 322.3
濘 322.3
聹 322.3
蟶 322.3
顬 322.3
nìng
佞 433.10
甯 433.9
凝 435.7
濘 433.10
鸋 433.10
niú
牛 207.4
niǔ
忸 323.10
邳 324.1
扭 324.1
狃 323.9
杻 323.10
肚 324.1
莥 323.10
紐 323.10
莥 324.1
徚 324.1
鈕 323.10
niù
狃 438.9
飷 438.9
猱 438.9
脜 438.9
鼽 439.5
糅 438.8
nóng
農 35.4
檂 35.5
儂 35.6
噥 35.6
獴 35.6
濃 38.5
憹 35.6
欈 38.6
膿 35.7
穠 38.5
襛 38.5
盥 35.6
貜 38.5
鬞 38.6
醲 38.5
辳 35.5
欁 35.5
齈 35.6
饋 35.6
黷 38.6
nǒng
貜 239.2
nòng
挵 347.6
癑 346.2
齈 346.2
nóu
獳 215.2
羺 215.2
䨲 215.2
䨲 215.2
nǒu
㺷 328.7
吼 328.7
沤 328.7
陾 328.7
㚢 328.7
㲎 328.7
nòu
槈 440.10
耨 441.1
擩 441.1
穀 441.1
鎒 440.10
譳 441.1
nú
伖 85.1
奴 85.1
帑 85.2
孥 85.2
砮 85.1
笯 85.2
駑 85.1
nǔ
努 269.3
弩 269.3
怒 269.3
砮 269.3
蜶 269.3
nù
怒 371.6
笯 371.6
傉 462.10
搙 462.10
褥 462.9
耨 462.10
nuán
奻 130.9
濡 125.6
nuǎn
渜 288.1
暝 288.1
暖 288.1
煗 287.10
煖 288.1
稬 288.1
餪 288.1
nuàn
奻 407.9
偄 406.8
渜 406.8
愞 406.8
稬 406.8
麇 406.8
nuó
那 163.1
㸏 163.2
挪 163.3
㛂 165.5
䋋 163.3
捼 165.5
䨥 163.3
魌 163.3
難 163.2
儺 163.3
䕼 163.3
nuǒ
扼 309.1
㛊 306.9
㛈 309.1
娜 306.9
䅎 306.9
㼏 306.9
㭊 306.8
nuò
那 422.1
吶 502.3
奈 421.10
舻 469.2
掉 469.2
逽 506.4
堧 422.8
愞 422.7
搙 469.2
搦 469.2
515.3
暝 422.8
稬 422.8
踞 506.5
515.2
觯 469.3
諾 510.10
闍 506.4
觸 469.2
nǚ
女 260.1

敉 260.1
nǜ
女 365.9
沑 459.9
忸 459.9
朒 459.8
狃 459.9
恧 459.9
[illegible] 459.9
衄 459.9
絮 365.9
[illegible] 459.9
nüè
虐 504.6
瘧 504.7
[illegible] 504.7

O
ōu
區 214.10
剾 215.2
蓲 215.1
嘔 214.10
漚 215.1
甌 214.10
歐 214.10
膒 215.2
瞘 215.1
[illegible] 215.2
[illegible] 215.1
櫙 215.1
醧 215.1
謳 214.9
鏂 215.2
鷗 215.1
óu
齵 216.9
ǒu
[illegible] 329.3
[illegible] 329.3
偶 328.6
[illegible] 328.6
塸 329.3
嘔 329.3
耦 328.6
藕 328.5
歐 329.2
毆 329.3
[illegible] 329.3
蕅 328.5
髃 328.6
òu
偶 442.3
嗀 441.4
漚 441.4
[illegible] 441.4

P
pā
吧 169.5
妑 169.4
蚆 169.4
舥 169.5
艑 169.5
葩 169.4
鈀 169.4
pá
杷 171.4
爬 171.3
琶 171.4
pà
汃 491.9
矶 491.9
帊 425.7
怕 425.8
㞞 491.10
𡷊 491.9
pāi
拍 513.9
pái
俳 96.9
郫 95.2
排 96.8
徘 100.3
猈 96.9
棑 95.2
牌 95.1
　 96.9
碩 96.9
輫 96.9
簰 95.2
犤 95.3
鵯 95.2
簾 95.2
pài
朩 386.4
𠂢 386.3
䖰 386.4
派 386.3
㵺 386.4
湃 388.1
湃 387.10
紪 386.3
潷 386.4
pān
扳 130.9
拌 129.3
眅 130.9
番 129.3
審 129.3
潘 129.2
甑 129.2
瘤 129.3
攀 130.9
pán
柈 128.5
般 128.6
幋 128.6
嫳 128.7
獙 128.8
槃 128.5
搫 128.6
磐 128.6
瞀 128.7
盤 128.5
瘢 128.5
蒼 233.4
縏 128.8
繁 128.8
磻 128.6
繁 128.7
蹣 128.6
蟠 128.8
鎜 128.5
鞶 128.7
鬆 128.6
鷥 128.7
黨 128.8
pǎn
坢 288.6
眅 289.2
趖 288.6
pàn
伴 406.8
泮 406.7
判 406.6
沜 406.6
泮 406.6
姅 406.7
盼 408.3
牉 406.7
胖 406.7
叛 406.7
畔 406.8
婆 406.8
頖 406.6
辦 408.3
襻 407.9
pāng
胮 41.7
痒 41.7
雱 184.3
滂 184.3
斛 184.4
磅 184.3
䨦 41.7
霶 184.3
䨷 41.7
鎊 184.3
䫄 41.7
霧 184.3
páng
彷 185.4
房 185.5
逄 41.10
膖 41.10
旁 185.5
跻 185.4
傍 185.4
觪 41.10

郱 185.5
膀 185.4
磅 185.6
䨦 41.10
螃 185.5
篣 185.5
踄 185.4
髈 185.4
龐 41.9
騯 185.6

pǎng

䠙 317.4
髈 317.4

pàng

胖 348.1

pāo

芀 155.8
抛 155.7
郇 155.7
胞 160.10
泡 155.8
胞 155.7
罞 155.7
脬 155.7
颮 160.10
瞉 155.8
橐 160.10
僗 155.8
藨 160.10

páo

炮 156.5
咆 156.3
狍 156.5
庖 156.3
泡 156.6
炰 156.4
炮 156.4
捊 156.5
爮 156.4
袍 159.2
掊 156.4
匏 156.4
裒 159.3
軳 159.3
跑 156.5
鉋 156.4
鞄 156.5
颮 156.5
麃 156.4
麭 156.6

pào

抛 418.4
奅 418.3
炮 418.4
窌 418.3
皰 418.4
礮 418.4

pēi

抔 100.6
肧 100.5
姳 103.3
衃 100.6
痞 100.6
瓿 100.6
醅 100.6
魾 100.6

péi

陪 100.4
培 100.3
婄 100.4
棓 100.4
毰 100.4
蓓 100.5
102.7
碩 100.5
鄁 100.4
棓 102.7
裴 100.2
輫 100.5
䣙 100.4

pěi

俖 276.8
朏 276.8
啡 276.6

pèi

妃 390.1
沛 383.5
怖 383.6
帔 348.10
佩 389.6
肺 383.5
朏 390.1
珮 389.7
配 390.1
旆 384.7
浿 383.5
軷 384.7
跟 384.7
霈 383.5
崀 390.2
轡 353.5

pēn

噴 122.4
濆 122.3
歕 122.4

pén

盆 121.7
葐 121.8
溢 121.8
鴔 121.8

pèn

溢 401.9
噴 401.9
歕 401.9

pēng

伻 191.4
訇 191.4
亨 187.8
抨 191.4
怦 191.3
姘 191.4
犎 191.4
恲 187.8
姘 191.3
砰 191.4
堋 204.5
拼 191.4
弸 191.4
閛 191.4
淜 204.5
磅 187.7
澎 187.8

péng

芃 34.3
庄 191.10
朋 203.7
倗 203.8
堋 203.7
棚 191.10
弸 191.10
彭 186.9
棚 187.1
191.10
203.8
颫 34.4
袶 34.3
搒 187.2
蓬 34.2
蒡 187.2
蜂 34.3
篷 34.2
榜 187.1
弸 187.2
徬 187.1
輣 187.3
191.10
澎 186.10
憉 187.2
篷 34.3
篣 187.2
膨 186.10
韸 34.4
髼 34.3
輣 187.3
髗 203.8
髶 187.1
蟚 186.10
鵬 203.7
䵄 187.2
騯 187.2
䮾 34.4

pěng

倗 323.1
捧 240.7
䴶 319.9
鄌 323.1

pī

丕 59.10
伾 59.10

坏 100.5
批 93.2
邳 59.8
伾 59.10
披 45.3
跛 60.4
帔 45.3
狓 45.3
怌 60.1
殔 45.4
岥 45.4
52.7
畯 45.3
秠 59.10
秛 45.4
剫 93.1
性 60.5
紕 60.4
耚 45.3
旇 45.4
豾 45.3
鈚 93.2
豾 60.1
鉟 60.1
鈹 45.2
憁 60.5
陛 93.1
縪 60.4
頚 60.1
鉟 522.8
諀 60.5
髬 60.1
駓 60.1
磇 93.1
劈 522.7
錍 93.1
魾 60.1
鮍 45.3
辟 522.8
額 60.1
霹 522.7
鵧 93.1

pí

比 54.4
皮 47.4
仳 54.6
阰 54.7
芘 54.5
沘 54.5
枇 54.6
岯 59.9
肶 54.6
毗 54.4
毘 54.7
蚍 54.6
笓 93.1
郫 47.4
49.7
魮 54.3
疲 47.4
陴 49.4
紕 49.7
埤 49.5
崥 92.10
舭 54.6
豼 54.5
琵 54.4
蚍 54.7
椑 92.10
甈 92.10
鈚 54.7
脾 49.5
焷 49.4
鉟 59.9
裨 49.5
棍 54.5
蜱 49.6
膍 54.5
92.10
麬 49.7
榑 47.5
49.7
罷 47.4
魮 54.6
鼙 45.6
鴊 59.9
魾 59.9
鞞 92.10
貔 54.5
螷 49.6
鵧 54.8
蠯 54.7
麩 49.5
羆 45.5
犤 47.5
額 59.10
蠡 49.6
鼙 92.9
蠃 49.6
鼙 49.4
鼊 54.6

pǐ

匹 471.1
庀 248.5
圮 251.10
仳 248.6
251.10
否 251.10
呕 471.2
吡 248.6
帔 252.1
疕 248.6
252.2
披 248.5
跛 252.1
252.2
肶 471.2
殍 248.5
秠 252.2
殍 252.1
訛 248.6
紴 248.5
痞 251.10
崥 252.2
諀 248.5
擗 521.4
顊 270.9
癖 521.10
嚭 252.2
醉 252.1
鵧 471.2

pì

陕 530.5
屁 354.9
秛 348.10
萆 521.5
副 530.5
淠 353.9
滭 376.3
揊 530.5
椑 525.6
劇 376.3
敲 530.5
睥 376.3
滬 376.3
辟 521.10
媲 376.2
稫 530.5
澈 381.7
僻 521.10
522.8
廦 521.10
澼 522.7
甓 525.6
躄 376.3
嚊 353.9
鍢 530.4
濞 353.8
376.3
潙 353.9
甓 525.6
甓 350.2
副 530.5
膞 353.9
癖 522.8
糟 354.10
副 530.6
襬 348.10
譬 350.1
闢 521.5
瀵 353.9
鷿 525.6

piān

扁 141.6
偏 141.6
萹 141.6
猵 138.4
媥 141.6
痛 141.6
篇 141.5

翩 141.6

pián

平 141.7
玭 137.8
便 141.6
胼 137.8
琕 137.9
㛹 141.7
楩 141.7
楄 137.8
141.8
軿 137.7
賆 137.8
跰 137.8
𤬏 137.8
蝖 141.8
骿 137.7
箯 141.8
緶 141.7
駢 137.8
蹁 137.7
諞 141.7
蠙 137.7

piǎn

鶣 297.3

piàn

片 410.8
肼 410.8
偏 413.9
辧 410.9
騗 413.9

piāo

杓 153.4
僄 153.5
摽 153.5
彯 153.5
嘌 153.6
漂 153.4
慓 153.5
嫖 153.4
瞟 153.6
膘 153.6
翲 153.6
螵 153.6
旚 153.4
䙳 153.5
蹎 153.6
㶾 153.3
犥 153.4
鏢 153.5
飄 153.5
鷅 153.5
飃 153.4

piáo

颩 218.5
剽 152.1
瓢 151.10
薸 152.1
螵 152.1
橐 152.1
漉 218.5
飄 151.10

piǎo

莩 300.10
殍 300.10
猵 300.10
膘 300.3
麃 301.5
瞟 300.3
篻 300.3
縹 300.2
醥 300.2
犥 300.3
顠 300.3
皫 300.3

piào

剽 416.2
勡 416.3
僄 416.3
摽 416.4
彯 416.3
漂 416.3
慓 416.4
嫖 416.4
嘌 416.3
驃 416.3
翲 416.3

piē

綦 497.9
潎 501.8
憋 497.9
瞥 497.10
憋 501.9
魆 497.9
瞥 497.9
501.8
瘪 501.9

piě

丿 497.9
撆 497.8
鐅 497.10

piè

嫳 497.9

pīn

砏 110.9
姘 197.5
彬 110.9
憒 106.9
翻 106.9
闠 106.9
覩 106.9

pín

穷 108.2
玭 107.1
貧 108.1
頻 106.9
蘋 106.10
獱 107.1
嬪 106.10
蘋 106.10
嚬 107.1
嬪 107.2
櫇 107.1
蠙 107.1
繽 107.2
顰 107.1
魏 107.1
鑍 107.1

pǐn

品 331.10

pìn

米 396.6
牝 278.3
娉 433.3
聘 433.3
覩 396.6
闠 396.6

pīng

甹 197.4
俜 197.4
砯 202.9
艵 197.5
竮 197.4
頩 197.5
僒 197.5
覮 197.5

píng

平 187.8
坪 188.1
苹 187.10
凭 201.4
邢 200.1
泙 188.1
荓 199.10
枰 188.1
胓 188.1
洴 200.1
屏 199.9
瓶 199.8
萍 199.10
蚲 188.1
軿 200.1
淜 201.5
蓱 199.10
蛢 199.9
鉼 199.9
箳 199.10
評 187.10
馮 201.5
軿 199.10
竮 199.10
簈 200.1
凴 201.5
憑 201.5
鮃 199.9

pǐng

頩 322.6

pìng

俜 433.4

柒 470.10
郪 89.6
攲 46.9
凄 89.5
萋 89.5
桼 470.10
戚 525.10
崎 46.10
淒 89.5
㥓 47.1
悽 89.5
娸 63.4
欺 63.4
敧 47.1
𣧑 46.10
猗 46.10
𨛍 470.10
碕 46.10
䗁 46.10
𣖈 471.1
蕎 471.1
螭 47.1
僛 63.5
䫏 63.5
漆 470.9
慼 526.2
緀 89.6
榛 471.1
慽 526.1
踦 46.10
觭 46.9
霋 89.6
頍 63.4
㯃 471.1
蠀 526.2
魌 63.5
䫏 63.4
齌 89.6
鶈 89.5
䫏 63.4
鏚 526.1
鶔 470.10
鶀 63.5
麒 63.5

qí

示 46.1
郊 46.3
𠮌 67.3
伎 46.6
祁 56.7
弜 45.10
圻 67.2
芪 46.5
岐 46.2
岓 67.5
汥 46.5
忯 46.3
其 62.1
枝 46.1
奇 45.9
歧 46.3
畁 62.9
祈 67.1
祇 46.1
蒛 46.6
俟 67.3
厼 46.6
疧 46.3
衹 46.2
耆 56.7
䓜 46.1
蚑 46.3
蚚 67.4
蚔 46.5
旂 67.1
秖 46.6
狴 46.4
䟚 46.6
趆 46.4
帺 62.5
萁 62.5
軝 46.4
畦 94.5
跂 46.5
崎 67.2
淇 62.6
琪 62.6
琦 45.9
耆 56.6
棊 62.7
期 62.2
祺 62.8
幾 67.4
朞 62.7
鞂 46.5
碕 45.10
67.2
魌 45.10
頎 67.1
鉘 89.1
愭 56.7
䵚 46.3
綦 62.5
綦 62.5
䳢 62.9
齊 88.8
旗 62.3
㩻 46.4
綨 62.5
琪 62.7
璣 67.2
䫏 62.5
睹 56.7
踑 62.9
稽 56.7
鬿 46.5
禥 62.8
畿 67.2
錤 62.7
錡 46.1
䫏 67.3
䚉 56.7
藄 62.7
䑴 62.9
鮨 56.8
䶒 88.10
懠 88.10
璂 62.7
騏 62.6
騎 45.9
櫀 62.7
蟣 67.4
鍺 56.8
臍 88.9
蘄 67.2
䳢 62.6
蘄 62.8
鵸 45.10
鯕 62.8
癠 89.1
麒 62.6
鬐 56.6
蠐 88.10
鰭 56.8
蟣 67.3
玂 67.4
䶒 88.10
麒 62.9
麡 88.9
蟣 67.5

qǐ

乞 479.4
屺 271.9
邔 255.3
芑 255.4
屺 255.4
企 248.10
玘 255.4
杞 255.3
启 271.10
起 255.3
豈 257.1
䟚 245.3
跂 249.1
㥓 245.3
啓 271.8
婍 245.3
棨 271.8
晵 271.10
啔 271.9
豈 257.1
䡖 271.10
碕 245.3
㿐 245.4
䏿 271.10
綮 271.8
綺 245.2
稽 271.9
觭 245.3
𥊖 271.9

闙 271.9

qì

切 374.3
气 363.3
扢 479.3
艺 479.5
歧 350.7
迄 479.1
企 350.7
汔 479.2
忔 479.2
迲 350.7
吱 350.8
弃 355.3
刺 520.9
妻 374.4
炁 363.3
盵 363.4
泣 535.2
亟 360.8
契 375.2
479.5
砌 374.3
眇 374.4
昮 522.2
咠 533.3
涑 520.9
眉 355.3
挈 375.2
聊 374.4
蚑 350.8
氣 363.3
訖 479.3
掎 351.9
攲 351.9
唭 360.8
跂 350.7
裓 520.9
葪 525.1
揭 381.1
堷 536.2
葺 533.3
鮫 525.1
復 522.3
鮚 355.3
棄 355.3
湆 535.2
愒 381.1
脊 375.3
屆 536.1
厩 381.1
趚 520.9
鼓 520.9
毄 524.10
規 526.1
瞀 375.3
緁 533.3
擦 374.4
葳 526.2
甈 381.1
㲒 525.1
魢 479.3
褔 536.2
曁 360.8
363.4
嫧 520.10
藒 381.1
艓 375.3
槸 525.1
瞾 375.3
磧 520.9
碱 526.2
瞭 374.4
器 356.9
憩 380.10
諿 533.3
聯 374.4
鞕 528.7
甏 375.3
擊 524.10
徾 536.2
燉 524.10
類 375.3
趚 520.9
鬚 526.1
曬 535.2
磬 355.3
375.3
罊 375.3
聲 533.3
饕 526.1
黷 526.1

qiā

忦 171.9
掐 545.2
㡜 172.1
齣 171.9
鬾 171.9

qiǎ

跒 310.10

qià

韧 490.3
妢 548.6
刮 490.3
剑 545.2
歃 424.8
咭 490.3
帢 545.2
洽 544.10
恰 545.2
敁 490.4
䶗 424.8
帹 545.4
斜 545.4
疴 424.7
詬 490.2
硈 490.3
帽 545.4
姞 490.3
冐 545.4
猲 548.5
趏 492.5
楬 492.5
菰 490.3
䁥 545.2
擖 490.2
磍 492.5
誸 424.7
髂 424.7
髖 424.7
鬚 490.3
籊 492.4
髂 490.3
鹹 545.2

qiān

千 134.8
仟 134.9
阡 134.9
邢 137.3
芊 134.9
迁 134.10
扦 134.9
辛 144.7
汘 134.9
杆 134.10
岍 137.4
汧 137.3
臤 131.8
攲 233.7
蚈 137.3
狢 134.10
欲 233.10
豻 130.10
牵 137.2
雃 137.4
掔 131.8
137.4
嵁 232.8
嵌 233.4
鈆 142.10
皎 232.8
慼 229.6
䯊 130.10
嗟 144.9
愆 144.7
鉛 142.9
僉 228.4
掔 131.8
鄹 139.4
僁 144.7
鋜 229.6
慳 131.7
槧 228.3
遷 139.3
廞 232.8
233.7
譽 144.7
鎆 228.4
憸 228.4
褰 144.7

越 144.8
掔 131.8
臉 228.3
謙 231.2
瘠 139.4
褰 117.7
顅 131.7
縴 137.2
礜 139.4
攑 117.7
攐 144.9
櫏 139.4
縏 231.2
鵮 232.7
鰜 232.8
懺 228.4
譣 228.4
騫 144.8
籩 139.4
臘 228.3
騚 131.1
131.8
遷 139.4
覼 131.7
褰 144.8
籤 228.3
韆 139.4
鹼 228.3
qián
岒 230.1
拑 230.2
前 134.7
赶 118.2
苒 134.8
虔 144.5
揵 144.7
乾 144.5
暜 229.9
鄭 144.6
犍 144.6
鈐 230.3
雂 230.3
湔 134.8
鉗 230.1
鉆 230.2
楗 144.7
箝 229.10
箈 134.8
229.9
鴒 230.3
羬 230.3
灊 229.9
黔 230.2
錢 139.2
鍵 144.7
燅 229.10
燂 229.10
曆 229.10
蝛 229.10
黚 230.2
鍼 230.3
230.7
騝 144.6
鬵 229.9
籂 118.2
騚 134.8
鰬 144.6
灊 229.10
鐕 139.3
籛 134.8
qiǎn
凵 340.1
扣 340.1
言 282.9
欦 338.5
床 338.8
肻 293.7
笅 338.5
脥 337.7
淺 293.4
榢 338.8
圦 293.7
慽 338.8
狠 292.4
遣 293.6
嗛 338.1
嵰 336.2
砦 293.7
慊 338.1
撖 338.8
槏 338.8
豎 292.4
預 336.2
膁 338.1
歉 338.1
338.8
頣 338.5
憯 338.2
憸 337.6
壑 292.3
篟 293.7
餚 293.7
蘋 338.8
339.5
繾 293.6
鬈 292.4
譴 411.7
齴 290.2
饋 293.7
醎 337.6
qiàn
欠 448.6
芊 408.7
伩 448.7
芡 336.4
汧 410.2
硆 447.1
皎 447.1
茜 408.7
俔 410.1
帑 408.8
倩 408.7
涀 410.2
莔 410.1
牽 410.1
精 408.8
傔 446.10
啓 411.7
蒨 408.7
遣 411.7
蜆 410.1
綪 408.8
塹 445.10
艄 408.8
歉 447.5
綪 408.7
棒 410.2
輤 408.7
槧 445.10
箐 408.8
謙 408.8
壍 445.10
嬱 446.1
蘋 447.5
繾 411.8
鬈 410.2
韆 411.7
鑛 408.8
qiāng
羌 175.9
戕 178.9
斨 179.1
猤 175.10
控 42.2
崆 42.2
狌 42.2
涳 42.2
悾 42.2
焿 175.10
椌 42.2
腔 42.1
搶 179.2
跫 42.2
瓶 42.3
蜣 175.10
痓 42.3
瑲 178.10
槍 178.10
牂 179.1
羫 42.2
牄 179.1
鴹 179.2
蹌 178.10
骯 42.3
閶 179.1
蹡 179.1
躄 179.1
鏘 178.10
qiáng
佯 178.8

踥 542.4
篋 543.5
藒 500.4
穕 542.4
鍥 497.7
緝 542.3
顂 497.6
鯜 542.4
鏶 542.4
竊 493.7
檝 542.4
䲙 493.7

qīn

侵 218.8
㑴 218.8
衾 221.7
浸 218.8
菳 221.7
欽 221.6
稥 218.9
綅 218.9
䢻 218.9
寴 104.10
嶔 221.7
親 104.9
駸 218.8
鋟 221.7
親 104.10

qín

邻 221.4
芹 114.6
芩 221.4
庈 221.5
矝 221.6
殸 221.6
秦 106.6
埐 221.1
聆 221.6
庈 221.4
捦 221.3
堇 105.10
梣 221.1
琴 221.2
鈙 221.1
禽 221.4
雂 221.5
勤 114.6
黔 221.6
撞 105.10
墐 105.10
榛 106.7
慬 114.7
趣 110.8
擒 221.3
菳 221.5
嶜 221.1
魿 220.10
澟 221.5
捺 221.3
檎 221.4
醌 221.2
螓 106.7
黔 221.3
鈐 105.10
瘽 114.7
澿 221.5
懃 114.7
蘿 105.10
114.7
懃 114.7
鈙 221.1
黚 221.6
稽 221.6
鬵 220.10
鯚 220.10
蘄 114.7
鵭 221.5
灊 221.1

qǐn

坅 330.5
蔓 330.4
笉 278.4
赾 282.1
梫 330.3
寑 330.3
寑 330.3
㬜 280.6
寑 330.3
趣 280.6
鋟 330.4
寑 330.3
螼 280.5
鋟 332.1
醑 330.4
顧 332.1
寑 330.4

qìn

沁 442.6
吣 442.6
沁 442.6
臤 395.4
菣 395.4
趣 395.4
寑 442.6
螼 396.7
儭 396.7
潮 396.6
窺 396.6

qīng

青 195.6
卿 188.9
頃 194.10
圊 192.3
清 192.3
硱 202.8
傾 194.10
艶 195.8
輕 194.5
蜻 195.7
鶄 195.7
鯖 195.7
䵷 194.6
罄 194.6

qíng

甠 192.4
剠 189.4
勍 189.3
殑 202.7
情 192.3
葝 195.4
葝 189.4
195.4
晴 192.4
剽 189.4
琴 202.8
檠 189.4
頗 189.4
睛 192.4
請 192.4
檠 189.4
擎 189.3
頸 195.4
鯨 195.4
鯨 189.4
黥 189.4
鱷 189.4

qǐng

苘 320.9
頃 320.8
睛 321.1
蕷 320.9
頔 320.8
請 321.1
擫 320.8
謦 322.2
綮 320.9

qìng

倩 432.7
凊 432.7
掅 434.6
殸 434.5
窒 434.5
艶 434.6
輕 433.8
靡 434.5
慶 431.3
磬 434.5
親 396.6
罄 434.4
罄 434.5
罄 434.5

qiōng

芎 28.5
营 28.5
匔 28.5
銎 40.6
䓖 28.6
40.6

qióng

邛 39.7

恟　195.3
茾　39.8
穹　28.5
桏　39.9
赹　195.2
銎　39.9
䂬　39.8
梁　39.9
笻　39.7
䢶　39.7
蛩　39.6
蛬　39.8
傑　39.9
艂　39.7
焭　195.2
焪　28.5
惸　195.2
悺　28.5
婷　195.2
輁　39.8
睘　195.2
煢　195.1
儝　195.3
藭　28.6
璚　195.1
髺　39.9
擏　195.2
鵟　39.9
藑　195.3
憌　195.3
嬛　195.2
藑　195.2
橥　195.3
篧　195.3
瓊　195.1
藭　28.6
簼　39.8
竆　28.6

qiǒng

苘　322.5
烓　322.5
熲　322.5
檾　322.5

qiòng

焪　345.6
躬　345.7
誇　345.6
趥　345.10

qiū

丘　209.3
北　210.2
邱　210.3
秋　206.2
訄　210.3
烌　206.2
怵　208.2
惆　208.2
蚯　210.2
萩　206.4
毆　208.2
湫　206.4
楸　206.4
蓲　210.2
篍　206.5
緧　206.3
緧　206.3
趥　206.5
鶖　206.5
鞦　206.3
鞧　206.3
畫　206.5
鶖　206.4
鰍　206.4
龝　206.5
鰌　206.4

qiú

仇　212.4
厹　212.5
扏　212.9
艽　212.6
囚　211.6
叴　212.4
犰　212.10
朹　212.8
肍　213.1
汓　211.6
苀　213.1
求　212.5
茵　211.6
虯　218.1
泅　211.6
紈　212.9
郝　212.7
俅　212.8
釚　212.9
觓　218.1
訄　213.1
訅　212.10
酋　207.7
捄　213.1
莍　212.7
梵　212.8
逑　212.6
釚　212.10
汞　212.5
球　212.6
梂　212.7
殏　212.7
毬　212.10
犰　218.2
脙　212.8
頄　212.5
馗　212.9
崷　207.8
腦　212.9
惄　213.1
遒　207.8
愐　207.8
湭　207.9
裘　212.4
蛷　212.6
銶　212.10
裘　212.3
煪　207.9
絿　212.9
逑　212.10
賕　212.7
踈　212.10
觩　218.1
慒　211.6
璆　212.6
　218.1
賕　207.8
蝤　207.9
錸　212.9
頯　212.9
鼽　212.7
鮂　211.6
鰽　207.9
蟉　218.2
蠡　212.6
鰌　207.8
鷚　218.1

qiǔ

糗　325.3

qiù

趍　439.5
踱　442.4
鼽　439.5

qū

曲　465.1
𠀉　465.2
耶　70.9
伹　71.1
陆　73.8
坥　71.1
芸　73.9
苴　70.9
岨　70.8
狙　70.10
沮　70.9
屈　478.4
茁　465.2
柆　73.9
胠　73.9
胆　70.10
砠　70.9
疽　70.8
祛　73.8
區　79.2
蛆　70.10
蚰　478.4
笶　73.8
趄　70.9
椐　73.9
詘　478.4
趍　79.6
葅　70.10
雎　70.10

敺 79.3
摳 79.3
攄 73.9
嶇 79.3
嘘 73.9
濾 71.1
廬 71.1
毆 79.3
魼 73.9
䨏 457.5
趨 79.6
鞠 457.5
軀 79.3
麴 457.4
鱋 79.7
鮈 465.2
驅 79.3
鞫 457.5
鞫 457.4
鰸 79.2

qú

句 76.9
劬 76.6
朐 76.7
姁 77.2
朐 76.6
斪 76.9
軥 77.2
蚼 77.1
渠 69.2
淭 69.4
屚 77.2
狗 77.1
約 77.2
趵 77.1
蒟 77.1
軥 76.6
腒 69.4
豦 69.5
蕖 69.3
璖 69.6
鄻 69.6
蘧 69.7
磲 69.3
鼩 69.4
鴝 76.7
懅 69.7
褫 69.7
獡 76.8
璩 69.3
檬 69.6
蟝 69.5
鴝 77.1
縹 69.3
瞿 76.10
軥 77.1
鼩 76.9
貗 69.5
寠 69.7
遽 69.6
76.9
簴 69.4
蘧 69.7
轖 69.3
醵 69.4
衢 76.8
鐻 69.6
灈 76.8
欋 76.10
戵 77.2
氍 76.6
籧 69.4
鑺 77.2
鱇 69.4
臞 76.7
礭 77.2
癯 76.7
蠷 76.9
衢 76.5
趯 77.1
躣 76.8
鑺 77.2
鸜 76.7

qǔ

去 261.7
弆 261.7
取 266.2
䝼 261.8
竘 265.7
娶 368.7
蛀 261.7
紶 261.7
麮 261.7
踽 265.7
齲 265.6

qù

去 364.3
刞 364.2
坥 364.2
荍 364.4
呿 364.3
敁 364.3
胠 364.3
胆 364.2
厺 364.4
蜡 364.3
趣 368.8
犚 368.9
鴦 364.4
麮 364.3
瞛 364.2
踑 525.9
闃 525.9
竈 364.3
覷 364.2
驅 368.9

quān

剈 143.8
拴 143.9
峑 143.8
巻 145.5
恮 143.8
悛 143.7
棬 145.5
㯼 145.5
匱 143.8
駩 143.7
縓 143.7
謜 143.7
鬈 145.5
譔 143.7
鄼 145.5
鐉 143.8

quán

仝 142.3
全 142.2
佺 143.7
狋 144.10
卷 145.2
荃 143.8
泉 142.3
牷 142.3
拳 144.10
捲 145.3
硂 143.6
脟 142.3
痊 143.6
觠 145.3
婘 145.1
葲 142.3
奍 145.2
犈 145.2
筌 143.7
絟 143.7
詮 143.6
瘏 145.1
觠 145.1
蜷 145.3
銓 143.6
踡 145.1
蜋 142.3
鬈 145.3
權 132.4
彏 145.3
嬽 145.1
權 144.9
臛 145.3
齹 145.2
蠸 145.2
趯 145.3
躣 145.1
顴 145.1
鸛 145.2

quǎn

く 291.10
犬 292.3
汏 292.1
畎 292.1
畎 292.1
稐 283.8

裷 283.8
䊎 283.9
綣 283.8
[illegible] 283.9
虇 283.8

quàn

券 399.7
䀞 413.1
桊 399.8
414.3
[illegible] 414.3
綣 399.8
韏 399.9
諯 413.1
縓 413.1
勸 399.8
[illegible] 414.3
虇 399.8

quē

缺 494.5
500.9
蒛 500.10
骩 166.5
骫 166.5

qué

瘸 166.7

què

芍 505.5
却 504.6
肻 468.6
卻 504.6
㱿 468.3
埆 468.6
[illegible] 505.5
雀 505.2
[illegible] 468.6
硞 468.5
确 469.5
皵 468.4
舄 505.4
湀 494.5
㲉 502.6
絟 502.5
塙 468.5
搉 468.4
皵 505.5
碏 505.5
䇎 505.5
愨 468.4
榷 466.4
闕 494.5
毃 468.4
㾡 504.6
[illegible] 468.5
[illegible] 468.5
綼 481.1
䟶 505.4
碻 468.4
確 468.4
踖 505.5
潱 480.10
嚳 468.5
臞 502.5
鷇 468.5
瞉 468.5
礉 502.6
闋 494.5
燩 468.5
闕 480.9
礐 468.5
鵲 505.4
䱜 505.6
鄗 504.6
矍 506.3
躩 506.3

qūn

夋 110.1
囷 107.7
匔 110.1
逡 110.1
峮 107.8
逡 109.10
輑 107.7
䐃 107.8
踆 110.1
蜠 107.8
箘 107.7
箘 107.7
墫 110.1
䞣 109.10
蹲 110.1

qún

宭 113.5
帬 113.4
裠 113.4
羣 113.4
瘏 113.5

qǔn

麇 280.5

R

rán

冄 229.2
呥 229.1
肰 139.6
枏 229.1
痹 229.2
袡 229.2
蚦 229.1
蚺 229.1
䎃 229.2
然 139.5
訷 229.1
髥 229.1
獙 139.6
嬫 139.6
燃 139.6
䎡 228.10
䕼 139.7
䕼 139.6
蘒 139.7
䶀 229.2
䕼 139.7

rǎn

冉 336.7
苒 336.7
姌 336.7
枏 336.8
染 336.7
媣 336.8
䎃 336.8
笧 336.8
䎡 336.8
㒄 294.5
熯 294.5
橪 294.4
䨓 336.8
蹨 294.4
𧎙 294.5

ràn

染 445.7
髥 445.7

ráng

儴 176.8
鄿 176.8
勷 176.9
攘 176.7
蘘 176.9
獽 176.8
瀼 176.8
孃 176.9
蠰 176.8
禳 176.7
穰 176.7
瓤 176.9
簑 176.9
躟 176.8
囊 176.8
鑲 176.8
鬤 176.9

rǎng

壤 314.4
攘 314.6
曭 314.6
䉴 314.6
穰 314.6
蠰 314.6
躟 314.6
蘘 314.6

ràng

攘 427.1
懹 427.1
欀 426.10
讓 426.10

ráo

蕘 150.5
橈 150.4
䘿 150.4
饒 150.4
嬈 150.4

rǎo
遶 299.9
嬈 299.9
蕘 299.9
擾 299.8
繞 299.9
㰖 299.9
擾 299.9
rào
繞 417.3
饒 417.3
ré
若 171.9
婼 171.10
rě
若 311.6
喏 311.7
惹 311.7
rè
苶 499.7
熱 499.7
rén
人 104.7
壬 220.4
仁 104.6
朲 104.7
任 220.3
恁 220.4
紝 220.4
誑 220.5
鈓 220.5
鵀 220.4
rěn
羊 330.10
忍 277.8
肝 330.10
荏 330.8
荵 277.8
栠 330.9
恁 330.9
涊 277.8
袵 330.9
棯 330.10
箟 330.10
飪 330.8
脸 330.10
稔 330.9
銋 330.10
餁 330.9
餘 330.9
rèn
刃 394.3
仞 394.4
任 442.8
杒 394.4
牣 394.4
肕 394.4
妊 442.7
衽 442.8
紉 106.8
軔 394.4
㸾 394.4
訒 394.4
賑 394.4
韌 394.4
紝 442.8
認 394.3
鵀 442.8
rēng
扔 202.2
réng
仍 202.1
艿 202.1
迈 202.2
杒 202.2
礽 202.2
訒 202.2
rèng
扔 435.1
杒 435.2
芿 435.1
認 435.1
rì
日 470.3
帄 470.4
衵 470.3
䋣 470.4
馹 470.3
róng
戎 27.6
肜 28.2
㝐 37.6
狨 27.7
茙 27.6
茸 39.5
戜 27.6
狨 27.7
械 27.7
容 36.10
䡆 37.6
揖 39.6
毧 27.7
茸 39.5
傛 37.5
絨 27.8
搈 37.5
蓉 37.5
楫 39.6
嵱 37.6
頌 37.6
溶 37.2
瑢 37.5
稢 39.6
榮 188.7
瓿 37.4
䧢 39.6
褣 37.5
髶 39.5
駴 27.7
融 28.1
簬 37.6
鎔 37.7
嶸 188.8
融 28.2
鞾 39.5
穠 39.6
鎔 37.3
襛 39.5
瀜 28.2
蠑 188.8
鶍 37.7
rǒng
宂 240.3
冗 240.2
搣 240.4
㲓 240.4
酕 240.3
揖 240.4
軵 240.4
稓 240.3
㲲 240.3
輯 240.4
氄 240.3
䰬 240.4
ròng
䩸 347.4
鞾 347.4
䲓 347.4
róu
柔 208.10
鄠 209.3
揉 209.2
葇 209.1
瑈 209.2
腬 209.3
腬 209.2
睬 209.1
蝚 209.1
蹂 209.1
鍒 209.1
鞣 209.2
鬆 209.2
騥 209.1
鰇 209.2
鶔 209.2
rǒu
厹 325.5
沑 325.4
粈 325.5
葇 325.5
楺 325.4
煣 325.4
稞 325.5
輮 325.4
蹂 325.4
鍒 325.5
ròu
肉 458.4
煣 439.4
輮 439.4

捶 539.9
薩 486.7
唾 539.8
䊛 486.8
攃 486.8
鈒 539.9
𢕔 537.2
𥳐 486.9
躂 539.9
𧀙 486.7

sāi

毢 102.10
揌 102.10
粞 102.10
偲 102.10
䰄 102.10
顋 102.10
鰓 102.10
鳃 102.10

sài

塞 392.2
𡨄 392.2
賽 392.2
簺 392.2

sān

三 226.4
弎 226.5
彡 226.5
參 226.5
蔘 225.3
慘 225.3
毿 225.3
鬖 226.5

sǎn

𢪏 333.5
散 286.1
橵 286.2
傘 286.3
粿 333.6
傪 333.5
槮 333.5
𢅐 286.3
糂 333.4
𢡝 286.2
糝 333.5
䉈 286.3
糤 286.2
糣 333.5
繖 286.3
𢿭 286.3
鏾 286.3
饊 286.2
𩔞 333.6

sàn

三 445.5
俕 444.3
帴 404.3
㤹 444.3
散 404.3
閐 444.3
𥳐 404.4
㪚 404.3
頳 444.3
𣀔 404.4
𦅿 404.3

sāng

桒 182.7
桑 182.6
喪 182.8
𠷓 182.7
縔 182.8
騻 182.8

sǎng

磉 315.10
䫙 315.9
顙 315.9
𩕄 315.9

sàng

喪 430.7
𠷓 430.7

sāo

搔 159.1
𠋺 159.2
溞 159.1
慅 159.2
𣙗 159.2
艘 159.2
臊 159.1
繅 159.1
颾 159.2
騷 159.1
繰 159.1
鰠 159.1
鱢 159.2

sǎo

㛐 304.3
埽 304.3
掃 304.3
嫂 304.3
㛮 304.2
𦳗 304.3
燥 304.3

sào

埽 420.8
掃 420.9
瘙 420.8
𤺊 420.8
𠌝 420.9
𪖈 420.8

sè

色 528.5
捒 517.9
𣒮 517.8
索 517.10
𩃠 535.4
鈒 535.4
𤵸 517.9
㴽 517.10
瑟 476.9
嗇 528.5
溹 517.10
塞 532.3
𡫸 517.10
翜 535.4
摵 517.9
愬 517.9
𡫾 532.3
𡨄 532.3
𦒇 535.3
𠡠 528.7
澁 535.3
𣽏 517.9
㩋 517.9
薔 528.6
𩋎 517.10
𩂯 517.9
㒊 535.4
濇 528.7
535.4
懎 528.7
嬙 528.7
璱 477.1
㰦 528.5
𧒉 476.10
澀 535.3
虩 517.10
穡 528.6
𧐸 528.7
𥳁 528.7
𦅏 477.1
繬 528.7
轖 528.7
𡫖 532.3
𨎴 528.6
𩕿 528.7
飋 476.10
𡨦 532.3

sēn

森 222.6

sēng

僧 203.2
䚇 203.3
鬙 203.3

sèng

𤄷 436.4

shā

沙 169.10
砂 170.2
殺 491.6
紗 170.2
帴 491.6
桬 170.2
毟 170.2
𥐡 170.3
蔱 491.7
煞 491.6
裟 170.2
𣽺 491.6
榝 491.7
魦 169.10

鞦 170.2
髿 170.2
鎩 491.6
鯊 169.9

shǎ

傻 312.2

shà

沙 426.3
倠 426.3
萐 546.1
唼 547.1
帹 547.1
啑 546.2
屜 547.1
嗄 426.3
歃 546.1
翜 547.1
翣 547.1
箑 546.1
箑 546.1
翣 546.10
貕 546.2
霎 546.1
颯 547.1
獾 547.1

shāi

崽 95.10
97.9
諰 96.1
簁 97.9
簏 96.1

shài

汛 386.6
哂 389.3
洒 386.6
殺 388.4
褷 388.4
綳 388.5
酾 386.5
鎩 388.4
鬍 386.5
曬 386.5

shān

山 131.2
彡 233.3
邖 131.3
芟 233.3
杉 231.10
刪 129.5
苫 228.8
彤 232.1
狦 129.5
疝 131.3
衫 233.2
姍 124.3
珊 124.2
埏 140.5
挻 140.5
冊 124.2
髟 233.2
姍 129.5
脡 140.6
訕 129.5
痁 228.8
扇 140.5
雩 232.1
娑 228.8
褷 140.6
跚 124.2
筣 124.3
摻 231.9
獑 232.1
煽 140.5
潸 129.5
霙 231.10
穇 233.3
樧 231.10
鯅 140.6
縿 233.2
羶 140.5
攕 231.9
鞻 232.1
233.3
櫼 231.10
襳 230.6
纔 233.2
轞 232.1

shǎn

夾 336.10
陝 336.9
閃 336.10
睒 336.10
陜 336.10
睒 336.9
潣 336.10
摻 339.1
僸 297.3
獑 339.1
339.6
塹 339.6
覢 336.10
潸 288.7
嬎 297.4
藖 339.2
醦 339.2
䁠 297.4
灡 334.6

shàn

汕 407.3
苫 445.10
占 447.9
彤 447.9
狦 407.3
疝 407.3
栅 407.3
閃 445.9
訕 407.3
剡 337.7
扇 412.4
掞 445.10
釤 447.9
單 294.1
411.5
偏 412.4
善 293.9
萹 412.5
粘 445.9
麴 407.4
僐 294.1
411.5
鄯 294.1
411.4
煽 412.4
墠 293.10
墡 294.2
擅 411.5
蝙 412.4
篇 412.5
膳 411.5
禪 411.5
嬗 411.6
磰 294.2
巽 407.3
甑 411.5
禮 411.5
鐔 411.5
繕 411.4
蟺 293.10
贍 445.7
鱔 411.5
譱 293.10
蟮 294.2
鱓 293.10

shāng

汤 174.10
商 174.7
湯 174.10
傷 174.9
禓 175.1
塲 175.1
蔏 174.10
慯 174.9
殤 174.9
賫 174.8
暘 175.1
鍚 174.9
螪 174.10
觴 174.9
鸉 174.10
鬺 174.10
驨 175.1
饟 175.1

shǎng

賞 314.7
鄬 314.7
鴫 314.7
餳 314.7

shàng

上 315.5
428.2

上 315.4
428.1
向 427.1
尚 427.10
珦 427.3
痌 427.2
傷 427.1
慯 427.2
鄸 427.2
蟓 427.2
償 428.2
蠰 427.3
鑲 427.2

shāo

捎 154.10
莦 155.1
弰 154.10
娋 155.1
梢 154.9
䘯 155.1
蛸 155.1
筲 154.10
旓 154.10
綃 155.1
輎 154.10
甖 155.2
鞘 154.10
箾 154.10
颵 155.1
繇 150.5
燒 150.5
髾 154.10
鮹 155.1

sháo

勺 504.7
仢 504.8
芍 504.8
汋 504.8
杓 504.8
佋 151.3
卲 151.3
玿 151.4
柖 151.4
沼 151.4
菬 151.3
軺 151.4
祒 151.4
韶 151.2
磬 151.3

shǎo

少 299.8
邜 299.8
莎 299.8
数 303.2

shào

少 417.1
召 416.1
佋 300.5
卲 416.1
卲 416.2
邵 416.1
劭 416.1
郩 418.5
袑 300.5
娋 418.5
砲 416.1
紹 300.5
稍 418.4
覞 300.5
䈾 418.5
槊 418.5
掣 418.5
䫂 416.2
綤 300.5
潲 418.5
燒 417.2

shē

奢 167.2
畬 167.3
賒 167.2

shé

舌 499.8
折 499.10
佘 171.1
虵 167.8
荼 167.8
蛇 167.8
揲 499.9
蛥 499.9
鉈 171.1
䄬 171.1
闍 170.10
鍦 171.1
鞨 499.10

shě

舍 311.1
捨 311.1
皅 311.2
餘 311.2
騇 311.1

shè

社 310.9
舍 425.3
厙 425.4
射 425.4
涉 540.9
赦 425.3
蓮 542.8
設 502.2
涻 425.3
葉 540.8
貰 425.6
唽 542.9
躲 425.5
蹀 540.9
歐 542.9
楪 310.10
歙 542.9
蔎 502.3
椴 502.7
箑 542.9
楙 540.10
鉡 540.10
霎 542.9
歙 540.8
騇 425.3
樧 310.10
韘 540.9
攝 540.7
麝 425.6
灄 540.8
欇 540.8
540.10
矖 540.9

shéi

誰 59.7

shēn

申 104.10
阠 111.4
扟 111.2
屾 111.3
伸 105.2
身 105.3
呻 105.2
侁 111.3
柛 105.3
軟 105.2
傄 105.3
侁 111.4
胂 105.3
籸 111.2
突 222.7
姺 111.4
莘 111.1
眒 105.3
𠳄 105.2
甡 111.2
娠 105.2
㑗 105.3
深 220.5
參 222.6
紳 105.2
棽 222.7
兟 111.2
訷 105.4
痒 111.4
㝔 222.7
駪 111.3
詵 111.2
辨 111.3
鞞 105.3
蔘 220.5
蔘 222.6
榫 111.4
魋 105.4
槮 222.7
駪 111.2
蔘 222.6
㜤 111.2
燊 111.3

shǐ
史 254.3
矢 250.9
宎 250.10
阤 247.10
豕 247.10
使 254.4
始 255.1
屎 250.10
菌 250.10
駛 254.4
䶡 254.4

shì
士 255.5
氏 243.2
示 357.10
世 381.2
仕 255.6
市 253.2
式 527.8
弛 243.4
 248.4
忕 379.8
夾 519.10
戺 255.6
㕯 255.6
柹 255.6
事 360.1
侍 360.1
使 359.7
舓 350.10
拭 527.8
郝 519.9
是 243.1
眂 354.6
帓 527.9
毑 248.4
施 350.9
洟 359.7
恃 253.4
恀 243.3
室 472.6
奭 519.10
屍 358.4
姼 243.4
逝 379.8
眎 249.4
 354.6
 357.10
貤 357.10
眡 249.4
舐 248.4
脪 351.1
烒 527.9
畤 253.4
跃 243.4
秲 360.1
宩 359.8
視 249.4
 354.5
㔭 379.9
貰 381.2
雉 350.10
晹 519.9
徥 243.3
䛂 359.1
訣 358.4
諟 348.6
媞 243.3
紩 527.9
觢 379.8
勢 381.2
蒔 360.1
蓺 379.3
軾 527.9
舭 348.6
䉈 379.8
賜 519.9
嗜 354.5
䲚 351.1
筮 379.8
貹 359.7
飾 527.9
試 359.1
駃 350.9
逝 379.9
誓 379.8
幐 379.2
鍚 248.4
鉽 527.9
餕 360.1
適 519.9
褆 243.4
駃 359.7
鍪 379.9
幟 359.1
僿 359.1
簁 350.10
粊 348.7
奭 519.9
噬 379.8
遾 379.9
䶡 359.8
諟 243.3
謚 357.10
澨 379.9
螫 519.10
檡 519.8
醋 354.5
鍦 350.10
諡 357.10
嫡 519.9
鞋 472.7
釋 519.10
簭 379.9
鍛 379.3
餚 354.5
釋 519.10
釋 519.8
鬄 519.10
釋 519.8
鯷 348.6
襫 520.1
識 527.9
䶡 359.8

shōu
收 209.3
摻 218.5

shǒu
手 324.6
守 324.6
百 324.6
首 324.5
眷 324.6
䭭 324.6

shòu
守 437.4
收 437.4
受 326.4
狩 437.3
首 437.4
授 439.3
嗖 439.4
售 439.4
訓 439.3
壽 326.5
 439.4
瘦 437.7
瘦 437.7
綬 326.7
 439.4
鄯 326.6
璹 326.6
獸 437.3
鏉 437.7

shū
几 78.3
殳 78.2
侌 78.2
疋 71.5
尗 458.9
抒 261.8
杸 78.3
叔 458.6
陎 78.3
延 71.5
姝 82.2
殊 78.1
透 458.7
䏝 78.3
倏 458.7
晏 78.3
郚 68.10
書 68.8
紓 68.10
掓 458.8
菽 458.9
梳 71.4
鄃 82.2
淑 457.5

袾 82.3
隃 82.2
紓 71.5
褕 82.6
筡 82.3
儵 458.9
舒 68.9
疏 71.3
毹 82.6
脈 71.5
練 71.4
璓 68.9
踈 71.5
儵 458.8
倏 458.8
蕍 68.10
蔬 71.4
樞 82.2
螋 82.6
輸 82.1
樔 82.6
鮛 458.8
攄 71.3
儵 458.7
鴾 68.9
軀 82.3
瀭 458.9
麗 71.5
釃 71.5

shú
术 475.3
秫 475.3
孰 457.5
婌 457.6
塾 457.5
𣀔 465.5
熟 457.5
碧 457.6
璹 457.6
鶄 465.5
贖 465.4
闍 457.6

shǔ
疋 260.7
暑 259.5
貾 260.8
黍 259.5
属 464.2
署 364.4
蜀 463.10
鼠 259.5
數 265.9
儑 464.1
稰 260.7
薯 364.4
璛 464.2
欘 464.1
曙 364.5
藷 364.4
蠩 259.6
癙 259.6
襡 464.1
襩 464.1
籔 265.9
鐲 464.2
屬 464.1
韣 463.10
齭 260.7
襹 464.1
蠾 463.10

shù
戍 367.2
束 464.4
述 475.3
杼 261.8
沭 475.3
俆 464.5
捒 364.8
368.4
夀 366.3
毹 367.3
袾 475.4
恕 364.5
紓 261.7
野 261.8
倢 366.4
術 475.3
庶 364.5
隃 367.3
尌 366.3
庽 364.8
愉 368.6
裋 265.2
疏 364.7
豎 265.1
腧 367.2
墅 261.8
漱 437.7
澍 364.5
樜 364.5
豎 265.1
數 368.5
噊 475.4
澍 366.3
潏 475.4
踰 367.2
樹 265.1
366.2
輸 367.2
軀 367.3
鞧 367.3
蟜 475.5
驈 475.5
鱊 475.5
鱅 458.7

shuā
刷 492.9
502.1
椒 502.1
噈 502.1
啐 502.2

shuǎ
葰 312.2
謏 312.2

shuà
傻 426.1
誜 426.1

shuāi
衰 57.7
榱 57.8
瘊 57.8

shuài
响 474.1
帥 354.3
473.10
率 354.3
473.9
倅 474.1
剶 474.1
逹 474.1
蟀 474.1
裨 474.1
蟀 474.1
衛 474.1

shuān
栓 144.4
欂 129.8
篳 144.5

shuàn
叀 413.9
摶 413.9
涮 407.8
鄟 296.3
歂 296.4
腨 296.3
蕢 296.4
膞 296.3
踹 296.4
䵪 296.4
篳 412.10
孿 407.8
413.1

shuāng
霜 178.7
雙 41.8
瀧 41.9
孀 178.7
騻 178.7
雙 41.9
鷞 178.7
蠰 178.7
籆 41.9
艭 41.8
躞 41.9
躨 41.9
驦 178.7
鸘 178.7

shuǎng
爽 313.6
塽 313.6
塽 313.7
漺 313.7
樉 313.7
甎 313.7
縔 313.6
顙 313.7
鷞 313.7
shuàng
淙 348.1
戅 348.2
shuí
脽 59.7
誰 59.7
shuǐ
水 251.3
shuì
㽷 358.4
㼭 358.5
帨 378.6
涚 378.6
菙 249.1
税 378.4
裞 378.5
睡 351.4
蜕 378.6
箠 351.5
婑 249.2
㲋 378.6
啐 377.9
説 378.5
餟 378.6
甀 351.5
䭬 378.6
shǔn
吮 280.4
盾 280.4
揗 280.4
楯 280.4
賰 280.6
shùn
眣 397.5
眴 397.5
揗 397.7
順 397.7
舜 397.4
蕣 397.5
䑞 397.4
瞚 397.5
瞬 397.5
鬊 397.5
shuō
啜 502.9
説 501.1
shuò
妁 504.7
朔 466.10
欶 467.1
矟 467.1
蒴 467.1
掣 467.2
槊 467.2
碩 520.5
嗽 467.1
罰 467.2
㮶 467.1
㷽 467.2
數 467.1
箾 467.1
獡 504.2
爍 504.2
爍 504.1
瞩 504.2
爚 504.2
趯 504.2
鑠 504.2
sī
厶 56.3
司 61.6
玜 56.3
私 56.3
伺 61.8
思 61.6
菘 56.3
眮 61.10
恖 61.6
虒 49.10
菥 50.4
偲 61.10
斯 49.10
傂 50.2
覗 61.9
絲 61.8
楒 61.10
滮 50.1
褪 61.9
蜇 50.4
榹 49.10
罳 61.8
僝 50.1
獄 61.10
澌 50.1
褫 50.4
蘄 50.3
蕬 61.10
磃 50.1
篡 61.9
鎐 56.3
廝 50.1
瘬 50.1
緦 61.9
蟴 50.3
螔 50.3
燍 50.4
磃 50.4
謕 50.2
蟴 50.2
顣 50.3
鐁 50.5
鷈 50.2
鷉 50.2
霹 49.10
纚 50.3
sǐ
死 251.2
sì
巳 253.10
三 356.6
四 356.6
寺 358.8
卯 356.7
似 253.9
汜 254.1
兕 249.7
佀 253.10
伺 358.10
泤 254.2
祀 253.10
䏤 254.2
姒 253.10
苵 249.8
杫 348.9
兕 249.7
泗 356.7
兕 249.7
孠 358.9
耜 254.1
柶 356.7
思 358.10
牭 356.8
俟 255.6
禩 253.10
殔 356.9
竢 255.9
緊 255.9
飤 358.9
洍 254.2
涘 255.8
耜 254.1
冢 249.7
笥 358.10
竢 255.8
粠 249.7
覗 358.10
肆 356.7
嗣 358.9
鈶 254.2
飼 358.9
膆 356.9
䦙 254.2
駟 356.8
糇 255.9
隶 356.8
澌 348.8
禩 253.10
髶 356.7
蕼 356.9
薙 249.8

蹜 456.2
㩋 461.1
蟰 460.10
䎘 456.1
460.10
䳤 460.10
𦑝 484.3
𪋻 452.7
䬃 456.1
460.10
鶐 484.4
驌 460.10
鷇 452.6
鱐 461.1
鷫 460.9
𪕻 484.4

suān
狻 126.8
痠 126.8
酸 126.8
䝜 126.8
䨘 126.8

suǎn
匴 287.6
篹 287.6

suàn
祘 406.3
笇 406.3
蒜 406.3
筭 406.2
算 287.6
䣯 288.5

suī
夊 58.6
芆 58.5
挼 99.10
荽 58.5
荾 58.5
浽 58.6
奞 58.6
眭 51.8
葰 58.5
䅗 58.7
蓑 100.1
睢 58.6
毸 100.1
嗺 100.1
脽 99.10
濉 58.7
雖 58.4
鑴 52.1
𩏂 52.1
100.1

suí
隋 45.7
綏 58.4
隨 45.7
䉌 45.8

suǐ
瀡 244.7
嶲 244.7
䭉 244.7
髓 244.6
靃 244.7

suì
采 352.9
㒸 352.9
祟 353.1
彗 352.5
啐 391.3
㼷 391.3
遂 352.5
𣪌 353.1
㯈 352.7
碎 391.2
歲 377.3
晬 353.1
𥟎 351.6
隧 352.6
䔹 352.8
睟 353.2
𤞼 248.3
誶 353.1
391.3
澻 352.8
𢡟 353.2
隊 352.7
繸 352.9
璲 352.6
檖 352.6
殨 384.6
燧 352.7
䃕 384.6
瞶 384.7
穗 352.9
𣯶 352.8
𥳔 352.9
瀡 351.6
邃 352.10
襚 352.6
繐 377.4
繀 391.3
旞 352.6
繐 377.4
槥 377.3
䍁 352.8
譢 353.2
鐆 352.8
鐩 352.8
韢 352.9
𩓳 352.7

sūn
孫 119.10
飧 120.7
搎 120.7
蓀 120.7
猻 120.7
飱 120.7

sǔn
笋 279.10
隼 279.10
䎙 279.10
筍 279.10
瘁 284.5
損 284.5
榫 280.1
䐣 284.6
簨 280.1
箰 279.10
䐻 284.6
簨 280.1
鶽 279.10

suō
仯 161.7
抄 161.6
莏 164.4
莎 164.4
唆 164.5
娑 161.6
㷗 164.4
𡜏 164.6
桫 161.7
梭 164.5
傞 161.6
挲 161.6
𥇒 161.7
蓑 164.4
𡝐 161.7
趖 164.4
𧧻 164.5
鈔 161.7
魦 164.4
𩋡 161.6
髿 164.5
𣛈 164.6
縮 455.10
獻 161.6

suǒ
𠩄 260.7
所 260.6
索 509.9
512.10
肖 308.2
娑 306.4
葰 308.1
𨜒 308.2
惢 308.2
㨹 509.10
損 308.2
䓾 509.10
䂹 512.10
溹 512.10
溑 308.1
𡩋 512.9
瑣 307.10
㮦 509.10
褨 306.4
碩 308.2
𥰭 308.1
縒 306.4

糠 512.10
䜹 512.10
鎖 307.10
䪒 509.10
䫜 308.1
䲹 308.2
suò
些 422.1
溹 509.10
䐝 423.3
摵 518.2

T
tā
他 162.8
它 162.8
佗 162.7
蛇 162.9
tǎ
塔 539.5
獭 485.4
鳎 539.4
tà
少 485.5
汏 485.5
沓 537.2
佮 537.6
狧 539.5
毾 539.5
眔 537.4
鉈 539.8
搭 537.3
萶 537.5
幍 537.5
猹 537.6
涾 537.3
嗒 537.5
搭 539.5
達 485.5
楂 537.3
537.7
嗒 539.6
傝 539.4
蓪 539.4
碴 537.4
遢 539.6
遝 537.3
罯 537.7
榻 539.3
毾 539.4
蜡 537.4
翻 537.6
踏 537.6
箸 537.7
健 485.4
濌 537.6
撻 485.4
鞜 537.7
噠 485.5
踏 537.5
諮 537.2
澾 485.4
緌 537.4
蓮 537.4
榼 539.4
嚃 537.5
翻 539.8
䍇 539.5
篛 539.8
錔 537.5
魼 539.4
鞜 537.6
檛 537.3
蹋 539.7
黵 537.7
誻 539.5
濕 537.6
韚 539.5
闒 539.7
艪 539.4
謦 537.6
躂 485.4
蹹 537.4
鶴 537.7
騔 539.6
闥 485.4
黯 537.6
鰈 539.4
謎 537.4
譫 539.8
齾 537.7
鷄 539.8
譶 537.3
爛 539.7
躝 539.7
讕 539.8
鰨 485.5
tāi
邰 102.8
孡 102.8
胎 102.7
蛤 102.8
髻 102.8
鮐 102.8
tái
台 102.8
苔 101.4
炱 101.4
菭 101.3
跆 101.5
臺 101.3
駘 101.4
箈 101.4
儓 101.4
駘 101.5
擡 101.3
薹 101.4
嬯 101.4
檯 101.4
籉 101.5
黰 101.4
tǎi
嚺 276.9
tài
太 381.9
忕 381.9
汰 382.1
泰 381.9
態 392.3
儓 392.3
tān
坍 226.8
探 224.8
聃 226.7
舑 226.7
貪 224.8
痑 124.1
湳 226.8
撚 124.2
舯 226.8
蒳 226.8
菼 226.9
嘆 124.1
緂 226.8
撢 224.8
嘽 124.1
簽 226.8
嬗 124.2
擹 124.1
磾 124.2
譠 124.1
攤 124.1
灘 123.10
tán
炭 225.9
但 124.7
眈 223.4
哽 124.8
胆 124.7
倓 225.9
郯 225.7
联 124.8
淡 225.8
惔 225.8
覃 223.2
歎 223.4
痰 225.8
鄿 223.2
撣 124.5
蕁 223.5
儃 124.7
談 225.7
潭 223.2
彈 124.6
壇 124.3
橝 223.3
曇 223.3
蒴 225.9
錟 225.8
餤 225.9

燂 223.4
澹 225.8
𣈶 223.5
橝 124.3
癉 124.5
䁴 223.4
藫 223.3
蟫 223.3
糫 223.5
繟 124.7
䞡 223.3
壜 223.4
蕁 223.4
貚 124.8
譚 223.3
鐔 223.4
醰 223.4
驒 124.6
驙 124.6
鷤 124.5

tǎn

坦 286.1
肬 333.1
菼 334.7
毯 334.8
菿 334.7
㢝 334.8
闒 286.1
盬 332.10
裧 334.8
噴 333.1
緂 334.7
舕 334.8
䊏 334.8
禫 332.10
黮 333.1

tàn

丙 444.2
炭 402.10
傝 444.2
湠 402.10
嫰 403.1
賧 445.1
㱋 403.1
僋 444.1
嘆 402.10
錟 445.1
譠 444.3
澉 445.1
撢 444.2
歎 402.10
賧 444.10
憛 444.2
䐺 444.2
𥨊 444.10
醶 445.1
灡 444.2
艦 444.10

tāng

蕩 184.3
湯 184.1
蝪 184.2
趤 184.2
殤 184.3
踼 184.2
盪 184.2
簜 184.1
闛 184.2
鏜 184.1
鼞 184.2

táng

坣 180.7
唐 180.4
堂 180.6
棠 180.7
啺 180.5
偒 181.1
隚 181.1
塘 180.10
搪 180.8
蓎 180.8
鄌 181.1
溏 181.1
隚 181.1
瑭 180.9
榶 181.2
碭 180.10
歗 180.5
犝 180.9
甋 181.3
毻 181.2
煻 180.5
磄 181.1
犆 180.9
樘 181.2
踼 180.10
螗 180.9
篖 180.9
糖 180.5
䅯 181.1
䣘 181.2
螳 180.9
糛 180.6
闣 181.2
簜 181.2
鎕 181.2
餹 180.9
闛 181.1
鰚 180.10
鶶 180.10
鼞 180.7

tǎng

帑 316.4
傷 316.3
䠀 316.4
篡 316.4
儻 316.3
攩 316.5
灙 316.3
曭 316.3
臟 316.4
爣 316.4
矘 316.4
䣊 316.5

tàng

湯 430.4
揚 430.4
蕩 430.5
盪 430.5
鍚 430.5
儻 430.4

tāo

夲 158.7
叨 158.5
㚐 158.8
半 158.7
弢 158.5
挑 158.9
牧 158.6
洮 158.4
絛 158.6
縧 158.6
詜 158.9
搯 158.8
幍 158.6
滔 158.5
慆 158.6
瑫 158.8
槄 158.6
蜪 158.6
159.9
翢 158.8
綢 158.7
箔 158.9
縚 158.5
謟 158.5
濤 159.7
幬 158.6
韜 158.5
䚵 158.5
圖 158.9
饕 158.4

táo

匋 159.9
咷 159.5
逃 159.7
桃 159.5
陶 159.4
掏 159.7
萄 159.8
啕 159.9
詜 159.5
裪 159.9
鞀 159.7
翢 159.9
綯 159.6
鞉 159.7
謟 159.5
駣 159.9
錭 159.9

駒 159.8
燾 159.6
檮 159.7
燚 159.7
翿 159.8
飁 159.9
tǎo
討 303.9
套 303.9
稻 303.9
tè
忒 531.6
貣 531.8
貸 531.6
531.8
特 531.8
揟 531.6
悍 531.7
栺 531.9
犆 531.9
慝 531.6
樴 531.8
螣 531.8
貸 531.9
螣 531.9
聽 531.6
tēng
膯 204.5
灣 204.5
鼟 204.5
鼛 204.5
téng
疼 34.9
痋 34.10
胼 204.1
滕 204.1
睠 204.2
螣 204.1
縢 204.1
謄 204.2
藤 204.2
儯 204.2
騰 203.10
籐 204.2
驣 204.2
籘 204.2
tèng
瀓 436.5
tī
鬀 524.7
剔 524.7
梯 92.8
厗 92.8
睇 92.8
踶 92.9
踢 524.8
謕 92.9
鷉 92.8
騠 92.9
鷈 92.8
騠 92.8
tí
折 90.5
荑 90.4
厗 90.7
苐 90.3
桋 90.1
唏 89.10
隄 90.1
提 89.10
啼 89.10
罤 90.2
崹 90.4
稊 90.3
徲 90.6
詆 89.10
媞 90.1
瑅 90.1
榹 90.2
䖙 90.7
蜴 90.8
嗁 89.10
幭 90.8
鍗 90.6
腣 90.9
渧 90.2
禔 90.4
綈 90.2
霋 90.5
銻 90.5
禔 90.3
蕛 90.2
騠 90.6
蝭 90.7
鍗 90.8
餺 90.3
緹 90.4
締 90.2
趧 90.8
醍 90.3
䶵 90.7
題 90.2
蹄 89.10
鯷 90.6
鵜 90.8
蹏 89.10
鮧 90.8
謕 90.7
鶗 90.6
題 90.1
鍗 90.8
鮷 90.8
鵜 90.3
騠 90.5
鶗 90.7
鯷 90.8
鯷 90.4
90.6
鷤 90.7
鶙 89.10
鸊 90.4
鷈 90.4
tǐ
挮 270.8
涕 270.8
䣡 270.9
緹 270.8
醍 270.8
體 270.8
軆 270.8
體 270.8
tì
达 373.7
殀 373.6
戾 373.6
剃 373.6
洟 373.6
笑 373.7
倜 524.7
逖 524.6
涕 373.6
悌 373.10
逷 524.6
惄 524.9
焍 524.9
惕 524.7
替 373.5
惖 524.7
詆 524.7
悏 373.7
屜 373.7
蓨 524.9
梯 373.6
摘 524.8
愁 524.9
普 373.5
裞 373.7
瞂 373.7
殢 373.7
鵗 524.9
簪 373.5
禠 526.5
薙 373.7
朁 373.5
稿 373.6
鬀 373.5
嚏 372.10
餳 524.7
趯 524.7
歡 526.4
覿 524.8
鬄 524.9
籊 524.9
趯 524.7
tiān
天 135.3
兲 135.4
吞 135.4
沾 230.8
蒬 135.4

訮 135.4
添 230.8
鋋 135.4
黇 230.8
䑎 230.8

tián

田 136.5
佃 136.6
沺 136.8
畋 136.6
畇 136.6
恬 230.10
菾 230.10
甜 230.10
萜 230.10
䟮 136.7
湉 230.10
填 136.6
搷 136.9
嗔 136.8
鈿 136.7
滇 136.9
軥 136.8
輷 136.8
磌 136.8
窴 136.7
闐 136.7
磾 136.7
貚 136.9
鷏 136.8

tiǎn

圢 290.5
町 290.5
忝 337.8
殄 290.9
蚕 290.6
桰 337.8
㮝 337.8
淟 290.5
悿 337.8
㥏 290.6
琠 290.6
晪 290.7
腆 290.5
䏓 290.5
痶 290.5
銛 337.8
賟 290.7
跈 290.6
靦 290.5
錪 290.5
䠄 290.6

tiàn

㐁 446.5
阽 446.5
忝 446.5
㮇 446.5
黏 446.5
滇 409.7
瑱 409.7
睼 409.8
顛 409.7
䑎 446.5

tiāo

佻 146.4
挑 146.4
庣 146.4
恌 146.4
朓 146.4
祧 146.4
䠷 146.5
趒 146.5
蓧 146.5
斛 146.4
銚 146.5

tiáo

苕 147.2
苕 147.2
岧 147.2
佻 147.1
迢 146.9
匠 147.3
卣 147.3
䩦 147.3
條 146.9
趒 147.2
跳 147.1
笤 147.1
樤 146.10
蜩 147.1
髫 146.10
鋚 147.1
調 147.2
肈 147.3
鮡 147.2
嬥 147.3
髫 147.3
鰷 147.4

tiǎo

挑 298.10
朓 298.2
窕 298.8
斛 298.3
䆷 298.2

tiào

咷 414.6
眺 414.6
絩 414.7
趒 414.6
覜 414.6
桼 414.5
頫 414.6
䆷 414.6
䊵 414.7
糶 414.5

tiē

怗 543.1
貼 543.1

tiě

蛈 495.10
僣 495.9
銕 495.9
㨨 495.10
鐵 495.8
驖 496.1

tiè

呫 543.2
帖 543.1
㡇 543.2
跕 543.2
鉆 543.1
飻 495.10
鞊 543.1
蝶 543.2
䐑 543.2
餮 495.10
䛳 543.1

tīng

艼 199.4
庁 199.5
汀 199.3
町 199.4
罒 199.4
訂 199.3
桯 199.4
綎 199.4
緹 199.5
鞓 199.4
䋼 199.5
䩠 199.4
聽 199.4
廳 199.4

tíng

㼗 196.7
廷 196.7
甼 196.7
挺 196.7
莛 196.5
㹶 196.8
亭 196.5
庭 196.4
娗 196.7
停 196.4
葶 196.5
蜓 196.7
筳 196.5
渟 196.6
綎 196.7
楟 196.7
霆 196.6
聤 196.6
鼮 196.5
䗴 196.8
鯙 196.6

tǐng

壬 322.1
圢 322.1
艼 322.1
町 321.9
322.1

甼 322.2
侹 322.1
挺 321.9
莛 321.10
涏 321.10
娗 321.9
珽 321.10
梃 321.9
徎 322.1
脡 322.1
𤱶 322.2
閮 322.2
蜓 321.10
艇 321.9
誔 321.10
霆 321.9
頲 322.1

tìng

汀 434.6
侹 434.6
聽 434.6

tōng

侗 33.8
俑 33.8
炵 34.9
35.10
恫 33.8
通 33.6
痌 33.8
蓪 33.7
蹱 33.8
狪 33.8
曈 33.8

tóng

仝 25.5
同 25.4
𡰥 35.1
佟 34.9
彤 34.8
𨚯 26.4
峂 35.2
侗 25.10
㣚 34.10
挏 26.1
哃 26.3
峒 25.7
扃 26.3
洞 25.9
𢏉 26.3
桐 25.7
𤭁 25.8
烔 25.10
浵 35.1
硐 25.7
眮 26.2
𨚥 35.1
㝼 26.3
㼧 25.8
𤞱 34.10
𥹳 35.1
筒 25.8
衕 26.3
𦩍 25.7
童 25.5
𦏠 26.2
絧 26.4
𧢈 35.2
酮 26.1
狪 25.7
筩 25.9
鉖 35.1
𪔂 34.10
僮 25.6
鉵 34.10
銅 25.6
𨛱 26.4
董 26.2
潼 25.9
橦 25.10
曈 25.9
犝 25.8
𤭛 26.2
瞳 25.8
𧋊 34.9
罿 25.8
穜 26.2
鮦 26.1
鼕 34.10
撞 26.2
𪏅 26.4
𩏊 26.3
𢥞 34.10
𦇶 35.1
爞 34.10
𪇷 25.10
𪋿 26.4
35.1
𪒠 26.4

tǒng

侗 238.5
捅 238.6
桶 238.6
統 346.7
曈 238.6

tòng

痛 345.4
慟 345.3
蘅 346.7

tōu

偷 216.4
婾 216.5
鋀 216.5
鍮 216.4

tóu

坄 216.7
投 216.5
𣪗 216.7
𠟲 216.5
揄 216.8
㢅 216.8
骰 216.7
腧 216.8
歈 216.8
窬 216.8
緰 216.8
頭 216.5
𨡹 216.8
𪀒 216.9
𪋻 216.7

tǒu

妵 328.2
鈄 328.3
飳 328.1
斢 328.2
黈 328.2
𪐺 328.1
鳿 328.2
𩵙 328.3
蘣 328.2

tòu

音 441.3
透 441.3
𧺺 441.3
𣢾 441.3
𣪘 441.3

tū

𠫓 482.7
凸 483.1
𠬧 481.10
秃 452.4
秃 452.1
𡧑 482.8
483.1
宊 482.7
突 482.8
捸 452.4
捈 88.3
峹 88.2
庩 88.2
悇 88.2
瑹 88.2
梌 88.3
梲 482.7
𢚫 482.8
堗 482.10
揬 482.9
葖 482.10
稌 88.2
鈯 483.1
𧻓 88.3
嵞 88.2
誘 452.4
𥻸 483.1
𤦆 88.3
瑹 88.2
𨂽 482.8
𦪇 483.1
𩋨 88.3
鋵 483.2
鵚 452.4

鵚 482.10
䠓 482.9

tú

辻 84.5
郶 84.9
捈 84.9
荼 84.8
徒 84.5
峹 84.10
途 84.7
涂 84.8
菟 84.9
梌 84.8
啚 84.8
𤘻 84.7
屠 84.6
梚 84.8
蒤 84.10
㻬 483.1
筡 85.1
𥁕 84.9
腯 482.9
瘏 84.6
塗 84.6
鄌 84.9
檫 84.10
酴 84.7
圖 84.8
廜 84.8
稌 84.9
醶 84.10
䖘 84.10
駼 84.7
鍍 84.10
騟 84.7
鶟 84.10

tǔ

土 266.7
芏 266.7
吐 266.7
稌 266.9

tù

吐 370.4
兔 370.4
菟 370.3
鵵 370.5

tuān

偳 126.8
湍 126.7
煓 126.8
貒 126.7
䠪 126.7
黹 126.7

tuán

敦 126.9
剸 126.9
鄟 126.9
摶 126.10
團 126.8
漙 126.10
慱 126.9
蟀 126.9
篿 126.9
䨵 127.1
鷒 126.10
鷻 126.10

tuǎn

疃 287.6
畽 287.6
暗 287.5
躖 287.6

tuàn

彖 406.1
湪 406.1
褖 406.1
貒 406.1

tuī

推 100.7
蓷 100.7
焞 100.7
蓷 100.7
㞂 100.8
蓷 100.7
蘈 100.8

tuí

㾯 99.6
隤 99.5
墤 99.5
㱣 99.6
頹 99.5
膭 99.7
魋 99.6
㿉 99.5
襀 99.7
蘈 99.6
蹪 99.7
穨 99.5
讉 99.7

tuǐ

㞂 274.8
峻 274.8
聉 274.7
㷟 274.8
腇 274.8
腿 274.7
僓 274.7
骽 274.7

tuì

退 390.8
逷 390.8
復 390.8
娧 385.3
㾼 390.8
㥆 390.8
涗 385.3
毻 385.3
蛻 385.3
駾 385.3

tūn

吞 122.7
涒 121.2
噋 121.2
暾 121.1
黗 121.3
燉 121.2
𧑆 121.2
䵯 121.2

tún

屯 121.3
邨 121.5
坉 121.4
芚 121.5
豚 121.3
庉 121.6
沌 121.5
忳 121.5
屍 121.4
颱 121.6
窀 121.3
軘 121.4
豘 121.3
哼 121.5
豚 121.3
飩 121.4
臀 121.4
黗 121.6
燉 121.5
臋 121.4
臀 121.4
臋 121.4

tǔn

吨 285.1
膅 285.1
畽 285.1
黗 285.1

tuō

拕 162.8
矺 508.3
侂 508.3
沰 508.3
侻 489.1
挩 489.1
莌 489.2
託 507.9
袥 507.9
棁 489.2
飥 508.3
脫 489.2
痑 162.9
涶 165.2
訑 165.2
詑 165.2
馲 508.2
魄 508.3
魠 507.9
誂 165.2
鮀 162.9
譡 165.2
驝 508.2

鰻 283.1
鞔 283.7
皴 339.10
鞔 283.7
鞔 283.7

wàn

万 399.9
忨 405.8
妧 405.8
娩 400.2
捥 404.10
萲 447.2
貦 405.8
脕 400.3
琬 404.10
萬 399.10
腕 404.9
睕 404.10
蔓 400.1
輓 400.1
臎 404.9
獌 400.2
綰 407.5
翫 405.8
綩 400.3
鄤 400.1
薍 407.8
鰻 400.3
鋺 407.5
蟃 400.1
鏝 400.3
贃 407.5
貓 400.2
贎 400.3
鬗 400.3
鬛 400.2
鰻 400.1

wāng

尣 184.4
尫 184.4
汪 184.4
洸 184.4
鶭 184.5

wáng

亡 177.9
王 179.4
邙 178.1
芒 177.9
往 179.8
宋 177.10
郱 178.1
莣 177.10
虹 179.7
蝱 177.10
望 178.1
朢 178.1
魟 179.8

wǎng

网 314.9
罔 314.10
汪 315.2
枉 315.1
罔 314.10
往 315.2
敱 315.2
欸 315.2
菌 314.10
淅 317.2
惘 314.10
棢 314.10
暀 315.2
蛧 314.10
聣 314.10
網 314.9
輞 314.10
誷 314.10
魍 315.1
濻 317.3

wàng

王 428.9
妄 428.6
汒 428.7
迋 428.9
忘 428.7
汪 430.9
旺 428.9
迋 428.9
望 428.6
暀 428.9
朢 428.7
醃 430.9
謍 428.7

wēi

危 51.8
委 44.5
威 66.9
㣲 65.7
倭 44.5
烓 94.8
萎 44.5
逶 44.4
偎 98.5
隇 66.10
隈 98.4
揋 98.5
葳 66.10
葨 98.5
楼 44.5
矮 44.4
嵔 66.10
渨 98.4
媁 67.1
椷 67.1
椳 98.4
微 65.7
煨 98.4
蝼 44.5
䰎 51.9
蝛 66.10
覣 44.5
緭 98.4
薇 65.7
蠷 94.9
鰃 98.5
飆 98.5
瀓 65.7
矀 65.8
蝺 44.5
癥 65.8
籢 65.7
鮟 44.5
巍 68.2
鰄 66.10
鰃 98.5
犩 68.2
鐑 65.7
甗 94.9

wéi

口 66.2
峗 51.9
峞 100.7
為 44.1
洈 51.9
韋 66.1
桅 100.6
唯 57.10
帷 59.8
惟 57.8
婔 66.3
琟 57.10
嵬 100.7
幃 65.10
圍 66.2
爲 43.10
湋 66.2
違 66.2
韍 66.3
萑 57.10
蓶 52.7
鄬 44.2
隝 44.1
維 57.9
磑 100.7
潿 66.3
潙 44.1
韋 66.3
韎 66.2
闈 66.2
鍏 66.2
鮠 100.6
濰 57.9
禕 66.2
壝 57.10
䲨 52.8
讙 57.10
韋 66.3
膹 57.10
鼜 52.8
蠙 57.10
旞 57.9

汶 111.10
蚊 111.9
紋 111.7
梱 121.7
𠊞 121.6
雯 111.7
馼 111.7
𢾺 111.9
聞 111.7
閺 111.10
瘒 121.7
鳼 111.9
䎹 111.7
闅 111.9
鼤 111.10
蟁 111.8
顐 121.7
螡 111.9

wěn

勿 280.8
伆 280.8
刎 280.8
抆 280.8
吻 280.8
𦬼 280.8
脗 280.8
𠐋 284.7
㘾 284.7
穩 284.7

wèn

抆 397.9
汶 397.8
莬 397.9
紊 397.9
娩 397.9
問 397.8
脕 397.9
搵 401.6
絻 397.8
聞 397.9
鼤 397.9
顐 402.1
璺 397.8
饂 401.6

wēng

弘 191.9
㟬 34.5
翁 33.1
閎 191.9
蓊 33.2
𣔩 33.3
螉 33.2
䈵 33.3
䨣 191.9
鞥 33.3
𩔁 33.3
𩸁 33.2

wěng

勜 239.1
塕 239.1
蓊 238.10
滃 238.10
暡 239.1
𦢔 239.1
𤍠 239.2
䈵 239.1
䪩 239.1

wèng

瓮 345.1
𥥡 432.4
甕 345.1
罋 345.1
齆 345.1
䶝 345.1

wō

倭 166.3
渦 166.3
涹 166.3
堝 166.3
蝸 168.3
矮 166.3
過 166.3
踒 166.3

wǒ

我 306.6
倭 308.10
婐 308.10
矮 309.1

wò

沃 461.8
抈 487.5
臥 422.10
𥃩 488.9
苑 469.1
𣁽 488.8
捾 488.8
偓 468.9
㴫 483.3
涴 423.4
搵 483.3
握 468.9
葯 469.1
嗢 483.2
喔 468.10
幄 468.10
焥 488.8
渥 468.9
媉 469.1
榲 483.3
楃 468.10
殟 483.2
睕 488.8
𣈎 488.8
𣢧 483.2
膃 483.2
腛 469.1
頞 483.2
斡 488.7
箹 468.10
擭 515.1
𡾟 515.2
䂄 469.1
濩 515.2
嬳 511.6
嬒 488.8
瓁 511.9
䤘 488.8
臒 511.6
𦢈 511.5
𥁕 483.3
𪒠 469.1
𪑾 469.1
𩟈 511.6
韄 513.9
515.2
𪇗 469.2
齷 469.1
𪇕 469.1
𩪜 511.6
䨼 515.2

wū

圬 87.4
扝 87.6
污 87.3
弙 87.4
杇 87.3
巫 75.3
於 87.5
洿 87.3
屋 450.9
莁 75.4
烏 87.1
𡋯 450.10
釫 87.4
盓 87.5
屋 450.9
剭 450.10
𨛒 450.10
惡 87.5
鄔 87.5
䔦 87.6
嗚 87.3
瑦 87.5
𣘦 87.6
歍 87.4
誣 75.3
螐 87.5
鴮 87.6
𩪫 450.10
鵐 75.6
鎢 87.4
𪑾 450.10
鰞 87.4

wú

无 75.5
毋 74.10
吾 85.6
吳 85.8

郚 85.10
菩 85.9
幠 75.5
峿 86.1
猤 85.9
浯 85.9
娪 85.10
珸 85.9
𤦍 85.9
梧 85.10
祦 86.1
無 74.9
悮 75.5
𧊅 85.8
蜈 85.9
𦪺 86.1
𨻶 75.4
墲 75.6
蕪 75.2
鋘 85.10
憮 75.6
蝥 75.4
璑 75.4
膴 75.2
瞴 75.2
𦋽 75.6
䳱 85.8
篻 75.4
鯃 85.10
麌 86.1
舞 75.4
譕 75.5
鼯 85.8
齬 85.10
鷡 75.4

wǔ

五 268.3
午 268.4
伍 268.5
仵 268.5
武 263.4
旿 268.5
侮 263.9
敄 264.1
娬 264.1
珷 263.10
𦋆 264.1
鄔 269.1
悮 264.1
隖 268.10
塢 268.10
碔 263.10
㠍 269.2
溩 269.2
瑦 269.1
舞 263.8
𠍶 263.9
䃖 269.1
誈 269.2
廡 263.10
潕 263.10
憮 263.9
嫵 263.9
甒 263.10
儛 263.9
膴 264.1
䳇 264.1
𧼮 269.2
䩀 269.2
瞴 264.1
𢋘 263.10
鵡 263.10
䨁 264.2
舞 263.9
𦨨 264.1

wù

兀 483.7
勿 477.2
戊 440.2
扤 483.7
𦬁 483.9
屼 483.7
伆 477.3
刖 483.9
汙 371.8
芴 477.3
杌 483.7
岉 477.3
迕 370.8
𨑨 477.3
沕 477.4
忤 370.8
矹 483.7
昒 477.4
物 477.2
𠛌 483.8
𤵁 483.8
𧈧 483.9
𦨎 483.8
𩚨 483.8
敄 367.10
捂 370.9
軏 483.9
逜 370.9
疙 483.8
𣄉 477.3
悟 370.8
悞 370.8
娛 370.9
務 367.7
晤 370.8
𨳇 483.8
崛 478.10
牾 370.8
惡 371.8
𢃅 367.10
𥑮 367.10
婺 367.8
𦖯 370.9
誤 370.8
痦 370.8
噁 371.8
遻 370.8
鋈 461.8
蝥 367.9
𢷾 367.9
寤 370.9
𧾢 367.9
霚 367.9
𦦶 461.8
䳱 483.8
𣮍 367.9
霧 367.8
櫂 463.1
𦤯 461.8
䛩 371.8
鶩 367.9
䳱 461.9
騖 367.10
𦅻 367.10
鷃 461.9
黴 461.8

X

xī

夕 521.1
兮 91.6
西 92.2
吸 535.4
汐 521.1
忚 92.2
㚖 91.5
卤 92.6
希 67.8
忾 60.6
屃 60.7
昔 518.4
枍 522.5
析 522.4
肹 475.1
穸 521.1
欸 64.7
卥 92.6
呬 60.6
俙 67.9
屎 60.7
莃 67.8
栖 92.6
息 527.5
𤝓 92.2
奚 91.3
胿 91.5
悕 67.9
屖 92.7
娭 64.7
𡰪 64.7
菥 522.6
桸 46.7
67.9
晞 67.8

焁 46.7
51.9
欷 67.10
悉 470.6
羛 46.7
焌 64.7
淅 522.6
惜 518.5
棤 518.6
棲 92.6
菥 522.6
壐 94.7
淅 522.6
睎 67.9
蜥 522.6
嵇 91.5
稀 67.9
傒 91.5
郋 527.6
翕 535.5
翖 535.6
腊 518.4
脪 60.7
訑 51.9
粞 92.8
焟 518.6
屖 92.6
剻 92.8
葸 527.6
螇 91.6
娶 64.6
晳 522.5
郄 470.6
虘 46.9
嘶 92.2
嵠 93.7
僁 470.7
徯 91.4
觛 46.8
湿 527.7
溪 93.7
裼 522.5
媐 91.4
趘 67.9
菉 470.7
熙 64.6
榽 527.6
榽 91.4
豨 67.9
蜥 522.5
僖 64.5
郤 535.6
膝 527.6
誒 479.2
誒 64.8
熄 527.6
緆 522.5
撕 92.7
磎 93.7
嘻 64.7
嘶 92.7
噏 535.4
鵗 518.6
膝 470.6
瘜 527.6
瘬 92.7
潝 535.5
嬉 64.6
嬆 535.5
歖 64.6
熹 64.7
蟴 92.6
橵 92.7
榼 92.2
螇 91.4
93.8
篗 527.7
錫 522.4
歙 535.4
篖 518.4
羲 92.2
羲 46.7
熻 535.5
窸 470.7
禧 64.6
槃 93.7
貕 91.4
戲 46.8
瞦 64.7
蹊 91.4
蟋 470.6
鬩 518.6
豯 91.6
谿 93.7
蟴 92.7
糦 470.7
鬄 518.6
蟋 470.7
鵗 67.9
饎 527.6
谿 93.8
蟴 92.7
醯 92.1
巇 46.9
譆 64.6
譝 535.5
黐 522.5
隵 46.9
騱 91.4
壡 46.9
攕 46.8
闟 535.6
曦 46.8
巇 46.7
酅 94.5
犧 46.6
獻 46.9
瀸 46.8
歔 46.9
鵵 527.7
蠟 46.8
鼷 91.6
鶖 535.6
雞 91.5
蠵 94.4
灕 93.7
觿 94.7
鑴 94.4

xí

郎 91.5
郜 521.2
席 520.10
習 533.5
蓆 521.2
椺 523.10
褶 533.9
覡 523.9
槢 533.8
蔽 523.9
獥 523.10
褶 533.9
隰 533.6
檄 523.9
箵 533.9
艡 533.9
霫 533.9
劆 94.6
鶩 523.10
飁 533.8
騽 533.8
鼳 523.9
鰼 533.7
襲 533.6
鸐 533.8
鷙 523.10
驨 94.5

xǐ

佡 246.5
俙 257.9
洒 271.7
洗 271.7
枲 254.9
唏 257.10
葈 254.10
徙 246.5
喜 253.5
葸 254.10
諰 254.10
廙 255.1
豨 257.9
婁 246.6
屣 246.10
箟 254.10
憙 253.6
諰 254.10
壐 246.5
蓰 246.10
縰 246.9
蟢 253.6
璽 246.5

𩌦 246.10
𩮺 257.9
𧟉 248.10
𩙪 257.9
灑 246.9
曬 246.10
纚 246.9
釃 246.9
躧 246.8
𩏝 246.9

xì

匸 272.1
卌 535.2
仡 479.1
芞 479.2
𠯂 357.7
系 374.10
妎 375.1
些 374.4
呬 357.7
気 363.6
肸 479.1
歖 377.1
昚 377.1
盻 375.2
咭 471.8
佶 471.8
郤 513.3
洶 374.5
恄 471.8
欪 471.7
秢 526.3
欯 471.7
𦱜 479.2
栖 374.5
𨀁 535.3
唏 363.4
氣 363.5
涀 272.1
㤸 526.3
屓 357.7
赦 526.2
㝒 513.4
卻 513.4
釳 479.1
欷 363.4
細 374.4
摡 363.6
閉 375.2
𠿞 513.4
㰥 526.3
舄 518.5
墍 363.4
𦗢 535.2
隙 513.3
𦁂 374.4
赩 527.9
𢮉 375.2
蒵 374.10
徯 271.10
䐗 374.10
愾 363.5
㥏 375.2
褉 375.1
𢝲 363.5
綌 513.4
䙴 527.10
𠿕 535.3
𤛯 363.6
稧 375.2
𣅊 272.1
𧩖 526.3
熂 363.5
㿿 363.6
屣 351.1
蕮 518.5
殢 377.1
䁯 272.1
㹷 357.8
瘱 375.1
潟 518.5
槩 363.5
嬉 360.7
憙 360.6
閲 526.2
甈 363.6
𥲜 526.3
𥱥 271.10
𦨻 272.1
𦀡 375.1
𦠆 374.10
騱 363.6
磶 518.5
㹂 363.6
戲 350.6
謑 271.10
𧆸 513.8
鎎 363.5
谿 513.4
餼 363.5
𢥛 527.10
繫 375.1
霫 535.3
憪 526.3
𩌦 351.2
嚱 350.7
䩢 518.5
𤃭 526.3
䬣 363.6
霼 357.8
隸 357.7
灑 351.2
曬 351.2
黖 527.10
襹 351.2
蟢 527.10

xiā

呀 171.8
岈 171.8
呷 547.1
欱 547.2
疨 171.8
𥄫 491.8
𠢫 492.6
谺 171.8
傄 491.8
訷 547.2
颬 171.8
煆 171.7
瞎 492.5
䛤 547.2
𩭂 492.5
𪗾 492.5

xiá

匣 546.6
狎 546.5
㤉 546.6
柙 546.6
砎 492.2
俠 543.3
浹 546.5
炠 546.6
陜 544.10
珨 545.2
峽 544.10
狹 544.10
㢉 545.1
烚 545.2
祫 544.10
䖖 546.6
翈 546.5
筪 546.6
陿 544.10
硤 544.10
䀹 545.2
勂 492.3
遐 169.1
𢶏 492.3
瑕 169.2
𧼞 545.2
䔍 492.2
暇 424.8
𨍭 492.1
𩋐 546.6
碬 169.3
䨐 544.10
𨶖 489.10
蕸 169.3
霅 546.5
赮 169.3
蹃 169.3
𥳫 492.3
縖 492.2
轄 492.1
霞 169.2
䫗 492.2
鍜 169.1
𤪛 492.2
𩋧 169.3
黠 489.10

鍜 492.1
鍜 492.2
頢 169.3
韗 169.3
騢 169.2
鰕 169.2
黠 489.10
齬 492.1
鶷 492.1
鐍 545.1
髂 489.10
蠚 492.2

xiǎ

丙 310.9
閜 310.9
啁 310.9

xià

丅 310.6
下 310.6
 424.8
芐 424.8
夏 310.6
 424.8
欱 546.1
欶 546.1
唬 423.10
敮 546.1
廈 310.7
煆 424.1
墟 424.1
嗋 424.1
嚇 423.10
罅 423.10
謑 424.1
譺 423.10
罅 545.10

xiān

彡 228.2
仙 138.10
佡 141.1
先 134.7
妗 231.5
 232.4
莶 139.1
杴 233.6
秈 139.1
欦 231.5
祆 138.8
枮 228.1
思 228.2
掀 117.8
硟 134.7
硟 139.2
谽 232.4
訮 138.9
秈 138.10
秥 233.6
蕃 117.8
馦 232.3
軨 232.4
綅 228.1
嗎 141.1
僊 138.10
銛 227.10
嫣 141.1
睷 231.5
暹 228.1
蛞 232.4
痳 231.5
轞 117.8
憸 228.2
縿 228.1
鬖 228.2
鐵 228.1
鮮 139.1
騫 117.8
蘞 231.5
癥 233.6
葬 131.10
繠 231.5
蹮 134.7
黺 231.4
翧 141.2
蘞 233.6
廯 139.2
孅 228.2
僊 138.10
騫 117.8
躚 134.7
 139.1
襳 228.2
鵮 233.5
籊 139.1
纖 228.2
鱻 139.2

xián

伭 138.8
伭 135.10
刻 135.10
次 143.6
臤 135.8
弦 135.8
函 231.6
咸 231.6
胘 135.9
涎 143.6
痃 136.1
搣 135.10
菸 135.10
蚿 135.10
舷 135.9
姿 135.10
絃 135.9
閑 131.5
蚒 131.6
慈 135.10
椷 231.8
嫌 231.3
楹 231.8
銜 232.9
甗 232.9
趚 136.1
賢 135.8
稴 231.4
 231.8
黬 230.5
憪 131.7
嫺 131.6
燅 230.5
轗 231.8
醎 231.6
諴 231.7
燅 230.5
瞯 131.6
癇 131.6
藖 131.7
嚽 136.1
鹹 231.7
撏 230.6
蕁 230.6
撏 230.6
橪 230.6
礥 136.1
鹹 231.6
膶 230.5
爓 230.5
鰜 231.7
騆 131.6
鷴 131.6

xiǎn

抮 291.4
欦 339.1
芫 290.4
洗 290.3
姺 290.4
柣 290.4
毨 290.3
娊 336.1
豙 292.5
喊 339.2
筅 290.4
尟 292.5
尠 292.5
跣 290.3
蜆 291.4
銑 290.3
箲 290.4
險 335.10
㬎 291.5
嶮 336.1
獫 335.10
憸 336.1
銑 290.4
鮮 292.5
獮 292.5
燹 290.4
 292.6
爾 292.6
攇 282.10

闞 339.1
幰 282.10
蘚 292.6
譣 336.1
癬 292.6
蠔 282.10
玁 292.5
玁 335.10
韅 336.1
韅 291.4
顯 291.4
蝉 292.6
簴 292.6
譹 282.10

xiàn

先 408.6
汧 408.6
見 410.2
臽 447.3
限 289.5
俔 291.3
嫈 447.1
捍 288.9
垷 291.2
莧 408.2
軐 408.6
哯 291.2
峴 291.1
敥 408.5
涀 410.2
陷 447.3
娨 407.4
脅 447.1
現 410.2
硍 289.6
睍 291.2
惗 411.4
睅 289.6
㦥 338.6
晛 291.3
喊 338.6
骭 407.4
胎 447.3
減 338.6
晵 289.6
蜆 291.2
僘 447.10
獫 338.2
338.6
詪 291.3
羨 413.8
粯 408.2
嬰 291.3
閬 289.6
僩 288.9
甗 338.7
綫 411.3
霓 408.5
獮 288.9
廞 408.6
遂 413.9
糮 338.6
憪 288.9
憸 291.3
線 411.3
羣 291.3
橌 288.10
縣 408.10
簲 408.6
鋡 447.3
憲 400.9
蹥 338.6
鮮 411.4
獵 338.6
緭 291.3
邍 410.2
贙 408.2
騡 448.1
鬳 447.10
譀 447.10
綫 294.5
闞 447.10
臔 291.2
艏 447.3
瀗 400.9
霰 408.5
獻 400.8
礹 446.8
穲 446.8
攇 400.9
鼸 338.2
霹 408.5
黬 411.2

xiāng

皀 174.7
肛 42.1
相 177.5
香 174.6
舡 42.1
啌 42.1
鄉 174.7
葙 177.7
廂 177.4
湘 177.5
薌 174.7
箱 177.7
谾 42.1
膷 174.7
緗 177.5
襄 177.3
儴 177.6
瓖 177.6
欀 177.6
纕 177.5
鑲 177.6
驤 177.6

xiáng

夅 41.6
降 41.6
缸 41.6
庠 173.7
洚 41.6
洋 173.6
栙 41.5
殍 173.7
瓨 41.6
祥 173.7
痒 173.7
翔 173.6
跭 41.6
路 41.7
跸 173.7
詳 173.6

xiǎng

亨 313.8
亯 313.8
蚼 313.8
僙 242.6
想 313.5
懭 242.6
餉 427.1
鄉 313.9
鮝 313.5
蠁 313.7
嚮 313.8
饗 313.7
響 313.7
饟 314.7

xiàng

向 427.6
巷 347.8
相 428.10
珦 427.6
象 312.5
項 242.4
蕃 427.7
鉅 242.6
衖 347.9
像 312.5
勨 312.6
蓤 312.7
閧 347.9
嶑 312.7
遼 312.7
潒 312.7
橡 312.6
鄉 427.6
襐 312.6
蟓 312.6
蠁 427.7
嚮 427.7
響 427.7
闟 427.6
鱌 312.6

xiāo

灱 155.4
鄂 152.6
哮 149.6
枵 149.4
捎 148.8

萷 148.10
逍 148.8
哮 155.4
哨 148.10
虠 155.3
狰 155.5
猚 148.10
庨 155.4
涍 155.4
消 148.8
宵 148.8
鴌 149.1
毷 146.3
梟 147.4
猇 155.3
焇 148.9
弰 148.6
硝 148.9
翛 146.3
痟 148.8
窙 155.4
窯 148.5
颵 149.1
翲 146.3
148.10
蛸 148.9
嗃 155.4
綃 148.9
脙 146.3
踃 146.2
嘐 155.5
歊 149.5
撨 146.3
霄 148.8
嘵 148.5
箾 146.2
艘 146.3
銷 148.9
鴞 155.5
獢 149.5
憢 148.5
攕 146.2
蕭 145.9
鴞 152.6
魈 149.1
膮 148.5
膘 148.5
潚 146.2
蟰 146.1
蔵 149.6
155.3
橚 146.2
穘 155.4
䶎 149.1
䱵 148.10
蠨 146.1
髇 155.3
簫 146.1
飍 155.4
顤 148.6
顥 155.5
䴉 149.4
驍 147.4
囂 149.5
藃 149.6
獿 149.5
飌 146.2
䴛 149.6
xiáo
恔 154.1
砓 154.1
洨 153.10
姣 153.10
笅 154.1
倄 154.1
胶 154.1
絞 154.1
崤 153.9
猇 153.10
淆 154.1
楕 153.10
笅 153.10
殽 153.9
酘 154.1
蓌 153.9
xiǎo
小 299.2
芥 299.2
筱 297.6
魡 297.6
魡 299.2
皛 298.7
攕 297.7
曉 298.3
篠 297.6
膮 298.3
謏 297.6
諺 297.6
皢 298.3
礵 297.6
鐃 298.3
xiào
厺 298.8
芍 298.8
孝 417.7
肖 415.6
恔 417.5
佼 301.8
効 417.4
妛 415.5
莉 298.8
校 417.4
哮 417.8
笑 415.6
效 417.4
涍 417.8
傚 417.5
咲 415.6
嗃 417.8
詨 417.5
417.9
獿 301.8
嬈 415.5
攕 414.5
嘯 414.5
歗 415.5
嬼 301.7
膷 414.5
熽 414.5
歗 414.5
蔽 301.8
嶨 417.5
滆 298.8
灂 301.9
䳱 417.9
斆 417.4
篍 301.9
xiē
些 171.10
欪 96.1
俙 97.10
猲 481.6
楔 493.5
歇 481.5
脅 96.1
獥 481.6
蠍 481.6
鵩 481.6
xié
叶 543.2
邪 170.10
劦 543.3
協 543.2
奊 496.4
搚 547.7
頁 496.2
眆 94.7
愶 543.3
浹 543.3
粍 496.4
弮 547.6
紇 496.2
挾 543.3
恊 543.3
衺 170.10
脅 547.6
歙 547.6
毒 94.6
眭 94.7
嵐 94.6
斜 170.10
窒 94.5
絜 496.3
翓 496.3
蓗 96.8
翠 496.4
湝 96.7
慘 94.10
瑎 96.7
携 94.4

字	頁
弲	142.6
梋	138.3
揎	142.4
萱	116.10
喛	116.10
喧	117.2
愋	117.2
愃	142.4
瑄	142.5
暄	116.10
貆	117.1
魱	117.2
煖	116.10
暖	116.10
援	142.4
蝖	117.3
圜	142.5
儇	142.6
鋗	138.2
翧	117.2
獧	142.7
諼	116.10
諠	117.2
嬛	142.7
駽	138.2
矎	138.3
蠉	142.6
翾	142.6
䴉	142.5
䟃	142.7
譞	142.7
鶢	117.1
	142.4
縣	142.7
䪾	142.5
䚭	117.2
讙	117.2
xuán	
玄	138.5
𠤱	143.2
玹	138.7
昀	138.8
胘	138.8
訇	138.8
弦	138.7
眩	138.6
圓	143.3
玆	138.7
漩	143.2
琁	143.2
旋	143.1
蜁	143.2
嫙	143.3
璇	143.2
𩣺	138.7
璿	143.2
縣	138.6
暶	143.3
還	143.3
檈	143.1
蝖	143.2
璿	143.1
鏇	143.3
檈	143.2
懸	138.6
䜔	143.2
縣	138.7
xuǎn	
咺	283.9
烜	283.9
愃	283.9
晅	283.9
暖	283.9
選	296.7
䚷	283.10
諼	283.10
巽	296.8
蠉	296.10
𥳑	296.8
䞼	296.10
癬	292.5
xuàn	
旬	291.9
	409.2
泫	291.8
玹	409.2
𢫬	408.9
迿	409.2
炫	409.1
𨹒	291.10
姰	409.2
埍	291.9
眩	409.1
漩	413.4
袨	409.1
琄	291.8
𩊷	291.10
眴	408.9
	409.2
衒	409.1
𦛱	413.5
旋	413.5
絃	408.9
𡱢	291.10
𧵩	409.1
渲	413.6
絢	408.9
𩋂	291.10
楥	400.9
楦	400.9
徇	409.1
鉉	291.8
㨰	413.5
䩙	291.10
夐	408.9
𩑔	409.2
嫙	413.5
選	413.5
鞙	291.10
寰	409.1
駽	408.9
巽	413.6
縼	413.4
𩊠	400.9
䊪	413.5
	413.5
潠	413.5
韗	400.9
繏	413.6
𨆢	413.6
鏇	413.4
𤀘	413.5
繯	291.9
縣	291.9
讂	408.9
䞼	408.9
𧽤	413.5
贙	291.8
	409.1
xuē	
𢪙	166.4
削	505.1
靴	166.4
薛	498.5
嚡	166.4
辥	498.7
鞾	166.4
xué	
穴	494.10
坹	495.1
袕	495.1
𥤉	495.1
踅	502.9
蚚	502.9
雤	469.6
嶨	469.5
學	469.4
䮼	469.6
㶅	469.5
斅	469.5
觷	469.6
鷽	469.5
xuě	
雪	500.6
㨹	500.7
幯	500.7
䨮	500.7
xuè	
血	494.3
吒	469.6
吷	502.4
決	494.4
坹	494.5
㟅	481.4
狘	481.4
泧	481.4
泬	494.4
䒸	494.5
殈	502.3
旻	502.3

疾 494.4
戚 502.3
翙 502.3
薉 469.7
䁤 494.3
盗 494.3
獩 481.4
闃 494.4
踐 481.3
豿 469.6
訧 494.4
殼 469.7
滈 469.8
颭 502.3
颰 481.3
謔 506.5
翯 469.6
矞 494.4
謞 469.7
窩 494.3
矆 505.8
觳 469.6
濐 469.7
醳 469.7
懼 505.9
玃 505.8
矍 505.8

xūn

焄 113.7
勛 113.6
塤 116.10
熏 113.6
勳 113.6
薰 113.5
壎 117.1
獯 113.6
曛 113.5
臐 113.7
燻 113.6
纁 113.6
醺 113.6

xún

旬 110.4
巡 110.5
紃 110.5
旬 110.4
郇 108.9
荀 108.9
昀 109.1
 110.6
峋 108.10
洵 108.10
 110.6
恂 109.1
姰 109.1
紃 110.5
珣 108.10
畇 109.1
朐 108.10
揗 110.5
蚼 110.6
循 110.5
尋 218.9
馴 110.5
栒 109.1
楯 110.6
詢 108.10
樳 108.10
鄩 219.1
陭 219.1
撏 219.2
潯 218.10
噾 110.6
潯 219.1
緔 110.5
橁 219.1
膞 219.2
檈 109.1
駒 110.6
襑 219.2
鬵 219.2
縛 219.3
灊 219.2
趨 110.6
鱏 219.1
蠿 110.6

xùn

卂 394.2
狥 394.3
汛 394.3
迅 394.2
 396.9
侚 397.1
佝 397.1
徇 397.1
迿 397.1
殉 397.1
訓 398.4
訙 394.2
訊 394.2
浚 396.10
奞 394.3
 396.10
巽 401.3
噀 401.4
遜 401.4
愻 401.4
蕈 331.8
潠 401.4
薰 398.5
臐 398.5
鑟 398.5
爋 398.4
賰 396.10
顨 401.4

Y

yā

丫 169.6
呀 170.5
押 546.8
枒 170.5
庘 546.8
鴉 169.6
窜 546.8
啞 169.5
椏 169.6
砑 169.6
閘 546.8
鴉 169.5
鴨 546.7
錏 169.5
壓 546.8
鵶 169.5

yá

牙 170.3
芽 170.4
吾 170.5
厓 95.10
啀 95.9
崖 95.9
猚 95.9
涯 95.9
衙 170.4
霥 95.10
齖 170.4
齟 95.9

yǎ

疋 310.2
厏 310.2
房 310.2
盔 310.2
啞 310.5
雅 310.1
瘂 310.5
癞 310.5

yà

氿 492.3
圠 491.5
襾 423.10
宨 491.5
迓 424.1
犽 424.1
亞 423.8
枒 424.2
軋 491.5
咀 492.3
砑 424.2
俹 423.9
浥 546.3
逕 423.10
啞 423.9
訝 424.1
婭 423.9
揠 491.5
晋 423.9
歿 423.9
聐 492.4
睚 546.3
圔 492.3

脛 423.9
鰛 491.6
猰 491.5
睚 386.1
圔 546.3
稏 423.9
腵 491.5
窫 491.6
踚 546.3
嫼 491.5
貗 491.5
闒 492.3
齖 424.1
髺 492.4
鶡 492.3
巇 492.4
齾 492.4

yān

咽 136.2
鄢 229.5
犅 132.1
殷 132.1
胭 136.3
烟 136.1
焉 118.1
145.5
菴 229.5
崦 229.5
淹 229.4
俺 230.4
猒 230.4
腌 233.7
湮 136.3
垔 136.1
鄢 145.6
煙 136.1
蔫 117.10
蔫 145.6
稖 230.5
嫣 145.6
醃 229.5
233.7
羥 132.1
燕 136.2
橪 136.2
閹 229.5
闕 136.3
145.6
歅 136.1
懕 230.4
懨 230.4
黫 132.1
黰 132.1
籇 136.3
饜 230.4
黤 230.5
驠 136.2

yán

延 139.7
言 117.5
沿 142.9
阽 227.4
妍 137.5
郔 139.9
炎 229.3
沿 142.9
莚 137.5
埏 139.8
莚 139.10
研 137.5
侹 137.6
狿 139.9
菅 117.7
琂 117.6
焉 145.7
睨 139.9
趼 137.5
訮 131.10
裻 139.9
道 139.9
蜒 139.9
喦 232.2
筵 139.8
瑊 232.3
綖 139.9
塩 227.4
櫓 130.8
揅 137.5
硯 137.5
管 117.7
碞 232.3
鋋 139.9
漹 145.7
鳽 137.5
嘕 132.1
獮 131.10
羬 232.3
邅 139.10
麙 132.1
閻 227.4
檐 227.4
巖 232.3
蝘 145.7
顏 130.7
壛 227.4
嚴 233.5
簷 227.4
譅 232.3
贑 232.2
鶗 227.5
灩 227.5
櫩 227.5
甗 117.6
巖 232.3
閻 227.5
黬 232.2
癎 227.6
巖 233.1
鹽 227.3
礹 233.1
櫚 227.5
鹻 229.6
232.3
巗 233.1
籯 233.5
灩 227.6
櫺 227.4

yǎn

广 336.3
338.4
屵 282.9
㢊 338.4
㕣 295.6
夵 335.7
言 282.9
厈 338.5
放 282.5
297.4
扰 295.6
沇 295.6
奄 337.1
兖 295.4
匽 282.6
衍 292.7
弇 337.3
庴 338.4
郵 337.2
旃 338.5
旑 337.3
剡 335.6
宴 290.8
埯 338.5
掩 337.2
挠 295.6
莼 295.6
郾 282.6
眼 290.1
偃 282.5
畲 336.6
掐 335.7
流 295.5
淡 335.7
琰 335.6
堰 282.6
揜 337.2
棯 337.2
棪 335.6
晻 337.3
嶮 337.4
嵃 294.7
腌 337.4
衍 292.8
遃 294.7
渰 337.3
扊 335.7
隒 336.3
媕 337.3
鄢 282.6
罨 337.3
旛 337.4

裺 337.2
棪 335.7
駴 295.6
黃 292.7
厭 336.6
腰 290.8
嗔 292.7
演 292.7
褗 282.6
嫣 297.4
縯 295.6
踆 335.6
蝘 282.7
290.8
蜓 292.8
戭 292.7
奄 337.1
賏 282.5
閹 337.2
噞 336.4
嶮 336.3
躽 290.8
餤 335.7
嬐 336.3
颭 295.6
縯 292.7
檿 336.6
擪 336.6
齞 289.2
襳 336.6
壓 336.6
齗 282.9
嬿 290.8
鷗 282.5
齞 292.4
甗 294.8
黤 339.6
鰋 282.7
儼 338.4
邊 297.4
鼴 282.6
顩 336.3
䌠 335.8
魘 336.6
曮 338.5
巘 282.9
294.7
黬 339.6
瓛 294.7
礹 338.4
齴 294.7
鰜 336.3
黶 336.5
讞 294.7

yàn

延 414.2
犴 407.1
410.3
莚 414.1
研 410.3
咽 410.5
衍 414.1
狿 414.2
彥 411.6
涎 414.2
覎 448.7
晏 407.2
唁 411.6
俺 446.4
448.7
這 411.7
宴 410.4
郾 400.7
豣 410.3
趼 410.3
偐 407.1
畬 446.9
淹 448.7
惓 448.7
婏 448.7
堰 400.7
412.5
硯 410.3
雁 407.1
猒 445.8
喭 411.6
焰 445.6
焱 445.6
㥯 445.8
446.4
鄢 400.7
歐 400.7
鳫 407.1
傿 400.7
羨 414.1
湺 410.6
裺 448.7
厭 445.7
腰 412.5
覞 410.3
嗔 414.2
溤 400.8
褗 400.7
嫣 400.8
獊 448.7
掞 445.6
鴈 407.1
晏 407.2
瞱 410.6
鶠 400.8
諳 448.7
遂 414.2
燕 410.4
鬳 401.1
賏 400.7
噞 445.9
躽 412.5
諺 411.7
壓 445.8
旝 445.9
鴳 407.2
鄰 410.6
顑 447.6
嚥 410.5
艷 445.6
嬿 410.5
騴 407.2
醬 410.5
甗 411.6
爓 445.6
甗 400.10
鷃 407.2
贗 407.1
驗 445.9
鷰 410.4
醼 410.4
饜 445.8
讌 410.5
鹽 445.6
豓 447.1
驠 410.4
釅 447.1
灩 445.7
豔 445.6
灩 445.7

yāng

央 179.8
咉 184.5
狭 184.5
泱 179.9
妜 184.6
殃 179.8
肤 42.1
179.9
袂 179.9
秧 179.9
獟 184.5
鉠 179.9
霙 179.9
鴦 179.8

yáng

羊 172.10
佯 173.2
芊 173.5
昜 172.10
峣 42.6
徉 173.3
洋 173.3
样 173.2
烊 173.3
眻 173.2
陽 172.2
揚 172.9
蛘 173.5
崵 173.5
䍩 173.6
瑒 173.5
楊 172.8
敭 173.4
暘 172.8

詳 173.2
煬 173.3
禓 173.5
瘍 173.4
輰 173.4
諹 173.5
鍚 173.3
鴹 173.4
鸉 173.3
[illegible] 173.5
颺 172.10
鰑 173.4
[illegible] 173.5

yǎng

卬 313.4
仰 313.3
茚 313.4
岟 313.1
怏 313.2
柍 313.1
炴 313.2
秧 313.1
痒 312.4
紻 313.2
眏 313.2
詇 313.1
蛘 312.4
[illegible] 313.1
勨 312.5
懩 242.4
鞅 312.10
養 312.4
駚 313.1
瀁 312.4
癢 312.4
[illegible] 312.5

yàng

仰 428.5
怏 428.2
蚗 428.3
恙 426.6
軮 428.5
眻 426.7
羕 426.6
詇 428.2
[illegible] 428.2
[illegible] 426.7
煬 426.6
[illegible] 426.7
養 426.7
漾 426.6
諹 426.7
瀁 426.7
[illegible] 426.7
颺 426.6

yāo

幺 148.6
夭 153.1
[illegible] 156.7
[illegible] 148.6
[illegible] 156.6
妖 153.1
坳 156.6
枖 153.1
怮 148.6
祅 153.1
要 152.4
咬 156.7
眑 156.7
窅 156.6
梎 156.7
訞 153.1
葽 148.6
152.5
靿 156.7
喓 152.5
腰 152.5
[illegible] 152.5
[illegible] 152.5
邀 152.5
[illegible] 148.6
蟯 152.6
[illegible] 156.6
[illegible] 152.6

yáo

爻 153.10
肴 153.9
垚 148.5
洮 150.10
恌 150.9
姚 150.8
珧 150.7
烑 151.1
陶 150.9
堯 148.4
軺 150.9
傜 150.5
摇 150.8
䔄 150.6
嗂 151.1
遥 150.5
猺 151.2
[illegible] 151.1
愮 150.9
媱 150.5
瑶 151.2
榣 151.1
僥 148.4
銚 150.7
[illegible] 150.6
[illegible] 151.2
褕 151.2
礉 156.1
嶢 148.4
窰 150.6
窯 150.6
聱 155.10
[illegible] 156.1
餚 153.9
繇 150.10
[illegible] 151.1
謷 155.10
[illegible] 150.6
䠛 151.2
[illegible] 150.6
謡 150.8
颻 150.6
蘨 150.10
邎 150.9
[illegible] 151.1
顤 148.5
鷂 150.10
鰩 150.7

yǎo

夭 299.7
[illegible] 298.5
仸 299.7
芺 299.7
[illegible] 302.9
抭 301.1
拗 302.8
苭 298.6
杳 298.3
殀 299.7
[illegible] 302.9
狕 302.9
[illegible] 298.6
舀 301.1
窅 298.4
窈 298.4
偠 298.4
[illegible] 301.1
[illegible] 298.6
[illegible] 298.4
葽 298.5
婹 298.5
溔 301.1
[illegible] 298.4
[illegible] 301.1
[illegible] 301.2
[illegible] 298.5
鴢 298.5
302.8
[illegible] 301.6
騕 298.4
齩 302.10
鷕 301.1

yào

[illegible] 418.9
要 415.10
[illegible] 415.9
約 415.10
袎 418.9
窔 415.4
葽 415.10
葯 504.6
靿 418.9
[illegible] 415.9
[illegible] 415.4
摇 415.8

䔄 415.10
嘄 415.4
靿 418.9
覞 415.8
䖴 416.8
䋤 418.9
鼼 415.4
樂 418.10
獟 415.4
澆 415.4
𩴾 418.10
磽 418.10
𪄱 415.9
䚺 415.8
藥 503.1
曜 415.9
艞 415.10
燿 415.7
趭 415.9
耀 415.9
顤 415.3
鷂 415.8
𤄷 503.3
𥊄 415.9
鸙 415.9
𧢈 415.9
論 415.10

yē

𤝼 497.5
椰 167.4
契 497.5
噎 497.5
䭇 497.5
蠮 497.5

yé

邪 167.3
耶 167.3
𦬕 167.4
𦬷 167.5
𦭧 167.5
斜 167.4
琊 167.3
釾 167.3
𦶍 167.5
節 167.5
鋣 167.3
擨 167.4

yě

也 309.10
冶 309.10
虵 310.1
野 309.10
壄 309.10

yè

曳 379.9
抴 502.10
夜 424.9
枼 540.5
咽 497.6
㖡 502.7
射 424.10
浥 548.1
掖 519.4
㡉 548.1
僷 540.4
液 519.5
揲 540.4
葉 540.4
𢾊 541.6
548.1
殗 548.1
腌 541.6
547.10
腋 519.4
𢊍 481.5
楪 540.4
殜 540.5
548.2
業 547.3
晻 548.2
暍 481.5
罨 547.10
裛 541.6
547.10
𣄽 542.10
煠 540.5
䌥 541.6
䅖 548.1
厭 542.10
𡘙 547.5
曄 542.7
曅 542.7
燁 542.8
熉 502.7
𠞰 547.5
鄴 547.4
瞱 542.8
䈎 540.5
皣 542.8
䧨 547.5
𣝵 542.10
𨵦 481.4
㗼 547.5
𡫤 547.5
䤿 548.1
餣 548.2
謁 481.4
㵩 547.6
㦖 547.5
鞥 548.1
𡢃 542.10
𦢊 547.4
䲜 548.2
鍱 540.4
擪 542.10
饁 542.8
𩸃 547.10
諜 548.2
爗 542.8
櫱 540.5
䳖 424.10
黦 481.5
䜓 547.5
驜 547.4
靨 542.10
魘 542.10
鸈 547.6
𩺞 547.5
𩻬 547.5

yī

一 470.7
弌 470.8
伊 56.8
肙 68.1
衣 67.10
依 67.10
䧇 68.1
咿 56.10
𡛎 68.1
陭 51.3
猗 51.3
訏 91.8
郼 67.10
揖 534.2
壹 470.8
椅 51.3
欹 51.4
蛜 56.10
犄 51.4
𠈋 68.1
㿶 51.4
禕 51.3
𤇈 91.8
㙠 91.7
嫛 91.7
旖 51.3
漪 51.2
𥣍 91.7
䃜 91.7
噫 64.9
瘱 64.9
翳 91.7
繄 91.8
黝 56.10
檹 51.4
毉 64.9
醫 64.8
𧫦 91.7
黟 56.10
91.7
譩 64.9
68.1
鷖 91.6
黳 91.7
𤃍 51.4

yí

匜 43.8
𡰥 53.7
台 61.3
圯 61.1

夷 53.3
异 60.10
迆 43.7
𦣞 61.1
杝 43.5
沂 68.1
宐 47.2
𥝢 43.5
狋 60.6
沶 61.2
怡 60.9
宜 47.1
袘 43.7
陝 53.7
珆 53.6
拸 43.9
荑 53.7
灰 43.5
虵 43.9
峓 53.6
徺 53.9
豿 43.7
迻 43.5
洟 53.9
恞 53.6
家 47.2
屄 53.9
姨 53.2
瓵 61.3
巸 61.1
桋 53.7
栘 43.8
酏 43.8
眙 61.3
胰 53.8
匇 47.2
洍 61.1
宧 61.2
庝 43.7
弬 60.10
姫 61.2
𤥽 61.2
瓯 60.10
栕 60.10
眱 53.6
蛇 43.9
崖 47.3
移 43.4
脏 61.2
痍 53.7
涯 47.3
寅 53.3
貽 61.1
蛦 53.7
飴 60.9
詑 43.6
詒 61.2
衺 43.5
羠 53.8
嫛 60.10
暆 43.7
跠 53.9
歋 43.10
飴 60.9
𣽴 43.9
羨 53.8
溰 68.2
㔸 43.6
荄 43.6
黃 53.6
褫 43.6
歔 43.8
鉹 43.5
疑 61.5
颾 43.10
遺 57.9
箷 43.6
儀 47.2
篿 60.9
鄬 47.3
熪 43.7
頤 61.2
螔 43.10
㒆 43.10
蹈 61.1
鴺 53.9
嶷 61.5
簃 43.6
鮧 53.8
鮔 61.2
謻 43.9
𣾺 47.3
彝 53.2
鏔 53.8
60.10
轙 47.3
髸 61.5
檹 53.6
鸃 47.3

yǐ

乙 474.6
已 253.7
以 253.7
匜 246.6
㠯 253.7
扡 246.7
迆 246.6
苡 253.8
吟 272.4
佁 253.9
肔 246.7
攺 253.9
矣 256.2
苢 253.9
扆 256.10
袘 246.6
苵 256.2
酏 246.6
倚 244.10
扆 256.10
偯 256.10
猗 244.10
訡 272.4
羛 245.6
椅 244.10
旎 246.7
依 256.10
鳦 474.8
欹 252.5
蛾 245.4
㥴 246.8
敧 245.6
旖 244.10
輢 245.1
偯 256.10
蟻 245.4
257.9
䖲 245.6
錡 245.4
檥 245.5
礒 245.5
螘 245.4
顗 257.8
艤 245.5
轙 245.6
醷 256.6
譩 256.6
嫷 246.8
齮 245.5
䬁 257.1

yì

厂 380.2
丿 380.3
乂 393.7
弋 528.10
已 359.10
刈 393.7
艾 393.8
仡 479.4
肊 528.3
汉 393.8
圪 474.9
479.4
芅 529.3
屹 479.4
代 529.5
忢 393.8
亦 519.2
衣 363.7
忕 529.4
异 359.9
妜 529.3
忍 363.2
㐹 474.9
抑 528.5
𡊁 528.5
坄 521.7
耴 474.8
杙 529.3
医 375.5

憶 528.3
㰘 380.5
縊 350.8
375.5
檍 529.5
檍 528.4
翳 375.4
緊 375.5
醷 349.10
鷁 380.2
蟻 529.5
嶷 360.7
斁 519.3
餲 380.4
臆 528.3
謚 518.10
燡 519.7
襗 519.7
翼 529.1
藝 380.4
藙 363.3
鶂 521.7
鎰 471.5
鮧 521.6
鬍 360.8
癔 528.5
蟻 349.10
襗 519.6
羿 474.9
㶠 380.1
釋 519.7
殪 375.5
䣛 529.5
爗 519.8
蟙 528.4
鶃 524.1
瘱 380.5
譩 375.6
瘱 380.5
繹 519.1
繶 528.3
蘙 375.5
虉 529.2
醳 519.4
醷 528.4
饐 356.5
譯 519.3
議 349.10
䕼 363.3
瀷 529.4
䴬 529.2
𨘷 529.4
燡 519.8
驛 535.9
囈 380.5
毅 363.3
㘈 360.7
鷊 523.10
懿 356.5
䗟 528.4
瀷 529.5
驛 519.3
鷧 356.6
藙 363.2
齸 519.1
䱌 360.7
趩 529.4
虉 524.1
鷾 360.6
齸 471.6
518.10
yīn
因 103.7
垔 103.9
捆 104.1
茵 103.8
垔 103.9
音 222.3
洇 103.10
姻 103.10
氤 103.9
殷 114.5
烟 103.9
裀 104.1
陻 103.9
陰 222.4
隂 222.4
堙 103.10
喑 222.5
湮 103.9
愔 220.8
媔 103.10
絪 103.9
歅 104.1
溵 114.6
禋 103.8
慇 114.5
瘖 222.5
鞇 103.8
䄄 104.1
駰 103.8
108.2
瘖 222.5
醅 222.6
諲 103.10
甄 103.8
霒 222.5
闉 103.8
䕃 108.2
濦 114.6
磬 220.8
䕃 108.2
yín
冘 220.6
尒 221.9
圻 114.9
芜 220.6
吟 221.7
犾 107.3
犾 114.9
所 114.10
砧 220.6
𡈼 220.7
垠 107.5
114.9
泿 107.5
珢 107.4
苓 221.8
䓴 107.4
114.10
峾 107.4
圁 107.3
狺 107.3
114.10
唫 221.8
崟 221.8
訡 221.8
淫 220.5
寅 106.7
婬 220.6
㴈 114.9
鄞 107.3
114.10
廞 221.9
齡 221.8
壞 106.8
黃 106.8
霖 221.8
碞 221.8
筌 220.6
銀 107.2
夤 106.8
撢 220.7
誾 107.3
䏰 106.8
醰 220.7
螾 106.8
檭 107.3
蟫 220.6
嚚 107.4
麔 107.4
114.10
鄞 220.7
霪 220.6
齗 114.10
鄮 107.3
鐔 220.7
齦 114.10
鼾 107.5
114.10
鷣 220.6
鱏 220.7
yǐn
乚 281.8
廴 278.8
尹 279.7
引 278.6
弘 278.7
肙 281.8
听 278.4

282.2
弞 278.7
朄 278.8
蚓 278.7
𢭃 278.8
釿 278.3
鈏 278.9
飲 331.10
靷 278.9
嚍 278.8
㥼 281.8
趛 331.9
磤 281.7
僸 331.9
㱃 331.10
潭 332.2
戭 278.8
碒 278.4
隱 281.7
螾 278.7
嶾 281.8
濥 278.8
縯 278.9
齗 278.4
癮 281.7
濦 281.8
𤃫 331.10
檃 281.8
䌥 281.8
𨎐 281.8
䤃 278.4

yìn

引 394.5
印 396.3
吟 443.5
朄 394.6
胤 394.5
洕 394.6
㸒 399.4
垽 395.6
399.5
𢭃 394.6
猌 395.5
䡛 394.6
喑 443.3
鈏 394.6
飲 443.3
靷 394.5
𨏓 394.5
廕 443.3
蔭 443.2
酳 394.5
霒 396.5
稖 443.3
㥼 399.4
𠤩 396.5
瘖 443.3
窨 443.3
憖 395.5
𠐝 399.4
䲟 396.5
隱 399.4
㡥 399.5
濥 394.5
㦩 399.4
檼 399.4
濦 399.5
𩓹 443.7
𩐚 443.7

yīng

英 187.7
莖 190.10
娍 187.7
渶 187.6
媖 187.7
瑛 187.7
楧 187.7
鍈 187.6
帶 195.1
嫈 190.9
195.1
賏 193.3
霙 187.6
罃 190.9
甇 190.10
195.1
嬰 193.2
膺 201.3
應 201.3
𧦝 187.6
罌 190.8
𠞰 190.10
鶧 187.6
𨞰 193.3
譻 195.1
攖 193.3
蘡 193.3
罌 190.8
嚶 190.9
瓔 193.3
櫻 190.9
䁝 190.9
鶯 190.9
𧕍 201.4
纓 193.3
鷹 201.4
鸎 190.10
鸚 190.9

yíng

迎 189.5
俓 192.1
盈 192.7
娙 191.10
𨛭 192.10
𤠵 192.9
楹 192.9
𦞦 192.10
塋 193.1
熒 200.1
瑩 188.8
禜 188.7
䁝 193.1
贏 192.8
螢 200.2
營 192.10
縈 194.10
𤇾 193.2
濴 193.2
鎣 193.1
攍 192.10
𧄶 192.9
蠅 201.6
瀛 192.8
㜲 192.8
贏 192.9
籯 192.8

yǐng

郢 320.3
矨 322.8
㓵 318.5
浧 320.3
泂 319.3
梬 320.3
奣 319.4
㲟 318.5
𥇌 322.8
摬 318.5
境 318.4
影 318.4
頴 320.4
䁝 319.3
璟 318.4
𩳐 322.6
穎 320.5
䫿 318.5
濙 322.2
𦞪 321.1
𨞰 320.10
巊 322.6
𩞁 318.5
廮 320.10
瀴 322.6
𣤤 321.1
癭 320.10

yìng

迎 432.3
映 430.10
倂 434.10
硬 432.6
暎 430.10
詇 430.10
媵 434.9
嫈 432.6
賏 430.10
𪱮 434.10
瑩 434.7
鞕 432.6
䧹 435.2
賸 434.9
應 435.2

鎣	434.7
𢡅	434.7
瀅	434.7
譍	435.2
瀴	432.1
𧞤	432.5
鱦	434.10
䵴	434.9
yōng	
邕	38.2
庸	37.2
嗈	38.3
傭	37.4
鄘	37.4
雍	38.2
墉	37.3
嵱	37.7
㺎	37.3
𢒙	37.7
滽	37.2
慵	39.10
槦	37.7
𤛇	37.3
銿	37.3
亯	37.3
𢧢	37.7
𤮐	37.4
噰	38.3
𧳜	38.3
壅	38.4
澭	38.3
𧍯	37.5
𧳅	37.3
壅	38.5
雝	38.4
鏞	37.3
罋	38.4
𧳜	38.5
廱	38.4
灉	38.3
𪄺	38.4
𩪍	37.4
鱅	37.4
饔	38.4
癰	38.4
yóng	
揘	188.8
喁	38.2
顒	38.1
䮵	38.1
鰅	38.1
yǒng	
永	318.7
甬	240.8
咏	431.9
泳	431.9
栐	318.7
俑	240.10
勇	240.7
埇	240.9
涌	240.7
悀	240.9
恿	240.7
傛	240.10
詠	431.9
塎	240.9
蛹	240.10
𧗳	241.1
溶	240.10
𧻓	240.9
踊	240.8
湧	240.9
禜	431.10
擁	240.1
𦆽	240.2
𢹂	240.2
醟	431.10
yòng	
用	346.8
雍	347.1
壅	347.2
灉	347.2
yōu	
𢆶	204.9
	217.10
攸	206.7
妖	204.10
呦	217.10
泑	217.10
怮	204.10
	217.10
幽	217.9
𣣈	217.10
悠	206.6
麀	204.9
憂	204.8
𧕏	217.10
鄾	204.9
優	204.8
𧄒	204.10
嚘	204.10
𢙼	204.9
獶	204.10
瀀	204.9
櫌	204.9
𢿡	204.10
𪋻	204.9
耰	204.10
纋	204.10
yóu	
尤	204.6
冘	206.8
由	206.7
扰	207.1
卣	206.10
邮	207.2
𡇖	207.2
沋	204.7
𣏌	204.6
肬	204.7
油	206.7
㽕	207.3
疣	204.6
斿	206.9
逰	206.10
𠧪	206.8
郵	204.7
秞	206.9
䍃	207.1
舀	207.1
庮	207.2
浟	206.7
蚰	206.9
偤	207.1
畓	207.1
訧	204.8
𣳾	207.2
揄	207.1
莤	206.9
𣘍	207.3
𦚰	204.6
猶	206.6
𤸫	207.2
遊	206.10
游	206.10
𦱐	207.4
楢	206.9
猷	206.6
蕕	206.7
蝣	206.9
𦖋	218.5
輶	206.8
黕	204.7
𧢼	207.1
𢊍	206.8
䚃	207.3
繇	207.2
鯈	207.1
鋚	207.2
蘨	206.8
𡈽	207.2
邎	206.8
櫾	206.9
yǒu	
友	323.5
㕛	323.5
右	323.3
有	323.3
宂	326.3
酉	325.9
丣	325.10
卣	326.1
泑	329.10
怮	329.10
苃	323.6
羑	326.2
𣣈	330.1
莠	326.2
栯	323.5
𥁑	323.5

鵌 70.2
謣 76.2
騟 79.1
旟 70.1
趣 70.5
蕍 79.1
蘛 458.1
鷠 74.5
譽 70.3
鰅 74.7
澞 70.3
歔 68.6
齬 68.7
鱮 68.6
澦 69.8
驉 74.4
鸒 70.5
鶚 74.7
齵 74.8
鸆 74.8
鸒 70.6
麌 70.4
𤃞 68.6

yǔ

与 258.10
予 258.10
迂 265.6
舁 258.10
宇 262.3
羽 261.10
扰 265.3
雨 262.2
𨚍 262.6
俁 261.10
禹 262.2
栩 262.5
圄 258.3
瓜 265.3
祤 262.5
扵 261.2
敔 258.3
圉 258.2
鄅 262.5
庾 265.2
𢙟 265.3
萬 262.6
楰 265.4
斞 265.4
寓 262.5
瑀 262.5
楀 262.6
與 258.10
傴 265.6
衙 258.3
窳 265.2
萸 265.3
語 258.2
聥 262.6
噢 265.6
鋙 258.4
窳 265.2
頨 262.6
萸 259.1
噳 261.10
嶼 261.6
貐 265.3
𩃥 262.7
歟 258.10
𢡃 259.1
禦 258.4
𦞒 261.2
篽 258.2
麌 261.10
蘌 258.5
𨧳 258.4
齬 258.4
籞 258.2

yù

玉 463.4
芋 368.1
吁 368.4
聿 475.7
羽 368.2
茟 475.9
肙 473.9
谷 464.6
汩 473.9
忬 365.8
弃 457.10
抇 473.9
 478.8
雨 368.2
郁 460.1
欥 475.10
育 457.7
禺 366.2
昱 457.10
建 475.9
𣢾 460.4
栯 460.3
彧 460.2
砡 461.7
𤞞 464.6
浴 464.5
悇 365.8
屖 365.8
域 530.1
扵 364.9
堉 457.10
逑 473.9
䓣 530.2
菸 364.9
䓛 458.1
菀 477.9
𡙇 530.1
悆 365.7
欲 464.5
道 458.1
淢 530.2
淤 364.9
淯 457.10
尉 477.9
琙 530.1
馭 363.8
揟 478.8
棫 530.1
棜 364.9
𣗋 457.9
㰲 460.4
遇 366.1
喅 458.1
喻 367.4
鄔 364.8
𢕘 478.8
御 363.8
飫 364.8
庽 366.1
焴 457.9
寓 366.1
裕 367.3
粥 457.8
媀 366.1
矞 475.9
繘 475.10
頊 463.6
雈 457.10
㖶 460.5
䎉 367.4
罭 530.1
與 365.8
愈 265.3
𩗗 473.9
瘀 364.8
衮 367.3
煜 457.9
預 365.5
蓲 366.2
蔚 477.10
輍 464.6
䡈 460.2
䨞 368.4
䁥 478.8
䧻 464.6
蜮 530.1
蜟 457.10
𨧖 530.1
鯍 457.8
鄭 460.4
銉 475.10
獄 463.5
餐 477.8
語 363.8
㾢 366.2
瘉 265.3
隩 460.3
嫗 366.2
緎 530.2
䋖 457.8
瑦 463.6
墺 460.3

薁 460.3
睢 458.1
噢 460.3
噊 475.10
稶 460.4
鋊 464.6
慾 464.6
澳 460.3
潏 475.9
懊 460.4
熨 477.10
遹 475.8
豫 365.3
萸 365.7
蕷 365.7
[illegible] 478.8
[illegible] 365.8
錥 457.9
覦 367.3
[illegible] 364.8
[illegible] 460.3
諭 367.3
燠 460.3
燏 475.8
澦 365.8
鴥 475.8
𧶠 457.9
與 365.6
[illegible] 365.7
歟 365.8
儥 457.9
魊 530.2
[illegible] 458.1
[illegible] 475.10
䮝 530.2
醧 364.9
[illegible] 475.9
[illegible] 365.7
[illegible] 460.4
礜 365.6
[illegible] 460.5
鵒 464.6
[illegible] 478.8
[illegible] 475.10
繘 475.8
[illegible] 530.1
饇 366.2
霱 475.9
[illegible] 460.4
530.2
[illegible] 477.9
譽 365.5
[illegible] 364.9
[illegible] 475.8
驈 475.8
鬻 457.8
鸒 365.6
鱊 475.10
[illegible] 366.2
鷸 475.8
鸒 365.6
[illegible] 365.7
欝 477.8
鬰 478.1
鬱 477.8
鬻 457.8
籲 367.4
灪 477.8
爩 477.8
[illegible] 477.9

yuān

囦 137.9
帵 117.3
宛 117.4
剈 137.10
怨 117.5
[illegible] 143.4
[illegible] 137.9
[illegible] 117.5
悁 143.4
冤 117.3
弲 137.10
蒬 117.5
[illegible] 137.10
[illegible] 137.9
淵 137.9
[illegible] 117.4
菀 117.4
蜎 137.10
143.4
涴 117.3
裷 117.5
婏 117.5
鳶 142.10
蜿 117.4
[illegible] 117.5
潫 143.4
145.8
鴛 117.3
嬛 143.3
[illegible] 117.5
鋺 117.4
[illegible] 117.4
嬛 143.4
145.7
鵷 117.3
[illegible] 137.10
[illegible] 137.10

yuán

元 115.1
邧 115.6
阮 115.7
芫 115.6
沅 115.4
杬 115.4
垣 115.9
爰 115.8
洹 115.10
員 144.3
袁 115.8
原 115.1
蚖 115.5
[illegible] 143.1
援 115.9
[illegible] 115.7
猨 116.1
湲 144.4
媛 115.10
[illegible] 116.1
蒝 115.8
園 115.9
圓 144.4
猿 116.2
獂 115.7
溒 116.1
源 115.3
嫄 115.4
榬 115.9
榞 115.6
[illegible] 115.7
蝯 116.1
蝝 142.10
緣 142.10
圜 144.4
羱 115.5
黿 115.5
蔦 143.1
轅 115.10
謜 115.7
櫞 142.10
邍 115.2
騵 115.4
鶢 115.10
[illegible] 143.1
[illegible] 115.6
[illegible] 115.9
[illegible] 115.3

yuǎn

邧 282.4
[illegible] 282.4
遠 282.4
[illegible] 282.4

yuàn

肙 411.1
苑 283.5
怨 399.7
院 411.9
援 411.9
掾 412.1
傆 399.6
[illegible] 399.7
[illegible] 412.1
媛 411.9
瑗 411.9
遠 400.10
愿 399.6
[illegible] 411.1
褑 411.9
[illegible] 410.10
緣 412.1

嬛 411.1
颯 412.1
願 399.6
顯 399.6

yuē

曰 480.2
抉 495.1
妜 495.1
宎 495.1
約 504.5
肥 166.4
窫 495.2
餮 480.7
熉 495.2
嫑 480.6
暗 495.2
皒 166.5
噦 480.7
500.10

yuè

月 479.6
戉 480.1
抓 479.7
刖 479.6
抈 479.7
朏 479.7
礿 503.1
𡵂 503.3
妜 502.4
玥 479.7
枂 479.7
逑 480.1
岳 466.5
泧 480.3
娍 480.3
栰 480.3
軏 479.7
跀 479.6
蚏 480.2
焥 480.2
悦 500.8
娧 500.9
抸 466.7
跀 479.6
蛂 480.3
絾 480.2
越 479.10
莌 500.9
粵 480.1
鈅 479.7
葯 503.3
蜕 500.9
敫 503.3
鉞 480.2
犨 466.7
説 500.8
𦾔 480.3
閲 500.8
樂 466.5
瓛 480.3
樾 480.2
嬳 505.7
嶽 466.5
頔 466.6
龠 503.3
臒 505.8
蔥 500.9
爍 503.5
櫟 503.3
鬮 505.9
癯 503.5
蘥 503.2
幯 503.4
黦 480.7
鸐 466.7
龥 503.5
瀹 503.2
躍 503.1
爚 503.3
禴 503.2
纅 503.4
瞲 503.4
虁 505.9
躩 505.9
蠖 503.4
籥 503.4
瀹 503.2
嬳 505.8
趯 503.5
蘥 503.5
蹹 503.5
覦 503.5
闟 503.5
鑰 503.2
鸑 466.6
艧 505.8
籰 505.9
鷸 503.4
灢 505.9
躍 503.5
鬻 503.2

yūn

壺 112.6
蒀 112.5
氳 112.5
煴 112.5
稐 112.6
輼 112.6
奫 108.3
蝹 108.3
112.6
緼 112.5
頵 108.3
蕴 112.6
馧 112.5
贇 108.2

yún

云 112.3
匀 110.4
邧 112.4
芸 112.1
囩 107.6
沄 112.4
妘 112.3
畇 110.4
員 112.4
耘 112.2
耺 112.4
茐 107.7
紜 112.3
雲 111.10
郧 112.2
秐 112.2
筠 107.6
湏 112.3
愪 112.4
賱 112.4
蕓 112.2
鼎 112.4
澐 112.3
䅗 112.2
橒 112.5
篔 112.3
縜 107.7
篔 112.5

yǔn

允 279.9
抎 281.5
会 281.4
狁 279.9
玧 279.9
莟 279.4
蚘 279.10
搵 281.4
嗹 281.4
粇 279.9
惲 281.2
隕 279.4
湏 279.4
愪 279.4
殞 279.9
駪 279.9
殞 279.3
褞 281.3
趣 281.4
藴 281.3
輓 281.3
磒 279.4
瘨 281.5
緼 281.3
醖 281.4
暉 281.3
蘊 281.3
霣 279.4
韞 281.3
賱 281.5
蕒 281.5
齳 281.4
齳 281.4

yùn
孕 434.9
忶 398.3
貟 398.3
鄆 398.1
慍 398.8
運 397.10
暈 398.1
賱 398.3
䲰 398.3
薀 398.8
熉 398.4
緼 398.8
緷 398.4
醞 398.7
覞 398.4
䩵 398.4
餫 398.1
韗 398.1
韗 398.1
韻 398.4
鶤 398.3

Z

zā
帀 537.8
迊 537.9
咂 537.9
沞 537.9
趀 537.9
噈 537.9
噆 537.9
鉔 537.9
䶢 537.9
歡 537.9

zá
㳿 487.8
拶 487.8
沵 487.8
奎 539.10
跡 487.8
師 537.8
鄑 537.8
搮 539.10
磼 537.8
嚽 486.2
巀 486.2
雜 537.7
囐 487.8
蹔 537.8
譖 540.3
蕥 537.8
攢 486.3
囐 486.3
雥 537.8
鬙 487.8

zāi
巛 102.5
扒 102.5
𢦏 102.6
灾 102.5
災 102.5
哉 102.5
栽 102.5
烖 102.5
裁 102.6
渽 102.6
菑 102.6
䏁 102.6

zǎi
宰 276.1
載 276.1
睟 276.1
縡 276.1

zài
再 392.1
在 276.8
393.2
栽 393.2
裁 393.2
載 391.10
393.1
截 393.2
𢧵 392.1
䣴 392.1
灖 393.2
縡 392.1
戴 392.1
䌽 393.2

zān
揝 224.7
腤 224.7
篸 224.7
簪 224.7
䐶 224.7
鐕 227.1
鐕 224.8
簪 224.7

zǎn
昝 333.4
寁 333.4
撍 333.4
儹 288.2
鬢 335.2
鬢 287.1

zàn
殩 404.6
揝 335.3
嵌 335.3
賤 404.6
劗 333.2
賛 404.4
撍 444.7
槧 335.2
暫 445.4
魿 333.1
蹔 333.1
酇 404.5
歜 333.1
篸 444.6
㜺 404.5
攢 404.6
𨆌 445.4
嚽 404.6
灒 404.5
嬻 404.5
嬻 404.6
瓚 286.5
鏨 335.3
445.4
禶 286.6
穳 404.6
禶 404.5
趲 286.6
404.5
讚 404.4
饡 404.5
鬢 404.5

zāng
戕 185.3
匨 185.2
牂 185.3
牂 185.2
臧 185.2
贓 185.3

zǎng
駔 316.1
髒 316.1
驡 316.1

zàng
奘 317.7
429.10
葬 429.9
蕚 429.10
藏 429.10

zāo
蓸 159.10
傮 159.10
遭 159.10
嘈 160.1
槽 159.10
殰 159.10
熿 159.10
糟 159.10
醩 159.10

záo
鑿 510.4

zǎo
早 304.6
蚤 304.7
棗 304.8
璪 304.8
蝨 304.7
澡 304.6
璪 304.7
藻 304.7
繰 304.9
藻 304.6
繰 304.9

鱢 304.7

zào

皁 304.9
草 304.9
造 304.9
喿 420.8
艁 304.10
𢷎 420.6
漕 420.6
噪 420.8
趮 420.10
躁 420.10
譟 420.8
竈 420.10

zé

咋 513.3
516.4
岝 513.3
迮 513.1
泎 513.3
則 531.4
責 516.3
蚱 513.2
笮 513.1
舴 513.2
𣵀 513.2
葥 527.10
苲 516.2
債 516.4
溭 527.10
矠 516.2
嘖 513.1
516.2
516.4
𠟭 531.4
幘 516.3
𧵩 516.2
嫧 516.4
䐨 516.4
諎 513.2
擇 514.7
劕 531.4
澤 514.7
積 516.2
檡 514.9
蟦 516.4
簀 516.3
𪀔 514.8
賾 516.1
謮 516.4
漸 514.10
襗 514.10
蘀 514.9
蠌 514.10
𩓠 516.3
齚 513.2
鰿 516.1
韡 514.10
齰 513.2
鸅 514.9

zè

夨 530.7
仄 530.6
庂 530.8
昃 530.6
汄 530.7
𠩂 530.7
㝡 527.10
𢰸 530.6
崱 527.10
稄 530.6
𥟖 530.6

zéi

賊 532.1
賊 532.2
蕆 532.3
𣿮 532.2
蠈 532.2
鰂 532.2
鱡 532.2

zēn

先 222.9
撍 222.10
𤩽 222.9
簪 222.9

zèn

譖 443.5

zēng

曾 203.4
增 203.3
𦺥 203.5
憎 203.4
橧 203.5
熷 203.5
磳 203.4
罾 203.4
矰 203.4
𨘞 203.5
䎖 203.5
譄 203.5

zèng

増 436.4
鋥 432.3
甑 435.2
䙢 435.3
贈 435.9
䰝 435.3
䵞 435.9
鬵 435.3

zhā

担 170.6
柤 170.5
奓 171.6
咤 171.7
哳 493.4
浾 170.7
秅 171.7
䅎 170.6
𤸪 171.7
渣 170.6
溠 170.6
䐒 171.7
樝 170.5
戱 170.6
觰 171.7
皻 170.6
𥠧 170.7
𤺓 170.6
謯 171.6
䶥 171.7
齇 170.6

zhá

扎 490.1
札 489.10
𣦶 490.1
𣲛 493.3
眣 493.4
蚻 490.1
紮 490.1
蛔 546.2
渫 546.6
喋 546.7
渫 545.4
牐 545.5
煠 545.4
䀢 493.4
劄 546.2
偛 546.2
擖 546.7
𠫸 493.4
霅 546.7
𨖧 545.4
𧾹 545.5
𪀅 490.1
積 493.3
鞢 546.7
𣿏 546.7
䮜 545.4
鏨 493.3

zhǎ

厏 311.8
眨 545.7
痄 311.8
偛 545.7
㞙 545.7
䶠 545.8
𧙎 545.8
䇲 311.8
觰 311.8
縿 311.10
鮓 311.7
䛽 545.8
謯 311.8

zhà

乍 424.6
吒 424.2
奼 424.3
厏 311.9
灹 424.3
咋 424.5

隊 296.5
塚 296.5
瑑 296.4
剸 414.3
傳 413.7
413.10
摶 296.5
僝 413.7
僎 296.8
413.6
縳 296.5
413.8
撰 289.2
296.8
篆 296.4
瑑 413.7
腂 413.6
襈 413.6
轉 414.1
顛 296.8
譔 296.8
413.7
賺 447.5
饌 289.3
413.6
囀 413.10
篹 413.6
鱄 296.8

zhuāng

妝 178.3
粧 178.3
莊 178.2
粧 178.3
裝 178.3
湷 42.6
椿 42.6

zhuàng

壯 428.2
狀 426.10
泏 428.2
裝 428.2
漴 348.1
撞 347.10
幢 347.10
憧 347.10
艟 347.10
艟 347.9
戇 347.10
戇 347.9

zhuī

隹 59.6
追 57.4
萑 59.7
娺 57.4
雈 59.7
鼓 52.6
錐 59.6
靃 57.4
騅 59.6
鵻 59.7
鹿 59.6
鵻 59.7

zhuǐ

沝 248.3
鬌 275.3
腨 248.2
騷 248.2

zhuì

丮 378.4
筃 378.3
啜 378.3
381.5
娷 351.6
甀 350.5
腄 350.5
腏 378.4
惴 348.4
裰 378.3
敪 377.9
槌 350.5
硾 350.5
畷 378.3
膇 350.5
睡 348.4
墜 358.1
綴 378.2
輟 378.4
醊 378.3
喘 348.4
諈 351.7
縋 350.4
錘 350.5
鑀 378.4
餟 378.4
贅 377.9
鎚 358.1
對 358.1
轛 358.4
鏑 381.6

zhūn

屯 109.9
迍 109.9
肫 108.7
窀 109.9
訰 108.7
惇 108.7
帾 109.10
睶 108.7
諄 108.7

zhǔn

准 279.6
純 279.7
埻 279.6
準 279.6

zhùn

肫 396.8
訰 396.8
睶 396.8
稕 396.8
諄 396.8
稕 396.8

zhuō

拙 501.1
炪 501.1
捉 466.9
炪 501.1
倬 467.4
棁 501.2
蚍 501.3
涿 467.2
斮 466.10
準 501.2
黜 501.2
蝃 501.2
頔 501.2
簎 466.10
穛 466.9
頗 501.2
糕 466.9
蕉 466.10
穱 466.9

zhuó

勺 503.9
芍 506.2
彴 503.9
犳 504.1
汋 466.8
忄 503.9
妁 503.10
灼 503.8
茁 491.10
502.5
卓 467.3
衸 504.1
叕 501.5
斫 503.9
捔 466.8
酌 503.10
桌 467.3
丵 466.7
浞 466.7
剟 501.4
掾 467.3
掇 501.4
聉 490.8
著 506.2
506.3
菿 467.4
豝 467.4
啄 467.3
啅 467.4
啜 501.4
嵓 466.9
娺 490.8
琢 467.3
斮 505.1
敎 467.4
晫 467.4
豚 467.4
腏 501.5

焯 503.10
啜 501.3
罬 501.4
窡 490.7
擆 506.3
䄪 504.1
斵 467.2
綴 501.4
斮 506.3
醊 501.4
蹳 501.4
穛 503.10
箸 504.1
鋜 466.7
諑 467.2
噣 467.4
篧 466.8
馰 504.1
餟 501.3
濁 468.6
䪼 468.9
䆷 490.7
擢 468.7
輟 501.5
醶 501.2
斀 467.4
穱 467.3
籗 466.9
鸀 466.8
鵫 468.8
濯 468.7
嬥 468.7
櫡 506.2
謶 504.1
斀 468.9
礋 506.2
鵫 468.7
鐯 506.3
鵽 490.8
繳 503.10
藋 468.7
蠗 468.8
灂 466.8
鐲 468.7
諁 468.8
鷟 466.8
擉 468.7
鸐 468.8
孎 467.3
籱 468.9
齺 466.9
鸀 468.8
篧 502.5
鐲 501.5

zī

仔 65.5
孖 65.5
孜 65.4
邸 48.9
甾 64.3
茬 64.4
呰 48.8
䖪 48.9
咨 54.8
姿 54.9
茲 65.3
洓 54.9
紂 64.5
䰞 48.9
鄑 64.5
菑 64.2
淄 64.3
荖 54.10
郪 48.8
椔 64.5
蚩 48.9
嗞 65.4
嵫 65.4
粢 54.8
孳 65.3
滋 65.4
媊 48.8
貲 48.6
觜 48.10
訾 48.7
資 54.8
粫 64.5
菑 64.3
鈭 48.9
稵 65.5
緇 64.5
鼒 65.5
輜 64.4
蔶 48.9
錙 64.5
諮 54.9
澬 54.9
䑕 64.4
鴜 48.7
鮆 48.7
鎡 65.4
齍 54.10
頾 48.7
齜 48.7
鯔 64.5
齍 54.9
齋 54.8
禌 54.9
鶅 64.5
鰦 65.5
齌 54.8
鶿 65.5
醑 54.10
齜 52.7
黹 65.4
齎 54.10

zǐ

子 255.9
朿 256.6
仔 256.1
孚 256.1
杍 256.2
姊 250.1
秄 256.1
胏 256.5
耔 256.1
批 248.2
248.4
茈 248.1
呰 248.2
虸 256.1
秭 250.1
笫 256.5
梓 256.2
呰 248.1
紫 247.10
滓 248.1
莘 256.5
訾 248.1
跐 248.1
248.4
訿 248.1
滓 256.5

zì

芓 359.4
自 357.10
字 359.3
孖 359.4
事 359.2
荸 359.3
剚 359.2
䏁 348.7
茡 350.2
牸 359.3
傳 359.2
恣 356.2
眥 350.2
胾 359.1
椔 359.1
㱴 356.2
㹅 350.3
孳 359.3
骴 350.3
嫉 358.1
漬 350.2
殰 350.3
積 348.7
羵 348.8
350.2
髊 350.3
蕢 348.7
鶅 359.2

zōng

宗 35.8
嵏 34.1
倧 35.10
趑 39.5
堫 34.1
葼 33.9
嵕 33.9

䡰 34.2
㚇 33.9
椶 33.10
䃶 34.1
㚇 33.10
稯 34.2
綜 346.6
樅 39.4
螉 34.1
䡯 39.4
㚇 39.4
艐 33.10
猣 34.1
緵 34.1
磫 39.4
蹤 33.10
縱 39.3
轆 39.4
豵 33.9
39.4
蹤 39.4
鬉 34.2
鬆 33.10
騣 33.10
䮴 33.9
鯼 33.9

zǒng

傯 238.9
摠 238.6
㚇 238.8
廖 238.9
憁 238.7
熜 238.7
蓯 238.7
䐨 238.8
蓯 238.7
瘲 238.7
䝉 238.8
總 238.6
輚 238.9
䄂 242.1
鬆 238.7
䮴 238.7

zòng

㚇 344.10
傯 344.10
從 347.6
䐨 344.10
粽 344.10
猔 346.7
糉 344.10
緵 345.1
㒸 346.1
錝 346.7
瘲 347.3
縱 347.3
䝉 346.1
鯼 344.10

zōu

郰 211.1
陬 211.1
216.3
掫 216.4
菆 211.2
棷 211.2
216.4
鄒 210.10
篘 211.3
緅 211.2
216.3
鄹 211.1
噉 211.3
艗 211.2
躅 211.2
黀 211.3
騶 211.1
鯫 216.3
齺 211.1

zǒu

走 329.5
掫 327.1
搊 327.1
蝍 327.1

zòu

走 441.2
奏 441.2
楱 442.3
剚 442.3
鯫 329.8
騶 442.3

zū

沮 73.10
租 86.1
菹 73.10
葅 86.1
蘫 73.10
齟 73.10

zú

足 465.4
卒 475.10
484.9
欶 459.7
哫 465.4
倅 484.9
捽 475.7
484.5
啾 459.5
啐 476.1
崒 475.6
崪 484.5
族 453.9
椊 484.5
殚 475.10
欶 476.1
稡 484.9
傶 462.10
摵 459.6
䓭 459.6
槭 459.6
跛 459.5
踤 475.7
嘁 459.6
銼 453.9
膕 459.7
誶 475.7
殧 459.6
數 462.10
鋅 462.10
裓 459.7
髀 484.5
緎 459.7
蝛 459.5
鎐 453.10
蹴 459.7
鏃 453.10
䱀 476.1
顣 459.7
𪗨 459.6
461.7
齰 484.5
䉐 459.6
鏨 453.9

zǔ

阻 260.10
珇 268.7
狙 260.10
祖 268.7
組 268.7
葅 268.8
葙 268.7
靻 268.8

zù

伹 268.6
阻 365.3
犑 268.6
粗 268.6
詛 365.2
鉏 261.1
駔 268.6
鮓 484.5
䴛 268.6
齟 260.10

zuān

劗 128.5
䜺 128.5
䡲 128.5
鑽 128.4
䡲 128.5
䡲 128.4

zuǎn

欑 288.2
纂 288.3
繤 288.3
籑 288.1
穳 288.2
纘 288.2
䉵 288.2

zuàn

攢 406.9
穳 404.9

鑽 404.9

zuī

厜 52.2
厬 100.9
脧 100.9
紫 52.3
 52.4
惢 52.2
觜 52.2
峻 100.9
嫢 52.3
嗺 100.8
嶉 60.5
蓑 52.5
檇 60.5
膗 52.5
劑 52.4
熣 52.5
熼 52.5
騹 52.6
纗 52.2

zuǐ

洅 275.6
紫 245.9
觜 245.9
摧 275.6
嗺 252.5
嚜 252.5
澤 252.5
膠 252.5

zuì

捘 390.7
娎 390.7
悴 384.2
 390.7
最 384.2
睟 390.6
裈 390.6
惢 248.7
罪 274.5
辠 274.5
揖 381.7
綷 390.7
蕞 384.6
蕝 381.7
醉 352.10
鱻 381.7
 384.2
檇 352.10
嶊 252.2
 274.6
纂 384.6
辭 390.6

zūn

尊 120.7
跧 110.2
僎 110.2
嶟 110.2
 120.9
遵 110.1
樽 120.9
鐏 120.9
繜 120.9
鷷 110.2

zǔn

僔 284.7
剸 284.6
撙 284.6
蕁 284.7
噂 284.6
譐 284.7

zùn

捘 402.3
椊 401.7
焌 402.2
瘁 401.7
艬 401.7
鐏 401.7
髩 402.3
鱒 284.9
 401.7

zuō

侳 166.6
銼 166.7

zuó

帓 510.5
柮 487.5
昨 510.3
犃 510.5
莋 510.4
秨 510.6
笮 510.4
絟 510.5
筰 510.4
鈼 510.6
趚 516.4
緒 510.5
攂 518.2
糲 510.5
趞 516.5

zuǒ

ナ 307.5
左 307.4
尮 307.5
砦 309.5
撮 488.9
緅 488.9
攥 488.9

zuò

左 421.7
佐 421.7
作 372.7
 421.8
 508.3
坐 308.7
 422.9
阼 371.5
㘴 421.7
尮 421.7
岝 510.5
迮 508.4
怍 510.4
柞 508.4
 510.4
侳 422.4
胙 371.5
袏 371.5
䟶 308.7
砟 510.6
秨 371.6
座 422.9
祚 421.7
葄 510.6
酢 510.3
飵 371.6
 510.5
嘬 508.5
 511.9
齰 371.6
蘸 371.6
斵 510.4
鑿 508.4
鑿 508.5

筆畫索引

一畫

二畫

三畫

四畫

五畫

【一】

王 460.9
465.8
刊 125.6
未 360.9
末 487.1
示 46.1
357.10
邗 125.1
123.2
玏 282.8
邘 75.9
丼 334.3
320.9
圢 290.5
322.1
打 319.4
321.8
巧 301.7
418.2
正 194.4
432.8
玒 31.6
圤 468.2
扑 454.2
卉 257.8
362.3
扒 490.7
387.10
502.1
执 212.9
扣 340.1
甴 391.2
邛 39.7
功 31.4
扐 531.5
扔 202.2
435.1
去 261.7
364.3
甘 225.10
芋 199.4
322.1
芐 272.9
世 381.2
卌 535.2
艾 382.2
393.8
艽 58.10
212.6
芁 154.5
古 267.8
艼 210.4
155.8
艻 531.5
艿 202.1
芀 146.8
147.2
本 284.4
术 475.3
476.6
札 489.10
刌 284.4
可 306.10
叵 309.2
朿 256.6
丙 317.10
左 307.4
421.7
厌 530.8
丕 59.10
右 323.3
436.6
石 520.4
布 371.7
厇 517.6
夲 158.7
亐 83.8
夰 305.1
303.5
戊 440.2
犮 489.7
尥 526.10
平 141.7
187.8
匜 43.8
246.6
亥 478.1
戉 480.1
【丨】
北 532.4
凸 495.3
483.1
占 228.5
446.4
歺 486.4
延 140.7
297.3
且 73.6
310.9
旦 403.2
目 461.2
叮 196.10
叶 543.2
甲 546.9
申 104.10
号 419.1
田 136.5
由 206.7
卟 91.2
271.9
只 42.9
242.8
史 254.3
央 179.8
兄 188.9
叱 474.2
㠯 253.7
叩 329.6
叫 414.9
叩 329.7
叨 158.5
冉 229.2
336.7
屵 486.3
282.9
皿 318.8
宂 222.8
屼 249.10
冋 200.4
321.4
凹 546.3
邮 131.3
另 526.9
囚 211.6
四 356.6
冎 311.5
図 545.10
535.10
【丿】
生 189.1
432.3
失 472.6
矢 250.9
矢 250.10
乍 424.6
禾 165.9
仟 286.7
丘 209.3
仕 255.6
仜 32.7
付 368.6
伏 382.9
仗 314.3
427.7
禾 392.6
91.3
代 391.7
仙 138.10
仟 134.9
任 506.8
仡 479.1
479.4
仢 504.8
伋 534.10
仉 233.8
448.3
伫 338.4
白 512.3
仔 65.5
256.1
他 162.8
伩 85.1
仞 394.4
斥 424.10
520.3
瓜 168.1
仝 142.3
25.5
尒 247.3
仒 295.6

地	357.5		298.8	亘	435.9	尪	125.2	劣	501.5	屹	479.4
扡	246.7		506.2	臣	104.5	⿸歹乚	135.4	光	183.8	⿰山彡	226.5
扠	96.2	芨	535.1	吏	359.2	尥	415.2		430.8	岋	536.8
瓦	196.7	芒	185.1	再	392.1		156.5	吁	76.3	岌	535.1
耳	254.5		177.9	襾	310.9	⿰歹丂	324.3		368.4	帆	233.8
芋	76.1	芝	60.8		423.10	列	498.9	早	304.6		448.3
	368.1	芎	28.5	束	349.7		77.10	叿	34.4	⿰巾勺	297.9
芏	266.9	芑	255.4	朿	418.6	死	251.2	吐	266.7	回	98.5
芧	101.10	芓	359.4	郁	383.3	成	193.6		370.4	屺	255.4
芐	269.6	艾	95.7	囟	444.2	异	258.10	丣	356.7	屻	470.4
	424.8	朾	191.8		446.5	歧	350.7	吴	425.8	网	314.9
共	40.2		190.7	西	92.2	夷	53.3	㠯	298.5	肉	458.4
	346.10	朽	324.2	⿰去阝	46.3	邔	261.4	邦	306.9	【丿】	
艽	483.9	朴	468.1	厊	310.2	邪	170.10	曳	379.9	年	136.9
⿱艹乇	529.3	朲	104.7	戌	476.1		167.3	虫	257.8	朱	79.3
⿱艹尒	299.2	朳	490.6	在	276.8	邨	121.5	曲	465.1	禾	501.8
芇	129.1	朹	250.6		393.2	攷	305.9	冊	516.5	缶	325.1
	142.1		212.8	丕	59.10	划	307.7	吅	346.9	刉	390.9
	291.5	机	55.1	有	323.3		422.2		117.1		67.8
芊	134.9		249.10	百	512.6		168.1	同	25.4		67.3
	408.7	朼	250.5	存	120.9	至	351.10	吕	258.5	禿	452.4
芞	479.5	朻	210.4	而	62.10	邱	311.6	吃	479.3	先	134.7
	479.2		218.4	匠	427.8	【丨】		吒	424.2		408.6
芆	58.5		330.1	⿸厂介	387.4	朩	458.9	因	103.7	牝	251.2
芃	28.7	⿰木乃	202.2	夸	168.4	丠	210.2	吸	535.4		278.3
	34.3		435.2	夵	335.7	此	245.10	⿰口尸	357.7	廷	434.3
芄	125.9	朷	159.1	灰	98.2	虍	85.5	⿰巾干	403.6		196.7
⿱艹丂	523.7		454.10	达	373.7	尖	229.6	⿰山工	32.6	舌	492.7
	505.5	朸	531.5	戍	367.2	邶	301.3	屼	483.7		499.8
	504.8		526.9	尪	82.1		299.8	屾	111.3	竹	459.1

汜 254.1
汙 211.6
池 51.5
161.10
汝 259.3
汈 409.10
174.10
忓 125.2
402.9
忬 76.5
忖 284.3
忕 382.9
379.8
381.9
忒 529.4
忔 479.2
忨 523.9
297.9
503.9
忙 184.10
他 92.2
宇 262.3
守 324.6
437.4
宅 514.7
宆 490.9
491.5
宊 436.9
326.3
字 359.3
安 123.6
祁 56.7
249.3
礽 202.2
肎 323.2
郍 331.2

【乛】

聿 475.7
肀 541.8
那 163.1
422.1
艮 402.4
迅 394.2
396.9
启 462.2
452.5
弙 402.9
弜 87.9
87.4
异 60.10
359.9
邑 253.7
弱 313.3
45.10
弛 247.10
改 253.7
阱 320.1
阮 282.4
115.7
邪 324.1
孖 65.5
359.4
阰 54.7
阯 253.1
收 209.3
437.4
阪 289.1
283.2
叒 481.10
艸 304.5
阸 100.10
阬 430.3
186.2
防 175.3
429.4
阧 328.1
阦 530.5
丞 200.6
435.7
迆 43.7
246.6
奸 124.10
妋 529.3
朶 307.9
如 73.3
365.3
妊 312.2
370.2
424.3
奴 537.1
妁 504.7
503.10
妃 66.4
390.1
好 305.2
421.1
妏 130.9
407.9
忍 363.2
劦 57.1
劦 543.3
羽 261.10
368.2
牟 213.6
厽 244.8
叒 504.4
矣 91.5
糸 525.3
丝 204.9
217.10
纟 499.3
474.9
巡 110.5
学 256.1

七畫

【一】

匤 465.2
玕 125.1
玗 76.1
玒 31.6
40.10
弄 344.6
玓 523.8
玖 324.4
迋 315.5
428.9
玘 255.4
刹 379.5
汞 230.6
225.9
形 195.10
戒 386.10
刜 428.4
吞 135.4
122.7
扶 81.8
79.10
抏 126.3
抎 281.5
抪 488.10
技 244.9
坏 100.5
抔 100.6
217.7
拒 260.3
坉 284.8
121.4
扽 401.3
批 93.2
扨 484.5
坻 267.1
225.2
址 253.1
走 329.5
441.2
抄 156.3
418.8
抍 472.7
502.6
扫 484.6
坊 544.3
抐 484.3
401.5
汞 238.10
扢 392.4
抍 202.1
322.9
攻 31.6
35.7
赤 520.1
抳 166.4
圻 122.8
67.2
114.9
折 499.10
90.5
499.7
抓 302.8
418.7

矶 491.9
医 214.7
厏 311.8
311.9
厎 249.4
253.2
庝 35.1
会 281.4
应 538.1
奄 109.4
所 260.7
夾 336.10
519.10
夾 545.5
尪 184.4
㔫 143.2
尨 41.1
豖 247.10
尬 387.2
殀 373.6
忒 531.6
迓 424.1
迍 109.9
坒 357.2
473.8
妛 353.6
匥 413.4
岜 529.4
肓 529.5
巠 195.9

【丨】
邶 389.8
芈 247.5
步 372.3
刣 337.10
敀 124.9
卤 92.6
卥 520.3
卣 206.10
326.1
肖 415.6
旰 403.4
旱 285.9
旴 76.5
盯 188.6
319.3
呈 194.1
433.1
呈 496.5
則 364.2
吴 85.8
貝 383.2
見 409.10
410.2
昆 148.6
見 302.9
郎 70.9
叫 300.7
助 365.1
臭 530.6

里 254.6
旵 339.3
吊 537.9
吱 350.8
㞙 473.9
吠 393.5
园 126.2
吰 190.6
吸 548.3
呃 386.9
呕 471.2
呀 171.8
170.5
吨 285.1
吡 473.8
248.6
囩 107.6
鄂 157.1
152.6
町 290.5
199.4
321.9
322.1
甹 197.4
足 367.10
465.4
邮 524.4
207.2
男 223.8
困 401.4

吵 303.1
300.5
吣 502.7
肙 411.1
串 407.7
呐 502.3
吽 329.1
吒 469.6
呋 156.6
吪 165.1
听 278.4
282.2
㕭 406.6
吟 272.4
呅 263.2
264.4
吟 221.7
443.5
𠯿 36.4
吻 280.8
吹 45.2
350.6
呁 396.7
吺 217.4
吭 184.10
316.3
429.8
吣 442.6
吷 502.4
吧 169.8

169.5
吼 329.1
442.2
邑 535.7
囤 284.7
別 502.1
501.9
吮 295.3
280.4
岍 137.4
帙 81.6
岏 126.2
岐 46.2
岈 171.8
㠾 252.1
罕 199.4
322.2
岁 152.2
岓 67.5
帆 302.8
帉 387.2
网 312.9
岑 222.7
岭 230.1
岉 477.3
岇 429.9
兕 249.7
帊 425.7
囦 137.9
囮 165.2

207.2
冏 490.9
484.3
500.10
囧 318.8

【丿】
迕 370.8
劮 471.6
𣪂 537.1
牡 327.6
告 419.6
462.7
㸱 329.6
㸩 109.5
110.5
我 306.6
牣 394.4
利 354.6
秃 452.1
秀 438.5
私 56.3
攷 484.2
𣢈 363.1
每 274.6
389.10
佅 388.9
佅 487.4
臼 457.3
463.8
佞 433.10

征 194.5
兵 188.8
邱 210.3
佉 166.6
估 268.1
体 285.5
何 163.3
306.10
佐 421.7
伾 59.10
佑 436.6
佈 371.7
伻 191.4
兒 268.3
佔 230.9
攸 206.7
伹 71.1
268.6
但 286.3
403.4
124.7
伸 105.2
伷 437.2
佃 409.5
136.6
伿 349.9
348.4
佒 184.5
佀 253.10
佚 471.5
作 372.7
421.8
508.3
伯 512.5
⿰亻瓜 168.5
伱 256.6
伶 197.9
低 89.6
佝 442.2
佟 34.9
住 366.4
368.9
位 352.3
伭 135.10
伴 288.3
406.8
佇 258.8
佗 162.7
162.2
佖 473.7
474.6
皁 304.9
身 105.3
皀 529.10
536.1
535.1
174.7
皃 418.2
467.8
伺 61.8
358.10
佛 478.5
⿰亻出 476.6
伽 166.5
佋 151.3
300.5
佊 243.7
349.1
囪 41.3
囱 33.5
佁 276.9
359.4
253.9
㑃 418.9
近 282.1
399.3
巵 42.9
彺 179.8
彸 36.3
彴 397.1
役 521.6
彷 314.8
185.4
辵 504.10
⿰舟乙 474.9
返 283.2
余 171.1
69.7
希 67.8
釆 408.3
坐 308.7
422.9
谷 451.7
453.3
464.6
谷 505.7
夆 417.7
⿱爫丂 476.3
孚 80.9
妥 308.5
豸 272.10
246.1
含 224.1
⿰令丁 198.2
⿰令刂 197.10
岔 482.3
坌 401.10
弅 281.1
⿱分巾 114.1
⿺辶公 40.6
肝 124.10
肚 267.7
267.1
肛 40.9
42.1
肘 324.2
⿰月山 479.7
⿰月乇 88.4
370.2
肜 28.2
肑 467.6
523.7
肒 404.8
肔 246.7
⿰月攴 259.4
肕 394.4
⿹勹甲 191.4
⿱⺈帀 242.8
邸 271.1
⿹勹目 291.9
409.2
甸 409.5
⿰句刂 216.9
奐 406.2
免 296.10
邭 367.1
劬 76.6
狂 429.4
180.2
⿰犭开 408.1
407.1
410.3
犽 424.1
狆 121.3
⿰犭斤 107.3
⿺辶句 483.6
477.3
⿰犭勾 138.9
⿰犭介 128.3
犺 430.2
狄 524.2
角 466.1
453.6
⿰犭凡 512.9
删 129.5
狃 323.9
438.9
犹 279.9
夆 38.10
彤 34.8
夆 382.9
卵 287.9
308.8
弃 59.1
灸 324.4
436.8
⿰包阝 159.4
155.7
迎 189.5
432.3
系 374.10

【丶】

言 117.5
冹 481.2
477.7
况 428.8
亨 187.3
187.8
313.8
⿰冫冋 321.5

床	178.2	辛	104.2	沅	115.4	汭	377.8	決	494.8	忯	47.7
庋	244.4	杗	185.1	沄	118.7	汻	317.7		494.4		46.3
	245.1		177.10		112.4	沃	461.8	沑	459.9	怐	109.3
庌	310.2	盲	183.1	沐	454.9	沜	406.6		325.4		195.3
庉	284.8	呈	314.10	沛	383.3	沕	526.10	泐	531.5	忭	413.4
	121.6	攺	264.5		383.5	沂	68.1	汷	254.2	忼	184.6
戊	130.2	於	297.2	沞	537.9	汳	400.6	沇	295.6		317.1
庇	357.4		42.4	汥	349.6	汾	112.7	㤶	242.3	忱	220.2
庍	386.2		202.4		46.5	㳂	142.9	忨	126.2	快	388.7
	399.2	弃	355.3		42.9	泛	548.4		405.8	忸	459.9
庈	221.5	冶	309.10	汚	294.10		448.3	忶	118.7	忬	365.8
㡯	241.9	忘	428.7	𣲖	205.6	汦	242.10		398.3	完	125.7
疞	324.3	忝	482.8	沠	530.7	沕	474.5	怖	487.7	宋	346.5
疕	250.5		483.1	汰	382.1		477.4		481.8	㝉	410.8
	248.6	刻	135.10	汱	292.1	㳄	143.6		393.4	宊	482.7
	252.2	羌	175.9	沋	204.7	沟	107.6		383.6	宏	190.3
疓	302.7	判	406.6	沌	284.8		110.8	忮	348.3	宜	47.2
	210.5	兑	383.7		121.5	没	481.9	忧	436.7	牢	157.7
	218.4	冏	378.7		296.5	汴	413.3	㤉	171.9	宁	191.9
疠	276.10	灹	424.3	浅	422.2	汶	107.10	忳	121.5	㝏	387.2
疚	436.7	灼	503.8	沘	250.5		111.10	忡	27.3	究	436.9
吝	394.6	灺	310.6		54.5		397.8	忤	370.8	穷	108.2
彣	111.7	弟	271.3	沏	493.8	沆	184.9	忾	60.6	㝐	37.6
冷	319.4		373.9	沚	252.9		316.2	忕	305.7	灾	102.5
	198.7	汪	184.4	沙	169.10	汸	177.1	忻	114.4	良	173.7
	322.7		315.2		426.3	沈	219.9	㤆	400.5	戻	373.6
序	261.5		430.9	汨	525.4		331.1	忦	491.3	启	271.10
迒	182.6	汧	137.3	汩	482.2		442.9	忟	154.1	帍	269.6
	184.7		410.2		473.9	沉	219.10		417.5	戾	534.6
冸	406.7	汫	322.2	沖	26.8	沁	442.6	忪	36.2	戺	255.6

巵 255.6
衸 298.2
初 68.7
社 310.9
礿 503.1
祀 253.10
邲 353.6
473.6
474.6

【一】

君 113.7
灵 198.4
即 529.6
尿 355.5
屁 354.9
尿 414.10
尾 256.8
戹 534.6
屎 55.5
屄 60.7
局 463.9
夋 454.2
卵 302.3
剆 279.3
攺 254.2
253.9
迅 523.9
414.8
改 276.4
刜 478.7
478.9
鄅 477.6
勈 362.9
艻 474.6
弞 277.9
278.7
忌 360.2
弝 425.7
攺 305.2
421.1
陆 73.8
阿 163.7
陙 165.7
壯 428.2
孜 65.4
妝 178.3
邑 494.2
496.7
圭 37.8
180.3
阽 227.4
肯 468.6
妟 65.1
劳 114.2
113.2
阻 260.10
365.3
阱 337.9
446.5
岜 503.3
阼 371.5
附 366.4
岕 456.6
阾 198.10
320.6
阺 56.1
陏 76.7
265.1
陀 161.9
陒 385.7
517.7
阮 457.2
敀 49.9
陂 45.4
349.1
妦 39.2
姘 320.1
妍 137.5
妋 81.9
204.10
妧 405.8
妘 112.3
妓 49.1
244.9
妣 250.3
妙 416.4
妠 493.1
538.2
444.5
妊 442.7
妷 421.7
妖 153.1
妎 382.9
375.1
妗 228.10
231.5
232.4
妢 113.1
妐 36.4
妑 548.4
448.4
548.6
妛 247.8
姊 250.1
妨 180.2
428.6
妒 370.2
妩 224.9
妜 495.1
502.4
妑 169.4
姒 253.10
好 70.4
努 269.3
邵 151.3
416.1
415.7
卲 416.2
邵 416.1
劭 416.1
忍 277.8
甬 240.8
郃 102.8
矣 256.2
夋 110.1
幽 191.7
災 102.5

八畫

【一】

郖 179.3
劻 179.3
邦 274.2
391.5
奉 240.6
玤 242.3
玞 81.6
玩 405.8
玧 490.7
玭 137.8
107.1
武 263.4
青 195.6
玠 387.1
玲 231.8
玢 108.4
玥 479.7
表 300.8
玫 481.9
玟 98.9
玦 494.5
玧 279.9
甙 391.9
盂 125.2
盂 75.9
玻 286.7
瓶 196.3
欣 190.1
扶 288.3
敖 80.1
忝 337.8
446.5
吞 376.1
抹 487.4
坏 487.4
長 176.3
315.4
427.7
封 94.2
卦 385.5
邽 93.9
抾 63.5
65.6
547.7
坩 226.7
拑 230.2
抴 502.10
380.2
邿 62.10
坷 307.2

	421.9	刮	490.3	拄	265.7	坳	156.6	苫	228.8	茋	249.4
抲	163.7	坱	316.10	拉	537.10	拗	302.8		445.10	苟	328.3
拓	507.10	抧	242.10	坢	288.6	耵	321.7	苜	487.3	茆	323.9
	520.7	部	471.3	幸	319.7	刵	359.6		461.3		302.4
拸	87.8	劼	490.2	拌	288.3	其	63.7	苴	171.5	苳	34.7
	371.8	拐	273.5		129.3		62.1		73.7	苑	283.5
抜	386.8	坍	226.8	抗	301.1	耶	167.3		261.9	苞	155.6
坺	489.9	抩	223.9		473.9	取	329.9		70.9	苙	534.5
	479.10	坰	200.4		478.8		266.2	荁	485.4		534.9
拔	489.7	抶	471.8	坑	495.1	茚	39.8	苗	461.6	范	339.8
	490.1	拃	288.8		494.5	芸	73.9		524.6	苧	258.8
	479.9	拖	422.1	拕	306.5		364.4	苖	152.2	苾	473.7
坪	188.1	坿	80.5		162.8	苷	226.2	英	187.7		498.1
抨	191.4		366.5	扼	517.7	苦	269.2	苋	318.8	直	526.8
坫	446.6	拊	264.6	坈	457.2		372.2	苢	253.9	苊	271.6
	220.2	拍	513.9	坭	271.6	苯	284.5	苒	336.7	茀	361.8
拈	231.4	者	309.9	抳	248.8	苿	476.6	苘	320.9		478.9
延	194.4	抓	168.3	坲	478.6	昔	518.4		322.5	苰	203.9
坥	71.1	坬	426.4	拂	478.9	苛	163.6	茵	211.6	茁	475.1
	364.2	坴	456.6	拙	501.1	苪	318.2	芺	249.8		491.10
坦	286.1	弃	457.10	招	151.5	若	171.9	苵	495.5		502.5
抯	311.2	抮	291.4	坡	165.7		311.6	茉	165.10	苕	147.2
	310.6	夌	200.10	披	45.3		504.2	苻	80.3	茄	168.10
	170.6	拎	197.10		248.5	邦	40.2	茄	139.1		166.5
担	286.1	坻	55.10	奔	261.4	茂	440.1	苽	84.1	苐	413.4
坤	122.1		271.2		261.7	茇	489.9	苶	496.5	苔	101.4
抻	395.4		242.8	拚	413.2		487.6		544.1	茅	155.2
押	546.9	抵	271.2		398.6	苹	187.10		499.7	苺	440.3
	546.8	拘	82.4	亞	423.8	迣	379.7	苸	85.6	苭	298.6
抽	208.1	抱	303.6	拇	327.6	花	389.9	苓	197.9	𣏟	386.4

旴 76.3
旺 428.9
具 368.1
昊 303.3
味 360.9
杲 304.10
果 307.6
盵 363.4
肜 232.1
447.9
肍 404.9
退 87.1
昆 118.8
哷 486.4
呿 166.6
547.7
364.3
呭 380.3
迧 546.10
昌 175.8
門 119.5
呵 163.6
422.1
昨 268.5
昇 201.9
昕 114.4
昄 288.5
288.8
289.1
明 188.4
昒 483.4
477.4
易 349.8
519.4
欥 471.6
475.10
昂 185.7
旻 107.10
旼 107.10
昉 315.1
炅 376.1
321.5
眆 269.6
畂 317.7
畀 357.4
畁 360.4
62.9
呫 543.2
畋 438.4
虰 193.6
191.8
196.10
甿 190.2
虮 55.1
虬 218.1
迪 524.3
畖 292.1
典 290.7
固 370.6
忠 26.7
呾 485.3
492.3
咀 261.1
261.9
呷 547.1
呻 105.2
咢 149.6
咈 289.9
咉 316.10
184.5
呪 437.6
邵 258.8
鄙 26.4
呥 229.1
呬 357.7
咋 513.3
516.4
424.5
咊 165.9
囷 429.6
呱 84.2
唋 311.7
呼 85.2
呤 198.7
咰 329.1
367.2
哵 486.8
389.3
咆 156.3
咜 517.8
咇 473.9
475.1
498.1
咏 431.9
呞 62.10
呢 55.9
咈 478.7
咄 482.6
489.4
呶 154.8
呩 149.2
咍 100.10
呣 217.8
呦 217.10
帓 493.1
岆 360.10
岵 269.6
峕 307.2
岸 403.6
岯 59.9
帗 487.7
477.7
峸 481.4
罘 286.9
403.9
帖 543.1
罗 523.8
岨 70.8
岫 437.4
岟 313.1
帙 470.5
岝 513.3
510.5
帟 510.5
帕 493.1
岭 198.9
岻 56.1
89.8
峋 328.5
82.4
帕 216.2
帑 35.2
岦 534.9
帍 259.7
迴 321.4
岷 107.8
岪 478.7
帗 478.9
岧 147.2
帓 149.2
帔 348.10
45.3
崵 302.9
困 107.7
沓 537.2
牀 248.3
囨 197.8
岡 182.4
罔 314.10
囪 529.10
咼 95.4
【丿】
拜 241.4
郴 77.9
制 379.4
知 51.1
迭 495.3
氛 114.2
112.7
氙 363.6
犻 383.4
迮 513.1
508.4
垂 44.10
牧 461.3
狝 442.10
牪 163.2
物 477.2
犺 182.6
牥 177.3
牞 219.10
乖 96.9
刮 492.6
秆 286.7
秇 529.5
和 165.7
422.3
秈 139.1
季 136.9
秅 170.8

肬	204.7	周	208.3	狍	156.5	府	262.9	洛	510.2	炘	114.4
肱	203.9	㫬	110.4	狂	366.7	底	271.2	净	191.2		399.2
䏘	471.2	郈	244.3	匌	536.7	庖	156.3	音	441.3	炂	36.4
肫	108.7		252.7		538.3	疞	76.3	妾	542.3	炊	45.2
肶	54.6	昏	122.2	狖	438.10	疰	178.3	盲	186.3	炈	521.7
肭	490.10	郇	130.2	狔	248.8	疘	31.5	旊	315.1	炕	184.6
	484.3		108.9	狒	362.5	疛	324.2	放	315.1		430.2
	459.8	兔	370.4	狓	45.3		437.2		428.9	炎	229.3
肛	330.10	狋	144.10	㹨	327.7	疫	314.3	刻	531.7	炓	415.3
肵	410.8		60.6	狕	302.9	𤵸	483.8	於	87.5	炔	376.1
肸	475.1	匋	159.9	咎	157.4	疝	131.3		71.8	沬	487.5
	479.1	狜	547.7		325.7		407.3	郂	101.6	沫	385.4
肣	224.4	犹	476.5	刹	507.6	疙	479.3	劾	392.8		360.10
	333.9	狘	481.4	牲	192.4	㽺	370.2		532.10	沶	61.2
肦	130.4	臽	333.8	匊	457.1	𤵶	538.6		388.5	洴	362.3
	113.1		447.3	匆	351.6		539.6	育	457.7	法	548.4
朋	203.7	狙	70.10		350.10		535.1	氓	190.2	泔	226.2
肺	256.5	狚	485.3	炙	425.2	疚	436.9	㓝	195.9	泄	498.7
股	267.10		286.1		520.6	疯	404.9	邦	200.1		379.10
肮	184.9		403.3	帑	117.3	卒	484.4	劥	186.7	沽	84.3
肪	177.2	狎	546.5	【丶】			475.10	券	399.7		268.2
	175.4	狭	184.5	京	188.2		484.9	卷	295.8		370.6
肒	333.1	狌	189.2	亩	330.6	郊	154.4		283.4	沭	475.3
肤	494.10	留	483.5	床	284.5	効	417.4		412.6	泏	493.3
刖	278.8	狐	83.6	废	489.5	忞	108.1		145.2	河	163.4
	394.6	狑	198.7	店	446.6	兖	295.4	並	322.8	洦	508.3
	278.1	忽	483.3	夜	424.9	庚	185.10	炬	260.3	泙	188.1
肚	324.1	狗	328.4	㡯	349.7	㰠	184.6	炦	468.3	泧	488.7
肥	66.7	狦	129.5	𢈈	403.3	冽	499.1	炒	303.1		481.4
服	455.6		407.3	庙	546.8	㓊	345.2	炳	285.5		480.3

【乛】
建 400.6
录 453.6
隶 357.9
帚 326.10
兕 249.7
孥 358.9
居 63.8
68.10
屃 409.7
121.4
届 387.1
刷 492.9
502.1
屐 502.1
迟 377.1
屈 478.2
478.4
弞 277.9
弣 264.6
欶 477.7
弧 83.8
弥 50.8
弤 271.3
弦 135.8
弫 121.1
弢 158.5
弨 153.3
300.2
弢 349.3
承 200.6
阦 32.10
孟 431.6
牀 178.2
狀 426.10
戕 161.3
178.9
185.3
陌 511.10
陑 63.1
牂 177.8
斨 179.1
孤 84.1
陓 81.10
陕 53.7
孡 102.8
旹 61.4
㰤 64.7
陆 344.5
32.10
亟 528.9
360.8
陎 78.3
陎 164.3
307.9
陒 244.3
降 347.8
41.6
陊 306.5
246.2
函 224.3
231.6
陈 68.1
陔 101.7
限 289.5
妹 389.9
妺 487.4
姏 227.1
姑 84.2
妸 163.9
307.3
姡 370.2
妭 489.6
姘 191.4
娍 480.3
姑 228.9
541.9
剢 423.3
妲 485.3
姐 311.2
妯 208.2
456.7
妜 316.10
184.6
郍 73.4
姌 337.9
336.7
姓 433.2
妷 470.5
妳 272.10
姈 199.1
姁 77.2
76.4
264.9
367.2
姗 124.3
姪 328.2
姅 406.6
406.7
妼 473.9
始 255.1
帑 85.2
316.4
弩 269.3
孥 85.2
姆 440.3
迢 146.9
迦 168.10
166.6
架 163.9
161.2
矸 286.7
舡 126.1
垒 398.6
叁 113.3
邪 262.6
迨 276.2
劬 213.9
叕 501.5
帣 374.1
357.9
紈 212.9
糾 330.1
甾 64.3
刿 498.10
487.8
劮 474.9

九畫

【一】
砉 514.6
526.4
耙 254.1
耔 256.1
契 375.2
479.5
497.7
奏 441.2
春 110.2
珂 163.7
弖 374.5
玷 337.9
珇 419.9
珇 268.7
珅 546.10
珄 189.3
珀 513.10
珎 371.4
珍 105.10
玲 198.1
珣 328.3
珊 124.2
珋 323.8
玸 80.7
玹 138.7
409.2
珌 473.3
珉 107.8
玿 151.4
珈 168.10
玻 165.7
玢 413.4
珆 53.6
毒 461.9
型 196.2
盉 137.5
匽 543.5
垿 41.5
拭 527.8
拭 347.6
240.4
垚 148.5
挂 385.5
封 37.7
346.10
持 64.10
臭 496.4
拮 471.3
493.10
拱 241.2

垣 115.9
拒 393.10
捒 516.7
517.9
⿰扌百 512.2
拵 120.9
挎 87.9
挒 499.3
⿰土列 499.3
城 193.9
垤 495.3
挃 472.2
恧 155.9
批 270.10
248.2
248.4
政 432.7
赴 367.5
赳 330.1
⿱⿻丰乚木 182.7
垙 183.10
⿱叀大 493.10
497.6
挏 239.6
26.1
垔 103.9
挕 104.1
壴 368.9
哉 102.5
挺 196.7
321.9
括 487.9
⿰扌朩 158.1
⿱耂古 337.9
446.8
⿰土犬 532.7
⿰扌犬 532.7
埏 140.5
139.8
挻 140.5
⿰扌壬 331.7
郝 520.3
509.8
519.9
垍 355.9
垢 328.4
扼 309.1
耇 328.4
拴 143.9
拾 533.4
垗 299.6
挑 158.9
146.4
298.10
垛 308.3
挆 307.8
垝 244.3
348.9
拘 408.9
指 249.3
垎 514.2
挌 514.4
507.8
垑 247.9
拸 43.9
埩 191.1
192.1
⿰扌亥 276.5
垓 101.5
幸 485.5
拼 191.7
按 403.1
挪 163.3
垠 122.7
107.5
114.9
拫 122.5
拯 322.9
採 423.3
拹 547.7
⿵冂羽 32.10
⿰去欠 166.6
364.3
揺 210.10
挱 487.8
⿱艹厓 179.4
茉 391.5
某 327.6
甚 331.6
443.6
荊 188.3
茙 27.6
茥 94.1
94.2
⿱艹巩 459.5
茸 39.5
荁 125.10
革 517.4
茞 104.5
茵 380.7
茜 408.7
茬 65.5
64.4
⿱艹有 323.6
荐 410.9
荂 81.3
76.4
巷 347.8
茢 499.2
枼 540.5
荑 90.4
53.7
茀 167.4
欪 377.1
茎 56.2
495.6
茱 150.2
茈 95.5
48.5
248.1
菲 96.10
芫 183.10
草 304.5
莄 135.4
苗 465.2
莒 261.3
茵 103.8
茴 98.8
茱 78.1
荛 290.4
莛 196.5
321.10
⿱艹舌 487.10
茠 158.1
茯 455.6
荐 167.5
茷 383.4
479.9
393.6
莚 139.10
414.1
茌 330.8
⿱艹皿 494.5
⿱艹启 328.5
荇 318.10
荃 143.8
茶 170.8
荅 536.9
芰 300.1
荀 108.9
荈 296.3
茖 514.4
茗 321.5
⿱艹争 190.10
茭 154.2
茨 55.5
荒 182.10
430.8
荄 101.6
96.4
茪 29.3
茟 173.5
荓 199.10
荘 40.9
茫 184.10
荢 359.3
荽 403.2
茛 402.4
瓳 83.7
故 370.6
胡 83.3
剋 531.7
勊 531.7
⿱艹另 46.6
莜 153.7
⿱艹丞 200.5
莓 218.4
茹 73.5
259.4
365.3

莚 424.4
荔 348.5
376.7
南 223.6
茟 213.9
枺 385.4
柰 382.4
栟 486.3
枊 39.9
㭕 73.9
柑 226.2
枻 380.1
枯 87.8
柯 161.2
柄 431.8
柘 425.2
柩 437.7
枰 431.6
188.1
㭋 480.3
枮 228.1
220.2
柤 170.5
查 171.5
95.6
相 177.5
428.10
柙 546.6
柛 105.3
枵 149.4

柚 439.1
456.8
枳 249.2
242.9
柍 313.1
柷 457.7
458.5
枴 273.4
柟 223.9
229.1
336.8
柶 356.7
柣 493.8
470.5
柞 508.4
510.4
柎 81.8
柏 512.6
栀 42.9
柧 84.3
㭌 86.8
267.5
柃 197.9
320.6
柢 89.9
271.2
372.10
枸 217.2
328.5
265.10

栅 516.7
407.3
512.10
柳 323.6
柊 27.2
枹 155.6
80.5
213.2
柱 265.7
264.7
柈 128.5
炁 499.6
柠 259.10
柁 306.5
柲 353.5
473.7
474.10
498.2
栐 318.7
柌 63.8
柅 55.8
251.9
栃 457.4
柫 477.6
柮 482.6
487.5
枷 168.9
166.5
柖 151.4
柀 243.6

郝 212.7
郣 482.5
勃 482.3
軌 250.6
軋 210.5
𠜾 371.8
郙 81.2
263.4
戒 27.6
郠 317.9
匽 282.6
蚮 531.8
哎 306.10
剌 485.7
勅 527.1
吹 306.10
422.1
424.8
畐 530.5
455.9
部 85.10
剅 217.5
215.8
郖 217.5
440.6
袚 389.9
垔 103.9
要 152.4
415.10
速 518.7

酊 321.8
迺 276.4
柬 289.8
郿 104.6
厙 425.4
庯 81.3
咸 231.6
厗 546.10
厖 40.10
威 66.9
匧 147.3
盃 100.5
研 137.5
410.3
頁 496.2
砿 190.6
厚 327.4
439.8
砑 424.2
砌 374.3
砂 170.2
砅 380.9
斫 503.9
砎 491.3
387.2
492.2
砓 154.1
砏 108.5
114.2
110.9

砭 227.10
445.8
砊 430.3
186.3
𥐰 227.10
面 411.9
耐 392.8
耎 296.1
耏 63.3
392.9
戚 193.9
奎 94.2
耷 539.2
庨 90.7
郟 545.5
奓 171.6
424.3
昚 377.1
497.7
厥 43.5
奃 101.1
牵 485.5
沓 395.3
𡯁 415.9
虺 97.5
98.3
257.8
尯 354.4
殆 87.9
殑 502.3

咮 212.2
437.3
79.6
368.9
咶 492.8
389.3
388.4
咻 211.5
264.10
唌 124.8
囿 436.7
461.5
咿 56.10
㖃 329.1
327.5
442.2
哈 538.7
咷 159.5
414.6
欬 96.1
响 474.1
哆 171.6
311.9
247.10
360.5
306.3
421.8
424.3
咬 154.4
156.7
啐 486.4
咳 102.9
咲 513.7
咤 171.7
424.3
咹 485.7
囯 498.3
咱 502.7
帓 527.9
峙 255.1
峣 266.7
峵 316.7
430.9
峘 204.4
126.1
帞 511.10
峏 63.2
耑 126.5
峖 312.1
炭 402.10
峛 246.8
峢 380.10
峓 53.6
罘 213.3
罢 186.9
罝 260.5
罡 54.7
罜 371.2
貶 448.4
峒 345.3
25.7
峕 496.9
500.2
峑 143.8
帢 545.2
峔 32.6
34.5
42.6
峗 51.9
峞 100.7
275.4
峋 108.10
峉 513.5
峰 306.9
峥 187.6
190.10
帪 183.2
峐 101.7
迴 98.6
390.10
峽 543.3
枽 311.5
骨 481.10
幽 217.9
【丿】
卸 425.1
釖 264.6
缸 41.6
拜 387.10
看 125.5
403.8
矩 265.9
矨 322.8
矪 277.9
牯 268.2
牱 191.4
牰 437.5
439.3
郜 419.5
462.7
牭 356.8
牲 189.2
牪 510.5
牫 240.4
牶 199.1
牴 271.2
牸 329.1
牝 166.2
164.8
牧 158.6
适 488.1
488.3
甜 248.4
舌 545.8
秩 81.8
秬 260.3
秕 250.4
秒 300.4
香 174.6
种 26.8
秅 351.6
秏 420.10
390.2
秎 398.10
秭 250.1
秡 354.8
秔 186.1
秝 177.3
秋 206.2
科 165.10
422.4
杷 426.2
重 38.6
240.4
347.5
复 455.9
竽 75.10
竿 124.10
笈 545.9
534.5
542.5
548.3
缶 390.2
段 405.8
俽 381.6
380.2
俱 544.7
俅 212.8
怤 81.1
俌 263.2
264.6
便 414.2
141.6
俥 464.5
452.7
侸 217.4
俍 103.6
393.10
俉 276.8
俠 543.3
俆 41.2
242.4
导 336.2
舁 70.4
粤 207.3
叟 328.8
脉 165.9
脈 513.8
垡 479.9
俳 272.4
胖 406.7
俓 433.9
137.6
192.1
修 207.10
俏 416.6
俣 261.10
俔 410.1
291.3
俚 254.9

保	305.4	毗	272.5	⿰彳先	111.4	卻	503.8		364.2		484.2
俜	197.4	瓵	512.7	徇	397.1		504.6	胆	124.7		276.8
	433.4	泉	142.3	⿰彳各	514.4	郤	513.3	胂	103.7		390.1
促	465.6	敀	512.6	徉	173.3	延	71.5		105.3	胎	102.7
俋	534.6		513.9	衍	292.7	爰	115.8	胛	546.9	胟	327.7
侉	443.6	卽	529.6		414.1	⿰乎刂	489.2	胑	42.10	匍	82.10
俄	162.6	鬼	257.7	律	476.3	冒	474.5	胦	42.1	矦	214.7
侮	263.9	侵	218.8	很	285.7	爯	202.7		179.9	⿰𩙿亢	483.8
⿰亻兵	319.2	禹	262.2	後	327.4	采	352.9	脱	428.8	瓯	373.2
⿰亻身	105.3	侯	214.2		439.7	受	419.5	胜	197.2	敁	271.3
俆	71.8	侷	463.9	舡	42.1	郛	80.10	胅	495.3	負	324.9
俙	67.9	帥	354.3	航	483.8	⿰豸勹	526.10	胙	371.5	迴	409.2
	257.9		473.10	⿰舟彡	219.5	食	527.3	胕	366.7		397.1
侳	166.6	追	57.4	⿰舟及	538.7		359.9	胉	509.3	⿰刍巴	504.9
	422.4	俑	33.8	⿰舟又	169.9	瓴	197.10	胍	84.1	皱	328.5
俗	465.7		240.10	⿰瓜巴	121.6	⿰令毛	198.10	胗	278.2	⿰刍斤	76.9
俘	80.10	俟	67.3	⿰瓜比	442.9	⿰令欠	433.8		277.2	⿰刍欠	76.3
俛	297.1		255.6	⿰余阝	84.9	⿱龹疋	541.7	胝	60.4		264.10
⿰亻延	315.5	俊	397.2		71.8	⿱癶夊	34.1	胊	76.6	勉	297.1
係	374.8	盾	284.8	俞	438.2		344.10	⿰月冊	124.2	狨	27.7
信	394.1		280.4		78.5	盆	121.7	胞	155.6	狤	471.3
侻	489.1	垕	327.4	弇	225.3	⿰月正	194.4		155.7		473.6
併	434.10	逅	439.6		337.3	胠	547.8	胘	135.9		493.10
⿰亻沙	161.7	衎	286.9	⿺辶合	536.5		73.9		138.8	狟	126.1
俒	118.7		403.8	郗	55.2		364.3	胖	406.7	⿰犭百	512.1
	401.2	⿰彳戎	27.5	逃	159.7	⿰月古	267.10	⿰月穴	475.6	独	380.3
俫	444.3	待	276.2	⿱亼夹	46.6	⿰月石	508.2	⿰月必	498.1	風	28.8
俍	316.9	⿰彳吉	471.8	剉	422.7	胈	489.8	脉	515.5		345.6
皇	183.4	⿰彳夹	53.9	狙	260.10	⿰月平	188.1	胇	474.6	⿰犭囟	497.5
⿰目夫	426.1	徊	98.7	⿰谷九	212.9	胆	70.10	⿰月出	257.3	⿰犭朱	79.6

狿 196.8
狧 539.5
狇 211.4
狿 139.9
414.2
𤞑 536.10
狣 299.5
怱 33.3
狢 510.2
㹈 43.7
狰 320.1
192.2
狡 302.5
勢 524.7
狩 437.3
觓 218.1
曽 516.6
㫊 160.9
210.3
213.1
訇 191.5
138.8
夆 29.5
颬 63.3
165.5
126.1
逄 41.10
昝 333.4
迻 43.5
怨 117.5
399.7
急 534.9
炰 156.4
胤 394.5
匊 110.1

【丶】

衰 76.1
訂 321.10
434.3
199.3
計 374.7
訃 367.6
訅 212.10
訆 414.9
訒 202.2
浹 544.8
546.5
543.3
畞 327.7
亯 313.8
哀 101.2
亭 196.5
亮 426.7
庨 255.2
度 369.6
506.7
庲 349.7
庢 472.2
庛 349.8
弈 519.2
奕 519.2
帟 519.2
迹 518.7
庚 357.9
扃 26.3
启 258.8
庭 196.4
庥 211.4
盾 338.4
庣 146.5
庬 348.10
㢁 247.8
疧 42.10
疣 204.6
疨 171.8
㽣 358.4
㽾 400.5
疥 387.1
疷 46.3
疦 547.8
疫 521.6
疢 396.5
疚 220.3
疾 494.10
494.4
庠 173.7
庰 433.5
㡼 520.3
这 154.4
垐 55.6
530.10
咨 54.8
姿 54.9
竝 244.3
348.10
竑 190.5
音 222.3
彥 411.6
帝 372.9
郣 185.2
178.1
盄 183.1
斿 206.9
施 49.8
350.9
玅 416.5
差 169.9
95.7
97.4
385.10
50.5
美 249.5
羑 326.2
姜 176.2
迸 432.5
叛 406.7
帣 412.6
料 406.6
送 344.2
眷 412.6
145.5
粠 32.9
籺 496.4
迷 93.4
籶 111.2
籹 260.1
前 134.7
酋 207.7
首 324.5
437.4
豙 352.9
逆 513.6
茲 65.3
65.3
炑 476.6
炳 318.1
炦 489.6
炶 226.10
炟 485.3
炠 546.6
炴 313.2
炯 321.4
321.5
烌 206.2
炵 34.9
35.10
炮 156.4
418.4
炷 265.5
366.8
炫 409.1
炥 478.7
炪 476.5
501.1
炤 415.7
剃 373.6
為 44.1
洭 179.3
㚟 269.8
洼 93.10
95.10
171.2
洔 252.10
255.2
洁 471.3
洘 305.9
洱 254.5
359.6
洪 32.6
洹 125.9
115.10
洟 359.7
洒 275.6
涑 520.9
洒 386.6
271.7
洦 512.2
513.10
洧 250.9
洊 410.9

祖 253.10
祚 371.5
祔 366.5
祇 53.1
祕 353.4
祠 63.8
亘 519.10
欻 473.9
祀 314.3
427.5

【乛】

隶 106.5
建 475.9
郡 398.9
退 390.8
既 363.1
叚 310.3
屍 56.5
358.4
屒 53.9
屋 450.9
眉 387.5
屑 484.4
屎 355.6
眉 355.3
咫 242.9
屏 194.9
320.7
199.9
屎 250.10
60.7
弭 247.5
敃 278.10
盄 151.6
弸 26.3
悲 474.6
弨 547.6
陋 441.8
陡 328.1
陣 395.2
陠 87.7
88.6
韋 66.1
陙 109.3
弴 161.3
眉 59.1
胥 70.6
259.9
陝 544.10
陜 336.9
弨 151.4
孩 102.9
孨 535.10
296.6
413.7
陛 272.2
陘 196.2
陟 527.2
峀 41.5
陗 416.5
陗 291.10
瓶 493.2
峁 362.3
欸 476.5
471.7
陪 462.8
452.1
陞 201.10
蚩 297.3
除 72.10
364.10
院 126.2
411.9
陖 396.9
娀 27.5
娃 95.10
姞 473.5
姥 266.6
姷 359.6
娟 436.7
姱 168.4
姨 53.2
姪 495.2
470.5
姛 239.5
絮 74.1
姻 103.10
姝 82.2
姡 325.3
103.3
姺 111.4
290.4
娗 196.7
321.9
姡 492.8
488.5
姤 441.5
姽 308.7
309.1
姶 538.4
姚 150.8
姝 336.8
姽 244.5
248.9
姰 409.2
109.1
姳 321.6
姼 47.7
247.7
243.4
姣 302.6
153.10
姺 68.1
姟 101.7
姘 191.3
197.5
娜 306.9
娱 423.3
姦 130.8
拏 168.5
怒 269.3
371.6
架 423.7
賀 423.8
毦 147.3
砍 149.2
怨 161.3
庖 169.8
飛 66.5
婺 447.1
盈 192.7
羿 75.10
羾 344.5
羿 374.6
羝 529.2
負 144.3
112.4
398.3
臬 254.9
勇 240.7
瓴 61.3
臭 101.4
怠 276.2
癸 251.9
發 489.6
蚤 304.7
柔 208.10
敄 264.1
367.10
矜 526.3
矜 202.2
殺 526.3
矼 459.9
垒 244.9
353.3
彖 406.1
逡 327.5
紆 81.9
紆 286.8
紅 32.7
紂 64.5
紂 325.8
紇 484.6
496.2
紃 109.5
110.5
約 415.10
504.5
紈 125.8
級 534.10
紀 253.6
紉 106.8
欶 217.10
330.1
460.4
逕 206.10

十畫

【一】

耕 189.9

耘 112.2
耖 418.8
栔 375.2
497.7
⿱㓞氏 497.6
挈 497.6
契 491.4
泰 381.9
秦 106.6
珪 93.9
珥 359.5
珙 40.2
241.4
珹 476.2
琄 437.6
珹 194.1
玼 48.5
245.10
271.7
珙 379.10
珠 79.5
珬 305.4
珽 321.10
珦 427.3
427.6
珩 189.6
珨 545.2
珧 150.7
珮 389.7
珣 108.10
珞 507.4
琤 187.5
191.1
珏 466.3
珓 417.7
琉 29.3
班 130.3
琅 122.6
402.4
107.4
敖 160.1
珕 348.6
376.8
珝 264.10
素 371.3
冓 217.2
441.7
匿 528.1
⿱二亦 406.3
㒼 395.2
栞 125.5
蚕 290.6
匪 257.3
髟 151.8
218.2
233.2
捇 516.9
扻 94.1
95.10
恚 351.4
⿰扌瓜 544.6
542.7
⿰扌两 351.8
栽 102.5
393.2
捄 82.5
213.1
⿰扌孛 482.6
⿰土孛 482.4
捕 372.3
埂 186.2
317.10
挭 317.9
捒 364.8
368.4
捂 370.9
⿰扌亘 287.4
馬 309.6
振 103.5
393.9
挾 543.3
⿰土坐 272.3
赶 480.9
118.2
⿺走土 102.7
97.5
⿺走乞 479.4
起 255.3
捎 154.10
148.8
垾 402.7
捍 402.6
288.9
捏 188.6
捏 496.5
垻 425.7
貢 344.4
垷 291.1
291.2
挸 291.1
埋 97.5
捉 466.9
⿰吉支 490.4
埍 292.1
291.9
捐 142.10
欯 471.7
袁 115.8
㱿 468.3
⿰壴乚 360.6
挹 534.3
捌 490.7
493.2
⿰扌我 306.6
⿰扌秃 452.4
⿰扌秀 208.1
⿰土每 461.4
挴 274.6
⿰土兵 190.3
⿰扌阜 190.1
都 88.3
哲 499.3
⿰扌⿱斤巾 380.3
逝 379.8
娎 415.5
502.8
耆 56.7
耄 419.8
⿱耂豕 366.3
捈 88.3
84.9
挫 422.3
埒 501.6
捋 489.2
捊 156.5
217.6
挼 99.10
換 404.8
挽 283.1
埆 468.6
捔 466.4
466.8
捀 38.10
346.10
⿱巩石 241.5
⿱巩手 241.5
恐 241.1
347.5
埣 195.4
挩 488.6
489.1
裁 102.5
挮 270.8
抄 161.6
垸 126.2
404.8
捖 126.2
⿰扌來 333.5
⿰土究 438.3
埌 429.7
捃 398.8
埐 220.9
221.1
⿰扌卯 472.5
529.9
⿰扌咼 463.8
⿰去可 424.8
埇 240.9
捅 238.6
盇 538.9
埃 101.2
挨 273.8
276.9
埈 396.9
捘 110.1
390.7
402.3
剄 169.6
联 80.7
耺 112.4

耾	190.5	菩	85.9	荂	221.8	莝	422.7		278.5	栭	63.1
聊	374.4	荳	440.6	荡	280.8	莩	81.2	蔓	330.4	栵	380.10
䎵	544.5	莤	455.10	䓃	535.8		300.10	畝	327.7		499.2
耗	359.6	苦	81.4	荊	502.1	荽	58.5	巸	61.1	桋	90.1
聆	221.6	莆	353.10	茵	186.3	莟	333.10	瓝	84.5		53.7
䏊	492.10	鄀	504.3		479.2		443.10		259.4	桎	470.1
耿	319.6	恭	39.10	莪	162.5	莵	397.9	莊	178.2	枇	48.6
耽	224.8	拲	241.2	莉	56.2	䓊	107.4	葹	469.1	桄	183.9
恥	256.4		463.8		64.10		114.10	葱	277.8		430.8
郰	211.1	莢	543.4		89.2	荻	524.1	葵	256.2	桐	25.7
迺	544.7	莽	316.5	莠	326.2	䒰	323.10	菱	58.5	梠	258.7
華	168.3		266.6	耘	56.3	莑	39.3	框	179.3	株	77.9
	167.9		327.7	莓	98.10	䓂	117.7	梆	41.5	桄	290.4
	425.9	巷	213.4		389.10	莘	111.1	栻	527.1	梃	321.9
莏	164.4	垔	308.7		439.5	莣	177.10	械	27.7	栝	487.9
苪	535.10	莖	190.6	荷	163.5	莌	488.6	桂	375.9		337.8
药	107.7		190.10		306.9		489.2	桔	493.9	梠	258.7
	279.4	荹	372.6	莜	415.1	苐	90.3	栲	305.9	梅	140.1
䓋	358.6		82.10	莋	510.4	莎	164.4	栳	303.8	栿	455.10
茸	542.6	莦	155.1	䒥	512.7	蔆	481.10	栱	241.6	栰	479.8
茝	276.7		148.10	莅	354.8	茺	219.10	梵	212.8	梴	140.6
	252.10	草	285.9	草	304.9	䓞	494.7	郴	219.6	梋	60.3
荘	267.1	莫	506.8	蓿	151.3	莞	127.4	桓	125.7	桁	184.7
莕	318.9	莧	408.2	莚	282.1		125.10	梀	517.8		189.7
莁	75.4	堇	527.2	莈	248.6		289.1	栖	92.6	栕	386.4
茘	298.8		461.6		521.6	莨	181.8		374.5	栓	144.4
莍	212.7		459.1	荼	170.7	真	103.4	栯	323.5	㭘	536.8
剒	508.6	莡	508.6		167.8	軌	403.5		460.3		536.5
莆	263.1	莒	138.1		84.8	莙	107.6	栫	410.10		542.6
蔀	521.2	荆	318.5	莃	67.8		113.10		401.7		548.2

桃 159.5
郴 102.1
274.2
勑 392.10
桅 244.6
100.6
栺 374.6
53.1
桻 41.5
格 508.7
514.3
栘 94.8
43.8
栟 191.2
校 417.6
417.4
核 517.1
样 173.2
185.3
栟 194.9
栿 330.5
根 122.5
梥 164.3
423.3
栛 376.8
栩 264.9
262.5
逑 212.6
索 517.10
509.9
512.10
軒 117.7
軑 382.9
373.10
軏 483.9
479.7
軎 378.9
377.6
軔 108.8
軓 339.9
連 141.2
軐 408.6
軔 394.4
尃 81.1
逋 87.6
逗 186.1
彧 460.2
剫 517.1
哢 163.7
哥 161.3
速 452.5
逜 370.9
鬲 517.3
豇 40.9
逗 440.6
366.4
軎 359.2
栗 471.8
弫 138.7
叓 241.9
悪 509.5
莸 483.10
莍 46.1
軨 536.8
545.6
𨚕 312.10
酐 317.7
酎 437.1
酖 529.6
酌 503.10
逎 207.7
配 390.1
酏 43.8
246.6
翅 350.9
辱 464.3
唇 103.6
厝 371.9
508.6
厞 64.2
威 502.3
砡 461.7
夏 310.6
424.8
砝 540.3
547.10
砢 306.7
砰 191.4
砧 220.1
砠 70.9
砷 546.10
盍 323.5
436.6
砆 495.7
砟 510.6
砱 198.10
砥 53.1
242.10
249.4
砬 534.9
砯 202.9
砩 393.4
破 422.8
硁 386.8
恧 528.2
459.9
厜 52.2
厡 524.1
原 115.1
厔 221.4
厗 538.3
欸 76.5
剞 245.1
郗 229.5
337.2
奝 497.4
羝 472.4
豗 98.2
匫 483.4
逐 456.6
剢 452.5
㥲 274.8
烈 499.1
烮 499.3
殅 129.5
䂓 514.5
殉 404.6
殊 78.1
殍 202.8
322.10
殈 526.4
殉 397.1
殆 507.8
盔 487.6
殍 173.7
殔 356.9
翃 190.5
郪 55.3
89.6
剡 289.8
殗 244.2
柴 353.6
致 354.10
貣 531.6
531.8
晉 395.6
逕 433.9
【丨】
鬥 440.7
敊 348.6
赦 461.6
欯 459.7
峙 255.1
欳 48.9
348.7
剈 304.2
茾 134.8
柴 95.5
背 51.1
柴 95.5
349.5
350.2
峎 122.6
桌 467.3
卣 206.8
帑 408.8
娶 404.2
鄌 268.9
虔 144.5
丵 466.7
覍 413.2
貟 308.2
逍 148.8
眎 249.4
354.6
357.10
眛 385.4
389.10
眜 487.4
眐 194.5

	448.7	恁	220.4	倂	319.8	倨	363.10		130.4	郗	305.7
䀄	479.9		330.9		432.5	倔	478.4		128.6	绝	92.2
	393.4	㑚	422.3	倓	332.7	師	53.9	航	184.6	㷊	393.8
倢	541.5	倭	44.5		445.4	缻	210.3	舫	430.4	弆	412.7
郥	91.9		166.3		225.9		100.6		428.10	釜	264.5
脒	78.3		308.10	倧	35.10	缼	476.3	舥	169.5	娄	422.3
脈	513.10	倪	91.8	倌	127.6	𦈢	459.9	瓞	495.4		390.7
俴	294.3	倠	60.1		407.7		458.4	㼌	265.3	缸	40.10
	292.8	俾	247.1	倥	29.7	臭	34.7	瓟	467.9	蚤	263.1
胗	153.7	倠	428.9		238.5	舭	54.3		156.4	爹	171.10
	351.1	倫	109.6		344.9	恩	61.6	紧	255.9		306.4
倒	304.3	倄	275.7	倇	283.7	皷	513.8	郜	68.10	欲	233.10
	419.5		154.1	俣	376.5	徒	84.5	畬	84.10	詈	399.4
俳	96.9	倗	436.4	臬	496.8	虒	49.10	途	84.7	䍃	207.1
俶	457.6		203.8	健	400.10	徑	433.9	釘	196.10	舀	301.1
倬	467.4		323.1	臭	437.4	徎	322.1		434.3		207.1
條	146.9	倜	524.7	射	425.4		321.3	針	219.7		79.1
脩	207.9	偕	157.6		521.10	復	390.8		442.10	郯	209.3
倏	458.7		325.6		424.10	徐	71.6	釗	147.6	豻	123.3
俱	82.5	俻	353.10		519.6	俙	97.10		151.5		403.6
倱	284.2	隼	279.10	皋	157.4	𢓜	39.2	釟	490.7		402.7
倡	175.8	隽	295.3	躬	27.10	𡌿	521.7	釚	212.10		130.10
	428.3	隻	520.6	妟	78.3	𢓹	218.8	釨	297.9	豺	97.3
偒	349.9	倞	431.3	息	527.5	𢓡	255.9	絲	334.2	豹	417.10
個	421.3	俯	262.9	剕	93.1	員	336.10	殺	491.6	奚	91.3
候	439.6	倅	390.5	郫	95.2	殷	132.1		388.4	邕	427.5
倃	537.3		484.9		47.4		114.5	敆	536.6	倉	182.1
倜	311.5	倍	277.1		49.7	𦨡	418.9	欱	538.6	飣	434.4
桀	330.9	倣	315.1	皕	297.8	舩	143.5		546.1	飤	358.9
倕	44.10	倦	412.8	烏	87.1	般	129.3	斜	545.4	飢	54.10

疼	34.9	竘	329.7	桊	412.6		103.9	酒	326.9	涏	143.2
疰	366.7		265.7	拳	144.10	烚	545.2	浹	544.8		413.4
痃	136.1	竝	322.7	粈	497.3	烑	151.1	浝	41.1	海	275.8
痆	491.8	竚	258.8	粔	260.4	烙	507.4	浬	321.3	浜	190.3
疿	361.8	衮	122.7	敉	247.5	烢	247.9	涇	195.9		319.2
痁	483.8	旁	185.5	粄	288.5	烄	419.6		320.4	浟	206.7
痂	168.9	衷	146.8	粉	280.8		302.6	涉	544.7	涖	354.8
疲	47.4	涵	224.5	粃	46.6	烗	388.5		540.9		376.8
痞	100.10	旆	384.7	料	147.9	烊	173.3	娑	161.6	逕	395.6
痗	327.8	旃	338.5		415.3	烮	337.7		306.4		399.5
脊	518.6	旃	337.3	类	498.3		335.6	消	148.8	涂	72.10
效	417.4	旄	158.3	粗	325.5	郯	225.7	浧	320.3		84.8
离	50.7		419.9	益	518.9	涛	344.7	涅	496.4	浴	464.5
	48.2	旂	67.1	兼	231.2	涐	387.7	浿	388.1	浮	501.7
衮	284.10	旃	477.3		446.10	洂	170.7		383.5	浮	213.1
紊	397.9	旅	258.6	朔	466.10	浙	499.7	涀	410.2	浽	275.2
唐	180.4	旃	139.10	欻	480.6	涍	155.4		272.1		58.6
凋	146.7	欬	389.3	烒	527.9		417.8		410.2	浛	443.10
瓷	55.7		392.4	烓	322.5	浱	541.10	浞	466.7	涳	402.1
恣	356.2	殺	101.1		94.8	涝	180.2	涃	401.5	涣	406.2
毙	201.8	畜	438.1	烘	34.4	浘	254.2	涓	137.10		384.3
翊	184.8		458.9		32.9		61.1	浥	546.3	浼	274.6
凉	174.5	兹	138.7		346.2	浡	482.5		548.1	浵	35.1
誠	480.2	羛	489.1		346.3	浦	270.1		535.8	流	205.5
站	447.4	羒	112.8	烜	243.9	浭	186.2	洿	222.8	涗	378.6
剖	264.7	羖	268.2		283.9	涑	215.10	涊	319.3	涕	270.8
	329.1	羞	207.10	烠	98.7		452.8	浩	536.7		373.6
部	268.6	羔	157.4	烲	63.2		465.8		303.4	浺	27.3
	327.8	恙	426.6	烔	25.10	浯	85.9	涐	162.7	浣	287.2
竛	198.2	瓶	199.8	烟	136.1	浢	440.7	浰	409.8	涞	334.1

浤 190.5
浪 181.5
429.6
涒 121.2
浸 442.7
218.8
涙 256.8
泄 428.2
浣 306.6
涊 291.6
277.8
涌 240.7
涘 255.8
浚 396.9
涩 448.3
悌 344.6
悈 528.9
387.2
悚 526.3
悃 541.10
542.5
悖 389.8
482.4
悑 371.9
悚 241.6
悟 370.8
恒 327.1
437.9
悏 543.5
悎 91.1
60.5
悭 322.4
悄 301.2
悍 402.8
悜 320.2
悮 370.8
悝 98.3
254.7
悃 285.2
悁 143.4
悒 535.8
悔 273.9
390.2
悆 365.10
88.2
365.8
悕 67.9
悙 501.6
悗 129.1
悖 187.3
悋 394.7
悦 500.8
悀 498.2
悌 271.4
373.10
悢 426.8
悀 240.9
悛 143.7
害 382.9
宧 61.2
宷 212.5
宸 104.4
家 168.7
宵 148.8
宲 305.6
宴 290.8
410.4
宯 170.7
窌 318.2
窅 156.6
298.4
穽 546.8
窋 437.5
窊 318.8
窄 513.1
宷 331.2
窊 171.1
426.5
容 36.10
窌 156.8
438.3
418.3
窞 467.10
窋 432.4
窗 476.6
窈 298.4
宾 126.2
剜 126.6
宰 276.1
宧 181.6
316.9
宭 113.10
113.5
案 403.1
冢 31.7
朗 316.9
欯 181.7
扅 43.7
扆 256.10
扉 299.2
冢 240.5
扇 140.5
412.4
扆 311.3
袜 487.5
祉 194.5
祛 73.8
祵 380.2
祠 421.7
祛 421.7
祏 507.9
祓 487.6
袒 286.4
408.4
祖 167.7
261.1
袖 437.5
袡 229.2
祇 76.3
袗 277.4
393.10
衿 320.6
袛 89.7
袍 159.2
袨 409.1
袢 116.7
衻 259.8
袂 475.4
495.1
袉 306.5
162.1
306.7
祊 361.9
袖 493.2
袑 300.5
被 243.7
349.3
袎 418.9
袾 79.5
366.9
袥 492.7
488.4
祫 258.6
袷 544.10
祧 146.4
袘 244.4
祥 173.7
袽 264.10
262.5
冥 199.5
隺 462.4
冤 117.3
盗 472.9
【乛】
書 68.8
隶 395.5
剥 467.5
帬 113.4
翑 332.10
堲 472.7
529.9
530.10
展 292.9
屒 104.5
280.7
屑 493.5
屓 357.7
屐 512.7
孱 261.6
365.8
屖 92.7
翊 502.3
剭 379.1
478.3
屡 100.9
弫 60.10
跛 279.2
弰 154.10
弲 142.6
137.10

聐 362.10
488.10
弱 504.3
弰 497.3
弢 474.6
弢 396.10
陚 368.7
敊 315.2
掀 379.6
敊 315.2
陼 259.2
陸 456.3
陵 200.8
陬 81.5
211.1
216.3
陳 106.1
395.2
娿 163.9
307.3
奘 317.7
429.10
逃 298.9
陭 51.3
350.4
盄 310.2
挽 297.2
283.1
孫 119.10
陫 258.1
蚩 64.10
蚩 65.1
崇 353.1
陲 44.10
陮 274.4
陴 49.4
隉 324.10
陯 109.7
㚏 208.2
惗 164.4
陶 159.4
150.9
陷 447.3
陪 100.4
陸 295.8
陡 89.8
陘 415.7
胥 200.6
烝 200.5
434.9
晉 281.10
娡 358.6
姬 63.5
61.2
婷 483.9
娷 304.3
娕 469.8
婄 85.10
娗 440.7
娠 105.2
393.9
娪 249.6
娙 543.6
336.1
544.8
娓 41.1
娙 196.3
191.10
娋 155.1
418.5
娌 407.4
娱 370.9
74.5
娌 254.9
娉 433.3
娖 469.8
娟 143.3
挐 168.5
74.2
毠 74.1
恕 364.5
娥 162.6
娱 170.9
娭 166.6
164.6
娞 275.2
娩 297.1
283.1
400.2
397.9
娧 385.3
500.9
娣 271.4
373.10
娘 178.1
娓 352.4
256.9
砮 85.1
269.3
娭 64.7
哿 306.2
跑 416.1
匏 418.7
418.4
脅 447.1
547.6
欲 547.6
畚 284.5
翌 183.8
羿 374.6
狱 350.9
46.4
翀 26.9
毣 467.8
454.10
孤 350.9
通 33.6
能 103.2
392.8
203.10
323.2
函 224.4
逡 109.10
務 367.7
桑 182.6
剟 489.3
501.4
彖 247.9
咢 329.7
紜 112.3
紋 42.8
紑 497.1
紑 210.4
210.6
327.1
紘 190.4
純 109.2
279.7
紕 256.4
60.4
49.7
紉 484.5
紗 170.2
納 538.1
紝 419.10
紅 220.4
紋 154.1
紒 442.10
紛 114.1
紙 242.7
紋 111.7
紡 314.8
紞 334.9
紖 277.10
紐 323.10
紓 68.10
261.7
晉 324.6
郘 64.5
邕 38.2

十一畫

【一】

彗 377.7
378.9
352.5
割 516.8
耜 254.1
耛 45.3
耖 503.7
鄆 374.9
春 36.6
珬 61.2
球 212.6
珸 85.9
珵 194.3
瑛 85.9
責 516.3
現 410.2
理 254.8

控	344.9	聃	226.7		506.3	䓈	266.4	莜	461.3	菊	456.8
	42.2	聅	502.8	菱	201.1	逽	506.4	菲	95.4	萃	357.5
捥	404.10		124.8	菴	420.5	菴	223.10	萎	44.5	荛	295.9
捩	376.7	菶	239.2	菈	537.10		229.5		351.3		295.6
	498.3		239.6	萁	63.6	蔆	447.2	萸	78.8	菩	277.1
壼	450.10	基	63.6		62.5	莡	546.1	䔟	161.5		532.7
探	224.8	朞	62.5	菆	368.9		542.8	萑	125.9		325.1
揵	282.8	聆	198.2		127.1	萋	89.5		59.7		83.1
	144.7	斟	536.2		211.2	菿	419.5	菷	512.5	菨	540.7
埭	391.8	勘	443.8	菻	330.6		467.4	萆	521.5	菸	364.9
𡋯	391.8	眡	277.4	萪	167.5	菲	66.4		254.10	𦯦	458.1
埽	304.3	聊	147.7	菥	50.4		257.2	草	324.10	菤	295.8
	420.8	聉	274.7		522.6		362.6	荃	221.7	菼	334.7
掃	304.3		491.9	萊	101.10	菽	458.9	莉	492.4	菏	161.3
	420.9		474.9		392.10	萀	268.10	菕	122.1		163.6
据	69.1		490.8	菘	27.5	菋	360.10	菜	393.1	萍	199.10
堀	478.5	堅	368.4	蒁	473.9	菒	305.1	菾	496.6	菹	73.10
	484.1	娶	368.7	菫	281.10	菓	307.6		544.3	菧	53.2
掘	478.5		77.8		105.10	莧	125.10	莱	114.2	䓵	271.6
	480.8	菁	192.5	萴	196.10	菎	118.9		113.1	菭	149.8
拡	135.5	葢	76.2		321.8	菖	175.9	𦯔	90.9		299.6
	135.10	萘	230.10	菄	24.10	萌	190.2	𦰟	324.1	䓞	56.2
殹	190.1	萇	176.3	勒	531.4	逌	321.4	萉	362.8		101.3
	434.5	菝	489.9	遣	508.6	菡	278.5	菔	532.6	菅	130.9
掇	489.3		490.2	菬	530.2		283.3		455.9	𦰢	29.8
	501.4	描	211.10	黃	183.2	𦳝	203.6	菟	84.9	菀	283.4
堊	509.5	著	73.1	菣	410.1	䓈	539.3		370.3		477.9
逜	423.10		259.8		395.4		537.5	萄	159.8	蓈	181.3
貼	230.9		364.5	莿	349.8	菌	314.10	萏	332.7	莀	376.6
聃	359.6		506.2	萳	128.10	菙	249.1	萿	157.6	菺	135.7

䂭 155.9
硋 392.5
硉 483.10
硍 289.6
勔 295.1
瓠 83.9
370.10
匏 156.4
套 303.9
剢 94.2
奢 167.2
奝 530.1
奞 58.6
149.1
394.3
396.10
盔 98.4
瓻 544.8
爽 313.6
欶 546.1
悡 543.6
裔 146.9
㞆 245.1
351.9
㞄 224.1
332.9
㞂 390.8
豣 135.6
410.3
豚 121.3
豛 521.7
豝 169.8
豥 465.10
465.3
豝 467.4
殑 322.10
435.7
202.7
殏 212.7
殐 452.7
𣧍 87.1
峪 190.5
殍 81.1
252.1
300.10
殌 274.8
𣧑 451.7
盛 194.1
433.6
匾 291.6
雩 76.3
75.10
雭 232.1
雯 535.4
雪 500.6
頃 194.10
320.8
𨾚 529.2
𥓓 224.4
甄 196.3
罰 322.2
【丨】
韭 362.8
奜 257.3
𢄍 362.8
誹 354.2
257.3
婓 66.4
鄁 389.7
蜚 532.5
柴 353.6
祡 95.5
砦 389.4
𣅀 373.4
350.2
葡 353.10
𡭋 349.3
351.8
逴 469.3
504.10
郥 194.3
193.4
卥 520.4
卨 498.8
卤 267.5
虚 71.5
73.8
虗 162.5
虜 546.6
虘 86.9
虖 85.4
83.10
76.5
虒 479.4
彪 218.2
虙 365.10
處 259.6
365.10
虑 455.6
雀 505.2
都 318.7
寈 513.4
乳 328.7
觝 146.3
堂 180.6
常 178.3
眶 179.4
眭 44.8
60.2
51.8
94.7
戝 125.2
眲 359.7
518.3
𥄎 402.10
306.10
唪 239.7
240.7
𨜒 525.9
眱 53.6
眦 386.3
睷 413.1
𣅫 288.9
晰 499.7
𠛱 89.9
匙 47.5
晡 87.7
晤 370.8
眮 239.5
345.2
26.2
晨 104.4
104.9
晧 491.8
𣆲 139.9
𥁃 494.3
眽 515.5
䀬 142.3
144.4
䀛 405.8
䀫 545.6
眺 414.6
敗 388.9
389.4
販 399.7
貶 336.2
曼 105.3
眗 109.5
397.5
408.9
409.2
108.10
略 507.9
503.7
䀰 321.3
321.6
眵 52.6
43.3
睁 319.10
䀮 183.1
184.10
眻 173.2
426.7
眹 278.1
眯 272.2
眼 290.1
眸 213.6
野 261.8
309.10
圊 192.3
啞 513.7
517.8
310.5
423.9
𣅳 534.1
唭 360.8
㖩 81.5
唶 425.3
啚 249.6
84.8

	47.3	崘	122.1		401.1	[illegible]	195.3		285.4	笰	477.7
[illegible]	126.4	崤	157.1	過	163.10	甜	230.10	笴	286.6	筊	168.6
	296.6		153.9		422.2	[illegible]	229.2		306.2		85.2
崎	46.10	[illegible]	50.7	囪	57.6		226.7	笘	544.6		371.6
	67.2	崩	203.3	[illegible]	484.2	秲	360.1	笪	426.2	笳	168.8
[illegible]	548.1	嵐	94.6		491.9		255.2	笡	485.4	笄	413.4
崦	229.5	[illegible]	211.7	【丿】		秸	491.3		285.10		116.6
崨	541.5	[illegible]	545.4	牾	370.8	[illegible]	337.8		403.3		283.10
[illegible]	289.10	崞	511.4	剩	435.1	[illegible]	380.9	笚	539.3	笞	64.9
帴	124.9	崒	475.6	[illegible]	337.10		499.3		546.6	敏	278.10
	135.1	崪	484.5	[illegible]	259.8	秷	472.2	笛	524.3	偰	493.6
	294.3	[illegible]	384.2	[illegible]	490.3	梨	57.1	笶	317.1	偆	280.3
	404.3		390.7	[illegible]	472.3	[illegible]	380.2	[illegible]	336.8		280.4
	491.6	[illegible]	547.1	[illegible]	93.3	秳	488.5	[illegible]	539.7	[illegible]	366.4
罣	385.6	[illegible]	228.10	[illegible]	212.3	[illegible]	156.8	笙	189.1	偡	338.7
	376.1	崇	27.3	毬	212.10	[illegible]	510.3	笮	513.1	偞	544.8
	385.9	[illegible]	35.4	[illegible]	419.10	移	43.4		424.5		540.4
罟	363.9	崆	29.6	[illegible]	218.2	[illegible]	170.9		510.4	偃	282.5
罙	50.9		42.2	牻	41.1		171.7	符	80.1	偪	529.9
崐	118.10	[illegible]	29.8	[illegible]	272.3		426.4	笭	198.2		455.3
[illegible]	527.10	帵	126.6	牼	190.7	[illegible]	370.2		322.7	偠	298.4
[illegible]	537.5	崌	69.2		189.10	逶	44.4	笱	328.4	偭	295.1
崗	182.4	崛	478.5	牿	462.7	[illegible]	36.10	笧	516.6		411.10
崔	99.7		478.10	[illegible]	84.7	動	239.5	笗	34.8	[illegible]	406.8
	100.2	冢	249.7	[illegible]	501.7	[illegible]	487.3	笠	534.8		296.1
帷	59.8	[illegible]	135.5		489.3	筇	39.7	笵	339.9	舅	261.4
崥	247.2	[illegible]	333.10	[illegible]	464.2	[illegible]	73.8	笥	358.10	[illegible]	301.1
	92.10	圂	296.7		88.1	[illegible]	226.2	笢	107.10	[illegible]	465.6
[illegible]	49.4	圈	283.3		268.6		334.6		279.2	偕	96.3
崟	221.8		295.9	[illegible]	39.3	笨	284.5	第	373.8	袋	391.9

脙 212.8
211.5
脝 482.6
脯 262.8
脰 440.6
脤 277.7
脥 337.7
脫 241.10
豚 121.3
脛 434.1
322.4
脾 402.9
脡 413.5
143.1
脢 98.9
390.1
脪 55.3
280.6
399.2
脞 166.6
309.5
脟 501.7
295.7
脬 155.7
脮 275.2
274.8
脕 283.2
400.3
397.9
脝 187.3
脱 488.6
489.2
脘 287.7
脼 316.9
脚 529.9
脗 397.6
脧 142.6
100.9
彫 146.7
匐 532.6
455.9
頄 59.1
212.5
堡 461.1
魚 68.5
象 312.5
逸 471.4
翎 266.1
猜 102.6
猛 428.8
428.9
欸 287.10
猪 71.9
猎 521.4
猫 152.4
猍 102.2
猗 51.3
244.10
猣 289.2
猇 155.3
153.10
凰 183.7
猓 307.6
猑 119.1
猖 175.8
猲 517.6
颲 156.7
猹 537.6
猘 381.2
猊 91.10
猚 251.5
95.9
猈 272.10
96.9
猞 300.10
猰 457.1
猝 484.4
猕 524.9
猔 42.2
猏 135.7
舮 260.3
舥 418.9
斛 451.9
觖 494.9
351.2
舥 169.5
猛 318.10
媧 243.9
244.1
馗 58.9
212.9
夆 324.5
恖 285.3
夠 217.3
216.2
猤 386.8
夤 207.1
祭 377.2
386.9
蛩 283.6
【丶】
訮 135.4
138.9
131.10
訣 80.5
訍 348.4
訧 204.8
詎 260.6
364.10
訝 424.1
訰 108.7
396.8
訛 248.6
訯 371.1
訬 156.3
300.4
訥 484.2
許 260.1
訞 153.1
訛 165.1
訢 114.4
訡 91.8
272.4
訡 221.8
訩 37.10
訟 36.9
346.9
訒 492.10
訥 396.7
104.10
設 502.2
訪 428.5
訦 220.2
331.6
訣 494.6
訶 277.9
設 168.6
渫 543.10
546.6
衰 307.3
毫 156.10
孰 457.5
袤 470.5
麥 202.9
322.9
庴 518.9
521.3
庱 364.7
庶 364.5
剫 506.6
庿 416.10
麻 166.8
庲 102.3
庴 273.1
庵 223.10
538.5
庳 362.8
庾 265.2
庮 247.8
庢 99.6
庳 247.7
庫 99.9
痔 385.7
痔 255.2
痎 517.9
痏 250.9
痌 103.2
痢 380.8
痍 53.7
痓 358.4
疵 48.5
痩 380.1
痃 34.10
痌 33.8
痳 211.4
痾 427.2
痊 143.6
痞 536.10
538.7
538.6

瘁	41.7		431.7	着	46.7	焈	517.2	淶	102.2	涸	509.10
痑	421.8		177.10		245.6	焀	451.10	淞	36.8	涾	537.3
	124.1	旃	307.3	卷	412.5	烰	213.3		40.3	淐	390.3
	162.9	旌	192.6	𥁕	145.3	焕	406.1	涑	25.2	涡	164.1
痎	96.4	族	453.9	粖	497.3	烽	39.3		344.7		166.3
痒	173.7	旍	192.7		487.3	烾	520.2	淢	530.4	淛	379.5
	312.4	旎	248.8	粘	83.8	焜	257.8		530.2	涶	165.2
痆	171.6	旋	143.1	粘	229.3	烪	101.2	涯	95.9		422.5
痕	122.5		413.5	粗	268.6		64.7		47.3	涹	166.3
廊	181.4	旇	349.3	粖	81.2	焌	397.3	淹	229.4	洩	207.2
康	182.8		45.4	粕	509.3		476.7		448.7		78.9
庸	37.2	望	178.1	粒	534.8		402.2	涿	467.2	淮	97.2
鹿	452.8		428.6	料	288.5	清	192.3	淁	540.7	淳	49.4
裛	420.5	逌	458.1	巻	199.7	盂	87.5	淒	89.5		376.3
	159.3	衮	440.2	粉	400.4	添	230.8	渠	69.2	涻	425.3
桊	111.1	旅	86.8	剪	294.3	淓	226.8	淺	135.1	淦	225.4
	282.1	率	354.3	敚	488.5	渚	259.2		293.4		443.9
毶	138.10		473.9	敝	378.8	淕	456.5	淑	457.5	淪	109.6
章	175.4	牽	137.2	烕	388.5	淩	200.10	淖	418.6	淆	154.1
竟	431.1		410.1	焃	516.10	涬	322.3	婆	229.4	淫	220.5
産	289.4	剶	169.9	炳	500.10	淇	62.6		228.8	淝	328.7
豙	360.7		95.8	焞	482.5	洡	476.2	淲	218.4	淰	339.3
	363.2	羖	268.2	烳	270.1	淐	371.10	柒	170.2		337.9
竫	320.1	羿	191.4	烼	478.8		517.10	拏	161.6		331.4
竤	276.5	羚	198.10	烴	322.6		513.2	毝	170.2	淜	201.5
翊	529.1	羝	89.8	焇	148.9	渶	187.6	汧	403.6	淝	66.7
商	523.8	羜	258.9	焊	287.1	渲	527.1	浔	531.3	淊	232.1
啇	174.7	羘	161.9	焆	138.2	淽	317.2	混	284.1		447.4
衷	523.4	羛	325.10	焅	462.2	淋	219.4	淠	353.9		333.9
萠	184.10	羕	426.6	炮	524.9	淅	522.6	淟	290.5		335.7

漗 483.3
涼 174.3
426.10
淳 109.3
液 519.5
淬 390.5
涜 295.5
涪 213.3
淒 542.4
淤 71.9
364.9
渹 457.10
港 412.9
湴 447.10
淡 335.1
445.3
225.8
335.7
淙 42.6
35.3
348.1
淀 409.5
涫 127.6
405.5
涳 29.7
41.2
42.2
涴 423.4
淧 472.9
淚 69.4

淚 353.3
深 220.5
443.7
湕 282.7
淥 452.9
464.8
涺 69.2
渹 407.8
埿 447.10
93.6
376.10
淈 482.1
484.7
涵 224.2
333.9
婆 164.6
梁 173.8
淄 64.3
情 192.3
悿 337.8
悵 427.4
悽 201.1
惜 518.5
惏 224.5
悃 204.4
倚 47.1
245.3
俺 230.4
448.7
悽 89.5

悱 257.3
悼 419.2
惸 531.7
惈 307.7
惃 284.10
118.10
惕 524.7
惧 290.6
惘 314.10
悸 355.10
快 78.7
265.3
惟 57.8
惀 109.8
285.3
惵 276.7
惗 544.3
411.4
惻 191.10
惆 208.1
惛 122.2
285.5
402.2
惂 333.7
惚 483.6
惏 456.10
惇 120.10
108.7
惢 357.5
惔 335.1

445.3
225.8
悰 35.3
悺 405.5
悾 29.7
344.9
42.2
惋 404.9
悷 376.8
悇 444.3
悽 482.8
390.8
悎 528.8
惙 501.3
寃 27.4
寇 439.9
寋 169.5
寅 53.3
106.7
寄 349.4
寁 541.4
333.4
寂 525.2
郈 35.1
逭 404.8
宿 460.6
438.6
室 93.10
94.5
寏 359.8

窒 498.2
472.2
窅 298.6
窋 26.3
盜 494.3
容 538.3
窕 298.8
窔 415.4
宷 276.6
寀 332.7
窓 41.4
郯 210.9
密 474.3
宺 69.1
寍 123.8
案 403.2
斵 306.8
鄆 398.1
扈 269.4
啓 271.8
袿 93.9
袺 491.4
493.10
祩 520.9
袹 511.10
袴 120.10
410.10
袴 372.1
裥 32.5
裀 104.1

袾 82.3
77.10
裋 140.6
139.9
袵 330.9
袷 545.6
547.9
袼 508.8
507.8
袳 247.9
袨 297.8
裃 29.4
裈 319.2
裄 74.1
袚 101.7
裋 440.7
裖 277.7
裀 292.5
裗 86.1
視 249.4
354.5
裓 462.8
305.9
裓 162.6
裖 220.9
442.7
裕 309.2

【一】

晝 437.2
逮 391.8

374.3
逯 464.10
殽 334.5
焄 113.7
敢 334.5
尉 361.10
477.9
屠 73.2
84.6
扇 441.10
屋 450.9
剭 450.10
鄏 450.10
屝 362.6
屎 422.4
屩 519.7
屪 415.1
屐 365.10
屙 77.2
屛 347.8
張 176.5
427.4
弸 351.8
艴 482.6
478.9
婁 93.4
弸 191.4
191.10
弶 428.3
弴 146.9

121.1
婁 135.10
陋 544.10
鄡 67.10
陘 103.9
奘 178.10
隋 45.7
308.5
牆 428.5
陬 66.10
鄘 59.4
352.3
陝 63.1
328.7
將 177.7
428.5
孮 35.4
階 96.3
隕 193.4
㟅 175.10
隄 89.8
90.1
陽 172.2
隅 74.6
隈 98.4
390.7
嵩 466.9
陧 496.9
隍 183.6
隗 275.3

陰 222.4
隃 82.2
367.3
77.8
78.5
隆 29.4
陪 332.9
222.4
隊 389.5
隊 296.5
娬 264.1
婧 192.6
320.1
433.6
婞 322.3
婭 423.9
娸 63.4
娵 81.5
婼 504.10
47.8
171.10
媌 155.3
302.4
媖 187.7
婩 97.10
273.8
婍 245.3
婘 448.7
婕 540.7
婓 66.3

婌 457.6
婥 504.5
婐 168.3
308.10
婣 269.8
370.10
婼 335.2
婚 537.5
媧 95.3
168.3
婩 351.6
娛 91.9
婎 60.2
357.3
婢 247.7
婭 220.6
婗 328.7
婤 208.1
208.8
婚 122.2
娩 400.5
367.7
婄 327.10
100.4
329.2
婈 544.5
婘 145.1
婠 405.6
490.8
126.7

婉 283.4
娽 453.4
464.9
婦 324.8
蚤 269.3
袈 168.6
娺 57.4
490.8
紮 311.10
蛪 168.9
袈 168.9
弸 148.6
鄐 192.10
翇 477.6
狨 481.4
猌 470.5
習 533.5
翏 148.2
438.4
狗 77.1
狍 305.5
翌 529.1
狓 45.3
瓻 25.8
敵 238.5
甋 240.3
恿 240.7
酉 536.5
欸 101.2
276.9

387.4
郯 57.3
卷 489.1
紌 316.2
秎 525.1
秥 34.10
參 223.5
444.4
222.10
226.5
222.6
逫 476.6
剝 144.5
142.6
貫 127.5
404.10
鄉 174.7
紅 194.5
紺 443.9
紲 498.6
紱 477.4
絨 480.2
組 408.4
組 268.7
紳 105.2
紬 211.8
細 374.4
紻 313.2
絧 200.4
322.6

紩 470.5
䋏 510.5
絁 49.8
紨 81.4
紾 292.10
277.4
紟 198.10
紙 89.9
絇 366.10
77.2
終 26.9
絃 135.9
408.9
絆 406.5
紵 258.9
絘 495.1
紽 161.9
絧 55.7
63.9
紼 477.4
紭 190.4
紩 261.7
71.5
絀 476.6
紹 300.5
紴 165.6
248.5
絣 116.7
紿 276.3
紾 129.7
巢 154.6
418.10

十二畫

【一】

珪 94.1
耠 536.5
貳 356.1
琞 497.7
琧 379.9
琶 503.7
絜 493.8
496.3
琫 239.2
琵 54.4
琙 263.10
琴 221.2
琶 171.4
琪 62.6
琊 167.3
瑛 187.7
琳 219.4
琙 530.1
琦 45.9
琢 467.3
琖 290.2
琲 275.6
琡 457.7
458.6
琥 268.9
琨 118.10
琩 175.9
琠 290.6
琚 278.5
琠 78.10
琟 57.10
頊 403.6
486.5
125.6
琕 137.9
琱 146.6
斑 130.4
琰 335.6
琮 35.2
琯 287.8
401.8
琬 283.6
404.10
琅 181.6
琛 219.5
琭 453.1
琚 69.1
勢 157.1
琟 123.3
137.4
琹 125.5
替 373.5
奮 319.4
雄 52.4
逸 126.3
揳 493.5
款 287.9
跍 167.7
趺 495.6
勘 298.4
琵 292.10
堯 148.4
畫 94.3
堪 225.1
揕 443.5
揖 39.6
240.4
堞 543.7
揲 544.1
499.9
540.4
塔 539.5
搭 539.5
揥 332.10
堰 282.6
400.7
412.5
揠 491.5
堛 530.4
揊 530.5
堙 103.10
堜 409.9
揀 289.8
409.8
㸒 130.2
291.10
馭 490.6
鄢 309.8
423.6
馭 363.8
揹 252.4
堉 164.9
項 242.4
揳 500.10
堧 422.8
142.7
揰 94.3
堦 96.4
揩 97.8
388.5
萛 446.9
趃 476.5
趏 520.8
趈 489.5
越 488.4
479.10
趄 70.9
趃 495.8
趆 424.10
426.3
趁 106.3
396.6
293.4
趆 89.8
373.2
趵 264.7
77.1
趌 288.6
趀 478.7
趉 478.3
超 149.1
賁 121.9
348.10
66.9
112.10
堤 47.6
89.8
271.3
提 47.5
89.10
堸 528.3
揁 530.10
530.6
場 176.4
揚 172.9
喆 499.4
揖 534.2
博 510.6
揖 419.10
堣 74.5
揾 401.6
483.3
281.4
堨 485.6
揭 481.7

481.7
499.5
502.2
381.1
500.4
揋 98.5
揖 478.8
戠 349.8
358.9
揌 102.10
堮 509.2
尌 366.3
喜 253.5
彭 186.9
翓 496.3
揣 248.3
307.9
[illegible] 124.2
戟 359.1
揟 484.7
插 545.8
[illegible] 536.2
埵 347.2
堫 460.1
堭 496.5
搜 210.7
[illegible] 328.6
堢 305.4
[illegible] 35.1
堭 183.5
揘 188.8
塊 391.2
賁 259.2
堠 439.7
塠 99.8
搥 99.9
[illegible] 96.6
[illegible] 373.2
374.2
晳 502.8
524.7
晢 381.6
379.7
揗 280.4
397.7
110.5
葼 502.9
[illegible] 278.8
394.6
臺 495.3
耆 56.6
堬 78.8
揄 329.7
216.8
207.1
78.6
揜 335.4
337.2
欵 201.2
援 115.9
411.9
㙘 41.4
34.1
堸 28.7
揔 238.6
掏 191.5
蛩 39.6
揨 191.8
[illegible] 267.1
塝 513.8
裁 101.8
393.2
揞 332.9
447.4
揥 381.6
89.9
達 486.1
485.5
搓 161.4
瓻 319.8
報 420.5
揃 294.3
揂 207.7
堩 435.9
揯 204.4
435.9
揎 142.4
[illegible] 482.10
[illegible] 482.9
揢 513.7
挍 302.6
捘 210.7
堚 118.8
揮 65.8
[illegible] 130.1
壹 470.8
揙 143.5
壺 83.5
壼 112.6
摡 392.4
363.6
[illegible] 423.7
握 468.9
摒 433.4
揝 108.1
[illegible] 257.7
壻 374.5
揟 70.8
習 294.9
鄐 540.1
538.10
384.9
揆 251.7
撥 488.10
搔 159.1
揉 209.2
晋 423.9
[illegible] 423.9
惡 509.4
87.5
371.8
[illegible] 296.5
掾 412.1
堖 304.1
聐 492.4
聑 544.6
[illegible] 367.6
366.9
聒 487.9
棊 62.7
聎 146.5
朞 63.6
斯 49.10
期 62.2
欺 63.4
惎 360.2
棸 211.9
325.9
[illegible] 545.9
鬲 523.2
葑 37.9
346.10
[illegible] 102.6
葀 488.2
葚 331.5
葉 540.8
540.4
葫 85.5
83.9
萳 332.10
葙 177.7
蒩 170.6
軒 76.5
81.9
76.2
軒 117.9
131.5
125.5
403.8
靯 267.1
乾 483.5
靮 523.6
靸 536.10
539.9
靫 169.9
95.6
散 286.1
404.3
斮 466.10
505.1
莿 485.8
385.1
葍 455.2
葽 148.6
152.5
298.5
415.10
萰 409.9
葴 219.8
葳 66.10

惹 311.7
504.4
萸 295.10
萶 241.3
39.8
葬 429.9
遳 544.9
蒷 425.6
381.2
菿 195.4
葝 189.4
195.4
蔽 386.8
菓 522.2
萛 47.6
菞 300.4
葥 530.7
527.10
鄚 507.1
募 369.5
莇 507.3
葛 180.1
184.3
萯 497.2
葺 534.4
533.3
萓 461.4
462.9
萬 399.10
葍 112.5
葄 521.4
516.2
510.6
葛 486.5
葨 98.5
蓖 54.7
萺 361.5
葸 254.10
萼 508.10
菖 81.4
萳 436.8
萉 318.5
菌 536.5
菡 250.10
菁 482.2
萶 427.7
萩 206.4
萪 166.1
董 237.10
葟 496.5
葆 305.5
葂 378.2
500.9
萓 183.8
葲 142.3
蒐 210.8
葩 169.4
萬 265.10
262.6
葔 214.9
葰 312.2
58.5
308.1
葎 476.4
䓣 285.7
96.8
葥 79.1
菱 33.9
葢 112.10
121.8
葋 77.1
萯 324.9
敬 430.10
葻 224.6
葱 33.4
葾 117.5
蒠 535.1
蔦 300.10
葶 321.8
196.5
葹 49.8
蒫 162.3
167.6
54.10
萷 412.3
鄀 48.8
莤 206.9
葓 32.8
萿 488.1
落 507.3
蓱 199.10
葏 139.5
葀 230.10
萱 116.10
营 28.5
葖 482.10
葷 113.7
萹 138.5
291.7
141.6
葙 268.8
悳 531.2
戟 512.8
朝 149.4
149.2
遖 534.5
蔇 363.2
葭 168.7
喪 182.8
430.7
辜 84.2
葞 247.6
葦 257.6
葿 59.5
惠 531.3
蒢 73.2
葌 130.9
葵 57.3
葉 209.1
325.5
菽 305.2
440.3
葒 32.8
葤 325.9
葯 469.1
504.6
棒 242.3
棈 408.8
棎 446.5
棖 188.6
楮 259.10
267.7
棱 203.2
椏 307.3
169.6
椰 167.4
棷 329.9
328.10
211.2
216.4
楛 269.4
棤 518.6
楉 504.4
楧 187.7
植 527.7
358.7
森 222.6
𣘻 286.2
棶 102.4
棽 219.5
222.7
棼 112.10
焚 112.8
惏 132.2
棟 344.8
棫 530.1
𣐞 312.9
椅 51.3
244.10
𣗓 337.2
棲 92.6
棧 289.9
297.5
407.9
棑 388.3
95.2
椒 150.1
棹 418.5
棏 531.9
517.6
椇 266.1
棵 287.3
287.10
棍 284.2
棉 185.7
楢 207.3
棝 370.7
楷 537.3
537.7
棡 314.10

尰 241.1
尵 390.7
豥 382.3
豠 71.2
豨 57.6
245.9
252.3
豞 442.1
豟 517.7
豥 467.4
豛 452.5
殑 436.4
201.2
殖 527.7
澌 522.6
踦 49.1
245.2
46.10
殗 548.1
殘 124.8
殔 356.4
356.2
裂 499.1
矮 44.4
351.3
雄 28.2
殙 122.3
殏 484.4
475.10
殕 532.10
325.3
264.6
殔 357.8
殛 528.8
雲 111.10
雬 327.1
雱 114.2
雭 111.7
雩 184.3
甄 95.7
猗 46.10
雅 310.1
暜 333.2
229.9
殈 309.3
殑 174.6
𣨼 410.9
401.7
臸 470.4
60.8
【丨】
棐 257.4
奜 66.5
輩 361.8
斐 257.2
悲 59.5
甾 66.8
惄 525.1
㟏 457.7
道 139.9
柴 52.3
52.4
245.9
蛓 48.9
呰 93.4
270.3
248.1
齒 48.6
350.3
裝 351.8
辈 51.1
紫 247.10
崒 357.5
歸 68.3
逌 433.1
叚 436.9
208.2
覘 229.4
446.2
寀 50.9
虘 525.5
劇 117.9
鄘 144.6
業 455.3
454.2
菁 252.5
鄭 308.2
敞 313.9
棠 180.7
掌 432.2
甞 430.1
定 313.10
188.6
掌 313.5
晴 192.4
晣 499.8
眑 547.10
毳 530.10
眶 217.4
喫 525.1
皺 402.8
脤 394.4
暴 463.8
睞 540.6
朧 41.2
脛 546.3
322.8
睹 267.6
暑 259.5
尌 270.9
遈 527.8
最 384.2
瞙 430.10
數 309.5
數 422.4
睅 288.10
睲 320.3
覞 291.3
量 174.5
426.9
睊 138.1
409.2
睋 162.7
䀹 227.2
445.1
晞 67.9
貼 543.1
晻 332.8
337.3
昳 313.2
覞 428.8
貹 432.3
睉 165.1
睔 451.8
貾 56.2
朐 441.5
眩 409.1
貯 259.7
貾 260.8
貱 349.1
貽 61.1
晚 406.2
遏 429.6
睌 451.8
眹 429.3
睇 373.9
92.8
睆 288.10
眼 426.9
鼎 321.7
睍 318.8
睺 65.6
晫 469.3
467.4
睞 545.2
戢 535.6
喋 543.6
544.6
546.7
嘆 304.6
嗒 536.10
539.6
喃 232.5
閏 397.5
開 100.10
閑 131.5
猒 230.4
445.8
閎 190.4
閔 191.9
晶 192.6
閈 322.2
閒 444.3
閉 375.2
387.6
閎 36.4
閒 131.4
408.1
暘 519.9
閔 278.10

閌	430.2	跇	381.5	跏	168.9	蛜	56.10	單	140.7	嗖	506.8
閍	186.7		380.1	跛	349.2	蛔	313.8		123.4	喑	224.1
哭	268.3	跍	87.9		309.1	蛤	536.7		294.1		222.5
閟	401.6	跦	476.5	跆	101.5	蛫	244.4		411.5		443.3
関	494.4	跒	310.10	踇	327.8	蚼	110.6	咢	509.1	喭	403.7
晪	290.7	跖	520.7	貴	360.10	蛒	514.5	㗊	535.6		411.6
遇	366.1	跋	489.5	畮	327.7	蛥	499.9	嵒	542.1	啼	89.10
喓	152.5	䟹	481.3	蚷	179.3	蛟	154.2	喦	232.2	嗟	167.6
喊	335.3	跕	544.7	䖸	27.5	蛘	173.5	郱	208.7	嗞	65.4
	339.2		543.2	蛙	95.3	蛢	199.9		458.4	喧	117.2
	338.6	跙	261.2		171.2	蛶	508.10	罕	310.4	喀	513.7
晲	272.5	䟧	136.7	蛣	471.7	蛇	426.4	喘	296.3	喗	281.4
睢	430.7	跌	495.3	蛓	522.6	蛝	131.6	嗗	490.9	嘅	392.5
	315.2	跗	81.5	蛕	98.7	蛡	529.4	啚	545.10	喔	468.10
	428.9		366.7		273.9	蛑	214.1		541.10	嗯	276.3
扉	364.8	跈	290.10	蛨	512.1	畯	397.2		546.2	嗖	489.1
晭	326.10		291.6	蛾	476.2	𠺕	47.5		542.9	喙	393.6
罘	545.4	跉	194.8	蛚	498.10	嗄	530.4	啾	207.6	幬	461.10
䀚	349.10		198.7	蛦	53.7	鄎	112.2	喠	242.1	尌	37.9
遏	485.6	趆	373.2	蛭	498.2	勛	113.6		239.9	嵁	225.5
晷	250.6	跔	82.5		470.1	啺	180.5	喤	186.8		333.4
景	318.3	跚	124.2		475.2	遌	508.10		186.5		225.1
晬	390.6	跑	467.9	蚍	118.10	喁	38.2	喉	214.8		232.8
暑	145.5		156.5	蛧	314.10	嗢	490.8	嗁	476.4		338.10
晼	283.7	跓	264.8	蛛	77.9		483.2	喻	367.4	嵌	233.4
睩	465.1	跎	161.10	蜓	290.9	喝	389.2	啣	505.7		335.3
幂	483.6	跜	55.8		196.7		485.2		513.4	崔	264.8
喈	96.3	跞	457.4		321.10	㖨	458.1	喛	406.2	幅	529.10
剔	539.3	䟨	279.3	蛞	488.3	喟	354.3		116.10		455.2
䝭	197.1	䟷	478.10	蜒	139.9		387.8	煦	264.10	剴	103.1

	101.6	崿	509.1	陵	396.8	毴	419.10	嵆	91.5	筆	376.1
凱	275.9	嵊	435.1	盟	188.5	⿺毛卑	521.5	稍	418.4	等	276.7
崴	97.7	嵬	100.7		318.8	毱	458.3	稈	286.7		323.1
幅	295.1		275.4	淼	300.4	毰	100.4	程	194.1	筑	456.7
遄	144.2	帿	214.7	黑	531.9	毯	334.8	稩	138.1		459.4
嵦	403.7	⿰巾盾	108.9	甌	182.5	犆	526.8	⿰禾告	462.3	⿱竹耳	39.5
靰	279.9		284.8	圍	66.2	犄	51.4	稌	88.2	策	516.5
⿰罡刂	182.4		109.10		361.5	鼓	52.6		266.9	筬	194.1
買	272.8	⿰巾俞	82.6	欿	95.3	甀	44.10	稀	67.9	筧	380.3
罥	292.1		368.6	骬	76.2		350.5	黍	259.5	筒	345.3
	409.3	崳	78.7	骭	403.6	⿰牛㝵	531.9	稃	81.2		25.8
⿱帖心	543.9	⿰山弇	337.4		407.4	皴	468.4	⿰禾委	57.7	筥	261.3
⿱罒每	98.10	⿰山爰	287.4	骫	244.1	犅	182.5		58.7	⿱竹耒	82.3
	390.1	嵕	33.9	【丿】		⿰牛先	111.2	⿰禾叔	266.1	筅	290.4
	264.1	嵐	224.5	甥	189.3	⿰牛京	174.6	棃	56.10	筳	196.5
罦	81.1	⿰忄悤	242.1	無	74.9		426.8	犂	57.1	筈	488.2
	213.2	⿰山参	294.7	犇	121.10	犉	109.4		89.1		488.3
詈	348.5	崹	90.4	⿱制月	379.5	犃	327.9	稅	378.4	筏	487.8
罤	90.2	崺	246.7	掣	502.10	犈	412.7	⿱秝巾	299.1		479.8
⿰⿱山月刂	527.10	嵯	50.5		379.3		145.2		152.10	筵	139.8
崵	315.7	嵳	162.3	⿱制心	485.3	犍	117.9	稊	90.3	⿱竹往	330.10
	173.5	⿰山酉	207.8	缿	242.6		144.6	稂	181.3	筕	184.6
帽	419.8	嵫	65.4	⿰缶交	154.4	⿺延瓦	135.4	⿰禾卯	476.9		189.6
嵎	74.6	⿰巾軍	118.9		525.1	⿰禾伏	233.6	⿰禾尾	256.9	筌	143.7
嵑	486.1	圔	492.3	缾	199.9	秿	87.8	稄	530.6	答	536.8
嵔	66.10	幄	468.10	短	287.4		81.4	連	239.5	⿱竹夗	415.9
⿱山畏	257.10	幃	65.10	智	350.3		264.4	喬	149.9	筋	114.8
	273.10	嵋	59.2	矬	164.10	稉	186.1		152.6	⿱竹朱	308.3
崽	95.10	圌	144.2	毳	377.9	⿰禾西	326.2	筐	179.3	筍	279.10
	97.9		45.1		378.8	⿰禾夾	543.5	笺	27.7	⿱竹夆	344.5

筶 507.5
箏 192.1
筊 302.6
153.10
筭 199.10
筆 474.9
筩 541.9
筞 171.3
頊 513.8
506.7
512.3
頌 484.1
285.2
傲 419.6
傃 371.4
傋 242.2
242.6
傌 423.6
傑 39.9
備 353.9
傎 137.2
傆 294.6
409.9
傅 368.7
傉 462.10
傆 399.6
傛 491.8
遑 437.10
斞 265.4
皵 92.1
272.4
欻 526.3
舃 505.4
518.5
臬 325.7
腌 337.4
腠 134.10
脾 95.1
96.9
儆 355.5
腤 100.5
102.7
腰 544.5
貸 392.2
腔 344.9
腕 283.8
蚤 286.4
順 397.7
遄 137.10
盜 415.2
翛 458.9
146.3
絛 158.6
堡 305.5
偈 539.4
444.2
僞 51.8
50.2
246.3
巠 44.10
傜 150.5
傒 91.5
傖 187.5
傑 499.4
傷 545.10
438.7
80.8
集 533.9
皻 232.7
雋 295.2
焦 149.10
傸 472.4
傚 417.5
傏 181.1
悠 68.1
256.10
傍 429.9
185.4
傛 461.7
傔 446.10
傛 37.5
240.10
傓 412.4
傕 466.4
遑 183.5
剌 381.7
臭 355.8
躭 226.8
躰 425.5
躳 366.6
鄎 527.6
髡 474.8
睅 285.9
甈 92.10
軷 272.5
375.7
彪 352.4
皖 288.10
鄡 87.5
269.1
364.8
衈 359.5
衆 27.1
346.3
衇 515.5
劊 376.3
勛 497.5
粵 480.1
奧 420.6
徭 159.2
虒 114.9
遁 284.8
401.9
街 94.10
96.5
衖 347.9
徦 97.8
徥 522.3
徥 243.3
246.4
徝 478.8
衕 292.8
衙 345.3
26.3
御 363.8
徸 239.9
復 438.9
455.5
徨 183.6
循 110.5
徲 90.6
徧 79.1
徯 34.2
御 521.8
526.4
徧 414.4
徖 324.1
須 77.6
衄 515.4
艅 39.7
艄 25.7
艇 321.9
艂 41.10
艵 191.7
舒 68.9
畬 167.3
70.3
鈃 196.3
鈇 81.6
鉉 190.6
鉅 260.5
鈃 167.3
鈍 401.9
鈚 93.2
54.7
鈋 319.1
鈘 443.1
鈔 156.3
418.8
鈉 377.9
鈋 165.1
釿 114.9
278.3
鈑 288.8
鈐 230.3
鈆 142.10
36.4
鈅 479.7
欽 221.6
鈞 110.7
鈒 521.7
鈁 177.3
斜 328.3
鈂 220.1
221.1
鈌 494.8
鈏 278.9
394.6
鈕 323.10
鈀 169.7

169.4
絿 359.1
逾 78.4
翕 535.5
翖 535.6
殽 153.9
番 165.6
422.6
116.8
116.2
129.3
蛆 310.8
畬 167.5
傖 59.1
傘 286.3
禽 221.4
爲 43.10
348.9
舜 397.4
瓠 275.3
豩 60.1
豯 184.5
豞 328.5
469.6
豥 34.8
豿 439.1
貎 55.9
貀 490.9
貂 146.5
豤 405.10

創 177.8
428.4
飢 115.7
飩 121.4
飿 539.7
飪 330.8
飫 364.8
飭 527.1
飯 283.10
400.3
飲 331.10
443.3
殳 440.10
鈕 438.9
飤 60.9
雉 230.3
221.5
欻 544.2
勬 239.1
脹 427.4
賭 71.9
脛 423.9
腊 518.4
脯 526.8
526.9
腡 278.2
腩 312.9
腈 349.4
腌 233.7
541.6

547.10
腰 340.1
豚 452.4
467.4
腆 285.1
腯 124.8
404.6
腓 66.7
362.6
腆 290.5
腘 278.5
腡 95.3
165.5
腄 52.6
204.6
350.5
腴 78.5
腫 59.7
脾 49.5
腑 399.2
腬 393.1
腍 330.10
腦 444.1
445.2
447.3
腳 279.3
腤 212.9
211.5
腋 519.4
腑 262.10

腤 327.9
442.2
217.7
脧 201.1
勝 201.10
435.3
腃 354.4
腅 445.3
腔 42.1
腕 404.9
腱 117.10
400.10
腒 69.2
69.4
腟 60.7
腏 489.3
378.4
501.5
匐 538.4
甸 532.6
欿 122.3
魝 491.6
魱 289.6
猰 493.3
497.6
491.5
猢 83.8
猰 232.3
敆 232.8
欿 333.9

匒 28.1
28.5
猩 189.2
197.3
猲 485.2
548.5
481.6
猥 273.10
颩 32.10
颭 34.4
218.5
猥 254.10
猾 490.5
獀 210.8
猴 214.7
猨 116.1
獶 33.9
238.8
猦 28.10
猎 232.1
447.4
猶 436.10
206.6
439.2
猵 65.10
118.5
猵 278.3
138.4
觛 285.10
286.5

403.3
觚 84.2
觝 271.2
猳 168.8
猛 192.9
猤 355.10
猱 160.8
438.9
猭 144.5
412.10
猫 304.2
欲 300.10
慾 325.8
213.1
飧 120.7
觰 84.3
結 355.3
絿 98.4
絯 101.1
絣 173.6
然 139.5
貿 440.1
鄒 210.10

【丶】

証 432.9
詍 380.1
詁 268.2
詠 476.2
訶 163.6
誠 349.8

遒 207.5
207.8
道 303.9
鄐 518.10
遂 352.5
萏 509.4
孳 65.3
359.3
皴 500.7
曾 203.6
203.4
焟 518.6
焯 503.10
煠 405.3
273.10
焜 284.1
焷 49.4
焊 325.1
焮 399.2
焰 445.6
焞 109.4
焲 519.7
焠 390.5
焇 457.9
效 302.6
欻 478.8
焱 526.4
445.6
焭 195.2
勞 157.6
420.1
焪 28.5
345.6
焥 488.8
渚 514.6
516.10
湊 441.8
渽 102.6
湁 535.8
湛 219.10
224.9
338.7
港 242.2
346.2
渫 498.7
545.4
湽 248.1
滉 183.2
湖 83.7
湳 332.10
渿 382.5
渣 170.6
湘 177.5
湘 512.7
渤 482.3
渹 250.7
湢 529.10
湮 136.3
103.9
湅 409.9
減 338.9
338.6
湎 295.1
渜 288.1
406.8
湝 96.5
96.7
湞 191.8
193.4
溆 388.4
砦 306.3
170.3
309.5
渻 318.7
321.2
渻 161.7
湎 410.8
湨 525.9
湜 527.7
渺 300.4
測 528.2
湯 174.10
184.1
430.4
湒 534.4
湡 74.5
温 119.2
渴 499.6
485.9
渨 98.4
渭 361.3
渱 32.9
湾 509.2
湍 126.7
144.1
湠 402.10
滑 482.1
484.9
490.4
洴 387.10
湫 298.10
207.7
324.7
206.4
湩 241.9
344.8
347.2
淵 137.9
湟 183.6
溾 274.8
97.7
渝 78.8
渷 337.3
湲 132.5
144.4
湌 123.10
溢 398.5
121.8
401.9
渢 28.8
盗 419.2
淘 191.6
渟 196.6
渡 369.5
湃 519.7
湆 535.2
渧 373.3
游 206.10
溠 161.4
170.6
424.4
渼 249.6
湔 135.1
139.5
412.3
134.8
滋 65.4
湉 230.10
渲 413.6
涫 27.10
浚 210.7
326.10
渾 118.6
284.1
鄬 401.8
溉 392.3
363.1
渥 468.9
渳 247.4
湋 66.2
湄 59.2
湑 70.8
259.9
滁 73.1
湀 251.10
251.8
94.2
494.5
潑 488.10
溞 159.1
湪 406.1
㥩 514.6
愜 543.5
愷 379.4
㥈 266.7
75.5
264.1
愖 220.2
惵 543.10
悼 304.6
慌 317.5
愊 530.4
惰 308.4
423.1
惐 229.6
338.8
愐 295.1
愞 406.8
422.7
296.1

惦 228.10
惝 321.3
惻 528.2
惕 315.8
慍 398.8
惺 197.4
321.2
愒 384.8
381.1
500.4
惆 361.2
愢 102.10
愕 508.9
惴 348.4
愲 482.2
愀 324.8
301.2
愃 240.5
愎 530.8
愱 373.7
惶 183.4
愧 354.2
愉 78.6
愴 445.8
446.4
㥁 512.8
512.9
愋 117.2
惸 195.2
惚 345.2
惛 191.6
愯 506.7
愔 220.8
愐 207.8
愃 142.4
283.9
悺 28.5
惲 281.2
惼 291.7
慨 392.4
愐 247.6
愇 257.7
惰 70.8
259.9
愋 251.8
57.4
慅 304.6
159.2
慘 94.10
惱 304.2
割 486.6
勘 492.3
奧 497.5
375.4
寒 122.9
蹇 282.8
富 437.10
寙 136.1
寔 49.8
寔 527.7
寪 148.7
寓 366.1
寑 127.4
287.8
405.5
寖 330.3
寓 262.5
寍 155.4
寏 495.2
窒 434.5
窖 417.6
窅 415.4
窣 170.9
寊 222.7
寫 278.4
寬 283.6
117.4
寔 199.1
寐 355.5
寎 431.9
運 397.10
寢 483.10
扉 66.5
遍 414.4
棨 271.8
脊 271.10
375.3
啓 271.9
411.7
雇 370.5
269.6
扊 335.7
覘 517.8
裓 533.1
裀 230.9
544.7
補 270.1
裋 265.2
裖 277.5
裌 545.6
裄 155.1
裎 194.3
320.2
裍 285.2
裕 367.3
裈 34.3
裗 205.10
裞 378.5
385.3
裲 497.4
裢 456.6
裬 203.2
201.2
祺 62.8
褙 424.6
祼 404.10
禋 459.10
禍 309.2
祻 304.4
祽 390.6
禄 452.8
禒 378.3
鄍 199.6
詎 370.3
424.4
覒 395.1
497.2
鲎 38.9
惢 308.2
52.2
248.7
【乛】
尋 218.9
畫 385.9
515.7
敔 334.5
敕 453.7
465.1
犯 151.4
墅 355.9
363.4
臺 211.7
遐 169.1
覗 61.9
358.10
尉 362.2
屟 544.4
屠 478.5
犀 92.6
屆 536.1
547.1
545.7
屬 464.2
463.3
屄 373.7
屑 250.1
剮 92.8
屭 381.1
孱 131.9
140.4
289.10
媟 540.9
544.8
彈 409.3
弼 474.5
覞 93.5
彊 348.6
359.10
強 179.9
費 353.6
361.9
362.9
弦 135.10
粥 457.8
458.4
巽 401.3
弻 474.6
弶 412.1
隅 325.1
423.6

疏 71.3
364.7
毃 537.1
535.2
違 66.2
韌 394.4
隔 517.3
隓 44.7
陵 336.10
亞阝 428.9
孷 492.3
隙 513.3
隕 279.4
鄍 476.3
㱿 353.1
377.9
隑 103.1
隇 274.3
隖 268.10
舞 316.6
隚 181.1
隘 385.7
隒 336.3
媒 98.9
媅 224.10
媟 498.8
媘 536.9
婉 531.7
媆 298.5
婧 423.1
308.5
媖 401.5
媎 318.6
媞 271.4
243.3
90.1
婸 315.7
媢 305.2
419.10
355.5
462.8
媀 366.1
媪 305.7
娘 273.10
媦 361.2
絮 365.10
426.2
365.9
365.1
嫉 403.1
媔 545.9
㛐 141.7
嫂 304.3
媏 103.10
媓 183.7
媿 354.2
媮 216.5
78.9
婷 223.10
538.4
337.3
媛 115.10
411.9
媍 195.2
媄 249.6
媊 294.3
48.8
媨 438.6
媃 226.2
㛮 304.2
媥 141.6
婽 310.5
媉 469.1
媁 67.1
257.7
媚 352.3
媸 304.2
賀 421.3
硯 300.5
奞 283.10
奢 400.5
㺂 476.7
𤞞 380.1
貉 509.4
覕 49.9
辝 63.9
登 202.10
發 481.2
皴 109.10
頍 95.7
豣 379.7
稍 467.1
喬 475.9
堥 158.4
213.9
𢃐 82.8
454.10
367.10
嵍 367.10
婺 367.8
豤 181.9
豛 220.10
218.9
𢿘 489.4
502.6
㰲 256.5
絫 244.7
𠫤 380.6
絾 527.9
絨 27.8
絓 385.9
95.4
結 493.8
𦁁 254.5
絙 204.4
125.9
絹 276.4
絝 371.10
経 495.3
絧 345.2
26.4
絽 258.8
絪 103.9
絑 79.5
綖 199.4
196.7
絬 498.9
絥 354.1
455.9
綎 139.9
絍 442.8
䋄 374.4
絎 431.10
䋁 386.3
絟 143.7
502.5
給 534.10
絩 414.7
𦀜 307.8
絢 408.9
絳 347.7
絡 507.4
𦁄 357.10
䋫 192.2
絞 302.4
絘 356.4
綂 183.1
絯 101.7
273.6
統 346.7
絣 191.7
綀 272.2
綈 513.7
緈 475.10
絕 500.5
絲 61.8
幾 67.7
257.2
363.7
67.4
猒 80.6
卨 498.8

十三畫

【一】

耘 112.2
𦓸 418.5
耡 71.2
365.2
耦 463.10
翜 379.8
誓 503.7
㪷 280.4
𣆀 280.3
瑃 108.8
瑟 476.9
瑇 391.9
461.10
瑚 83.7
瑓 485.9

327.1
塙 468.5
塺 132.5
131.10
140.5
塉 521.3
摛 50.6
塘 180.10
搪 180.8
搒 430.4
187.2
瓡 533.5
搕 517.7
塎 240.9
搈 37.5
㲉 452.1
壼 285.2
嗀 469.7
𠁿 356.6
474.8
塚 240.6
嗸 453.7
嫛 439.10
㱿 441.5
㝅 441.7
328.7
搷 291.5
塡 525.6
搉 466.4
468.4
搌 297.2
292.10
搨 493.7
塀 55.10
搦 469.2
515.3
搎 120.7
搢 537.10
539.1
堎 528.10
201.2
搶 285.4
搋 445.2
335.5
埤 247.2
搠 538.3
聕 370.9
聖 432.9
聘 433.3
碁 62.7
蓁 110.10
戡 225.1
332.2
尠 292.5
368.10
歁 333.6
538.4
斟 219.6
㪺 223.4
221.10
蔌 160.2
蒜 406.3
蒱 83.3
蓜 535.8
蓍 56.5
葱 241.1
347.6
蓋 382.1
539.10
538.9
菆 319.6
蒖 103.6
蒘 509.10
蓒 117.8
剸 396.2
鄞 107.3
114.10
勤 114.6
蓮 136.3
294.6
靸 203.9
靬 347.4
靴 166.4
靳 399.2
靲 221.6
靪 46.5
靷 185.8
蒪 509.3
靽 291.10
靭 278.9
394.5
靶 425.7
皷 520.9
505.5
鄚 183.6
蒚 517.3
523.3
葉 472.1
蓐 464.3
蒝 115.8
蕐 463.7
蓫 461.6
459.1
456.8
蓾 207.4
蒔 61.4
360.1
華 473.1
墓 369.5
暮 82.8
幕 506.10
募 511.10
嫫 511.10
𦏺 539.4
荳 390.10
257.1
夢 28.3
345.9
蒛 500.10
蒁 437.10
蒩 70.10
86.1
268.7
蒨 408.7
蓧 524.4
146.5
蓨 524.9
萠 161.5
蓓 277.1
蒠 527.6
蒍 87.6
蒒 54.3
蓖 90.9
蓏 308.8
蔱 491.7
379.3
逵 164.3
蓙 95.8
萻 150.6
415.10
蒵 91.6
374.10
蒼 182.2
317.7
蓊 33.2
238.10
蒯 387.8
蓈 181.7
蓬 34.2
蒥 205.4
蓑 100.1
164.4
蒿 157.10
蓆 521.2
蒺 472.4
蓘 284.10
蓎 180.8
蓠 146.8
剳 264.7
蔀 327.9
329.2
菰 534.5
蒟 266.1
366.10
蒡 316.1
187.2
瓶 182.10
42.3
蓄 461.5
458.9
蒀 519.1
蒹 231.3
蒴 467.1
蒳 334.7
蒲 83.1
蒏 207.9
159.10
萋 161.7
蒤 84.10
蒗 429.8

蓍	492.2	楱	441.8	楨	193.4		350.5	梭	159.2	𨊻	100.7
蓉	37.5		442.3	楮	321.3	楯	108.8	榕	514.3	軥	212.1
䓇	256.5	椿	108.7	楊	172.8		280.4	楎	65.9	輇	144.3
蒙	31.7	毷	382.5	想	313.5		110.6		118.6	輅	369.9
蔏	412.5	款	287.10	楫	540.6	晢	522.5	楄	137.8	軫	271.10
蓂	525.5	椹	220.1	楣	420.1	榟	90.2		141.8	較	417.7
	199.7	楫	39.6		462.8	楡	78.7	榀	200.4		466.3
萑	457.10	樺	491.4	榅	483.3	嗇	528.5	椵	310.4	輆	275.10
莵	117.4	楪	540.4	楬	481.8	剢	472.5	楃	468.10	輧	137.7
鄗	125.2	榙	536.5		499.5		256.4	椲	257.6		199.10
幹	403.5	椅	109.1		492.5	郗	470.10	楣	59.3	爽	82.6
嫛	64.6	楠	223.9	根	98.4	郄	470.6	楈	70.7	毂	524.10
	60.10	禁	222.2	楒	61.10	椏	102.2		259.9	剸	126.9
蒨	493.6		443.1	㮤	509.2	楖	517.1	楹	192.9		296.6
葩	112.10	楂	171.4	椯	144.3	楥	400.9	楑	251.7		414.3
蒻	504.3	㮹	310.10	楞	203.2	椶	33.10		57.3	鄠	296.3
蓙	456.5	㮓	441.4	㭾	482.2	楰	280.1	楙	440.2		126.9
蔆	201.1	楚	260.8	楸	206.4	楓	28.9	楺	325.4		144.2
蓀	120.7		365.9	椱	455.7	楤	33.4	椒	158.4	鬲	164.2
蓷	274.5	楋	485.9		438.10	楟	196.7	橡	145.4	歐	400.7
蒸	200.5	楅	529.10	椴	405.9	榜	507.9	裘	212.4	督	533.2
蓻	168.6		455.3	楩	296.10	椮	130.8	軭	179.4	匽	529.4
	74.1	楝	409.8		141.7	楴	373.6		180.2	畺	176.1
蒲	33.7	椷	231.8	椺	523.10	槎	171.5	軾	527.9	掣	485.7
蓩	305.2	槭	67.1	槐	97.1		311.9	輁	241.6	豉	530.5
	454.10	栖	142.2		98.6	楢	300.2		39.8	圖	216.2
蒓	109.2	楆	295.10	楀	266.1		206.9	輀	63.2		215.2
蒳	538.1	楏	94.4		262.6	椽	352.7	輊	355.1	𦣞	249.3
楔	491.3	楷	96.4	槉	214.8	楦	400.9	軼	183.10	斛	164.2
	493.5		273.7	槌	60.3	椞	483.1	軟	455.7	硻	189.10

蛾 162.6
245.4
蜊 57.1
蜏 438.6
326.3
439.3
蜓 143.2
蜍 73.10
69.8
蛶 501.7
489.2
蜉 213.3
蜂 39.2
34.3
蜹 205.10
蜣 175.10
蜕 378.6
385.3
422.5
500.9
蜋 90.8
蜋 181.5
174.5
畹 283.6
蝍 472.8
529.8
494.1
蛹 240.10
嘑 144.9
圔 546.3
啜 378.3
501.3
豊 270.7
農 35.4
薗 507.2
器 182.7
430.7
䟪 451.4
嗣 358.9
單 163.3
桑 420.8
嗃 328.8
嗾 415.6
嗅 415.4
嗚 87.3
嗁 89.10
嗂 151.1
嗋 545.10
嗃 509.9
155.4
417.8
嗾 472.5
嗙 186.7
嗌 518.10
嗛 338.1
嗘 401.4
嗤 65.1
髀 243.6
嗜 547.6
嗈 38.3
嵥 472.1
敲 248.3
296.3
307.10
嵚 144.3
296.4
嵟 99.10
峞 252.2
嵚 403.1
署 364.4
睪 541.8
519.1
置 359.10
罧 443.3
330.7
罭 530.1
罠 195.2
罨 538.4
337.3
547.10
罪 274.5
罩 417.9
黈 388.1
遝 537.3
罶 370.7
罯 537.7
罹 417.9
蜀 94.6
蜀 463.10
罬 502.5
501.4
嶂 473.5
幌 317.3
嵦 103.1
嵲 496.8
幍 269.2
幉 90.9
幰 90.8
92.2
幅 158.6
豬 97.4
嵠 93.7
鄘 100.4
323.1
幏 346.9
嵥 499.6
嶍 205.9
嵩 27.4
嵣 315.9
429.6
幏 227.7
嵰 336.2
剬 27.4
346.3
幏 168.10
423.8
嵱 37.6
幏 31.9
345.10
幎 525.3
圓 144.4
黖 360.6
骯 126.3
骫 350.3
骱 485.1
491.3
骭 490.8
483.2
骰 216.7
骯 316.2
317.2
【丿】
頔 306.1
帶 383.1
桀 265.9
矮 273.1
雉 251.1
矬 90.10
锩 381.8
氲 112.5
毸 100.1
氳 112.7
惧 525.10
牁 166.2
惣 238.7
犌 168.10
犕 66.5
稟 152.10
歃 546.1
歃 546.1
542.9
稑 456.4
稜 203.2
稏 423.9
稘 63.6
稙 527.2
稤 102.3
稞 311.3
166.1
頒 113.2
稧 530.6
稒 370.6
稛 285.2
種 308.3
351.5
稑 351.6
稚 355.3
稗 386.2
稔 330.9
稠 211.8
稕 396.8
稡 484.9
稖 283.8
毽 437.8
犎 207.7
愁 211.3
稑 29.7
筭 406.2
筗 379.6
筠 107.6

	187.6	愈	265.3	餇	321.5	腜	98.10	腯	482.9	臭	494.8
鉫	490.7	僉	228.4	飵	371.6	䐑	541.5	腧	367.2	剣	493.10
鉎	189.2	會	383.6		510.5	䐠	184.6	腳	503.8	觓	425.10
	197.3		384.2	飾	527.9		317.5	腝	505.7	觔	297.6
鈼	510.6	粯	414.6	飣	217.7	腩	332.9	胝	71.5	觓	158.10
鉌	165.9	鳰	393.8	飻	495.10	腷	530.8	腤	223.10	觟	441.5
鉜	213.4	須	481.2	䬹	198.10	腰	152.5	腣	89.7	勬	312.6
鈴	197.8	䙖	32.8	䬾	89.10	䐓	209.3		373.2		312.5
鉛	142.9	䘰	214.8		90.6	䐐	421.1	䐤	169.9	肆	357.8
鉤	216.9	遥	150.5	飽	301.9		401.5		95.7	猿	116.2
鉖	35.1	夓	420.5	飳	328.1		296.1	䐭	201.9	猼	510.9
鉋	418.7	愛	392.6	䬶	288.5	膠	171.7	脪	436.2	猸	168.9
	156.4	貆	128.2	䬷	513.8		424.3		204.1	獂	115.7
鉒	368.8		126.1		517.8	腊	96.4	膢	434.10	鳩	210.4
鉉	291.8		117.1	飶	473.8		272.9		434.9	獀	529.9
鉈	171.1	𧳜	359.7		498.1	腿	89.9	監	332.10	颫	80.2
	49.9	貊	512.1	飼	358.9		90.9	腿	274.7	颋	171.8
鈧	276.10	貗	33.8	䭈	55.9	腸	176.3	腛	469.1	颸	473.9
鉍	353.5	䝒	211.4	䬰	416.2	腽	483.2	䐣	280.8	颮	160.10
	474.10	䝘	510.1	餅	400.4	腥	197.2	膡	192.10	獅	54.3
鈱	108.1	貉	510.2	飴	60.9		433.10	䐃	57.4	猳	128.8
鈯	483.1		512.2	領	225.1	腢	380.4		58.10	猺	151.2
鉊	151.5	亂	405.9	號	198.1	腲	273.10	腬	438.9	猠	205.8
鈹	45.2	䬴	487.2	頒	130.3	腨	296.3		209.2	㺸	426.7
鈶	254.2	䬲	385.2		112.9	腫	239.8	腦	304.1	獫	338.2
辨	486.9	䬯	229.3	頌	37.6	腹	455.1		421.2		338.6
瓹	79.1		231.4		346.8	腶	405.10	詹	228.4	猽	199.7
瓵	82.6	䬸	311.2	䐈	374.10	脭	496.6	睢	55.1	觟	311.3
飲	216.8	䬽	313.1	䐗	441.7	䐙	275.1	匔	267.5	觛	46.8
	78.6		428.2	䐇	280.2	膇	350.5	臭	504.10		117.2

旐	151.1	粮	174.3	煖	288.1	溘	384.8		279.4	滈	303.6
旒	205.7	𥻚	360.10		116.10		538.3	溷	401.2		469.8
雍	38.2	粣	178.3	熜	33.6	漭	316.7	溦	548.6	漷	514.6
	347.1	奠	135.1		238.8		430.9	溰	68.2		511.8
剺	472.5	煎	139.5	煪	207.9	漠	507.1	淵	416.5	漓	48.3
	474.1		412.4	煔	226.10	滇	137.1	溗	201.8	溏	181.1
羞	95.6	猷	206.6		445.9		136.9	湒	80.6	滂	184.3
	55.4	塑	371.4		446.5		409.7	滌	524.4	滮	158.2
	55.7	遡	371.3	塋	193.1	溎	410.6	滫	326.7	滀	461.6
羥	190.1	慈	65.1	𤎯	190.5	溹	517.10	淪	402.1	溔	301.1
	131.8	巽	355.8	㡪	195.1		512.10	準	279.6	溢	471.5
羭	71.8	煤	98.9	犖	195.1		509.10		501.2	溓	231.1
詹	167.6	煁	220.3	嫈	190.9	漣	141.3	㴬	424.7		335.9
義	350.1	煠	542.4		195.1	溥	510.10	熄	527.7		338.2
羨	413.8		540.5		432.6		269.10	溩	269.2	滖	338.7
	414.1		545.4	煇	65.8	滒	161.3	混	376.3	溶	37.2
	53.8	煙	136.1		118.8	滆	517.2	㴰	50.1		240.10
豋	283.3	煩	116.2		284.3	溧	471.9	溵	114.6	滓	256.5
	412.7	煐	287.10	煆	171.7	溽	464.4	塗	170.9	溟	199.6
豢	407.6	煬	173.3		424.1	滅	500.3		84.6		321.6
觠	412.7		426.6	煒	257.6	源	115.3	滏	264.3	溾	117.3
	145.1	㷉	74.8	煝	352.4	滮	240.1	滔	158.5	漽	90.2
養	412.7	煴	112.5	煣	325.4	溼	534.3	溪	93.7	溺	525.2
粳	186.1	煜	535.9		439.4	裟	170.2	滄	182.3		504.4
粷	465.9		457.9	溱	110.10	溳	308.1	滃	238.10	滍	251.1
粯	408.2	煨	98.4	滶	160.2	澤	473.2	湝	53.1	碆	165.7
梅	98.10	煟	361.4	溝	216.10	滉	317.4	盜	53.2		164.8
粰	213.3	煓	126.8	溨	101.9	潤	336.10	漨	38.9	粱	174.2
梳	205.5	煌	183.5	湏	344.5	溲	527.10	滐	499.6	㵌	547.7
粽	333.6	煺	100.7	溒	116.1	湞	112.3	溜	438.2	涵	224.3

媷 464.4
嫄 115.4
婢 473.3
嬂 249.5
媲 376.2
媱 150.5
媛 91.4
媰 80.8
嫉 472.4
358.1
嫱 458.10
嫌 231.3
嫁 423.7
嫇 190.2
199.8
321.6
媿 117.5
媶 293.1
嫋 298.6
媸 65.1
綮 300.5
鳭 146.8
156.2
畬 284.5
羾 548.6
翜 535.4
547.1
翍 459.8
劉 456.4
鄝 298.1
勠 205.4
438.4
456.4
辦 111.3
戣 58.9
預 365.5
稓 516.7
516.2
桼 455.1
愨 440.2
趯 282.7
豳 476.7
501.2
彙 361.3
緻 542.9
547.10
541.6
綵 212.9
綧 477.4
綆 317.9
綀 71.4
綊 543.2
綎 90.9
60.4
經 195.8
433.9
綃 155.1
148.9
緹 199.5
綅 290.10
絹 411.8
絺 55.2
綌 513.4
綏 58.4
絻 129.2
297.2
397.8
綐 383.8
綈 90.2
綄 125.10
287.2
綅 220.9
218.9
228.1
緦 360.3
絅 163.9
鄦 303.10
鄛 154.8
勦 154.7
301.3
齡 259.7

十四畫

【一】

耤 521.2
耩 548.1
耨 532.10
耡 280.5
耣 280.5
耠 242.4
毬 335.7
耤 64.5
瑹 68.9
瑨 395.8
瑱 409.7
395.10
璉 294.6
瑮 472.1
瑣 307.10
瑝 473.1
龍 433.2
静 319.10
艶 195.8
434.6
碧 522.1
瑪 87.5
269.1
瑤 151.2
瑫 158.8
瑲 178.10
瑠 205.8
璃 47.10
瑭 180.9
瑢 37.5
綮 160.4
嫢 160.2
皴 160.3
摯 160.3
熬 160.2
斠 466.1
匲 531.6
瑀 125.1
頛 360.10
頛 487.2
犛 64.1
嫠 63.10
覭 227.10
頵 394.10
鄯 424.9
嫛 251.8
291.3
52.3
揩 500.7
381.7
搘 36.7
摫 52.4
跡 298.7
髤 211.5
髩 187.5
髦 158.2
髤 387.2
髫 35.10
髳 314.8
髨 332.7
擖 506.3
擭 399.3
105.10
墐 396.1
105.10
摲 447.8
摶 126.10
296.5
摺 420.6
摗 216.1
摳 329.3
摳 216.1
79.3
摬 190.1
摽 299.10
153.5
416.4
馺 351.5
46.3
350.9
43.1
馱 421.10
162.1
駈 260.5
駟 470.3
駇 298.4
駉 387.4
駮 264.4
駁 467.5
駒 185.7
317.6
429.9
駇 111.7
駛 444.5
駃 494.7
388.8

蕒	320.9	䔟	43.6	蕖	69.3	蓼	297.10	榎	310.3		95.1
勩	357.9	蔦	414.8	蔋	524.4		456.5	榞	115.6	槍	187.5
	379.10		297.9	菼	226.9	蔘	225.3	橧	91.2		178.10
蓾	267.5	蓯	238.7	蓡	220.5		222.6	槭	144.7	榆	33.3
蘆	267.5	蒣	170.10	蔞	164.8	薌	174.7	榯	61.4	槬	108.10
	162.4		167.5	蜑	339.9	蔠	27.1	𣟄	473.4	楪	499.5
慕	369.2	蒸	470.7	蔻	442.1	榛	111.1	榥	317.4	榴	205.6
暮	369.2	蒵	95.4	蕢	292.7	構	441.4	榻	539.3	樢	210.10
蔴	272.2	蒲	83.1		53.6	榧	257.4	樓	529.8	榱	57.8
蔲	442.1	蒒	118.7		106.8	榪	423.5	槶	118.5	槁	305.9
	408.3	蔔	532.6	蓿	460.7	梩	97.8		284.2	榔	511.5
蔓	215.6	蒙	312.7	蔤	474.4	榬	115.9	樤	146.10	槉	472.5
	79.7	蔛	451.10	榦	403.5	榰	43.2	樇	207.10	樆	48.1
	266.4	蔡	384.9	乾	402.10	榼	540.1	榭	424.7	榶	181.2
勱	388.9	蔎	502.3	斡	488.7	樺	168.1	槵	527.6	榜	315.10
蔓	128.10	蔗	425.3	頡	83.5		425.9	槝	87.6		432.2
	400.1	䕬	78.10	熙	64.6	樠	354.1	槐	54.5		187.1
鄸	486.7		265.3	蔚	362.2	模	82.7	蜇	50.4	槏	338.8
蓂	359.10	蔰	247.2		477.10	樣	170.7	榹	49.10	棚	467.2
薔	102.6		272.3	蕭	441.10		84.10	榝	491.7	橄	480.9
	64.3		357.4	兢	202.2	榟	111.4		502.7	槠	485.1
蔮	390.9	蔍	453.7	蝦	310.3	榗	412.3	覡	523.9	榨	424.5
蓶	57.10	蔁	175.7	蓨	52.7	槙	137.1	對	101.9	榠	199.5
	252.3	蔏	174.10		248.6		277.4	麩	529.2	榷	466.4
蔑	496.10	蔟	441.8	蔣	177.8	榡	509.10	麯	407.4	榏	472.9
蒉	190.1		453.9		312.8	槤	141.5	麧	484.6	榍	493.5
蔨	278.6	萃	476.4	蔭	443.2	榑	80.3	榣	151.1	榕	102.7
	295.9	蔽	378.10	蓤	486.9	槅	517.4	槄	158.6	櫸	74.2
邁	166.1	蔊	286.10	蓋	200.6	螢	43.3		303.9	樋	231.8
菰	487.10	蔆	201.1	蓸	533.9	槈	440.10	榽	91.4	壴	373.1

裳 178.5
嘒 376.2
職 102.7
102.6
暱 471.3
䁋 544.1
544.8
䁙 491.5
290.8
412.5
䁩 485.9
䁍 545.2
睦 94.9
㬥 463.8
嘖 513.1
516.2
516.4
曄 542.7
535.9
曅 542.7
數 473.2
瞵 316.7
夥 273.4
309.3
瞑 521.8
526.4
睼 409.8
臭 321.5
䁆 534.4
瞐 419.9
459.1
睲 321.2
434.1
䁔 478.8
瞍 146.3
䁟 208.1
䁛 354.3
睺 214.9
439.6
䝷 493.4
賤 349.5
賕 212.7
賑 277.3
393.9
賏 193.3
430.10
䝰 273.9
賖 167.2
賂 394.10
暖 287.3
116.10
283.9
睃 387.3
238.8
344.10
䁝 415.8
煦 76.4
猒 180.5
䁞 191.9
晈 328.8
暉 401.8
284.3
鼑 531.4
暋 108.1
108.6
睽 94.1
墅 261.8
嗎 141.1
嚮 157.9
嘆 124.1
402.10
暢 427.4
帽 532.1
鬩 494.5
閨 93.9
闍 489.10
496.1
聞 111.7
397.9
閧 346.2
347.9
閨 498.3
閩 107.9
111.10
閭 72.1
閻 457.4
閥 479.8
閫 530.3
閤 536.6
閡 459.8
閣 508.7
閡 392.6
関 129.6
閬 289.6
嘈 160.6
嗽 467.1
441.1
452.7
嘔 214.10
329.3
遱 215.10
暟 275.10
嘌 153.6
觚 119.5
嘁 537.9
嘎 491.3
雖 464.6
暡 239.1
鬲 304.10
暝 199.8
434.7
髦 539.4
韋 437.1
嶺 524.5
瞟 422.8
142.8
296.2
412.2
跅 381.6
跴 541.9
踘 212.10
𨀦 88.6
䟷 184.7
踈 71.5
䟴 394.1
踁 434.2
踄 509.7
踃 146.2
踋 383.3
384.7
䟰 410.3
踇 327.8
踍 501.6
跨 57.6
58.10
𨁈 92.9
踉 181.7
174.5
426.9
跼 463.9
跽 252.7
踊 240.8
踆 110.1
暘 427.5
睡 285.1
暖 287.6
蜯 242.4
蜻 192.5
195.7
蜄 176.4
蛙 456.5
䖹 327.1
蜡 364.3
424.6
蜥 522.5
蜙 40.3
蝀 25.2
237.10
蜮 532.8
530.1
蜽 312.10
蜶 244.9
47.1
蜨 544.5
䗃 289.2
407.9
螔 268.10
蜾 307.7
蜫 118.10
蜴 519.6
蜠 278.6
107.8
蜡 537.4
蝸 95.3
168.3
睉 162.2
蜘 51.2
蜲 44.5
244.2
蜺 91.9

稓	534.5	篣	273.5	箜	220.6	僚	147.10	𠌫	416.4	僝	131.9
稳	112.6	箸	364.6	箷	66.7		301.4		149.6		413.7
程	197.3		364.9	箙	455.8	睡	348.4	鄃	149.8	僎	296.8
稭	502.2	箕	63.6	篖	217.7	𦢊	354.2	僦	438.6		413.6
	486.1	節	167.5	篓	540.7	僭	446.9	㒆	271.10		110.2
馝	473.7	箴	211.3		546.1	膀	315.10	僮	25.6	嵅	515.9
	498.1	箁	269.2	箊	71.9	僕	454.1	僐	294.1	峪	443.8
稍	438.6	箬	504.3	箈	134.8		462.4		411.5	鄭	460.4
稿	126.5	箖	219.4		229.9	㒒	458.8	僯	277.10	僜	202.8
	307.9	箟	546.1	箔	509.6	悠	458.8	僔	284.7		436.2
種	239.8		542.9	篟	299.6	儌	313.10	僧	203.2	僟	67.7
	347.4	箋	134.10	管	287.7	僩	289.8	𠐊	195.3	敲	479.9
稈	183.8	箪	417.9	箜	29.6		288.9	僗	420.1	𢕩	516.2
稱	202.6	算	287.6	箓	453.1	僓	391.1	僪	278.5	歋	43.8
	435.6	箟	107.7	箒	326.10		274.7	甄	381.1	衝	292.9
稯	34.2	箅	375.7	箛	84.3	僤	140.8		374.7	嫛	246.6
稰	230.5	箕	290.8	箘	224.2		286.5	鼻	357.2	微	65.10
	443.3	箇	421.3	緐	116.7		403.4	躴	181.8	𢕟	99.8
稊	43.6	箘	278.5	毓	457.8	㑹	272.1	𨞙	157.6	衜	232.9
稵	218.5		107.7	僣	495.9	儛	263.9	馱	382.9	復	438.10
	65.5	箵	537.7	僁	144.7	僑	152.7	𪖈	304.4	𢕱	243.5
穊	355.8	篙	311.5	僥	148.4	倃	546.2	䯧	485.2	徥	530.10
稽	70.7	箠	52.6	僨	398.6	儁	397.1	䑜	492.7	𢕌	333.5
	259.9		248.2	僖	64.5	僬	150.3	魄	513.9	慇	114.5
糅	325.5	筫	79.1	僆	485.4		416.9		508.3	𦪇	408.8
熏	113.6	箄	49.3	㒋	50.1		149.8	魅	352.3	𦨝	62.9
鄗	300.8		91.1	僛	63.5	僞	351.3	魊	489.5	𦪉	544.5
箐	192.7		247.1	僘	318.3	僢	280.4	魋	105.4	䑗	388.2
箝	229.10	篇	109.9		431.3	㒄	294.5	魼	359.4	艙	109.6
篪	84.5	劄	546.2	僊	138.10		297.3	歍	87.4	槃	128.5

339.6
夆 39.3
雒 507.7
殦 534.5
鳩 125.8
孵 81.1
錤 63.5
鍋 309.3
矮 166.3
309.1
銅 146.9
賁 106.8
鄮 440.1
餐 477.8
480.7
歛 256.5
絮 303.1
【丶】
誠 386.10
跡 526.3
誌 358.6
誣 75.3
誺 436.10
誖 389.8
391.6
482.5
誧 87.8
371.9
88.6
269.10
誎 465.6
語 258.2
363.8
䛠 440.9
諀 60.5
誙 189.10
誚 416.4
䛞 285.9
誤 370.8
䛛 502.1
誥 419.5
誐 162.7
誗 230.7
誸 452.4
165.2
誘 325.10
誨 390.2
詐 424.6
誒 479.2
誔 164.5
誑 428.8
詰 313.3
431.3
444.3
說 378.5
501.1
500.8
誏 316.9
誋 360.3
認 394.3
435.1
誦 346.9
誒 64.8
誜 426.1
鄰 28.7
澌 50.1
裹 307.7
422.2
槀 305.1
敲 155.8
418.2
歊 462.9
149.5
毃 468.4
豪 156.9
亶 384.9
膏 157.3
419.6
塾 457.5
廑 396.1
廣 315.10
遮 167.5
座 98.10
422.7
麼 308.6
麽 164.9
廕 375.4
廬 171.5
廔 215.8
廙 359.10
529.1
腐 264.3
瘲 238.7
瘞 542.8
瘎 220.3
𤸎 83.9
瘌 485.8
瘧 504.7
瘄 318.6
瘍 173.4
瘐 366.2
瘑 485.10
㾗 98.2
瘠 482.2
瘷 437.8
瘦 455.8
437.9
438.10
瘦 437.7
瘣 274.8
瘊 214.9
瘡 443.3
瘉 78.10
265.3
瘜 504.6
鹿 453.5
瘖 222.5
瘥 386.1
162.2
167.7
瘴 427.10
痩 437.7
瘒 121.7
瘺 141.6
瘕 168.10
310.4
423.7
痻 107.10
瘇 73.1
365.10
364.10
瘙 420.8
瘃 393.6
瘵 443.7
甂 181.3
甀 181.2
彭 37.7
廜 84.8
褎 439.2
塵 106.4
麂 125.7
麀 254.2
廖 147.9
438.2
辡 295.3
294.9
彰 175.6
劃 36.10
鄣 26.4
竭 481.7
499.4
韶 151.2
端 126.3
颯 536.10
竳 373.5
竮 197.4
199.10
適 523.6
519.9
520.6
齊 373.4
88.8
斜 184.4
187.2
旗 62.3
旖 51.3
244.10
膂 258.6
頖 409.2
遾 474.1
鄯 294.1
411.4
埶 420.3
358.4
辣 106.3
24.10
344.8
䍴 244.2
351.3
羦 95.8

憜 308.4
慴 543.9
542.2
憀 147.8
206.2
慘 333.2
慣 407.7
⿰害支 384.9
⿰害少 530.10
⿰害殳 374.10
寨 532.3
389.4
寨 392.2
搴 293.8
⿱𡨄心 532.3
賓 105.5
⿱宀執 446.7
544.7
寬 128.4
寡 311.4
窴 491.6
窬 440.6
216.8
78.4
窠 36.8
窳 37.4
窻 41.3
窨 443.3
窪 171.2
察 490.10
康 182.9
317.2
寀 104.10
⿱宀滈 330.8
蜜 472.8
寧 199.1
寤 370.8
寘 105.4
⿱宀洛 225.5
寣 483.4
寑 330.3
寥 523.1
147.8
實 470.4
晢 306.8
鞁 113.10
398.8
肈 299.2
⿰鬲瓜 137.8
綮 271.8
褉 497.8
⿰衤毒 419.5
462.1
褋 543.9
褡 536.9
539.3
⿰衤胡 83.10
複 282.6
400.7
褔 437.9
⿰衤要 152.5
⿰衤青 423.1
⿰衤契 142.8
褆 243.4
90.3
246.4
褞 281.3
褐 484.10
褍 126.4
307.10
褔 536.2
545.8
褈 36.10
38.7
複 438.10
455.1
⿰衤笑 373.7
⿰衤𣶒 411.1
褓 305.5
⿰衤侯 214.9
褕 151.2
78.7
褑 411.9
褨 306.4
褌 118.10
褊 295.2
褘 65.9
褖 406.1
禡 423.5
禛 103.5
襌 473.5
褫 50.4
⿰衤逢 38.10
⿰衤留 438.4
⿰衤旁 187.1
⿰衤羔 504.1
鼏 525.4
歃 468.5
歃 468.5
【一】
鄩 219.1
劃 515.7
516.9
盡 278.3
278.2
頣 285.8
暨 355.9
363.1
475.2
479.3
⿱既皿 360.8
363.4
363.6
⿱既巳 529.8
⿸尸虛 71.1
屢 368.10
鳲 56.4
屣 246.10
351.1
屡 100.8
劅 293.1
彉 511.5
511.2
彄 216.1
頤 107.10
甥 179.10
313.2
鄧 353.5
隞 106.3
395.2
韎 487.3
韎 388.3
韍 477.5
⿰韋斤 513.8
⿰韋圭 366.9
⿰韋必 353.6
⿱非韋 429.10
墮 308.2
44.8
308.6
隓 308.5
隨 45.7
隔 63.1
牄 179.1
弊 312.7
愻 401.4
鼓 252.6
⿰阝菐 454.5
隤 99.5
⿰阝畢 293.5
⿰黑巴 414.3
⿰出頁 501.2
⿰出肙 482.7
⿱出来 478.8
輩 354.4
⿰阝無 75.4
⿰阝皋 157.2
隩 420.7
460.3
⿰阝為 44.4
44.1
245.7
墜 358.1
隧 352.6
⿰阝尋 219.1
隥 435.8
墬 357.7
⿰阝絶 500.6
嫧 516.6
520.10
516.4
嫣 141.1
145.6
297.4
400.8
嫥 143.10
嫩 401.5
嫗 366.2
嫖 153.4
416.4

	137.5	遶	299.9	駚	495.4		222.10	趨	502.5		460.3
鵬	444.5	縶	242.6		471.6	趣	329.8	墣	468.2	𨦣	378.2
韡	294.5		239.2	駞	161.8		368.8		454.3		379.9
賛	404.4	墳	112.7	駙	366.5	趞	505.4	撲	454.3	槷	496.8
鳺	81.8		280.10	駗	105.8	趣	110.8	撮	489.4	暬	498.9
鴪	398.3	撻	485.4		277.6		280.6		488.9	熱	499.7
𢷬	355.5	𡒄	356.5	駖	198.6		395.4	撊	142.8	㩉	539.2
𡐛	500.4		375.6	駒	82.4	𧼯	480.4	頡	491.4		537.10
𢹂	496.1	撎	356.6	駧	486.6	𧽎	239.9		496.1	墦	116.7
	497.8	撕	92.7	𩡾	467.9		465.9	墤	387.9	播	422.6
截	280.2	擖	493.3	駐	368.8	趠	418.4		99.5	擒	221.3
肆	403.7		490.2	駭	138.7		469.3	墠	293.10	搏	142.4
髬	60.1		546.7	駍	406.6	趟	188.7	撣	140.8	撝	44.4
髪	481.1	撖	512.9	駝	161.7		432.1		403.4	鞏	241.3
髺	230.8	撢	224.8	駜	473.8	𧾌	281.5		124.5	撚	291.6
髯	229.1		444.2		474.6		281.4	賣	385.9	墩	121.1
	445.7		220.7	䮂	482.7	趡	251.8	墲	82.8	撞	42.3
髣	81.8	駄	372.6	駊	309.1	趛	331.9		88.6		347.10
	368.7	駓	60.1		309.2	趝	446.9		75.6	撤	502.8
髡	457.3	駮	489.9	駘	276.2	𧾓	156.2	撫	264.5		501.10
髴	361.9	駔	316.1		101.4		417.9	撟	149.10	墡	294.2
	477.7		268.6	撅	480.6	趜	457.4		300.6	擅	293.8
	478.10	駎	437.2		480.8		458.2	撘	536.9	暬	544.2
髫	146.10	馵	534.7	𡐲	147.9	𧼹	532.7	撑	475.1	𡠗	535.9
髮	349.2	駃	317.1		416.7		367.7	赭	309.9	摯	351.10
髻	102.8		313.1	撩	147.9		440.4	撨	149.8	慹	534.2
髳	31.10	駛	254.4		298.2	趢	453.6		146.3		544.2
墝	155.10		359.7	撍	224.7		465.1	𩑶	493.4		542.2
撓	158.1	駉	200.3		333.4	趉	480.9	覞	267.6		533.5
	301.9	駟	356.8		444.7	趑	136.1	墺	420.7	撛	277.10

櫋	122.5	槾	128.10	樟	175.6		311.4	輟	501.3	醃	229.5
槸	380.5	樏	244.8	樈	189.4		274.9		378.4		233.7
柳	157.10	槵	407.7	樀	523.8		309.3	輜	61.10	醆	290.1
槿	281.9	榷	100.2		524.5	輥	284.10		64.4		293.2
橫	183.10	檛	171.3	樥	410.2	輵	537.7	甎	143.9	醙	100.8
	186.4	樇	80.6	樎	456.1	輞	314.10	敷	80.9	䣼	174.6
	431.8	槔	117.9	樒	474.5	𨊻	164.2	歷	485.7	醇	109.2
樠	118.2	樅	40.4	橄	334.5	輗	91.10	頡	320.8	醉	352.10
	128.10		39.4	橢	308.6	輧	100.7	慗	527.2	醅	210.4
	119.9	勡	528.7	樇	312.8	槧	337.6	槖	186.9		100.6
蕽	35.5	樊	116.3	槢	533.8		228.3	甌	214.10	醁	464.9
蓭	43.2	賚	392.9	樛	218.3		445.10	敺	79.3	醊	378.3
榛	471.1	覝	392.10	槮	223.1		335.2	歐	214.10		501.4
槽	160.6	麩	80.9		333.5	暫	445.4		329.2	鴂	43.1
	159.10	麪	410.7		222.7	㨻	226.9	毆	329.3	覞	273.8
樕	452.6	麧	465.5		331.9		339.6	頣	277.9	慼	526.1
樞	82.2	麬	49.7	樌	405.2	慙	226.9	豎	265.1	慸	389.2
標	151.6	麨	300.2	樸	154.7	輪	109.7	賢	135.8		381.6
	300.9	糇	255.9	慠	482.5	輣	187.3	踑	62.5		374.2
㯹	326.1	橡	312.6	輤	408.7		191.10	踖	512.10	䳴	210.7
	439.1	槲	451.9	輊	456.6	輖	208.6	𨂂	90.9		325.3
槭	459.6	檫	491.1	輘	203.2	輡	333.7	踠	126.6	磝	156.1
㯄	383.1	榱	307.3	輢	349.5	䡕	373.7	鼔	155.8	磚	441.7
樉	313.7	樜	364.5		245.1	輬	174.6	遷	139.3	碼	309.8
樐	267.4		425.2		350.4	輨	287.7	醞	76.5	磧	31.7
樝	170.5	㯅	90.9	輚	290.1	輐	117.5		82.1	磕	384.8
樗	71.3		47.5		407.8		112.6		76.1		540.1
樘	187.4		49.7	輫	96.9		281.3	醏	88.5		486.1
棚	376.4	槺	182.9		100.5	輙	82.5	醋	371.10	磌	136.8
樓	215.3	槦	37.7	輠	307.7	𨌩	453.7	醂	334.1		103.5

磓 141.4
碢 517.1
磊 274.1
憂 204.8
磧 308.2
磒 279.4
磑 100.7
391.6
碼 269.1
磈 93.1
磃 50.1
磤 281.7
磎 93.7
磔 512.2
碻 468.4
磄 181.1
磅 184.3
187.7
磍 491.4
492.5
確 468.4
磟 469.8
碾 413.10
磉 315.10
酟 99.10
䎽 544.6
鴈 407.1
廞 232.8
233.7
頋 332.2
匳 227.8
㕒 51.9
嬮 480.6
甐 313.4
313.7
遼 147.8
豨 108.3
頤 338.5
廦 520.8
膭 97.5
99.6
豬 71.9
豵 266.5
䝉 346.7
豲 135.7
殨 350.3
殣 396.1
殰 159.10
殢 373.7
377.1
殤 174.9
嫺 481.2
頗 194.1
189.4
霔 542.5
震 393.9
霄 148.8
覔 408.5
霞 521.7
雩 213.5
霅 537.1
546.5
546.7
542.2
霂 454.10
霈 383.5
霓 219.10
鴉 169.5
鴂 164.3
遷 472.3
【丨】
輩 391.6
䛍 100.4
劌 379.1
齒 256.3
餐 48.6
聲 388.1
棗 465.8
齕 317.6
敹 148.3
劇 512.7
鄘 69.6
勴 364.10
歔 71.6
䖔 416.8
戲 170.6
膚 81.6
慮 363.8
歑 85.4
虝 269.8
剿 542.3
547.5
鄛 547.4
截 496.6
輝 65.8
鬃 467.2
賞 314.7
䁯 376.2
睹 56.7
曄 542.8
瞵 316.6
瞙 507.2
瞋 106.5
瞘 517.5
暈 463.8
翹 47.5
鞁 473.5
暵 287.1
403.8
暴 420.3
453.10
㬥 366.10
319.5
晶 467.8
睍 317.5
瞜 407.2
瞟 416.3
瞍 524.9
䁻 90.6
瞡 219.5
賦 368.6
睛 433.6
192.4
賭 267.6
賤 413.8
賜 348.8
賟 290.7
賙 208.7
䝧 174.6
賥 353.2
𧷽 301.2
賧 444.10
䝮 272.1
䝹 287.5
賝 219.6
賬 69.1
䝯 511.1
䞉 492.5
䞊 410.6
䞦 495.2
䞍 137.6
410.8
199.7
䝬 510.2
458.1
贉 50.9
497.2
賸 65.1
嘵 148.5
嘖 122.4
401.9
嘻 64.7
噎 497.5
噁 371.8
嘶 92.7
噧 485.5
387.5
嘲 156.1
號 157.1
閬 516.10
閿 407.6
闐 285.2
閻 462.4
闍 107.3
閲 500.8
閴 181.9
429.7
䦨 307.2
鄳 186.3
319.1
甊 329.4
氀 79.8
數 265.9
368.5
467.1
𣣛 442.1
𣁾 329.5
嘾 332.7
𣪌 406.4
遲 228.1

瞜 303.3
瞛 40.5
嘹 148.3
415.3
鄹 186.4
頣 290.7
影 318.4
暲 175.7
瞸 392.3
瞰 444.8
噆 333.3
537.9
噻 495.7
鄬 314.7
427.2
313.9
427.6
踬 176.4
踛 456.6
踜 436.4
踑 62.9
踖 518.7
521.2
505.5
踣 506.5
515.2
踦 245.1
46.10
踠 538.5
546.3
踕 541.5
踐 292.8
踙 362.8
踧 524.5
459.5
踔 418.4
469.3
踋 531.3
踝 311.3
踼 524.8
踶 290.6
踏 537.5
踘 51.7
踒 166.3
踓 251.9
252.5
踚 109.8
踘 457.3
458.3
踤 475.7
踣 532.6
440.4
踥 542.4
踡 145.1
踆 335.6
踠 283.5
踪 483.10
踛 465.1
踕 482.8
踞 363.10
踞 478.3
478.4
蹳 501.4
遺 358.1
57.9
畾 99.5
蟜 461.10
蝶 543.10
543.2
蝘 282.7
290.8
蝲 485.9
蝠 455.2
蝮 152.5
蝛 232.4
蝛 66.10
蝠 141.10
蝡 295.10
280.1
蝰 94.3
蝔 96.6
96.8
蝭 373.3
90.7
蝪 184.2
蝺 74.7
蝹 305.7
108.3
112.6
蝎 484.10
蝟 361.3
蝿 508.10
蝑 490.6
蝴 217.10
蝌 166.1
蝩 38.7
蝮 459.10
蝡 141.8
蝬 82.6
蝗 186.5
431.8
183.6
蝝 142.3
蝜 57.6
391.1
蝯 214.9
蝓 78.7
蝍 505.6
515.3
蝯 116.1
蝬 34.1
蝢 324.9
蝸 33.5
蝷 523.5
蝣 206.9
蝤 207.6
207.9
蝺 358.10
蝗 117.3
蝬 210.9
蝙 138.4
蝙 321.5
蝦 169.1
蝞 352.4
蝑 425.1
70.8
蝾 57.4
蝚 209.1
蝝 142.10
鴅 345.6
噕 389.1
鼎 112.4
嘰 535.7
噘 132.1
噴 354.4
387.9
劋 299.1
鄵 420.3
劉 301.2
罶 437.5
嘽 293.6
124.1
遻 370.8
嘪 272.9
嘺 389.1
嘺 153.7
噪 508.5
511.9
嘸 534.3
嘸 150.2
416.4
嘷 156.10
噢 265.6
460.3
噏 535.4
噅 44.4
噒 132.3
噈 459.6
噋 511.9
121.2
嘇 42.4
噂 284.6
噌 191.2
噉 478.8
嘮 156.7
嘯 515.7
嘺 475.4
475.10
嘰 67.6
嶢 148.4
幟 286.3
嶘 289.10
嶏 478.9
390.2
嶚 148.2
嶜 221.1
罵 309.9
423.6
罺 400.8
罼 473.5

罶	323.7	嶒	202.5	犏	368.9	黎	89.1	箾	467.1	箷	43.6
䍐	231.3	幪	516.10	𤛓	180.9	穆	80.7		146.2	䇲	162.4
罷	272.10	嶝	435.8	靠	420.9	穚	48.3	箟	47.6		311.8
	243.7	寨	274.3	雒	462.7	稖	185.6	篎	300.5	箭	412.2
	47.4	淋	540.10	犝	37.3	稫	461.6		416.5	箲	290.4
幞	465.5	鴂	518.6	犍	289.4		458.9	篣	315.7	篠	390.9
嶧	123.6	圙	142.5	犒	524.6	穛	462.7		316.4	篇	141.5
幝	293.5	墅	286.7	頲	322.1		503.10	篹	534.2	篷	545.4
幠	85.5	墨	531.9	犡	538.1	稸	385.8	篖	197.3	箳	194.9
嵩	152.8	默	382.9	犙	225.3	稴	338.1	篙	486.6		200.1
嶠	416.2	黓	529.1		218.5		446.10	篡	61.9	篃	352.4
巢	534.5	骫	94.2		210.9		231.4	篅	144.2	箵	70.7
嶲	244.7	骻	311.10	牒	543.2		231.8		45.1	篨	72.10
嶕	149.7	骴	48.5	頢	492.7	稼	423.7	箈	542.5	篕	276.3
幧	301.3	骯	185.8		488.2	稺	355.4	篍	152.10		101.4
	298.2	骺	488.2	稭	56.7	覣	44.5		416.5		254.10
嵲	157.4	骶	214.9	穄	84.9	勲	113.6		206.5	篆	296.4
嶔	221.7	骱	189.6	稹	103.5	篋	543.5	箹	166.2	𥲗	325.8
嶓	165.6	骪	172.1		277.6	䈎	542.5	箽	238.1	箹	468.10
幡	116.9	骼	514.4	稕	88.5		540.5	箯	143.5		418.9
就	438.8	骹	155.9	穢	460.4	箶	83.10		141.8	撆	249.5
幰	306.9	骸	96.7	稽	91.1	䈒	332.10	篁	183.6		279.1
幢	42.3	骿	137.7		271.9	箱	177.7	篗	442.6	憋	278.9
	347.10	【丿】		婺	155.2	範	339.8	篌	214.8	僸	443.2
幟	360.5	智	350.4	稷	529.7	䈏	467.9	𥲆	308.1		331.9
	359.1	𥏫	51.2	麩	259.5	箴	219.7	篓	287.4	傱	365.9
嶙	105.7	賀	51.2	麪	471.4	𥯳	504.1	篡	280.1	僵	176.3
	277.10	毿	119.10	稻	303.10	䈼	388.7	箏	279.10	價	423.8
嶟	110.2	鴾	419.10	穊	427.5		387.8	簕	114.9	暘	315.9
	120.9	犢	281.9	鼂	89.3	箬	322.4	篋	369.6	䁂	348.4

覞	374.7	僿	359.1	頣	99.9		454.10	鋥	432.3	劊	384.1
䁟	162.4	躭	317.4		275.1		462.8	鋇	383.3		488.2
膢	79.10	䠇	491.8	蝗	474.1	艒	361.2	鋘	167.10	鄶	384.1
膗	99.10	䝘	357.3	嵁	443.8	艘	146.3		85.10	頪	262.9
𦡝	326.1	皣	542.8	㟢	525.1	艎	183.5	鋤	71.2		414.6
𦢊	544.1	鼽	439.5	𪊫	385.6	𦪙	387.3	鋜	466.7	𠏰	387.3
鋚	147.1		415.4		273.4		421.10	鋗	138.2	𢓆	407.9
儅	182.1	躸	49.1		94.4		33.10	鋂	98.10	慾	464.6
	429.10	躶	308.8	質	355.2	磐	128.6	𨦵	189.9	㣳	458.3
僶	279.2	躷	273.1		469.10	𥈵	128.7	銼	164.10	𢕳	34.5
餓	166.5	䠙	345.7	德	531.2	盤	128.5		422.7		42.1
儂	35.6	鼻	142.2	徵	202.3	艖	169.9		453.9	𩿩	155.5
𧧝	144.7	䠓	536.1		253.4		162.4	鋊	464.6	𩿨	264.3
儇	142.6		535.1	衝	36.9	𦪜	483.1	鋝	501.6	號	514.10
𠐍	451.5		542.6	瓮	42.6	艐	159.2	鋖	56.3	𨾚	251.9
	464.1	䠒	46.5		35.4	艑	292.2	鋡	224.3	䝎	63.9
𠏿	438.7	𨈼	314.9	𣯏	39.4	錐	70.6	鋒	39.1	貓	155.2
𠏗	539.8	皚	103.1	𤈦	39.4	錄	212.9	鋭	383.8		152.3
儌	297.9	䝐	418.3	慫	241.6	鋪	80.10		378.1	𧲿	102.2
儉	336.4	緜	141.8	徸	424.4		88.5	銻	90.8	貎	91.10
儈	383.8	皛	513.9		386.7		371.9	鈔	161.7	𧳣	326.10
僾	392.7		298.7	徹	502.8	鋙	68.7	鉼	157.9	䝚	546.2
	256.10	䁞	462.3		501.10		258.4	鋃	181.4	貄	360.3
𠐾	423.3		469.6	螢	292.8	鋀	216.5	鋟	229.8		356.8
儋	226.3	樂	507.5	衛	377.4	鋠	277.7		330.4	餥	60.9
儥	315.6		418.10	𢕊	77.7	鋏	543.4	鍋	463.8	餑	482.4
儃	140.8		466.5	嬃	77.7	鋞	196.3	銿	37.3	餔	87.6
	124.7	𠍋	172.1	𢕘	218.10		322.4	鋑	142.6		372.5
億	528.3	僻	521.10	𦩺	375.3	𨦫	540.10	頷	536.7	餗	452.6
儀	47.2		522.8	𦪈	532.1	銷	148.9		333.8	餖	440.7

餶 410.10
𩛿 535.8
餓 421.10
餘 69.8
𩛽 166.7
餒 275.2
䬇 384.4
378.6
䬾 90.3
餛 256.9
餕 397.2
歈 331.10
鴂 230.3
鴋 130.3
112.9
膭 516.4
膝 470.6
膊 296.3
144.1
296.6
䐬 160.7
膒 215.2
膘 300.1
301.3
300.3
𦢊 459.7
膢 215.8
79.10
膘 97.10
膕 515.8
膗 97.10
膼 171.3
𦢅 40.5
𦢃 164.10
𦠄 38.8
𦡇 289.9
膟 476.4
滕 204.1
䐇 435.4
434.10
臏 106.8
𦟘 534.6
膠 154.3
417.7
155.9
膷 174.7
鴾 305.5
潁 321.5
頫 248.9
275.3
魟 179.8
魼 81.8
魳 383.4
𩵔 537.9
魺 100.6
𩵼 393.6
魮 54.6
𩵖 83.9
魦 169.10
164.4
魯 267.2
魶 538.2
539.6
魰 68.6
魤 165.2
魬 289.1
魪 387.2
魿 220.10
331.4
333.1
魵 112.10
281.2
280.10
398.5
魥 539.6
魧 182.6
184.8
魴 175.4
魷 331.4
頴 320.4
獟 415.4
獖 285.4
獞 357.8
獦 486.6
541.3
猶 248.3
獠 303.7
148.3
303.2
獛 454.6
𤢺 288.9
131.10
颶 34.5
颲 499.2
獌 132.3
獢 149.5
猲 504.2
獋 156.10
獖 413.3
116.7
獡 385.2
獙 139.6
獜 105.9
198.9
獓 387.7
觰 171.7
311.8
觭 46.9
245.3
觢 290.2
觶 469.3
觨 284.2
𧤯 311.5
觬 92.1
272.5
𧤗 91.1
觪 484.5
觡 364.1
觧 273.7
觼 502.5
獝 475.2
鵬 128.2
頟 513.5
頿 321.4
頾 306.4
𤟸 230.5
𧲆 465.6
劉 205.1
頽 433.6
皺 437.7
【、】
請 433.6
192.4
321.1
諸 167.6
72.7
諲 269.2
諆 63.8
諏 81.4
諎 422.10
513.2
諾 510.10
誺 50.6
355.6
359.5
392.10
諳 448.7
誶 432.4
諑 467.2
𧩁 541.5
諓 292.8
413.8
誹 66.7
361.8
諕 514.6
課 166.2
422.4
誻 537.2
誷 314.10
諣 386.6
425.10
諈 351.7
諉 351.7
諛 78.5
誽 95.9
誰 59.7
諀 248.5
論 109.6
121.10
402.1
諗 331.4
調 415.1
147.2
212.2
𧩸 159.5
諂 336.10
𧩿 325.8
諫 457.3
諒 426.8
諄 108.7

禛 525.3
䄡 42.5
禥 62.8
褿 160.6
禠 71.6
襈 253.10
過 309.3
視 468.3
䙉 453.5
䄬 526.5
鴆 442.8
【一】
親 452.10
464.8
槩 363.5
憨 227.2
445.2
蝨 476.10
㷉 362.2
熨 362.2
477.10
慰 362.2
遲 55.10
壁 393.8
劈 522.7
屧 544.4
履 251.2
屢 409.6
321.8
鴂 494.8
層 203.6
䎤 111.7
𢐧 333.1
彈 403.4
124.6
選 296.7
413.5
䅳 367.5
𩊠 455.9
軨 536.8
545.6
陸 308.6
槳 312.8
獎 312.7
漿 177.8
𨼌 547.5
險 335.10
隵 447.6
𨼲 272.8
𨼇 541.9
𨺬 352.7
𡑦 45.6
嬈 298.7
299.9
415.5
嬉 64.6
360.7
嫜 84.4
嬋 337.9
331.5
嫽 148.1
301.5
415.3
嬫 454.6
嫺 131.6
嬇 390.10
387.8
嬋 140.9
嫖 491.5
嫵 263.9
嬌 149.8
300.7
152.8
𡠿 419.1
嬒 535.5
嫣 44.2
𡡾 295.7
嬔 400.4
嬨 409.10
139.6
297.4
嬗 293.3
嬧 515.7
鴑 85.1
鴐 423.6
𢦋 543.2
𤞯 142.7
262.6
𦋩 351.1
351.5
𤞰 548.6
䍐 405.8
䍈 538.1
猴 214.8
戮 456.4
獀 34.1
238.8
𤢉 191.6
翬 65.9
夔 45.6
䬵 397.3
109.10
蠡 304.7
遹 475.8
螯 155.2
213.10
75.4
367.9
摮 367.9
蔡 213.10
218.7
䅦 38.10
稽 384.9
豫 365.3
毿 225.3
𣤶 443.6
𧱒 398.8
478.3
478.5
502.4
𣤯 389.1
緈 516.8
緤 498.6
𦃃 221.2
緗 177.5
練 409.8
緘 231.8
緾 140.9
緬 294.10
緛 296.2
縿 311.10
緒 97.8
緹 90.4
270.8
緝 533.3
緼 119.4
112.5
281.3
398.8
緺 380.4
𦄼 98.4
緭 361.5
緦 61.9
縃 482.1
緟 38.6
347.5
緞 288.6
緶 291.7
141.7
𦂤 206.3
緥 305.5
線 411.3
緱 217.1
縋 350.4
𦄛 110.5
緰 216.8
77.8
緩 287.2
𦀾 34.1
345.1
𦃥 400.3
緫 238.6
緮 537.4
締 373.9
90.2
縒 50.5
508.6
306.4
緧 206.3
緣 352.9
縌 513.6
緪 204.4
435.9
緷 284.10
284.1
398.4
編 138.4
143.5
291.6
緡 107.9

擗	521.4	鞢	517.10	藘	260.5	薍	407.8	頤	61.2		223.3
磬	434.5	鞕	440.7		69.7	薊	374.8	鴣	84.3	檽	63.1
磬	151.3	鞅	545.7	蕆	532.3	檕	431.3	薛	376.3	橑	303.7
鳶	364.4	鞘	415.6	鄸	400.1		189.4		515.10		147.9
聽	459.9		154.10	薯	364.4	擎	189.3	薩	486.7	橒	112.5
鬄	50.3	鞓	199.4	蓮	537.4	憼	314.1	嫙	158.1	樸	454.6
	92.6	鞬	497.8	蕘	203.9		318.4	蕷	365.7		82.10
覬	223.1	鞙	138.2	蕷	305.10	薢	96.4	樲	356.2		454.1
	224.10		291.10	蕥	249.8		273.2	橥	493.9		468.1
	332.7	鞦	88.3		373.7		385.7	翻	376.9	樔	181.2
褩	322.5	鞔	128.10		251.1	蕘	158.1	橈	418.6	橕	187.4
聹	276.1	鞔	383.8	藷	73.1		305.10		150.4	樴	534.1
瞑	137.6	鞴	497.4	蕣	396.8	薕	227.8	樾	480.2		540.6
剹	217.6	鞦	170.2	薰	113.5		230.10	樻	258.1	橛	542.10
	442.3		161.6		398.5	薦	410.6		112.10	橌	288.10
鄹	262.7	薑	175.10	蕻	70.7	薋	55.6	樹	265.1	樻	353.8
	288.5	燕	136.2		261.5	薾	380.3		366.2		354.4
	211.1		410.4		69.8	薪	104.3	榼	83.10	蟲	370.3
蕻	346.2	黇	230.8		259.1	薏	528.4	櫛	92.7	樿	293.1
蕼	356.9	黈	328.2		365.7	蕷	116.3	檄	318.4	橅	82.7
薳	245.8	甎	140.2	蔑	80.4	蘻	195.3	檍	34.6	橇	153.8
夢	31.10		103.6	蔌	523.9	薄	509.6		238.5	橋	152.7
蕣	286.7	豔	316.6	薜	498.5	蔼	303.5	樟	84.3	榙	536.10
蕍	329.7	薙	387.6	薇	59.5	薓	222.6		87.10	樒	507.7
薔	178.9	蕩	184.3		65.7	韓	149.3	散	286.2	機	135.2
	528.6	蕾	274.3	薟	227.8	輪	402.7		404.3	檇	100.2
蔴	440.3	蔘	198.6		335.8	翰	123.1	蓮	335.10		60.5
蘄	499.8	薉	393.5	薈	384.5		402.6	禁	453.2		352.10
	379.7	蕢	48.9	鴂	382.3	蕭	145.9	檍	375.8	樵	149.6
鞕	432.6	蔡	404.2	薆	392.7	噩	509.1	橝	338.1	橰	157.5

489.9
殭 436.2
憖 64.1
359.3
整 320.2
彜 397.4
霙 179.9
187.6
霖 219.5
霹 517.9
䨄 337.1
霋 89.6
霏 66.3
霣 186.9
遷 524.6
霓 91.9
374.7
496.8
霍 510.10
霎 229.8
231.10
䨍 546.1
542.9
霑 229.3
霆 366.8
䨡 224.4
聶 69.4
臻 110.10
晉 395.7
頸 320.6
195.4

【丨】

鋻 462.1
冀 355.7
䖔 246.1
頻 106.9
鮎 232.5
447.4
鹷 198.5
鍪 387.7
餐 123.10
叡 378.2
鬳 401.1
遽 364.10
虘 371.6
䖕 170.6
盧 86.2
戲 132.5
131.8
290.1
407.9
虩 132.1
虦 84.10
䖑 84.4
粍 454.1
數 462.10
對 390.4
豶 280.9
覩 318.6
鼇 313.9
敫 191.8
瞡 351.8
357.1
瞞 128.8
縣 408.10
138.6
聥 531.3
瞘 215.1
瞖 186.2
瞟 153.6
300.3
曉 298.3
題 374.1
90.2
曀 375.4
矑 364.2
瞰 431.3
瞠 187.3
瞜 215.8
79.8
鴡 146.9
鴠 403.3
賰 280.6
賹 282.5
400.7
賟 296.1
嗺 539.8
劓 531.4
賵 345.10
𧷤 287.3
睺 439.8
睴 281.3
䁥 68.7
䁝 491.1
381.6
374.4
𥋘 182.9
䁬 453.4
䁮 357.3
䁵 252.7
䁢 143.3
䁭 204.2
瞋 397.5
䁯 498.2
䁟 474.5
曇 223.3
瞰 444.8
嘣 166.4
嚄 513.1
鴨 546.7
噤 331.7
442.10
嚽 68.8
闍 88.4
170.10
闇 506.4
閾 530.3
噭 525.1
閹 229.5
337.2
闔 502.10
閿 108.6
閶 175.9
閱 526.2
闈 394.7
閻 122.3
閣 227.4
暻 318.9
閼 485.6
136.3
145.6
481.4
瓢 215.8
䁛 409.10
暾 121.1
瞳 33.8
25.9
238.6
𥊑 34.6
墟 419.1
𪀚 152.6
縣 538.6
291.5
瞙 403.8
踥 381.6
踳 280.3
踸 330.7
蹀 543.6
踾 530.4
530.8
455.3
噦 384.3
480.7
500.10
踺 248.8
䠋 525.9
踶 374.1
246.3
踼 429.5
184.2
180.10
踹 405.10
296.4
踵 239.8
踽 265.10
265.7
踰 78.4
踱 506.7
䠙 508.2
蹄 89.10
蹉 161.4
蹁 138.5
137.7
蹋 169.3
蹬 488.10
蹂 209.1
325.4
439.4
暘 175.1
螓 106.7

簗 471.10
𥳑 457.1
篴 524.3
456.8
箾 502.9
493.1
𥳭 407.8
𥳬 287.6
篳 472.10
𥲰 369.5
篛 539.8
篔 112.3
簉 437.10
篟 408.8
篠 297.6
篒 527.7
篩 54.3
篦 90.10
篪 51.6
𥲥 129.3
128.8
篨 376.10
𥱧 158.9
篡 271.10
𥱼 33.3
239.1
篷 34.3
𥳗 205.8
篘 210.10
篙 157.5
篖 180.9
篰 327.9
𥴋 367.1
篣 185.5
187.2
𥳐 258.6
𥳓 225.9
篁 496.5
𥳂 213.2
篕 492.3
𥳹 37.6
𥳯 412.5
𥲤 525.5
篧 466.10
466.8
篜 200.6
𥳨 306.2
舉 261.2
𡑞 365.8
興 202.5
435.3
盥 287.7
405.5
嚳 469.1
嶨 468.5
469.5
學 469.4
儓 101.4
392.3
儔 211.7
419.3
傪 346.1
㒌 388.2
儀 497.2
481.3
傌 211.4
鵂 81.7
儖 226.7
儒 77.2
嫛 243.10
翯 463.9
巂 362.5
翖 80.7
毇 243.8
𦥷 418.1
523.7
505.3
504.1
牒 544.5
牘 99.7
㒊 390.5
肇 147.3
餐 207.10
賃 305.6
儑 444.5
538.7
539.9
儛 263.9
儉 43.10
億 284.7
399.4
儗 392.6
393.2
256.2
360.8
𩚬 208.9
飥 149.10
儕 97.4
儐 105.5
395.1
儜 191.2
瞔 516.7
躹 496.9
劓 354.10
躭 212.7
躽 290.8
412.5
𨉛 347.5
𨉷 367.3
䭿 161.4
駅 243.1
駃 495.6
471.6
駥 531.9
𩡧 27.2
駘 101.5
睢 275.4
𧣸 228.10
334.8
𩴾 322.6
魈 149.1
邀 147.6
152.5
䀠 438.10
㒑 535.4
𢋄 296.7
248.2
德 241.2
徼 147.6
414.9
衡 189.5
𢕔 132.4
衠 303.10
𦪇 443.4
艐 272.1
艓 211.2
盤 130.4
縏 128.8
艦 524.1
鋹 314.4
鍺 307.9
鋞 169.5
錤 63.7
62.7
鄉 167.3
錯 371.10
508.5
錡 244.9
46.1
245.4
錌 548.1
錗 339.10
錢 294.3
139.2
鋽 414.7
錹 178.6
錕 285.1
119.1
錫 522.4
錪 290.8
290.5
錮 370.7
錔 537.5
鋼 182.5
430.8
鍋 164.2
錘 44.9
350.5
錐 59.6
錦 331.8
錍 49.4
93.1
錀 114.3
錜 544.2
錭 159.9
錎 333.7
447.3
鍯 195.3
錞 109.3
274.4

颸 354.8
471.10
𤢊 154.9
160.8
35.6
獧 409.3
獨 450.10
獛 70.5
獥 522.7
414.10
523.10
獫 227.9
335.9
446.2
335.10
獪 388.7
384.2
獬 272.7
獴 371.5
艓 502.8
381.6
䑐 89.9
90.6
艥 535.6
艘 98.5
䑓 102.10
䑔 126.4
䑻 207.9
邂 385.8
䑣 405.9
䝹 239.1
38.3
頯 250.8
緜 150.5
150.10
鴟 34.7
貕 445.3
䝰 229.10
鴛 119.4
117.3
【丶】
諔 424.7
謀 213.5
諶 220.2
諱 517.5
516.8
誇 168.4
諜 543.6
謫 232.5
447.6
諲 103.10
諫 406.10
諴 231.7
諧 96.7
謔 506.5
諟 243.3
諹 173.5
426.7
諿 533.3
謁 481.4
謂 361.2
諰 96.1
254.10
諤 508.9
諯 144.2
412.1
413.1
143.10
諵 545.8
諈 347.3
謏 441.2
456.3
297.6
諻 186.7
謉 275.1
354.2
𧩣 326.1
諭 367.3
謚 357.10
諼 116.10
283.10
諷 345.6
謥 345.1
䜞 506.7
諮 54.9
諳 223.9
諺 411.7
諦 372.10
䛽 386.1
謎 375.6
諠 117.2
諑 328.8
297.6
諢 402.1
諞 294.9
296.10
141.7
諱 362.3
諝 70.8
259.8
𧪄 408.8
凴 201.5
褭 298.7
憑 201.5
瑦 329.8
328.2
稟 76.5
章 109.3
亶 511.4
憨 389.5
碧 457.6
劐 129.9
褎 97.1
邅 140.2
297.5
414.2
亶 66.3
劆 511.8
515.3
廊 315.10
183.1
廈 511.7
磨 164.10
422.7
廬 166.9
164.9
廧 178.8
廡 86.8
267.4
麾 151.1
膺 435.2
廞 206.8
78.6
廥 384.1
廨 385.7
瘇 282.2
396.1
114.7
癀 183.6
瘷 441.1
瘭 151.7
瘕 385.8
64.9
㿃 383.1
381.4
瘧 170.6
瘻 441.10
79.9
療 308.8
廩 330.6
瘙 472.4
瘲 347.3
瘑 414.7
瘵 386.9
瘴 427.10
瘯 453.9
癃 29.4
瘸 166.7
瘳 208.1
瘮 331.9
褢 159.3
廦 525.8
521.10
廛 365.2
268.6
廛 189.3
麋 107.6
麈 265.5
麃 168.8
凝 202.5
435.7
親 104.9
396.6
嫢 111.2
𨗦 126.5
296.6
辨 408.2
294.9
辧 408.2

懀 335.1
445.3
懈 385.6
懍 330.6
憶 528.3
憲 400.9
褰 144.7
穎 444.3
歔 136.1
寰 129.10
409.1
窽 522.7
窺 45.9
窒 292.3
窶 265.8
窵 414.8
鴪 475.8
窸 470.7
窩 512.3
窱 226.8
444.10
窬 442.7
窹 370.9
窿 29.5
窨 490.7
覢 118.8
398.4
䙳 103.8
褚 42.5
襀 518.9
褻 387.4
380.5
䙡 186.6
褿 160.7
䙈 215.2
329.3
441.4
81.10
褾 300.9
褫 260.10
459.7
褯 69.7
褸 215.10
266.2
䙚 146.8
297.10
褷 51.10
䙕 241.8
242.1
襐 312.6
䘹 474.1
襒 498.2
襚 422.5
褶 543.10
533.4
533.9
禧 64.6
禫 332.6
禪 140.8
411.5
禚 416.8
禨 67.6
363.1
毚 434.7
鴆 497.3
【乛】
賷 395.4
頵 107.6
108.3
鴡 536.1
542.9
壂 409.6
壓 293.1
壁 525.6
幦 525.3
避 348.4
嬖 375.7
厧 55.5
彊 313.2
429.3
179.10
彋 186.6
190.6
彇 146.1
韛 264.5
韎 66.2
韒 415.6
韞 428.5
塗 355.6
359.4
隰 533.6
辥 498.7
隱 281.7
399.4
隵 35.8
隮 93.4
372.8
嬳 511.6
505.7
嬙 178.8
528.7
嬛 195.2
142.7
143.3
嬩 70.4
嬐 336.3
嬒 384.6
488.8
嬗 285.10
411.6
124.2
嬚 335.9
鴐 168.9
嫗 64.4
嫚 283.1
400.3
鴘 295.4
297.3
貓 76.8
貙 141.3
䝼 81.1
翯 302.6
翯 462.4
469.6
469.6
甐 392.8
甄 203.1
瓾 203.1
甑 393.3
穜 105.10
114.7
氄 240.3
聳 454.10
豋 451.8
醟 213.9
82.8
𤼹 367.9
貓 476.7
絺 356.8
鴝 327.8
264.1
縉 395.7
縝 103.7
106.6
277.2
277.4
縺 136.4
縛 423.2
505.8
縹 472.1
縟 464.4
縓 143.7
413.1
緻 355.3
緌 293.9
縪 473.4
縜 107.7
縨 89.2
縚 158.5
縫 38.9
346.9
䋷 205.10
縐 418.8
437.8
縗 99.8
縞 305.1
419.6
縭 48.1
縍 185.8
縊 350.8
375.5
縑 231.2
縿 334.8
縖 492.2
縡 276.1
392.1
縵 228.1
縟 355.4
䳢 298.5
302.8

耨	515.3	蔬	29.4	蘏	198.9	檴	425.9	豁	514.5		292.10
懃	114.7		346.7		320.6		511.6	豣	320.8	輾	512.8
轂	522.7	藗	452.7	藑	195.2	構	419.6	豯	213.9	繫	374.9
艱	131.5	藍	226.5	薿	256.3	檬	31.8	柵	484.7		93.7
韔	427.5	蕩	429.6		530.9	檫	443.2	檐	227.4	擊	522.6
鞩	327.2	薾	271.6	藁	305.1	檣	178.9	檞	273.2	蟿	375.3
鞓	271.6	鵃	40.3	藃	421.1	榭	471.1	檳	344.6	轋	25.4
鞥	538.5	藏	185.8		149.6	黻	29.1	檀	124.3	鬷	532.9
	548.1		429.10		155.3	橿	176.2	檍	528.4	橐	160.10
鞜	537.6	蔦	143.1	藞	126.5	檟	310.3	檅	118.8	髻	518.3
鞞	49.3	藘	86.10	薺	55.6	櫇	52.3	檥	245.5	臨	219.4
	247.1	薱	389.5		270.3	檬	69.6	樅	231.10		443.6
	322.5	藄	288.3	蘂	195.3	檔	181.10	檜	332.8	壍	335.4
	92.10	藈	94.4	蘄	337.5	檂	38.6	橚	461.1	鬴	264.5
鞚	544.3	蕳	72.5	薸	152.1	檁	82.6		146.2	𩰴	433.9
鞠	456.9	蕉	148.3	蔘	456.5	檡	519.8	懋	440.2	擧	131.8
	458.2		165.3	藻	304.7		514.9	橍	411.8	蹸	338.6
	457.5	薚	427.5	蓁	293.9	檈	143.1	轃	135.2	翻	153.6
鞘	287.8	藿	405.2	蕡	106.10		109.1		111.1		416.3
鞚	344.9	薯	496.10	蔡	490.10	檏	537.3	轅	115.10	醏	354.5
鞔	283.7	蔚	479.10	薴	191.2	欘	464.1	轄	540.2	醂	501.2
	117.5	薹	345.9	蕪	403.5	檪	164.6	輿	190.1	醢	523.4
鞬	117.9	藋	455.4	蓋	395.5	櫛	476.9	轢	472.1	醢	275.9
鞿	528.7	藹	500.4	蕢	93.2	檓	243.8	鶇	269.2	醳	376.4
鞻	501.5	蹼	509.4	蹭	61.1	檄	523.9	轄	181.2	醘	316.10
鞋	311.3	舊	437.6	盦	268.3	檢	336.5	輶	187.3		429.8
	385.10	蕘	150.6	藚	100.8	檜	383.9	轄	207.10	醨	47.9
	94.7	蘳	97.6	藋	415.1		487.9	轄	384.8	醣	185.9
鞴	390.9	藐	300.4	隸	376.5	歛	528.5		492.1	醵	31.9
	250.9		467.7	檉	193.5		415.5	輾	413.10	醢	472.9

曖 392.6
嚅 77.4
鴺 380.2
蹎 137.2
蹕 473.2
蹋 539.7
𨄅 442.4
345.10
蹗 376.3
蹏 89.10
䠛 151.2
蹈 419.2
蹊 91.4
蹌 178.10
躅 211.2
蹐 518.7
䠙 185.4
𨃹 426.5
勴 99.3
391.5
繄 503.6
蝽 36.7
蟦 518.8
516.4
蟡 145.7
螼 280.5
396.7
蟥 183.7
螹 337.6
229.10
蟳 126.9
螬 160.6
𧐟 367.2
螵 153.6
152.1
螮 372.10
瞳 287.5
螳 180.9
螻 215.9
蟃 400.1
螟 529.5
螺 165.4
蟈 515.8
蝸 164.3
422.2
蟍 57.2
瞵 105.7
394.10
螩 395.8
螑 147.6
蟡 34.9
蠑 40.5
33.10
螁 476.10
470.6
蟆 525.5
蟓 427.2
312.6
螗 182.9
蟰 37.5
螰 453.1
螈 387.8
螭 174.10
蟀 474.1
蝶 69.5
蟎 106.8
278.7
蝤 456.2
螲 472.3
蟉 330.2
218.3
218.2
嬲 298.6
氈 41.2
覬 398.4
嚗 538.7
雖 58.4
穀 160.10
歛 221.1
嚊 353.9
噫 284.7
嶷 530.9
360.7
嚝 186.8
嚌 373.3
嚛 469.4
嚀 199.3
嚘 369.1
嚁 252.5
幬 211.7
419.3
幭 497.1
覬 355.8
麛 154.9
巁 380.10
斆 369.5
370.3
519.3
罽 381.3
罾 415.3
罺 118.9
羆 75.6
斀 467.4
歜 464.2
333.1
斢 440.9
罿 36.9
25.8
罶 203.4
罻 453.5
罼 407.3
296.8
413.6
勸 273.1
罶 123.4
幰 399.5
巘 281.8
嶺 320.5
嶷 530.9
61.5
嶽 466.5
嶠 372.9
嶸 190.5
188.8
巔 309.2
譻 532.1
黚 230.2
221.6
點 337.9
黕 485.3
黈 265.8
黜 476.4
黝 56.10
329.10
髁 166.2
422.4
311.10
髆 524.7
518.6
髃 168.5
髀 247.2
250.5
272.3
髒 484.5
髂 42.3
【丿】
鴸 77.10
79.6
鏞 423.10
鏷 454.1
矯 300.6
矰 203.4
矱 176.1
鴰 487.10
492.6
穘 155.4
穆 486.7
穗 352.9
穛 467.3
馞 303.6
穧 222.9
221.6
穙 454.2
穮 224.1
馡 66.6
穤 276.7
392.1
390.1
穚 149.9
穕 542.4
穛 466.9
黏 83.8
黏 229.3
穭 116.6
黎 57.1
黎 57.2
穜 38.6
26.2
穟 352.8
穋 206.5

鍪	152.9	簻	166.2	輿	69.10		280.10	騂	495.7	𦪹	62.9
魏	361.6		171.3		365.6	鼥	111.10	駒	110.6	艚	160.7
飆	98.5	簃	51.6	舉	365.7		397.9	軀	57.5	艜	383.1
機	257.2		43.6	擧	70.4	䑑	547.4	頓	270.9	艛	215.7
黠	537.7	簉	294.4	歟	70.3	黛	391.8	皤	165.6	𦪽	372.5
雖	241.10	箢	217.4		258.10	儢	258.7		164.7		81.3
鍛	539.9	簁	51.10		365.8	儵	211.9	魌	63.5	䑲	151.5
盩	152.9		246.10	懙	70.4	償	178.6	魆	530.2		156.2
雟	378.8	簠	83.3		259.1		428.2	魎	312.10	𦪙	453.1
簣	516.3	簓	451.10	儹	288.2	儩	348.9	魖	85.6	䑳	106.4
簎	513.1	簏	453.1	黌	451.10	儡	99.3	魍	315.1	䑽	461.1
	521.4	簅	289.4	臖	450.10		274.3	魋	99.6	艒	533.9
	466.9	簇	453.10		461.8	儸	243.7	翱	160.1	鍥	493.9
簕	197.8	篺	95.2	欅	301.7	雋	221.2	擊	524.10		497.7
篽	148.1	䉷	335.1		469.5		220.4		415.2	鍖	330.7
簧	183.5	簆	440.1		466.8		442.8	䳡	99.9	鍱	540.4
篙	288.4	篬	269.9	頣	466.6	僇	156.8	儼	541.2	鍊	409.8
篿	126.9	篕	250.6	儥	451.3		155.8	劊	470.2	鍺	308.3
	143.10	篲	308.3		457.9	傾	60.3	膞	366.7	鍼	230.3
篁	459.4	簈	312.8	儁	245.7	儲	72.10	𢖍	202.3		230.7
篻	152.2	篨	352.9	㒟	211.4	儴	99.1	徽	65.9		219.7
	300.3	篫	378.9	優	204.8	儦	151.9	禦	258.4	鍞	333.3
篳	98.3		533.9	擊	243.9	𨉖	548.2	聳	241.7		221.7
簍	215.9	篸	224.7	鴡	325.7	曉	298.3	𢕟	197.5		332.1
	329.4		444.6	鳸	457.3	䠶	125.6	衛	474.1	鍇	96.6
	266.2	篶	212.1	鼣	393.6		402.7	𢖰	536.2		273.7
篹	244.8	䈺	27.2	鼤	454.3	𨈓	98.2		537.2	鍉	89.9
簂	390.9	繁	116.3	䶅	225.4		483.8	翼	228.10	鍚	173.3
箋	497.1		128.7		224.4	軆	102.9	䍽	260.7	鍝	74.7
篼	190.2		164.7	鼢	113.2	䠱	27.5	頟	77.7	鍻	481.7

鍡 273.10
鍔 508.10
鍴 126.5
鍿 297.2
鍤 545.9
542.4
鍾 36.1
鍑 455.3
438.1
鍛 405.10
鍠 186.5
鍭 214.7
439.8
鎚 60.2
99.9
358.1
鍎 483.2
鍮 216.4
鍰 129.10
鍯 33.6
鍧 191.6
鍍 369.6
84.10
鍦 171.1
49.9
350.10
鎈 169.9
鎡 65.4
鎔 210.8
鍜 169.1
鍲 108.1
鍏 66.2
257.7
鍨 58.9
鍒 209.1
龠 503.3
歛 339.10
斂 335.8
446.2
歙 227.2
鴿 536.6
黏 129.3
鐡 228.1
螌 78.10
䈢 488.7
爵 505.1
繇 150.6
207.2
437.1
雞 183.8
貘 511.10
邈 467.7
貏 54.5
豯 91.6
貓 517.8
貇 285.7
谿 93.7
餔 95.8
餇 360.5
餬 83.7
餶 530.4
餚 244.7
餪 288.1
餲 389.2
485.7
485.1
380.4
餿 207.10
餭 183.5
餽 353.7
餱 214.8
餹 99.9
餜 301.9
餎 55.6
餕 210.7
餫 118.5
398.1
餘 393.7
臒 511.6
505.8
朦 31.8
32.1
238.3
臄 505.7
膽 182.1
膍 434.10
膿 35.7
臊 159.1
臎 506.8
臅 464.2
膜 276.10
臉 338.10
228.3
膾 383.9
膽 334.9
膻 286.5
臆 528.3
臏 435.1
434.9
賸 204.2
膷 210.8
414.5
甑 224.9
226.3
445.5
鴝 244.5
248.9
顊 119.10
鵃 53.1
352.2
龜 232.6
232.10
鮭 93.10
94.3
95.1
鮚 473.6
鮏 241.5
鮔 435.10
鮪 250.9
鮞 63.2
458.4
鮬 372.5
87.10
鮧 90.8
53.8
鮢 458.8
鮆 270.3
鮦 26.1
240.5
325.8
鮇 79.6
鮎 290.4
鮵 140.6
鮖 439.6
鮯 536.6
鮡 147.2
299.6
鮠 100.6
鮨 56.8
鮥 507.6
鮷 192.2
鮫 154.3
鮮 139.1
292.5
411.4
鮩 319.5
473.7
322.8
鮢 272.2
獵 339.5
338.6
獮 292.5
獳 215.2
77.3
颷 318.5
颶 515.9
颼 52.2
颸 483.6
478.7
颹 174.5
426.9
穎 97.5
獯 113.6
獷 314.4
319.2
繭 344.4
獱 107.1
獰 189.8
觫 282.1
觬 246.4
觭 469.2
獾 468.8
臒 511.5
鴾 514.4
507.8
螽 27.1
顈 322.5
291.3
【丶】
謜 371.5

講 242.2
謁 423.6
諸 55.2
譃 539.10
538.10
476.2
諢 168.4
謨 82.8
謓 106.5
謌 161.2
謜 143.7
115.7
謸 355.6
253.4
謫 539.5
謖 456.1
謝 424.6
謕 50.2
92.9
90.7
謡 150.8
謟 158.5
謑 271.10
424.1
386.2
諜 514.5
謅 303.1
210.10
謞 509.8
469.7
謏 472.5
謫 48.5
89.4
謗 430.4
謚 357.10
518.10
謙 231.2
謝 371.2
變 544.3
謐 472.8
謘 56.2
355.5
褻 498.7
襄 177.3
甑 411.5
甓 140.1
廬 425.2
520.7
靡 59.5
44.7
243.5
糜 44.6
縻 44.6
鄘 140.10
癬 263.10
膺 201.3
應 201.3
435.2
璽 319.8
49.6
癀 280.10
398.10
癓 310.5
癖 92.7
癘 380.8
療 416.7
癠 139.4
癇 131.6
癄 99.5
癉 123.6
306.4
421.8
124.5
癎 295.3
瘯 418.7
癉 129.3
癐 245.8
癒 241.2
癆 420.2
癈 393.3
廞 227.10
顁 357.5
鵁 154.3
颿 295.6
麈 93.10
麕 249.9
麋 59.4
麇 281.5
鶩 356.3
謨 187.6
諡 544.2
鞊 388.3
遵 110.1
蹭 202.5
203.5
齋 97.6
齎 88.10
贏 165.4
旚 153.4
螷 143.2
旟 445.9
膂 261.2
甕 345.1
孿 240.2
羵 348.8
350.2
羬 125.10
羧 215.7
羶 130.1
407.6
羯 173.4
鵝 54.8
羴 313.5
糒 119.10
糟 159.10
糧 180.6
糧 128.9
糞 398.5
糣 470.7
498.9
糠 182.8
麓 50.9
糏 517.6
糝 333.5
馘 515.8
蕖 304.1
419.3
斃 378.7
繁 497.4
燹 511.7
燦 404.2
燥 304.3
燡 519.7
燭 463.2
燁 494.2
燬 243.8
燩 524.10
468.5
燷 224.5
334.1
爁 231.1
爊 160.7
燮 544.4
鞏 195.3
營 157.8
營 433.4
431.10
覺 197.5
誉 186.8
191.9
193.2
爗 414.5
鴻 32.7
238.10
濤 159.7
濊 497.3
487.4
濛 298.2
漸 445.10
漸 446.1
濫 339.5
444.8
濿 380.8
瀰 247.5
濡 125.6
77.3
濬 396.9
濧 389.6
盪 315.8
盪 315.8
184.2
430.5
澗 72.5
濕 534.3
537.6
濼 386.4
濮 454.4
濞 353.8
376.3
濦 353.9

濈 65.7
濵 278.8
394.5
濠 157.1
瀇 317.3
濟 270.9
372.8
瀁 312.4
426.7
濴 193.2
瀅 322.2
濱 105.5
濸 440.7
濘 377.1
322.3
433.10
濤 358.2
濜 106.4
278.2
395.5
280.6
瀡 351.6
澀 535.3
濯 418.6
468.7
濢 356.1
252.5
濰 57.9
懛 103.2
懤 211.10
304.5
437.2
懱 496.10
懥 352.2
355.2
懢 226.7
444.10
㦡 380.10
懦 77.4
憪 72.7
懚 399.4
懝 392.6
530.9
懕 308.7
懠 373.5
88.10
懫 106.9
豁 488.7
蹇 117.7
117.8
賽 392.2
蹇 282.8
293.7
謇 293.8
顁 434.4
鴳 514.8
窾 287.10
窺 187.4
193.5
竂 147.8
竉 412.1
378.1
378.8
𥨐 455.9
460.1
邃 352.10
窨 191.9
𥨵 384.7
竳 190.8
竆 494.3
鴳 407.2
鵖 181.5
顝 131.7
襓 150.4
襋 528.8
襆 465.6
454.7
褊 384.7
489.5
襇 408.1
襀 354.4
361.10
襌 123.4
襢 66.2
襖 305.6
襎 116.7
襒 99.7
襚 352.6
襘 435.3
襑 332.10
219.2
襁 313.10
襈 412.9
413.6
襩 421.7
襏 487.7
襐 494.10
禮 270.4
襗 519.7
襘 383.9
383.7
襢 411.5
覭 525.5
199.8
【一】
鬴 461.2
歑 414.5
蟨 362.2
褩 362.2
臀 121.4
㞜 404.5
𨐨 521.10
檗 515.10
𣰋 525.6
壁 521.9
臂 349.4
𤎼 350.2
擘 515.10
𢣾 522.8
屨 366.9
彌 50.7
鬑 111.8
彍 511.5
511.2
䎟 458.1
孺 367.4
隤 451.4
韔 427.5
鞔 283.7
隳 44.8
牆 178.8
螿 177.8
𤖯 515.10
羃 315.5
318.9
邌 383.7
410.2
顄 224.3
333.10
嬉 101.4
嬚 444.9
嬭 272.10
271.5
嬬 77.4
駕 73.4
嬒 333.8
嬦 519.9
嬪 106.10
嬣 191.3
嬥 298.9
415.2
147.3
468.7
鶆 458.2
翼 529.1
𨗷 524.7
鴾 214.8
77.1
翲 537.10
鶢 412.8
隸 276.3
鴾 214.1
螽 213.10
黈 475.10
翟 367.9
鍪 213.8
穜 36.10
顈 501.2
繼 313.7
427.7
響 313.8
427.7
繕 377.4
績 524.9
繅 135.8
縹 300.2
繊 459.9
459.7
繎 313.6
縪 291.7

499.10
鞦 206.3
鞥 455.8
鞕 143.5
䩻 353.8
鞩 367.3
78.10
䩞 538.6
鞫 457.1
鞻 88.5
鞧 206.3
薂 81.1
𩌏 400.9
鞚 472.7
𩌭 216.1
鞸 398.1
𩌦 169.3
鞣 209.2
439.4
薌 410.6
鼥 230.7
鼛 231.5
賷 131.7
408.2
藞 312.2
蘷 204.10
蘧 148.2
藸 73.3
71.10
藘 81.7
蘆 72.5
蔵 496.7
蕩 348.8
藺 500.9
蘭 429.8
藪 328.9
薑 389.2
藟 251.6
蕿 436.3
蘢 45.6
349.2
薾 290.10
蔽 302.5
301.8
藜 89.2
蔦 305.8
藥 503.1
藤 470.7
藤 204.2
舊 267.5
蟞 169.1
188.4
318.4
藷 364.4
72.9
藨 151.10
300.10
160.10
藙 363.3
藫 223.3
藩 118.1
116.8
蕃 331.5
藭 28.6
雗 402.9
蹟 516.1
蘊 112.6
281.3
檯 101.4
檮 211.7
304.4
159.7
檞 310.10
檬 62.7
櫙 215.1
櫗 190.2
薘 335.10
櫃 353.8
檻 339.4
櫔 380.9
檷 271.6
樹 390.5
櫖 173.5
櫚 72.5
檦 108.8
櫡 506.2
櫼 135.3
檭 107.3
鵐 75.6
麱 80.9
䴛 484.3
麲 288.10
118.5
檼 399.4
櫎 317.3
櫅 93.3
檹 51.4
檳 105.5
檸 319.5
櫄 278.2
櫪 499.6
櫂 418.6
檵 374.9
鵅 482.6
轊 378.10
377.7
轒 183.10
轉 295.7
414.1
䡬 400.3
蹔 337.5
覱 447.9
趝 445.4
䡯 39.4
轆 452.10
鏧 516.9
513.7
516.7
轇 154.4
轢 154.7
鵤 87.7
372.6
轋 152.1
𧬄 452.5
鶇 385.2
轢 154.7
橐 284.9
畫 206.5
畾 530.5
鶗 85.8
䁾 454.1
462.5
麑 92.8
90.6
監 84.4
268.1
𦉝 226.6
騬 335.4
448.1
䁕 447.10
擘 334.6
鴡 216.9
覭 300.9
覆 437.9
438.10
459.10
533.1
䤭 386.5
𨢇 430.9
𨢛 93.5
醩 159.10
醧 215.1
364.9
醥 300.2
醘 424.5
醪 157.8
醦 331.7
339.2
𧰇 64.9
醫 64.8
賢 351.7
𧭈 91.7
顑 333.7
447.6
甓 459.5
豐 373.1
頣 296.8
𥖃 518.2
礎 260.9
檿 336.6
擪 336.6
542.10
厭 230.4
礓 176.2
𥖫 332.5
礏 538.6
礉 155.9
418.2
𥖼 334.9
䃛 227.9

礒 245.5
磁 65.2
礵 461.1
297.6
醂 288.9
顑 390.3
蠠 480.5
鵜 545.7
發 354.5
290.4
292.6
貗 215.7
79.8
鶙 242.4
241.10
豵 33.9
39.4
貌 525.5
貓 52.8
248.7
饕 495.10
殯 395.1
霣 54.10
賈 279.4
霙 511.7
520.7
霢 515.5
霤 438.2
霏 511.1
霶 184.3
霖 227.7
霤 224.4
霧 367.8
霱 229.9
220.10
219.2
颾 96.6
鵄 195.9

【丨】

豐 29.1
齗 289.2
齕 484.6
496.2
齜 51.7
齣 149.1
覷 364.2
懟 358.1
叢 33.1
虢 517.10
513.8
瓤 182.1
噧 376.2
臒 505.8
朦 31.8
鶡 384.8
403.8
485.10
題 374.1
90.1
韙 257.5
瞸 539.9
瞿 366.10
76.10
鼂 149.4
䵷 186.3
190.3
318.10
矂 41.3
瞨 519.10
瞏 295.3
瞮 59.3
65.8
嚍 486.2
404.6
瞼 336.5
瞺 384.6
瞿 190.8
斀 388.10
瞿 321.1
瞜 441.10
賲 407.5
曖 382.4
瞮 156.8
瞻 228.5
曈 297.4
293.3
矙 472.9
嚛 534.7
闐 443.4
闔 538.9
闐 409.6
136.7
闞 440.8
闒 539.7
闉 275.10
392.5
闌 496.9
500.2
闇 179.1
闊 424.4
闈 181.2
闕 480.9
曓 535.2
聵 77.1
噴 136.1
104.10
顋 38.1
嚗 113.5
嚘 204.10
嚦 544.6
顥 485.1
485.2
曠 430.5
矄 308.6
號 303.6
曜 415.9
蹐 36.7
蹟 518.9
蹢 72.10
蹣 128.9
128.6
蹟 153.6
蹛 383.1
380.6
蹠 162.4
蹤 39.4
蹠 520.7
蹢 523.7
520.8
蹜 456.2
蹝 170.7
蹡 179.1
429.4
壘 251.4
蟁 54.7
蟯 150.4
152.6
蟦 66.9
258.1
362.10
蟢 253.6
蟎 380.9
蟜 539.1
蟌 375.8
蟫 223.3
220.6
蟩 480.5
蟟 148.1
蟥 454.1
462.6
蟲 26.8
345.6
蟬 140.8
蟠 259.6
蟜 300.7
152.9
蟭 150.3
蟓 27.1
蟠 116.5
128.8
蟡 244.5
44.5
蟙 459.5
蟞 121.2
蟙 526.7
蟒 394.9
蟧 157.8
148.3
蟤 144.4
顒 102.10
蟜 475.5
475.9
蟣 257.1
67.4
嚌 512.8
嚑 472.7
曝 467.6
顎 509.1
嚚 107.4
鵑 138.1

	130.6
	406.5
	407.4
	141.10
讙	217.7
	59.7
	57.10
謻	43.9
[illegible]	99.10
謏	312.2
謶	504.1
謫	517.6
[illegible]	428.7
[illegible]	423.10
譀	445.2
	547.2
	447.10
[illegible]	171.6
[illegible]	442.1
[illegible]	165.2
謵	541.9
謬	442.4
謲	444.3
[illegible]	401.8
褻	412.2
鄮	511.4
皻	292.10
	293.2
	151.6
[illegible]	66.3
[illegible]	317.2
	317.8
[illegible]	542.3
[illegible]	206.1
[illegible]	226.2
	226.10
	225.1
[illegible]	511.7
癅	274.2
[illegible]	497.10
	501.9
癑	346.2
[illegible]	420.8
[illegible]	129.7
[illegible]	494.1
癙	259.6
[illegible]	65.8
[illegible]	233.6
[illegible]	285.10
癛	330.7
癔	528.5
癖	521.10
	522.8
雜	537.7
離	47.8
	348.5
	376.9
麎	104.5
[illegible]	86.1
	261.10
[illegible]	107.4
	114.10
[illegible]	105.8
	394.9
[illegible]	107.5
[illegible]	95.8
[illegible]	410.9
[illegible]	130.4
[illegible]	296.10
[illegible]	295.2
諜	548.2
諻	186.6
	183.7
顏	130.7
[illegible]	47.3
	349.10
齋	93.3
	373.4
	89.6
羸	165.4
[illegible]	423.2
[illegible]	151.8
旛	116.8
	116.8
旞	352.6
壅	38.5
彝	131.10
[illegible]	112.9
[illegible]	537.9
	224.7
羳	116.5
[illegible]	26.2
[illegible]	413.5
	413.5
[illegible]	326.4
糦	360.5
[illegible]	497.5
糤	286.2
[illegible]	332.6
	223.5
[illegible]	333.5
糧	174.3
[illegible]	466.9
[illegible]	105.8
[illegible]	361.10
	354.10
[illegible]	324.6
[illegible]	388.2
[illegible]	497.10
警	378.10
	500.5
[illegible]	500.5
艶	203.3
[illegible]	203.5
爀	514.2
燽	211.9
爁	334.6
	444.9
	446.2
[illegible]	292.6
[illegible]	542.8
燻	113.6
燣	305.9
爌	317.5
	317.8
	430.5
[illegible]	220.7
[illegible]	320.9
	322.5
[illegible]	190.10
鎣	193.1
	434.7
燼	395.5
燿	415.7
鵝	90.3
[illegible]	432.1
	433.5
[illegible]	184.5
濽	404.5
[illegible]	444.4
瀆	451.4
瀫	451.7
[illegible]	288.4
	285.5
	401.6
[illegible]	186.5
	431.8
[illegible]	247.9
	379.3
瀀	204.9
瀦	71.10
[illegible]	546.7
瀐	518.9
	494.2
	487.8
鯊	169.9
瀑	420.4
	454.1
濺	135.2
	412.3
[illegible]	517.1
瀢	274.4
	252.4
[illegible]	274.2
[illegible]	514.10
瀕	492.7
[illegible]	298.8
濼	523.5
	453.6
	463.1
	507.8
	509.3
	454.2
[illegible]	515.1
[illegible]	154.4
瀏	205.9
	323.9
[illegible]	72.9
[illegible]	140.10
瀌	151.9

	64.2	䮠	529.10		416.7	攏	239.3		518.1	䕭	185.1
[illegible]	128.5	騕	298.4	趯	223.3	攨	192.10	𩋾	355.5	艶	28.4
蹽	298.1	䮛	231.7	𧾻	480.4	鏊	533.5	鞵	95.1	蘔	348.7
蹻	301.3	騝	96.7	趫	153.8		352.2	鞥	33.3	蘱	99.6
鬀	493.3	騠	90.5		152.7	攄	282.10	韼	38.10	蘖	500.2
	490.3	䮔	38.1	趭	416.4	攘	144.9	䪅	327.2	蘅	189.7
鬊	397.5	𩣳	119.4		416.9	轂	469.6	鞹	511.8	藫	223.4
鬌	44.9	䮎	482.1		415.9	顪	539.10	鞔	283.7	蘇	86.10
	307.8	䯆	545.4	𧿁	475.6	鵶	169.5	鞧	297.3	警	318.3
	308.4	騜	183.5	𧾔	67.7	矃	41.2		320.3	藹	382.3
鬐	493.4	騩	57.6	壚	86.5	䳄	62.6	鶡	505.4	薹	419.8
鬝	492.5		68.3	攎	86.6	譼	92.7	䠁	229.4	蘢	32.4
鬉	34.2		354.2	壜	223.4	聸	226.3	藾	385.1		36.6
鬆	33.10	騟	79.1	壛	227.4	攥	299.1	䕚	324.7	蓏	192.9
	238.7	騣	33.10	醫	108.2	擇	508.2	藶	523.1	蘸	466.10
𩮜	162.5	䮘	233.10	謦	540.2	蘞	230.6	藿	511.2	藻	304.6
	306.3		448.3		537.6	蔱	451.9	蘋	106.10	蘀	514.9
鬋	139.5	騘	33.5	鏧	41.7	蘣	328.2	蘧	69.6	蘂	245.9
	294.4	騟	134.8	䑙	252.2	蘛	303.8		76.9	顛	136.10
	412.3	駿	210.9	𧰲	315.9	難	123.8	蘆	72.4		409.7
鬠	478.10	騨	118.5	擧	117.7		404.1		86.5	韓	122.9
鬏	209.2	騢	169.2	鶵	456.4	鞳	546.10	藺	394.8	鵝	155.3
鬙	213.10	騑	66.6	鏊	376.4	韡	166.4	蘭	332.7	櫘	377.3
鼃	96.2	騤	494.9		498.6	鞴	354.1	䕰	215.6	櫕	127.1
	95.4		58.9	幣	230.6		372.5	蘄	67.6	櫝	451.2
攐	291.1	騷	159.1	攐	298.7		455.7		62.8	蘙	384.10
𢷶	461.1	騥	209.1	壞	386.8	韄	509.10		114.7	麓	453.2
壢	509.2	攊	523.4		388.1	鞹	510.10	䕯	128.3	櫢	80.9
攋	485.8	攉	511.2	攠	398.8		442.2	勸	399.8	櫏	139.4
騲	304.6	趬	153.2	壠	239.10	䩞	513.5	鶓	187.6	鷘	43.3

櫺 306.7
櫌 204.9
櫖 72.6
363.9
櫑 99.4
274.4
櫋 142.2
櫟 522.10
503.3
櫝 470.1
攀 130.9
鶇 102.3
麳 102.4
麮 407.10
麰 307.8
311.4
麴 49.5
麴 457.4
麶 327.9
櫓 267.3
櫧 72.8
櫭 310.8
櫤 331.3
櫞 142.10
櫼 541.3
540.5
蠡 212.6
轎 414.10
轒 113.2
281.1
轜 63.2
轑 303.7
轐 462.6
454.6
轗 131.9
140.4
轎 416.2
152.8
鏨 226.9
232.6
337.6
335.3
445.4
轓 116.9
118.1
轍 36.10
347.9
轍 501.10
轔 105.7
394.9
轊 352.8
轕 289.10
鼇 355.3
375.3
鼈 516.8
375.3
繫 374.8
375.1
鶇 24.10
𪊓 530.1
櫜 157.4
礮 33.9
238.7
蹶 157.8
覈 517.1
496.4
醰 332.7
444.4
醑 330.8
330.4
醕 252.1
醭 454.2
醐 408.1
醮 416.8
醓 92.1
醭 326.4
醨 475.6
醱 363.7
麗 48.2
376.4
麩 409.10
麋 225.5
231.8
231.2
231.5
礙 491.8
493.1
礤 486.9
礞 298.2
靡 336.6
礛 233.3
礪 380.7
歔 204.10
礫 538.7
礤 506.2
礙 392.5
礦 319.1
醍 410.8
願 399.6
鴿 45.10
璽 246.5
壢 480.8
豶 112.8
豶 71.10
豷 354.5
375.5
豬 38.9
豨 105.8
殯 451.2
霅 500.7
霸 446.7
534.7
霦 108.5
霨 127.1
鄙 198.6
靇 453.7
霪 220.6
霳 29.5
霫 533.9
535.3
鵝 89.5
麗 529.5
【丨】
齋 384.3
齗 282.9
齟 260.6
齖 170.4
424.1
斷 114.10
278.4
齡 387.6
齡 442.10
齦 48.7
鶘 417.10
468.7
鑒 207.2
326.4
齠 445.1
447.6
齩 445.1
齬 484.2
黼 263.1
糬 519.8
瞞 514.2
矓 190.3
矙 233.4
447.8
嚳 137.7
蟹 532.2
贖 400.3
贉 332.8
444.4
贎 151.8
鄿 193.3
320.10
賵 348.9
贈 435.9
瞍 433.4
138.3
曠 430.6
矉 105.5
鶡 118.10
矊 141.10
嚥 410.5
闞 45.8
曝 420.4
454.1
闟 184.2
181.1
疊 543.7
闚 295.4
131.5
408.1
闛 538.9
闔 271.9
闕 444.8
339.1
447.10
闋 297.8
205.10

鬫	427.6		459.7	蟻	245.4	[illegible]	537.7	[illegible]	485.2	簹	181.10
鬭	129.6	蹱	38.8	蟰	460.10	[illegible]	41.1	穙	454.3	簒	127.2
鵬	188.5		347.3		146.1	[illegible]	416.6	[illegible]	89.2	簬	370.1
[illegible]	541.1		36.2	嚧	86.8	髆	510.7	穩	284.7	簟	270.4
[illegible]	211.8	蹲	120.9	艶	445.6	髇	155.3	穨	99.5	[illegible]	59.3
蹺	153.2	蹭	435.10	顛	284.2	髈	185.4	[illegible]	256.3		65.7
蹥	485.4	[illegible]	414.3		281.5		317.4	[illegible]	57.2	[illegible]	217.1
躃	493.5		413.6	嚴	233.5	[illegible]	467.7	鵹	48.1	籔	392.7
[illegible]	134.7	蹬	436.2	[illegible]	277.6	【丿】		[illegible]	57.2	簷	227.4
蹶	379.2	櫐	251.5		55.2	龜	77.9	[illegible]	57.2	[illegible]	334.4
	480.4	蟶	193.5	獸	437.3	[illegible]	379.7		89.2	簾	227.7
	502.4	蠖	511.5	嚫	396.2	[illegible]	525.2	[illegible]	319.2	簿	509.6
[illegible]	224.7	蠓	31.10	嚨	32.4		524.8	穧	372.9		268.5
	537.8		238.2	[illegible]	509.2	[illegible]	541.1		373.3	簺	392.2
蹼	454.6	[illegible]	528.7	顗	257.8	犢	451.5		377.3	簫	146.1
嚬	107.1	[illegible]	176.3	颽	275.10	[illegible]	299.9	[illegible]	189.8	籃	496.7
躡	384.7	蟷	182.1	幨	281.1	犦	467.10	簙	510.10	[illegible]	121.4
蹪	99.7	蠅	201.6		398.10		463.1		509.4	[illegible]	376.4
蹻	300.8	蠍	481.6	[illegible]	142.6	犤	95.3	籀	437.1	[illegible]	279.1
	503.8	蠌	514.10	[illegible]	75.4		47.5	簸	309.1	盥	35.6
	505.6	蠉	142.6		263.9	犥	153.4		422.6	[illegible]	63.4
	153.2		296.10	罽	339.3		300.3	[illegible]	286.7	[illegible]	443.6
	152.9	蠋	463.4	罾	270.10	犣	541.2	[illegible]	492.4	[illegible]	361.10
[illegible]	536.9		464.7	[illegible]	72.6	[illegible]	230.8	[illegible]	528.7	[illegible]	361.10
蹕	475.1	蟾	228.8	羆	45.5		446.5	[illegible]	370.1	[illegible]	524.1
蹹	537.4		228.5	羅	162.9	穋	327.1	[illegible]	140.2	[illegible]	61.4
蹯	116.3	蟺	293.10	幱	514.2	穖	497.2		103.5	[illegible]	254.5
蹸	291.6	蠊	227.9	巃	32.4	穬	380.9	[illegible]	334.3	鼮	196.5
	294.4	蠙	55.5		239.3	[illegible]	312.1	[illegible]	261.3	[illegible]	510.3
蹴	458.4	[illegible]	528.4	幰	282.10	[illegible]	231.4		69.4		507.7

虉	375.5	鶾	123.3		443.8	醵	365.1	𣩉	32.4		62.10
蘁	504.10		402.9	轝	69.3		505.7	霰	408.5	𪉖	441.8
	509.8	鶘	83.8	𨏈	181.10		69.4	霫	222.9	𪉕	443.8
蘜	456.10	蘠	178.9	轘	130.1	醴	270.5	霵	535.7	鹹	231.6
蘦	198.2	蘻	529.2		407.6	醲	38.5		536.1	𪉟	119.5
蘬	512.1	櫔	376.10	轞	227.1	醳	519.4	霝	467.8	𪉗	97.7
蘡	193.3	櫯	230.6		447.9	𨡕	261.6	䨴	129.8	鹺	162.3
蘭	125.2	欂	510.9	饗	335.2	醶	339.6	𩃳	198.3	𪉥	292.2
蘐	189.8		515.3	𨏔	334.1		338.10	霳	27.2	獻	161.6
蘮	381.4		516.1	𨐋	227.9	醷	256.6	𩄽	197.7		400.8
蘴	28.4	櫢	286.3	轙	47.3		528.4	𩄰	509.3	甗	117.6
艷	28.4		404.4		245.6	𨣒	31.9	𩃎	475.9		294.8
蘆	371.6	櫗	507.10	轚	522.7	醫	383.7	𨿳	220.9		411.6
蘳	149.6	櫪	522.10		374.10	鬫	478.7	鶻	96.5	𤮯	86.8
蘩	116.3	櫴	107.1	轊	160.6	顑	459.7	【丨】		𢻹	86.9
藷	74.1	櫨	86.6	𧖅	25.3	礸	136.1	鄷	29.2	譬	107.3
	72.9	櫚	227.5	鶠	282.5		104.10	𣯷	66.4	㲉	510.4
蘛	245.7	檈	143.2	鶝	530.9	礧	274.2	𪗧	397.4	𨐨	390.6
蘱	258.5	櫸	261.3		455.3		391.5	齛	498.8	耀	415.9
蘥	503.2	礬	116.5	䮿	530.6	礫	522.9	𪗈	171.9	黨	316.7
蘞	227.8	麴	83.8	驝	339.4	礩	352.1	齟	260.10	懸	138.6
	335.9	麵	410.7	麢	92.8		470.3	齞	292.4	鶡	525.9
	233.6	𪌰	162.4	鬸	303.1	礑	72.9	齚	513.2	驜	467.7
蘨	150.10	𪍒	300.1	繫	292.4	礹	541.3	齡	197.8	鵰	152.2
	206.8	櫰	99.2		410.2	璽	290.10	𪗆	539.1	鄻	145.5
蘚	292.6		97.1	顠	300.1	鑋	480.9		534.8		504.6
蘘	176.9	櫬	396.2		300.3	顙	315.6	𪗋	62.10	矍	506.1
蘪	59.4	櫳	32.4	飄	153.5		313.7	𪗄	477.1	𥌝	57.10
蘫	445.1	轖	528.7		151.10	懽	132.4		474.3	𥌑	89.4
顛	136.10	轗	333.7	鷃	152.6		145.8	齝	64.9	𥌒	137.6

鐜 84.3
鏸 375.9
鐔 223.4
218.10
220.7
鐐 147.10
415.3
鐕 224.8
鏷 462.5
鐧 406.10
鐟 488.2
鐈 152.8
鏶 534.1
542.4
鐫 142.5
鐎 150.2
149.7
鐭 258.4
鐇 118.2
116.6
鐓 389.5
鐘 36.2
鏻 105.9
394.10
198.8
鐏 401.7
鐩 352.8
鏳 191.1
鐊 430.5
鐛 131.10
140.4
111.1
鏹 313.10
鐉 143.8
鐙 435.8
鏺 488.9
鐍 494.7
鐖 67.7
䲜 216.7
釋 519.8
鶨 115.10
邎 150.9
206.8
䰛 158.5
圝 158.9
豷 38.5
饒 150.4
417.3
饙 113.3
饎 360.5
饐 356.5
饊 286.2
䭙 330.8
䭚 318.5
饋 353.7
䭚 420.7
饍 411.5
饌 289.3
413.6
饚 435.8
饑 67.6
䪩 224.1
447.3
鴲 121.8
𦢊 509.3
臛 462.9
臚 71.10
臅 230.5
朧 32.2
騰 203.10
鵙 324.10
鯜 513.5
鰈 539.4
鰶 382.5
鰋 282.7
鰊 409.9
鰔 66.10
鯷 374.2
348.6
90.8
鰂 532.2
鰑 173.4
鰅 38.1
74.7
鯹 197.3
鰨 385.3
鰃 98.5
𩸙 361.4
鰓 102.10
鰐 509.1
鮹 490.5
鰍 206.4
鰒 455.10
鯾 143.5
鮲 426.2
鯸 214.8
鰀 287.4
鯼 33.9
344.10
鯙 196.6
鯑 90.4
90.6
鰌 207.8
鰦 65.5
鯶 284.1
鯿 130.5
143.5
鰕 169.2
𩹄 70.7
鯡 66.6
鯚 57.3
鰠 159.1
鰇 209.2
鰁 143.1
獮 132.4
103.7
141.4
獾 128.3
獵 46.9
飃 186.5
飂 205.6
438.4
獑 232.6
獽 176.8
觸 464.2
獼 50.9
盭 376.5
獠 298.1
301.4
覸 217.5
【丶】
護 370.9
譎 95.3
譤 384.3
譡 429.10
譔 424.2
426.4
譝 201.7
譴 411.7
譟 420.8
譯 519.3
譞 142.7
譢 537.4
譭 243.9
譣 228.4
336.1
譮 387.4
譫 539.8
540.3
譠 124.1
132.4
譧 447.5
譩 64.9
68.1
256.6
議 349.10
䜈 156.2
鼘 546.3
彈 306.3
斆 386.8
顧 166.9
𢋈 164.10
𢋓 122.4
魔 164.9
𢊾 164.9
廮 320.10
𢋃 435.2
廯 139.2
292.6
𤺌 370.1
𤺓 416.7
507.8
癥 202.3
𤻔 204.2
𤻊 292.2
顭 463.7
𢋂 232.3
𢊿 406.8
𢋇 204.9
𢋆 168.8

二十一畫

【一】

髧 217.5
鬖 226.5
顡 155.5
148.5
415.3
攝 544.2
540.7
擟 291.1
驅 79.3
368.9
驃 416.10
騻 178.7
驉 71.6
騾 165.3
䮾 525.3
驪 453.2
驩 289.5
騽 533.8
535.9
驂 223.5
鷩 394.1
趯 524.7
蹥 238.1
饔 180.1
韠 92.9
鏧 35.8
譬 157.5
攜 94.4
擭 299.10
穤 77.5
攖 241.7
攡 48.4
鷔 355.1
鷇 439.10
夔 452.1
鞨 167.10
蘈 153.7
䨲 163.2
韇 112.8
韊 517.5
韄 454.7
465.9
韥 99.2
353.8
韢 96.2
鞽 153.8
鶠 518.5
韸 26.3
鞿 67.6
顛 281.5
豐 29.2
39.2
叢 33.1
歡 128.1
艷 203.6
黠 96.3
489.10
穫 73.10
蘬 60.6
68.4
252.8
蘸 544.7
537.8
蘺 48.1
鶪 136.8
鶾 123.1
䶳 402.10
蘵 526.7
權 144.9
櫺 197.9
櫻 190.9
欄 125.4
𣟧 35.5
櫼 231.10
麮 116.5
麴 294.6
麲 308.1
豵 31.9
麨 484.3
櫾 206.9
439.3
欃 232.6
448.1
欀 426.10
177.6
櫰 129.8
轟 191.5
432.6
轞 339.5
豑 194.6
434.5
轛 390.5
358.4
轗 281.8
譼 339.5
覽 334.6
醫 130.3
鷁 471.10
𨣧 55.7
54.10
醻 208.9
醾 487.2
醶 444.9
醹 77.5
265.8
醺 113.6
𨣂 373.4
醲 33.5
劚 376.6
酈 47.10
522.9
礉 418.4
礴 509.6
礭 298.7
𨣨 301.5
醷 390.2
醮 150.3
416.9
149.8
覼 165.5
霽 480.9
顪 415.2
獿 266.4
獾 547.1
翯 485.9
殲 229.6
霸 425.6
霥 32.1
黖 400.2
露 369.7
霳 35.6
霰 229.8
446.2
447.9
霩 506.5
霶 184.3
霹 522.7
霿 32.1
345.10
顑 331.1
【丨】
齰 492.5
492.1
齛 495.6
472.3
齜 52.7
齨 325.6
齡 536.5
537.7
齩 302.10
齦 285.8
290.2
114.10
齧 95.5
鼸 338.9
鏧 143.2
𧇽 400.10
歔 46.9
虪 517.5
虧 68.6
蟞 502.6
飄 188.7
矆 531.3
𥌠 523.3
矐 509.9
511.2
矑 86.8
鷊 473.2
矊 142.7
138.7
291.9
贎 380.9
贓 185.3
贍 396.10
贔 354.1
罌 190.9
𢿢 321.1
顥 321.7
囁 542.1
542.1

鰷 147.4
鴮 87.4
鰤 54.3
鰩 150.7
𩸞 33.2
鰡 205.9
鰝 303.5
509.8
鮹 518.9
𩹶 180.10
鰜 231.3
231.7
䰓 530.9
61.5
颾 147.8
艧 494.7
鷂 205.5
鶵 80.8

【丶】

譸 212.2
譳 441.1
譇 351.7
讗 225.5
讂 409.2
408.9
譺 387.7
256.3
360.7
譶 537.3
534.7
讁 517.6
𧬍 191.2
斀 176.8
𠠎 164.10
癩 485.8
384.10
癧 522.9
癨 511.3
𤺊 86.8
370.1
癇 227.6
瀾 132.2
鷊 48.1
鶶 180.10
廬 452.7
廳 471.10
廯 425.6
521.10
廱 38.4
辯 294.8
贛 332.4
礱 32.3
344.7
齎 93.2
54.10
贏 308.8
旟 57.9
顥 293.1
糶 429.3
齏 145.2
櫟 523.4
類 277.10
394.9
顡 391.3
夔 58.7
鸑 523.10
鶼 231.3
爟 405.3
爛 403.9
𤒙 150.3
爚 504.2
503.3
爝 416.9
505.3
505.4
飆 151.6
鶯 190.9
灄 540.8
濼 503.3
灊 337.6
瀯 229.10
221.1
219.2
灃 29.2
濶 526.3
灈 76.8
灟 334.6
444.2
瀵 388.3
灛 337.10
灡 289.7
澮 458.9
𤅦 138.4
灕 48.3
灪 548.5
瀿 116.9
瀪 116.9
灑 38.3
347.2
懾 542.1
懼 368.1
𢥞 34.10
𢤱 94.5
懮 41.9
鶮 492.1
鶱 117.8
𡫡 532.3
覼 105.5
395.2
396.6
寷 29.2
竈 420.10
竊 457.1
竆 37.7
竉 239.3
癳 355.10
黨 130.7
顧 370.5
襖 520.1
𧝏 462.1
𧞆 97.2
襯 396.2
襱 32.5
239.3
240.5
禴 503.2
禳 176.7
躇 198.1
鶴 510.1

【乛】

屬 464.1
463.2
羼 289.9
407.10
韢 377.10
䪝 432.2
鷐 476.2
嬻 545.10
孈 385.10
351.8
252.4
246.8
獩 375.9
獵 539.2
鬵 216.3
雛 207.7
152.10
鐒 420.2
飄 475.8
蠡 48.2
270.5
165.5
纘 288.2
纈 496.1
續 465.6
纗 150.3
纓 204.10
纆 531.10
纅 503.4
纏 140.9
414.3
鸄 314.8
鷎 160.7
鷗 38.4

二十二畫

【一】

龓 135.8
500.3
鶡 524.10
瓗 351.7
蠹 471.4
鬣 512.9
鬈 148.2
鬠 454.7
鬋 490.3
131.1
131.8
鬢 354.4
鬚 77.7

鬵 402.3
鬙 203.3
鬠 437.9
460.1
鬖 487.7
攏 36.5
攤 288.6
403.10
124.1
驍 147.4
驤 182.8
驔 337.10
騣 257.3
驏 131.6
驒 137.1
124.6
161.9
驕 149.8
䮳 116.8
驐 121.1
驎 105.9
驓 202.4
䮴 436.2
驋 487.8
驈 475.5
475.8
擾 299.9
趲 286.6
404.5
趝 471.3
496.6
邊 138.5
297.4
𨘻 523.3
504.2
𧾍 393.7
475.6
296.10
408.9
聾 533.3
蘬 108.2
137.10
馨 543.1
鏧 526.1
覿 524.3
歡 537.9
459.6
461.7
攍 423.2
鷙 352.1
驇 352.2
懿 356.5
聽 199.4
434.6
彙 541.9
542.2
歔 541.9
壤 388.1
蘺 139.7
蘻 374.10
韄 371.1
韀 528.6
韁 176.1
韣 411.7
韤 270.8
韡 506.8
鞫 457.5
韂 446.3
韇 499.8
韅 528.4
鞿 123.10
鬺 303.9
蘸 447.4
䕻 48.2
376.9
蘖 251.5
蘴 435.8
蘿 162.10
驚 188.1
蘵 527.9
蘼 44.6
243.6
蘽 165.4
蘱 353.3
黵 508.10
蘠 175.10
蘊 127.10
欇 540.8
540.10
類 331.7
443.7
檑 205.9
欒 222.9
欋 76.10
欈 52.8
顱 528.7
鵹 470.10
覼 116.8
鼛 116.6
藾 319.1
籔 329.4
𪍙 524.5
520.8
欐 48.2
欑 53.6
𨏈 128.5
轐 452.10
轞 507.9
鑾 194.6
434.5
轠 99.5
251.5
轢 485.9
522.9
507.5
鷩 226.9
448.1
鶾 126.10
144.1
鷔 527.2
鼈 93.2
囊 185.3
鷗 215.1
鑒 447.7
醽 435.3
鷅 153.5
醿 469.7
彲 50.7
邐 246.8
鷖 91.6
顣 334.4
444.6
顛 401.4
𢖍 32.2
239.4
礸 446.8
礵 314.6
贗 407.1
蠱 115.6
齌 545.1
鷞 178.7
313.7
廬 45.2
132.4
423.2
鶚 269.8
飄 257.9
363.6
霰 126.8
鼆 215.2
霿 389.5
覾 357.8
霻 197.7
䨏 197.9
䨣 514.6
霾 97.6
甗 438.5
霽 372.8
【丨】
巔 393.7
齬 85.10
68.7
258.4
齪 469.9
齫 285.3
齣 462.8
451.10
鹼 445.1
444.8
鶻 178.6
鄺 316.8
矐 404.10
407.7
囁 541.8
戵 77.2
氍 76.6
酇 506.4
鷴 104.5
贖 465.4

瞲 415.9 503.4
矏 416.9
闟 247.6 271.5
䦨 457.6
闠 106.9 396.6
鬭 440.8
鷤 215.9 79.8
饕 158.4
躦 162.4
躚 134.7 139.1
躐 459.8 469.8
躒 523.3 507.7
躓 355.1
躋 82.3
躔 140.10
𨆶 541.1
疊 543.9
蠦 86.9
𧕿 282.10 282.2
囐 513.7
囉 163.1
鷕 301.1
䰛 223.9 229.2
巔 137.1
巇 67.3
巊 160.8
㡫 100.8
羇 48.10
𦋺 130.2
𩕲 451.2
邏 421.8
巖 233.1
甗 94.9
圝 128.1
黰 132.1 277.5
䵋 464.4
𪐴 525.5
體 270.8
髑 451.2
𩪱 384.1
𩫊 521.5

【丿】

鑴 401.10 408.8
鑪 86.9
穋 222.10
黐 50.6 48.4
𥣈 446.8
穪 466.9
穰 176.7 314.6
穳 257.10 362.9
龢 206.5
籙 348.6 376.7
籜 507.9
籒 457.4
𥽷 136.3
籟 384.10
籗 511.8
籧 69.4
籚 86.5
籣 394.9
籩 374.3 89.10
籔 243.9
𥷚 377.7
籛 135.2 294.4 412.3
𥸲 464.10
籠 32.1 36.6 239.3
籯 192.8
𥹄 279.2
籫 400.4
𥵔 77.2
䢾 139.4
𪕳 362.3
鼶 161.5 162.5
䶂 83.9
鼴 282.6
𪕮 523.9 496.3
鼰 525.10
𪕤 382.4
鼭 482.9
鼲 118.5
儻 316.3 430.4
𨽶 491.7 357.7 387.5
鶞 36.7
鷛 37.4
𪇆 69.4
矏 416.9 505.3
𪖰 359.8
徽 65.9
艫 86.7
鱉 128.8
𦪻 36.6
鑄 366.8
鑑 233.4 447.7
鑈 271.7 544.3
鑐 77.8
鐢 139.3
鑸 381.6
鑛 319.1
鑌 105.5
鑏 191.3
𨰪 274.4
龢 165.9
𩖏 336.3 330.5
龕 224.10
𧭛 451.5
𢕟 541.3
𥽴 524.4
饐 402.5 401.6
𩟗 191.3
鶹 223.10
𦢼 542.1
臞 368.1 76.7
臟 391.8
鰿 518.8 516.1
鱝 183.6
鱄 144.1 296.6
鰛 79.2
𩸞 135.7
鰾 300.1
鱮 215.10 79.8
鰻 128.10 400.1
鰲 68.6
鱌 312.6
鰶 377.3
鰒 467.9
鱅 39.10 37.4
𩸸 362.3
𩻍 308.5 308.5 252.4
鱂 177.8
鰡 533.7
鱳 304.7
獑 67.4
獿 160.9 301.10
𤣊 292.5
飆 476.10
飂 456.1 460.10
玁 335.10
艥 523.4 452.10
𦪽 151.9

蠭 39.2
贕 451.3
□ 35.1
27.2

【、】

讚 404.4
讀 451.2
□ 418.1
讄 251.7
□ 507.7
□ 515.1
巒 127.9
彎 129.7
變 412.10
295.7
瓤 178.2
176.9
□ 115.9
□ 157.9
420.1
顫 411.4
□ 425.2
廲 89.3
亹 119.9
256.8
□ 405.2
癭 320.10
癬 292.5
□ 529.5
□ 111.9
□ 48.5
麞 175.7
護 370.10
鶉 175.7
□ 32.3
龔 40.1
□ 32.5
襲 533.6
□ 547.5
□ 468.8
□ 523.8
512.3
□ 88.10
□ 174.10
□ 466.8
饔 38.4
□ 484.4
□ 522.10
□ 391.5
□ 206.4
鷩 378.10
500.4
□ 541.9
爥 539.7
爐 26.9
34.10
灘 286.10
404.1
123.10
灑 273.2
310.5
246.9
351.2
□ 163.1
□ 69.8
□ 306.8
□ 532.3
竊 493.7
鷂 474.5
□ 131.7
□ 432.5
□ 230.6
222.7
228.2
□ 293.9
144.8

【乛】

□ 84.10
□ 121.4
□ 523.4
□ 359.5
□ 50.9
□ 457.8
韄 513.9
515.2
□ 514.10
□ 451.4
463.10
463.4
□ 233.5
336.1
□ 228.9
446.4
□ 500.1
□ 500.1
孋 48.3
□ 533.8
□ 438.3
213.10
218.7
218.1
□ 532.10
□ 404.3
□ 353.5
□ 107.2
纑 86.7
□ 335.8

二十三畫

【一】

□ 531.1
瓔 160.9
□ 160.3
□ 31.8
□ 41.3
□ 129.10
□ 488.4
384.1
□ 154.9
□ 495.4
496.1
□ 31.8
□ 315.6
驖 393.5
□ 74.4
驜 547.4
驛 519.3
□ 451.3
驗 445.9
驙 124.6
140.3
驌 460.10
□ 493.9
□ 522.8
□ 413.5
110.6
□ 400.9
攇 486.4
486.3
□ 121.10
112.9
攩 317.4
430.7
316.5
攫 506.1
□ 488.9
攪 302.5
□ 426.4
□ 315.9
□ 356.6
□ 451.8
□ 158.10
□ 208.10
324.7
□ 35.8
□ 152.8
149.5
□ 491.9
□ 50.2
□ 63.5
□ 131.5
□ 139.7
□ 288.9
294.5
韤 481.3
□ 123.10
□ 271.7
□ 291.4
□ 410.4
□ 390.9
□ 293.5
□ 316.8
□ 505.9
□ 492.3
□ 290.10
□ 486.7
□ 410.7
□ 363.2
□ 229.7
□ 283.8

	399.8
欐	270.7
	376.7
	51.10
欗	303.8
欏	163.1
	306.7
櫼	542.4
鷔	105.9
䵛	294.2
𪍿	136.4
轤	86.6
𨏔	32.3
𨡸	516.8
鷣	415.9
	220.6
醼	410.4
𢿡	47.10
	270.7
黳	91.7
𠪿	542.10
魘	336.6
	542.10
饜	230.4
	445.8
𥖸	82.6
	77.2
𥗛	540.3
𥗞	497.2
鷹	523.4
韠	311.9
夒	506.1
	506.4
鷹	480.8
鶨	148.1
	416.7
𣩘	384.4
	423.2
𨽻	391.10
𩕄	77.5
䰘	215.2
	77.5
【丨】	
礬	107.1
𪗓	63.5
	62.9
齱	469.8
	211.1
齰	513.2
	424.6
𪘏	97.7
𪙊	171.9
齮	245.5
𪘀	289.2
齫	281.4
齯	91.9
齗	260.9
	260.7
𪘦	472.5
	484.5
𪘲	95.9
𪙁	389.1
𪙛	387.6
𪙝	291.8
	409.1
𪈄	454.4
	462.6
齇	260.9
鷩	313.9
𥌾	540.9
𪍏	132.3
	404.1
𨘈	505.9
曬	386.5
	351.2
覼	396.2
矓	347.5
𩪘	378.9
鷳	131.6
闤	140.10
曮	338.5
曪	306.8
顯	291.4
躝	395.1
𨆁	379.2
躘	36.5
	347.5
蠸	145.2
蠗	497.5
蠕	197.10
蠘	46.8
蠱	268.1
䗫	503.4
蠏	292.6
𧒣	544.5
蠰	185.4
	314.6
	427.3
	178.7
𧓊	201.4
囐	486.3
囒	403.9
	406.1
鸜	373.10
	124.5
	90.4
鸋	216.3
鸎	272.9
羅	48.2
巘	282.9
	294.7
黷	526.1
𪑙	38.9
黬	448.2
	339.6
黲	333.2
	335.1
𩪎	491.7
髖	128.4
	122.2
髕	278.3
【丿】	
鷡	75.4
鑐	198.1
𢣆	150.4
𢤱	45.6
穮	291.7
黐	512.3
	522.2
鷮	149.9
	152.8
𥶇	543.9
𥷾	457.1
籑	413.6
籣	125.4
籞	258.2
籦	36.3
籥	503.4
籢	227.8
籤	228.3
鑝	139.1
	292.6
籧	459.6
𥸜	176.9
鷽	70.5
	365.6
鸒	466.3
	469.2
	461.9
𩦑	510.10
鼶	50.2
	90.4
鼷	91.6
𪕚	47.10
𪕬	180.7
𪕮	517.8
	519.1
鼸	338.2
儽	58.3
	391.4
𩀤	208.8
𪇆	150.1
鸉	485.6
𪆟	157.5
𩴾	360.7
𩵊	491.1
𢖍	506.3
徽	59.3
	389.10
𧭫	377.7
𢖫	388.3
𧮬	377.7
艬	232.10
	448.2
鑚	128.4
	404.9
鑢	363.9
鑘	99.4
	274.2
鑼	273.1

鏐 57.2
鑠 504.2
鑕 470.2
鑣 151.9
鑪 186.4
鑯 539.1
鷸 535.6
爟 404.8
鷭 116.5
襱 32.2
鷄 91.5
饡 404.5
饑 496.7
臁 164.10
臙 189.7
鱜 287.10
406.9
鱝 280.10
鱏 219.1
220.7
鱖 379.1
480.6
鱛 222.9
220.10
鱓 293.10
鱎 300.6
鱮 420.7
鱕 118.1
鰝 44.4
44.2
鱗 105.8
鱒 284.9
401.7
鱔 296.8
鱍 487.7
488.10
鱊 491.2
475.5
475.10
鱙 380.7
玃 505.10
鷹 211.10
159.9
獿 160.8

【丶】

讌 410.5
讕 337.1
讝 282.10
欒 127.9
曫 128.1
孌 412.9
128.1
405.10
攣 145.4
變 412.10
巒 127.10
孿 400.5
401.1
戀 412.9
鷟 438.8
鼵 420.8
鷩 126.10
麠 362.10
麞 44.3
麔 44.6
麇 44.7
蠯 319.8
95.2
49.6
癯 76.7
癭 353.9
癠 248.7
癰 38.4
麟 105.7
龔 36.5
讐 542.1
鷯 25.10
齏 93.2
贏 165.3
羸 136.4
旝 51.4
糷 286.8
糴 427.8
鷻 110.3
110.2
蠲 138.1
瀟 503.2
饔 337.6
瀗 500.1
灡 293.6
㦗 316.3
戄 506.3
505.9
顬 105.5
顴 105.6
106.9
107.1
鷳 74.7
366.2
顪 322.3
襮 243.6
272.2
襵 542.6
542.3
襧 291.1
襽 289.8
襭 353.4
䆆 319.7

【乛】

鷽 211.9
鬺 362.2
鬻 482.4
鬻 452.6
鬻 464.4
彏 506.1
505.8
韤 481.2
齏 175.1
嬳 505.8
鬵 230.5
鸄 203.1
鶲 475.8
劚 48.5
270.7
376.6
纓 193.3
纗 381.3
纖 228.2
纔 101.8
233.2
393.2
纕 177.5

二十四畫

【一】

瓛 125.8
瓗 294.7
鬣 372.9
鬛 226.6
鬡 271.6
鬢 395.1
鬤 191.2
䕼 416.8
攬 334.7
驣 304.4
驟 438.7
驪 380.9
驞 183.10
趯 145.3
趣 503.5
趲 529.4
鼟 184.2
攜 468.7
鼛 443.7
韉 127.1
128.5
韇 451.5
韆 139.4
䩮 43.3
韯 541.2
藹 518.1
524.1
蘂 503.5
虂 370.1
蘖 58.2
蘬 149.6
觀 127.5
405.4
鸛 31.9
238.2
矗 459.8
461.7
櫶 486.3
欓 316.8
鸑 173.5
顲 113.1
麷 288.10
轠 198.2
轞 232.1
囊 388.2

蠹 370.3
鹽 227.3
445.6
醹 197.9
醶 339.1
337.6
釂 416.8
釀 427.8
醾 44.7
礹 233.1
338.4
礢 154.9
礶 422.7
顱 332.1
贙 361.9
蠆 522.8
囂 198.6
靈 197.5
靃 511.1
244.7
鸖 198.5
靄 382.3
485.7
蠶 224.6
【丨】
齺 107.1
鹹 545.7
545.2
齲 216.9
74.8
齶 509.1
齵 265.6
齴 294.7
齹 50.5
齳 281.4
齷 469.1
鹼 338.9
228.3
鷄 404.3
鸆 74.8
鸊 26.4
35.1
鸈 547.6
矖 48.4
246.10
矘 316.3
躇 424.9
躍 145.1
躝 125.4
躙 340.2
躍 503.5
鷺 369.10
躞 544.4
躟 176.8
314.6
蠼 533.1
蠷 76.9
蠵 52.8
94.4
蠡 48.4
鸓 41.3
蠱 162.2
囑 463.3
巘 496.10
492.4
鸅 514.9
𦌾 404.1
羈 48.10
𦍎 71.5
顯 399.6
羼 353.10
鸀 463.3
468.8
羂 127.10
羂 409.3
𡿆 58.2
𢥍 404.1
𪒈 527.10
𪒻 491.7
𪒫 435.9
𪒹 435.5
髓 489.10
【丿】
鼉 51.2
穲 48.4
䉶 41.9
籩 138.4
籬 47.9
籤 134.8
鸒 70.6
365.6
釁 186.4
鷽 469.1
469.5
黌 439.7
461.8
儴 430.6
雋 295.2
雥 537.8
齅 437.5
顢 142.1
艧 511.6
𦫖 451.5
鷩 522.7
414.10
523.10
衢 76.5
艭 41.8
鑮 509.6
510.8
鑈 509.2
鑩 522.9
鑪 86.4
鐃 297.7
298.3
䲸 71.2
觀 415.9
503.5
貛 128.2
䭦 509.7
𩟗 32.5
臟 316.4
鶬 334.10
鱯 371.1
425.9
515.7
鱸 179.10
189.4
鱤 332.4
鱝 267.5
𩺗 547.5
鱈 178.6
鱵 532.2
鱦 319.1
201.7
434.10
434.10
鱧 270.6
鱖 347.4
鱢 159.2
𩻛 494.2
鱮 261.6
鱍 336.3
鱠 383.9
鱰 272.6
鱣 140.3
鱐 461.1
鱻 367.6
513.10
飀 205.9
獼 149.5
觀 117.2
鷄 206.1
【丶】
讙 128.3
117.2
讕 125.4
286.8
403.10
謧 99.7
論 415.10
讖 443.5
讒 232.5
448.2
讓 426.10
䜌 289.1
韡 49.4
鸇 140.2
𪊺 166.9
鷹 201.4
癲 137.1
癰 348.5
376.9
𤻨 421.9
癵 128.1
145.4
𪗋 256.8
飇 153.4
𢋼 188.4
廰 70.4

365.7
贛 332.5
443.10
344.4
醫 332.4
鷊 360.6
贏 165.4
羸 165.3
蠶 52.8
162.5
鸃 47.3
髗 500.5
爤 403.9
爣 316.4
灞 425.7
灝 332.4
303.5
灅 58.1
251.5
鸂 93.7
竈 199.3
䙱 330.4
襻 407.9
襹 51.10
351.2
䙮 421.8
【一】
蠹 527.10
鸛 460.9
鷺 525.6
鬞 525.8
鬻 259.1
鬺 117.10
鬻 117.10
蠶 29.4
嫘 58.2
孎 465.3
467.3
纗 385.10
351.7
94.6
52.2
譻 345.1
韾 345.1

二十五畫

虪 419.2
461.10
鬢 487.8
287.1
404.5
鬣 494.2
502.7
戵 377.3
鬡 137.7
鬛 541.1
壤 430.6
驟 89.4
趯 77.1
攢 544.1
贊 112.8
蠹 204.5
鷙 451.7
鵲 211.9
龔 93.7
94.8
163.3
韉 135.1
韛 509.6
韄 32.2
鸏 497.2
顰 203.10
鸋 384.10
蘿 93.3
欖 334.7
欛 425.7
櫻 142.2
欗 227.5
欙 58.2
鬱 477.8
麵 319.1
欘 465.3
欃 270.7
鷗 226.6
躨 41.9
鸍 50.8
49.9
獼 542.3
獱 52.8
尷 94.7
靉 392.7
257.1
霹 49.10
408.5
囊 176.8
靃 468.9
勸 363.9
齻 136.10
齳 510.8
齮 101.8
齺 466.9
齸 471.6
518.10
齽 229.6
232.3
447.1
鹽 444.10
顱 86.5
矘 316.4
矍 505.8
鸜 190.10
鬮 210.5
330.2
闢 503.5
鬭 296.7
躡 541.7
躍 76.8
躝 539.7
躅 480.4
躨 41.9
躥 138.5
蠡 48.3
52.1
鼉 161.8
囐 233.1
歡 119.1
黽 434.9
黷 38.6
黯 384.6
388.10
黵 334.9
髗 86.6
儽 58.2
㦣 58.9
籭 96.1
52.1
籩 50.9
籬 233.5
籮 162.10
籫 288.2
蹯 116.6
邁 38.8
辯 484.4
曭 316.5
覽 68.4
59.1
鑵 405.1
鑭 403.10
鑰 503.2
鐵 229.8
鑱 232.10
448.1
鑲 178.2
176.8
177.6
鑳 294.8
龤 428.3
龣 466.5
452.10
饞 232.6
饟 175.1
427.2
314.7
鱡 497.1
鱬 77.4
鱭 270.3
䬢 203.10
飃 146.2
鸑 466.6
鱵 44.8
94.7
讘 541.10
讕 539.8
讗 515.9
94.6
蠻 130.5
臠 127.10
295.7
孿 407.8
413.1

廳 199.4
鷹 77.4
77.7
廱 97.4
93.4
88.9
糶 44.7
籥 45.2
350.6
顲 334.1
330.6
灪 403.9
灢 316.2
430.6
灨 68.6
灣 129.7
灗 119.9
鸋 199.2
433.10
癭 225.3
護 515.7
515.2
505.8
斸 465.3
臡 493.7
鑿 50.10
糴 414.5
鸐 468.8
纚 246.9
纏 52.7
49.7
50.3
纝 423.2

二十六畫

鬣 72.3
86.9
驠 136.2
410.4
驝 507.6
508.2
驥 355.8
驢 72.5
驪 41.8
34.4
鸘 123.10
韊 125.4
韉 447.6
448.1
韀 117.9
顴 145.1
飌 28.9
虋 29.1
韊 394.9
韄 279.1
釃 51.10
71.5
246.9
釄 447.1
覼 354.9
376.9
黶 336.5
黷 332.5
344.6
顳 198.1
魗 198.4
蠹 362.8
齻 516.6
齸 171.5
170.6
73.10
鼸 289.5
290.2
鰽 458.7
鬻 508.4
鸛 502.6
鸔 420.5
467.6
463.1
454.8
曯 58.3
矚 463.3
闟 114.3
躧 273.3
246.8
躣 243.5
鸓 58.3
251.5
氎 543.7
黬 103.2
101.4
鸕 219.7
籫 493.1
502.5
籰 505.9
釁 395.9
䴑 220.9
鸏 507.8
鑷 541.7
鑼 77.2
鑴 44.9
94.4
鑱 493.3
鑹 405.6
鱛 96.7
饠 378.6
52.1
鱣 436.3
鱵 219.9
鱸 140.4
鱲 541.2
癰 308.8
鸗 36.5
316.1
糷 403.10
顲 444.5
灤 128.1
灛 436.4
襹 464.1
靈 472.8
鬞 525.7
鬻 303.1
鬻 186.2
蠶 492.2
鬗 501.5
鸐 537.10
539.1

二十七畫

鬤 189.7
176.9
驋 458.1
驩 128.2
驦 178.7
驤 177.6
攭 198.8
434.8
趲 505.10
506.4
顳 542.1
韉 52.1
100.1
蘸 427.8
314.6
鸙 493.2
贛 332.5
443.9
344.6
蘢 500.5
醾 278.4
黐 102.4
轤 486.3
500.3
轣 506.2
鼊 49.9
齹 67.5
齉 97.2
鸕 86.6
鸑 502.6
鬭 125.4
鬮 54.6
躩 506.1
506.3
蠾 463.10
463.4
黷 451.2
黵 231.9
鸏 457.1
轝 208.2
髏 346.2
鱠 388.10
384.6
驫 142.9
110.6
鸞 377.7
艬 270.5
鑣 45.6
鑼 163.1
鑷 165.4
鱥 51.7

周祖謨文集　第三卷

廣韻校本

下

周祖謨　校

中華書局

廣韻校勘記 卷一

一

2 有儀同劉臻等八人　案切二作「有劉儀同臻 顏外史之推 盧武陽思道 魏著作彥淵 李常侍若 蕭國子該 辛諮議德原 薛史部道衡等八人」。搨瑣甲本作「有劉儀同顏外史盧武陽李常侍蕭國子辛諮議薛史部魏著作等八人」。

3 以今聲調　案切二今上有古字，當據補。搨瑣甲本古在今字下。

4 取捨　捨，搨瑣甲本同，切二作舍。

5 燕趙則多傷重濁　傷，切二及搨瑣甲本並作涉。

6 章移切　「切」字切二及切韻殘葉二〇一七均作「反」。下文脂魚虞等字注「切」字同。[一]

三葉

[一]編者按：《切韻》殘葉二〇一七「魚」字下僅注「語居」，無「反」字。

廣韻校勘記

卷一　二

1 廣 遇俱切　注「遇」字切二及切韻殘葉二〇一七作「語」。

2 共爲一韻　「一」字切韻殘葉二〇一七同，切二及掇瑣甲本譌作「不」。

3 夏侯該韻略　夏侯該，切二作夏侯詠是也。掇瑣甲本作夏侯永。案隋書經籍志有四聲韻略十三卷，夏侯詠撰。又李涪刊誤下亦云：「梁夏侯詠撰四聲韻略十二卷」。

4 周思言音韻　此五字切二及切韻殘葉二〇一七掇瑣甲本均無。

5 蕭顏多所決定　「蕭顏」，切二及切韻殘葉二〇一七掇瑣甲本均作「顏外史蕭國子」。

6 何不隨口記之　何下切二及切韻殘葉二〇一七掇瑣甲本均有「爲」字。

7 略記綱紀博問英辯　紀下切二及掇瑣甲本有「後」字。

8 「兼從薄官」　官，北宋本、景宋本作宦，與切韻殘葉二○一七及掇瑣乙本合。

9 今返初服　返，唐本韻書殘葉二○一九及掇瑣乙本作反。

10 私訓諸弟子　案此文唐本韻書殘葉二○一九同，掇瑣甲本作「私訓諸子弟」，切二及切韻殘葉二○一七作「私訓諸弟」。

11 即須明聲韻　「明」字各寫本均無。

12 存者則貴賤禮隔以報絶交之旨　「以」字切韻殘葉二○一七作「已」，是也。

13 未得縣金　「未得」，切韻殘葉二○一七及掇瑣甲本作「未可」；切二作「染可」。

14 大隋仁壽元年　年下切二及切韻殘葉二○一七、掇瑣甲本均有「也」字。

15 訥言曰　案切二作「訥言謂陸生」，敦宫王韻作「訥言謂陸生曰」。

廣韻校勘記　卷一

16 此製酌古沿今無以加也　酌古沿今下切二有「推（蓋推字之誤）而論之」四字，（故宮王韻作推而言之。）當據補。

17 然古傳之已久　「古」，切二作「苦」，（故宮王韻誤作若。）當據正。（唐本韻書殘葉（二〇一九）及掇瑣乙本作昔。）

18 多失本源　源，故宮王韻同，唐本韻書殘葉二〇一九及掇瑣乙本作「原」。

19 差之一畫　畫，故宮王韻作點。

20 見炙從肉莫究厥由　見炙從肉上切二及故宮王韻有「弱冠嘗覽顏公字樣」八字，（王韻當誤作常。）當據補。

21 及其晤矣　晤，故宮王韻作悟。

22 若靡馮焉　馮，唐本韻書殘葉二〇一九作憑。

23 他皆倣此　倣，[二]唐本韻書殘葉二〇一九及掇瑣乙本作放。

三

[二]編者按：放，當作「倣」。

24 頃佩經之隙　頃，切二及故宮王韻唐本韻書殘葉二〇一九掇瑣乙本作「須」。又佩上切二及故宮王韻有「以」字，當據補。

四葉

1 楷其紕繆　楷，故宮王韻及唐本韻書殘葉二〇一九掇瑣乙本均作揩。

2 銀鉤創闕　創，切二及唐本韻書殘葉二〇一九掇瑣乙本作刱。

3 盪櫛行披　段玉裁云：「盪疑當作湯。」

4 遂徵金篆　切二及故宮王韻遂下有「乃廣」二字。

5 略題會意之辭　辭，切二及故宮王韻唐本韻書殘葉二〇一九掇瑣乙本均作詞。

6 不復備陳　復，切二故宮王韵同；唐本韵書殘葉一二〇一九及掇瑣乙本作得。

7 一點一畫　畫，切二及故宮王韵唐本韵書殘葉一二〇一九掇瑣乙本均作撇。

8 咸資別據　據下切二及故宮王韵有「又加六百字用補闕遺」九字，當據補。

9 其有類雜　類，王靜安先生曰：「疑當作纇」。

10 並爲訓解　此下切二及故宮王韵有「但稱案者俱非舊說」八字，當據補。

11 傳之不謬　不字切二及故宮王韵作弗。

12 大唐儀鳳二年　年下切二及故宮王韵有「也」字，當據補。

13 其新加無反音皆同上音也　無反音下唐本韻書殘葉二〇一九有「者」字，當掇補。掇瑣乙本作「無反語者」。又末「也」字唐本韻書殘葉二〇一九及掇瑣乙本並無。

14 蓋聞文字聿興　聞字下錄唐韻序無。

15 蒼頡爾雅爲首　下錄唐韻序無頡字爾字。

16 得失互分　互，唐本韻書殘葉二〇一九同；掇瑣乙本及下錄唐韻序作平。

17 陸生切韻　「陸生」，唐本韻書殘葉二〇一九及掇瑣乙本同；下錄唐韻序作「陸法言」。

18 惑行於世　「世」，唐本韻書殘葉二〇一九及掇瑣乙本同；下錄唐韻序作「代」。

19 隨珠　隨，唐本韻書殘葉一九二〇作隋。

20 虹玉仍瑕　「虹玉」，唐本韻書殘葉一九二〇及掇瑣乙本同。下録唐韻序作「和璧」。

21 注有差錯文復漏誤　此文唐本韻書殘葉一九二〇及掇瑣乙本同。下録唐韻序作「遺漏字多，訓釋義少」。

22 大崇儒術　崇，掇瑣乙本作行。

23 輒罄謏聞　此文下録唐韻序同。唐本韻書殘葉一九二〇作「輒罄搜文」，掇瑣乙本作「輒罄搜遺文」。

24 兼習諸書具爲訓解州縣名号亦據今時　「具爲」「名号」四字唐本韻書殘葉一九二〇及掇瑣乙本並無。下録唐韻序「具爲訓解」作

「爲註訓釋」，「号」作「目」，「尒」作「多」。

25 字體從木從才著亻著亻　此文唐本韻書殘葉一二〇九及掇瑣乙本同。下録唐韻序「字」上有「又」字，「體」下有「偏旁點畫意義」六字。又「從木從才」作「從才從木」。

26 施旻施叏安尒安禾　案下録唐録序無此八字。

27 其有異聞奇怪傳說　傳說下下録唐韻序有殊字。吳升大觀録所載殊下又有說字。

28 皆引馮據　馮，唐本韻書殘葉一二〇九及掇瑣乙本下録唐韻序作憑。

29 隨韻編紀添彼數家勒成一書名曰唐韻　案此文下録唐韻序作「今加三千五百字，通舊總一萬五千文。其註訓解不在此數。勒成

一家，幷具三教，名曰唐韵」。

30 蓋取周易周禮之義也　「周易」二字下録唐韵序無。

五葉

1 及案　及，下録唐韵序作皆。

2 字林　二字下録唐韵序無。

3 聲韵聲譜　聲韻，下録唐韵序作聲類。〔一〕

4 三國志　志，掇瑣乙本及下録唐韵序作誌。

5 陳宋兩齊書　此文下録唐韵序作「陳梁兩齊等史」。案本書陳下宋字當是梁字之誤，上文已言「晉宋」，此不得復言「宋」也。

6 周何瀠集文選諸集　「周何瀠集」，下録唐韵序無。又「諸集」二

〔一〕編者按：又「聲譜」，下録《唐韻》序作「韻譜」。

字卞録同，大觀録所載作「諸隮集」。

7 輿地志　志，掇瑣乙本及卞録唐韻序作誌。

8 及武德已來　案已字當改作以。

9 迄開元三十年　卞録唐韻序迄下有「于」字。又三十年作廿年。案開元止廿九年，本書三十殆二十之誤。

10 流汗交集愧以上陳天心　案卞録唐韻序作「戰汗交集，悤媿上陳。死罪。死罪」。序亦止此。王先生以為卞録唐韻序，為孫愐唐韻開元本序文。今廣韻此序與孫書天寶十載序合并為一。本文「流汗」當從卞録作「戰汗」。

11 並采以為證　采　唐切韻殘葉二〇一六及掇瑣乙本作採。

12 庶無壅而昭其馮　馮，唐切韻殘葉二〇一六及掇瑣乙本作憑。

六葉

1 天寶十載也　寶下唐切韻殘葉二〇一六有「之」字。

2 便格於五音爲足　足，擬瑣乙本作定。

3 徒拘桎於文辭耳　辭，擬瑣乙本作詞。

七葉

上平聲

。韻目

1 灰呼恢　呼，黎本譌作乎。

2 文第二十欣同用　文下注「欣同用」，北宋本、黎本同，元泰定本、明本注作「獨用」。案文欣兩韻去聲入聲韻目各注「獨用」，戴震聲韻

考定此注亦當作「獨用」。

3 許巾欣　欣，切韻韻目作殷，音於巾反。宋人修廣韻避宣祖諱改殷為欣。

4 欣第二十一　此下元泰定本明本有「獨用」二字，當據補。

。東韻

5 十三氏　唐切韻殘葉二〇一六作十四氏，曰：「東里東野東萊東門東郭東郊東宮東閣東陵東周東方東陽東鄉東樓。」中無廣韻之東闕氏，而多東郊東周二氏。

6 東鄉為　段氏云：「東鄉為人見周禮注，即向為人也。」案東鄉為人見周禮夏官大司馬鄭注。段說別見周禮漢讀考卷四。廣韻各本為下均脫

人字。

7 甞　景宋本棟亭本作嘗。

8 鶇　元泰定本明本作鶇，與唐切韻殘葉二〇一六及玉篇合，當據正。

八䗖

1 秦戲山　今本山海經北山經作泰戲山。

2 倲　元泰定本明本棟亭本同，北宋本中箱本黎本作倲。

3 又桐廬縣在睦州　睦州，中箱本作嚴州，蓋因宋制。案宋宣和三年改睦州名嚴州，見宋史地理志。

4 狪　唐切韻殘葉二〇一六云：「又作狪」。案本韻他紅切下此字即作狪。

5 潼又通衝二音　注云「又通衝二音」，切二及故宮王韻作「又他紅昌容二反」。案本

韵通紐他紅切下無潼字。

6 侗引也　案董韵徒揔切侗下訓「推引也」，此注引上脱推字。唐切韵殘葉二〇一六注云：「摩侗推引」，亦有推字。

7 ⿰革童⿰革殳具飾也　注⿰革殳字北宋本中箱本黎本明本均作鞁。張氏改作⿰革殳於義不合。案⿰革殳玉篇訓箭室。

8 扃　唐切韵殘葉二〇一六此字作扃誤。

9 ⿱鼓甬　此字各本同，段氏改作鼕。方成珪集韵考正卷一云：「嚴厚民杰謂疑⿱鼓甬誤」。案嚴説是也，⿱鼓甬從鼓甬聲，與鼕為一字，見集韵。

10 ⿸广鴤　案登韵徒登切下此字作⿸广鵬。

11 漢書藝文志有宜中周著書十篇　洪頤煊讀書叢錄云：「案藝文志無

室中周著書十篇，唯高祖功臣表有清簡侯室中同，以弩將初起，從入漢，以都尉擊項羽，代侯。周當是同字之譌」。

12 褻 此字北宋本中箱本黎本皆誤作⿱藝衣，張氏蓋據說文正。

13 曲成侯蟲進 進，各本同。張氏剜改本作達，與漢書高惠高后孝文功臣表合。〔一〕

九葉

1 ⿰馬冬 冬韻都宗切下此字作⿰冬鳥。

2 浺 又音蟲 注云又音蟲，案本韻直弓切下無浺字。

3 髶 北宋本中箱本黎本作駥，張改作髶，與玉篇合。

4 狨 細布 絨 同上 元泰定本明本作「狨 猛也 絨 細布」。

廣韻校勘記 卷一 九

〔一〕編者按：《高惠高后文功臣表》作「曲成圉侯蟲達」。

5 釋名曰弓穹也張之穹穹然也　穹穹，今本釋名作穹隆。

6 孫子曰傜作弓　傜，北宋本巾箱本黎本同，張氏剜改本作倕，與荀子解蔽篇合。

7 亦官名漢書曰少府官有守宮令主御筆墨紙封書泥也　案後漢書百官志少府官下云：「守宮令一人，六百石。」本注曰：「主御紙筆墨及尚書財用諸物及封泥。」此引有脫誤。封下書字當刪。

8 肜 祭名又敕林切　注云又敕林切，案侵韻敕林切下作彤，訓船行。故宮王韻有肜彤二字，並音敕林反，肜訓祭名，彤訓行舟。玉篇肜彤為一字，見舟部。

9 鄸 邑名在魯郡　注切二作「邑名在曹」，集韻同。案本書去聲送韻莫鳳

切下字作鄸，注云：「邑名在曹」，正與切二集韻相符。此注魯字當是曹字之誤，郡字亦是衍文，當刪。春秋昭二十年左氏經云：「曹公孫會自鄸出奔宋」，杜注云：「曹邑」。

10 楓 木名子可為式　注子字蓋才字之誤，埤雅釋木云：「其材可以為式」。

11 猦 毋　毋當作㹻。五代刻本韻書作㹻，集韻同。本書上聲厚韻莫厚切下有㹻字，注云：「猦㹻獸名」。

十葉

1 ⿱⿰雚風糸　五代刻本韻書作⿱⿰雚風糸。

2 豐 敷空切　敷空切，切二及故宮王韻並作敷隆反，五代刻本韻書作孚隆反。案本書作敷空切，空字當是誤字，豐空韻不同類，

宜改作數隆切。陳澧切韻考據二徐說文反語正爲數戎切六合。

3 ⿱隆鼓　故宮王韻此字作⿱隆鼓，切二作⿱隆⿱麻鼓。

4 靡靡之音　音，今本釋名作樂。

5 硿 硿青色也　案色下當有石字，切二注作「青石」。集韻云：「硿青藥名，出會稽」。

6 ⿰巾空　此字北宋本同，巾箱本黎本譌作悾。

7 公何⿱艹狼　⿱艹狼當是藐字之誤，案公何藐見左傳宣公五年。

8 公申叔子　左傳哀公八年有公甲叔子，此作公申叔子，申字蓋誤。

9 公甲叔　此即公甲叔子，與上複見，當刪。

10 公沮　案沮襄公二十三年左傳作鉏。

11 大中大夫　上「大」字北宋本黎本並譌作太，中箱本不誤。

十一葉

1 蒙 紅切二十六　二十六，元泰定本明本作二十七是也。本切下凡二十七字。

2 艨 又武用切　注云又武用切，案用韻無此音。五代刻本韻書注云：「又去」。去聲送韻莫弄切下正有艨字。

3 檬 似槐葉黃　注葉字蓋華字之誤。山海經中山經：「放皋之山有木焉，其葉如槐，黃華而不實。其名曰蒙木，服之不惑」。是其證。

4 ⿰酉冡 ⿰麥冡上同 ⿰酉蒙亦上同　⿰酉蒙，故宮王韻訓「洵（濁字之誤）酒」，不與⿰酉冡⿰麥冡為一字。集韻亦同。

5 雺（又莫侯切） 注云又莫侯切，案侯韻亡侯切下無雺字。雺又見尤韻候韻，此注侯字蓋候字之誤。

6 龓（龓頭） 注切二及故宮王韻並作「馬龓頭」，此注宜增「馬」字。

7 築土𤮾穀 𤮾，北宋本中箱本黎氏所據本楝亭本均譌作龔，元泰定本明本不誤。

8 鴻聊䳓 聊，昭公二十年左傳唐石經及相臺本作聊，釋文同。今本作駠。

9 ⿰阝虫 故宮王韻此字作陜。

10 ⿰石夆 各本此字作⿰石夆，張改作⿰石夆與五代刻本韻書合。

十二葉

1 細腰螽也　螽，元泰定本棟亭本同。北宋本中箱本黎本明本均譌作𧒒。

2 文細綃　文當作又，見切二故宮王韻五代刻本韻書。

3 㾾屋中會　會，北宋本中箱本黎氏所據本均誤作符。案說文云：「㾾，屋階中會。」此注屋下脫階字，當補。

4 曈 曨曈欲明之皃　注「曨曈」，北宋本中箱本黎氏所據本作「朧朧」，並誤。案元泰定本明本作「曈曨」，與玉篇集韻合，當據正。本書徒紅切他孔切下曈字注均作曈曨。

5 𧳅 又音同　注云又音同，案本韻徒紅切下字作狪。

6 豵　故宮本王韻作猣，五代刻本韻書作𧳓。

7 椶 椶櫚 注「椶櫚」，切二故宮王韻五代刻本韻書均作「栟櫚」，與說文合。

8 翪 聳翅 上見 故宮王韻注云：「案爾雅鳥飛竦翅上下。」案見爾雅釋鳥郭注。五代刻本韻書注云：「竦翅上下。」此注上字下當補「下」字。

9 韸 故宮王韻作䪐，本書匹江切蒲江切下亦作䪐。

10 驡 又音龍 注云又音龍，案鍾韻力鍾切無驡字。驡又見江韻呂江切瀧紐下。此注龍字蓋瀧字之誤。

11 颿 又步留切 注云又步留切，案尤韻縛謀切下無颿字，颿別見幽韻皮彪切下。

12 𥉶 集韻此字作䁬。

。冬韻

13 彤 亦姓彤伯爲成王宗枝 注枝字元泰定本明本作伎，與唐韻殘葉一八二〇合。案書顧命傳云：「宗伯第三，彤伯爲之」。可證作伯是也。

14 火盛皃 盛，切二及故宮王韻作盛，集韻同，當據正。

15 𥧂 此字故宮王韻及五代刻本韻書同。説文玉篇集韻新撰字鏡天治本均從殳作𥧂。

16 痋 痌動 痌，故宮王韻説文玉篇同。五代刻本韻書新撰字鏡作痛。

十三葉

1 鸗 故宮王韻此字作鸗。

2 𢈘 五代刻本韻書同。元泰定本明本作𢈘，集韻同。

3〔二〕士 江切 士，北宋本巾箱本景宋本譌作土。

廣韻校勘記 卷一 十三

〔二〕編者按：此處底本未標數碼，經核當指「淙」字注。

十四葉

1 倏蟰色如黄蛇有羽　故宫王韻色作狀，羽作翼。與山海經東山經合。

2 嵱 山嵱在建洲　山嵱當作嵱山。集韻云「山名，在建洲」。

3 餝路　案餝爲飾之俗體。路，北宋本中箱本黎本均誤作餎。

4 大魚上化爲龍上不得點頟流血水謂丹色也　案此文有脱誤。玉篇作「大魚上，即化爲龍；上不得，點頟流血，水爲之丹色也」。當據正。

5 銎 懼也又斤斧柄孔　注，唐韻殘葉二〇八同。案銎字各書無訓懼者，此或寫者因恟注而誤。

6 鵖鴒　鴒，北宋本中箱本黎氏所據本景宋本均譌作領。

7 壅　北宋本巾箱本黎本景宋本均譌作壅。

8 鬞　江韵女江切下此字作鬤。

9 重直容切　直，北宋本巾箱本黎本譌作宜。案去聲用韵柱用切下「重」注云：「又直容切」，可證作直是也。元泰定本明本楝亭本均作直。

10 從又即容切　案本韵即容切縱紐無此字。蓋從字亦讀為縱，故又音即容切。

11 ⿱從隹方言云南楚人謂雞　注「南楚」故宮王韵作桂林，集韵同。案方言八云：「雞，桂林之中或曰⿱從隹」。

12 ⿱尚重又直容切　案本韵直容切下無此字。

13 韸　故宮王韵作鞛。鞛之誤。

廣韻校勘記 卷一 十五

14 𨗴 故宫王韵作𨗴。本韵而容切穁下作𨗴。

15 夆 掣也 案爾雅云：「甹夆，掣曳也。」此注掣下宜有「曳」字。

16 夆 又敷容切 案本韵敷容切下無此字。

17 䙜 巾箱本、黎本此字譌作𥛱。

18 搼 案用韵扶用切下此字作摓。[二]

十五葉

1 丰 說文本作丰草盛丰也 注「草盛丰也」說文作草盛丰丰也。

2 火行穴中 集韵作火出穴中。

3 髶 故宫王韵作𩭹，與玉篇合。

4 襛 又厚衣皃 案說文云：「襛，衣厚皃。」本韵女容切下襛注同。此注「又厚衣皃」當

[二]編者按：用韻扶用切字作「搼」，它本有作「摓」者，見九一一頁校勘記第14條。

作「又衣厚皃」。

5 搑 擣也 故宮王韻注作「推而擣」，本書腫韻而隴切搑下云：「推擣皃」。

6 ⿰禾茸 禾稍 注「稍」字類篇及宋本集韻作⿰禾茸（見集韻考正一）是也。故宮王韻腫韻⿰禾茸訓禾⿰禾茸，新撰字鏡禾部⿰禾茸注云：「稻⿰禾茸」，足證稍為⿰禾茸字之誤。

7 ⿱𥫗蛍籠 二字棟亭本同。北宋本中箱本黎本景宋本均譌作籠⿱𥫗蛍。

8 ⿱羽石 棟亭本同。北宋本中箱本黎本景宋本均譌作⿱羽虫。

9 ⿰革庸 通俗文云牽乾也 注牽乾也段改作「牽船也」。案集韻云：「引船淺水中」。此注「牽乾也」當有脫文，或是牽船也乾革也二義。

10 恭 以下三紐切二故宮王韻及五代刻本韻書均入冬韻。

11 陸以恭蜙縱等入冬韻非也　縱當是樅字之誤，此謂本韻恭蜙樅三紐陸法言切韻均入冬韻。驗之切二正相符合。本韻縱紐切二未入冬韻。

12 淞又音松　本韻祥容切松紐有淞字，乃淞字之誤。此注云「又音松」非。

13 瞛　此字五代刻本韻書同。玉篇集韻從目作瞛，與文選七命合。

。江韻

14 杠一曰牀前横　故宮王韻注云：「一曰牀頭横木」，此脱木字。

15 厖犬也　「犬」當作「大」。方言一：「厖，大也。」此犬字蓋涉下文而誤。

十六葉

1 牻 牛白黑雜　案說文云：「牻，白黑雜毛牛。」此注雜下宜有「毛」字。

2 涳 又音𦧺　注「𦧺」字，字書無，明本作「跫」是也。涳跫均見本韻苦江切下。

3 窻 釋名曰窻聰也於內見外之聰明也　案今本釋名釋宮室作：「窻，聰也。於內窺外爲聰明也。」

4 釭 䰞釭　注「䰞釭」，切二及故宮王韻作「䰞䫶」。

5 瓨　故宮王韻此字作「珁」，是也。當據正。

6 跭 䠠竪立也　「竪」字元泰定本明本作「豎」是也。

7 舽 艭船名　「舽」各本作「艂」。

8 愯　故宮王韻此字作「𢣷」，同。

9 逢胮韸艂　段云：「此四字皆从夆，音轉入江韻。」

10 艂 艂舡船皃　皃，元泰定本明本作名。

11 舡 艂舡船皃　集韻舡下云：「艂舡舟名。」

12 尻骨　尻，元泰定本明本作尻是也。

13 幢 釋名曰幢幢也其皃幢幢然也　案今本釋名釋兵作：「幢，童也。其貌童童也。」

14 尻骨　尻，元泰定本明本作尻，是也。

15 惷 又丑龍切又抽用切　注云又丑龍切，案鍾韻丑凶切下無此字，別見鍾韻書容切。故宮王韻云：「惷，又書容丑用二反。」疑此注，丑字為書字之誤。

○支韻

16 衹　此字切二及故宮王韻作秖，乃唐人俗體。集韻從示作祇。

祇音歧　歧，巾箱本作岐，黎氏所據本同。

十七葉

1 [illegible]　黎本譌作[illegible]。

2 則為移書䇳表之類也　䇳，段氏改作箋，與韻會所引合。

3 杝　故宮王韻作椸。

4 椸　說文新附字作椸，段氏據改。案切二及故宮王韻並作椸。

5 庡㢁　北宋本巾箱本及黎氏所據本並譌作㢁㢁。

6 衪　故宮王韻作袘。

7 酏酒也　切二及故宮王韻酏作䤭，注云：「酒汁」。

8 鄬　故宮王韻入媯紐居為切下。

9 噅 口不言正 切二及故宮王韻注作「口不正」。案文選辨命論注引通俗文云：「口不正」。

10 於為切十 十下中箱本黎本均有一字，此脫。

11 倭 慎皃 段氏云：「慎當依說文作順，恐是梁時改耳。」案切二及故宮王韻均作慎，蓋唐人慎順通用，順寫作慎，廣韻因之。

12 醿 玉篇同，故宮王韻作釄。

13 蘳 華黃也 馬韻蘳下云：「說文曰黃華。」此注「華黃也」當改作「黃華也」。

14 直垂切又丈累切 中箱本大果切下有「三」字，此脫，當據補。

15 錘 八銖 「八銖」，切三同。蓋本說文。切二及故宮王韻作「八兩」，未詳所本。

十八葉

1 𨿽 雅鳥 案說文云：「𨿽，雌也」。此注雅字蓋雌字之誤。去聲寘韻䳡下故宮王韻訓鵄，鵄即鴜字。見爾雅釋鳥釋文。說文鴜雌一字。

2 圛 山名在吳都 注「吳都」集韻作「吳郡」。

3 𠂹 草木葉縣 案注葉上當有「華」字，說文曰：「艸木華葉𠂹」。

4 鈹 敷羈切 敷羈切，故宮王韻同，切二作普羈反。

5 鮍 魚鮍 注切二作「魚名」。

6 翍 張翍之皃 注翍字當作羽。集韻云：「張羽皃」。

7 𠰉 故宮王韻此字作吱，本書旨韻符鄙切匹鄙切下皆作吱。

8 㱟開肉 開肉，集韻作剖肉。

9 詖又音祕 注云又音祕 案王韻兵媚切下無此字，真韻彼義切下有之。

10 追述君父之功以書其上 今本釋名釋典藝功下有美字。

11 ⿰金羆 玉篇作⿰金罷，同。

12 ⿰扌羆 故宮王韻作擺，玉篇同。本書此韻符羈切及佳韻薄佳切下亦作擺。

13 ⿱艹羆 故宮王韻作藣。

14 隋侯之後 隋，北宋本中箱本景宋本楝亭本均作隨。

15 碕又巨支切 注云又巨支切，案本韻巨支切下無碕字。切二及故宮王韻作

「又巨機」反，是也。碕字又見微韻渠希切下。

16 敕　此爲枝字或體，當作敕。玉篇集韻均誤。

17 敕　横首皃　集韻敕字注云：「字林：横首枝也」。此處首下蓋脱枝字。玉篇同誤。

18 示　又時至切　注云又時至切，案至韻常利切下無此字，别見神至切下。

19 岐　亦州春秋及戰國時爲秦都漢爲右扶風魏置雍城鎮又改爲岐州　案注「魏」字上當有「後」字。元和郡縣志卷二云：「後魏太武于今州理東五里築雍城鎮，文帝改鎮爲岐州」。

20 攲　切二及故宫王韻此字作敧。

21 蚔　蟁也　注蟁字景宋本作蝱，與玉篇合。

22 鼓 長鼓國名　鬉長於身　集韻「鬉長於身」上有「其人」二字。

23 許 羈切十九　十九，棟亭本作十八，是也。本切下凡十八字。

24 㰦 欹貪者欲食皃　「欲」，切二及故宮王韻作「見」。本書此韻香支切㰦下亦云：「㰦欹乞人見食皃」。

25 桸 杓也　杓，各本作杓，與故宮王韻合。段氏亦改作杓。

26 ⿰戲欠 吹⿰戲欠，口聲　⿰戲欠，依注及玉篇當作嚱。⿰戲欠，集韻類篇訓相笑也。

27 戲　此字誤，當依集韻類篇作⿰戲欠。

28 ⿰耳奇 一隻　玉篇集韻此字訓側目也。棟亭本改⿰耳奇作䁒，注作「目一隻」。

29 碕　故宮王韻作徛。案爾雅釋宮云：「石杠謂之徛」。

十九葉

廣韻校勘記　卷一　二十一

1 憘 㥾憘儉急　急，集韻作意，當據正。鹽韻㥾下云：「㥾憘意不安也。」

2 𠣿 㝦　二字當依說文作𥦗，窒。

3 椑 木下交皃　案交字當作支。廣雅釋木云：「下支謂之椑㯋。」萬象名義曰：「椑，木下支。」本韻符支切椑下云：「木枝下也。」

4 犤 下小牛也　下字疑涉上文衍。

5 禔　此字本黎氏所據本、景宋本均誤作㮛。張氏改作禔，與巾箱本合。

6 眂 眂眂役目　此注「役目」二字蓋「𥈊」字之誤，集韻云：「𥈊，眂也。」玉篇眂𥈊二字均訓視。注重「眂」字蓋誤衍。

7 孟軻門人有離婁　段氏云：「門人衍。」此文改作「孟子有離婁」。

8 匈奴傳有谷蠡也又音鹿　又，段氏改作谷，是也。案漢書匈奴傳云：

「置左右賢王左右谷蠡。」顏師古曰：「谷音鹿。」本書屋韻盧谷切下有谷字，注云：「漢書匈奴傳有谷蠡王。」

9 𧕅 蜒蚰別名　蜒蚰當作蚰蜒，見本韻所宜切𧕅字注。故宮王韻不誤。

10 攡 太玄經云張也　案太玄經攡第九云：「玄者，幽攡萬類而不見形者也。」注曰：「攡，張也。」為此注所本。廣韻注中所引各書注解每每僅標書名，此是一例。

11 謧 弄語　注「弄語」，敦煌王韻作「弄言」，本書齊韻郎奚切下謧注同。

12 髊 又音自　注云又音自，案至韻疾二切下無髊字，髊別見寘韻疾智切下。

13 枇 無枇木一名榆　榆，段氏據爾雅釋木「榆無疵」之文改作榆，與故宮王韻合。

14 訾 何氏姓苑云今齊人本姓蔡氏

蔡氏，北宋本中箱本作祭氏。

15 鄑 鄑城名在海北

「在海北」，切二及故宮本敦煌本王韻作「在北海」是也。春秋莊公元年「齊師遷紀郱鄑郚」，杜注：「北海都昌縣西有訾城。」案鄑訾音同，釋文：鄑子斯反。

16 媊 又音前

注云又音前，案先韻昨先切下無此字。故宮本敦煌本王韻均作「又子踐反」，媊字正見獮韻即淺切翦紐。此注前字蓋翦字之誤。

17 姕 又疾支切

注云又疾支切，案本韻疾移切下無此字。

18 觜 又遵誅切

案誅字誤，中箱本作誄。考旨韻遵誄切下無觜字。觜見紙韻，音即委切。楝亭本此注作又遵爲切，本韻遵爲切下亦無

觜字，觜見姊宜切下。元泰定本明本作又遵鬼切誤。

二十葉

1 敧箸取物也　集韻敧下云：「以箸取物」，此注箸上宜有「以」字。

2 妓妓姕態兒　案此注或有脫誤。集韻云：「妓，姕，女容」。類篇云：「姕妓，婦人不媚兒。又姕妓女兒」。

3 太傅椽　椽，楝亭本作掾，是也。

4 卑府移切　府移切，切三同。故宮王韻作必移反。

5 痺下也　痺當作庳，紙韻便俾切下不誤。法言孝至篇注云：「庳，下也」。

6 𪍿麵餅　麵，故宮王韻作麴，與方言十三及廣雅釋器「𪍿麴也」訓合。

廣韻校勘記　卷一　二十三

7 爾雅曰蜌蠯　蠯，爾雅釋魚作螷。

8 螷又薄猛切　注云又薄猛切，案梗韻蒲猛切下無此字，耿韻蒲幸切有之。

9 椑木枝下也　「木枝下也」，玉篇作「木下枝也」。廣雅釋木云：「下支謂之椑⿰木斯」。

10 ⿺麥比⿺麥比⿱黎麥麥麵　麵，故宮王韻作⿺麥酋，是也。廣雅釋器云：「⿺麥比⿱黎麥謂之⿺麥酋」。

11 施又以寘切　注又以寘切，案寘韻以豉切下無此字。

12 又姓　又字北宋本巾箱本黎本景宋本均無。張氏依例增，是也。

13 淩澌　澌，北宋本黎本景宋本譌作斯，巾箱本不誤。

14 爾雅曰螺蛅蟴　案螺字誤。北宋本巾箱本黎本景宋本均作蟔，

與爾雅合。

15 𩕄 𩓩𩕄頭不正也　𩓩𩕄，清韻𩓩下作𩕄𩓩，玉篇同。又本書麥韻有𩓩字注云：「𩓩𩕄頭不正皃」。𩓩𩕄𩓩𩕄未詳孰是。

16 蔪 草生水中　故宮王韻草下有「名」字，此脫。

17 鏩 故宮王韻作鋟乃鋟字之誤。本書脂韻息夷切鋟下云：「亦作鏩」。是鏩鋟一字也。

18 䁋 汗面皃　汗，萬象名義玉篇集韻均作汙，當據正。

19 䉱 篾竹　篾竹，玉篇作竹篾，當據正。

20 擟 擟枸山名　擟枸，故宮王韻同。集韻作檷枸，玉篇作檷拘，今本山海經中山經作句檷。

21 罙 罙入也　注「罙入」巾箱本黎本作「罙入」。案故宮本敦煌本王韻作「深入」是也。詩殷武傳曰：「罙，深。」疏云：「罙者深入之意」。

二十一葉

1 姕 又疵移切　注又疵移切，案本韻疵移切下無此字。

2 𦍩 說文曰羊名蹏皮可以割黍　黍，說文作桼。

3 犄 字林或作犄　犄，北宋本巾箱本黎氏所據本景宋本均譌作⿰木犄。

4 ⿸疒奇 身急又弱也　注故宮王韻作「身弱⿸疒奇」。集韻云：「身急弱⿸疒奇」。此注「又」字蓋衍文。

5 ⿰旖頁 笑容皃也　注故宮王韻作「美容也」。玉篇云：「美容皃」。此注笑字當是美字之誤。

6 檹 說文曰木檹施也賈侍中說檹即椅也可作琴　注「椅也」說文作「椅木」，此也字當改作木字。

7 直離切十四　十四，棟亭本作十三，是也。

8 齜 齒齗　齜、萬象名義玉篇均訓「齒齗見」，此注齗下宜補見字。

9 訑 又湯何切　注云又湯何切，案歌韻訑何切下無訑字，訑見拕河切下。

10 韉 鞍韉　鞍韉，切二切三及故宮王韻作鞍鞘，倭名類聚抄引唐韻同。廣韻各本同。廣雅釋器云：「韉謂之鞘」。張氏改作鞍韉未允。

11 痿 人垂切　人垂切，切二切三同。故宮王韻誤作於垂切，遂與逶細音同。

12 痿 又於隹切　隹字，巾箱本黎本誤作佳。於隹切，切三故宮王韻同。案脂韻

無於佳一音，痿字又見本韵於爲切下。

13 㕒 妳宜切 妳宜切，切二切三故宮本敦煌本王韵均作妳規反。爾雅釋文同。

14 ⿰夫隹 鶇鳺鳥名 鶇鳺，北宋本中箱本黎氏所據本楝亭本均作鶇鳺。黎氏改作鷤⿰夫隹，段氏改作鶙鳺。案切三及故宮王韵注皆作「鷤鳺別名」。廣雅云：「鷤鳺，子鳺也」。玉篇云：「⿰夫隹，子鳺鳥」。是⿰夫隹即鷤鳺也。鷤鳺又名鷤鳺，又名杜鵑。鷤鳺與鷤鳺杜鵑並同。此注「鶇」字乃「鷤」字之誤。鶇乃鸐鶇（見爾雅），於此義不合。「鳺」，當從宋本作鴂。

15 𤌍 段氏改作𤌍，是也。

16 衰 又所危切 案本韵山垂切下無此字，此字又見脂韵音所追切。

17 䔺 又之壘切 案「之壘切」旨韵無此音。䔺又見紙韵之纍切下，注壘

字蓋累字之誤。

18 騷 又之壘切

案「之壘切」旨韻無此音。切二切三及故宮王韻作「又子累反」，紙韻即委切亦無騷字。騷，但見紙韻之累切。故宮本敦煌本王韻同。此注「又之壘切」，壘蓋累字之誤。玉篇云：「騷，子垂之累二切。」

19 粗 緒

粗字，北宋本黎氏所據本譌作祖；張改作粗，與巾箱本合。

20 觿

故宮王韻此字別立一紐音「弋垂反」，實與蓶紐「悅吹切」音同。

。脂韻

21 脂 旨夷切

夷，黎本誤作支。

二十二葉

1 泜　元泰定本明本作泜，是也。泜又見本韻直尼切下。案說文云：「泜水在常山。」

2 湄　故宮王韻作湄。

3 苽泜葅也　葅字誤，故宮王韻作菹，與說文合。

4 滋　當依說文作滋，明本不誤。

5 唯東夷從大人　段氏改作：「唯東夷從大。大，人也。」極碻。

6 蛦 ⿰虫遒蛦蟲名　⿰虫遒字誤，切二切三故宮王韻及玉篇集韻均作⿰虫遂。

7 鶇 鶇䳑一名飛生　鶇䳑，集韻作鴺䳑，是也。案爾雅釋鳥云：「鼯鼠，夷由。」郭注曰：「亦謂之飛生。」釋文曰：「由，字或作䳑。」

8 亦官名　官，北宋本巾箱本黎本景宋本均誤作宫。

9 幼拄繈褓之中　繈，中箱本作襁。

10 南陽師宜宮　宮，北宋本中箱本黎本景宋本同。張氏後刻改作官。

11 𣬉說文曰人齎也　齎　說文作臍。北宋本中箱本黎本景宋本楝亭本均訛作齎。

12 榌又方奚切　方奚切，切二切三同。故宮王韻方作邦。案齊韻邊兮切鎞紐無此字。

13 蘖芘荊藩　切二切三及故宮王韻均作「蘖芘荊藩」。

14 鳥首而翼魚尾　文選江賦注同，今山海經西山經翼上有魚字。

15 犂館別名　館字誤，集韻作錧，是也。

16 𦊓箄笭　笭，當是筌字之誤。廣雅釋器云：「箄筌謂之芘。」案芘見

齊韻，注云：「取蝦竹器」。集韻笓[illegible]一字。可知[illegible]即捕魚蝦器，注文笓字自當作筌。筌，玉篇云：「捕魚筍」。

二十三葉

1 [illegible] 又敕辰切　敕辰切，切二切三故宮王韻同，案真韻丑人切下無此字。

2 輗　故宮王韻此字作輗，是也。

3 後漢有茨光　光，當作充。茨充字子河，見後漢書循吏列傳衛颯傳。

4 字林云北燕人謂蜒蚰為䖡蚭也　蜒蚰當作蚰蜒，廣雅釋蟲云：「䖡蚭，蚰蜒也」。方言十一云：「蚰䗭，北燕謂之䖡蚭」。

5 墀 說文云墀塗地也禮天子有赤墀　「有」字說文無。

6 蟻卵岻　三字北宋本黎氏所據本並脫，惟巾箱本不誤。

7 貾 貝之黃質有日點者　日字誤，各本作白，當據正。

8 說文曰茅莠也　莠字誤，二徐本並作秀，切二及故宮王韻同。

9 秦有尸佼為商君師　佼當作佼，北宋本巾箱本黎氏所據本景宋本均誤。張氏二次剜改作佼。段氏云：「裴駰曰：尸佼晉人，秦相商鞅客也。」

10 尸 式之切　式之切，之字誤。切三及故宮王韻作脂，是也。

11 ⿰禾耆　故宮王韻作⿰耒耆，與玉篇合。

12 黝 又於九切　注又於九切，案尤韻無此字，此字見黝韻音於糾切。

二十四葉

1 犂 又即奚切　即字誤，北宋本中箱本黎本均作郎。

2 鑗 金屬　金屬，北宋本作釜屬，非。案說文云：「鑗，金屬。」

3 ⿱黎麥 ⿰麥比⿱黎麥餅也　餅，故宮王韻作麵，與廣雅釋器合。

4 ⿰黎阝　北宋本中箱本黎本景宋本譌作⿰黎刂。

5 葵 渠追切　陳澧切韻考云：「此韻已有逵字，渠追切，葵字不當又渠追切也。玉篇類篇集韻逵葵皆不同音，則非傳寫誤分，實以葵字無同類之韻，故切語借用不同類之追字耳。」案切二作渠惟反，切三及故宮王韻作渠隹反。均不作渠追切。

6 追 陟隹切　隹，北宋本中箱本黎本棟亭本景宋本均譌作佳。

7 龜 大戴禮曰田蟲三百六十四神龜為之長　案大戴禮易本命篇云：「有甲之蟲三百六十，

廣韻校勘記 卷一

二十八

而神龜為之長」。此注田字段氏改作甲，是也。「四」字又是「而」字之誤，

當改正。

8 蘳 葳蘳草木華皃 説文云：「蘳，草木華垂皃」。此注脱「垂」字，故宫王韻有。

9[一] 擩 染也又而樹切 擩，故宫王韻作㨎，蓋㨎字之誤。段玉裁以為此字當作㨎，見周禮漢讀考春官大祝。廣韻而主切下擩字亦誤。

10 誰 又士隹切 士，中箱本黎本同，北宋本作卜。景宋本元泰定本明本作七。案誰字又見本韻視隹切下。玉篇云：「誰，以隹十惟二切」。十惟切即視隹切也。此處士字卜字七字皆譌字，當從玉篇作十。

11 蜸 蠼神蛇 蜸字誤，集韻作蜸。案山海經西山經北山經均作

〔一〕編者按：此條當對應底本第10條，本葉餘下校勘條目順延。底本標示數碼9處，未出校。以下凡此情況，保留原書面貌，不做改動且不出注。

肥，故宮王韻同。

12 㠥 又力罪切　注又力罪切，切二切三故宮王韻同。案賄韻落猥切下無此字。

13 嫘 祖黃帝妃　妃，切二切三及故宮王韻均作妻。

14 傫 又力罪切　注又力罪切，故宮王韻同。案本書賄韻落猥切下無此字。

15 綏 說文曰車中靶也　案靶說文作把。

16 奞 戍閏切　戍，北宋本中箱本黎本景宋本均譌作戌。案奞又見稕韻，音私閏切。私戍聲類相同。

二十五葉

1 即 江蘺也　蘺，楝亭本作蘺，是也。說文云：「蘺，江蘺，蘪蕪。」

廣韻校勘記

2 [illegible] 金飾馬耳　此注有誤，案萬象名義云：「乘輿金耳。」本書支韻武畀切〔一〕[illegible]下同。

3 攗　故宮王韻此字作[illegible]，與爾雅釋草「蔆蕨攗」合。

4 左傳晉七輿大夫騅敝也　敝，左傳僖公十年作歂。

5 [illegible]　切二切三及故宮王韻皆作萑，與萑蓷之萑為一字，未詳。

6 帷 釋名曰帷圍也以自障圍也　案釋名釋牀帳「以」字上有「所」字，此脱。

7 邳 符悲切　符，切三及故宮王韻同，切二作蒲。

8 丕 敷悲切　敷，切三及故宮王韻同，切二作普。

9 駓 桃花馬色　注當作「桃花色馬」，切二作「馬桃花色」。

10 豾　故宮王韻作狉。

〔一〕編者按：武卑切，據澤存堂本當作靡爲切。

11 廋 姿廋

廋，故宮王韻作⿰廋刂，注云：「或婎」。案廋⿰廋刂均誤字，集韻婎或作⿱隹女，此廋字蓋⿱隹女字之誤。說文云：「婎，姿婎，姿也」。此字或體「廋」字誤甚。

12 槌 又直畏切

案「直畏切」未韻無此音，故宮王韻作「又馳累反」，是也。此注畏字即累字之誤。槌又見寘韻馳僞切下。

13 推 又隹切

又隹切，切二切三及故宮王韻作「尺隹反」，是也。案灰韻他回切下推注云：「又昌隹切」，昌尺聲同一類。

14 胝 丁尼切

丁尼切，切二作陟（原誤作涉）夷反，切三及故宮王韻作丁私反。案丁私丁尼音同，類隔切也；陟夷反則為音和切。

15 ⿰比支

此字非紕字或體。故宮王韻訓器破，集韻同。本書支韻

皾䨲切匹支切下作𪘏，訓亦同。此字當別出，依故宮王韻增「器破」注文。

。之韻

16 𦤸 到也又如一也　「又如一也」，也字當作切。故宮王韻作「又如一反」。今書質韻人質切下有𦤸字。

17 䭇　當依說文作䭇。

18 船 歃水斗　歃字誤，段氏改作歃。

二十六葉

1 𡨦　切二切三及故宮王韻均從穴作窡，案說文此字從宀。

2 㚶 王妻別名　妻，故宮王韻作女。

3 時 晨也 晨，巾箱本元泰定本明本作辰，是也。

4 蒔 又音示 注云「又音示」，棗至韵神至切下無此字，別見志韵時吏切下。

5 禗 不安欲去 故宮王韵注作「神不安欲去意」。

6 覞 覰也 覰，北宋本巾箱本景宋本作覷，是也。志韵覞下即作覷。覷見御韵訓伺視也。

7 眮 姦視 視，黎本作皃。玉篇云：「姧視皃」。

8 釋名曰熊虎爲旗將軍所建象其猛如虎與衆期之於下也 此文今本

• 釋名同，畢沅據初學記引改作：「熊虎爲旗。旗，期也，言與衆期於下。軍將所建，象其猛如熊虎也。」

9 鯿 編魚 注切二切三同，敦煌王韻作鯿魚。

10 詩 書之切 書之切、切二故宮王韻同。切三作所之反。

二十七葉

1 木 名似栗而小 切二作「木名，子似栗而細」。此名字下脫子字。

2 檽 切二切三故宮王韻同，敦煌王韻從需作檽，集韻同。下從需之字集韻均從需。

3 陾 當作陾，陾又見厚韻乃后切下。

4 陾 又音仍 注云「又音仍」，案蒸韻如乘切下無此字。切二字作陑。注云：「說文作陾，築牆聲，音仍」。

5 鵋 集韻作鶀，當據正。

6 抾 把也

把字當作挹，玉篇集韻並云：「兩手挹也。」本韻末丘之切及業韻去劫切「抾」訓「挹」也。

7 抾 又丘之切

此字音去其切，注云又丘之切，案丘之切即本音也。韻末丘之切蓋後增者。

8 詞 文曰辭說也

案說文「詞」作「訟」。

9 梩 從土轝

從，段氏改作徙，是也。案梩說文為枱字或體，枱注云：「一曰徙土輂。」

10 梩 又都皆切

「又都皆切」，切二切三同。案皆韻卓皆切無梩字。

11 甆

切二及故宮王韻此字在脂韻力脂反下。

12 瓷

切二及故宮王韻此字在脂韻力脂反下。

13 菑 案此條譌字，切二作菑，是也。漢武班碑作菑。畱字所從之甾即巛字：甲骨文巛作[illegible]。

14 𢈈 此字蓋為𢈈字之誤。集韻作𢈈。

15 茬 案漢書地理志泰山郡有茬縣顏師古又士疑切 漢書地理志注師古曰：又音仕疑反。此顏師古下宜有「曰」字。

16 鶅 東方雉也 注切二作「東方為雉」，為字誤。

17 癡 丑之切 丑之切，切三故宮王韻同。切二作出之反。

18 蚩 字從㞢 㞢，北宋本中箱本黎本均譌作出。

二十八葉

1 媸 妍媸 注「媸妍」，敦煌王韻作「妍媸」。

2 䶂 音丘　案䶂字見尤韻音居求切。去鳩切下無此字。

3 攱 處也　處字譌，段氏改作劇。案廣雅釋訓云：「攱攱，劇也。」

4 滋 蕃也　蕃，集韻作蕃，是也。

○微韻

5 幃 又許歸切　注云又許歸切，案本韻許歸切下無此字。

6 婔 江婔神女　婔，切二切三敦煌王韻無。廣韻此字音雨非切，非也。集韻于非切下無此字。案江婔神女，左思蜀都賦作江婓，集韻芳微切下有婓字，注云：「或書作婔。」是此字當入霏紐，音芳非切。

7 𡕒　段氏依說文改作𡕒。

8 𣰎 細毛　注「細毛」，切二切三及敦煌王韻作「細毛皃」。

9 背 又方市切 「市」字北宋本棟亭本明本作「巿」，與敦煌王韻合。案背字又音府巾切，見真韻，此作市者形近而誤。

10 左傳晉有奜豹 奜，左傳襄公二十三年作斐。段氏云：「左傳奜豹當如此，不作斐。」

11 馬而兔走 走，切三及敦煌王韻作足，是也。

12 左傳有肥義 肥義見戰國策趙策二，此作左傳誤。

13 賁 又彼義切 義當作義，賁字不見支韻，別見寘韻音彼義切。

14 㟪 礨㟪 礨，本書無此字，切二及敦煌王韻作𡾋。案𡾋為𡾰字或體，見脂韻力追切。

二十九葉

1 ⿱山幾 又公哀切

「又公哀切」，切二切三敦煌王韻同。案咍韵古哀切下無此字。

2 ⿰月幾

各本此字作⿰月幾。張改作⿰月幾，與說文合。

3 ⿱幾金

切二作鐖，與說文合。

4 香衣切十一

十一，各本作十二，此誤。

5 鵗 北方雉

注切二切三及敦煌王韻均作「北方名雉」。

6 譩 痛聲

譩，北宋本黎本均譌作繶，元泰定本明本不誤。案玉篇云：「譩，不平之聲也，恨辭也。作噫同。」

7 溰 溰溰霜皃

溰，當從廣雅釋訓「凒凒霜雪也」文改作凒。凒，曹憲音五哀五非二反。凒亦見玉篇仌部。

○魚韵

8 著 之簡紙求不滅也　求，今本釋名作永，楝亭本同。

9 鄃 巾箱本黎本並譌作舒。

三十葉

1 籧 牛筐　注牛筐當作飤牛筐，見語韻居許切籧注。

2 澽 澽挐方言云杷宋魏之間謂之澽挐　杷，方言五作杷；澽作渠。此杷字誤。澽字亦渠之譌體。

3 說 文云蟲蠂也　蠂，說文作蝀。

4 鐻 鐻耳之傑　注文見左思魏都賦，非鐻字字義。案山海經中山經青要之山下云：「魋武羅司之，其狀人面而豹文，小要而白齒，而此而字疑衍穿耳以鐻。」郭注云：「鐻，金銀器之名。」

5 櫖　櫖桔藸蘺名　案桔字誤，廣雅釋宮作梏，當據正。

6 ⿺走豦　中箱本同，北宋本黎本並譌作⿰虫豦。

7 懅　又音遽　注云又音遽，案御韻其據切下無此字，敦煌王韻有之。

8 ⿰貝贊　各本作臢，此誤。

9 畬　田三歲也　注切二切三及敦煌王韻作田二歲。

10 ⿰氵旟　本切重見，當芟。

11 舁　對舉　擧上同　案擧當作擧，説文手部擧，對擧也。

12 胥　俗作胥　胥，北宋本中箱本作胥，是也。唐人寫書胥每作胥。

13 諝　有才智稱　注智下當有之字，語韻私呂切諝下云：才智之稱。

14 耶　又子余切　注云又子余切，案本韻子魚切下無此字。

15 沮 亦云漆沮既從並在此地

「亦云」當作「書云」，漆沮既從見書禹貢。又「此地」當作「北地」，切二云：「水名在北地」是也。水經曰：「沮水出北地直路縣」。

16 狙 又七預切

「又七預切」，切二作「又七庶反」，音同。案御韻七慮切下無此字。

三十一葉

1 說文曰立薅斫也

案今本說文作「立薅所用也」。段注據廣韻改。

2 榑

段氏云：「榑，詩作樗」。案樗見七月及我行其野。

3 摴蒲戲

蒲，段氏改作蒱，與五代刻本韻書合。蒱見模韻薄胡切下。

4 ⿰月凥

當依說文作⿰𠂤凥，元泰定本不誤。

5 出東海高平東莞琅邪濮陽五望

五，北宋本巾箱本黎本誤作六。

6 揭櫫

揭當作楬，見說文。

7 孝文追録封諸縣侯　追，黎本譌作進。又吳志諸葛瑾傳注引風俗通此文封下有「其孫」二字，當據補。

8 藷 薯預別名　預，黎本同。北宋本中箱本均作蕷，本韻署魚切藷下同。

三十二葉

1 鴽 鴾也　鴾，切二作鶕，是也。案廣雅釋鳥：「鴽，鶕也。」爾雅釋鳥：「鴽，鴾母。」郭注云：「鶕也。」

2 魼 又他合切　注云又他合切，案合韻他合切下無魼字，魼見盍韻吐盍切下。

3 嘘 嘘崎山路　案集韻嘘下作「崎嘘山峻」。

4 菹 䕢上同　案䕢字譌，說文菹或作𦼫，或作𧂒。此䕢乃𧂒字之誤。

5 袽 又音如　注云又音如，案本韻人諸切下無此字。

◦虞韻

6 遇俱切　遇，北宋本黎本景宋本作虞，虞蓋虞字之誤，元泰定本作虞。切三作語。語虞遇聲同一類。

7 一名婟澤　婟，五代刻本韻書作涸。婟澤見爾雅釋鳥郭注。

8 武夫切二十一　二十一，棟亭本作二十二，是也。本切下凡二十二字。

三十三葉

1 左傳莒有大夫无婁修胡　案左傳無无婁修胡其人，昭公元年左傳有務婁瞀胡二人。

2 慪 欿空之皃　欿，中箱本作欱，北宋本黎氏所據本作歙，誤字也。棟亭本明本均作欿，玉篇字鏡同。張氏後刻改作歁，與元泰定本合。案作

嵌是也。方言二云：「㡠㡋，毳也」。郭注：「謂物之行蔽也」。

3 雩又況于切 況，切三作況。是也。當據正。雩又見本韻況于切下。

4 吹欨 吹，切三作吹。

5 盱舉目又盱眙縣在楚州 盱眙縣，切三及五代刻本韻書字別作肝，與舉目之盱非一字。集韻肝下云：「通作盱」。

6 煦瞙 案瞙字誤，集韻作瞜，當據正。

7 扜說文云指摩也 摩字誤，說文作麾。當據正。本韻憶俱切扜下亦作麾。

8 䙵又矩于切 注云又矩于切，案本韻舉朱切下無此字。

9 風俗通云織毛褥謂之氍毹 風俗通乃通俗文之誤，玄應一切經音義、御覽、北戶錄注均引此文作通俗文。見任大椿小學鉤沈卷七。

10 眴 晡也　眴，晡，切三並從肉作朐，作脯。脯字，北宋本中箱本黎本均不誤；眴字當改作朐。王先生云：「此眴實朐之誤。既譌為眴，於是此下又加眴字，注云：脯名。蓋此時宋初已誤矣。」見王氏校本。

11 朐 亦山名　山名，切三作地名，集韻同。案史記秦始皇本紀云：「於是立石東海上朐界中，以為秦東門。」三十五年。則作地名者是也。

12 齊魯閒謂四齒把為欋　案把當據釋名釋道作杷。

三十四葉

1 趯　中箱本黎本並譌作趯。

2 眴　朐字之誤，段改作朐。別詳眴下校記。三十三葉第10。

3 [illegible]　此字北宋本黎本從米作[illegible]，與「樹種」義合。此從水作，非也。

廣韻校勘記　卷一

4 懦又乃亂切　案換韻奴亂切此字作愞。

5 嬬妻名　妻，中箱本黎本同，北宋本譌作妾。案廣雅釋親云：「妻謂之嬬」。

6 嫩耎皃　耎，當作耎。

7 ⿱北瓦　北宋本中箱本黎本景宋本作⿱北冗。

8 荀卿子曰閭娶之媒　案荀子佹詩曰：「閭娶子奢，莫之媒也」。段氏據改。

9 列列殺字從歺與誅同。　注「列」字段改作「殊」。案匡謬正俗八引應劭云：「殊者死之也」，義

10 又五割切　「又」字誤，段氏改作「歹」，與北宋本中箱本合。

11 有所壇挃於車上　壇，中箱本元泰定本明本作擅，與釋名釋兵

合。

12 舜典有叉折 折，北宋本同。中箱本黎本並作斯。案今書舜典作斯。

三十五葉

1 茁蓊花皃 茁，集韻作藟，與文選左思吳都賦合。此茁字爲藟之或體。

2 舀 又代兆切 代字誤，各本作弋，是也。小韻以沼切下有舀字。

3 區 亦姓後漢末有長沙區景 案區景當作區星。區星，漢末長沙賊也，見三國志吳志孫堅傳。

4 䧢 䧢隅不安皃 集韻䧢下云：「一曰䧢䧢不安」。

5 秼　元泰定本作袾，與玉篇集韻合。當據正。

6 瘻 瘻痀曲脊　瘻痀，莊子達生篇列子黃帝篇作痀僂。又脊字元泰定本棟亭本作脊，是也。當據正。本韻舉朱切痀注云「曲脊」。

7 ⿰夫支　當作𢻱，說文扶字古文從攴，攴非支字。

8 颰　玉篇集韻作颫。

9 苻 又姓晉有苻洪武都互人　互，段改作氐，是也。苻洪氐人也，見晉書一百一十二卷。作互乃氐之俗體。

10 湑　玉篇此字作瀶，未詳。

11 ⿰耳夫 望也　⿰耳夫，玉篇集韻同。案當從目作⿰目夫。

12 ⿰王包 玉文　文，玉篇集韻作名。

13 說文曰婦人妊娠也　案今本說文作婦人妊身也。

14 偛側治切　治，段改作洽，是也。案洽韻側洽切下有偛字。

三十六葉

1 荂荂榮之皃　注「荂」字景宋本棟亭本作華，集韻同。

2 𣯌毛解　注敦煌王韻作解毛，集韻云：「𣯌，鳥解毛」。

3 諏又子侯切　又子侯切，切三同。案侯韻子侯切無此字。

4 跗足趾也　注「趾」字各本均作「止」。案止乃上字之誤。儀禮士喪禮云：「綦結于跗連絇」，注云：「跗，足上也。」疏云：「謂足背也。」又莊子秋水篇云：「蹶泥則沒足滅跗」。跗亦謂足上也。張氏未寤止字之誤，別改作趾，非也。

5 公羊傳云扶寸而合　案公羊傳僖公三十一年扶作膚。

6 說文云指麾也　云字黎本誤作去。

7 冩　北宋本中箱本作寫。

8 斞　北宋本中箱本黎本皆從臾作，非也。

9 鯃鮈魚名　切三玉篇同，集韻作鮈鯃魚名。

○模韵

10 醔醶榆子醬也　段氏改榆子爲榆人。案榆子即榆荚之人，不必改也。齊民要術卷八作醬法有作榆子醬法。

11 規墓地曰墲　規下敦煌王韵有「度」字，集韵同。

12 周禮注云蓋爲壇位如雩禜云　蓋字下脫「亦」字，見周禮地官族師

「春秋祭酺亦如之」注。

三十七葉

1 戚　爲之蒲家　爲，棟亭本作「謂」，是也。

2 齊　宣王母弟別封母鄉　母鄉，段氏云：「此母乃毋之誤，毋邑即貫邱也。貫本作毋，毋訛作母。」

3 禮　記投壺篇云壺徑脩七寸　案禮記徑作頸，當據正。

4 湖　江湖廣曰湖也　「廣曰湖也」，元泰定本作「廣雅曰池」。文見釋地。

5 鱴鰗　段氏改作鱵鰗，蓋本玉篇。

6 本作壺　壺，黎本誤作㯊。

7 胍肫大腹　肫，段氏改作胝，是也。胝字見本韻當孤切下。

8 䑩 漢書越王巫䑩祠在雲陽 越下「王」字當刪，切三、敦煌王韵均無。漢書地理志左馮翊雲陽縣有越巫䑩鄝祠。

9 柧 棱柧 注「棱柧」，元泰定本、明本作「柧棱」，與敦煌王韵合。

10 同都切三十 三十，北宋本、巾箱本、黎本、景宋本作三十一，是也。本切下凡三十一字。

11 風俗通云漢諫議大夫塗禪 禪，段氏改作惲。案塗惲見漢書儒林傳孔安國傳及後漢書賈逵傳。

12 梌 木名 挽 上同 挽，黎本從兔作挽，是也。玉篇挽達胡切，與廣韵同都切音同。

13 廜 北宋本、巾箱本、黎本均誤作瘏。

14 郐下邑地名　說文云：「郐，邾下邑地。」此注下字上脫邾字。

三十八葉

1 爾雅曰鶖鷓鸝郭璞云似烏倉白色　鶖，爾雅作鶩；倉，作蒼。當據正。

2 篍鳥籠　籠鳥，當作鳥籠，見麻韻女加切篍下。慕韻乃故切篍下亦云：「藏鳥籠。」說文云：「篍，鳥籠也。」此注切三及敦煌王韻亦誤作籠鳥。

3 張騫使大宛所得之　之字涉下文衍。當刪。

4 㥶　北宋本黎本景宋本誇作䏻，巾箱本不誤。

5 嶇峿山名　集韻作嶇峿山皃。

6 䈱䈲茅䈱䈲　注䈱字衍文。切三敦煌王韻並無。又「䈲」當作「䈲」。說文云：「䈱，茅藉也。」

7 𥰭又子余切　案魚韵子魚切下此字作苴。

8 後漢諫大夫東郡索盧放　案諫下脫「議」字，當補。見後漢書卷七

十一本傳。

9 盧又三字姓吐伏盧　吐，景宋本楝亭本作吐，與魏書官氏志合。

10 籚西竹　籚，北宋本中箱本黎本並譌作蘆。

11 欂櫨柱也　欂，說文作欂。

12 𤮐說文曰瓬也　瓬，說文作罏。

三十九葉

1 元日飲之可除瘟氣　瘟，北宋本巾箱本黎本景宋本均譌作温。張改

作瘟，與元泰定本明本合。

2 爾雅曰純黑而返哺者謂之烏小而不返哺者謂之鵶　北宋本巾箱本

黎本景宋本爾雅上有「小」字，是也。案此文見小爾雅。

3 左傳齊大夫烏枝鳴　案左昭傳公二十一年作烏枝鳴。

4 北齊有烏那羅愛　那，楝亭本作那。

5 涺又憂俱切　注云又憂俱切，案廣韻慐俱切下無此字。

6 痡屋上平　切三及敦煌王韻玉篇訓同。集韻云：「痡庩屋不平」，本韻他胡切

庩下亦云：「痡庩屋不平也」。

7 鵏䳇鳥名　䳇，北宋本誤作㧻。巾箱本黎本作㧻，亦誤。爾雅釋鳥

云：「鵏，鵏䳇」。

8 䟽逋伏地　敦煌王韻䟽逋作䟽逋，䟽與玉篇䟽下注合，本韻他胡切䟽注

同。

9 苦胡切十　十下北宋本中箱本黎本棟亭本均有一字，此脫。

10 弙 又注手切　「注」字誤，元泰定本明本作汙是也。弙字又見本韻哀都切下。此注

敦煌王韻作又於孤反，汙於哀聲同一類。

11 橭 木四布也　注玉篇同，集韻攻乎切橭注云：「橭梡，木枝四布」。

12 又姓有臨晉侯都稽　案漢書有臨蔡侯都稽，見南粵傳，此作臨晉侯誤。

又有字上依例當增「漢」字。

13 肟 肟胍大腹　案古胡切胍下作胍肟大腹。

14 䤩 䤩酴醬也　䤩，北宋本中箱本黎本均作醴。張氏蓋依玉篇改，正與敦

煌王韻合。

廣韻校勘記

15 折皮具　折，中箱本景宋本作析。

16 鱄　北宋本中箱本黎本均譌作鱄。

17 䝰豕名　䝰，中箱本作豧，元泰定本明本同。案豧見虞韻芳無切下。

18 陠衰也　衰，中箱本作衺，是也。見廣雅釋詁二。敦煌王韻亦作衺。

○齊韻

19 徂奚切　徂字切三譌作俱，切韻殘葉二〇一七韻目不誤。

20 麡狼似鹿而角向前　似鹿，切三及敦煌王韻作似麋，集韻同。

21 齏　北宋本黎本譌作虀，中箱本元泰定本明本不誤。

22 詩云天之方懠　天，北宋本中箱本及黎氏所據本譌作于。

23 齌又子兮側皆二切　案本韻祖稽切及皆韻側皆切下均無此字。

四十葉

1 㥠怬欺慢之語　怬，北宋本中箱本黎本均譌作㹃。又慢，方言十作謾。

2 淒 又千弟切　注云又千弟切，案蘄韵千禮切下無此字。

3 二十二　中箱本作二十三，是也。本切下凡廿三字。

4 說文云染繪黑石　繪，中箱本作繒，是也。

5 岻 山名　名，北宋本中箱本黎本均作谷。集韵曰：「縞岻山名，在青州」。

6 題 現也　現，切三及敦煌王韵五代刻本韵書作視。案玉篇廣雅釋詁一題均訓視也。

7 騠 又丁奚切　又丁奚切，敦煌王韵同。案本韵都奚切下無此字。

8 厗 磄厗石也　磄，說文作唐。

廣韻校勘記　卷一　四十四

9 㡧 帷㡧

帷，當作帊。廣雅釋器云：「幓㡧謂之帊。」玉篇云：「帊，帊㡧也。」

案帊見鐸韻莊各切下。

10 ⿰月是

景宋本元泰定本明本作睼，與敦煌王韻及五代刻本韻書合。

11 睼 遠視也

遠，五代刻本韻書集韻作近，與說文合。

12 ⿰糹坒

切三及敦煌王韻五代刻本韻書均作紕。

13 錍 錍鈚短矢

鈚，元泰定本明本作鈚，與切三及五代刻本韻書合。案玉篇云：「錍鈚短小兒。」鈚見本韻祖稽切下。

14 陛 說文曰牢也所以拘罪也

罪，北宋本中箱本景宋本均作非，與說文合。

四十一葉

1 楷 風扶杓木也

風，五代刻本韻書作楓。

2 鐕　楝亭本此字作鏩，與廣雅釋詁一合。

3 統奚　案魏書官氏志作紇奚。

4 相言應辝　言，切三及五代刻本韻書作䛐。

5 𨀤　毀毀兒　兒，景宋本作毀，楝亭本作「毀也」。集韻注作「𨀤毀，毀也」。案薺韻研啓切𨀤下云：「𨀤毀，𨀤脣。」是此注毀字乃𨀤之譌。玉篇亦作𨀤毀。兒，當依景宋本。楝亭本作毀。萬象名義亦云：「毀，𨀤也」；「𨀤，毀也」。

6 𩉘　痛聲　𩉘，切三、五代刻本韻書同。集韻作欲，𩉘別為𩈩字或體。

7 左傳秦師西乞術　師，段改作帥，是也。見左傳僖公三十三年。

8 西卤　古文　古文「卤」字，黎本作卣，與說文合。

9 棲　說文曰或从木西　西，巾箱本同，段氏改作妻。案北宋本、黎本均作妻。

廣韻校勘記　卷一　四十五

10 驍一遍　注一遍二字乃匾字之誤。匾唐人俗寫作遍，與匹寫作迈
同例，後人誤析為一遍二字。驍下五代刻本韻書注作「遍匹」，廣
韻此注又脫匹字，當據補。

四十二葉

1 鈚　切三及五代刻本韻書作鈚，同。集韻鈚為鈚之或體。
2 相稽切　相字景宗本作祖，是也。切三作即，即祖聲同一類。相字乃
祖字之譌。
3 𪓿　此字當依說文作𪓿。
4 呰又茲此切　注此字乃此字之誤。呰又見紙韻將此切下。薺韻祖禮切下呰字
注云「又子西茲此二切」。

5 迷莫兮切　莫，五代刻本韻書作魚，誤。

6 覞　五代刻本韻書同。說文作䚀，當據改。

7 說文云水出郁郅北蠻中　說文郁郅上有北地二字。

8 雞骨䯙　雞，北宋本中箱本譌作雜。

9 爾雅云杌繫梅　杌，爾雅從九作朹，當據改。

10 又孟子曰六十四黍為一圭十圭為一合　子，段改作康，並云：「經典釋文有孟子注老子二卷，或云孟康也。康字公休。」案段氏改子為康是也。五代刻本韻書亦作孟子。蓋鈔胥不知孟康其人，乃改作孟子耳。漢書律歷志「量多少者不失圭撮」注云：「孟康曰六十四黍為圭。」

11 罹　當從宋本集韻作罹。見方氏集韻考正。

12 說　文云目少睛　案說文作「目不相聽也」，玉篇作「目少睛」。

13 睽　說文目不相聽　注引說文，案說文無睽字。

14 戶圭切　二十四　二十四，各本作二十三。

15 鑴　大鐘　鐘，黎本作鍾。切三及五代刻本韻書作錐。案錐蓋鑊字之誤。玉篇云：「鑴，大鑊也。」說文云：「鑊，鑴也。」

16 驨　似馬一角　鸛　子鸛鳥出蜀中　巂　上同　各本作「驨　似馬一角　巂　上同又子巂鳥出蜀中」。張氏以為巂非驨之或體，改增正文鸛字，且移注文「子巂鳥出蜀中」六字於鸛下，列巂為鸛之重文。案爾雅釋獸云：「驨如馬一角，不角者騏。」陸氏釋文云：「驨，本又作巂，同。」是驨字或作巂也。（別詳郝懿行爾雅義疏。）但巂字亦為子巂之巂，故注云：「又子巂鳥出蜀中。」（此見爾雅釋鳥郭注。）張氏

彙辨廣韻文例，別增鸊字，非也。

17 酅 地名在東平　注「在東平」，切三同。案當作在「東安平」。後漢書郡國志北海國下云：「東安平，故屬菑川，六國時曰安平。有酅亭」。

18 毒 姓也　注五代刻本韻書作地名。

19 讗 說文曰自是也　案說文云：「讗，言壯皃」。此引非說文。

20 廣雅云挑剜刲劀削　削，今本廣雅釋言作剈。

21 䀘 䀘觤視也　注「䀘」字，北宋本中箱本黎本均誤作䏺。又「觤」字說文玉篇作直。

22 移 又余氏以支二切　案移又音余氏切，紙韻移爾切下無此字。又「切」字下各本有「一」字，此脫。

○佳韻

四十三葉

1 榽 榽棱　棱，當作櫨。爾雅釋木云：「魄，榽櫨」。

2 棑 又音敗　注云：又音敗，案夬韻蒲邁切下無棑字，棑見怪韻蒲拜切下。

3 歐 𣢾　𣢾，北宋本黎本景宋本誤作佽，張改作𣢾與中箱本合。

4 菲 雜斜絶　雜，段改作離。

5 䓞　此字蓋爲蕐之誤體，火媧切有蕐字。

6 茈 葫藥　切三及五代刻本韻書藥下均有「名」字，元泰定本明本棟亭本同。

7 輂 連車也一曰郤車抵堂也

郤，巾箱本作卻，是也。

8 查 又七瑕切

七字誤，麻韻鉏加切下有查字，此七字乃士字之誤。士鉏

觰同一類。

9 羺 羺羺胡羊

注「羺羺」，切三故宮王韻及五代刻本韻書均作「羺羺」，當據正。玄應一切經音義卷十四引埤倉：「羺羺，胡羊也」。

10 滛 脊

滛，北宋本中箱本黎本作淫，是也。

11 嗁 嗁嘔小兒言也

嗁，故宮王韻及五代刻本韻書作嗁，與玉篇合。當據正。

12 籭 竹名

段氏曰：「名當作器」。案籭又見支韻所宜切，訓「盪也」。說文云：「籭，竹器也」。此段說所本。

13 諰

此字音山佳切，故宮王韻別為一紐音「所柴反」，與本書音同。

14 欬欥氣逆病　欬，北宋本中箱本黎本楝亭本作欬，誤。

。皆韻

15 釋名曰階梯也如梯之等差也　案釋名釋宮室「等」上有「有」字。

16 說文云木名孔子冢蓋樹也　案說文作「木也，孔子冢蓋樹之者」。

17 䍧牡　牡瓦，玉篇集韻同。五代刻本韻書牡作牝。

18 淮南子曰蟨知雨至　此文五代刻本韻書同。段氏云：「今淮南作鶡日知晏，陰諧知雨。」案景宋本淮南子繆稱篇鶡作暉。案御覽卷九百四十八蟨條引淮南子曰：「蟨知將雨。高誘曰：蟨，蟲也。大如筆管，長三寸餘。」

19 代謂之猥狗　狗，五代刻本韻書作狗，集韻類篇同，當據正。

20 釋名曰彭排軍器也彭旁也在旁排敵御攻也　案釋名御作禦。

21 猈短頭狗也　頭，五代刻本韻書作項，說文作脛。

四十四葉

1 武德初於相崖城置懷州　相，景宋本作栢，是也。見元和郡縣志卷十六。

2 禮記云仲秋之月豺祭獸　案月令作「豺乃祭獸戮禽」。

3 ⿰石虫又音毀　注又音毀，案紙韻許委切下無⿰石虫字，⿰石虫見尾韻許偉切下。

4 ⿰石遺杜懷切　杜，北宋本中箱本黎氏所據本景宋本作柱，誤。案⿰石遺又見灰韻音杜回切，可證杜字是也。

5 崴乙皆切　案乙皆切與挨字乙諧切音同，切三及敦煌王韻五代刻本韻書均作乙乖反，當據正。

6 ⿰扌犀諧皆切　陳澧切韻考云：「諧皆疊韻，不可為切語。」切韻指掌圖

[illegible]隔叓音和一條內有挮字，諾皆切，諸字乃諾字之誤。此吾友鄧特夫所校」案切三諸正作諾。與陳氏之說相合。五代刻本韻書作女皆反，則屬娘母。玄應一切經音義亦音女皆反。

7 古以為玉柱 段氏改作「古以玉為柱」。

8 俙 段氏曰：「俙，說文作俙」。

○灰韻

9 魁 魁師 師，北宋本作帥，是也。當據改。書胤征傳云：「魁，帥也」。

10 [illegible] 當依玉篇作[illegible]。

11 盔 盔器盂盛者也 注文疑有脫誤。龍龕手鏡云：「盔器，盂屬也」。

12 [illegible] 角曲中也 注敦煌王韻同。北宋本中箱本黎本均譌作「曲角中也」。

13 晉大夫富槐之後　段氏曰：「左傳富父槐乃魯大夫。」案見哀公三年左氏傳。

14 鄉名在濰陽　濰，玉篇集韻作睢，敦煌王韻同。

15 ⿱自夭杜來切　杜，北宋本黎本譌作枉，中箱本不誤。⿱自夭見咍韻，音徒哀切。徒杜蓋同一類。

四十五葉

1 ⿰月豈　黎本譌作⿰扌豈。

2 陰陽薄動靁雨生物者也　北宋本脫雨字，生譌作土。中箱本作靁雨生土物者也。張本與說文合。

3 ⿰畾瓦　敦煌王韻此字作⿰靁瓦，本書宥韻力救切下同。

廣韻校勘記　卷一　五十一

4 䫌顡上同　顡，切三及敦煌王韻訓禿，不為䫌字重文。

5 壂也　壂，敦煌王韻作壓，棟亭本同。

6 傅四寸　傅，說文作博，段氏據改。棟亭本不誤。

7 毋顔夏冠名　毋，黎本元泰定本作毋是也。

8 庳　元泰定本明本棟亭本作庳，集韻同。案玉篇广部庳，都回切，屋邪也。

9 搥摘也　摘，敦煌王韻作擿，與廣雅釋詁合。

10 膗膭　膭，黎本誤作膭。

11 肧芳杯切　杯，北宋本中箱本黎本景宋本均誤作肧。張改作杯，與元泰定本明本合。

12 坯　北宋本、巾箱本、楝亭本、元泰定本、明本均作坏，與切三及敦煌王韵合。

13 魚名似鮎　鮎，巾箱本、元泰定本、明本同。北宋本、黎本均誤作鮀。

14 履屭有頸曰履　有字北宋本、巾箱本、黎本均誤作也。頸，黎本又誤作頭。

15 懮　段氏改作㦗，本說文。

16 臧回切　臧，巾箱本誤作藏。敦煌王韵作子回切，子臧聲同一類。

○咍韵

17 段　欸段笑聲也　段，當是改字之誤。原本玉篇殘卷云：「改，呼來反。說文：咲不壞顏也。廣雅：改，咲也。」此注欸段二字亦當從欠作欸改。（作欸於義不合。）切三及敦煌王韵亦誤。

四十六葉

1 呂氏春秋云閼方衛公　案呂氏春秋知接篇有衛公子啟方。左傳作開方。此注當作衛公子開方。

2 𣪊 𣪊段　此正文及注均誤，詳見段下校記。四十五葉第17。

3 慢𢈤　𢈤，切三及敦煌王韻作𢋃，是也。北宋本誤作庯。

4 唉 又於其切　又於其切，切三及敦煌王韻同。案之韻於其切下無唉字。

5 䇚 可禦雨也　集韻注作「笠也，可以禦雨」。

6 坻 又坻下隄名沛郡項羽敗處也　沛郡上切三有「在」字，當據補。

7 殿階次序　切三及敦煌王韻階下有「之」字。

8 祴　北宋本、巾箱本、黎本從衣作裓，誤。

9 木梴也　梴，北宋本、巾箱本、黎本、景宋本從手作挻，誤。

10 溨 水名　溨，集韻作渽，是也。渽字見書禹貢。本韻祖才切下作渽。

不誤。

11 芽 蔽前草箭　案此注有誤，敦煌王韻訓「从蔽」是也。洪頤煊讀書叢錄云：「玉篇：芽，草也。廣雅釋草：蘄，芽，从蔽也。爾雅釋草蘄薡蕫，郭璞注：似蒲而細。芽蘄同物，蔽前草當是从蔽蒲草之譌；箭字又涉前字而衍」。

12 晉與秦戰于郩　郩，僖公卅三年左氏傳作殽。

13 斄 又力知切　又力知切，切三、敦煌王韻作又力之反，當據正。案此字見之韻里之切下，支韻無此字。

14 說文云瓄玉也　案說文作「瓈，瓄玉也」。

15 鶬 鳩鷹　鷹，中箱本、棟亭本作鷹，是也。爾雅釋鳥云：「鷹，鶬鳩。」

16 秠 䴵之麥一麥二稃周受此瑞麥出埤蒼　一麥二稃，段氏改作二麥一稃。案說文來下云：「一麥二縫。」

17 犛 關西有長尾牛　尾，當作髦。說文云：「犛，西南夷長髦牛也。」

18 菑　當作葘，見前。二十七葉第13。

19 棓　漢書爰盎傳有棓生，字作棓。

20 蚣 說文云黑貝　案說文無蛤字，集韻堂來切蛤下引字林：「黑貝也。」

21 鴖　黎本作顋，誤。

四十七葉

1 憶 剴失志皃　剴，集韻作敳，是也。作剴於義不合。

○真韵

2 真側鄰切　側鄰切，切三作職鄰反，是也。真，玉篇音之仁切，集韻音之人切，之職聲同一類。

3 蒖節也　節，元泰定本明本作莭，是也。集韻云：「蒖，艸名，皀葵也。」說文云：「莭，皀葵也。」若作節，於義不合。說文云：「𦬆，昌蒲也。」

4 甄　北宋本巾箱本黎本均誤作⿱冖⿰糸瓦。

5 秦穆公時有方歅一名臯善相馬也　案方上當有「九」字，九方歅見莊子徐無鬼篇，列子說符篇作九方臯。

6 新亦姓國語晉大夫新穆子　段朝端姓解辨誤云：「國語注案見周語新穉穆子晉大夫新穉狗也。」案新穉複姓，此作新穆子誤。

廣韻校勘記　卷一　五十三

7 殸擊聲　殸，真紐職鄰切下作殸。玉篇殸殸音同。殸訓擊聲，殸訓喜而動皃。

8 屒重脣　脣，北宋本中箱本及黎氏所據本譌作名。張改作脣，與玉篇合。

9 釋名曰仁忍也好生惡殺善惡含忍也　今本釋名善字下無惡字。

10 左傳有寺人披　段氏曰：「左傳下當有晉字」。案寺人非姓，此以寺人爲複姓誤。

11 宋有廚人僕　僕，左傳昭公廿一年作濮。又廚人非姓。

12 漢司空掾封人嬰　掾，北宋本中箱本棟亭本作掾，是也。

四十八葉

廣韻校勘記

卷一

1 顮　頭憤懑也　案方言十二云：「䫉顮懑也。」注曰：「謂憤懑也。」此注「憤」字，錢繹以為是「憤」字之誤。見方言箋疏。

2 䡮　段氏曰：「郭景純山海經傳云：䡮音屋棟之棟。」案切三真珍反下亦有此字。

3 螓　蜻似蟬而小　螓，北宋本巾箱本黎氏所據本作蜻。張改作螓與玉篇合。

4 寅　又以之切　又以之切，切三同。寅字見脂韵以脂切下，之韵無寅字。

5 繽　匹賓切　匹賓切，切三作敷賓反。

6 闘　闘爭　闘，當從鬥作鬭。

7 說文作闘鬭也　闘，說文作鬭。又鬭當從鬥作。

四十九葉

1 麐獸名似貉而八目出山海經　八目，山海經中山經作人目。

2 居銀切一　一，黎本譌作七。

3 緡繩細　案繩字當是綱字之誤。說文云：「緡，持綱紐也。」周禮考工記梓人鄭司農注：「緡，籠綱者。」

4 囷去倫切　去倫切，切三同。案倫字在諄韻，切韻真諄未分，廣韻分之，此紐亦宜入諄韻。

5 囷又丘倫渠殞二切　囷又音丘倫切，案諄韻無此音。又音渠殞切，案軫韻渠殞切下無囷字。

6 蜠　北宋本中箱本黎本景宋本作⿰虫因，誤。若從因，則與「去倫」之音不合。

7 鋠 鋭鋠　注鋭字當是稅字之誤。鋠，集韻爲鐇之或體，上文鐇下云：「筭稅也。」

8 贇 美好也 於倫切　於倫切，切三同。案倫字在諄韻，切韻真諄未分，廣韻分之，此紐宜入諄韻。

○諄韻

9 後以爲氏　後，北宋本中箱本黎本均譌作郈。

10 樳　黎本此字作[illegible]，誤。

11 樳 又祥勻切　注云又祥勻切，棠本韻詳遵切下無此字。

五十葉

1 栒　說文作楯。

廣韻校勘記　卷一　五十五

2 論有言理 注 段氏改作「言有理」，與集韻合。

3 魏志孫文懿呂輪直 何焯云：「輪直以諫公孫淵叛魏，與賈範皆被殺，事見晉書宣紀，魏志無之。志即公字之誤。」見何氏所校楝亭本。

4 綸又音鐶 注 鐶字本書無，案鐶為鱞字之誤，綸又音古頑切，見山韻。

5 周禮曰凡邦工入山林掄材而不禁 巾箱本而字在林下，與周禮合。

6 墫 說文從士作壿。

7 鄉飲禮 飲下宜有酒字，下引「僎者降席」即儀禮鄉飲酒禮文。

8 春秋說題曰春蠢也 段氏於題下增「辭」字，是也。春秋說題辭引見灰韻槐字下。太平御覽每引之。

9 鷷西方雉名 注 切三作「西方名雉」。案爾雅釋鳥：「雉，西方曰鷷。」

10 說 文曰視行也　案說文二徐本也作兒。

11 鈞 二十斤也　二十各本作三十，當據正。

12 趣 渠人切　渠人切，陳澧云："人字在十七真，趣字又見十七準，此真韻增加字誤入此韻也。"案陳說極是。故宮本敦煌本王韻軫韻丘忍反下有趣字，注云："又渠人去刃二反"，此字又見震韻音去刃反。真軫震三韻相承，此亦當入真韻也。

13 砏 普巾切　普巾切，北宋本中箱本黎本同。案巾字見真韻，此入諄韻不合。但元泰定明本作普均切，亦非。因同音之豳字又見真韻府巾切，彼注云："又普巾方閑二切"，普巾切即指此紐也。

。臻韻

廣韻校勘記 卷一

五十六

五十一葉

1 鐼 埤蒼云小鑿　小鑿，北宋本中箱本作鐼鑿。案山韻士山切鐼注云：「小鑿名。」

○文韵

2 雲 王分切　王分切，切三作户分反。

3 濆 水名在南陽一云在美陽　切三注作「水名，在美陽。」案水經注云：「濆水出蔡陽縣大洪山。」美陽，說文玉篇均作蔡陽，當據正。

4 鼖 大鼓周禮鼓人掌六鼓以鼖鼓掌軍事　掌軍事，周禮作鼓軍事，此因上文掌字而誤。

5 蕡 草木多實 ⿱艹弝古文　⿱艹弝字當作萉。說文云：「萉，枲實也。」周禮籩人注云：「蕡，枲實也。」可知萉蕡一字也。

五十二葉

1 轒軘兵車　軘，段改作輐，是也。於云切輐字注云：「轒輐兵車。」

2 扮 搵也　吳銨雲廣韵說云：「案說文：扮，握也，讀若粉。魏策蘇代又身自醜於秦扮之，鮑彪注：扮，并也，握也，言合諸國。玩合并二字之義，作握為是。」

3 奍　問韵方問切下此字作坌。

4 癏 痹也　痹，玉篇作痺，段改同。案本書刪韵五還切癏下不誤。

5 白虎通曰君者羣也羣下之歸心也　歸上脫「所」字，此文見白虎通三綱四紀。

6 芬 府文切　府文切，與分字府文切音同，非也。府，切三作無，當是撫字之誤。若作無則與文武分反音同。元泰定本明本作撫，極是。陳澧據改。

7 翂 翁飛皃　案翂當作翉，真韵翉下云：「翉翁飛皃。」

廣韻校勘記

8 汾 汾汃 水名 汾汃見文選南都賦，李善注云：「波相激之聲也。」此注水

石下或有脫文。

9 闅 闅闅 之皃 闅，闅，皆當從門作。

○欣韻

10 邤 邤鄰 地名 案集韻云：「邤，地名；一曰鄰也。」鄰字別為一義。

11 靳 又巨 希切 注云又巨希切，案徵韻集希切下無此字。切二及敦煌王韻居希

反下靳字注亦云：「今音祈。」

五十三葉

○元韻

1 原 亦州名漢高平 縣魏為鎮州 案後魏書地形志原州下云：「太延二年置鎮。」此注鎮下

州字乃衍文，當删。又魏上當有後字。

2 原即與厵同　厵，段改作𠫐，與說文合。

3 禿髮傉擅之子賀入後魏　擅，魏書卷九十九作檀，當據正。晉書載記第二十六亦作檀。

4 說文本作厵　厵，當作𠫐。𠫐見灥部。

5 厵　當作𠫐。

6 水名在象郡鐔淦城西　此文何焯改作「水名在武陵郡鐔成西」，並曰：「鐔成，漢地理志屬武陵。云在象郡者，山海經之誤；在牂牁者，又水經之誤也。淦字後人所加音，刊者并誤以入行」。案漢書地理志武陵郡鐔成縣下應劭曰：「潭水所出，東入鬱林，潭音淦。」依宋祁校改。

7 亦云在牂牁　牂牁，漢書地理志作牂柯，棟亭本同。

8 紀年曰穆王十七年起師　段依紀年於十上增「三」字。

9 周禮滎原鬣　滎，周禮夏官司馬馬質作滎，當改正。

10 魭又五丸切　注云又五丸切，案桓韵五丸切下無此字。

11 洛陽垣恭　洛陽，北宋本黎本作略陽。

12 媈媛　媈，段改作媈。案明本不誤。

13 番又音盤　案番又音盤，桓韵薄官切下無此字。

14 蘋似蘋而大　蘋，切三作莎，與說文合。

15 ⿰番非　說文此字作蹯。

16 鷭鵃鳥　鵃，切三作鵬，集韵同。

17 蟠又扶千切　又扶千切，切三同。案蟠字見桓韵薄官切下。

18 璠璵魯之寶玉　璠璵，切三作璵璠，與說文合。

19 出齊人種術　齊人種術即齊民要術。

20 墦　北宋本黎本作璠，誤。

21 ⿰犭鄱 驓上同　驓，集韻作⿰犭番，⿰犭鄱之省。而⿰犭鄱又為⿰犭留字之誤。

22 藩又音翻　注又音翻，葉本韵孚袁切下無藩字。

23 幡俗通為幡　注幡字蓋誤字，元泰定本作幡。

五十四葉

1 鸇鴘鳥名　注鴘字當是鶣字之誤。玉篇云：「鶣，鶣鷂小鳥。」本書諄韵詳遵切下鶣作駨，義同。

2 吅又私全切　又私全切，切三同。葉本仙韵須緣切下無此字。

3 幡 帤

幡，切三作繙。案本韻附袁切繙下云：「繙帤，亂取。」

4 輝

當作輴，玉篇為軒字重文。集韻亦作輴，注云：「通作軒。」案輴即軒輊之軒。若作輝則與魂韻之輝溷為一字。

5 靬 芊

芊，北宋本黎本景宋本作芉，誤。

6 靬 又下憚切

注又下憚切，案翰韻侯旰切下無此字。

7 蔫 菸

菸，北宋本黎本景宋本楝亭本元泰定本明本作菸，與說文合。說文云：「蔫，菸也。」

○魂韻

8 驔 驔騱野馬

此注有誤。驔騱野馬，說文玉篇作驒騱，本書齊韻騱下云：「又驒騱，野馬名。驒音壇。」案驔字見山海經北山經云：有獸焉，其狀

如鸞羊而四角，馬尾而有距，其名曰驒」。是驒乃獸名，非野馬也。玉篇驒訓獸名不誤。此注因驒⿰馬軍形近，誤以驒騱野馬為⿰馬軍騱野馬。

9 楎 三爪犂曰楎犂上曲木也　注切三作「三爪犂，一曰犂上曲木」。本注楎下蓋脫「一曰」二字。

10 䯪　說文作䯪，集韻同。

11 䯪 又胡官切　注云又胡官切，案桓韻胡官切下無此字。

12 揮　說文此字作韗，本書刪韻戶閫切下同。

13 琨 瑻　瑻，切三作琘，與史記司馬相如傳合。史記索隱引司馬彪云：「琨琘，石之次玉也。」

五十五葉

1 ⿰黑欠 ⿰黑欠于不可知也　注「于」北宋本作千，案說文作干，此千于皆干字之誤。

2 瓚 同琨

注「同琨」二字各本作「玉名」。

3 薀 又於殞切

又於殞切，軫韻無此音，案薀字見吻韻於粉切下。

4 古今表有逢門子豹

案表字上蓋脫人字。

5 赤粱粟也

粱，北宋本、黎本、景宋本均譌作梁。

6 尊 本又作𢍜

𢍜，當作奠。

7 從土

土，北宋本、黎本均譌山。

五十六葉

1 彉 張同上

張，段氏改作弤，是也。案玉篇彉下有弤字，注云：「同上，畫弓也。又丁禮切，舜弓名」。吳夌雲廣韻說云：「彉即孟子張朕之張。趙注：張，彫弓也。張即弤之誤」。

2 廣雅云臀謂之脽亦謂之脾也　案脾北宋本、黎本、景宋本作臎，是也。說文脾臀一字，不得云臀謂之脾也。廣雅釋親云：「臎、髁、臀也」；說文云：「𩪬、臀骨也」。臀與臀同。可知臎即臀也。臎亦作翠，禮記內則鄭注云：「翠，尾肉也」。

3 說文作尻　尻，段改作㞘。

4 邨亦音村　注云亦音村，案本韻此尊切下無此字。

5 芚菜似莧也　棟亭本莧作莧，是也。玉篇云：「芚，菜似莧，可食」。

6 一曰水涌也　也字切三作出。

7 亦姓古有勇士賁育　案「賁育」，孟賁夏育也。孟賁見孟子，夏育見戰國策。此以賁為姓，非也。

8 賁 又音祕 注云又音祕，案至韵兵媚切下無此字，別見寘韵彼義切。

9 根 柢也 柢，元泰定本棟亭本作柢，是也。

○痕韵

○寒韵

五十七葉

1 亦虜姓可單氏後改為單氏 案魏書官氏志可單氏作阿單氏。

2 武德年討平王世充改為安州 案武德下蓋脫四字。新唐書高祖本紀武德四年五月秦王世民平王世充。

3 難 那干切又奴肝切 案又奴肝切，即那干切，此「肝」字譌字也。元泰定本明本作「汗」。皆據改。難又見翰韵，音奴案切。

4 七安切　七，北宋本、黎本均譌作士。

5 攤歎攤蒱賭博　攤，北宋本、黎本作攤，誤。又注「賭博」二字，北宋本、黎本作「四數」，與刻本韻書殘葉合。張氏改作「賭博」，與元泰定本、明本合。玉篇云：「攤蒱，原作蒱，誤。賭錢也。」

6 攤開也　攤，北宋本、黎本均作攤，張改作攤，與說文合。

7 姍詐也　詐，刻本韻書殘葉同。北宋本、黎本作「作」，誤。案說文云：「姍，誹也。」

8 今檀城在瑕丘瑕丘屬山陽魯改山陽爲高平郡　魯字，刻本韻書殘葉作晉，是也。案瑕丘漢屬山陽郡，見漢書地理志。晉初分山陽置高平國。見晉書地理志兗州。此作魯者因上文而誤。

9 太玄經云揮㩻其名　段氏云：「揮，范望注太玄作揮。」案見太玄數第

十一。敦煌王韻及刻本韻書殘葉引無「繫」字。

10 驒駭匈奴畜似馬而小　駭，敦煌王韻及刻本韻書殘葉作騱，與說文合。案史記匈奴傳亦作驒騱，徐廣曰：「巨虛之屬」。

11 說文賊也　賊，段改作賊，與說文合。

12 姧以婬犯也　婬，楝亭本作淫，刻本韻書殘葉同，與說文合。

五十八葉

1 尫尫服　注服字刻本韻書殘葉作股，是也。集韻於寒切尫注云「股也」。

2 落干切十一　十一，黎本楝亭本作十二，是也。本切下凡十二字。

3 栞槎木也　注刻本韻書殘葉作「槎枯」。

4 臤監也　監，楝亭本明本作堅，與說文合。

5 顓頇　顓，敦煌王韻作顢，是也。顢見桓韻母官切下。

6 濡乃官切　乃官切，刻本韻書殘葉同。案官字在桓韻，濡字不得入此

韻。

○桓韻

7 汍瀾泣淚　淚，切三及敦煌王韻作皃。

8 見説文　説字北宋本作同，黎氏所據本作皃，並誤。

9 爾雅云小山岌大山曰峘　案爾雅釋山無曰字。

10 抄偏　抄，楝亭本作仯。案敦韻仯下云：「仯仯小子」。

11 眢一曰目無睛　注睛字切三及敦煌王韻作精。案説文云：「眢，目無明也」。

12 婠又古旦切　注又云古旦切，案翰韻古案切下無婠字，婠見換韻古玩切下。

廣韻校勘記

13 貒 似豕而肥　切三及敦煌王韻「似」上有「貒豚」二字。

14 狻猊師子猛獸　切三及敦煌王韻猛獸上有「西域」二字。

15 鄟 邾鄟之邑　注文鄟字誤。切三及敦煌王韻均作⿰婁阝，集韻同。案春秋成公六年公羊傳云：「鄟者何？邾⿰婁阝之邑也。」

五十九葉

1 禶 禶補　北宋本三字皆從衣作，楝亭本同。

2 劗 又子攢切　攢，北宋本作欑，是也。此字又見本韻借官切下。

3 孔子妻亓官氏　亓，黎本作井，均誤。北宋本作幵，是也。詳見錢大昕十駕齋養新錄。

4 故謂之鸞　鸞，段改作鑾。

5 巒 小山而銳　注切三作山小而銳，與說文合。

6 鴅　北宋本作鴅，是也。

7 古文尚書作腦　腦，各本作鴅。

8 直轅篳縛　篳，段改作暈。案說文云：暈，直轅車轒。

9 曲䰈為之　曲，切三及敦煌王韻均作屈，北宋本同。

10 瞞 母官切　母官切，切三及敦煌王韻作武安切。案安字見寒韻，切韻王韻寒桓未分，此脣音合口字而以喉音開口字切之。

11 樠　北宋本景宋本作楠，誤。

六十葉

1 潘 又姓周文王畢公之子季孫食采於潘因氏焉　案周文王下當有「子」字。

廣韻校勘記　卷一　六十四

2 甗瓨大甎　瓨，段改作瓬。案廣雅釋宮云：「甗瓬，甎也。」玄應一切經音義卷十三引埤倉云：「甗瓬，大甎也。」

3 捕魚筍　筍，段改作笱。案玉篇云：「𥳩，筏也，又捕魚笱也。」

○刪韻

4 刪 又所晏切　注云又所晏切，案諫韻所晏切下無此字。

5 螞蠻 蟲名　案集韻云：「螞蠻，蟲曲息皃。」

6 吳王孫休　王，段改作主。

7 淵濴　案淵當作奫，此字從大從淵。

8 馯 又音弦　注云又音弦，案先韻胡田切下無此字。

9 戍 屋牡瓦名　注牡字說文作牝。

10 般 又音鉢

般字又音鉢，案末韻北末切下無般字。

11 斕斒

切三作斒斕，是也。案山韻斒下云：「斒斕，色不純也。」玄應一切經音義卷五卷十二引埤倉云：「斒斕，文皃也。」

12 賤 事之皃

賤，段改作賦，本說文。

13 獌 又莫干切

案莫干切寒韻無此音，桓韻母官切下有獌字，即此字也。集韻⿰犭㒼為獌字或體。

14 奻 奴還切

奴，陳澧切韻考依說文二徐本及玉篇反語改作女，正與切三合。又「切」字下北宋本黎本有「一」字，當據補。

15 頑

此字切三入山韻，音吳鰥反。

16 馯辟

辟，段改作臂。案馯臂見漢書儒林傳。

六十一葉

○山韵

1 疝 疝痂病也 切三注作「疝痂腹病」。說文云：疝，腹痛也。此注病上蓋脱腹字。

2 閒 又閑瞯二音 閑字北宋本巾箱本脱。案本韵戶閒切及諫韵古晏切下均無閑字。

3 史記濟南瞯氏 瞯，當作瞷。

4 鷴 切三作鵰，與說文合。

5 藖 莖餘 注切三同。案玉篇云「莖（原誤作莁）餘草莖也」。此注莖字乃莖字之誤，詳見襉韵藖字校記。

6 臤又口耕切　注云又口耕切，案耕韻口莖切下無此字。

7 韗韗軒　注疑有誤。案廣雅釋器云：「韗韇輞也」。原本玉篇殘卷云：「韗韇車輞也」。本書仙韻士連切下韗注作「軒輞」。

8 ⿰土座門聚　案集韻注作「⿰土座門聚名，在睢陽」。玉篇⿰土座下亦云：「埤蒼曰：⿰土座門聚在睢陽」。此注當作「⿰土座門聚名」。

9 羴又失然切　注云又失然切，案仙韻式連切下字作羶，同。

10 孄媥　切三作媥孄，當據正。

11 ⿰粦攵　當作⿰粦文，見集韻。

12 ⿰犭聯又丑連切　注云又丑連切，案仙韻丑延切下無此字，此字見力延切下。注丑字蓋力字之誤。玉篇⿰犭聯，力延切。

13 塦 門聚 注當作「塦門聚名」。

。新添類隔今更音和切

14 肧 偏林切 林，元泰定本明本作杯，是也。

廣韵校勘記卷二

一葉

下平聲

先韵

1 箈 說文曰潎絮簀也　潎，說文同，段氏改作潎。案說文解字注箈下云：「廣韵曰：漂絮簀也。案見鹽韵昨鹽切下。漂與潎同義，水部曰：潎，於水中擊絮也。潎絮簀即今做紙密緻竹簾也。」

2 箈 或作笄　笄，日本宋本景宋本作筓。

3 仟 千人長也　長工集韵有「之」字。案史記陳涉世家索隱曰：「仟，佰，謂千人百人之長也」。

廣韻校勘記　卷二　一一

4 說文曰望山谷之谸青也　案說文作望山谷谸谸青也。

二葉

1 ⿺辶壽　段氏依說文改作⿺辶聿。

2 吞又湯門切　注云又湯门切，案魂韵他昆切下無吞字，吞又見痕韵，音吐根切。

3 ⿰扌絃縣名在東萊又音弦　⿰扌絃，切三作⿰木絃。案漢書地理志東萊郡下作⿰忄絃。

4 幵又音牽　注云又音牽，案本韵苦堅切下無幵字。

5 鵁鳽鳥名　鳽，日本宋本黎本景宋本作鶄，是也。爾雅釋鳥云：「鳽，鵁鶄」。說文同。

6 五經文字曰其琴瑟亦用此字作絃者非　案琴瑟下五經文字有弦字，

此脫。

7 㧥名縣　㧥，段改作㡉，本漢書地理志。

8 胭頂　頂，楝亭本作脂，是也。

9 嗹嘍言語繁絮皃　絮，日本宋本黎本景宋本作挐，切三同。張改作絮，非也。原本玉篇殘卷言部謰下云：「方言：謰謱，挐也，南楚曰謰謱。郭璞曰：言譇挐也。字書或為嗹字。」案挐拏字通，依說文當作拏。說文：拏，牽引也。

10 佃說文云中也春秋傳曰乘中佃一轅車古輕車也　案說文無「古輕車也」四字。左傳哀公十七年注云：「衷甸一轅，卿車。」此注作輕車，與傳注異。

11 畇　日本宋本巾箱本黎氏所據本景宋本作昀，切三同。元泰定本作畇，集韻同。

12 窴 日本宋本巾箱本黎本作寘，張氏改作窴，與說文合。

13 譂誕語不正也 譂誕，切三作誕譂。本韻他前切下誕注同。

14 滇汚大水皃 方成珪集韻考正云：「汚，疑當作㴐。滇㴐淼漫，見左思吳都賦，注：滇㴐，水闊無涯之狀。玉篇亦作㴐，訓大水皃。」

15 穀孰曰年 年，楝亭本作秊。

三蕭

1 蚈又古奚切 注云又古奚切，案齊韻古奚切下此字作蛢。玉篇同。

2 鵁鳽也 鳽，日本宋本巾箱本黎本景宋本作鶄，與切三合。

3 寥 說文此字作廫。

4 骿骿肋 注切三作「幷肋」，是也。說文：「骿，幷脅也。」

廣韻校勘記　卷二　三

5 玭班珠　班，段改作蚌。

6 蜎又毆泫切　又毆泫切，敦煌王韻作又甌泫反，音同。案本書銑韻無此音。

7 鞘鞘馬尾也　集韻云「鞘，馬勒」。此注有誤。

8 鞘又胡犬切　犬，黎本譌作失。

9 春秋傳曰何故使君水弦　君，日本宋本黎本均作吾，與左傳哀公八年合。

10 狗獸似豹而少文崇玄切　案狗當是犳之譌字。犳見山海經西山經底陽之山，郭注犳，音之藥反。玉篇犳，獸豹文。音與郭同。犳已見藥韻之若切下，此處當刪。

仙韻

11 故字從人旁山　今本釋名作「故其制字人旁作山也」。

四葉

15 澶 又音纏 注云又音纏，案本韻直連切下無此字。

五 業

1 嫣 又於遠切 注又於遠切，案阮韻於阮切下無嫣字，嫣見獮韻於蹇切下。

2 便 辯也 正文及注日本宋本誤作「偏，不正」。

3 馬蜩 蟬中最大 大下宜有者字。案爾雅釋蟲「蝒馬蜩」下郭注云：「蟬中最大者為馬蜩。」宋本爾雅誤作「蜩中最大者為馬蟬」，今依初學記所引孫炎語「蝒馬蜩蟬最大者也」訂正。

4 蛃 說文曰蛃蚗蟟屬 蛃蚗，日本宋本中箱本黎本景宋本均作蚒蚗，與宋本說文合。

5 圝 敦煌王韻此字與顈為一字。

6 顛 顛額 顛，日本宋本中箱本黎本景宋本作鷏，均誤。案鷏字已見上

文，此處不當重出。元泰定本明本作⿰骨馬，與五代刻本韻書相合。龍龕手鑑馬部亦有⿰骨馬字。宋本之鶻即⿰骨馬字之誤。注亦當作「⿰骨馬額」。張氏改鶻作頢，未詳所據。各字書無頢字。

7 ⿰衤耎 此字當從耎作⿰衤耎。下⿰日耎瑌同。

六葉

1 一曰射千 千，各本作干，此誤。

2 嬛 當依說文作嬛。

3 ⿷匚亘 黎本作圛，誤。

4 ⿷匚專 篿也 注篿字當依方言作䉵，方言五云：「䉵，或謂之⿷匚專璇」。

5 古史考 史，曰本宋本中箱本作吏，誤。古史考蜀譙周撰。

6 有大玄女　大，日本宋本中箱本楝亭本作太，是也。

7 索瓊茅以筳篿　筳，離騷作筳，瓊作藑。楝亭本不誤。又篿下切三及敦煌王韻均有兮字，與離騷合。

8 鄟鄟邑名　鄟，日本宋本中箱本作鄭與敦煌王韻合，當據正。亦見桓韻度官切鄟字校記。

9 圌　支韻是為切下作䈐。

10 史記有歂師　歂，日本宋本中箱本均作歂，當據正。

11 栓山員切　山員切，切三及敦煌王韻同。五代刻本韻書入莊緣反，下蓋誤。

12 犍為縣在嘉州　嘉州，切三敦煌王韻五代刻本韻書均作益州。案漢書地理志犍為郡下注云：「武帝建元六年開。莽曰西順，屬益州。」應劭曰：故夜

郎國」。此作嘉州者本唐制也。見唐書地理志及元和郡縣志。

13 憖 憗俗　案憗日本宋本中箱本棟亭本作憗，與玉篇合。

14 一曰馬腹縶　此文切三及敦煌王韻同。五代刻本韻書作「馬腹熱病」。字鏡云：「馬腹熱。」說文繫傳同。

15 ⿰衤蹇 又已偃切　又已偃切，切三及敦煌王韻同。案阮韻居偃切下無⿰衤蹇字，⿰衤蹇見獮韻九輦切下。

16 方言曰⿰口虔⿰口虔歡皃　案此引乃郭注。方言十三云：「⿰口虔，樂也。」注：「⿰口虔⿰口虔，歡皃。」

17 ⿵鬥昏緡　⿵鬥昏，景宋本棟亭本作閽，是也。

七　葉

1 踡 踡跼不行　「不行」，切三及敦煌王韻同。元泰定本明本棟亭本作「伸」，玉

篇同。

2 鸜 鸜鵒 注「鸜鵒」，敦煌王韻及五代刻本韻書作「鴝鵒」。案鴝、鸜聲同。玉篇鸜下云：「鸜鵒亦鴝鵒也」。

3 夐 又音倦 注云又音倦，案線韻渠卷切下無此字。

4 趯 日本宋本此字作𧼐，同。集韻：「趯」，或從卷」。

5 捲 說文云气勢也國語曰予有捲勇 說文引國語無予字。案齊語云：「於子之鄉有拳勇股肱之力秀出於衆者」。此注予字誤。

6 鄢 又於晚切 注云又於晚切，案阮韻於阮切下無鄢字。

7 漹 此字敦煌王韻與嫣字同在焉紐下，音於乾反。

8 𨗨 行不正皃丁全切一 切韻無此字。敦煌王韻作「𨗨 丁全反一𨗨丸也出說文新加一」。注云：「出說文」。案

說文無𪄴字。五代刻本韻書作「𪄴𪄴丁全反一」，未詳。

蕭韻

9 蟰蛸蟲一名長蚑出崔豹古今注　蚑，各本作蚑，是也。蚑見支韻巨支切下。

又長字，宋嘉定本古今注作蟰。

10 潚　此字切三及敦煌王韻作瀟。

11 𦑊 羽翼𢾊皃　𢾊，段氏改作潎，是也，與元建安鄭氏刊本玉篇合。集韻𦑊翛一字，詩鴟鴞「予尾翛翛」，傳云：「翛翛潎也」。

12 朓 月出西方　注出字，切三及敦煌王韻均作見。案漢書五行志下之下云：「晦而月見西方謂之朓」。

13 轉 薄　轉字誤，切三及敦煌王韻均作輕，當據正。

4 說文曰樹搖皃　搖字日本宋本巾箱本黎本景宋本均脫。

5 鉊 淮南呼鐮　注「淮南」下切三有「人」字。案方言五云：「刈鉤，江淮陳楚之間謂之鉊」。

6 郭璞云苕華色異名也　案爾雅釋草云：「苕，陵苕。黃華，蔈；白華，茇」。郭注云：「苕華色異，名亦不同」。此注引郭注名下脫「亦不同」三字。

7 爾雅云中鏞謂之剽　案爾雅釋樂云：「大鐘謂之鏞，其中謂之剽」。此引非原文。

8 謤　切三此字入蟬紐，音無遙反，蓋鈔者之誤。案郭璞音飄，釋文音婢遙反，皆與廣韻音同。

9 方言云江東謂浮萍爲薸　段云：「方言無此」。王先生云：「薸出郭璞爾雅注」。

10 㯻 橐也又公混切　此字日本宋本巾箱本黎本均作㯻，張改作𣝔，是也。𣝔說文：「𣝔，囊張大皃。从橐省，匋省聲」。大徐音符霄切。又「㯻，橐也。从東圂聲」。大徐音胡本切。廣韻此音符霄切，可知㯻必爲𣝔字之誤。注「橐也」，當改從說文作「囊張大皃」；「又公混切」四字當刪。

11 苗 武瀌切　瀌，日本宋本巾箱本元泰定本明本作儦，音同。

12 象人要自由之形　「自由」二字，日本宋本黎本景宋本作「皃曰」。「皃」，張改作自，是也。「曰」，張改作由，非。說文作臼，段據改。

13 鴟鴞　鴟，各本作鴟，此誤。

山行即橋」，漢書溝洫志作「泥行乘毳，山行則梮」。如淳曰：「橇音茅蕝之蕝」，司馬貞謂橇音昌芮反，是橇字不讀起囂切也。玉篇音丘喬切，亦誤。橇宜入祭韻。集韻祭韻祖芮切、充芮切下均有此字。此𩋘下當云：「山行所乘」。

肴韻

6 猇 又直交切 交，日本宋本、中箱本、黎本、景宋本、明本均作支，與切三合。案支韻直離切下無猇字，集韻支韻「陳知切」下有之。張本改支作交，與元泰定本同，非也。案漢書地理志濟南郡有猇縣，注云：「應劭曰：音箎」。箎，廣韻即音直支切，可證作「支」不誤。又猇，蘇林音爻，蔡謨音由音鴞，顔師古音于虬反，均無直交切一音，可證「交」為譌字。

7 膠 亦太學也 太，日本宋本、中箱本、黎本作大。案禮記樂記注云：「周名大學

曰東膠」。五代刻本韻書注云：「殷之大學名也」。

8 芁 秦芁

芁，段改作艽，是也。玉篇云：「芁，秦芁藥」。或作艽。艽亦芁字之誤。

9 兵車若巢

五代刻本韻書若上有「高」字。

10 鄉名在南郡

郡，段氏改作陽，與說文合。

11 鐃 似鈴無舌

鈴，各本作鈴，與玉篇合。

12 ⿰氵冈 ⿰氵冈沙

⿰氵冈，五代刻本韻書同。段氏改作⿰石冈。棟亭本作硇，注同。

13 ⿱山麃 捽也

捽，當作崒，見玉篇集韻。

14 ⿰犭農 又力刀切

又力刀切，力字誤。日本宋本中箱本作奴，是也。⿰犭農字又見豪韻奴刀切下。

廣韻校勘記　卷二　十二

十二葉

1 茅 草名左氏傳曰前茅慮無明　案左傳宣公十二年云：「前茅慮無」。「明」，乃杜注。注曰：「茅，明也」。此注依例當作「草名。又明也，左氏傳曰：前茅慮無」。

2 水名在南郡　郡字，日本宋本、巾箱本、黎氏所據本並無。張氏增，蓋本玉篇。段氏云：「西征賦注：字林曰𣻇水在河南郡。此落河字耳。去聲效韻則又譌為南陽」。案段說是也，當據正。

3 膠　切三、敦煌王韻、五代刻本韻書均作䁘，玉篇同。此從月作膠，非。敦煌王韻云：「眑䁘，面不平。眑，於交反」。案本書於交切下眑字亦從目作。

4 磝磝城名　城，日本宋本、巾箱本、黎本均作成，集韻同。

5 瘠土　瘠，日本宋本、巾箱本、黎本、景宋本、明本作塉。

6 又五勞語彪二切　日本宋本巾箱本黎本景宋本作「又五勞切，語彪切」。張氏依例改，與元泰定本合。

7 趙竹宵切　趙見庚韻竹盲切，此「宵」字誤。日本宋本作盲，切三及故宮王韻同。當據正。

8 鵃　故宮王韻作鵰。

9 炮合毛炙物也　物，切三及故宮王韻作肉，是也。玉篇云：「炮，炙肉也」。

10 皃　案此字蓋皃字之譌。集韻本韻宵，或作皃，巧韻或作皃。

11 膠又力絞切　注云又力絞切，案巧韻無此音。

豪韻

十三葉

1 鼜 役事車鼓　切三及故宮本敦煌本王韻注均無車字，案周禮鼓人云：「以鼜鼓役事。」

2 悕 知也局也　注故宮本敦煌本王韻五代刻本韻書均作「局知」。集韻云：「局知也」。

3 釋 今之餹餅曰釋　釋集韻作[illegible]。此從睪作釋誤。案從睪不得音古勞切也。

4 憥　說文勞字古文作𢡚，此憥蓋𢡚字之誤。

5 栁　黎本作[illegible]，誤。

6 [illegible]　日本宋本中箱本黎本景宋本均作[illegible]，集韻同。

7 說文曰眉髮及獸毛也　說文眉髮下有「之屬」二字。

8 徐援釋疑曰乘輿黃麾內羽仗班弓箭左罼右罕執罼者冠熊皮冠謂之髦頭也　案援字誤，日本宋本中箱本黎本同，張刻後刻改作爰，是

也。徐爰字長玉，宋中散大夫，虞世南北堂書鈔及李昉等太平御覽並引其書。北堂書鈔卷一百三十髮頭條注曰：「徐爰釋疑略注云：乘輿黃麾內羽林班弓箭手，（據王石華校）左單右罕。執罼罕者冠髦皮冠，謂之髦頭」。此文與廣韻所引略異。太平御覽卷六百八十引作徐爰釋疑略。（御覽圖書綱目名同。）

9 [illegible] 此字日本宋本巾箱本景宋本作[illegible]。

十四葉

1 縿 本音衫 衫，各本均作杉。案杉字在咸韻，考縿字見銜韻所銜切衫紐下，張改作衫是也。

2 颾 故宫王韻此字作[illegible]。

廣韻校勘記　卷二　十四

3 鱢　此字故宮本敦煌本王韻爲臊字或體。

4 白首赤口　首，日本宋本巾箱本黎本均作身，切三及敦煌王韻五代刻本韻書同。

5 海中大鼇　鼇，切三作鼈，集韻同。

6 不省語也　此文切三及故宮本敦煌本王韻同。省字段氏改作肖，與五代刻本韻書及元泰定本合。案説文云：「謷，不肖人也。」

7 ⿰火麀　切三及故宮本敦煌本王韻作爊，誤。案廣雅釋詁四云：「⿰火麀，煴也。」曹憲⿰火麀音烏高反，與廣韻音同。

8 ⿰金麀　此字説文同。切三及故宮本敦煌本王韻作鑣，非。

9 嶩　峱　二字敦煌王韻均爲巎字或體。

10 䐑也　䐑，日本宋本巾箱本黎本均誤作雅。張改作䐑，與說文合。

11 ⿸早殳　玉篇集韻此字並作⿸喿殳，爲操之或體。敦煌王韻同。

12 ⿰片毛　此字集韻同，巾箱本黎本作⿰月毛，誤。

十五葉

歌韻

1 釋名曰人聲曰歌歌者柯也以聲吟詠上下如草木之有柯葉　詠下今本釋名有「有」字，此奪。

2 菏　段改作渮，與故宮王韻合。此字從水苛聲，見說文。

3 渮澤水在山陽湖陵縣　注澤水，說文作渮澤水。段氏改作渮水。

4 ⿰亻崩　此字敦煌王韻同。漢書卷七十六王尊傳作傰。本書登韻步萠切下

作倗。案漢書注：「蘇林曰倗音朋，晉灼曰音倍。」無得何切一音。後以倗譌作倗，又由倗譌作侈，如蒯字唐人每寫作剻。字既訛變，音由字生，去古彌遠。

5 舞不止　止，日本宋本巾箱本均譌作正。

6 陀陂陀不平之皃陂音何切　注陂陀，故宮王韻作阪陀。案阪見戈韻滂禾切下。又注云：「陂音何切」，本韻及戈韻均無此陂字。

7 駄　此字玉篇作馱，大徐說文新附字同。

8 袉又達河切　河，故宮本敦煌本王韻作何，並誤。日本宋本巾箱本黎本均作可，是也。案袉又見哿韻徒可切。

9 瘥又初介切　案介字在怪韻，本書怪韻無「初介」一紐，瘥見卦韻楚懈切下。敦煌

王韻瘥在怪韻，音楚介反。

10 䣜縣在譙郡或作酇，　在譙郡，切三及敦煌本故宮本王韻作在沛郡，案漢書地理志沛郡有酇縣。此作譙郡者，隋制也。

11 蒫又子邪切　子邪切，故宮王韻作子枒反，音同。敦煌王韻作相邪反，誤。案蒫字又見麻韻子邪切下。

12 虘又才都切　又才都切，故宮王韻同。案模韻昨胡切下無此字。敦煌王韻昨姑反下有之。

13 似𦯬蒿　𦯬，日本宋本中箱本黎本均作斜。張改作𦯬，與切三及故宮王韻合。案𦯬見麻韻似嗟切下，注云：「𦯬蒿」。

14 娍祴同上　祴，集韻訓「祭名」，非娍之或體。案此蓋本玉篇，玉篇祴

3 覼　說文此字作覶。

4 蠡 又音鹿　注云又音鹿，案屋韻盧谷切下無蠡字，此因谷蠡王之谷音鹿而誤作蠡字音鹿。亦見支韻呂支切蠡字校記。

5 波 博禾切　博禾切，切三作博河反，故宮本敦煌本王韻作博何反。案河何為開口字，波為合口字，以牙喉音開口字切脣音合口字，於切韻王韻每見之。

6 頗 滂禾切　滂禾切，切三作滂河反，故宮本敦煌本王韻作滂何反。案河何為開口字，以之切合口頗字，亦牙喉音開口字切脣音合口字之一例。

7 頗 又匹我切　匹我切，故宮王韻作滂可反。案本書哿韻無頗字，頗又見果韻普火切。王韻未分哿果二韻，此字見哿韻普可反下。

8 萪生海邊　萪下切三及故宮本敦煌本王韻均有藤字。集韻萪下云：「一曰藤類」。玄應一切經音義卷十八引南海志曰：「萪，藤名也」。

9 鞾許肥切　切三注云：「無反語」。故宮王韻音希波反。敦煌王韻音火戈反，又布波反。布字當是希之誤字。

10 ⿰亻戚恒　恒，日本宋本中箱本黎本作恒，誤。案恒見本韻丘伽切下。

11 伽求迦切　切三注云：「無反語，噱之平聲」。敦煌王韻作夫迦反。夫字當是誤字。故宮王韻此字音夷柯反，而此紐茄枷二字音巨羅反。

12 迦居伽切又音伽　注「切」字黎本脫。又「又音伽」之伽，日本宋本中箱本黎本均作加，當據正。案迦又見麻韻古牙切下，與「加」音同。

13 脞醋伽切　切三無此字，故宮王韻作倉禾反，敦煌王韻作倉和反。

廣韻校勘記 卷二 十八

14 侳 子骪切　切三無此字。故宮本敦煌本王韵作子過反。

麻韵

15 𪎭 又莫何切　又莫何切，故宮本敦煌本王韵作又莫柯反，音同。案𪎭字本書又見戈韵，音莫婆切。

十八葉

1 燒榛種田　榛，日本宋本中箱本黎氏所據本明本作樔，誤。

2 草名　故宮本敦煌本王韵作菜名。

3 遮 正奢切　正奢切，切三及敦煌王韵作止奢反，音同。故宮王韵作士奢反，士字誤。

4 𧪚　故宮敦煌王韵作䜉。

5 說文詠也　詠字誤，段氏云：「廣雅玉篇作誄，今說文作娽。」

6 袓又似與切　又似與切，故宮王韻同。案語韻徐呂切下無袓字，袓見慈呂切下。故宮本敦煌本王韻同。

7 咲小蛇吸蝮　吸，日本宋本巾箱本黎本均作及。

8 廣雅云龍蹄獸掌羊骹兔頭桂髓蜜筩大青小班皆瓜名　廣雅，段氏改作廣志。案此文亦見廣雅釋草，但無大青小班四字。此文獸掌當作虎掌，廣雅及張載瓜賦皆作虎掌。桂髓當作桂髓。廣雅作桂支。陸機瓜賦云：「東陵出於秦谷，桂髓起於巫山。」

9 昔秦人迫逐乃袓吾離于瓜州　袓當作祖，見左傳襄公十四年。楝亭本不誤。

10 譇詉語皃　切三及故宮王韻云：「譇詉，語不正。」

「𩋐釋、鞾之缺前筆者也。」

5 吾 漢書金城郡有允吾縣允音鈆　注云允音鈆，此見漢書地理志應劭注。案本書仙

韵與專切下無允字。

6 樝 側加切　側加切，切三同。故宮王韵誤脫反語，致混入五牙反下。

7 又音徒　又字日本宋本、黎本脫，巾箱本不誤。

8 春 藏葉可以為飲　切三及故宮王韵「葉」上並有「草」字，此脫。

9 秺 又縣名　案漢書地理志秺作秅。

二十葉

1 鉈 又音夷　注云又音夷，案脂韵以脂切下無鉈字。

2 窪　當作漥，字從水窪聲。

陽韵

3 囙封爲氏　囙字，日本宋本巾箱本黎本景宋本無。

4 與章切三十二　三十二，巾箱本楝亭本作三十一，是也。本切下凡三十一字。

二十一葉

1 後其地入蜀　地字日本宋本巾箱本黎氏所據本景宋本脱。

2 魏末克蜀　末，巾箱本黎本作未，是也。

3 䝤　日本宋本巾箱本黎本作睘，誤。張改作䝤，與故宮王韵合。

4 𡧔又力尚切　案漾韵力讓切下字作𡧔。

5 牻牛　牻各本作牻。

6 螪羊蟲　羊，巾箱本楝亭本作蛘。

二十二葉

1 鶍 又餘諒切　注云又餘諒切，案漾韻餘亮切下無此字。

2 耕場　場，各本作塲。

3 鄣　日本宋本巾箱本黎氏所據本均譌作彰。

4 鯧 鯧鯸魚名　注故宮王韻作「鮻魚」。

5 ⿰弓薑　此字當依說文作⿱艹彊，敦煌王韻不誤。

6 ⿰虫畺 蠶白　切三注作「蠶白死」，集韻同。

7 長 又丁丈切　又丁丈切，故宮王韻作陟兩反。案長見養韻知丈切下，「陟兩」為音和切，「丁丈」為類隔切。

8 塲 祭神道處　切三及敦煌王韻注無「道」字。案說文云：「塲，祭神道也。」

9 瓶也　瓶，日本宋本巾箱本黎本誤作瓻。張改作瓶，與廣雅釋器合。故宮王韻作缾。

二十三葉

1 漢官有太子坊　官，巾箱本作宮，是也。

2 什邡縣在漢州　漢州，切三及敦煌王韻作廣漢。案漢書地理志廣漢郡有什方縣。此作漢州者，唐制也。

3 子孫以謚爲氏　謚，日本宋本巾箱本黎本均作諡。

4 懷挾纓纕　懷，日本宋本巾箱本黎本作儴，誤。張改作懷，與國語周語合。

5 進也　日本宋本巾箱本黎本元泰定本明本均作「逃也」，當據正。

6 武方切十二　十二，巾箱本楝亭本作十一，是也。本切下共十一字。

7 ⿱亡明 忘也　忘，段改作忙，蓋據廣雅遽也一訓。案故宮本敦煌本王韻均作悤。

8 ⿸疒壬 俗　此字日本宋本巾箱本黎本作⿸疒王。

9 鷞　當作鷞。

10 騻　當作騻。

11 蠰 又音傷　注云又音傷，案本韻式羊切下無此字。

二十四葉

1 周靈王　此下日本宋本黎本景宋本衍「太康琅邪周靈王」七字，中箱本不誤。

2 胦 脝胦　注「脝」字，故宮王韻作脖，是也。集韻脖下云「脖胦，臍也」。脖胦見靈樞經。

3 ⿱艹昜 褚羊切 褚當作褚。

4 韓子曰必不能審得失之地則謂之狂也 必，日本宋本巾箱本黎本景宋本均作心，當據正。

唐韻

5 徒郎切四十一 四十一，巾箱本棟亭本作四十，是也。本切下凡四十字。

6 風俗通云堂楚邑大夫五尚為之其後氏焉 為下當有宰字。本韻匡下引風俗通云：「匡，魯邑也。句須為之宰，其後氏焉。」即其例。

二十五葉

1 磄 磄岸石也 岸，日本宋本黎氏所據本景宋本均作厗，巾箱本作庠，當據正。案厗字見齊韻杜奚切下，彼注亦作「磄厗石也」。

2 闇　故宮本敦煌本王韻作闇。集韻闇為闇之或體。

3 䈎 罩也　罩，日本宋本中箱本黎本均作罩，是也。

4 㲘毦　毦，日本宋本中箱本黎本均譌作毦，張改作毦，與廣雅釋器玉篇

合。

5 雓 雓雓　注雓字與鴭字同，見集韻，廣韻無雓。

6 又作𡓼　𡓼，當作𡓼，唐人从岡之字每从罡作。

7 㯁梁虛畢也見文選賦　賦上當有「長門」二字。文選司馬相如長門賦云：施瑰木之欂櫨兮，委參差以㯁梁。

8 䁑 䀮䁑目皃　注「䀮」，當作映，見玉篇䁑字注及本韻烏郎切映字注。

二十六葉

1 㠩　中箱本作巟，與說文合。

2 胡光切三十三　三十三，中箱本、楝亭本作三十二，是也。本切下凡三十二字。

3 左傳鄭大夫皇頡　夫字下日本、宋本、中箱本、黎本衍夫字。

4 決驪馬旋毛在脊也　也字元泰定本、明本、楝亭本作上。

5 簜　當從說文作簜，簜又見蕩韻。案簜乃竹名，與此義不合。

6 盪又徒郎切　注云又徒郎切，案本韻徒郎切下無盪字，盪又見蕩韻徒朗切下，此郎字蓋朗字之誤。

7 炕又苦朗切　注云又苦朗切，案蕩韻苦朗切下無此字。

8 ⿰月荒狼⿰月荒南夷國名　⿰月荒，當作䀮，注同。案呼光切䀮下云「狼䀮南夷國名」。

9 咉忼很戾　很，楝亭本作狠。

廣韻校勘記　卷二　二十四

10 沆 又胡朗切　朗，黎本譌作郎。

11 朊 犬䑋也　犬，日本宋本中箱本景宋本作大，是也。案史記張耳陳餘傳索隱引蘇林曰：「朊，頭大䑋也。」

二十七葉

1 牂　此字當從說文作牂。

2 摮　日本宋本黎本譌作摮。張改作摮與中箱本合。

3 鞋 革皮也　也，日本宋本中箱本黎本景宋本明本作用。

庚韻

4 劥 𠢄　𠢄，日本宋本黎本作𠢄。案𠢄見皆韻，音苦淮切。

5 鄳 古縣名在義昌　注切三及故宮本〔二〕敦煌本王韻同。段氏改義昌為義陽，與

〔二〕編者按：故宮本《王韻》僅注「縣名」二字。

隋書地理志合。隋志義陽郡鍾山縣舊名酈縣。集韻眉兵切酈下亦作義陽。

6 嚝 鼓鐘聲

嚝、敦煌王韻訓嚝嘖聲，故宮王韻作嚝嗜聲。萬象名義字鏡同。惟龍龕手鏡此字訓鐘鼓聲。

7 觵 角為酒器

觵，切三及故宮本敦煌本王韻作兕，當據正。

二十八葉

1 於驚切七

七，巾箱本作十，是也。本切下凡十字。

2 女人稱美

玉篇集韻作女人美稱，當據正。

3 平 亦州名古山戎孫竹白狄𡵙子二國之地

𡵙子，日本宋本巾箱本景宋本黎本作肥子，是也。當據正。案御覽卷一百六十二引十道志曰：平州……春秋時為山戎孫

竹白狄肥子二國地。」

4 漢有丞相平當　有字，日本宋本巾箱本黎氏所據本均譌作相。

5 京大也……京義亦取此公羊「京者大也師者衆也天子之居必以衆大之辭言之　京義亦取此，吳夌雲曰：「當作京師義亦取此，脫一師字。」見廣韻說。

6 似麋牛尾　麋，段改作麖，與爾雅釋獸合。

7 鴫　日本宋本巾箱本黎氏所據本均譌作鵬，張改作鴫，與切三及故宮本敦煌本王韻合。

8 ⿱尚之　此字當作⿱尚止，從止尚聲。

9 蠑螈　螈，切三及故宮王韻作蚖。案本書無螈字。蚖見元韻愚袁切下。

10 嶸又戶萌切　又戶萌切，故宮王韵作又戶明反，誤。案嶸字又見耕韵戶萌切下。

11 兵甫明切　甫明切，切三作甫榮反，均類隔切。故宮王韵作補榮反，爲音和切。

二十九葉

1 葝　當作葝，見爾雅釋草。

2 又云衡魯公字後乃氏焉　段氏改作「又云公衡魯公子」，並曰「見左氏」。案左傳成公二年曰「公衡爲質以請盟」。

耕韵

3 ⿰山巠硎或作　硎，楝亭本作⿰山刑。

4 ⿱竹悶爾雅曰存存⿱竹悶⿱竹悶在也　⿱竹悶，故宮王韵同。說文作⿱竹悶，從心，簡省聲，讀若簡。爾雅作萌，郭音武耕反。見釋文。

5 甍　此字日本宋本中箱本作⿱艹甍。

6 浜布耕切　布耕切，與繃紲北萌切音同。切三及故宮王韻無此紐。集韻此字入庚韻補橫切下。此字又見梗韻。

7 浜又布耿切　注云又布耿切，案耿韻無浜字，浜見梗韻，音布梗切。

8 三　各本作二，是也。布耕切下凡二字。

9 ⿰扌兵冢口穴也　⿰扌兵，集韻作⿰土兵，此從手作非。

10 綳紭　紭，日本宋本黎氏所據本誤作綳，張改作紭，與中箱本合。

11 齊人要術　當作齊民要術。人乃唐人避諱改，廣韻未加刊正。

12 崢七耕切　七耕切，日本宋本中箱本同。黎本元泰定本明本作士耕切，是也。故宮王韻同。陳澧云：玉篇仕耕切，集韻鋤耕切。仕士同音，士鋤聲同類，可證士

字是也」。

三十葉

1 噌　日本宋本中箱本黎本作噲，誤。案作噲於音不合，玉篇集韻均作噌。

2 罰金四兩　四字日本宋本黎本景宋本脱，中箱本有。

3 伻使人　伻，故宮王韻作拼，注云：「使也，又必耕反」。案伻為拼之或體，見集韻。本韻北萌切下作拼。

4 抨彈也　注彈字當依説文作撣。

5 桐棺三寸　棺，日本宋本中箱本黎本景宋本作棺，是也。

6 閿　當從門作閿，見玉篇。

7 輣薄萌切　薄萌切，切三及故宮王韻作扶萌反，類隔切也。

8 弸弓弱皃　故宮王韻訓同。段氏改作「弓彊皃」，與說文合。

9 埩理也治也　理，日本宋本中箱本作埋，故宮王韻同。

10 猙又音淨　注云又音淨，案勁韻疾政切下無此字。此字又見靜韻疾郢切下。注淨字蓋靜字之譌。

清韻

11 爾雅注云旋首曰旌　日本宋本中箱本黎本均作「爾雅曰注旋首曰旌。」案此文見爾雅釋天。張氏不審，改「曰注」二字為「注云」，非也。

12 見禮　棟亭本作「見周禮」。

13 ⿰青頁顧⿰青頁頭也　案玉篇顧注云：顧⿰青頁頭不正也。此注頭下宜有「不正」二字。

14 聰聽也　聰聽，故宮王韻作「聽聰」。

15 ⿱从⿰亯風亦作⿰亯風　注「⿰亯風」，日本宋本中箱本黎氏所據本景宋本作⿱竹⿰亯風，乃⿱从⿰亯風字之誤。元泰定本明本作⿱竹⿰亯風，是也。此字說文作⿱竹⿰亯風。玉篇亦云：「⿱竹⿰亯風，亦作⿱竹⿰亯風」。

16 說文市居也　宋本說文同。段改市作帀，本葉石君抄本。見段氏說文注七下宮部營字注。

三十一葉

1 鎣又音瑩　瑩，各本作營，誤。案音營即本音也。故宮王韻注作又烏定反，張改作瑩，正相符合。

2 男曰甥　男字日本宋本脫。

3 宬屋容受也　案說文云：「宬，屋所容受也」。此注受上當有所字。

4 ⿱⿰皮刂冋　段改作⿱⿰火刂冋，與集韻合。

5 春秋說題曰　段氏於題下加辭字，是也。

6 箳篁車轓　篁，當作箵，見青韵桑經切箵字注。廣雅釋器云：「箳篁，蔽簹也」。御覽卷七百七十六引通俗文云：「車當謂之箳篁」。

8 餳徐盈切　餳，明本作餳，是也。本書所附辨四聲輕清重濁法內有此字。

三十二葉

1 睘驚視　睘，當從說文作睘。

2 ⿰女孚　此字各本作⿰女學，當據正。

3 騂馬赤色也　騂，當從羊作⿰馬羊，見說文新附。案字從羊，方有赤義，如垟說文訓赤剛土，烊廣雅訓赤，是其例。

4 埣　當從說文作埩。

5 觪　當從說文作觲。

6 勁剄同上　勁，當作勁，見故宮王韻。重文剄亦當作剄。

青韻

7 亦經緯　緯字日本宋本脫。

8 涇水出薄洛之上　洛，楝亭本作落，與淮南子墬形篇合。

9 鵛　黎本誤作頸。

10 荆　各本作荊，是也。

11 讁為河閒鄭令　鄭，日本宋本黎本景宋本作鄚，是也。鄚縣漢書地理志屬涿郡，後漢書郡國志改屬河閒國。張氏改鄚為鄭，非。

鄭屬京兆，不屬河閒。

12 鉶 故宮王韻作鉶。集韻鉶爲鉶之或體。

13 又作型 型當作型。

14 酒器似鐘 段氏改鐘作鍾，與說文合。

15 甹 當從說文从血作䘓。

16 郭璞云或即蜻蛉也 或下楝亭本有曰字，與爾雅郭注合。

三十三業

1 豕臭肉 臭，日本宋本巾箱本黎本作息，與說文合。此作臭誤。

2 刢利使性人也 使字元泰定本明本楝亭本作快。

3 自漢已後 已當作以。

4 墩煌　墩，日本宋本、中箱本、黎本均作燉。此從土作非。

5 山海經曰　經字日本宋本脫。

6 騂蓋車騎聲　蓋，故宮王韻作𥖄，集韻作轞。

三十四葉

1 四人之食飲器　「食飲器」，說文作「飲食器」。此引「食飲」二字當乙正。

2 鴟鶬　鴟，當作鵅。

3 聹又乃定切　注云又乃定切。案徑韻乃定切下無聹字。故宮王韻注作又力立反，力字蓋誤。本書此字又見之韻赤之切下。

4 訂又徒頂他頂二切　案此字僅見迥韻徒鼎切，他鼎切下無此字。

5 漢有冥都為丞相　段於相下增史字，是也。漢書儒林傳顏安樂傳

下云：「都為丞相史」。案漢書宋祁校注引蕭該音義所引風俗通已脫史字。

6 釋名曰銘名也記名其功也　案今本釋名釋典藝作「銘，名也。述其功美，使可稱名也」。

7 麊 米漬　注漬字日本宋本作潰，是也。見說文玉篇。

8 爾雅曰覭髳苐離　苐，日本宋本巾箱本黎本均作茀，與說文所引合。張氏依今本爾雅改作苐。

9 ⿰目并　段改作⿰齒并，是也。案說文作⿰齒屏。

10 簈⿱⺮星別駕車名　案此訓誤。簈⿱⺮星乃車當也。漢時州別駕車前有簈星如刺史車。見後漢書輿服志引謝承續漢書孔恂事。此注「名」字宜依清韻簈字及本韻

篁字注改作轠。

11 熒 户扃切　户扃切，切三及故宮王韻作胡丁反。案丁熒韻不同類，以胡丁切熒者，以胡字爲合口字，音與户扃切同。

蒸韻

12 脀　當從說文作脀。

13 署陵切二　二，各本作三，是也。本切下凡三字。

14 ⿱丞車　當作⿱丞車。

15 瞪 又直庚切　注云又直庚切，故宮王韻同。案本書庚韻直庚切下有盯字即此字。集韻盯或作瞪。

16 憕 又竹萌切　又竹萌切，切三及故宮王韻同。案耕韻中莖切下無此字，别見宅

耕切下。

三十五葉

1 ⿰壴夌　日本宋本巾箱本黎本均誤作崚。張改作⿰壴夌，與故宮本敦煌本王韵及說文合。

2 棱又力證切　注云又力證切案證韵里甑切下無此字。

3 左傳曰邦晉應韓武之穆也　邦，日本宋本黎本景宋本作邗，案當作邘。此文見左傳僖公二十四年。邘音于。

4 八代孫　孫字日本宋本黎氏所據本脫，張增與巾箱本合。

5 拼馬壯吉　拼，日本宋本黎氏所據本誤作拼。

6 ⿺辶乃往也　⿺辶乃段氏改作迺，蓋本說文。案說文迺下云：「或曰迺，往也。讀若仍」。

段氏注云：「玄應書三引倉頡篇：迺，往也。」

7 興　亦州名戰國時為白馬氐之地漢置武都郡

白馬氐，日本宋本巾箱本黎本均作白馬氐。氐即氐字俗體。疑改作氐是也。漢書地理志武都郡下應劭曰：「故白馬氐羌」。

8 ⿰興阝上巾箱本有「嬹」字，注云「女字」。元泰定本明本同。案有此字始與興下所注字數「三」字相符。集韻：「嬹，悦也。一曰女名。」

9 ⿰興阝　說文曰地名也

注引說文，案說文無此字。玉篇有⿰興阝字，音欣陵切。

10 殑　殑殑欲死狀

殑殑，切三及敦煌王韻均作殑⿰歹先，與玉篇歹部⿰歹先注合。

11 硱

此字故宮本敦煌本王韻同。段云：「元結文硱硱石顛，自注綺兢切」。案明正德刊本元次山文集卷六丹崖翁宅銘字作硱。

12 磳 仕兢切　切三無此字，故宮王韻在殑紐下，音其矜反，又子騰（原誤勝）反，又皮冰反。案敦煌王韻登韻磳下云「又仕冰反」。仕冰反即與廣韻此音相合。

13 砅　段據江賦改作砯。

登韻

三十六葉

1 增 作滕切　作滕切，切三同。敦煌王韻作在滕反，誤。

2 磳 又士殑切　士字日本宋本中箱本黎本景宋本作土，非也。案磳字又見蒸韻，音仕兢切。仕士聲同。

3 層 昨棱切又作滕切　「昨棱切又作滕切」，切三同。王韻作「作棱反又作滕反」，「作棱」乃「昨」

「棱」之誤。案本韻作滕切下無此字。

4 棚 棚門

門，各本作閣，當據正。玉篇云：「棚，閣也。」

5 倗 宗

漢書王尊傳作傰宗。

6 徒登切十一

十一，日本宋本中箱本作十二，是也。本切下凡十二字。

7 䁓 美目皃

䁓，當作⿰月朁。敦煌王韻作⿰舟朁，玉篇云：「⿰舟朁，亦作⿰月朁。」

8 𠄨 古文

段氏曰：「當云：『𠄨，同上，亙古文。』」蓋本說文。

9 ⿰氵崩激

激，當作渤。

尢韻

10 釋名曰督郵主諸縣罰負郵殿糾攝之

段氏曰：「今釋名無此語，長笛賦注引韋昭辯語，是古本有之也。」

11 縷笄中　中，日本宋本巾箱本黎本景宋本均作中，與故宮本敦煌本王韻合。案儀禮士喪禮云：「鬠笄用桑，長四寸，縷中。」鄭注曰：「縷，笄之中央，以安髮。」

三十七葉

1 留 說文作畱　畱，日本宋本巾箱本作畱，是也。

2 駵　此字日本宋本巾箱本黎本作駵，是也。

3 肉起疾也　疾，切三及故宮本敦煌本王韻均作病。

4 鼦　此字日本宋本巾箱本黎本作鼦，是也。

5 飀 又音柳　注云又音柳，案有韻力久切下作䬟。集韻飀䬟一字。

6 鰡　此字日本宋本巾箱本黎本作鰡，是也。

7 闠　當依說文作闠。

8 蕕　水蕕草又臭草　薰蕕字切三及故宮本敦煌本王韻別作莸。

三十八葉

1 抌　抒臼出周禮　案此字說文作抭，為舀字重文。

2 洩　皁也　「須洩」。此注有誤。集韻云：「洩，治帛也。」故宮王韻云「洩，洩帛藉名。亦

3 瘜　又臭惡肉　注臭字日本宋本、巾箱本、黎本均作息。

4 粤　段氏據說文改作甹。

5 說文云生條也　生上說文有木字，此脫。

6 若顛木之有粤拚　粤，當作甹。拚，巾箱本楝亭本作枿，是也。

7 皀又胡感切　注云「又胡感切」，案感韻胡感切下無此字。

8 湫又子小切　「又子小切」，故宮王韻同。案小韻子小切下無湫字。湫字見篠韻，音子了切。

9 ⿰耳秋目中聲　注中箱本棟亭本作「目鳴聲」，與自秋切下⿰耳秋注合。

10 惏惆　惏字集韻類篇作⿰忄休，此從木作惏，誤。

11 訓又之又切　注又之又切，切三及敦煌王韻同。案宥韻職救切下字作呪。故宮王韻注云又之由反，本韻職流切下無訓字。

12 蜀江原地　原，巾箱本棟亭本作源。案說文作原。漢書地理志蜀郡有江原縣。

13 順也　此下巾箱本有「安也」二字，元泰定本明本棟亭本同。

三十九葉

1 鐵之奧也　奧，當作奧。也，棟亭本作者。

2 踐踈　踈，日本宋本中箱本黎氏所據本景宋本明本作穀，與切三及故宮本敦煌本王韻合。案玄應一切經音義卷九引通俗文云：「踐穀曰踈」。

3 揉此萬邦　邦下中箱本棟亭本有「箋云揉順也」五字。

4 揉又汝又切　注云又汝又切，案宥韻人又切下無此字。

5 頄　此字故宮本敦煌本王韻同。段云：「頄，說文作䪼」。

6 收俗作収　収，日本宋本元泰定本作「收」。案故宮本敦煌本王韻均作「收」。

7 孟子齊有曼丘不擇　段云：「今孟子無」。

8 菑丘訴　訴，日本宋本黎本均作訢，是也。御覽卷四百三十七引越絕書

作菑丘訢。今本吳越春秋卷二作椒丘訢。

9 莊丘勝　莊，巾箱本、楝亭本同。日本宋本、黎本作壯。

10 古有蔡丘欣衣馬淮陽　段氏云：「此即菑邱訢耳」。案段說是也。蔡丘欣即菑丘訢之譌。衣馬淮陽事見御覽卷四百三十七引越絕書及今本吳越春秋卷二，韓詩外傳卷十。

11 訄追也　追，故宮本、敦煌本王韻作迫，是也。此訓見廣雅釋詁。本韻巨鳩切訄下亦訓迫。

12 肧又普回普来二切　注云又普回普来二切，故宮本、敦煌本王韻均作又普才反。案肧字見灰韻音芳杯切，此注普回普来實一音也。

13 艽又居由切　此字音居求切，注云又居由切，居由居求一音也。切三及敦煌王

韵注云「或作樛，居由反」。案樛字見幽韵音居虯切。

14 鬮 當從門作鬮，楝亭本不誤。

15 鬮取也 鬮取，日本宋本中箱本黎本均作鬭取，故宮王韵亦作鬭取，與說文合。案黝韵居黝切鬮下作「鬮取」，張氏蓋據彼改此。

16 龜 又居危切 注云又居危切。案支韵無此字，此字見脂韵音居追切。

17 不 又甫救切 「又甫救切」，切三及故宮本敦煌本王韵同。案宥韵方副切下無此字。

18 鍐 馬金目飾 案玉篇此字訓「鍽也」，另有「鍐」字音亡犯切，訓「馬首飾」。此鍐字本書見范韵音亡范切，義與玉篇同。方成珪以為本注有誤。爾雅釋器云：「刻鏤物為鍐」，是玉篇訓「鍽」正合。本書蓋誤鍐鍐為一字。

19 人馬廋哉 人，日本宋本中箱本黎本作仁，張氏依論語改。

20 謅⿰言桼　⿰言桼，段改作⿰言桼，是也。⿰言桼見質韻初栗切下。

四十葉

1 棷（又叉苟切）　注又叉苟切，敦煌王韻作又叉垢反，音同。案厚韻無叉苟切一音。

2 𪎭（聚麻）　注巾箱本楝亭本同，日本宋本黎本作取麻。案故宮本敦煌本王韻訓麻莖，與玉篇合。

3 ⿱髟桼　當作⿱髟桼。⿱髟桼又見至韻七四切下。

4 卣（又音由）　注云又音由，本韻以周切下無卣字。案爾雅釋文卣，謝嶠音由。

5 說文作⿰目曷　⿰目曷，日本宋本景宋本作⿰目焉。案說文作⿰目匽。

6 薵 蓨葱名　蓨，切三作藸，與廣雅釋草合。

7 棸 又側鳩切　注云又側鳩切，案本韻側鳩切下無此字。

8 椆 木名不凋　案集韻注作「木名，寒而不凋」。

9 盩　盩，說文本部此字從血作盩。

10 盩厔　厔，段依說文改作庢，說文厂部無厔字。

11 漢有求伸　伸，日本宋本巾箱本黎本均作伸。

12 人多鼽嚏　人，段改作民，本月令。

13 說文云寒鼻塞也　案說文寒上有病字，此脫。

14 賕　日本宋本黎本景宋本作脙，誤。張改作賕，與巾箱本合。

15 脙　日本宋本黎本作賕，誤。張改作脙，與巾箱本合。

16 抌緩也　故宮王韻注作「抌，緩執也」。集韻云「抌抌，緩持也」。

四十一葉

1 白芷　芷，故宮本敦煌本王韻並作茝。

2 浮縛謀切　縛謀切，切三及敦煌王韻作薄謀反，案薄縛聲不同類。故宮王韻作父謀反，與廣韻音同。

3 哹又拂謀切　注又拂謀切，切三及故宮本敦煌本王韻同。案本韻無此音。

4 謀莫浮切　莫浮切，故宮本敦煌本王韻同。切三作莫侯反。

5 雺又莫育切　又莫育切，切三及故宮本敦煌本王韻同。案送韻莫弄切下無此字，別有霿字，義與此同。雺霿並見說文雨部，與爾雅釋天訓異。

6 ⿱髟⿰矛友　段改作⿱髟敄，與故宮王韻合。

7 繆 絲十累 注段改作「絲十絜」，本説文。説文云：「繆，枲之十絜也。」

侯韻

8 左傳曹有豎侯孺 孺，日本宋本黎本作獳，是也。案豎侯非姓，左傳僖公二十八年有侯獳，乃曹伯豎吏。

9 鯸鮔 鮔，故宮本敦煌本王韻作鮐。

四十二葉

1 ⿰目堯 又若侯切 若字元泰定本明本作苦，是也。故宮本敦煌本王韻注作又口投反，苦口聲同。此字又見本韻恪侯切下。

2 剾 又格侯切 格，當是恪字之誤，故宮本敦煌本王韻作恪，當據正。案剾又見本韻恪侯切下。

3 羺 奴鉤切　奴鉤切，切三及故宮王韻作女溝反。奴女聲不同類。敦煌王韻作奴溝反，與此音同。

4 剅劅　剅，日本宋本、中箱本、黎本、棟亭本譌作頭。案剅字見當侯切下。

5 軀僂　軀，日本宋本、中箱本、黎本、景宋本作躽。張改作軀，與故宮本敦煌本王韻合。段氏改軀作傴。

6 剅　廣韻此字與劅同音落侯切，非也。此蓋沿唐人韻書之誤。切三及故宮本敦煌本王韻劃譌作剅，別無劅字。案剅從豆聲，已見當侯切下，此處當刪。玉篇剅音丁侯切，無又音。

7 螜天螻　螜，段改作螜，與爾雅釋蟲合。

8 說文云夜戒守有所繫也　繫，說文作擊，段據改。

9 投　段云：「不當入此」。案說文此字从土役省聲。大徐音營隻切。

10 ⿰豆鳥 鵃頭⿰豆鳥似梟　注頭字楝亭本作⿰豆鳥，是也。

11 說文云關西呼鐮為剅也　案說文作「鎌」也。此語見方言五。

四十三葉

1 頭有雨角　雨，各本作兩，當據正。

2 ⿰馬刂 徂鉤切　徂字元泰定本明本作鉏，是也。切三作組亦誤。案此字同音之鯫字，故宮本敦煌王本韻又音子侯反，彼注云「又士溝反」，士溝反即指此紐。「士溝」與「鉏鉤」音同，可證作鉏，是也。

3 鯫 又七苟切　七，日本宋本巾箱本黎本作士，是也。案鯫又見厚韻音仕垢切，仕士聲同。

4 裒　當從說文作裦。

5 裒薄侯切　案此紐切三及故宮本敦煌本王韻均入尤韻。故宮本敦煌本王韻音蒲溝反。

6 餢餢饇曰食也　案此注有誤，集韻作「餢饇，食曰」。

7 說文云竹箁也　箁字誤，說文作箬。

幽韻

8 ⿰虫幽又一糾切　注「又一糾切」，故宮本敦煌本王韻作又於糾反，音同。案本書黝韻於糾切下有蚴字，即此字。王韻黝韻⿰虫幽下云「亦作蚴」。

9 虯又居幽切　注「又居幽切」，切三及敦煌王韻同。故宮王韻誤作又於幽反。案本韻居虯切下無此字。

廣韻校勘記　卷二　四十

10 𦬁　日本宋本此字作䒩，與說文合。

11 朻 說文云高大也　案說文云朻，高木也。此注作高大，非。故宮王韻不誤。

12 瞀 取魚鳥狀　取，切三及故宮王韻作耴，是也。瞀耴見左思吳都賦。

13 飍 又風幽切　注又風幽切，切三故宮王韻同。案本韻甫烋切下無此字。

14 烋 又火交切　注云又火交切，案肴韻許交切下無此字。

15 說文曰糸十絜也　案說文糸下有之字。

16 六尺曰尋　六，段改作八，是也。案經傳注釋均云八尺曰尋，未有言六尺者。

侵韻

四十四葉

1 鄩肝　案左傳昭公二十二年作鄩肸，此肝字誤。

2 大上小下 楝亭本作下小上大。

3 棽又林森二音 案故宮王韻注云又所林反，敦煌王韻注云又所金反，均無「林」之一音。本書力尋切下亦無此字。

4 ⿰目見 段改作⿰舟見，是也。說文从見，舟聲。案尤韻毋鳩切下即作⿰舟見。

5 陶偘別傳 偘，楝亭本作侃，案偘即侃字俗體。

6 有斟弋氏出史記 弋，段改作戈，云：「今史記斟氏戈氏，上氏字衍」。案史記夏本紀作「斟戈氏」。

7 珹⿰王刀 ⿰王刀，段改作玏，是也。廣雅釋地及子虛賦均作玏。

8 ⿰土斗 段改作⿰土廾，與玉篇合。

9 爾雅曰⿱艹⿰歹尋莐藩 ⿱艹⿰歹尋當作⿱艹⿰女尋。

10 鐕屬　鐕，段改作㭫，蓋本說文。

11 第一為任氏　一，段云當作「七」。案段說是也。國語晉語四云：「司空季子曰：……凡黃帝之子二十五宗，其得姓者十四人，為十二姓：姬酉祁己滕箴任荀僖姞儇依是也。」任氏正為第七。

12 太歲在壬曰玄默　默當作黓。

13 𡈼又延求切　注云又延求切，案尤韻以周切下無𡈼字。此蓋誤以岳字為一字，遙注云又延求切。

14 目傷氣也　目，各本作日，切三及故宮本敦煌本王韻同，當據正。

四十五葉

1 鈙持也　鈙，說文作𨫼，故宮本敦煌本王韻同。

2 衿 又其禁切　注云又其禁切，案沁韻巨禁切下有紟字，即此字。玉篇集韻紟衿一字。

3 黚 又古咸切　注云又古咸切，案咸韻古咸切下無此字。

4 霠　說文作霒，从雲今聲。當據正。

5 醅 醉聲又於南切　注云又於南切，案覃韻烏含切下無此字，別有䤤字，即此字。

6 𥦖　段改作𥥍。案說文从穴从火从求省。

7 梣 又子心切　注云又子心切，案本韻子心切下有梣字，即此字也。故宮王韻梣下云：亦橚，梫。

四十六葉

覃韵

1 徒含切十九　十九，中箱本、棟亭本作二十，是也。本切下凡二十字。

2 潭成縣　當依漢書地理志作鐔成縣。

3 眈　此字黎本作耽，誤。

4 𤮭 又徒紞切　𤮭，故宮王韵作醰，注云：「亦𤮭字」。又注云「又徒紞切」，案敢韵徒敢切下無此字，感韵徒感切下有醰字，即此字也。

5 古有善暴背於南榮之者　「之」字段刪是也。「南榮」者屋南檐也。

6 環齊要略　齊，日本宋本、黎本作濟，是也。刪韵環下、皆韵孚字下均引作濟。案環濟晉人。環濟要略御覽每引之。

7 撢 又他含切　注云又他含切，案本韵他含切下無此字。集韵此字又見談韵他甘

切下。

8 鐕 又於林切

注云又於林切，案侵韻於金切下無此字，別有䤃字，殆即此字。

9 説 文銜也

「銜也」，與小徐本説文合。案大徐本作嗛也。

10 俗作蚕 非

日本宋本黎本無非字。案依例無非字是也。

11 篸 又作感切

又作感切，切三及故宮王韻作「又作憾反」，當據正。案篸字見勘韻，音作紺切。

12 探 説文作撢，遠取之也，他含切

注「也」字，景宋本黎本無，張增也字，與説文合。日本宋本有也字而無他字。

13 覘 又大含切

注云又大含切，案本韻徒含切下無此字。

14 龕龍 塔也，亦曰龍皃

「亦曰」，楝亭本作「一曰」，與切三及故宮王韻合。

15 鈛

此字日本宋本黎本作𢦏，誤。

四十七葉

1 磿　段改作曆。見段氏說文注甘部曆下。

2 撖 挂也　注挂字日本宋本作桂，黎本景宋本作拄。案張氏改作挂，與玉篇同。字鏡集韵作柱，未詳。

3 吉 州有新淦縣水所出　段於水上增淦字，是也。

4 ⿰言㬎　故宮本敦煌本王韵作儑。案集韵云：「⿰言㬎，或作儑。」

談韵

5 倓 又徒監切　徒監切，元泰定本明本作徒濫切，是也。此字又見闞韵徒濫切下。

6 餤 又徒濫切　注云又徒濫切，案闞韵徒濫切下有啗字，即此字。集韵闞韵啗或作餤。

廣韻校勘記　卷二　四十三

7 磿　當從說文段注作磿。

8 濫　故宮王韻此字作濫，是也。本書闞韻呼濫切下即从濫。

9 磿　當從說文段注作磿。

10 邯 江湘人言也又音寒　故宮王韻邯作𨛱，注云「或」。案此邯字當作𨛱，注文江上當補「或」字。方言十云：「𨛱，或也。沅澧之間凡言或如此者𨛱如是」。

四十八葉

1 邯 又音寒　正文邯字為𨛱字之誤，注又音寒當刪。

2 𩈎 昨三切　昨三切與慙字昨甘切音同，非也。此字切三及故宮王韻音作「王反」，集韻同，當據正。

鹽韻

3 說文曰鹹也古者宿沙初作煮海爲鹽　「爲」字二徐說文並無。

4 語林云大夫向闈而立　段氏云：「吳語：『王背檐而立，大夫向檐』。案此引作語林蓋誤。

5 𥑮 玉篇此字作砨。

6 臉 臉䏲臘也 上同　洪頤煊讀書叢錄云：「案玉篇臘，初減切，臉臘羹也。臉，七廉切，臉䏲。又力減切，臉臘。臉臘非一字」。

7 說文云仰也一曰屋招也　招，說文作梠，當據正。

8 秦謂之楠　楠，說文同。段氏改作楣，是也。說文楣下云：「秦名屋櫋聯也」。

9 㛊 妗㛊善笑皃　注「妗㛊」，當依說文玉篇妗字注作㛊妗。本韻丑廉切㛊

下亦作娑妗。

10 ⿱占女 又丑兼切　兼，元泰定本明本作廉，是也。⿱占女字又見本韻丑廉切下。

11 ⿰女占 傪輕薄皃　傪，切三及故宮王韻作姼。

四十九葉

1 子 如舌而醋　醋，楝亭本作酸。

2 ⿰舌詹 ⿰舌冉長舌　舌下楝亭本有皃字。

3 崦 又於檢切　注云又於檢切，案琰韻衣儉切下字作⿰山弇。⿰山弇崦一字，見玉篇集韻。

4 子廉切十一　十一，日本宋本作十三，是也。本切下凡十三字。

5 巨淹切十一　十一，楝亭本黎本作十二，是也。本切下凡十二字。

6 鑯 鋤也　鋤，說文作鈂，當據正。案鍽鈂一字，廣韻有鍽無鈂。

7 嬐　段氏改作嬐，本說文。

8 嬐又魚檢切　注云又魚檢切，故宮王韻同。案本書琰韻魚檢切下無此字，敦煌王韻有之。

9 ⿰壴兼鰜說文同上　鰜，說文作鯥。玄應一切經音義卷四引字詁⿰壴兼字古文作鰜，詳廣疋。

添韻

10 ⿰忄𠂢　日本宋本、黎本、景宋本、元泰定本、明本作⿰巾𠂢，當據正。

五十葉

1 薕秀了荻草　「秀了」段氏改作「未秀」，是也。說文云：「薕，蒹也。」「蒹，雚之未秀者。」本韻蒹下亦云：「荻未秀。」

2 熑 熑輙　輙，日本宋本黎本景宋本作輒。

3 說文曰薄水也　水，宋本說文同。段注本改作仌。

4 戶兼切一　一，日本宋本黎本楝亭本作二，是也。本切下凡二字。

5 稴 又力兼切　注云又力兼切，案本韻勒兼切下無此字。

咸韻

6 稴 不作稻也　注「作」字，段改作黏，是也。案添韻稴下云：「稻不黏者」。

7 諴　故宮本敦煌本王韻作諴同。集韻「諴，或作諴」。

8 讒 又士衘切　注「又士衘切」，切三及故宮本敦煌本王韻同。案本書衘韻鋤衘切下無此字。故宮王韻有之。

9 狡 色兔　切三及故宮王韻作狡兔，與說文合。

銜韻

五十一葉

1 齊人要術　人，當作民。

2 嵌巖山也　故宮王韻注作「嵌巖，山谷深邃皃」。集韻云：「嵌巖山險」。此注段氏於巖上增嵌字，是也。案山字下亦有脫文。

嚴韻

3 說文曰嚴令急也　嚴，說文作敎，此誤。

凡韻

4 凡符咸切　咸字誤，切三及故宮本敦煌本王韻作芝，當據正。陳澧以為廣韻作符咸者因此韻字少，故借二十六咸之咸字，非也。

5 欽　日本宋本黎本作欽與故宮本敦煌本王韻合。案原本玉篇殘卷欠部欽，丘凡反，字書欽，謂多智也。故宮本敦煌本王韻此字增於芝下遂誤音匹凡反，廣韻亦承其謬。今當析出，別為一紐，依玉篇音丘凡切。陳澧已辨之。

廣韵校勘記卷三

一葉

韵目

1 吻第十八 隱同用

段改「隱同用」作「獨用」，是也。顧炎武音論及戴震聲韵考均有考證。

2 隱第十九

此下段注「獨用」二字。

二葉

1 琰第五十 忝儼同用

注「忝儼同用」，戴氏聲韵考摭吳棫韵補及本書韵目下獨用同用注改作「忝同用」。

2 儼第五十二　戴氏聲韻考改作「儼第五十四」，注范同用。次於檻韻之後，與故宮本敦煌本王韻合。王韻韻目作广。

3 豏第五十三 檻范同用　戴氏改作「豏第五十二」。注檻同用。

4 檻第五十四　戴氏改作「檻第五十三」。

董韻

5 懵懂心亂　懵，北宋本中箱本黎氏所據本景宋本作懞。張改作懵，與元泰定本明本合。

6 故名履字太乙　太乙北宋本黎本作天乙，是也。史記殷本紀云：「天乙立，是為成湯。」

7 ⿱⺮揔　集韻作⿱⺮⿰禾悤。

8 樬 又蘇公切　案樬與䈡當是一字。上文䈡下云：「箸桶」，方言五云：「箸䈡自關而西謂之桶樬」，音義並同，集韻䈡樬一字。此注當補「上同」二字。故宮本敦煌本王韻有樬無䈡。

9 爾 雅云軌騣一名素華　軌字北宋本景宋本作軌，與爾雅釋草合。當據正。

10 睃 方言云南人竊視　案方言十曰：「凡相竊視南楚謂之闚，或謂之睃」。此引有脫文。依文義「竊視」下當有「曰睃」二字。下「輘」字注云：「關西呼輪曰輘」，方言九作「輪，關西謂之輘」，是其例。

11 𢈔 屋會　說文云：「𢈔，屋階中會也」。此注屋下脫「階中」二字，當據補。

三董

1 琫 邊孔切　邊孔切，切三及故宮王韻作方孔反，類隔切也。

2 謂酒律　謂，段改作出，是也。覃韻啉下云：「酒巡匝曰啉，出酒律。」是其例。

3 心神恍忽皃　忽，中箱本作惚，楝亭本同。

4 莑蒲蠓切草盛皃　注依例當作「草盛皃。蒲蠓切。」以下反切在訓解前者放此。

腫韻

5 埫容不安　容，北宋本中箱本黎本景宋本作塎，是也。本韻余隴切下出塎字，注云：「埫塎」，是其證。

6 稻稍　稍，北宋本中箱本黎氏所據本作稍，與切三及故宮王韻合。張氏改作稍非也。說文：「稍，麥莖也。」

7 鍾柄也　鍾，北宋本中箱本黎本作鐘，當據正。

8 方言云慫涌歡也　涌，中箱本楝亭本作慂，是也。歡，方言作勸，當據正。

四葉

1. 孓（孑孓井中小蟲也） 孓，中箱本楝亭本作孑，當據正。

2. 怢（又戶工切） 注云又戶工切，案東韻戶公切下無怢字。

3. 擧 集韻此字作鬨。

4. 說文作拲 𢪘，北宋本黎氏所據本作巩。案巩乃巩字之譌，中箱本作巩，與說文合。（說文丮部「巩，褢也」。）張氏改作拲，未允。拲乃巩字或體。

5. 駷（何休云馬搖銜走也） 馬搖銜走，故宮王韻同。案公羊定公八年傳「陽越下取策臨南駷馬」注作「捶馬銜走」。

6. 傱（又先項切） 注云又先項切，案講韻無先項一音。

7. 詾（又音凶） 注云又音凶，案鍾韻許容切下字作訩。

8 湩 都鵠切濁多也此是冬字上聲

湩，切三無。故宮王韻有之，注云冬恭反。濁多。此冬之上聲。切語下字用恭，案恭字王韻在冬韻。

9 鵠 莫湩切

上文湩都鵠切，此字莫湩切，湩鵠二字互切。故宮王韻此字作莫奉反。

10 惚 職勇切 忪 上同又且勇切

注云又且勇切，案本韻無此音。故宮王韻忪音且勇反，不作職勇切。玉篇：忪，且勇職茸二切。

講韻

11 俺 俺傋武項切

俺，北宋本中箱本黎本作俺，注同；當據改。又武項切，切三同故宮王韻作莫項反。案武項為類隔切，莫項為音和切。

12 釋名曰項硧也陘硧受枕之處

硧，釋名作硧。案項硧雙聲，此作硧非。

13 鈄 又火口切

火口切，北宋本、中箱本均作大口切，與玉篇及大徐說文反切相合，當據正。集韻厚韻鈄音徒口切，與大口切音同。案本書厚韻徒口切下無鈄字。

14 ⿱封糸 小兒皮屨

屨，各本作屢。案董韻邊弘切下⿱封糸注亦作屢。

紙韻

15 軹 縣名在河内又字書云車輪之穿為道純子嬰於軹途是也

注「車輪之穿為道」疑有譌字。說文云：「軹，車輪小穿也。」又「純子嬰於軹途」上當依五代刻本韻書增「又亭名」三字。軹途亦當作軹道。切三云：「縣名，在河内。軹道，王子嬰降處。」五代刻本韻書軹注云：「又亭名，在灞水西。」史記云：「秦王子嬰素車白馬，係頸以組，封皇帝璽符節，降軹道旁。」索隱曰：「漢書宮殿疏云：『枳道亭東去霸城觀四里。』是其證。

16 泜　水名出拘扶山　注拘扶山，北宋本巾箱本作枸扶山，與切三合。案山海經東山經「栒狀之山，泜水出焉」字作栒狀。

17 坻　此字說文作坁，當據正。

五葉

1 後魏書又有是連是婁是賁三氏　案是婁魏書官氏志作是樓。

2 氏　又支指二音　指，北宋本巾箱本黎氏所據本均作精是也。氏又見清韻子盈切下。張改精作指，非也。

3 禔　衣服端下　下，段依玉篇改作正，是也。萬象名義禔下亦云「衣服端正」。

4 [illegible]　此字玉篇同。說文作穈。

5 燬　火盛　注盛字，切三及故宮王韻並無。案說文云「燬，火也」。

6 擊手擊傷也　注擊字，景宋本作擊，當據正。說文云：「擊，傷擊也」，萬象名義云：「擊，原譌作毄擊傷也」，是其證。

7 ⿺尢過又許以切　注云又許以切，案上韻香忌切下無此字。元泰定本明本作又許委切，是也。⿺尢過字即見本韻許委切下。

8 詭過委切　過委切，切三及故宮王韻作居委反。

9 䳏子規　子規，北宋本中箱本黎氏所據本景宋本作鴭子，誤。張氏改作子規，與元泰定本合。案廣雅釋鳥云：「鷶䳏，子規也」。

10 神女賦曰既姽⿰女盧於幽靜　⿰女盧，段改作嫿，與文選神女賦合。當據正。

11 嶲　段改作巂，云：「原作嶲，非是。乃郭恕先之謬」。

12 說文曰絫坂土為牆壁　坂，北宋本作坺，與說文合。當據正。

六葉

1 輢　切三此字不在本紐，於舐紐下別出，注云「車輢。於綺切，一。」敦煌王韻因之，別注引訂語曰「此輢，韻又作於綺□□□□何傷甚」。案故宮王韻倂於本紐，注云「陸本別出」。

2 庋　切三及故宮王韻此字訓「食閣」，本書脫訓解，當據補。集韻亦曰「庋，閣藏食物也」。

3 公羊傳曰相與踦閭而語閭一扇一人在內一人在外　案「相與踦閭而語」見成公二年公羊傳，「閭一扇」以下乃何休注文。此引「扇」下又脫「閭一扇」三字。

4 碕 又巨支切　注「又音巨支切」，案支韻巨支切下無碕字。

5 ⿰忄奇　惐⿰忄奇　注北宋本中箱本黎氏所據本作「淢」。故宮王韻同。張改作「惐⿰忄奇」，與集韵合。

6 儉急也　急，北宋本中箱本黎本均作意。集韵亦云「惐⿰忄奇儉意」。

7 ⿱此束　說文作⿱此朿，此從束誤。

8 蘂　切三及故宮王韵作⿱艹繠。

9 跐　又阻買切　注云又阻買切，案蟹韵無阻買一音。

10 ⿰足馬　北宋本黎本譌作⿰止鳥。

11 說文火介切瞋大聲也　案說文作瞋大也，無聲字。

12 長⿱乔月　⿱乔月，北宋本中箱本作脊，是也。

13 有所伺殺形　伺，北宋本中箱本作司，與說文合。

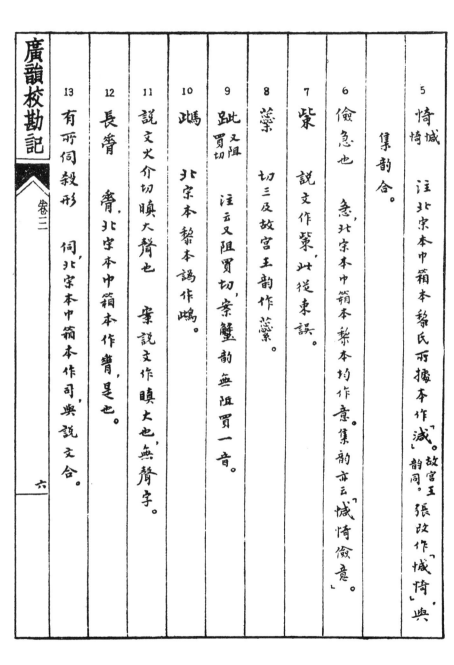

14 杝 又敕氏切　注云又敕氏切，案本韵敕豸切下無此字。

15 縰 又千禮切　注云又千禮切，案薺韵千禮切下無此字。

16 袘　切三故宮本敦煌本王韵及五代刻本韵書作袉。

17 衣中袖　切三及故宮本敦煌本王韵作中衣袖。

18 肔 又敕紙切　注云又敕紙切，案本韵敕豸切下無此字。

七 葉

1 纚 細似龍須　須北宋本巾箱本作鬚。

2 闟　當從說文作闟。

3 國語曰狹溝而㢓我　狹，北宋本巾箱本黎本並作俠，與說文所引合。今吴語作夾。

4 袳衣長　案長當作張。說文云：「袳，衣張也。」故宮王韵五代刻本韵書並同。

5 批又側買切　注云又側買切，案蟹韵無側買一音。

6 沝又音資　注云又音資，故宮王韵作又資遺反。案脂韵即夷切醉綏切

7 敽　故宮本敦煌本王韵均作敽，為揣字或體，此從支作敽，誤。本書下均無此字。

㩻韵昌兗切下正作敽。

8 出則有兵　出，切三及五代刻本韵書作現，故宮王韵作見。原誤作皃。

9 㱟枝折　注枝折二字，敦煌王韵作披析，當據正。故宮王韵作披折，折乃析字之誤。折，段氏改作析，極是。玄應一切經音義卷廿二引纂文云：「㱟，析也；㱟，猶分也。」是其證。

廣韻校勘記　卷三　七

秭，此切韻王韻所本；下文引風俗通云億生兆，兆生京，京生秭，秭適爲千億，此本注所本。

4 妣 又甫至切　又甫至切，切三及故宮本敦煌本王韻同。案至韻必至切下無此字。

5 今謂之渒水　渒，段改作淠，與水經注卷三十二合。

九 葉

1 辛夷別名　名，此字本黎本譌作地。張改作名，與中箱本合。

2 蜼 又音柚　柚，黎本譌作袖。張改作柚，與中箱本合。案蜼又見宥韻音余救切。

3 耒 又盧對切　又盧對切，切三及故宮本敦煌本王韻作又盧猥反。案猥在賄韻，賄韻無耒字。耒見隊韻盧對切下。

4 ⿰忄癸 又巨隹切　又巨隹切，敦煌王韻作又視隹反，故宮王韻作「待（蓋侍字之誤）隹反」。

案脂韻視隹切下無⿰忄癸字，⿰忄癸見渠追切下。

5 嫢 又聚惟切　注云又聚惟切，案脂韻無聚惟一音。

6 說 文曰湀辟深水處也　深，小徐繫傳作流。

7 ⿰垂隹 細頸　注細頸，北宋本、中箱本、黎氏所據本、景宋本、明本作細訃，未詳。

8 癸 居誄切　居誄切，切三、敦煌王韻同。故宮王韻作居履反，是以開口字切合口字也。

9 ⿸疒舌 腹内結痛　痛，切三、故宮本、敦煌本王韻均作病。

10 ⿰土巴　此字當從說文作圮。

11 仳 又芳比切　芳，中箱本作方，誤。案仳又見脂韻房脂切下。切三、故宮本、敦煌本王韻作又芳匕反，匕乃比字之譌。

合。

5 苡薏苡蓮實也　段云「蓮字衍。說文㠯字下曰：意㠯實也。意㠯即薏苡。」

6 鉛　案廣雅釋器云「鉛，鋋也。」此鉛即鉛字或體。

十一葉

1 待　段改作偫，與說文合。案切三及故宮本敦煌本王韻並同，當據正。

2 畤　故宮本敦煌本王韻作時，與玉篇合。

3 庤亦作時　時，北宋本中箱本作待。案待當作偫。詩臣工「庤乃錢鎛」，庤，考工記注引作偫，是其證。張改作時，蓋本集韻。集韻庤或作時。

4 卲　此字說文作卲，段據改，與北宋本合。

5 仕宦　宦中箱本作宧。

6 戺 阤上同 案切三無此字。故宮本敦煌本王韻有阤字入俟紐。

7 又音祈十 十，北宋本中箱本黎本作七，是也。此紐下共七字。

8 縻 繩履 案此字當為縻字之誤。原本玉篇殘卷縻，胡瓦反。引說文云：「一曰素絲繩履也。」今本說文作「青絲頭履」。

9 左傳鄭大夫子人氏 子人氏，北宋本中箱本、黎氏所據本景宗本均作子人九是也。案子人九見左傳僖公二十八年。

10 褫 又直追池甶二切 注云又直追池甶二切，案脂韻直追切及本韻直里切下均無褫字，褫又見支韻直離切及紙韻池爾切下。

11 笫 又側几切 注又側几切，切三故宮本敦煌本王韻同。案旨韻無側几一音。

12 佁 秦人呼傍人之稱乃里切 稱下中箱本有「玉篇云佁也」五字，棟亭本同。

尾韻

13 𧹞 人名鄭大夫蔡𧹞也　鄭大夫蔡𧹞不見左氏傳，段氏云「恐即已為蠆尾之誤」。

14 扆 於豈切　此紐故宮王韻入止韻，是以尾韻開口字與止韻合為一類矣。

15 庡 藏也　庡，北宋本中箱本黎本作㕈，與切三及故宮本敦煌本王韻合。案海韻於改切下亦作㕈，當據正。原本玉篇殘卷厂部「㕈，廣雅：㕈，藏也」。今釋詁四作扆。

十二葉

1 豈 祛豨切　故宮王韻此紐入止韻，作氣里反，是唐代方言中此類字有與止韻音同者。切三及敦煌王韻則均在本韻。

2 蟣 居豨切　故宮王韻此字入止韻。切三及敦煌王韻均在本韻。

3 幾又既稀切　既稀切，北宋本中箱本黎本景宋本作既𥟖切，音同。

4 匪冠婚媾　冠，北宋本中箱本黎本作冦，當據正。

5 方曰筐圓曰篚　案詩采蘋毛傳及淮南時則篇高注並云：方曰筐，圓曰筥；此云圓曰篚，段改作隋曰篚，蓋本應劭漢書集解。漢書食貨志注引應劭云：「棐，竹器也，所以盛。方曰筐，隋曰棐。」案棐篚古通。

6 蜰爾雅云蜚蠦蜰即負盤臭蟲　「即負盤臭蟲」上中箱本元泰定本明本有「郭璞云」三字。案此語見爾雅郭注。本書援引各書每每連及注文不加分判。

7 蕜草也　此字故宮本敦煌本王韻訓猝，與廣雅釋詁二合。

8 鯡介揔名　揔，楝亭本作總。并下揔字同。

9 ⿰骨希又虛几切　注云又虛几切，案旨韻無虛几一音。

10 磈於鬼切　故宮王韻此字入豨紐，音虛豈反，誤。切三及敦煌王韻韻書殘片一德國柏林普魯士學院所藏。均音於鬼反。

11 蟦又符沸切　符，中箱本棟亭本作扶，案符扶聲同。

12 陫又音厞　厞，北宋本中箱本景宋本作扉。案張改作厞是也。爾雅釋言：「厞，隱也。」釋文云：「厞，符沸反。字又作陫，同。」楚辭湘君「隱思君兮陫側」，原本玉篇殘卷厂部厞下引作「厞側」可證。

13 𦪈船𦪈釘鐨　鐨，中箱本作𦪈。

語韻

14 籞　切三敦煌王韻作蘌。

15 說文祠也　祠，說文作祀。

16 籞　故宮本敦煌本王韻作篽，並云亦作籞。

17 籞蘌　蘌，中箱本棟亭本作蘙。案蘙乃翳字之誤。故宮本敦煌本王韻集韻類篇均作翳。廣雅釋器云「篽，翳也」（案篽籞一字）。是其證。翳者掩覆也。

18 力舉切十二　十二，中箱本棟亭本作十三，是也。本切下凡十三字。

19 梠 桶端連綿木　桶，段改作楄，與切三及故宮王韻合。當據正。

十三葉

1 鬻 章与切　章与切，黎本譌作章山切。

2 寠　北宋本中箱本譌作𥨯，張改作寠，與說文合。

3 蜂蝜　蝜，北宋本黎本譌作賴，張改作蝜，與中箱本合。案蝜見韻，音房久

切。

4 世本曰羅父作杵臼　案羅乃雍字之誤，段改作雝是也。有韵臼下云：世本曰雍父作臼，玄應一切經音義卷十八引世本云：雍父作舂杵，是其證。

5 說文曰㡓也所以盛米也　說文盛上有載字，故宮本敦煌本王韵同。

6 又張慮直畧二切　北宋本巾箱本黎本均作又張慮切直略切，此張氏依例改。

7 𧘂衣𧘂　𧘂衣，切三作獘衣。獘，當作敝。集韵云：敝衣，今據正。

8 禮記曰女者如也如男子之教　段氏曰：此大戴禮本命篇文。

9 大嶽之胤　大，景宋本黎本楝亭本作太。

10 粔籹膏環　環，段云：刪韵作糫。案作糫是也。刪韵糫下云：膏糫粔籹。玄

廣韻校勘記

應一切經音義卷五引蒼頡篇云「粔，餅餌也，江南呼為膏𥹋」。又引字苑云「粔𥺊，膏𥹋果也」。均其證。

11 釋名曰橫曰梠縱曰𢋈　𢋈，北宋本黎本景宋本作𢋁，今本釋名同。張改作𢋈，與巾箱本合。

12 爼 爼且　爼，北宋本巾箱本黎本均作爼，與說文玉篇合。當據正。

十四葉

1 怚　切三此字入齟紐。案玉篇作秦呂切，與本書音同。

2 趄 又前結切　注云又前結切，案屑韵昨結切下字作𧾷。

3 篆 飲牛筐　飲，各本作飲，與宋本說文合。段注說文改飲作食。張改飲作飤，是也。

4 舁 共輿兒　舁，敦煌王韻作舁，注「共舉」，與說文合。此正文舁當作舁，注

輿當作舉。

5 基緒　基，北宋本中箱本黎氏所據本均作由。案由蓋抽字之誤，太玄玄瑩云「摩倫抽緒」。

6 去 說文从大口也　口，當作凵。說文云：去，從大凵聲。

7 綻 繼入也　入，故宮本敦煌王韻並無，蓋衍文。

8 䀛 皺䀛皮裂　䀛，中箱本作皻，與切三及故宮本敦煌本王韻合。此正文及注並誤。

9 㕮咀脩藥也　脩，北宋本中箱本黎氏所據本作清。案清乃漬字之譌，明

本作漬是也。廣韻扶雨切㕮字注云「㕮咀嚼也」。㕮咀義見宋寇宗奭

本草衍義。

10 硧碹埸外名也　名，棟亭本作石，非也。案此文本埤蒼，見原本玉篇硧下引。

麌韻

11 麌 牡鹿　注牡鹿切三及故宮本敦煌本王韻均作牝鹿。案詩曰：「麀鹿麌麌」；玉篇「麌，牝鹿也」；萬象名義同。本書模韻麌，牝麢也；皆謂麌為牝鹿。惟爾雅釋獸云：「牡麌，牝麜」，即此注所本。郝懿行爾雅義疏以為「牡麌牝麜」當作「牡麜牝麌」。

13 鄅 子國在琅耶　耶，元泰定本明本棟亭本作邪。

14 𩕄 孔子頭也　注切三及敦煌王韻作「孔子頭反𩕄」，此注頭下脫「反𩕄」二字，當據補。史記孔子世家謂孔子生而首上圩頂，因名曰丘，云字仲尼。索隱云：「圩音烏，頂音鼎。圩頂言頂上窊也，故孔子頂如反宇。反宇者，若屋宇之反，中低而四傍高也」。案反宇即反𩕄，宇𩕄音同。

15 斧 斧鉞　斧，當從父作斧，注同。

16 說文低頭也太史公書類仰字如此　太史公書，今本說文作太史卜書。

十五葉

1 孔子弟子有宰父黑　案宰父黑，史記仲尼弟子列傳作罕父黑。

2 硧 䃕硧　䃕硧，當作硧䃕。語韻䃕下云：「硧䃕，場外名也。」

3 本自白馬氐地　氐，北宋本、巾箱本、黎氏所據本均作互。案互乃氐之俗體，段氏改作氐，是也。漢書地理志武都郡注引應劭曰：「故白馬氐羌」，是其證。

4 山海經曰帝後八子始為舞　案後當作俊。山海經海內西經云：「帝俊有子八人，是始為歌儛」。

5 ⿱罒毋　敦煌王韻同。故宮王韻作⿱罒無。

6 釜水出焉　釜，元泰定本棟亭本作滏，與山海經北山經合。

7 弣弓把中也　弝，北宋本中箱本黎本均作把，與故宮本敦煌本王韻合。禮記曲禮鄭注云：「弣，把中。」釋名釋兵云：「弓中央曰弣。」當據正。

8 割割草　割，當作⿱艹割。此字從艸割聲。

9 跓停足　停足，北宋本中箱本黎本作勇足，玉篇同。張改作停足，蓋本集韻。

10 冔哷上同　案哷當作冔，從冃吁聲。萬象名義正作冔。

11 一曰樣　曰，北宋本黎本譌作行。張改作曰，與中箱本合。

12 本火手切　本，中箱本作又。

十六葉

1 窳器空中　器空中，元泰定本棟亭本作器中空。

2 華國志　段於華下增陽字，是也。華陽國志晉常璩撰。

3 說文曰宗廟室祏　祏，段改作祏，與說文合。

4 又獨行皃　獨，北宋本、黎氏所據本無，中箱本、元泰定本、明本有之。

5 寠　說文從宀作寠。

6 枸 木名出蜀子可食江南謂之木蜜其木近酒能薄酒味也　段氏云：「江南以下十四字當在椇注枳椇之下。」案此注蓋本毛詩義疏。詩南山有枸義疏云：「枳枸樹高大如白楊，所在皆有。子著支端，支柯不直，噉之甘美如飴。八九月熟，江南特美。今官園種之，謂之木蜜，能令酒味薄。若以為屋柱，則一屋酒可薄。」是枳枸即枳椇也。枸椇音同。

7 贏陵縣名　贏，北宋本中箱本黎本均作贏。本書先韻落賢切下出贏字，注云：「贏陵縣名。」案漢書地理志字作贏。孟康音蓮。

8 僂 僂傴，疾也　注僂傴，切三及故宮王韻作傴僂，當據正。案呂覽明理篇注：「傴僂，俯者也。」玄應一切經音義卷二引通俗文：「曲脊謂之傴僂。」

9 覼縷　覼當作覶。覼，覶之俗體。

10 逌　逌，當從玉篇作迺。唐人寫書從匚之字多作辶。如匹之作迊，匱之作遺，是其例。但從匚者仍作匚。此字唐人寫作逌，廣韻因而未改。

姥韻

11 鈷䥈　切三及故宮本敦煌本王韻此下有「燒器」二字，當據補。本韻鈷下亦闕訓解。

12 土 文字指歸無點　案土唐人每寫作圡，從土者同。廣韻改圡作土，而所承唐本韻書舊

注猶未刪薙，故注云：文字指歸無點。

13 又虜三字姓三氏　三氏，北宋本景宋本巾箱本作二氏，是也。下文所舉僅吐谷渾吐伏盧二氏。

十七葉

1 荰 杜衡香草似葵山海經云可以治癭帶之令人便馬馬亦善走味似細辛而氣小異　案山海經西山經云：「天帝之山，有草焉，其狀如葵，其臭如蘼蕪，名曰杜衡，可以走馬，食之已癭」。郭注云：「帶之令人便馬。或曰馬得之而健走」。此注所引非原文。又「味似細辛」，北宋本巾箱本黎氏所據本景宋本均作「都似細辛」。案都上當有根葉二字。宋圖經衍義本草引陶隱居（陶弘景）曰：「根葉都似細辛，惟香小異爾」。是其證。張氏未審都上有脫文，遂改都作味，非也。明本作「根葉似細辛而氣小異」，與本

草陶說合。

2 桍　北宋本黎本作桍，是也。桍又見模韻落胡切下。

3 㞬　故宮王韻作㞬，與說文合，當據正。

4 膂　梁公子名仉膂　趙斐雲先生曰：膂當從集韻類篇作𥈠。膂，省視也，見說文，與膂字有別。

5 皷　北宋本黎本景宋本均作鼓，與說文合。當據正。注文皷字本亦作鼓。

6 亦作鼓　鼓，北宋本景宋本作鼔，是也。此作鼓，非。鼔，說文擊鼓也，與鼓字有別。

7 鼓　此字徐鍇說文繫傳讀若屬，玉篇音之錄切，又公戶切。本書但音公戶切，公戶音誤。本鈕樹玉說文解字校錄說。

廣韻校勘記

8 說文曰擊鼓也　鼓，黎本作鼓，與說文合。

9 夃多債利也　夃，當從說文作夃。注債，楝亭本作積，故宮王韻作貨。說文云「秦以市買多得為夃」。

10 夃又古手切　注云又古手切，案模韻古胡切下無此字。

11 𣧑　說文作蚆，當據正。

12 粗徂古切　徂古切，切三及敦煌王韻同。故宮王韻作似古反。

13 粗又千胡切　注云又千胡切，案模韻倉胡切下無此字。

14 駔又徂朗切　注云又徂朗切，案駔見蕩韻子朗切下，玉篇此字亦音子朗切。徂子聲不同類，徂當是祖字之誤。

15 㨃　故宮王韻此字作𢱭，從手。新撰字鏡亦收入手部。亦作㪔。

16 珇 珪上起　段云：「起」下當有「瑑」字，蓋本說文。說文云：「珇，琮玉之瑑」，又「瑑，圭璧上起兆瑑也」。

17 ⿰⿸虍吊阝　故宮王韻作⿰⿸虍甫阝，與說文合。

十八葉

1 鄔 郡名又姓鄔郡太守司馬牟之後因以爲氏　趙先生曰：案古無鄔郡。說文：鄔，太原縣。兩漢書地理志同。故切韻並云：鄔，縣名，在太原。王韻同 漢志又云：鄔，晉大夫司馬彌牟邑。按彌牟爲晉大夫，見昭二十八年左氏傳。今本廣韻大夫譌作太守，縣名譌作郡名，牟上又奪彌字，文義觳突殊甚。今據切韻、左氏傳、漢志訂正。」

2 鳩 水鳩　水鳩，故宮王韻作水名，集韻同。

3 趟 足輕　足輕，中箱本、黎本作走輕，與故宮王韻、說文合。當據正。

4 ⿰車烏　車頭中骨　骨，北宋本中箱本黎氏所據本均作也。張改作骨，蓋本玉篇。

5 ⿰虒邑　西京記云抱土含⿰虒邑　案文選西京賦云：「抱杜含鄠，欱灃吐鎬」。此⿰虒邑蓋鄠之或體。注西京記當作西京賦，抱土當作抱杜。杜者，杜陵也。

6 箎　海中取魚竹名曰箎　名，當作罔。集韻云：「箎，取魚竹罔」。

薺韻

7 薺　徂禮切　徂禮切，切三同。故宮王韻作徐禮反。韻目薺下作徂禮反。

8 艬　大舟也　大舟也，北宋本中箱本黎本作「小船補也」。補蓋誤字。切三及故宮王韻均訓「小船」。原本玉篇云：「字書，或艬字也。艬，小艇也」。方言九云：「舟，南楚江湘凡船大者謂之舸，小舸謂之艖。東南丹陽會稽之間謂艖為艬」。此切韻王韻及本書所本。張改小船為大舟，殊違原旨。

9 欚 亦作艬

亦作艬欚三字各本無。張氏誤從集韻增，未審本書艬欚為二字也。

10 劙 又力多切

力多切，各本作力移切，是也。劙又見支韻呂支切下，此作力多切誤。

11 黀

黎本作黀，誤。

12 扺 又側買切

注云又側買切，案蟹韻無側買一音。

十九葉

1 夘 說文音卿

夘，段改作卯。案說文篆文作𠨍。

2 聹 耳𦗟

𦗟，北宋本中箱本黎本作𦗟，與切三及故宮王韻合。當據正。

3 𤭛 小瓮

瓮，北宋本中箱本黎本景宋本均作瓫。案作瓫是也。瓫即盆字。

玉篇𤭛，小盆也。方言五甂陳魏宋楚之間謂之𤭛，郭注今河北人呼小盆

為題子」是其證。

4 鬭 當從鬥作鬭。

5 絡 絳柎也 柎，北宋本中箱本黎氏所據本作趺，與故宮王韻合。張改作柎，蓋本玉篇。

6 鞴 故宮王韻作靴，玉篇同。

7 說 文云雨而晝晴也 晴，北宋本中箱本黎本景宋本作姓，與說文合。

8 脊 肥腸 肥，段改作腓，是也。薺韻脊下引字林云腨腸也。故宮王韻同。案腨腸卽腓腸，說文腨，腓腸也。

9 晲 亦作昵 昵，玉篇同，故宮王韻作暆。

蟹韻

10 芐 各本作芐，與切三合。

11 猈 犬短頸 頸，段改作脛，是也。說文云：「猈，短脛狗。」

二十 蟹

1 老 人拄杖也 拄，北宋本、中箱本、黎本作柱。

2 箉 集韻此字作箉。

駭韻

3 絯 又音該 該，北宋本、黎本作絯，中箱本作駭，並誤。案絯又見咍韻該紐。

4 駴 擊駴 注故宮王韻作「擊鼓」。案周禮夏官大司馬「鼓皆駴」注：「疾雷擊鼓曰駴。」

5 痎 痎疾 痎疾，各本作疾痎。張改作痎疾，與刻本韻書五五三一合。

賄韻

6 腲 腇肥皃　肥皃，切三及故宮王韻刻本韻書（五五三一）均作肥弱病。

7 郻　集韻作鄓。

8 郲 郲陽鄉名在桂陽　鄉名，故宮王韻同，切三作縣名，與說文漢書地理志合。

9 郲　集韻作耜。

10 蓓蕾　蓓，楝亭本作蓓，與玉篇集韻合。

11 陮　當從說文作𨻶。

12 𨻶 又力追切　注云又力追切，案脂韻力追切下無此字。

13 鐩　故宮王韻作鏅，與說文廣雅釋器合。

14 聉 顡癡㾖皃　㾖，切三及故宮王韻作頭。

15 讀說文胡對切中止也　案巾箱本作「說文云：中止也。又胡對切」，楝亭本同。

16 俗作傀儡字也　字，北宋本巾箱本楝亭本作子，是也。故宮王韻無俗作二字。

17 䪜又口瓦切　注又口瓦切，當作又口兀切。兀瓦形近而譌。故宮王韻䪜，又口兀口壞二反。是其證。案此字又見沒韻苦骨切下。

二十一葉

1 腲亦作脮　案脮見本韻呼罪切下，此云：腲亦作脮，當有誤。

2 陲郵　陲，當作隊。

3 䫊　說文作顡。

4 說文音聵㾯顛不聰明也　顛，北宋本巾箱本黎本作頭。段改作顡，與玉篇及本書怪韻顡注合。案今本說文作「㾯不聰明也」。

5 嵬又玉回切　玉，元泰定本明本楝亭本作五，是也。案嵬又見灰韵五灰切下。

6 倄于罪切　于罪切，切三及故宮王韵作羽罪反，音同。敦煌王韵作素罪反，素字誤。案倄字從肴，不得音于罪切，倄當是侑字之誤。玄應一切經音義卷十五僧祇律第十三卷痏下引通俗文云：「于罪反。痛聲曰侑，警聲曰倄」，是其證也。顏氏家訓風操篇云：「倉頡篇有倄字，訓詁云：痛而謼也，音羽罪反」。字亦譌作倄。

海韵

7 呼改切二　二，北宋本中箱本楝亭本作三，是也。本切下凡三字。

8 聹半聾。字林云秦音聽而不聰，聞而不達曰聹　秦音，北宋本中箱本黎本景宋本均作秦晉，當據正。此文亦見方言，卷六說文。

9 又音臺十　各本十下有一字，當據補。

10 戰國策晉有亥唐　段云當云孟子。案亥唐見孟子萬章下。

11 堅亥神人　堅，段改作豎，與山海經海外東經合。

12 㥒　黎本中箱本此字譌作⿰山采。

13 ⿰扌毐　故宮王韻作挴，是也。挴亦見賄韻武罪切下。此作⿰扌毐者涉下文毐字而誤。

14 欸 相然譍也　譍，切三及故宮王韻作辞。

15 疓 如亥切　故宮王韻此字在乃紐，音奴亥反，玉篇音同。

二十二葉

軫韻

1 診 脤候　脤，當作脈。故宮王韻作脉，是其證。

8 箄 箄篠以捕鳥 以捕鳥三字各本無。張氏蓋據玉篇增。

9 釋名曰所以懸鼓者 案釋名鼓上有鐘字。

10 箕 案此字當依周禮考工記陸氏釋文作箕。

11 椇 案此字當從六作椇。

12 朐 北宋本中箱本作朐，與漢書地理志合。顏師古曰朐音劬。張改作朐，蓋本大徐說文新附。錢大昭漢書辨疑卷十四朐忍條下云：續漢書郡國志及曹全碑並作朐忍，顏籀音朐為劬，是也。闞駰十三州志乃云：朐音春，䏰音閏，其地下濕，多朐䏰蟲，因以名縣。既有春音，則字已近于朐矣；然玉篇中尚無朐字，杜佑通典州郡門作朐䏰，朐音如順切，䏰音如尹切，讀如閏蠢。君卿雖從闞音，而字猶未變。至徐鉉校定說文解字

竟于肉部附入胸腮二字，亦可謂不攷舊章，好信異說者矣。

13 ⿸厂緊 束縛丘尹切

⿸厂緊，故宮本敦煌本王韻作縻。案⿸厂緊縻均縻字之誤。顧野王原本玉篇殘卷糸部云：「縻，丘隕反。左氏傳羅无勇縻之，杜預曰：縻，束縛也。」是其證。案縻又見吻韻，音丘粉切。

14 螼 弃忍切

弃忍切，故宮本敦煌本王韻同。案忍在軫韻，此螼字當入軫韻。

15 賰 賰䞋

注䞋賰，故宮本敦煌本王韻作賰䞋，吻韻䞋下同。新撰字鏡亦同。

16 脪 興腎切

案腎在軫韻，陳澧以此紐諸字皆軫韻增加字，誤入此韻者。案此字敦煌王韻收入隱韻，注云：「興近反，腫起。或作⿸疒希。」

17 濜 鉏紖切

案紖在軫韻，陳澧以為此字乃軫韻增加字，誤入此韻。

18 屒 珍忍切

案忍在軫韻，陳澧以為此字乃軫韻增加字，誤入此韻。

廣韻校勘記 卷二 二十五

吻韵

19 抆 抆動
抆，黎本作扮，誤。

20 房 吻切十三
十三，巾箱本作十四，是也。本切下凡十四字。

21 鼢 字林云地中行鼠百勞所化
百勞所化，北宋本巾箱本黎氏所據本景宋本均作百勞所作。今本說文同。案慧琳一切經音義卷九十八引說文作「百勞所化也」。

二十四葉

1 坋 又步寸切
注云又步寸切，案恩韵步寸切下字作坌。

2 賱 賱賰富也
注賱賰，故宮本敦煌本王韵作賰賱。

3 搵 沒也
沒，黎本同，北宋本巾箱本楝亭本作拄。案故宮本敦煌本王韵正文作榲，注作柱，當據正，榲亦見玉篇，義同。北宋本廣韵作「搵，拄也」，蓋沿廣

雅釋詁四之誤。詳王氏疏證。南宋本作「搵沒也」，與說文合。

4 左傳云無勇麇之　案左傳哀公二年云「羅無勇麇之」，此無上奪羅字，當據補。

隱韵

5 ⿰阝⿱㥯衣　段云「今說文作⿰阝⿱⿱爫工木」。

6 居隱切十　十，中箱本作十一，是也。本切下凡十一字。

7 堇 菜也說文作墓黏土也 墓上同　案說文堇從艸堇聲，墓從土從黃省，二字有別。此合堇墓為一字，非也。敦煌王韵分別釐然，堇訓堇菜，墓訓黃土黏。

8 堇 芹又音　注云又音芹，案欣韵巨斤切下無此字。

9 巹以瓢為酒器婚禮用之也　𧅸上同

巹，中箱本黎本作卺，與說文合，當據正。又巹𧅸
本書為一字，敦煌王韻分別為二，巹為巹敬字，𧅸為𧅸瓢字。𧅸下注云：「瓢，酒器。婚禮所用。陸訓巹敬字為𧅸瓢字，俗行大失。」
蓋本說文。說文「巹，謹身有所承也。」「𧅸，蠡也。」案儀禮禮記合巹字
均作巹。

10 𧅸　當依說文作𧅸。

11 𧣸　此字北宋本中箱本黎本景宋本譌作鰆。

12 蓁又音臻　臻，元泰定本明本作臻，是也。案蓁又見臻韻側詵切下。

13 齓俗作齔　齓，說文作齔，漢曹全碑同。

14 齔又初靳切　注云又初靳切，案焮韻無初靳一音，齔字見震韻初覲切下。

阮韻

15 𨑾小兒　𨑾，敦煌王韻同，集韻類篇從尢作尯。

16 屵　北宋本中箱本黎本景宋本元泰定本明本均作屵，與切一切三及敦煌王韻合。

二十五葉

1 𥀂皮脫也　脘，北宋本中箱本黎氏所據本景宋本作悗，誤。張改作脫，與敦煌王韻及玉篇合。

2 菌草也又求敏切　廣韻此字音求晚切。案菌從囷聲，各書無求晚一音，切二及敦煌王韻本韻均無此字。疑菌蓋蔨字之誤。爾雅「蔨，鹿藿。其實莥」，釋文：「蔨，謝其隕反，郭巨阮反」。謝音已見軫韻，此求晚切正與郭音相符。

3 䘾　又安阮切

注云又安阮切，案桓韻一丸切下無此字。

4 睆　乖也又無媚也

無，當作嫵、玉篇云「睆，小嫵（張刻本譌作撫）媚也」。集韻云「睆，一曰嫵媚」，是其證。

5 暅

此字黎本譌作暅。

6 暅　又古鄧切

注又古鄧切，切一及敦煌王韻同。案本書嶝韻古鄧切下無暅字，敦煌王韻有之。

混韻

7 顐　頭面形顐也

形顐之顐各本作圓。集韻云「顐，一曰面首俱圓謂之顐」。

8 本　又治也

治，巾箱本楝亭本作始，是也。廣雅釋詁一云「本，始也」。

9 𤵸　瘷惡寒

瘷，當從敦煌王韻作𤷪。𤷪見麥韻音山責切。

10 穩 持穀聚　持，說文作𢱛。敦煌王韻同，切一切三作治，當據正。此持乃唐本韻書避高宗諱改。

11 ⿰亻㥯 ⿰亻㥯⿰亻㥯　注⿰亻㥯⿰亻㥯，元泰定本明本作⿰亻㥯隱。案集韻云「⿰亻㥯⿰亻㥯，安也」。

12 㡒 貯也　貯，段改作𡫅，與說文合。說文巾部：㡒，載米𡫅也。宁部：𡫅，㡒也。

13 㡒 又張倫支甸二切　注支甸當作丈旬，支丈形近而譌。案㡒又見諄韻直倫切下，直倫丈旬音同。玉篇㡒，「丈旬猪旬二切」，亦其證也。

14 尚書本作鯀　鯀，北宋本中箱本作鮌，與尚書堯典合。

二十六葉

1 碮 石聲　石聲，敦煌王韻作高聲。案周禮春官典同曰：凡聲高聲碮，正聲緩。鄭玄注云：「高，謂鍾形容高也。高則聲上藏，衮然旋如裏。」此王

郭注今江東呼水中沙堆為潬。此注沙下蓋脫堆字，當據郭注訂正。

14 [illegible] 又工旦切　注云又工旦切，案翰韻古案切下無此字。

15 衎 又音幹　注云又音幹，案翰韻古案切下無此字。

16 又羌複姓有罕井氏　井，段改作幵，是也。罕幵氏乃西羌姓，見後漢書趙充國傳。

二十七葉

1 又呼旰切　又，北宋本、巾箱本、黎本、景宋本譌作乂。

2 䰖 款皃　款，蓋髮字之譌。翰韻則旰切下䰖注云髮光澤皃。

緩韵

3 玉琯　琯，巾箱本、楝亭本同，北宋本、黎本作管。

4 鏉 鏠鏉　鏠，段改作縫，與切三及五代刻本韻書合。案匡謬正俗卷六云：「今官曹文案於紙縫上署記，謂之款縫者，何也？答曰：此語言元出魏晉律令，字林本作鏉刻也。古未有紙之時，所有簿領皆用簡牘，其編連之處恐有改動，故於縫上刻記之，承前已來呼為鏉縫，今於紙縫上署名，猶取舊語，呼為鏉縫耳。」此段校所本，當據正。

5 伴 蒲旱切　蒲旱切，切三敦煌王韻作薄旱反。蒲旱薄旱音同，案旱在旱韻，以旱切伴不合。陸韻王韻旱緩未分，因假開口字切脣音合口字；廣韻旱緩既判為兩韻，於此猶沿襲未改。五代刻本韻書旱緩分立，伴作步卵反，於聲韻盡合。

6 滿 莫旱切　莫旱切，切一切三敦煌王韻同，五代刻本韻書作莫卵反。參看前條校記。

7 ⿰氵悳　此字切三別出一紐，音亡伴反，又亡本反，蓋後增字也。敦煌王韻及五代刻本韻書均歸入滿紐。

8 鏋　金精　精，北宋本、巾箱本、黎本無。案：集韻云："金精謂之鏋。"張氏據集韻增，與五代刻本韻書合。

9 ⿰米半　⿰食半　並上同　案：北宋本、黎本作「⿰米半　同上」，⿰米半下無⿰食半。巾箱本作「⿰米半　⿰食半　同上」，元泰定本、明本作「⿰米半　同上　⿰食半　同上」。張氏增⿰食半字，適與粄下所注本紐字數相合。

10 瓪　牡瓦也　牡，切一、切三、玉篇、集韻均作牝，當據正。案：牝瓦曰瓪，牡瓦曰⿺瓦甬。

11 昄　均大也又扶板布綰二切　也下七字北宋本、巾箱本、黎本並無，張增，與元泰定本、明本合。

案：潸韻扶板、布綰二紐均出昄字。

12 ⿰韋段　此字巾箱本、黎本作⿰韋叚，誤。

13 緞　此字中箱本黎本作緞，誤。

14 攤奴但切　奴但切，敦煌王韵同。案但在旱韵，攤入此韵非是，當移入旱韵，為翰韵攤字奴案切上聲。

潸韵

15 赧　當从說文作赧。

16 赧俗作赧　赧，元泰定本明本棟亭本作赧，當據正。案赧唐人俗寫作赧。集韵赧或从皮。

17 赧奴板切　奴板切，切一同。切三及敦煌王韵作怒板反，音同。五代刻本韵書作女板反。玉篇同。

18 僩又音簡　注又音簡，棟亭本作「又姑限切」，音同。

19 㺌猛也　㺌段改作撊，是也。案方言二云「撊，猛也。晉魏之間曰撊」。當據正。

20 捍 搵揺動　搵，集韵作揎，是也。揎見産韵，音所簡切。五代刻本韵書揎下云以手揎物捍揎。案「揎物」與「揺動」義相符合。

21 黄 蒸子玉篇餅也　案各本無「玉篇餅」三字。

22 鯇 又胡本切　注云又胡本切，案混韵胡本切下字作鯶。敦煌王韵鯶下云亦作鯇，是鯶鯇一字也。

二十八棻

1 阪 陂別名　注陂字，北宋本、中箱本、黎本、景宋本作阪，誤。

産韵

2 閬 又作痕 象益俗　痕，當作⿸广辰。見集韵。楝亭本作⿸广辰亦誤。

3 ⿰忄産 初綰切　案綰在潸韵，陳澧以為⿰忄産蓋潸韵增加字誤入此韵也。

銑韵

4 跣 跣足 案足下當有脫文。五代刻本韻書注云：「跣，足踏地。」說文云：「跣，足親地也。」

5 頣 當從說文作頣。

6 䁙 此字巾箱本黎本作䁙，誤。

二十九葉

1 節 又亡弦切 注云又亡弦切，案弦在先韻，先韻無節字，節見仙韻武延切下。

2 編 編綃 注編綃，切三及敦煌王韻作編絹，段氏改作編緒，是也。案廣雅釋器云：「編緒，絛也。」王懷祖曰：「說文：絛，扁緒也。急就篇注云：絛，一名偏諸，織絲縷為之。編緒即說文之扁緒，亦即急就篇注之偏諸，聲轉字異耳。漢書賈誼傳為之繡衣絲履偏諸緣，服虔注云：加牙絛

以作履緣也」。

3 ⿱虎貝 一曰對爭也 對爭也，切三作對爭皃。

4 鞘 ⿰革焉鞘刀鞘也說文曰大車縛軛靼也 刀鞘，中箱本元泰定本明本作刀鞘，是也。韵會鞘下云：「⿰革焉鞘，刀削」。是其證。鞘削通用。又靼，說文作䩞，當據正。

5 罥 挂也 挂，北宋本黎本誤作扶，張改作挂，與中箱本合。

6 羂 北宋本黎氏所據本誤作羅。

7 爾 雅云墜也 云，北宋本中箱本黎本並無。

8 辮 薄泫切 薄泫切，切三作薄顯反。以喉音開口字切脣音合口字。

9 ⿸广扁 元泰定本明本作⿸疒扁，與集韵合。當據正。

獮韵

10 玨又視戰切　注又視戰切，切三同。案線韻時戰切下無此字。

三十葉

1 木瘤　瘤，元泰定本明本棟亭本作癅，與集韻合。當據正。

2 趁亦作碾　碾，元泰定本明本作蹍，與集韻合。當據正。

3 輾　說文此字從㞋作輾，當據正。

4 㞋　說文作㞋。當據正。

5 淺士演切　士演切，棟亭本作七演切，與切三合。當據正。案先韻淺下云：又倉翦切，即指此音。倉七翦同一類。

6 幝車蔽　案蔽當作敝，詩杕杜「檀車幝幝」，傳曰：「幝幝，敝貌」。

7 𡴭說文作𥄫　𥄫說文從𠂤作𥃬，當據正。

8 眢　當從說文作眢。

9 搴 取也擇上同　擇，段改作攓，是也。方言十：「攓，取也。楚謂之攓。」集韻攐，或從蹇作攓，亦作搴。注云：「俗作擇非是。」

10 善 言也　言，北宋本中箱本黎本均作吉，與說文合。當據正。

11 又作善　作字北宋本中箱本黎氏所據本均脫。

12 墠 除墠地名　注除墠地名，北宋本中箱本黎氏所據本作除壇地名。趙先生曰：「此文不可通，當作除地曰墠。禮記祭法一壇一墠注：除地曰墠。書金縢傳：墠，除地也。均其證。」

13 鱓 死人殘化也　化，北宋本中箱本黎氏所據本均譌作作。

14 翦 勒也　勒，北宋本中箱本黎本作勤，是也。爾雅釋詁云：「翦，勤也。」

15 媊 明星　星，北宋本中箱本黎本明本作皃。張改作星，是也。說文云：「甘氏星經曰：太白上公妻曰女媊，女媊居南斗，食厲，天下祭之曰明星。」

16 ⿱功言　段改作⿱巧言，並云：「巧言為辯，見魏書江式傳。」

三十一葉

1 ⿰革面 勒靼名也　靼，當作靼。說文云：「⿰革面，勒靼也。」

2 雋 徂兗切　徂兗切，敦煌王韻同。切三此紐作吮，音徐兗反，又徂兗反。案本書此韻有徂兗切，而無徐兗切；切三此紐作徐兗反，又別無徂兗反。

3 吮 又徐兗切　注云又徐兗切，案本韻無徐兗一音。

4 出王屋山　山，北宋本中箱本黎氏所據本作也，誤。

5 卷 居轉切　居轉切，切三作古轉反。

6 埢 土冢

冢，當作冢。

7 蝡

切三此字從需作蠕。下㼐䓝瑌㨎諸字亦從需。

8 怋

此字北宋本中箱本黎本作恨，案當從皀作㤐。

9 皀

此字北宋本中箱本黎本作艮，段改作皀。

10 又作䒷見經典

經，北宋本中箱本黎氏所據本作正，張改作経，是也。段氏云見攷工記注。

11 囙 刑囯

囯，北宋本中箱本黎本景宋本明本作圓，張改作囯，與集韻合。

12 選 又思絹切 又思管切

又思管切，切三無。本書綫韻蘇管切下無選字。

13 一名子子

子子，楝亭本作孑孓，與爾雅釋魚郭注合。當據正。

14 蠉 香兗切 此字脫訓解。案說文云「蠉，蟲行也」。

15 扁 又辨篇二音 辨，北宋本中箱本楝亭本作辯，是也。案扁又見銑韻薄泫切下。

三十二葉

1 㫃 旌旗杠 杠，說文作杠。

2 蚩 仲行 仲，北宋本中箱本黎本作神，誤。說文云「蚩，蟲曳行也」。

3 㢟 安步行之 之，段改作也，與說文合。

4 鴘 被免切 被，北宋本中箱本黎本均作披，與集韻合。當據正。

篠韻

5 擌 打也 也，中箱本黎本作名。張改作也，與集韻合。

6 珀 又匹白切 注云又匹白切，案陌韵普伯切下無珀字。

7 ⿰石蓼⿰忄勺垂皃 案玉篇集韵並云：「⿰石蓼⿰石鳥石垂皃」，此垂皃上無石字，當據補。案⿰石蓼⿰石鳥原本玉篇引字書作⿰石蓼鳥，⿰石蓼鳥⿰石蓼⿰石鳥⿰石蓼⿰忄勺音同。

8 朓 土了切 土了切，北宋本中箱本作士了切，誤。切三作土鳥反，敦煌王韵作吐鳥反，與土了切音同。

9 ⿰镸幼⿰镸赤長而不勁 ⿰镸赤，段氏改作⿰镸朩，與集韵合。

10 葽 廣雅云遠志也 案今本廣雅無此文。楝亭本作爾雅是也。爾雅釋草云：「葽繞，蕀蒬。」郭注云：「今遠志也。」

11 ⿰罗男 中箱本楝亭本作⿰黑男，與敦煌王韵合。當據正。切三作⿰罒男，或體也。見集韵。

12 ⿰镸赤 段氏改作⿰镸朩，與集韵合。案淮南子有此字，齊俗篇云：「譬若舟車楯⿰镸朩。」

13 騕褭　騕，北宋本黎本誤作腰。張改作騕，與巾箱本合。

14 攓摘也　摘也玉篇集韻作擿也。

15 𠄔玉篇音患　「玉篇音患」，楝亭本作「玉篇云：今作幻。」案玉篇予部𠄔，胡慢切，相詐惑也。从倒予，今作幻。

16 幽閑也　閑，北宋本巾箱本景宗本作閉，是也。

17 䂏䂏瞭田中穴　案瞭下宜有田字。玉篇集韻並云：「䂏，瞭田中穴。」

三十三葉

小韻

1 字統云合作芟　「合作芟」，北宋本巾箱本黎氏所據本景宗本均作「合作此

芟」。

2 禾芒 禾，北宋本景宋本黎本譌作木，中箱本譌作文。張改作禾，與切三敦煌王韻合。

3 ⿱邵糸 當作⿱卲糸。

4 鐈又姓左傳晉大夫鐈文 段朝端姓解辨誤以為鐈文當作鐈父，見後漢書逸民傳注。

5 敽盾也 段於盾上加繫字，是也。案書費誓「敽乃干」，鄭注云「敽，猶繫也。」說文云「敽，繫連也。」是其證。

6 表陂嬌切 嬌，各本作鐈，是也。嬌字宵韵已用為切字，此韵不得復為切字。

7 目有所察 目，北宋本譌作司，景宋本黎氏所據本譌作同。

三十四葉

1 嶲又羊水切　注云又羊水切，案旨韻以水切下無此字。

2 ⿰臼穴⿰扌穴　各本均作⿰臼穴⿰扌穴，與說文合。當據正。

3 愀　切三此字在篠韻湫紐，音子了反。了，原譌作己。

4 驕巨夭切　巨夭切，敦煌王韻作巨小反，音同。切三作在小反，在字誤。

巧韻

5 獿又好巧切　好，元泰定本明本作奴，是也。獿又見本韻音奴巧切。

6 酉緧也時物皆緧緧也　時上當依晉書樂志補謂字。

7 卯　各本譌作卯，張改作戼，與說文合。

8 說文作茆　茆，黎本同。北宋本景宗本作⿱艹丣，與說文合。當據正。

廣韻校勘記 卷二

9 姣 妖媚　妖，元泰定本明本楝亭本作姣，敦煌王韻同。

10 烄 木然也　烄木然，說文玉篇作交木然，當據正。

11 敥　當從說文作敥。

12 拗 手拉　手拉，切三及敦煌王韻作手撥。

13 見 深目　見，集韻作見，為窅字或體。當據正。

三十五葉

1 𣪊 一云攪也　案攪當作攪，敦煌王韻此字訓攪，玉篇：攪，𣪊也，均其證。

晧韵

2 說文作昦　昦，北宋本中箱本譌作界。〔一〕

〔一〕編者按：「譌作界」之界，字當作「昦」。

3 商山四顥 商，北宋本中箱本景宋本均作南，案南山四皓見後漢書鄭玄傳。

4 昦 夰字從此 昦夰，北宋本中箱本景宋本黎本均作昦天。張氏改天作夰，非是。案廣韵無夰字。

5 ⿰豸尞 西南夷名 西字上切三及敦煌王韵並有⿰豸爪⿰豸尞二字。

6 討 他浩切 浩，切三作沼，誤。案沼在小韵。

7 槄 又他刀切 他刀切，切三作地刀反，誤。案此字見豪韵土刀切下。

8 堖 堖頭 堖，說文匕部作匘，段氏據改。

9 腦 武從㞢 㞢，北宋本作𡿺。案唐人腦每寫作⿰月㞢，是㞢字不誤。

10 㛐 北宋本中箱本景宋本黎本譌作⿰女宎。

6 鄭 亭名在河南　在河南，敦煌王韻作在河東。

7 惢 又醉隨才棰二切　注才棰，當作才捶，本書無棰字。

8 垛 亦作⿰阝朵　⿰阝朵，北宋本中箱本黎本作垛，張改作⿰阝朵與元泰定本及集韻合。

9 ⿰革朵 或作⿰朵革　北宋本黎氏所據本⿰革朵作鞖，⿰朵革作⿰采革。張改與中箱本元泰定本合。

10 鎑 玉篇同，說文作鏅。

11 隋 又徒果切　注云又徒果切，案本韻徒果切下無此字。

12 隓 說文此字作𨸏，段氏據改。

13 㦬 亡果切　亡果切，切三及敦煌王韻作莫可反，是以牙音開口字切脣音

茲也切，字林子野反，見晉書音義下引。均與廣韻音同。

2 餌 無食味也　無食味，集韻作食無味，當據正。

3 ⿸尸隶　此字當從說文玉篇作⿸尸乘。

4 蘳 又音壞　注云又音壞，案怪韻胡怪切下無此字。大徐本說文蘳讀若壞，小徐本作讀若隓壞，是當讀隓壞之隓。

5 ⿰戈丮 大口又脅說文曰擊踝也　案注云大口疑誤。敦煌王韻此字訓擊踝，別有嘳字訓大口。集韻云：「⿰賏乙，大口曰⿰口⿰賏乙。」本書蓋脫嘳字，其注誤置於此。

6 麲 麩名　敦煌王韻此字訓麱也。本注麩名當作麱名。玉篇集韻並云：「麲，麱也。」

7 老人柱杖　柱，棟亭本作拄。

8 惹 亂也　也，北宋本、巾箱本、黎氏所據本、景宋本均作心。

9 屰 跨步　屰，說文作屰，从反夊。當據正。

10 穤　集韻此字作粿，是也。粿，從米稞聲。

11 葰 沙瓦切　沙瓦切，敦煌王韻作蘇寡反。案本書果韻葰下注云：又蘇瓦切，與蘇寡反音同。

養韻

12 混瀁水皃　混，棟亭本黎本作滉，與切三故宮王韻合，當據正。案滉見蕩韻胡廣切下，注云：「滉瀁水皃」，可證作滉是也。

13 蔣 又奉杖切　又奉杖切，切三及故宮本敦煌本王韻作又秦丈反音同。案本韻無秦杖一音。

14 又漢複姓漢有曲陽令蔣匠熙　趙先生曰：蔣匠當作將匠，將

匠者，將作大匠之省。傳世漢印有將匠氏印是其證也。此文當移入下平十陽將字下。」

四十養

1 說文頸靻也　靻，說文作靼，當據正。

2 駚 無資量謂無極限也　案無資量當作無貲量。資乃貲字之譌。集韻云：「駚，無貲也。」是其證。貲即量也，見後漢書陳蕃傳注。

3 勥 追也　注北宋本中箱本黎本作迫也，與說文合。此作追也，誤。

4 磢 初兩切　初兩切，故宮王韻作測兩切，音同。切三測作則，誤。

5 又七良七養二切　二，北宋本中箱本景宋本黎本均脫，張據例增。

6 漺 淨也　淨，段改作淨。案宋本方言十三云：「漺，淨也。」

廣韻校勘記　卷二　四十四

7 琅 耶掌同　　耶，棟亭本作耶。

8 渁 淨也　　淨，段改作淨。

9 高　　北宋本中箱本譌作高。

10 党 踞也　　党故宮王韵作党。玉篇足部作踹。

11 党 又主尚切　　注云又主尚切，案漾韵之亮切下無此字。

12 賞 書兩切　　書兩切，故宮王韵作識兩反，音同。切三作諸兩反，諸乃識字之譌。

13 罔 俗作冈　　冈，北宋本中箱本黎本作冈。

四十一葉

1 昉 分网切　　分网切，切三及故宮王韵作分兩反。

2 旊 周禮有旊人爲簋沓蓋摶埴之工

摶埴之工，各本作埏埴之工，張氏依周禮考工記改。

3 旊 又音甫

注云又音甫，案廣韻方矩切下無此字。

4 枉 亦姓今虢州有

案有字下蓋脫之字。如蕩韻汻下云「姓，今涇州有之」，是其例。

5 長 知丈切

知丈切，敦煌王韻作中兩反，音同。故宮王韻作丁丈反，類隔切也。

6 臩 俱往切

陳澧云「俱往切與獷字居往切音同，徐鉉具往切，則與俇字求往切音同」。案故宮王韻此字音渠往反，俇亦同屬一紐。

蕩韻

7 崵 山名漢高帝隱處

高帝，北宋本中箱本黎氏所據本景宋本均作高鳳。案高鳳隱於西唐山，見後漢書高鳳傳。非崵山也。崵山，漢高帝嘗隱匿其間，史

記漢書字作碭。碭喝通用。集韻云：「喝通作碭」，是其證。

8 滛 戲皃

滛，各本作淫，是也。

9 潒 水大之皃又洸潒也

段云：「洸，當作漭」。案洸當是沆字之誤。文選西京賦「滄池漭沆」，薛綜注云：「漭沆猶洸潒，亦寬大也」，是其證。

10 ⿰白昜 持米精也

持，切三作治，是也。持蓋唐人韻書避高宗諱改，廣韻因襲未正。此與混韻穩下「持穀聚」，切三作「治穀聚」例同。

11 榜 北朗切

北朗切，故宮王韻作博朗反，音同。切三作傍朗反，博傍聲不同類。

12 䴚

北宋本景宋本黎本作⿰食亢，誤。張改作䴚，與中箱本合。案說文此字作⿰亢麥。

13 ⿰月黨⿰月莽月不明也　案⿰月莽巾箱本作⿰月荒，是也。下文⿰月荒下云「⿰月黨⿰月荒，月不明皃」，是其證。

14 吴王孫休子　案吴王當作吴主。吴景帝也。

15 ⿰目莽 無一睛　無一睛，故宫王韻作無二目。案集韻云「無一目曰⿰目莽」，與本書合。

16 ⿰山芒嵣 山皃　案⿰山芒嵣當作嵣⿰山芒，上文嵣下云「嵣⿰山芒，山皃」，文選南都賦注云「嵣⿰山芒，山石廣大之貌也」，均其證。

17 烏朗切　烏，北宋本黎氏所據本景宋本譌作又，張改作烏，與巾箱本合。

四十二葉

1 ⿸广憲 又丘廣切　又丘廣切，故宫本敦煌本王韻作又口廣反。案本書下文出⿸广憲

字音丘晃切。

2 攩 搥打　故宮王韻此字別為一紐，音真朗反，真字疑誤。

3 髈　北宋本中箱本黎氏所據本景宋本均誤作髏。張改作髈，與切三及故宮王韻合。

4 匹朗切　匹，中箱本黎本誤作回。

5 慌戃　楝亭本作戃慌，與切三及故宮王韻合，當據正。本韻他朗切下出戃字，注云戃慌失意皃。

6 爌 又苦晃切　注云又苦晃切，案此字見本韻丘晃切下。

7 懬　案此字當作懬，懬又見苦朗切下。

梗韻

8 晒　亮也　亮，楝亭本作光，與切三合。

9 又姓漢書有東漢　姓字北宋本、中箱本、黎本、景宋本均脫，張增是也。又王靜安先生曰：「漢書有邴漢，無東漢，見龔勝傳。」疑此文當入上文邴字注。

10 窉　又兄病乎命區詠三切　依注此字又有兄病、區詠二音，案映韻許更切、丘敬切下均無此字。

11 左傳晉大夫猛獲之後　案猛獲宋臣也，見左莊十二年傳，此云晉大夫誤。

12 猛　莫幸切　莫幸切，案幸字在耿韻，楝亭本作杏，與切三合。當據正。

13 蜢　蚱蜢　蚱，北宋本、黎本作虴，誤。中箱本作蚝，與切三、爾雅釋蟲釋文說

文新附集韵均合。當據正。張改作蚱，未允。

四十三葉

1 穢 又曰稻不熟　又曰稻不熟，切三作一曰稻未舂。集韵同。

2 瑒 又音暢　注云又音暢，案漾韵丑亮切下無此字。

3 卝 呼臀切　呼，元泰定本明本棟亭本同，北宋本中箱本黎本景宋本作乎。

案集韵作胡猛切，是作乎爲是。胡乎聲同一類。

耿韵

4 睯 瞌視皃　瞌，北宋本中箱本黎氏所據本景宋本均譌作猛。張改作

瞌，與切三合。

5 皏 ⿰白曷薄皃　薄，北宋本中箱本黎氏所據本景宋本均譌作蒲。張改作薄

是也。玉篇云「餅餲，白也。又淺薄色也」。

靜韻

6 竫 停足

停，段改作亭，與說文切三合。

7 涇

段改作浧，與玉篇合。

8 柃 木名可染

注切三作「木名灰可染」。此脫灰字，當據補。

9 禮左執領

案巾箱本禮下有云字。

10 頃 頃古文

案集韻頃或從田作䪭，此古文頣蓋䪭字之誤。

四十四葉

1 又水出丘前謂之渻丘

出，北宋本、中箱本、景宋本、黎氏所據本均脫。張增與說文合。

2 丈井切一 一，北宋本巾箱本楝亭本景宋本作二，是也。本切下凡二字。

3 𡍩 案此字當從玉篇集韻作𡎼，𡎼亦省作𡉲。

迥韻

4 炅 光也 光，切三同，案說文玉篇並云「炅，見也」。

5 [illegible] 目驚皃 [illegible]，集韻作[illegible]，與說文合。當據正。

6 涇 寒 涇，當作涇。玉篇云「涇，寒也」。

7 抒 上終葵首 抒，說文同。案周禮玉人作杼。

8 閞 此字玉篇同，集韻作閮。

9 𥎊 元泰定本明本楝亭本同。北宋本巾箱本景宋本黎本作秂，誤。案玉篇作𥎊，集韻作𥏮。

拯韵

10 ⿱丞車 此字當從說文作⿱丞車。

四十五葉

有韵

1 𥁕 又余救切 注云又余救切，案𥁕字又見宥韵于救切下，余于聲不同類。元泰定本明本作又于救切，是也。

2 劉 當作劉。

3 綹 十絲為綹 十絲為綹，敦煌王韵同，切三作廿絲為綹。案說文云：「緯十縷為綹。」集韵則云：「一曰絲十為綸，綸倍為綹。」是綹之絲數無定說。

4 莥 玉篇云鹿豆也 莥，本紐兩見，此處宜刪。詳次條校記。

5 ⿱艹丣 亦作茆

⿱艹丣，北宋本巾箱本景宋本楝亭本黎本作茆；注茆，巾箱本楝亭本作⿱艹丣；均與敦煌王韻合。當據正。張氏以正文茆字已見上文故改作⿱艹丣。案茆⿱艹丣一字，不當兩出，今據敦煌王韻删去上文茆字。

6 疛 說文曰小腹痛

痛，說文作病。

7 九 方臯一名甄

甄，張氏二次刻改作歅，是也。案歅見真韻於真切下。

8 愀 在九切又鍬小切又在由子了二反。

切三及故宮本敦煌本王韻此字均入黝韻，切三音茲糾反，故宮本敦煌本王韻音慈糾反。

9 婦 房九切

此紐故宮王韻入厚韻，音防不反。案切三及敦煌王韻並在此韻。

10 萯 玉萯草

玉，說文作王，當據正。

11 阜 盛也亦作隅　阜，集韻作騨。注云「馬盛也。一曰益也。或作隅。」當據正。

四十六葉

1 缶 方久切　故宮王韻此紐入厚韻。案切三及敦煌王韻均在此韻。

2 缶 瓦器鉢也　鉢，巾箱本元泰定本明本作盆。案爾雅釋器「盎謂之缶」郭注云「盆也。」

3 不 又甫救切　注云又甫救切，案宥韻方副切下無此字。

4 妚 好皃也　皃，巾箱本元泰定本楝亭本作色，與故宮王韻合。此字王韻入厚韻。

5 孟子曰舜飯糗茹草　北宋本巾箱本黎本景宋本均作「孟子曰：舜糗飯茹草」，張氏依孟子盡心下改正。

6 粽 粈　粽，段氏改作粽。

7 麔 牝麋 　牝麋，故宮王韻同，切三作牡麋，與爾雅釋獸合。

8 槱 積木燎以祭天也 梄上同 　梄，段改作禉，與中箱本元泰定本明本合。

9 栖 　案尤韵以周切下作梄。

10 𤪌 遺玉 　玉，北宋本中箱本黎氏所據本景宋本均譌作也，張改作玉，與故宮本敦煌王韻合。

11 醭 醭酒 　醭，段改作酭，是也。玉篇云：「酭，與久切，酒名。」

12 羑 　案集韵此字作渼，當據正。玉篇云：「渼，余九切，水也。」音義並同。

13 容 納也 　容，北宋本中箱本譌作俗。

14 楚 孝烈王自陳徙都壽春號曰郡 　案孝當作考。楚考烈王為頃襄王子。又郡，中箱本作郢，是也，當據正。史記楚世家云：「東徙都壽春，

「命曰郢」。

15 颮　颮

颮，北宋本中箱本黎本景宋本均作瀏，與切三及故宮王韻合。案颮瀏見文選吳都賦。

四十七葉

厚韻

1 踇　踇偶山名⿰足母行皃

⿰足母，故宮王韻同，敦煌王韻作踇。案⿰足母玉篇訓大⿰足母指，集韻訓足將指，並無行皃一義。訓行皃者集韻作踇。趙先生以為廣韻此文當作「踇，踇偶山名，又行皃。」「⿰足母，大⿰足母指。」

2 培　培塿小阜

培，切三及故宮本敦煌本王韻作㟝，注培塿二字亦從山作㟝嶁。案廣雅釋丘云「培塿，冢也。」字從土作，與廣韻同。

3 牿 又牛頭短　牛頭短，切三及故宮王韻作牛短頭，當據正。

4 抖擻 舉皃　舉皃切三及故宮本敦煌本王韻作舉物。

5 斢𣁋 兵奪人物出字書　案下文𣁋注作出新字林。集韻引作字林。

6 爾雅有十藪　十藪，北宋本巾箱本黎氏所據本景宗本譌作千數。

7 騋 馬搖銜走　注云馬搖銜走，案公羊定公八年傳「陽越下取策臨南騋馬」注云「捶馬銜走」。

四十八葉

1 漊 溝通水漊漊也　案注水下漊字衍文，當刪。

2 鯫 又七溝切　又七溝切，元泰定本明本作又士溝切，與故宮本敦煌本王韻合。案此字又見侯韻鉏鉤切下，鉏士聲同一類。

3 棷 又側溝切 注又側溝切，故宮本敦煌本王韻同，案侯韻無側溝一音。

黝韻

4 ⿵風幼 ⿵風卩 ⿵風卩，北宋本巾箱本黎本景宋本作瀏。

5 鬮 鬮取 負 鬮，當從鬥作鬮。注鬮取，故宮王韻作鬮取，與說文合。

寑韻

6 艐 當從說文作⿰舟幷。

7 踸踔 踔，當作踔。

8 ⿰甚頁 敦煌王韻此字入⿰酉朁紐，音子甚反，蓋誤。案玉篇音同廣韻。

9 銋 飪鍖 注鍖飪，巾箱本作鍖銋，與丑甚切下鍖注合。當據正。

四十九葉

1 沈 式任切 式任切，各本同。案任字不在本韵，見沁韵。段氏陳氏改作荏，與集韵合，當據正。切三及敦煌王韵作式稔反，式稔式荏音同。

2 諗 又如甚切 如，北宋本中箱本黎本景宋本均作知。張改作如，與元泰定本明本同。案本韵如甚切張甚切下均無此字，未審孰是。

3 眹 段云：「眹不應入此。」案敦煌王韵有此字。

4 顩 欽錦切 欽，中箱本元泰定本明本棟亭本同，北宋本黎本景宋本作鈐。案鈐欽聲不同類，中箱本作欽是也。漢書楊雄傳音義引字林云：「顩，醜也。丘飲反。狹面銳頤之貌也。」顩即顩字，丘飲欽錦音同，可證作欽為是。韵鏡七音略此字亦列於溪紐。敦煌王韵此字作仕瘵反，玉篇集韵作牛飲切。

5 廞 大喪囊也 案此注有脫誤，當作「大喪廞裘也」。周禮司裘云：「大喪，廞裘，

飾皮車」。案褰車皆明器。㰝奇陳而不用也。「荀子禮論篇云：「明器貌而不用。」

6 㰝又羲今切　羲，中箱本、黎本譌作義。案㰝字又見侵韻許金切下，羲許

脊同，一類。

7 戡小斫也　小，北宋本、中箱本、黎本、景宋本均作少。

感韻

8 酒味滛也　滛，楝亭本作淫，是也。

9 ⿷匚贛方言云箱類　段云：「方言無」。

10 糝糟滓也　糝，切三及故宮本、敦煌本王韻作糣，是也。本韻桑感切下出糣字，注云：「糣糟滓也」，是其證。

11 徐視　徐，北宋本、黎氏所據本、景宋本均譌作除。張改作徐，與中箱本

合。

12 監 醢監　案監當從說文作監。

五十葉

1 亦作醢　醢，當從血作醢。

2 又作⿰弓疌　⿰弓疌，北宋本黎本景宋本譌作⿺廴疌。張改作⿰弓疌，與中箱本合。

3 劄 劄剢　注剢字，中箱本元泰定本明本作剢，是也。剢見佳韻，注云小斧。又劄剢也。是其證。

4 慘 慘感也　注慘感各本作憾感。

5 說文曰淺青黑也　案說文同，楝亭本黑字下有色字。玉篇同。

6 嗜 又子盍切　注又子盍切，故宮王韻作又子臘反，音同。案盍韻無子盍一音。此

字見合韵子荅切下。

7 傪　此字故宮本敦煌本王韵均作傪，案集韵傪傪一字。

8 粽　北宋本中箱本黎氏所據本均譌作粽，張改作粽與故宮本敦煌本王韵合。

9 字書云琑連環也　環，中箱本作鐶。

10 嬒　李慈銘曰嬒當作嬒。右下从酉。見李氏校本　案李說是也。說文嬒，含怒也。一曰難知也。

11 嬒害惡姓也　姓，切三及故宮王韵並作性，此作姓誤。

12 燂 黃焦　黃焦，切三及故宮王韵作黃焦色。敦煌王韵作黃黑色。此焦下脫色字。

13 䡲 輡䡲　輡䡲，北宋本景宋本作輡䡲，中箱本元泰定本明本作輡䡲。案

輡轗是也。本韻苦感切下出輡字，注云：「輡轗，車行不平」，是其證。

14 ⿱入林 愁皃

愁皃。北宋本中箱本譌作⿱入林皃。

15 耽 虎視

耽，切三及故宮本敦煌本王韻從目作眈，是也。易曰：「虎視眈眈」。

16 抌 刺也擊也也又音由

「擊也」下「也」字衍文，當刪。「又」字北宋本中箱本景宋本黎本均脫，張增是也。案注云又音由，當有誤。尤韻以周切下作抭，乃抒臼字，與此字形義不合。

17 ⿱竹感

北宋本中箱本譌作箴。

18 ⿰感頁

段云：此即說文「顑」。

敢韻

19 澉 ⿱敢食無味

切三及故宮本敦煌本王韻⿱敢食下有食字，宜據補。

20 雈之初生

雈，北宋本中箱本黎本作雚。張改作萑，與說文合。

21 ⿸厂敢崯也

崯，北宋本黎氏所據本景宋本譌作唫。張改作崯，與中箱本合。

22 ⿸厃鳥 鷹福鳥名

福，故宮王韻同。段改作禍，是也。山海經海外西經「⿱次鳥鳥、⿸厃鳥鳥，所經國亡」，注云：「⿱次鳥鳥、⿸厃鳥鳥此應禍之鳥，即今梟鵂鶹之類。」是其證。

五十一葉

1 ⿰女岩

此字敦煌王韻玉篇並同，切三作⿰女⿱山口。

2 鄉名在河東猗氏縣

猗，切三及故宮王韻作犄，與漢書地理志合。

3 亦作⿰女部

⿰女部，北宋本中箱本黎氏所據本作⿰女岩。案⿰女岩當是⿰女⿱山口字之誤。

本書⿰女岩字切三即作⿰女⿱山口，是⿰女⿱山口⿰女岩一字也。此從邑部作⿰女部，於音義無所取。

今訂正。

4 餂　集韻此字作餡。

5 壏　北宋本中箱本黎本景宋本作盬，誤。

6 檻 又音檻　注云又音檻，案檻韻胡黤切下字作壏。集韻壏檻一字。

琰韻

7 扊　扅戶壯所以止扉　戶壯，黎本作戶牡，是也。戶牡，關鍵也。支韻扅下云：「扊扅，戶扃。」扊扅，蔡邕月令章句作剡移。

8 溓 薄冰也　冰，中箱本同，黎本作水。案說文云：「溓，薄水也。」段注改水作仌，本文選寡婦賦注。賦曰：「水溓溓以微凝」，注：「溓溓，薄冰也。」

9 縣　[illegible]簿也　簿，故宮本敦煌本王韻作薄。

10 險 虚檢切　故宮王韻此紐入广韻。案切三及敦煌王韻均在本韻。

11 姨 又棄葉切　注又棄葉切，切三及故宮本敦煌本王韻同。案葉韻去涉切下無姨字，姨見怗韻苦協切下。

12 貶 方斂切　故宮王韻此紐入广韻。案切三及敦煌王韻均在本韻。

13 ⿰平頁 丘檢切　故宮王韻此紐入广韻。案切三及敦煌王韻均在本韻。又⿰平頁，段云「當作⿰羊頁」，以⿰平頁從平於諧聲不合，故改從羊聲。此與段注說文改⿱干火作⿱羊火意同。

14 顩 魚檢切　故宮王韻此紐入广韻。案切三及敦煌王韻均在本韻。

15 儉 巨險切　故宮王韻此紐入广韻。案切三及敦煌王韻均在本韻。

16 檢 居奄切　故宮王韻此紐入广韻。案切三及敦煌王韻均在本韻。

17 魘 又於協切　注云又於協切，案本書怗韻無此音，此字見葉韻於葉切下。

18 厭 又一牒切　注又一牒切，故宮本敦煌本王韻作又於牒反，音同。案本書怗韻無此音，此字見葉韻於葉切下。切三及故宮王韻唐韻此字在怗韻。

19 周禮染人掌染綏帛　綏，巾箱本楝亭本作絲，與周禮染人合。當據正。

20 婇　此字說文作媣。

21 亦作貧　貧，北宋本巾箱本黎氏所據本作貧。張改作貧，與元泰定本明本合。

五十二葉

1 奄 衣儉切　故宮王韻此紐入广韻。案切三及敦煌王韻均在本韻。

2 旃 掩也

葉此字有誤。集韻作旝，訓覆車罔，此旃即旝字之譌。詳下條。

旝本紐兩出，此處當依故宮本敦煌本王韻刪。

3 旝 掩光又於葉切

旃，故宮王韻作旓，敦煌王韻作旨。注又於葉切，故宮本敦煌本王韻作又於業反。業此與上文旃及儼韻於广切旨，葉韻於葉切旝，均當從集韻作旝。旝從㫃，囙聲。說文囙，讀若籥。本書豏韻女減切下出罯字，亦從囙聲。廣雅釋器云：「旝，牽也。」曹憲音於劫反，又於檢反。於檢反與本韻衣檢切音同，於劫反與王韻又於業反音同。玉篇此字音於業於儼二切，字亦譌作「旃，注云：『掩光也。』」於儼一音又與本書儼韻於广切相合。由此可證上述旃旝旨諸體皆旝字之譌。今據廣雅博雅音集韻三書訂正。又本注掩光，當依上文旃注作掩也。掩謂掩覆也。故宮本敦煌本王韻無光

字是其證。

4 嚵又初咸切 注云又初咸切，案咸韻無初咸一音。

忝韻

5 耆老人面黑子 面下切三及敦煌王韻有有字，此脱，當據補。

6 灛淊 淊，巾箱本黎本譌作滔。張改作淊，是也。琰韻以冉切下出淊字，注云「灛淊水滿」，是其證。

7 濂薄冰 冰，巾箱本黎本作水，與説文合。案段注説文改水作仌，本文選寡婦賦注。

8 俗作叜 叜，集韻作㕢。故宫本敦煌本王韻作叟。

儼韻

9 五十二儼

五十二，段氏依戴震聲韵考改作五十四。

10 儼魯掩切

儼，切三及敦煌王韵在琰韵。切三無儼韵。故宫王韵在本韵音魚儉反，此注魯掩切當作魚埯切。魯，各本作魚，不誤。掩，本書在琰韵，段改作埯，是也。當據正。

11 ⿸广女

集韵此字作⿰女广，並云：「通作嬐」。

12 欦欠崖

欦，故宫本敦煌本王韵作⿰今攵，是也。當據正。⿰今攵又見嚴韵，音丘嚴切，注云：「⿰今攵歁不齊，又丘广切。」案丘广切與本韵此字音正合。若從欠之欦，見豏韵，音火斬切，注云：「笑也」，與⿰今攵音義均異。

13 ⿷匚頁

集韵作頋，當據正。頋又見寑韵。

14 埯於广切

於广切，敦煌王韵作廣广反，與广紐廣埯反音同，非也。

15 旃 旃鬌

旃，當作旃。注同。詳玦韵旃字校記。五十二葉第3。

豏韵

16 五十三豏

五十三，段氏依戴震聲韵考改作五十二。

17 ⿰忄咸⿰忄咸意不安也

⿰忄咸⿰忄咸，當作⿰忄咸倚，倚見支韵去奇切下，注云「⿰忄咸倚」。

18 鹼 古斬切

古，切三譌作苦。

19 嶄 又士咸切

咸，北宋本中箱本黎本景宋本均譌作減。玉篇嶄音仕咸切。

本書咸韵士咸切下無此字，此字別見銜韵鋤銜切下。

五十三葉

1 闞

案當从鬥作闞。

2 酢 味

酢，各本作醋。

3 喊 呼豏切

呼豏切，故宮本敦煌本王韻作子減反，蓋誤。

檻韻

4 五十四檻

五十四，段氏依戴震聲韻考改作五十三。

5 艦 四方施板以禦矢如牢

集韻如牢上有狀字，宜據增。

6 濫

切三及故宮本敦煌本王韻此字均入豏韻，音下斬反。

7 撖

集韻作橄。

8 顲 又五減切

注又五減切，敦煌王韻作又五咸、苦減二反。此注減字乃咸字之誤。顲又見咸韻五咸切下。

9 黃𪑾

黃𪑾，切三及故宮本敦煌本王韻均作董𪑾，並云出孝子傳。

范韻

10 范 防錽切　切三云無反語，取凡之上聲。故宮本敦煌本王韻音符山反，與防錽切音同。

11 湰 腫　湰，黎本棟亭本作湰，是也。

12 ⿰亻闖 ⿰亻闖行　⿰亻闖，集韻作⿰亻闖，訓癡也。案⿰亻闖本書見鑑韻，音丑減切。

13 ⿰𧾷闖 跧足望　⿰𧾷闖，集韻作⿰𧾷闖〔一〕。又跧，北宋本黎本景宋本誤作跧，張改作跧是也。玉篇作跂。

新添類隔更音和切

14 褾 邊小切　褾，棟亭本作褾，是也。褾字見小韻。

〔一〕編者按：「集韻作躝」之躝，字當作「躢」。

廣韵校勘記卷四

一葉

韵目

1 怪第十六　此下北宋本黎本景宋本有「獨用」二字。案卦下已云「怪夬同用」，此不得復注「獨用」。

二葉

1 豔㮇釅同用　注「㮇釅同用」，段氏改作「㮇同用」。詳戴震聲韵考。

2 釅第五十七　釅，段改作陷。下注「鑑同用」。

3 陷第五十八鑑梵同用　陷，段改作鑑。注「鑑梵同用」刪。

廣韻校勘記　卷四　一

4 鑑第五十九　鑑，段改作𨰻。下注「梵同用」。

送韻

5 龜背　龜，北宋本中箱本黎本作龜，當據正。

6 本自白馬玄羌所居　玄，北宋本中箱本黎本景宋本均作互。案互即氐之俗體，張改作玄非是。

7 甘泉宮賦　泉字北宋本黎本景宋本脫，張增與中箱本合。

8 悙贛愚也　贛，敦煌王韻作戇，集韻同。當據正。案戇愚也本韻呼貢切「戇」下云「悙戇愚人」。

9 礱又音聾　聾，北宋本黎本景宋本譌作礱。張改作聾與中箱本合。

10 出秦戲山　秦，故宮王韻作秦，與山海經合。段氏亦改作秦。又云「郡

國志注亦作「秦」。

11 腔 集韻此字作[illegible]。

12 㚇 斂足 「斂足」下故宮王韻有「而飛」二字，當據補。本書東韻㚇下云：「飛而斂足」。

13 㚇 又子育切 又子育切，故宮王韻作又子紅反，是也。㚇又見東韻子紅切下。此作又子育切，與本紐作弄切音同，非也。

三葉

1 筩 簫達 注故宮王韻作「筩，簫通底」。案說文云：「筩，通簫也。」此注簫達宜從故宮王韻作簫通底，達即通字之誤。

2 戙 段改作[illegible]，與玉篇集韻合，當據正。

3 痛 痛也，傷也，姓出姓苑　棟亭本傷也下有亦字，宜據增。廣韻禺下云「亦姓，出姓苑」，是其例。

4 魯有仲顔莊叔　段朝端姓解辨誤云：「顔莊叔見左襄二十九年傳，仲字屬上句讀。」案此以仲顔為複姓誤。

5 趥 子仲切　子，段氏、陳氏改作千，與北宋本、中箱本合。故宮王韻亦作千。

6 賵 賵賻　賵，各本作賵，當據正。

7 閧 兵闘也，俗作閧　閧，當從鬥作鬨。注鬭閧同。

8 蕻 草莱心長　莱，北宋本、中箱本、黎本作菜。

宋韻

9 今為睢陽縣地　北宋本譌作今選雎陽縣池。

10 雺 天氣下地不應　注北宋本、中箱本、黎氏所據本、景宋本均作「地氣上，天不應，

與說文合；張氏改作「天氣下，地不應」，與爾雅釋天合。

用韻

11 吅 又宣喧二音
依注吅又音宣，案仙韻須緣切下無此字。

12 俸秩
中箱本秩下有也字。

13 欵書
欵，北宋本中箱本黎本作款，是也。

14 捀
此字北宋本中箱本黎本作揰。案史記龜筴傳有揰字。張改作捀與說文玉篇合。又鍾韻符容切下亦作捀。

四葉

1 龔 又九容切
注云又九容切，案鍾韻九容切下無此字。

2 灉 又於容切
於，北宋本中箱本作義，誤。案灉見鍾韻於容切下。

3 舂 故宮王韻此字音礫巷反，又書容反。案巷在絳韻，礫巷反與絳韻陟降切音同。

4 鞴 毳飾 毳上故宮王韻有⿱宀革字，與説文合。

5 鞴 ⿰革毛 上同 ⿰革毛，段改作⿰龍毛，非。案鞴字或體故宮王韻玉篇均作⿰革毛。

6 繒 縷 繒，北宋本黎本景宋本譌作增，張改作繒與中箱本合。

7 蔥 蕑藒 蕑藒，北宋本中箱本黎本景宋本均作蕑蕩，張改作蕑藒與廣雅合。廣雅釋草云蔥苲，蕑藒也。

絳韻

8 鬨 故宮王韻作閧，是也。注鬬鬨等字亦當從門。

9 戇 陟降切 陟降切，故宮王韻作丁降反，類隔切也。

10 ⿰耒夋　北宋本中箱本黎本景宋本作⿰耒叟，誤。

11 ⿹戈⿱𡗗目　集韻此字作⿹戈舂，當據正。

寘韻

12 觶 或作觗　觗，北宋本中箱本黎本景宋本譌作觝。張改作觗，與說文合。

13 珕 又力計切　計，北宋本中箱本黎氏所據本景宋本譌作許。

14 廣雅云苦李作豉　案此文不見廣雅，段氏改作廣志，是也。御覽八百五十五引廣志曰：「苦李宋本譌作奉。豉也」。

15 鯷 又音提音是　注云又音是，案紙韻承紙切下無此字。

16 ⿰面比⿰面宜 面皃　⿰面比⿰面宜，集韻引字林作⿰面宜⿰面比。

17 杫 肉机後漢之亂尚書郎無被枕杫也　後漢之亂，故宮王韻作後漢書，是也。當據正。尚

書郎無被枕杫為顯宗時藥崧事。後漢書鍾離意傳云：「藥崧者，河內人。天性朴忠，家貧為郎。常獨直臺上，無被，枕杫，食糟糠。」

五寘

1 佊（衺也）　衺，段氏云：「當作褏。紙韻引埤蒼：佊，邪也。」案段說是也。集韻即作褏。

2 跛（又波我切）　注云又波我切，案本書哿韻無波我一音，此字見果韻音布火切。

3 ⿰貝芰（⿰貝芰貝四向用也）　貝，此字本中箱本黎氏所據本景宋本均作具。故宮王韻注云：「⿰貝芰具四相用〔一〕。」

4 傷　敦煌王韻此字與伿⿱罒虒等為一紐，音神豉反。故宮王韻傷，以豉

〔一〕編者按：故宮《王韻》相字亦作「向」。

反，又（又字原脫）神易反。

5 伿 惰也 惰，北宋本黎本景宋本譌作情。張改作惰，與中箱本合。

6 ⿰面比⿰面宜 面皃出新字林 ⿰面比⿰面宜，集韻引字林作⿰面宜⿰面比。

7 ⿰骨比 此字段改作骴，與說文合。當據正。骴又見支韻疾移切下。

8 ⿰智干 此字當從說文作⿰智干。

9 ⿰禾内 ⿰米翟 ⿰米翟，黎本棟亭本同，北宋本中箱本景宋本作糴，誤。

10 嚱 聲也 三字北宋本黎本景宋本無。張增，與中箱本元泰定本明本合。

11 ⿰土支 此字當從說文作跂。

12 爾雅曰蛅蟴強蝆 案蛅字誤，北宋本中箱本黎本作蛄，與爾雅釋蟲合。

六葉

1 ⿰多卩 有大慶也　慶，當從說文作度。說文云「⿰多卩，有大度也。」

2 面衣　面，北宋本巾箱本黎本景宋本均譌作靣。

3 僞 危睡切　危睡切，敦煌王韻作危賜反，音同。故宮王韻作危賜反，是以開口字切合口字也。

4 ⿰垂隹　北宋本黎氏所據本景宋本均譌作郵。張改作⿰垂隹，與巾箱本及敦煌王韻合。故宮王韻作⿰垂鳥。

5 ⿰垂隹 雉鳥別名　鳥，各本作烏，敦煌王韻同。案故宮王韻注作「鵶」，鵶即鴉字。此注雅烏二字蓋鴉烏二字之誤。鴉作雅，雅又譌作騅。說文云「⿰垂隹，雉也。」

6 ⿰多卩 有大慶也　慶，當從說文作度。

廣韻校勘記　卷四

7 娷 飢聲　娷集韻為諈字重文。訓飢者字作䭔。

8 ⿰言睿 恨也　恨也，楝亭本作恨言，蓋本玉篇集韻改。

9 ⿰弓委 ⿰弓皮弓皃　⿰弓委⿰弓皮，敦煌王韻作⿰弓皮⿰弓委，是也。當據正。玉篇云：⿰弓皮⿰弓委，所以張弩也。集韻云：⿰弓皮⿰弓委，張弓皃。

至韻

10 左傳周禮有摯荒　案禮字衍文，當刪。摯荒見左傳昭公二十二年。

11 ⿰忄⿱宀疋　北宋本巾箱本作⿰忄寔，是也。

12 位 于愧切　于愧切，故宮本敦煌本王韻作洧冀反，是以開口字切合口字也。

13 嚜 屎　屎，北宋本巾箱本黎氏所據本景宋本均譌作尿。

14 煝 焅熱　焅，北宋本巾箱本黎本景宋本均作⿰火⿱⺌告，當據正。廣雅釋器云：⿰火⿱⺌告

謂之媢。

15 娓又音文眉　注云又音眉，案脂韵武悲切下無此字。

16 彗又音歲　注云又音歲，案祭韵相銳切下無此字。

17 説文塞上亭守㷭者　説文㷭下有火字。

18 鐆　北宋本黎氏所據本景宋本均譌作墜。張改作鐆，與中箱本合。

19 玉篲草　玉，北宋本中箱本黎本均作王，與爾雅釋草合。當據正。

20 緣　故宮王韵作繸。

21 緣佩玉緣也　注緣字各本作緣，是也。爾雅釋器云繸，綬也。

22 韢或作轊、　轊，當作韢。韢見本韵此芮切下。

23 説文云醉卒也各卒其度量不至於亂也　案各字大徐本無。

24 樢 又遵為切　注云又遵為切，案支韻遵為切下無樢字。樢見脂韻醉綏切下。

七葉

1 詩 云歌以誶止　歌以誶止，韓詩陳風作歌以訊之。

2 垒 垒墊也出字林　段云墊，當是墼。字林義同許而音異。案段說是也，說文云垒，墼也。

3 𣥠　北宋本中箱本黎本景宋本訛作𣦢，張改作𣥠與說文合。

4 䜌 說文作𤎼　𤎼，北宋本中箱本作𪊳。案𪊳見五經文字；黎本景宋本作𤎼與說文合。

5 𨚍 負好　𨚍，當從說文作郔。

6 𥻆 上司　𥻆，當作𥸨。又注司字各本作同，當據正。

7 𤹫　北宋本中箱本作𤺊，下從大，是也。

8 瀹　各本作瀹。案玉篇水部作瀹。

9 𦋺　北宋本作𦋺，當據正。

10 𦊗　北宋本中箱本作𦊗，當據正。

11 歉　各本作歁，與故宮本敦煌本王韻合，當據正。段校亦作歁，丕云：「犬沓伏省」。

12 䨽 又非尾切　注又非尾切，敦煌王韻作又孚尾反，是也。此字又見尾韻敷尾切下。孚敷脊同一類。

13 樻 梧木腫節可為杖　案梧當作椐，椐樻雙聲。故宮王韻作椐

櫝本腫節可爲杖與爾雅釋木合。

14 葷　此字當從說文作韋。魂韻戶昆切下作堚。

15 燹字統音銑　銑，北宋本、黎本、景宋本譌作銑，中箱本譌作銑。張改作銑，是也。獮韻息淺切燹下云又音銑，是其證。

16 視又音是　注云又音是。案紙韻承紙切下無此字。敦煌王韻作又神至反。此字古文眎，正見本韻神至切示紐下。鼓又音是之是蓋示字之誤。

17 眂　段改作眡，與說文視字古文合。本書旨韻承矢切視下古文亦作眡。

18 梓潼郡　潼，北宋本、中箱本、黎本、景宋本作桐。張改作潼，與晉書地理志上梁州合。

19 梁改爲黎州　黎，北宋本、中箱本譌作秦。案隋書地理志義城郡

下云「畧曰黎州」，張改作黎，是也。

20 ⿰黍勿　當作⿰黍方。

21 莅（亦作蒞）　蒞，各本作涖，張改作蒞，非是。案莅俗體也。詩周禮莅臨字均作涖。凡本書字下注云「亦作某」而本字下不另出此一體者，此一體每為經典承用之字。如涖字即其例也。

八葉

1 ⿰氏垔（赴也）　案赴當從玉篇作仆。說文云「⿰氏垔，仆也」。

2 ⿰禾犀　故宮本敦煌本王韵作⿰禾遲。

3 ⿰糸犀　故宮王韵作⿰糸遲。

4 ⿰扌貳（當也對也）　⿰扌貳，北宋本中箱本黎本景宋本作樲，誤。張改作⿰扌貳，與說文合。

5 又㕧嚜多詐　㕧嚜，敦煌王韻作嚜㕧，是也。上文嚜下云：「嚜㕧，小兒多詐獪。」方言十：「嚜㕧，獪也。」廣雅釋詁二：「嚜㕧，欺也。」是其明證。

6 𡲬　案此字當作𡳞，𡳞又見旨韻。

7 續漢書安平國故信都郡光武師薊南行太守任光開門出迎今州城是　「光武師」下楝亭本有「自」字，是也。當據增。後漢書任光傳云：「更始二年春，世祖自薊還，狼狽不知所向，傳聞信都獨為漢拒邯鄲，即馳赴之。」

8 㒵具㒵切　具，北宋本、巾箱本、黎本、景宋本作其，聲同一類。

9 𩮀　段改作髤，與說文合。段氏又云：「不音次。」案故宮本、敦煌本王韻均有此字。

10 義見上文　義，北宋本、巾箱本、黎本、景宋本均譌作載。

11 又姓秦錄有吏部懿横　案秦上當有後字，部下當有郎字。崔鴻十六國春秋後秦錄姚泓傳云：「吏部郎懿横又以齊公姚恢有忠動於國家，宜有殊賞。」本湯球校本。是其證也。

12 饐食傷熟也　案熟當作埶。論語鄉黨篇及爾雅釋器釋文並引字林：「饐，飯傷埶溼也。」

13 拜擧手　段云：「手，當作𦣻。」

14 說文曰受沛水東入淮　沛，說文作泲。

15 蕼　此字說文作蕼。

16 殔　故宮王韻作殔。案本韻羊至切下有殔字。

九葉

1 説文曰引气自畀也　畀，説文作畁。段據改。

2 ⿸疒畢 足氣不生　生，段改作至，與説文合。案故宮本敦煌本王韻均作至。

3 坒 地相次坒也　注坒字段改作比，與説文合。

4 ⿰自頁 首也　案首也當作首子。故宮王韻云：「蒼頡篇云：首子曰⿰自頁。」集韻云：「⿰自頁，犬初生子。一曰首子。」是其證。

5 ⿰目啇　此字故宮本敦煌本王韻作⿰目离，集韻作⿰目巂。

6 ⿱艹屛　此字當從爾雅釋草作⿱艹屏。⿱艹屏又見紙韻薺韻。

7 ⿰礻冀　段氏改作⿰禾冀，與説文合。⿰禾冀又見尾未二韻。

8 故立字亦從水土者為地　案此文不通。北宋本中箱本景宋本作「故

廣韻校勘記　卷四　十

立字從大一，一者為地。」亦非。當依御覽卷三十七引春秋元命包作「故其立字土力於一者為地。」春秋說題辭同。

9 叩 又火尸切　又火尸切，敦煌王韵同。案脂韵喜夷切下有屎字，即此字也。集韵脂韵馨夷切下叩，或作欣。

10 呬 又丑致切　注云又丑致切，案本韵丑利切下字作訵。

11 隶 又音代　又音代，敦煌王韵作又徒載反，音同。案代韵徒耐切下無此字。

12 諡 曰易　曰，各本均作名。此作曰誤。

13 謚 說文作諡　注云說文作諡，案今本說文作謚。段注本改作諡。

14 仰 鼻　仰，爾雅釋獸作卭。

15 雄 似獮猴　雄，當作蜼。此見爾雅郭注。

16 雨即自縣於樹　即，北宋本中箱本黎本景宋本均作中，張氏依爾雅郭注改。

17 賿𧕋　案山海經西山經云：太華之山，有蛇焉，名曰肥𧕋。此作賿𧕋，誤。段改作賿𧕋，是也。

18 蟦蠥　蟦，廣雅釋蟲作蟦。玉篇同。

19 轛 車橫軡　軡，北宋本中箱本景宋本作軨，與說文合。故宮本敦煌本王韻均作軨。

20 詄 志詄　詄，集韻作誄，與說文合。案說文：誄，忘也。本注志字北宋本中箱本黎本景宋本均作忘，當據正。

志韻

21 骨鏃不翦羽謂之志　鏃，北宋本中箱本黎氏所據本景宋本均譌作鏇。

22 骸娶之　骸，北宋本中箱本黎本景宋本均作骸，故宫本敦煌本王韻同。

十葉

1 覞覷也　覷，黎本作覰，是也。覰見御韻，注云「伺視也」。

2 儳　故宫王韻此字入至韻，音息利反。注云「儳，猶細碎也」。史記小儳。「當作「史記小人以儳」見高祖本紀。

3 椔或作檣　檣字譌。案菑或作甾，此檣字當作椔。

4 孖又音咨　注云又音咨，案脂韻即夷切下無孖字。孖見之韻子之切下。

5 眙直視　直視，北宋本中箱本黎本景宋本作佳視。案佳乃住字之譌。故

宮本敦煌本王韻均作「佳視」，當據正。方言七云：「傺、眙，逗也。南楚謂之傺，西秦謂之眙。」郭注云：「眙謂住視也。」張改作直視，非也。

6 目餙 目，北宋本中箱本黎本景宋本均譌作瑁。

7 周禮注云 北宋本中箱本黎本景宋本重云字，非也。

8 口吻 吻，中箱本黎本譌作刎。張改作吻，與故宮本敦煌本王韻合。

9 胴 筋健 注健，當作腱。集韻云：「胴，腱也。」段云：「健，肉則腱。」案禮記内則胴作餇，注云：「筋腱也。」

10 駛 此字與北宋本中箱本黎本景宋本均作駛，與敦煌王韻合。案上聲止韻亦作駛。

11 𤼵 列也 列，敦煌王韻作烈，與玉篇合。當據正。今本說文亦譌作列。

廣韻校勘記 卷四 十二

12 說 文圓也　圓，說文作淸。

13 緦　故宫本敦煌本王韻作⿰糸忌，是也。當據正。

14 說 文誠也　誠，說文作誠，段據正。

15 惎 又音其　注云又音其，案之韻渠之切下字作綦。

16 糦 大祭亦稷也　段云：「毛公大糦黍稷也。」案廣韻云「大祭」，蓋用韓詩義。此注亦下當增黍字。詩云烏「大糦是承」陸氏釋文云：「糦，尸志反。黍稷也。韓詩云：大祭也。」

17 幟 又音志　注云又音志，案本韻職吏切下無此字。

18 意 於記切　於記切，敦煌王韻同。故宫王韻作於既反。案既在未韻，以既切意則志韻與未韻開口音合為一類。

19 亂貪也　案亂，當作亂。亂又見至韻質韻。

20 憙許記切　記，北宋本巾箱本黎氏所據本景宋本均譌作紀。紀在上

聲止韻。

未韻

21 五味酸醎甘苦辛　醎，楝亭本作鹹。案醎俗體也。

22 以醎養脉　醎，楝亭本作鹹。

23 沬水名　沬，當依說文作沬。沬又見末韻。

十一葉

1 怫悁不安　怫，北宋本巾箱本黎本景宋本均譌作悱。張改作怫，與元泰定本明本合。故宮本敦煌本王韻亦作怫。

2 㝢　草木㝢孛也　孛，北宋本中箱本黎氏所據本景宋本均譌作字。張改作孛，與元泰定本明本合。說文云：「㝢艸木㝢孛之皃」。

3 犩　犪牛肉數千斤　注北宋本中箱本黎　景宋本均作「犪牛肉重千斤」。張改與爾雅釋畜郭注合。微韻犪下亦引爾雅。

4 詩曰觱沸濫泉　濫，各本作檻，與毛詩小雅采菽大雅瞻卬合。

5 䌩　䌩細　細，北宋本中箱本黎氏所據本景宋本均作紐，當據正。案至韻丘愧切䌩下亦云：「紐也」。

6 風俗通曰火斗曰尉　上曰字中箱本作云。案此文太平御覽卷七百十二引作通俗文，此作風俗通誤。段校亦作通俗文。

7 披鬖握竹　披，北宋本中箱本楝亭本作被，與御覽卷九百八所引山海

經圖讚合。

8 鷝（扶涕切）　注扶涕切，案涕力霽韻字，不得切鷝。段改作沸，與故宮本敦煌本王韻合。當據正。

9 罵　北宋本景宋本作罵，巾箱本作罵。

10 䠊　案此字脫訓解，故宮本敦煌本王韻及唐韻均訓痛，當據補。

11 草𡳐　𡳐，北宋本巾箱本黎氏所據本景宋本均譌作屬。張改作𡳐，與玉篇合。

12 郭璞讚云蜚之無名　無名，當依山海經圖讚作爲名。

13 蜸（蜸蟺 神蛇）　蜸，段改作蜸，是也。當據正。

廣韻校勘記　卷四　十四

廣韻校勘記　卷四　十四

14 賷 又音肥　注云又音肥，案微韻符非切下無此字。

十二葉

1 旣 又姓吳王夫旣之後　吳王夫旣，段云「左傳夫槩王」。案夫槩王，吳子闔廬之弟，見左傳定公四年。此云吳王夫旣，非。當刪。

2 旣 居豙切　居豙切，故宮本敦煌本王韻唐韻均作居未反，是以合口字切開口字也。

3 說文曰癡顡不聰明也　顡，北宋本中箱本黎本景宋本作頭，誤。

4 盵　此字北宋本作盵，中箱本作盵，唐韻作肐。案玉篇目部盵，去塈切，與本紐去旣切音同。王靜安先生以爲作盵者是。見唐韻校勘記。

5 歖 似蝟尾赤也　尾，各本作毛，集韻同。張改作尾，與志韻𧳅下所云「赤尾」

合。

御韻

6 御 侍也

侍，唐韻作待。

7 攄 依也持也引也

持也二字各本無，張氏增蓋本說文，當刪。

8 鐻 樂器形似夾鐘削木為之出埤蒼

注唐韻同。段氏改作「樂器，以夾鐘，削木為之」是也。說文鐻𢇛一字，𢇛下云：「鐘鼓之柎也。」爾雅釋器云：「木謂之虡。」考工記「梓人為筍虡」注云：「樂器所縣。横曰筍，植曰虡。」是鐻以木為之，正所以夾鐘者，莊子達生篇「梓慶削木為鐻」釋文引司馬彪注云：「鐻，樂器也。似夾鐘。」似字當是以字之誤。非形似夾鐘也。

9 似猴多⿰須冉

⿰須冉，元泰定本、明本、楝亭本作髥。

10 又音渠

渠，北宋本誤作樂。

11 欵　近倨切

近倨切，北宋本巾箱本黎本景宋本均作丘倨切，與唐韻合。當據正。

12 書也解署部署也

北宋本巾箱本黎本景宋本作「書也。又部署也」，均無解署二字，當刪。

13 蠹　蟲名爾雅云蠭醜螸剖母背而生或作螙

注「或作螙」，北宋本黎本景宋本均作「或作蠹」，當據正。此云「或作蠹」者，謂爾雅蠭醜螸之蠭或作蠹，故本紐出蠹字，非謂正文蠹或作螙也。此與其他或作例不同。張氏不明廣韻文例，以或體與正文相同未合，改蠹作螙，殊背原旨。

14 [山庶]　山畬

畬山，北宋本巾箱本黎氏所據本涉上文譌作畬也。張改與元泰定本明本合。

15 瘀 血瘀

注血瘀，敦煌王韻唐韻均作瘀血。

十三葉

1 醵

此字北宋本作據，誤。

2 牝麜

麜，當從爾雅釋獸作麜。

3 女 尼據切

尼據切，唐韻同。故宮王韻作乃據反，類隔切也。

4 楚 楚利

楚利，敦煌王韻作心利。

5 憛 憛悇愛也

愛，北宋本中箱本楝亭本景宋本作憂，與敦煌王韻合。當據正。案勘韻憛下亦云憛悇懷憂。憛悇，廣雅釋訓作悇憛。楚辭七諫「心悇憛而煩冤兮」，王逸注云悇憛，憂愁貌也。

6 屐 屬屐

屐，集韻類篇作[illegible]。段改作[illegible]，與說文玉篇合。案[illegible]又見本韻羊洳切下。

廣韻校勘記　卷四　十六

遇韻

7 東莞人　莞，北宋本、巾箱本、黎氏所據本、景宋本均譌作苑。

8 樹洛于氏　于，北宋本、巾箱本作千，與唐韻合。案樹洛干吐谷渾之後，見魏書列傳第八十九。

9 尌 又音住　注云又音住，案本韻持遇切下無此字。

10 坿 白坿說文益也　案故宮王韻、唐韻有㤝坿二字，㤝訓白㤝，坿訓益。本書合㤝坿為一字，非。

11 罝掌駙馬　駙，北宋本、黎氏所據本、景宋本均譌作附。張改作駙，與巾箱本合。

12 虝蝓　案虝當依爾雅釋蟲作螔。

13 䏘小卮有蓋　案此䏘字當是䏘字之誤。說文：「䏘，小卮有耳蓋者。」䏘已見獮韵市兗切下，此䏘字當刪。

十四葉

1 吐沫　沫，楝亭本作沬，是也。

2 面衣　面，北宋本、黎本譌作靣，巾箱本不誤。

3 赴芳遇切　芳遇切，故宮本、敦煌本王韵作撫遇反，音同。唐韵作方遇反，方蓋芳字之誤。

4 鶩又音目　注又音目，唐韵同。案屋韵莫六切下無鶩字，鶩見莫卜切木紐下。唐韵同。此目字蓋木字之誤。

5 蹲䲭　䲭，各本作鴟，當據正。

6 廣雅云蜀漢以芋為資凡十四等大如斗魁其車齎鋸子旁巨青鳥

等四等多子　案廣雅無此文，段改作廣志，是也。齊民要術卷

二引廣志曰：「蜀漢既繁芋，民以為資。凡十四等，有君子芋，大如斗

魁，如杵簇。有車轂芋，有鋸子芋，有旁巨芋，有青邊芋，此四芋多

子。」御覽卷九百七十五亦引此文。本書所引文字有誤：齎當作轂，鳥當作邊，四等

當作四芋。

7 朶也　案朶當作垛。

8 贏不足旁要也　唐韻作盈不足句股。案周禮保氏注與廣韻同，正

義云：「今以句股替旁要。」

9 數又音速　又音速上北宋本巾箱本黎本景宋本衍均字。案此云「又音速」，屋韻

桑谷切下無數字。

10 漢 書曰不歌而頌曰賦 頌，段改作誦，與漢書藝文志合。

11 出 北地清河二望 望下北宋本中箱本黎本景宋本衍四字。

12 趣 又親足七倶倉苟三切 注又親足七倶倉苟三切，唐韻同。案厚韻有趣字，音倉苟切。燭韻七玉切，虞韻七逾切下均無趣字。

13 閗 直閗也 庢 同上 閗，庢，北宋本中箱本黎氏所據本楝亭本景宋本均作閠，庢。張改與集韻合。

十五葉

暮韻

1 秦 西漢之際 案御覽卷百二十一引前燕錄秦下無西字。

2 簸 簸䉬　䉬，段改作䉬，是也。案廣雅釋器云：「簸簸謂之䉬。」䉬與䉬同。玄應一切經音義卷十四四分律第五十二卷引通俗文云：「綴衣曰䉬。」

3 露平　露，北宋本、中箱本、黎本、景宋本譌作路。張改作露，與唐韵合。

4 大都督府　大，黎本譌作天。

5 江東人取以為睫攡　攡，爾雅作攡，當據正。案睫攡即接䍦也。

6 妬忌　妬，各本作妒。

7 兔䑛豪　豪，各本作毫，是也。

8 頋　棟亭本作頋，與故宮王韵、唐韵合。

9 斜柱也　柱，元泰定本、明本、棟亭本作拄。

十六葉

1 素和明　明，唐韻作眶。

2 𤠟姓白也　案玉篇集韻無此字，別有獛字，訓獸也。此𤠟蓋獛字之誤。

3 䖪往也　䖪，說文作𧇊，從且虘聲。當據正。

4 周禮錢行之曰布藏之曰帛　帛，各本作泉，與唐韻合。張改作帛，非也。周禮外府鄭注云：「布，泉也。……其藏曰泉，其行曰布。」

5 蟕蠙蟲也　蟕蠙，玉篇集韻作蠙蟕。

6 說文織也　北宋本巾箱本黎本景宋本無此四字，當刪。

7 苦困也今之苦辛是　「今之苦辛是」，北宋本巾箱本黎氏所據本景宋本作「今人苦車是」，與唐韻合。當據正。案集韻云：「今人病不善乘曰苦車」，宋姚寬西溪叢語亦云：「今人不善乘船謂之苦船，北人謂之苦車」。張氏改

今人若車作今之苦辛，非是。

8 左傳晉有步場

場，北宋本、中箱本、黎本、景宋本作揚，是也。案步揚見左傳僖公十五年。

9 北齊書有步大汗氏

步大汗氏，唐韵作步大汗薩。案步大汗薩見北齊書卷第二十。

10 餔又作糒

糒，唐韵作𥺊，是也。當據正。集韵亦云「餔，或作𥺊」。

11 說文曰亂槀也

槀，北宋本、中箱本作藳，黎本作藁。案說文作艸。

12 欿水器也

欿，段改作𦥷，是也。說文云「𦥷，抒臼也」。此作欿，於義不合。

13 作臧祚切

祚，各本作祚，是也。當據正。

霽韵

14 蔕 草木綴實　草木綴實，唐韻同。故宮本敦煌本王韻作草木實綴。

十七葉

1 㦸憚　憚，唐韻作幝，與漢書王莽傳合。當據正。

2 棗李曰寔之　李字北宋本中箱本黎本景宋本無，張增，與爾雅合。

3 蹢也　蹢，敦煌王韻作蹄，是也。

4 趆 趍走皃　趍，棟亭本作趨，是也。說文云：趆，趨也。

5 䩚　北宋本中箱本黎本景宋本譌作𩋇。

6 劑 劑分　案分劑，故宮本敦煌本王韻及唐韻均作劑分。

7 炊餔疾也　炊，北宋本中箱本黎本景宋本均譌作吹。

8 戾 車輜　戾，北宋本中箱本黎本景宋本譌作戾。張改作戾，與說文合。說

文云「戾，輜車旁推戶也。」此注「輜車」下當補「旁推戶也」四字。

9 梯 梯枝整駿釵也　梯，段改作摕，並云「詩象摕字」。案集韻亦從手作摕。

10 亦作㢋㢋　㢋，北宋本中箱本元泰定本均作㢋。此作㢋，誤。

11 㑢　北宋本中箱本黎本此字譌作㑢。下從笑者同。

12 𨌥　案此字當從說文作𨌥。

13 笶 車節也　節，段改作箯，與玉篇合。

14 遰 又底隸切　又底隸切，敦煌王韻唐韻同。案本韻都計切下無此字。

15 說 文曰車轄也　轄，北宋本中箱本黎本景宋本作輨，與說文合。張改作轄，非也。

16 棣 車下本　木，故宮本敦煌本王韻唐韻作李，是也。當據正。案車下李即奥李

也。

17 ⿰耳祭 耳聽　案聽，當作聰。敦煌王韻集韻⿰耳祭字均訓聰。

18 ⿰耳切 耳䎋　䎋，字書無。集韻⿰耳切為⿰耳祭字或體。䎋字蓋聰字之誤。

19 蘇箇切　唐韻此上有又字，當據補。

20 入頴　案頴當作穎。

21 羽之羿　案羿當作⿱羽幵。

22 ⿰兒見 傍視　傍，敦煌王韻作旁，與説文合。

23 繫 又口奚切　注云又口奚切，案齊韻苦奚切下無此字。

24 爾雅曰枕繫梅　枕，各本作朹，是也。當據正。案朹音求，見尤韻。

25 轚 舟中互序而行也　案此注有脫誤，段氏改作「舟車轚互序而行也」，是也。

周禮秋官野廬氏云：「凡道路舟車轚互者序而行之」。說文云：「轚，車轄相擊也」。

十八葉

1 慀 恨足　恨足，集韵作恨也。

2 螇 蚸　蚸，當從爾雅作蚸。

3 障 也　障，各本作鄣。

4 瘱　案說文此字作瘱，敦煌王韵同。

5 箅 又必至切　注云又必至切，案至韵必至切下無此字。

6 眏 眏瞑　敦煌王韵此字作眏，注作瞑眏，是也。當據正。案玉篇目部眏，古惠切，瞑眏也。廣雅釋器云：「瞑眏，筲，簇也」。此眏瞑從田作非。

注中箱本黎本作映田，更誤。

7 殛殀　北宋本中箱本黎氏所據本景宋本作極妖。張改妖作殀，是也。

8 渒　故宫王韻唐韻作淠，是也。淠亦見至韻。

9 濞水名　水名，故宫本敦煌本王韻及唐韻均作水聲。案說文云：濞，水暴至聲。此作水名，蓋涉上文而誤。

10 隸俗作隷　隷，北宋本中箱本景宋本作𨽻。案當作𨽻。唐人隸字俗寫作𨽻。

11 盭　案此字當從說文作盭。

12 欐又音師　注云又音師，案脂韻疏夷切下無欐字，欐見支韻所宜切下。

13 ⿰⿱穴禹見 視⿱穴禹也　視⿱穴禹，當作⿱穴禹視。故宮王韻注作「方言：南楚謂⿱穴禹視也」。案方言卷十云：中夏語也。

14 覼 又師蟻切　注云又師蟻切，案紙韻所綺切下有矖字，即此字也。切三於紙韻矖下云：或作「覼」，可證覼矖一字。

15 草木生亞上也　上，北宋本中箱本黎本景宋本均作土，當據正。

16 ⿺風益　故宮本敦煌本王韻作⿺風益。集韻⿺風益⿺風益一字。

17 ⿱竹途 胡竹名也杖也丑庚切　注故宮王韻作「丑庚反。又杖胡反。竹名。方言以裹為筡。亦筡也」。此注當作「竹名也。丑庚切。又杖胡切」。案模韻同都切下出筡字，即此字。集韻筡⿱竹途一字。切三作又杖胡反，類隔切也。本書誤以又音杖胡反散入注中。

18 語云致遠恐泥　語，北宋本巾箱本黎本景宋本作詩，唐韻同。案致遠恐泥見論語子張篇。

19 ⿰忄罵　⿰忄罵⿰忄也音慢又相⿰忄罵摩也　此正文及注並誤。玉篇集韻均無⿰忄罵字。且⿰忄罵從罵，不得音奴計切。案⿰忄罵當是⿰忄詈字之譌。⿰忄詈本音郎計切，鈔胥誤入此紐。集韻郎計切下有⿰忄詈字。本書齊韻郎奚切下有⿰忄詈字，注云「⿰忄詈⿰忄也欺慢之語，出方言。」此郎計切、即其去聲也。本注「⿰忄罵⿰忄也音慢」當即「⿰忄詈⿰忄也欺慢」之誤。又注云「又相⿰忄罵摩也」，未詳。

十九葉

祭韻

1 ⿱髟戠　棟亭本此字作⿱髟戠，是也。

2 櫘　故宮本敦煌本王韻及唐韻此字作槥。本書于歲切祥歲切下並同。

3 瓃　段改作瓃。

4 蝸　蚊蝸又音藝　注蝸，棣亭本作蝸；埶，各本作藝，並與唐韻合。當據正。案蝸又見薛韻藝紐，音如劣切。

5 斲　此字北宋本中箱本黎本景宋本作斲，誤。

6 重擣　擣，北宋本中箱本黎本景宋本作檮，誤。

7 又楚稅切　楚，黎本譌作是。

8 瀵　此字說文作濆。案瀵又見線韻。

9 餟　司馬禎曰漢志作腏字通　禎，當作貞。史記武帝紀「其下四方地爲餟食」司馬貞索隱云：「餟音竹芮反。謂連續而祭之。漢志作腏，古字亦通。」

10 祋又他活切　注又他活切，故宮本敦煌本王韻同。案宋韻他括切下無此字。

11 弊　說文從犬作獘。

12 象敗衣之形　說文作「象衣敗之形」。

13 㡀又匹世切　注云又匹世切，案本韻匹蔽切下無此字。

14 爾雅曰箭王彗　箭，北宋本中箱本作葥，與爾雅合。當據正。

15 鏏大鼎　大鼎，故宮本敦煌本王韻及唐韻並同。案鈕樹玉說文校錄云：「大當作小。高注淮南說林篇云：鏏，小鼎。」

二十葉

1 響射則鷩冕　響，北宋本中箱本黎本景宋本均作饗，與周禮司服文合。

2 懘　愖懘音不合　愖樂記作帖　愖，北宋本中箱本黎本景宋本作惉；帖，樂記作怗；均當據正。鹽韻惉注不誤。

3 ⿱帝心　婦孕病兒　⿱帝心，集韻作⿱帝女，是也。⿱帝女亦見本韻餘制切下，注云「婦人病胎」。此注「病皃」北宋本中箱本黎本作「病兒」，當據正。

4 ⿱帶足　案霽韻都計切下字作⿱帶足，當據正。

5 ⿰㞢斤　案⿰㞢斤為古文誓字。匡謬正俗字作⿰㞢斤，誤。

6 巫戚作筮　戚，景宋本作咸，是也。巫咸作筮，見呂氏春秋勿躬篇。

7 笿　案此字說文作簵。

8 ⿱折金　車樘結　樘，說文同。唐韻作當。

9 踰也　踰，北宋本黎本景宋本譌作隃。張改作踰，與中箱本合。

10 ⿸疒曳　此字敦煌王韻同，故宮王韻唐韻作⿸疒世。

11 ⿰羽曳　此字敦煌王韻同，故宮王韻唐韻作⿰羽世。

12 枻　此字故宮王韻唐韻同，敦煌王韻作栧。

13 詍　此字故宮王韻唐韻同，敦煌王韻作⿰言曳。

14 溶㵝水皃　溶，北宋本中箱本黎本景宋本作容。張改作溶，是也。文選高唐賦「洪波淫淫之溶㵝」注云「溶㵝，猶蕩動也」。

15 丿至也　至也，北宋本中箱本楝亭本黎本景宋本均作至地，與敦煌王韻合。

16 ⿰糸曷　段改作⿰糸曷，與說文合。

17 餲又於介切　注云又於介切，案怪韻烏界切下無餲字，餲見夬韻於犗切下。

18 凝也久也　凝下也字北宋本中箱本黎本景宋本無。

廣韻校勘記　卷四　二十五

19 由滕己上　己，唐韻作以，是也。

20 義見上注　案北宋本中箱本黎本作義上見注，誤。

21 㤠亦作⿱列巾　⿱列巾，北宋本中箱本黎本作裂。張改作⿱列巾，與敦煌王韻玉篇合。

22 ⿰忄厲恐人　案故宮本敦煌本王韻唐韻均無此字。故宮王韻憇紐有愒字，訓恐人，義與此同。敦煌王韻唐韻字作⿰忄厲。此⿰忄厲字當即愒字之譌。愒本音去例切，今誤入此紐。詳王靜安先生唐韻校勘記。中箱本去例切下有愒字，注云：「爾雅貪也。說文息也。」

二十一葉

1 愒爾雅貪也說文息也　揭褰衣渡水由膝已下曰揭　北宋本黎氏所據本景宋本脫愒下注文及揭字，張增，與中箱本合。

2　由膝己下　己，當作以。

3　蝦蟆鱠　鱠，段改作膾，與唐韻合。

4　王彙頭　頭，段改作頪，與玉篇合。

5　丑例切十一　十一，北宋本中箱本黎本均作十二，當據正。本切下凡十二字。

6　傺侘傺又敕加切　乂，北宋本中箱本黎氏所據本棟亭本景宋本均作侘，與唐韻合。案侘音敕加切，見麻韻。張改侘作乂，非也。

7　𠋫傢𠋫　案傢當作剢。方言十三：「傢，剢也。」是其證。

8　䁻　北宋本黎本景宋本譌作䟄。張改作䁻，與中箱本合。

9　鐗　集韻此字作鎬。

10　蠽　說文此字作蠽，從虫，截聲。當據正。

11 ⿰矢卷丘吠切 丘吠切，玉篇同。案吠在廢韵，集韵此字入廢韵。陳澧云：「此廢韵增加字，誤入此韵」。

12 ⿰矢彖呼吠切 呼吠切，玉篇同。案吠在廢韵，集韵此字入廢韵。陳澧云：「此廢韵增加字，誤入此韵」。

13 古今人表有太師庇 庇，北宋本、黎本、棟亭本、景宋本同，張氏刻改本作疵。案漢書古今人表作庇，史記周本紀作疵。

泰韵

14 丏 此字唐韵同，段改作丐。

15 ⿰豕犮猳豕 猳，元泰定本、明本、棟亭本作豭，與唐韵合。案猳俗體也。

16 ⿱䒑謁 案說文此字從言葛聲，字作譪。

17 瞹　北宋本中箱本黎本景宗本均作曖，與故宮王韵合。

18 奈又致箇切　又致箇切，故宮王韵作又奴箇反，是也。此字又見箇韵，音奴箇切。唐韵奴作如。

19 周書有尉回将軍大莫于玄章　于中箱本作千，黎本作千。案作干是也。魏書官氏志云：「大莫干氏後改為郃氏。」字作干。

20 後改為稽氏　稽，北宋本黎氏所據本景宗本均脫。張謂與魏書官氏志合。

21 說文曰淅瀾也　淅，北宋本中箱本黎本景宗本譌作淅。

22 婦人鞶絲　鞶，說文作帶。

二十二葉

1 㯰　北宋本中箱本黎本景宋本譌作摕。

2 居陸名贆　贆，北宋本中箱本黎本景宋本作猋，與說文合。故宮王韻亦作猋。

3 伂　顛伂本亦作沛　本，北宋本中箱本黎氏所據本景宋本均譌作之。

4 漢有會相　相，北宋本中箱本黎本景宋本均作栩，與唐韻合。

5 𣊺　徐音植鄰切。此字當移入真韻植鄰切下。　段云「𣊺音辰」。案說文云「日月合宿為𣊺。从會，从辰，辰亦聲」。大

6 禬　除殃祭也　禬，各本作禬，當據正。禬又見古外切下。

7 悴　五色采也　案悴與𪓐為一字。隊韻𪓐下引說文曰「會五綵繒也」。玉篇云「悴，五綵繒」。此注「五色采也」當作「五綵繒也」。

二十三葉

8 𨲠　此字當從說文作𩬤。

9 𩬤又山芮切　注云又山芮切，案祭韻山芮切下無此字。

10 譢　此字唐韻同，故宮王韻作譮。

11 又祋殳也　祋，北宋本黎本景宋本作役，誤。

12 汪濊深廣　此下楝亭本有「又水多皃」四字，別本無。

13 襊麤最切　麤最切，唐韻作七會切，音同。故宮王韻此字入蕞紐，音在外反。

14 軷又蒲葛切　注又蒲葛切，唐韻同。案曷韻無蒲葛一音，此字見末韻蒲撥切下。

廣韻校勘記

卷四　二十八

1 ⿰火賴 火之毒皃　皃字各本無。

2 娧 好皃他外切　好皃二字，北宋本中箱本黎本景宋本無。張增與元泰定本明本合。

3 眛　此字段改作眜。

4 沬　此字段改作沫，與說文合。案沫又見末韻。

卦韻

5 隘 陝也陋也　陋，北宋本中箱本黎本景宋本作陿。案陿與陝一字，張改作陋，是也。元泰定本明本並作陋。

6 烏懈切六　六，棟亭本作七，本紐阸字下出⿰山厄字，注云「困也」，元泰定本明本同。

7 俗作畫　畫，各本作畫，是也。

8 繣 繣徽乖違　注繣徽，段氏改作徽繣，是也。麥韻呼麥切下出繣字，注云「徽繣乖違」，是其證。

9 纗 弦中絕也　注敦煌王韻同。段氏改作紘中繩也，是也。說文云：「纗，維綱中繩。」「綱，維紘繩也」，是其證。案：寘韻纗下云「弦中絕也」，亦當作「紘中繩也」。

10 差 又楚宜楚皆初牙三切　初，北宋本、黎氏所據本、景宋本奪。張增與中箱本、元泰定本明本合。

11 睚 又五佳切　五佳切，唐韻同。故宮王韻作仕佳反，仕蓋五字之誤。案：佳韻五佳切下無睚字。敦煌王韻作又五加反，麻韻五加切下亦無此字。

12 誒 火懈切　火懈切，故宮本、敦煌本王韻、唐韻均作許懈反。

13 庍 到別方卦切 庍，故宮本敦煌本王韻唐韻同。案庍乃㾜字或體，見炊韻。此字從斥不得音方卦切。集韻卜卦切下有㽂字，注云舍別。王靜安先生以庍為㽂字之誤。見唐韻校勘記上。

14 瘵 七懈切 七，北宋本中箱本黎本景宋本均作士，與故宮本敦煌本王韻唐韻合。當據正。

15 矖 又丑離切 注又丑離切，故宮本敦煌本王韻唐韻同。案支韻丑知切下無此字。

16 䵩 段改作䵩，與集韻合。

怪韻

二十四葉

1 芥　此字故宮本敦煌本王韻入夬韻，音古邁反。唐韻亦入夬韻，音古喝反。

2 丰　介草　段改丰作丯，介作芥。

3 疥　疥到　案疥當作疥，此字與卦韻之疥當是一字。疥當是瘃字之誤。故宮王韻卦韻疥下云又作疥，是其證。

4 譪　識譪　譪，敦煌王韻作譪。

5 䒹　案說文此字作夵。

6 㒘　陜也　陜，敦煌王韻作陜，當據正。陜與陿狹並同。見本書洽韻。廣雅釋詁一云：「㒘，陿也。」楊雄反離騷「素初貯厥麗服兮，何文肆而質䶎」，應劭注：「䶎，狹也。」案㒘䶎通用。

7 𤼷　此字故宮王韻同。敦煌王韻作鬉，與玉篇合。

8 衸 補膝裙也 說文祐也　補，段改作褋，與玉篇合。玉篇褋下云「褋，膝裙衸也。」又祐，說文作袥，段氏據改。

9 須　黎本作湏，誤。

10 說文曰頭蒯顡　顡，北宋本中箱本楝亭本景宋本作𩕄，與說文合。當據正。

11 䴲　此字說文從末作𪌉。

12 䵎　北宋本中箱本黎本景宋本作䵏，誤。

13 楷 名鼓　揩，北宋本中箱本黎氏所據本景宋本作揩，是也。案唐驃國樂有揩鼓，見唐書南蠻傳及通典。

14 顡 他怪切　他，北宋本中箱本作迆。案迆乃迤字之誤。元泰定本作迤，是也。敦煌王韻作知，知迤脊同一類。此作他，非也。

夬韻

15 夬 古賣切　案賣在夬韻〔二〕，以賣切夬非也。故宮王韻唐韻均作古邁反，當據正。

16 㻿 姓也晉有㻿錢　㻿錢，日本宋本及黎本景宋本作錢㻿，是也。錢㻿，吳興人。此以㻿為姓，誤。注「姓也」依例當作「人名」。

二十五葉

1 惡也　也，北宋本中箱本黎氏所據本景宋本作見。案見當是皃字之誤。元泰定本作皃，是其證。

〔二〕編者按：「夬韻」，當作「卦韻」。

2 犗 古喝切 古喝切，唐韻同。故宮王韻作古邁反。

3 蠆 丑犗切 丑犗切，敦煌王韻作丑菜反，故宮王韻作丑界反，唐韻作丑介反。寨菜在代韻，界介均在怪韻。

4 喝 於犗切 於犗切，敦煌王韻作於菜反，故宮王韻作於界反。寨菜在代韻，界在怪韻。唐韻作於芥反，芥字唐韻在本韻。

5 𠰻 所犗切 所犗切，故宮王韻作所界反。

6 譮 火犗切 火犗切，元泰定本明本作呼喝切，音同。敦煌王韻作火芥反，故宮王韻作火界反，唐韻作火介反。

7 咶 火夬切 火夬切，故宮本敦煌本王韻同。唐韻作火介反。

隊韻

8 霮䨴

霮，北宋本中箱本黎本景宋本作黮，與唐韻合。案張改作霮，非也。霮當作⿱雨甚。⿱雨甚見感韻，注云：「⿱雨甚䨴雲皃。」

9 ⿱隊业 [illegible]也

⿸广⿱隊业，北宋本中箱本黎本景宋本均作⿱敝业。案當作⿱敝业。張氏改作⿸广⿱敝业，二即⿱敝业字。見說文。故宮本敦煌本王韻亦作⿱敝业。

10 ⿰朮攵

段云：「玉篇作⿰朮犬。」案故宮本敦煌本王韻均作⿰朮犬。敦煌王韻注云：「犬過。」玉篇訓同。是此字從犬無疑。集韻作⿰犭朮，云：「或書作⿰朮犬。」

11 朏 向曙色也

案朏故宮王韻唐韻均從日作昢，與玉篇合。王韻云：「又音普沒反」，案本書沒韻普沒切下正作昢，注云：「明旦日出也。」

12 詯 休市

注云休市，胡對切下詯注云：「胡市。」案原本玉篇殘卷引蒼頡篇云：「詯，胡市也。」

13 漢文責對而面言多謂非誠對　面字棟亭本無。

14 孔融論曰水碓之巧勝於聖人之斷木掘地　案論上當有肉刑二字。此文見孔融肉刑論。

15 㓶 市㓶　市，北宋本景宋本作帀，是也。見說文。段注改作市，非。萬象名義云：「㓶，遍也。」遍即周帀之義。

16 倅 士內切　士，北宋本巾箱本黎本景宋本均作七，與故宮本敦煌本王韻唐韻合。當據正。

17 𡰪𡰭癈風苦熱　癈，各本作廢，唐韻同。

18 字林云隩隈也　隩，北宋本巾箱本黎氏所據本景宋本作映，唐韻同。案映當是隩字之譌。

19 䰎魋　魋，元泰定本明本楝亭本作𩲡，是也。上文䰎下云「䰎𩲡，癡風苦熱」。

二十六葉

1 膭　黎本譌作瞶。

2 堁又於卧切　又於卧切，敦煌王韻同。故宮王韻作又苦卧反。案此字見過韻苦卧切下。

3 説文云耕曲木也　説文耕上有手字。

4 擂擂鼓　擂鼓，故宮王韻唐韻作撾鼓，當據正。

5 蘱　唐韻作蘱。案爾雅釋草云「蘱，薡董」，字從類作蘱，與廣韻同。

6 背 補妹切　補妹切，故宮王韻作補配反，音同。唐韻作蒲妹反，誤。

7 蚚 又音析　注云又音析，案錫韻先擊切下無此字。爾雅釋文云：「蚚，字林巨希反。」此析字當為祈字之誤。

代韻

8 [illegible]　案此字當從說文作[illegible]。

9 扢 磨也　扢，段改作杚。案廣雅釋詁三云：「杚，磨也。」字作杚，與扢同。

10 慨 苦蓋切　案蓋在泰韻，不得切慨字，故宮王韻作苦愛反，唐韻作苦溉反，並是。愛溉均在本韻。

11 愾　此字故宮王韻入溉紐，音古礙反。案唐韻與廣韻音同。

12 闓 又音開　注云又音開，案咍韻苦哀切下字作開。

13 旡 㝵也　旡，北宋本中箱本黎本景宋本均譌作无。

14 薆對　對，北宋本中箱本黎本景宋本均作對。張改作對，與唐韻合。

15 又姓　姓，北宋本中箱本黎氏所據本景宋本均譌作觟。張改作姓，與唐韻合。

16 菜　草也　草，北宋本中箱本黎氏所據本景宋本譌作苴。

17 睞　傍視　傍，故宮王韻作旁，是也。文選洛神賦「明眸善睞」注：「睞，旁視也。」

二十七葉

1 截　醋醬　醬，段改作漿，是也。集韻云：「截，酢漿」；廣雅釋器云：「截，漿也」，是其證。

2 又音礙　礙下各本有一字，此脫。

廢韻

3 廢 方胏切　胏，段改作肺，與黎本景宗本合。當據正。

4 肺 方廢切　方，黎本作芳，與故宮王韻合。當據正。

5 胇 又音伐　伐，北宋本中箱本黎本景宗本作代，誤。案胇又見月韻伐紐，音房越切。

6 𢧵 作獩䫄　䫄，各本作貊，是也。

7 喙 又昌芮切　又昌芮切，故宮王韻同。案祭韻無昌芮一音。

8 𧰡　段改此字作豨。案廣雅云：「𧰡，極也。」字作𧰡，與廣韻同。

9 顡　北宋本中箱本黎氏所據本景宗本均譌作䫟。

震韻

10 說文曰顏色𩔰䫠順事也　順，說文作慎。軫韻𩔰下同。當據正。唐人慎

順通用，此作順事，故宮王韻同。

11 顮　故宮王韻此字作頣。

12 奞　奮奞也　也，北宋本中箱本黎本景宋本作毛。案此注當從稕韻奞注作「奮奞鳥張羽毛也。」說文云：「奞，鳥張毛羽自奮也。」

13 ⿰忄忍　此字說文作⿰忄刃。

14 ⿰巾東　亦作䡅。　案⿰巾東䡅均當從東，此從東誤。說文䡅從申東聲，故宮王

韻不誤。

15 水脈行地中　北宋本中箱本黎氏所據本景宋本譌作水脥行池中。

16 ⿰舜己　集韻此字作⿰舜丮。

17 ⿱竹闐　揁也　揁，段改作植，是也。廣雅釋器云：「⿱竹闐謂之植。」

18 二𨷷　説文𧖴部从爾作𨷷，蓋誤。

19 𤏋　説文火部作𤏋，从火爾省聲。

二十八葉

1 𠝏　段改作𠝏是也。𠝏又見真韻。

2 𧢈 𧢈見　𧢈見敦煌王韻作𧢈𧢈是也。案𧢈𧢈暫見也。

3 爾　此字説文作爾誤。故宫本、敦煌本王韻均作爾。元戴侗六書故第廿五引唐本説文从二作爾，此其證也。

4 蛟蠱　蛟，黎本譌作較。

5 賮 徐刃切又疾刃切　故宫本、敦煌本王韻此字音疾刃反，別無徐刃切。本書此音徐刃切，別無疾刃切。

6 壚 石似玉　壚，元泰定本、明本、楝亭本作壚，與敦煌王韻合。當據正。

7 憖又曰閑也

憖，北宋本中箱本黎本景宋本均作憗。張改作憖，與說文合。

又注閑也，故宮王韻作閑也。案說文云「憖，閑也」，左傳文公十二年釋文引

字林義同。此閑字當是閒字之譌。

8 憖魚覲切

魚覲切，敦煌王韻同。故宮王韻覲作靳，誤。靳在焮韻。

9 禹貢冀州之域

域，北宋本中箱本黎氏所據本景宋本均譌作城。

10 無穀曰饑

饑，各本譌作飢。

11 ⿰堇刂又去槿切

注云又去槿切，案隱韻丘謹切下無⿰堇刂字。

12 歏坎歏

坎，北宋本中箱本黎本景宋本均作欠，當據正。集韻云「歏，欠也」，玉篇

云「歏，氣盛也」。

13 齔又初忍切

注云又初忍切，案忍字在軫韻，軫韻無齔字。齔見隱韻，音初

謹切。

14 漢官儀曰諸王侯黄金橐駝鈕文曰璽　諸王侯，段氏改作諸侯王，是也。

15 鄭大夫印段　段，北宋本中箱本黎本景宋本棟亭本均譌作段。案印段見左傳襄公二十七年。

16 氺匹刃切　匹刃切，北宋本中箱本黎本景宋本均作撫刃切，類隔切也。故宫本敦煌本王韻亦作撫刃切。本紐䫌字故宫王韻在韵末，音匹刃反。本書卦韻氺下云：又匹刃切。

17 闈闘也　闈，闘，均當从鬥。

18 豎㕘　案㕘當作蠶。㕘俗體也。

19 呁九峻切　九峻切，敦煌王韻同。案峻本書在稕韻，呁亦當入稕韻。王韻震稕

未分。

20 吻 嘊也　嘊，敦煌王韻同。段改作吐，與廣雅合。廣雅釋詁四云「吻，吐也」。

稕韵

21 朿稈也　朿，各本作束，是也。

22 弓彇　彇，北宋本巾箱本黎氏所據本景宋本作蕭。

二十九葉

1 駿 又音峻　注云又音峻，案本韵私閏切下無此字。

2 ⿱北瓦　此字段改作⿱北宂。

3 ⿰⿱北瓦奔 又而隴切　注云又而隴切，案腫韵而隴切下無此字。

4 舜說文作䑞艸也楚謂之蔔秦謂之藑

蔔，北宋本中箱本黎本景宋本均作葍，與說文合。

當據正。

5 瞬目自動也　自動，北宋本中箱本景宋本明本均作目動，是也。

6 閠　此字黎本元泰定本明本作閏，與說文合。當據正。注中閠字均當作閏。

7 潤　此字當從黎本元泰定本明本作潤。

8 漢胊䏰縣名地下濕多胊䏰蟲胊音蠢　胊，北宋本中箱本作朐，是也。

詳準韵朐字校記。

問韵

9 器破而未離謂之璺　璺，元泰定本明本作璺，與方言六合。段亦改作璺。

當據正。

10 詩曰徽亦柔止　徽，詩采薇作薇。

11 韗 理鼓工　理，故宮王韻作治，當據正。說文云：「韗，攻皮治鼓工也。」本書願韻韗注同。此作理者，唐人避高宗諱改。敦煌王韻「治」作「作」。

12 兗州之域　域，北宋本、中箱本、黎本、景宋本均誤作域。

13 韻　此字故宮王韻在震韻，音永燼反；敦煌王韻亦在震韻，音爲捃反。

14 湓 匹問切　匹問切，敦煌王韻作亡問反，亡蓋匹字之誤。故宮王韻作紛問反。

15 奮 揚也　揚，北宋本、中箱本、黎本、景宋本誤作楊。

16 故春秋傳曰上大夫受郡是也　此文說文引同。段改作「故春秋傳曰：上大夫受縣，下大夫受郡」，是也。

17 ⿰忄畚 滿而裂　案滿上當有囊字。吻韻⿰忄畚下云：盛穀囊滿而裂也。

三十葉

焮韻

1 濦 又於靳切　又於靳切，敦煌王韻作又於謹反，故宫王韻作又於勤反。案濦又見欣隱二韻，作於謹於勤並是。此作於靳切，靳當譌字。震韻無濦字。

2 㥯 㥯裏相著　案裏當作裹。廣雅釋詁四云：㥯㥯，裹也。

願韻

3 ⿰罽頁　案說文作⿸厂頁。

4 券　北宋本、巾箱本、黎本、景宋本均作劵。說文从刀作劵，張改是也。

5 釋名曰卷綣也相約束繾綣為限也　釋名為上有「以」字，此脫。

6 姓 二氏　二氏，黎本誤作三氏。

7 丏 紐手謹　紐，北宋本中箱本景宋本誤作忸。

8 娩 纂文云姓也古萬字　案此注有誤。集韻云「娩，媚也」。本書阮韻娩下云「娩娩，媚也」。

9 ⿰皮曼 皮悅　悅，當作脫。阮韻無遠切⿰皮曼注作脫，不誤。玉篇云「⿰皮曼，皮脫也」，是其證。

10 奔 上同　案此字非畚字重文，「上同」故宮本敦煌本王韻均作「上大」，當據正。玉篇集韻並云「上大也」。

11 娩 說文云免子也娩疾也　棟亭本娩作嬔，免作兔，均與說文合。當據正。說文嬔在兔部。

12 ⿺九攵　北宋本中箱本黎本景宋本誤作⿺九刀，張改作⿺九攵，亦誤。說文丸部作⿺九女，當據正。

13 ⿱䜌十　案說文此字從斗作⿱䜌斗。

14 引與爲價　與，故宮王韻同。敦煌王韻作物。

15 䁈又於面切　注云又於面切，故宮王韻同。案線韻於扇切下無此字。

16 禮云大曰羹獻　大，段改作犬，與禮記曲禮下合。

17 𥳑亦作𩟔芳万切　芳万切，北宋本中箱本作又方切。案又万切，當是又万切之誤。故宮王韻正作又万反，當據正。此字或體𩟔字，玉篇亦音又萬切，𩟔見卤部。張改作芳万切，非也。段校改芳作方，亦非。若作芳万切，則與嬔字芳万切音同。

18 遠于願切　于，北宋本黎本景宋本譌作子。

19 𢊞語堰切　堰，北宋本中箱本黎氏所據本景宋本譌作偃。偃在阮韻。張改作堰，與敦煌王韻合。

三十一葉

1 圚 邑名

圚，敦煌王韻作圛，與玉篇合。

2 ⿱䜌十

元泰定本、明本、楝亭本作𢍰，與說文合。當據正。

慁韻

3 㒞 全也

也，景宋本、黎本同。北宋本、中箱本作一。

4 ⿱頁六

此字北宋本作⿱頁丌，與說文合，當據正。

5 顐 又苦根切

又苦根切，敦煌王韻作又苦昆反，是也。顐見魂韻苦昆切下，痕韻無其字。

6 嫩

北宋本、中箱本、黎氏所據本、景宋本此字均作嫰，故宮本、敦煌本王韻同。唐韻作嫰，注云：又作嫰，又作媆。案說文媆，而沇切。徐鉉曰：案

切韻又音奴困切。今俗作嫩，非是。」王靜安先生曰：「案此字正作嫰，通作嫩。其作嫰者，則因與嫩相似而譌。」

7 說文曰秘下銅也　秘，北宋本巾箱本景宋本作柲，與說文合。當據正。

8 鏄徂悶切　徂悶切，敦煌王韻同。唐韻徂作粗，誤。

9 琯玉光也　玉，北宋本巾箱本黎本景宋本均作出，與故宮本敦煌本王韻唐韻合。案出光者，即集韻所謂「治金玉使瑩曰琯」。張氏改出光為玉光，非也。

10 說文曰度量衡以粟生之　說文，北宋本巾箱本黎本景宋本均作說苑，是也。案此文見說苑辨物篇。張改作說文，非也。

11 鑴又千見切　千，黎本譌作于。

12 [氵坌]　刻本切韻此字作湓，棟亭本同。

13 奔 甫悶切　甫悶切，敦煌王韻同。唐韻作脯悶反，音和切也。刻本切韻作補悶反，與唐韻音同。

翰韻

14 爾雅注云小蟲黑身赤頭一名莎雞　此文與今本爾雅合。刻本切韻引作「尔疋云：小蟲，赤身，黑頭。一名沙雞也。」

15 閈 里也　敦煌王韻、唐韻、刻本切韻均訓「里門」，此「里」下奪「門」字。

16 以皮𢿋臂　𢿋，唐韻作捍，是也。

三十二葉

1 嵗　敦煌王韻此字作崴，非是。萬象名義此字在文部。

廣韻校勘記　卷四　四十一

2 案　此字北宋本中箱本黎氏所據本景宋本均誤作寀，張改作案，與敦煌王韻合。

3 獵狚獸名似狼　獵，段改作獦，是也。故宫本敦煌本王韻唐韻均作獦。案獦見曷韻。

4 澗　此字唐韻作㵎，玉篇同。

5 岸 水涯高者　水涯高者，北宋本中箱本黎本景宋本同。棟亭本作「涯岸，又水際」，與刻本切韻合。

6 喭 弔失容　容，段改作國。案線韻云：唁，弔失國。唁或作喭。

7 ⿰镸岸 長大　大，北宋本中箱本黎氏所據本均作丈。張改作大，與集韻合。

8 抱罕縣　案抱當作枹，枹見虞韻。

9 抱 音扶　案抱當作枹。

10 讕 逆言　逆，北宋本、中箱本、黎本、景宋本均作逸，寒韻讕注同，當據正。

11 幔 巾捫　捫，敦煌王韻、刻本切韻均作攔，當據正。

12 𡜊 詩傳曰三女爲𡜊，又美好皃　又美好皃，刻本切韻作又美女皃。

13 𡲝 棟亭本此字作𩟎，段改同。

14 𡡾 祖贊切　祖，北宋本、中箱本、黎本、景宋本均作組，與故宮王韻、唐韻合。此作祖，與贊字則旰切音同，非也。

換韻

15 垸 桼補垸也　䯘 膝骨　北宋本、中箱本、黎本作「垸 桼骨垸也　䯘 上同」。案敦煌王韻垸下云「骨桼曰垸」，本書桓韻垸下云「桼加骨灰上也」，可證宋本垸注

「漆骨垸也」不誤。張改作「桼補垸也」，非是。又骯本為垸字或體，宋本注云「上同」，正與唐韻垸注亦作「骯」相合。釋藏解脫道論字作骯。張氏改上同作膝骨，未免滅裂。

16 髤 此字段改作髹，與說文合，當據正。敦煌王韻髤下亦云「正作髹」。

三十三葉

1 瓘 玉升 升，故宮王韻唐韻作斗。

2 鑵 汲水器 鑵，北宋本景宋本作鑵，與故宮本敦煌本王韻唐韻合。

3 鍛腶碫 諸字北宋本中箱本黎本景宋本均譌從叚。

4 瑕 此字北宋本中箱本黎氏所據本景宋本均作瑖，與敦煌王韻合，當據正。案萬象名義作堅，音都灌反，與瑖正同。今本玉篇作堅，音烏灌切，非。

5 喚　案此字當從奐作喚。（下煥奐渙㬇並同。）

6 㬇　黎本作渙，誤。

7 數（敳數）　案萬象名義此字從文作數，當據正。注敳數亦當作敳數。

8 䅼（不蒔之田也）　注北宋本黎本景宋本作「不合時田也」，中箱本楝亭本作「不蒔田也」。案故宮王韻唐韻均作「不蒔田」，此注之字當刪。

9 墁（又莫干切）　注云又莫干切，案干字在寒韻，此字見桓韻毋官切下。

10 謾（又莫干切）　注云又莫干切，案干字在寒韻，此字見桓韻毋官切下。

11 半（博慢切）　注博慢切，案慢在諫韻，以慢切半不合；故宮本敦煌本王韻唐韻作漫，是也。當據正。

12 眫（牲之半體）　眫，段改作胖，是也。故宮本敦煌本王韻唐韻均從肉作胖。

13 燒鐵炙也　炙，敦煌王韻作久，集韻同。

14 魚撞罩聲　罩，敦煌王韻作罩，是也。當據正。

諫韻

15 漢有治書侍史　案唐韻作「漢有持書侍御史」治作持，避唐高宗諱。御字廣韻脫，當據補。

三十四葉

1 白虎通曰鷙用鳥者取其隨時　鷙，段改作摯，是也。

2 汕魚乘水上　水上，唐韻作上水。

3 疝又所姦切　注云又所姦切，案刪韻所姦切下無疝字，疝見山韻所閒切下。

4 悶　案此字當作悶，從心，關省，見說文，中不從廾。楝亭本作悶，尤誤。

5 戟 士諫切 士，北宋本譌作七。

6 戲 䬮蝬。襻。奻 五字及注北宋本並脫，中箱本楝亭本黎本景宋本有之，與敦煌王韻合。

7 奻 女患切一 一，景宋本同。黎本改作二，以鏟䋎䬮字誤入此紐。

8 羼 羊相閒也 初鴈切三 羼，北宋本因脫鏟䬮二字，誤入戟紐，次於棧下；注無「初鴈切三」四字。黎本景宋本此字亦誤入戟紐，次於戟、棧之間。中箱本楝亭本均在鏟紐䬮下，音初鴈切，與唐韻次第合。張本此字在鏟上，鏟注「初鴈切三」四字歸羼下，猶未盡合。故宮本敦煌本王韻此字入襇韻，注云：「初莧反。羊相閒。又初鴈反」。唐韻此字兩韻互出，襇韻反語與王韻全同，本韻注作「視見反」，誤。蓋原注本作「又初莧反」，鈔胥不慎，譌作視見反。

9 鏟剷木器又初限切　此字北宋本黎本景宋本並脫，中箱本有之，注云：「剷木器。初鴈切，又初限切。三。」棟亭本同。張氏移「初鴈切」三字於孱下，此鈕即以孱字為首。

10 ⿰麥戔㱿麥⿰麥戔也　此字北宋本脫，黎本景宋本在奻下，音女患切，非也。中箱本棟亭本張本在鏟下，音初鴈切，與故宮本敦煌本王韻唐韻合。

11 丑晏切三　三，各本作二，是也。本切下凡二字。

襉韻

12 犴　此字故宮王韻同。唐韻作犴，或體也。

13 莧侯襉切　襉，北宋本黎本譌作襴，中箱本不誤。

14 蔄草餘　注草餘，敦煌王韻作蓳餘，是也。故宮王韻作葟餘，唐韻作葟餘，均誤。韻會間

韻蕢下云「一曰莝餘草」，是其證。案莝，說文云「斬芻」，此云「莝餘」者芻莝之餘也。元結漫酬劉沔州詩「豈欲皂櫪中，爭食麩與蕢」，原注云「牛馬食餘草節曰蕢」，義與莝餘正相符合。玉篇云「蕢，莁餘草也」。莁亦莝字之誤。莁者，莁荑也，草名，見爾雅，與蕢義不相涉。

15 盼　北宋本、中箱本、黎本、景宋本譌作盻。

16 幻 胡辨切　胡辨切，北宋本作胡莧切，音同。

17 蔄 亡莧切　亡莧切，唐韻同。故宮本、敦煌本王韻作莫莧反。

18 又作䘺　䘺，唐韻作綻。

19 袒 丈莧切　丈莧切，唐韻同。故宮王韻作大莧反。

20 綻　故宮王韻此字為[糹旦]字或體。

21 扮晡幻切　晡，中箱本楝亭本同。景宋本黎氏所據本作脯，音同。

霰韻

22 冰雪相搏　冰，北宋本中箱本黎本景宋本作水，與釋名合。水雪即雨雪也。張改水作冰，非是。

23 說文云霰積雪也　積，北宋本中箱本黎本景宋本均作稷，與說文合。稷雪者，謂雪之如稷者。見段注。張改稷作積，非也。

24 廠亦作廠　案廠當作廠，此字從广敞聲。

25 芊萰草木相雜皃　萰，北宋本中箱本黎本景宋本作萰，是也。郭景純江賦云：「涯灌芊萰，潛薈蔥蘢。」

26 諑諑歡　原本玉篇殘卷云：「諑，呼戰反，埤蒼：諑，數也。」集韻諑爲譪

字或體，音翾縣切，注云「捐青也。一曰數也」。本書此字音倉甸切，與原本玉篇集韻均不合。新撰字鏡音乎戰反，乎蓋吁字之誤。注文散字當改作數，數音青也。

27 𢄼 㡋也

㡋，黎本誤作㡖。

28 𨯶 又士鈍切

士，北宋本中箱本黎本景宋本作七，是也。敦煌王韻作「又忩鈍反」，忩七聲同一類。案此字又見慁韻音倉困切。

29 夐 又求娉切

求，北宋本中箱本黎本景宋本均作休，與唐韻合。敦煌王韻作詡，音同。案夐又見勁韻，音休正切。

30 縣 黃練切

黃練切，敦煌王韻唐韻同。唐韻黃誤作莫。案縣練韻不同類，故宮王韻作玄絢反，是也。

三十五葉

1 ⿰貝玄 行⿰貝玄賣　唐韻注無⿰貝玄字，說文此字作衒，注云「行且賣也」。

2 ⿴行車 車搖　車搖，說文同。敦煌王韻作車擔，萬象名義同。

3 于闐國在西域或作寘　北宋本巾箱本黎氏所據本景宋本重域字，非。張刪，是也。黎本下域字改作闐。

4 廙 待也　待，當從說文作偫。偫，儲也。故宮王韻注作「偫㞋」。㞋，蓋展字之誤。玉篇云「廙，展也」。

5 ⿸尸元　說文此字作⿸尸元，下從几。

6 瑱 又音田　又音田，唐韻同。案先韻徒年切下無此字。

7 顚　巾箱本作顛，與說文合。

8 ⿰車瓜 ⿰車瓜瓜　瓜⿰車瓜，故宮王韻同。敦煌王韻唐韻作瓜⿰車瓜。字鏡云「⿰車瓜，瓜樓也」。

瓜棲也。莊姜齒如瓜瓠，則瓠者瓜核也。」

9 鰊 魚名似⿰魚亘 ⿰魚亘，故宮王韻作鮎，唐韻作絙，蓋誤。文選江賦注云：「舊說曰鰊似⿰魚亘。」

10 健 雞未成也 雞未二字，北宋本中箱本黎氏所據本景宋本均誤作釋采。張改作雞未，與唐韻合。案爾雅釋畜曰：「未成雞，健。」郭注云：「江東呼雞少者曰健。」

11 埬 塘墟名在吳郡 在吳郡，敦煌王韻作在博平，集韻同。

12 槌 打物也 槌，各本作搥。

13 ⿰車彖 奧鬣 奧，玉篇作⿱竹奧，當據正。萬象名義作奧，即⿱竹奧字之誤。

14 ⿺辶韏 無也 無也，敦煌王韻作無⿺辶韏。案無⿺辶韏當作無違，見說文。

15 絶有力犴　犴，北宋本中箱本黎本景宋本作豣。棟亭本作豣，與爾雅合。當據正。

16 戊己　己，段改作已。

17 親四方之賓客　親，北宋本中箱本黎本景宋本均誤作視。

18 今通用　唐韻作今通用之。

19 夏處川澤冬處松柏　澤，北宋本黎本景宋本奪。張增與中箱本及說文合。

20 易曰洊雷震　洊，黎本誤作濟。

21 ⿰金存 又徂問切　問，唐韻作悶，是也。此字又見慁韻徂悶切下。

三十六葉

1 噮　噮甘不猒也　注不字，段改作而，是也。案吕氏春秋本味篇云：「甘而不噮，噮，今本譌作噥，依畢沅校改。酸而不酷」，是噮謂甘而厭也。審時篇云：「春之易，而食之不噮而香」，高注云：「噮，讀如餲厭之餲」。

2 唸　故宮王韻此字作⿱殿心，同。爾雅釋文云：「殿屎又作⿱殿心⿰月屎」。

3 亦作⿰口殿⿸尸矢　⿸尸矢，巾箱本楝亭本作屎，與故宮王韻合。當據正。爾雅釋文云：「殿屎或作⿰念欠⿸尸欠」。屎，即⿸尸欠字也。

4 經典又作⿰𡱂欠屎　⿰𡱂欠，北宋本中箱本黎本景宋本均作殿，與爾雅合，當據正。

線韻

5 又姓　姓，北宋本中箱本黎本景宋本均譌作性。

6 四支寒動　支，北宋本中箱本誤作皮。

7 禪　北宋本中箱本黎本此字誤作襌。

8 圭禪　圭，故宮王韻唐韻作封，當據正。

9 廣雅曰繁總鮮支縠綃也　繁總，段依廣雅改作絝繐，是也。案唐韻亦誤。

10 綃　吉掾切　吉掾切，故宮王韻作古掾反，唐韻作古緣反。

11 褊急　褊，黎本誤作楄。

12 出西域烏耆國　烏，北宋本黎氏所據本景宋本作焉。案烏焉均爲焉字之誤。焉耆國在車師南，西去洛陽八千二百里。

13 瑗　又于願切　又于願切，故宮王韻唐韻同。案願韻于願切下無此字。

14 說文曰鄉也禮少儀云尊壺者偭其鼻　中箱本禮上有引字。

15 緣 衣緣　衣緣，刻本切韻作衣衿邊緣。

16 ⿰兑風 再揚颭又小風也　⿰兑風，故宮王韵唐韵同。王靜安先生唐韵校勘記云：案玉篇有䬗字，注：尹轉切，小風也。又有⿰兑風字，注：徒會切，無訓。此字當作䬗，廣韵集韵並譌。

17 馬 上浴　上，中箱本棟亭本作土，與故宮王韵合。唐韵馬土浴譌作馬士浴。

18 濺 又作旬切　又作旬切，唐韵同。案霰韵作旬切下無濺字，唐韵有之。

19 弍 戰切四　四，中箱本棟亭本作六，是也。本切下凡六字。

20 躽　此字北宋本中箱本黎本景宋本均譌作⿰舟匽。張改作躽，與故宮王

韵唐韵合。

21 捲 西捲縣名　　捲，故宮王韵唐韵作棬，注同。今漢書地理志作捲。

22 帣 亦三石為一帣　　注云三石為一帣，案三石當作三斛。故宮王韵注云：「容三斛」，說文云：「今鹽官三斛為一帣」。

23 郭璞云觠角三帀　　帀，中箱本元泰定本明本楝亭本作匝，與爾雅注合。

24 弆 俗作桊　　桊，北宋本中箱本景宋本作弆，是也。故宮王韵弆即作弆。

25 漢有䜌秘為南郡太守　　唐韵南上有汝字。

26 豲 又音豢　　又音豢，唐韵同。案換韵通貫切下無此字。

三十七葉

1 又七全切　　全，黎本譌作金。

2 ⿰目⿺辶止　黎本譌作⿰目延。

3 ⿰目⿺辶止又弋綃切　注云又弋綃切，案本韻以綃切下無此字。

4 覍　當從說文作覍。

5 頩冠頩　頩冠，北宋本中箱本黎氏所據本景宋本均作傾冠。故宮王韻作冠皃。集韻云冠碩皃。

6 ⿺走敫走也　走，北宋本中箱本黎氏所據本景宋本作大，集韻同。案說文云：「⿺走敫，走皃。」張改作走，是也。

7 選息絹切　息絹切，唐韻同。故宮王韻作息便反，是以脣音開口字切合口字也。

8 瀽　段云：「瀽，說文⿰氵寒。」案祭韻亦作瀽。

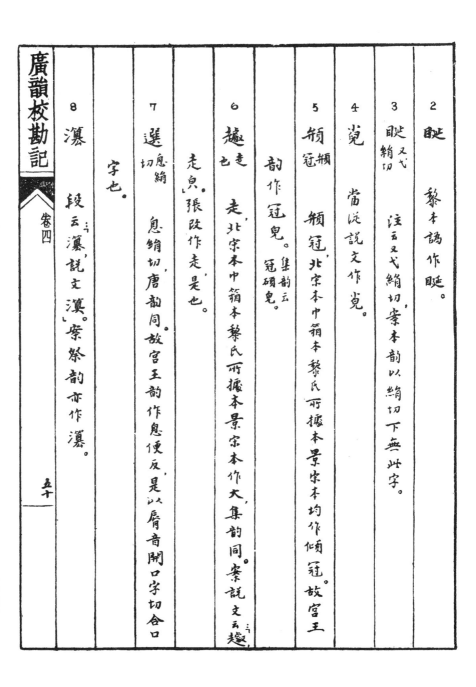

9 口含水漬　　漬，黎本誤作潰。

10 篹饔七戀切　　七，元泰定本明本黎本作士，與故宮王韵唐韵合。當據正。

11 僝　　此字當從說文作僝，僝又見產韵士限切下。

12 𢀇　　段改作𢀇。

13 孨謹也　　謹，北宋本中箱本黎本景宋本均誤作譁。案說文云：「孨，謹也。」

14 人所止息去　　今本釋名去上有而字。

15 衍于線切又以淺切　　于線切，唐韵作于線反，是也。本紐狿字故宮王韵音弋戰反，弋原誤作戈，戰下又奪反字。弋戰予線音同。又本紐衍㖶二字又音以淺切，㢟狿延遂諸字又音以然切，以予聲同一類。若作于，則不合矣。

16 獌狿大獸名長八尺　　八尺，唐韵作八十尺。案顧韵獌下云：「獌狿獸長百尋。」

17 湎涎水流　水流，中箱本元泰定本明本均作水皃。

18 又音平聲　聲下各本有一字，此脱。

19 揵　北宋本中箱本黎本景宋本均譌作漣。

20 ⿰祟巳　萬象名義玉篇集韻均作⿰祟己，當據正。

21 桊　北宋本黎本景宋本此字譌作養，中箱本不誤。

22 褊方見切　注方見切，案見在霰韻，此字當入霰韻。故宮本敦煌本王韻唐韻均在霰韻。王韻作博見反，唐韻作博燕反。

嘯韻

23 ⿰月肅切肉食糅　食，北宋本中箱本黎本景宋本均作合，當據正。

24 窵窱　窵，北宋本中箱本黎氏所據本景宋本均作叫，與故宮王韻唐韻

合。張改作窅，與本韻窅下「窅窱幽深皃」合。案窅，說文作窅。

25 憿　黎本譌作憿。

26 敫　故宮王韻作敫，與說文玉篇合，當據正。

三十八葉

1 莜 又音苕　又音苕，唐韻同。案蕭韻徒聊切下有𠥮字，注云「田器」，即此字也。集韻云「莜，亦作𠥮」。

2 竅 苦弔切　苦弔切，故宮本敦煌本王韻同。唐韻作古弔反，與叫字音同，非也。古字蓋苦字之譌。

3 韓浞　韓，北宋本、中箱本、黎本同。張氏刻改本作寒。故宮本敦煌本王韻均作韓。

4 嘄　此字敦煌王韻同，段改作嘄，是也。嘄見說文及周禮大祝注。

5 窅　段依說文改作窔。

6 𢿣　故宮王韻唐韻作歗，字從欠，與說文合。當據正。

7 釋名曰詔照也照人暗不見事以此示之　人上照字衍文，當刪。釋名無。

笑韻

8 歗　此字說文作歗，當據正。

9 召 直照切　直照切，敦煌王韻作直笑反，故宮王韻作持笑反，音並同。唐韻作真少反，真乃直字之誤。

10 邵 公奭　奭，當作奭。

11 䬰 又尺邵切　注云又尺邵切，案本韻無尺邵一音。

12 轎 軺車也

軺，何焯改作軺，是也。案廣雅釋詁三云：「轎，軺也。」玉篇云：「軺，轎軺。」是其證。漢書嚴助傳臣瓚注曰：「今竹輿車也。」

13 噍 又子幺子由二切

注又子幺子由二切，故宮王韻唐韻同。案子幺切，幺在蕭韻，蕭韻無子幺一音，此噍字見宵韻即消切下。又子由一音，本書尤韻即由切下無噍字，故宮王韻有之。

14 俏 醋好皃

醋，明本作措，韻會同。

15 燎 一曰宵田

一曰宵田，敦煌王韻唐韻同。段氏云：「宵田之字，說文作獠。」案故宮王韻別出獠字，注云：「尔疋云：宵田為獠。又管子云：（「管子」原誤作「子管」。）獠獵畢弋。從犬。」

16 燎 又九小切

九，元泰定本明本棟亭本作力，與故宮本敦煌本王韻唐韻

合，當據正。案此字見小韵力小切下。

17 膫　敦煌王韵此字作繚。案膫繚一字。故宮王韵作膫，注云「又繚」。

本書小韵有繚字。

18 爝火　中箱本元泰定本明本注作火也。

19 穮　此字上北宋本黎本景宋本有「穮走皃」三字，涉上文誤衍，中箱本無。

20 周有守禮之官　禮，刻本切韵作祧，是也。楝亭本同。當據正。周禮春官云「守祧，掌守先王之廟祧」。

21 驃又毗笑匹召二切　又毗笑匹召二切，北宋本中箱本楝亭本黎本景宋本作又毗笑切又匹召切。張氏依例改，與唐韵合。案本韵方廟切匹妙切下均無此字。

三十九葉

廣韻校勘記　卷四

1 趬 又巨堯切　注又巨堯切，案堯在蕭韻，蕭韻無巨堯一音，此字見宵韻音渠遙切。

效韻

2 亦 姓　姓字北宋本巾箱本黎本景宋本均脱。

3 孝 又音交　注云又音交，案肴韻古肴切下無此字。

4 涍 水名在南陽　段校云「集韻水名在河南，與西征賦注合，穀水注引呂忱「涍水在河南」。」案段説是也。故宮本敦煌本王韻唐韻均作在河南，當據正。

5 ⿰孝鳥 又音教　注云又音教，案本韻古孝切下無此字。

6 罩 都教切　都教切，唐韻同。敦煌王韻作如教反，如蓋知字之誤。知教音和切也。

7 譟 譟譟惡也

案集韻「譟」下云「譟譟，惡怒也」。此注惡下當有怒字。

8 儫 直史官

史，北宋本、中箱本、景宋本作吏，是也。歐陽德押韻釋疑「儫：儫，連直」下釋曰：「儫直官吏」。韻會引增韻云：「吏官連直也」。儫字作，是其證。

9 趠 丑教切

丑教切，故宮本、敦煌本王韻、唐韻作褚教反，音同。陳澧從說文二徐反切改丑為知，非是。且「趠」與同音「踔」字又音敕角切，丑教齊同一類。

10 ⿱⿰丵刂手 或作⿱⿰丵刂木

⿱⿰丵刂木，北宋本、中箱本、黎本均譌作⿱⿰丵刂手。

11 娋 小娋侵也

注，段改作「小小侵也」。案肴韻「娋」注云「小娋偷也」，敦煌王韻作「小小侵」，與段校合。

12 橈 又如昭切

又如昭切，唐韻作又奴昭反，奴蓋如字之誤。此字又見宵韻，如

搯切下。

13 閙　當作閙。

14 鞄 持皮　持，唐韻作治，當據正。敦煌王韻作剖。此作持者，唐人避高宗諱改。

15 觘 角匕也　注北宋本巾箱本黎本景宋本均作「角上浪也」。案敦煌王韻注作「角上」，萬象名義字鏡均同。集韻云：「觘，角上皃。」是「角上」二字不誤。張改作「角匕」，非是。倭名類聚鈔卷七角下引唐韻云：觘，角上浪也。

16 庡也　庡，北宋本巾箱本黎本景宋本譌作房。

17 磽 又五交切　注云又五交切，案肴韻五交切下無此字。口交切下有磽字。

18 巢 七稍切　七，北宋本巾箱本作士，是也。敦煌王韻作仕稍反，仕士聲同一類。

四十葉

號韻

1 号 謚也

謚，各本作謚，是也。詳見段氏說文注言部謚字下。

2 号 胡到切

到，北宋本、中箱本、黎本、景宋本作倒。張改作到，與故宮本、敦煌本王韻、唐韻合。

3 號

案說文此字作號，从虍号聲。

4 嗸 或作謷

嗸，敦煌王韻作謷，故宮王韻、唐韻作嗸。謷，北宋本、中箱本、黎本作嗸。案嗸蓋謷字之誤，張依玉篇改作謷，非也。

5 受

故宮王韻此字作受，注云「從文」，當據正。

6 縞 又音蒿

注云又音蒿，案豪韻無縞字，縞見晧韻古老切下。故宮

王韻作又古老反是也。此蒿字當是暠字之誤。

7 儌 說文作敫餘倣此 敫，北宋本、中箱本、黎氏所據本、景宋本作儌。案當作儌。蕭韻敫下云：「說文作數」，是其例。說文此字從數作儌，本紐從敫諸字依說文當從數，故注云：「餘倣此」。

8 鷔 鷔鳦魚鳥狀也 北宋本、中箱本、黎本鷔作⿱敖身，鳦作⿰身乙，並誤。段氏改作鷔鳦，云：「見吳都賦」，當據正。

9 旄 狗足旄尾 尾，各本作毛，與唐韻合。案此注乃爾雅文，爾雅釋獸云：「麐，大麐。旄毛，狗足。」郭注云：「旄，毛猥長。」

10 ⿰糸毛 繒帛⿰糸毛起如刺也 案⿰糸毛起當作毛起，集韻云：「⿰糸毛，繒帛有毛刺者。」

11 縍 又施絞於編也 編，北宋本、中箱本、黎本作緶，與敦煌王韻及玉篇合，當據正。

12 說文作曓 案曓當作㬥。

13 𡙇又薄高切 薄，中箱本作簿，是也。𡙇又見豪韻薄褒切下。

14 又下媱曰報 媱，北宋本中箱本黎本景宋本作姪，是也。

15 燠釜以水沃釜 釜，各本作釜，當據正。

四十一葉

1 好亦壁孔也 壁，棟亭本作璧，是也。爾雅曰：「肉倍好謂之璧」。

2 歊 敦煌王韻此字為秏字或體。

3 腝 段依說文改作臑。敦煌王韻作臑，同。

4 䐉優皮也 優，北宋本中箱本景宋本作瀀。皮，棟亭本作澤。案集韻云：「䐉瀀澤也。」

廣韻校勘記 卷四

箇韻

5 謂五爲拔　五，黎本譌作本。

6 貿皃　皃，北宋本巾箱本景宋本作皃，與唐韻及魏書官氏志合。

7 馱　此字段改作馱。案馱俗體也。

8 大　黎本譌作犬。

過韻

9 挫則臥切　則卧切，唐韻同。故宮本敦煌本王韻作側卧反，側字誤。

10 蛇蛇去皮　注蛇上故宮本敦煌本王韻唐韻均有蟬字。

11 播說文揰也　揰，棟亭本黎本作種，是也。說文云「播，種也」。

12 般賢人　人，北宋本黎本景宋本脫，巾箱本有之。

13 剉 破也

破，故宮王韵唐韵作斫。

14 磨 摸卧切

摸卧切，唐韵同。故宮本敦煌本王韵作莫箇反，是以開口字切合口字也。

15 愞

此字敦煌王韵同，故宮王韵唐韵從需作懦。下堧稬同。

16 堧 又如兖切

注又如兖切，唐韵同。案獮韵而兖切下無此字。

17 諎 千過切

千過切，與剉字麤卧切音同。本紐同音之措字集韵入箇韵，音千个切。

四十二葉

1 䘓

本韵湯卧切下此字作⿰衤隋，案䘓⿰衤隋一字也。敦煌王韵云⿰衤隋，亦作䘓。

2 ⿰糸羸 不細也

細，北宋本中箱本黎氏所據本作訓。案訓當是紃字之譌。原

本玉篇纗下引說文云「不紃也」，是其證。（此注敦煌王韻亦作紃，惟脫不字。）不紃者，不匀順也。張政訓爲細，未允。

3 桗 都唾切

都唾切，集韻同。敦煌王韻作丁果反，果字誤。（果王韻在哿韻。）

4 磋 七過切

七過切，與剉字麁卧切音同。案敦煌王韻作七箇反，是磋字當在箇韻。（集韻此字入箇韻，音千个切。）

5 侉 安賀切

安賀切，敦煌王韻作烏佐反，音同。案賀佐皆箇韻字，侉字當在箇韻。（集韻此字入箇韻。）

6 涴 又烏官切又於阮切

注又烏官切又於阮切，唐韻同。案桓韻一丸切阮韻於阮切下均無此字。

禡韻

7 說文曰日病一日惡氣著身也　北宋本中箱本黎本景宋本日病作目病，一日作一曰，並與說文合，當據正。

8 ⿰扌段　故宮本敦煌本王韻唐韻此字作⿰扌叚。集韻云：「⿰扌叚，所以舉物」。

9 ⿺辶亞 次第行　行下中箱本有也字。

10 ⿰彳曹 步立也　立，北宋本中箱本黎本景宋本作肥，涉下文而誤。張改作立，與元泰定本明本合。

11 ⿰酉窑 壓酒具也出證俗文　⿰酉窑，段改作醡，與集韻韻會合。案故宮王韻此字作⿰酉責，集韻醡或作⿰酉責。注云：「箐酒，出王逸證俗文。或作笮，杔，⿸广乍，未詳」。

12 閑也　案閑當作閒。

13 書曰不敢自暇自逸　自逸，各本無。張增，與書酒誥合。

14 暇（俗作暇）　注俗作暇，北宋本中箱本景宋本作俗作暇。案暇蓋假字之誤。文選登樓賦注：「暇，或為假，」列子黃帝篇釋文：「暇，一作假。」

15 鄁（亭名在同丘）　鄁，段改作鄁。案昔韻有鄁字，注云：「鄉名，在臨邛。」集韻云：「與此字有別。」案覃韻合韻均有鄁字，義並同。玉篇亦作鄁。

16 趞（充夜切）　充，北宋本黎本景宋本誤作色。

17 趞（又丑格切）　注云又丑格切，案陌韻丑格切下字作趗，集韻趞趗一字。見陌韻。

四十三葉

1 爾雅曰東方之美者有斥山之文皮焉　東方，爾雅作東北，當據正。

2 庫（又昌舍切）　注又昌舍切，唐韻同。案本韻充夜切下無庫字。

3 周禮有五射白矢參連剡注讓尺井儀　案周禮保氏鄭司農

注云：「五射：白矢，參連，剡注，襄尺，井儀也。」此句遠讓三字均當據周禮注訂正。句，巾箱本作矢，不誤。

4 三輔決錄云漢末大鴻臚射咸　漢末下巾箱本有有字是也。

5 射 又音石　注云又音石。案昔部常隻切下無此字。

6 又華山之陰多䴠　華山，唐韻作翠山，是也。案山海經西山經云：「翠山，其陰多旄牛麢䴠。」

7 霸 必駕切　必駕切，唐韻同。故宮本敦煌本王韻作博駕反。

8 蜀人謂平川為垻　垻上唐韻有平字。

9 帊 衣襆也　襆，北宋本巾箱本楝亭本作襥。案襥襆字通。

10 帊 普駕切　普駕切，唐韻同。故宮本敦煌本王韻作芳駕反。

11 華 亦州名春秋時秦晋之分境　公境，北宋本中箱本作分境。元和郡縣志華州下云：「春秋時爲秦晋界邑」。

12 宋戴公考父食采於華後氏焉　後上唐韻有其字，是也。

13 化 呼霸切　呼霸切，唐韻同。故宮本敦煌本王韻作霍霸反。

14 㐄　說文此字作午，从反久。

15 嗄 又於介切　注又於介切，唐韻同。案怪韻烏界切下無嗄字，嗄見夬韻於犗切下。

漾韻

16 𣄴　案說文此字作⿰旡京，從旡京聲。

17 人樣切三　三，棟亭本黎本作四，是也。本切下凡四字。

四十四葉

1 傷 未成人　人下敦煌王韻唐韻有死字，此脱。故宫王韻亦曰：「未成人而死」。當據增。

2 悵 知亮切　知亮切，故宫王韻作陟亮反，音同。敦煌王韻陟誤作涉。

3 袒 逺也　逺，唐韻作違，是也。當據正。

4 通 通也逺也　北宋本中箱本黎本景宋本通下脱也字。

5 菁 芼食　食，集韻作羹。

6 石崇作錦障五十里以敵之　作，北宋本中箱本黎氏所據本景宋本誤作以。

7 上 君也　君，北宋本中箱本黎氏所據本景宋本均誤作居。

8 𣴠 𣴠米入甑　入甑二字各本無，張增，蓋本玉篇。玉篇𣴠下云：「𣴠米入甑也」。

9 弶又魚兩切　注又魚兩切，唐韻同。案養韻魚兩切下無此字。

10 滄寒也　滄，段改作凔，與說文及故宮王韻唐韻合。

11 說文作醬　醬，段氏改作醬，是也。

12 南越食蒙蜀蒟醬子　蒟，段改作蒟，是也。案蒟醬見文選蜀都賦。史記漢書西南夷傳作枸醬。

13 醬子亮切　子，各本作子，是也。故宮王韻唐韻作即亮反，子即聲同一類。

14 說文曰月滿與日相望以朝君也　案宋本說文同，段氏改望作望，以作似。

15 忘又音亡　又音亡，故宮本敦煌本王韻唐韻作又武方反，音同。案本書陽韻武方切下無忘字，切三及故宮本敦煌本王韻有之。

16 今廬江人　廬，各本作盧。張改作廬，與唐韵合。

17 㑌　此字段氏依説文改作⿰亻⿱隹土。

四十五葉

1 前趙録有偏將軍桐里覽　偏將軍，巾箱本作衛將軍。

2 又務相氏廩君之姓也　氏，北宋本巾箱本景宋本誤作民。案務相見後漢書南蠻傳。

3 唴⿰口長小兒啼也　⿰口長，巾箱本作哴，與故宮王韵合，當據正。本韵哴下云：「唴哴，啼也。」方言一云：「平原謂啼極無聲謂之唴哴。」

宕韵

4 嵣硭山皃　硭，當作⿰山芒。黎本作碪，亦非。案嵣⿰山芒見文選南都

賦，李善注云「嵣㟽，山石廣大之貌也」。

5○埌　埌上之○當刪。

6 枊五浪切　五，北宋本中箱本棟亭本作吾，音同。

7 傍蒲浪切　浪，北宋本中箱本譌作光。

8 讜言中理　注理字北宋本中箱本無，與故宮王韻唐韻同。

9 當亦音蟷　蟷，各本作璫，唐韻同。案璫蟷音同。

10 抗振也　振，元泰定本明本棟亭本作拒。

11 伉漢有伉喜為漢中大夫出風俗通　案後漢書桓帝紀注引風俗通云「後漢有抗喜為漢中太守」，此注作漢中大夫，誤。

12 螃補曠切　補曠切，唐韻作甫曠反。

13 掉 舩一歇

掉，北宋本中箱本黎本均作棹。

14 鐊

元泰定本明本作錫，當據正。

15 咢

各本作㖾。

16 擋 廣雅云擋打也

案廣雅釋詁三云擋擊也。此云擋打也，見列子釋文。

17 擋 乎曠切

乎曠切，故宮王韻作呼浪反，呼當是乎字之誤。案擋又見蕩韻，音胡廣切，胡乎聲同一類。若作呼則不合矣。

18 𡾡 嵣山皃

𡾡嵣，故宮王韻作嵣𡾡，是也。詳上文嵣字校記。（四十五葉第4）

19 汪 烏浪切

案烏浪切與盎字烏浪切同音，非也。汪乃合口字，集韻作烏曠切，是也。

映韻

20 映明也陽也　陽，各本作隱，是也。説文云：映，明也，隱也。

21 陳敬仲之後出風俗通後漢有揚州刺史敬歆　唐韻出下有平陽二字，此脱。

四十六葉

1 競逐也　逐，黎本譌作遂。

2 獨坐⿰爿反牀　案⿰爿反字誤，各本作版，當據正。故宮王韻唐韻作板。

3 潢　元泰定本明本棟亭本作潢，與説文合，當據正。故宮本敦煌本王韻均作潢。

4 橫又音宏　注云又音宏，案耕韻戶萌切下無橫字，橫見庚韻音戶盲切。

5 魯大夫郈洩　黎本洩下有子字，非。

6 行下更切　下更切，元泰定本明本棟亭本作胡孟切，案胡孟下更音同。

7　五　各本作三，是也。

8　瀴　瀙冷也　冷，元泰定本明本楝亭本作冷，是也。案下文瀙字注云「冷也」。

9　橙　鬧張畫繢也　橙，各本作憕。此作橙誤。又注繢字集韻作繪。

10　榜　北孟切　北孟切，唐韻同。故宮王韻此字入諍韻，音北諍反，又薄更反。

11　出劎光　劎，北宋本中箱本黎本景宋本譌作釰。

12　除更切　此下中箱本楝亭本有三字，當據增。

13　瞠　此字故宮王韻作⿰目棠。

14　鼪　鼪鼠　注鼪鼠，北宋本中箱本景宋本均作鼬鼠，是也。爾雅釋獸郭

廣韻校勘記　卷四　六十三

注云：今鼬似鼦，赤黃色，大尾，啖鼠。江東呼為鼪。故宮王韻鼪入清韻。

15 ⿰言夆

唐韻此字作⿰言夆，是也。王篇作⿰言夅。

諍韻

16 鞕 五爭切

案爭字在耕韻，此字音五爭切，誤。楝亭本作五諍切，是也。故宮本敦煌本王韻唐韻此字入敬韻，音五孟反。明本此字音五更切，與五孟反合。

勁韻

17 轟 又呼宏切

呼，黎本譌作呼。

18 㲉 懃

㲉，北宋本巾箱本黎本景宋本均作慗。

四十七葉

1 ⿰龍先

玉篇此字作⿰龍先，在先部，段據改。

2 騁 騁問也訪也匹正切三 娉娶也 北宋本、黎本、景宋本均脫騁注及正文娉字，張增與巾箱本合。

3 竮 又蒲經切 注又蒲經切，唐韻同。案經韻無蒲經一音。

4 ⿰氵靚 段依說文改作瀞，與故宮王韻、唐韻合。

5 北海太守盛苞 海，段改作地，與唐韻合。

徑韻

6 汀 汀濙不遂志又音廳 正文及注故宮本、敦煌本王韻、唐韻並同。案集韻汀訓汀濙小水，别有忊字，訓忊⿰忄滎不得志皃。案本韻烏定切下有⿰忄滎字，注云「志恨也」。此蓋脫汀字注文及正文忊字。注「又音廳」當屬汀下。當據集韻訂正。

廣韻校勘記　卷四　六十四

7 ⿰龍色 ⿰黑色⿰龍色青黑

注故宮本敦煌本王韻作⿰龍色⿰黑色青黑色，玉篇同。

證韻

8 乘 實證切

實，北宋本巾箱本黎本景宋本均譌作寶。張改作實，與故宮本敦煌本王韻唐韻合。

四十八葉

1 瞪 陸本作眙

瞪，唐韻同。故宮本敦煌本王韻作眙。

2 ⿰食夌 里甑切

里，北宋本巾箱本黎本景宋本譌作里。

3 凭

敦煌王韻此字作凴。

嶝韻

4 凳

段氏云：「凳，當從兀。兀者，平也。」

5 釋名曰在南中而居陽地故以爲名　在，下北宋本日本宋本中箱本黎本景宋本衍「楚昭襄王取韓置南陽郡釋名曰在」十五字，張氏削之是也。又「在南中」當作「在中國之南」。王靜安先生曰：案史記秦本紀正義引釋名曰：在中國之南，舊名陽地，故以爲名焉。今本釋名二釋州國作在國之南而地陽也，有脫字。廣韻在南中亦當依史記正義作「在中國之南」。

6 懵 悶也　懵，故宮本敦煌本王韻均作懵，是也。

7 踜 踜蹬行皃　踜，各本作倰。注蹬字元泰定本棟亭本作蹬，與集韻合。

宥韻

8 一曰禽獸有囿　有，說文作曰。

9 婟 偶也　偶，故宮王韻作耦，與說文合。說文云「婟，耦也」。

10 忧 動也　說文云「忧，不動也」。此注動上蓋脫不字。

11 胄 說文曰裔也　案裔也說文作胤也。

四十九葉

1 冑　黎本譌作胄。

2 罯 蓭罯　蓭，故宮王韻作[illegible]，原作[illegible]。與說文合。說文云「罯，[illegible]也」。

3 禮 注曰在牀曰尸在棺曰柩　禮注，段改作曲禮。

4 鏉 鐵生鏉　生，北宋本、中箱本、景宋本作姓。案元泰定本、明本作鉎，是也。故宮本、敦煌本王韻、唐韻均作鉎。

5 皺 俗作皺　皺，中箱本作皺，是也。

6 福　北宋本中箱本黎本景宋本譌作福。

7 鷚 雞子一曰鳥子　一曰鳥子，故宮本敦煌本王韻唐韻作一曰鳥名。

8 宿音秀　宿，各本作宿。

9 䨼 又力回切　注云又力回切，案灰韻魯回切下字作䨼。

10 游俠傳　傳字北宋本黎本景宋本脫，張增與中箱本合。

11 㑞 妊身人也　妊，北宋本中箱本黎本景宋本譌作任。張改作妊，是也。案㑞嬼一字，見萬象名義集韻。玉篇嬼下云：婦人妊身也。

12 又姓後漢書菟賴氏改爲就氏　唐韻漢作魏，改上有後字，是也。見後魏書官氏志。

五十葉

1 廣 志曰城都柚大如斗　城，御覽卷九百七十三引作成，當據正。

2 柚 似橙而酯出江南　酯，景宋本作酢，與爾雅釋木注合。

候韻

3 彤 如車文青黑色　唐韻作彤如惠文冠青黑色，與山海經郭注合。

4 𧺆 又蒲北切　注又蒲北切，敦煌王韻同。案德韻蒲北切下無此字。

5 傚　案玉篇集韻類篇此字從皮作[illegible]，當據正。

6 䆘　故宮本敦煌本王韻唐韻从攴作寇，是也。下滱蔻亦當作滱蔻。

7 雺 天氣下地不應　注北宋本巾箱本黎氏所據本作「地氣發，天不應」。

8 物 理論云菽者眾荳之名也　荳，棟亭本作豆。

9 豆 又姓後魏有將軍豆代田候切　案豆代田見後魏書卷三十。此注田下有脫字，故宮

本敦煌本王韻唐韻豆音徒候反，此田下當補徒字。

10 酘　酒　酒，北宋本中箱本黎本均譌作酉。

11 梪　武作裋　裋，北宋本中箱本黎本作梪，均誤。故宮本敦煌本王韻唐韻作豆。

12 浢　水名　名，北宋本中箱本黎本譌作浢。敦煌王韻注云：「津名，在河東。」

13 𥙡　祭𥙡　祭𥙡，集韻作祭福，當據正。

14 兵　仗在後　仗，說文作杖。

15 鬪　當作鬭。

五十一葉

1 漱　漱口　注口字北宋本中箱本黎本無。

廣韻校勘記

2 鍬 鍋利 注敦煌王韻作鍬鍋利。

3 甃 又市由切 注又市由切，故宮本敦煌本王韻同。案尤韻市流切下無此字。

4 䀇 稟䋎 稟，當作稟。

5 譨 詬怒 譨詬，中箱本元泰定本明本楝亭本作謱詬，與集韻合。當攗正。

6 䫌 此字北宋本中箱本黎本作䫌，誤。張改作䫌，與唐韻合。

7 腤 蒲候切 候，北宋本中箱本黎本譌作侯。

沁韻

8 妊 汝鴆切 汝鴆切，敦煌王韻唐韻同。故宮王韻作女鴆反〔一〕。

9 鴆 鳥名廣志云其鳥大如鶚紫緑色有毒頸長七八寸食蛇蝮雄名運日雌名陰諧以其毛歷飲食則殺人 廣志，唐韻作廣疋。王靜

〔一〕編者按：此條之「鳩」字均當作「鴆」。

安先生曰：案廣雅僅有鴆鳥雄者謂之運日，雌者謂之陰諧，二語。

則廣韻作廣志云爲是」。又運日，北宋本中箱本黎本作運日，是也。

淮南子廣雅均作運日。

10 論語曰飲水曲肱枕之　枕上中箱本棟亭本有而字，與論語合。

11 紟或作襟又音今　襟，段改作䘳。案故宮本敦煌本王韻唐韻亦作襟。襟，宜作衿。

本注云：又音今，案侵韻居吟切下字作衿。衿紟一字也。禮内則釋文云：紟，本又作衿」。

五十二葉

1 說文云持止也　持止也，唐韻同。今本說文無止字。

2 偞又居林切　注云又居林切，案侵韻居吟切下無此字。

3 䅧苗美　苗美，北宋本中箱本黎本景宋本均作上同，以爲蔭字或體，與

敦煌王韻合。敦煌王韻蔭下云〻音作積。張氏改上同為菌美，與元泰定本合。玉篇

亦云積〻積，菌美也。

4 郭璞云今之作罧者聚積柴木於水中　罧，爾雅釋器郭注作槮。

5 以簿圍捕取之　之字北宋本巾箱本黎本無，張增與爾雅郭注合。

6 譖莊蔭切　莊蔭切，故宮本敦煌本王韻作側讖反，音同。唐韻作疾蔭反，疾蓋莊字之譌。大徐說文亦音莊蔭切。

7 鈂鈂掘也　也，唐韻作地，當據正。

8 顉齡切齒怒皃　齡，段改作齘是也。怪韻胡介切下齘注云顉〻齘，切齒怒。

勘韻

9 灨 縣名記云章貢二水合流因其處立縣便以爲名在南康郡　唐韻注作「縣名。南□□云云」。王靜安先生云：「南字下所闕當爲康記二字。太平御覽所引有王歆之鄧德明南康記二種。廣韻但稱記云，記上亦奪南康二字」。

10 暗 貪也　注貪也，北宋本中箱本黎氏所據本作貧也。

11 撢 探取　探取，北宋本中箱本黎本作深取，與故宮本敦煌本王韻唐韻合。案從覃之字皆有深意。

12 憛 㥲懷憂　㥲，北宋本中箱本黎本作悇，與敦煌王韻及玉篇合。案御韻抽據切悇下云「憛悇，憂也」。當據正。

13 譖 又渠政切　注云又渠政切，案政在勁韻，勁韻無渠政一音。譖字見映韻渠敬切下。

14 ⿰忄罙 集韻作⿰忄宋。

15 ⿰宋頁 黎本譌作頪。

16 謲怒也 怒也，北宋本黎本作伺也，與故宮王韻唐韻合。案巾箱本楝亭本元泰定本明本均作相怒也。說文云：「謲，相怒使也。」

17 醰酒味不長 注故宮王韻同。唐韻作酒味長。

18 瞫括也 注括也，蓋䀨也之誤。玉篇：「䀨，視也。」

19 瞫又徒南切 注又徒南切，敦煌王韻作又徒含反，音同。案覃韻徒含切下無此字。

20 馾冠幘一曰馬步近前 注北宋本巾箱本黎本景宋本均作「冠幘近前」，無「一曰馬步」四字。故宮本敦煌本王韻唐韻同。元泰定本明本楝亭本均作「馬步

近前」。案集韻有駣恍二字，駣，訓馬睡皃；恍，訓冠俯前也。王韻唐韻蓋脫駣注及正文恍字，恍字注文遂誤入駣下。廣韻因之，亦未能訂正。張氏參合明本，改「冠幘近前」爲「冠幘一曰馬步近前」，非是。

21 ⿰⿱大臽頁　中箱本明本黎本此字作⿰⿱夾臽頁，案當從⿱夾臽作⿰⿱夾臽頁。

22 ⿰氵⿱大臽　中箱本此字從⿱夾臽作⿰氵⿱夾臽，是也。

23 顑　敦煌王韻作䫲，同。集韻䫲顑一字。

闞韻

24 嚂 呵也　呵，北宋本中箱本黎本譌作可。

25 嚂 又工覽切　注云又工覽切，案敦韻古覽切下無嚂字，嚂見呼覽切下。

26 賧 吐濫切　吐濫切，黎本作丑濫切，誤。

五十三葉

1 鎸 石　鎸，當作鐫。

2 鏨 又音蠶　注又音蠶，唐韻同。案覃韻昨含切下無此字。

3 㜷 㜷孌美女　案本韻孌下云「㜷孌，美女皃」。此注女下當有皃字。

4 窆 又方亘切　又方亘切，唐韻同。案嶝韻方隥切下無此字。

5 砭 又甫兼切　注又甫兼切，唐韻作又甫廉反，是也。故宮本敦煌本王韻作又方廉反，音同。案砭見鹽韻，音府廉切。

6 𠢌　故宮王韻作𣄽。

7 ⿰口韱 ⿰口取不廉

⿰口取。北宋本中箱本黎本誤作噉。案⿰口取見廣韻。

8 市 先入直也

直，敦煌王韵作值，當據正。

9 覘 假也

假，北宋本中箱本棟亭本均作候，與唐韵合。當據正。

10 ⿰忄弇 亦作⿰忄奄

⿰忄奄，元泰定本明本棟亭本黎本作⿰忄⿱𠂇电，與敦煌王韵合。當據正。

㮇 韵

11 総 字林云挽船篾也

字林，唐韵作字繞。

12 又墊江在巴陵

巴陵，故宮本敦煌本王韵唐韵作巴郡，與漢書地理志合。

13 者

故宮王韵作⿱耂占。

14 䀸 又丁灰切 又丁灰切，敦煌王韻作又丁兼反，是也。案此字見添韻丁兼切下，

鹽韻無此字。

15 鮉 此字敦煌王韻唐韻同，故宮王韻作鰈。

五十四葉

釅韻

1 釅 魚欠切 敦煌王韻無此字，同音之䶦音，魚淹反。淹，廣韻在梵韻，敦煌王韻在本韻。又魚欠切，故宮王韻同。案欠，敦煌王韻唐韻均在梵韻，故宮王韻在本韻。

2 脅 許欠切 許欠切，敦煌王韻作盰淹反。

3 菱 草木無葉也亡劒切 菱，段改作蔆，與玉篇合。注無葉，段改作無蔓，與

敦煌王韻合。又此字爲合口字，敦煌王韻入梵韻。玉篇亦音亡泛切。

陷韻

4 ⿰金旨俗作⿰金旨　⿰金旨，北宋本中箱本黎本譌作⿰金旨。張改作⿰金旨，與元泰定本明本

合。

5 ⿰鹵占陟陷切　陟陷切，故宮本敦煌本王韻唐韻作都陷反。

6 湼　北宋本中箱本作⿰氵⿱口工。

7 歁又口咸切　咸，北宋本中箱本黎本作感。張改作咸，與故宮本敦煌本王

韻唐韻合。案咸韻苦咸切下無此字。

8 ⿰革焉之短者　者，北宋本中箱本黎本明本作也。倭名類聚鈔卷五引

唐韻同。

廣韻校勘記 卷四

9 顩 玉陷切　玉陷切，集韵作五陷切。

鑑韵

10 照也　照，北宋本中箱本黎本作昭。

11 儳 又食陷切　食，敦煌王韵唐韵均作倉。案儳見陷韵，音仕陷切；故宫王韵作又士陷反，是也。陷韵無倉陷一音。

12 擳 投也　也字北宋本中箱本無。

13 出字譜　字譜，北宋本中箱本黎本均作字諟。

14 譀 譀讕又呼咸切　注北宋本中箱本作「譀讕。讕，呼戒切」是也。讕，唐韵作講。案講讕一字。見集韵。本書怪韵許介切下有講字，注云「譀講」。

15 闞 犬聲　案闞當作闞。又此字敦煌王韵入陷韵，音火陷反。

16 𪆂又下斬切　注云又下斬切，案𧶠韻下斬切下無𪆂字，𪆂見敢韻呼覽切下。

17 鑱又士銜切　又士銜切，故宮王韻唐韻同。元泰定本明本楝亭本銜作咸，誤。咸韻無此字。

18 讒又士衫切　注又士衫切，唐韻同。案銜韻鑱銜切下無此字。

梵韻

19 劒居欠切　劒，故宮王韻入去聲五十六嚴，音覺欠反。覺，蓋舉字之誤。敦煌王韻作舉欠反。欠字亦入梵韻，音去劒反。

20 鏌鎁　鎁，北宋本中箱本作鋣。

21 純鋼　鋼，廣雅作鈎，當據正。

22 葵偷　廣雅作蔡偷，當據正。

23 屬陳　陳，廣雅作鹿。唐韻作麈，蓋麈字之誤。御覽卷三百四十四引廣雅作鏤。

24 千隊　千，唐韻作千。

25 吳太皇帝　太，北宋本、中箱本作大，與唐韻合。

26 霄陳　陳，段云「列子作練」。

27 周穆王有錕鋙劍　唐韻作「周穆王有琨珸之劍」。

28 欠　故宮王韻此字入去聲嚴韻。

29 俺　故宮王韻此字入去聲嚴韻，音於欠反。

30 㤿　故宮王韻此字入去聲嚴韻，音於欠反。

廣韻校勘記

卷四

31 淹　敦煌王韻此字入去聲嚴韻，音於嚴反。本紐俺婕諵惦裺諸字均在本韻。

32 諵　譴諵　譴，北宋本、中箱本、黎本作匲，與敦煌王韻合。

33 𩲡口墟名在富春清工也　清，段改作漬，是也。

廣韵校勘記卷五

一葉

韵目

1 帖第三十

帖，段改作怗，與卷内韵目合。

屋韵

2 𡉷

日本宋本巾箱本景宋本作臺，與説文合。

3 𠜾又音握

注云又音握，案覺韵於角切下作䶣。

二葉

1 𤵸

日本宋本黎本譌作𤸎。

廣韻校勘記　卷五　一

2 遺 媟遺　注日本宋本巾箱本黎本景宋本作遺也。玉篇同。張改作媟遺，與説文合。

3 猒 獸名如鼠　玉篇此字為獨字古文。集韻字作猒，注云：「猒猞，獸名，如虎而豕鬣。古作猒」。宋本注云：「獸名，如鼠」，疑誤。

4 鸀 鶞鳥鳥也　鶞，故宮王韻、唐韻作⿰鳥舂，是也。⿰鳥舂見鍾韻，注云：「鸀⿰鳥舂鳥名」。

5 榖　此字當作穀。

6 谷 善也　善，黎本作養，與唐韻合。案老子「谷神不死」，王弼注云：「谷，養也」。

7 鷇 布鷇鳥　鷇，日本宋本巾箱本黎氏所據本作鷇。

8 觳 周禮注云受二斗　二斗，唐韻作三斗，是也。周禮考工記陶人注鄭司農云：「觳受三斗」。

9 蘚 蘚石　注石蘚，日本宋本中箱本景宋本作石草。

10 朝鮮謂被爲禿鬝　案晉書載記卷廿六作「鮮卑謂被爲禿髮」，此云朝鮮，誤。

11 譊 詆譊，狡猾　詆說，中箱本作詆譊，與切三故宮王韻唐韻合，當據正。

12 撓　黎本誤作橈。

13 邃　故宮王韻唐韻此字作𨘢，是也。

14 觻 觻得縣名在張掖　觻，切三故宮王韻唐韻誤作鱳。角魚二偏旁每每互訛。案漢書地理志說文玉篇均作觻。

15 轒 轒轤圓轉也　也，切三故宮王韻唐韻均作木，當據正。

廣韻校勘記　卷五　二

三葉

1 䗥 䗥聽似蜥蜴居樹上輒下齧人

䗥，日本宋本中箱本黎本景宋本均作睩。唐韻同。又蜥，棟亭本作蜥，與唐韻合，當據正。

2 ⿰壴巨 吳王孫休三子名

案吳志孫休傳注引吳錄所載休詔第三子名⿰壴巨，⿰壴巨音如草莽之莽。此字作⿰壴巨，音祿，與休詔不合。

3 濼 又音朴

案朴當作扑，濼又見本韻普木切扑紐下。

4 暴 蒲木切

蒲木切，切三故宮王韻同。唐韻作告木反，告字誤。

5 ⿰矢菐 又倉候切

注云又倉候切，案候韻倉奏切下無此字。

6 夋 行皃

夋，段玉裁說文玉篇皆作夌。

7 樕 樸樕叢木

唐韻叢下有生字。

8 須 髯

須，中箱本作鬚。

9 鳥鸜水鳥　鳥鸜，黎本作烏鸜，是也。爾雅云：「鴾，烏鸜」。

10 莫卜切十二　十二，巾箱本作十三，是也。本切下凡十三字。

11 沐蕑氏　蕑，唐韻作蘭。

四葉

1 蚞蟓蚞蟲　注蟓蚞，當作螇螰。故宮王韻作螇螰。爾雅釋蟲云：「蜓蚞，螇螰」。

2 說文曰蝙蝠伏翼也　伏，說文作服。

3 伏歷也釋名曰伏者何金氣伏藏之日　案釋名無此文。顧千里改「歷也釋名曰」為「歷忌釋」，見段校本引。是也。當據正。北堂書鈔卷一百五十五注及太平御覽卷三十一均引此文作歷忌釋。御覽圖書綱目有歷忌擇日。

4 旋蕧藥名　旋，故宮王韻作蔙。

5 車輹兔　輹，唐韻同。切三故宮王韻作伏。

6 趍趜趍　趍，巾箱本黎本作趍，與故宮王韻唐韻合。當據正。

7 鞠又姓出東萊風俗通曰漢有尚書令平原鞠譚　巾箱本東萊下有平原二望四字，無風俗通曰四字。

8 鞠又渠六切　又渠六切下巾箱本有又蹋踘三小字，蓋後增者。說文云「鞠，蹋鞠也」。

五葉

1 禮云鬯曰以椈　曰，元泰定本作臼，是也。禮記雜記上云「暢臼以椈」。

2 淲水名　注水名，巾箱本黎本作水文。案玉篇云「淲，水文也」。

3 麴蘖　蘖，景宋本作糵，是也。唐韻作蘗，即糵字之譌。

4 崔豹古今注云吾來朝君至門外更詳熟所應對之事　唐韻更上

有當就二字。案今本古今注作「臣来朝君，至门外當就舍，更衣熟詳所應對之事。」

5 䦨 此字中箱本黎本譌作䦨。

6 𦃂 青絟白𦃂陽所織 𦃂陽，段改作淯陽。案漢書地理志南陽郡有育陽縣，育陽後漢書郡國志作淯陽。

7 鴶鵴鳲鳩 鴶鵴，日本宋本中箱本黎本景宋本均作鵴鳩。

8 𣩂 終也 終，日本宋本作𣧩。本韻子六切下𣩂注同。

9 祈福祥求永貞 貞下日本宋本中箱本黎本衍亦貞二字。

10 後漢有犍為叔先雄 雄，段改作雒。案後漢書列女傳亦作雄。

11 倏 倏忽犬走疾也 倏，段改作倐，與說文合。

12 鸙又音育　注云又音育，案本韻余六切下無此字。

六葉

1 以謂始名[illegible]　謂始二字段改作胄姓，是也。謂，日本宋本中箱本並作胄。

2 箑箽古文　故宮王韻古文作[illegible]，[illegible]蓋[illegible]字之誤。[illegible]見玉篇叏部。

3 啜說文嘆也　嘆，日本宋本中箱本黎本景宋本均作嗼，與說文合。當據正。故宮本敦煌本王韻作嘆，唐韻作歎，並誤。

4 [illegible]笡也　[illegible]，段改作[illegible]，是也。廣雅釋器云：「[illegible]謂之笡。」玉篇云：「[illegible]，笡，逆槍也。」是其證。又注笡也，當作笡也。笡見禡韻。

5 緘縮也又緘文也　緘文，集韻作[illegible]文。

6 肭　此字段改作腩，與切三故宮王韻合，當據正。案玉篇亦從肉作腩。

7 又姓乾封元年改武惟良為蝮氏　改上唐韻有韶字，當據增。

8 又敷救切　敷，黎本誤作敷。

9 鐵溫器　鐵，敦煌王韻作鑣。案鑣乃鏖字之誤，鏖見豪韻於刀切下。說文云：「鏖，溫器也。」

10 隋州福祿縣　福祿縣，段改作祿福縣，與漢書地理志合。見酒泉郡。隋唐志元和郡縣志均作福祿縣。

七葉

1 覩也　覩，黎本誤作[illegible]。

2 苗又他六徒歷二切　注又他六切，案本韻無他六一音，爾雅釋文云：苗，郭音他六反。

沃韻

廣韻校勘記　卷五　五

3 ⿱艹海　萹竹草　竹，故宮本敦煌本王韻唐韻作筑，是也。說文云「⿱艹海，水萹筑」。

4 蝳　蝳蜍似蜘蛛　注日本宋本中箱本景宋本作蜘蛛，與切三故宮本敦煌本王韻唐韻合。黎本注作蝳蜍。

5 漢有五原太守督瓚　督瓚，唐韻作督瓄。

6 鬻　唐韻此字與餾爲一字。

7 𦣝　日本宋本中箱本黎本景宋本誤作䁗。

8 䧱　鴡䧱　鴡，黎本誤作鴉。

9 ⿰齒告　故宮王韻此字入鵠紐，音胡沃反。

10 瑁　又莫代切　又莫代切，故宮本敦煌本王韻唐韻同。案此字見隊韻莫佩切下，代韻無此字。切三注作又莫佩反，正合。

11 臛　臛羹　　臛，切三及故宮本敦煌本王韻唐韻作腌，本書鐸韻呵各切下

同。

12 嚛　新食　　新，段改作辛，是也。說文云「嚛，食辛嚛也」。

13 䙱　小兒衣也　　注中箱本作小兒衣一曰小兒也，多一曰小兒四字，蓋後增者。

14 𣪠　　集韻此字作䜈，是也。䜈又見鐸韻在各切下。

八　葉

1 濼　水名在齊南　　齊南，日本宋本黎本景宋本作濟南，是也。玉篇云「濼，水在濟南」。水經注云「濼水出歷縣故城西南，泉源上奮，水涌若輪」。見濟水。

2 犦　又音岳　　注云又音岳，案覺韻五角切下字作犨。

燭韻

3 左傳鄭大夫燭之武　鄭，日本宋本中箱本黎本景宋本譌作奉。案燭之武，鄭人，見左傳僖公卅年。

4 韣　又大欲切　又大欲切，大黎本譌作六　敦煌王韻作又徒谷反，此注欲字當是谷字之誤。韣又見屋韻徒谷切下。

5 項　人項頬　又音勗　注人下唐韻有姓字。

6 楇　輿食器也　輿，唐韻作轝，當據正。說文楇作櫐，注云：轝食者。

7 ⿱⿱彐大用　此字集韻類篇作⿱⿱目大用。

8 左傳晉有東皙　左傳二字段刪是也。東皙晉人，見晉書。

九葉

1 ⿰言彔　謯也　謯，段改作⿰言⿸虍直，與敦煌王韻合。案廣雅釋言云：⿰言⿸虍直，⿰言彔也。原本玉篇引說文同。

2 𣪊　剝𣪊又脊𣪊　注文當有誤。集韻云：「𣪊，扑脊。」本書屋韻盧谷切下𣪊字注云：「剝脊。」

3 哫　楚詞云哫訾慄斯王逸謂承顏色也　慄斯，楚辭集注（古逸叢書覆元刻本）卜居篇作粟斯。朱注云：「粟，从米，詭隨也。」此慄字當是㥛字之誤。（今本楚辭章句及文選均誤。）本韻相玉切下出㥛字，注云：「㥛斯」，是其證。又玉篇云：「㥛，承上顏色也」；集韻云：「㥛，詭隨也」；並與王逸朱熹注相合。案哫訾與㥛斯皆雙聲連語，若作慄斯則不合矣。後魏陽固刺讒疾嬖幸詩曰：「彼諂諛兮，人之蠹兮；刺促昔粟，罔顧恥辱，以求媚兮。」（見後魏書陽尼傳附陽固傳。）刺促與昔粟亦雙聲字，與卜居之哫訾㥛斯正同。

4 贖　又音樹　注云又音樹，案遇韻常句切下無此字。

5 戭 姓也梁四公子戭𪘏之後　戭，段改作戭。

6 粟 禾子也　子，敦煌王韻、唐韻作實。

7 粟 又姓袁紹魏郡太守粟舉　段朝端姓解辨誤云「粟舉當作粟攀，因形近致誤」。案段說是也，粟攀見三國志卷十四董昭傳。

8 玊 又香救切　注云又香救切，案宥韻許救切下無此字。

覺韻

9 說文曰車輢上曲銅也　段云「銅，西京賦注引作鉤」。

10 鸑 俗作⿱獄隹　⿱獄隹，日本宋本、中箱本、景宋本、元泰定本均作⿱嶽鳥，當據正。案注云「俗作⿱嶽鳥」者，以鸑字從鳥從獄，見說文，俗亦從嶽作⿱嶽鳥也。張改⿱嶽鳥作⿱獄隹，非是。⿱獄隹字一體雖見集韻，但與本注用意不合，宜加辨別。

11 籗　鐸韻此字作籗。

12 籗 又音捉　又字日本宋本中箱本黎本景宋本並脫。

十葉

1 斲 竹角切　竹角切，唐韻同。切三及故宮王韻作丁角反，𣂪隅切也。敦煌王韻作子角反，子字誤。

2 㧻　段改作椓，與切三說文合。

3 菿 又陟孝切　注云又陟孝切，案效韻都教切下無此字。

4 似馬鋸牙食虎豹　鋸，段改作倨，與說文合。故宮王韻亦作倨。

5 曝 又孚邈切　注云又孚邈切，案本韻匹角切下無此字。

6 箾 手足指節之鳴者　節，日本宋本黎本景宋本作筋。張改與中箱本及

說文合。

7 ⿰月樂 ⿰月樂犖，亂雜

⿰月樂，集韻作⿰目樂。

8 ⿱羽毛 好皃，一曰毛濡

注一曰毛濡四字日本宋本巾箱本黎本景宋本均無，張增

蓋本集韻。

9 牛 朱劇

劇，當作劇。

10 ⿰隺犬 至也，高也

段云：「說文：隺，高至也。⿰隺犬乃隺之誤。」

11 ⿰扌屬 爾雅云拘⿰扌屬謂之定，⿰扌屬，鋤也

⿰扌屬，段云：「從木。」是也。玉篇云：「欘，一曰斤柄也。又斫也。」

集韻云：「欘，鋤也。」是其證。案拘欘，爾雅作斪斸，考工記車人鄭注

引爾雅作句欘。

十一葉

1 搦 又女厄切 注云又女厄切，案麥韻厄厄切下無搦字。搦見陌韻女白切下。

2 掉 搖也 搖也，日本宋本巾箱本黎本景宋本均作正也。案左傳宣十二年「掉鞅而還」注云：「掉，正也。」

3 豞 豕聲 豞，段改作豿，是也。豿又見厚韻。

4 左傳褚師聲子韈而登席公怒辭曰臣有足疾君將嗀之 案左傳哀公二十五年「辭曰下作『臣有疾，異於人，若見之，君將嗀之』。」

5 擉 又音踔 注又音踔，唐韻同。案本韻敎角切下無此字。

質韻

6 ⿺走戠 說文此字作⿺走戠。

7 說文曰膣節也 案說文膣下有頭字。

十二葉

1 鶪 此字日本宋本巾箱本黎本景宋本均譌作鶪。

2 呃 呃呃噎也 注日本宋本巾箱本黎本景宋本作「噎呃呃」。

3 洁 水名 名，日本宋本巾箱本黎氏所據本景宋本並無。張氏蓋據玉篇集韻增。

4 蠚 小蟲 小蟲，日本宋本巾箱本黎氏所據本景宋本均作小蟲，與敦煌王韻合。

5 欥 此字當從說文作欥。

6 駃 馬足疾 足，巾箱本元泰定本明本作走。案眉韻駃下云「馬行疾也」。說文云「駃，馬有疾足」。

7 駃 鋪拔鳥也 拔，日本宋本巾箱本黎氏所據本景宋本作鼓，蓋鼓字之誤。敦煌

王韻作鼓，是也。說文云「駚々，鋪鼓也」，張改鼓作鼓，蓋本爾雅釋鳥。

8 咭 又巨吉切

注云又巨吉切，案本韻巨乙切下無此字。

9 颵颲暴風

颵颲，日本宋本黎本景宋本作颵颲。張改作颵颲，與元泰定本明本合。

10 轢 車聲

日本宋本景宋本轢作軔，注云「利也」。案軔即剌字，與剽為一字。見玉篇。上文剽下云「斷也，削也」。此軔下云「利也」，蓋「剽也」之誤。張改正文作轢，蓋據明本。元泰定本明本竝作「轢，車也」。集韻云：「轢，車名」。

11 盩 座縣

盩，說文從血作盩。

12 呂氏春秋曰高元作宮室二

二，巾箱本作也，是也。

13 汢 水潛

潛，段改作潛，是也。日本宋本作潛，巾箱本作潛，黎本作潛，均潛字之譌。切三及故宮本敦煌本

王韻唐韻注並作「濱水」，當據正。

14 瞌 瞌瞌不測也

瞌，敦煌王韻作⿰目密，集韻同。本韻美畢切下亦作⿰目密。

十三葉

1 羌人所吹角暑觱以驚馬也

暑，日本宋本中箱本黎本景宋本作屠，

與說文合。

2 澤 寒風

注寒風，故宮王韻唐韻均作風寒，與說文合。當據正。

3 鮅 爾雅曰鮅鱒

鮅，爾雅作鮅，當據正。

4 說文云蚌也漢律會稽獻鮚醬二升

二升，繫傳作三斗。說文蘱下云：「漢律會稽獻蘱一斗」，足證作升非是。

5 後魏書官氏邦氏後改為邦氏

邦，唐韻作邦，與魏書官氏志合。

6 䩛 車革

革，切三及故宮本敦煌本王韻唐韻均作束，當據正。說文云：「䩛，車束也。」

7 泌 水泱流

泱，故宮王韻作狹。玉篇云：「泌，狹流也。」當據正。段改作俠，蓋本說文。說文云：「泌，俠流也。」

8 䤎

本韻彌畢切下此字作醠。

9 說文曰捕鳥篳

案篳，說文作畢，當據正。玉篇引作罼。

10 率 所律切

所律切，切三故宮王韻唐韻同。案律字在術韻，唐韻同。七音畧此字亦列入術韻。敦煌王韻此字音師茁反，茁音九律反。

11 密 美畢切

案美畢切與蜜字彌畢切音同，非也。切三及故宮本敦煌本王韻唐韻均作美筆反，是也。當據正。

廣韻校勘記　卷五　十一

12 𦣻　段云：「𦣻，說文作百，在日部」。

13 弼房密切　房密切，唐韻同。切三及敦煌王韻作房律反，故宮王韻作旁律反。

14 耴贅耴　贅，段改作贅，是也。贅耴見左思吳都賦。

十四葉

1 茁徵筆切　敦煌王韻此字音尤律反，尤當是九字之譌。集韻音厥律切，九厥聲同一類。

2 茁又鄒律莊月二切　注云又鄒術莊月二切，案術韻側律切下無此字，月韻亦無莊月一音。

3 𪗂又泉既二音　泉，黎本作泉，案泉當是臬字之譌。𪗂又見至韻臬紐，

音其冀切。

術韻

4 褮音瑩　案瑩當是熒字或縈之誤，褮見青韻熒紐清韻縈紐。

5 潏爾雅曰小沚曰坻人所為為潏　人所為為潏，日本宋本中箱本黎本作人所為潏，脱一為字。張增與爾雅釋水合。

6 驈里骨白髀　注髀字日本宋本黎本景宋本譌作骨，本韻餘律切下驈注亦作髀。

7 橘居聿切　居聿切，唐韻作居律反，音同。切三故宮本敦煌本王韻均作居蜜反。

8 [目欠]　段改作欥，與說文合。

9 卹 當從說文作䘏。

10 箏 竹箏以射鳥也 日本宋本巾箱本黎本景宋本均無以射鳥三字，張增蓋本玉篇集韻。

11 窋 物在穴皃 皃下巾箱本有又丁骨切四字。案丁骨切乃丁滑切之誤，故宮本敦煌本王韻均作丁滑反。本書黠韻丁滑切下無窋字，集韻有之。

12 ⿰羽戊 案此字當從戉作⿰羽戉，⿰羽戉又見月韻許月切下。

十五葉

物韻

1 不 又方久切 方久切，日本宋本巾箱本黎本景宋本作方又切。案宥韻方副切

下無不字。有韻不下亦云：又甫殺切。

2 打 穀者 打，唐韻作朾。

3 ⿰弗大 大也 ⿰弗大，說文作⿱大弗。

4 鬱 紆物切 紆物切，故宮王韻、唐韻同。切三作迂物反，迂字誤。

5 从尸又持又所以申繒也 又持火，日本宋本、巾箱本、黎本、景宋本均作又持火，與說文合。

6 趉 唐韻此字入術韻，音其聿反。

7 身有日光 日光，唐韻作白光。案牟子理惑論作日光。

8 趇 走皃 趇，說文作⿺走⿱山弗。

9 ⿰火豖 火煨起皃 ⿰火豖，段改作⿰火彖。案廣雅釋詁二「⿰火彖⿰火彖，乾也」。釋詁四「⿰火彖⿰火彖，熅也」。王

篇「㷄，熅也。㷄烼火煨」。是㷄烼字同。

10 抗 揑抗　揑，日本宋本巾箱本作揘，是也。質韻于筆切下抗注云「揘抗，擊皃」。是其證。

十六葉

迄韻

1 迄 許訖切　許訖切，切三故宮王韻同。唐韻作詩訖反，詩譌字也。

2 釳 又魚訖切　注云又魚訖切，案本韻魚訖切下無此字。

3 訖 居乙切　居乙切，案乙在質韻，不得切訖字。切三及故宮王韻唐韻作居乞反，是也。當據正。

月韻

廣韻校勘記　卷五　十四

4 伐 房越切

房越切，切三故宮王韻同。唐韻作户越反，户譌字也。

5 筏

黎本譌作茷。

6 越 干也

干，日本宋本巾箱本黎本均作于。

7 越 王伐切

王伐切，故宮王韻唐韻同。切三作户伐反。

8 噦 逆氣又乙劣切

本書此字音於月切，切三故宮王韻别爲一紐。切三音居劣反，故宮王韻音乙劣反。案劣在薛韻，此音居劣乙劣當列入薛韻。

9 鷢 白鷢一名揚鳥

揚鳥，唐韻作楊鷢，與爾雅合。爾雅釋鳥云：楊鷢，白鷢。

10 撅 撅採

撅，故宮本敦煌本王韻唐韻作橛，注採撅作株橛。

11 趉 越行

段云：玉篇：趉，行越趉也。此脱二字。

12 乚

日本宋本巾箱本黎本景宋本此字作亅，與説文合。

13 闕 失也過不供也 過下中箱本元泰定本明本有也字，是也。左傳襄公元年「謀事補闕」注「闕，過也」。

十七薛

1 謁 於歇切 於歇切，切三故宮王韻同。唐韻作許歇反，許涉下「許謁」反而誤。

2 暍 黎本謁作暍。

3 黦 又於月紆物二切 又於月紆物二切，日本宋本中箱本黎本景宋本均作又於月切又紆物切。張氏依例改。

4 訐 又居列切 又居列切，切三敦煌王韻唐韻作又居例反。案祭薛兩韻並有此字。

5 羯 犗羯 犗羯，切三及故宮本敦煌本王韻唐韻均作犗羊，當據正。

6 擔揭物也

揭，日本宋本巾箱本景宋本譌作擨，黎本譌作撽。

7 怫拂伐切

拂伐切，切三故宮王韻作匹伐反，類隔切也。

沒韻

8 𦱫草

注中巾箱本作草也。

9 曼

此字日本宋本巾箱本作𡕢。𡕢，蓋𠬛字之譌。

10 扢摩也

扢，段改作杚。案此字又見代韻、隊韻，均作扢。說文木部有杚字，注云：杚，平也。此段氏所本。

11 鬻說文曰吹釜溢也

吹，當作炊。今本說文亦誤。原本玉篇食部餑下引作炊。

12 孛星也又怪氣

故宮王韻注作「犬星一名彗」。案犬當作妖。本注星上當有妖字。

13 脝 胅臍也。

胅，日本宋本巾箱本黎氏所據本景宋本譌作肤。案集韻云「脝胅，臍也。」此注胅上亦當有脝字。脝胅見靈樞經。卷一「九鍼十二原」下云：「肓之原出於脖胅，脖胅一。」

14 鶬 鸹鳥名

名，日本宋本巾箱本黎氏所據本景宋本並無。

15 柮 又五栝切

案此字又見末韻，音藏活切。此作又五栝切，蓋由末韻五活藏活二紐相連而誤記。

16 宊

案此字當是突字譌體，集韻突宊一字。

17 㥫 㥫忽不悵也說文肆也

段云「不當作也」。案段說是也。敦煌王韻云「㥫，忽。」玉篇云「㥫，肆也，忘也，忽也。」

18 ⿰足隶 ⿰足彖也

⿰足彖，巾箱本元泰定本作蹀，與切三故宮本敦煌本王韻唐韻合。當據正。玉篇云「⿰足隶，蹀也。」

19 鵏鶘鳥名　鶘，日本宋本黎本譌作鵬。

十八葉

1 䅭 耕禾閒也　閒，日本宋本黎本景宋本作閑，與敦煌王韻合，當據正。案䅭與穮義同，說文：「穮，耕禾閒也。」張氏改閒作閑，非也。張刻玉篇亦譌作閑。

2 㮰 植也又傳脊　植也，日本宋本巾箱本黎本景宋本均作瑣植，與敦煌王韻合。案爾雅釋宮云：「植謂之傳，傳謂之突。」釋文突本又作㮰。注：「戶持鏁植也。見埤蒼。」可證瑣植二字不誤。又「又傳脊」巾箱本作「又傳也」，與爾雅「傳謂之突」義合，當據正。

3 忽 又十蠶為一忽　十蠶為一忽，日本宋本巾箱本景宋本明本作一蠶為一忽，與唐韻合，當據正。案史記太史公自序正義曰：「忽，一蠶口出絲也。」

徐鍇説文繫傳糸下云「一蠶所吐爲忽。十忽爲絲。糸五忽也」。

4 疨 又音欻

注云又音欻，案物韻許勿切下無疨字。疨，切三及故宮王韻在質韻，音許聿反。

5 瘖 睡多

方成珪以爲此字即寱字之譌。案瘖亦見玉篇疒部，注云「多睡病也」。

6 𩒄 皃秃

皃秃，日本宋本、中箱本、黎氏所據本、景宋本均作白秃，與切三、故宮本、敦煌本王韻、唐韻合。當據正。

7 紉 索也

索，日本宋本、中箱本、黎本、景宋本作素，與敦煌王韻合。當據正。案原本玉篇紉下引字書云「紉，素也」。張改素作索，蓋本廣雅、集韻。

8 又有紇千氏

千，日本宋本、中箱本作于。

9 搰 戶骨切

戶骨切，唐韻同。切三及故宮王韻搰字等入麧紐，音下沒反。

敦煌王韻本紐扢齕搰諸字入麧紐，鶻𦛨扫諸字音胡骨反。猾字兩紐並收。

10 户骨切十一　十一，日本宋本巾箱本黎本作十，是也。本切下凡十字。

11 䁤目䖶䁓聻目。　日本宋本巾箱本黎氏所據本景宋本均作「𦛨，目聻」。無「目䖶」之注，及正文「䁓」字。張氏蓋據集韻增改。案敦煌王韻玉篇𦛨字均訓目聻。

12 滑亂也出列子　出字日本宋本巾箱本黎本景宋本無，張增是也。

曷韻

13 鶡鳥似鷄也　鷄，唐韻同。案故宮王韻作雉，與說文合。當據正。

十九葉

廣韻校勘記 卷五 十七

1 猲 短喙犬又恐也又音歇　注日本宋本中箱本黎本景宋本均作「恐。又音歇」，與唐韻合。張增短喙犬一訓，蓋本說文集韻。

2 暍 熱皃　熱，日本宋本中箱本黎本景宋本作熱，是也。玉篇云「暍，中熱也。溫也」。

3 ⿰香害　此字唐韻作⿰禾害。

4 ⿰香害 又呼蓋切　注又呼蓋切，唐韻同。案泰韻呼艾切下無此字。

5 餲 又於介切　注云又於介切，案怪韻烏界切下無餲字，餲見夬韻於犗切下。唐韻餲亦在夬韻，音於芥反。

6 咹 小語　小語，敦煌王韻作止語，是也。案廣雅釋詁三云「咹，止也」。

7 庲 廣雅曰庵也　庲，敦煌王韻作⿸广剌，唐韻誤作⿸疒剌。廣雅釋宮同。

8 ⿱列齒　說文此字作⿰齒列，从齒列聲。

9 後魏書北方渴獨渾氏後改爲朱氏　獨，日本宋本中箱本景宋本作燭，與後魏書官氏志合。

10 後魏憲帝弟達奚氏　憲帝，唐韻作獻帝，是也。

11 又達勃氏後改爲褒氏　褒，後魏書官氏志作襃，當據正。

12 達 唐割切　唐割切，故宮本敦煌本王韻作陁割反，音同。切三作他割反，他字誤。

13 囋 或作啐　啐，日本宋本中箱本黎氏所據本均作啈。敦煌王韻本韻無囋字，別有啈字，即此字也。注云「嘈〻啈聲」。音才曷反，又五曷反。宋啈，啐並誤。當從廣雅玉篇作㖾。玉篇㖾，音五葛才曷二切，注云「嘈〻嘈㖾㖾」；廣雅釋

詁四云：「嘈哳，聲也。」慧琳一切經音義卷八十三引作嘈嗻聲也。字均作哳。且哳亦作嚱，與梊亦作欁例正同。足證作哳不誤。文選文賦注云：「埤蒼曰：嘈嘽長笛賦注嘽誤作嗻。聲貌。嘽與囋及嚱同。」哳亦誤作嘽。此注宋本作或作嘽，張改嘽作嗻，尤誤。

14 欁 頭戴皃 戴，敦煌王韵作載。

15 哳 𩐼讀曰哳 案此注疑有誤。

16 歺 今亦作歹 作字日本宋本、巾箱本、黎本、景宋本並脫，張增是也。

17 蔦 蔦蘤，廣雅云苑童寄生蔦也，一名寓木，又名寄屑 注廣雅以下十七字段刪，並云：「寄生蔦之蔦乃蔦之誤。」案段刪是也。唐韵亦無此十七字。廣雅釋木云：「苑童，寄生樢也。」釋草云：「寄屑，寄生也。」爾雅釋木云：「寓木，苑童。」郭注

曰：「寄生樹，一名蔦。」足證寄生蔦之蔦爲蔦之誤。

18 駒　日本宋本巾箱本黎本作駒。

19 訇　日本宋本巾箱本黎本作訇。

20 𧄍　日本宋本作蕯，與切三故宮本敦煌本王韻唐韻合。案蕯即薩之或體。

21 捺 奴曷切　奴曷切，黎本作奴葛切，音同。

22 藒 矛割切　矛割切，元泰定本明本作予割切，是也。玉篇音餘割切，玉篇此字譌作藹，今據萬象名義訂正。予餘聲同一類。

二十葉

末韻

1 莔　案說文此字作莔，不從艹。

2 粠 糜也　糜，日本宋本黎本景宋本譌作䴸。

3 眜 目不正也　目不正，故宮王韻作目不明，與說文合，當據正。

4 妹 嬉桀妃　妃，日本宋本巾箱本黎本景宋本作妻，與切三故宮本敦煌本王韻唐韻合。

5 袚 蠻夷蔽膝　膝下切三故宮本敦煌本王韻唐韻均有衣字。

6 茇 華茇　華茇，切三故宮本敦煌本王韻唐韻作根茇。王靜安先生唐韻校勘記云：廣韻云：「華茇，非」。案廣雅釋草云：「茇，根也」，為切韻王韻唐韻所本。此云「華茇」，蓋本釋典。王先生以華茇為非，未允。考慧琳一切經音義卷六十根本說一切有部毗奈耶律第二十四卷華

茇下云：「蓄語。西國藥名也。本出波斯及婆羅门國。形如桑椹，緊細且長，味極辛辣」。

7 魚掉尾也　掉，日本宋本、巾箱本、黎本作棹。

8 長兮鶬鴰也　鶬，日本宋本、巾箱本作鶬，景宋本作鶬。

9 跍　跍蹵　蹵，日本宋本、巾箱本、黎本、景宋本作就，玉篇云：「跍，蹵也」。張改作蹵是也。

10 以組束髮　以，日本宋本、巾箱本、黎本、景宋本作似，張改作以，與唐韻合。

11 姡　又音刮　注又音刮，敦煌王韻同。案鎋韻刮紐古頢切下無姡字，姡字見頢紐音下刮切。切三、故宮本、敦煌本王韻、唐韻同。此刮字當是頢字之誤。

12 𢿱　古奪字古周書曰𢿱攘矯虔　段云：「下古字衍」，是也。案「奪攘矯虔」見書呂刑。

廣韻校勘記 卷五 二十

13 茪 活茪草名生江南高丈許大葉莖中有黯正白 注日本宋本巾箱本景宋本作「活茪草生江南」六字，張氏蓋據集韻改。

14 痥 馬脛傷也 黎本正文及注並脫。

15 𣂟 欲水 欲，段改作舀，是也。

16 躢 草聲 躢，當作蹋。

17 𨠊 酒氣 酒氣，唐韻同。切三及故宮本敦煌本王韻作酒色，與說文玉篇合。

二十一葉

1 卷 艳無色 艳，當作艶。黎本作艳，亦誤。本韻莫撥切下有艳字，注云「卷艳色不深也」。

黠韻

2 ⿰骨齒　說文此字作⿰齒骨，从齒，从骨，骨亦聲。當據正。

3 ⿰歹乚　段改作⿰歹乚，是也。此字從乚聲。

4 硈 說文堅也　案說文作石堅也。

5 滑 戶八切　戶八切，切三及故宮本敦煌本王韻唐韻並同。案滑為合口字，此作戶八切者，是以脣音開口字切合口字也。

6 鶻 又音骨榾　榾，當作搰。鶻字又見沒韻戶骨切搰紐。

7 朳 無齒把也　把，當作杷。

8 ⿰金另 金類　⿰金另，日本宋本中箱本黎本景宋本均作釟，玉篇同。案玉篇音胡刻切。龍龕手鑑音八，與廣韻同。

9 鵽 鵽雀　注鵽雀，日本宋本中箱本黎本景宋本均作黃雀，當據正。爾雅義疏

云：「此鳥淺黃色」。

10 ⿰齒戈 初八切　初八切，故宮本敦煌本王韻唐韻同。切三初譌作切。

11 說文云察覆也　覆，說文作覈，段據改。

二十二葉

1 扴 揩扴物也　揩，切三敦煌王韻唐韻作指。案龍龕手鑑扴下云：「手指搔扴物也」。

2 稭 說文曰禾稾去其皮祭天以為席也　稾，說文作稾。

3 骱 ⿰骨韱骱小骨　⿰骨韱骱，日本宋本巾箱本黎本景宋本作骱⿰骨韱。張改與⿰骨韱字注合。

4 磍　段云：「今漢書大人賦作𧑆」。

5 漢書有頡羮矦

頡羮矦，日本宋本中箱本黎本景宋本作羮頡矦。張改作頡羮矦，與漢書王子侯表合。

6 帴 幅二

二幅，敦煌王韻同。段云：「二當作一。説文：帴，帗也。帗，一幅巾也。」案韓韻帴下亦云：二幅。

7 䶂 五骨切

案五骨切，骨在沒韻，不得切䶂字。故宮本敦煌本王韻唐韻作五滑切，是也。

鎋韻

8 㔓 用力

力字黎本譌作方。

9 𠃲 ⿰翁乚𠃲屈強也

屈強也三字日本宋本中箱本黎本景宋本並無。又⿰翁乚𠃲當作勜𠃲。玉篇勜字在力部。本書董韻烏孔切下勜注云：「勜𠃲屈強

皃」。

10 敨 文畫皃　日本宋本中箱本黎本敨作敨，畫作畫，與切三故宮王韻唐韻合，當據正。敦煌王韻云「敨，刮畫」。集韻云「敨，畫也」。

11 姡 面醜　面醜，日本宋本中箱本黎氏所據本景宋本均作面姡。切三故宮本敦煌本王韻唐韻作面淨。張改作面醜，蓋本集韻。

12 爾雅曰鵽鳩寇雉　鳩，日本宋本中箱本黎本誤作鴆。

13 鵽 又丁括切　又丁括切，切三故宮本敦煌本王韻作又多活反，音同。黎本丁誤作下。

14 亦褺刖危之皃　危之皃，唐韻作危皃，是也。案文選長笛賦注云「褺刖，危貌」，是其證。

二十三葉

1 [⿱竹⿰内刂] 又之芮切

之，日本宋本作又。案又乃乂之誤。敦煌王韻作乂是其證。本書祭韻楚稅切下有[⿱竹斬]字，即此字也。

2 [⿰石籤] [⿰石韱]斫莫鎋切

[⿰石韱]字黎本作[⿰石韱]是也。[⿰石韱]又見黠韻莫八切下。注[⿰石韱]斫，切三故宮本敦煌本王韻作[⿰石韱]斫，是也。當據正。本韻斫下云[⿰石韱]斫，硬也。

3 猰 雜犬

雜犬，日本宋本中箱本黎本景宋本作雜也。張改作雜犬，與玉篇同。元泰定本亦作雜犬。

屑韻

4 先結切十一

案十一當作十二，本切下凡十二字。

5 瀸[⿰氵悉]水皃

皃字日本宋本中箱本黎氏所據本景宋本並無，張增

與集韻合。玉篇瀁下云「灙瀁水流也。」

6 葿草名　名字日本宋本巾箱本黎氏所據本景宋本並無。

7 切說文折也　折也，說文作扚也。

8 狤狤狧獸名　狧，日本宋本黎氏所據本景宋本作活，巾箱本元泰定本作⿰犭居，並誤。案此字當從類篇作⿰犭昷。集韻迄韻九勿切下有⿰犭昷字，注云「狤⿰犭昷，西域獸名。食香，無毛，但自鼻有毛，廣寸至尾，燒刺不能傷。」

9 蝍又音節　節，日本宋本黎本景宋本元泰定本明本均作即，與故宮王韻唐韻合。案蝍又見職韻即紐。

10 湀又揆圭二音　案圭當是奎字之誤。湀字見齊韻苦圭切下，古攜切圭紐下無湀字。

11 鈌又乙穴切　注又乙穴切，唐韻同。案本韻於決切下無此字。

12 ⿱⺈臭　萬象名義此字从史，作⿱⺈叟。音生莫反。案汧陽刻石有⿱⺈叟字。

13 ⿸疒夫說文爲也　爲，說文作⿸疒爲，當據正。

二十四葉

1 咥又火至切　注又火至切，案至韻虛器切下無此字。敦煌王韻作又虛記反，志韻虛記反下有此字。本書志韻許記切下亦無。

2 𢧵剔也　剔，日本宋本中箱本黎本景宋本作刺。案故宮本敦煌本王韻唐韻作利，與說文合。

3 爾雅曰⿱⺮稊苵郭璞云⿱⺮稊似稗　⿱⺮稊，爾雅釋草作蕛，郭注同。當據正。

4 刺榝　刺，當作刺。

5 荎 又音治　注云又音治，案之韵直之切治紐下無荎字，荎見脂韵直尼切下。

6 鐵 又作鐵俗作鐵　又作鐵之鐵，日本宋本作鐵，鐵蓋鐵字之誤。唐韵鐵即作鐵。又俗作鐵之鐵，日本宋本作鐵，案鐵當從元泰定本作鐵。切三鐵下云「俗作鐵」，是其證。

7 蘢 龍蘢草也　龍蘢草也，日本宋本巾箱本黎本景宋本均作蘢古草也。張改古作蘢，與集韵合。爾雅釋草「紅，蘢古」。廣雅釋草「葒，龍蘢，馬蓼也」。

8 掔 又口殄切　注云又口殄切，案銑韵牽繭切下無此字。

9 真　此字段改作真，與說文合。

10 涅　此字段改作涅，與日本宋本巾箱本黎本合。此下从里之字，日本宋本巾箱本黎本均从里，當據正。

11 巀 昨結切　昨結切，故宮本敦煌本王韵唐韵同。切三昨誤作作。

12 巀又藏活切　活，唐韻作曷，是也。巀見曷韻，音才割切。

二十五葉

1 衊血汗　汗，元泰定本明本作汙，與唐韻合，當據正。案説文云「衊，污血也」。

2 䁾汗面　汗，元泰定本作汙，與敦煌王韻合，當據正。案玉篇云「䁾，汙面也」。

3 覕不相見皃　案説文云「覕，蔽不相見也」。此注不上宜有蔽字。

4 鸌鸌雀　注鸌雀，各本均作工雀，與切三及敦煌王韻合，當據正。案工雀即巧婦也。見玉篇集韻。

5 粖又亡達切　注又亡達切，敦煌王韻同。案本書曷韻無亡達一音，此粖字見末韻莫撥切下。

6 㼤瓶受一升也　一升，日本宋本中箱本黎本作一斗，與故宮王韻及王

篇合。案切三及唐韻亦作一升。

7 ⿱大有 肥狀　案⿱大有當作⿱大肙，从大肙。故宮王韻唐韻譌作⿱大有。又肥狀，切三及故宮王韻唐韻均作肥壯。

8 覔 見也　注文「也」字日本宋本中箱本黎本景宋本無，張增與元泰定本明本合。

9 丿 左戾　段云：「左乃右之譌」。

10 棿 反手擊也　棿，切三故宮本敦煌本王韻唐韻均作掜，與說文合，當據正。

11 ⿸疒喬　此字切三故宮王韻唐韻作⿸疒矞，是也。⿸疒矞與潏均从矞，黎本此字譌作⿸疒喬。

12 ⿰忄㡀　故宮王韻此字音怖結反。

薛韻

13 褻 裏衣　裏，日本宋本中箱本黎本景宋本均作衷，與唐韻合。案漢書敘傳

蕭該音義引字林云：「褻，衷衣也。」切三及故宮王韻衷亦作裏。

14 暬 晦也

晦，段改作侮，並云：「媟同，故曰侮也。」集韻乃云：「暝晦。」案段說是也。說文云：「暬，日狎習相慢也。」

二十六葉

1 鴷 啄木

切三故宮王韻木下有鳥字，當據增。

2 蛪 蛪也，亦作蛆

蛆，段改作⿰虫旦，是也。玄應一切經音義卷十引字林云：「⿰虫旦，蛪也。」左傳僖公二十二年正義曰：「通俗文云：蠍毒傷人曰⿰虫旦。張列反」字或作蛪。

3 又東海有碣石山

又字日本宋本黎本景宋本無，張增與巾箱本合。

4 楬 說文桀也

桀，日本宋本巾箱本黎本景宋本均作櫫，是也。今本說文云：「楬，桀也」，桀字亦誤。詳見說文段注。此注云「說文桀也」，當作「說文楬櫫也」。

5 櫟 雞栖於杙　杙，巾箱本作櫟。

6 南涼禿髮傉擅　擅，當作檀。禿髮傉檀見晉書載記及魏書卷九

十九。

7 揲 又思頰切　注又思頰切，切三故宮王韻同。案怗韻蘇協切下無揲字。揲見徒頰切下。

8 折 常列切　折，故宮王韻入舌紐，音食列反。

9 讞 說文作獻。　獻，巾箱本作瀗，與說文合。當據正。

10 獻 上同　獻，巾箱本作瀗，是也。

11 蠥 祅蠥　祅，日本宋本巾箱本黎本景宋本作妖。

12 㞕 又藝哲切　注又藝哲切，切三故宮王韻唐韻同。案藝哲切即本音魚列切也。哲疑為結之譌。㞕又見薛韻五結切下。敦煌王韻同。

13 櫱 木餘

木，日本宋本中箱本黎氏所據本景宋本均作櫱。

14 龍 又丁篋切

注云又丁篋切，案帖韻丁愜切下無此字。

15 摵 批也

批，日本宋本中箱本作批，是也。說文云：「摵，批也。」「批，捽也。」

16 朅 丘謁切

丘謁切，案謁字在月韻，中箱本作竭，與切三故宮王韻唐韻合。

17 朅 又去謁切

又去謁切，切三故宮王韻唐韻同。案月韻去月切下無此字。

18 雪 元命包曰陰凝為雪

陰凝為雪，中箱本元泰定本同。日本宋本作陰陽為雪。

案初學記御覽引元命苞均作陰陽凝為雪，當據正。

19 揳 括也

括，段改作搵。

二十七葉、

1 釋名曰說者述也宣述又意也

又，日本宋本中箱本黎本均作人。今本釋名作說

者述也。序述之也。

2 酴 段改作酴，與集韻合。

3 啜 言多不正 正，日本宋本元泰定本作止，與集韻合。

4 叕 聯也 聯，日本宋本黎本景宋本作車。案車乃連字之誤，巾箱本作連，與玉篇合。

5 [illegible] 又壯殺切 注云又壯殺切，案黠韵側八切下無此字。

6 鋝 又音刷 注云又音刷，案本韵所劣切下無此字。

7 蛶 爾雅曰蛶螪何 螪，日本宋本巾箱本黎本作螪，張改與今本爾雅合。案釋文字作螪，音失羊反，字林音之亦反。

8 耒 集韵作来。

9 ⿸疒鬲　此字巾箱本黎本作⿸疒鬲，是也。

10 别 皮列切　皮列切，切三故宮本敦煌本王韻作憑列反，音同。唐韻作方列反，方諾字也。

11 吶 女劣切　女劣切下巾箱本有又女鬱切四字，與切三故宮本敦煌本王韻合。案物韻無女鬱一音。

12 ⿰老羽 小鳥飛　小鳥飛，日本宋本巾箱本黎本景宋本均作小飛鳥。張改作小鳥飛，與切三故宮本敦煌本王韻唐韻合。

13 蹶 又居月居衛二切　月下日本宋本巾箱本黎本景宋本有又字，張刪是也。

14 蠽 姊列切　姊列切，故宮王韻唐韻同。切三作千列反。

15 ⿰雀鳥 小鷄　小鷄，故宮王韻同。切三唐韻作小鷄。

16 殀 夭死

夭，段改作大。云：大死曰殀」。又云：殀是字林夭札字，見左傳釋文」。

案左傳昭公十九年釋文云：札，側八反，一音截。大死也。字林作殀，壯列反，云：夭死也」。是大死夭死各有所本。

17 鬛 說文曰束髮少小也

少小，段改作尐小。案今本說文作束髮少也，段注改作束髮尐小也。

18 啜 姝雪切

姝雪切，與歠字昌悅切音同。案姝，唐韻作殊，是也。啜字切三故宮本敦煌本王韻均音樹雪反，樹殊聲同一類。

19 箾 廁列切

廁列切，唐韻同。切三作廁滑反，當是又音。敦煌王韻箾下云：「又側八反」。

20 ⿵門毳 土列切

土列切，巾箱本作士列切，與集韻合。

二十八葉

藥韵

1 𤄷 亦水名在泚陽亦作𤄷 泚陽，段改作沘陽，是也。沘陽亦作比陽，漢屬南陽郡，唐屬唐州。文選南都賦「爾其川瀆，則滍、澧、𤄷、澮」注引字書曰「𤄷水出沘陽。沘音比。」字亦譌作泚。

2 屵 說文作屵 案說文此字作屵，注屵字段改作屵，是也。

3 瘧 淫瘧病也 淫，黎本景宋本譌作涇。

4 覒 不定也 也字各本無。

5 䂮 又人名晉有褚䂮 又人名三字日本宋本中箱本黎本景宋本無，張氏依例增。又褚當作褚。

6 禚 齊地名　禚，景宋本作禚，是也。案春秋莊公二年「夫人姜氏會齊侯于禚」。

7 灼爍　爍，黎本譌作樂。

8 大脣岸䏿皃 岸魚偃切　岸，當作屵。

9 䏿 大脣皃 又音韡　段玉裁云：集韻：䏿，逆約切。䏿䏿大脣皃。今案此正文當作屵，注當作「屵䏿，大脣皃」。

10 汋 又土角切　土，當作士。此字又見覺韻士角切下。

11 芍 又蓮芍縣名在馮翊之若切　案本韻之若切下無蓮芍縣之芍字。

12 辵 說文云乍行乍止从彳止聲　从彳止聲，今說文作从彳从止。

二十九葉

1 𨙨𧑙 天神　神，段改作社，與說文合。

2 蜋 又丘良切 注云又丘良切，案陽韵去羊切下無蜋字，別有蜣字，即此字也。玉篇蜣，或體作蜋。

3 籰 亦作篗 籰，段改作篗，與說文合。說文篗从竹蒦聲。

4 玃 居縛切 居縛切，敦煌王韵同。唐韵作遽縛反。案遽縛反與本書戄紐具籰切音同。案唐韵本韵有遽縛，無居縛；敦煌王韵有居縛，無具籰。

5 貜 說文曰穀貜也 穀，日本宋本中箱本作㲉。案說文作㲉，當據正。

6 鸀 三首三足鳥 三足二字各本無。

鐸韵

7 𦢊 肥𦢊無檢限也 肥，段改作肊，與集韵合。案玉篇亦作肊。

8 莫 日旦冥也 旦，說文作且。

9 姓莫胡盧氏　氏下日本宋本中箱本黎本景宋本有也字。

三十葉

1 𣩊說文作𦺇云死宗𦺇也　𦺇，當依說文作𦺇。

2 盧各切三十三　下三字中箱本黎本作四是也。本切下凡三十四字。

3 𤽚太白　太，日本宋本中箱本景宋本元泰定本均作大。

4 又剔也　剔，黎本譌作則。

5 鮥又五格切　又五格切，故宮王韻唐韻同。案陌韻五伯切下無此字。

6 鴼鶀鳥　鴼，黎本譌作鵅。

7 音詻　詻，黎本譌作語。

8 癳又音料　注云又音料，案嘯韻力弔切下無癳字，癳見笑韻力照切下。

9 祏 開衣石領也　注開字日本宋本譌作闕。唐韻云：祏，開衣令大。徐鍇說文繫傳云：字書祏張衣令大也。

10 後魏孝文大和二十年改為元氏也　大，當作太。

11 磿 礪石　礪，黎本譌作礦。案說文云：「磿，厲石也」。

12 吝 說文云異詞也　詞，說文作䛐。

13 蚸 似蜥蜴　蜥，當作蜥。

三十一葉

1 濼 ⿱雨澤同上　段於⿱雨澤上增⿱雨革字，及注「雨濕革」三字。義本說文。以⿱雨澤為⿱雨革字或體。案故宮王韻、唐韻均以⿱雨澤為濼字或體。故宮王韻此下別有⿱雨革字，注云：「雨皃」。集韻濼或作⿱雨澤。

2 ⿰羽各 又步各切　注云又步各切，案本韻傍各切下無此字。

3 脽 又火酷切　注云又火酷切，案沃韻火酷切下字作臛。

4 矘又光明也　光，日本宋本巾箱本黎本景宋本均作失，是也。集韻云：「矘，失明也」。

5 ⿰馬隺說文曰死名　說文死作苑。

6 ⿰木斮　段改作⿰木⿰昔阝，與說文合。

7 鏄大鍾　鍾，景宋本作鐘，與說文合。

三十二葉

1 彉又郭廓二音　案彉又音廓，本韻苦郭切廓紐下無此字。

2 說文作𩫖為居𩫖，作⿰𩫖阝⿰𩫖阝氏也　巾箱本「作⿰𩫖阝」下有「為」字，與「作𩫖為居𩫖」文例同，當據正。

3 瓁朴瓁　注疑有誤。集韻云：「瓁，玉瓁」。

陌韵

4 狛（亦作駈駈） 駈，當作駈。

5 𪉶 段改作𥨪，與廣雅釋宮及玉篇合。

6 䫃（䫃倦） 䫃，段改作䫃，是也。䫃亦見几劇切下。案史記司馬相如子虛賦「徼䫃受詘」，索隱引司馬彪曰「䫃，倦也」。䫃，方言十二作㑧，廣雅作御。

7 漆（水名又雨下皃） 又雨下皃四字各本無。案雨下皃見麥韵山責切漆下。

8 碎（石殞聲） 殞，段改作磒。案中箱本元泰定本作隕，當據正。

9 柵（說文曰豎編木） 豎，中箱本元泰定本作豎，是也。今本說文柵下作編樹木也，段注本改作編豎木也。麥韵楚革切柵下云云「豎木立柵」。

三十三葉

1 隙 閑也　閑，當作閒。

2 𡭴 西方小兒　案此注有誤。故宮王韻作「際見之白」，白原誤作貞。與說文合。

3 縌 漢書古佩襚也　漢書下唐韻有云字。案此見後漢書。後漢書輿服志云：「縌者，古佩璲也。」此注當作「後漢書云：古佩璲也。」崔豹古今注亦云：「縌者，古佩璲也。佩綬相迎受，故曰縌。紫綬以上縌綬之間得施玉環鐍云。」

4 ⿰口嚴 說文云呻也　呻，景宋本黎本誤作神。

5 皛 亦打出蜀都賦又胡了切　李慈銘曰：「案蜀都賦皛貙氓於葽草，李善注：皛，胡了切，當爲拍。拍，普格切。蓋以皛爲拍之字誤，非皛可訓拍也」。

6 皛 又莫百切　注云又莫百切，案本韻莫白切下無此字。

7 戚 擊也鬭也　戚，段改作𢧐，與中箱本元泰定本合。案玉篇云：「𢧐，古額切。鬭也。」

8 蠀螬　螬，日本宋本巾箱本黎本景宋本譌作螬。

9 宅 場伯切　場，日本宋本巾箱本景宋本作瑒，切三故宮王韻唐韻同。案瑒本書音與章切，又徒杏切，與宅字聲不同類。張改作場，是也。集韻宅音直格切，本書場音直良切，宅場聲同一類也。

10 虢　刻本韻書 五五三一 此字入麥韻，音古獲反。

三十四葉

1 漷　故宮王韻此字入麥韻，音呼麥反。

2 擭 手取也一曰布擭也　注一曰布擭也五字日本宋本巾箱本黎本景宋本無，張增蓋本玉篇集韻。

3 彟 規彟博雅曰度也　注日本宋本巾箱本黎本景宋本均作視遷，張改蓋本

說文集韻。案說文矱為蒦字或體，蒦下云「規蒦，商也。一曰視遽皃。」集韻胡陌切矱下云「博雅：度也」。故宮王

韵正文作蒦，注云「度。一曰視遽」。

4 搦 本書此字音女白切，唐韻同。故宮王韵作女伯反，音同。切三音奴格反。

5 𧍝 藥韵其虐切下此字作𧍝，當據正。

6 天神蠱 神，段改作社，與說文合。

麥韵

7 衇 說文曰血理之分衺行體者 衷，說文作衺，此誤。

8 䀡 說文曰目卯視也 卯，段改作衺，是也。說文二徐本作財，非也。日本宋本、黎本、景宋本亦作財。案

䀡覛字通。說文「覛，衺視也」。

9 宋大夫尹獲之後 宋，唐韵作晉。

10 𡾊 此字日本宋本巾箱本黎氏所據本景宋本均作𦢊，五音集韻引新字林同。元泰定本集韻此字作𡾊。

11 矠 以叉矛取物也 注段改作「以矛叉取物也」。

12 頙 頙顣頭不正皃 注顣當是顣字之誤。刻本韻書五五三一作顣，是也。唐韻誤作顣。文韻息移切下顣注云：「頙顣，頭不正也。頙音精」。案頙顣，頙顣，未詳孰是。

13 漢書曰幘古卑賤執事不冠者所服之 案所服之當作之所服。此文見應劭漢官儀及蔡邕獨斷。後漢書輿服志注亦引之。

14 割 此字切三故宮本敦煌本王韻唐韻作騞。

15 㩇 又于馘切 又于馘切，刻本韻書五五三一同。案本韻無于馘一音。集韻㩇又音胡麥切。

16 闇 闇門謈

謈字日本宋本中箱本黎本景宋本無，張增蓋本玉篇。

三十五葉

1 至中國者得其核耳

得上古今注有但字，當據補。

2 煅 燒麥

煅，段改作搬，與說文合。敦煌王韻及刻本韻書五五三一亦作搬。

3 鬲 縣名在太原

太原，切三故宮本敦煌本王韻作平原，是也。案漢書地理志鬲縣屬平原郡。

4 謫 又丈厄切

又丈厄切，切三故宮本敦煌本王韻唐韻同。案本韻無丈厄一音。

5 豟 爾雅曰豕絕有力又云彘犬五尺為豟

犬，日本宋本中箱本景宋本作大，是也。案爾雅釋畜云彘五尺為豟，郭注云尸子曰大豕為豟，五尺。今漁陽呼豬大者為豟。

6 棟

明本作棟，是也。

7 ⿸疒束　段改作⿸疒朿。

8 捒　段改作⿰扌朿。

9 ⿰革束〔一〕　段改作⿰革朿。

10 彇　彇𥏑補也　注「彇𥏑補也」當有誤。故宮王韻云：「彇，東弓。」玉篇云：「彇，東弓弩。」此注「補也」一訓各書未見，蓋上文𩍐下注文誤置於此者。故宮王韻𩍐下云：「補靴。」廣雅釋詁四云：「𩍐，補也。」是其證。此注「𥏑」字各書竝無，當是「東弓」二字誤為一字。今據故宮王韻及玉篇訂正。

昔韻

11 為一昔之期　為上段增左傳二字，是也。案為一昔之期見左傳哀

〔一〕編者按：字當作⿰革朿。

公四年。

12 縣在臨邛　邛，段改作卭。

13 嗌喉也　注喉也，切三故宮王韵唐韵作喉上。

14 牛曰齡　齡，段改作齝，與爾雅釋獸合。

三十六葉

1 睪引繒皃說文曰司視也从目从羍今吏將目捕辠人也　案故宮王韵本紐有𢍉睪二字。𢍉訓引給，睪訓伺人也，一曰樂也。並與說文合。說文𢍉在奴部，注引給也；睪在夲部，注司視也。本書合𢍉睪為一字，非也。睪，別見葉韵。

2 小幕曰帟　幕，黎本譌作幕。

3 急就章有濊客調　客，唐韵同。今本作容。

4 襗 此字元泰定本明本作襗，與切三故宮本敦煌本王韻合。此從衣作襗，誤。

5 釋 消也 消，日本宋本巾箱本黎氏所據本景宋本作清。張改作消，與元泰定本合。

6 餐 亦作蕵 蕵，日本宋本黎本景宋本作餐。案玉篇餐亦作餐。

7 冟 餅堅柔相著 餅，段改作餅，是也。說文云：冟，飯剛柔不調相著。

8 㡿 說文曰卻行也 段云：今本行作屋。行非，屋是。

9 大夫以祏為主 祏，說文作石，唐韻同。此作祏非。

10 從又持隹 隹，黎本景宋本譌作佳。

11 𧒄 負蝂 負，刻本韻書五五三一作蝜，是也。

12 湝　案陌韻堨伯切下此字作[illegible]。

13 刺 又七四切　又七四切，切三及敦煌王韻同。案至韻七四切下無刺字，刺見寘韻七賜切。此注故宫王韻作「又七賜反」，正合。

14 湅 水名在北　北下切三敦煌王韻唐韻均有地字，類篇同，當據增。

三十七葉

1 夕 龔　龔，段改作襲，云見「蜀都賦注」。

2 談 文四　談，段改作說，是也。

3 塉 薄也　薄也，切三故宫王韻唐韻均作薄土。

4 厝 又七削切　又七削切，切三故宫王韻唐韻同。案藥韻七雀切下無此字。

5 膌 膌腹　此字敦煌王韻訓臞，玉篇作臞。故宫王韻訓瘦，同說文。注腹字當是

瘦字之訛。

6 擗 房益切 房益切，切三故宮本敦煌本王韻同。唐韻作旁益反。

7 䀞 眼也 眼，敦宮王韻作眡，〔一〕集韻同，當據正。案眡即視字，玉篇云：「䀞，視也。」

8 麝 又食夜切 又食夜切，切三故宮本敦煌本王韻唐韻同。案此字見禡韻神夜切下。

9 碧 彼役切 彼役切，唐韻作方彳反，類隔切也。故宮王韻碧入陌韻，音補逆反。

錫韻

10 爾雅曰析木謂之津注云即漢津也 漢津之津日本宋本黎本並脫。

廣韻校勘記 卷五 三十七

〔一〕編者按：此當指敦煌《王韻》及故宮《王韻》。

廣韻校勘記 卷五

11 蜥 蜥蜴

蜥，切三敦煌王韻唐韻作蜥，是也。當據正。

12 敫 敬也

段改敫作⿰𦤎欠，敬作歌，是也。說文欠部「⿰𦤎欠，所謌也」，此注敬字涉慹下注文而誤。

13 ⿱宀敫 揚貝

⿱宀敫，各書未見。日本宋本黎本景宋本均從穴，作⿱穴敫。敦煌王韻同，注作「迫隙」。案集韻此字作⿱穴激，注云「回隙」。

14 鍋 鎗鍋

注唐韻作鎗鍋。

三十八葉

1 裛 纏裹

裛，玉篇作褻，萬象名義作褻。蓋褻之誤。

2 鷹

黎本此字涉上文誤作劇。

3 濼 又音藥

注云又音藥，案藥韻以灼切下無此字。

4 詩云有豕白蹢　白，黎本譌作曰。

5 䶂鼠名　䶂，段改作鼶，云：「玉篇亦收䶂字。以爾雅注正之，則鼶字之譌。」

6 椺鐘椺，又胡老切　案此字及注並誤。敦煌王韻同。椺，集韻作椴，是也。注云：「說文：種椴也，一曰燒麥柃椴也。」說文繫傳同。此注鐘椺二字即種椴二字之誤。敦煌王韻麥韻下革切下椴字注「又胡的反」，「又」字原脫。玉篇椴，胡的切，又胡革切。本書此字音胡狄切，正與胡的反相合，是證作椴是也。注「又胡老切」當刪。

7 舟頭為鷁首　首，唐韻作鳥。

8 國語有晉大夫糴茂　段改國語作左傳，茂作茷，是也。案糴茷見左傳成公十年。

9 ⿱八淑 草木旱灰也

⿱八淑，當從說文作⿱八俶。

10 ⿺辶雷 雨也

⿺辶雷，當從迪作⿱雨迪。廣雅釋訓云「⿱雨迪⿱雨迪，雨也」。玉篇亦作⿱雨迪。

11 他歷切二十

二十，元泰定本明本作二十一，是也。本切下凡二十一字。

12 ⿰言氏 誂⿰言氏狡猾

⿰言氏，切三敦煌王韻唐韻作詆，是也。故宮王韻作詆。屋韻戈韻誂下均作詆。玉篇云「詆，他狄切。詆誂，狡猾也」。

13 ⿰忄木 惕

⿰忄木，黎本元泰定本作怵，是也。

14 ⿰骨易

此字故宮王韻入麥韻，音徒革反。

15 周禮硩蔟氏掌覆妖鳥之巢

妖，日本宋本景宋本作夭，與周禮合。

16 ⿰火㔾

此字宋本說文同。段改作⿰火巳。詳段氏說文注火部⿰火巳下。

17 ⿱殺心 欶也

⿱殺心，敦煌王韻同。集韻詰歷切下作⿱毄心。又注欶字當作敕，本

韵苦擊切下毄注云「敫也」。

18 ⿰目脩

尤韵丑鳩切此字作⿰目參。

19 擊 擊傍

傍，嘯韵擊下作旁，與說文合。

三十九葉

1 䘓

此字當作䘓。玉篇：「䘓，奴的切。憂皃」。集韵䘓為惄字古文。

2 鼏 蓋鼏

鼏蓋，切三故宮本敦煌本王韵唐韵均作鼏蓋。

3 蜆 蜆蝀

蝀，當作蝀。蝀見先擊切下。

4 甓 扶歷切

扶歷切，切三敦煌王韵唐韵同。故宮王韵作蒲歷反。

5 鼀 鼀鼊似龜

鼀，段改作𪚰。云「吳都賦音古侯切」。案切三故宮本敦煌本王韵唐韵均作𪚰。

6 其甲有里珠文　珠，文選吳都賦注同。唐韻作朱。

7 檗 又皺核切　注云又皺核切，案麥韻音麥切下無檗字，檗見蒲革切下。

8 閲　當作鬩。

9 鬩 很也　很，日本宋本、黎本作恨，與爾雅釋言合。

10 瀾 瀾沐遽也　案瀾當作瀾。注沐，當作沭。方言十云：瀾沭，佂伀，遑遽也。江湘之閒凡窘猝怖遽謂之瀾沭，或謂之佂伀。

11 睯 眼也　眼，當作眠。見昔韻睯下校記。三十七葉第7。

12 歡 又丑力切　注云又丑力切，案職韻恥力切下無此字。玉篇此字作又知力切，集韻職韻竹力切下有此字。

職韻

13 織 說文曰作布帛總名　說文總名上有之字。

14 ⿰目戠　油敗

⿰目戠，故宮王韵唐韵作膱，與玉篇合。段云：玉篇：膱，油敗也。即考工記注之膱字也。

15 直　又姓楚人直弓之後

直弓，當作直躬。見姓氏急就篇。

16 屴　屴崱山皃

注屴崱山皃，崱字下作崱屴山皃，當據正。案文選魯靈光殿賦云：崱屴嵫釐。

17 氻　水激合皃

氻，集韵作泐，當據正。案泐又見德韵盧則切下，注云：凝合。

四十葉

1 侙　侙意慎

侙，故宮王韵作恜。又此注侙下當重侙字，唐韵云：意慎侙侙。

2 風俗通云漢有博士食子公河内人

案食子公當作食子公，食子公見漢書儒林傳韓嬰傳下。

3 蝕　說文此字作⿰食虫，从虫人食，食亦聲。

4 識　賞職切　賞職切，故宮王韻作辭識反，音同。唐韻作常寔反，與寔字音同，非也。常當是賞字之譌。

5 赩　大赤也　大，故宮王韻唐韻作火。

6 蟲食病　食，故宮王韻同。唐韻作蝕。

7 醷　酒漿　注濁漿，故宮王韻唐韻作梅漿。案禮記內則云「漿水醷濫」注云「梅漿」。

8 亟　又音氣　又音氣，唐韻同。案此字見志韻，音去吏切。未韻無此字。

9 ⿰去夌　去也　也，日本宋本景宋本作官，張改與集韻合。

10 ⿰言亟　言訥　言字日本宋本中箱本無。

四十一葉

1 黓　早也　早，故宮王韻唐韻作皂。案皂俗體也，今通用之。廣雅釋器云「黓，早，黑也。」黓字通作弋。漢書文帝紀「身衣弋綈」，如淳注云「弋，早也。」

2 爾雅曰太歲在毋曰玄黓　毋，爾雅作壬。

3 隿　繳射也　繳，日本宋本黎本景宋本作曰。張改作繳，與故宮王韻唐韻合。

4 妷　婦宮也　宮，日本宋本黎本景宋本作官，與說文合。故宮王韻云「妷，婦人官」。唐韻亦云「婦女官」。張改作宮，未允。

5 潩　水名出密縣大隗山　大隗山，唐韻作大騩山，是也。後漢書郡國志河南尹密縣有大騩山。山海經中山經郭注云「今滎陽密縣有大騩山。騩因溝水所出」。

6 ⿹弋瓦　鈲⿹弋瓦骨也　⿹弋瓦，集韻作⿹弋尢，是也。當據正。注鈲字當是瓻字之譌。

7 即　說文作卽食也

案說文云："卽，卽食也。"此注食上當有卽字。

8 楖　楖裴縣在魏郡

楖，故宮王韻唐韻作揤，與漢書地理志合。

9 揤　捽也

案此字即揤裴縣之揤字，當合幷。見集韻。

10 鉽

此字日本宋本黎本景宋本譌作鉞。張改作鉽，與故宮王韻合。

11 叢也

叢，日本宋本黎本景宋本作䕺。

12 嗖　聻也

聻也，日本宋本黎本景宋本均作嗖聻。五代刻本韻書注云："嗖聻"。

13 堛　土田

田，段改作凷，與說文合。案故宮王韻唐韻五代刻本韻書均作凷。

14 稫　稄禾密滿也

稄，段改作稄，是也。下文稄注云："稫稄"，是其證。唐韻五代刻本韻書竝作稄。

15 畐　道滿也

道，段改作逼。

16 愎符逼切 符逼切，故宮王韻唐韻同。五代刻本韻書作皮逼反。案符逼，類隔；皮逼，音和。

17 稪 稫上同 稫，段改作煏，是也。案煏字見玉篇。

18 堲又牆資切 注云又牆資切，案脂韻疾資切下有坖字，即此字也。堲坖字通，說文堲為坖字古文。

19 ⿰害少又丁六切 又丁六切，五代刻本韻書同。案屋韻張六切下無此字。

四十二葉

德韻

1 淂又丁力切 注云又丁力切，案職韻丁力切下字作得。

2 仂禮祭用數之仂 仂，五代刻本韻書同。故宮王韻唐韻作协。案禮記王

制字作㓨。又禮下五代刻本韻書有記字，宜據增。

3 愓 愓愓快也　注日本宋本作「愓愓也」。案五代刻本韻書注云「驚愓愓」。亦作「㥦」。集韻亦云「愓，心懼」。是宋本「愓愓也」當作「驚愓愓也」。張本作「愓，快也」，非。

4 剋 目強　目強，元泰定本明本作自強，與五代刻本韻書合，當據正。案故宮王韻剋下云「自強勝，剋己約身也」。

5 蟘　此字當從說文作蟘。从虫，从貸，貸亦聲。

6 ⿰鳥代 ⿰鳥代⿰冒鳥　⿰鳥代，五代刻本韻書作⿰目代。注⿰鳥代⿰冒鳥作⿰目代鴨，鴨蓋⿰目冒字之誤。同書亡得反⿰目冒下云「⿰目代⿰目冒」。本韻正文⿰鳥代當作⿰目代，注⿰鳥代⿰冒鳥當作⿰目代⿰目冒。⿰目冒見本韻莫北切下。

7 纆　説文此字作纆。

8 嫼　五代刻本韻書此字作嫼，與説文合。

9 聻　聽聻欲卧也　聻，當從五代刻本韻書作聻。上文聽下云：「聽聻，欲卧也。」字即作聻。

10 賊　説文作賊則也　案賊當從説文作賊，則當作敗。日本宋本、黎本、景宋本無則字。説文云：「賊，敗也。」

11 鱡　雀豹古今注云一名河伯度事小史　小史，古今注作小吏。

12 葴　草名　名字日本宋本、黎本、景宋本無。

13 棘　又符逼切　又符逼切，敦煌王韻同。案職韻符逼切下無此字。

14 䵐　黍豆漬葉也　注黍上當增治字，説文云：「䵐，治黍禾豆下漬葉。」

15 齊人要術　人，段改作民。

四十三葉

緝韻

1 十 是執切　是執切，切三故宮王韻同。唐韻是誤作楚。

2 執 之入切　之入切，故宮王韻唐韻音同。切三作側什反。

3 汁 瀋也　瀋，字書無此字。切三故宮王韻唐韻作瀋，是也。

4 ⿱執金 ⿱埶女　段氏云：⿱執金見至韻，薛韻；⿱埶女見至韻。入此蓋誤也。从執，不从埶。案段説是也。切三及故宮王韻無此二字。唐韻新加，當刪。

5 ⿰衤咠　本書此字音似入切，切三故宮王韻唐韻均音神執反，别爲一紐。

6 亼 又子入切　又子入切，故宮王韻唐韻同。案本韻子入切下無此字。

廣韻校勘記　卷五

7 咠（說文云詞之集也）　集，故宮王韻唐韻同。今本說文作咠。

8 箿（又子立切）　注云又子立切，案本韻子入切下無此字。

9 揖遴　遴，日本宋本黎本景宋本均作讓。

10 說文云　云，日本宋本黎本景宋本均作曰。

11 縶（繫馬）　繫，切三故宮王韻唐韻均作縶，當據正。

12 ⿱馬廾　此字當依說文作⿱馬卌。

13 ⿰口⿱馬廾　當作⿰口⿱馬卌。

14 粒（米粒）　注粒字日本宋本黎本景宋本譌作立。

15 急（居立切）　居立切，切三及故宮王韻同。唐韻居作苦，蓋誤。

16 說文云絲次序也　序，說文作第。

四十四

四十四葉

1 ⿰鳥丙 駉鶍鳥名　⿰鳥丙，段改作⿰鳥西，與說文合。玉篇作鴭。

2 霫 又為雯東北夷名　雯，日本宋本黎本景宋本均作霫；為，唐韵作奚；當據正。故宮王韵亦云：「奚霫，東夷名。」張氏未審注文「為」係誤字，乃改霫為雯，謬矣。

3 ⿰金羽 漢有侯⿰金羽　案侯⿰金羽當作⿰金羽侯。⿰金羽侯乃烏孫大臣官號。見漢書張騫傳顏師古注。

4 ⿰角旨 角多兒 ⿰角戠上同　⿰角旨，唐韵作鮨，訓魚多皃。案切三及故宮王韵均從角，訓角多。⿰角戠字亦見玉篇。唐韵作鮨者，譌字也。唐人寫書字之从魚从角者，每每互訛。

5 唈 嗚唈短氣　注日本宋本黎本景宋本作烏短氣也。張改作嗚唈短氣，與集

韻合。

6 曄 曄曄

注曄＝，切三、故宮王韻、唐韻作暐曄。案暐見尾韻，注云「暐曄」。

7 鴓 鴓鴿赤鴿

鴓，段改作鴊，是也。又毋字下段增作字。

8 卙

日本宋本、黎本、景宋本作斟，誤。張氏改作卙，與說文合。卙在十部。

合韻

9 合 又漢複姓高帝功臣表有合博虞

合博虞，唐韻作合傅胡虞。案漢書高帝功臣表有貫齊侯合傅胡害，當據正。

10 ⿵冂合

集韻作⿵冂合。

11 佮 併佮聚

段云「聚下宜有也字」。案段說是也。說文云「佮，合也」。併佮非聚名。

12 㭘 匌柙

柙，日本宋本、黎本、景宋本均作㭘。張改與說文、集韻合。

13 榙 榙樨木名　榙，當作榙。榙又見本韵侯閤切下。玉篇集韵均作榙。

四十五葉

1 卅 今作卅直為三十字　段於直下增以字，是也。此與緝韵廿字注「今作廿直以為二十字」文例正同。

2 誻 譐誻亦作沓嗒　沓，唐韵作噂，當據正。

3 媘 說文曰俛伏也一曰意伏也　意伏，說文作伏意。集韵引作耶意。

4 䵬 晉書有兗州八伯太山羊曼為䵬伯　䵬，晉書羊曼傳同。唐韵作錔。案顔氏家訓書證篇云：「晉中興書（案宋何法盛撰）太山羊曼，常頹縱任俠，飲酒誕節，兗州號為錔伯。此字皆無音訓。梁孝元帝嘗謂吾曰：由來不識，唯張簡憲見教，呼為嚃羹之嚃，自爾便遵承之，亦不知

所出。簡憲是瀛州刺史張贊謚也，江南號爲碩學。案法盛世代殊近，當時耆老相傳，俗間又有𨤲𨤲語，蓋無所不施無所不容之意也。顧野王玉篇誤爲黑傍沓。顧雖博物，猶出簡憲孝元之下，而二人皆曰重邊。吾所見數本並無作黑者。重沓是多饒積厚之意，從黑更無義旨。此可證唐韻作𨤲爲是。

5 𨤲 積厚　案此與𨤲伯之𨤲爲一字，當合并。

7 翋 翋飛皃　皃，日本宋本、黎本、景宋本無，張增，與切三、故宫王韻合。

8 菈 菈𦼥秦人呼蘿蔔　秦人，當作魯人。方言三云：蘆菔，東魯謂之菈𦼥。亦見𦼥字注。

9 魶　說文此字作𩸞。

10 ⿸厂金 山左右有岸　案此字當作厒。切三故宮王韻唐韻均作⿸厂金。所從之金，即缶字破體。缶寫作⿱人缶，乃譌作金矣。爾雅釋山云：「左右有岸，厒。」釋文厒，口閤反。原本玉篇厂部厒，口荅反，注引爾雅，與此字音義均同。是⿸厂金為厒字之譌無疑。

11 姶 烏合切　烏合切，切三故宮王韻同。唐韻誤脫反切，闌入溘紐。

12 罯 又烏敢切　又烏敢切，唐韻同。案此字見感韻烏感切，敢韻無此字。

13 ⿰革奄 又小兒履名⿰革奄皻　皻，日本宋本作⿰虚皮，是也。

14 鞥 皮裏角也　裏，元泰定本明本並作裹。

15 ⿸疒合 寒⿸疒合病　病，日本宋本黎本景宋本作⿸疒合。

16 ⿺走眔 走也赴會也七合切　「走也赴會也」五字，日本宋本黎本景宋本無。

17 遻士合切　士合切，日本宋本黎本元泰定本同，明本作于合切。陳澧謂士合于合並誤。士合當作七合，于合當作千合。切韻考云：「玉篇千荅切，五音集韻七合切，千字即千字之誤，士字即七字之誤。」案遻韻鏡在喻紐。

盍韻

18 諡靜也　注唐韻作「靜」。出迩疋。案爾雅云：「諡，謐，靜也。」無諡字。唐韻所據，當是誤本。廣韻亦承唐韻之誤。本韻古盍切下有諡字，注云：「多言。」

此處當刪。

19 㞐纂文云姓也　㞐，唐韻作盧。

四十六葉

1 皺皺皵皮瘦寬皃　瘦寬二字，日本宋本黎本景宋本無，故宮王韻唐韻同。張增蓋本玉篇。案玉篇皮部皺下云：「皺皵，皮瘦寬皃。」

2 敆 部搕切

搕，黎本作榼，是也。本韻無搕字。

3 搨

此字當作搨。

4 矺 又竹亞切

又竹亞切，唐韻同。案禡韻陟駕切下無此字。

5 鞳 又他荅切

又他荅切，唐韻同。案合韻他合切下無此字。

6 𧮪 謵譶忘語也

忘，段改作妄，與故宮王韻合。又謵，當從正文作𧮪。

集韻謵𧮪一字。

7 𦒉

故宮王韻此字音吐盍反，在榻紐。

8 倕 同

故宮王韻此字作𠌨。萬象名義同。案所從之𠂹，見玉篇𠂹部，萬象名義

是𠂹不從垂也。以下從垂者均當從𠂹。

9 唾 唾唾食皃

唾，當從萬象名義作𠯿，注同。

10 撘　搕撘　冀

撘，當從萬象名義作搭，注同。

11 𨃰　蹹𨃰　行皃

𨃰，當作蹹，注同。

12 𢾈　𢾈𢾈　鼓

𢾈，當作徻，注同。

13 𥂴

切三作𥃀，與玉篇合。

14 今北海有之

之，日本宋本、黎本、景宋本並脫。

15 撘　擸撘　和雜

撘，切三作搭，注同。

16 鼛

切三、故宮王韻、唐韻此字均在合韻，音他合反。五代刻本韻書此䂿作鼛，注云「亦作鼛」。敦煌王韻作鼛。

17 鼓　鼘鼛磬

鼛，當是鼛字之誤。

葉韻

廣韻校勘記　卷五　四十八

18 葉 吳志孫堅傳有都尉葉雄　案吳志孫堅傳有都督華雄，無都尉葉雄，此注當删。

19 釋名曰捷插也　捷，日本宋本、黎本、景宋本作睫，與釋名合。

20 萎 菨萎水草可食　水，段改作余。案余當在水上，不得去水字。唐韻注作：「菨水草可食」。爾雅釋草「菨，接余，其葉苻」。郭注云：「叢生水中」。是萎余水草也。

21 箑 又所甲切　又所甲切，五代刻本韻書同。案狎韻所甲切下無此字。

四十七葉

1 儠 說文云長狀儠儠也　狀，說文作壯，段據改。

2 ⿰革巤 ⿰革巤馬靻也　靻，段改作靼。

廣韻校勘記　卷五　四十九

四十八葉

3 礹 礹崨山之連接

礹崨，下文崨注作崨礹。

4 讘 又孤讘縣名

孤，敦煌王韻唐韻同。案漢書地理志作狐。

5 霅 又蘇合胡甲文甲三切

案文甲當作丈甲，霅又見狎韻丈甲切下。

6 ⿰鳥丙 ⿰鳥丙鵯

⿰鳥丙，段改作⿰鳥亟，與說文合。

7 輒 說文曰車相倚也

車相倚也，說文作車兩輢也。

8 瞱 目動皃

注日本宋本黎氏所據本景宋本明本作「目不記」。案五代刻本韻書注作「目不記之」。張改作「目動皃」，與元泰定本集韻合。

9 ⿸㫃奄 掩光名

⿸㫃奄，當作⿸㫃奄。注「掩光名」當作「掩也」，詳琰韻⿸㫃奄下校記。

10 又於琰切六

六字衍文，當刪。

怗韻

1 貼 以物之質錢　注之字衍文，唐韻無，當刪。

2 惬 又快也　快，黎本譌作怏。

3 牒 又虜姓後魏書牒云氏後改為牒氏　注「後改為牒氏」，唐韻同。案後魏書官氏志作「後改為云氏」，當據正。

4 惉　此字當從怗作惉，惉又見鹽韻。

5 瞸 目瞸　瞸，黎本譌作瞸。注同。

6 籋 小箱　箱，當是箝字之誤。玉篇集韻同訓「箝也」。

7 屧 屐也　屐，當作屐。

8 聑 又人耴切　注云又人耴切，案葉韻而涉切下無此字。

9 婕 洽婕　洽，黎本元泰定本同。日本宋本景宋本明本作治，集韻同。

10 又時攝切　切，黎本譌作也。

11 偞 甲偞　故宮王韻注作「偞卑有所畏」。

洽韻

四十九葉

1 䁍 目䁍　注目䁍，切三故宮本敦煌本王韻唐韻五代刻本韻書均作「目陷」，與說文合，當據正。

2 箑 七洽切　箑，故宮王韻注云「亦箑」。案敦煌王韻五代刻本韻書均作箑，箑即箑字也。此箑乃箑字之誤，當改作箑。　又七洽切，黎本作士洽切，與故宮本敦煌本王韻唐韻合。玉篇亦音士洽切。

3 ⿸疒疌蹄足病　蹄，黎本誤作啼。

4 偛又楚立切　注云又楚立切，案緝韻昌汁切下無此字。

5 ⿳亠回皿　日本宋本黎本作⿳亠回皿，與類篇合。

狎韻

6 三十二狎　三十二，日本宋本黎本景宋本誤作三十三。

7 霅陽部在樂浪　部，日本宋本黎氏所據本景宋本作鄣，唐韻作障。切三敦煌王韻五代刻本韻書作郡，故宮王韻作縣。

8 ⿰革甲 ⿰革甲鞢　⿰革甲，黎本作⿰華甲，注作⿰華甲⿰華枼。案五代刻本韻書三字均從華，當據正。集韻⿰華枼下云：「⿰華甲⿰華枼，華葉重多皃。」文選景福殿賦「紅葩⿰華甲⿰華枼」，⿰華甲亦從華。張本從革作⿰革甲，非。

9 炠 又呼甲切

又呼甲切，五代刻本韻書同。案本韻呼甲切下無此字。

10 鞢 ⿰革甲鞢

鞢，黎本作鞢，注作⿰革甲鞢。案三字均當從革作。

11 ⿰甲鳥 或作⿰馬甲⿱鳥甲⿰鳥巴

⿱鳥甲，日本宋本作⿱罒衣，黎本景宋本作⿰鳥巴，均誤。張改與元泰定本合。集韻云鴨，或作⿱鳥甲。

12 左傳鄭大夫甲石甫

案甲石甫誤。左傳僖公廿四年有石甲父，此文當刪。

13 押 押蘚壁也

押，唐韻五代刻本韻書作柙。

五十葉

業韻

1 ⿰業乚 引也

也字日本宋本、黎氏所據本景宋本無。

廣韻校勘記 卷五 五十二

2 劫 說文曰人欲劫以力脅止曰劫 人欲劫，日本宋本黎本景宋本均作人欲去，與說文合。

3 或曰以力止去曰劫 止字段刪。

4 蜐 唐韻此字音於劫反，在腌紐。

5 鍤 插鍤田器 田，日本宋本黎本景宋本均作甲。案廣雅釋詁二云：鍤，插也。集韻云：一曰治甲器。未詳。

6 桼也 桼，黎本誤作柒。

乏韻

7 [illegible] [illegible][illegible]水皃 [illegible]，各書未見，蓋譌字也。

五十一葉

雙聲疊韻法

1 障餉章傷是疊韻 障餉章傷，日本宋本黎氏所據本景宋本譌

作灼略章良。

2 廳 剔徑擊是雙聲　剔字，日本宋本黎氏所據本景宋本譌作趧。

3 聽 擊切　聽，當作廳。

五十二葉

辯四聲輕清重濁法

1 生 □□□□□□　日本宋本黎本作「朱 之余反 朱赤也」。

2 分 別也　別，日本宋本黎本作布。

3 耶 孃也　也字，日本宋本黎本無。

4 墨釘廖，日本宋本黎本作「紬 直流反 紬布也」。

5 并 府盈反 并州也　日本宋本黎本景宋本府作補，州作合。

6 徽 幸也 幸，日本宋本黎氏所據本景宋本譌作𡴘。

7 針 職媱反 媱，日本宋本黎本景宋本譌作媛。

8 餳 徐盈反 餳，黎本譌作飴。

五十三葉

1 引 於軫反 於字誤。日本宋本黎本景宋本作余，是也。引見軫韵，音余忍切。

2 𦧇 神旨反 取食也 正文及注日本宋本黎氏所據本景宋本譌作「舓 鉏里反 果木也」。案𦧇見紙韵，音神帋切，注云「以舌取物」。

3 學 效也 效，日本宋本黎本景宋本作習。

4 必 然也 然，日本宋本黎本景宋本作審。

5 擲 雉戟反 擲投也　注日本宋本黎本景宋本作「直炙反，抛擲也」。

6 出 進也　進，日本宋本黎本景宋本作入。

廣韻校勘記補遺

一九三七年余既寫定廣韻校勘記五卷，心知其中不備之處尚多，猶有待於後日之刪定補苴也。然終以人事怱遽，未獲如願。惟一得之愚，抑或有可取者，遂率爾問世，以供讀廣韻者參考。比年家居讀書，間涉音韻，乃於廣韻中之音字有向所不以為誤者，今或能辨之矣。有宿疑不解者，及得師友之進益，亦條達曉暢，渙然冰釋焉。日有所得，即隨手札記，久之成數十條，總為一篇，名曰補遺，所以補前作之疏闕云爾。　一九三九年二月祖謨記於北京。

上平聲

補遺 一

九葉十行 東韻居戎切 ⿰氵宮 縣名在酒泉 ⿰氵宮切二故宮本王韻同。案漢書地理志酒泉郡樂涫縣字從官，此⿰氵宮字即涫字之誤。本書桓韻古丸切有涫字，云：「樂涫縣在酒泉」，與漢志正合。涫或誤為⿰氵宮，隋唐纂韻者因入本韻，與宮同音，讀居隆反，廣韻作居戎切音同。實則古人本無此字也。是即戴震所謂韻書中有本無其字因譌而成字者。見論韻書中字義答秦尚書。

十三葉下四行 鍾韻職容切 鈆 鈆鐵 鈆切二唐韻無。惟五代刻本刊謬補缺切韻有之。案此字殆即鉛之俗體，誤以為從公而入此韻者。

廿葉四行 支韻府移切 渒 水名 渒集韻云：「水名，在弋陽。」案此字當從說文作淠，說文云：「淠水出汝南弋陽垂山東入淮。從水，畀聲。」

廿葉下六行 支韻丑知切 誺 不知又洛代切 案方言十：「誺，不知也，沅澧之間凡相問而不知答曰誺。」

錢繹箋疏本郭注「誺音癡眩」。戴震據玉篇改作諦，不知也。誺亦見廣雅。釋詁三云：「誺誤也」，釋言云：「嗃誺也」。誺諦二字形本相近，誺蓋由諦字變來。其變當在草書既行之後。諦或寫作誺，因有洛代一音。諦誺相亂，由來已久，後人已不能定其是非矣。原本玉篇言部有二誺字，一音猪飢丑利二反，引方言；一音力代反，引廣雅。前者蓋為諦字之誤，否則誺字不當重出。

卅五葉上一行　廣韻羊朱切　萮　蘛同上　案蘛當作𧄔，字從育聲也。文選吳都賦「異荂蓲𧄔」，李善注「𧄔與蕍同」。蕍即萮字或體，蘛即𧄔字譌體也。

卅六葉下一行　廣韻憶俱切　㽳盤旋　案敦煌本王韻此字訓股，不訓盤旋。說文云「㽳，股㽳也」。此云盤旋者，非本字注文。集韻有盓字云「盤盓旋流也」。是盤旋二字為盓之訓釋無疑。㽳下既脫注文，又奪正文盓字，故盓下注釋誤屬於㽳字矣。依王韻㽳下當有股㽳二字，依集韻盤旋上當補盓字，而盤旋又當作盤盓旋流，

文義始完。盤䃰為連語，見木華海賦，字亦作盤紆。䃰又見模韻哀都切，注云盤䃰旋流也。又憂俱切。憂俱切即本韻憶俱切也。是廷下本有䃰字可證。

四十六葉下三行　咍韻洛哀切　鵅鵅鷞鷹　案鵅鷞爾雅釋鳥同。郭注云鵅當為鶆字之誤耳。鶆鷞字見養韻踈兩切。

四十七葉三行　咍韻　⿰牛壽昌來切牛羊無子　案昌來切各書均無此音，說文云讀若糗糧之糗。廣韻去久切篆隸萬象名義音去有反，與說文合。今本玉篇徒刀充刀二切。惟敦煌本王韻豪韻吐高反，⿰牛壽下云又昌來充牢二反。疑來字有誤。

五十七葉十行　寒韻那干切　難難難並古文　案難字古文說文作難難。

五十九葉下八行　桓韻薄官切　䊩番和縣名在涼州　案集韻䊩訓小囊，別有番字訓番和縣名在張掖郡。

此繁下蓋脫小囊之訓，又奪正文番字，故以番和縣名誤屬於繁下也。番和縣見漢志張掖郡，如淳云「番音盤」。盤即本紐薄官切也。元韻孚袁切番下云「又盤、潘、煩三音」。番字音盤者，即番和縣之番。本紐當據集韻補繁字注文及番字。

六十葉八行 刪韻數還切 櫰關門機

案櫰不得下筆，玉篇作欀是也。

下平聲

十五葉下七行 歌韻五何切 涐水名在汶江

涐切三無，敦煌本故宮本王韻有之。案涐為渽之誤字。渽既譌作涐，遂立五何切一音，汶江本無涐水。漢志蜀郡汶江縣下「渽水出徼外，南至南安，東入江，過郡三，行三千四十里，江沱在西南，東入江」。又青衣縣下師古曰「渽音哉」。是過汶江之水為渽水，非涐水也。此涐字當

補遺 三

刪。識見咍韻祖才切。

十七葉三行 戈韻落戈切 蘲 盛土草器 案蘲，故宮本王韻作蔂，脂韻力追切下同，當據正。新撰字鏡亦作蔂力戈反。此字從艸纍聲，孟子滕文公上「蓋歸反蔂梩而掩之」，劉注云：「蔂，盛土籠也。」蔂亦作虆，淮南說山篇「虆成城」，高注云：「虆，土籠也。」

十九葉下二行 麻韻所加切 髿 髮髿，垂皃 案注髮髿當作鬖髿。文選江賦注引通俗文云：「髮亂曰鬖髿。」玄應一切經音義二十引蒼頡篇「鬖，蘇南反，毛垂貌也」，是其證。

卅六葉六行 登韻武登切 瞢 織也 瞢切三、敦煌本王韻並無。字亦見集韻，云「博雅，薉也」。案瞢為菱之譌體。廣雅釋詁二「菱，薉也」。王念孫疏證云：「菱者，玉篇音亡泛切，草木蕪薉也。」集韻又亡咸切。菱字從艸夌聲，夌音亡范反，各本作蔆，俗字也。廣韻夌俗作夓，是此字即菱字無疑，菱俗作蓤，又譌作瞢，萬象名義、字鏡並作瞢。

纂韻者誤以爲字從夌聲，遂入本韻，音武登切，當刪。菱已見釅韻矣。

卅九葉下三行　尤韻匹尤切　寱　寐作聲　案寱集韻作寱，從不，當據正。

四十一葉四行　尤韻縛謀切　莕　姓也出纂文　案玉篇艸部此字作莕。

上聲

五葉下二行　紙韻去委切　跪　刖一足　跪切三作跪，故宮本王韻作跪。案當作跪。字鏡矢部跪云：去委反，刖一足，是其證。字亦作跪，集韻紙韻苦委切作跪，注云：博雅傷也，一曰跛也。亦作跪跪。

五葉下六行　紙韻過委切　桅　短矛或作桅說文曰桅黃木可染　宋本說文云：桅，黃木可染者。桅乃栀字之誤。許段氏注案桅栀非一字，萬象名義：栀，之移反，黃木可染也，鮮支也。桅，嬀彼反，長短不齊小戈也。二者音義迥別。萬象名義本於原本玉篇，顧氏所據說文

當作梔不作桅。此云短矛，音過委切，字當從危作桅無疑，注中說文云云與此無涉，當刪。

九葉下二行　旨韻　嶵　嶊嶵山皃．祖累切　案：嶵音祖累切，累在紙韻，非本韻字。敦煌本故宮本王韻均作徂壘反是也。此累字涉嶊嶵字而誤。

十葉七行　止韻　以　羊已切　案：本紐有已字，訓止也，此紐作羊已切，以已為切字，於廣韻全書之例不合。蓋凡同紐之字不得用之為切語，切三敦煌本故宮本王韻均作羊止反，當據正。寘韻翅紐施智切，本紐已有施字，誤與此同。

十葉下十行　止韻　萆　胥里切　萆胡萆　案：萆當作葸。萬象名義字鏡均作葸，且已反，俗體也。廣雅釋草：胡枲，枲耳也。王氏疏證云：玉篇葸且已切，枲耳也。葸當為葸字之誤。葸蓋從艸囟聲，葸從囟聲而讀如枲，猶恩從囟聲而讀如司。

廣韻集韻胡臬並作胡萆，萆即𦵔字，筆畫小異耳。

十一葉下四行　止韻昌里切　紕　緀𢁉一紕出新字林

案紕集韻類篇均作紕。

十三葉下七行　語韻𣲡舉切　𥁃　說文曰𥞥𥁃負戴器也

案𥞥，說文作穦，當據正。說文「匵，小桮也」。匵或从木作櫝。

卅三葉下四行　小韻亡沼切　訬　櫌也

案說文云「訬，擾也」，此注櫌字當作擾。

卅三葉下十行　小韻平表切　欿　歐吐

案此字見廣雅釋詁四，曹憲音其表反，萬象名義音於垢反，字鏡音其表於垢二反，均無平表一音，此字從咎不得音平表切。

小韻平表切　狢　獪也

狢音平表切，敦煌本王韻同。案此字見廣雅釋詁二，曹憲音巨表反，字鏡音渠表反，均無平表一音，此字從咎不得音平表切。

卅四葉一行　小韻　𪄿　雉鳴也以沼切又羊水切

𪄿音以沼切，切三敦煌本王韻同。案此字從唯聲，不得音以沼切。毛詩釋文音以水反，隋唐纂韻者倉卒鈔錄誤以水為以小，由以小又

改爲以沼，其致誤之由幾不可攷矣。此戴氏所謂韻書中有字雖不譌本無其音譌而成音者。（見論韻書中字義荅秦尚書。）

卅四葉三行 小韻子小切 㵢 水名 案注水名宜作湖名。文選江賦「朱滻丹㵢」，李善注：㵢湖在居巢，㵢，祖小切。」

小韻子小切 膘 又符小切 案此字從肉票聲，不得音子小切，當是鈔纂之誤。詩車攻釋文：「膘，頻小反，又扶了反。本亦作髀，蒲禮反。又或作⿰骨肖。又⿰骨肖，餘繞反，又胡了反。呂忱子小反。本或作膘。」是膘字有脣音，無齒音也。此作子小切者，即由呂忱字林之⿰骨肖音子小反而誤。春秋公羊傳桓公四年釋文：「⿰骨肖，羊紹反，字林子小反。」（通志堂本子小即子小之誤，）由毛詩釋文可證。廣韻子小切膘字當刪，於以沼切下加⿰骨肖字，與釋文方合。

卅五葉八行　皓韻盧皓切　⿰皇頁　廣大皃

⿰皇頁敦煌本王韻同。案玉篇此字作⿰皐頁，音公老切，字鏡、集韻並同。此音盧皓切作⿰皇頁，蓋誤。案皇皐形近，從皐之字每譌作從皇。⿰皐頁之作⿰皇頁，亦猶⿰皐見亦作⿰皇見也。字鏡見部⿰皐見⿰皇見為一字。

卅八葉十行　馬韻羊者切　野　古文埜

案埜當從說文作壄。

卅九葉下九行　養韻良獎切　⿰木兩　松脂

⿰木兩切三故宮本王韻並同。案⿰木兩蓋樠字俗體。樠見元韻武元切，云「松心，又木名也」。字從㒼者皆有赤義，如璊䊡是也，見阮元揅經室集釋門。松心微赤，故樠亦從㒼聲。見段玉裁說文樠字注。此韻⿰木兩字從兩，於音義不合，當刪。惟樠之作⿰木兩，由來已久。左氏莊公四年傳「卒於樠木之下」，音義「樠，朗蕩反，又莫昆反，又武元反」。孔穎達正義云「此字之音或為曼或為朗。若以㒼為聲，當作曼；以兩為聲，當作朗。字體難定，或兩為之音」。是不能因聲音以求訓詁而定字體之正

誤者也。段氏說文注以爲舊有橫柄二字非是。

四十三葉下七行　靜韻沙郢切　屛　㞳俗通云卿大夫帷士以廉以自鄣蔽　案注文廉字當作簾。

四十六葉八行　有韻除柳切紂紐　鮦　鮦陽縣在汝南又直冢切　案鮦從同聲，不得音紂。攷漢志汝南郡鮦陽縣，孟康曰鮦音紂紅反。唐人纂韻者倉卒不見紅反二字，以爲此字音紂，故收入有韻。古人本無此音也。鮦已見東韻徒紅切，腫韻直隴切，此紐當刪。東韻腫韻鮦下所注又直柳切亦誤。

去聲

七葉下九行　至韻女利切　睧　目深皃又一活切　案此字見廣雅釋詁三，曹憲音一活女刮二反，今本玉篇同。此作女利切，蓋以刮利形近而誤。睧從目，取聲，不得音女利切，依舊音當入鎋韻。

十二葉下三行　御韻丘倨切　鼁　鼁䵶似蝦蟆居陸地　案此字音丘倨切自陸氏爾雅釋文而來。釋文音起據反，

說文此字從黽圥聲，是不得音起據反，唐韻音七宿反，大徐所本是也。說文蟈下云「蟈鼀詹諸，以脰鳴者」。蟈鼀疊韻，詹諸雙聲，然則鼀當從圥無疑。從去者譌體也。自鼀或誤作鼁，字從去，遂有起據一音矣。當刪。

十四葉五行　遇韻而遇切　犒牛𤜣

案牛𤜣集韻作牛名。

十五葉五行　暮韻莫故切　簬竹筥

簬故宮本王韻同，注云「禮記竹筥」。案簬即篹字之誤。禮記喪大記「食於篹者盥」，注「篹，竹筥也」，是其證。篹既譌作簬，似與暮慕諧聲相同，故誤入本韻，當刪。

廿一葉下二行　泰韻古太切　匄乞也丐上同本又音緬

案丐當作丏，丐丏非一字，注「本又音緬」四字宜刪。

廿七葉六行　廢韻符廢切　䋣䍈

案集韻二字皆從犮。

卅八葉一行　震韻必刃切　𩔉不相見也必𩔉上同

𩔉故宮本王韻同。案此字有誤。凡廣韻形聲字或體與

正文之關係，非為形旁不同，即音符不同。而凡音符不同者，其聲音本自相近；凡形旁不同者，其意義固亦相通。若⿰必賓之與覕，所異者一從見，一從賓耳。見者是形，賓者是音。⿰必賓字既從必，又從賓，是兩音符合為一體矣，其為誤字無疑。蓋唐本韻書覕或誤作⿰必賓，宋修廣韻不能正其紕繆，故衍為一字耳。又覕玉篇莫結、補日二切，此音必力切亦誤。

卅五葉下十行　霰韻在甸切　⿵門廌　門次

案⿵門廌玉篇從薦作⿵門薦是也。薦音作甸切，⿵門薦音在甸切，聲音相近。若從廌，廌音宅買切，則聲音隔越太遠。

卅六葉六行　笑韻照　之少切

案之少切與上聲小韻沼紐之少切相亂，唐韻作之妙反是也，當據

正。敦煌本故宮本王韻作之笑反

卅八葉五行　嘯韻　歗　說文云悲意也火弔切

歗當從說文作歗。歗音火弔切，故宮本王韻唐韻同。案原本玉

篇萬象名義字鏡玄應一切經音義五均作所力反，此音大弔切蓋誤。類篇有歎字音馨州切

四十七葉下六行　徑韻他定切　汀　汀濙不遂志，又音廳　汀注敦煌本故宮本王韻唐韻均同。案集韻此字訓汀濙小水，別有忊字訓忊⿰忄瑩不得志皃。此汀下蓋脫忊字，注亦有誤。當作「汀，汀濙小水，又音廳。」「忊，忊⿰忄瑩不遂志。」本韻烏定切下有⿰忄瑩⿰足瑩二字

五十葉下九行　候韻都豆切　⿰豕尾　⿰豕尾尾　案朱駿聲說文通訓定聲需部附錄⿰豕尾下云：「按即尻字。當从尾，从豕聲。」

入聲

三葉七行　屋韻盧谷切　鄜　鄜地名　案此字為鄜之省體，說文作鄜，从邑麃聲。漢志孟康音敷。此以為麃聲，音盧谷切，非是。

八葉七行　燭韻許玉切　勗　勗勉也　案說文此字从力冒聲。

補遺　八

十葉八行。覺韻蒲角切雹霝古文　案霝說文作𩂣。

十二葉六行　質韻夷質切欥辭也　案唐韻本紐無此字，敦煌本故宮本王韻有之。故宮本王韻云：欥，詮辭，詩云：「欥求厥寧。」與說文訓合。惟說文此字從曰，不從日。欥古與聿遹通用。聿遹見術韻，皆合口字也。欥聿同音，當亦為合口無疑。凡從曰聲之字均讀合口，此從日作欥，音夷質切，誤矣。欥已見術韻餘律切，此字當從唐韻刪。

十三葉一行　質韻卑吉切韠⿰王畢上同　⿰王畢唐韻無。案⿰王畢韠非一字。⿰王畢即珌字，詩瞻彼洛矣「鞞琫有珌」，說文云：「珌又作⿰王畢」是也。故宮本王韻本紐珌下云：「刀上飾。亦⿰王畢。」是⿰王畢本在珌下，此誤入韠下，當據王韻更正。

十三葉九行　質韻于筆切⿵風日大風也　案說文二徐本此字均從日聲，段注改從曰聲，是也。此音于筆切為合口字，（廣韻中每有以喉音合口字而以脣音開口字切之者）當從曰聲。

十四葉下一行 術韻辛聿切 ⿰言盍 靜也又音盍 案⿰言盍字從盍音辛聿切，於音理不合，此訓靜也與卹恤同音必爲謐字之誤。爾雅釋詁：「謐，靜也。」通作恤。書舜典「惟刑之恤哉」，史記五帝紀作「惟刑之靜哉」。集解：徐廣曰：今文云「惟刑之謐哉」。是謐恤音義相通，索隱曰卹謐聲相近 此⿰言盍訓靜，音恤，其爲謐字之誤無疑。謐從𥁑聲，已見質韻彌畢切妄，此又音辛聿切者，以恤謐通用故爾。注云「又音盍」亦誤，當删。

十四葉下六行 術韻竹律切 ⿱罒要 面短皃 案說文此字作⿱穴要。

廿三葉二行 鎋韻 ⿰辥鳥 鵽⿰辥鳥鳥名似鳧古鎋切 ⿰辥鳥故宮本王韻音五鎋反，又古鎋反。廣韻五鎋切無此字。案⿰辥鳥從辥聲，辥從𡴀聲，𡴀音魚列切，⿰辥鳥字自以讀五鎋切爲正。萬象名義音雅札反。札原誤礼 文選南都賦「其鳥則有鵽鴶鵯⿰辥鳥」，鶡李善音雅札切，鶡即⿰辥鳥之別體。段氏說文鴱字注謂鷂爲⿰辥鳥字之誤 小徐說文韻譜大徐說文反切⿰辥鳥音魚列切，同爲疑母也。此音古

鍇切者，蓋以鶛鷵為連語所致。廣韻中之疊韻連語，其下字間有音變而與上字為雙聲者，如賄韻呼罪切腲下云：「腲腇大腫皃，腇都罪切」；同韻都罪切腇下云：「亦作腲」，是腲腇為雙聲矣。此鶛鷵二字本為疊韻連語，鶛見黠韻古黠切，又見屑韻古屑切，見細字也，與鷵聲本不同。今鷵音古鍇切，是鶛鷵為雙聲矣。（賣即同音）故宮本王韻鷵有五鍇古鍇二反，古鍇為變音猶可考見；若廣韻乃僅取古鍇一音，殊昧本原，不可不正。

廿七葉十行　薛韻　𥶍　方別切　案本紐有別字，此注作方別切未允。切三、唐韻作方列反，當據正。故宮本王韻作變列反。

廿七葉下十行　薛韻昌列切　𤺌　𤺌瘲，小兒病　注，𤺌瘲，元泰定本作𤺌瘲，與說文合，當據正。

卅三葉下六行　陌韻虎伯切　砉　案此字原本玉篇、萬象名義石部作砉是也。朱氏說文通訓定聲

解部劃下云：字亦作砉，莊子養生主砉然嚮然，司馬注：皮骨相離聲。按字宜從石，圭聲。字又作騞，列子湯問騞然而過，釋文：破聲。西征賦繣瓦解而冰泮，注：繣破聲也。字作繣。」朱氏之說可謂至精。古音支錫兩部音近，砉與繣音近義通，是書字當從圭聲無疑。本紐從書之字均宜從圭作。

陌韻虎伯切　硅　硅破　案此字即上文砉字，集韻為一字也。循硅作砕誤

卅五葉八行　麥韻於革切　蚅　蚅烏蠋大如指似蠶　案注烏蠋當從爾雅釋蟲作烏蠋。詩韓奕毛傳亦云：「厄烏蠋也。」

卅九葉一行　錫韻苦擊切　慹　敕也　案慹當作⿱毄心，集韻錫韻詰歷切⿱毄心敕也，是其證。

四十四葉下六行　合韻古沓切　⿰合文　合會也　案說文此字從攴，作敆，不從文。

四十六葉下二行　盍韻倉雜切　囃　案倉雜切有誤，雜字在合韻，敦煌本王韻作倉臘反是也，當據正。

補遺 十

四十八葉一行　怗韻他協切 ⿱鼓沓 鼓無聲

案集韻此字從占作⿱鼓占。

廣韻四聲韻字今音表

敘 例

一、《廣韻》是公元 11 世紀初宋真宗時陳彭年等根據唐代流傳下來的《切韻》《唐韻》一系的韻書刊定撰集而成的。雖然屬於韻書一類，而實際就是按韻編排的一部字書，從中既可以檢查字音，又可以考查字義，而對研究漢語歷史音韻來説，用處就更多一些。可是《廣韻》所代表的音系是公元 6 世紀的讀書音，與現代普通話語音系統不同，其中有不少反切從用字上要確定今音的讀法是比較困難的。現在爲便於應用起見，按照《廣韻》韻部的次第，參照宋人的等韻圖，列爲 61 個表，把《廣韻》四聲韻部中各紐的反切注音一一標出現代普通話的讀音來。讀者一方面可以由此瞭解每紐今音的讀法，另一方面也可以藉此略知《廣韻》音系與今音的異同以及其中一些主要的音變規律，這對於研究現代方音和推廣普通話都不無幫助。

二、《廣韻》的聲韻系統是因承隋陸法言《切韻》而來的。《切韻》原書分爲 193 韻，而《廣韻》又參照了唐孫愐《唐韻》一類的韻書，分類加細，四聲韻部增多至 206 韻。每一韻内的韻母，有的只有一類，有的就有兩類、三類或四類。主要由於有無 [i] 介音或 [u] 介音而類别多寡有所不同。這些可以從反切下字來確定。例如東韻“通、穹”是兩類，麻韻“巴、鴉、瓜”是三類，庚韻“庚、觵、京、兄”是四類。

三、《廣韻》的聲類，根據書中的反切，大别爲四十一類。用宋代韻圖（如《七音略》）三十六字母的名稱作標目，可列表如下：

幫	滂	並	明
[p]	[p‘]	[b]	[m]
非	敷	奉	微
[pj]	[p‘j]	[bj]	[mj]

端	透	定	泥	來			
[t]	[t‘]	[d]	[n]	[l]			
知	徹	澄	娘				
[ṭ]	[ṭ‘]	[ḍ]	[ṇ]				
見	溪	群	疑				
[k]	[k‘]	[g]	[ng]				
精	清	從		心	邪		
[ts]	[ts‘]	[dz]		[s]	[z]		
照（莊）	穿（初）	牀		山			
[tṣ]	[tṣ‘]	[dẓ]		[ṣ]			
照	穿	牀（神）		審	禪	日	
[tś]	[tś‘]	[dź]		[ś]	[ź]	[ń]	
影				曉	匣	喻（于）	喻
[–]				[x]	[ɣ]	[jw]	[j]

這裏用國際音標所注的擬音是根據多數人的意見擬定的。其幫滂並明四母（即所謂"重脣音"）和非敷奉微四母（即所謂"輕脣音"）在《廣韻》中分別不嚴，但是今音有些字讀雙脣音，有些字讀脣齒音（[f]），遠自唐代有些方音即已如此，宋代韻圖以非敷奉微與幫滂並明相對，一定是與當時語音的讀法相適應的。本書目的既在於注明今音，所以把重脣和輕脣分開，以免混淆。又宋人三十六字母中照穿牀審喻五母，據《廣韻》反切，應各爲兩類，現在參照清陳澧《切韻考·外篇》分爲十母。照母分爲照、莊兩類，穿母分爲穿、初兩類，牀母分爲牀、神兩類，審母分爲審、山兩類，喻母分爲喻、于兩類（"于"陳澧作"爲"）。這樣就共有四十一類。

四、現代普通話的聲母，包括零聲母，只有22個。韻母只有35個。聲調分爲陰平、陽平、上聲、去聲四調，而没有入聲。《廣韻》的入聲字一律分别讀入平、上、去三聲。本書各表上面一行序列《廣韻》聲母，聲母次序是按照前條所列的次第來排列的。聲母標目之下，分爲四欄，排列《廣韻》平、上、去、入四聲韻紐。各表竪看同一行的字，聲母相同；横看同一欄的字，韻類相同。這與宋代韻圖的格式相似。

五、本書各表所列的字都是《廣韻》一紐開頭的第一字。每字之下一律注明《廣韻》原書的反切。《廣韻》的反切有以端組字切知組字的(即等韻書中所謂“類隔切”),都加一星號(*)來表示。在反切的下面則用漢語拼音字母注出現代普通話的讀音。其中凡聲母不同而韻母同於左邊鄰近的字就用一短橫綫(-)來表示,意思是與左邊的字韻母和聲調完全相同。如果韻母相同而聲調不同的話,則加標調號。標注聲調的辦法是:

1.《廣韻》平聲韻一欄,今音讀陰平聲的,一律不加調號;讀陽平聲的,標陽平調(ˊ)。

2.《廣韻》上聲韻一欄,今音讀上聲的,不標調號;變爲去聲的,標去聲調(ˋ)。

3.《廣韻》去聲音一欄,今音讀去聲,一律不標調號。

4.《廣韻》入聲韻一欄,今音分别讀入平、上、去三聲。除讀陰平聲的不標調號外,其他讀陽平(ˊ)、上聲(ˇ)、去聲(ˋ)的字都分别標記調號。

六、現代普通話的語音系統比《廣韻》音系簡單得多。《廣韻》音變爲今音,根據具體的例子可以歸納出一些基本規律來。瞭解這些規律,對審辨字音的讀法就比較容易。

就聲母來説,由於聲母的發音部位和發音方法各有不同,其讀音和字調也就有所不同。現在分别敘述如下:

1. 清聲母幫、端讀 b、d;知、莊、照讀 zh;見、精讀 g、z,在 i、ü 介音前讀 j。這些韻母的入聲字一般都讀陽平。如“筆”字則讀上聲。

2. 送氣輕聲母滂、透讀 p、t;徹、初、穿讀 ch;溪、清讀 k、c,在 i、ü 介音前讀 q。這些聲母的入聲字都讀去聲。

3. 濁聲母並、定、澄、群、從、牀、神,平聲字讀爲送氣清音 p、t、ch、q、c、ch、ch(少數讀 sh,如“神”),都讀陽平。上、去、入三聲字讀爲不送清音 b、d、zh、j、z、zh、sh。上聲字都變讀去聲,入聲字則讀陽平。

4. 鼻音聲母明、泥、娘、日和邊音來母,平聲字讀 m、n、l、r。泥、娘没有分别。又微、疑兩母一般讀爲零聲母。惟疑母有一部分讀 n,如“倪、擬、虐、逆、齧、凝”等。這七個聲母同屬濁音一類,平聲字都讀陽平調,上、去二聲不變,入聲則讀爲去聲。

5. 非、敷、奉三母今音没有分别，都讀爲 f。非母入聲字讀爲陽平調，少數字讀上聲或去聲。如“法”讀上聲、“髮”讀去聲。敷母入聲字一般讀去聲。少數字如物韻“拂”等字讀陽平。奉母上聲字讀爲去聲，入聲字讀爲陽平。

6. 心、邪兩母是與塞擦音精、清、從相同部位的摩擦音。心母讀 s，而在 i、ü 音前讀 x。平聲字讀陰平調，上、去二聲不變，入聲字一般讀去聲。只有少數字如“悉、錫、薛”等字讀陰平，“雪、索”等字讀上聲。邪母是濁音，也讀 s，在 i、ü 前同心母一樣讀 x，少數字讀 q，如“囚”。惟平聲字讀陽平調，上聲字讀去聲，入聲字讀陽平。

7. 山、審二母爲摩擦清音，今音讀 sh。山母少數字讀 s 或 x，如“搜、森、瑟、蹜”讀 s，“莘”讀 x；審母少數字讀 ch，如“舂”。這兩母平聲字讀陰平，上聲不變，入聲字一般讀去聲。惟山母少數字讀陰平，如“殺、刷”。禪母爲摩擦濁音，平聲字一般讀 ch，陽平調；少數字讀 sh，如“誰、韶”。上、去、入三聲都讀 sh。但上聲字讀爲去聲，入聲字則以讀爲陽平者居多，少數字讀上聲或去聲，如“蜀”讀上聲，“涉”讀去聲。

8. 曉、匣二母爲摩擦音，曉爲清音，匣爲濁音，但今音都讀 h，在 i、ü 前讀 x。曉母平聲字讀陰平，上、去二聲不變，入聲字讀去聲，少數字讀陰平，如“歇、忽、黑”等字。匣母平聲字讀陽平調，上聲變爲去聲，入聲字以讀陽平調者爲多，有些字讀去聲，如“穴”。

9. 影、于、喻三母今音都没有輔音，即所謂零聲母。于、喻二母屬濁音一類，平聲讀陽平調，上聲不變，入聲字讀爲去聲。影母爲清音，平聲字讀陰平調。入聲字大都讀爲去聲，間有讀爲陰平的，如“八、噎、揖、鴨、屋、約”等字。

從上面所説的情形來看，《廣韻》音跟現代音在聲母讀音上的不同最顯著的一點是古濁音現代都讀爲清音。其次一點是知組塞音和莊、照兩組塞擦音讀得一樣。在聲調方面，聲母和聲調的關係可以概括爲幾句話：平聲字，清聲母讀陰平，濁聲母讀陽平；上聲字，濁聲母都讀爲去聲；入聲字，不送氣的清塞音和濁塞音以及濁摩擦音都讀爲陽平，其他一般都讀爲去聲。但都有少數例外，那要從不同歷史時期演變的情況去解釋。

七、《廣韻》音所分的韻部很多，今音都趨於簡單化。凡《廣韻》韻部比次在一起，讀音又相近的各部，今音都有所歸併。《廣韻》韻尾收 [-m] 的都變爲收 [-n]，而且入

聲的韻尾 [-k][-t][-p] 三類一律消失。今舉平聲韻爲例，以見其併合的情況：

東 冬 鍾	ong iong eng
江 陽 唐	ang iang uang
庚 耕 清 青	eng ing ong iong
蒸 登	eng ing ong
寒 桓 刪 山 元 仙 先	an ian uan üan
覃 談 咸 銜 鹽 添 嚴 凡	an ian
真 諄 臻 文 欣 魂 痕	en in un ün
侵	in en
支 脂 之 微 齊 灰	i,ï ei,ui
魚 虞 模	u,ü
歌 戈	e o,uo ie,üe
尤 侯 幽	ou iu
麻	a ia,e,ie ua
咍 佳 皆	ai,uai ia,ie
蕭 宵 肴 豪	ao iao

八、這個《今音表》所注的音都是《廣韻》一紐第一字的讀音。依例同紐的字應當讀音相同，但有時並不如此。例如表三平聲鍾韻容紐第一字“容”字今音 róng，而容紐内有“庸、鄘”等字則讀 yōng。表六平聲脂韻眉紐的“眉、郿、湄”等字音 méi，而“麋”鹿字音 mí。遇到這種情形，表中酌量分注兩音，以供參照。

另外，有些韻紐第一字今音自有它的讀法，而與本紐内其他字的讀音不同。如表一入聲屋韻六紐的“六”字，通常作數目字用，音 liù，“六安縣”則音 lù，可是六紐内的字如“陸、戮”等字都音 lù。因此，在表内“六”下除注 lù 外，並注出 liù 的一音，而外加括號，以示分别。又如表十八去聲隊韻佩紐，《廣韻》有“邶、誖”等字都音 bèi，而“佩”字讀 pèi，在“佩”下兼注 bèi（pèi）二音，以免含混不清。

九、把《廣韻》四聲韻字一一注出今音，確實是一件複雜繁難的事。因爲一方面要照顧到古音演變爲今音的規律，另一方面還要照顧到現代的實際讀音，頗費斟酌。有時還遇到少數字在《廣韻》音系雖然占據一定地位，但讀成今音，可能是不曾聽到的一個音。如表一東韻疑母的“峣”字音五東切，依照反切，讀爲今音，只能音 wéng，而聽起來很特殊。在語言中除表示一種聲音外（即象聲），没有同音的語詞，因此字典裏也不收這個音。另外還有少數字在字典裏注音並不一致。如表五十九入聲狎韻曉母的“呷”字，舊日的字典依規律讀爲 xiá，陽平聲，而現在的字典音 xiā，作陰平。表中只能根據現代的字典取陰平一讀。本書六十一個表，雖然經過反復參校，其中不免有不準確處，也可能有没有檢查到的錯誤，希望讀者指正。

目録

表一

○	幫		滂	並	明	非	敷	奉	微	端	透	定	泥	來		知	徹	澄
[東]				蓬 薄紅 péng	蒙 莫紅 m-´					東 德紅 dong	通 他紅 t-	同 徒紅 t-´		籠 盧紅 l-´				
						風 方戎 feng	豐 敷戎 f-	馮 房戎 f-´	瞢 莫中 m-´					隆 力中 lóng		中 陟弓 zh-	忡 敕中 ch-	蟲 直弓 ch-´
[董]	琫 邊孔 beng			菶 蒲蠓 b-`	蠓 莫孔 m-					董 多動 dong	侗 他孔 t-	動 徒揔 d-`	⿰多農 奴動 n-	曨 力董 l-				
[送]					幪 莫弄 meng					涷 多貢 dong	痛 他貢 t-	洞 徒弄 d-	齈 奴涷 n-	弄 盧貢 l-	(n-)			
						諷 方鳳 fěng	賵 撫鳳 f-	鳳 馮貢 f-	㝱 莫鳳 m-							中 陟仲 zhong		仲 直衆 zh-
[屋]	卜 博木 bǔ	pú	扑 普木 p-	暴 蒲木 p-´	木 莫卜 m-`					縠 丁木 d-´	禿 他谷 t-	獨 徒谷 d-´		祿 盧谷 l-`				
						福 方六 fu´	蝮 芳福 f-`	伏 房六 f-´	目 莫六 m-`					六 力竹 l-`	(liù)	竹 張六 zh-´	畜 丑六 ch-`	逐 直六 zh-´

娘	見	溪	群	疑	精		清	從	心	莊	初	牀	山		照		穿	審	
	公 古紅 g-	空 苦紅 k-		㟅 五東 wéng	葼 子紅 zong		怱 倉紅 c-	叢 徂紅 c-´	檧 蘇公 s-										
	弓 居戎 g-	穹 去宮 qiong	窮 渠弓 q-´						嵩 息弓 song			崇 鋤弓 ch-´			終 職戎 zh-		充 昌終 ch-		
		孔 康董 k-			總 作孔 z-				敵 先孔 s-										
	貢 古送 g-	控 苦貢 k-			糭 作弄 z-		謥 千弄 c-	欶 徂送 z-	送 蘇弄 s-										
		焪 去仲 qiong					趥 千仲 q-					𠟍 仕仲 zhong			衆 之仲 zh-		銃 充仲 ch-		
	穀 古祿 g-ˇ	哭 空谷 k-			鏃 作木 z-´		瘯 千木 c-`	族 昨木 z-´	速 桑谷 s-`										
朒 女六 nǜ	菊 居六 jú	麴 驅匊 q-	驧 渠竹 j-´	砡 魚菊 yù	蹵 子六 zú	(cù)	鼀 七宿 c-`	𪓰 才六 z-´	肅 息逐 s-`	縬 側六 zh-´	珿 初六 ch-`		縮 所六 s-`	(suo)	粥 之六 zh-`	(zhou)	俶 昌六 ch-`	叔 式竹 sh-	sh-`

禪	日	影	曉	匣	于	喻
	戎 如融 r-´	翁 烏紅 weng	烘 呼東 hong	洪 户公 h-´	雄 羽弓 xióng	融 以戎 róng
		蓊 烏孔 weng	嗊 呼孔 hong	澒 胡孔 h-`		
		瓮 烏貢 weng	烘 呼貢 hong 䞬 香仲 xiong	哄 胡貢 h-		
熟 殊六 sh-´（shóu）	肉 如六 r-`（ròu）	屋 烏谷 wu 郁 於六 yù	嗀 呼木 hù 蓄 許竹 xù	縠 胡谷 h-´	囿 于六 yòu	育 余六 yù

表二

○	幫	並	明	端	透	定	泥
[冬]				冬 都宗 dong	炵 他冬 t-	彤 徒冬 t-´	農 奴冬 n-´
[湩]			䳉 莫湩 meng	湩 都䳉 dong			
[宋]			雺 莫綜 meng		統 他綜 tong		
[沃]	襮 博沃 bú	僕 蒲沃 p-´	瑁 莫沃 m-`	篤 冬毒 d-ˇ		毒 徒沃 d-´	褥 内沃 n-`（r-`）

來	見	溪	疑	精	從	心	影		曉	匣
䃧 力冬 t-´	攻 古冬 g-			宗 作冬 z-	賨 藏宗 c-´	鬆 私宗 s-				䂫 户冬 h-´
				綜 子宋 z-		宋 蘇統 s-				䂫 乎宋 h-
濼 盧毒 l-`	梏 古沃 g-`	酷 苦沃 k-`	𤛓 五沃 wù	傶 將毒 z-´		泧 先篤 s-`	沃 烏酷 wù wò		熇 火酷 kù	鵠 胡沃 h-´

表三

○	非	敷	奉	知	徹	澄
[鍾]	封 府容 feng	峯 敷容 f-	逢 符容 f-´		蹱 丑凶 chong	重 直容 ch-´
[腫]	覂 方勇 feng	捧 敷奉 p-	奉 扶隴 f-`	冢 知隴 zhong	寵 丑隴 ch-	重 直隴 zh-`
[用]	葑 方用 feng		俸 扶用 f-	湩 竹用 zhong	蹱 丑用 ch-	重 柱用 zh-
[燭]	轐 封曲 bǔ		幞 房玉 p-´	瘃 陟玉 zh-´	楝 丑玉 ch-`	躅 直録 zh-´

娘	來	見	溪	群	疑	精	清	從	心	邪	照	穿	神	審	禪	日
醲 女容 n-´	龍 力鍾 l-´	恭 九容 g-	銎 曲恭 qiong	蛩 渠容 q-´	顒 魚容 yóng	縱 即容 zong	樅 七恭 c-	從 疾容 c-´	蜙[①] 息恭 s-	松 祥容 s-	鍾 職容 zh-	衝 尺容 ch-		舂 書容 ch-	鱅 蜀庸 ch-´	茸 而容 róng
	隴 力踵 l-	拱 居悚 g-	恐 丘隴 k-	梁 渠隴 jiòng		縱 子冢 zong	㧐 且勇 c-		悚 息拱 s-		腫 之隴 憁 職勇 zhong	𨿽 充隴 ch-			尰 時宂 chòng	宂 而隴 rong
⿰扌戎 穠用 n-	贚 良用 l-	供 居用 g-	恐 區用 k-	共 渠用 g-		縱 子用 z-		從 疾用 z-		頌 似用 s-	種 之用 zh-					⿰革茸 而用 rong
	録 力玉 l-ˋ	輂 居玉 jú	曲 丘玉 q-　(q-ˇ)	局 渠玉 j-´	玉 魚欲 yù	足 即玉 zú	促 七玉 c-ˋ		粟 相玉 s-ˋ	續 似足 s-´　(x-ˋ)	燭 之欲 zhú	觸 尺玉 ch-ˋ	贖 神蜀 sh-´	束 書玉 sh-ˋ	蜀 市玉 sh-ˇ	辱 而蜀 r-ˋ　(r-ˇ)

① 編者按:該小韻首字澤存堂本作“蜙”。

影	曉	喻
邕 於容 yong	胷 許容 xiong	容 餘封 róng yong
擁 於隴 yong	洶 許拱 xiong	勇 余隴 yong
雍 於用 yong		用 余頌 yong
	旭 許玉 xù	欲 余蜀 yù

表四

○	幫	滂	並	明	知	徹	澄	娘	來	見
[江]	邦 博江 bang	胮 匹江 p-	龐 薄江 p-´	厖 莫江 m-´	椿 都江* zhuang	惷 丑江 ch-	幢 宅江 ch-´	膿 女江 náng	瀧 吕江 l-´	江 古雙 jiang
[講]	⿱邦糸 巴講 bang		棒 步項 b-`	⿰亻尨 武項 m-						講 古項 jiang
[絳]		胖 匹絳 pang			戇 陟降 zhuang	⿱𡗗日 丑絳 ch-	幢 直絳 zh-			絳 古巷 jiang
[覺]	剥 北角 bó (bo) bao	璞 匹角 pò	雹 蒲角 b-´ báo	邈 莫角 miǎo	斲 竹角 zhuó	逴 敕角 ch-`	濁 直角 zh-´	搦 女角 n-`	犖 吕角 l-`	覺 古岳 jué

	溪	疑	莊	初	牀	山	影	曉	匣
gang	腔 苦江 q-	岘 五江 yáng		囱 楚江 chuang	淙 士江 ch-´	雙 所江 sh-	肤 握江 yang	肛 許江 xiang	栙 下江 x-´
gang							慃 烏項 yang	傋 虛慃 xiang	項 胡講 x-`
				䉶 楚絳 chuang	漴 士絳 zh-	淙 色絳 sh-			巷 胡絳 xiang
	嗀 苦角 q-`	嶽 五角 yuè	捉 側角 zhuo	娖 測角 ch-`	浞 士角 zh-´	朔 所角 sh-`	渥 於角 wo`	吒 許角 xuè	學 胡覺 x-´

表五

○	幫	滂	並	明	知	徹
［支］	陂 彼爲 卑 府移 bei	鈹 敷羈 岥 匹支 pi	皮 符羈 陴 符支 p-´	糜 靡爲 彌 武移 m-´	知 陟離 zhi 腄 竹垂 zhui	摛 丑知 ch-
［紙］	彼 甫委 俾 并弭 bi	㱟 匹靡 諀 匹婢 p-	被 皮彼 婢 便俾 bì (bèi)	靡 文彼 渳 綿婢 m-	掓 陟侈 zhi	褫 敕豸 ch-
［寘］	賁 彼義 臂 卑義 bi	帔 披義 譬 匹賜 p-	髲 平義 避 毗義 b-		智 知義 zhi 娷 竹恚 zhui	

澄	娘	來	見	溪	群	疑	精	清	從	心		邪	莊		初	牀	山		照
馳 直離 ch-´		離 呂支 l-´	羈 居宜 j-	攲 去奇 q-	奇 渠羈	宜 魚羈 yí	貲 即移 zi	雌 此移 c-	疵 疾移 c-´	斯 息移 s-			齜 側宜 z-		差 楚宜 c-	齹 士宜 c-´	釃 所宜 s-	(sh-)	支 章移 zh-
					祇 巨支 q-´														
鬌 直垂 ch-´		羸 力爲 léi	嬀 居爲	虧 去爲		危 魚爲 wei	劑 遵爲			眭 息爲 sui		隨 旬爲 s-´			衰 楚危 c-		韉 山垂 s-	sh-	
			[illegible] 居隨 gui	闚 去隨 k-			厜 姊規 z-												
豸 池爾 zh-`	狔 女氏 n-	邐 力紙 l-	掎 居綺	綺 墟彼	技 渠綺 j-`	螘 魚倚 yi	紫 將此 zi	此 雌氏 c-		徙 斯氏 x-			批 側氏 z-				躧 所綺 x-		紙 諸氏 zh-
			枳 居紙 j-	企 丘弭 q-															
		累 力委 lei	詭 過委 gui	跪 去委	跪 渠委 g-`	硊 魚毀 wei	觜 即委 zui		惢 才捶 z-`	髓 息委 s-		[illegible] 隨婢 s-`			揣 初委 chuai				捶 之累 zhui
				跬 丘弭 kui															
		詈 力智 li	寄 居義	檢 卿義	芰 奇寄 j-	議 宜寄 yi	積 子智 zi	刺 七賜 c-	漬 疾智 z-	賜 斯義 s-	c-		裝 爭義 z-	zh-			屣 所寄 x-		寘 支義 zh-
			馶 居企 ji	企 去智 q-															
縋 馳僞 zh-	諉 女恚 n-	累 良僞 lei	䞈 詭僞			僞 危睡 wei				稜 思累 sui									惴 之睡 zh-
			瞡 規恚 gui	觖 窺瑞 k-															

表六

穿	神	審		禪	日	影	曉	于	喻
眵 叱支 ch-		纚 式支 sh-		提 是支 ch-´	兒 汝移 ér	漪 於離 yi	犧 許羈 詑 香支 xi		移 弋支 yí
吹 昌垂 ch-				垂 是爲 ch-´	痿 人垂 r-´	逶 於爲 wei	麾 許爲 隓 許規 hui	爲 薳支 wéi	蘬 悦吹 wéi
侈 尺氏 ch-	舓 神帋 sh-	弛 施是 sh-	(ch-´)	是 承紙 sh-`	爾 兒氏 er	倚 於綺 yi	⿰禾鼻 興倚 xi		酏 移爾 yi
				菙 時髓 sh-`	蘂 如累 r-	委 於詭 wei	毁 許委 hui	蔿 韋委 wei	莜 羊捶 wei
卶 充豉 ch-		翅 施智 sh-	(ch-)	豉 是義 sh- (ch-ˇ)		倚 於義 縊 於賜 yi	戲 香義 xi		易 以豉 yi
吹 尺僞 ch-				睡 是僞 sh-	枘 而瑞 r-	餧 於僞 恚 於避 wei	毁 況僞 孈 呼恚 hui	爲 于僞 wei	瓗 以睡 wei

○	幫	滂	並	明
[脂]	悲 府眉 bei	丕 敷悲 紕 匹夷 pi	邳 符悲 (pei) 毗 房脂 p-´	眉 武悲 mei
[旨]	鄙 方美 匕 卑履 bi	嚭 匹鄙 p-	否 符鄙 牝 扶履 p-	美 無鄙 mei
[至]	秘 兵媚 (mi) 痹 必至 bi	濞 匹備 屁 匹寐 p-	備 平祕 鼻 毗至 bei bi	郿 明祕 寐 弥二 mei

知	徹	澄	娘	來	定	見		溪	群		疑	精	清	從	心	邪	初	山
胝 丁尼* zhi	絺 丑飢 ch-	墀 直尼 ch-´	尼 女夷 n-´	梨 力脂 l-´		飢 居夷 ji			鬐 渠脂 q-´		狋 牛肌 yí	咨 即夷 zi	郪 取私 c-	茨 疾資 c-´	私 息夷 s-			師 疏夷 shi
追 陟隹 zhui		鎚 直追 ch-´		纍 力追 léi		龜 居追 gui		巋 丘追 k-	逵 渠追			嶉 醉綏 z-						
									葵 渠隹 k-´						綏 息遺 s-			衰 所追 shuai
黹 豬几 zhi	[illegible] 楮几 ch-	雉 直几 zh-`	柅 女履 ni	履 力几		几 居履 ji	(jī)		跽 暨几 j-`			姊 將几 zi						
zhi	ch-	zh-`	ni	lü											死 息姊 s-	兕 徐姊 s-`		
				壘 力軌 lei		軌 居洧		巋 丘軌	郈 暨軌			濢 遵誄 z-	趡 千水 c-	[illegible] 徂壘 z-`				
						癸 居誄 gui		k-	揆 求癸 k-									
致 陟利 zhi	屎 丑利 ch-	緻 直利 zh-	膩 女利 ni	利 力至 l-	地 徒四 d-	冀 几利 ji		器 去冀	臮 其冀 j-		劓 魚器 yi	恣 資四 zi	次 七四 c-	自 疾二 z-	四 息利 s-			
								棄 詰利 q-										
轛 追萃 zhui		墜 直類 zh-		類 力遂 lei		媿 俱位 kui		喟 丘愧 k-	匱 求位 k-			醉 將遂 zui	翠 七醉 c-	萃 秦醉 c-	邃 雖遂 s-	遂 徐醉 s-	[illegible] 楚愧 ch-	帥 所類 shuai
						季 居悸 ji	gui		悸 其季 ji	gui								

照	穿	神	審	禪	日	影	曉	于	喻
脂 旨夷 zh-	鴟 處脂 ch-		尸 式脂 sh-			伊 於脂 yi	咦 喜夷 xi		姨 以脂 yí
錐 職追 zhui	推 尺隹 ch-			誰 視隹 sh-´	蕤 儒隹 r-´		倠 許維 hui	帷 洧悲 wéi	惟 以追 wéi
旨 職雉 zhi			矢 式視 sh-	視 承矢 sh-`		歕 於几 yi			
			水 式軌 sh-		蕊 如壘 r-			洧 榮美 wei	唯 以水 wei
							瞲 火癸 hui		
至 脂利 zhi	痓 充自 ch-	示 神至 sh-	屍 矢利 sh-	嗜 常利 sh-	二 而至 er	懿 乙冀 yi	齂 虛器 xi		肄 羊至 yi
	出 尺類 chui		㾵 釋類 sh-				豷 許位	位 于愧 wei	遺 以醉 wei
							瞲 香季 hui		

表七

〇	知	徹	澄	娘	來	見	溪
[之]		癡 丑之 chi	治 直之 ch-´		釐 里之 lí	姬 居之 ji	欺 去其 q-
[止]	徵 陟里 zhi	恥 敕里 ch-	峙 直里 zh-`	你 乃里 ni	里 良士 l-	紀 居理 ji	起 墟里 q-
[志]	置 陟吏 zhi	眙 丑吏 ch-	值 直吏 zh-		吏 力置 li	記 居吏 ji	亟 去吏 q-

群	疑	精	清	從	心	邪	莊	初		牀		山	照	穿	審	禪	日	影	曉
其 渠之 q-´	疑 語其 yí	茲 子之 zi		慈 疾之 c-´	思 息茲 s-	詞 似茲 c-´	菑 側持 z-	輜 楚持 (z-)	c-	漦 俟甾 c-´ 茬 士之 chí	(ch-)		之 止而 zhi	蚩 赤之 ch-	詩 書之 sh-	時 市之 sh-´	而 如之 ér	醫 於其 yi	僖 許其 xi
	擬 魚紀 ni	子 即里 zi			枲 胥里 xi	似 詳里 sì	滓 阻史 z-	刹 初紀 c-		俟 牀史 s-` 士 鉏里 shì		史 踈士 shi	止 諸市 zh-	齒 昌里 ch-	始 詩止 sh-	市 時止 sh-`	耳 而止 er	譩 於擬 yi	喜 虛里 xi
忌 渠記 j-	[illegible] 魚記 yi		[illegible] 七吏 ci	字 疾置 z-	笥 相吏 s-	寺 祥吏 s-	胾 側吏 z-	廁 初吏 c-	(ce)	事 鉏吏 shi		駛 踈吏 shi	志 職吏 zh-	熾 昌志 ch-	試 式吏 sh-	侍 時吏 sh-	餌 仍吏 er	意 於記 yi	憙 許記 xi

于	喻
	飴 與之 yí
矣 于紀 yi	以 羊己 yi
	異 羊吏 yi

表八

○	非	敷	奉	微	見	溪	群	疑	影	曉	于
[微]					機 居依 ji		祈 渠希 q-´	沂 魚衣 yí	依 於希 yi	希 香衣 xi	
	斐 甫微 fei	霏 芳非 f-	肥 符非 f-´	微 無非 wei	歸 舉韋 gui	蘬 丘韋 k-		巍 語韋 wéi	威 於非 wei	揮 許歸 hui	幃 雨非 wéi
[尾]					蟣 居狶 ji	豈 祛狶 q-		顗 魚豈 yi	扆 於豈 yi	豨 虛豈 xi	
	匪 府尾 fei	斐 敷尾 f-	膹 浮鬼 f-`	尾 無匪 wei	鬼 居偉 gui				磈 於鬼 wei	虺 許偉 hui	韙 于鬼 wei
[未]					既 居豙 ji	氣 去既 q-	醦 其既 j-	毅 魚既 yi	衣 於既 yi	欷 許既 xi	
	沸 方味 fei	費 芳未 f-	狒 扶沸 f-	未 無沸 wei	貴 居胃 gui	毇 丘畏 k-		魏 魚貴 wei	尉 於胃 wei	諱 許貴 hui	胃 于貴 wei

表九

○	知
[魚]	豬 陟魚 zhu
[語]	貯 丁呂* zhu
[御]	著 陟慮 zhu

徹	澄	娘	來	見	溪	群	疑	精	清	從	心	邪	莊	初	牀	山
攄 丑居 sh-	除 直魚 ch-´	袽 女余 r-´	臚 力居 lú lǘ	居 九魚 ju	墟 去魚 q-	渠 强魚 q-´	魚 語居 yú	且 子魚 ju	疽 七余 q- (j-)		胥 相居 xu	徐 似魚 x-´	菹 側魚 j-	初 楚居 chu	鉏 士魚 ch-´	疏 所菹 sh-
褚 丑吕 ch-	佇 直吕 zh-`	女 尼吕 nü	吕 力舉 l-	舉 居許 ju	去 羌舉 q-	巨 其吕 j-`	語 魚巨 yu	苴 子與 ju	䀯 七與 q-	咀 慈吕 j-	諝 私吕 x-	敘 徐吕 x-`	阻 側吕 zu	楚 創舉 ch-	齟 牀吕 z-	所 疏舉 xu
絮 抽據 ch-	箸 遲倨 zh-	女 尼據 nü	慮 良倨 l-	據 居御 ju	㰦 丘倨 q-	遽 其據 j-	御 牛倨 yu	怚 將預 ju	覰 七慮 q-		絮 息據 x-	[illegible] 徐預 x-	詛 莊助 zu (z-ˇ)	楚 瘡據 ch-	助 牀據 zh-	疏 所去 sh-

	照	穿	神	審	禪	日	影	曉	喻
	諸 章魚 zh-			書 傷魚 sh-	蜍 署魚 ch-´	如 人諸 r-´	於 央居 yú	虛 朽居 xu	余 以諸 yú
(suo)	鬻 章與 zhu	杵 昌與 ch-	紓 神與 sh-	暑 舒呂 sh-	墅 承與 sh-`	汝 人渚 r-	扵 於許 yu	許 虛呂 xu	與 余呂 yu
	翥 章恕 zh-	處 昌據 ch-		恕 商署 sh-	署 常恕 sh-	洳 人恕 r-	飫 依倨 yu	噓 許御 xu	豫 羊洳 yu

表十

〇	非	敷	奉	微	知	徹	澄
[虞]	跗 甫無 fu	敷 芳無 f-	扶 防無 f-´	無 武夫 wú	株 陟輸 zhu	貙 敕俱 ch-	廚 直誅 ch-´
[麌]	甫 方矩 fu	撫 芳武 f-	父 扶雨 f-`	武 文甫 wu	拄 知庾 zhu		柱 直主 zh-`
[遇]	付 方遇 fu	赴 芳遇 f-	附 符遇 f-	務 亡遇 wu	註 中句 zhu	閏 丑注 ch-	住 持遇 zh-

來	見	溪	群	疑	精	清	從	心	莊	初	牀	山	照	穿	審	禪	日	影	曉
僂	拘	區	衢	虞	諏	趨		須	傷	芻	⿰犭芻	毹	朱	樞	輸	殊	儒	紆	訏
力朱	舉朱	豈俱	其俱	遇俱	子于	七逾		相俞	莊俱	測隅	仕于	山芻	章句	昌朱	式朱	市朱	人朱	憶俱	況于
lǘ	ju	q-	q-´	yu	ju	q-		x-	zhu	ch-´	ch-´	sh-	zh-	sh-	sh-	sh-	r-´	yu	xu
縷	矩	齲	窶	麌		取	聚	縟			⿰犭聚	數	主			豎	乳	傴	詡
力主	俱雨	驅雨	其矩	虞矩		七庾	慈庾	相庾			雛禹	所矩	之庾			臣庾	而主	於武	況羽
lü	ju	q-	j-`	yu		qu	j-	x-①			zhù	sh-	zh-			sh-`	r-	yu	xu
屢	屨	驅	懼	遇	緅	娶	埾	㪲		菆		捒	注		戍	樹	孺	嫗	昫
良遇	九遇	區遇	其遇	牛具	子句	七句	才句	思句		芻注		色句	之戍		傷遇	常句	而遇	衣遇	香句
lü	ju	q-	j-	yu	ju	q-	j-	x-		chu		sh-	zh-		sh-	sh-	r-	yu	xu

① 編者按:此處原無拼音,據例補。

于	喻
于 羽俱 yú	逾 羊朱 yú
羽 王矩 yu	庾 以主 yu
芋 王遇 yu	裕 羊戍 yu

表十一

○	幫	滂		並		明	端	透	定	泥	來	見	溪	疑	精
[模]	逋 博孤 bu	稗 普胡 p-		酺 薄胡 p-ˊ		模 莫胡 m-ˊ	都 當孤 d-	瑹 他胡 t-	徒 同都 t-ˊ	奴 乃都 n-ˊ	盧 落胡 l-ˊ	孤 古胡 g-	枯 苦胡 k-	吾 五乎 wú	租 則吾 zu
[姥]	補 博古 bu	普 滂古 p-		簿 裴古 b-ˋ		姥 莫補 m-	覩 當古 d-	土 他魯 t-	杜 徒古 d-ˋ	怒 奴古 n-	魯 郎古 l-	古 公户 g-	苦 康杜 k-	五 疑古 wu	祖 則古 zu
[暮]	布 博故 bu	怖 普故 p-	(b-)	捕 薄故 b-	(b-ˇ)	暮 莫故 m-	妒 當故 d-	菟 湯故 t-	渡 徒故 d-	笯 乃故 n-	路 洛故 l-	顧 古暮 g-	絝 苦故 k-	誤 五故 wu	作 臧祚 zuo

清	從	心	影	曉	匣
麤 倉胡 c-	徂 昨胡 c-´	蘇 素姑 s-	烏 哀都 wu	呼 荒烏 hu	胡 户吴 h-´
蘆 采古 c-	粗 徂古 z-`		隝 安古 wù	虎 呼古 hu	户 侯古 h-`
厝 倉故 cu cuo	祚 昨誤 zuo	訴 桑故 su	汙 烏路 wu	謼 荒故 hu	護 胡誤 h-

表十二

〇	幫	滂	並	明		端	透	定	泥	徹
[齊]	豍 邊兮 bi	磇 匹迷 p-	鼙 部迷 p-´	迷 莫兮 m-´		低 都奚 d-	梯 土雞 t-	嗁 杜奚 t-´	泥 奴低 n-´	
[薺]	鞞 補米 bi	頩 匹米 p-	陛 傍禮 b-`	米 莫禮 m-		邸 都禮 d-	體 他禮 t-	弟 徒禮 d-`	禰 奴禮 n-	
[霽]	閉 博計 bi	媲 匹詣 p-	薜 蒲計 b-	謎 莫計 m-	（m-´）	帝 都計 d-	替 他計 t-	第 特計 d-	泥 奴計 n-	箞 丑戾 chi

來	見	溪	疑	精	清	從	心	禪	日	影	曉	匣
黎 郎奚 l-´	雞 古奚 j-	谿 苦奚 q-	倪 五稽 n-´	齎 祖鷄[①] j-	妻 七稽 q-	齊 徂奚 q-´	西 先稽 x-	栘 成臡 shí	臡 人兮 ní	鷖 烏奚 yi	醯 呼雞 xi	奚 胡雞 x-
	圭 古攜 gui	睽 苦圭 k-								烓 烏攜 wei	睳 呼攜 hui	攜 户圭 xié
禮 盧啟 l-		啟 康禮 q-	堄 研啟 n-	濟 子禮 j-	泚 千禮 ci	薺 徂禮 jì	洗 先禮 x-			吟 烏弟 yi		徯 胡禮 xì
麗 郎計 li	計 古詣 j-	契 苦計 q-	詣 五計 yi	霽 子計 ji	砌 七計 q-	嚌 在詣 j-	細 蘇計 x-			翳 於計 yi	欪 呼計 xi	蒵 胡計 x-
	桂 古惠 gui										嘒 呼惠 h-	慧 胡桂 h-

表十三

○	幫	滂	並	明
[祭]	蔽 必袂 bi	潎 匹蔽 p-	獘 毗祭 b-	袂 彌獘 mei

① 編者按:鷄,澤存堂本作“稽”。

知	徹	澄	來	見	溪	群	疑	精	清	心	邪		初	山	照	穿	審	禪	
㿃 竹例 zhi	跇 丑例 ch-	滯 直例 zh-	例 力制 li	猘 居例 j-	憩 去例 q-	偈 其憩 j-	藝 魚祭 yi	祭 子例 ji						㡜 所例 shi	制 征例 zh-	掣 尺制 ch-	世 舒制 sh-	逝 時制 sh-	
綴 陟衛 zhui		⿰金芮 除芮 zh-		劌 居衛 g-				蕝 子芮 z-	毳 此芮 c-	歲 相鋭 s-	篲 祥歲 s-	(h-)	竁 楚稅 c-	啐 山芮 sh-	贅 之芮 zh-		稅 舒鋭 sh-	啜 嘗鋭[1] sh-	(chuo)

① 編者按:嘗鋭及前稅小韻舒鋭切,澤存堂本鋭字均作“芮”。

表十四

日	影	于	喻
	緆 於罽 yi		曳 餘制 yi
芮 而鋭 rui		衛 于歲 wei	鋭 以芮 rui

○	幫	滂	並	明	端	透	定		泥	來	見		溪
[泰]	貝 博蓋 bei	霈 普蓋 p-	旆 蒲蓋 p-	眛 莫貝 m-	帶 當蓋 dai	泰 他蓋 t-	大 徒蓋 t-	(da)	柰 奴帶 n-	賴 落蓋 l-	蓋 古太 g-		磕 苦蓋 k-
					祋 丁外 dui	娧 他外 t-	兑 杜外 d-			酹 郎外 lei	儈 古外 gui	kuai	檜 苦會 k-

疑	精	清	從	心	影		曉	匣
艾 五蓋 ai		蔡 倉大 c-			藹 於蓋 ai	ǎi	餀 呼艾 h-	害 胡蓋 h-
外 五會 wai	最 祖外 zui	襊 麤最 c-	蕞 才外 z-	䃜 先外 s-	懀 烏外 wei		譮 呼會 hui	會 黃外 h-

表十五

○	幫	滂	並	明	知	徹		澄
[佳]			牌 薄佳 pái	𥈠 莫佳 m-´		扠 丑佳 ch-	(cha)	
[蟹]	擺 北買 bai		罷 薄蟹 bà	買 莫蟹 mai				廌 宅買 zhì
								拲 丈夥 zhuò
[卦]	嶭 方賣 bai			賣 莫懈 m-	膪 竹賣 chuai			
	庍 方卦* bai	派 匹卦 p-	粺 傍卦 b-					

表十六

娘	見	溪	群	疑	莊	初	牀	山	影	曉	匣	○	幫
羪 孋佳 nai	佳 古膎 jia			崖 五佳 yá		釵 楚佳 chai	柴 士佳 ch-´	崽 山佳 sh-（z-ˇ）	娃 於佳 wa（wá）	瞖 火佳 xie	㦘 户佳 x-´	［皆］	
	媧 古蛙 gua（wa）	咼 苦媧 k-（kuai）								竵 火媧 hua	鼃 户媧 h-´		
嬭 奴蟹 nai	解 佳買 jie	芌 苦蟹 kai	箉 求蟹 guai					灑 所蟹 sa	矮 烏蟹 ai		蟹 胡買 xiè	［駭］	
	𦫵 乖買 guai									扮 花夥 huo	夥 懷𦫵 h-`		
	懈 古隘 jie（x-）	嫛 苦賣 kai		睚 五懈 ya	債 側賣 zhai	差 楚懈 ch-	𤸪 士懈 zh-	曬 所賣 sh-	隘 烏懈 ai	誒 火懈 xie	邂 胡懈 x-	［怪］	拜 布戒① bai
	卦 古賣 gua									諣 呼卦 h-	畫 胡卦 h-		

① 編者按:澤存堂本該小韻首字作“擛”;布戒,澤存堂本作“博怪”。

滂	並	明	知	徹	澄	娘	來	見	溪	疑	莊	初	牀	山
	排 步皆 pái	埋 莫皆 m-´	𪘏 卓皆 zh-	搋 丑皆 chui（chuai）		搱 諾皆 nái	唻 賴諧 l-´（lié）	皆 古諧 jie	揩 口皆 kai	𩅧 擬皆 ái	齋 側皆 zhai	差 楚皆 ch-	豺 士皆 ch-´	崽 山皆 sh-（z-ˇ）
					𡰪 杜懷 tuái（tuí）		䐯 力懷 léi	乖 古懷 guai	匯 苦淮 k-				膗 仕懷 ch-´	
									楷 苦駭 kai	騃 五駭 ai				
湃 普拜 p-	憊 蒲拜 bei	眒 莫拜 m-				褹 女介 nie		誡 古拜 jie	烗 苦戒 kai	聧 五介 ai	瘵 側界 zhai			鎩 所拜 sh-
								怪 古壞 guai	蒯 苦怪 k-（k-ˇ）	聵 五怪 wai				

影	曉	匣
⿰扌俟 乙諧 ai	俙 喜皆 xie	諧 户皆 x-´
崴 乙乖 wai	虺 呼懷 huì	懷 户乖 huái
挨 於駭 ai		駭 侯楷 xiè hài
噫 烏界 ai	譮 許介 xie	械 胡介 x-
	⿰豕舌 火怪 huai	壞 胡怪 h-

表十七

○	幫	並	明	徹	澄	見	溪	清	初	牀	山	影	曉
[夬]				蠆 丑犗 chai	⿰足余 除邁 zh-	犗 古喝 jie				寨 犲夬 zhai	⿰口冊 所犗 sh-	喝 於犗 ai	⿰言萬 火犗 hai
	敗 補邁 bai	敗 薄邁 b-	邁 莫話 m-			夬 古邁 guai	快 苦夬 k-	啐 蒼夬 cui	嘬 楚夬 chuai			⿰黑會 烏快 wai	咶 火夬 hua

表十八

匣	○	幫	滂	並	明	端	透	定	泥	來	知	見	溪	疑
	[灰]	桮 布回 bei	肧 芳杯* p-	裴 薄回 p-´	枚 莫杯 m-´	磓 都回 dui	蓷 他回 t-	穨 杜回 t-´	㶉 乃回 n-´	雷 魯回 lei		傀 公回 gui	恢 苦回 k- (h-)	鮠 五灰 wéi
	[賄]			琲 蒲罪 fèi	浼 武罪* mei	腺 都罪 dui	骽 吐猥 t-	錞 徒猥 d-`	餧 奴罪 nei	磥 落猥 l-	髯 陟賄 zhuǐ		頯 口猥 kui	頠 五罪 wei
話 下快 hua	[隊]	背 補妹 bei	配 滂佩 p-	佩 蒲昧 b- (p-)	妹 莫佩 m-	對 都隊 dui	退 他內 t-	隊 徒對 d-	內 奴對 nei	纇 盧對 l-		憒 古對 gui (k-)	塊 苦對 kuai	磑 五對 wei

表十九

精	清	從	心	影	曉	匣	于
嗺 臧回 zui	崔 倉回 c-	摧 昨回 c-	膗 素回 s-	隈 烏恢 wei	灰 呼恢 hui	回 户恢 h-´	
摧 子罪 zui	皠 七罪 c-	辠 徂賄 z-`		猥 烏賄 wei	賄 呼罪 hui (h-`)	瘣 胡罪 h-`	倄 于罪 wei
晬 子對 zui	倅 七内 c-		碎 蘇内 s-	愧 烏繢 wei	誨 荒内 hui	潰 胡對 h- (k-)	

○	滂	並	明	端	透
[咍]	婄 普才 pei	脴 扶來* p-´		⿰黑臺 丁來 dai	胎 土來 t-
[海]	啡 匹愷 pei	倍 薄亥 b-`	穤 莫亥 mai (mei)	等 多改 dai	嚺 他亥 t-
[代]			穤 莫代 mai (mei)	戴 都代 dai	貸 他代 t- (d-)

表二十

定	泥	來	見	溪	疑	精	清	從	心	穿	日	影	曉	匣	喻
臺 徒哀 t-´	能 奴來 n-´	來 落哀 l-´	該 古哀 g-	開 苦哀 k-	皚 五來 ai	栽 祖才 zai	猜 倉才 c-	裁 昨哉 c-´	鰓 蘇來 s-	犨 昌求 ch-		哀 烏開 ai	咍 呼來 hai	孩 户來 h-´	
駘 徒亥 d-`	乃 奴亥 n-	釓 來改 l-	改 古亥 g-	愷 苦亥 k-		宰 作亥 z-	采 倉宰 c-	在 昨宰 z-`		茝 昌紿 ch-	疓 如亥 n-	欸 於改 ai	海 呼改 hai	亥 胡改 h-`	腴 與改 ai
代 徒耐 d-	耐 奴代 n-	賚 洛代 l-	溉 古代 g-	慨 苦溉 k-	礙 五溉 ai	載 作代 zai	菜 倉代 c-	載 昨代 z-	賽 先代 s-			愛 烏代 ai	儗 海愛 hai	瀣 胡槩 xie	

○	非
[廢]	廢 方肺 fei

表二十一

韻	幫	滂	並	明	知	徹	澄
［真］	賓 必鄰	繽 匹賓	頻 符真	民 彌鄰	珍 陟鄰 zhen	獮 丑人 ch-	陳 直珍 ch-´
	彬 府巾 bin	砏 普巾* p-　(b-)	貧 符巾 p-´	珉 武巾 m-´			
［軫］			牝 毗引 bìn　(p-`)	泯 武盡 m-		辴 丑忍 chen	紖 直引 zh-`
				愍 眉殞 min			
［震］	儐 必刃 bin	汖 撫刃 p-			鎮 陟刃 zhen	疢 丑刃 ch-	陣 直刃 zh-
［質］	必 卑吉 bì	匹 譬吉 p-	邲 毗必 b-`	蜜 彌畢 m-`	窒 陟栗	抶 丑栗 chì	秩 直一 zh-´
					蛭 丁悉* zhì		
	筆 鄙密 bì　(b-ˇ)		弼 房密 b-`	密 美筆 m-`			
					茁 徵筆 zhí		

韻	敷	奉	群	疑	影	曉
［真］						
［軫］						
［震］				刈 魚肺 yi		
	肺 芳吠 f-	吠 符廢 f-	犩 渠穢 gui		穢 於廢 wei　hui	喙 許穢 hui
［質］						

娘	來	見	溪	群	疑	精	清	從	心	邪	莊	初	牀	山
紉 女鄰 nín (rén)	粦 力珍 lín			趣 渠人*		津 將鄰 jin	親 七人 q-	秦 匠鄰 q-´	新 息鄰 x-					
		巾 居銀 j-		穫 巨巾 q-´ (j-)	銀 語巾 yín									
		麏 居筠 jun	囷 去倫 q- (j-)											
	嶙 良忍 lin	緊 居忍 j-			釿 宜引 yin	榼 即忍 jin	笉 七忍 q-	盡 慈忍 j-`						
				窘 渠殞 jùn (j-ˇ)										
	遴 良刃 lin		菣 去刃 q-	僅 渠遴 j-	憖 魚覲 yin	晉 即刃 jin	親 七遴 q-		信 息晉 x-	賮 徐刃 j-		櫬 初覲 chen		
暱 尼質 zh-` nì	栗 力質 l-`	吉 居質 j-´	詰 去吉 jié			堲 資悉 jí	七 親吉 q-	疾 秦悉 j-´	悉 息七 x-			刹 初栗 chì	齜 仕叱 zh-´	
		暨 居乙 jì		姞 巨乙 j-´	耴 魚乙 yì									率 所律 shuò shuài

表二十二

照	穿	神	審	禪	日	影	曉	匣	于	喻
真 職鄰 zhen	瞋 昌真 ch-	神 食鄰 sh-´	申 失人 sh-	辰 植鄰 ch-´	仁 如鄰 r-´	因 於真 䜱 於巾 yin 贇 於倫 yun		礥 下珍 xín	筠 爲贇 yún	寅 翼真 yín
軫 章忍 zhen			矤 式忍 sh-	腎 時忍 sh-`	忍 而軫 r-				殞 于敏 yun	引 余忍 yin
震 章刃 zh-			胂 試刃 sh-	慎 時刃 sh-	刃 而振 r-	印 於刃 yin	衅 許覲 xin			胤 羊晉 yin
質 之日 zh-`	叱 昌栗 ch-`	實 神質 sh-´	失 式質 sh-		日 人質 r-`	一 於悉 yī 乙 於筆 yǐ	欯 許吉 xì 肸 羲乙 xì 獝 況必 xù		[illegible] 于筆 yù	逸 夷質 yì

〇	知	徹	澄	來	見	溪
[諄]	屯 陟綸 zhun	椿 丑倫 ch-	[illegible] 直倫 ch-´	淪 力迍 l-´	均 居勻 jun	
[準]		偆 癡準 chun		輪 力準 l-		麇 丘尹 qun
[稕]						
[術]	怵 竹律 zhú	黜 丑律 ch-`	朮 直律 zh-´	律 呂卹 lǜ	橘 居聿 jú	

表二十三

精	清	從	心	邪	莊	照	穿	神		審	禪	日	曉	喻
遵 將倫 zun	逡 七倫 c-	鵕 昨旬 c-´	荀 相倫 xún	旬 詳遵 x-´		諄 章倫 zhun	春 昌脣 ch-	脣 食倫 ch-´			純 常倫 ch-´	犉 如匀 r-´		匀 羊倫 yún
			筍 思尹 sun			準 之尹 zh-	蠢 尺尹 ch-	盾 食尹 sh-	(d-)	賰 式允 sh-		蝡 而允 r-		尹 余準 yun (yin)
儁 子峻 jun			陖 私閏 xun	殉 辭閏 x-		稕 之閏 zhun		順 食閏 sh-		舜 舒閏 sh-		閏 如順 r-		
卒 子聿 zú	焌 倉聿 c-`	崒 慈卹 z-´	卹 辛聿 xù		黜 側律 zhú		出 赤律 ch-	術 食聿 sh-`					狘 許聿 xù	聿 餘律 yù

○	莊
[臻]	臻 側詵 zhen
[櫛]	櫛 阻瑟 zhì

	牀	山
	蓁 士臻 chan	莘 所臻 xin
	齜 崱瑟 zhé	瑟 所櫛 s-`

表二十四

○	非	敷	奉	微	見	溪	群	疑	影	曉	于
[文]	分 府文 fen	芬 撫文 f-	汾 符分 f-´	文 無分 wén	君 舉云 jun		群 渠云 q-´		煴 於云 yun	薰 許云 xun	雲 王分 yún
[吻]	粉 方吻 fen	忿 敷粉 f-	憤 房吻 f-`	吻 武粉 wen		趣 丘粉 qun		齳 魚吻 yun	惲 於粉 yùn		抎 云粉 yun
[問]	糞 方問 fen	湓 匹問* f-	分 扶問 f-	問 亡運 wen			郡 渠運 jun		醖 於問 yun	訓 許運 xun	運 王問 yun
[物]	弗 分勿 fú	拂 敷勿 f-´	佛 符弗 fó	物 文弗 wù	亥 九物 jué	屈 區勿 qū	倔 衢物 jué	崛 魚勿 wù	鬱 紆物 yù	颮 許勿 xù	颶 王勿 yù (wù)

表二十五

○	見
[殷] (欣)	斤 舉欣 jin
[隱]	謹 居隱 jin
[焮]	靳 居焮 jin
[迄]	訖 居乞 jí

表二十六

○	非	敷	奉	微	見	溪
[元]					攑 居言 jian	搴 丘言 q-
	蕃 甫煩 fan	翻 孚袁 f-	煩 附袁 f-´	樠 武元 m-´		
[阮]					湕 居偃 jian	言 去偃 q-
	反 府遠 fan		飯 扶晚 f-`	晚 無遠 wan		稚 去阮 quan
[願]					建 居万 jian	
	販 方願 fan	嬔 芳万 f-	飯 符万 f-	万 無販 wan	䜌 居願 juan	券 去願 q-
[月]					訐 居竭 jié	
					厥 居月 jué	闕 去月 q-`

溪	群	疑	莊	初	影	曉
	勤 巨斤 q-´	虒 語斤 yín			殷 於斤 yin	欣 許斤 xin
赾 丘謹 q-	近 其謹 j-`	听 牛謹 yin	螓 仄謹 zhen	齔 初謹 ch-	隱 於謹 yin	蠕 休謹 xin
	近 巨靳 j-	垽 吾靳 yin			傿 於靳 yin	焮 香靳 xin
乞 去訖 (q-`) q-`	趌 其迄 (q-ˇ) jí	疙 魚迄 yì (q-`)				迄 許訖 xì q-`

表二十七

群	疑	初	影	曉	于
䭈 巨言 q-´	言 語軒 yán		蔫 謁言 yan	軒 虛言 xian (xuan)	
	元 愚袁 yuan		鴛 於袁 yuan	暄 況袁 xuan	袁 雨元 yuán
寋 其偃 j-`	言 語偃 yan		偃 於幰 yan	幰 虛偃 xian	
圈 求晚 j-`	阮 虞遠 yan (ruan)		婉 於阮 yuan wan	晅 況晚 xuan	遠 雲阮 yuan
健 渠建 j-	甗 語偃 yan		堰 於建 yan	獻 許建 xian	
圈 臼万 j-	願 魚怨 yuan	歘 叉万 chuan	怨 於願 yuan	楥 虛願 xuan	遠 于願 yuan
揭 其謁 jié	钀 語訐 n-`		謁 於歇 yè	歇 許竭 xiē	
鱖 其月 j-´	月 魚厥 yuè		嬮 於月 yuē	颰 許月 xuè	越 王伐 yuè

○	幫	滂	並	明	端	透	定	泥
[魂]	奔 博昆 ben	濆 普魂 p-	盆 蒲奔 p-´	門 莫奔 m-´	敦 都昆 dun	暾 他昆 t-	屯 徒渾 t-´	黁 奴昆 n-´
[混]	本 布忖 ben	栩 普本 p-	獖 蒲本 b-`	懣 模本 m-		畽 他衮 tun	囤 徒損 d-`	炳 乃本 n-
[慁]	奔 甫悶* ben①	噴 普悶 p-	坌 蒲悶 b-	悶 莫困 m-	頓 都困 dun		鈍 徒困 d-	嫩 奴困 n-
[没]		誖 普没 pò	勃 蒲没 b-´	没 莫勃 m-`	咄 當没 duò	宊 他骨 tuì	突 陀骨 tú	訥 内骨 nè

① 編者按:此處原無拼音,據例補。

	來	見		溪	疑		精	清	從	心	影	曉		匣
	論 盧昆 l-´	昆 古渾 [g-]	k-	坤 苦昆 k-	僤 牛昆 wén		尊 祖昆 zun	村 此尊 c-	存 徂尊 c-´	孫 思渾 s-	温 烏渾 wen	昏 呼昆 hun		魂 户昆 h-´
	惀 盧本 l-	鯀 古本 g-		閫 苦本 k-			剸 兹損 z-	忖 倉本 c-	鱒 才本 z-`	損 蘇本 s-	穩 烏本 wen	緫 虚本 hun		混 胡本 h-
	論 盧困 l-	睔 古困 g-		困 苦悶 k-	顐 五困 wen	hun	焌 子寸 zun	寸 倉困 c-	鐏 徂悶 z-	巽 蘇困 xun	搵 烏困 wen	惛 呼悶 hun		慁 胡困 h-
nà	[illegible] 勒没 lè	骨 古忽 gǔ		窟 苦骨 k-	兀 五忽 wù		卒 臧没 zú	猝 倉没 c-`	捽 昨没 z-´	窣 蘇骨 s-`	頞 烏没 wò	忽 呼骨 hū	h-`	搰 户骨 h-´ 麧 下没 he （痕入）

表二十八

○	透
[痕]	吞 吐根 tun
[很]	
[恨]	

表二十九

見	溪	疑	影	匣
根 古痕 gen		垠 五根 yín	恩 烏痕 en	痕 户恩 hén
頣 古很 gen	墾 康很 k-			很 胡墾 h-
艮 古恨 gen		鎧 五恨 en	饐 烏恨 en	恨 胡艮 hen

○	端	透	定	泥	來	見	溪	疑	精	清	從	心
[寒]	單 都寒 dan	灘 他干 t-	壇 徒干 t-´	難 那干 n-´	蘭 落干 l-´	干 古寒 g-	看 苦寒 k-	豻 俄寒 án		餐 七安 can	殘 昨干 c-´	跚 蘇干 s-
[旱]	亶 多旱 dan	坦 他但 t-	但 徒旱 d-`		嬾 落旱 l-	笴 古旱 g-	侃 空旱 k-		䰉 作旱 z-		瓚 藏旱 z-`	散 蘇旱 s-
[翰]	旦 得按 dan	炭 他旦 t-	憚 徒案 d-	攤 奴案 n-	爛 郎旰 l-	旰 古案 g-	侃 苦旰 k-	岸 五旰 an	贊 則旰 zan	粲 蒼案 c-	㜺 徂贊 z-	繖 蘇旰 s-
[曷]	怛 當割 dá	闥 他達 t-`	達 唐割 d-´	捺 奴曷 n-`	剌 盧達 l-`	葛 古達 gě	渴 苦曷 k-ˇ	嶭 五割 è		攃 七曷 ca	巀 才割 z-´	躠 桑割 s-`

影	曉	匣	喻
安 烏寒 an	頇 許干 h-	寒 胡安 h-´	
	罕 呼旱 h-	旱 胡笴 h-`	
按 烏旰 an	漢 呼旰 han	翰 侯旰 h-	
遏 烏葛 è	顯 許葛 hè	曷 胡葛 h-´	藒 子割 è

表三十

〇	幫	滂	並	明	端	透	定	泥	來	見		溪	疑
[桓]	䃣 北潘 ban	潘 普官 p-	槃 薄官 p-´	瞞 母官 m-´	端 多官 duan	湍 他端 t-	團 度官 t-´		鑾 落官 l-	官 古丸 g-		寬 苦官 k-	岏 五丸 wán
[緩]	粄 博管 ban	坢 普伴 p-	伴 薄滿 b-`	滿 莫旱 m-	短 都管 duan	疃 吐緩 t-	斷 徒管 d-`	煗 乃管 n-	卵 盧管 l-	管 古滿 g-		欵 苦管 k-	
[換]	半 博幔 ban	判 普半 p-	叛 薄半 p-	縵 莫半 m-	鍛 丁貫 duan	彖 通貫 t-	段 徒玩 d-	偄 奴亂 n-	亂 郎段 l-	貫 古玩 g-		鏉 口喚 k-	玩 五換 wan
[末]	撥 北末 bō	鏺 普活 p-`	跋 蒲撥 b-´	末 莫撥 m-`	掇 丁活 duó	侻 他括 t-`	奪 徒活 d-´		捋 郎括 l-	括 古活 k-`	guā	闊 苦栝 kuò	枂 五活 wò

表三十一

精	清	從	心	邪	影	曉	匣
鑽 借官 zuan		欑 在丸 c-´	酸 素官 s-		剜 一丸 wan	歡 呼官 huan	桓 胡官 h-´
纂 作管 z-			算 蘇管 s-	鄹 辝纂 s-`	椀 烏管 wan		緩 胡管 huan
穳 子筭 zuan	竄 七亂 c-	攢 在玩 z-	筭 蘇貫 s-		惋 烏貫 wan	喚 火貫 huan	換 胡玩 h-
鬢 姊末 zá	撮 倉括 cuō	柮 藏活 z-´			斡 烏括 wò	豁 呼括 huò	活 户括 h-´
繓 子括 zuǒ							

○	幫	滂	並	明	知	徹	娘	見
[刪]								姦 古顏 jian
	班 布還 ban	攀 普班 p-		蠻 莫還 m-´			奻 女還 nuán	關 古還 g-
[潸]							赧 女版[1] nan	
	版 布綰 ban	眅 普板 p-	阪 扶板* b-	矕 武板 m-				
[諫]						羼 丑晏 chan		諫 古晏 jian
		襻 普患 pan		慢 謨晏 m-			奻 女患 nuan	慣 古患 g-
[黠]							痆 女黠 niè	戛 古黠 jiá gá
	八 博拔 bā	汃 普八 p-`	拔 蒲八 b-´	傛 莫八 m-`	窡 丁滑* zhuó		豽 女滑 nà	劀 古滑 guā

① 編者按:女版,澤存堂本作“奴板”,參本書八四九頁校勘記第 17 條。

表三十二

○	幫	滂	並	明	透	知	徹	澄
[山]	斒 方閑 ban					譠 陟山 zh-		獜 直閑 ch-´
[産]				⿺鬼旦 武簡*				
[襇]	扮 晡幻 ban	盼 匹莧 p-	瓣 蒲莧 b-	莔 亡莧*				袒 丈莧 zhan
[鎋]	捌 百鎋 ba			礣 莫鎋 m-`	獺 他鎋 t-`	哳 陟鎋 zh-´		
						鵽 丁刮* zhuá	頒 丑刮 ch-`	

溪	疑	莊	初	牀	山	影	曉	匣
豻 丘姦 q-	顏 五姦 yán				删 所姦 shan			
	癏 五還 wán	跧 阻頑 zhuan			檈 數還 sh-	彎 烏關 wan		還 户關 huán
	齴 五板 yan	酢 側板 zhan	⿰犭戔 初板 ch-	⿰齒戔 士板 zh-`	潸 數板 sh-			僩 下赧 xiàn
						綰 烏板 wan		皖 户板 huan
	鴈 五晏 yan		羼 初晏 chan	輚 士諫 zh-	訕 所晏 sh-	晏 烏澗 yan		骭 下晏 xian
	薍 五患 wan		篹 初患 cuan		孿 生患 sh-	綰 烏患 wan		患 胡慣 huan
⿰言瓜 恪八 qià		札 側八 zhá	⿰齒戠 初八 ch-`		殺 所八 sh-	軋 烏黠 yà	傄 呼八 xiā	黠 胡八 x-´
⿰骨力 口滑 k-`	⿰鬼出 五滑 wa	茁 鄒滑 zhuó				婠 烏八 wà		滑 户八 huá

表三十三

娘	來	見	溪	疑	從	莊	初	牀	山	日	影	曉	匣
嘫 女閑 n-´	斕 力閑 l-´	間 古閑 jian	慳 苦閑 q-	訮 五閑 yán	虥 昨閑 cán		⿰犭單 充山* ch-	虥 士山 ch-´	山 所間 sh-		黰 烏閑 yan	羴 許間 xian	閑 户間 x-´
		鰥 古頑 guan		頑 吳鰥 wán									
		簡 古限 jian	齦 起限 q-	眼 五限 yan		醆 阻限 zhan	剗 初限 ch-	棧 士限 zh-`	産 所簡 ch-				限 胡簡 xiàn
							⿰忄産 初綰						
		襇 古莧 jian											莧 侯襇 xian
													幻 胡辦 huan
		鶷 古鎋 jiá	⿰扌鳥 枯鎋 q-`	齾 五鎋 yà			刹 初鎋 chà	鐗 查鎋 zh-´		髺 而鎋	鸛 乙鎋 yà	瞎 許鎋 xia	鎋 胡瞎 x-´
妠 女刮 nà		刮 古頒 gua		刖 五刮 wà			篡 初刮 chuà		刷 數刮 sh-				頢 下刮 h-´

〇	幫	滂
[先]	邊 布賢① bian	
[銑]	編 方典* bian	
[霰]	徧 方見* bian	片 普麵 p-
[屑]	粥 方結 bie	撆 普蔑 p- p-ˇ

① 編者按:賢,澤存堂本作“玄”。

並	明	端	透	定	泥	來	見	溪		疑	精	清	從	心	牀	影	曉	匣
蹁 部田 p-´	眠 莫賢 m-´	顛 都年 d-	天 他前 t-	田 徒年 t-´	年 奴顛 n-´	蓮 落賢 l-´	堅 古賢 j-	牽 苦堅 q-		妍 五堅 yán	箋 則前 jian	千 蒼先 q-	前 昨先 q-´	先 蘇前 x-		煙 烏前 yan	祆 呼煙 xian	賢 胡田 x-´
							涓 古玄 juan								犳 崇玄 chuán	淵 烏玄 yuan	鋗 火玄 xuan	玄 胡涓 x-´
	[illegible] 彌殄 m-	典 多殄 d-	腆 他典 t-	殄 徒典	撚 乃殄 n-		繭 古典 j-	[illegible] 牽繭 q-		齞 硯峴[1] yan				銑 蘇典 xian		蝘 於殄 yan	顯 呼典 xian	峴 胡典 x-`
辮 薄泫 biàn							𡿨 姑泫 juan	犬 苦泫 q-										泫 胡畎 xuàn
	麪 莫甸 m-	殿 都甸 d-	瑱 他甸 t-	電 堂練 d-	晛 奴甸 n-	練 郎甸 l-	見 古電 j-	俔 苦甸 q-		硯 五甸 yan	薦 作甸 jian	蒨 倉甸 q-	荐 在甸 j-	霰 蘇甸 x-		宴 於甸 yan	韅 呼甸 xian	見 胡甸 x-
							睊 古縣 juan									餇 烏縣 yuan	絢 許縣 xuan	縣 黃絢 xian
蹩 蒲結 b-´	蔑 莫結 m-`	窒 丁結 d-´	鐵 他結 t-ˇ	姪 徒結 d-´	涅 奴結 n-`	奊 練結 l-`	結 古屑 j-´	猰 苦結 q-`		齧 五結 n-`	節 子結 j-´	切 千結 q-`	截 昨結 j-´	屑 先結 x-`		噎 烏結 yē	[illegible] 虎結 xiè	纈 胡結 x-´
							玦 古穴 jué	闋 苦穴 q-`	q-							抉 於決 yue	血 呼決 xuè	穴 胡決 x-`

① 編者按:硯,澤存堂本作“研”。

表三十四

○	幫	滂	並	明	知		徹	澄	娘	來		見	溪	群	疑	精		清
[仙]	鞭 卑連 bian	篇 芳連 p-	便 房連 p-´	緜 武延 m-´	邅 張連 zhan		脡 丑延 ch-	纏 直連 ch-´		連 力延 lián		甄 居延 j-	愆 去乾 q-	乾 渠焉 q-´		煎 子仙 j-		遷 七然 q-
					𠩮 丁全* zhuan		猭 丑緣 ch-	椽 直攣 ch-´		攣 呂員 luán		勬 居員 juan	弮 丘圓 q-	權 巨員 q-´		鐫 子泉 j-		詮 此緣 q-´
[獮]	辡 方免	鴘 披免 p-	辯 符蹇	免 亡辨	展 知演 zhan		搌 丑善 ch-	邅 除善 zh-`	趁 尼展 nian	輦 力展 l-	(n-)	蹇 九輦 j-	遣 去演 q-	件 其輦 j-`	齴 魚蹇 yan	翦 即淺 jian		淺 七演 q-
	褊 方緬 bian		楩 符善 b-`	緬 彌兗 m-														
					轉 陟兗 zhuan			篆 持兗 zh-`		臠 力兗 l-	(l-´)	卷 居轉 juan		圈 渠篆 j-`		臇 子兗 j-		
[線]		騗 匹戰 p-	便 婢面	面 彌箭 m-	驏 陟扇 zhan				輾 女箭 nian				譴 去戰 q-		彥 魚變 yan	箭 子賤 j-		
	變 彼眷 bian		卞 皮變 b-															
					囀 知戀 zhuan		猭 丑戀 ch-	傳 直戀 zh-		戀 力卷 lian		眷 居倦 juan	𡦵 區倦 q-	倦 渠卷 j-				縓 七絹 q-
[薛]	鷩 并列	瞥 芳滅 pie	別 皮列 b-´	滅 亡列 m-`	哲 陟列 zhé		屮 丑列 ch-`	轍 直列 zh-`		列 良薛 liè		孑 居列 j-´	揭 丘竭 q-`	傑 渠列 j-´	孼 魚列 n-`	蠽 姊列 j-´		
	箣 方別 bie																	
					輟 陟劣 zhuó	ch-`	𪘲 丑悅 ch-`		吶 女劣 nuò	劣 力輟 liè	lè	蹶 紀劣 jué	缺 傾雪 q-			蕝 子悅 j-´	j-	膬 七絕 q-`

從	心	邪	莊	初	牀	山	照		穿	神	審	禪	日	影	曉	于	喻
錢 昨仙 q-´	仙 相然 x-	㳄 夕連 x-´			潺 士連 chán		饘 諸延 zhan		燀 尺延 ch-		羶 式連 sh-	鋋 市連 ch-´	然 如延 r-´	焉 於乾 yan	嘕 許焉 xian	漹 有乾 yan	延 以然 yán
全 疾緣 q-´	宣 須緣 x-	旋 似宣 x-´	恮 莊緣 zhuan			栓 山員 sh-	專 職緣 zh-		穿 昌緣 ch-	船 食川 ch-´		遄 市緣 ch-´	堧 而緣 r-´	嬽 於權 娟 於緣 yuan	翾 許緣 xuan	員 王權 yuan	沿 與專 yuán (yán)
踐 慈演 j-`	獮 息淺 x-	綫 徐翦 x-`			撰 士免 zhuàn		膳 旨善 zhan		闡 昌善 ch-		燃 式善 sh-	善 常演 sh-`	蹨 人善 r-	放 於蹇 yan			演 以淺 yan
雋 徂兖 j-`	選 思兖 x-						剸 旨兖 zhuan		舛 昌兖 ch-			腨 市兖 sh-`	輭 而兖 r-		蠉 香兖 xuan		兖 以轉 yan
賤 才線 j-	線 私箭 x-	羨 似面 x-					戰 之膳 zhan		硟 昌戰 ch-		扇 式戰 sh-	繕 時戰 sh-		躽 於扇 yan			衍 予線 yan
	選 息絹 x-	漩 辝戀 x-	孨 莊眷 zhuan		籑 士戀 zh-	篹 所眷 sh-	剸 之囀 zh-					摶 時釧 sh-	瞑 人絹 r-			瑗 王眷 yuan	掾 以絹 yuan
	薛 私列 xue			𠞩 厠列 chè	䦆 士列 zh-´	榝 山列 sh-`	哲 旨熱 zh-´	zh-`	掣 昌列 ch-`	舌 食列 sh-´	設 識列 sh-`	折 常列 sh-´	熱 如列 r-`	焆 於列 yè	娎 許列 xiè		抴 羊列 yè
絶 情雪 j-´	雪 相絶 x-ˇ	蕝 寺絶 x-´	茁 側劣 zhuó			刷 所劣 shuā	拙 職悅 zhuó		歠 昌悅 ch-`		說 失爇 sh-		爇 如劣 r-`	噦 乙劣 妜 於悅 yue	旻 許劣 xuè		悅 弋雪 yuè

表三十五

○	端	透	定	泥	來	見	溪	疑	精	心	影	曉	匣
[蕭]	貂 都聊 diao	祧 吐彫 t-	迢 徒聊 t-´		聊 落蕭 l-´	驍 古堯 j- x-	鄡 苦幺 q-	堯 五聊 yáo		蕭 蘇彫 x-	幺 於堯 yao	膮 許幺 xiao	
[篠]	鳥 都了 diao (n-)	朓 土了 t-	窕 徒了 t-	嬲 奴鳥 n-	了 盧鳥 l-	皎 古了 j-	磽 苦皎 q-		湫 子了 j-	篠 先鳥 x-	杳 烏皎 yao	鐃 馨皛 xiao	皛 胡了 x-`
[嘯]	弔 多嘯 diao	糶 他弔 t-	藋 徒弔 d-	尿 奴弔 n-	顟 力弔 l-	叫 古弔 j-	竅 苦弔 q-	顤 五弔 yao		嘯 蘇弔 xiao	窔 烏叫 yao	歊 火弔 xiao	

表三十六

○	幫
[宵]	飆 甫遙 鑣 甫嬌 biao
[小]	表 陂矯 biao
[笑]	裱 方廟 biao

滂	並		明	知	徹		澄	來	見	溪	群	疑	精	清	從	心	照	穿
㶾 撫招 p-	瓢 符霄 p-´		蜱 彌遥	朝 陟遥 zhao	超 敕宵 ch-		鼂 直遥 ch-´	燎 力昭 liáo		蹻 去遥	翹 渠遥		焦 即消 j-	鍫 七遥 q-	樵 昨焦 q-´	宵 相邀 x-	昭 止遥 zhao	怊 尺招 ch-
			苗 武瀌 m-						驕 舉喬 j-	趫 起囂 q-	喬 巨嬌 q-´							
麃 滂表	藨 平表 p-				巐 丑小 chao		肇 治小 zh-`	繚 力小 liao	矯 居夭 j-		蹻 巨夭 j-`		勦 子小 j-	悄 親小 q-		小 私兆 x-	沼 之少 zhao	麨 尺沼 ch-
縹 敷沼 p-	摽 苻少 b-`	(p-)	眇 亡沼 m-															
剽 匹妙 p-			妙 彌笑		朓 丑召 chao	(tiào)	召 直照 zhao	尞 力照 liao		趬 丘召 q-	翹 巨要 q-	䖀 牛召 yao	醮 子肖 jiao	陗 七肖 q-	噍 才笑 j-	笑 私妙 x-	照 之少 zhao	
	驃 毗召 p-		廟 眉召 m-								嶠 渠廟 j-							

表三十七

審	禪	日	影	曉	于	喻
燒 式昭 sh-	韶 市昭 sh-´	饒 如招 r-´	要 於霄 妖 於喬 yao	囂 許嬌 xiao	鴞 于嬌 x-	遙 餘昭 yáo
少 書沼 sh-	紹 市沼 sh-`	擾 而沼 r-	夭 於兆 yao			鷕 以沼 yao
少 失照 sh-	邵 實照 sh-	饒 人要 r-	要 於笑 yao			燿 弋照 yao

〇	幫	滂	並		明	知		徹	澄	娘
[肴]	包 布交 bao	胞 匹交 p-	庖 薄交 p-´		茅 莫交 m-´	嘲 陟交 zhao	ch-´	颩 敕交 ch-	桃 直交 ch-´	鐃 女交 n-´
[巧]	飽 博巧 bao		鮑 薄巧 b-`		卯 莫飽 m-	獠 張絞 zh-				獿 奴巧 n-
[效]	豹 北教 bao		靤 防教 b- p-		皃 莫教 m-			趠 丑教 ch-	棹 直教 zh-	橈 奴教 n-

表三十八

來	見	溪	疑	莊	初	牀	山	影	曉	匣	
顟 力嘲 liao	交 古肴 j-	敲 口交 q-	聱 五交 yáo	䎌 側交 zhao	䜈 楚交 ch-	巢 鉏交 ch-´	梢 所交 sh-	䫜 於交 yao	虓 許交 xiao	肴 胡茅 x-´	yáo
	絞 古巧 jiao	巧 苦絞 q-	齩 五巧 yao	爪 側絞 zhao	煼 初爪 ch-	䰫 士絞 zh-`	数 山巧 sh-	拗 於絞 yao		澩 下巧 xiào	
	教 古孝 jiao	敲 苦教 q-	樂 五教 yao	抓 側教 zhao	抄 初教 ch-	巢 士稍 ch-	稍 所教 sh-	靿 烏教 yao	孝 許教[①] xiao	效 胡教 x-	

〇	幫	滂	並	明	端
[豪]	褒 博毛 bao	橐 普袍 p-	袍 薄褒 p-´	毛 莫袍 m-´	刀 都牢 d-
[晧]	寶 博抱 bao		抱 薄浩 b-`	蓩 武道 m-	倒 都晧 d-
[号]	報 博秏 bao		暴 薄報 b-	冃 莫報 m-	到 都導 d-

① 編者按:許,澤存堂本作“呼”。前靿小韻烏教切,烏,澤存堂本作“於”。

透	定	泥	來	見	溪	疑	精	清	從	心	影	曉	匣
饕 土刀 t-	陶 徒刀 t-´	猱 奴刀 n-´	勞 魯刀 l-´	高 古勞 g-	尻 苦刀 k-	敖 五勞 áo	糟 作曹 zao	操 七刀 c-	曹 昨勞 c-´	騷 蘇遭 s-	爊 於刀 ao	蒿 呼毛 hao	豪 胡刀 h-´
討 他浩 t-	道 徒晧 d-`	堖 奴晧 n-	老 盧晧 l-	暠 古老 g-	考 苦浩 k-	積 五老 ao	早 子晧 zao	草 采老 c-	皁 昨早 z-`	嫂 蘇老 s-	襖 烏晧 ao	好 呼晧 hao	晧 胡老 h-`
	導 徒到 d-	腝 那到 n-	嫪 郎到 l-	誥 古到 g-	鎬 苦到 k-	傲 五到 ao	竈 則到 zao	操 七到 c-	漕 在到 z-	喿 蘇到 s-	奧 烏到 ao	秏 呼到 hao	号 胡到 h-

表三十九

○	端	透	定
[歌]	多 得何 duo	佗 託何 t-	駝 徒何 t-´
[哿]	嚲 丁可 duo	袉 吐可 t-	爹 徒可 d-`
[箇]	跢 丁佐 duo	拖 吐邏 t-	馱 唐佐 d-

表四十

泥		來	見	溪	疑	精	清	從	心	影	曉	匣
那 諾何 n-´		羅 魯何 luó	歌 古俄 ge	珂 苦何 k-	莪 五何 é		蹉 七何 cuo	醝 昨何 c-´	娑 素何 s-	阿 烏何 e	訶 虎何 he	何 胡歌 h-´
橠 奴可 n-	na	楅 來可 luo	哿 古我 ge	可 枯我 k-	我 五可 uo	左 臧可 zuo	瑳 千可 c-		縒 蘇可 s-	閜 烏可 e	吹 虛我 he	荷 胡可 h-`
奈 奴箇 n-	na	邏 郎佐 luo	箇 古賀 ge	坷 口箇 k-	餓 五个 e	佐 則箇 zuo	磋 七箇 c-		些 蘇箇 s-	侉 安賀 e	呵 呼箇 he	賀 胡箇 h-

〇	幫	滂	並	明
[戈]	波 博禾 bo	頗 滂禾 p-	婆 薄波 p-´	摩 莫婆 m-´
[果]	跛 布火 bo	叵 普火 p-	爸 捕可 bà	麼 亡果 mo
[過]	播 補過 bo	破 普過 p-	縛 符卧 b-	磨 摸卧 m-

端	透	定	泥	來	見	溪	群	疑	精	清	從	心	影	曉	匣
陊 丁戈 duo	詑 土禾 t-	牠 徒和 t-´	捼 奴禾 n-´	鸁 落戈 l-´	戈 古禾 ge	科 苦禾 k-		訛 五禾 é		遳 七戈 cuo	矬 昨禾 c-´	莎 蘇禾 s-	倭 烏禾 wo		和 户戈 hé
					迦 居珈 jia	佉 丘伽 q-	伽 求迦 qié			脞 醋伽 q-					
				臠 縷骳 lüé		骳 去靴 que	瘸 巨靴 q-´		侳 子骳 j-				肥 於靴 yue	鞾 許戈[①] xue	
埵 丁果 duo	妥 他果 t-	墮 徒果 d-`	妸 奴果 n-	裸 郎果 l-	果 古火 g-	顆 苦果 ke		妸 五果 e	硰 作可 zuo	脞 倉果 c-	坐 徂果 z-`	鎖 蘇果 s-	婐 烏果 wo	火 呼果 huo	禍 胡果 h-`
桗 都唾 duo	唾 湯卧 t-	惰 徒卧 d-	愞 乃卧 n-	羸 魯過 l-	過 古卧 g-	課 苦卧 ke		卧 吾貨 wo	挫 則卧 cuo	剉 麤卧 c-	座 徂卧 z-	膹 先卧 s-	涴 烏卧 wo	貨 呼卧 huo	和 胡卧 h-

表四十一

〇	幫
［麻］	巴 伯加 ba
［馬］	把 博下 ba
［禡］	霸 必駕 ba

① 編者按：戈，澤存堂本作“肥”，參本書七三一頁校勘記第9條。

滂	並	明	知	徹	澄	娘	來	見	溪	疑	精	清	從	心	邪	莊	初	牀	山
葩 普巴 p-	爬 蒲巴 p-´	麻 莫霞 m-´	奓 陟加 zh-	侘 敕加 ch-	佘 宅加 ch-´	拏 女加 n-´		嘉 古牙 jia	齣 苦加	牙 五加 yá						樝 側加 zha	叉 初牙 ch-	楂 鉏加 ch-´	鯊 所加 sh-
									㑴 乞加 qia										
			檛 陟瓜 zhua					瓜 古華 g-	誇 苦瓜 k-	㐹 五瓜 wá						髽 莊華 zhua			
			爹 陟邪 die								嗟 子邪 j-		査 才邪 q-´	些 寫邪 x-	衺 似嗟 x-´				
	跁 傍下 p-	馬 莫下 m-	縿 竹下	奼 丑下 ch-		絮 奴下 n-	藞 盧下 l-	檟 古雅 jia	跒 苦下 q-	雅 五下 ya						鮓 側下 zha		槎 士下 zh-`	灑 砂下 s-
			觰 都賈* zha																
				䅊 丑寡 chua				寡 古瓦 g-	髁 苦瓦 k-	瓦 五寡 wa						蛆 髽瓦* zhua	䂳 叉瓦 ch-		葰 沙瓦 sh-
		乜 彌也 mie									姐 兹野 j-	且 七也 q-		寫 悉姐 x-	灺 徐野 x-`				
帊 普駕 p-	䶕 白駕 b-	禡 莫駕 m-	吒 陟駕 zh-	詫 丑亞 ch-	蛇 除駕 zh-	胗 乃亞 n-		駕 古訝 jia	髂 枯駕 q-	迓 吾駕 ya						詐 側駕 zha		乍 鋤駕 zh-	嗄 所嫁 sh-
								坬 古罵 gua	跨 苦化 k-	瓦 五化 wa									誜 所化 shua
											唶 子夜 jie	笡 遷謝 q-	褯 慈夜 j-	蝑 司夜 x-	謝 辝夜 x-				

表四十二

	照	穿	神	審	禪	日	影	曉	匣	喻
[陽]							鴉 於加 ya	煆 許加 xia	遐 胡加 x-´	
							窊 烏瓜 wa	華 呼瓜 hua	華 户花 h-´	
	遮 正奢 zhe	車 尺遮 ch-	蛇 食遮 sh-´	奢 式車 sh-	闍 視遮 sh-´	若 人賒 r-´				邪 以遮 yé
[養]							啞 烏下 ya	閜 許下 xia	下 胡雅 x-`	
									踝 胡瓦 huà	
	sha									
	者 章也 zhe	䊭 昌者 ch-		捨 書冶 sh-	社 常者 sh-`	若 人者 r-				野 羊者 ye
[漾]							亞 衣嫁 ya	嚇 呼訝 xia	暇 胡駕 x-	
							攨 烏吴 wa	化 呼霸 hua	摦 胡化 h-	
	柘 之夜 zhe	赿 充夜 ch-	射 神夜 sh-	舍 始夜 sh-						夜 羊謝 ye
[藥]										

〇	非	敷	奉	微	知	徹
[陽]					張 陟良 zhang	䓵 褚羊 ch-
	方 府良 fang	芳 敷方 f-	房 符方 f-´	亡 武方 wang		
[養]					長 知丈 zhang	昶 丑兩 ch-
	昉 分网 fang	髣 妃兩 f-	⿰馬剽 毗養 f-`	网 文兩 wang		
[漾]					帳 知亮 zhang	悵 丑亮 ch-
	放 甫妄 fang	訪 敷亮 f-	防 符況 f-	妄 巫放 wang		
[藥]					芍 張略 zhuó	㲋 丑略 ch-`
		⿱雨溥 孚縛 fò	縛 符钁 fú			

澄	娘	來	見	溪	群	疑	精	清	從	心	邪	莊	初	牀	山	照	穿	審
長 直良 ch-´	孃 女良 niáng	良 吕張 l-´	薑 居良 j-	羌 去羊 q-	强 巨良 q-´		將 即良 j-	鏘 七羊 q-	牆 在良 q-´	襄 息良 x-	詳 似羊 x-´	莊 側羊 zhuang	創 初良 ch-	牀 士莊 ch-´	霜 色莊 sh-	章 諸良 zhang	昌 尺良 ch-	商 式羊 sh-
				匡 去王 kuang	狂 巨王 k-´													
丈 直兩 zh-`		兩 良奬 liang	繈 居兩 q- j-		勥 其兩 j-`	仰 魚兩 yang	奬 即兩 jiang	搶 七兩 q-		想 息兩 x-	像 徐兩 x-`		磢 初兩 chuang		爽 踈兩 sh-	掌 諸兩 zhang	敞 昌兩 ch-	賞 書兩 sh-
			獷 居往 guang		俇 求往 g-`													
仗 直亮 zh-	釀 女亮 niang	亮 力讓 l-	彊 居亮 j-	唴 丘亮 q-	弶 其亮 j-	軻 魚向 yang	醬 子亮 j-	蹡 七亮 q-	匠 疾亮 j-	相 息亮 x-		壯 側亮 zhuang	刱 初亮 ch-	狀 鋤亮 zh-		障 之亮 zhang	唱 尺亮 ch-	餉 式亮 sh-
			誑 居況 guang (k-)		狂 渠放 g-													
著 直略 zh-´	逽 女略 n-`	略 離灼 lüè	腳 居勺 jué (jiǎo)	卻 去約 què	噱 其虐 j-´	虐 魚約 nüè	爵 即略 jué	鵲 七雀 q-`	皭 在爵 j-´	削 息約 x-		斮 側略 zhuó				灼 之若 zh-´	綽 昌約 sh-`	爍 書藥 sh-´
			玃 居縛 jué	躩 丘縛 j-´	戄 具籰 j-´													

表四十三

禪	日	影	曉	于	喻
常 市羊 ch-´	穰 汝陽 r-´	央 於良 yang	香 許良 xiang		陽 與章 yáng
				王 雨方 wáng	
上 時掌 sh-`	壤 如兩 r-	鞅 於兩 yang	響 許兩 xiang		養 餘兩 yang
		枉 紆往 wang	怳 許昉 huang	往 于兩 wang	
尚 時亮 sh-	讓 人樣 r-	怏 於亮 yang	向 許亮 xiang		漾 餘亮 yang
			況 許訪 kuang	迋 于放 wang	
妁 市若 sh-´	若 而灼 r-`	約 於略 yue	謔 虛約 xuè		藥 以灼 yuè（yào）
		嬳 憂縛 yuè	矆 許縛 xuè（huò）	籰 王縛 yuè	

○	幫	滂	並	明	端	透	定	泥
[唐]	幫 博旁 bang	滂 普郎 p-	傍 步光 p-´	茫 莫郎 m-´	當 都郎 d-	湯 吐郎 t-	唐 徒郎 t-´	囊 奴當 n-´
[蕩]	榜 北朗 bang	髈 匹朗 p-		莽 模朗 m-	黨 多朗 d-	曭 他朗 t-	蕩 徒朗 d-`	曩 奴朗 n-
[宕]	螃 補曠 bang		傍 蒲浪 b-	漭 莫浪 m-	譡 丁浪 d-	儻 他浪 t-	宕 徒浪 d-	儾 奴浪 n-
[鐸]	博 補各 bó	䪬 匹各 p-`	泊 傍各 b-´	莫 慕各 m-`		託 他各 tuò（t-）	鐸 徒落 d-´	諾 奴各 n-`

表四十四

來	見		溪	疑	精	清	從	心	影		曉	匣	
郎 魯當 l-´	岡 古郎 g-		康 苦岡 k-	卬 五剛 ang	臧 則郎 zang	倉 七岡 c-	藏 昨郎 c-´	桑 息郎 s-	鴦 烏郎 ang	yang	炕 呼郎 hang	航 胡郎 h-´	
	光 古黄 guang		骯 苦光 k-						汪 烏光 wang		荒 呼光 huang	黄 胡光 h-´	
朗 盧當 l-	骯 各朗 g-		慷 苦朗 k-	䭾 五朗 ang	駔 子朗 zang	蒼 麁朗 c-	奘 徂朗 z-`	顙 蘇朗 s-	坱 烏朗 ang	yang	汻 呼朗 hang	沆 胡朗 h-`	
	廣 古晃 guang		懬 丘晃 k-						[illegible] 烏晃 wang		慌 呼晃 huang	晃 胡廣 h-	
浪 來宕 l-	鋼 古浪 g-		抗 苦浪 k-	枊 五浪 ang	葬 則浪 z-		藏 徂浪 z-	喪 蘇浪 s-	盎 烏浪 ang			吭 下浪 hang	
	桄 古曠 guang		曠 苦謗 k-						汪 烏曠 wang		荒 呼浪 huang	攩 乎曠 h-	
落 盧各 l-`	各 古落 gé	g-	恪 苦各 k-`	愕 五各 è	作 則落 zuò	錯 倉各 c-	昨 在各 z-´	索 蘇各 s-ˇ	惡 烏各 è		臛 呵各 huò	涸 下各 hè	(hào)
磺 盧穫 luò	郭 古博 g-		廓 苦郭 k-`	瓁 五郭 wò	嘄 祖郭 zuò				臒 烏郭 wo		霍 虛郭 huò	穫 胡郭 h-`	

○	幫	滂	
[庚]	閍 甫盲 beng	磅 撫庚 p-	
	兵 甫明 bing		
[梗]	浜 布梗 beng		
	丙 兵永 bing		
[敬] (映)	榜 北孟 beng		
	柄 陂病 bing		
[陌]	伯 博陌 bó	拍 普伯 p-`	(pai)

並	明	端	知	徹	澄	娘	見	溪	群	疑	莊
彭 薄庚 p-´	盲 武庚 m-´ (máng)		趟 竹盲 zh-	瞠 丑庚 ch-	棖 直庚 ch-´	鬤 乃庚 néng	庚 古行 g-	阬 客庚 k-			
							觵 古橫 gong				
平 符兵 p-´	明 武兵 m-´						驚 舉卿 j-	卿 去京 q-	擎 渠京 q-´	迎 語京 yíng	
鮩 蒲猛 b-`	猛 莫杏 m-	打 德冷 [d-] da	盯 張梗 zh-		瑒 徒杏* zh-`	檸 拏梗 neng	梗 古杏 geng				
							礦 古猛 gong (kuàng)				
							警 居影 jing				
	皿 武永 m- (mǐn)						憬 俱永 jiong				
膨 蒲孟 b-	孟 莫更 m-		倀 猪孟 zh-	牚 他孟* ch-	鋥 除更 zh-		更 古孟 g-				
病 皮命 b-	命 眉病 m-						敬 居慶 jing	慶 丘敬 q-	競 渠敬 j-	迎 魚敬 ying	
白 傍陌 bó (bái)	陌 莫白 m-`		磔 陟格 zhé	坼 丑格 ch-`	宅 場伯 zh-` zhái zé	蹃 女白 nuò	格 古伯 gé	客 苦格 k-`		額 五陌 é	嘖 側伯 zé
							虢 古伯 guó				
欂 弼戟 bó							戟 几劇 jí (j-ˇ)	隙 綺戟 x-`	劇 奇逆 j- j-´ (jù)	逆 宜戟 nì	

表四十五

初		牀	山	影	曉	匣		于		來
鎗 楚庚 ch-		傖 助庚 ch-´	生 所庚 sh-		脝 許庚 heng	行 户庚 h-´	(xíng)			
					諻 虎橫 hong	橫 户盲 héng	hóng			
				霙 於驚 ying						
					兄 許榮 xiong			榮 永兵 róng	yíng	
			省 所景 sheng	䁝 烏猛 ying		杏 乎梗 xìng				冷 魯打 leng
						卝 乎䁝 hòng				
				影 於丙 ying						
					䒞 許永 xiong			永 于憬 yong		
			生 所敬 sheng	瀴 於孟 ying	䛭 許更 heng	行 下更 xing	heng			
				宖 烏橫 weng		蝗 户孟 hong				
				映 於敬 ying						
								詠 爲命 yong		
栅 測戟 c-`	(zhà)	齚 鋤陌 zé	索 山戟 suǒ	啞 烏格 è	赫 呼格 hè	垎 胡格 h-`				
					虩 許郤 xì					

○	幫		滂		並	明
[耕]	浜 布耕 beng		怦 普耕 peng	pin	輣 薄萌 p-´	甍 莫耕 m-´
	繃 北萌 beng					
[耿]			眪 普幸 peng		併 蒱幸 b-`	䁅 武幸 m-
[諍]	迸 北諍 beng				併 蒱迸 b-	
[麥]	檗 博厄 bò	b-´	擂 普麥 p-`		繴 蒱革 b-´	麥 莫獲 m-`

	知	澄	娘	來	見		溪	群	疑	莊	初		牀	山	影	曉	匣
	朾 中莖 zh-	橙 宅耕 ch-´	儜 女耕 níng		耕 古莖 geng		鏗 口莖 k-		娙 五莖 ying	爭 側莖 zheng	琤 楚耕 ch-	zh-	崢 士耕 ch-´		甖 烏莖 ying		莖 户耕 jing
															泓 烏宏 hong	轟 呼宏 h-	宏 户萌 h-´
					耿 古幸 g-												幸 胡耿 xìng
									鞕 五爭① ying	諍 側迸 zheng					䙬 鷖迸 ying		
																轟 呼迸 hong	
(mài)	摘 陟革 zhé		疒 尼戹 n-`	礐 力摘 l-`	隔 古核 g-´		礊 楷革 k-`		虉 五革 è	責 側革 zé	策 楚革 c-`		賾 士革 z-´	栜 山責 s-`	戹 於革 è		覈 下革 hé
					蟈 古獲 guó	g-		⿺走蒦 求獲 g-´		⿰扌畫 簪摑 z-´			⿺走亦 查獲 z-´	撼 砂獲 s-`		剨 呼麥 huò	獲 胡麥 h-`

① 編者按：爭，當作“諍”，参本書一〇三二頁校勘記第 16 條。

表四十六

○	幫	滂	並	明	知	徹	澄	來	見	溪	群	精	清	從	心	邪
[清]	并 府盈 bing			名 武并 m-´	貞 陟盈 zheng zhen	檉 丑貞 ch-		跉 吕貞 líng		輕 去盈 q-	頸 巨成	精 子盈 j-	清 七情 q-	情 疾盈 q-´		餳 徐盈 x-´
										傾 去營 qing	瓊 渠營 qióng				騂 息營 xing	
[靜]	餅 必郢 bing			眳 亡井 m-		逞 丑郢 cheng		領 良郢 ling	頸 居郢 j-		痙 巨郢 j-`	井 子郢 j-	請 七靜 q-	靜 疾郢 j-`	省 息井 xing	
										頃 去潁 qing						
[勁]	摒 畀政 bing	聘 匹正 p-	偋 防正 b-	詺 彌正 m-		遉 丑鄭 cheng	鄭 直正 zh-	令 力政 ling	勁 居正 j-	輕 墟正 q-		精 子姓 j-	倩 七政 q-	淨 疾政 j-	性 息正 x-	
[昔]	辟 必益 bì	僻 芳辟 p-`	擗 房益 p-`		䅊 竹益 zhí	彳 丑亦 ch-`	擲 直炙 zh-´					積 資昔 jí j-` (j-)	皵 七迹 q-`	籍 秦昔 j-´	昔 思積 x-	席 詳易 x-´
	碧 彼役 bì												旻 七役 q-`			

表四十七

照	穿		神	審	禪	影		曉	喻
征 諸盈 zheng				聲 書盈 sh-	成 是征 ch-´	嬰 於盈 ying			盈 以成 yíng
						縈 於營 ying	(yíng)	眴 火營 xiong	營 余傾 yíng
整 之郢 zheng						癭 於郢 ying			郢 以整 ying
									潁 餘傾 ying
政 之盛 zheng				聖 式正 sh-	盛 承正 sh-				
								敻 休正 xiong	
隻 之石 zhi	尺 昌石 ch-`	(ch-ˇ)	麝 食亦 shè	釋 施隻 shì	石 常隻 sh-´	益 伊昔 yì			繹 羊益 yì
蒖 之役 zhí								瞁 許役 xù	役 營隻 yì

○	幫	滂		並	明	端	
[青]		竮 普丁 ping		瓶 薄經 p-´	冥 莫經 m-´	丁 當經 d-	
[迥]	鞞 補鼎 bing	頩 匹迥 p-		並 蒲迥 b-`	茗 莫迥 m-	頂 都挺 d-	
[徑]					暝 莫定 ming	矴 丁定 d-	
[錫]	壁 北激 bì	霹 普擊 p-	p-`		覓 莫狄 m-`	的 都歷 d-´	d-`

透	定	泥	徹	來	見	溪		疑	精	清	從	心		影	曉		匣
汀 他丁 t-	庭 特丁 t-´	寧 奴丁 n-´		靈 郎丁 l-´	經 古靈 j-					青 倉經 q-		星 桑經 x-			馨 呼刑 [xing]	xin	刑 户經 xíng
					扃 古螢 jiong												熒 户扃 yíng
珽 他鼎 t-	挺 徒鼎 t-	頲 乃挺 n-		笭 力鼎 l-	剄 古挺 j-	謦 去挺 q-`		脛 五剄 ying			汫 徂醒 j-`	醒 蘇挺 x-		巊 烟涬 ying			婞 胡頂 xìng
					熲 古迥 jiong	褧 口迥 q-	(j-)							濙 烏迥 ying	詗 火迥 xiong		迥 户頂 jiong
聽 他定 t-	定 徒徑 d-	甯 乃定 n-		零 郎定 l-	徑 古定 j-	罄 苦定 q-				靘 千定 q-		腥 蘇佞 x-		鎣 烏定 ying			脛 胡定 jing
逖 他歷 t-`	荻 徒歷 d-´	惄 奴歷 n-`	歡 丑歷 chì	靂 郎擊 lì	激 古歷 j-	燩 苦擊 q-`		鷁 五歷 yì	績 則歷 jì	戚 倉歷 q-`	寂 前歷 j-`	錫 先擊 x-	x-´		欯 許激 x-`		檄 胡狄 x-´
					郹 古闃 jú	闃 苦鶪 q-`									殈 呼狊 x-`		

表四十八

○	幫		滂		並	明	端	知	徹	澄	娘	來	見	溪	群	疑	精		從
[蒸]	冫 筆陵 bing		砯 披冰 p-		凭 扶冰 p-´			徵 陟陵 zheng	僜 丑升 ch-	澂 直陵 ch-´		陵 力膺 ling	兢 居陵 j-	硱 綺兢 q-	殑 其矜 q-´	凝 魚陵 n-´			繒 疾陵 céng
[拯]																			
[證]					凭 皮證 bing				覴 丑證 cheng	瞪 丈證 d-		餕 里甑 ling			殑 其餕 j-	凝 牛餕 n-	甑 子孕 zeng		
[職]	逼 彼側 bì (b-)		堛 芳逼 p-`	b-`	愎 符逼 b-`	⿱穴畐 亡逼 m-`	⿰尗力 丁力 d-´	陟 竹力 zhì	敕 恥力 ch-`	直 除力 ch-´	匿 女力 nì	力 林直 l-`	殛 紀力 j-`	⿰革亟 丘力 q-`	極 渠力 j-´	嶷 魚力 n-`	即 子力 j-´	j-`	堲 秦力 j-´

	心	莊			初	牀	山	照		穿	神		審	禪		日	影	曉	于
(z-`)						磳 仕兢 ch-´	殑 山矜 sh-	蒸 煑仍 zh-		稱 處陵 ch-	繩 食陵 ch-´	sh-´	升 識蒸 sh-	承 署陵 ch-´		仍 如乘 r-´	膺 於陵 ying	興 虛陵 x-	
								拯 zheng											
								證 諸應 zheng		稱 昌孕 ch-	乘 實證 sh-		勝 詩證 sh-	丞 常證 sh-		認 而證 r-	應 於證 ying	興 許應 x-	
	息 相即 x-	稄 阻力 zè	z-´	c-`	測 初力 c-`	崱 士力 z-`	色 所力 s-`	職 之翼 zhí	zh-	瀷 昌力 ch-`	食 乘力 sh-´		識 賞職 sh-`	寔 常職 sh-´	zh-´		憶 於力 yì	赩 許極 xì	
																		洫 況逼 xù	域 雨逼 yù

表四十九

喻	○	幫	滂	並	明	端	透	定	泥	來	見	溪	精	清	從
蠅 余陵 yíng	［登］	崩 北滕 beng	漰 普朋 p-	朋 步崩 p-´	瞢 武登* m-´	登 都滕 deng	鼟 他登 t-	騰 徒登 t-´	能 奴登 n-´	楞 魯登 l-´	揯 古恒 g-		增 作滕 z-		層 昨棱 c-´
											肱 古弘 gong				
	［等］		倗 普等 peng			等 多肯 deng			能 奴等 n-			肯 苦等 ken			
孕 以證 ying (yun)	［嶝］	堋 方隥* beng		倗 父鄧* b-	懵 武亘* m-	嶝 都鄧 deng	澄 台鄧 t-	鄧 徒亘 d-		踜 魯鄧 l-	亘 古鄧 g-		增 子鄧 z-	蹭 千鄧 c-	贈 昨亘 z-
弋 與職 yì	［德］	北 博墨 běi	覆 匹北 fù	菔 蒲北 bó	墨 莫北 m-`	德 多則 dé	忒 他德 t-`	特 徒得 t-`	𪓰 奴勒 n-`	勒 盧則 l-`	祴 古得 g-´	刻 苦得 k-`	則 子德 z-´	城 七則 c-`	賊 昨則 z-´ (zéi)
											國 古或 guó				

心	影	曉	匣
僧 蘇增 s-			恒 胡登 h-´
		薨 呼肱 h-	弘 胡肱 h-´
𤗻 思贈 s-			
塞 蘇則 s-`	餩 愛黑 è	黑 呼北 hei	劾 胡得 hè
		[illegible] 呼或 huò	或 胡國 h-`

表五十

〇	幫	滂	並	明	知	徹	澄	娘	來	見	溪	群	疑
[尤]	不 甫鳩 fou	颵 匹尤 f-	浮 縛謀 fú	謀 莫浮 móu	輈 張流 zh-	抽 丑鳩 ch-	儔 直由 ch-´		劉 力求 líu	鳩 居求 j-	丘 去鳩 q-	裘 巨鳩 q-´	牛 語求 n-´
[有]	缶 方久 fou	恒 芳否 f-	婦 房久 fù		肘 陟柳 zh-	丑 敕久 ch-	紂 除柳 zh-`	狃 女久 niu	柳 力久 l-	久 舉有 j-	糗 去久 q-	舅 其九 j-`	
[宥]	富 方副 fu	副 敷救 f-	復 扶富 f-	莓 亡救 mou	晝 陟救 zh-	畜 丑救 chu	冑 直祐 zhou	糅 女救 niu	溜 力救 l-	救 居祐 j-	鼽 丘救 q-	舊 巨救 j-	鼿 牛救 n-

精	清	從	心	邪	莊	初	牀	山		照	穿	審	禪	日	影	曉	于	喻
遒 即由 j-	秋 七由 q-	酋 自秋 q-´	脩 息流 x-	囚 似由 q-´	鄒 側鳩 zou	搊 楚鳩 ch-	愁 士尤 ch-´	搜 所鳩 s-		周 職流 zh-	犨 赤周 ch-	收 式州 sh-	讎 市流 ch-´	柔 耳由 r-´	憂 於求 you	休 許尤 xiu	尤 羽求 yóu	猷 以周 yóu
酒 子酉 j-		湫 在九 j-`	滫 息有 x-		掫 側九 zou	䩦 初九 ch-`	𥢶 士九 zh-`	溲 踈有 s-		帚 之九 zh-	醜 昌九 ch-	首 書九 sh-	受 殖酉 sh-`	蹂 人九 r-	颲 於柳 you	朽 許久 xiu	有 云久 you	酉 與久 you
僦 即就 j-	趥 七溜 q-	就 疾僦 j-	秀 息救 x-	岫 似祐 x-	皺 側救 zhou	簉 初救 ch-	驟 鋤祐 zh-	瘦 所祐 sh-	s-	呪 職救 zh-	臭 尺救 ch-	狩 舒救 sh-	授 承呪 sh-	輮 人又 r-		齅 許救 xiu	宥 于救 you	狖 余救 you

表五十一

○	幫	滂	並	明	端	透	定	泥	來	見	溪	疑	精	清	從	心	牀
[侯]			裒 薄侯 póu	呣 亡侯 m-´	兜 當侯 d-	偷 託侯 t-	頭 度侯 t-´	羺 奴鉤 n-´	樓 洛侯 l-´	鉤 古侯 g-	彄 恪侯 k-	齵 五婁 óu	緅 子侯 zou	誰 千侯 c-	剽 徂鉤 c-´	涑 速侯 s-	
[厚]	掊 方垢* bu	剖 普后 pou (pōu)	部 蒲口 bù	母 莫厚 m-	斗 當口 dou	黈 天口 t-	蕍 徒口 d-`	穀 乃后 n-	塿 郎斗 l-	苟 古厚 g-	口 苦后 k-	藕 五口 ou	走 子苟 zou	趣 倉苟 c-		叟 蘇后 s-	鯫 仕垢 zh-`
[候]		仆 匹候 pù	腤 薄候 bòu	茂 莫候 mào	鬥 都豆 dou	透 他候 t-	豆 徒候 d-	槈 奴豆 n-	陋 盧候 l-	遘 古候 g-	寇 苦候 k-	偶 五遘 ou	奏 則候 zou	輳 倉奏 c-	剽 才奏 z-	瘷 蘇奏 s-	

影	曉	匣
謳 烏侯 ou	齁 呼侯 hou	侯 户鉤 h-´
歐 烏后 ou	吼 呼后 hou	厚 胡口 h-`
漚 烏候 ou	蔻 呼漏 hou (k-)	候 胡遘 h-

表五十二

○	幫	並	明	見	溪	群	疑	來	精	山	影	曉
[幽]	彪 甫烋 biao	淲 皮彪 piú	繆 武彪 m-´	樛 居虯 j-		虯 渠幽 q-´	聱 語虯 yóu	鏐 力幽 liú	稵 子幽 j-	犙① 山幽 shun	幽 於虯 you	飍 香幽 xiu
[黝]						蟉 渠黝 jiù					黝 於糾 you	
[幼]			謬 靡幼 miu		⿰𧾷臭 丘謬 q-	⿰𧾷丩 巨幼 j-					幼 伊謬 you	

① 編者按:本小韻及淲小韻皮彪切所注之今音,一依原書,不做改動。

表五十三

○	幫	滂	並	知	徹	澄	娘	來	見	溪	群	疑	精	清	從	心	邪	
[侵]				碪 知林 zhen	琛 丑林 ch-	沈 直深 ch-´	誑 女心 nín	林 力尋 l-´	金 居吟 j-	欽 去金 q-	琴 巨金 q-´	吟 魚金 yín	祲 子心 jin	侵 七林 q-	鮗 昨淫 q-´	心 息林 x-	尋 徐林 x-´	xún
[寢]	稟 筆錦 bing	品 丕飲 pin		戡 張甚 zhen	踸 丑甚 ch-	朕 直稔 zh-`	拰 尼凜 nin	廩 力稔 l-	錦 居飲 j-	坅 丘甚 顩 欽錦 q-	噤 渠飲 j-`	僸 牛錦 yin	醋 子朕 jin	寑 七稔 q-	蕈 兹荏 x-`	罧 斯甚 x-		
[沁]				揕 知鴆 zhen	闖 丑禁 ch-	鴆 直禁 zh-	賃 乃禁 lin	臨 良鴆 l-	禁 居蔭 j-		矜 巨禁 j-	吟 宜禁 yin	浸 子鴆 jin	沁 七鴆 q-				
[緝]	鵖 彼及 bì		駜 皮及 b-´	縶 陟立 zhí	湁 丑入 ch-`	蟄 直立 zhé	孨 尼立 nì	立 力入 l-`	急 居立 j-´	泣 去急 q-`	及 其立 j-´	岌 魚及 yì	噍 子入 jí	緝 七入 q-`	集 秦入 j-´	靸 先立 x-`	習 似入 x-´	

表五十四

莊	初	牀	山	照		穿	神	審	禪	日	影	曉		于	喻	○	端
先 側吟 zen	參 楚簪 c-	岑 鋤針 c-´	森 所今 s-	斟 職深 zh-		覘 充針 ch-		深 式針 sh-	諶 氏任 ch-´	任 如林 r-´	愔 挹淫 yin 音 於金 yin	歆 許金 xin			淫 餘針 yín	[覃]	耽 丁含 dan
	墋 初联 chen	頣 士痒 zh-`	痒 踈錦 sh-	枕 章荏 zh-		瀋 昌枕 sh-	葚 食荏 sh-`	沈 式荏 sh-	甚 常枕 sh-`	荏 如甚 r-	飲 於錦 yin	廞 許錦			潭 以荏 yin	[感]	黕 都感 dan
譖 莊蔭 zen	讖 楚譖 ch-		滲 所禁 sh-	枕 之任 zh-				深 式禁 sh-	甚 時鴆 sh-	妊 汝鴆 r-	蔭 於禁 yin			顉 于禁 yin		[勘]	馾 丁紺 dan
戢 阻立 j-´	届 初戢 q-`	霵 仕戢 j-´	澀 色立 sè	執 之入 zhí	zh-			溼 失入 sh-	十 是執 sh-´	入 人執 rù	揖 伊入 yi 邑 於汲 yì	吸 許及 xì	(x-)	煜 爲立 yì	熠 羊入 yì	[合]	答 都合 dá

	透	定	泥	來	見	溪	疑	精	清	從	心	影	曉	匣
	探	覃	南	婪	弇	龕	諴	簮	參	蠶	毿	諳	峆	含
	他含	徒含	那含	盧含	古南	口含	五含	作含	倉含	昨含	蘇含	烏含	火含	胡男
	t-	t-´	n-´	l-´	g-	k-	án	zan	c-	c-´	s-	an	han	h-´
	襑	禫	腩	壈	感	坎	顉	昝	慘	歜	糂	晻	顲	頷
	他感	徒感	奴感	盧感	古禫	苦感	五感	子感	七感	徂感	桑感	烏感	呼唵	胡感
	t-	d-`	n-	l-	g-	k-	an	zan	c-	z-	s-	an	han	h-`
	僋	醰	妠	顲	紺	勘	儑	篸	謲		俕	暗	顲	憾
	他紺	徒紺	奴紺	郎紺	古暗	苦紺	五紺	作紺	七紺		蘇紺	烏紺	呼紺	胡紺
	t-	d-	n-	l-	g-	k-	an	zan	c-		s-	an	han	h-
	錔	沓	納	拉	閤	溘	𩕾	帀	趁	雜	趿	姶	欱	合
	他合	徒合	奴答	盧合	古沓	口答	五合	子答	七合	徂合	蘇合	烏合	呼合	侯閤
d-	t-`	t-`	n-`	l-	gé	k-`	è	za	c-`	z-´	s-`	è	hè	h-´
									遚			唈		
									七合			烏荅		
									cà			è		

表五十五

○	明	端
[談]	姏	擔
	武酣	都甘
	man	d-
[敢]	媣	膽
	謨敢	都敢
	man	d-
[闞]		擔
		都濫
		dan
[盍]		皶
		都盍
		da

表五十六

透		定	泥	來	見	溪	疑	精	清	從	心	照	審	影	曉	匣
舑 他酣 t-		談 徒甘 t-´		藍 魯甘 l-´	甘 古三 g-	坩 苦甘 k-		暫 作三 z-		慙 昨甘 c-´	三 蘇甘 s-				蚶 呼談 h-	酣 胡甘 h-´
菼 吐敢 t-		噉 徒敢 d-		覽 盧敢 l-	敢 古覽 g-	厰 口敢 k-		䁪 子敢 z-	黲 倉敢 c-	槧 才敢 z-`			灡 賞敢 sh-	埯 烏敢 an	喊 呼覽 han	
賧 吐濫 t-		憺 徒濫 d-		濫 盧瞰 l-	⿰鹵臽 古蹔 g-	闞 苦濫 k-				暫 藏濫 zh-	三 蘇暫 s-				⿰貝甘 呼濫 h-	憨 下瞰 h-
榻 吐盍 t-`	t-ˇ	蹋 徒盍 t-`	魶 奴盍 n-`	臘 盧盍 l-`	頟 古盍 gé	榼 苦盍 k-`	儑 五盍 è		囃 倉雜 cà	蚻 才盍 z-´	⿰亻垂 私盍 s-`	譫 章盍 zhé		鰪 安盍 è	欱 呼盍 hè	盍 胡臘 h-´
					砝 居盍 gé											

〇	非
[鹽]	砭 府廉 bian
[琰]	貶 方斂 bian
[豔]	窆 方驗 bian
[葉]	

知	徹	澄	娘	來	見	溪	群		疑	精		清	從	心	邪	山	照	穿
霑 張廉 zhan	覘 丑廉 ch-	天 直廉 ch-´	黏 女廉 nián	廉 力鹽 l-´		㦓 丘廉 q-	箝 巨淹 q-´		䶢 語廉 yán	尖 子廉 jian		籤 七廉 q-	潛 昨鹽 q-´	銛 息廉 x-	燅 徐鹽 x-´	襳 史炎 shan	詹 職廉 zh-	韂 處占 ch-
	諂 丑琰 chan			斂 良冉 lian		脥 謙琰 q-				⿱漸食 子冉 j-		憸 七漸 q-	漸 慈染 j-`				颭 占琰 zhan	
					檢 居奄 jian	⿰丂頁 丘檢 q-	儉 巨險 j-	q-`	顩 魚檢 yan									
	覘 丑豔 chan			殮 力驗 lian					驗 魚窆 yan	⿰口韱 子豔 jian		壍 七豔 q-	潛 慈豔 j-				占 章豔 zhan	⿰足詹 昌豔 ch-
輒 陟葉 zhé	鍤 丑輒 ch-`	⿰月枼 直葉 zh-´	聶 尼輒 niè	獵 良涉 l-`	⿰糸劫 居輒 j-´	⿸疒夾 去涉 q-`	衱 其輒 j-			接 即葉 jie	j-´	妾 七接 q-`	捷 疾葉 j-´			萐 山輒 shè	讋 之涉 zh-´	謵 叱涉 ch-`

表五十七

○	明	端	透	定	泥	來	見	溪	精	清
[添]		髫 丁兼 dian	添 他兼 t-	甜 徒兼 t-´	鲇 奴兼 n-´	鬑 勒兼 l-´	兼 古甜 j-	謙 苦兼 q-		
[忝]	変 明忝 mian	點 多忝 d-	忝 他玷 t-	簟 徒玷 d-`	淰 乃玷 n-	稴 力忝 l-	孂 兼玷 j-	嗛 苦簟 q-`		憯 青忝 q-
[㮇]		店 都念 dian	㮇 他念 t-	磹 徒念 d-	念 奴店 n-	稴 力店 l-	趝 紀念 j-	傔 苦念 q-	僭 子念 j-	
[怗]		聑 丁愜 dié	怗 他協 t-`	牒 徒協 d-´	苶 奴協 n-`	甄 盧協 l-`	頰 古協 jiá	愜 苦協 qiè	浹 子協 jiá	

審	禪	日	影	曉	于	喻
苫 失廉 sh-	棎 視占 ch-´	䰯 汝鹽 r-´	懕 一鹽 yan 淹 央炎 yan		炎 于廉 yán	鹽 余廉 yán
陝 失冉 sh-	剡 時染 sh-`	冉 而琰 r-	黶 於琰 yan 奄 衣儉 yan	險 虛檢 xian		琰 以冉 yan
閃 舒贍 sh-	贍 時豔 sh-	染 而豔 r-	厭 於豔 yan ⿰忄弇 於驗 yan			豔 以贍 yan
攝 書涉 sh-`	涉 時攝 sh-`	讘 而涉 niè	魘 於葉 yè ⿰奄攵 於輒 yè		曄 筠輒 yè	葉 與涉 yè

表五十八

〇	知	徹	澄		娘	來	見	溪	疑	莊	初
[咸]	詀 竹咸 zhen				諵 女咸 nán		緘 古咸 jian	鵮 苦咸 q-	嵒 五咸 yan		
[豏]		僴 丑減 chan			⿴囗内 女減 nian	臉 力減 l-	⿰齒僉 古斬 j-	床 苦減 q-		斬 側減 zhan	⿰月韱 初減 ch-
[陷]	⿰齒占 陟陷 zhan		賺 佇陷 zh-	（zhuàn）	諵 尼賺 nan		⿰齒臽 公陷 jian	歉 口陷 q-	顑 玉陷 yan	蘸 莊陷 zhan	
[洽]	劄 竹洽 zha	⿱臿皿 丑図 ch-`			図 女洽 n-`		夾 古洽 jia	恰 苦洽 q-`	⿰目巠 五夾 yà	眨 側洽 zhǎ	插 楚洽 ch-

從	心	影	曉	匣	
			馦 許兼 x-	嫌 户兼 x-´	
				鰜 胡忝 x-`	(q-)
⿰日朁 漸念 j-	⿰石韱 先念 x-	酓 於念 yan			
⿱艹⿰耒隹 在協 j-´	燮 蘇協 xiè		弽 呼牒 x-`	協 胡頰 x-´	xiá

表五十九

牀	山	影	曉	匣
讒 士咸 chán	攕 所咸 sh-	⿰犭音 乙咸 an	㰹 許咸 xian han	咸 胡讒 xián hán
瀺 士減 zh-`	摻 所斬 sh-	黯 乙減 an	闞 火斬 han 喊 呼豏 han	豏 下斬 xiàn
儳 仕陷 zh-		韽 於陷 an		陷 户韽 xian
箑 士洽 zh-´	霎 山洽 sh-`	⿰⻊奄 烏洽 yà wà	⿰舟合 呼洽 xià	洽 侯夾 x-´

○	並	澄	見	溪	疑	精	初	牀	山
[銜]	⿺辶荳 白銜 pán		監 古銜 jian	嵌 口銜 q-	巖 五銜 yán		攙 楚銜 chan	巉 鋤銜 ch-´	衫 所銜 sh-
[檻]				䫡 丘檻 qian			醶 初檻 chan	巉 仕檻 zh-`	⿱斬手 山檻 sh-
[鑑]	埿 蒲鑑 ban		鑑 格懺 jian			覽 子鑑 j-	懺 楚鑑 chan	鑱 士懺 zh-	釤 所鑑 sh-
[狎]		渫 丈甲 zhá	甲 古狎 jiǎ						翜 所甲 shà

影	曉	匣
		銜 户監 xián
黤 於檻 yan	㺖 荒檻 han	檻 胡黤 jiàn
	儆 許鑑 han	覽 胡懺 xian
鴨 烏甲 ya	呷 呼甲 xia	狎 胡甲 x-´

表六十

○	微	見	溪	群	疑	影	曉	喻
[嚴]			㪁 丘嚴 qian		嚴 語驗 yán	醃 於嚴 yan	驗 虚嚴 xian	
[儼]			欦 丘广 qian		儼 魚掩 yan	埯 於广 yan		
[釅]	菱 亡劍 wan		㪁 丘釅 qian		釅 魚欠 yan		脅 許欠 xian	
[業]		劫 居怯 jié	怯 去劫 q-`	跲 巨業 j-´	業 魚怯 yè	腌 於業 yè	脅 虚業 xié	殜 余業 yè

表六十一

○	非	敷	奉
[凡]		芝 匹凡 fan	凡 符芝 f-´
[范]	腇 府犯 fan	釩 峰犯 f-	范 防錽 f-`
[梵]		汎 孚梵 fan	梵 扶泛 f-`
[乏]	法 方乏 fǎ	[illegible] 孚法	乏 房法 f-´

微	徹	娘	見	溪	影
				欦 丘凡 qian	
錽 亡范 wan	儃 丑犯 chan			凵 丘犯 qian	
			劍 居欠 jian	欠 去劍 q-	俺 於劍 yan
	𦑣 丑法 chà	[illegible] 女法 nià		猲 起法 q-`	

廣韻略説

《廣韻》爲北宋真宗時陳彭年、丘雍等人所修，這是一部韻書，而兼有字書之用，從中可以檢查到隋唐時代字的讀音和相傳的訓解，對閲讀古籍和理解古代的聲韻都很有用處。

韻書是按字的讀音來編排文字的。自魏晉時期開始有了韻書以後，到南北朝時期增多。北方作者以洛陽音爲主，南方作者以金陵（南京）音爲主，都按平上去入四聲分韻。所謂“韻”，就是字音的韻母，如 a、ai、an、ian、eng、ing 之類。南北方音既有不同，南北的韻書分韻也不完全一致。到隋朝陸法言作《切韻》，斟酌南北，參照傳統的書音，分别四聲，共分一百九十三韻。凡諸字字音的主要元音和韻尾相同的都歸爲一韻。如：

1. 麻，加　　–a，–ia（今音，下同）
2. 埋，懷　　–ai，–uai
3. 長，楊　　–ang，–iang
4. 仙，泉　　–ian，–iuan（üan）

這四類就分爲四韻。

陸法言分韻是很精細的。有些音在今音是不分的，如“魚”與“虞”、“先”與“仙”，現在大多數地區的讀音都相同，可是《切韻》都分爲兩韻，這跟陸法言所根據的當時各地的實際語音和傳統的讀書音有關。由此我們可以知道古今音韻有不同。陸法言編定《切韻》的旨趣是與其粗，不如細。可以説，在當時南北語音有分的一律分，重分而不重合。儘管有的方言不與《切韻》音完全相同，但大類相近。這樣，用的人可以自己取捨。能分的，既跟《切韻》一樣，那麽用起來自然稱便；不能分的，可以根據自己的方音合併。因此《切韻》到了唐代大爲流行。唐代科舉考試作詩、作賦，禮部就以《切韻》作押韻的準則，不過小有併合而已。

《切韻》中一韻之内的字按照不同的聲母分别排列。凡是聲母相同的字都列在一起，稱爲一“小韻”，或稱爲“一紐”。“紐”的意思，簡單來説，就是同屬於一個聲母的意思。如真、軫、震、質四聲雖不同，而聲母相同，總歸一紐。每一小韻都在第一個字下注出反切，同一小韻的字，讀音都相同。如《切韻》東韻内“同”字下注徒紅反，其下“童僮銅桐”等字都與“同”同音；“公”字下注古紅反，其下“功工蚣疘”等字都與“公”同音。如果一個韻裏包含兩個韻母，聲母雖同而韻母不同，也就分爲兩個“小韻”，或者説分爲兩“紐”。例如《切韻》寒韻内“干”音古寒反，其下“乾竿肝玕”同音，同在寒韻又有“官”音古丸反，其下“莞棺觀冠”同音。兩者聲母雖同，而韻母不同，所以分爲兩紐。聲韻的條理秩然不紊。這樣，讀者要檢一個字就按照字音的聲調、韻部去檢查。

陸法言的《切韻》在唐代雖然流行很廣，可是收字不够多，注解也稀疏不完備，於是就有人相繼爲之增補。韻部有增加，異體俗字也不斷增多，訓釋更是日趨繁複。如孫愐《唐韻》每字下除一般義訓外，兼采百家雜説，並及姓氏郡望。這樣一來，韻書的功用增廣，既可用來查字辨音，又可考求字義，還能尋按故實，幾乎成爲極其有用的字典、辭典。到了五代的時候，雕板漸興，書籍由抄寫轉爲印刷，得書比較容易，韻書也就成爲一般日常備用的書籍了。

宋代的《廣韻》即承襲唐代晚期的增字加注本的《切韻》而來。現在我們還能看到五代時期的刻本《切韻》殘葉，跟《廣韻》很相近。宋真宗景德年間因舉人用韻多異，所以命陳彭年、丘雍等參照唐代舊本諸家《切韻》重加刊正。景德四年（公元1007）十一月崇文院上校定《切韻》五卷，大中祥符元年六月改稱《大宋重修廣韻》。

《廣韻》五卷，平聲字多，分上下兩卷，上去入各一卷。編纂體例與《切韻》相同，不過分韻多至二百零六韻。卷首題“陸法言撰本，長孫訥言箋注”，並博采郭知玄、關亮、薛峋、王仁昫、祝尚丘、孫愐等諸家書悉載卷中。全書共收字二萬六千一百九十四，注文十九萬一千六百九十二。這部書是我們今日所見注釋最繁富的一種早期韻書了。

《廣韻》有兩種不同的刻本，一種是詳注本，一種是略注本。詳注本爲宋刻本，略注本爲元刻本。兩者清代都有翻刻本。略注本用處不大。近代影印的都是詳注

本。現在通常應用的詳注本有清張士俊澤存堂刻本和黎庶昌所刻《古逸叢書》本。另外還有《四部叢刊》影印南宋間所刻巾箱本和1982年上海古籍出版社影印的南宋黄三八郎書鋪所刻的《鉅宋廣韻》本。張氏澤存堂本《廣韻》板得自毛氏汲古閣而增補其所缺,刻印極精,但書中頗有訛誤,本人舊著《廣韻校本》一書,附有《校勘記》,可以參看[①]。

《廣韻》的用處很多,我們可以藉此考查字的古音古義,誠然是一部好書。從音韻方面來説,《廣韻》既因承《切韻》而來,其聲韻的類别所代表的就是中古音的系統。前人曾借重《廣韻》以考證周秦古音,説明上古音與中古音的異同和歷史發展過程。近人從事方音的比較研究,也往往需借用《廣韻》的聲韻系統來做方音之間聲韻調的對比,説明其異同。再如我們讀古代文學作品的時候也經常會遇到一些聲韻上的問題,須翻檢韻書。下面簡單地舉白居易《琵琶行》中的幾個句子來看。

醉不成歡慘將别,别時茫茫江浸月。忽聞水上琵琶聲,主人忘歸客不發。
絃絃掩抑聲聲思,似訴平生不得志。低眉信手續續彈,説盡心中無限事。
曲終收撥當心畫,四弦一聲如裂帛。東船西舫悄無言,唯見江心秋月白。

上面字旁加點的都是入韻的字,但是我們讀起來不都叶韻。檢查韻書,“月”與“發”是同韻的入聲字;“思”在韻書裏有去聲一音,音“伺”;“畫”與“帛、白”都是入聲字,“帛、白”同音,“畫”字不音 huà,而音“獲”。在白居易的口裏念來都應當是諧和的。這就是古今音有不同。我們看了韻書才能明白。又如劉長卿《長沙過賈誼宅》:

三年謫宦此棲遲,萬古惟留楚客悲。秋草獨尋人去後,寒林空見日斜時。
漢文有道恩猶薄,湘水無情吊豈知?寂寂江山摇落處,憐君何事到天涯。

這是一首七言律詩,平仄相對是有規律的。其中“獨”字、“薄”字北京音陽平,而韻書都是入聲字。“天涯”的“涯”今音念 yá,與上面的“悲、時、知”都不諧,可是韻書中涯字又音 yí,與“宜、儀”等字同音。念 yí 就叶韻了。

①1938年商務印書館出版,1960年中華書局據商務版重印。

還有,説普通話的人口裏没有入聲,遇到古入聲字就很難分辨,不能不看韻書。例如"德活獨合閣奪席節"等字普通話都讀陽平,"骨筆屬匹曲辱鐵"等字都讀上聲,"目鹿獲月列客力"等字都讀去聲,跟韻書全不相同。推而廣之,要瞭解古代的字音和古漢語的聲韻系統,都必須通曉《廣韻》。不瞭解《廣韻》,就無法理解古音。

從字義方面來説,《廣韻》可以與《玉篇》並論。《玉篇》是梁顧野王所纂,宋代重修,名爲《大廣益會玉篇》,是《説文》以後按部首編排的一部字書,每字的訓釋大都出自梁代以前的古書;而《廣韻》所出的字義有不少是後來出現的意義,並有很多後來的詞彙,可以補充《玉篇》。因此,《廣韻》對我們研究詞彙和訓詁都同樣有極重要的參考價值。

要能利用《廣韻》,最重要的事是要理解《廣韻》的聲韻類别,並瞭解《廣韻》的聲韻部類跟自己口裏讀音的異同。《廣韻》二百零六韻,平聲分五十七韻、上聲五十五韻、去聲六十韻、入聲三十四韻,雖分載在五卷書裏,而四聲的韻目是相承的。例如:

A.	東董送屋	鍾腫用燭	江講絳覺	真軫震質
	文吻問物	寒旱翰曷	陽養漾藥	唐蕩宕鐸
	登等嶝德	鹽琰豔葉	添忝㮇怗	凡范梵乏
B.	之止志	微尾未	模姥暮	咍海代
	宵小笑	豪晧號	麻馬禡	侯厚候

上面A類一些例子四聲具備,B類一些例子有平上去三聲,而没有相承的入聲。

至於書中韻目排列的次第則是分組序列。凡聲音相近的列爲一組。以平聲五十七韻爲例,可略分爲十二組:

1. 東冬鍾江	2. 支脂之微	3. 魚虞模
4. 齊佳皆灰咍	5. 真諄臻文欣元魂痕	6. 寒桓删山先仙
7. 蕭宵肴豪	8. 歌戈麻	9. 陽唐
10. 庚耕清青蒸登	11. 尤侯幽	12. 侵覃談鹽添咸銜嚴凡

這裹像江韻、齊韻、元韻、麻韻等的歸類以今音來看似乎不妥,實際是古今音有不同。《廣韻》中上聲、去聲的韻目排列的次第是跟平聲相應的,只是冬韻、臻韻以字少没有上聲韻目,所以有五十五韻。去聲韻目裹臻韻的去聲没有韻目,另外增多了“祭泰夬廢”四韻,所以去聲有六十韻。“祭泰夬廢”四韻没有相承的平聲和上聲,它是由古代的入聲變來的。

從四聲分韻的總體來看,《廣韻》所分的韻部可以説相當精細。陸法言《切韻序》曾説:“欲廣文路,自可清濁皆通;若賞知音,即須輕重有異。”唐代考試用《切韻》,已經准許一部分窄韻合用。到宋代,考試改用《廣韻》,又有歸併。現在《廣韻》韻目下或注“獨用”,或注“某同用”,即是爲考試而設。但是一韻之内所包括的韻母有一類的,也有兩類的,少數韻也還有三類或四類的。如:

支韻:移、爲	齊韻:鷄、圭	皆韻:皆、乖	元韻:言、袁
先韻:前、涓	陽韻:良、王	麻韻:巴、斜、瓜	庚韻:庚、京、宏、兄

其中有兩類的,在《廣韻》音裹大都是一類韻母是没有u介音的、一類是有u介音的。前者稱“開口”,後者稱“合口”。像麻韻的“巴、斜、瓜”三類,就是ɑ、iɑ、uɑ。庚韻的“庚、京、宏、兄”四類,就近似eng、ieng、ueng、iueng。這樣細分起來,韻類就多了。二百零六韻依據反切的注音來定也就有三百二十四類了。由此可見《廣韻》辨韻分類之細。

《廣韻》注音一律用“反切”。一字兩音的,則注“又某某切”。反切的上字表“聲”,下字表“韻”。根據下字,我們可以辨别韻類;根據上字,我們可以辨别“聲類”。“韻類”上面已經説過了,“聲類”經過前人研究,確定有四十一類。下面采用宋人所定的字母名稱來表示:

幫	滂	並	明	
非	敷	奉	微	
端	透	定	泥	來
知	徹	澄	娘	

精	清	從	心	邪	
照	穿	牀	審	禪	日
照(莊)	穿(初)	牀(崇)	審(山)		
見	溪	群	疑		
曉	匣	影	喻	喻(于)	

宋人所定字母只有三十六母,但《廣韻》中照、穿、牀、審、喻五母各有兩類,所以共有四十類。照、穿、牀、審的另一類可以稱爲“莊、初、崇、山”,喻母的另一類可以稱爲“于”。

以上所説就是《廣韻》這部書的聲韻類别。它既然是承襲陸法言《切韻》而來的,那也就是隋代以前中古音的聲韻系統。但是從唐宋以後語音不斷有改變,聲韻的部類也隨之逐漸由多變少,現代各地的語音已經跟《廣韻》大不相同了。爲了便於瞭解《廣韻》的聲韻系統,本人編有《廣韻四聲韻字今音表》一書,依照原書的韻次,四聲相對照,注出各部每紐的今音,可資參考。

最後,還要講到與利用《廣韻》有關的一部重要著作,那就是《廣韻聲系》。這部書是沈兼士先生所編,劉文興、葛信益等人襄助而成。沈先生是中國近代著名的語言學家、文獻學家。《廣韻聲系》這部書是把《廣韻》原書所收的文字依照諧聲的系統排列,在全書所出現的諧聲聲旁中舉其最初的聲符按四十一聲類重編,每一聲類序列《廣韻》中聲母相同的主諧字下所有的諧聲字,每一字下都照録《廣韻》原書的反切和義訓,同時還在本字的旁邊注出它的聲韻部類和開合等第。綱舉目張,條理統序,類似清人所作的《説文諧聲譜》。不過,清人所作的《説文諧聲譜》是以古韻部爲綱的,《廣韻聲系》乃是以聲類爲綱,别具一格。根據這樣的排法,我們可以從諧聲的關係上研究古聲母的類别和讀音,還可以就同在一個聲母下的諧聲字做綜合比較,研究其有關文字、語詞的發展以及音義聯屬的關係。這是一部《廣韻》改編本,很有用處。書末附有索引,頗便檢查。

1983 年 5 月

原載《文史知識》1983 年第 9 期

我和廣韻

《廣韻》是北宋真宗時陳彭年、丘雍等奉敕纂修的一部韻書，是我們研究漢語歷史音韻和考證古代文字音義的重要書籍。説到漢語歷史音韻，現代學者都把《廣韻》作爲中古音的代表，因爲它是承襲隋代陸法言的《切韻》和唐孫愐《唐韻》一系的韻書而來的。我們研究隋唐以前上至先秦的古音要用它，研究唐宋以後的近代音和現代的方音也要用它，所以説是一部重要的書籍。不過，其中訛字脱文很多，這裏只談我以前是怎樣校勘《廣韻》的。

《廣韻》全書收有兩萬六千一百九十四字，依四聲編排，分爲五卷，共有二百零六韻。刻本有詳注本和略注本兩類。詳注本有北宋國子監刻本，有南宋國子監刻本，兩者差異很少，只是刊工姓名不同，這兩種宋刻原本流傳甚希。略注本有元泰定間刊本，見清代黎庶昌所刻的《古逸叢書》；又有明清間顧炎武翻刻的明經廠本，兩者僅節取《廣韻》詳注本中的簡單訓釋，不及其他，所以我稱之爲略注本。

現在我們通常應用的《廣韻》是清張士俊澤存堂五種内重刻的《宋本廣韻》和黎庶昌《古逸叢書》内的覆宋本。這兩種都是詳注本。此外，還有兩種詳注本：一種是清代曹寅所刻的楝亭五種本，惟入聲注不全，而且原印本流傳極少；另一種是《四部叢刊》内影印的南宋刊的巾箱本，這些詳注本究竟哪一種最好，不是一句話可以説得明白的，只有全面做過比勘，才能明其究竟如何。

1936 年春我將在大學畢業的時候，受南京中央研究院歷史語言研究所委托校一定本，於是首先聚集各種版本，承北京圖書館善本藏書室主任、著名的古典文獻專家趙萬里先生惠借傅增湘雙鑒樓所藏北宋本和日本《金澤文庫》所藏北宋本照片。雙鑒樓本缺二、五兩卷。趙先生又借予王國維所臨清黄丕烈過録的段玉裁校本和王先生用巾箱本校的澤存堂本。另外還有上海涵芬樓所藏景寫南宋本和楝亭五種本。這些都是難得看到的材料。加上我手邊已有的張氏澤存堂初印本和剜改本，黎庶昌《古逸叢書》本，以及元泰定本和明經廠本，已達十種之多。這十種都要

往復一一對校,辨别異同,才好定其是非。

這自然是一項勤苦而又必須有耐心的工作。經過全面對校之後,得知澤存堂本和《古逸叢書》本都是出自南宋監本,刊工姓名全與北宋本不同。其次得知南北監本錯字都不少,張士俊澤存堂本已做了不少校正,是其長處。但是也有原本不誤,而張氏改錯了的,甚且還有非原本所有,而爲張氏增加出來的,不經校對,無從知曉。這是澤存堂本的短處。黎刻《古逸叢書》本照監本覆刻,本當存其原貌,但他又偏偏按張本改訂,張本對的,固無論,張本錯的,照搬過來,反成過失。《四部叢刊》本也是出自監本,不過錯誤較少,也許經過校訂。楝亭五種本則與《四部叢刊》本相近。至於上面所説的略注本雖然注解少,可是可以改正詳注本的地方還是很多,未可棄置不問。

校勘《廣韻》,單靠這些刻本還不夠,因爲《廣韻》是依據由唐代流傳下來的《切韻》《唐韻》系統的韻書加以纂修的,校勘《廣韻》應當儘量應用所能見到的唐代的《切韻》和《唐韻》的寫本。

1936年那時我能見到的唐五代時期的韻書已有二十種之多,那是非常幸運的。二十種之中,有的是殘本,有的是殘葉,即使是一葉,也是吉光片羽,可供校勘之用。其中屬於國内所有的,有《唐韻》殘卷,爲清末蔣斧所藏,上海神州國光社曾影印出版。又有裴務齊正字本《刊謬補缺切韻》,爲故宫博物院所藏,有北京海王村公園内延光室攝影本。另外,清代卞永誉《式古堂書畫彙考》中收有孫愐《唐韻序》一種。二十種之中散落於國外的計有十七種。其出於敦煌石室的,被英國斯坦因劫去的有《切韻》殘卷三種,藏於英國倫敦大英博物院,有王國維摹本;其被法國伯希和劫去的有九種,藏於法國巴黎國家圖書館。九種之中,除劉復所編《敦煌掇瑣》内所刊出的王仁昫《刊謬補缺切韻》和《唐韻序》兩種以外,另有寫本《切韻》殘葉和五代刻本韻書七種。在此之外,還有德國列考克在吐魯番獲得的刻本韻書殘葉兩種,又有日本大谷光瑞《西域考古圖譜》所收録得自吐峪溝的寫本《切韻》殘片一種。連同國内流傳的共二十種。

應用這些唐本韻書與《廣韻》對校,得到的認識是:陳彭年、丘雍等纂修《廣韻》,體例一仍唐本之舊,他們所根據的底本就是唐五代間流傳很廣的《唐韻》一系的韻

書。陸法言《切韻》爲一百九十三韻，自孫愐《唐韻》把真韻系、寒韻系、歌韻系的合口字分出，增多諄準稕術、桓緩换末、戈果過諸韻以後，則多出十一韻。共爲二百零四韻。《廣韻》所以爲二百零六韻，當本於王仁昫《刊謬補缺切韻》，平聲嚴韻系多上去二聲韻目，因而爲二百零六韻。這是從分韻上可以得知《廣韻》所根據的底本是《唐韻》一系的韻書。其次，再從反切上來看，《廣韻》的反切與陸法言《切韻》和王仁昫的《刊謬補缺切韻》都不同，而多同於蔣斧本《唐韻》，但又不是全同。那麽，陳彭年等所根據的底本當是另一種《唐韻》系統的韻書。

有了上述這些唐五代的韻書的寫本或刻本，在校勘上就有了更多的憑仗，按韻檢查，可以刊正《廣韻》的訛字脱文，有想不到的收穫。

我在進行校勘的時候，先以張氏澤存堂初印本作爲底本，與其他宋本和元明兩代的刻本對校。凡有不同，都記在澤存堂本的書眉上。這是一道工夫。然後另取一本澤存堂本與上述的二十種唐五代韻書對校，同樣把不同處記在書眉上，這又是一道工夫。有了這兩個校本作基礎，然後進行一字一行的校定。舉凡文字的形體、反切的注音、注釋的文句都一一審核，刊正謬誤。凡板本上不能解決的，自然要去檢書定其是非。經常要查閲經史子集諸部書籍的原文和舊注以及手邊最常用的字書、韻書和訓詁書。如《爾雅》《方言》《説文》《釋名》《廣雅》《玉篇》《經典釋文》《集韻》《新撰字鏡》《篆隸萬象名義》等書。凡是有校改，如誤字、脱文、衍文，都書於澤存堂初印本書眉上，並按《廣韻》卷次、韻部、葉數的次第寫成《校勘記》。凡有不知，只有闕遺，不敢妄下雌黄。在《校勘記》中引及段玉裁校本的地方一併查出根據，加以補充，使其説信而有徵。段氏所校，大抵本於經傳舊注和《説文》《集韻》等書。段氏學術的綫路是可以摸索得到的。

我在校勘當中，改正原書錯字 1712 字，增補脱文 195 字，删去衍文 70 字，共校正訛誤 1987 處。此外，我還進一步校訂了“又音”。《廣韻》中字下有的又音，該字有在所指的音韻地位出現的，也有不見於某韻某紐之下的。還有當見於某韻某紐之下而不見，反而别見於鄰韻某紐之下的。這種現象的出現可能由於所根據的韻書本身有差錯，也可能是又音的記載的來源不同，其見於鄰韻的就是這裏所指的又

音。參差錯迕,很難確定。現在處理的辦法是:凡本書缺載的都在當出的韻部書眉上注出;凡見於鄰近他韻的,都在校記中去說明,不在書眉上加注。意思是某韻下所出的又音也許就指的是鄰近某韻字的讀音,因爲疑惑不明,所以不與本書不載的又音情況同樣處理。有人不知道,也以爲是本書失載,影印我的校本,另加補出,是不能深刻理解韻書在編纂傳抄中存留的問題,師心自用,不免有蛇足之誚。

《廣韻校本》和《校勘記》五卷是相對照的。從開始着手進行,經過校訂、摘録,最後寫定《校本》,並寫出 3477 條校記清本,用了一年的時間,努力以赴,終抵於成。1937 年完工之後,1938 年上海商務印書館即以本書清本在香港用玻璃版付印,1939 年出版。1949 年以後,臺灣有影印本。1960 年上海商務印刷廠第二次影印,由北京中華書局出書。此事已隔 29 年,中華書局於去年又據商務版重印,以供應讀者需要,並由周士琦作索引一編,附於書後,以便檢索。

《廣韻校本》在當年寫定的時候,還有一部分唐寫本韻書在中國無法看到。還有日本澀江全善和森立之編的《經籍訪古志》著録的由南宋閩中建寧府黄八三郎書鋪印行的《鉅宋廣韻》,只知其名,無從見到原書或書影,深感遺憾。現在我們可以看到上海古籍出版社於 1981 年印行的上海圖書館的藏本了,與張氏澤存堂本對校,頗有異同,詳見本人所寫的《前言》,今不具論。

在校勘中我所見到的《廣韻》的訛誤,可以綜合爲以下幾點:

論形體:有因承唐本俗體、字體不正、與聲韻不相合的;有本來不是一個字,形義都不合而誤合爲一個字的;有兩個字,音義相同,本來是一個字,因其中之一爲訛體,遂誤分爲兩個字的;還有某字的或體誤置於另一字之下的。

論聲音:有反切或又音有誤字的;有一字出現訛體,而别爲訛體設立一音,增入别韻的;有因纂集時根據的舊音反切有誤,而别出一音的;有抄寫錯行,音有不合的;有字音與諧聲不合,纂集有誤的。

論義訓:有一紐之内上下二字相連,下字脱奪,其注文竄屬於上字的;有形與音都不誤,而義訓錯亂的;有承襲前代字書之誤,而把兩個字的解釋合併在一個字之下的;還有《廣韻》所注與古書的義訓不合的。

論引書:有書名引錯的;有引文中脱落文字的;有引某書注僅舉書名,不言某書注的。

《廣韻》所以有這些錯誤,主要是所根據的底本有誤,陳彭年、丘雍等草率了事,以致以訛傳訛。另一種原因是雕刻時出現的錯誤。像《廣韻》這樣一部書包容了在古書裏所見到的字和隋唐時期民間流行的俗體,字的注釋又極爲繁富,要把其中訛誤都改正,不能不下功夫。《廣韻校本》和《廣韻校勘記》已經是五十多年前所作,其中不無缺誤。1939 年也曾作《校勘記補遺》數十條,附於書後,但仍有不備。讀者可以根據上面所舉的一些要點尋案原書,參考古籍舊注,當有更多的發現。

1989 年 11 月 15 日

原載《書品》1989 年第 4 期

影印鉅宋廣韻前言

宋本《廣韻》流傳至今的大都爲南宋國子監刻本，清代張士俊澤存堂板和黎庶昌所刻《古逸叢書》本，也據此監本覆刻。現在所印的是宋孝宗乾道五年（公元1169）閩中建寧府黄三八郎書鋪所刊，名爲《鉅宋廣韻》。這個版本，在日本澁江全善和森立之編的《經籍訪古志》内曾有著録，惟在國内一直没有人談起。前幾年上海圖書館收得此書，據稱原爲清朱子清（澂）家物，書中没有收藏家印記，僅有清光緒間顧澐題記。顧澐字若波（公元1835～1896），江蘇吴縣人，曾隨使至日本，此書即於光緒十五年（公元1889）自日本收得。古籍流傳，顯晦有時，今上海古籍出版社得上海圖書館贊助，影印發行，以廣流傳，誠爲快事。案：原書缺卷四去聲一卷，舊以元刻略注本配補，今即照配本影印。

南宋閩中刻書事業極盛，黄三八郎書鋪所刻的書必多，而傳世爲人所知的只有清吴鼒所覆刻的《韓非子》一種。現在古籍出版社印出此書，嘉惠學者，在版本學上又增添一種新的資料。《廣韻》監本，每版二十行，此本每版二十四行。監本卷首陸法言序文前有北宋景德四年和大中祥符元年牒文，而此本因爲是書坊私刊，所以略去未刻。《四部叢刊》所收南宋巾箱本也是如此。就内容文字來看，本書與監本稍有不同。有監本不誤，而本書誤的，也有監本誤，而本書不誤的，兩者可以互校得失。本書不誤的，例如：

序文末“論曰”一節稱“或人不達文性，便格於五音爲定”。“定”字監本誤爲“足”。平聲東韻怱紐“緫”字注“又細絹”，“又”字監本誤作“文”。鍾韻“松”字注“松脂淪入地，千歲爲茯苓”，“茯”字監本誤作“伏”。支韻䅶紐注“直垂切，又大果切。三”。監本脱“三”字。平聲下先韻煙紐“胭”字注“胭項”，“項”字監本誤作“頂”。上聲旨韻雉紐“薙”字注“辛夷别名”，“名”字監本誤作“地”。入聲屋韻縠紐“觳”字注“《周禮》注云受三斗”，“三斗”監本誤作“二斗”。如此之類，不煩枚舉。

清代的《廣韻》刻本，一向稱張氏澤存堂本最善，可是張氏改動監本的地方很

多。有些改對了,有些就改錯了。這個版本雖然也有錯字,但是可以用來參照黎刻《古逸叢書》本訂正張刻的錯誤。例如上聲紙韻是紐“氏”字注“又支精二音”,黎本同,而張氏誤改“精”作“指”。又上聲很韻“很”字注“俗作佷”,黎本同,而張氏誤改“佷”作“狠”(原鈔配誤“佷”爲“很”)。張刻改字與曹寅所刻楝亭五種本相合的有一半,不相合的有一半;而出於手民刊刻的錯誤也不少。如平聲陽韻“亡”字注“逃也”誤爲“進也”,上聲獮韻“善”字注“吉也”誤爲“言也”都是。現在這個南宋刻本跟楝亭本和《四部叢刊》巾箱本都有很多相近的地方。如本書上聲止韻“伱”字注“秦人呼傍人之稱”下有“《玉篇》云:尒也”五字,賄韻“讃”字注“《說文》云:中止也。又胡對切”,都與楝亭本和巾箱本相同,而與張刻不侔。又本書入聲屋韻菊紐“鞠”字注“又姓,出東萊平原二望,漢有尚書令鞠譚。又音麴。又蹋鞠”,巾箱本同,張刻作“又姓,出東萊。《風俗通》曰:漢有尚書令平原鞠譚。又音麴”。入聲沃韻“褥”字注“小兒愛,一曰小兒也”(文字有誤),巾箱本也有“一曰小兒”四字,張刻注文則作“小兒衣也”。可惜楝亭本所據原書缺入聲一卷,而以元刻略注本補齊,無法比對。大體來説,本書跟楝亭本和巾箱本是比較接近的,例證很多,不必多舉。由此推測,三者當是同一系統的書。

在這裏,值得特别指出的是有一部分韻次的排列和韻目下所注“獨用、同用”的分合與監本和其他各本不同。今就本書目次敘列如下,並與監本相比較:

平聲(上、下)		上聲		入聲
〔本書〕	〔監本〕	〔本書〕	〔監本〕	
武分 文第二十 獨用	武分 文第二十 欣同用	武粉 吻第十八 獨用	武粉 吻第十八 隱同用	文弗 物第八 獨用
於斤 殷第二十一 獨用	許巾 欣第二十一	於謹 隱第十九 獨用	於謹 隱第十九	許訖 迄第十九 獨用
余廉 鹽第二十四 添同用		以冉 琰第五十 忝同用	以冉 琰第五十 忝儼同用	與涉 葉第二十九 帖同用

續表

平聲(上、下)		上聲		入聲
〔本書〕	〔監本〕	〔本書〕	〔監本〕	
他兼 添第二十五		他點 忝第五十一	他點 忝第五十一	他協 帖第三十
胡讒 咸第二十六 銜同用		下斬 豏第五十二 檻同用	宜奄 儼第五十二	侯夾 洽第三十一 狎同用
户監 銜第二十七		胡黯 檻第五十三	下斬 豏第五十三 檻范同用	胡甲 狎第三十二
語驗 嚴第二十八 凡同用		宜奄 儼第五十四 范同用	乎黯 檻第五十四	魚刼 業第三十三 乏同用
符咸 凡第二十九		防錽 范第五十五	防錽 范第五十五	房法 乏第三十四

從上列韻目和韻次來看,本書平聲上第二十一殷,音於斤切,與《切韻》相合,監本因避宋諱改爲欣,而本書仍作殷。本書文殷兩韻下與上聲吻隱兩韻下均注獨用,而監本文欣同用,吻隱同用。又本書上聲琰忝豏檻儼范諸韻次與平聲和入聲正相應合,書内相同,而監本以琰忝儼豏檻范爲次,反與平聲入聲全不相應。本書琰忝同用,豏檻同用,儼范同用,而監本作琰忝儼同用,豏檻范同用,變動甚大。從四聲韻目相承的關係來看,這些韻的排列次序自以本書爲是。監本可能據宋人所修《韻略》而改。清人戴震著《聲韻考》,曾據宋代徐鉉所訂《説文解字韻譜》和吴棫《韻補》校定《廣韻》四聲韻目獨用同用例,抉發隱微,考案舊次,使有倫序。戴氏所論正與本書相符合。戴氏所見《廣韻》傳本不過是明本、楝亭五種本和澤存堂本,今有此本得與戴書相印證,足見此本之可貴。

遺憾的是原書缺去聲一卷,藏者用元人所刻略注本補入,未免美中不足[1]。考元

①案:予於1984年7月訪日時,於東京内閣文庫書陵部得見《鉅宋廣韻》黄三八郎刻本,去聲一卷不缺,當即《經籍訪古志》所著録者。1986年5月補記。

代略注本《廣韻》板刻不一，清季楊守敬在日本訪求到的就有五種。他在《日本訪書志》裏著録有元文宗至順元年庚午（公元 1330）敏德堂刊本一種，每半板十三行，行十九字，注雙行三十字。現在補入的刻本的板式跟楊氏所説的至順本相近，不知是否爲同一板刻。

本書序文末既有“己丑建寧府黄三八郎書鋪印行”一行題記，原刻當爲南宋孝宗乾道五年所刊無疑。但顧澐題識誤認爲“己丑”爲仁宗皇祐元年（公元 1049），這是不可信的。另外，日本澀江全善和森立之編的《經籍訪古志》根據此種版本平聲韻目文第二十獨用，殷第二十一獨用，又桓字不闕筆，認爲“並與元板合，殆元至元二十六年己丑（公元 1289）所刊”，他又説：“元人以好古自居，遂改文欣爲文殷，尚忘去鉅宋字，抑亦何也？時宋亡僅十年，宋板元印當在此際，故致此掛漏歟？俟再考之。”案：本書實有元代補板，但與黄三八郎書鋪題記的“己丑”無關，不宜牽涉爲一事。黄三八郎書鋪曾刻《韓非子》，題爲“乾道改元中元日印行”，觀本書序文刻板的字體筆法和刀刻的棱角酷似《韓非子》一書，由此足以證明本書爲乾道間刻本，澀江全善和森立之的推測是不妥當的。

本書雖近於宋刻巾箱本，然畢竟不同處甚多，可資校勘。同時也可以藉此得知楝亭本與各本不同確有來歷。1936 年我校勘《廣韻》的時候，只知道有《鉅宋廣韻》，而没有看到原書，現在上海古籍出版社將此書影印出版，真是意想不到的事，欣喜之餘，所以稍事比勘，略抒管見，以供讀者參考。

1980 年 12 月

收録於《周祖謨語言文史論集》

廣韻跋尾二種

一　宋修廣韻書後

韻書之興，論者以爲始於魏李登《聲類》。其書本以五聲命字，各以類從，初未嘗分立韻部，明辨四聲也。逮北齊陽休之撰《四聲韻略》，分韻隸字，科别四聲，見《文鏡祕府論》引劉善經《四聲論》。韻書之體制始趨精密。其後李季節、杜臺卿等相繼有作，體例蓋同。然諸家音有楚夏，韻有訛切，隋陸法言乃整齊衆制，斟酌南北，取擇精審，定爲《切韻》。制作之士，咸有所取則矣。及乎唐代，陸書大行，學者繼踵而作者益衆。今之所知，竟不啻十數家也。其中韻紐反切，固有更張；而形體義訓，亦駸駸增廣。卷帙既富，紕繆自多。沿及宋代，陳彭年、丘雍等方綜輯唐人諸作，讎校而增損之，纂爲《廣韻》一書，使前代遺文不致廢墜，後生晚學，所賴實多。然《廣韻》之作，意在登録舊文，整飭衆本，若云刊正校改之功，猶未宏肆，是以書中音字踳駁訛衍者，比比可數。蓋舊本叢雜，披檢爲勞，若使研覈精盡，亦云難矣。今詳勘其書，因擿發數端，以供用此書者參考。

論其形體，則有字體不正，乖於聲義者。如宵韻之“憍”，當作“幡”；麌韻之“遒”，當作“茜”；合韻之“厯”，當作“压”；洽韻之“逹”，當作“𥮜”。又宵韻之“𢉤”，當作“㾊”，從疒皐聲；豪韻之“𥟎”，當作“𥢉”，從禾皐聲；止韻之“萆”，當作“𦱤”，從𦍋囟聲。是皆因承唐人之俗寫訛體，而未改正者。此其一。又有本非一字，誤合爲一者。如脂韻匹夷切“紕，繒欲壞也。吱/絓，二同”。案：“吱”當作“㞔”，器破也，與“紕”非一字。鹽韻七廉切“臉，臉膗也。臘，上同”。案：《玉篇》“臉”七廉切，“臘”初減切，是“臉臘”非一字。願韻芳万切“畚，一宿酒。奔，上同”。案：“奔”《玉篇》“上大也”，與“畚”非一字。“上同”即“上大”之誤。質韻卑吉切“韠，胡服蔽膝。琿，上同”。案：“琿”，佩刀下飾也，見《説文》，與“韠”非一字。若是者形義不合，不容混同。此其二。又

有本爲一字,誤分爲二者。如魚韻渠紐“淭,淭挐。《方言》云:杷,宋魏之間謂之淭挐”。案:“淭”即“渠”之譌體,《方言》本作“渠”也。虞韻其俱切“朐,脯也”,又“鴝,脯名”。案:“鴝”即“朐”之譌體,不當别出。有韻女久切“莥,《玉篇》云:鹿豆也”,又“葤,蔨實。亦作莥”。案:《玉篇》“葤莥”一字。《爾雅·釋草》字作“莥”。琰韻衣儉切“旃,掩也”,又“旛,掩光”。“光”字誤。案:“旃旛”同爲“旝”字之誤,《廣雅·釋器》“旝,率也”。此訓掩覆之掩,義正相得。如是者音義無别,又未可分之爲二矣。此其三。

論其聲音,則有形譌而音譌者。如先韻“狗,獸似豹而少文。崇玄切”。案:“狗”爲“犳”字之誤,“犳”已見藥韻,音之若切,與《山海經·西山經·底陽之山》郭音之藥反相合。《玉篇》音同。此字既譌爲“狗”,遂衍出崇玄一音,不可徵信。歌韻得何切“㐲,姓也。漢有㐲宗。㑟,上同”。案:“㐲”爲“㑟”字之誤,登韻步萌切字作“倗”,《漢書·王尊傳》本作“㑟”,蘇林音朋,晉灼音倍,均無得何一音。此蓋“㑟”字譌作“㑛”,由“㑛”譌作“㐲”,字從多,而音亦同多矣。麻韻“碬,礪石也。胡加切”。案:“碬”爲“碫”字之誤,“碫”見换韻,此誤從叚,而音胡加切,非也。登韻“萲,薉也。武登切”。案:“萲”爲“葼”字之誤,“葼”見釅韻亡劍切,云:“草木無蔓也。”《廣雅·釋詁》“葼,薉也”,曹憲音亡咸反。此蓋“葼”譌作“葼”,由“葼”譌作“萲”,遂有武登一音。餘如東韻之“涫”,爲“涫”字之譌,“涫”見桓韻;歌韻之“涐”,爲“滅”字之譌,“滅”見咍韻;旨韻之“犱”,爲“犰”字之譌,“犰”見尤韻;養韻之“柄”,爲“樠”字之譌,“樠”見桓韻;暮韻之“箬”,爲“篹”字之譌,“篹”見緩韻;遇韻之“廜”,爲“廜”字之譌,“廜”見獮韻。字誤音誤,均宜刊削。此其四也。至於反切誤字,尤難一二數。如豐、㢜、脂、推、葵、尸、𠦬、鬻、齎、嵗、揮、夬、慨、真、密、芬、訖、妓、照、衍、箣、沈、遂、蹔、瞵、儼、凡等紐反語,並有誤字,是其著者矣。此其五。又有收字取音乖戾殊甚者。如諄韻之“趣”,當入真韻;準韻之“螼”,當入軫韻;果韻之“爸砦”,當入哿韻;線韻之“徧”,當入霰韻。是其例也。又如宵韻起䟷切之收“橇”字,侯韻落侯切之收“剅”字,凡韻匹凡切之收“欸”字,小韻以沼切之收“鷕”字,子小切之收“膘”字,有韻除柳切之收“鮦”字,霽韻奴計切之收“愭”字,原譌作“懤”。考案舊籍,音有未合。推其致誤之由,則或爲錯簡,或爲鈔納舊音,倉卒誤記。此其六。

進而論其義訓,則有上下二字相連,脱奪下字,其注遂竄屬於上者。如桓韻薄

官切“縏,番和縣名,在涼州”。案:《集韻》“縏,小囊也”,此云“番和縣名”當本爲“番”字之注,“縏”下既脱注釋及正文“番”字,故“番”字注誤繫於“縏”下也。馬韻胡瓦切“𡛓,大口,又聲。《説文》曰:擊踝也”。案:敦煌本王仁昫《刊謬補缺切韻》“𡛓”訓“擊踝”,別有“㖾”字訓“大口”。《集韻》“㖾,甖大口曰㖾”,是“𡛓”下脱“㖾”字,而“大口”之義誤入“𡛓”下也。勘韻丁黚切“馾,冠幘近前”。案:《集韻》“馾”訓“馬睡皃”,別有“帎”字訓“冠俯前”。是“馾”下脱注文及正文“帎”字,而“帎”注誤隸於“馾”下矣。如此者,傳寫滋訛,卒不易辨,承學之士,能勿惑乎。此其七。又有形音不誤,而義訓錯亂者。如魂韻户昆切“驒,驒騱野馬”。案:驒爲獸名,見《山海經·北山經》。野馬字本從單作“驒”。尤韻所鳩切“鎪,馬金耳飾”。案:《爾雅·釋器》“刻鏤物爲鎪”,此注亦當有誤。馬金耳飾字本從叜作“鎪”。見范韻。曷韻古達切“葛,葛藟。《廣雅》云:苑童,寄生葛也”。案:“寄生葛”乃“寄生蔦”之誤,見《廣雅·釋木》及《爾雅·釋木》郭注。此又不辨形體之疑似,因而錯置其義訓者,尤不可不正也。此其八。今抽繹全篇,略舉其例,以爲讀《廣韻》者之一助。若精研覃思,則齟齬尤多。余別有《廣韻校勘記》,學者可以參證焉。

二　跋張氏澤存堂本廣韻

今日所見宋本《廣韻》有三:一日本《金澤文庫》所藏北宋監本,一涵芬樓所藏景寫南宋監本,一涵芬樓所印宋刊巾箱本。兩監本刊工姓氏畢異,文字相背者無多。惟北宋本諫韻輚紐作“輚臥車,又寢車。亦作轏。士諫切。五。棧木棧道。又士限切。羼羊相間也”三字,南宋本作“〇輚臥車,又寢車。亦作轏。士諫切。五。羼羊相間也。棧木棧道。又士限切。虥虎淺毛。又士限切。䗃谷在上艾。虥馬蝬,蟲名。〇襻衣襻。普患切。一。〇奻訟也。女患切。一。𪍿糓麥𪍿也”三紐,多“虥䗃蝬襻奻𪍿”六字,不相符也。案:“羼”在輚紐,“𪍿”在奻紐,並非。宋刊巾箱本者,蓋源出監本,而頗有修訂。東韻“桐”字下云“桐廬縣,在嚴州”,“嚴州”監本作“睦州”。案:《宋史·地理志》睦州宣和三年改爲嚴州,巾箱本既作“嚴州”,是雕於宣和以後明矣。王靜安説。此本訛字較少,如上所述諫韻奻紐下此本作“鏟削木器。初鴈切。又初限切。三。𪍿糓麥𪍿也。羼羊相間也”,“𪍿羼”二字均

列於"鏟"下,音初鴈切,與《唐韻》次第盡合,足以是正監本之誤。而監本脱奪正文處,此本亦率已訂正,如脂韻之"岻",蒸韻之"嬹",寘韻之"巇",祭韻之"揭",勁韻之"娉"皆是。故宋刻之中,當以巾箱本爲最善。

及乎元明兩代,監本堙替日久,行世者惟略本《廣韻》耳。清代崇尚字學,重刊宋本《廣韻》者凡二家:曰張士俊澤存堂五種本,曰黎庶昌《古逸叢書》本。二者均據南宋監本雕刻,而張刻最稱精善。惟前人刻書,每喜改字,若張氏者尤不能免。顧千里《思適齋集》言之綦詳。《廣韻》一書之訛字,其所改正者固多,但原本未必誤而以爲誤,率爾更革,則不免鹵莽滅裂之譏矣。如模韻"烏"下"小爾雅"易作"爾雅",清韻"旌"下"《爾雅》曰:注旄首曰旌"易爲"《爾雅》注云:旄首曰旌",慁韻"寸"下"説苑"易爲"説文",支韻"韉"下"鞍韉"義本《廣雅》,而易爲"鞍韉",尤韻"蹂"下"踐穀",義見《通俗文》,玄應《一切經音義》引《通俗文》曰"踐穀曰蹂"。而易爲"踐蹂",腫韻"穁"下"稻稍",稍者,麥莖也,見《説文》,而易爲"稻穁",没韻"稡"下"耕禾間也",義見《玉篇》,而易爲"耕禾開也"。此皆原本不誤而改誤者。又如御韻"蠹"下云:"蟲名。《爾雅》云:蟦蜩蠐,剖母背而生。或作蠧。"案:此云"或作蠧"者,謂《爾雅》之"蟦"字,本或作"蠧",故出"蠧"字也。張氏改注文"蠧"字爲"蠹",則直以爲"蠧"字之或體矣。又覺韻"鸑"下云"俗作鸑"。案:此"俗作鸑"者,謂"鸑"字上本從獄,俗寫從嶽也。張刻改"鸑"作"鸐",則非"鸑"之俗體,而爲"鸑"之或體矣。是又不審文義之過也。

類是操切,乃更有詭妄者:如虞韻"跗,足止也","止"當是"上"字之誤,《儀禮·士喪禮》注"跗,足上也",是其證,而張氏校改作"足趾"。志韻"眙,任視","任"當是"住"字之誤,《方言》卷七。郭注"眙謂住視也",是其證,而張刻作"直視"。願韻"販,又万切","又"當作"叉",而張刻作"芳"。過韻"繉,不訓也","訓"當是"紃"字之誤,原本《玉篇》引《説文》云"不紃也",是其證,而張刻作"細"。鍇韻"剸,又又芮切",下"又"字當作"叉",而張刻作"之"。如是者原本固誤,而張氏不推求其所以致誤之由,但見其於義未安,遂隨手易之,殊與原書不合。與其貽誤學者,孰若因仍其舊之爲愈也。甚又增益訓釋而非原本所有者,借令不誤,於義終無所取。如紙韻"菠"下增"北燕謂之菠",御韻"據"下增"持也",曷韻"猲"下增"短喙犬",末

韻“茿”下增“高丈許,大葉,莖中有瓤,正白”,均不見於宋本,而以意爲之者。

今謹揭櫫四事,以質於世之讀此書者。至如黎氏重刊宋槧,自當全仍其舊,無事增損。惜無真知灼見,爲張本所蔽,據之以改宋本,其去原槧,固又遠矣。

1938 年 5 月

原載《國學季刊》第 6 卷第 3 期,後收録於《問學集》

宋代汴洛音與廣韻

汴梁即今之開封，與洛陽居天下之中樞。自東漢、曹魏、西晉，下至後魏都以洛陽爲國都，唐代則定爲東都，車軌交錯，達於四方，人士往來，言談之間，大都以洛陽音爲正。宋代都於汴梁，汴梁東離洛陽約六百里，語音當去洛陽不遠。

宋代禮部懸科取士，詩賦押韻，要以《禮部韻略》爲準程，不得違例。宋修《廣韻》韻目下所注獨用同用例即本於《韻略》。但詩家如非應制之作，遣興吟詠，多據實際語音押韻，不局限於功令，所以根據詩家詩歌的用韻材料可以考證當時的語音分韻的情況。

現在就以北宋洛陽人邵雍[①]（公元 1011 ～ 1077）、程顥（公元 1032 ～ 1085）、程頤（公元 1033 ～ 1107）、尹洙（公元 1001 ～ 1046[②]）、陳與義（公元 1090 ～ 1138）等人和開封雍丘（今河南杞縣）人韓維（公元 1017 ～ 1098）、宋庠（公元 996 ～ 1066）、宋祁（公元 998 ～ 1061）等人的詩爲資料來考察他們的詩歌的押韻與《廣韻》韻部的異同。邵雍有《擊壤集》（《四部叢刊》本），程顥有《明道文集》（見《二程文集》），程頤有《伊川文集》，尹洙有《尹河南文集》，陳與義有《簡齋集》（《四部叢刊》本），韓維有《南陽集》（《宋詩鈔》本），宋庠有《宋元憲集》（《聚珍版叢書》本），宋祁有《宋景文集》。宋庠、宋祁兄弟二人史稱爲安州安陸人（即今之湖北安陸），但宋氏先世久居雍丘，他二人雖生於安陸，但二十歲以後就移居汴梁，所以與韓維同列爲雍丘人。

爲考察洛陽和汴梁的語音分韻，便於敘述其與《廣韻》的異同起見，下面按《四聲等子》十六攝的名目依類加以說明。

1. 果攝歌戈兩韻，《廣韻》注同用；假攝麻韻則爲獨用。但在邵雍詩裏歌戈麻通

---

① 編者按：一說生於河南林縣，後遷居洛陽。以下凡涉詩人里籍之判定，一依原文，不做改動且不出注。
② 編者按：一說爲 1047。以下凡涉公元紀年，一依原稿，不做改動且不出注。

用，而且蟹攝的佳韻牙音字也與麻韻字相押。如《擊壤集》十四《小車吟》：

仁義場圃，聞見無涯（佳），里巷相切，親朋相過（戈），人疑日馭，我謂星查（麻）。或遊金谷，或泛月波（戈），或經履道，或過銅駝（歌），進退雲水，舒捲煙霞（麻）……

陳與義詩歌戈兩韻没有與麻韻相協例，但佳韻牙音字也與麻韻同用。例如《簡齋集》一《次韻周教授秋懷》詩：

一官不辦作生涯（佳），幾見秋風捲岸沙（麻）。宋玉有文悲落木，陶潛無酒對黄花（麻）。天機衮衮山新瘦，世事悠悠日自斜（麻）。誤矣載書三十乘，東門何地不宜瓜（麻）！

其他如程頤、韓維、宋庠都如此。

2. 止攝《廣韻》支脂之三韻通用，微韻獨用。唐代已有支脂之微通用的例，如洛陽元稹的《有鳥》詩以“鴟衰飛枝兒”相押（見《元氏長慶集》二十五），元結《寄源休》詩以“事累吏易帥貳智畏”相押。宋代邵雍、程頤、陳與義、韓維等人支脂之微幾韻也一樣通用，而且與蟹攝齊韻平上去三聲字和去聲祭韻、廢韻合用不分。例如：

《擊壤集》三《秋懷》：晴窗日初曛，幽庭雨乍洗（薺）。紅蘭靜自披，緑竹閑相倚（紙）。榮利若浮雲，情懷淡如水（旨）。見非天外人，意從天外起（止）。

又《安樂吟》：安樂先生，不顯姓氏（紙），垂三十年，居洛之涘（止）。風月情懷，江湖性氣（未），色斯其舉，翔而後至（至）。無賤無貧，無富無貴（未）。無將無迎，無拘無忌（志），窘未嘗憂，飲不至醉（至），收天下春，歸之肝肺（廢）。盆池資吟，甕牖薦睡（寘）。小車賞心，大筆快志（志）。或戴接籬，或着半臂（寘）。或坐林間，或行水際（祭）。

《簡齋集》二十七《題像》：兩眉軒然，意像無寄（寘）。而服如此，又不離世（祭）。鑑中壁上，處處皆是（紙）。簡齋雖傳，文殊無二（至）。

陳與義《無住詞·清平樂·木犀》：黄衫相倚（紙），翠葆層層底（薺）。八月江

南風日美(旨),弄影山腰水尾(尾)。

3. 蟹攝包括《廣韻》齊佳皆灰咍和祭泰夬廢幾韻。齊韻獨用,佳皆同用,灰咍同用,祭霽(齊去)同用,泰獨用,廢獨用,夬與佳皆去聲卦怪兩韻同用。惟宋邵雍等人除齊祭廢與止攝字合爲一類外,其餘諸韻都通用不分,只有佳韻的佳崖涯和夬韻的話字讀入假攝而已。如:

《擊壤集》三《秋懷》:山横暮靄中,鳥逝孤煙外(泰)。殘菊憂霜催,幽蘭懼風敗(夬)。患難人不喜,富貴人所愛(代)。我心自不有,愛憎豈能賣(卦)。

《簡齋集》十五《鄧州西軒書事》:千里空攜一影來(咍),白頭更著亂蟬催(咍)。書生身世今如此,倚遍周家十二槐(皆)。

《南陽集·舟中夜坐》:晴霜落波底,斗柄插堤外(泰)。扁舟燈火明,樽酒夜相對(隊)。臨歡意暫遣,念離心已痗(隊)。篙師喜冰坼,理楫事晨邁(夬)。

4. 遇攝包括魚虞模三韻,《廣韻》魚獨用,虞模同用。宋邵雍、陳與義、韓維等三韻通用不分,尤侯韻脣音字也與魚虞模韻字相押。如:

《擊壤集》七《寄長安幕張文通》:無學又無謀(尤),胸中一向虚(魚)。枯腸怏飲酒,病眼怕看書(魚)。洛浦輕風裏,天津小雨餘(魚)。故人千里隔,相望意何如(魚)?

《簡齋集》八《錢東之惠澤州吕道人硯》:君不見銅雀臺邊多事土(姥),走上觚稜蔭歌舞(虞)。餘香分盡垢不除,却寄書林汙縑楮(語)。

5. 流攝包括《廣韻》尤侯幽三韻,《廣韻》注爲同用。邵雍等人詩與《廣韻》同。如:

《擊壤集》一《高竹》:高竹臨清溝(侯),軒小亦且幽(幽)。光陰雖屬夏,風露已驚秋(尤)。月色林間出,泉聲砌下流(尤)。誰知此夜情,邈矣不能收(尤)。

程顥《明道文集》三十八《秋日偶成》:寥寥天氣已高秋(尤),更倚凌虚百尺樓(侯),世上利名群蠛蠓,古來興廢幾浮漚(侯)。退安陋巷顔回樂,不見長

安李白愁(尤)。兩事到頭須有得,我心處處自優遊(尤)。

6. 效攝包括《廣韻》蕭宵肴豪四韻。《廣韻》蕭宵同用,肴獨用,豪獨用。宋代邵雍、韓維四韻通用,陳與義、宋庠詩中蕭宵相押,而陳與義豪韻獨用,宋庠肴韻獨用,與《廣韻》相同。如:

《擊壤集》十五《屬事吟》:鷦鷯分寄一枝巢(肴),不信甘言便易驕(宵)。當力尚難超北海,去威何足動鴻毛(豪)。

《南陽集·對雨思蘇子美》:五月陰盛暑不效(效),飛雲日夕起蒿少(笑)。回風颯颯吹暮寒,翠竹黄蕉雨聲鬧(效)。北軒孤坐默有念,人生會合那可料(嘯)。昔與子美比里閭,是月秋近足霖潦(號)。

7. 宕攝、江攝唐人詩中已有通用例,宕攝包括陽唐兩韻,江攝只有江韻一韻。邵雍詩陽唐與江韻通押,與陽唐相承的入聲藥鐸兩韻也與江韻入聲覺韻相押。如:

《擊壤集》四《答人見寄》:鬢毛不患漸成霜(陽),有托琴書子一雙(江)……

《擊壤集》十四《謝王勝之惠文房四寶》:銅雀或常聞,未嘗聞金雀(藥)。始愧林下人,識物不甚博(鐸)。金雀出何所? 必出自靈岳(覺)。

《南陽集·又和子華兄(韓絳)》:濟濟高燕會,衆賓且喜樂(鐸)。方冬氣常温,是日寒始若(藥)。愁雲際平林,垂見雪花落(鐸)。四座喜相顧,有引必虚爵(藥)。中堂豈非佳,東圃羅帟幄(覺)。

8. 梗攝包括《廣韻》庚耕清青四韻,《廣韻》庚耕清三韻同用,青獨用。邵雍、程頤、尹洙、陳與義、韓維、宋庠等人庚耕清青四韻通用。又曾攝包括《廣韻》蒸登兩韻,入聲爲職德兩韻。邵雍等人也與庚清青等韻通押。如:

《擊壤集》四《不寢》:閑坐更已深,就寢夜尚永(梗)。輾轉不成寐,卻把前事省(静)。莫枕時昏昏,擁衾還耿耿(耿)。西窗明月中,數葉芭蕉影(梗)。

《明道文集》三十八《遊鄠山詩·象戲》:大都博奕皆戲劇,象戲翻能學用兵(庚)。車馬尚存周戰法,偏裨兼備漢官名(庚)。中軍八面將軍重,河外尖斜步

卒輕(清)。卻憑紋楸聊自笑,雄如劉項亦閑爭(耕)。

《宋元憲集》十五《新歲雪霽到西湖作》:水華煙態壓回汀(青),客至無情亦有情(清)。芳草不須緣短夢,一番新緑滿塘生(庚)。

《簡齋集》十《夏日集葆真池賦詩》:清池不受暑,幽討起予病(映)。長安車轍邊,有此荷萬柄(映)。是身唯可懶,共寄無盡興(證)。魚游水底凉,鳥宿林間靜(靜)。談餘日亭午,樹影一時正(證)。清風不負客,意重百金贈(證)。

9. 通攝包括《廣韻》東冬鍾三韻,《廣韻》東獨用,冬鍾同用。按:唐代洛陽東冬已讀同一韻(見李涪《刊誤》),宋代東冬鍾三韻通押,入聲屋沃燭三韻亦然。如:

《擊壤集》六《落花長吟》:……花穠酒更濃(鍾)。花能十日盡,酒未百壺空(東)……

《明道文集》三十八《秋日偶成》:閑來無事不從容(鍾),睡覺東窗日已紅(東)。萬物靜觀皆自得,四時佳興與人同(東)。道通天地有形外,思入風雲變態中(東)。富貴不淫貧賤樂,男兒到此是豪雄(東)。

《簡齋集》二十《晚登燕公樓》:欄干納清曉,拄杖追黄鵠(沃)。燕公不相待,使我立於獨(屋)。霧收天落川,日動春浮木(屋)。舉手謝時人,微風吹野服(屋)。

10. 山攝包括《廣韻》寒桓删山先仙元幾韻。《廣韻》寒桓同用,删山同用,先仙同用,而元與魂痕同用。宋代邵雍等人寒桓删山先仙都合用無礙,惟略分洪細而已。諸韻入聲曷末黠鎋屑薛也都通用不分。至於元韻,多與先仙合用,與魂痕通押的較少。元韻的入聲月韻也與屑薛等韻通押。此自唐代洛陽元稹和獨孤及已肇其端。下舉宋人詩爲證:

《擊壤集》三《宿延秋莊》:驅車入洛周,下馬弄飛泉(仙)。乍有雲山樂,殊無朝市喧(元)。非唯快心志,自可忘形言(元)。借問塵中有,誰爲得手先(先)。

又《秋懷》:萬里晴天外,一片霜上月(月)。長松挺青蔥,群卉入消歇(月)。有齒日益衰,有髮日益脱(末)。獲罪固已多,此公難屑屑(屑)。

《明道文集》三十八《晚春》:人生百年永,光景我逾半(换)。中間幾悲歡,

況復多聚散(翰)。青陽變晚春,弱柳成老幹(翰)。不爲時節驚,把酒欲誰勸(願)?

《景文集》五《省舍晚景》:日稷城陰生,塵露稍雲歇(月)。密樹抱煙沈,高禽映天没(没)。外物既不擾,清機亦徐發(月)。何意羲皇風,吹我襟袖末(末)。少駐北堂陲,娟娟待明月(月)。(没韻爲魂韻入聲,詩中能押)

11. 臻攝包括《廣韻》真臻諄文欣魂痕諸韻,《廣韻》真臻諄同用,文欣同用,魂痕同用。宋代邵雍等人都通用不分。相對的入聲質櫛術物迄没也一致相押。唐代洛陽人元結、獨孤及已如此(如《元次山文集》三《忝官引》,獨孤及《毗陵集》一《壬辰歲過舊居》)。但宋人詩臻攝入聲且每與梗曾兩攝入聲字相押,與唐人不同。如:

《擊壤集》四《與人話舊》:耳目所聞見,且言三十春(諄)。才更十次閏,已换一番人(真)。圮族綺紈故,朱門車馬新(真)。從來皆偶爾,何者謂功勳(文)。

《擊壤集》十九《費力吟》:事無巨細,人有得失(質)。得之小心,失之費力(職)。(職,蒸韻入聲字)

《簡齋集》十八《出山》:陰岩不知晴,路轉見朝日(質)。獨行修竹盡,石崖千丈碧(昔)。(昔爲清韻入聲字)

《南陽集·利涉塔院》:許公讀書地,塵像一來拂(物)。門掩僧不歸,簷低燕飛出(術)。高人不可見,石塔鎮寒骨(没)。

12. 咸攝包括《廣韻》覃談鹽添咸銜嚴凡八韻。《廣韻》覃談同用,鹽添同用,咸銜同用,嚴凡同用。邵雍等八韻都通協不分。相對的入聲合盍葉帖洽狎業乏亦然。如:

《擊壤集》一《高竹》:高竹逾冬青,四月方易葉。抽萌如止戈,解籜若脱甲(狎)。修靜信可愛,繞行不知匝(合)。嗟哉凡草木,徒自費鋤鍤(葉)。

《簡齋集》二《臘梅》:世間真僞非兩法(乏),映日細看真是蠟(盍)。

《南陽集·孔先生見約同遊》:群峰羅立青巉巉(銜),中有佛廟名香嚴(嚴)。飛泉洶湧出峰後,四時激射喧蒼巖(銜)。跳珠噴雪幾百丈,下注坎險鍾爲三

(談)。援蘿頫瞰石底淨,明鏡光溢青瑶函(覃)。

13. 深攝包括《廣韻》侵韻。《廣韻》侵韻獨用。宋代諸家也都獨用,不與咸攝字相混。入聲緝韻也不與咸攝的入聲字通押。

《擊壤集》三《晨起》:山高水復深,無計奈而今(侵)。地盡一時事,天開萬古心(侵)。輕煙籠曉閣,微雨散青林(侵)。此景雖平淡,人間何處尋(侵)。

《南陽集·晚過象之葆光亭》:浮沉閭里間,放志謝維縶(緝)。行貪月色靜,歸犯露華濕(緝)。寒鼓出城重,飛星過樓急(緝)。卻想竹庭下,主人猶獨立(緝)。

根據以上以北宋時期汴洛詩家的押韻與《廣韻》韻部的比較來看,宋代韻部通押的情況跟《廣韻》的同用、獨用例已大不相同,而跟唐代大北方的語音的分韻極爲接近[1],主要的發展是:齊韻字與支脂之微相押;蒸登兩韻字與庚耕清青相押,入聲亦同;元韻字與先仙相押,入聲亦同。元代周德清作《中原音韻》,分韻類爲十九部,有好幾部跟北宋汴洛音是相同的。如上面所説的齊韻歸在齊微部,梗曾兩攝字合爲庚青部,元韻歸入先天部。這些都可以説明由唐到宋、到元,韻部的分合在北方語音裏已經跟《切韻》一系的韻書迥乎不同了。《中原音韻》作於元泰定元年(1324),晚於邵雍、程顥、宋庠、韓維等人二百四五十年,北音又有了新的演變。假攝又分出車遮,止攝又分出支思,入聲又派入三聲,就一步一步跟現代的普通話語音系統接近了。

收録於《周祖謨學術論著自選集》

① 見《唐五代的北方語音》一文。

附　録